meu primeiro
CONCURSO
VOLUME ÚNICO

Matérias básicas para concursos de nível médio

Nathalia Masson

Coordenadora

meu primeiro
CONCURSO
VOLUME ÚNICO

Matérias básicas para concursos de nível médio

Direito Constitucional – Nathalia Masson
Redação Oficial, Gramática e Interpretação de texto – Luciane Sartori
Direito Administrativo – Luís Gustavo Bezerra de Menezes
Matemática e Raciocínio Lógico – Paulo Henrique (PH)
Informática – Carlos Viana

www.editorajuspodivm.com.br

www.editorajuspodivm.com.br

Rua Mato Grosso, 175 – Pituba, CEP: 41830-151 – Salvador – Bahia
Tel: (71) 3363-8617 / Fax: (71) 3363-5050 • E-mail: fale@editorajuspodivm.com.br

Copyright: Edições *Jus*PODIVM

Conselho Editorial: Dirley da Cunha Jr., Leonardo de Medeiros Garcia, Fredie Didier Jr., José Henrique Mouta, José Marcelo Vigliar, Marcos Ehrhardt Júnior, Nestor Távora, Robério Nunes Filho, Roberval Rocha Ferreira Filho, Rodolfo Pamplona Filho, Rodrigo Reis Mazzei e Rogério Sanches Cunha.

Capa: Ana Caquetti

Todos os direitos desta edição reservados à Edições *Jus*PODIVM.

É terminantemente proibida a reprodução total ou parcial desta obra, por qualquer meio ou processo, sem a expressa autorização do autor e da Edições *Jus*PODIVM. A violação dos direitos autorais caracteriza crime descrito na legislação em vigor, sem prejuízo das sanções civis cabíveis.

NOTA DA COORDENADORA

Prezado leitor,

A obra *Meu Primeiro Concurso* foi idealizada e produzida por professores que se uniram na missão de lhe ofertar, em linguagem objetiva e de fácil entendimento, o conhecimento essencial das disciplinas básicas exigidas nos concursos públicos.

O trabalho de longos meses resultou em uma obra muito didática e de fácil compreensão, na qual todas as disciplinas são apresentadas a partir de uma mesma estratégia de sistematização: teoria; questões comentadas; questões para treinamento; desafio.

Assim, todos os capítulos iniciam com uma **apresentação teórica** da matéria, fornecendo suas bases conceituais; na sequência, **questões de concursos públicos comentadas** são apresentadas – permitindo que você conheça os temas mais recorrentes, as feições narrativas do examinador e, especialmente, como se deve resolver uma questão de concurso público.

Em seguida, outras **questões de concursos públicos** (contendo apenas o gabarito) são relacionadas, concedendo-lhe a oportunidade de treinar e apurar a compreensão do conteúdo trabalhado no capítulo.

Com a convicção de que resolver variadas questões fornece o traquejo necessário para, nas provas, você optar pela resposta correta, todas as disciplinas se encerram com um **desafio**. Este representa um capítulo final que conjuga, em exercícios adicionais, os principais e mais essenciais tópicos expostos naquela matéria (integralmente considerada). Você terá que optar por uma única resposta (verdadeiro ou falso) ao julgar cada assertiva, o que oportunizará novo e intenso treinamento.

Finalmente, depois de cumprir *todas as etapas* (teoria; questões comentadas; questões para treinamento; desafio), em *todas as disciplinas*, você vai se deparar com a derradeira oportunidade de incrementar sua preparação: os **simulados**.

Acertando ou errando, ao resolver os simulados você estará sedimentando seu aprendizado e adquirindo confiança, experiência e segurança, características que conduzem à **aprovação**!

Em suma, a obra foi cuidadosamente planejada e estruturada para lhe propiciar um aprendizado robusto e efetivo, criando as bases que permitirão seu ingresso na carreira pública!

Boa leitura e bons estudos!

Nathalia

SOBRE A COORDENADORA

NATHALIA MASSON

Mestre em Teoria Geral do Estado e Direito Constitucional pela PUC-RJ. É professora de Direito Constitucional e autora de diversas publicações na área jurídica.

SOBRE OS AUTORES

CARLOS VIANA

Graduado em Gestão da Tecnologia da Informação pela Universidade do Sul de Santa Catarina (Unisul) e MBA em gestão de projetos pela Fundação Getulio Vargas (FGV), é professor da rede de ensino LFG/Kroton. Ministra as disciplinas de informática, tecnologia da informação e administração.

LUCIANE SARTORI

Graduada em Letras e Pós-Graduada em Metodologia de Ensino para Terceiro Grau. Professora Especialista em Português – gramática, interpretação de textos, redação discursiva, redação oficial e redação jurídica; revisora e redatora de textos há vinte e sete anos, com vinte anos de experiência na área de concursos. Atualmente, leciona na Rede LFG, no Curso para Concurso, em Simulados na Web, no Curso Legale, no JC Concursos e Empregos, no Se Joga, Galera! e no Sartori Virtual. Autora de diversas publicações e artigos. Possui experiência em *Coaching*, sendo a idealizadora do projeto *Coaching na Educação*, desenvolvido pela primeira vez no Curso Henfil, com duração de 10 horas.

LUÍS GUSTAVO BEZERRA DE MENEZES

Auditor de Controle Externo do Tribunal de Contas do Município do Rio de Janeiro e ex-Presidente da ANPAC. Aprovado em diversos concursos públicos, dentre os quais se destacam Técnico Judiciário da Justiça Federal do Rio de Janeiro e Fiscal de Tributos do Espírito Santo. É autor de diversas obras jurídicas e professor em variados cursos preparatórios, atualmente lecionando na Rede de Ensino LFG (tele-presencial).

NATHALIA MASSON

Mestre em Teoria Geral do Estado e Direito Constitucional pela PUC-RJ. É professora de Direito Constitucional e autora de diversas publicações na área jurídica.

PAULO HENRIQUE (PH)

Professor de Raciocínio Lógico e Matemática em diversos cursos presenciais, como Curso Prime, em Fortaleza, e Excelência, em Porto Velho, e *on-line*, como EuVouPassar (www.euvoupassar.com.br) e Se Joga Vídeos (www.sejogavideos.com.br). Formado em Informática pela Universidade de Fortaleza (Unifor), com Pós-Graduação em Controladoria e Finanças pela Faculdade Ateneu (Fortaleza). Analista Tributário da Receita Federal do Brasil, aprovado no concurso de 2006. Aprovado em concursos como Polícia Federal e Caixa Econômica Federal. Instrutor da Escola Superior de Administração Fazendária (Esaf) desde 2010. Autor do blog voltado para Raciocínio Lógico e Matemática "Beijo no papai e na mamãe..." (http://beijonopapaienamamae.blogspot.com). Casado e pai de 2 filhos, atualmente reside em Porto Velho/RO, onde concilia a vida de servidor público federal com a de professor.

SUMÁRIO

Direito Constitucional
Nathalia Masson

NOTA DA AUTORA 33

Capítulo 1

PRINCÍPIOS FUNDAMENTAIS 35

1. Introdução 35
2. Fundamentos 35
3. Separação de Poderes 37
4. Objetivos Fundamentais 39
5. Princípios norteadores da República Federativa do Brasil nas suas relações internacionais 39
6. Questões comentadas 40
7. Questões para treinar! 42

Capítulo 2

EFICÁCIA E APLICABILIDADE DAS NORMAS CONSTITUCIONAIS 47

1. Conceito 47
2. Eficácia plena 47
3. Eficácia contida 48
4. Eficácia limitada 48
5. Eficácia exaurida 49
6. Questões comentadas 50
7. Questões para treinar! 51

Capítulo 3

PODER CONSTITUINTE ORIGINÁRIO 55

1. Introdução 55
2. Titularidade e exercício 55

3. Características.. 55
4. Poder constituinte derivado.. 56
   4.1. Poder derivado decorrente... 57
   4.2. Poder derivado reformador.. 57
5. Questões comentadas... 59
6. Questões para treinar!.. 62

Capítulo 4

DIREITOS E GARANTIAS FUNDAMENTAIS – TEORIA GERAL.............................. 69

1. Introdução.. 69
2. Distinção entre as expressões "direitos fundamentais" e "direitos humanos"......... 69
3. Gerações de direitos fundamentais... 69
4. Características dos direitos fundamentais... 70
5. Destinatários dos direitos fundamentais... 72
6. Aplicação imediata dos direitos fundamentais.. 72
7. Novos direitos e garantias fundamentais... 72
8. Classificação dos direitos fundamentais.. 73
9. Questões comentadas... 74
10. Questões para treinar!.. 74

Capítulo 5

DIREITOS E GARANTIAS INDIVIDUAIS... 77

1. Introdução.. 77
2. Direito à vida.. 77
   2.1. Introdução... 77
   2.2. Início da vida humana.. 78
   2.3. Aborto.. 79
3. Direito à privacidade.. 79
   3.1. Introdução... 79
   3.2. Direito à intimidade... 80
   3.3. Direito à vida privada... 80
   3.4. Direito à honra... 80
   3.5. Direito à imagem... 80
   3.6. Sigilos pessoais.. 81
      3.6.1. Sigilo do domicílio.. 81
      3.6.2. Sigilo de correspondência... 82
      3.6.3. Sigilo de dados... 82
         3.6.3.1. Dados bancários.. 82
         3.6.3.2. Dados telefônicos.. 83
4. Direito à igualdade... 84

4.1. Introdução	84
4.2. Igualdade entre homens e mulheres	85
5. Direito à liberdade	86
5.1. Introdução	86
5.2. Liberdade de ação	86
5.3. Liberdade de pensamento e manifestação	86
5.4. Liberdade de consciência, crença e culto	88
5.5. Liberdade de profissão	89
5.6. Liberdade de locomoção	90
5.7. Liberdade de reunião	90
5.8. Liberdade de associação	91
6. Direito à propriedade	93
6.1. Introdução	93
6.2. Função social da propriedade	93
6.3. Limitações ao direito de propriedade	93
6.3.1. Desapropriação	94
6.3.2. Requisição	94
6.3.3. Expropriação ou confisco	95
6.3.4. Usucapião	95
7. Questões comentadas	95
8. Questões para treinar!	97

Capítulo 6

AÇÕES CONSTITUCIONAIS 105

1. Remédios constitucionais de natureza administrativa (não jurisdicional)	105
2. Habeas corpus (art. 5º, LXVIII e LXXVII, CF/88)	105
3. Mandado de segurança individual (art. 5º, LXIX, LXX, CF/88, e Lei nº 12.016/2009)	106
4. Mandado de segurança coletivo (art. 5º, LXX, CF/88)	107
5. Mandado de injunção (art. 5º, LXXI, CF/88)	108
6. Habeas data (art. 5º, LXXII, CF/88, e Lei nº 9.507/1997)	110
7. Ação popular (art. 5º, LXXIII, CF/88; Lei nº 4.717/1965)	111
8. Questões comentadas	112
9. Questões para treinar!	113

Capítulo 7

DIREITOS SOCIAIS 117

1. Introdução	117
2. Finalidade	117
3. Sujeito passivo dos direitos sociais	118

MEU PRIMEIRO CONCURSO – Volume Único

4. Vedação do retrocesso 118
5. Questões comentadas 118
6. Questões para treinar! 120

Capítulo 8

NACIONALIDADE 125

1. Introdução 125
2. Espécies de nacionalidade 125
   2.1. Nacionalidade primária 126
   2.2. Nacionalidade secundária (ou adquirida) 128
3. Quase nacionalidade ou portugueses equiparados (art. 12, § 1º, CF/88) 129
4. Diferenças de tratamento entre brasileiros natos e naturalizados (art. 12,
   § 2º e § 3º; art. 89, VII; art. 5º, LI e art. 222, todos da CF/88) 129
5. Perda do direito de nacionalidade (art. 12, § 4º, CF/88) 131
6. Questões comentadas 132
7. Questões para treinar! 134

Capítulo 9

DIREITOS POLÍTICOS 139

1. Introdução 139
2. Direitos políticos positivos 139
3. Direitos políticos negativos 142
   3.1. Introdução 142
   3.2. Perda e suspensão dos direitos políticos 142
   3.3. Inelegibilidades 143
4. Princípio da anterioridade (ou anualidade) eleitoral 146
5. Questões comentadas 147
6. Questões para treinar! 148

Capítulo 10

ORGANIZAÇÃO POLÍTICO ADMINISTRATIVA DO ESTADO 155

1. Introdução 155
2. A Federação na Constituição da República de 1988 156
3. União 156
4. Estados-Membros 157
5. Municípios 157
6. Distrito Federal 157
7. Territórios Federais 158
8. Questões comentadas 158
9. Questões para treinar! 160

SUMÁRIO

Capítulo 11

REPARTIÇÃO CONSTITUCIONAL DE COMPETÊNCIAS 163

1. Introdução 163
2. Competências da União 164
   - 2.1. Materiais exclusivas – art. 21, CF/88 164
   - 2.2. Legislativas privativas – art. 22, CF/88 164
   - 2.3. Materiais comuns – art. 23, CF/88 165
   - 2.4. Legislativas concorrentes – art. 24, CF/88 165
3. Competências dos Estados-Membros 166
4. Competências dos Municípios 166
5. Competências do Distrito Federal 167
6. Questões comentadas 168
7. Questões para treinar! 169

Capítulo 12

PODER LEGISLATIVO 173

1. Estrutura do Poder Legislativo (art. 44, CF/88) 173
2. Composição das Casas Legislativas 173
   - 2.1. Câmara dos Deputados (art. 45, CF/88) 173
   - 2.2. Senado Federal (art. 46, CF/88) 174
   - 2.3. Tabela comparativa entre a Câmara dos Deputados e o Senado Federal 175
3. Competências da Câmara dos Deputados (art. 51, CF/88) 175
4. Competências do Senado Federal (art. 52, CF/88) 176
5. Competências do Congresso Nacional (art. 49, CF/88) 178
6. Funcionamento do Poder Legislativo (art. 57, CF/88) 179
7. Comissões Parlamentares 181
8. Imunidades dos Deputados Federais e Senadores 182
   - 8.1. Introdução 182
   - 8.2. Imunidade material 183
   - 8.3. Imunidades formal relativa à prisão 183
   - 8.4. Imunidade formal relativa ao processo 184
   - 8.5. Imunidades dos demais membros do Poder Legislativo 184
   - 8.6. Foro por prerrogativa de função 185
9. Questões comentadas 186
10. Questões para treinar! 187

Capítulo 13

PODER EXECUTIVO 193

1. Introdução 193
2. O Poder Executivo na Constituição da República de 1988 193
3. Posse 194

4. Impossibilidades de exercer o cargo: o impedimento e a vacância 194
5. Licença... 195
6. Atribuições do Presidente da República 196
7. Imunidades do Presidente da República 196
8. Responsabilidade do Presidente da República 197
   8.1. Introdução 197
   8.2. Crimes comuns 198
   8.3. Crimes de responsabilidade 199
9. Responsabilidade dos Governadores e dos Prefeitos 199
10. Questões comentadas.. 200
11. Questões para treinar! 201

Capítulo 14

PODER JUDICIÁRIO 207

1. Introdução 207
2. Órgãos do Poder Judiciário.. 207
   2.1. Introdução 207
   2.2. Padrão de idade como requisito de ingresso 208
   2.3. Aprovação prévia pelo Senado Federal como requisito para a posse.......... 208
3. O quinto constitucional 209
4. Garantias do Poder Judiciário 209
5. Conselho Nacional de Justiça 211
6. Súmulas vinculantes.. 213
7. Arquitetura do Poder Judiciário... 214
8. O Supremo Tribunal Federal.. 214
9. Superior Tribunal de Justiça 215
10. Questões comentadas.. 215
11. Questões para treinar! 217

Capítulo 15

DESAFIO – DIREITO CONSTITUCIONAL 225

Redação Oficial, Gramática e Interpretação de texto
Luciane Sartori

NOTA DA AUTORA.. 233

Capítulo 1

ACENTUAÇÃO GRÁFICA 235

1. Introdução.. 235
2. Trema 235

SUMÁRIO

3. Acento agudo e acento circunflexo 237
   3.1. Oxítonas 237
   3.2. Paroxítonas 238
   3.3. Proparoxítonas 238
   3.4. Monossílabas 238
   3.5. Ditongo 239
   3.6. Hiato 239
4. O acento em alguns verbos 240
5. Acento diferencial 241
6. Resumindo 242
7. Questões comentadas 243
8. Questões para treinar! 244

Capítulo 2

ORTOGRAFIA 249

1. Introdução 249
2. Estudo da Ortografia 249
   2.1. Emprego de letras 249
   2.2. Emprego do hífen 252
   2.3. Semântica e ortografia 254
   2.4. Emprego de algumas expressões 256
3. Questões comentadas 257
4. Questões para treinar! 260

Capítulo 3

MORFOLOGIA 263

1. Introdução 263
2. Estrutura das palavras 263
3. Formação das palavras 264
4. Relação entre estrutura e formação de palavras e classes gramaticais 265
5. Classes de palavras (ou gramaticais) 265
6. Panorama 266
7. Classes de palavras variáveis 267
   7.1. Substantivo 267
   7.2. Adjetivo 268
   7.3. Flexões do Substantivo e do Adjetivo 268
   7.4. Artigo 273
   7.5. Numerais 274
   7.6. Numerais 275
   7.7. Verbos 275

MEU PRIMEIRO CONCURSO – Volume Único

7.8. Advérbio 275
7.9. Preposição 276
7.10. Conjunção 278
7.11. Interjeição 279
7.12. Palavras Denotativas 279
8. Questões comentadas 280
9. Questões para treinar! 281

Capítulo 4

PRONOMES 285

1. Introdução 285
2. Emprego dos Pronomes 286
   2.1. Pronome Pessoal 286
   2.2. Pronomes de Tratamento 293
   2.3. Pronome Possessivo 294
   2.4. Pronome Demonstrativo 295
   2.5. Pronome Relativo 298
   2.6. Pronome Indefinido 300
   2.7. Pronome Interrogativo 302
3. Questões comentadas 302
4. Questões para treinar! 304

Capítulo 5

VERBOS 309

1. Introdução 309
2. Estrutura do verbo 309
3. Modos Verbais 310
4. Tempos Verbais 311
5. Os tempos de cada modo 311
6. Correlação ou articulação dos tempos e modos verbais 314
7. Locuções verbais 314
8. Tempos compostos 315
9. Classificações dos verbos 315
10. Terminações e verbos que merecem atenção 318
11. Formas Nominais 319
    11.1. Infinitivo 320
    11.2. Particípio 320
    11.3. Gerúndio 320
12. Vozes verbais 320
13. Tabela resumo de verbos 321
14. Questões comentadas 322

SUMÁRIO

15. Questões para treinar! 323

Capítulo 6

MORFOSSINTAXE 327

1. Introdução 327
2. Morfossintaxe 327
3. Relações e funções das palavras na elaboração de frases 328
   3.1. Palavras variáveis 328
   3.2. Palavras invariáveis 329
   3.3. Morfossintaxe do período simples 330
   3.4. Morfossintaxe do período composto 339
   3.5 Orações reduzidas 342
4. Questões comentadas 343
5. Questões para treinar! 345

Capítulo 7

SINTAXE DO PERÍODO SIMPLES E DO COMPOSTO 349

1. Introdução 349
2. Frase, oração e período 349
3. Termos da oração e o papel das orações subordinadas 350
4. Tipos de predicado 352
5. Predicação verbal – comportamento do verbo no predicado 352
6. Complemento nominal x adjunto adnominal 353
7. Período composto 354
8. Vozes verbais 360
   8.1. Introdução 360
   8.2. Transposição das vozes verbais 361
9. As funções do SE e algumas dicas 362
10. As funções do QUE 364
11. Questões comentadas 364
12. Questões para treinar! 367

Capítulo 8

REGÊNCIA E CRASE 371

1. Introdução 371
2. Sintaxe de regência 371
3. Regência Nominal 372
4. Regência Verbal 372
   4.1. Introdução 372

4.2. A regência e a semântica 373

4.3. Lembretes importantes 373

4.4. Regências variantes 376

4.5. A regência de alguns verbos 377

5. Crase 382

5.1. Definição 382

5.2. Crase formada com o artigo definido feminino 382

5.3. Crase formada com o pronome demonstrativo 386

5.4. Particularidades 386

6. Questões comentadas 389

7. Questões para treinar! 391

Capítulo 9

CONCORDÂNCIA NOMINAL E VERBAL 395

1. Introdução 395

2. Concordância Nominal 395

2.1. Definição 395

2.2. Substantivo + Substantivo + Adjetivo: 397

2.3. Adjetivo + Substantivo + Substantivo 397

2.4. Substantivo + Adjetivo + Adjetivo + Adjetivo 398

2.5. Pronome de Tratamento 399

2.6. Substantivo com a Função de Adjetivo 399

2.7. Flexão dos Adjetivos Compostos 399

2.8. Bom / É Proibido / É Necessário 400

2.9. Meio/Muito/Bastante/Caro/Barato ... adj. ou adv.? 400

3. Concordância Verbal 401

3.1. Introdução 401

3.2. Sujeito Simples (com um núcleo apenas) 402

3.3. Sujeito Composto (sujeito com mais de um núcleo) 402

3.4. Sujeito Paciente + Se (voz passiva + pronome apassivador) 403

3.5. Sujeito Indeterminado + Se (voz ativa + índice de indeterminação do sujeito) 403

3.6. Sujeito Inexistente (ou oração sem sujeito) 404

3.7. Particularidades na Formação do Sujeito 405

3.7.1. Sujeito é expressão de sentido partitivo 405

3.7.2. Um dos que / Uma das que 406

3.7.3. Com a expressão mais de um: 406

3.7.4. Sujeito representado pelo "que" e pelo "quem" 406

3.7.5. Sujeito é nome próprio no plural 407

3.7.6. Sujeito ligado por "ou" 407

3.7.7. Sujeito formado por locuções pronominais 408

SUMÁRIO

3.7.8. Sujeito oracional 409

4. Questões comentadas 409

5. Questões para treinar! 411

Capítulo 10

PONTUAÇÃO 415

1. Introdução 415

2. Emprego dos sinais de pontuação 416

   2.1. Vírgula (,) 416

      2.1.1. Então, não se separam por vírgula: 416

      2.1.2. Empregos da vírgula: 417

      2.1.3. Emprego da vírgula entre orações 419

   2.2 Ponto-e-vírgula (;) 422

   2.3 Ponto (.) 422

   2.4. Dois-pontos (:) 423

   2.5. Ponto de exclamação (!) 423

   2.6. Ponto de interrogação (?) 423

   2.7. Reticências (...) 424

   2.8. Parênteses ( ) e Colchetes [ ] 424

   2.9. Travessão simples (–) e duplo (--) 425

   2.10. Aspas simples (' ') e duplas (" ") 425

3. Questões comentadas 426

4. Questões para treinar! 428

Capítulo 11

INTERPRETAÇÃO DE TEXTO 435

1. Introdução 435

2. Erros clássicos de interpretação 435

   2.1. Análise de questões de prova 436

3. Tipologia textual 437

4. Estrutura dissertativa padrão 440

   4.1. Introdução 440

   4.2. Palavra-chave e ideia-chave 440

5. Articulação textual 443

   5.1. Introdução 443

   5.2. Coesão 444

   5.3. Coerência 445

6. Leitura completa: progressão discursiva, coesão e coerência 446

7. Denotação e conotação – metáfora 450

8. Sinonímia contextual 451

9. As informações implícitas 451

   9.1. Pressupostos 452

   9.2. Subentendidos 452

   9.3. Inferência 452

10. Paráfrase 454

11. Resumindo – como proceder em prova? 454

12. Questões comentadas 456

13. Questões para treinar! 458

Capítulo 12

REDAÇÃO OFICIAL 463

1. Introdução 463

2. Características da linguagem 464

   2.1. Pronomes de tratamento 465

   2.2 Fechos para comunicações 467

   2.3. Identificação do Signatário 467

3. Estrutura e finalidade 467

   3.1. O Padrão Ofício 467

      3.1.1.   Partes do documento no Padrão Ofício 467

      3.1.2.   Forma de diagramação 469

   3.2. Ofício 470

   3.3. Aviso 473

   3.4. Memorando 475

   3.5. Exposição de Motivos de caráter informativo 476

   3.6. Mensagem 477

   3.7. Ata 478

   3.8. Atestado 479

   3.9. Circular 479

   3.10. Declaração 480

   3.11. Requerimento 481

   3.12. Parecer 481

   3.13. Relatório 482

   3.14. Telegrama 483

   3.15. FAX 484

   3.16. Correio eletrônico 484

4. Questões comentadas 485

5. Questões para treinar! 486

Capítulo 13

DESAFIO – PORTUGUÊS 491

Direito Administrativo

Luís Gustavo Bezerra de Menezes

NOTA DO AUTOR 499

Capítulo 1

CONCEITOS BÁSICOS 501

1. Estado, Governo e Administração Pública.. 501
   - 1.1. Conceito de Estado 501
   - 1.2. Elementos do Estado 501
   - 1.3. Organização do Estado 502
   - 1.4. Poderes do Estado 502
   - 1.5. Conceito de Governo 503
   - 1.6. Conceito de Administração Pública 503
2. Direito Administrativo: conceito e fontes... 504
   - 2.1. Conceito 504
   - 2.2. Fonte 504
3. Questões comentadas 504
4. Questões para treinar! 505

Capítulo 2

PRINCÍPIOS DO DIREITO ADMINISTRATIVO E REGIME JURÍDICO ADMINISTRATIVO. 507

1. Princípios do Direito Administrativo 507
2. Regime jurídico administrativo 509
3. Questões comentadas 509
4. Questões para treinar! 511

Capítulo 3

ORGANIZAÇÃO ADMINISTRATIVA DA UNIÃO 515

1. Organização administrativa da União.. 515
2. Centralização x Descentralização / Concentração x Desconcentração 515
3. Administração Direta 516
4. Órgãos públicos 516
   - 4.1. Teoria do Órgão 517
   - 4.2. Classificação dos Órgãos 517
     - 4.2.1. Quanto à posição estatal: 517
     - 4.2.2. Quanto à estrutura: 518
     - 4.2.3. Quanto à atuação funcional: 518

5. Administração Indireta 518
   5.1. Características comuns entre as entidades da Administração Indireta: 518
6. Outros conceitos relevantes 522
   6.1. Consórcios públicos 522
   6.2. Agências executivas 523
   6.3. Agências reguladoras 523
   6.4. Terceiro setor: entidades paraestatais 523
7. Agentes Públicos 524
   7.1. Espécies e classificação 524
8. Questões comentadas 525
9. Questões para treinar! 527

Capítulo 4

ATOS ADMINISTRATIVOS 531

1. Conceito 531
2. Fatos administrativos 531
3. Elementos ou requisitos de validade 532
4. Motivo X motivação 535
5. Teoria dos motivos determinantes 536
6. Mérito do ato administrativo 536
7. Atributos do ato administrativo 537
8. Principais formas de extinção do ato administrativo 538
9. Convalidação 540
10. Questões comentadas 541
11. Questões para treinar! 542

Capítulo 5

PODERES E DEVERES ADMINISTRATIVOS 549

1. Introdução 549
2. Deveres administrativos 549
3. Poderes administrativos 550
4. Uso e abuso do poder 554
5. Questões comentadas 555
6. Questões para treinar! 556

Capítulo 6

PROCESSO ADMINISTRATIVO FEDERAL (LEI N° 9.784/1999) 561

1. Campo de aplicação 561
2. Princípios básicos 561

3. Direitos e deveres dos administrados 563

4. Início do processo 564

5. Legitimados 564

6. Competência 564

7. Impedimentos e suspeição 565

8. Forma, tempo e lugar dos atos do processo 566

9. Comunicação dos atos 567

10. Instrução 567

11. Dever de decidir 569

12. Motivação 569

13. Desistência e outros casos de extinção do processo 570

14. Anulação, revogação e convalidação 570

15. Recurso administrativo e da revisão 571

16. Prazos 573

17. Sanções 573

18. Questões comentadas 573

19. Questões para treinar! Questões 575

Capítulo 7

CONTROLE DA ADMINISTRAÇÃO PÚBLICA 577

1. Conceito 577

2. Classificação das formas de controle (Hely Lopes Meirelles) 578

   2.1. Quanto à origem: 578

   2.2. Conforme momento do exercício 579

   2.3. Quanto ao aspecto controlado: 580

3. Controle administrativo 581

4. Controle legislativo 581

5. Fiscalização contábil, financeira e orçamentária na CF 582

6. Atribuições dos Tribunais de Contas 582

7. Controle judiciário 584

8. Questões comentadas 584

9. Questões para treinar! 586

Capítulo 8

LEI DE IMPROBIDADE ADMINISTRATIVA (LEI N° 8.429/1992) 589

1. Conceito 589

2. Sujeito passivo do ato de improbidade (art. 1º) 590

3. Sujeito ativo do ato de improbidade administrativa (art. 2º e 3º) 590

4. Princípios expressos na Lei de Improbidade Administrativa (art. 4º) 590

5. Ressarcimento do dano (art. 5º) 591
6. Perdimento dos bens (art. 6º) 591
7. Indisponibilidade dos bens (art. 7º) 591
8. Responsabilidade dos sucessores (art. 8º) 591
9. Dos atos de Improbidade Administrativa 591
   9.1. Que importam enriquecimento ilícito (art. 9º) 591
   9.2. Que importam prejuízo ao erário (art. 10) 593
   9.3. Que atentam contra os princípios da Administração Pública (art. 11) 595
10. Penalidades (art. 12) 596
11. Declaração de bens (art. 13) 597
12. Procedimento administrativo e judicial (art. 14 ao 18) 598
13. Disposições penais da Lei de Improbidade Administrativa (art. 19) 598
14. Prescrição (art. 23) 599
15. Questões comentadas 599
16. Questões para treinar! 601

Capítulo 9

RESPONSABILIDADE CIVIL DO ESTADO 603

1. Introdução 603
2. Evolução 603
3. Responsabilidade civil do Estado na CF/88 605
4. Ação de indenização (particular x Administração) 605
5. Ação regressiva (Administração x Agente) 606
6. Questões comentadas 606
7. Questões para treinar! 607

Capítulo 10

SERVIÇOS PÚBLICOS 611

1. Conceito 611
2. Base constitucional e regulamentação legal 611
3. Competência 612
4. Formas de prestação e meios de execução 612
   4.1. Formas de prestação dos serviços públicos 612
   4.2. Meios de execução 613
5. Classificação 613
6. Requisitos 614
7. Serviços delegados a particulares: concessão, permissão e autorização 614
8. Questões comentadas 617
9. Questões para treinar! 617

SUMÁRIO

Capítulo 11

LICITAÇÃO 621

1. Conceito.. 621
2. Dispositivos constitucionais... 621
3. Princípios da licitação 622
4. Modalidades.. 626
5. Prazo mínimo entre a publicação do edital e a apresentação das propostas......... 631
6. Contratação direta: dispensa x inexigibilidade 632
   6.1. Inexigibilidade de licitação 632
   6.2. Dispensa de licitação.. 633
7. Questões comentadas... 633
8. Questões para treinar! 636

Capítulo 12

REGIME JURÍDICO DO SERVIDOR PÚBLICO FEDERAL (LEI N° 8.112/1990) 639

1. Introdução... 639
2. Servidor público... 640
3. Cargo público 640
4. Concurso público 641
5. Formas de provimento 642
6. Formas de vacância 647
7. Remoção.. 648
8. Redistribuição... 648
9. Vencimento e remuneração 649
10. Vantagens.. 649
11. Licenças... 650
12. Regime disciplinar... 651
    12.1. Deveres dos servidores... 651
    12.2. Penalidades... 652
13. Questões comentadas.. 653
14. Questões para treinar! 654

Capítulo 13

DESAFIO – DIREITO ADMINISTRATIVO 657

Matemática e Raciocínio Lógico
Paulo Henrique (PH)

NOTA DO AUTOR.. 665

Capítulo 1

QUESTÕES LÓGICAS 667
1. Introdução 667
2. Sequências lógicas 668
3. Associação lógica 678
4. Verdades e mentiras 691
5. Questões com datas (calendário) 698
6. Figuras e tabelas 704
7. Princípio da Casa dos Pombos 720
8. Questões diversas de lógica 723
9. Considerações finais 731
10. Questões para treinar! 732

Capítulo 2

CONCEITOS INICIAIS DE LÓGICA 739
1. Proposição 739
2. Tipos de Proposições 742
3. Conectivos 747
    3.1. Conectivo E 747
    3.2. Conectivo OU 748
    3.3. Conectivo SE...ENTÃO 749
    3.4. Conectivo ...SE E SOMENTE SE 751
    3.5. Conectivo OU...
        OU 752
    3.6. Modificador NÃO (Negação) 752
4. Proposições logicamente equivalentes 757
5. Negação de Proposições 764
6. Condição suficiente e condição necessária 771
7. Tautologia, contradição e contingência 772
8. Considerações finais 775
9. Questões para treinar! 775

Capítulo 3

FUNDAMENTOS DA MATEMÁTICA 781
1. Introdução 781
2. Frações 781
3. Razão e Proporção 787
4. Grandezas proporcionais 789
5. Porcentagem 797
6. Conjuntos 802
7. Questões para treinar! 821

Capítulo 4

DESAFIO – MATEMÁTICA E RACIOCÍNIO LÓGICO 827

Informática

Carlos Viana

NOTA DO AUTOR 835

Capítulo 1

INTERNET 837
1. Introdução 837
2. Conceito 837
3. Backbone 837
4. TCP/IP 838
5. Compreendendo os protocolos da tecnologia TCP/IP 838
6. ISP – Internet Service Provedor (Provedor de serviço de Internet) 839
7. Forma de acesso 839
   7.1. Dial Up (através da linha telefônica) 839
   7.2. ADSL 840
   7.3. Cabo 840
   7.4. Internet por Rede Elétrica 840
   7.5. Internet a Rádio 841
   7.6. Tecnologia 3G e 4G 841
8. Modelo Cliente/Servidor 842
9. Serviços da Internet 843
10. Intranet 845
11. Questões comentadas 845
12. Questões para treinar! 846

Capítulo 2

COMPUTAÇÃO NAS NUVENS 851
1. Introdução 851
2. O que é computação nas nuvens? 851
3. O que a computação nas nuvens oferece 852
4. Armazenamentos de dados 852
5. Software como serviço – SaaS 852
6. Plataforma como serviço – PaaS 853
7. Infraestrutura como serviço – IaaS 853
8. Questões comentadas 854
9. Questões para treinar! 854

Capítulo 3

SEGURANÇA DA INFORMAÇÃO 859

1. Introdução 859
2. Princípios da segurança da informação 859
3. Malwares 860
4. Ameaças e ataques 861
5. Softwares de defesa 863
6. Técnicas de defesa 864
7. Questões comentadas 870
8. Questões para treinar! 871

Capítulo 4

NAVEGADORES 875

1. Introdução 875
2. Navegadores (Browsers) 875
3. Linguagem HTML 875
4. Interface dos navegadores 876
5. Funcionalidades de diferenciação 877
6. Funcionalidades de inerentes aos navegadores 881
7. Funcionalidades básicas (botões e teclas de atalho) ... 883
8. Questões comentadas 884
9. Questões para treinar! 885

Capítulo 5

INTRODUÇÃO A SUÍTE DE ESCRITÓRIO 889

1. Introdução 889
2. Microsoft Office X LibreOffice 889
3. Software Livre 889
4. Estrutura do Microsoft Office x LibreOffice 890
5. Comparação entre os dois programas 891
6. Compatibilidade entre Microsoft e LibreOffice 891
7. Questões comentadas 892
8. Questões para treinar! 893

Capítulo 6

MICROSOFT EXCEL 2013 897

1. Introdução 897

2. Interface 897
3. Elementos básicos em planilha 898
4. Como Excel entendem os dados 900
5. Operadores 901
6. Alça de preenchimento 904
7. Funções 907
8. Questões comentadas 909
9. Questões para treinar! 911

Capítulo 7

MICROSOFT WORD 2013 917

1. Introdução 917
2. Visão geral 917
3. Guias, grupos e botões de comandos 918
4. Funções principais do Word 919
5. Teclas de atalho e uso do mouse 927
6. Questões comentadas 928
7. Questões para treinar! 930

Capítulo 8

LIBREOFFICE WRITER 933

1. Introdução 933
2. Interface 933
3. Menu do Writer 934
4. Questões comentadas 943
5. Questões para treinar! 944

Capítulo 9

MICROSOFT WINDOWS 947

1. Introdução 947
2. Windows 947
  2.1. Características 947
  2.2. Ambiente Gráfico 948
  2.3. Barra de Tarefas 949
  2.4. Recursos Aero 949
  2.5. Alternando entre janelas (Alt+Tab) 951
  2.6. Aplicativos do Windows 952
    2.6.1. Ferramenta de captura 952
    2.6.2. Notas Autoadesivas 953

2.6.3.	Paint	954
2.6.4.	Calculadora	954
2.6.5.	Windows Explorer (Explorador de arquivos)	955
2.6.6.	Painel de Controle	955

3. Novidades do Windows 7 956
3.1. Sistema mais leve estável 956
3.2. Aperfeiçoamento dos recursos gráficos 956
3.3. Mais facilidade de uso e segurança 956
4. Novidades do Windows 8 956
4.1. Tela de travamento 956
4.2. Interface Metro 957
4.3. Loja de aplicativos 957
5. Novidades do Windows 10 958
5.1. Plataforma unificada 958
5.2. Volta do menu iniciar 958
5.3. Interface Metro dentro de janelas 958
6. Questões comentadas 959
7. Questões para treinar! 960

Capítulo 10

ORGANIZAÇÃO DE ARQUIVOS E PASTAS 963

1. Introdução 963
2. Conceitos iniciais (arquivos e pastas) 963
3. Manipulação de pastas e arquivos 963
3.1. Criar pastas 964
3.2. Renomear arquivos e pastas 964
3.3. Remover arquivos e pastas 965
3.4. Mover arquivos entre pastas 965
4. Questões comentadas 966
5. Questões para treinar! 968

Capítulo 11

DESAFIO – INFORMÁTICA 973

Simulados

SIMULADO 1 977

SIMULADO 2 980

SIMULADO 3 982

SIMULADO 4 985

SIMULADO 5 988

Direito Constitucional

Nathalia Masson

DIREITO CONSTITUCIONAL

Nathalia Masson

NOTA DA AUTORA

Antes de ser confeccionado, este livro foi sonhado.

Há anos lecionando a disciplina "Noções de Direito Constitucional" em cursos preparatórios, sempre desejei produzir uma obra que apresentasse a disciplina de forma didática e cativante para meus alunos que naquele momento travavam o contato inicial com o estudo para concursos públicos.

Outros compromissos profissionais, todavia, me fizeram adiar, mais de uma vez, a realização deste projeto.

Até que em 2015, dois elementos se conjugaram e mostraram que chegara o momento de realizar o antigo sonho de dialogar sobre o Direito Constitucional também com os leitores iniciantes no estudo da matéria. De um lado, a confecção das obras jurídicas que eu publicara (e que foram generosamente acolhidas pelos leitores) me deixaram inteiramente fascinada pela atividade de registrar em textos escritos o que o estudo e a atividade docente me permitiram aprender; de outro, a intensificação dos pedidos dos alunos para que eu escrevesse uma obra direcionada ao público não jurídico me inspirava a já começar a esboçar os capítulos.

Tão logo comecei a me dedicar a este projeto, percebi que podia torná-lo mais completo e proveitoso se as demais disciplinas básicas estivessem integradas em uma mesma obra, que ofertasse ao leitor as matérias essenciais em um volume único, muito didático e completo.

Montar o time de autores foi rápido: brilhantes professores lecionam comigo – Luciane (Português e Redação), Luís (Administrativo) e Carlos (Informática). O PH veio para arrematar com excelência a composição do grupo, por meio da indicação certeira da Lu.

Apresentei a eles o convite para que escrevessem capítulos que refletissem na escrita a envolvente e elogiada didática que exibiam nas salas de aulas! Para que transformassem em textos acessíveis os temas complexos que ensinam nos cursos, usando a mesma linguagem objetiva e de fácil entendimento.

O resultado, querido leitor, você tem em mãos: uma obra surpreendente! Descomplicada, compreensível, inteiramente estruturada para você que inicia seus estudos e ambiciona a carreira pública.

Espero que você goste!

Nathalia

Capítulo 1
PRINCÍPIOS FUNDAMENTAIS

1. INTRODUÇÃO

Previstos nos artigos 1º a 4º da Constituição Federal, temos os chamados "**Princípios Fundamentais**", que estruturam e organizam o poder político estatal. No artigo 1º temos os **fundamentos** da República Federativa do Brasil, no artigo 2º temos a consagração da **separação dos Poderes**, no artigo 3º temos os **objetivos fundamentais** e no artigo 4º temos os princípios que regem a República Federativa do Brasil nas **relações internacionais**.

Deve-se ter atenção ao seguinte: os fundamentos, a separação dos Poderes, os objetivos fundamentais e os princípios que regem a República Federativa do Brasil nas relações internacionais são **espécies de princípios fundamentais**. Vale dizer: é certo afirmar que todos os fundamentos do art. 1º são princípios fundamentais; todavia, nem todo princípio fundamental é necessariamente um fundamento (pois pode ser um objetivo fundamental, ou um princípio que rege nosso país nas relações internacionais). Do mesmo modo, é correto concluir que todos os objetivos fundamentais são princípios fundamentais, mas nem todos os princípios fundamentais são objetivos fundamentais.

Atenção ao esquema posto abaixo, que finaliza as explicações introdutórias acerca dos princípios fundamentais:

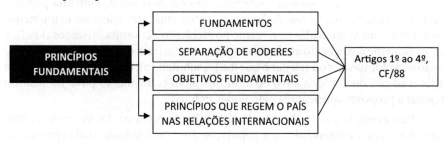

2. FUNDAMENTOS

Nos termos do art. 1º da Constituição Federal, a República Federativa do Brasil é formada pela união indissolúvel dos Estados e Municípios e do Distrito Federal, constitui-se em Estado Democrático de Direito e tem como **fundamentos** os seguintes:

(i) a soberania;

(ii) a cidadania;

(iii) a dignidade da pessoa humana;

(iv) os valores sociais do trabalho e da livre iniciativa;

(v) o pluralismo político.

Na tentativa de auxiliar a memorização do dispositivo, indica-se a junção das sílabas iniciais de cada palavra:

SO	berania
CI	dadania
DI	gnidade da pessoa humana
VA	lores sociais do trabalho e da livre iniciativa
PLU	ralismo político

O parágrafo único do art. 1° informa que **todo o poder emana do povo** e será exercido de duas formas: diretamente pelos cidadãos (democracia direta) e indiretamente pelos nossos representantes (democracia representativa).

Vê-se que a República Federativa do Brasil, que se constitui em um Estado Democrático de Direito, abraça a **democracia participativa**, em que adotamos uma democracia representativa – em que as decisões políticas não são tomadas diretamente pelos cidadãos, mas por representantes eleitos por eles –, com a adoção simultânea de alguns institutos de participação direta do povo.

Como exemplos destes institutos de participação popular direta, podemos citar o **plebiscito** (art. 14, I, CF/88), o **referendo** (art. 14, II, CF/88) e a **iniciativa popular** para apresentação de projetos de leis (art. 14, III, CF/88).

Tanto o plebiscito quanto o referendo são mecanismos de **consulta popular** acerca de matérias relevantes. A distinção central entre eles refere-se ao **momento** do acionamento dos cidadãos: enquanto no plebiscito a consulta é feita aos cidadãos anteriormente à edição do ato legislativo ou administrativo (cabendo ao povo, por meio do voto, aprovar ou rejeitar o que lhe foi submetido), o referendo é convocado após a edição do ato legislativo ou administrativo (cabendo ao povo ratificar ou rejeitar a proposta apresentada pelo Poder Público).

Para exemplificar a utilização do **plebiscito**, temos o art. 18, §§ 3° e 4°, CF/88, que enunciam a necessidade de a população diretamente interessada aprovar em plebiscito a possibilidade de Estados e Municípios sofrerem fusão, subdivisão, incorporação ou desmembramento. Outro exemplo temos no art. 2°, ADCT (Ato das Disposições Constitucionais Transitórias), que estabelece um plebiscito (realizado em 21 de abril de 1993) no qual o povo optou pela forma de governo republicana e pelo sistema de governo presidencialista.

Para exemplificarmos a utilização do instituto do referendo, lembremos da votação realizada em 23/10/2005, relativa ao Estatuto do Desarmamento. Naquela ocasião, discutia-se a proibição da comercialização de armas de fogo no Brasil.

Sobre a **iniciativa popular** para apresentação de um projeto de lei (ordinária ou complementar) na Câmara dos Deputados, temos a previsão do art. 61, § 2°, CF/88. Este dispositivo preceitua que o projeto deve estar subscrito por, no mínimo, **um** por cento do eleitorado nacional, distribuído por, pelo menos, **cinco** Estados, com não menos do que **três décimos** por cento de eleitores em cada um desses Estados. Para memorizar esses requisitos, veja a estrutura posta a seguir:

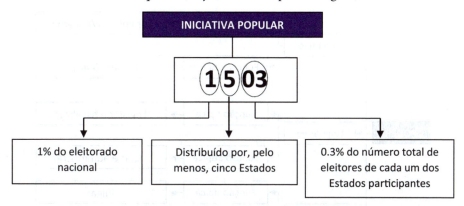

3. SEPARAÇÃO DE PODERES

Por seu turno, no art. 2°, CF temos a consagração da "**Separação dos Poderes**", também intitulada "Tripartição funcional do Poder". Diz o dispositivo constitucional que são Poderes da União, independentes e harmônicos entre si, o Legislativo, o Executivo e o Judiciário.

 DICA
Apesar de a Constituição Federal mencionar que os três Poderes (Legislativo, Executivo e Judiciário) são Poderes da União, é bom lembrar que os Estados-membros e o Distrito Federal também os possuem, isto é, existe Poder Legislativo, Executivo e Judiciário em cada Estado e também no Distrito Federal. Quanto aos Municípios, é importante frisar que só possuem Poder Legislativo e Executivo próprio, já que não existe Poder Judiciário local.

Dizer que os Poderes são **independentes** entre si significa duas coisas: (i) uma especialização funcional: cada qual possui funções constitucionalmente delineadas, e (ii) uma independência orgânica: as tarefas serão exercidas sem que haja interferência ou subordinação a qualquer outro Poder.

Essa independência, todavia, deve ser entendida com temperamentos, já que o Estado contemporâneo não mais aceita a ideia de separação rígida. Nesse sentido, a relação entre os Poderes será construída de forma **harmônica**, permitindo que todos os Poderes exerçam todas as funções, em um sistema que é conhecido como "**sistema de freios e contrapesos**" (*checks and balances*), onde um Poder vai sempre atuar de forma a impedir o exercício arbitrário na atuação do outro.

Como decorrência direta desse sistema (em que cada Poder controla os outros dois e é por eles também controlado), temos que cada um exercerá, além das suas funções **típicas** (ou primordiais), também tarefas **atípicas** (ou secundárias). As atribuições típicas são aquelas que identificam o Poder e a sua função precípua; as atípicas correspondem às funções primárias dos outros dois Poderes. Verifique o esquema abaixo, que sintetiza essa informação:

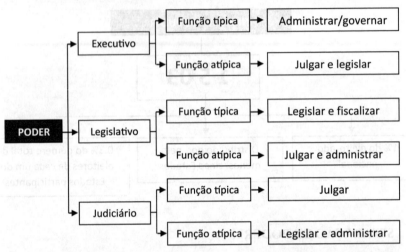

São muitas as situações previstas no texto constitucional de verdadeira consagração do sistema de freios e contrapesos:

(i) o controle de constitucionalidade das leis realizado pelo Poder Judiciário (no qual órgãos do Poder podem declarar a inconstitucionalidade de uma lei que tenha sido elaborada pelo legislador em desacordo com a Constituição);

(ii) o veto presidencial aos projetos de lei aprovados pelas duas Casas Legislativas (art. 66, § 1°, CF/88);

(iii) a possibilidade de os Deputados Federais e Senadores derrubarem o veto presidencial ao projeto de lei (art. 66, §§ 4° e 6°, CF/88);

(iv) a possibilidade de os Deputados Federais e Senadores rejeitarem a Medida provisória editada pelo Presidente da República (art. 62, CF/88);

(iii) a indispensabilidade da prévia aprovação do Senado Federal para que o Presidente da República possa nomear algumas autoridades (como por exemplo os Ministros do STF, os Ministros do STJ e o Procurador-Geral da República, conforme enuncia o art. 52, III, CF/88);

(iv) a possibilidade de o Senado Federal condenar o Presidente por crime de responsabilidade, no processo de *impeachment* (art. 52, I e parágrafo único, CF/88).

 DICA
Muito embora a Constituição tenha enunciado o Legislativo, o Executivo e o Judiciário como os três Poderes do Estado, sabe-se que **o Poder Político é uno**.

> Assim, o que se reparte (ou se divide) não é propriamente o Poder do Estado (Poder Político) mas, tão somente, as funções deste Poder. Nesse sentido, alguns autores preferem a expressão "tripartição funcional do Poder", ou mesmo a locução "distinção das funções do Poder Político".

4. OBJETIVOS FUNDAMENTAIS

Os **objetivos fundamentais** da República estão elencados no art. 3° e são os seguintes:

(i) construir uma sociedade livre, justa e solidária;

(ii) garantir o desenvolvimento nacional;

(iii) erradicar a pobreza e a marginalização e reduzir as desigualdades sociais e regionais;

(iv) promover o bem de todos, sem preconceito de origem, raça, sexo, cor e idade e quaisquer outras formas de discriminação.

Na tentativa de auxiliar a memorização do dispositivo, indica-se a junção das sílabas iniciais de cada palavra:

CONS	tituir uma sociedade livre, justa e solidária
GA	rantir o desenvolvimento nacional
ERRA	dicar a pobreza e a marginalização e reduzir as desigualdades sociais e regionais
RE	duzir as desigualdades sociais e regionais
PRO	mover o bem de todos

Nota-se que, no art. 3°, a Constituição enunciou quais são as **ações** que devem ser implementadas para que o projeto constitucional de alcançar a sociedade que desejamos (mais justa, igual, respeitosa e desenvolvida) seja alcançado. Nesse sentido, vale frisar que os objetivos fundamentais se diferenciam dos fundamentos na medida em que se acham fora da estrutura do Estado, representando algo externo a ele que se busca meio de políticas públicas e apoio da sociedade; os fundamentos, por sua vez, são inerentes à própria estrutura estatal, os pilares a partir dos quais nosso Estado se ergue.

5. PRINCÍPIOS NORTEADORES DA REPÚBLICA FEDERATIVA DO BRASIL NAS SUAS RELAÇÕES INTERNACIONAIS

Os **princípios que vão nortear as relações internacionais envolvendo a República Federativa do Brasil** estão descritos no art. 4°, CF/88 e são os seguintes:

(i) independência nacional;

(ii) prevalência dos direitos humanos;

(iii) autodeterminação dos povos;

(iv) não intervenção;

(v) igualdade entre os Estados;

(vi) defesa da paz;

(v) solução pacífica dos conflitos;

(vi) repúdio ao terrorismo e ao racismo;

(vii) cooperação entre os povos para o progresso da humanidade;

(viii) concessão de asilo político.

Vale destacar a previsão do parágrafo único do art. 4°, noticiando que a República Federativa do Brasil buscará a integração econômica, política, social e cultural dos povos da América Latina, visando à formação de uma comunidade **latino-americana** de nações.

Na tentativa de auxiliar a memorização do dispositivo, indica-se a junção das sílabas iniciais de cada palavra:

IN	dependência nacional
PRE	valência dos direitos humanos
AUTO	determinação dos povos
NÃO	intervenção
IGUAL	dade entre os Estados
DE	fesa da paz
SO	lução pacífica dos conflitos
RE	púdio ao terrorismo e ao racismo
CO	operação entre os povos para o progresso da humanidade
CO	ncessão de asilo político

6. QUESTÕES COMENTADAS

1. **(2014 – FCC – TJ-AP – Técnico Judiciário)** A República Federativa do Brasil tem como um de seus fundamentos ...I... ; constitui um dos seus objetivos fundamentais ...II...; e rege-se nas suas relações internacionais, entre outros, pelo princípio ...III...

   Preenche, correta e respectivamente, as lacunas I, II e III:

   Para resolver corretamente esta questão, o leitor deverá ter atenção ao seguinte:

   – no item I o examinador quer um fundamento (ou seja, listado pelo art. 1° da CF/88; lembre-se do **SoCiDiVaPlu**);

   – no item II o examinador pede um objetivo fundamental (listado pelo art. 3° da CF/88; lembre-se do **ConsGaErraRePro**);

   – no item III o examinador quer um princípio que rege a República Federativa do Brasil nas suas relações internacionais (isto é, listado pelo art. 4° da CF/88; lembre-se do **In-PreAutoNaoIgualDeSoReCoCo**).

a) I – a dignidade da pessoa humana / II – conceder asilo político / III – da prevalência dos direitos humanos

Nesta assertiva, apesar de a dignidade da pessoa humana ser um fundamento da República Federativa do Brasil (previsto no inciso III do art. 1°), a concessão de asilo político não é objetivo fundamental, pois representa um dos princípios que regem a República Federativa do Brasil nas suas relações internacionais (art. 4°, inciso X). Nesse sentido, a alternativa não pode ser assinalada. Por fim, a prevalência dos direitos humanos é princípio que rege a República Federativa do Brasil nas suas relações internacionais (art. 4°, inciso II).

b) I – a cidadania / II – conceder asilo político / III – do repúdio ao terrorismo e ao racismo

Nesta assertiva, apesar de a cidadania ser um fundamento da República Federativa do Brasil (previsto no inciso II do art. 1°), a concessão de asilo político não é objetivo fundamental, pois representa um dos princípios que regem a República Federativa do Brasil nas suas relações internacionais (art. 4°, inciso X). Nesse sentido, a alternativa não pode ser assinalada. Por fim, o repúdio ao terrorismo e ao racismo é princípio que rege a República Federativa do Brasil nas suas relações internacionais (art. 4°, inciso VIII).

c) **I – a soberania/ II – construir uma sociedade livre, justa e solidária / III – do repúdio ao terrorismo e ao racismo**

Esta é a alternativa a ser assinalada. Afinal, a soberania é um fundamento da República Federativa do Brasil (previsto no inciso I do art. 1°), a construção de uma sociedade livre, justa e solidária é objetivo fundamental (art. 3°, I) e o repúdio ao terrorismo e ao racismo é princípio que rege a República Federativa do Brasil nas suas relações internacionais (art. 4°, inciso VIII).

d) I – os valores sociais do trabalho e da livre iniciativa /II – defender a paz / III – da prevalência dos direitos humanos

Esta assertiva não pode ser assinalada. Apesar de a cidadania ser um fundamento da República Federativa do Brasil (previsto no inciso II do art. 1°), a defesa da paz não é objetivo fundamental, pois representa um dos princípios que regem a República Federativa do Brasil nas suas relações internacionais (art. 4°, inciso VI). Por fim, a prevalência dos direitos humanos é princípio que rege a República Federativa do Brasil nas suas relações internacionais (art. 4°, inciso II).

e) I – o pluralismo político /II – defender a paz/ III – da prevalência dos direitos humanos

Esta assertiva também não pode ser assinalada. Apesar de o pluralismo político ser um fundamento da República Federativa do Brasil (previsto no inciso V do art. 1°), a defesa da paz não é objetivo fundamental, pois representa um dos princípios que regem a República Federativa do Brasil nas suas relações internacionais (art. 4°, inciso VI). Por fim, a prevalência dos direitos humanos é princípio que rege a República Federativa do Brasil nas suas relações internacionais (art. 4°, inciso II).

2. **(2014 – FCC – TRT 2ªR – Técnico Judiciário)** Na Constituição Federal, a cidadania constitui:

a) objetivo fundamental da República Federativa do Brasil.

Os objetivos fundamentais da República Federativa do Brasil estão listados no art. 3° e a cidadania não é um deles.

b) princípio pelo qual a República Federativa do Brasil rege-se nas suas relações internacionais.

Os princípios que regem as relações da República Federativa do Brasil nas suas relações internacionais estão enunciados no art. 4° e a cidadania não é um deles.

c) **fundamento da República Federativa do Brasil.**

Conforme prevê o art. 1°, II, CF/88, realmente a cidadania é um dos fundamentos da República Federativa do Brasil.

d) princípio referido no preâmbulo e reafirmado como princípio da Administração pública.

A cidadania não é citada no preâmbulo, tampouco é um dos princípios da Administração (que estão enunciados no art. 37, CF/88).

e) um dos princípios gerais da atividade econômica.

Os princípios gerais da atividade econômica estão previstos no art. 170 da CF/88 e a cidadania não é um deles.

3. **(2014 – IADES – TRE-PA – Técnico Judiciário)** No que se refere aos princípios fundamentais constantes na Constituição Federal de 1988, assinale a alternativa correta:

a) O Brasil elegeu a República como forma de Estado.

Assertiva errada, afinal a República é nossa forma de Governo. Nossa forma de Estado é a federada! Muito cuidado para não confundir: forma de governo X forma de Estado.

b) **Garantir o desenvolvimento nacional é um dos objetivos fundamentais da República Federativa do Brasil.**

Alternativa correta, de acordo com o art. 3°, II, CF/88.

c) Em que pese a Federação Brasileira ser composta pela União, estados-membros, Distrito Federal e municípios, é admitida a secessão deles.

Nossa forma de Estado é a federada. Isso significa que o poder político é descentralizado (não é central), o que origina as entidades federadas dotadas de autonomia (União, Estados-membros, Distrito Federal e Municípios). O vínculo que as une é **indissolúvel**, ou seja, não é admitido o direito de secessão (de separação). Portanto, um Estado-membro não pode abandonar a federação brasileira para constituir um país novo; seria inadmissível.

d) Dentre os fundamentos da República Brasileira, o da soberania visa colocar o Brasil em situação de superioridade, em relação aos demais estados independentes.

Assertiva errada. A soberania, no cenário internacional, assegura a independência da República Federativa do Brasil e não a superioridade. Aliás, o art. 4°, V, CF/88, consagra a igualdade entre os Estados como um dos princípios que regem a República Federativa do Brasil nas suas relações internacionais.

7. QUESTÕES PARA TREINAR!

1. **(2015 – FCC – TRE-RR – Técnico Judiciário)** Nos termos da Constituição de 1988, são fundamentos da República Federativa do Brasil, dentre outros:

a) soberania, cidadania e pluralismo político.

Cap. 1 • PRINCÍPIOS FUNDAMENTAIS

b) cidadania, valores sociais do trabalho e da livre iniciativa e inafastabilidade da jurisdição.

c) dignidade da pessoa humana, valores sociais do trabalho e função social da propriedade.

d) soberania, igualdade e liberdade.

e) dignidade da pessoa humana, direito à vida e à saúde e fraternidade.

2. **(2015 – CESPE – FUB – Assistente em Administração)** Julgue o item a seguir, a respeito da Constituição Federal de 1988 (CF) e dos fundamentos da República Federativa do Brasil:

A livre iniciativa, fundamento da República Federativa do Brasil, possui valor social que transcende o interesse do empreendedor, merecendo proteção constitucional apenas quando respeitar e ajudar a desenvolver o trabalho humano. Por isso, não se coaduna com a CF empreitada que deixe de assegurar os direitos sociais dos trabalhadores.

3. **(2015 – CESPE – FUB – Assistente em Administração)** Julgue o item a seguir, a respeito da Constituição Federal de 1988 (CF) e dos fundamentos da República Federativa do Brasil:

O pluralismo político, fundamento da República Federativa do Brasil, é pautado pela tolerância a ideologias diversas, o que exclui discursos de ódio, não amparados pela liberdade de manifestação do pensamento.

4. **(2015 – FUNRIO – UFRB – Assistente em Administração)** No tocante as relações internacionais, o Brasil as rege com base em quais princípios?

a) A República Federativa do Brasil buscará a integração econômica, política, social e cultural dos povos das Américas, visando à formação de uma comunidade americana de nações.

b) A República Federativa do Brasil buscará a desigualdade entre os Estados.

c) A República Federativa do Brasil buscará a integração econômica, política, social e cultural dos povos da América Latina, visando à formação de uma comunidade latino-americana de nações.

d) A República Federati va do Brasil buscará a prevalência dos direitos econômicos.

e) A República Federativa do Brasil buscará a cooperação entre os povos para o progresso industrial.

5. **(2015 – VUNESP – Prefeitura de Caieiras – SP – Assistente Legislativo)** Conforme o artigo 4º, parágrafo único, da Constituição Federal, a República Federativa do Brasil buscará a integração econômica:

a) com todos os países com os quais mantém relações diplomáticas, visando ao desenvolvimento do comércio internacional.

b) e o intercâmbio comercial entre os países da Europa.

c) e também política, social e cultural dos povos da América Latina, visando à formação de uma comunidade latino-americana de nações.

d) e também cultural dos povos de todo o mundo, visando à formação de uma comunidade mais justa e solidária.

e) e também política dos povos das Américas, visando ao pluralismo político e à cidadania.

6. (2014 – FCC – TJ-AP – Técnico Judiciário) A República Federativa do Brasil tem como um de seus fundamentos ...I... ; constitui um dos seus objetivos fundamentais ...II... ; e rege-se nas suas relações internacionais, entre outros, pelo princípio ...III...

Preenche, correta e respectivamente, as lacunas I, II e III:

a) I – a dignidade da pessoa humana / II – conceder asilo político / III – da prevalência dos direitos humanos

b) I – a cidadania / II – conceder asilo político / III – do repúdio ao terrorismo e ao racismo

c) I – a soberania/ II – construir uma sociedade livre, justa e solidária / III – do repúdio ao terrorismo e ao racismo

d) I – os valores sociais do trabalho e da livre iniciativa /II – defender a paz / III – da prevalência dos direitos humanos

e) I – o pluralismo político /II – defender a paz/ III – da prevalência dos direitos humanos

7. (2014 – FUNDATEC – SEFAZ-RS – Técnico Tributário da Receita Estadual) Nos termos do art. 3º da Constituição Federal, constituem objetivos fundamentais da República Federativa do Brasil:

I. Garantir o desenvolvimento nacional, bem como promover o bem da maioria, sem pre- conceitos de origem, raça, sexo, cor, idade e quaisquer outras formas de discriminação.

II. Construir uma sociedade livre, justa e solidária.

III. Erradicar a pobreza e reduzir a marginalização e as desigualdades sociais e regionais.

Quais estão corretas?

a) Apenas II.

b) Apenas I e II.

c) Apenas I e III.

d) Apenas II e III.

e) I, II e III.

8. (2014 – CESPE – TC-DF – Técnico de Administração Pública) A respeito das classificações das constituições e dos princípios fundamentais previstos na CF, julgue os itens a seguir:

Ao implementar ações que visem reduzir as desigualdades sociais e regionais e garantir o desenvolvimento nacional, os governos põem em prática objetivos fundamentais da República Federativa do Brasil.

9. (2014 – FUNRIO – IF-BA – Assistente em Administração) Segundo os Princípios Fun- damentais previstos na Constituição Federal, a República Federativa do Brasil, formada pela união indissolúvel dos Estados e Municípios e do Distrito Federal, constitui-se em um Estado Democrático de Direito. Assinale a alternativa que não indica um dos seus fundamentos:

Cap. 1 • PRINCÍPIOS FUNDAMENTAIS

45

a) A soberania.

b) Os valores sociais do trabalho e da livre iniciativa.

c) A cidadania.

d) A independência nacional.

e) O pluralismo político.

10. **(2014 – VUNESP – PC-SP – Técnico de Laboratório)** A República Federativa do Brasil, formada pela união indissolúvel dos Estados e Municípios e do Distrito Federal, possui, entre outros, o objetivo de:

a) cooperar com outros povos para o progresso da humanidade.

b) erradicar a pobreza e a marginalização e reduzir as desigualdades sociais e regionais.

c) combater a escravidão, a servidão e o tráfico de mulheres.

d) buscar a integração econômica, social e cultural dos povos da América Latina.

e) assegurar o livre exercício de qualquer trabalho, ofício ou profissão.

11. **(2014 – CESPE – SUFRAMA – Técnico em Contabilidade)** Acerca da classificação das constituições e dos princípios fundamentais, julgue os itens a seguir, considerando que a CF corresponde à Constituição Federal de 1988:

A CF propugna, de forma específica, a integração econômica, política, social e cultural do Brasil com os povos da América Latina.

12. **(2014 – FCC – TRT 2ªR – Técnico Judiciário)** Na Constituição Federal, a cidadania constitui:

a) objetivo fundamental da República Federativa do Brasil.

b) princípio pelo qual a República Federativa do Brasil rege-se nas suas relações internacionais.

c) fundamento da República Federativa do Brasil.

d) princípio referido no preâmbulo e reafirmado como princípio da Administração pública.

e) um dos princípios gerais da atividade econômica.

13. **(2014 – IADES – TRE-PA – Técnico Judiciário)** No que se refere aos princípios fundamentais constantes na Constituição Federal de 1988, assinale a alternativa correta:

a) O Brasil elegeu a República como forma de Estado.

b) Garantir o desenvolvimento nacional é um dos objetivos fundamentais da República Federativa do Brasil.

c) Em que pese a Federação Brasileira ser composta pela União, estados-membros, Distrito Federal e municípios, é admitida a secessão deles.

d) O regime político vigente no Brasil é o comunista.

e) Dentre os fundamentos da República Brasileira, o da soberania visa colocar o Brasil em situação de superioridade, em relação aos demais estados independentes.

14. (2014 – IBFC – TRE-AM – Técnico Judiciário) Assinale a alternativa que NÃO apresenta princípio que rege as relações internacionais da República Federativa do Brasil:

a) Prevalência dos direitos humanos.

b) Repúdio ao terrorismo e ao racismo.

c) Garantir o desenvolvimento nacional.

d) Cooperação entre os povos para o progresso da humanidade.

15. (2014 – FCC – TRF 3ªR – Técnico Judiciário) A dignidade da pessoa humana, no âmbito da Constituição Brasileira de 1988, deve ser entendida como:

a) uma exemplificação do princípio de cooperação entre os povos para o progresso da humanidade reconhecida pela Constituição.

b) um direito individual garantido somente aos brasileiros natos.

c) uma decorrência do princípio constitucional da soberania do Estado Brasileiro.

d) um direito social decorrente de convenção internacional ratificada pelo Estado Brasileiro.

e) um dos fundamentos do Estado Democrático de Direito da República Federativa do Brasil.

GABARITO DAS QUESTÕES				
1	2	3	4	5
A	V	V	C	C
6	7	8	9	10
C	A	V	D	B
11	12	13	14	15
V	C	B	C	E

Capítulo 2

EFICÁCIA E APLICABILIDADE DAS NORMAS CONSTITUCIONAIS

1. CONCEITO

Podemos conceituar "eficácia" como sendo a **aptidão** que uma norma possui **para produzir seus efeitos**. Todas as normas inseridas na Constituição possuem alguma eficácia, isto é, são capazes de produzir algum efeito. O que as difere é o grau de eficácia, pois algumas normas constitucionais, sozinhas (isto é, independentemente de qualquer regulamentação posterior), já são capazes de produzir todos os seus efeitos essenciais, enquanto outras somente produzirão todos os seus efeitos plenos após a regulamentação por lei.

Foi neste cenário que o autor **José Afonso da Silva** criou a doutrina que separa as normas constitucionais de acordo com sua aplicabilidade e eficácia. Segundo o professor, existem três grandes grupos de normas constitucionais: (i) as de eficácia plena; (ii) as de eficácia contida e (iii) as de eficácia limitada.

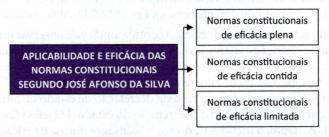

2. EFICÁCIA PLENA

As normas de **eficácia plena** são aquelas que desde a promulgação da Constituição já são capazes de produzir sozinhas (vale dizer, independentemente de lei regulamentadora posterior) todos os seus efeitos essenciais. Elas não precisam da atuação do legislador para sua produção de efeitos ser plena, tampouco admitem que uma lei posterior restrinja seu alcance. Para exemplificar, vejamos alguns dispositivos: (i) "Brasília é a Capital Federal" (art. 18, § 1º, CF/88); "Ninguém poderá ser compelido a associar-se ou permanecer associado" (art. 5º, XX, CF/88); "Ninguém será submetido a tortura nem a tratamento desumano ou degradante (art. 5º, III, CF/88).

3. EFICÁCIA CONTIDA

Por seu turno, as de **eficácia contida** são normas que, assim como as plenas, não dependem de regulamentação legislativa para produziremos seus efeitos. Todavia, ao contrário das plenas, poderão ter o seu alcance restringido (contido) por uma lei infraconstitucional. Deve-se destacar, todavia, que a edição de uma lei regulamentadora da norma de eficácia contida não é obrigatória, é facultativa. Por isso, enquanto não for editada essa lei, a norma constitucional permanece no ordenamento jurídico com sua eficácia plena.

Para exemplificar, pensemos no art. 5º, XIII, CF/88, que diz ser "livre o exercício de qualquer trabalho, ofício ou profissão, atendida às qualificações profissionais que a lei estabelecer". Esse dispositivo informa que os indivíduos poderão escolher livremente qualquer profissão ou trabalho. Todavia, é possível que leis regulamentadoras sejam editadas e restrinjam o acesso à determinada profissão (exigindo, por exemplo, um curso profissionalizante, a graduação em certa área do conhecimento).

Outro bom exemplo encontra-se no art. 5º, LVIII, CF/88, segundo o qual "o civilmente identificado não será submetido a identificação criminal, salvo nas hipóteses previstas em lei". De acordo com este inciso do artigo 5º, o sujeito que portar um documento de identificação civil válido em território nacional (por ex.: o RG, a CNH, o passaporte, a carteira de trabalho), não será levado à delegacia para ser submetido ao complexo processo da identificação criminal (que envolve o colhimento das impressões datiloscópicas, a foto de frente e de perfil, a narração de próprio punho da vida pregressa). Todavia, a lei regulamentadora pode prever hipóteses em que mesmo o indivíduo estando identificado civilmente ele será submetido à identificação criminal (atualmente temos a Lei nº 12.037/2009 tratando do tema).

Por fim, sobre as normas de eficácia contida ainda vale observar uma questão: normalmente a restrição é efetivada por leis infraconstitucionais, todavia, é possível que outra norma da própria Constituição estabeleça a restrição do direito. Para exemplificar, pensemos no direito de reunião, consagrado no art. 5º, XVI, CF/88. Esse direito pode ser suspenso no caso de decretação de estado de Sítio (art. 139, IV, CF/88) e restringido no caso de decretação do estado de Defesa (art. 136, § 1º, I, a, CF/88). Portanto, o inciso XVI do art. 5º consagra norma de eficácia contida.

4. EFICÁCIA LIMITADA

Já a norma de **eficácia limitada** é aquela que sem a regulamentação legislativa não será capaz de produzir todos os seus efeitos essenciais. Produzirá alguns efeitos (reduzidos), mas sem a regulamentação será incapaz de produzir plenamente todos os efeitos para os quais foi editada.

Nota-se que é uma norma constitucional que precisa de lei posterior para que o direito ou a regra nela prevista se realize para os destinatários. Para exemplificar, pensemos no art. 5º, XXXII, que determina que "o Estado promoverá, na forma da lei, a defesa do consumidor". Sem a Lei nº 8.078/1990 (Código de Defesa do Consumidor) não saberíamos quem é o consumidor, quem é o fornecedor, quais são os direitos e deveres de cada qual.

Cap. 2 • EFICÁCIA E APLICABILIDADE DAS NORMAS CONSTITUCIONAIS

Outro bom exemplo de norma de eficácia limitada temos no art. 37, VII, CF/88, que consagra o direito de greve para o servidor público na forma da lei (que ainda não foi editada).

Um alerta, todavia, é necessário. Não se pode dizer que sem a regulamentação a norma de eficácia limitada não produzirá nenhum efeito jurídico. Todas as normas constitucionais, ao serem editadas, **já possuem algum efeito jurídico**. No caso das normas de eficácia limitada, mesmo antes da regulamentação elas já são capazes de tornar inconstitucionais as leis que com ela sejam incompatíveis. Então, imaginemos o art. 153, VII, CF/88, que determina ser de competência da União instituir o imposto sobre "grandes fortunas, nos termos de lei complementar". Ainda que a lei instituindo referido imposto não tenha sido editada (ou seja, o artigo até hoje está pendente de regulamentação), não pode ser editada uma lei proibindo a criação de tributo sobre grandes fortunas, pois tal lei afrontaria a norma constitucional).

Ainda sobre as normas constitucionais de eficácia limitada, vale ressaltar que o prof. José Afonso da Silva as subdivide em **dois grupos**:

(i) Normas de princípio programático (ou, simplesmente, **normas programáticas**): são aquelas que visam guiar/direcionar a atuação estatal por meio da instituição de programas de governo. Estabelecem metas (objetivos) a serem alcançados e necessitam da edição de atos normativos e administrativos posteriores para realizarem os planos que preveem. Como exemplo, pensemos no art. 3º, CF/88, que consagra os objetivos fundamentais da República Federativa do Brasil. Ali temos planos de governo, metas a serem alcançadas, que dependem de significativo esforço governamental (por meio da edição de leis, do estabelecimento de programas de governo, etc.) para serem efetivamente implementadas.

(ii) Normas de princípio institutivo (ou, simplesmente, **normas de eficácia limitada**): são as normas constitucionais que só produzirão plenamente os seus efeitos se forem complementadas por lei. Isso porque são normas que consagram, tão somente, um direcionamento genérico, ordenando que o legislador atue para organizar ou instituir órgãos ou instituições. Normalmente são identificadas por meio de locuções tais como: "a lei estabelecerá","na forma da lei", "nos termos da lei". Para exemplificar, vejamos os seguintes dispositivos: art. 5º, XXXII – "(...) o Estado promoverá, na forma da lei, a defesa do consumidor"; art. 7º, XXI –"(...) aviso prévio proporcional ao tempo de serviço, sendo no mínimo de trinta dias, nos termos da lei".

5. EFICÁCIA EXAURIDA

Vale ainda frisar que alguns autores nos apresentam uma outra tipologia de normas: as de **eficácia exaurida**. São aquelas normas constantes do ADCT (Ato das Disposições Constitucionais Transitórias) cujo conteúdo já foi realizado e atualmente já não produzem mais efeitos jurídicos em razão de sua aplicabilidade estar esgotada.

Para exemplificar, pensemos no art. 2º, ADCT: este artigo determinou que no ano de 1993 o eleitorado definiria, através de plebiscito, a forma (república ou monarquia constitucional) e o sistema de governo (parlamentarismo ou presidencialismo) que deveria vigorar no País. Como o plebiscito já aconteceu (votamos pela manutenção da forma republicana e do sistema presidencialista), o dispositivo está com sua eficácia exaurida, sua aplicabilidade já se esgotou. Outro exemplo pode ser extraído do art. 3º, ADCT: a revisão constitucional poderia ser realizada após cinco anos, contados da promulgação da Constituição, pelo voto da maioria absoluta dos membros do Congresso Nacional, em sessão unicameral. Como a revisão já aconteceu (foram produzidas seis emendas revisionais, entre os anos de 1993 e 1994), esta é mais uma norma cujos efeitos já estão exauridos.

Em suma, muito embora certas normas continuem a integrar o texto da Constituição, elas já não possuem nenhuma função nem agora no presente, nem para o futuro. Representam **meras reminiscências históricas**, lembranças de uma determinação constitucional que já se cumpriu.

6. QUESTÕES COMENTADAS

1. **(2013 – CESPE – MS – Analista Técnico – Administrativo)** Acerca das constituições e das normas constitucionais, julgue os itens a seguir.

    As normas programáticas são normas de eficácia contida, com aplicabilidade direta, imediata e possivelmente não integral.

    A assertiva é falsa, haja vista o fato de as normas programáticas serem normas de eficácia limitada, possuidoras de aplicabilidade indireta e mediata. As normas de eficácia contida, por seu turno, possuem aplicabilidade direta e imediata, o que significa que produzem todos os seus efeitos essenciais tão logo a Constituição Federal é promulgada, sem dependerem de lei regulamentadora posterior.

2. **(2012 – CESPE – PRF – Técnico de Nível Superior)** Acerca da classificação da Constituição e das normas constitucionais, julgue os itens a seguir.

    É de eficácia limitada a norma constitucional que estabelece ser livre o exercício de qualquer trabalho, ofício ou profissão, atendidas as qualificações que a lei estabelecer.

    A questão refere-se à liberdade profissional, inscrita no art. 5°, XIII, CF/88. De acordo com esse dispositivo, o indivíduo pode escolher livremente seu trabalho, seu ofício ou profissão. Todavia, se houver lei regulamentando aquele trabalho (ou ofício/profissão), o sujeito somente poderá exercê-lo se cumprir os requisitos estabelecidos em lei. Por isso o inciso é considerado norma de eficácia contida! Enquanto a lei regulamentadora não é editada, fixando os requisitos para que aquele trabalho seja exercitado, o exercício dele é livre. Somente depois que a lei for elaborada é que certas condições para o seu exercício deverão ser cumpridas.

3. **(2012 – PUC-PR – DPE-PR – Assessor Jurídico)** Sobre a eficácia e a aplicabilidade das normas constitucionais, seguindo a classificação de José Afonso da Silva, aponte a alternativa CORRETA:

    Inicialmente, façamos com atenção a análise de cada um dos itens propostos pelo examinador.

    I. As normas constitucionais de eficácia contida são consideradas como aquelas que têm aplicabilidade direta e imediata, porém não integral.

Cap. 2 · EFICÁCIA E APLICABILIDADE DAS NORMAS CONSTITUCIONAIS | 51

Este é exatamente o conceito apresentado pelo prof. José Afonso da Silva para definir as normas de eficácia contida. De fato, elas possuem aplicabilidade direta e integral, o que significa que elas são capazes, sozinhas e desde a promulgação da Constituição, de produzir seus efeitos essenciais, independentemente de qualquer lei posterior. São também dotadas de aplicabilidade não integral, em razão de existir a possibilidade de uma lei posterior ser editada e reduzir o alcance do direito contido na norma constitucional. Vale dizer: a norma de eficácia contida não precisa de lei para produzir seus efeitos essenciais; mas uma lei pode ser editada para restringir seu alcance. O item é, portanto, correto.

II. As normas constitucionais de eficácia plena possuem aplicabilidade direta, imediata e integral, porém é possível que lei complementar posterior restrinja seu âmbito de aplicação.

Este item é incorreto. Apesar de as normas de eficácia plena possuírem aplicabilidade direta, imediata e integral, ela não será objeto de lei regulamentadora posterior capaz de reduzir seu alcance e âmbito de aplicação.

III. As normas constitucionais declaratórias de princípios programáticos são consideradas normas de eficácia limitada, porquanto veiculam programas a serem implementados pelo Estado, visando à realização de fins sociais.

Outro item correto, segundo a diretriz do Prof. José Afonso da Silva. Realmente as normas programáticas são de eficácia limitada, o que significa que possuem aplicabilidade indireta e mediata, e só produzem na plenitude seus efeitos se o Estado criar programas, leis e políticas públicas que promovam sua efetivação.

a) Apenas as assertivas II e III são verdadeiras.

b) **Apenas as assertivas I e III são verdadeiras.**

c) Apenas as assertivas I e II são verdadeiras.

d) Todas as assertivas são verdadeiras.

7. QUESTÕES PARA TREINAR!

1. **(2015 – FCC – TCE-CE – Técnico de Controle Externo)** Consideram-se normas constitucionais de eficácia contida aquelas em que o legislador constituinte

   a) regulou suficientemente os interesses relativos a determinada matéria produzindo a norma desde logo seus efeitos, mas deixou margem à atuação restritiva por parte do Poder Público, nos termos que vierem a ser previstos em lei.

   b) deixou ao legislador ordinário o poder pleno de disciplinar a matéria, sem delinear os limites de tal atuação.

   c) regulamentou inteiramente a matéria, a qual não pode ser objeto de nenhum juízo restritivo por parte do Poder Público.

   d) deixou ao legislador ordinário o poder de disciplinar a matéria, dependendo a norma constitucional, para gerar efeitos, da existência de regras restritivas por este traçadas.

   e) previu os princípios que devem ser observados pelo Poder Público, sem fixar diretriz a ser seguida na elaboração das leis ordinárias posteriores.

2. (2014 – CEPERJ – FSC – Assistente Técnico Administrativo) Nos termos da Constituição Federal, as normas definidoras dos direitos e garantias fundamentais possuem aplicabilidade definida como:

a) imediata

b) posterior

c) limitada

d) ilimitada

e) mediata

3. (2014 – FCC – TJ-AP – Técnico Judiciário) Segundo o art. 16 da Constituição Federal: A lei que alterar o processo eleitoral entrará em vigor na data de sua publicação, não se aplicando à eleição que ocorra até um ano da data de sua vigência.

Trata-se de norma constitucional

a) de eficácia limitada.

b) de aplicabilidade imediata e eficácia plena.

c) de aplicabilidade imediata e eficácia restringível.

d) não autoexecutável.

e) programática.

4. (2013 – CESPE – STF – Técnico Judiciário) Acerca dos direitos e garantias fundamentais, dos direitos sociais, dos princípios que regem a administração pública e da disciplina constitucional dos servidores públicos, julgue os itens que se seguem.

A norma constitucional que trata do direito de greve do servidor público é considerada pela literatura e pela jurisprudência como norma de eficácia limitada.

5. (2013 – CESPE – TRT 8ªR – Técnico Judiciário) Com relação à eficácia e à aplicabilidade das normas constitucionais contidas na CF, assinale a opção correta.

a) Ao assegurar aos presos o respeito à integridade física e moral, a CF estabeleceu uma norma de eficácia limitada, devendo referido direito ser regulamentado pelo Congresso Nacional, abrindo – se a possibilidade da propositura de mandado de injunção se a regulamentação não ocorrer.

b) O preceito constitucional segundo o qual é livre a manifestação do pensamento, ressalvada a vedação ao anonimato, constitui norma de eficácia plena.

c) No momento em que ocorreu a promulgação da CF, as normas de eficácia plena nela contidas já seriam passíveis de produzir efeitos, não havendo necessidade de regulamentação infraconstitucional; porém tais normas poderiam ter seu conteúdo e alcance restringidos em consequência de legislação superveniente.

d) A dignidade da pessoa humana é uma norma de eficácia limitada, devendo haver regulamentação infraconstitucional para que referido direito possa ser exercido.

e) As normas programáticas são espécies do gênero normas de eficácia contida.

Cap. 2 • EFICÁCIA E APLICABILIDADE DAS NORMAS CONSTITUCIONAIS

6. (2013 – CESPE – TRT 8ªR – Técnico Judiciário) No que se refere à aplicabilidade das normas constitucionais, assinale a opção correta.

a) As normas constitucionais de eficácia limitada não dependem de lei integradora para a imediata produção de seus efeitos.

b) As normas de eficácia contida são aquelas que produzem a plenitude dos seus efeitos, mas podem ter o seu alcance restringido.

c) As normas programáticas consubstanciam programas e diretrizes estabelecidos pelo legislador ordinário para atuação futura dos órgãos estatais administrativos.

d) O direito de greve dos servidores públicos foi consagrado, segundo o STF, em norma constitucional de eficácia plena.

e) As normas constitucionais de eficácia plena são também chamadas de normas de eficácia redutível.

7. (2013 – FCC – TRT 18ªR – Técnico Judiciário) Analise o art. 2°, da Constituição Federal de 1988: São Poderes da União, independentes e harmônicos entre si, o Legislativo, o Executivo e o Judiciário. Trata – se de norma de eficácia

a) plena.

b) contida.

c) limitada.

d) programática.

e) exaurida.

8. (2013 – FCC – TRT 18ªR – Técnico Judiciário) Considere o artigo 37, VII, da Constituição Federal de 1988: O direito de greve será exercido nos termos e nos limites definidos em lei específica.

Trata-se de norma de eficácia:

a) contida.

b) plena.

c) limitada.

d) programática.

e) exaurida.

9. (2013 – CESPE – MPU – Técnico Administrativo) Com relação às normas constitucionais programáticas, julgue o item abaixo.

As normas programáticas, por sua natureza, não geram para os jurisdicionados o direito de exigir comportamentos comissivos, mas lhes facultam de demandar dos órgãos estatais que se abstenham de atos que infrinjam as diretrizes nelas traçadas.

10. (2013 – CESPE – CNJ – Técnico Judiciário) Acerca do sistema constitucional brasileiro, julgue o item que se segue.

A norma constitucional que proclama e assegura a liberdade de profissão, ao dispor ser "livre o exercício de qualquer trabalho, ofício ou profissão, atendidas as qualificações profissionais que a lei estabelecer", classifica-se como norma constitucional de eficácia contida ou restringível.

GABARITO DAS QUESTÕES				
1	2	3	4	5
A	A	B	V	B
6	7	8	9	10
B	A	C	V	V

Capítulo 3

PODER CONSTITUINTE ORIGINÁRIO

1. INTRODUÇÃO

O poder constituinte originário (PCO) é o responsável pela **elaboração da Constituição** que, por sua vez, é a norma jurídica suprema que dá início ao ordenamento jurídico.

O principal teórico do tema foi o Abade francês Emmanuel **Sieyès**, em sua obra **"O que é o terceiro Estado?"**, publicada às vésperas da Revolução Francesa. Segundo o autor, a Constituição é o documento que irá organizar a vida dos indivíduos em sociedade e este documento, em razão de sua importância, deverá ser criado por um poder constituinte originário titularizado pela nação[1] (entidade que sintetiza a unidade política do povo). Destarte, segundo o abade, é do **poder que o povo possui** para estruturar o Estado que podemos extrair a condição de titular do poder constituinte originário.

2. TITULARIDADE E EXERCÍCIO

Poder constituinte significa **poder do povo** (tanto é que nossa Constituição prevê expressamente que todo o poder emana do povo, art. 1°, parágrafo único).

É bom frisar, todavia, que apesar de o povo titularizar o poder constituinte, seu **exercício** se dá pela atuação dos representantes – ou de modo democrático (poder constituinte legítimo) ou de forma autocrática (poder constituinte usurpado).

Destarte, são duas as maneiras de o poder constituinte originário se expressar: (i) por meio da **assembleia nacional constituinte** (ou convenção); e (ii) por meio da **outorga**. No primeiro caso temos um documento constitucional elaborado de modo legítimo e democrático, fruto da atuação dos representantes populares que agem em nome do povo (o resultado será uma constituição democrática, promulgada ou popular). No segundo caso, temos uma atuação unilateral do agente revolucionário, que elabora o texto constitucional sem contar com a participação popular (o que resultará em uma constituição imposta ou outorgada).

3. CARACTERÍSTICAS

O poder constituinte originário não é um poder jurídico, de direito. Mas sim um **poder político,** que antecede a formação do ordenamento jurídico. Afinal, se

---

1 Nota-se que nos escritos de Sieyès, o termo "nação" é utilizado para apontar o titular do poder originário. Todavia, modernamente, o vocábulo "nação" foi substituída pelo termo **"povo"**.

o ordenamento jurídico só se inicia com a entrada em vigor da Constituição e o poder originário é quem a elabora, torna-se simples perceber que ele é anterior à própria Constituição e também à ordem jurídica!

Por isso, uma primeira característica importante que a doutrina visualiza para o poder é a de ser **inicial**.

O poder constituinte é também considerado **ilimitado** juridicamente na criação da nova Constituição. Isso significa que ele poderá construir o texto constitucional com liberdade, sem ser limitado por qualquer regra jurídica anterior. Essa ampla liberdade de conformação da nova ordem jurídica, faz dele um poder **autônomo**.

O poder também é considerado **incondicionado**, já que não se sujeita a qualquer procedimento ou forma para realizar sua tarefa de construção da nova Constituição. Age sem obedecer eventuais regras previamente estabelecidas: por exemplo, seria inválida a fixação de um prazo de 6 meses para o poder finalizar a elaboração do texto constitucional; também inaceitável seria a previsão de forma prefixada para as discussões e votações acontecerem.

Por fim, o poder constituinte originário é **permanente**, visto não se esgotar (isto é, não desaparecer) com a entrega da nova Constituição. O poder continua existindo, latente no povo que o titulariza e, se houver necessidade de criação de uma nova Constituição posterior, ele será acionado e irá se manifestar mais uma vez.

4. PODER CONSTITUINTE DERIVADO

Ao instituir a Constituição nova, o poder constituinte originário inclui em seu texto os poderes derivados com duas finalidades: (i) manter o texto constitucional atual e adaptado à realidade; (ii) permitir que as Constituições estaduais sejam criadas.

A primeira tarefa é de responsabilidade do **poder derivado reformador**, a segunda do **poder derivado decorrente**.

Por terem sido instituídos pelo poder originário, ambos são **poderes jurídicos** (poderes de direito, pois foram previstos na Constituição), **derivados** (já que não são iniciais), **limitados** e **condicionados** (pois se subordinam às regras e limites previstos pelo poder originário). Alguns autores ainda os intitulam de poderes de 2º grau ou **secundários**.

O quadro comparativo abaixo permitirá uma visualização mais exata das diferenças entre o poder originário ("criador") e os poderes derivados ("criaturas"):

PODER CONSTITUINTE ORIGINÁRIO	PODERES DERIVADOS
Poder político	Poderes jurídicos
1º grau	2º grau
Inicial	Derivados
Ilimitado	Limitados
Incondicionado	Incondicionados

4.1. Poder derivado decorrente

Este poder representa a competência que os Estados-membros da federação possuem para criar suas Constituições, no exercício da autonomia político-administrativa que a Constituição Federal lhes concedeu (art. 1º, CF/88; art. 18, CF/88; art. 25, CF/88; e art. 11 do ADCT).

Nota-se, deste modo, que **cada Estado-membro irá elaborar seu próprio documento constitucional**, não sendo esta uma tarefa de responsabilidade do Congresso Nacional.

É bom que se diga, todavia, que na elaboração da Constituição estadual a Assembleia legislativa (que exerce o poder decorrente) deverá observaras regras inscritas na Constituição Federal. É claro que as Constituições estaduais não serão meras cópias da Constituição Federal, mas **deverão observar todos os preceitos postos na Lei Maior,** sob pena de seus dispositivos conflitantes serem considerados inconstitucionais.

Por fim, cabe informar que a o Distrito Federal não possui uma Constituição, mas sim uma Lei Orgânica (que tem o mesmo status das Constituições Estaduais), e que esta também é elaborada pelo poder derivado decorrente.

4.2. Poder derivado reformador

O poder derivado reformador recebeu do poder originário a competência para **alterar o texto da Constituição Federal**, respeitando, necessariamente, as regras para a reforma estabelecidas na própria Constituição Federal, em seu art. 60.

A necessidade de eventuais modificações decorre da circunstância de as Constituições não serem imutáveis e precisarem se adaptar às mudanças sociais e à evolução histórica. Afinal, toda Constituição precisa estar em sintonia com a realidade a ser normatizada. Assim, alguns de seus dispositivos, vez ou outra, deverão ser renovados para que o texto constitucional não se torne obsoleto.

Essa renovação dos dispositivos constitucionais se dá por meio da edição de **emendas constitucionais**, que serão elaboradas pelo poder reformador. Na feitura dessas emendas, o poder irá obedecer várias **limitações expressas** impostas pela própria Constituição, a saber:

(a) **limitação circunstancial** (art. 60, § 1º, CF/88): nossa Constituição veda a sua modificação durante circunstâncias extraordinárias, ou seja, no curso de medidas excepcionais. Destarte, ela proíbe que emendas sejam feitas durante a vigência do **estado de defesa**, do **estado de sítio** e da **intervenção federal**.

(b) **limitação formal** (art. 60, § 2º, CF/88): nossa Constituição prevê um procedimento para sua modificação mais difícil do que aquele estabelecido para a feitura das demais normas infraconstitucionais, como as leis ordinárias e complementares. Nesse sentido, as seguintes regras procedimentais deverão ser observadas:

– Somente os **legitimados** listados no art. 60, incisos I, II e III podem apresentar uma proposta de emenda constitucional (PEC). São eles: (i) um terço, no mínimo, dos membros da Câmara dos Deputados ou do Senado Federal; (ii) o Presidente da República; (ii) mais da metade das Assembleias Legislativas das unidades da Federação, manifestando-se, cada uma delas, pela maioria relativa de seus membros. Nota-se que não existe iniciativa popular para apresentação de PEC.

– De acordo com o art. 60, § 2º, a proposta de emenda será discutida e votada em **cada Casa** do Congresso Nacional (isto é, na Câmara dos Deputados e no Senado Federal), em **dois turnos** em cada Casa, sendo considerada aprovada se obtiver em cada votação a manifestação favorável de **três quintos** dos votos dos membros da Casa Legislativa.

– Depois que a proposta de emenda constitucional for aprovada pelas duas Casas Legislativas (Câmara dos Deputados e Senado Federal), ela terá se transformado em uma emenda constitucional e deverá ser **promulgada** pelas Mesas da Câmara dos Deputados e do Senado Federal, com o respectivo número de ordem (art. 60, § 3º).

– Por fim, vale informar que a matéria constante de proposta de emenda constitucional rejeitada ou havida por prejudicada **não** poderá ser objeto de uma nova proposta na mesma sessão legislativa, nos termos do art. 60, § 5º. Ou seja, o assunto somente poderá ser rediscutido no Congresso Nacional a partir de uma próxima sessão legislativa, nunca na mesma.

(iii) **limitação material** (art. 60, § 4º, CF/88): nossa Constituição lista alguns assuntos que não poderão ser restringidos ou abolidos do seu texto pelo poder derivado reformador. São as chamadas "**cláusulas pétreas**", que representam os assuntos mais relevantes inscritos no documento constitucional e, por isso, merecedores de uma proteção especial. Nesse sentido, referidas cláusulas (a forma federativa de Estado; o voto direto, secreto, universal e periódico; a separação de poderes e os direitos e as garantias fundamentais) não poderão ser objeto de emenda que pretenda restringi-las ou mesmo aboli-las.

Por fim, é importante trazer em destaque o fato de que nossa Constituição não previu só **limitações expressas** (que são as que estudamos acima e estão estabelecidas explicitamente no art. 60). Trouxe também **limitações implícitas**, que não estão escritas no texto constitucional.

As limitações implícitas referem-se a: (i) ao impedimento da alteração do titular do poder constituinte originário (que é o povo); (ii) a mudança na titularidade do poder constituinte derivado; (iii) quaisquer modificações no procedimento de reforma estabelecido pela própria Constituição para a alteração do seu texto.

O esquema abaixo sintetiza as mais relevantes informações sobre o tema:

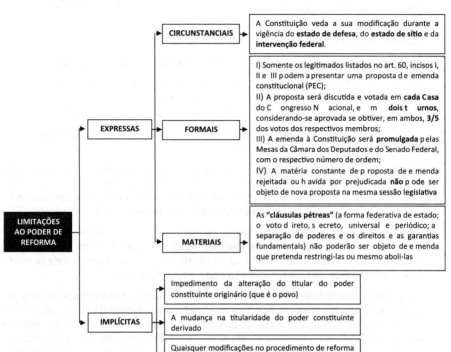

5. QUESTÕES COMENTADAS

1. (2010 – FCC – TCM-PA – Técnico de Controle Externo) Considere:

I. É certo que o poder constituinte derivado é essencialmente político, enquanto o poder constituinte originário é especialmente jurídico.

II. O poder constituinte originário é também um poder permanente, pois não se esgota no momento de seu exercício. Mesmo depois de elaborada a nova Constituição, esse poder permanece em estado de latência, na titularidade do povo.

III. Dentre as limitações que podem ser impostas pelo poder constituinte originário à atuação do poder constituinte derivado, encontram-se as de natureza circunstancial.

IV. O procedimento de reforma vem previsto no Ato das Disposições Constitucionais Transitórias – ADCT, enquanto que o de revisão vem disciplinado na Constituição Federal, em seu processo legislativo.

Inicialmente, vejamos cada um dos itens trazidos pelo examinador.

No item I, temos uma inversão, o que tornou a assertiva equivocada. Vejamos:

– o poder constituinte originário (PCO) é essencialmente **político**, já que o ordenamento só surge depois que a Constituição é apresentada. Como o PCO é o ente que elabora a própria Constituição, ele é anterior a ela – logo é anterior ao direito, sendo político.

– por seu turno, o poder constituinte derivado é possuidor de natureza **jurídica**, já que é estabelecido na própria Constituição.

O item II é verdadeiro, pois o PCO é mesmo um poder **permanente**, que não se esgota quando a nova Constituição é concluída. É um poder que permanece com o povo em estado de latência (podendo ser novamente convocado quando surgir um novo 'momento constitucional', de necessidade de elaboração de uma nova Constituição).

Quanto ao item III, é também verdadeiro. De fato, o art. 60, § 1°, CF/88, impôs ao poder reformador limitação de caráter **circunstancial** (no curso de certas circunstâncias extraordinárias – como a decretação do estado de sítio, ou do estado de defesa, ou da intervenção federal – a Constituição não poderá ser reformada).

Por último, o item IV é falso. O procedimento de reforma foi estabelecido no texto constitucional, no art. 60, e não no ADCT. Já o procedimento revisional (que permitiu a feitura de emendas revisionais, elaboradas entre os anos de 1993 e 1994) está previsto no art. 3° do ADCT. Sobre a revisão constitucional, cumpre informar que ela já foi realizada, não sendo mais possível invocar o procedimento do art. 3° do ADCT para a feitura de modificações no texto constitucional.

Em conclusão, os itens corretos são o II e o III, razão pela qual a letra 'e' deve ser assinalada.

Está correto o que se afirma APENAS em

a) II, III e IV.

b) II e IV.

c) I, II e III.

d) I e IV.

e) **II e III.**

2. **(2014 – FCC – TRF 4ªR – Técnico Judiciário – Adaptada)** Possui previsão constitucional expressa a regra do processo legislativo segundo a qual

A matéria constante de proposta de emenda à Constituição rejeitada somente poderá constituir objeto de novo projeto, na mesma sessão legislativa, mediante requerimento da maioria absoluta dos membros de qualquer das Casas do Congresso Nacional.

Esta assertiva é falsa, pois contraria o que está previsto no art. 60, § 5º, CF/88. De acordo com esse dispositivo, a matéria constante de PEC rejeitada ou havida por prejudicada não pode ser objeto de nova proposta na mesma sessão legislativa em hipótese alguma. Nem mesmo com a apresentação de requerimento pela maioria absoluta dos membros de qualquer das Casas do Congresso Nacional (Câmara dos

Cap. 3 · PODER CONSTITUINTE ORIGINÁRIO

61

Deputados e Senado Federal). Portanto, se uma PEC por rejeitada ou prejudicada em uma sessão legislativa, a matéria dela constante somente poderá ser objeto de uma nova proposta a partir de uma próxima sessão legislativa, nunca na mesma.

3. **(2013 – FCC – TRT 15ªR – Técnico Judiciário)** Conforme notícia veiculada no sítio da Câmara dos Deputados na internet, no dia 5/11/2013, o Grupo de Trabalho criado naquela Casa legislativa para analisar temas de reforma política encerrou suas atividades e proporá diversas medidas, como a instituição do voto facultativo, o fim da reeleição para Presidente da República, Governadores e Prefeitos, e alterações na forma de eleição para Deputados Federais. As decisões do grupo foram consolidadas em uma minuta de Proposta de Emenda à Constituição (PEC), assinada pelos integrantes do Grupo de Trabalho, que se responsabilizarão pela coleta das demais assinaturas necessárias para a apresentação da PEC.

Diante da disciplina constitucional da matéria, a referida PEC

a) **dependerá da assinatura de, pelo menos, um terço dos membros da Câmara dos Deputados, para iniciar sua tramitação.**

Alternativa correta. Nos termos do art. 60, *caput*, I, a PEC deverá ser apresentada por, pelo menos, um terço dos membros da Câmara dos Deputados (como temos 513 Deputados Federais, 1/3 deste número equivale a 171 Deputados).

b) deverá ser discutida e votada em cada Casa do Congresso Nacional, em dois turnos, considerando-se aprovada se obtiver, em ambos, o voto da maioria absoluta dos respectivos membros.

O procedimento de votação da PEC, previsto no art. 60, § 2°, CF/88, exige a aprovação em cada Casa do Congresso Nacional, em dois turnos, considerando-se a proposta aprovada se obtiver, em ambos, o voto de 3/5 dos respectivos membros (e não da maioria absoluta).

c) não poderá ser objeto de deliberação pelas Casas do Congresso Nacional, por pretender acabar com a obrigatoriedade do voto, o que é expressamente vedado pela Constituição.

A obrigatoriedade do voto para os maiores de 18 anos não é característica petrificada do voto (isto é, não está prevista no art. 60, § 4°, II, CF/88), o que significa que pode sim ser objeto de alteração por emenda constitucional. Destarte, é possível que o voto seja transformado em facultativo para todos os eleitores, bastando que uma emenda constitucional modifique a redação do art. 14, § 1°, CF/88. Vale frisar que as características petrificadas do voto (que não podem ser objeto de emenda constitucional restritiva ou abolitiva)   são as seguintes: direto, secreto, universal e periódico.

d) não poderá ser objeto de deliberação pelas Casas do Congresso Nacional, por pretender acabar com a reeleição para a chefia do Poder Executivo, o que é expressamente vedado pela Constituição.

A reeleição não é cláusula pétrea, logo poderia sim ser abolida por emenda constitucional. Aliás, é sempre bom lembrar que quando a Constituição Federal de 1988 foi promulgada, não existia a possibilidade de o chefe do Poder Executivo se reeleger. Foi somente com a edição da emenda constitucional n° 16 de 1997 que a reeleição para a chefia do Poder Executivo (para um único período subsequente) passou a ser admitida. Em conclusão: uma emenda constitucional instituiu a reeleição na chefia do Poder Executivo; outra emenda poderá suprimi-la.

e) não poderá ser objeto de deliberação pelas Casas do Congresso Nacional, por pretender alterar a forma de eleição para Deputados Federais, o que é expressamente vedado pela Constituição.

Os Deputados Federais são eleitos pelo sistema proporcional. Como este sistema eleitoral não é cláusula pétrea, poderia sim ser modificado. Vale dizer: uma emenda constitucional poderia estabelecer para a eleição de Deputados Federais o sistema eleitoral distrital, por exemplo.

6. QUESTÕES PARA TREINAR!

1. **(2015 – FCC – TCE-CE – Técnico de Controle)** Os direitos e garantias fundamentais individuais constituem cláusulas pétreas da Constituição da República Federativa do Brasil.

   Isso significa dizer que somente podem ser objeto de supressão do Texto Maior pelo legislador constituinte

   a) originário e pelo derivado, observadas certas condições.

   b) derivado e, excepcionalmente, pelo originário.

   c) originário, que deverá respeitar os direitos adquiridos.

   d) originário, apenas.

   e) originário e, excepcionalmente, pelo derivado.

2. **(2014 – CESPE – TJ-SE – Técnico Judiciário)** Julgue o item seguinte, em relação à organização político-administrativa da República Federativa do Brasil.

   O poder constituinte dos estados, dada a sua condição de ente federativo autônomo, é soberano e ilimitado.

3. **(2013 – CEPERJ – CEDERJ – Técnico Executivo)** No país YY, o movimento revolucionário Primeiro de Abril assomou ao poder estatal. Imediatamente estabeleceu novas regras e outorgou uma nova Constituição. Uma das características do poder constituinte originário consiste na sua:

   a) parcialidade

   b) onipotência

   c) limitação

   d) subordinação

   e) vinculação

4. **(2013 – FCC – PGE-BA – Assistente de Procuradoria)** As características de ser inicial, autônomo e incondicionado são próprias

   a) da forma de Estado.

   b) da Constituição Federal.

   c) da supremacia da Constituição.

   d) dos direitos fundamentais.

   e) do poder constituinte.

Cap. 3 · PODER CONSTITUINTE ORIGINÁRIO 63

5. **(2013 – CESPE – TRT 10ªR – Técnico Judiciário)** Julgue os itens seguintes, relativos à organização político-administrativa e à administração pública, considerando o disposto na Constituição Federal (CF) e a interpretação doutrinária sobre a matéria.

   O poder constituinte estadual classifica-se como decorrente, em virtude de consistir em uma criação do poder constituinte originário, não gozando de soberania, mas de autonomia.

6. **(2012 – CESPE – ANCINE – Técnico em Regulação)** No que concerne a princípios constitucionais, intervenção federal e processo legislativo, julgue o seguinte item.

   Poder constituinte é o poder capaz de estabelecer normas constitucionais; seja, por exemplo, as de uma nova Constituição — poder constituinte originário —, seja as que modifiquem uma Carta já existente — poder constituinte derivado.

7. **(2011 – FJG – RIO – TCM-RJ – Técnico de Controle Externo)** O Poder Constituinte Originário inicia um novo ordenamento jurídico constitucional, acabando por criar de fato um novo Estado. Tal Poder, além de inicial, é visto pela doutrina como autônomo, ilimitado e incondicionado. Já o Poder Constituinte Derivado é criado pelo Originário, devendo obedecer, portanto às normas de seu instituidor. Com respeito ao Poder Constituinte Derivado, verifica-se que o:

   a) reformador foi limitado ao Ato das Disposições Constitucionais Transitórias (ADCT) e não pode mais ser aplicado à Constituição Federal Brasileira

   b) reformador é verificado por meio de medidas provisórias e leis complementares

   c) decorrente se liga à capacidade de auto-organização da União

   d) decorrente se estende aos Estados, mas não aos Municípios

   e) revisor tem como forma de manifestação as emendas constitucionais de revisão, sem as limitações referentes às emendas de reforma

8. **(2010 – FCC – TRE-RS – Técnico Judiciário)** Em matéria de Poder Constituinte analise:

   I. O poder que a Constituição da República Federativa do Brasil vigente atribui aos estados-membros para se auto organizarem, por meio da elaboração de suas próprias Constituições.

   II. O poder que tem como característica, dentre outras, a de ser ilimitado, autônomo e incondicionado.

   Esses poderes dizem respeito, respectivamente, às espécies de poder constituinte

   a) decorrente e originário.

   b) derivado e reformador.

   c) reformador e revisor.

   d) originário e revisor.

   e) decorrente e derivado.

9. **(2010 – FCC – TCM-PA – Técnico de Controle Externo)** Considere:

   I. É certo que o poder constituinte derivado é essencialmente político, enquanto o poder constituinte originário é especialmente jurídico.

II. O poder constituinte originário é também um poder permanente, pois não se esgota no momento de seu exercício. Mesmo depois de elaborada a nova Constituição, esse poder permanece em estado de latência, na titularidade do povo.

III. Dentre as limitações que podem ser impostas pelo poder constituinte originário à atuação do poder constituinte derivado, encontram-se as de natureza circunstancial.

IV. O procedimento de reforma vem previsto no Ato das Disposições Constitucionais Transitórias – ADCT, enquanto que o de revisão vem disciplinado na Constituição Federal, em seu processo legislativo.

Está correto o que se afirma APENAS em

a) II, III e IV.

b) II e IV.

c) I, II e III.

d) I e IV.

e) II e III.

10. (2009 – FCC – PGE-RJ – Técnico Superior de Procuradoria) É correto afirmar que a Teoria do Poder Constituinte

a) está diretamente associada à ideia de supremacia formal ou hierárquica das normas constitucionais.

b) apresenta o mesmo desenvolvimento, no plano doutrinário, quer se trate de Estados dotados de Constituições rígidas ou flexíveis.

c) não se compadece com a elaboração de Constituições senão por meio de Assembleias Constituintes, convocadas exclusivamente para esse fim.

d) constitui construção ideológica própria do constitucionalismo liberal do século XVIII, apresentando reduzida importância nos Estados constitucionais de perfil intervencionista.

e) restou superada pela integração dos Estados em blocos regionais, em decorrência do fenômeno da globalização.

11. (2014 – FCC – TRF 4ªR – Técnico Judiciário – Adaptada) Possui previsão constitucional expressa a regra do processo legislativo segundo a qual

A matéria constante de proposta de emenda à Constituição rejeitada somente poderá constituir objeto de novo projeto, na mesma sessão legislativa, mediante requerimento da maioria absoluta dos membros de qualquer das Casas do Congresso Nacional.

12. (2014 – FCC – TRF 4ªR – Técnico Judiciário – Adaptada) Possui previsão constitucional expressa a regra do processo legislativo segundo a qual

A Constituição poderá ser emendada mediante proposta de mais da metade das Assembleias Legislativas das unidades da Federação, manifestando-se, cada uma delas, pela maioria relativa de seus membros.

13. (2014 – FGV – DPE-RJ – Técnico Superior) Processo legislativo é o conjunto de regras procedimentais previstas na Constituição, tendentes a regulamentar a elaboração das espécies normativas. Nesse contexto, destaca-se a:

Cap. 3 · PODER CONSTITUINTE ORIGINÁRIO

65

Emenda à Constituição, cuja proposta é discutida e votada em cada Casa do Congresso Nacional, em dois turnos, considerando-se aprovada se obtiver, em ambos, três quintos dos votos dos respectivos membros.

14. **(2014 – FCC – TRF 3ªR – Técnico Judiciário)** Determinada matéria constitucional, objeto de proposta de emenda rejeitada pelo Congresso Nacional,

a) não pode ser objeto de nova proposta na mesma sessão legislativa.

b) não pode ser objeto de nova proposta na vigência da Constituição.

c) pode ser objeto de nova proposta desde que encaminhada pelo Presidente da República.

d) pode ser objeto de nova proposta apenas em caso de guerra declarada ao país e se tratar de tema afeto à defesa nacional.

e) não pode ser objeto de nova proposta, salvo se contar com apoio de dois terços do Senado Federal.

15. **(2013 – FCC – TRT 15ªR – Técnico Judiciário)** Conforme notícia veiculada no sítio da Câmara dos Deputados na internet, no dia 5/11/2013, o Grupo de Trabalho criado naquela Casa legislativa para analisar temas de reforma política encerrou suas atividades e proporá diversas medidas, como a instituição do voto facultativo, o fim da reeleição para Presidente da República, Governadores e Prefeitos, e alterações na forma de eleição para Deputados Federais. As decisões do grupo foram consolidadas em uma minuta de Proposta de Emenda à Constituição (PEC), assinada pelos integrantes do Grupo de Trabalho, que se responsabilizarão pela coleta das demais assinaturas necessárias para a apresentação da PEC.

Diante da disciplina constitucional da matéria, a referida PEC

a) dependerá da assinatura de, pelo menos, um terço dos membros da Câmara dos Deputados, para iniciar sua tramitação.

b) deverá ser discutida e votada em cada Casa do Congresso Nacional, em dois turnos, considerando – se aprovada se obtiver, em ambos, o voto da maioria absoluta dos respectivos membros.

c) não poderá ser objeto de deliberação pelas Casas do Congresso Nacional, por pretender acabar com a obrigatoriedade do voto, o que é expressamente vedado pela Constituição.

d) não poderá ser objeto de deliberação pelas Casas do Congresso Nacional, por pretender acabar com a reeleição para a chefia do Poder Executivo, o que é expressamente vedado pela Constituição.

e) não poderá ser objeto de deliberação pelas Casas do Congresso Nacional, por pretender alterar a forma de eleição para Deputados Federais, o que é expressamente vedado pela Constituição.

16. **(2012 – CESPE – IBAMA – Técnico Administrativo)** Acerca da Constituição Federal de 1988 (CF) e da aplicabilidade das normas constitucionais, julgue o item a seguir.

A CF não pode ser modificada durante o estado de defesa, o estado de sítio ou na vigência de intervenção da União em algum estado-membro.

DIREITO CONSTITUCIONAL – *Nathalia Masson*

17. (2012 – FCC – TRF 5ªR – Técnico Judiciário) Considere as situações hipotéticas:

I. Proposta de um terço dos membros da Câmara dos Deputados.

II. Proposta de dois terços dos membros do Senado Federal.

III. Proposta de dois terços dos membros da Câmara dos Deputados.

IV. Proposta de um terço das Assembleias Legislativas das unidades da Federação.

V. Proposta do Presidente da República.

A Constituição Federal brasileira poderá ser emendada mediante as propostas indicadas APENAS em

a) I, II, III e V.

b) II, III e V.

c) I, II, III e IV.

d) I, III e IV.

e) II, IV e V.

18. (2011 – CESPE – AL-ES – Técnico Legislativo – Adaptada) Com relação a pressupostos e condições do processo legislativo, analise a assertiva.

A proposta de emenda constitucional tendente a abolir os direitos e as garantias fundamentais não poderá ser objeto de deliberação pelo Poder Legislativo.

19. (2011 – CESPE – STM – Técnico Judiciário) Julgue o item que se segue, relativo ao direito constitucional

Proposta de emenda constitucional deve ser discutida e votada nas duas Casas do Congresso Nacional, em turno único, considerando-se aprovada se obtiver três quintos dos votos dos seus respectivos membros. Na fase constitutiva do seu processo legislativo, conta-se com a participação do presidente da República, e a promulgação deve realizar-se, conjuntamente, pelas Mesas do Senado Federal e da Câmara dos Deputados.

20. (2011 – CESPE – PREVIC – Técnico Administrativo) No que concerne ao direito constitucional, julgue o item à luz da Constituição Federal de 1988 (CF).

A matéria constante de proposta de emenda constitucional rejeitada ou havida por prejudicada não pode ser objeto de nova proposta na mesma sessão legislativa.

21. (2010 – FADESP – CREA-PA – Técnico em Tecnologia) São cláusulas pétreas existentes na Constituição da República Federativa do Brasil de 1988:

a) a organização financeira e tributária; a forma federativa; e os direitos e garantias individuais

b) a separação dos poderes; as disposições da seguridade social; e o voto direto, secreto, universal e periódico.

c) os direitos e garantias individuais; a separação dos poderes; e a forma federativa.

d) a forma federativa; o processo legislativo ordinário; e o voto direto, secreto, universal e periódico.

Cap. 3 · PODER CONSTITUINTE ORIGINÁRIO

22. (2006 – ACEP – BNB – Técnico de Nível Superior – Adaptada) Analise a assertiva a respeito do objeto do direito constitucional, da classificação das constituições, da aplicabilidade das normas constitucionais, da interpretação das normas constitucionais e do poder constituinte.

O Poder Constituinte derivado não conhece limitações constitucionais implícitas, não sendo passível de controle de constitucionalidade.

23. (2008 – FGV – Senado Federal – Técnico Legislativo) Não será objeto de deliberação a proposta de emenda constitucional tendente a abolir:

a) o sistema educacional público e gratuito.

b) a ordem econômica fundada na soberania nacional, na propriedade privada e no princípio da dignidade da pessoa humana.

c) a forma federativa do Estado.

d) a proteção da família e dos direitos da criança e do adolescente.

e) a proteção ao meio ambiente ecologicamente equilibrado para as futuras gerações.

24. (2008 – CESPE – STJ – Técnico Judiciário) No que diz respeito às emendas constitucionais e à aplicabilidade das normas constitucionais, julgue o item que se segue.

Caso, visando agilizar o cumprimento das condenações criminais, um grupo de quarenta senadores da República proponha emenda à CF para suprimir o inciso LVII do art. 5.º da Carta Magna, que estabelece que ninguém será considerado culpado até o trânsito em julgado da sentença penal condenatória, a proposta não deverá ser objeto de deliberação, por se tratar de cláusula pétrea, que só pode ser modificada pelo constituinte originário.

GABARITO DAS QUESTÕES							
1	2	3	4	5	6	7	8
D	F	B	E	V	V	D	A
9	10	11	12	13	14	15	16
E	A	F	V	V	A	A	V
17	18	19	20	21	22	23	24
A	V	F	V	C	F	C	V

Capítulo 4

DIREITOS E GARANTIAS FUNDAMENTAIS – TEORIA GERAL

1. INTRODUÇÃO

Neste capítulo estudaremos a **teoria geral** que orienta a aplicação e interpretação de algumas das mais importantes normas do ordenamento jurídico: aquelas que instituem os direitos e as garantias fundamentais.

2. DISTINÇÃO ENTRE AS EXPRESSÕES "DIREITOS FUNDAMENTAIS" E "DIREITOS HUMANOS"

A doutrina majoritária preceitua que a diferença entre as expressões é referente ao plano em que os direitos são consagrados: enquanto os direitos humanos existem no **cenário internacional** (e internamente são desprovidos de qualquer normatividade, ou seja, não são de observância obrigatória no país), os direitos fundamentais são os direitos humanos que já foram **internalizados no ordenamento jurídico**, isto é, inseridos na Constituição.

3. GERAÇÕES DE DIREITOS FUNDAMENTAIS

É certo que os direitos fundamentais **não** despontaram todos em um único e mesmo momento histórico. Eles foram surgindo aos poucos, na medida em que a sociedade evoluía e se desenvolvia. Paulo Bonavides traçou um perfil histórico-temporal desse surgimento, agrupando os direitos em diferentes **gerações** (hoje denominadas dimensões).

Consagrados na **primeira geração**, temos os direitos civis e os clássicos, ligados ao valor **liberdade**. Apresentam-se como direitos dos indivíduos e são oponíveis sobretudo ao Estado, na medida em que exigem deste, principalmente, uma abstenção, um não fazer, possuindo dessa forma inequívoco caráter negativo. A liberdade de locomoção (assim como a de manifestação, a profissional, a artística, a de reunião e a de associação, dentre outras) é exemplo de direito surgido nessa primeira dimensão.

Os direitos de **segunda geração** acentuam o princípio da **igualdade** entre os homens (igualdade material) e são usualmente denominados "direitos do bem-estar" – uma vez que pretendem ofertar os meios materiais imprescindíveis para a efetivação dos direitos individuais. Para tanto, exigem do Estado uma atuação positiva, um fazer, o que significa que sua realização depende da implementação de políticas públicas estatais, do cumprimento de certas prestações sociais por parte do Estado, tais como: saúde, educação, trabalho, habitação, previdência e assistência social.

A **terceira** geração é representada pelos direitos de fraternidade ou solidariedade. Ela engloba, entre outros, os direitos ao desenvolvimento, ao progresso, ao meio ambiente ecologicamente equilibrado, à autodeterminação dos povos, à propriedade sobre o patrimônio comum da humanidade, à qualidade de vida, os direitos do consumidor e da infância e juventude.

Finalmente, a **quarta geração** reúne direitos, como, por exemplo, à democracia, à informação e ao pluralismo – dos quais dependerá a concretização da sociedade aberta do futuro, em sua dimensão de máxima universalidade, para a qual parece o mundo inclinar-se no plano de todas as relações de convivência.

Recorde as principais características das quatro gerações no esquema posto abaixo:

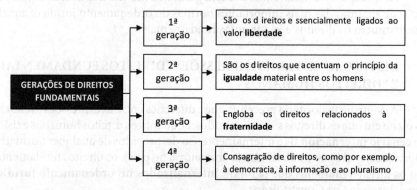

4. CARACTERÍSTICAS DOS DIREITOS FUNDAMENTAIS

A doutrina indica quais são as qualidades rotineiramente associadas aos direitos fundamentais:

(i) Universalidade

Segundo esta característica, existe um núcleo básico de direitos que deve estar presente em todo lugar e para todas as pessoas, independentemente da condição econômica, jurídica, social, da nacionalidade ou do local onde se encontra o sujeito.

Isso porque a mera condição de ser-humano é suficiente para permitir a titularização desse grupo de prerrogativas essenciais. Fala-se na dignidade da pessoa humana, no direito à vida, à moradia e à alimentação, como exemplos de benesses que devem ser concedidas a todos, independentemente de qualquer circunstância.

(ii) Historicidade

Os direitos fundamentais só possuem algum sentido se contextualizados em certo período histórico, pois são prerrogativas que não nascem todas de uma só vez – vão surgindo aos poucos, de acordo com a evolução da sociedade. Tomemos como exemplo o direito de propriedade, que atualmente só pode ser plenamente exercido se a propriedade atender à sua função social – exigência que não existia nos primórdios do surgimento do direito.

(iii) Indivisibilidade

Os direitos fundamentais formam um sistema harmônico, coerente e indissociável, o que importa na impossibilidade de sua compartimentalização. Isso significa que cada direito deve ser compreendido em sintonia com os demais, ou seja, como parte indivisível de um todo.

(iv) Imprescritibilidade, inalienabilidade

Inalienabilidade é característica que exclui quaisquer atos de disposição, quer material – destruição física do bem –, quer jurídica – renúncia, compra e venda ou doação. São também imprescritíveis, eis que a prescrição é instituto jurídico que apenas alcança a exigibilidade de direitos de cunho patrimonial, nunca a de direitos personalíssimos. Em conclusão, direitos fundamentais não são passíveis de alienação: deles não se pode dispor, tampouco prescrevem.

(v) Relatividade

Pode ser que a incidência de um direito acarrete conflitos com outros direitos constitucionalmente preservados, dada a circunstância de nenhum direito ser absoluto ou prevalecer perante os demais em abstrato. Como todos os direitos são relativos, eventualmente podem ter seu âmbito de incidência reduzido e ceder (em prol de outros) em situações específicas. Para ilustrar, pensemos em uma situação na qual certa informação não possa ser divulgada para não afrontar o direito de intimidade de um indivíduo.

(vi) Inviolabilidade

É essa característica que preceitua ser impossível desrespeitar os direitos fundamentais por determinação infraconstitucional ou por atos de autoridade, sob pena de responsabilização civil, administrativa e criminal daqueles que afrontarem tão importantes disposições constitucionais.

Em conclusão, estas são as principais características dos direitos fundamentais:

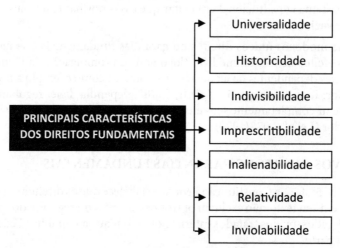

5. DESTINATÁRIOS DOS DIREITOS FUNDAMENTAIS

Apesar de o *caput* do art. 5º, CF/88 mencionar expressamente somente os **brasileiros** – natos ou naturalizados – e os estrangeiros residentes no país, também os **estrangeiros não residentes** no país e os **apátridas** devem ser considerados destinatários dos direitos fundamentais. Afinal, a mera circunstância da nacionalidade não pode excepcionar o respeito devido à dignidade de todos os homens.

No que se refere às **pessoas jurídicas**, é importante frisar que existem em nossa Constituição direitos fundamentais que as beneficiam, tanto as brasileiras quanto as estrangeiras atuantes no Brasil.

Um cuidado, todavia, é necessário. Não se pode pensar que todos os direitos listados na Constituição serão exercidos por todas as pessoas, físicas ou jurídicas, nacionais ou estrangeiras. Isso porque alguns direitos são exclusivos de pessoas físicas, ao passo que outros são próprios de pessoas jurídicas. Há, também, aqueles outros que só podem ser exercidos por nacionais.

Para exemplificar, pensemos no direito apresentado pelo art. 5º, XIX CF/88 ("as associações só poderão ser compulsoriamente dissolvidas ou ter suas atividades suspensas por decisão judicial, exigindo-se, no primeiro caso, o trânsito em julgado"), que é exclusivo das pessoas jurídicas. Noutro giro, o direito constante do art. 5º, XXII ("é garantido o direito de propriedade") pertence às pessoas físicas e jurídicas. Em contrapartida, a liberdade de locomoção, prevista no art. 5º, XV ("é livre a locomoção no território nacional em tempo de paz, podendo qualquer pessoa, nos termos da lei, nele entrar, permanecer ou dele sair com seus bens"), é direito que somente pode ser exercido por pessoas físicas.

6. APLICAÇÃO IMEDIATA DOS DIREITOS FUNDAMENTAIS

O art. 5º, § 1º da Constituição Federal estabelece que os direitos e as garantias fundamentais possuem aplicabilidade imediata. Tal dispositivo revela a preocupação do nosso sistema constitucional em evitar que essas normas essenciais se tornem promessas vazias.

Deste modo, os únicos direitos ou garantias fundamentais que não produzirão seus efeitos de forma imediata (logo após a promulgação da Constituição) serão aqueles dependentes de lei posterior – tome-se como exemplo a proteção ao consumidor: inscrita no art. 5º, XXXII, CF/88, dependia de lei regulamentadora para produzir completamente seus efeitos; essa lei existe e é o Código de Defesa do Consumidor (Lei nº 8.078/1990).

7. NOVOS DIREITOS E GARANTIAS FUNDAMENTAIS

No art. 5º, § 2º, a Constituição Federal estabelece que os direitos e as garantias expressos em seu texto **não** excluem outros decorrentes do regime e dos princípios por ela adotados, ou dos tratados internacionais em que a República Federativa do Brasil seja parte.

Por seu turno, o § 3º do mesmo artigo afirma que os tratados e as convenções internacionais sobre direitos humanos que forem aprovados, em cada Casa do Congresso Nacional, em dois turnos, por três quintos dos votos dos respectivos membros, serão equivalentes às emendas constitucionais.

A interpretação conjunta desses dois dispositivos indica que o rol de direitos e garantias fundamentais construído no texto constitucional **não é taxativo**, é exemplificativo.

Além dos **direitos fundamentais decorrentes** (que derivam do princípio democrático representativo, do princípio republicano, do princípio federativo, do princípio da dignidade da pessoa humana, etc.) deve-se reconhecer a possibilidade de **novos direitos e garantias fundamentais serem inseridos na Constituição**.

Uma maneira de acrescentar novos direitos e garantias fundamentais é por meio da edição de emendas constitucionais, nos termos do art. 60, CF/88.

Também é possível incluir mais direitos no texto constitucional por intermédio da **internalização de tratados e convenções internacionais sobre direitos humanos**. Neste caso, eles devem ser votados em dois turnos em cada Casa do Congresso Nacional (na Câmara dos Deputados e no Senado Federal) e, se forem aprovados (em cada Casa, em cada turno) por 3/5 dos votos, terão o mesmo *status* das emendas constitucionais. Para memorizar, verifique o esquema posto abaixo:

8. CLASSIFICAÇÃO DOS DIREITOS FUNDAMENTAIS

A Constituição consagra em Título II o gênero "Direitos Fundamentais", do qual decorrem algumas **espécies**. Estruturalmente temos:

TÍTULO II – DOS DIREITOS E GARANTIAS FUNDAMENTAIS

Capítulo I – dos direitos e deveres individuais e coletivos (art. 5º)

Capítulo II – dos direitos sociais (arts. 6º a 11)

Capítulo III – da nacionalidade (arts. 12 e 13)

Capítulo IV – dos direitos políticos (arts. 14 a 16)

Capítulo V – dos partidos políticos (art. 17).

9. QUESTÕES COMENTADAS

1. **(2011 – CESPE – DPE-MA – Defensor Público – Adaptada)** Com relação à proteção dos direitos humanos e à sua constitucionalização, analise a afirmativa.

   A titularidade de direitos fundamentais é atribuída aos estrangeiros residentes no país, mas não aos estrangeiros não residentes.

   > A assertiva é falsa. A doutrina e o Supremo Tribunal Federal entendem que o fator meramente circunstancial da nacionalidade não excepciona o respeito devido à dignidade de todos os homens. Desta forma, mesmo os estrangeiros não residentes no país e os apátridas (os que não possuem nacionalidade), devem ser considerados destinatários dos direitos fundamentais.

2. **(2012 – CESPE – TJ-RR – Técnico Judiciário)** No que se refere aos direitos e garantias fundamentais e à cidadania, julgue o próximo item.

   Caso o Congresso Nacional aprove, em dois turnos, por três quintos dos votos dos respectivos membros, tratado internacional sobre direitos humanos, este terá força de normativa equivalente às emendas constitucionais.

   > Item verdadeiro, pois em perfeita conformidade com o que preceitua o art. 5º, § 3º da CF/88.

3. **(2015 – CESPE – MPU – Técnico do MPU)** Com relação aos direitos humanos previstos na Constituição Federal de 1988 (CF), julgue o item que se segue.

   Na CF, a classificação dos direitos e garantias fundamentais restringe-se a três categorias: os direitos individuais e coletivos, os direitos de nacionalidade e os direitos políticos.

   > Este item é falso, pois são cinco categorias. O Título II da Constituição Federal (que enuncia os Direitos e Garantias Fundamentais) traz os seguintes capítulos: I) Direitos e Deveres Individuais e Coletivos; II) Direitos Sociais; III) Nacionalidade; IV) Direitos Políticos; V) Partidos Políticos.

10. QUESTÕES PARA TREINAR!

1. **(2015 – CESPE – FUB – Conhecimentos básicos)** No que diz respeito aos direitos fundamentais, julgue o item seguinte.

   A característica da universalidade consiste em que todos os indivíduos sejam titulares de todos os direitos fundamentais, sem distinção.

Cap. 4 • DIREITOS E GARANTIAS FUNDAMENTAIS – TEORIA GERAL

2. **(2014 – CESPE – TJ-SE – Técnico Judiciário)** Acerca dos direitos fundamentais e do conceito e da classificação das constituições, julgue o item a seguir.

Os direitos fundamentais têm o condão de restringir a atuação estatal e impõem um dever de abstenção, mas não de prestação.

3. **(2014 – CESPE – SUFRAMA – Nível Superior)** No que concerne aos direitos e garantias fundamentais, julgue o item que se segue. Nesse sentido, considere que a sigla CF, sempre que empregada, refere-se à Constituição Federal de 1988.

Os direitos previstos na CF alcançam tanto as pessoas naturais, brasileiras ou estrangeiras, no território nacional, como as pessoas jurídicas.

4. **(2011 – CESPE – DPE-MA – Defensor Público – Adaptada)** Com relação à proteção dos direitos humanos e à sua constitucionalização, analise a afirmativa.

A titularidade de direitos fundamentais é atribuída aos estrangeiros residentes no país, mas não aos estrangeiros não residentes.

5. **(2012 – VUNESP – TJ-MG – Analista – Adaptada)** Analise a afirmativa a seguir.

Os chamados pela doutrina de "direitos fundamentais de primeira geração" estão relacionados com a igualdade e compõem alguns direitos sociais, tais como os direitos trabalhistas, previdenciários, econômicos e culturais, e outros vinculados à educação e à saúde.

6. **(2013 – FCC – TRT 9ªR – Técnico Judiciário – Adaptada)** A respeito dos Direitos e Garantias Fundamentais, considere a seguinte assertiva:

As normas definidoras dos direitos e garantias fundamentais têm aplicação imediata.

7. **(2013 – CESPE – TRE-MS – Técnico Judiciário – Adaptada)** Em relação aos direitos e garantias fundamentais, julgue o item posto abaixo.

A CF garante aos estrangeiros em trânsito pelo território nacional os mesmos direitos garantidos aos cidadãos brasileiros.

8. **(2012 – CESPE – TJ-RR – Técnico Judiciário)** No que se refere aos direitos e garantias fundamentais e à cidadania, julgue o próximo item.

Excluem-se dos direitos e garantias fundamentais, previstos de forma taxativa na CF, os direitos decorrentes de tratados internacionais de que a república Federativa do Brasil seja parte.

9. **(2012 – CESPE – TJ-RR – Técnico Judiciário)** No que se refere aos direitos e garantias fundamentais e à cidadania, julgue o próximo item.

Caso o Congresso Nacional aprove, em dois turnos, por três quintos dos votos dos respectivos membros, tratado internacional sobre direitos humanos, este terá força de normativa equivalente às emendas constitucionais.

10. **(2011 – CESPE – FUB – Assistente de Administração)** Acerca dos direitos fundamentais previstos pela Constituição Federal de 1988 (CF), julgue o item a seguir.

DIREITO CONSTITUCIONAL – *Nathalia Masson*

Se o cidadão não exercer as prerrogativas que lhe são conferidas por seus direitos fundamentais, então ele poderá a elas renunciar.

11. **(2011 – CESPE – FUB – Assistente de Administração)** Acerca dos direitos fundamentais previstos pela Constituição Federal de 1988 (CF), julgue o item a seguir.

São características inerentes aos direitos fundamentais a sua historicidade e universalidade.

12. **(2011 – CESPE – FUB – Assistente de Administração)** Acerca dos direitos fundamentais previstos pela Constituição Federal de 1988 (CF), julgue o item posto abaixo.

Os direitos fundamentais são imprescritíveis, visto que podem ser exercidos ou reclamados a qualquer tempo.

GABARITO DAS QUESTÕES					
1	2	3	4	5	6
F	F	V	F	F	V
7	8	9	10	11	12
F	F	V	F	V	V

Capítulo 5

DIREITOS E GARANTIAS INDIVIDUAIS

1. INTRODUÇÃO

O Título II da Constituição Federal abrange os artigos 5º a 17 e trata dos direitos e das garantias fundamentais. São cinco capítulos, sendo que o primeiro deles é representado pelo art. 5º e refere-se aos **direitos e deveres individuais e coletivos**.

Nos itens a seguir estudaremos os principais e mais relevantes direitos inseridos em nosso documento constitucional, a começar pelo direito à vida.

2. DIREITO À VIDA

2.1. Introdução

Sem dúvida, a vida humana é o **bem jurídico mais importante** dentre todos os direitos que são constitucionalmente tutelados, afinal, estar vivo é um pressuposto básico para o sujeito exercer todos os demais direitos e liberdades assegurados no documento constitucional. Nas palavras de Gilmar Mendes

> O direito à vida é a premissa dos direitos proclamados pelo constituinte; não faria sentido declarar qualquer outro se, antes, não fosse assegurado o próprio direito de estar vivo para usufruí-lo. O seu peso abstrato, inerente à sua capital relevância, é superior a todo outro interesse.

Normalmente o direito à vida costuma ser apresentado pela doutrina em duas óticas: (i) o direito de **continuar vivo**, isto é, de não ser morto; e (ii) o direito a ter uma **vida digna**.

O direito que o indivíduo possui de **estar e permanecer vivo** é o que protege sua existência física, garantindo que ela não será atacada pelo Estado nem por outros particulares. O poder constituinte originário, buscando ser coerente com a proteção à vida, vedou expressamente a aplicação da pena de morte (art. 5º, XLVII, a, CF/88) no Brasil, com exceção do caso de guerra formalmente declarada.

Já a proteção da **vida digna** amplia o conceito de viver para além da mera existência física, pois exige que a dignidade da pessoa humana, um dos fundamentos da República Federativa do Brasil (art. 1º, III, CF/88), seja observada. Deste modo, tutelar uma vida com dignidade é certamente uma tarefa complexa, que obriga o Estado a assegurar às pessoas o acesso aos bens e utilidades necessárias para uma vida apropriada, fornecendo serviços básicos e essenciais (como o de educação, o de saúde, etc.). No mesmo sentido, impõe ao Estado a elaboração planos de governo que propiciem ao indivíduo exercer suas liberdades e seus direitos com plenitude (ao trabalho, à moradia, etc.), e também uma atuação que proíba qualquer tipo de tratamento desmerecedor, como a tortura (art. 5º, III, CF/88), as penas de caráter perpétuo, de trabalhos forçados ou as cruéis, (art. 5º, XLVII, 'b', 'c' e 'e', CF/88).

2.2. Início da vida humana

A Constituição de 1988 **não trata do início da vida humana** (pois não determina o instante em que ela começa) e não há, ainda hoje, nenhum consenso científico hoje a esse respeito.

Para alguns, a vida se inicia a partir da **concepção** (fecundação do óvulo pelo espermatozoide, da qual resulta um ovo ou zigoto). O Pacto de São José da Costa Rica, internalizado em nosso ordenamento pelo Decreto 678/1992, adota essa teoria. Outros entendem que é a **nidação** (fixação do zigoto no útero materno) o marco temporal mais correto, já que o embrião só se desenvolve dentro do útero. Uma terceira corrente preceitua que a vida humana começa quando há a **formação do sistema nervoso central** (capacidade neurológica de sentir prazer e dor), o que acontece a partir do 14º dia após a concepção. Há, por último, quem defenda que a passagem da "pessoa humana em potencial" para "pessoa humana *tout court*" ocorreria a partir do momento em que o feto passa a ter capacidade de existir fora do ventre materno, entre a 24ª e a 26ª semana gestação.

Diante de toda essa incerteza técnico-científica sobre o início da vida humana, poderia nossa Constituição ter delimitado a partir de quando começa a **proteção jurídica** sobre esse bem, mas isso também não foi feito. Deste modo, e em meio as fortes divergências de ordem religiosa, científica e filosófica, coube ao **legislador ordinário** fornecer um direcionamento por meio da Lei nº 11.105/2005 (Lei de Biossegurança), que permite, para fins de pesquisa e terapia, a utilização de células-tronco embrionárias obtidas de embriões humanos produzidos por fertilização *in vitro* e não usados no respectivo procedimento.

O STF declarou a lei constitucional e, o que se pode concluir após essa relevante decisão da nossa Suprema Corte é que a vida **não** se inicia com a fecundação do óvulo (a partir da concepção), mas em determinada fase de desenvolvimento do embrião humano, após a formação da placa neural.

DICA
Não custa ressaltar, todavia, que embrião tem a potencialidade de se tornar uma pessoa humana e, por isso, é merecedor de proteção jurídica contra qualquer tentativa leviana de impedir sua continuidade fisiológica. Essa tutela vai além da proteção constitucional e alcança estágios anteriores ao nascimento – o que é feito, por exemplo, pelo Direito Civil (ao resguardar os direitos do nascituro) e pelo Código Penal (ao criminalizar o aborto).

2.3. Aborto

Interromper prematuramente uma gravidez, de modo espontâneo ou provocado, é conduta considerada **criminosa** na legislação infraconstitucional. Isso porque o Código Penal tipifica como infração, nos artigos 124 a 126, a provocação de aborto em si mesma ou a autorização para que outrem provoque, bem como o ato de provocar o aborto com ou sem o consentimento da gestante.

Somente em duas situações o aborto **não** foi previsto na nossa legislação como crime: (i) quando não há outro meio de salvar a vida da gestante, caso em que teremos o **aborto necessário** (também chamado de terapêutico); (ii) ou quando a gravidez resultar de estupro e o aborto for precedido de consentimento da gestante ou, quando incapaz, de seu representante legal (caso em que teremos o **aborto sentimental**).

 DICA
O STF, em 2012, no julgamento da **ADPF n° 54**, identificou uma terceira hipótese: a **interrupção prematura da gravidez de feto anencefálico**. No julgamento, destacou-se que a tipificação penal da antecipação terapêutica do parto do feto anencefálico não estaria em conformidade com a Constituição, especialmente diante dos preceitos que garantem o Estado laico, a dignidade da pessoa humana, o direito à vida e a proteção da autonomia, da liberdade, da privacidade e da saúde.

3. DIREITO À PRIVACIDADE

3.1. Introdução

Nossa Constituição protege a **privacidade** do indivíduo para tutelar seu direito de reger sua vida com plena autonomia, ou seja, do modo que entender mais correto, mantendo em seu exclusivo controle as informações atinentes à sua vida doméstica (familiar e afetiva), aos seus hábitos, escolhas, segredos, etc., sem se submeter ao crivo (e à curiosidade) da opinião de terceiros. Assim, no art. 5°, X, temos a proteção constitucional à privacidade, abarcando a inviolabilidade da **intimidade**, da **vida privada**, da **honra** e da **imagem** das pessoas.

3.2. Direito à intimidade

A **vida íntima** refere-se às particularidades da pessoa, abrangendo suas opções de foro moral, sua sexualidade, sua autoestima, seus segredos e informações mais pessoais.

A intimidade representa, portanto, o núcleo mais restrito do direito à privacidade, uma vez que abarca as relações e opções mais íntimas e pessoais do indivíduo, compondo uma gama de escolhas que cada um de nós pode manter ocultas de todas as outras pessoas, até daquelas mais próximas.

3.3. Direito à vida privada

Já a vida privada é **mais ampla e contém a intimidade**, pois contempla as relações pessoais, familiares, negociais ou afetivas, do indivíduo, incluindo seus momentos de lazer, seus hábitos e seus dados pessoais, como os bancários e os fiscais. Vê-se que a tutela à vida privada não visa proteger segredos ou particularidades confidenciais de ninguém, tutelados pelo direito à intimidade.

3.4. Direito à honra

Por seu turno, a honra possui um aspecto subjetivo (**honra subjetiva**), relacionado a afeição e o apreço que se tem por si mesmo, e também um aspecto objetivo (**honra objetiva**), referente ao conceito social que o sujeito desfruta diante da opinião pública.

 DICA
A honra compreende a **reputação** e a **boa fama** que a pessoa goza na vida em sociedade, bem como o **sentimento próprio de estima e dignidade**.

3.5. Direito à imagem

O dispositivo constitucional tutela a **imagem física** das pessoas, o que inclui qualquer representação gráfica do aspecto visual do indivíduo ou dos traços característicos da sua fisionomia. Os meios de comunicação, (jornais, revistas, televisão, internet) não podem usurpar a imagem da pessoa, utilizando-a sem o seu consentimento, ainda que para louva-la ou enaltece-la. Isso porque a tutela da imagem é dissociada da tutela da honra, de forma que mesmo que não haja ofensa à reputação do indivíduo, não se pode utilizar a imagem da pessoa sem sua autorização.

É importante recordar que se a pessoa se encontra em local público, ela implicitamente concorda em ser vista, fotografada ou filmada, pois estando em lugar público se pressupõe um consentimento tácito de exposição. Assim, o sujeito não poderá questionar sua aparição, sem qualquer destaque, numa reportagem, caso se encontre em local aberto ao público e é retratado como parte da cena.

Cap. 5 · DIREITOS E GARANTIAS INDIVIDUAIS

3.6. Sigilos pessoais

A Constituição protege em **sigilo** os dados (bancários, fiscais, telefônicos e informáticos) dos indivíduos, a fim de evitar ingerências de terceiros nos aspectos pessoais da vida da pessoa e também para resguardar a privacidade delas, seus domicílios e suas comunicações. Todavia, já que não existem em nosso documento constitucional direitos absolutos, até mesmo os sigilos pessoais constitucionalmente tutelados poderão eventualmente sofrer alguma restrição, como veremos nos comentários abaixo.

3.6.1. Sigilo do domicílio

A inviolabilidade domiciliar está prevista no inciso XI do art. 5° e é a consagração constitucional do **"recesso do lar"**, local no qual a vida privada doméstica pode ser exercida com plena liberdade, de modo inacessível às intromissões alheias.

Mas é bom frisar que o conceito de "domicílio" em âmbito constitucional é significativamente **mais amplo** que na esfera civil. Enquanto no Direito Privado é compreendido como o local no qual o indivíduo estabelece sua residência com ânimo definitivo, no sentido constitucional a noção de "casa" é bem mais extensa, pois indica **qualquer local delimitado que alguma pessoa ocupe com exclusividade, a qualquer título, inclusive de forma profissional**.

Em outras palavras, e com apoio na definição trazida pelo Código Penal (art. 150, § 4°), o termo "casa" engloba: (i) qualquer compartimento habitado (casa, apartamento, a barraca de camping, o trailer); (ii) qualquer aposento ocupado de habitação coletiva (quarto de hotel, motel ou pensão); (iii) qualquer compartimento não aberto ao público onde alguém (pessoa física ou jurídica) exerce uma atividade ou profissão.

No entanto, em como já foi dito no item anterior, não há direitos absolutos, por isso a inviolabilidade domiciliar poderá sofrer, em algumas circunstâncias, **restrições**. Estas evitarão que a "casa" se torne um reduto de impunidades, e sua inviolabilidade um escudo para a prática de atos ilícitos.

Nesse sentido, preceitua o documento constitucional que, excetuando-se a hipótese de consentimento do morador, a entrada de um estranho em local considerado "casa" somente poderá ocorrer (i) em hipótese de flagrante delito; (ii) em caso de desastre; (iii) para prestar socorro; (iv) ou, durante o dia, por determinação judicial.

As três primeiras hipóteses narram **situações emergenciais,** que autorizam o ingresso no domicílio independentemente de qualquer consentimento do morador, a qualquer hora, do dia ou da noite.

Já a quarta e última situação autoriza o ingresso no recinto domiciliar sem o consentimento do morador desde que haja uma autorização judicial. Sobre essa medida (busca e apreensão domiciliar) três coisas relevantes devem ser ditas:

(i) inicialmente, é matéria que está sob **reserva de jurisdição**, o que significa que somente pode ser determinada validamente por órgão integrante do Poder Judiciário que exerça jurisdição. Destarte, CPIs (comissões parlamentares de inquérito) e membros do Ministério Público não estão constitucionalmente autorizados a determiná-la;

(ii) o mandado judicial não pode ser genérico, autorizando verdadeira devassa na casa do suspeito; o mandado deve **especificar** aquilo que se busca;

(iii) a ordem judicial somente pode ser cumprida durante o **dia**. Majoritariamente prefere-se o critério objetivo (cronológico) para definir que **o dia se inicia as 06hs e é finalizado às 18hs**.

3.6.2. Sigilo de correspondência

Proteger as correspondências **representa a preservar a privacidade e a liberdade de expressão**, afinal, a confidência de algo privado/íntimo/sigiloso a um terceiro, não pode ser objeto de interferência da parte de ninguém, nem mesmo do Estado.

É nesse sentido que o inciso XII do art. 5° menciona a inviolabilidade das correspondências, tutelando as cartas e os impressos em geral (bem como os e-mails) contra intromissões indevidas.

E, não custa lembrar, como o direito aqui em análise não tem caráter absoluto, é possível que haja a **violação das correspondências**, em hipóteses extraordinárias, justificadas por questões de segurança pública ou em razão da utilização da inviolabilidade como escudo para a prática de atividades ilícitas.

3.6.3. Sigilo de dados

Os dados que podem revelar aspectos da privacidade de um indivíduo ficam resguardados sob sigilo, conforme preceitua o inciso XII do art. 5°. São os chamados **dados sensíveis**, referentes às informações telefônicas, bancárias e fiscais da pessoa, bem como à sua orientação sexual, crença religiosa, e o valor de sua remuneração. Qualquer intervenção estatal direcionada a romper o sigilo desses dados deverá ser **devidamente fundamentada** e somente poderá ser determinada pela **autoridade competente**, conforme veremos nos itens a seguir.

Quanto aos **dados não sensíveis**, é bom frisar que **não** estão protegidos pelo sigilo, pois são informações públicas e de livre circulação. Para exemplificar, pensemos no nome do sujeito, no seu estado civil, no número do CPF, no seu endereço ou e-mail.

3.6.3.1. Dados bancários

Pode-se dizer que as **movimentações e posições financeiras do indivíduo** integram sua privacidade, sendo dever das instituições bancárias manter o sigilo sobre esses dados. Assim, segundo o STF:

(i) eventuais violações do sigilo bancário somente podem ser determinadas: (a) pela **autoridade judicial competente** e (b) pelas **comissões parlamentares de inquérito** (federais ou estaduais);

(ii) destarte, o TCU, o **Ministério Público** e as **autoridades fazendárias** não possuem poderes para determinar diretamente a quebra do sigilo bancário.

3.6.3.2. Dados telefônicos

Estes representam os dados referentes aos **registros numéricos dos telefones** para os quais a pessoa fez ligações ou dos quais as recebeu, abrangendo também a data, o horário e a duração da chamada.

Quebrar o sigilo telefônico significa, portanto, solicitar à empresa de telefonia o extrato das ligações, o que permitirá o acesso aos números, à duração/data/horário da chamada, mas não ao conteúdo da conversa. Segundo o STF, autoridades judiciais e as CPIs, desde que demonstrem de modo inequívoco a necessidade dessa excepcional ruptura à privacidade da pessoa, é que podem determinar legitimamente violações ao sigilo dos dados telefônicos.

Deve-se ter cuidado, todavia, para **não confundir o sigilo telefônico, com o sigilo das comunicações telefônicas** (interceptação telefônica), que a Constituição protege no **inciso XII do art. 5°**.

A **interceptação telefônica**, também intitulada **quebra do sigilo da comunicação telefônica**, é a captação e a gravação de conversa telefônica no exato momento em que ela ocorre, feita por um terceiro sem que qualquer dos interlocutores saiba. É caso em que a interferência alcança a própria **comunicação**, o diálogo realizado ao telefone.

A interceptação só pode ser decretada legitimamente se três requisitos estiverem presentes:

(i) expedição de **ordem judicial** (o que nos mostra que nem mesmo as CPIs podem decretar a interceptação telefônica);

(ii) apresentação de uma finalidade específica: que é a **investigação criminal** ou **instrução processual penal** (o que indica que a interceptação não poderá ser autorizada em processos civis, administrativos, disciplinares ou político-administrativos.

 DICA
Nada impede que os dados obtidos na interceptação telefônica determinada em investigações criminais ou em instruções processuais penais sejam utilizados como **prova emprestada** em processo de natureza civil ou administrativa, por exemplo.

(iii) **previsão em lei** (segundo o STF todas as interceptações telefônicas determinadas de 1988 até o advento da Lei n° 9.296/1996, que regulamenta as interceptações telefônicas, ainda que por ordem judicial, são inválidas. Isso porque, ao inciso XII, faltava essa lei específica regulamentando a possível restrição).

4. DIREITO À IGUALDADE

4.1. Introdução

Princípio geral de todo o ordenamento, a **igualdade** recebeu da Constituição uma proteção muito especial e robusta, sendo vários os artigos que tratam do tema (art. 3°, III e IV; art. 5°, *caput* e I; art. 7°, XXX e XXXI, art. 39, § 3°, etc.).

De todos os artigos, o principal é aquele constante do *caput* do art. 5° que, ao enunciar que "todos são iguais perante a lei, sem distinção de qualquer natureza", contempla uma **perspectiva formal** para o princípio da isonomia, consagrando um tratamento igualitário perante a lei. Este dispositivo nos assegura que a lei, genérica e abstrata, vai incidir de modo **neutro** nos casos concretos, ou seja, será igual para todos e não vai tolerar privilégios ou distinções.

Essa concepção puramente formalista da igualdade, no entanto, aos poucos, demonstrou ser **insuficiente** para alcançar verdadeiramente a igualdade entre os indivíduos. Isso porque os marginalizados seguiam sem acesso às mesmas oportunidades, bens e "condições de partida" que os socialmente favorecidos, afinal, a concepção formal de igualdade veda que a lei estabeleça um tratamento discriminatório, mas nada faz para mudar a situação fática em que a desigualdade já existe.

Foi a partir dessas constatações que um processo de fortalecimento da **perspectiva material** (substancial) da isonomia se iniciou: considerando as desigualdades reais que, sabemos, existem na vida real, a perspectiva material da igualdade passou a permitir que situações desiguais fossem destinatárias de soluções distintas. Recuperou-se, com isso, a lógica **aristotélica** de que os desiguais devem ser tratados desigualmente, na medida da sua desigualdade.

São sublimes e muito explicativas as palavras de Boaventura, quando afirma que: "(...) **temos o direito a ser iguais quando a nossa diferença nos inferioriza; e temos o direito a ser diferentes quando a nossa igualdade nos descaracteriza**. Daí a necessidade de uma igualdade que reconheça as diferenças e de uma diferença que não produza, alimente ou reproduza as desigualdades".

Hoje, um entendimento completo do princípio da igualdade exige o reconhecimento dessas variadas perspectivas:

– desde a **formal** – por alguns intitulada "igualdade perante a lei", refere-se à interpretação e aplicação igualitária de um diploma normativo já confeccionado;

– quanto a **material** (igualdade na lei) – na qual o respeito à igualdade se dá em esfera abstrata e genérica, na fase de criação do direito, alcançando os Poderes Públicos (inclusive o legislador, claro) quando elaboram um ato normativo;

– até a perspectiva **material-dinâmica** ou **militante** da igualdade – transformadora da igualdade em um objetivo a ser perseguido pelo Estado, consiste na adoção de políticas públicas que visem reduzir as desigualdades fáticas, os estigmas e preconceitos que recaem sobre certos segmentos da sociedade.

Por fim, vale destacar que o intuito dessa nova e abrangente leitura do princípio é cristalino: evitar que certos grupos de pessoas sejam deixadas em estado de indignidade e completo desalento social/jurídico/fático, à margem da vida em sociedade e da experiência democrática.

4.2. Igualdade entre homens e mulheres

A cláusula geral do *caput* do art. 5º já assegura que "todos são iguais perante a lei" e variadas outras normas constitucionais vedam discriminações motivadas por questões de gênero (art. 3º, IV, art. 7º, XXX, e art. 226, § 5º, todos da CF/88).

Mesmo assim o poder constituinte originário entendeu importante enunciar no inciso I do art. 5º, de forma **específica** e **destacada**, que "homens e mulheres são iguais em direitos e obrigações".

Segundo a doutrina, tem-se aí um dispositivo que resume décadas de lutas das mulheres contra discriminações!

Assim, em respeito às previsões constitucionais, em regra não será válido estabelecer distinções entre homens e mulheres. No entanto, quando essas diferenciações forem voltadas à equiparação de condições entre eles, serão consideradas legítimas – já que será a partir dessas diferenças lícitas conseguiremos efetivar verdadeiramente o princípio da igualdade.

Deste modo, nem sempre o tratamento constitucional destinado à homens e mulheres será absolutamente equânime, pois respeitará as necessárias exceções que irão promover a **igualdade real**, vale dizer, aquela que **só se concretiza na diferença**.

Nesse sentido, torna-se importante dar destaque as passagens do texto constitucional em que um tratamento desigual entre homens e mulheres é estabelecido:

(i) às presidiárias serão asseguradas condições para que possam permanecer com seus filhos durante o período de amamentação (art. 5º, L, CF/88);

(ii) à gestante, sem prejuízo do emprego e do salário, será concedida licença com a duração de cento e vinte dias (art. 7º, XVIII, CF/88);

(iii) ao homem será concedida licença-paternidade, nos termos fixados em lei (art. 7º, XIX, CF/88);

(iv) isenta-se as mulheres do serviço militar obrigatório em tempo de paz, sujeitando-as, porém, a outros encargos que a lei lhes atribuir (art. 143, § 2º, CF/88);

(v) assegura-se a aposentadoria no regime geral de previdência social, nos termos da lei, obedecidas as seguintes condições: I – trinta e cinco anos de contribuição, se homem, e trinta anos de contribuição, se mulher; II – sessenta e cinco anos de idade, se homem, e sessenta anos de idade, se mulher, reduzido em cinco anos o limite para os trabalhadores rurais de ambos os sexos e para os que exerçam suas atividades em regime de economia familiar, nestes incluídos o produtor rural, o garimpeiro e o pescador artesanal (art. 201, § 7º, I e II, CF/88).

5. DIREITO À LIBERDADE

5.1. Introdução

Nossa Constituição protegeu as várias e distintas facetas do direito à liberdade, conforme veremos nos tópicos a seguir.

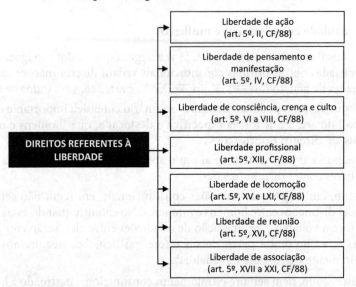

5.2. Liberdade de ação

A liberdade de agir está garantida no inciso II do art. 5°, CF/88, quando este determina que ninguém será obrigado a fazer ou a deixar de fazer algo senão em virtude de lei.

Como expressão da **autonomia da vontade** que cada indivíduo possui, essa faceta da liberdade assegura ao particular a prerrogativa de rechaçar qualquer ordem que lhe seja imposta por uma via diferente da legal.

Há que se dizer, porém, que a liberdade aqui em estudo exige mais do que unicamente o respeito formal ao processo legislativo de criação das leis: o conteúdo da lei tem que ser compatível com os valores expressados pelo texto constitucional e, especialmente, não pode afrontar direitos fundamentais. Leis que sejam produto de um abusivo poder de legislar não serão legítimas, de forma que o indivíduo terá, diante delas, o mesmo direito de resistência que possui diante de ordens que não tenham sido fundamentadas em atos normativos válidos. Vale dizer: não precisará cumpri-las.

5.3. Liberdade de pensamento e manifestação

Indivíduos dotados de um grau mínimo de discernimento e saúde mental já possuem a **liberdade de pensamento**, uma prerrogativa ínsita à própria existência.

Como o teor desses pensamentos não são acessíveis a terceiros, pouco importa se são imorais, ilegais ou pecaminosos; são possíveis e livres, independentemente de qualquer proteção jurídica.

Muitas vezes, todavia, o indivíduo deseja expressar suas convicções íntimas, comunicar suas ideias e opiniões construídas internamente. Nesse contexto surge a importância do Direito, que vai ampará-lo no exercício da **liberdade de manifestar seu pensamento**.

Nossa Constituição, no art. 5°, IV, explicita essa faculdade, assegurando-a tanto no aspecto positivo – proteção da exteriorização da opinião –, quanto no aspecto negativo – de vedação à censura prévia.

O que a Constituição **não resguarda** é o **anonimato** da manifestação. Isso porque, eventualmente, no exercício dessa faculdade, o sujeito pode agir abusivamente e ferir direitos de outrem (honra ou imagem, por exemplo), ou até mesmo cometer um ilícito penal, casos em que sua identidade será imprescindível para viabilizar a responsabilização aplicável à hipótese.

Em outras palavras: a Constituição prevê que manifestações que causem dano material, moral ou à imagem de outrem, geram, em contrapartida, o direito de resposta, proporcional ao agravo, além da indenização (art. 5°, V). Daí a necessidade de vedar o anonimato, para permitir a identificação do autor e tornar possível a resposta proporcional ao agravo (desagravo), bem como a ação judicial por indenização decorrente dos danos materiais e/ou morais, ou, também, ações penais em casos de crimes contra a honra.

Uma outra importante consequência da vedação ao anonimato é a impossibilidade de se acolher **denúncias anônimas** (apócrifas) para fundamentar a instauração de um inquérito policial. Isso evita o denuncismo irresponsável e inescrupuloso, que visa somente prejudicar desafetos.

É preciso informar, contudo, que denúncias e bilhetes anônimos levados ao conhecimento de autoridades públicas geram, por dever funcional, a **responsabilidade em averiguar** (com toda a cautela) a veracidade dos fatos narrados (ver art. 5°, § 3°, CPP). Assim, desvincula-se a investigação estatal da delação anônima, viabilizando uma instauração legítima do processo penal – afinal, apesar de a denúncia anônima poder dar início a medidas informais de averiguação sumária, não pode ser utilizada como fundamento único para o procedimento investigatório ser instaurado. Assim, segundo a Corte: não "é nulo o inquérito policial instaurado a partir da prisão em flagrante dos acusados, ainda que a autoridade policial tenha tomado conhecimento prévio dos fatos por meio de denúncia anônima".

 DICA
Cuidado! Peças apócrifas **podem** ser utilizadas como provas quando forem produzidas pelo próprio acusado ou constituírem o corpo de delito do crime (por exemplo, um bilhete de pedido de resgate escrito pelo próprio sequestrador).

5.4. Liberdade de consciência, crença e culto

(A) Introdução

A Constituição não possui religião oficial e, portanto, exige do Estado uma postura neutra e independente diante da pluralidade de religiões e concepções filosóficas referentes aos fenômenos sobrenaturais. Isso permite que os cidadãos exerçam plena **autonomia** no momento de optarem por valores religiosos, espirituais, morais ou político-filosóficos.

Foi somente com a instituição da **forma republicana** no Brasil (em 15.11.1889) que se consagrou de forma contundente em nosso país uma drástica separação entre o Estado e a Igreja, tornando o Estado **laico** (secular ou não-confessional). Hoje temos previsão expressa na Constituição de 1988 (nos incisos VI a VIII do art. 5º e no art. 19, I), da liberdade religiosa.

Examinaremos, nos itens a seguir, os dispositivos constitucionais que a consagram.

(B) Análise dos dispositivos constitucionais

– Inciso VI: materializa a laicidade do Estado ao assegurar a inviolabilidade de consciência e de crença, bem como garantir "o livre exercício dos cultos religiosos" e "a proteção aos locais de culto e a suas liturgias".

A autonomia quanto à **consciência** possui grande amplitude, pois liberta o indivíduo de quaisquer interferências de ordem moral, filosófica, religiosa, política ou sociológica, permitindo que cada qual abrace juízos, ideias e opiniões de acordo com suas escolhas particulares.

Mais restrita é a **liberdade de crença**, pois envolve tão somente o aspecto religioso, referente à autonomia de professar (ou não) uma crença religiosa.

Por seu turno, a **liberdade de culto** é a permissão para a exteriorização da crença, já que a autonomia de um indivíduo em definir sua religião não se esgota na mera escolha, demandando uma prática religiosa que se expressa por intermédio dos cultos, dos ritos, das cerimônias, das reuniões e da fidelidade aos hábitos e tradições. Assim, não pode o Estado embaraçar o funcionamento de igrejas ou cultos religiosos, tampouco firmar com seus representantes qualquer aliança ou relação de dependência, ressalvada, na forma da lei, a colaboração de interesse público, conforme preceitua o art. 19, I, CF/88.

– Inciso VIII: nos termos deste dispositivo, temos que "ninguém será privado de direitos por motivo de crença religiosa ou de convicção filosófica ou política, salvo se as invocar para eximir-se de obrigação legal a todos imposta e recusar-se a cumprir prestação alternativa, fixada em lei".

Eis a previsão do direito à "**escusa de consciência**", também conhecida como "objeção de consciência", ou "alegação de imperativo de consciência". É esse o direito constitucional que permite que um indivíduo não cumpra determinada obrigação legal (ou que não pratique certo ato) não condizente com suas convicções religiosas, políticas ou filosóficas, sem que com isso incida sobre ele qualquer represália quanto

Cap. 5 · DIREITOS E GARANTIAS INDIVIDUAIS

às suas garantias constitucionais – desde que, ao se recusar a satisfazer a obrigação legal, o sujeito cumpra a prestação alternativa prescrita em lei.

Assim, toda vez que uma pessoa estiver seriamente impedida de acatar uma prescrição legal, em razão de forte e real crença/convicção, poderá se valer desse direito, que vai eximi-la da obrigação estipulada em lei, cujo cumprimento importaria grave violência à sua consciência. Há que se notar, todavia, que se o Estado houver fixado em lei uma prestação alternativa, consistente em um serviço administrativo que não abala crenças ou convicções, o sujeito deverá cumpri-la, sob pena de seus **direitos políticos** serem **suspensos** (art. 15, IV, CF/88).

Nesse momento, duas conclusões já podem ser extraídas das explicações anteriores:

(i) ninguém terá seus direitos políticos suspensos por ter se valido da escusa de consciência; a suspensão deriva da invocação da escusa de consciência **associada** à não prestação do serviço administrativo;

(ii) a ausência de lei que estabeleça o serviço alternativo **não prejudica**, de forma alguma, o indivíduo. Assim, caso o Estado não tenha editado a lei que conceba o serviço administrativo correspondente ao descumprimento de uma obrigação lega específica, não haverá suspensão dos direitos políticos para aquele que não adimplir a obrigação legal. A razão é simples: muito embora o inciso VIII careça de lei que fixe a incumbência alternativa, possui aplicabilidade imediata quanto ao direito de invocar a objeção de consciência (art. 5º, § 1º, CF/88).

– **Inciso VII:** em finalização ao estudo dos incisos atinentes à liberdade religiosa, destaca-se que a **prestação de assistência religiosa** a pessoas internadas em entidades civis e militares é assegurada pelo art. 5º, VII, CF/88. Este dispositivo garante, aos partidários de qualquer religião, a possibilidade de prestar assistência de cunho religioso aos indivíduos que estejam em entidades de internação coletiva, como, por exemplo, hospitais e estabelecimentos prisionais (civis ou militares). Referida assistência, todavia, deve ser prestada em comum acordo com o interno (ou seus familiares, no caso de o doente não mais estar no gozo de suas faculdades mentais), sendo imprescindível acatar estritamente as determinações legais e as normas internas de cada instituição, para que não se coloque em risco nem as condições do interno, nem a segurança do ambiente.

5.5. Liberdade de profissão

Nosso texto constitucional garante expressamente a liberdade no exercício de qualquer trabalho, ofício ou profissão. Essa liberdade, no entanto, fica condicionada ao atendimento das qualificações profissionais que eventualmente uma lei federal (art. 22, XVI) vier a estabelecer.

Estamos diante, pois, de uma norma constitucional de eficácia **contida**, possuidora de aplicabilidade direta e imediata, mas passível de restrição por disposição da própria Constituição ou de legislação infraconstitucional.

Nota-se que na percepção do STF nem todos os ofícios ou profissões podem ser condicionadas ao cumprimento de condições legais para seu exercício, afinal, nos termos da Constituição, a **regra é a liberdade** profissional (cite-se, como exemplo, a profissão de músico).

Deste modo, somente quando houver **potencial lesivo na atividade** é que podem ser exigidos requisitos para a profissão ou o ofício serem exercitados, lembrando que referidos requisitos devem guardar nexo lógico com as funções e atividades a serem empenhadas.

5.6. Liberdade de locomoção

Em tempos de paz, é livre a locomoção em território nacional, podendo qualquer pessoa (nacional ou estrangeira), nos termos da lei, nele entrar, permanecer ou dele sair com seus bens.

Assim, é possível notar que a liberdade inscrita no art. 5º, XV, CF/88 abarca: (i) o **acesso** e **ingresso** no território nacional; (ii) a **saída** do território nacional; (iii) a **permanência** no território nacional; e, ainda, (iv) o **deslocamento** no território nacional.

Contudo, o direito de ir, vir ou permanecer no território nacional em tempo de paz **não** pode ser visto como **absoluto**, afinal trata-se de uma norma constitucional de eficácia **contida** – o que possibilita que a própria Constituição, ou a legislação complementar, possa restringir sua amplitude, a partir de critérios proporcionais e justificáveis.

Por fim, importante lembrar de duas coisas:

(i) o direito de somente ser preso em **flagrante delito** ou por **ordem escrita e fundamentada da autoridade judiciária competente** (inscrito no art. 5º, LXI, CF/88), é manifestação inequívoca da liberdade de locomoção;

(ii) o *habeas corpus* (art. 5º, LXVIII) é o meio processual destinado à proteção do direito de ir e vir ameaçado por ilegalidade ou abuso de poder.

5.7. Liberdade de reunião

De acordo com o que preceitua a Constituição (art. 5º, XVI), todos podem reunir-se pacificamente, sem armas, em locais abertos ao público, independentemente de autorização, desde que não frustrem outra reunião anteriormente convocada para o mesmo local, sendo apenas exigido prévio aviso à autoridade competente.

Esse é o **direito de reunião**, um direito individual de expressão coletiva, já que cada pessoa, individualmente considerada, possui o direito, mas somente pode exerce-lo coletivamente – afinal ninguém se reúne sozinho, consigo mesmo.

Sobre esse direito vale lembrar que:

(i) o direito de reunião pressupõe um conjunto de pessoas, não sendo factível falar em reuniões individuais;

(ii) a reunião deve ser minimamente coordenada, exigindo-se a prévia convocação e a consciência da participação dos componentes. A reunião nunca é, pois, uma aglomeração espontânea de pessoas num determinado lugar: é um evento planejado, que foi convocado previamente, em que as pessoas que ali estão o fazem justamente para integrar o encontro;

(iii) os integrantes da reunião devem comungar de uma mesma finalidade, seja de cunho político, religioso, artístico ou filosófico;

(iv) o agrupamento não pode apresentar laços duradouros, caso contrário haveria a configuração de uma associação. A reunião deve ser, portanto, um evento momentâneo, passageiro;

(v) para ser constitucionalmente legítima a reunião deverá ser pacífica e sem armas. Não pode haver conflagração física nem violência (a não ser que esta seja externa, sendo deflagrada por pessoas estranhas ao agrupamento);

(vi) há que haver um local delimitado, uma área específica para a reunião acontecer, mesmo naquelas situações mais dinâmicas que se caracterizam, por exemplo, pela situação de deslocamento em vias públicas (passeatas, por exemplo).

A Constituição Federal impõe, ainda, duas condicionantes para que haja um exercício genuíno e lícito do direito, quais sejam, (i) **o aviso prévio** e (ii) **a não frustração de outra reunião anteriormente convocada para o mesmo local.** Sobre eles, diga-se o seguinte:

(i) é sabido que o exercício do direito de reunião **independe de autorização** do Poder Público. Todavia, quando a reunião for acontecer em locais públicos, ela não pode ser iniciada sem que se tenha **avisado previamente** a autoridade competente. Referida comunicação antecipada é fundamental para que a autoridade administrativa adote as providências necessárias relacionadas às circunstâncias do evento (como controlar as eventuais alterações do trânsito, garantir a segurança dos participantes, dos terceiros alheios e dos bens públicos e privados, etc.);

(ii) não se pode marcar uma reunião em local público em dia e hora já previamente destinados a outra reunião, sob pena de se inviabilizar o exercício do direito por aqueles que anteriormente selecionaram o local/data/hora. Assim, se a simultaneidade for inviabilizar um dos eventos (ou ambos), o primeiro a ter convocado a reunião e avisado a autoridade competente terá preferência.

5.8. Liberdade de associação

Uma **associação** é uma aliança estável de pessoas, sob direção comum, na busca de fins lícitos. É criada naquelas situações em que os indivíduos, mesmo empreendendo grandes esforços, não conseguem obter sozinhos os bens da vida que desejam, logo eles se associam no intuito de expandirem suas conquistas.

 DICA
Assim como o direito de reunião, a liberdade de associação é um **direito individual de expressão coletiva**, o que significa que muito embora seja atribuído a cada pessoa individualmente considerada, somente poderá ser exercido de forma coletiva. Assim, é requisito para a configuração da associação a coligação de uma **pluralidade de indivíduos**.

Mas esse agrupamento de pessoas só estará reunido em associação se existirem **objetivos comuns** e eles estiverem unidos com **estabilidade**, não havendo que se falar em associação quando há reunião meramente esporádica e casual de pessoas. Deste modo, pouco importa como o contato entre os membros vai ocorrer (se por e-mails, telefonemas, cartas, reuniões pessoais, etc.), o importante é que haja uma constância nessa relação, que dê solidez aos propósitos do agrupamento.

Inscrito no art. 5º, incisos XVII a XXI, a liberdade de associação visa assegurar aos indivíduos:

(i) a **plena liberdade de associação**, desde que para fins lícitos, pois é vedada a de caráter paramilitar;

(ii) a **impossibilidade** de alguém ser compelido a associar-se ou mesmo a permanecer associado;

(iii) a **desnecessidade de autorização estatal** para a criação das associações e, por fim,

(iv) a **vedação** a qualquer **interferência estatal** no funcionamento das mesmas.

Depois de criadas, as associações somente poderão ser compulsoriamente dissolvidas ou ter suas atividades suspensas por decisão judicial, exigindo-se, para a **dissolução compulsória**, o **trânsito em julgado** (art. 5º, XIX, CF/88) – atenção para o fato de que a suspensão dos trabalhos da associação não depende de decisão judicial definitiva, podendo ser implementada através de decisões judiciais ainda sujeitas à recurso.

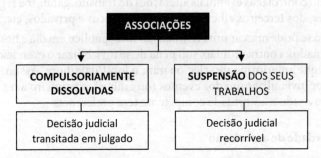

Outro ponto relevante é a circunstância de as associações possuírem o poder de representar os seus associados judicialmente (art. 5º, XXI, CF/88). Em se tratando da impetração de **mandado de segurança coletivo** (art. 5º, LXX, CF/88), estaremos diante de situação que configura **substituição processual**, conforme entende o STF, sendo suficiente a autorização genérica prevista no estatuto da associação – dispensa-se a autorização específica por parte de seus sócios para a impetração do remédio em juízo. Nos demais casos em que as entidades associativas também têm legitimidade para representar seus filiados extrajudicialmente, estaremos diante de situação de **representação processual**, o que exige **autorização expressa** – que não precisa ser colhida de cada um de seus integrantes, podendo ser colhida em uma assembleia geral – e pertinência da matéria com os fins sociais da associação.

Cap. 5 · DIREITOS E GARANTIAS INDIVIDUAIS

6. DIREITO À PROPRIEDADE

6.1. Introdução

Com previsão expressa no art. 5º em variados incisos (XXII, XXIII, XXIV, XXVII, XXIX e XXX), o direito de propriedade é assegurado pela Constituição Federal a partir de uma **vasta proteção**. Esta engloba qualquer direito de conteúdo patrimonial (sejam eles materiais ou mesmo imateriais, como os direitos autorais, a propriedade industrial e o direito à herança), assim com as prerrogativas de usar, gozar, dispor e possuir um bem, bem como a de reavê-lo diante de detenção indevida por outrem.

6.2. Função social da propriedade

Na tutela do direito à propriedade, o texto constitucional explicitou que esta deve atender a sua **função social** (art. 5º, XXIII, CF/88). Deste modo, podemos considerar que o cumprimento da função social é essencial para que o proprietário usufrua plenamente de todas as faculdades que o direito lhe confere.

A justificativa para essa imposição constitucional é essencialmente a releitura que se faz hoje do direito, na qual a noção individualista de propriedade cede e dá lugar à uma concepção que não nega o direito individual, mas o ajusta aos interesses sociais. A função social objetiva, portanto, impulsionar o indivíduo a contribuir ao bem-estar da coletividade em detrimento de interesses egoísticos e unicamente individuais. Não por outra razão, a propriedade privada e sua função social foram listadas como **princípios da ordem econômica** (art. 170, II e III, CF/88).

No que diz respeito à função social dos **imóveis rurais**, a Constituição Federal determinou, em seu art. 186, que será cumprida quando a propriedade rural atender, simultaneamente, segundo critérios e graus de exigência estabelecidos em lei, os seguintes requisitos: (i) aproveitamento racional e adequado; (ii) utilização adequada dos recursos naturais disponíveis e preservação do meio ambiente; (iii) observância das disposições que regulam as relações de trabalho; (iv) exploração que favoreça o bem-estar dos proprietários e dos trabalhadores.

Por sua vez, a **propriedade urbana** cumprirá sua função social quando atender às exigências fundamentais de ordenação da cidade expressas no plano diretor (art. 182, § 2º, CF/88). A propósito, o plano diretor –aprovado pela Câmara Municipal e obrigatório em cidades com mais de vinte mil habitantes –, é o instrumento básico da política de desenvolvimento e de expansão urbana, conforme enuncia o art. 182, § 1º, CF/88.

6.3. Limitações ao direito de propriedade

São limitações constitucionalmente firmadas ao direito de propriedade: (i) a **desapropriação** (art. 5º, XXIV, CF/88); (ii) a **requisição** (art. 5º, XXV, CF/88); (iii) a **expropriação** (art. 243, CF/88), e (iv) a **usucapião** (arts. 183 e 191, CF/88).

Enquanto a função social impede atribuir à propriedade um caráter absoluto, a requisição atinge a exclusividade do direito, e a desapropriação, a expropriação e a usucapião afastam seu caráter perpétuo.

6.3.1. Desapropriação

O Poder Público pode determinar a desapropriação da propriedade particular através de uma **transferência compulsória**, em que toma para si (ou transfere para terceiros) bens particulares, mediante o pagamento de justa e prévia indenização (em regra, em dinheiro). Nota-se que a desapropriação é, certamente, uma maneira bastante agressiva de o Estado intervir no direito de propriedade.

O art. 5º da CF/88, em seu inciso XXIV, prevê que a desapropriação depende de prévia declaração do Poder Público de que o bem é de (i) necessidade pública, (ii) utilidade pública ou (iii) interesse social.

(i) Tem-se a **necessidade pública** quando a Administração Pública precisa realizar, em caráter emergencial, uma atividade essencial e indispensável ao Estado e, por isso, deve promover a transferência urgente de bens particulares para o domínio público – pois desapropriar foi a **única** solução administrativa encontrada para solver uma adversidade.

(ii) Na **utilidade pública**, a realização de uma atividade estatal não é urgente ou imprescindível, mas é conveniente para o Estado. Destarte, a desapropriação não é a única, mas sim a melhor solução existente para superar o problema.

(ii) O **interesse social** objetiva promover justa distribuição da propriedade para que esta seja mais bem aproveitada, em benefício da coletividade ou de segmentos sociais que mereçam amparo especial por parte do Estado. Essa modalidade tem caráter sancionatório, destinando-se aos proprietários de imóveis que descumpram a função social constitucionalmente exigida. Como exemplos de desapropriação por interesse social, podemos listar: (a) as desapropriações para **política urbana** (art. 182, §4º, III, CF/88), e (b) as desapropriações para **reforma agrária** (art. 184, CF/88).

6.3.2. Requisição

Pode-se conceituar a requisição como uma forma de intervenção pública no direito de propriedade em situações **emergenciais**, em que há iminente perigo público e a autoridade competente precisa usar temporariamente uma propriedade particular (art. 5º, XXV, CF/88). Trata-se de situação de urgência em que o Poder

Público não tem tempo suficiente para a adoção de providências alternativas que não dependam da interferência nos bens particulares. O Estado precisa da propriedade privada, a utiliza e a devolve ao proprietário logo após a ação. Caso o uso acarrete danos, há de ser fixada uma indenização. Por outro lado, se não ocorreu qualquer avaria ao bem utilizado, a indenização não se faz necessária.

6.3.3. Expropriação ou confisco

Expropriação é a supressão punitiva da propriedade privada, por ordem judicial, sem que o proprietário tenha direito a receber qualquer indenização. Prevista no art. 243, CF/88, ocorre nas situações em que o sujeito se utiliza de sua propriedade, rural ou urbana, localizada em qualquer região do País, para **culturas ilegais de plantas psicotrópicas** ou a **exploração de trabalho escravo**.

6.3.4. Usucapião

No art. 183, CF/88, temos a previsão de que aquele que possuir como sua área urbana de até 250 metros quadrados, por 5 anos, ininterruptamente e sem oposição, utilizando-a para sua moradia ou de sua família, adquirir-lhe-á o domínio, desde que não seja proprietário de outro imóvel urbano ou rural. É a usucapião especial **de imóvel urbano**.

A usucapião **de imóvel rural** ocorre quando um sujeito, que não é proprietário de imóvel rural ou urbano, possua como seu, por 5 anos ininterruptos, sem oposição, área de terra, em zona rural, não superior a 50 hectares, tornando-a produtiva por seu trabalho ou de sua família, tendo nela sua moradia (art. 191, CF/88).

 DICA
Imóveis públicos (sejam urbanos ou rurais) **não** serão adquiridos por usucapião, conforme previsão dos artigos 183, § 3º e 191, parágrafo único, ambos da CF/88.

7. QUESTÕES COMENTADAS

1. **(2015 – FUNIVERSA – UEG – Assistente de Gestão Administrativa)** Acerca dos direitos e das garantias fundamentais, assinale a alternativa correta.

    a) Todos podem se reunir pacificamente, sem armas, em locais abertos ao público, desde que haja prévia autorização da autoridade competente e não frustrem outra reunião anteriormente convocada.

    De acordo com o art. 5º, XVI, CF/88, a reunião deve ser pacífica, sem armas, em locais abertos ao público e não pode frustrar outra reunião anteriormente convocada para o mesmo local. Todavia, o exercício desse direito **independe** de autorização do poder público; a Constituição só exige que haja prévio aviso à autoridade competente. A alternativa é, pois, falsa.

b) Em havendo decisão judicial determinando a busca e apreensão de documentos na casa de investigado por prática de crime, é possível que a diligência da polícia, em cumprimento à ordem judicial, seja feita em qualquer horário.

Alternativa errada. Conforme determina o art. 5º, XI, CF CF/88 o ingresso em local considerado casa somente pode ocorrer, se não houver consentimento do morador, nas hipóteses constitucionalmente previstas. Além das situações de urgência (flagrante delito, prestar socorro ou desastre), temos a determinação judicial, que somente pode ser cumprida durante o **dia**.

c) Um marido, desconfiado da traição da esposa, ingressa com ação judicial cível para autorizar a interceptação telefônica. Nesse caso, a decisão judicial proferida pelo juízo cível que determina a quebra do sigilo telefônico tem amparo na CF.

Alternativa errada. Nos termos do art. 5º, XII, CF/88, a quebra do sigilo das comunicações telefônicas (interceptação telefônica) só pode ser determinada por ordem judicial, nas hipóteses e na forma que a lei estabelecer, para fins de investigação criminal ou instrução processual penal. Portanto, é inadmissível a quebra do sigilo das comunicações telefônicas em processo de natureza civil.

d) **O mandado de segurança coletivo pode ser impetrado por partido político, desde que o partido tenha representação no Congresso Nacional.**

Item correto, de acordo com a previsão do art. 5º, LXX, CF/88. Vale frisar que o partido político tem representação no Congresso Nacional quando possui ao menos um membro, ou na Câmara dos Deputados ou no Senado Federal.

e) O Brasil não admite, em qualquer situação, a pena de morte.

Alternativa errada. Conforme dispõe o art. 5º, XLVII, 'a', CF/88, a pena de morte pode ser determinada em caso de guerra declarada, nos termos do art. 84, XIX, CF/88.

2. **(2015 – CONSULPLAN – TRE-MG – Técnico Judiciário)** Analise e julgue o item:

Raj adquiriu a propriedade de um imóvel situado no município XX tendo realizado todos os trâmites para a correta transmissão do bem de acordo com as regras vigentes no sistema pátrio. Ao efetuar pesquisa sobre o instituto da propriedade, garantido pela Constituição Federal, verifica que nos termos da Lei Maior trata-se de direito garantido de forma absoluta sem quaisquer limitações.

O direito de propriedade é constitucionalmente garantido (art. 5º, XXII), contudo, seu exercício se condiciona à várias limitações. Inicialmente, lembremos que não é um direito absoluto, já que a propriedade deve cumprir com sua função social (art. 5º, XXIII). No mais, existem várias relativizações trazidas pela Constituição Federal, a saber: (i) a possibilidade de ser determinada a desapropriação (art. 5º, XXIV; art. 182, § 3º e art. 184); (ii) a requisição (art. 5º, XXV); (iii) a expropriação (art. 243) e (iv) e também a declaração de usucapião (art. 183 e 191).

3. **(2015 – FCC – CNMP – Técnico do CNMP)** É assegurada na Constituição Federal a seguinte garantia fundamental:

a) Homens e mulheres são absolutamente iguais em direitos e obrigações.

A assertiva é falsa. Nossa Constituição Federal determina que homens e mulheres são iguais em direitos e obrigações, sem usar a expressão 'absolutamente iguais' (art. 5º, I). Isso porque existem momentos em que o tratamento entre eles será distinto, como, por exemplo, nos seguintes dispositivos:

Cap. 5 • DIREITOS E GARANTIAS INDIVIDUAIS

(i) art. 5°, L: às presidiárias serão asseguradas condições para que possam permanecer com seus filhos durante o período de amamentação;

(ii) art. 143, § 2°: isenta as mulheres do serviço militar obrigatório em tempos de paz.

b) **É plenamente livre o exercício de qualquer trabalho, ofício ou profissão.**

A assertiva é falsa. A própria Constituição Federal, em seu art. 5º, XIII, determina que é livre o exercício de qualquer trabalho, ofício ou profissão, desde que sejam **atendidas as qualificações profissionais que uma eventual lei estabelecer.** Nesse sentido, a regra é a possibilidade de a pessoa escolher de forma livre a profissão e o trabalho que deseja seguir. Todavia, é possível que a lei seja editada e crie requisitos para que o trabalho seja exercitado. Para exemplificar: o exercício da profissão de advogado está condicionado, conforme prevê a Lei n° 8.906/1994, à formação no bacharelado em direito e a posterior admissão nos quadros da Ordem dos Advogados do Brasil após o candidato passar em um difícil exame de conhecimentos jurídicos.

c) **Ninguém poderá ser compelido a associar-se ou a permanecer associado.**

Essa é a assertiva correta, justamente porque traz, exatamente, o disposto no art. 5º, XX, CF/88.

d) **Em nenhuma circunstância haverá penas cruéis ou de morte, de caráter perpétuo, de trabalhos forçados e de banimento.**

De fato em nenhuma hipótese haverá penas cruéis, de caráter perpétuo, de trabalhos forçados ou de banimento. A pena de morte, todavia, poderá ser determinada em caso de guerra formalmente declarada, conforme estabelece o art. 5º, XLVII – não haverá penas: a) de morte, **salvo em caso de guerra declarada, nos termos do art. 84, XIX**; b) de caráter perpétuo; c) de trabalhos forçados; d) de banimento; e) cruéis.

e) **É livre a manifestação do pensamento, inclusive pelo anonimato.**

Assertiva incorreta. Fere o disposto no Texto Constitucional, já que há expressa vedação ao anonimato (art. 5º, IV), justamente para permitir a eventual responsabilização daqueles que com suas manifestações ilícitas causarem danos a terceiros.

8. QUESTÕES PARA TREINAR!

1. **(2015 – CESPE – TCU – Técnico Federal de Controle Externo)** Acerca dos direitos e garantias fundamentais individuais e coletivos resguardados pela Constituição Federal de 1988, julgue o item subsequente.

A casa é asilo inviolável do indivíduo, de modo que ninguém pode nela penetrar sem o consentimento do morador, salvo por determinação judicial; nessa circunstância, a entrada poderá ocorrer em qualquer horário.

2. **(2015 – CESPE – TCU – Técnico Federal de Controle Externo)** Acerca dos direitos e garantias fundamentais individuais e coletivos resguardados pela Constituição Federal de 1988, julgue o item subsequente.

No Brasil, é vedada a pena de morte em quaisquer situações.

3. (2015 – COSEAC – UFF – Técnico em Contabilidade) A Constituição da República veda as seguintes penas:

I – Perda de bens, privativa de liberdade e restritiva de direitos.

II – De caráter perpétuo, cruéis, de banimento.

III – Morte, salvo em casos de guerra declarada, nos termos do art. 84, XIX; banimento; e trabalhos forçados.

IV – Multa, perda de bens e prestação social alternativa.

Dos itens acima, estão corretos apenas:

a) I e II.

b) II e IV.

c) I e III.

d) II e III.

e) I e IV.

4. (2015 – FGV – SSP-AM – Técnico de Nível Superior) Edson, servidor público da área de segurança pública, tem refletido a respeito do alcance da garantia constitucional conhecida como "inviolabilidade do domicílio". A partir da interpretação que realizou, formulou diversas proposições, mas somente uma delas encontra-se em harmonia com a Constituição da República. Assinale-a:

a) é peremptoriamente vedado ingressar no domicílio de alguém, em qualquer circunstância, sem ordem judicial;

b) a autoexecutoriedade dos atos administrativos permite que a administração tributária ingresse no domicílio individual quando lhe aprouver;

c) somente é possível penetrar, no domicílio alheio, sem o consentimento do morador ou ordem judicial, no caso de flagrante delito;

d) a garantia da inviolabilidade do domicílio estende-se aos escritórios profissionais;

e) a determinação judicial, autorizando a penetração no domicílio alheio sem o consentimento do morador, pode ser cumprida durante o dia ou à noite.

5. (2015 – FUNIVERSA – UEG – Assistente de Gestão Administrativa) Acerca dos direitos e das garantias fundamentais, assinale a alternativa correta.

a) Todos podem se reunir pacificamente, sem armas, em locais abertos ao público, desde que haja prévia autorização da autoridade competente e não frustrem outra reunião anteriormente convocada.

b) Em havendo decisão judicial determinando a busca e apreensão de documentos na casa de investigado por prática de crime, é possível que a diligência da polícia, em cumprimento à ordem judicial, seja feita em qualquer horário.

c) Um marido, desconfiado da traição da esposa, ingressa com ação judicial cível para autorizar a interceptação telefônica. Nesse caso, a decisão judicial proferida pelo juízo cível que determina a quebra do sigilo telefônico tem amparo na CF.

d) O mandado de segurança coletivo pode ser impetrado por partido político, desde que o partido tenha representação no Congresso Nacional.

Cap. 5 · DIREITOS E GARANTIAS INDIVIDUAIS

e) O Brasil não admite, em qualquer situação, a pena de morte.

6. **(2015 – CONSULPLAN – TRE-MG – Técnico Judiciário)** "Raj adquiriu a propriedade de um imóvel situado no município XX tendo realizado todos os trâmites para a correta transmissão do bem de acordo com as regras vigentes no sistema pátrio." Ao efetuar pesquisa sobre o instituto da propriedade, garantido pela Constituição Federal, verifica que nos termos da Lei Maior trata-se de direito garantido de forma

a) absoluta sem quaisquer limitações.

b) coletiva de acordo com o sistema socialista.

c) privada que pode sofrer restrição de acordo com a sua função social.

d) individual podendo sofrer desapropriação sem qualquer razão expressa pelo Estado.

7. **(2015 – FCC – TRE-RR – Técnico Judiciário)** NÃO se encontra arrolado como fundamental pela Constituição Federal o Direito:

a) ao meio ambiente ecologicamente equilibrado.

b) à informação de interesse geral, a ser prestada pelos órgãos públicos.

c) à defesa do consumidor, na forma da lei.

d) ao equilíbrio nas relações contratuais privadas.

e) à educação.

8. **(2015 – FCC – CNMP – Técnico do CNMP)** É assegurada na Constituição Federal a seguinte garantia fundamental:

a) Homens e mulheres são absolutamente iguais em direitos e obrigações.

b) É plenamente livre o exercício de qualquer trabalho, ofício ou profissão.

c) Ninguém poderá ser compelido a associar-se ou a permanecer associado.

d) Em nenhuma circunstância haverá penas cruéis ou de morte, de caráter perpétuo, de trabalhos forçados e de banimento.

e) É livre a manifestação do pensamento, inclusive pelo anonimato.

9. **(2015 – VUNESP – Prefeitura de Caieiras – SP – Assistente Legislativo)** Em relação aos direitos e garantias fundamentais, é correto afirmar que

a) a liberdade de consciência pode ser alegada para eximir-se de obrigação legal a todos imposta.

b) a criação de associações e, na forma da lei, a de cooperativas independem de autorização, sendo vedada a interferência estatal em seu funcionamento.

c) é plena a liberdade de associações para quaisquer fins.

d) é obrigatória a associação para que o indivíduo possa gozar dos direitos sociais.

e) o Estado promoverá a defesa dos comerciantes, na forma da lei.

10. **(2015 – VUNESP – Prefeitura de Caieiras-SP – Assistente Legislativo)** Segundo o que prescreve a Constituição Federal, a liberdade de reunião está condicionada

a) ao pagamento de taxas.

b) ao pagamento de tributos estabelecidos pela autoridade policial competente.

c) à situação política e administrativa da entidade representativa da categoria profissional.

d) à autorização especial da autoridade competente que determinará hora e local para a reunião.

e) ao prévio aviso à autoridade competente e desde que não frustre outra reunião anteriormente convocada para o mesmo local.

11. (2015 – FGV – TJ-BA – Técnico Judiciário) Em matéria de direitos e garantias fundamentais relacionados à religiosidade, a Constituição da República de 1988 prevê que:

a) ninguém será privado de direitos por motivo de crença religiosa, que não pode ser invocada para eximir-se de obrigação legal a todos imposta;

b) é assegurada, nos termos da lei, a prestação de assistência religiosa nas entidades civis e militares de internação coletiva;

c) é violável a liberdade de consciência e de crença, sendo assegurado o livre exercício dos cultos religiosos e vedada a proteção aos locais de culto e a suas liturgias;

d) é vedado, em qualquer hipótese, ao poder público estabelecer cultos religiosos ou igrejas, subvencioná-los ou embaraçar-lhes o funcionamento;

e) o ensino religioso é de matrícula obrigatória e constitui disciplina dos horários extraordinários das escolas públicas de ensino fundamental.

12. (2014 – CESGRANRIO – Petrobras – Técnico) Conforme preceitua o artigo 5º da Constituição Federal, todos são iguais perante a lei, sendo todos iguais em direitos e obrigações. Esse princípio constitucional é o da

a) isonomia

b) segurança Jurídica

c) legalidade

d) moralidade

e) autonomia

13. (2014 – CEC – Prefeitura de Piraquara – PR – Técnico Administrativo) Examine as seguintes assertivas:

I. São assegurados, nos termos da lei, a proteção às participações individuais em obras coletivas e à reprodução da imagem e voz humanas, exceto nas atividades desportivas.

II. A casa é asilo inviolável do indivíduo, ninguém nela podendo penetrar sem consentimento do morador, salvo em caso de flagrante delito ou desastre, ou para prestar socorro, ou, em qualquer horário, por determinação judicial.

III. É livre o exercício de qualquer trabalho, ofício ou profissão, sendo defeso ao legislador ordinário a criação de leis que estabeleçam qualificações profissionais como requisito para atuação profissional do indivíduo.

Cap. 5 · DIREITOS E GARANTIAS INDIVIDUAIS

IV. É plena a liberdade de associação para fins lícitos, todavia as associações de caráter paramilitar necessitam de autorização expressa da autoridade competente para seu funcionamento.

V. Não haverá juízo ou tribunal de justiça.

Assinale a alternativa que apresenta direitos ou garantias individuais previstas expressamente no art. 5.º da Constituição Federal

a) I e II, apenas.

b) nenhuma das afirmativas apresenta direitos ou garantias individuais previstos da Constituição da República.

c) II e IV, apenas.

d) I e IV, apenas.

e) IV e V, apenas.

14. **(2014 – FEPESE – MPE-SC – Técnico do Ministério Público)** Quanto aos Direitos e às garantias fundamentais estabelecidos na Constituição da República Federativa do Brasil de 1988, assinale a alternativa correta.

a) Ninguém será privado de direitos por motivo de crença religiosa ou de convicção filosófica ou política, salvo se as invocar para eximir-se de obrigação legal a todos imposta e recusar-se a cumprir prestação alternativa, fixada em lei.

b) Aos autores pertence o direito exclusivo de utilização, publicação ou reprodução de suas obras, transmissível aos herdeiros em linha reta ascendente ou descendente, pelo tempo que a lei determinar.

c) As associações só poderão ser compulsoriamente dissolvidas ou ter suas atividades suspensas por decisão administrativa ou judicial, assegurando-se o contraditório e a ampla defesa.

d) A casa é asilo inviolável do indivíduo, ninguém nela podendo penetrar sem consentimento do morador, salvo em caso de flagrante delito ou desastre, ou para prestar socorro, ou por determinação judicial.

e) A pequena propriedade rural, assim definida em lei, não será objeto de penhora para pagamento de débito decorrente de sua atividade produtiva.

15. **(2014 – FCC – TRF 4ªR – Técnico Judiciário)** Nos termos da Constituição da República, exige-se ordem judicial para

a) extradição de estrangeiro por crime político ou de opinião.

b) efetuar a prisão de alguém em flagrante delito.

c) utilização, no processo, de provas obtidas por meios ilícitos.

d) entrar na casa de um indivíduo, sem seu consentimento, exceto para prestar socorro.

e) quebra do sigilo das comunicações telefônicas, para fins de investigação criminal.

16. **(2014 – PR-4 Concursos – UFRJ – Assistente em Administração)** Há cerca de 46 anos, em 13 de dezembro de 1968, a ditadura militar impôs o Ato Institucional n° 5 (AI-5),

que radicalizou a repressão e o autoritarismo instalados com o golpe civil-militar de 1964, conforme ilustra seu art. 4º, adiante reproduzido. Leia-o atentamente e responda à questão proposta a seguir:

"Art. 4º – No interesse de preservar a Revolução, o Presidente da República, ouvido o Conselho de Segurança Nacional, e sem as limitações previstas na Constituição, poderá suspender os direitos políticos de quaisquer cidadãos pelo prazo de 10 anos e cassar mandatos eletivos federais, estaduais e municipais."

A Constituição Federal promulgada em 1988 restabelece, juridicamente, o Estado Democrático de Direito em nosso país. Marque a alternativa com a garantia fundamental que expressa uma ruptura com as restrições do citado Art. 4º do AI-5.

a)   São invioláveis a intimidade, a vida privada, a honra e a imagem das pessoas, assegurado o direito a indenização pelo dano material ou moral decorrente de sua violação.

b)   É livre a locomoção no território nacional em tempo de paz, podendo qualquer pessoa, nos termos da lei, nele entrar, permanecer ou dele sair com seus bens

c)   Ninguém será privado de direitos por motivo de crença religiosa ou de convicção filosófica ou política, salvo se as invocar para eximir-se de obrigação legal a todos imposta e recusar-se a cumprir prestação alternativa, fixada em lei.

d)   Todos podem reunir-se pacificamente, sem armas, em locais abertos ao público, independentemente de autorização, desde que não frustrem outra reunião anteriormente convocada para o mesmo local, sendo apenas exigido prévio aviso à autoridade competente.

e)   É livre a expressão da atividade intelectual, artística, científica e de comunicação, independentemente de censura ou licença.

17. (2014 – FUNDATEC – SEFAZ-RS – Técnico Tributário) De acordo com a Constituição Federal, no que se referem aos direitos e garantias fundamentais, considere as seguintes assertivas:

I. É inviolável o sigilo da correspondência e das comunicações telegráficas, de dados e das comunicações telefônicas, salvo, por ordem judicial, nas hipóteses e na forma que a lei estabelecer para fins de investigação criminal ou instrução processual penal.

II. Todos podem reunir-se pacificamente, sem armas, em locais abertos ao público, independentemente de autorização, desde que não frustrem outra reunião anteriormente convocada para o mesmo local, sendo apenas exigido prévio aviso à autoridade competente.III. É assegurado a todos o acesso à informação e resguardado o sigilo da fonte, quando necessário ao exercício profissional.

Quais estão corretas?

a)   Apenas I

b)   Apenas I e II.

c)   Apenas I e III.

d)   Apenas II e III.

e)   I, II e III.

Cap. 5 · DIREITOS E GARANTIAS INDIVIDUAIS · **103**

18. (2014 – CESPE – TC-DF – Técnico de Administração) Com base nas normas constitucionais relativas aos direitos e garantias fundamentais e na jurisprudência do STF acerca dessa matéria, julgue o próximo item.

É livre o exercício das profissões, podendo a lei exigir inscrição em conselho de fiscalização profissional apenas quando houver potencial lesivo na atividade, o que não ocorre com a profissão de músico, por exemplo.

19. (2014 – CESPE – TC-DF – Técnico de Administração) Com base nas normas constitucionais relativas aos direitos e garantias fundamentais e na jurisprudência do STF acerca dessa matéria, julgue o próximo item.

Embora a casa seja asilo inviolável do indivíduo, em caso de flagrante delito, é permitido nela entrar, durante o dia ou à noite, ainda que não haja consentimento do morador ou determinação judicial para tanto.

20. (2013 – FCC – TRT 15ªR – Técnico Judiciário) Os atos constitutivos de uma associação para defesa dos usuários de serviços públicos contêm as seguintes cláusulas:

I. em virtude de seu objeto, o início das atividades da associação dependerá de prévia autorização estatal;

II. as atividades da associação somente poderão ser suspensas ou encerradas por vontade dos próprios associados ou por decisão judicial transitada em julgado;

III. a associação, quando expressamente autorizada, terá legitimidade para representar seus filiados judicial ou extrajudicialmente;

IV. nenhum membro da associação, em hipótese alguma, será obrigado a manter-se associado contra sua vontade.

São compatíveis com a disciplina constitucional da matéria as cláusulas relativas a

a) suspensão e encerramento das atividades da associação, bem como não obrigatoriedade de manter-se associado.

b) autorização para funcionamento, suspensão e encerramento das atividades da associação.

c) representação judicial e extrajudicial dos filiados e não obrigatoriedade de manter-se associado.

d) representação judicial e extrajudicial dos filiados, bem como suspensão e encerramento das atividades da associação.

e) não obrigatoriedade de manter-se associado e autorização para funcionamento da associação.

GABARITO DAS QUESTÕES									
1	**2**	**3**	**4**	**5**	**6**	**7**	**8**	**9**	**10**
F	F	D	D	D	C	D	C	B	E
11	**12**	**13**	**14**	**15**	**16**	**17**	**18**	**19**	**20**
B	A	B	A	E	C	D	V	V	C

Capítulo 6

AÇÕES CONSTITUCIONAIS

1. REMÉDIOS CONSTITUCIONAIS DE NATUREZA ADMINISTRATIVA (NÃO JURISDICIONAL)

Alguns remédios constitucionais são assim intitulados por serem exercidos na via administrativa, perante autoridades públicas. Segundo a Constituição Federal, temos como remédios de natureza não jurisdicional:

(i) Direito de petição – art. 5º, XXXIV, *a*, CF/88, e Lei nº 4.898/1965: de acordo com o dispositivo constitucional (art. 5º, XXXIV, *a*, CF/88), o direito de petição terá cabimento sempre que houver necessidade de defesa de direitos, ou quando for constatado o cometimento, por parte de agentes do Poder Público, de uma ilegalidade ou de um abuso de poder. É um direito que poderá ser exercido por todos, ou seja, por pessoas naturais, nacionais ou estrangeiras residentes no país, bem como pessoas jurídicas estabelecidas no Brasil, independendo do pagamento de taxas.

(ii) Direito à obtenção de certidões – art. 5º, XXXIV, *b*, CF/88, e Lei nº 9.051/1995): inscrito no art. 5º, XXXIV, *b*, CF/88, referido direito assegura a todos "a obtenção de certidões em repartições públicas, para defesa de direitos e esclarecimentos de situações de interesse pessoal". É um remédio constitucional que pode ser manejado, independentemente do pagamento de qualquer taxa, por qualquer pessoa, física ou jurídica, nacional ou estrangeira, tendo por destinatário qualquer órgão ou autoridade da administração pública, direta ou indireta. Ocorrendo a negativa ilegal do direito líquido e certo de obtenção das certidões – seja para defesa de direitos ou mesmo para esclarecimento de situações de interesse pessoal –, a ação pertinente será o mandado de segurança.

2. HABEAS CORPUS (ART. 5º, LXVIII E LXXVII, CF/88)

Nossa Constituição preceitua, em seu art. 5º, LXVIII, que: "conceder-se-á *habeas corpus* sempre que alguém sofrer ou se achar ameaçado de sofrer violência ou coação em sua liberdade de locomoção, por ilegalidade ou abuso de poder".

Em que pese o Código de Processo Penal incluir o *habeas corpus* (HC) no título dos recursos (Livro III, Título II, Capítulo X, CPP), não há dúvidas de que o remédio tem natureza jurídica de ação penal popular com *status* constitucional.

A legitimidade ativa no *habeas corpus* é universal, e qualquer do povo, nacional ou estrangeiro, independentemente de capacidade civil, política ou profissional, de idade, de sexo, profissão, estado mental, tem legitimidade para ingressar com HC, em benefício próprio ou alheio.

Quanto ao sujeito passivo do HC, será aquele que pratica a coação ou ilegalidade ao direito de locomoção do paciente. Normalmente, será uma autoridade, como magistrados, delegados, membros de Tribunal ou até mesmo integrantes do Ministério Público. Entretanto, em alguns raros casos, o *habeas corpus* poderá ser impetrado também contra atos de particulares, diante de patente ilegalidade.

Já o termo "paciente" designa a pessoa física beneficiada pela ordem. Intuitivamente, não caberá *habeas corpus* em favor da pessoa jurídica, cujos interesses poderão ser tutelados na esfera criminal pelo mandado de segurança. Do mesmo modo, não há de se falar em *habeas corpus* para tutela de animais irracionais.

Quanto às espécies, o HC poderá ser de dois tipos: **repressivo** (ou liberatório), quando a liberdade de locomoção já está limitada, almejando-se a expedição de alvará de soltura; ou **preventivo**, quando o risco à liberdade é iminente, objetivando-se a obtenção do salvo-conduto. Contudo, o *habeas corpus* também poderá ser **suspensivo**, na hipótese de a prisão ter sido decretada, porém o mandado ainda estar pendente de cumprimento (almeja-se assim a expedição de um contramandado de prisão).

Por último, é bom firmar que o HC é uma **ação gratuita** (art. 5º, LXVII, CF/88) e **não depende de advogado** para ser impetrada.

3. MANDADO DE SEGURANÇA INDIVIDUAL (ART. 5º, LXIX, LXX, CF/88, E LEI Nº 12.016/2009)

Previsto no inciso LXIX do art. 5º da Constituição Federal e devidamente regulamentado pela Lei nº 12.016/2009, o mandado de segurança (MS) é um *writ* da mais extrema importância. Trata-se de ação constitucional de viés civil, independente da natureza do ato impugnado, seja ele administrativo, jurisdicional, criminal, eleitoral ou trabalhista.

Sua finalidade é a tutela de direitos líquidos e certos contra ato de autoridade ou de quem exerça funções públicas, isto é, não se admite a ação perante particular em atividade própria.

Como não há similar no direito estrangeiro, diz-se que é uma criação brasileira, introduzido em nosso ordenamento pela Constituição de 1934.

Será utilizado quando um direito líquido e certo – capaz de ser demonstrado independente de ulterior dilação probatória – do indivíduo for violado por ato de autoridade governamental (autoridade pública de qualquer dos Poderes da União, dos Estados, do Distrito Federal e dos municípios, e das respectivas autarquias, fundações públicas, empresas públicas e sociedades de economia mista) ou de agente de pessoa jurídica privada que esteja, por delegação, no exercício de atribuição do Poder Público, contra o qual não seja oponível *habeas corpus* ou *habeas data*.

DICA

É um remédio constitucional de caráter **residual**, uma vez que somente poderá ser impetrado para amparar direito líquido e certo que **não** disser respeito ao direito de locomoção (*habeas corpus*) e ao direito ao acesso e/ou retificação de informações pessoais (*habeas data*).

O legitimado ativo para a impetração do MS será o detentor do direito líquido e certo, não amparado por *habeas corpus* ou por *habeas data*, podendo este ser qualquer pessoa física – brasileiros ou estrangeiros, residentes ou não no país – ou jurídica – nacional ou estrangeira, privada ou pública –, alguns órgãos públicos com capacidade processual (caso das Mesas das Casas Legislativas, Chefia dos Executivos, Chefia do Tribunal de Contas, Ministério Público), agentes políticos, além de outros entes despersonalizados com capacidade processual (e exemplo do espólio e da massa falida).

O legitimado passivo, por outro lado, será a autoridade coatora. A autoridade coatora é aquela que pratica ou ordena a execução ou a inexecução do ato a ser impugnado via mandado de segurança.

A competência para o julgamento do mandado de segurança é fixada em conformidade com a autoridade impetrada. Existem duas regras para a fixação de competência em sede de mandado de segurança:

a) competência funcional (por prerrogativa de função), prevista constitucionalmente: é delimitada pelos arts. 102, I, *d* (STF); 102, I, *r* (STF); 105, I, *b* (STJ); 108, I, *c* (TRF); 109, VIII (Justiça Federal); 114, IV (Justiça do Trabalho), todos da Constituição Federal;

b) competência infraconstitucional, na qual o juízo competente para a impetração do *writ* será o da sede da autoridade coatora.

O prazo para impetração do mandado de segurança é de cento e vinte dias, contados do conhecimento oficial pelo interessado do ato a ser impugnado. Trata-se de **prazo decadencial**.

DICA

Por ser um prazo decadencial, após iniciado não se interrompe, tampouco se suspende.

4. MANDADO DE SEGURANÇA COLETIVO (ART. 5º, LXX, CF/88)

Como o mandado de segurança é um gênero, que se fraciona em duas espécies (o individual e o coletivo), é importante lembrar que este último também é uma ação constitucional de natureza civil e de procedimento especial, que visa tutelar direito líquido e certo.

No mandado de segurança coletivo, entretanto, o foco será a coletividade e a proteção de seus direitos (coletivos e individuais homogêneos).

A Lei n° 12.016/2009 firmou, de maneira expressa, quais os direitos protegidos pelo mandado de segurança coletivo. A saber:

(i) os direitos coletivos, assim entendidos, para efeito da Lei, os transindividuais, de natureza indivisível, de que seja titular grupo ou categoria de pessoas ligadas entre si ou com a parte contrária por uma relação jurídica básica;

(ii) os direitos individuais homogêneos, assim entendidos, para efeito desta Lei, os decorrentes de origem comum e da atividade ou situação específica da totalidade ou de parte dos associados ou membros do impetrante.

Quanto ao cabimento, diga-se que o mandado de segurança coletivo poderá ser utilizado nas mesmas hipóteses em que é cabível o mandado de segurança individual. Assim, possui por finalidade a proteção de direito líquido e certo, não amparado por *habeas corpus* ou *habeas data*, quando o paciente sofrer lesão ou ameaça a direito, por ação ou omissão da autoridade.

DICA
No que se refere à legitimidade, na dicção do art. 5º, LXX, CF/88, o mandado de segurança coletivo só pode ser impetrado por:

(i) partido político com representação no Congresso Nacional;

(ii) organização sindical, entidade de classe ou associação legalmente constituída e em funcionamento há pelo menos um ano, em defesa dos interesses de seus membros ou associados.

Quanto à legitimidade passiva e a competência no mandado de segurança coletivo, diga-se que seguem as regras estabelecidas para o mandado de segurança individual.

5. MANDADO DE INJUNÇÃO (ART. 5º, LXXI, CF/88)

Ação constitucional de natureza civil e procedimento especial, o mandado de injunção pretende viabilizar o exercício de direitos, liberdades constitucionais ou prerrogativas inerentes à nossa nacionalidade, soberania ou cidadania, inviabilizados pela falta de norma regulamentadora.

Sua finalidade, portanto, é a de combater a síndrome de inefetividade das normas constitucionais, protegendo os direitos subjetivos que não se concretizam e não estão sendo exercidos em razão da falta de norma regulamentadora. O mandado de injunção existe, pois, para:

(i) primeiramente, viabilizar (concretizar) o exercício de direitos previstos na Constituição;

(ii) de forma secundária, visa combater a inércia dos Poderes Públicos.

Este remédio será cabível sempre que a ausência de norma regulamentadora tornar inviável o exercício de direitos e liberdades constitucionais, bem como das prerrogativas inerentes à nacionalidade, soberania e cidadania.

Destarte, existem **requisitos** para que o remédio seja validamente utilizado:

(i) a norma constitucional ser de eficácia limitada impositiva e estar desprovida de regulamentação;

(ii) deve existir um dever para os Poderes Públicos em editar as normas infraconstitucionais;

(iii) o Poder Público deve ter sido omisso em cumprir sua tarefa de editar a regulamentação.

Quanto à legitimidade ativa, qualquer pessoa, física ou jurídica, que esteja impedida de exercer os direitos e as liberdades constitucionais, assim como de suas prerrogativas inerentes à nacionalidade, soberania e cidadania, em razão de omissão do Poder Público em editar normas regulamentadoras que confiram efetividade às normas constitucionais, poderá configurar o polo ativo do mandado de injunção.

> **DICA**
> É muito importante perceber que não basta a ausência de norma regulamentadora; é preciso ainda que o legitimado ativo comprove que o não exercício do direito/liberdade/prerrogativa é consequência direta da inexistência da regulamentação (**nexo causal**).

A legitimidade passiva, por outro lado, será sempre do órgão, autoridade ou entidade pública (pessoa estatal) responsável por viabilizar os direitos previstos na Constituição Federal, tendo em vista que o mandado de injunção tem por objetivo suprir omissão do Poder Público em relação às normas constitucionais.

No que se refere à competência para julgamento do mandado de injunção, ela está delimitada na Constituição Federal e foi fixada levando em consideração o órgão, autoridade ou entidade omissa, que deveria ter elaborado a norma regulamentadora. Assim temos:

(i) art. 102, I, *q*, CF/88;

(ii) art. 102, I, *a*, CF/88;

(iii) art. 102, III, *a*, e art. 105, III, *a* e *c*, ambos da CF/88;

(iv) art. 105, I, *h*, CF/88;

(v) art. 105, I, *h*, CF/88, a *contratio sensu*;

(vi) art. 121, § 4°, V, CF/88;

(vii) art. 125, CF/88.

Quanto aos efeitos da decisão concessiva de injunção, algumas posições foram construídas pelo Supremo Tribunal Federal, que identificou a existência de duas correntes básicas denominadas "concretista" e "não concretista". A primeira delas se subdivide em diversas outras: em "geral" e "individual"; a última, por sua vez, se subdivide em "direta" e "intermediária".

1. Na teoria **concretista geral** a sentença judicial produz efeitos *erga omnes*, permitindo a viabilização do exercício do direito para todos, até que sobrevenha a norma pendente, produzida pelo órgão ou autoridade;

2. Na teoria **concretista individual direta** o Poder Judiciário deve implementar o direito de forma imediata, sendo desnecessário aguardar que o órgão ou a autoridade competente se disponha a fazê-lo;

3. Na teoria **concretista individual intermediária** o Poder Judiciário não deve viabilizar o direito de forma imediata, pois deve inicialmente reconhecer a mora e dar ciência ao órgão ou autoridade impetrada a fim de que a solução seja apresentada. Caso o prazo transcorra sem que a omissão seja suprida, isto é, em caso de persistência da letargia, aí sim o órgão julgador da injunção deve tomar as providências pertinentes;

4. Por fim, a **teoria não concretista** preceitua ser a decisão concessiva da injunção possuidora de natureza exclusivamente declaratória, tendo por objeto apenas o reconhecimento, por meio de sentença, da omissão na edição da norma regulamentadora.

DICA

Depois de quase vinte anos adotando a teoria não concretista, o STF, nos Mandados de Injunção 670, 708 e 712 (julgados em 2007), passou a adotar a **teoria concretista**, concedendo, pois, **eficácia real** ao mandado de injunção.

6. HABEAS DATA (ART. 5º, LXXII, CF/88, E LEI Nº 9.507/1997)

A Constituição expressamente prevê, em seu art. 5º, LXXII, CF/88, que: "conceder-se-á *habeas data*: (a) para assegurar o conhecimento de informações relativas à pessoa do impetrante, constantes de registros ou bancos de dados de entidades governamentais ou de caráter público"; e "(b) para a retificação de dados, quando não se prefira fazê-lo por processo sigiloso, judicial ou administrativo".

O remédio será manejado nos seguintes casos:

1. Para **obtenção e acesso às informações** referentes à pessoa do impetrante;
2. Para promover a **retificação** de informações referentes à pessoa do impetrante;
3. Para proceder à **anotação** de informações relativas à pessoa do impetrante.

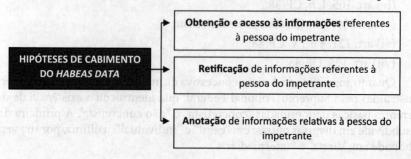

Cap. 6 · AÇÕES CONSTITUCIONAIS

O HD poderá ser impetrado por qualquer pessoa, natural ou jurídica, nacional ou estrangeira, para ter acesso (ou corrigir) as informações a seu respeito. Vale reafirmar o caráter **personalíssimo** da ação, que culmina na conclusão de que o *habeas data* sempre será impetrado para o acesso, retificação ou anotação de informações relativas à pessoa do próprio impetrante, jamais de terceiros.

No que se refere à legitimidade passiva, tendo em vista que referida ação tem por finalidade dar conhecimento e/ou retificar informações constantes de registro ou de banco de dados, tanto de entidades governamentais como de particulares que tenham caráter público, são justamente tais entidades que serão identificadas como os sujeitos passivos do *habeas data*, desde que possuam informações relativas ao impetrante.

Assim como é feito na fixação da competência para o julgamento do mandado de segurança, no HD a definição é feita com base na hierarquia funcional do agente público, isto é, tendo por parâmetro a autoridade ou entidade impetradas. A competência para julgamento é explicitada tanto pela Constituição Federal quanto pelo art. 20 da Lei nº 9.507/1997.

Quanto ao procedimento, delimitado pela Lei nº 9.507/1997, vale ressaltar a existência de uma fase administrativa prévia à propositura da ação judicial. Essa fase pré-judicial visa demonstrar a presença do "interesse de agir", requisito exigido pela jurisprudência (ver Súmula 2 do STJ) e pela legislação (art. 8º, parágrafo único, da Lei nº 9.507/1997).

7. AÇÃO POPULAR (ART. 5º, LXXIII, CF/88; LEI Nº 4.717/1965)

Está prevista expressamente no art. 5º, LXXIII, CF/88, que estabelece que "qualquer cidadão é parte legítima para propor ação popular que vise a anular ato lesivo ao patrimônio público ou de entidade de que o Estado participe, à moralidade administrativa, ao meio ambiente e ao patrimônio histórico e cultural, ficando o autor, salvo comprovada má-fé, isento de custas judiciais e do ônus da sucumbência".

A ação popular é um instrumento judicial de exercício direto da soberania, com caráter cívico, que viabiliza ao cidadão controlar a legalidade dos atos administrativos e impedir as lesividades, fazendo valer seu direito subjetivo a um governo probo, desprovido de corrupção e desonestidade. Consiste, portanto, na possibilidade de qualquer membro da coletividade, com maior ou menor amplitude, invocar a tutela jurisdicional no intuito de preservar os interesses coletivos.

A ação pode ser **preventiva**, quando for ajuizada antes da efetivação dos efeitos ofensivos, ou **repressiva**, quando o intuito da propositura da ação é anular os atos lesivos, conseguir o ressarcimento dos danos ocasionados e a recomposição do patrimônio público lesado.

Quanto aos requisitos para a propositura, temos:

(1) requisito subjetivo: ser cidadão. A ação popular somente poderá ser proposta pelo cidadão, aquele que possui capacidade eleitoral ativa, ou seja, é eleitor e está com as obrigações eleitorais em dia;

(2) requisito objetivo: lesão (ou ameaça de lesão) ao patrimônio público, por ilegalidade ou imoralidade.

Quanto à legitimidade ativa para a propositura de ação popular, ela pertence ao **cidadão**, indivíduo dotado de capacidade eleitoral ativa e que esteja em dia com suas obrigações eleitorais.

 DICA
Não poderão figurar no polo ativo da ação popular:

– os estrangeiros, mesmo que residentes no território nacional;
– os apátridas,
– as pessoas jurídicas, conforme a Súmula 365, STF;
– os brasileiros que estejam com seus direitos políticos suspensos ou perdidos, nos termos do art. 15, CF/88;
– o Ministério Público.

Quanto à legitimidade passiva, pode-se dizer que a ação normalmente será proposta diante:

(i) das pessoas jurídicas de direito público, cujo patrimônio se procura proteger, bem como suas entidades autárquicas e quaisquer outras pessoas jurídicas que sejam subvencionadas pelos cofres públicos (ver art. 1º, Lei nº 4.717/1965);

(ii) dos responsáveis pelo ato lesivo, vale dizer, autoridades diretamente responsáveis pelo ato que está sendo impugnado, administradores e demais funcionários;

(iii) beneficiários diretos do ato ou contrato lesivo.

Por último, a competência para o julgamento da ação popular não foi constitucionalmente fixada, tampouco estabelecida a partir do ideal que reconhece foro por prerrogativa ou exercício de função para algumas autoridades. Ao contrário, e conforme determinação do art. 5º da Lei nº 4.717/1965, será determinada conforme a origem do ato impugnado. Nesse sentido, competente para conhecer da ação, processá-la e julgá-la será o juiz (primeiro grau da Justiça Comum, Federal ou estadual) de acordo com as regras ordinárias de definição de competência.

8. QUESTÕES COMENTADAS

1. (2014 – CESPE – TJ-CE – Técnico Judiciário – Adaptada) No que se refere aos direitos e deveres individuais e coletivos e às garantias fundamentais previstos na CF, analise a assertiva.
O mandado de segurança coletivo pode ser impetrado sempre que alguém sofrer violência em sua liberdade de locomoção.

Assertiva falsa. Eventual violência à liberdade de locomoção de alguém não enseja o cabimento de mandado de segurança, mas sim de *habeas corpus* (art. 5º, LXVIII, CF/88: "conceder-se-á habeas corpus sempre que alguém sofrer ou se achar ameaçado de sofrer violência ou coação em sua liberdade de locomoção, por ilegalidade ou abuso de poder").

2. (2014 – FGV – AL-BA – Técnico de Nível Superior) No julgamento do MI 721, o STF, diante da mora do Poder Legislativo para regulamentar a aposentadoria especial prevista no artigo 40, § 4º, da CRFB, decidiu que "inexistente a disciplina específica da aposentadoria especial do servidor, impõe-se a adoção, via pronunciamento judicial, daquela própria aos trabalhadores em geral – artigo 57, § 1º, da Lei nº 8.213/91".

A ação constitucional foi apresentada por um servidor público.

Os efeitos dessa decisão serão

a) válidos para todos os que estiverem na mesma situação.

b) específicos para a parte impetrante, por ser remédio individual.

c) estabelecidos de acordo com a categoria do impetrante.

d) individuais ou coletivos diante da repercussão do tema.

e) incluídos no regime de repercussão geral.

> A letra 'b' traz a resposta correta, pois o mandado de injunção produz efeitos *inter partes*, alcançando somente quem for parte na relação processual (no caso, o servidor público, que não conseguia exercer seu direito à aposentadoria especial em razão da ausência de regulamentação da norma constitucional.

3. (2013 – CESPE – FUB – Assistente em Administração) Julgue o item seguinte, relativo aos direitos e garantias fundamentais.

Se um estrangeiro residente no Brasil comparecer a um evento esportivo e, nesse evento, for preso pela polícia por se envolver em uma briga entre torcidas adversárias, ele não terá legitimidade para impetrar *habeas corpus*, razão por que deverá acionar a autoridade consular de seu país para fazê-lo.

> Alternativa falsa. Muitos dos direitos fundamentais inscritos em nossa Constituição também tutelam estrangeiros. Nesse sentido, se um estrangeiro sofrer ameaça ou violação à sua liberdade de locomoção, poderá impetrar HC. Veja como o STF se pronuncia sobre o tema:"o fato de o paciente ostentar a condição jurídica de estrangeiro e de não possuir domicílio no Brasil não lhe inibe, só por si, o acesso aos instrumentos processuais de tutela da liberdade nem lhe subtrai, por tais razões, o direito de ver respeitadas, pelo Poder Público, as prerrogativas de ordem jurídica e as garantias de índole constitucional que o ordenamento positivo brasileiro confere e assegura a qualquer pessoa que sofra persecução penal instaurada pelo Estado"(STF, HC 94.016 MC/SP, rel. Min. Celso de Mello).

9. QUESTÕES PARA TREINAR!

1. **(2015 – CESPE – TCU – Técnico Federal)** Acerca dos direitos e garantias fundamentais individuais e coletivos resguardados pela Constituição Federal de 1988, julgue o item subsequente.

    O mandado de segurança coletivo pode ser impetrado por partido político que tenha representação no Congresso Nacional.

2. **(2015 – FGV – DPE-RO – Técnico da Defensoria Pública)** Dentre as garantias fundamentais, a Constituição da República Federativa do Brasil previu a existência do habeas data. Esse instrumento pode ser utilizado para:

    a) proteger direito líquido e certo;

    b) retificar dados;

c) proteger a liberdade de locomoção;

d) permitir o exercício de direitos ainda não regulamentados;

e) assegurar o direito à liberdade de expressão.

3. (2015 – CESPE – FUB – Assistente em Administração) Julgue o item seguinte, acerca dos remédios constitucionais.

A legitimidade para impetração de habeas corpus é universal, abrangendo a pessoa jurídica e também aqueles que não possuem capacidade civil plena.

4. (2015 – CESPE – FUB – Assistente em Administração) Julgue o item seguinte, acerca dos remédios constitucionais.

Deverá ser concedida a ordem em mandado de segurança quando, na fase de produção de provas, o impetrante demonstrar a existência de direito líquido e certo, ainda que inexistam elementos fáticos para convencimento da existência do direito no momento inicial da impetração.

5. (2015 – CESPE – FUB – Assistente em Administração) Julgue o item seguinte, acerca dos remédios constitucionais.

Uma entidade de classe que estiver em funcionamento há apenas seis meses não possui, por essa razão, legitimidade para impetração de mandado de segurança coletivo em defesa de interesse de seus membros.

6. (2015 – CONSULPLAN – TRE-MG – Técnico Judiciário) "Carlos é presidente de uma associação civil sem fins lucrativos cujo objeto estatutário é buscar a proteção de determinados direitos afetos à comunidade onde reside e também exerce sua atividade profissional. Ciente de determinado ato governamental que atinge comunidades estabelecidas em municípios vizinhos, mas que poderia ser ampliada para atingir a sua comunidade, embora não constasse qualquer dado objetivo nesse sentido, decide apresentar Mandado de Segurança coletivo". Nos termos da Constituição Federal, o Mandado de Segurança coletivo é.

a) restrito aos partidos políticos.

b) próprio dos sindicatos de empregados privados.

c) legitimado a pessoas físicas com interesse determinado.

d) passível de impetração por associação civil no interesse dos associados.

7. (2015 – CESPE – TRE-GO – Técnico Judiciário) Quanto ao conceito de Constituição e aos direitos individuais e de nacionalidade, julgue o seguinte item.

O cidadão brasileiro, nato ou naturalizado, com capacidade eleitoral ativa, tem legitimidade para propor ação popular.

8. (2015 – VUNESP – Prefeitura de Caieiras – SP – Assistente Legislativo) Nos termos da Constituição Federal, são gratuitas as ações de

a) Mandado de Segurança e atos necessários ao exercício da cidadania.

b) Mandado de Segurança e Habeas Corpus.

c) Mandado de Segurança Coletivo e Habeas Data.

d) Habeas Corpus e Habeas Data.

e) Mandado de Injunção e Ação Popular.

9. (2014 – CEPERJ – FSC – Assistente Técnico Administrativo) A ação judicial que vise garantir um direito individual sempre que a falta de norma regulamentadora torne inviável o exercício desses direitos e liberdades constitucionais e das prerrogativas inerentes à nacionalidade, à soberania e à cidadania é o:

a) habeas corpus

b) mandado de segurança

c) habeas data

d) ação civil pública

e) mandado de injunção

10. (2014 – FUNDATEC – SEFAZ-RS – Técnico Tributário da Receita Estadual) Conforme prevê a Constituição Federal, o remédio jurídico para retificar dados, quando a parte não prefira fazê-lo por processo sigiloso, judicial ou administrativo é:

a) Mandado de segurança.

b) Mandado de injunção.

c) *Habeas corpus.*

d) *Habeas data.*

e) Ação anulatória

GABARITO DAS QUESTÕES				
1	2	3	4	5
V	B	V	F	F
6	7	8	9	10
D	V	D	E	D

Capítulo 7

DIREITOS SOCIAIS

1. INTRODUÇÃO

A Constituição de 1988, em seu art. 6º, lista quais são os direitos sociais por excelência, a saber:

– o direito à **educação,**

– à **saúde,**

– à **alimentação,**

– ao **trabalho,**

– ao **transporte,**

– à **moradia,**

– ao **lazer,**

– à **segurança,**

– à **previdência social,**

– à **proteção à maternidade e à infância,** e, por fim,

– à **assistência aos desamparados.**

A existência desse artigo comprova que nosso texto constitucional está efetivamente comprometido com a garantia dos direitos mínimos à coletividade e com a finalidade de assegurar uma melhoria das condições de existência para os indivíduos. Como esses direitos surgiram na **segunda geração** dos direitos fundamentais, quase todos eles exigem prestações positivas do Estado, que deverá implementar a igualdade jurídica, política e social entre os sujeitos que compõem o desnivelado tecido social.

2. FINALIDADE

Os direitos sociais foram previstos na Constituição com a inequívoca finalidade de incrementar a qualidade de vida dos indivíduos, especialmente os hipossuficientes, assegurando-lhes **os meios necessários para desfrutar dos demais direitos constitucionalmente assegurados.** Afinal, um indivíduo que não possui meios próprios de se alimentar, não poderá, evidentemente, exercer plenamente nenhum dos direitos consagrados no documento constitucional. Da mesma forma ocorre com aqueles que não tiveram acesso à educação, que não possuem moradia ou acesso aos meios que garantam sua saúde.

> **DICA**
> Podemos concluir que a **finalidade** dos direitos sociais é a de proteger os setores sociais economicamente débeis e estruturalmente frágeis, de modo a construir uma sociedade mais homogênea, na qual os direitos consagrados constitucionalmente sejam efetivamente universais, isto é, exercitáveis para todos.

3. SUJEITO PASSIVO DOS DIREITOS SOCIAIS

A atribuição de assegurar os direitos sociais pertence ao **Estado** – em que pese a responsabilidade pela concretização desses direitos poder ser eventualmente partilhada, por exemplo, com a família, como no caso do direito à educação.

4. VEDAÇÃO DO RETROCESSO

A teoria da vedação do retrocesso não está expressa em nossa Constituição, mas foi acolhida pelo constitucionalismo pátrio como um **princípio** cuja finalidade é impedir a edição de qualquer medida que pretenda revogar ou reduzir os direitos sociais já regulamentados e efetivados, sem que haja a estipulação de algum outro mecanismo alternativo apto a compensar a anulação dos benefícios já conquistados. Assim, não se admite o retrocesso de direitos sociais sem que seja ofertada alguma compensação que impeça a que as garantias constitucionais sociais sejam reduzidas ou abolidas.

5. QUESTÕES COMENTADAS

1. **(2013 – CESPE – TRT 8ªR – Técnico Judiciário)** No que se refere aos direitos sociais estabelecidos na CF, assinale a opção correta.

    a) É garantida a criação de mais de uma organização sindical, em qualquer grau, representativa de categoria profissional ou econômica, na mesma base territorial.

    b) O aposentado filiado não terá direito a votar e ser votado nas organizações sindicais.

    c) O lazer é um direito social expressamente consagrado no texto constitucional.

    d) Só será obrigado a filiar-se ou a manter-se filiado a sindicato o trabalhador que se enquadrar nas previsões legais.

    e) Nas empresas com mais de cinquenta empregados, é assegurada a eleição de um representante, com a finalidade exclusiva de promover o entendimento direto entre empregadores e empregados.

    a) A assertiva é falsa, em razão do que dispõe o art. 8º, II, CF/88: " É livre a associação profissional ou sindical, observado o seguinte: II – é **vedada** a criação de mais de uma organização sindical, em qualquer grau, representativa de categoria profissional ou econômica, na mesma base territorial, que será definida pelos trabalhadores ou empregadores interessados, não podendo ser inferior à área de um Município".

    b) A assertiva é falsa, em razão do que dispõe o art. 8º, VII, CF/88: " É livre a associação profissional ou sindical, observado o seguinte: VII – o aposentado filiado **tem direito** a votar e ser votado nas organizações sindicais.

Cap. 7 • DIREITOS SOCIAIS

c) Assertiva verdadeira, em conformidade com o art. 6º, CF/88.

d) A assertiva é falsa, em razão do que dispõe o art. 8º, V, CF/88: " É livre a associação profissional ou sindical, observado o seguinte: V – **ninguém** será obrigado a filiar--se ou a manter-se filiado a sindicato".

e) Assertiva errada. Nos termos do art. 11, CF/88, nas empresas de mais de **duzentos** empregados, é assegurada a eleição de um representante destes com a finalidade exclusiva de promover-lhes o entendimento direto com os empregadores.

2. **(2013 – IADES – EBSERH – Assistente Administrativo)** A cidadania pressupõe não só o gozo de direitos civis, políticos e sociais, mas também o cumprimento de deveres do indivíduo para com o Estado. A Constituição Federal de 1988, nos artigos 5º a 17, elenca os direitos e garantias fundamentais. Assinale a alternativa que apresenta apenas direitos sociais.

a) Direito à educação, à saúde e direito de resposta.

b) Direito ao lazer, à segurança e à liberdade de crença.

c) Direito à intimidade, à vida privada e à honra.

d) **Direito à educação, ao lazer e proteção à maternidade e à infância.**

e) Direito à saúde, à segurança, a votar e ser votado.

A resposta é a letra 'd'. Nos termos do art. 6º, CF/88 (com redação dada pela Emenda Constitucional nº 90, de 2015): "São direitos sociais a educação, a saúde, a alimentação, o trabalho, a moradia, o transporte, o lazer, a segurança, a previdência social, a proteção à maternidade e à infância, a assistência aos desamparados, na forma desta Constituição".

3. **(2015 – FCC – MPE-PB – Técnico Ministerial)** No tocante aos Direitos Sociais, é INCOR-RETO afirmar que são direitos dos trabalhadores urbanos e rurais,

a) a irredutibilidade do salário, salvo o disposto em convenção ou acordo coletivo.

b) o piso salarial proporcional à extensão e à complexidade do trabalho.

c) a assistência gratuita aos filhos e dependentes desde o nascimento até os 10 anos de idade em creches e pré-escolas.

d) a jornada de 6 horas para o trabalho realizado em turnos ininterruptos de revezamento, salvo negociação coletiva.

e) a proteção em face da automação, na forma da lei.

a) A irredutibilidade do salário, salvo o disposto em convenção ou acordo coletivo, é direito do trabalhador, conforme art. 7º, VI, CF/88.

b) O piso salarial proporcional à extensão e à complexidade do trabalho, é direito do trabalhador, conforme art. 7º, V, CF/88.

c) Item incorreto. Nos termos do art. 7º, XXV, CF/88, a assistência gratuita aos filhos e dependentes é assegurada desde o nascimento até cinco anos de idade em creches e pré-escolas.

d) A jornada de seis horas para o trabalho realizado em turnos ininterruptos de revezamento, salvo negociação coletiva, é direito do trabalhador, conforme art. 7º, XIV, CF/88.

DIREITO CONSTITUCIONAL – *Nathalia Masson*

e) A proteção em face da automação, na forma da lei, é direito do trabalhador, conforme art. 7°, XXVII, CF/88.

6. QUESTÕES PARA TREINAR!

1. **(2015 – FCC – TRE-RR – Técnico Judiciário)** De acordo com a Constituição Federal, NÃO constitui direito fundamental social:

   a) a educação.

   b) o trabalho.

   c) a moradia.

   d) a crítica.

   e) a saúde.

2. **(2015 – FGV – TJ-SC – Técnico Judiciário)** Os denominados direitos sociais apresentam algumas distinções em relação aos direitos individuais, daí decorrendo variações quanto ao seu delineamento e à sua projeção na realidade. A partir dessas distinções, analise as afirmativas a seguir:

   I – Os direitos individuais transmudam-se em sociais sempre que analisados sob a ótica coletiva, alcançando a sociedade como um todo.

   II – O direito de greve é um direito social, não dependendo de uma prestação estatal específica para o seu exercício.

   III – As liberdades clássicas são incluídas na categoria dos direitos individuais e atuam como limitadores à ação estatal sobre a esfera jurídica individual.

   Está correto o que se afirma em:

   a) somente I;

   b) somente III;

   c) somente I e II;

   d) somente II e III;

   e) I, II e III.

3. **(2015 – PR-4 Concursos – UFRJ – Assistente em Administração)** Não consiste em direito social previsto no art. 6°, caput da Constituição da República:

   a) o lazer

   b) a moradia

   c) a segurança.

   d) a alimentação

   e) a proteção ao idoso.

4. **(2014 – FUNCAB – SEDS-TO – Técnico em Defesa Social)** A educação, a saúde, a alimentação, o trabalho, a moradia, o lazer, a segurança, a previdência social, a proteção à

maternidade e à infância, a assistência aos desamparados, conforme preconizado pela Carta Magna, consistem em direitos:

a) civis.

b) políticos.

c) sociais.

d) econômicos.

5. **(2014 – IF-SC – IF-SC – Técnico de Laboratório – Adaptada)** De acordo com a Carta Constitucional vigente, a educação deve ser tratada com a relevância que merece. Assinale (V) – verdadeiro, ou (F) – falso na assertiva abaixo:

São direitos sociais previstos no art. 6º da Constituição Federal, a educação, a saúde, o trabalho, a moradia, a defesa do consumidor e a alimentação, dentre outros.

6. **(2014 – NCE-UFRJ – UFRJ – Assistente em Administração)** O texto adiante é um trecho da Nota Pública da COMISSÃO NACIONAL DA VERDADE publicada em 30 de março de 2014. Leia-o, atentamente, e responda às questões 54 e 55 propostas a seguir.

"No ano passado comemoramos os vinte cinco anos da promulgação da Constituição Brasileira de 1988. Oitenta e dois milhões de brasileiros nasceram sob o regime democrático. Mais de oitenta por cento da população brasileira nasceu depois do golpe militar. O Brasil que se confronta com o trágico legado de 64, passados cinquenta anos, é literalmente outro. O país se renovou, progrediu e busca redefinir o seu lugar no concerto das nações democráticas. Não há por que hesitar em incorporar a esta marcha para adiante a revisão de seu passado e a reparação das injustiças cometidas.

Pensamos ser este o desejo da maioria. É certamente o sentido do trabalho da Comissão Nacional da Verdade".

Em muitos casos, ainda distantes da plena garantia, os direitos sociais assegurados na Constituição Federal apontam para a renovação democrática da sociedade. Marque, a seguir, a alternativa em que eles estão relacionados corretamente:

a) Educação, saúde, alimentação, trabalho, moradia, lazer, segurança, previdência social, proteção à maternidade e à infância, assistência aos desamparados.

b) Educação, saúde, alimentação, trabalho, moradia, lazer, acessibilidade, mobilidade social, previdência social, proteção à maternidade e à infância, assistência aos desamparados maiores de 60 anos.

c) Educação até o nível médio, saúde, alimentação, trabalho, moradia, lazer, acessibilidade, mobilidade social, previdência social, proteção à maternidade e à infância, assistência aos desamparados maiores de 70 anos

d) Educação, saúde, alimentação, trabalho, moradia, lazer, segurança, previdência social, proteção à maternidade e à infância, assistência aos desamparados maiores de 70 anos

e) Educação, saúde, alimentação, trabalho, moradia, lazer, segurança, previdência social, liberdade de ir e vir, proteção à maternidade, à paternidade e à infância, assistência aos desamparados maiores de 60 anos.

7. **(2014 – IBFC – SEDS-MG – Agente de Segurança Penitenciária)** NÃO é direito social expressamente previsto na Constituição Federal:

a) Saúde.

b) Previdência social.

c) Moradia.

d) Proteção à juventude.

8. **(2014 – IADES – CONAB – Assistente Administrativo)** Assinale a alternativa que não contempla um direito social expressamente previsto na Constituição Federal vigente.

a) Saúde.

b) Transporte.

c) Segurança.

d) Lazer.

e) Assistência aos desamparados.

9. **(2013 – CESPE – STF – Técnico Judiciário)** Acerca dos direitos de nacionalidade e dos direitos sociais, julgue os itens seguintes.

A CF expressamente estabelece serem direitos sociais a educação, a saúde, o lazer, a busca do bem-estar e a proteção à infância e à adolescência, além da assistência aos deficientes, na forma da lei.

10. **(2013 – FUNCAB – IF-RR – Auxiliar de Administração)** Assinale a alternativa que contenha um direito social, previsto no artigo 6º da Constituição Federal.

a) Igualdade entre homens e mulheres.

b) Proteção à maternidade.

c) Liberdade de manifestação de pensamento.

d) Liberdade de expressão da atividade intelectual.

e) Direito de propriedade.

11. **(2013 – CESPE – TRT 8ªR – Técnico Judiciário)** No que se refere aos direitos sociais estabelecidos na CF, assinale a opção correta.

a) É garantida a criação de mais de uma organização sindical, em qualquer grau, representativa de categoria profissional ou econômica, na mesma base territorial.

b) O aposentado filiado não terá direito a votar e ser votado nas organizações sindicais.

c) O lazer é um direito social expressamente consagrado no texto constitucional.

d) Só será obrigado a filiar-se ou a manter-se filiado a sindicato o trabalhador que se enquadrar nas previsões legais.

e) Nas empresas com mais de cinquenta empregados, é assegurada a eleição de um representante, com a finalidade exclusiva de promover o entendimento direto entre empregadores e empregados.

12. **(2013 – IADES – EBSERH – Assistente Administrativo)** A cidadania pressupõe não só o gozo de direitos civis, políticos e sociais, mas também o cumprimento de deveres do

indivíduo para com o Estado. A Constituição Federal de 1988, nos artigos 5º a 17, elenca os direitos e garantias fundamentais. Assinale a alternativa que apresenta apenas direitos sociais.

a) Direito à educação, à saúde e direito de resposta.

b) Direito ao lazer, à segurança e à liberdade de crença.

c) Direito à intimidade, à vida privada e à honra.

d) Direito à educação, ao lazer e proteção à maternidade e à infância.

e) Direito à saúde, à segurança, a votar e ser votado.

GABARITO DAS QUESTÕES					
1	2	3	4	5	6
D	D	E	C	F	A
7	8	9	10	11	12
D	B	F	B	C	D

Capítulo 8

NACIONALIDADE

1. INTRODUÇÃO

O termo **"nacionalidade"** pode ser definido como o vínculo jurídico-político que une o indivíduo a um determinado Estado, tornando-o um componente do povo. Na República Federativa do Brasil, os brasileiros (natos ou naturalizados) são os nacionais, isto é, os integrantes do povo.

Deve-se ter o cuidado de não confundir o vocábulo nacionalidade com outros termos parecidos. **"Nação"**, por exemplo, é uma palavra que indica um agrupamento humano homogêneo cujos membros possuem os mesmos costumes, tradições e ideais coletivos, partilhando também laços invisíveis, como a consciência coletiva e o sentimento de comunidade. No entanto, muito embora haja significativa afinidade terminológica entre os dois verbetes ("nação" e "nacionalidade"), no que se refere ao conteúdo, o termo "nacionalidade" está mais próximo de "povo" do que de "nação".

Não se pode confundir também os termos **"povo"** e **"população"**. Enquanto o primeiro representa o conjunto de nacionais, o segundo designa a integralidade de indivíduos que estão em um determinado território, ainda que ali se achem momentaneamente, pouco importando a nacionalidade dessas pessoas. Nota-se que "população" é um conceito numérico, que alcança todas as pessoas que estão em um determinado território, sejam elas nacionais ou não.

Também é interessante lembrar quem são os **apátridas** e os **polipátridas**. Os primeiros são os indivíduos despossuídos de nacionalidade, que não têm vinculação jurídico-política a nenhum Estado. Esta condição deriva de um conflito negativo de nacionalidade, no qual não há nenhum Estado interessado em proclamar o indivíduo como seu nacional. Já os polipátridas são aqueles que se enquadram nos critérios concessivos de nacionalidade originária de mais de um Estado, ocasionando um conflito positivo que normalmente resulta em dupla (ou mesmo múltipla) nacionalidade.

2. ESPÉCIES DE NACIONALIDADE

No direito pátrio existem duas espécies de nacionalidade: a primária (também conhecida como originária) e a **secundária** (também chamada de derivada).

A primária é aquela que resulta de um fato natural, qual seja, o nascimento, podendo ser estabelecida pelo critério sanguíneo, pelo critério territorial ou mesmo por um critério misto (conjugação dos dois anteriores). Quem detém essa espécie de nacionalidade é chamado de brasileiro **nato**.

Por seu turno, a nacionalidade secundária decorre de um ato voluntário, manifestado após o nascimento. Os que detêm essa espécie de nacionalidade são chamados de brasileiros **naturalizados**.

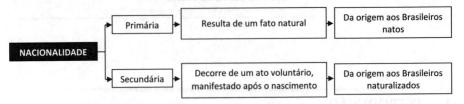

2.1. Nacionalidade primária

Cada país é soberano e pode estabelecer livremente em sua legislação quais as exigências para a aquisição da nacionalidade. Assim, o país pode optar pela adoção do *jus soli* (critério territorial), do *jus sanguinis* (critério sanguíneo) ou mesmo de um critério misto que conjugue os dois anteriores.

Nossa Constituição Federal de 1988 adotou como regra para a aquisição da nacionalidade primária o **critério territorial**. Para impedir, no entanto, que os filhos de brasileiros nascidos no exterior dependessem unicamente da condescendência da legislação dos países estrangeiros para não ficarem apátridas, optou, em certos casos, pelo critério sanguíneo.

Veremos agora quais são as hipóteses que permitem a aquisição da nacionalidade originária brasileira.

(i) Critério territorial: previsto no art. 12, I, *a*, CF/88, este critério determina que será brasileiro nato o indivíduo nascido em território nacional, independentemente da nacionalidade de seus ascendentes. Deste modo, qualquer pessoa nascida nos limites geográficos do nosso Estado, pouco importando se os pais são nacionais ou se são estrangeiros, será considerada brasileira nata.

Deve-se fazer, porém, uma ressalva: **não** receberá a nacionalidade originária brasileira aquele que, muito embora tenha nascido em nosso território, é filho de (ambos) pais estrangeiros, e qualquer deles (ou ambos) esteja no Brasil a serviço do país de origem.

> **DICA**
> Importante notar que a não incidência do critério territorial depende da presença de dois fatores: (i) os dois pais devem ser estrangeiros; (ii) qualquer um deles, ou ambos, deve estar na República Federativa do Brasil a serviço do país de origem (e não a serviço de uma empresa privada, ou por interesses pessoais).

(ii) Critério sanguíneo: nas alíneas *b* e *c* do art. 12, I, foi adotado o critério sanguíneo. No entanto, ao contrário do territorial, o critério sanguíneo sozinho **nunca** será suficiente para permitir a aquisição da nacionalidade brasileira originária: ele deverá ser sempre somado a algum outro critério para que a nacionalidade brasileira seja conquistada. Isso significa que, no Brasil, não basta ser filho de nacionais para ser nacional também: é preciso que outros requisitos sejam preenchidos.

São três as possibilidades de aquisição da nacionalidade primária pela associação do critério sanguíneo a algum outro requisito:

1) Critério sanguíneo + critério funcional: será brasileiro nato o indivíduo nascido no estrangeiro, filho de pai ou/e mãe brasileiros, desde que qualquer um deles (ou ambos) esteja no exterior a serviço da República Federativa do Brasil (art. 12, I, *b*, CF/88). Assim, imaginemos a situação em que o pai brasileiro foi para o exterior ser embaixador do Brasil no país X e lá tenha tido um filho com uma estrangeira. A criança será brasileira nata pois é filha de pai brasileiro que está no exterior a serviço da República Federativa do Brasil. Por outro lado, se os pais são brasileiros mas foram para o exterior em busca de melhores condições de trabalho (isto é, por interesses pessoais) a criança lá nascida não será brasileira nata pela alínea *b* (podendo ser brasileira nata pela alínea *c*, como veremos a seguir).

DICA

Estar a serviço do país significa desempenhar uma função ou prestar um serviço público de natureza diplomática, administrativa ou consular, a quaisquer dos órgãos da administração centralizada ou descentralizada da União, dos Estados-membros, dos Municípios ou do Distrito Federal.

2) Critério sanguíneo + registro: será brasileira nata a criança nasce no estrangeiro, filha de pai ou/e mãe brasileiros, se for registrada em repartição consular brasileira competente (art. 12, I, *c*, 1ª parte, CF/88). Neste caso, um dos pais (ou ambos) tem a nacionalidade brasileira, mas não está no exterior a serviço da República Federativa do Brasil: deve então registrar a criança em repartição consular competente para que ela adquira nossa nacionalidade nata.

3) Critério sanguíneo + critério residencial + opção confirmativa: no caso do art. 12, I, *c*, 2ª parte, CF/88, a criança é filha de pai ou mãe (ou ambos brasileiros), nasceu no estrangeiro, mas nenhum dos pais estava no exterior a serviço do nosso país, tampouco registraram a criança na repartição consular competente. Assim, a única maneira de essa criança se tornar brasileira nata é vir a residir na República Federativa do Brasil e optar, após atingir a maioridade, pela nacionalidade brasileira (art. 12, I, *c*, 2ª parte). Para ilustrar, imaginemos uma criança filha de mãe brasileira (que estava no exterior estudando) e pai estrangeiro, e que não tenha sido registrada em repartição consular competente. Com onze anos de idade essa criança começa a residir no Brasil. Até aqui já cumpriu dois dos três critérios: o sanguíneo e o residencial. Quando atingir a maioridade poderá comparecer perante a Justiça Federal e optar pela aquisição da nacionalidade brasileira, cumprindo o terceiro critério, que é a opção confirmativa.

DICA

A efetivação do critério residencial pode acontecer a qualquer tempo, o que significa que o filho de brasileiros nascido no exterior pode vir residir em nosso país menor de idade, ou já maior de idade, pois não fará diferença, uma vez que o critério residencial pode ser cumprido a qualquer momento, com qualquer idade.

 DICA
De outro lado, a realização da opção confirmativa, por ser um ato personalíssimo, só pode ser feita após a maioridade e, segundo entendimento do STF, muito embora voluntária (a pessoa faz a opção pela nacionalidade brasileira só se quiser), não é de forma livre: há de ser feita em processo que tramita perante a Justiça Federal.

Em resumo, temos que a nacionalidade primária pode ser adquirida conforme mostra o esquema a seguir:

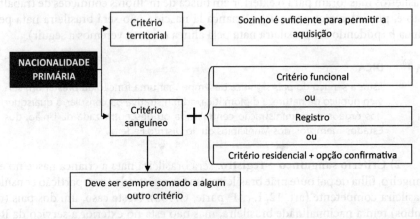

2.2. Nacionalidade secundária (ou adquirida)

A naturalização é a aquisição da nacionalidade secundária, que pode se efetivar por duas vias, a **ordinária** e a **extraordinária**.

Será sempre obtida pela ocorrência de um ato voluntário, já que, no Brasil, só existe naturalização expressa, isto é, dependente da manifestação de vontade.

(i) Naturalização ordinária (art. 12, II, *a*, CF/88)

Pela via ordinária poderão se naturalizar brasileiros:

1.1) os estrangeiros de qualquer nacionalidade que cumprirem os requisitos previstos no Estatuto do Estrangeiro (Lei 6.815/1980);

1.2) os estrangeiros originários de países de língua portuguesa desde que, possuidores de capacidade civil, cumpram dois requisitos: (i) tenham residência ininterrupta no Brasil por um ano, e (ii) sejam possuidores de idoneidade moral;

 DICA
Os indivíduos originários de países que falam a língua portuguesa se naturalizam mais facilmente do que aqueles originários de países que falam outras línguas. Para os primeiros é suficiente cumprir dois requisitos (a residência ininterrupta

no Brasil por um ano, e a idoneidade moral); já para os demais são vários os requisitos previstos no Estatuto do Estrangeiro que deverão ser cumpridos.

(ii) **Naturalização extraordinária (art. 12, II, *b*, CF/88)**

Pela via extraordinária o indivíduo vai se naturalizar se comprovar que preenche **três** requisitos:

(i) residência ininterrupta no território nacional por mais de quinze anos;

(ii) ausência de condenação penal; e

(iii) apresentação do requerimento de naturalização.

3. QUASE NACIONALIDADE OU PORTUGUESES EQUIPARADOS (ART. 12, § 1°, CF/88)

De acordo com o que prevê o art. 12, § 1°, CF/88, se houver reciprocidade em favor de brasileiros residentes em Portugal, os portugueses que aqui residam terão tratamento jurídico **equiparado ao do brasileiro naturalizado**, sem que precisem se submeter à naturalização.

Deste modo, como essa reciprocidade existe (está firmada em tratado) os portugueses residentes no Brasil são tratados como se fossem brasileiros naturalizados, exercendo os mesmos direitos destes, ainda que não tenham se naturalizado.

4. DIFERENÇAS DE TRATAMENTO ENTRE BRASILEIROS NATOS E NATURALIZADOS (ART. 12, § 2° E § 3°; ART. 89, VII; ART. 5°, LI E ART. 222, TODOS DA CF/88)

No art. 12, § 2° o texto constitucional veda expressamente que a **lei** estabeleça distinções entre brasileiros natos e naturalizados. Entretanto, a própria **Constituição** reconheceu taxativamente algumas hipóteses nas quais poderá haver tratamento diferenciado entre brasileiros. Senão vejamos:

(i) **Cargos:** conforme prevê o art. 12, § 3°, alguns cargos são privativos de brasileiros natos, a saber: Presidente da República, Vice-Presidente da República, Presidente da Câmara dos Deputados, Presidente do Senado Federal, Ministro do Supremo Tribunal Federal, carreira diplomática, oficial das Forças Armadas e Ministro de Estado da Defesa;

São duas as razões que justificam a reserva desses cargos estratégicos aos brasileiros natos:

(1) são cargos que compõem a linha sucessória (e de substituição) presidencial (Presidente da República, Vice-Presidente da República, Presidente da Câmara dos Deputados, Presidente do Senado Federal, Ministro do Supremo Tribunal Federal).

(2) são cargos que envolvem questões de segurança nacional (membros da carreira diplomática, oficiais das Forças Armadas e Ministro de Estado da Defesa).

 DICA

Os Deputados Federais e os Senadores podem ser brasileiros natos ou naturalizados; já os Presidentes das duas Casas Legislativas devem ser natos.

DICA

Os onze Ministros do STF devem ser natos, já que qualquer um deles pode presidir nossa Suprema Corte.

DICA

Os Ministros de Estado (auxiliares do Presidente da República, art. 76, CF/88) podem ser brasileiros natos ou naturalizados. Somente o Ministro de Estado da Defesa deve ser, necessariamente, brasileiro nato.

(ii) **Função**: em conformidade com o que prevê o art. 89, VII, a Constituição reserva seis assentos no Conselho da República para brasileiros natos.

(iii) **Extradição**: o art. 5°, LI estabelece que o brasileiro nato não pode ser extraditado em hipótese alguma. Já o brasileiro naturalizado pode ser extraditado em duas situações: (1) prática de um crime comum antes da naturalização, ou (2) na hipótese de envolvimento comprovado com o tráfico ilícito de entorpecentes ou drogas afins, a qualquer tempo.

DICA

A partir da leitura dos incisos LI e LII do art. 5° podemos concluir que a República Federativa do Brasil não concede a extradição de nenhuma pessoa em razão da prática de **crime político** ou de **opinião**. Isso porque: (i) brasileiros natos não podem ser extraditados em hipótese alguma; (ii) naturalizados só podem ser extraditados caso se envolvam com o tráfico de drogas ou cometam, antes da naturalização, um crime comum (nunca político ou de opinião); (iii) os estrangeiros podem ser extraditados, em regra; todavia, a Constituição veda que sejam entregues quando o crime praticado é político ou de opinião.

Em conclusão, temos:

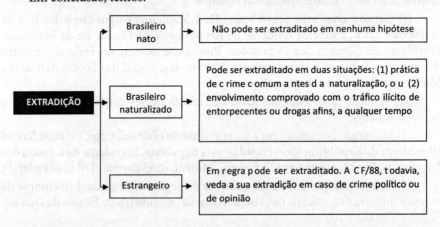

v) **Propriedade de empresa jornalística e de radiodifusão sonora de sons e imagens**: nos termos do art. 222 pertence aos brasileiros natos ou naturalizados há mais de dez anos.

O quadro abaixo ilustra bem as diferenças entre brasileiros natos e naturalizados:

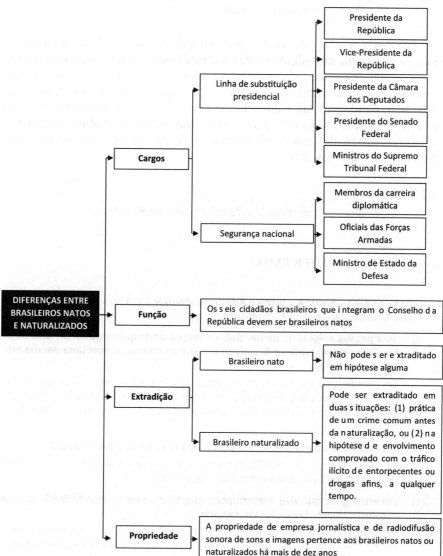

5. PERDA DO DIREITO DE NACIONALIDADE (ART. 12, § 4º, CF/88)

De acordo com o art. 12, § 4º, CF/88, a perda da nacionalidade brasileira só poderá ocorrer nas duas hipóteses exaustivamente previstas no texto constitucional, quais sejam:

(i) Perda-punição: será declarada a perda da nacionalidade do brasileiro que tiver cancelada sua naturalização, por sentença judicial, em virtude de atividade nociva ao interesse nacional.

DICA
É uma hipótese que só atinge brasileiros naturalizados.

(ii) **Perda-mudança:** será declarada quando o brasileiro (nato ou naturalizado), voluntariamente, adquirir outra nacionalidade. Existem exceções, porém, à ideia central de que a aquisição de nova nacionalidade culmina na perda da nacionalidade brasileira, pois um brasileiro pode adquirir outra nacionalidade sem perdê-la, bastando para tanto que referida aquisição importe: (i) em recebimento de nacionalidade primária, ou (ii) seja fruto de imposição do Estado estrangeiro no qual o brasileiro reside como condição para que ele possa permanecer no território ou para exercer direitos civis.

DICA
É uma hipótese que atinge brasileiros natos e naturalizados.

6. QUESTÕES COMENTADAS

1. **(2013 – CETRO – ANVISA – Técnico Administrativo)** Sobre a nacionalidade, de acordo com a Constituição Federal, é correto afirmar que
   a) uma pessoa originária de um país de língua portuguesa pode se naturalizar brasileiro após residir no Brasil por um ano ininterrupto e ser uma pessoa moralmente idônea.
   Item verdadeiro. De acordo com o art. 12, I, 'a', CF/88, as pessoas originárias de países que falam a língua portuguesa só precisam comprovar dois requisitos para se naturalizarem brasileiros: a residência ininterrupta por um ano e a idoneidade moral.
   b) uma vez naturalizada brasileira, a pessoa não mais perde a nacionalidade.
   Item falso. O art. 12, § 4°, CF/88 traz, em seus incisos I e II, situações em que o brasileiro naturalizado poderá perder sua nacionalidade.
   c) um estrangeiro que vive, ininterruptamente, há mais de 15 anos no Brasil torna-se automaticamente brasileiro naturalizado.
   Item falso. A naturalização no Brasil é sempre expressa, isto é, depende da manifestação de vontade do indivíduo. Assim, um estrangeiro que já vive, ininterruptamente, há mais de 15 anos no Brasil não vai se tornar automaticamente brasileiro naturalizado, pois deverá (além de comprovar a ausência de condenação penal) requerer a naturalização.
   d) é privativo de brasileiro nato o cargo de Diretor-Presidente de agência reguladora.
   Item falso. Os cargos privativos de brasileiros natos estão listados no art. 12, § 3°, CF/88 e, dentre eles, não há menção ao cargo de Diretor-Presidente de agência reguladora.

2. **(2013 – FCC – TRT 1ªR – Técnico Judiciário)** Segundo a Constituição Federal, será declarada a perda da nacionalidade do brasileiro

Cap. 8 · NACIONALIDADE

133

a) nato que tiver cancelada sua naturalização, por sentença judicial, em virtude de atividade nociva ao interesse nacional.

O erro nesta assertiva está no uso do termo 'nato'. O cancelamento da naturalização atinge a nacionalidade do brasileiro naturalizado, não do nato. Leia o art. 12, § 4°, I, CF/88.

b) nato que adquirir outra nacionalidade, ainda que em razão de reconhecimento de nacionalidade originária pela lei estrangeira.

O item é falso. Se o brasileiro nato adquirir outra nacionalidade em razão de reconhecimento de nacionalidade originária pela lei estrangeira, ele não perderá a nacionalidade brasileira, em razão do que dispõe o art. 12, § 4°, II, 'a', CF/88.

c) nato que residir em outro país por mais de trinta anos sem interrupção e lá for condenado a cumprir pena de reclusão.

O item é falso. O art. 12, § 4°, CF/88 não prevê esta hipótese como situação que ocasiona a perda da nacionalidade brasileira.

d) naturalizado que adquirir outra nacionalidade, ainda que em razão de reconhecimento de nacionalidade originária pela lei estrangeira.

O item é falso. Se o brasileiro naturalizado adquirir outra nacionalidade em razão de reconhecimento de nacionalidade originária pela lei estrangeira, ele não perderá a nacionalidade brasileira, em razão do que dispõe o art. 12, § 4°, II, 'a', CF/88.

e) que tiver cancelada sua naturalização, por sentença judicial, em virtude de atividade nociva ao interesse nacional.

Esta é a assertiva que deve ser assinalada. Nos termos do art. 12, § 4°, I, será declarada a perda da nacionalidade do brasileiro que tiver cancelada sua naturalização, por sentença judicial, em virtude de atividade nociva ao interesse nacional.

3. **(2015 – FCC – MPE-PB – Técnico Ministerial)** Considere os seguintes cargos:

I. Procurador-Geral da República.

II. Procurador-Geral de Justiça.

III. Ministro do Supremo Tribunal Federal.

IV. Ministro do Superior Tribunal de Justiça.

V. Presidente da Câmara dos Deputados.

De acordo com a Constituição Federal, são privativos de brasileiro nato os cargos indicados APENAS em

a) II e III.

b) I, II e V

c) II e IV.

d) **III e V.**

e) I, II e IV.

A letra 'd' deve ser assinalada. Isso porque somente os cargos de Ministro do Supremo Tribunal Federal e Presidente da Câmara dos Deputados são privativos de brasileiros natos, de acordo com o que estabelece o art. 12, § 3°, CF/88. Os demais cargos mencionados na questão podem ser ocupados por brasileiros natos ou naturalizados.

7. QUESTÕES PARA TREINAR!

1. (2015 – FUNRIO – UFRB – Assistente em Administração) Consideram-se brasileiros natos

I) os nascidos na República Federativa do Brasil, ainda que de pais estrangeiros, desde que estes não estejam a serviço de seu país.

II) os nascidos no estrangeiro, de pai brasileiro ou mãe brasileira, desde que qualquer deles esteja a serviço da República Federativa do Brasil.

III) os nascidos no estrangeiro de pai brasileiro ou de mãe brasileira, desde que sejam registrados em repartição brasileira competente ou venham a residir na República Federativa do Brasil e optem, em qualquer tempo, depois de atingida a maioridade, pela nacionalidade brasileira.

IV) os nascidos no estrangeiro, de pai brasileiro ou mãe brasileira, mesmo que não estejam a serviço da República Federativa do Brasil.

V) os que, na forma da lei, adquiram a nacionalidade brasileira, exigidas aos originários de países de língua portuguesa apenas residência por um ano ininterrupto e idoneidade moral.

Estão corretas apenas as afirmativas

a) I, II e III.

b) II, IV e V.

c) III, IV e V.

d) I, II e IV.

e) II, III e IV.

2. (2015 – FUNRIO – UFRB – Assistente em Administração) Qual cargo é privativo de brasileiro nato?

a) Senador Federal.

b) Ministro do Superior Tribunal de Justiça.

c) Ministro de Estado.

d) Deputado Federal.

e) Oficial das Forças Armadas.

3. (2015 – FGV – TJ-SC – Técnico Judiciário Auxiliar) Peter, cidadão sueco em viagem de férias no Brasil, manteve relacionamento amoroso com Marie, cidadã francesa que visitava um primo na Cidade de Florianópolis. Desse relacionamento, nasceu Gustavisson, fato ocorrido no território brasileiro. É possível afirmar que a nacionalidade do filho do casal é:

a) brasileira, por ter nascido na República Federativa do Brasil;

b) necessariamente diversa da brasileira, isso em razão do princípio da nacionalidade paterna;

c) brasileira, desde que tenha sido registrado em repartição consular brasileira;

Cap. 8 · NACIONALIDADE

135

d) necessariamente diversa da brasileira, isso em razão do princípio da nacionalidade materna;

e) necessariamente diversa da brasileira, já que seus pais eram estrangeiros e não estavam estabelecidos no Brasil.

4. **(2015 – CESPE – TRE-GO – Técnico Judiciário)** Quanto ao conceito de Constituição e aos direitos individuais e de nacionalidade, julgue o seguinte item.

São brasileiros natos os nascidos no estrangeiro, de pai brasileiro ou mãe brasileira que esteja no exterior a serviço do Brasil ou de organização internacional.

5. **(2014 – FGV – TJ-RJ – Técnico de Atividade Judiciária)** Sob a ótica da nacionalidade, é correto afirmar que:

a) somente brasileiros natos podem ocupar o cargo de Ministro do Superior Tribunal de Justiça;

b) ela será perdida sempre que o brasileiro adquirir outra nacionalidade;

c) o brasileiro manterá a sua nacionalidade quando lei de outro País reconhecer que possui nacionalidade originária desse País;

d) somente são brasileiros natos os nascidos no território brasileiro;

e) os brasileiros natos podem receber tratamento privilegiado da lei, em detrimento dos naturalizados.

6. **(2014 – CESPE – TC-DF – Técnico de Administração)** À luz das normas constitucionais e da jurisprudência do STF, julgue o seguinte item.

Cidadão português que legalmente adquira a nacionalidade brasileira não poderá exercer cargo da carreira diplomática, mas não estará impedido de exercer o cargo de ministro de Estado das Relações Exteriores.

7. **(2014 – FUNRIO – IF-PI – Assistente em Administração)** De acordo com a Constituição Federal de 1988, são privativos de brasileiros natos, dentre outros, os cargos de

a) Presidente da Câmara dos Deputados e de ministro do Tribunal de Contas da União.

b) Presidente do Senado Federal e de conselheiro da Comissão de Ética Pública.

c) Ministro do Supremo Tribunal Federal e de Presidente da Câmara dos Deputados.

d) Auditor da Receita Federal do Brasil e assessor da Presidência da República.

e) Ministro de Estado da Defesa e de conselheiro da Comissão de Direitos Humanos.

8. **(2014 – CESPE – Câmara dos Deputados – Técnico Legislativo)** Com relação aos princípios fundamentais e aos direitos e garantias fundamentais, julgue o item a seguir. Nesse sentido, considere que a sigla CF, sempre que empregada, se refere à Constituição Federal de 1988.

Se um casal formado por um cidadão argentino e uma cidadã canadense for contratado pela República do Uruguai para prestar serviços em representação consular desse país no Brasil e, durante a prestação desses serviços, tiver um filho em território brasileiro, tal filho, conforme o disposto na CF, será brasileiro nato.

9. (2014 – Gestão de Concursos – IFN-MG – Assistente em Administração) Tom tem nacionalidade americana, porém naturalizou-se brasileiro.

Nessa condição, ele poderá ocupar qual cargo público?

a) O de Ministro do Superior Tribunal Federal

b) O de Vice-Presidente da República.

c) O de Deputado Federal.

d) O de Ministro de Estado da Defesa.

10. (2014 – IADES – TRE-PA – Técnico Judiciário) Quanto aos aspectos relacionados aos direitos e garantias fundamentais encontrados na Constituição Federal de 1988, julgue o item.

O português, filho de pai e mãe portugueses, que objetivar adquirir a nacionalidade brasileira, será, após deferido o requerimento, considerado como se brasileiro nato fosse.

11. (2014 – IBFC – TRE-AM – Técnico Judiciário) Com relação aos direitos de nacionalidade, previstos na Constituição Federal, assinale a alternativa CORRETA:

a) Será declarada a perda da nacionalidade do brasileiro que tiver cancelada sua naturalização, por decisão do Presidente da República, em virtude de atividade nociva ao interesse nacional.

b) São brasileiros natos os nascidos no estrangeiro de pai brasileiro ou de mãe brasileira, desde que sejam registrados em repartição brasileira competente ou venham a residir na República Federativa do Brasil e optem, em qualquer tempo, depois de atingida a maioridade, pela nacionalidade brasileira.

c) São brasileiros natos os estrangeiros de qualquer nacionalidade, residentes na República Federativa do Brasil há mais de quinze anos ininterruptos e sem condenação penal, desde que requeiram a nacionalidade brasileira.

d) É privativo de brasileiro nato o cargo de Ministro do Superior Tribunal de Justiça.

12. (2014 – CESPE – MDIC – Agente Administrativo) No que se refere aos Poderes Legislativo, Executivo e Judiciário, bem como às funções essenciais à justiça, julgue o seguinte item.

Considere que Ana, cidadã brasileira, casada com Vladimir, cidadão russo, ocupe posto diplomático brasileiro na China quando Victor, filho do casal, nascer. Nessa situação, Victor será considerado brasileiro nato.

13. (2013 – FCC – TRT 9ªR – Técnico Judiciário) NÃO é privativo de brasileiro nato o cargo de

a) Presidente da Câmara dos Deputados.

b) Carreira diplomática.

c) Ministro do Supremo Tribunal Federal.

d) Ministro do Superior Tribunal de Justiça.

e) Oficial das Forças Armadas.

Cap. 8 · NACIONALIDADE

14. (2014 – CONTEMAX – COREN-PB – Agente Administrativo) Juan Rey, 37 anos, empresário espanhol, residente no Brasil há cinco anos. Deseja instalar um empreendimento no estado da Paraíba. Á luz da Constituição Federal, ele não pode ser proprietário de:

a) Estabelecimento escolar de ensino fundamental;

b) Universidade;

c) produtora de vídeo;

d) distribuidora de combustível;

e) empresa jornalística.

15. (2013 – CETRO – ANVISA – Técnico Administrativo) Sobre a nacionalidade, de acordo com a Constituição Federal, é correto afirmar que

a) é considerado brasileiro nato todo aquele que nasce em território nacional, inclusive sendo filho de estrangeiros.

b) uma pessoa originária de um país de língua portuguesa pode se naturalizar brasileiro após residir no Brasil por um ano ininterrupto e ser uma pessoa moralmente idônea.

c) um estrangeiro que vive, ininterruptamente, há mais de 15 anos no Brasil torna-se automaticamente brasileiro naturalizado.

d) é privativo de brasileiro nato o cargo de Diretor-Presidente de agência reguladora.

e) uma vez naturalizada brasileira, a pessoa não mais perde a nacionalidade.

16. (2013 – FCC – TRT 1ªR – Técnico Judiciário) Segundo a Constituição Federal, será declarada a perda da nacionalidade do brasileiro

a) nato que tiver cancelada sua naturalização, por sentença judicial, em virtude de atividade nociva ao interesse nacional.

b) nato que adquirir outra nacionalidade, ainda que em razão de reconhecimento de nacionalidade originária pela lei estrangeira.

c) nato que residir em outro país por mais de trinta anos sem interrupção e lá for condenado a cumprir pena de reclusão.

d) naturalizado que adquirir outra nacionalidade, ainda que em razão de reconhecimento de nacionalidade originária pela lei estrangeira.

e) que tiver cancelada sua naturalização, por sentença judicial, em virtude de atividade nociva ao interesse nacional.

GABARITO DAS QUESTÕES							
1	2	3	4	5	6	7	8
A	E	A	F	C	V	C	V
9	10	11	12	13	14	15	16
C	F	B	V	D	E	B	E

Capítulo 9
DIREITOS POLÍTICOS

1. INTRODUÇÃO

Os direitos políticos são direitos assegurados aos cidadãos, que visam disciplinar o exercício da soberania popular, oportunizando a participação na vida política do país.

Em nosso ordenamento jurídico, **cidadão** é o sujeito que preserva a titularidade dos seus direitos políticos e de outros direitos derivados destes. Por meio do alistamento eleitoral o indivíduo adquire sua cidadania e, como eleitor, poderá exercer a soberania popular por intermédio do voto, do referendo, da iniciativa popular, da propositura da ação popular e da organização e participação em partidos políticos. Se o cidadão eleitor for elegível (cumprir os requisitos para se eleger), poderá disputar cargos em eleições.

Cumpre recordar que o exercício dos direitos políticos é **gratuito** – afinal, a Constituição assegura no art. 5º, LXXVII, a gratuidade dos "atos necessários ao exercício da cidadania".

2. DIREITOS POLÍTICOS POSITIVOS

Referem-se às normas que asseguram a liberdade do cidadão em participar ativamente da vida pública estatal, incluindo-se aqui o direito de votar e ser votado. Sobre os direitos políticos positivos, alguns conceitos importantes devem ser estudados:

(i) Direito de sufrágio: por muitos considerado o **núcleo** dos direitos políticos, é o direito público subjetivo que nos permite eleger e sermos eleitos, ou seja, congrega o direito de votarmos (alistabilidade) e o de sermos eleitos (elegibilidade).

> **DICA**
> **Cuidado!** O sufrágio, como direito, não deve ser confundido com o voto, que o instrumentaliza.

Quanto às características do sufrágio, existem duas importantes classificações que as explicitam e organizam:

(a) Quanto à abrangência: o sufrágio pode ser **universal** ou **restrito**. Universal quando possibilita que todos os cidadãos o exerçam sem que qualquer elemento discriminatório interfira. Restrito se sua prática estiver condicionada à presença de determinadas condições especiais possuídas por alguns indivíduos, tais como peculiar capacidade intelectual ou financeira.

(b) **Quanto à igualdade:** sufrágio **igual** decorre da premissa de que cada um vota uma única vez e que esse voto tem valor igual para todos. O **desigual** baseia-se na possibilidade de um mesmo indivíduo votar mais de uma vez ou votar representando os membros da família que chefia, tantas vezes quantas forem os membros.

 DICA
No Brasil, o sufrágio é universal e igual.

(ii) **Direito de voto e escrutínio:** o voto, como instrumento pelo qual os eleitores expressam sua vontade, é uma das formas de exercer o direito de sufrágio. Suas principais características, petrificadas no inciso II do § 4º do art. 60, CF/88, são:

(1) **direto:** os governantes são eleitos diretamente pelos cidadãos, sem a ingerência de qualquer intermediário;

(2) **secreto:** o voto é sigiloso, realizado em cabine indevassável;

(3) **periódico:** os cidadãos devem escolher seus representantes de tempos em tempos, permitindo uma saudável e democrática rotatividade no poder;

(4) **universal:** é direito de todos os cidadãos ir às urnas e manifestar sua própria vontade ao eleger seus representantes.

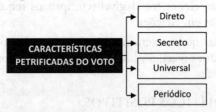

(iii) **Alistabilidade ou capacidade eleitoral ativa:** para conquistar a capacidade eleitoral ativa (o direito de votar), deve o indivíduo se alistar perante a Justiça Eleitoral, a fim de adquirir seu título de eleitor.

Cumpre recordar que o alistamento eleitoral é **obrigatório** para os indivíduos entre 18 e 70 anos, e **facultativo** para os indivíduos com idade entre 16 e 18 anos, para os maiores de 70 anos e para os analfabetos.

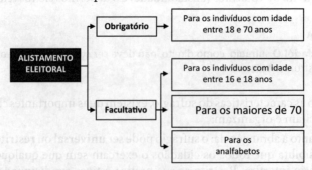

Outro ponto importante: somente os nacionais podem se alistar como eleitores, pois direitos políticos não são exercitáveis por estrangeiros. A única exceção a essa regra envolve os portugueses que estiverem na condição de quase nacionais, ou seja, que forem equiparados aos brasileiros naturalizados (nos termos do art. 12, § 1°, CF/88), pois eles podem se alistar como eleitores.

No que diz respeito aos conscritos, ou seja, aqueles que prestam o serviço militar obrigatório, a Constituição veda seu alistamento.

> **DICA**
>
> Em conclusão, são **inalistáveis** (ou seja, não podem se alistar como eleitores) os estrangeiros e os conscritos (art. 12, § 2°, CF/88).

(iv) Elegibilidade ou capacidade eleitoral passiva: a Constituição enuncia, no art. 14, § 3°, um rol de condições para adquirir a elegibilidade, quais sejam:

(i) possuir a nacionalidade brasileira;

(ii) estar no pleno exercício dos direitos políticos;

(iii) ter alistamento eleitoral;

(iv) possuir domicílio eleitoral na circunscrição;

(v) estar filiado a um partido político;

(vi) possuir a idade mínima de acordo com o que for exigido para o cargo, nos seguintes termos:

– 18 anos para Vereador;

– 21 anos para Deputado Federal, Deputado Estadual ou Distrital, Prefeito, Vice-Prefeito e Juiz de paz;

– 30 anos para Governador e Vice-Governador de Estado e do Distrito Federal;

– 35 anos para Presidente e Vice-Presidente da República e senador.

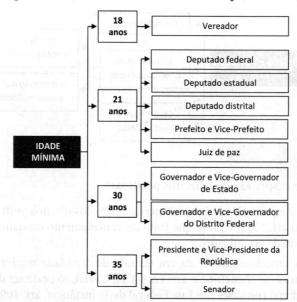

DICA

A idade mínima deve ser comprovada na data da **posse**, e não do registro da candidatura ou eleição, com **exceção** do cargo de **vereador**, vez que para concorrer a este cargo o candidato deverá comprovar a idade mínima de 18 anos na data-limite para o pedido de registro.

Preenchendo todos esses requisitos mencionados o indivíduo poderá se candidatar a um cargo público. Exercitar a capacidade eleitoral passiva, no entanto, exige também que o candidato não incida nas chamadas inelegibilidades, tampouco nas hipóteses de perda e suspensão dos direitos políticos, derivações dos direitos políticos negativos, que estudaremos a seguir.

3. DIREITOS POLÍTICOS NEGATIVOS

3.1. Introdução

São as normas impeditivas de participação do indivíduo no processo político e nos órgãos governamentais, abrangendo as **inelegibilidades** e também a **perda** e a **suspensão** dos direitos políticos.

 DICA

A **cassação** dos direitos políticos foi expressamente **vedada** pela atual Constituição de 1988. Isso porque, democrática que é, nossa Constituição jamais poderia admitir a retirada arbitrária dos Direitos Políticos de um indivíduo em razão de sua ideologia política.

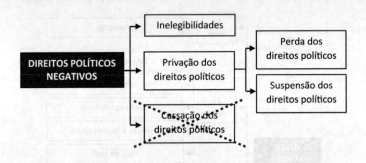

3.2. Perda e suspensão dos direitos políticos

A **perda** é a privação definitiva e permanente dos direitos políticos, e ocorre na hipótese do art. 15, I, CF/88, que trata do cancelamento da naturalização por sentença transitada em julgado.

Referido cancelamento se dá em virtude de atividade nociva ao interesse nacional e, conforme menciona o art. 12, § 4°, I, CF/88, só pode ser declarado por autoridade judicial (no caso, um Juiz Federal de 1ª instância; art. 109, X, CF/88).

Por seu turno, a **suspensão** importa em privação temporária dos direitos políticos e ocorre nas seguintes situações, descritas nos incisos II a V do art. 15:

(i) declaração de incapacidade civil absoluta;

(ii) condenação criminal com trânsito em julgado, enquanto durarem os efeitos da condenação;

(iii) recusa de cumprir obrigação a todos imposta ou prestação alternativa (sendo importante frisar que a situação estudada neste item é, ainda hoje, objeto de divergência doutrinária, relativamente ao enquadramento como hipótese de perda ou suspensão);

(iv) condenação por improbidade administrativa.

3.3. Inelegibilidades

Inelegibilidade é um termo que exterioriza os impedimentos que inviabilizam a fruição da capacidade eleitoral passiva, suprimindo do cidadão sua capacidade de ser eleito para mandatos eletivos.

A **inelegibilidade absoluta** é aquela prevista no art. 14, § 4°, CF/88 e ocasiona um impedimento categórico para o indivíduo se candidatar a **qualquer** cargo eletivo. Inelegíveis, de modo absoluto, são os inalistáveis e os analfabetos – ou seja, eles não podem se candidatar a cargo algum, enquanto estiverem nessa condição.

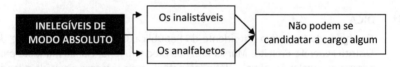

Inalistáveis são aqueles que não podem se alistar como eleitores, isto é, os estrangeiros e os conscritos (art. 14, § 2°, CF/88). No que se refere aos analfabetos, estes possuem capacidade eleitoral ativa (são alistáveis, podem votar – sendo facultado a eles exercer esse direito), mas, em contrapartida, não possuem a capacidade eleitoral passiva.

 DICA
Analfabetos possuem capacidade eleitoral ativa, ou seja, podem votar, mas não possuem a capacidade eleitoral passiva, pois não podem se eleger a cargo algum.

Por seu turno, as **inelegibilidades relativas** estão previstas nos parágrafos 5° a 9° do art. 14, CF/88 e consistem em impedimentos para o exercício de **certos cargos** eletivos, em razão de situações específicas. Falemos de cada uma das espécies:

(i) **Por motivos funcionais:** são inelegibilidades relacionadas aos cargos de Presidente da República, Governador de Estado e do Distrito Federal e Prefeitos Municipais, e podem ser subdividas em inelegibilidade referente ao mesmo cargo (art. 14, § 5°, CF/1988) e inelegibilidade referente a outro cargo (art. 14, § 6°, CF/88).

a) Referentes ao mesmo cargo: os chefes do Poder Executivo (Presidente da República, Governador de Estado e do Distrito Federal e Prefeitos Municipais) podem concorrer à **reeleição** apenas **uma vez**, isto é, por um único período subsequente, não podendo ocupar o mesmo cargo três vezes consecutivas.

Essa vedação aos chefes do Executivo imposta pelo texto constitucional é, em verdade, uma garantia de que haverá **rotatividade** nos cargos eletivos, visto que em um Estado Democrático é inaceitável que o poder se perpetue nas mãos das mesmas pessoas.

DICA
A Constituição não veda que o sujeito exerça o mesmo cargo de chefia no Executivo três (ou mais) vezes, mas sim que ocupe o mesmo cargo três vezes **consecutivas**.

b) Referentes a outro cargo: caso o chefe do Executivo pretenda pleitear outro cargo, que não o que ocupa, deverá renunciar a seu mandato pelo menos seis meses antes da eleição – é a chamada **desincompatibilização**. Essa regra de afastamento pretende evitar que o candidato faça uso do dinheiro público e do prestígio ínsito ao cargo para turbinar sua candidatura ao outro cargo, colocando em nítida desvantagem os demais concorrentes.

DICA
Os chefes do Executivo (Presidente da República, Governador de Estado e do Distrito Federal e Prefeitos Municipais) não precisam renunciar ao mandato para concorrer à reeleição, afinal a desincompatibilização somente é exigida quando o chefe do Executivo quiser concorrer a *outro* cargo e não ao *mesmo* cargo.

(ii) Por motivos de casamento, parentesco ou afinidade: essa inelegibilidade relativa, prevista no art. 14, §7º do texto constitucional, incide sob os cônjuges e parentes, consanguíneos ou afins, até segundo grau (ou por adoção), do chefe do Poder Executivo.

Conhecida como **inelegibilidade reflexa**, incide sobre terceiros, vale dizer, reflete em indivíduos em razão do parentesco, da afinidade ou da condição de cônjuge que possuam perante um chefe do Poder Executivo.

DICA
O texto constitucional menciona o "cônjuge", mas a inelegibilidade reflexa alcança também a pessoa que tenha constituído união estável com o chefe do Executivo uma vez que nossa Constituição possui amplo conceito de entidade familiar, que abarca não só os casamentos civis, mas também as uniões estáveis homoafetivas ou heteroafetivas.

Nesse sentido, a inelegibilidade reflexa alcança:

– o cônjuge, os parentes e afins, até segundo grau, ou por adoção do Presidente da República, que não poderão se candidatar a nenhum cargo eletivo no país (já que a circunscrição do Presidente compreende todo o território nacional);

– o cônjuge, os parentes e afins, até segundo grau, ou por adoção dos Governadores, que não poderão ser candidatos aos cargos no Estado (Vereador, Prefeito e Vice-Prefeito de Municípios do Estado; Deputado Estadual, Deputado Federal ou Senador no mesmo Estado ou Governador e Vice-Governador no mesmo Estado), podendo, no entanto, se candidatarem a cargos em outros Estados ou a mandatos federais;

 DICA
Vale noticiar que a regra proibitiva, quanto ao cônjuge e parentes do Governador, abrange os cargos de Deputado Federal e Senador nas vagas do próprio Estado, uma vez que nas eleições para estes cargos os Estados e o Distrito Federal constituem uma circunscrição eleitoral, de acordo com a Resolução nº 19.970/97 do TSE.

– o cônjuge, os parentes e afins, até segundo grau, ou por adoção do Prefeito não podem se candidatar aos cargos de Vereador, Prefeito ou Vice Prefeito no mesmo Município (podendo, no entanto, se candidatarem a cargos em outros Municípios ou a mandatos estaduais ou federais).

Por último, cumpre ressaltar que existe uma exceção constitucional à regra da inelegibilidade reflexa, posta no trecho final do art. 14, § 7º, CF/88 nos seguintes termos: "salvo se já for titular de cargo eletivo e candidato à reeleição". Isso significa que a inelegibilidade não é aplicável quando o cônjuge, os parentes ou afins até segundo grau ou por adoção já possuírem mandato eletivo, caso em que estarão autorizados a concorrer à reeleição, ainda que estejam dentro do território de circunscrição do chefe do Executivo. Para exemplificar, imaginemos duas situações:

(1) Em 2012 "José" é candidato à Prefeito do Município "X", no qual sua esposa, "Tânia", já ocupa o cargo de Vereadora. Nas eleições seguintes, em 2016), "José" poderá se candidatar à reeleição por um único período subsequente e isso não impede que "Tânia" também se candidate novamente ao cargo de Vereadora, afinal ela (mesmo sendo cônjuge do Prefeito) já possui um cargo eletivo e é candidata à reeleição;

(2) No ano de 2014 "Victor" é candidato ao Governo do Estado "Z" e sua filha, "Theresa", é candidata ao cargo de Deputada Federal pelo mesmo Estado "Z". Ambos são eleitos, simultaneamente. Caso, nas próximas eleições (em 2018), ambos resolvam disputar a reeleição aos cargos, não haverá nenhum impedimento. "Theresa" poderá se candidatar normalmente, pois já é titular do mandato eletivo, ainda que esteja no território de circunscrição do pai-chefe do Executivo.

(iii) **Da condição de militar**: a Constituição preceitua, no art. 14, § 8º, que o **militar** alistável é elegível, nos seguintes termos:

a) se contar menos de dez anos de serviço, deverá afastar-se da atividade;

b) se contar mais de dez anos de serviço, será agregado pela autoridade superior e, se eleito, passará automaticamente, no ato da diplomação, para a inatividade.

(iv) Previsões em lei complementar: de acordo com o que estabelece o art. 14, § 9º, CF/88, é possível a edição de **lei complementar** para dispor sobre outros casos de inelegibilidade relativa e os prazos de sua cessação, a fim de proteger a probidade administrativa, a moralidade para o exercício do mandato, considerada a vida pregressa do candidato, e a normalidade e legitimidade das eleições contra influência do poder econômico ou do abuso do exercício de função, cargo ou emprego na administração direta ou indireta.

Atualmente vigora no ordenamento jurídico brasileiro a Lei Complementar 64/90, em que estão previstos outros casos de inelegibilidade. Importante salientar que referida lei foi alterada pela Lei Complementar nº 135/2010, conhecida como "Lei da Ficha Limpa".

4. PRINCÍPIO DA ANTERIORIDADE (OU ANUALIDADE) ELEITORAL

De acordo com o dispositivo constitucional (art. 16), a lei (ou a emenda constitucional) que alterar o processo eleitoral, apesar de entrar em vigor já na data de sua publicação, somente poderá ser aplicada nas eleições que ocorram após um ano da data de sua vigência.

Isso significa que se uma lei alterando o processo eleitoral foi publicada em junho de 2010, essa lei não valeu nas eleições que ocorreram em outubro daquele ano, pois estávamos dentro do primeiro ano de vigência. Mas essa mesma lei pode ser aplicada nas eleições que ocorreram a partir de junho de 2011 (após o primeiro ano de vigência). O esquema abaixo ilustra isso:

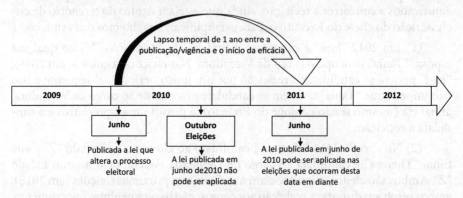

O princípio aqui em estudo permite que as regras do jogo eleitoral sejam modificadas, mas não tolera alterações casuísticas, feitas no curso do processo eleitoral. Destarte, muito embora a alteração feita por lei (ou por emenda constitucional) entre em vigor tão logo haja a publicação, sua eficácia está condicionada à passagem do tempo: deve-se esperar a lei completar um ano de vigência.

> **DICA**
>
> A jurisprudência do Supremo Tribunal Federal considera a anterioridade eleitoral uma garantia individual do cidadão-eleitor, sendo, portanto, uma cláusula pétrea – de forma que nenhuma emenda constitucional poderá restringi-la ou aboli-la.

5. QUESTÕES COMENTADAS

1. **(2014 – VUNESP – PRODEST-ES – Assistente Organizacional)** A Constituição da República Federativa do Brasil de 1988 estabelece, em seu Capítulo IV, referente aos Direitos Políticos, que o alistamento eleitoral e o voto são facultativos para:
   a) os povos indígenas, os quilombolas e as populações ribeirinhas.
   b) **os analfabetos, os maiores de setenta anos e os maiores de dezesseis e menores de dezoito anos.**
   c) os analfabetos, os maiores de sessenta anos e os menores de quinze anos.
   d) as populações carcerárias, os enfermos crônicos e os inválidos.
   e) os militares da ativa, os com direitos políticos cassados e os com direitos políticos suspensos.

   A solução dessa questão está na leitura do art. 14, § 1º, CF/88, que preceitua que o alistamento eleitoral e o voto são facultativos para (i) os analfabetos; (ii) os maiores de setenta anos e (iii) os maiores de dezesseis e menores de dezoito anos. Nesse sentido, a letra 'b' deve ser assinalada.

2. **(2014 – FGV – AL-BA – Técnico)** O Governador do Estado W pretende concorrer ao cargo de Senador da República. Nos termos da Constituição Federal, deverá
   a) permanecer no cargo até a eleição.
   b) renunciar ao cargo quando apresentar sua candidatura.
   c) renunciar ao cargo após a escolha do seu companheiro de chapa.
   d) permanecer no cargo até obter autorização do Tribunal eleitoral.
   e) **renunciar ao mandato até seis meses antes do pleito.**

   Letra 'e' é a correta. De acordo com o art. 14, § 6º, CF/88, para concorrerem a outros cargos, os chefes do Poder Executivo (o Presidente da República, os Governadores de Estado e do Distrito Federal e os Prefeitos) devem renunciar aos respectivos mandatos até seis meses antes do pleito. É a chamada desincompatibilização.

3. **(2014 – IBFC – SEPLAG-MG – Gestor de Transportes)** A idade mínima de trinta anos é condição de elegibilidade para o cargo de:
   a) Deputado Federal
   b) **Vice-Governador de Estado.**
   c) Senador
   d) Juiz de paz

A letra 'a' não pode ser assinalada porque a idade mínima como condição de elegibilidade para o cargo de Deputado Federal é de 21 anos, de acordo com o art. 14, § 3º, VI, 'c', CF/88.

A letra 'b' é a s resposta. De fato, a idade mínima como condição de elegibilidade para o cargo de Governador é de 30 anos, de acordo com o art. 14, § 3º, VI, 'b', CF/88.

A letra 'c' não pode ser assinalada porque a idade mínima como condição de elegibilidade para o cargo de Senador é de 35 anos, de acordo com o art. 14, § 3º, VI, 'c', CF/88.

A letra 'd' não pode ser assinalada porque a idade mínima como condição de elegibilidade para o cargo de Juiz de paz é de 21 anos, de acordo com o art. 14, § 3º, VI, 'c', CF/88.

6. QUESTÕES PARA TREINAR!

1. **(2015 – FGV – TJ-SC – Técnico Judiciário)** A cidadania apresenta as seguintes peculiaridades quando cotejada com os direitos individuais:

   a) é assegurada aos brasileiros e aos estrangeiros residentes no país;

   b) pode ser naturalizada, decorrendo da concessão da nacionalidade brasileira a um estrangeiro;

   c) é requisito indispensável à propositura da ação popular;

   d) deve ser demonstrada sempre que alguém pretenda exercer um direito fundamental;

   e) os brasileiros continuam a possuí-la ainda que tenham os seus direitos políticos suspensos.

2. **(2015 – CONSULPLAN – TRE-MG – Técnico Judiciário)** "Hélio, após longa carreira profissional na área de Exatas, resolve mudar o seu rumo e realizar um curso de Ciência Política tendo se deparado com o estudo das diversas formas de sufrágio já adotadas no país. Ficou surpreso ao verificar que a existência de bens de raiz (ou imóveis) já constou como requisito para o exercício do voto, bem como a proibição de participação dos mendigos no processo de votação". Esse sistema antigo foi superado pelas modernas Constituições e, atualmente, vigora a forma de sufrágio considerada

   a) especial.

   b) múltipla.

   c) universal.

   d) capacitária.

3. **(2014 – CESPE – TJ-CE – Técnico Judiciário)** No que se refere a direitos políticos dispostos na CF, assinale a opção correta.

   a) Para ser eleito vereador é preciso ter, no mínimo, 21 anos de idade.

   b) É vedada a cassação de direitos políticos.

   c) Os brasileiros naturalizados podem votar, mas não podem concorrer a cargo eletivo.

Cap. 9 · DIREITOS POLÍTICOS

d) O alistamento eleitoral e o voto são obrigatórios para todos os brasileiros naturalizados.

e) Os militares federais não são alistáveis.

4. **(2014 – FUNRIO – IF-PI – Assistente em Administração)** Nos termos da Constituição Federal de 1988, a idade mínima como condição de elegibilidade para o cargo de Deputado Federal é de

a) dezoito anos.

b) vinte e cinco anos.

c) trinta anos.

d) vinte e um anos.

e) trinta e cinco anos.

5. **(2014 – FCC – TRT 16ªR – Técnico Judiciário)** Rômulo, brasileiro nato, com vinte anos de idade completados neste ano de 2014, empresário, residente na cidade de São Luís, filiado a determinado partido político, pretende concorrer a um cargo político no pleito eleitoral deste ano de 2014. Nos termos preconizados pela Constituição Federal, havendo eleições este ano para os cargos de Presidente, Vice-Presidente, Governador, Vice-Governador, Senador, Deputado Federal e Deputado Estadual, Rômulo

a) poderá concorrer aos cargos de Deputado Estadual, Deputado Federal, Governador, Vice-Governador e Senador, apenas.

b) poderá concorrer ao cargo de Deputado Estadual, apenas.

c) poderá concorrer aos cargos de Deputado Estadual e Deputado Federal, apenas.

d) não poderá concorrer a nenhum cargo.

e) poderá concorrer a todos os cargos.

6. **(2014 – FGV – DPE-RJ – Técnico Médio de Defensoria Pública)** A mesma Constituição da República que assegura os direitos políticos como instrumentos por meio dos quais se garante o exercício da soberania popular, prevê a perda ou suspensão dos mesmos, no caso de

a) incapacidade civil relativa, como na hipótese de interdição, na forma da lei.

b) condenação criminal por improbidade administrativa, através de sentença penal transitada em julgado.

c) recusa de cumprir obrigação a todos imposta ou prestação alternativa, na forma da lei.

d) condenação criminal por crime hediondo, com decisão judicial transitada em julgado, hipótese em que ocorre cassação dos direitos políticos enquanto durarem os efeitos da condenação.

7. **(2014 – FGV – DPE-RJ – Técnico Superior Jurídico)** O regime democrático pode ser classificado em democracia direta, democracia representativa e democracia semidireta ou participativa. Como exemplo de participação popular no poder, o exercício da soberania se manifesta através do instituto:

a) da iniciativa popular, que pode ser exercida pela apresentação à Câmara dos Deputados de projeto de lei subscrito individualmente por qualquer cidadão.

b) do plebiscito, que consiste em consulta feita ao eleitorado para que delibere, previamente à prática do ato, por meio do voto, sobre matéria de acentuada relevância, de natureza constitucional, legislativa ou administrativa.

c) do referendo, que é a consulta feita ao eleitorado para que delibere, previamente à prática do ato, por meio do voto, sobre matéria de acentuada relevância de natureza constitucional.

d) da ação popular, que pode ser ajuizada por, no mínimo, 1% do eleitorado, visando a anular ato lesivo ao patrimônio público ou de entidade de que o Estado participe, à moralidade administrativa, ao meio ambiente e ao patrimônio histórico e cultural.

e) do voto, direto e secreto, com valor igual para todos, e obrigatório para os maiores de dezoito e facultativo para os maiores de sessenta anos.

8. **(2014 – IADES – TRE-PA – Técnico Judiciário)** No que diz respeito aos requisitos necessários para a candidatura ao cargo de presidente da República, assinale a alternativa correta.

a) Ser brasileiro(a)   nato(a)   ou naturalizado(a).

b) Ter concluído o ensino médio.

c) Ser ou ter sido casado(a).

d) Possuir idade mínima de 35 anos.

e) Ter a campanha financiada, no mínimo, por uma empresa privada.

9. **(2014 – FCC – TRT 19ªR – Técnico Judiciário)** Ygor Marcello, 18 anos, nascido em São Paulo, reside em Belo Horizonte, onde é famoso como cantor de pagode, além de admirado, por seu dinamismo, entre os colegas do quartel em que presta o serviço militar obrigatório. Pretende se candidatar a vereador na capital mineira. Conforme determina a Constituição federal, Ygor

a) não tem a idade mínima para ser eleito vereador.

b) deve confirmar, junto ao Ministério da Justiça, sua opção pela nacionalidade brasileira antes da candidatura.

c) não é elegível por se encontrar conscrito.

d) deverá cumprir prestação alternativa para substituir eventuais faltas que venha a ter no serviço militar em decorrência de sua campanha eleitoral.

e) prescinde de filiação partidária para se candidatar.

10. **(2012 – FCC – TRT 6ªR – Técnico Judiciário)** Nos termos da Constituição Federal, são condições de elegibilidade para Senador, quanto à idade e à nacionalidade, respectivamente, ter, no mínimo,

a) trinta e cinco anos e ser brasileiro nato.

b) trinta anos e ser brasileiro nato.

Cap. 9 · DIREITOS POLÍTICOS

c) dezoito anos e ser brasileiro nato ou naturalizado.

d) trinta anos e ser brasileiro nato ou naturalizado.

e) trinta e cinco anos e ser brasileiro nato ou naturalizado.

11. **(2012 – FCC – TRE-PR – Técnico Judiciário)** Um Deputado Estadual do Paraná, no exercício de seu segundo mandato consecutivo, com 31 anos de idade completados em novembro de 2011, casado com Senadora eleita por aquele Estado, pretende concorrer, nas eleições gerais de 2014, a um dos seguintes cargos: Senador, Deputado Federal, Governador do Estado ou Deputado Estadual. Nessa hipótese, consideradas as condições de elegibilidade estabelecidas na Constituição da República, poderia o interessado concorrer a

a) qualquer dos cargos referidos.

b) Deputado Federal, Governador do Estado ou Deputado Estadual, apenas.

c) Senador ou Deputado Federal, apenas.

d) Deputado Federal, apenas, desde que renuncie ao mandato até seis meses antes do pleito.

e) Deputado Estadual, apenas, desde que renuncie ao mandato até seis meses antes do pleito.

12. **(2013 – ESAF – DNIT – Técnico Administrativo – Adaptada)** Analise a assertiva abaixo:

A incapacidade civil absoluta gera suspensão dos direitos políticos.

13. **(2013 – CESPE – TRE-MS – Técnico Judiciário)** De acordo com a CF, assinale a opção correta acerca da perda e da suspensão de direitos políticos.

a) A incapacidade civil relativa enseja a perda dos direitos políticos.

b) O cancelamento de naturalização por sentença de que ainda caiba recurso acarreta a suspensão dos direitos políticos.

c) O cumprimento de prestação alternativa a obrigação a todos imposta é causa de suspensão dos direitos políticos.

d) A condenação criminal contra a qual ainda caiba recurso dá ensejo à perda definitiva dos direitos políticos.

e) A condenação pela prática de ato de improbidade administrativa dá causa à suspensão dos direitos políticos.

14. **(2014 – IADES – TRE-PA – Técnico Judiciário – Adaptada)** Quanto aos aspectos relacionados aos direitos e garantias fundamentais encontrados na Constituição Federal de 1988, analise a assertiva.

O alistamento eleitoral e o exercício do direito de voto são obrigatórios, em todos os casos.

15. **(2014 – CONSULPLAN – CBTU-METROREC – Técnico de Gestão)** No que se refere aos direitos e garantias fundamentais constitucionalmente estabelecidos, marque V para as afirmativas verdadeiras e F para as falsas.

( ) A soberania popular será exercida pelo sufrágio universal e pelo voto direto e secreto, com valor igual para todos.

( ) O alistamento eleitoral e o voto são obrigatórios para os maiores de 18 anos; facultativos para os analfabetos, os maiores de 70 anos e os maiores de 16 e menores de 18 anos.

( ) Dentre outras condições expressas na Constituição Federal são condições de elegibilidade, na forma da lei, a nacionalidade brasileira, o pleno exercício dos direitos políticos, o alistamento eleitoral, o domicílio eleitoral na circunscrição e a filiação partidária.

( ) São inelegíveis os inalistáveis e os analfabetos.

A sequência está correta em

a)   V, V, V, V.

b)   V, F, V, F.

c)   F, F, V, V.

d)   F, F, F, V.

16. **(2014 – VUNESP – PRODEST-ES – Assistente Organizacional)** A Constituição da República Federativa do Brasil de 1988 estabelece, em seu Capítulo IV, referente aos Direitos Políticos, que o alistamento eleitoral e o voto são facultativos para:

a)   os povos indígenas, os quilombolas e as populações ribeirinhas.

b)   os analfabetos, os maiores de setenta anos e os maiores de dezesseis e menores de dezoito anos.

c)   os analfabetos, os maiores de sessenta anos e os menores de quinze anos.

d)   as populações carcerárias, os enfermos crônicos e os inválidos.

e)   os militares da ativa, os com direitos políticos cassados e os com direitos políticos suspensos.

17. **(2014 – FGV – AL-BA – Técnico)** O Governador do Estado W pretende concorrer ao cargo de Senador da República. Nos termos da Constituição Federal, deverá

a)   permanecer no cargo até a eleição.

b) renunciar ao cargo quando apresentar sua candidatura.

c)   renunciar ao cargo após a escolha do seu companheiro de chapa.

d)   permanecer no cargo até obter autorização do Tribunal eleitoral.

e)   renunciar ao mandato até seis meses antes do pleito.

18. **(2014 – IBFC – SEPLAG-MG – Gestor de Transportes)** A idade mínima de trinta anos é condição de elegibilidade para o cargo de:

a)   Deputado Federal

b)   Vice-Governador de Estado.

c)   Senador

d)   Juiz de paz

GABARITO DAS QUESTÕES								
1	2	3	4	5	6	7	8	9
C	C	B	D	D	C	B	D	C
10	11	12	13	14	15	16	17	18
E	B	C	E	F	A	B	E	B

Capítulo 10

ORGANIZAÇÃO POLÍTICO ADMINISTRATIVA DO ESTADO

1. INTRODUÇÃO

A forma de Estado refere-se à existência (ou não) de divisão no exercício do poder político em razão de um território. Nesse sentido, os Estados podem ser unitários ou federados.

Na nossa Carta Constitucional, logo no art. 1º, já foi definida a adoção do princípio federativo como critério ordenador da organização político-administrativa do Estado. Nossa forma de Estado é, portanto, **federada**.

É válido, todavia, recordarmos as principais características tanto do Estado unitário quanto do federado. Senão vejamos:

(i) Estado unitário: é aquele marcado pela **centralização política**, no qual o poder encontra-se enraizado em um único núcleo, do qual emanam todas as decisões (poder central). Mesmo que não haja descentralização política, existe a descentralização administrativa, o que torna o Estado governável (ou seja, são criadas divisões administrativas subordinadas ao poder central, que atuam por delegação). O Brasil já foi um Estado unitário, no período Brasil-Colônia/Brasil-Império.

(ii) Estado federado: neste tipo de Estado existe **descentralização no exercício do poder político**, pois o poder é dividido em mais de uma entidade política, todas funcionando como centros emanadores de comandos normativos e decisórios. Em apertada síntese, escolher a forma federada de Estado resulta na adoção dos seguintes caracteres:

(1) existência necessária de descentralização no exercício do poder político;

(2) o vínculo federativo que vai unir as entidades federadas será **indissolúvel**, com a consequente inexistência do direito à secessão, sob pena de a entidade que deu origem ao movimento separatista ser submetida à intervenção;

(3) rigidez constitucional capaz de tornar o núcleo essencial da Federação intocável à ação supressiva do legislador, que jamais poderá promover sua extinção (imutabilidade da forma federativa);

(4) previsão de um órgão legislativo que represente os poderes regionais, fazendo que as vontades parciais participem da formação da vontade nacional (total) – no caso brasileiro este órgão é o Senado Federal, que representa os Estados e o Distrito Federal.

2. A FEDERAÇÃO NA CONSTITUIÇÃO DA REPÚBLICA DE 1988

A primeira Constituição brasileira, a imperial de 1824, adotava a forma de Estado unitária; o documento constitucional que primeiro adotou a forma federada de Estado foi a Constituição republicana, de 1891.

Nota-se, assim, que a federação brasileira é o resultado do desfazimento de um Estado unitário, tendo surgido, portanto, por segregação – num movimento que repartiu entre as (recém-criadas) entidades federadas as competências que até então estavam completamente reunidas pelo poder central.

Da Constituição republicana em diante, em todos os documentos constitucionais subsequentes, adotamos a federação e, atualmente, a Constituição de 1988 lista a forma federada como princípio fundamental do Estado no art. 1°, e como cláusula pétrea no art. 60, § 4°, I, CF/88. Isso significa que uma emenda constitucional não pode abolir ou restringir a forma federada de Estado.

Os entes federados que compõem nossa federação, de acordo com o art. 18 CF/88, são os seguintes: a União, os Estados-membros, o Distrito Federal e os Municípios, todos autônomos entre si – sendo inexistente a hierarquia entre eles.

DICA
O vínculo que une essas entidades é **indissolúvel**, sendo inexistente em nossa Federação o direito de secessão (separação).

3. UNIÃO

A União é o **ente central** da Federação e concentra um grande volume de atribuições. Entre suas funções há uma de acentuada importância: a de representar a República Federativa do Brasil nas relações internacionais, o que não nos autoriza a confundir as duas entidades. A União é um ente autônomo e central, formado pela aglutinação das partes regionais integrantes da Federação. Já a República Federativa do Brasil é o todo, o complexo resultante da reunião de todos os entes federados, quais sejam, a União, os Estados-membros, o Distrito Federal e os Municípios.

Vê-se que a União assume atribuições no cenário interno e internacional, mas é importante destacar que ela nunca será detentora de soberania, pois este último é atributo exclusivo da República Federativa do Brasil. A União, assim como os demais entes da federação (Estados, Distrito Federal e Municípios) é dotada de autonomia.

4. ESTADOS-MEMBROS

Entidades **indispensáveis** para a instituição da Federação, os Estados-membros são as organizações políticas típicas dessa espécie de forma de Estado, pois materializam a descentralização no exercício do poder político.

Cada Estado será organizado pela respectiva Constituição estadual (elaborada pelo poder derivado decorrente), e pelo restante do corpo normativo (demais leis que compõem o ordenamento estadual).

Na elaboração de suas respectivas Constituições, devem necessariamente observar, de modo preciso e atento, os princípios contemplados na Constituição Federal (ver art. 25, CF/88).

5. MUNICÍPIOS

A partir da promulgação da Constituição de 1988 os Municípios passaram a integrar a organização político-administrativa da República Federativa do Brasil como entes da Federação, sendo a eles garantida a plena autonomia.

Cada Município é regido por **lei orgânica**, votada em dois turnos, com o intervalo mínimo de dez dias, e aprovada por dois terços dos membros da Câmara Municipal, que a promulgará, atendidos os princípios estabelecidos na Constituição Federal e na Constituição do respectivo Estado (ver art. 29, CF/88).

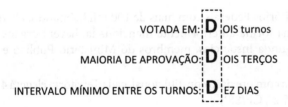

6. DISTRITO FEDERAL

Assim como a União, os Estados e os Municípios, o Distrito Federal é um ente federativo autônomo, possuidor de atribuições legislativas, administrativas e judiciárias. Importante destacar que o DF **não** pode ser dividido em Municípios, por expressa vedação constitucional (art. 32, CF/88). Assim, as divisões existentes no DF (chamadas de regiões administrativas ou, ainda, cidades-satélites) são meramente administrativas.

O DF possui Lei Orgânica, que é votada em dois turnos (sendo que deverá ser respeitado um intervalo mínimo entre os turnos de, ao menos, dez dias), e aprovada por pelo menos 2/3 dos integrantes da Câmara Legislativa do DF.

VOTADA EM: **D** OIS turnos

MAIORIA DE APROVAÇÃO: **D** OIS TERÇOS

INTERVALO MÍNIMO ENTRE OS TURNOS: **D** EZ DIAS

7. TERRITÓRIOS FEDERAIS

Antes da promulgação da atual Constitucional de 1988 os Territórios Federais eram considerados entes federativos; porém, com a entrada em vigor do novo documento constitucional, dos Territórios Federais foi suprimida tal condição.

Atualmente não existem Territórios Federais e, ainda que novos sejam criados, **não** serão considerados entes federados, pois **não** possuirão autonomia. Integrarão a União como meras descentralizações administrativo-territoriais.

Nos termos do art. 18, § 2°, e do art. 33 (ambos da CF/88), a criação de novos territórios deve observar as seguintes regras:

(i) só serão criados por meio da edição de uma lei complementar federal regulatória;

(ii) se criado um Território, sua organização administrativa e judiciária será feita por lei ordinária federal;

(iii) os Territórios Federais podem ou não ser divididos em Municípios;

(iv) o Presidente da República escolherá o Governador do Território, cujo nome deverá ser aprovado previamente pelo Senado Federal (art. 84, XIV e art. 52, III 'c', CF/88);

(v) nos Territórios Federais com mais de 100 mil habitantes, além do Governador nomeado na forma anteriormente mencionada, haverá órgãos judiciários de primeira e segunda instâncias, membros do Ministério Público e defensores públicos federais;

(vi) de acordo com previsão constitucional, cada Território elegerá 4 Deputados Federais (art. 45, § 2°, CF/88);

(vii) conforme o art. 147, CF/88, competem à União, em Território Federal, os impostos estaduais e, se o Território não for dividido em Municípios, cumulativamente, os impostos municipais.

8. QUESTÕES COMENTADAS

1. **(2015 – FGV – TJ-SC – Odontólogo)** A ordem constitucional de 1988, mantendo a tradição brasileira, seguiu o sistema federativo. Assim, a existência de uma Constituição Federal denota que:

Cap. 10 • ORGANIZAÇÃO POLÍTICO ADMINISTRATIVA DO ESTADO

a) todos os entes federados estão submetidos aos comandos estatuídos pela União, somente podendo legislar quando autorizados por esta;

Alternativa falsa. Segundo o art. 18, CF/88, a organização político-administrativa da República Federativa do Brasil compreende a União, os Estados, o Distrito Federal e os Municípios, todos autônomos entre si, não havendo submissão dos Estados, do Distrito Federal ou dos Municípios à União. Quem determina a competência legislativa de cada um dos entes federados é a própria Constituição (não a União).

b)a união dos entes federados é provisória, podendo ser dissolvida sempre que for o desejo do povo, que pode ser consultado em plebiscito;

Alternativa falsa. O art. 1º, CF/88, nos informa que a República Federativa do Brasil é formada pela união indissolúvel dos Estados e Municípios e do Distrito Federal, o que significa que inexiste para os entes federados o direito à secessão (isto é, a separação).

c)todos os entes federados contam com os Poderes Legislativo, Executivo e Judiciário, independentes e harmônicos entre si;

Alternativa falsa, pois não há Poder Judiciário em âmbito municipal. É importante destacar que o Poder Judiciário do Distrito Federal é organizado e mantido pela União, conforme determina o art. 21, XIII e o art. 22, XVII, CF/88.

d) **existe uma união indissolúvel entre Estados, Municípios e o Distrito Federal.**

Item correto, nos termos do que preceitua o art. 1º, CF/88.

2. **(2015 – AOCP – EBSERH – Técnico em Contabilidade-Adaptada)** "A República Federativa do Brasil, formada pela união indissolúvel dos Estados e Municípios e do Distrito Federal, constitui-se em Estado Democrático de Direito e tem como fundamentos: I – a soberania; II – a cidadania; III – a dignidade da pessoa humana; IV – os valores sociais do trabalho e da livre iniciativa; V – o pluralismo político". Considerando o excerto citado, julgue o item:

A União não possui autonomia em relação aos Estados.

Item falso. A União é ente federado, dotado de autonomia, assim como os Estados, o Distrito Federal e os Municípios.

3. **(2015 – VUNESP – Prefeitura de Caieiras – SP – Assistente Legislativo)** Em relação ao que dispõe a Constituição Federal sobre a organização político-administrativa, assinale a alternativa correta.

a) Os Estados e os Municípios poderão criar distinções entre brasileiros, de acordo com suas preferências e cargos a serem ocupados.

Alternativa falsa. Existe previsão expressa no texto constitucional proibindo que os entes federados criem distinções entre brasileiros. É o art. 19, III, CF/88.

b) **É vedado à União, aos Estados, ao Distrito Federal e aos Municípios recusar fé aos documentos públicos.**

Alternativa verdadeira, conforme dispõe o art. 19, II, CF/88.

c) Os Territórios Federais integram os Estados nos quais estão localizados.

Alternativa falsa. Os Territórios integram a União, de acordo com o que preceitua o art. 18, § 2º, CF/88.

DIREITO CONSTITUCIONAL – *Nathalia Masson*

d) A criação e o desmembramento de novos Municípios far-se-ão por medida provisória, após consulta prévia, mediante referendo, às populações envolvidas.

Alternativa falsa. De acordo com o art. 18, § 4º, CF/88: "A criação, a incorporação, a fusão e o desmembramento de Municípios, far-se-ão por lei estadual, dentro do período determinado por Lei Complementar Federal, e dependerão de consulta prévia, mediante plebiscito, às populações dos Municípios envolvidos, após divulgação dos Estudos de Viabilidade Municipal, apresentados e publicados na forma da lei".

9. QUESTÕES PARA TREINAR!

1. **(2015 – VUNESP – Prefeitura de Caieiras-SP – Assistente Legislativo)** Em relação ao que dispõe a Constituição Federal sobre a organização político-administrativa, assinale a alternativa correta.

   a) Os Estados e os Municípios poderão criar distinções entre brasileiros, de acordo com suas preferências e cargos a serem ocupados.

   b) É vedado à União, aos Estados, ao Distrito Federal e aos Municípios recusar fé aos documentos públicos.

   c) É vedada a incorporação de Municípios pelos Estados sem autorização da União.

   d) Os Territórios Federais integram os Estados nos quais estão localizados.

   e) A criação e o desmembramento de novos Municípios far-se-ão por medida provisória, após consulta prévia, mediante referendo, às populações envolvidas.

2. **(FCC – 2014 – AL-PE – Analista Legislativo)** De acordo com o texto constitucional, o desmembramento de Município pode ocorrer por lei

   a) estadual, dentro do período determinado por lei complementar federal, e dependerá de consulta prévia, mediante plebiscito, à população do Município envolvido, após divulgação dos Estudos de Viabilidade Municipal, apresentados e publicados na forma da lei.

   b) municipal, dentro do período determinado por lei complementar estadual, após divulgação dos Estudos de Viabilidade Municipal, apresentados e publicados na forma da lei, sendo desnecessária a consulta prévia, mediante plebiscito, à população do Município envolvido.

   c) municipal, dentro do período determinado por lei complementar federal, sendo necessária consulta prévia, mediante plebiscito, à população do Município envolvido, após divulgação dos Estudos de Viabilidade Municipal, apresentados e publicados na forma da lei.

   d) estadual, dentro do período determinado por lei complementar federal, desde que atendidos aos demais requisitos previstos em lei, sendo desnecessária a consulta prévia, mediante plebiscito, à população do Município envolvido.

   e) estadual, dentro do período determinado por lei complementar estadual, desde que atendidos aos demais requisitos previstos em lei, sendo desnecessária a consulta prévia, mediante plebiscito, à população do Município envolvido.

3. **(2013 – CESPE – TRT 10ªR – Técnico Judiciário)** Com base na CF, julgue os próximos itens, referentes à organização dos poderes na República Federativa do Brasil.

O sistema bicameral do tipo federativo é adotado no Brasil.

Cap. 10 · ORGANIZAÇÃO POLÍTICO ADMINISTRATIVA DO ESTADO | 161

4. **(2013 – CESPE – TCE-RO – Agente Administrativo)** Acerca da organização do Estado e da organização do poder estabelecida na CF, julgue os seguintes itens.

Brasília está localizada no Distrito Federal, mas não se confunde com ele. A capital federal não possui autonomia. De acordo com a CF, a autonomia é uma característica do Distrito Federal, dos municípios, dos estados-membros e da União.

5. **(2013 – CESPE – DEPEN – Especialista – Todas as áreas)** A respeito da organização político-administrativa do Estado, julgue o item subsequente.

Os estados podem incorporar-se entre si, subdividir – se ou desmembrar – se para se anexarem a outros, ou formarem novos estados ou territórios federais, mediante aprovação da população diretamente interessada, por meio de plebiscito, ficando dispensada a atuação do Congresso Nacional.

6. **(2013 – CESPE – TJ-DF – Técnico Judiciário)** No que se refere à organização político--administrativa do Estado brasileiro, julgue os itens a seguir.

Os municípios contam com os Poderes Legislativo e Executivo, com cargos para os quais há eleição, na qual votam seus eleitores, mas não com Poder Judiciário próprio.

7. **(2013 – CESPE – TJ-DF – Técnico Judiciário)** No que se refere à organização político--administrativa do Estado brasileiro, julgue os itens a seguir.

Mesmo não sendo estado nem município, o Distrito Federal (DF) possui autonomia, parcialmente tutelada pela União.

8. **(2013 – CESPE – TRT 10ªR – Técnico Judiciário)** Julgue os itens seguintes, relativos à organização político-administrativa e à administração pública, considerando o disposto na Constituição Federal (CF) e a interpretação doutrinária sobre a matéria.

Os municípios e os estados-membros da Federação brasileira são dotados de personalidade de direito internacional.

9. **(2013 – CESPE – TRT 10ªR – Técnico Judiciário)** Julgue os itens seguintes, relativos à organização político-administrativa e à administração pública, considerando o disposto na Constituição Federal (CF) e a interpretação doutrinária sobre a matéria.

A divisão político-administrativa interna da Federação brasileira é imutável.

10. **(2013 – CESPE – CNJ – Técnico Judiciário)** Acerca do sistema constitucional brasileiro, julgue os itens que se seguem.

A organização político-administrativa do Brasil compreende a União, os estados, o Distrito Federal, os municípios e os territórios.

GABARITO DAS QUESTÕES				
1	2	3	4	5
B	A	V	V	F
6	7	8	9	10
V	V	F	F	F

Capítulo 11
REPARTIÇÃO CONSTITUCIONAL DE COMPETÊNCIAS

1. INTRODUÇÃO

A **divisão das tarefas** entre os entes federados é feita pela Constituição e representa um elemento essencial na formação do federalismo. Afinal, se o poder em uma federação é **descentralizado**, o texto constitucional deve delimitar o que compete a cada uma das entidades federadas fazer.

Destarte, é em virtude da descentralização no exercício do poder político que se originam as diversas **entidades federadas**, possuidoras todas elas de **autonomia e capacidades próprias**. Em nosso país, como delineado no capítulo anterior, temos como entes da federação a União, os Estados-membros, o Distrito Federal e os Municípios.

O princípio que orienta a Constituição na divisão de competências é o da **preponderância dos interesses**, que se fundamenta na amplitude do assunto que está em discussão. Desse modo, compete à União tratar das matérias em que predomina o interesse nacional; aos Estados entregam-se os assuntos em que o interesse regional é de acentuada preponderância; aos Municípios são distribuídas aquelas matérias nas quais é marcante o interesse local; e, finalmente, ao Distrito Federal conferem-se atribuições de caráter regional e de cunho local.

Vale destacar que a observância desse princípio é uma **diretriz geral** para a repartição de tarefas, mas não é obedecido de forma absoluta. Isso por dois motivos: 1) nossa tradição é centralizadora, o que faz com que concentremos atribuições na União (ente federado que em todas as nossas Constituições possuiu o maior volume de tarefas); 2) eventualmente não há uma efetiva possibilidade de implementação da competência pelo ente regional ou local em razão da indisponibilidade financeira/ orçamentária, o que faz com que a Constituição entregue atividades de marcada importância regional/local para a União.

Nos itens a seguir veremos comentários específicos sobre as competências constitucionais de cada um dos entes federados.

2. COMPETÊNCIAS DA UNIÃO

Ao elencar as principais competências da União, a Constituição Federal as detalhou da seguinte maneira:

– no art. 21, apresentou as tarefas materiais exclusivas;

– no art. 22, trouxe as atribuições privativas de cunho legislativo;

– no art. 23, mencionou as competências materiais comuns, e, por fim,

– no art. 24, tratou das atribuições legislativas concorrentes com os Estados--membros e o Distrito Federal.

Vale informar, todavia, que esses artigos não são os únicos a estabelecer tarefas para este ente, pois temos outras competências federais, por exemplo, nos artigos 48, 49 e 149, CF/1988. Centralizaremos, porém, nossa atenção aos quatro mencionados dispositivos, que funcionam como depositários centrais das competências da União.

2.1. Materiais exclusivas – art. 21, CF/88

As atribuições materiais, claramente administrativas, nos remetem à ideia de "fazer algo", de "atuar". São tarefas **indelegáveis**, por isso devem ser necessariamente prestadas pela União.

2.2. Legislativas privativas – art. 22, CF/88

As atribuições legislativas privativas nos indicam que a União irá legislar sobre algum tema, sobre algo.

As tarefas que nesse artigo estão listadas são **delegáveis**; afinal, existe autorização constitucional expressa, no parágrafo único do art. 22, para que a delegação ocorra. Mencionada autorização exige o preenchimento de **três requisitos** para que haja delegação válida em favor dos Estados e do Distrito Federal: um de ordem formal, outro material e o terceiro está implícito na redação do parágrafo. Vejamos cada um deles:

(i) formal: segundo esse requisito, a União somente poderá efetivar a delegação por meio da edição de uma lei complementar;

(ii) implícito: não pode a delegação beneficiar somente um ou alguns Estados; deve se estender a todos eles e também alcançar o Distrito Federal, por força do princípio isonômico.

(iii) material: a União não poderá delegar toda a matéria contida no inciso, mas tão somente questões específicas das matérias ali relacionadas.

Esquematicamente:

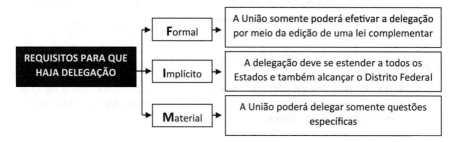

Por último, vale lembrar que a União não está obrigada a delegar e, se o fizer, não estará declinando de sua função legislativa, podendo recuperá-la a qualquer tempo, editando as normas que se referem ao assunto objeto da delegação.

2.3. Materiais comuns – art. 23, CF/88

As competências materiais comuns são atribuições que serão cumpridas por **todos os entes** em conjunto, de forma que a atuação de um não inviabiliza ou restringe a atuação dos demais.

Como todos os entes estão constitucionalmente autorizados a realizar as atividades listadas nos incisos, a possibilidade de contradição nas atuações é evidente. Daí por que é necessária a instituição de diretrizes, capazes de minimizar o aparecimento de divergências e neutralizar as que se efetivarem. É nesse sentido que o parágrafo único estabelece a fixação, por lei complementar federal, de normatização que procure harmonizar o exercício das atividades por parte dos entes.

2.4. Legislativas concorrentes – art. 24, CF/88

A União possui competências legislativas concorrentes elencadas no art. 24, CF/88, que serão exercidas juntamente com os Estados-membros e o Distrito Federal.

Nesse contexto, pode-se afirmar que a competência da União se resumirá à edição das **normas gerais** (art. 24, § 1°).

Por seu turno, os Estados-membros e o Distrito Federal serão competentes para fixar as **normas específicas**, complementando a norma geral elaborada pela União (competência suplementar-complementar, prevista no art. 24, § 2°).

Diante da inércia da União em editar a norma geral, os Estados-membros e o Distrito Federal poderão exercer **competência legislativa plena** para atender a suas peculiaridades. Referida competência é intitulada "suplementar supletiva" e está prevista no art. 24, § 3°.

Se a União finalmente editar sua norma geral depois da edição da norma geral por um Estado (ou pelo Distrito Federal), teremos a superveniência da norma geral federal (art. 24, § 4°). E ela será capaz de **suspender** a norma estadual (ou distrital) anterior, onde houver contrariedade entre elas.

DICA
A superveniência de norma federal não revoga a norma estatal anterior, mas, tão somente, promove sua **suspensão**.

DICA
A norma geral federal não suspende a norma estadual na sua integralidade, pois a suspensão só alcança os trechos da norma estadual que forem contrários ao disposto na norma federal.

3. COMPETÊNCIAS DOS ESTADOS-MEMBROS

O art. 25, § 1°, CF/88 expressamente prevê que são reservadas aos Estados as competências que não lhes sejam vedadas pela Constituição. Assim, de acordo com o texto constitucional, os Estados possuirão competências legislativas **residuais**. Destarte, eles legislarão sobre os temas que não tenham sido enunciados nem para a União nem para os Municípios, tampouco estejam vedados pela Constituição da República. Para exemplificar, pensemos na edição de leis sobre transporte público intermunicipal.

Trata-se, no entanto, de uma atuação bastante esvaziada, em virtude do excesso de competências materiais e legislativas enumeradas para a União, o que faz que sobrem pouquíssimas tarefas para os Estados-membros.

É bom, todavia, recordar que a Constituição enuncia algumas (poucas) competências legislativas expressas para os Estados. Para ilustrar, veja os seguintes dispositivos: art. 18, § 4° e art. 25, § 3°.

Além da atribuição legislativa (que, em regra, é remanescente), podemos identificar para os Estados competências materiais exclusivas que também são, ordinariamente, as remanescentes, o que significa que abarcam as tarefas não enumeradas para a União no art. 21 e dissociadas dos assuntos de interesse local – para os quais a atribuição pertence aos Municípios.

Há que se mencionar, todavia, a existência de ao menos uma competência material exclusiva expressa para os Estados, concernente à autorização que referidas entidades possuem para explorar diretamente ou mediante concessão os serviços locais de gás canalizado, na forma da lei, sendo vedada a edição de medida provisória para a sua regulamentação (art. 25, § 2º, CF/1988).

4. COMPETÊNCIAS DOS MUNICÍPIOS

As mais importantes atribuições municipais foram elencadas no art. 30, CF/88, que enunciou a competência municipal para legislar sobre assuntos de interesse local, suplementar a legislação federal e a estadual no que couber e algumas atribuições materiais (administrativas).

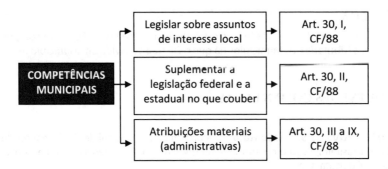

 DICA

De acordo com súmula vinculante 38 do STF, o Município é competente para determinar o horário de funcionamento de estabelecimentos comerciais.

 DICA

De acordo com súmula 19 do STJ, a União é competente para determinar o horário de funcionamento das agências bancárias para fins de atendimento ao público.

5. COMPETÊNCIAS DO DISTRITO FEDERAL

Nossa Constituição Federal enunciou para o Distrito Federal, no art. 32, § 1º, uma competência legislativa **cumulativa**, vez que atribuiu a essa entidade federada as competências legislativas reservadas aos Estados e aos Municípios.

É importante, todavia, destacar que nem todas as atribuições legislativas estaduais são também distritais. Afinal, algumas instituições no Distrito Federal (como o Poder Judiciário, o Ministério Público, as polícias civil e militar e o corpo de bombeiros militar) serão organizadas e mantidas pela União (ver o art. 21, XIII e XIV, e o art. 22, XVII, CF/88). Sobre o tema, vale a leitura da **súmula vinculante 39** do STF que dispõe que compete privativamente à União legislar sobre vencimentos dos membros das polícias civil e militar e do corpo de bombeiros militar do Distrito Federal.

DICA

Em seu art. 147, a Constituição estabeleceu para o Distrito Federal a competência tributária dos Municípios (já que o DF **não** se divide em Municípios).

6. QUESTÕES COMENTADAS

1. (2015 – FGV – TJ-SC – Odontólogo) A ordem constitucional de 1988, mantendo a tradição brasileira, seguiu o sistema federativo. Assim, a existência de uma Constituição Federal denota que:

a) todos os entes federados estão submetidos aos comandos estatuídos pela União, somente podendo legislar quando autorizados por esta;

Alternativa falsa. Segundo o art. 18, CF/88, a organização político-administrativa da República Federativa do Brasil compreende a União, os Estados, o Distrito Federal e os Municípios, todos autônomos entre si, não havendo submissão dos Estados, do Distrito Federal ou dos Municípios à União. Quem determina a competência legislativa de cada um dos entes federados é a própria Constituição (não a União).

b) a união dos entes federados é provisória, podendo ser dissolvida sempre que for o desejo do povo, que pode ser consultado em plebiscito;

Alternativa falsa. O art. 1º, CF/88, nos informa que a República Federativa do Brasil é formada pela união indissolúvel dos Estados e Municípios e do Distrito Federal, o que significa que inexiste para os entes federados o direito à secessão (isto é, a separação).

c) todos os entes federados contam com os Poderes Legislativo, Executivo e Judiciário, independentes e harmônicos entre si;

Alternativa falsa, pois não há Poder Judiciário em âmbito municipal. É importante destacar que o Poder Judiciário do Distrito Federal é organizado e mantido pela União, conforme determina o art. 21, XIII e o art. 22, XVII, CF/88.

d) **existe uma união indissolúvel entre Estados, Municípios e o Distrito Federal.**

Item correto, nos termos do que preceitua o art. 1º, CF/88.

2. (2015 – AOCP – EBSERH – Técnico em Contabilidade-Adaptada) "A República Federativa do Brasil, formada pela união indissolúvel dos Estados e Municípios e do Distrito Federal, constitui-se em Estado Democrático de Direito e tem como fundamentos: I – a soberania; II – a cidadania; III – a dignidade da pessoa humana; IV – os valores sociais do trabalho e da livre iniciativa; V – o pluralismo político". Considerando o excerto citado, julgue o item:

A União não possui autonomia em relação aos Estados.

Item falso. A União é ente federado, dotado de autonomia, assim como os Estados, o Distrito Federal e os Municípios.

3. (2015 – VUNESP – Prefeitura de Caieiras – SP – Assistente Legislativo) Em relação ao que dispõe a Constituição Federal sobre a organização político-administrativa, assinale a alternativa correta.

a) Os Estados e os Municípios poderão criar distinções entre brasileiros, de acordo com suas preferências e cargos a serem ocupados.

Cap. 11 · REPARTIÇÃO CONSTITUCIONAL DE COMPETÊNCIAS

Alternativa falsa. Existe previsão expressa no texto constitucional proibindo que os entes federados criem distinções entre brasileiros. É o art. 19, III, CF/88.

b) É vedado à União, aos Estados, ao Distrito Federal e aos Municípios recusar fé aos documentos públicos.

Alternativa verdadeira, conforme dispõe o art. 19, II, CF/88.

c) Os Territórios Federais integram os Estados nos quais estão localizados.

Alternativa falsa. Os Territórios integram a União, de acordo com o que preceitua o art. 18, § 2°, CF/88.

d) A criação e o desmembramento de novos Municípios far-se-ão por medida provisória, após consulta prévia, mediante referendo, às populações envolvidas.

Alternativa falsa. De acordo com o art. 18, § 4º, CF/88: "A criação, a incorporação, a fusão e o desmembramento de Municípios, far-se-ão por lei estadual, dentro do período determinado por Lei Complementar Federal, e dependerão de consulta prévia, mediante plebiscito, às populações dos Municípios envolvidos, após divulgação dos Estudos de Viabilidade Municipal, apresentados e publicados na forma da lei".

7. QUESTÕES PARA TREINAR!

1. (2015 – FCC – TRE-RR – Técnico Judiciário) Nos termos da Constituição Federal, NÃO compete aos Municípios:

a) manter programas de educação infantil e ensino fundamental.

b) explorar diretamente ou mediante concessão os serviços locais de gás canalizado.

c) legislar sobre assuntos de interesse local.

d) instituir tributos de sua competência.

e) criar e suprimir distritos.

2. (2015 – CESPE – TRE-GO – Técnico Judiciário) Julgue o item subsecutivo, referentes aos direitos políticos e à organização político-administrativa do Estado brasileiro.

É competência privativa da União legislar acerca do direito eleitoral.

3. (2014 – FCC – TRT 2ªR – Técnico Judiciário) É competência

I. material exclusiva da União cuidar da saúde e assistência pública, da proteção e garantia das pessoas portadoras de deficiência.

II. privativa da União legislar sobre direito do trabalho e sobre seguridade social.

III. legislativa concorrente entre União, Estados, Distrito Federal e municípios legislar sobre previdência social, proteção e defesa da saúde.

Está correto o que se afirma em

a) II, apenas.

b) I e II, apenas.

c) II e III, apenas.

d) I e III, apenas.

e) I, II e III.

DIREITO CONSTITUCIONAL – Nathalia Masson

4. **(2014 – FCC – TRT 2ªR – Analista Judiciário – Área Administrativa)** É competência privativa da União legislar sobre as matérias de direito

   a) espacial, desapropriação, propaganda comercial e definição de crimes de responsabilidade.

   b) agrário, direito penitenciário, metalurgia e sistema cartográfico.

   c) agrário, direito econômico, sistema estatístico e registros públicos.

   d) do trabalho, propaganda comercial, metalurgia e proteção à infância e à juventude.

   e) penal, direito penitenciário, cidadania e sistema cartográfico.

5. **(2014 – FCC – AL-PE – Analista Legislativo – Adaptada)** O Governador de determinado Estado, com base em permissivo da constituição estadual respectiva, edita medida provisória para regulamentar a exploração, pelo Estado, direta ou mediante concessão, de serviços locais de gás canalizado. Referida situação é incompatível com a Constituição da República porque

   A exploração do serviço de gás canalizado é matéria de competência legislativa do Município, por se tratar de interesse local.

6. **(2014 – FCC – AL-PE – Analista Legislativo – Adaptada)** O Governador de determinado Estado, com base em permissivo da constituição estadual respectiva, edita medida provisória para regulamentar a exploração, pelo Estado, direta ou mediante concessão, de serviços locais de gás canalizado. Referida situação é incompatível com a Constituição da República porque

   É vedada a edição de medida provisória para a regulamentação da matéria, a despeito de esta ser da competência do Estado, por expressa previsão constitucional.

7. **(2014 – FCC – AL-PE – Analista Legislativo – Adaptada)** O Governador de determinado Estado, com base em permissivo da constituição estadual respectiva, edita medida provisória para regulamentar a exploração, pelo Estado, direta ou mediante concessão, de serviços locais de gás canalizado. Referida situação é incompatível com a Constituição da República porque

   A matéria é de competência concorrente, cabendo à União editar normas gerais, tais como as de regulamentação da exploração dos serviços.

8. **(2014 – FCC – Câmara Municipal de São Paulo-SP – Procurador Legislativo)** Ao exercer a autonomia que lhe é assegurada na condição de ente federativo, não poderá o Município violar as normas que lhe foram impostas pelo Constituinte Federal. Assim, NÃO poderá

   a) o Município explorar diretamente os serviços locais de gás canalizado.

   b) o Município explorar diretamente os serviços de saneamento básico, visto que se inserem no âmbito da competência privativa dos Estados-membros.

   c) o Município fixar o subsídio do Prefeito em valor superior ao do Governador do Estado.

   d) o total da despesa com a remuneração dos Vereadores ultrapassar o montante de três por cento da receita do Município.

Cap. 11 · REPARTIÇÃO CONSTITUCIONAL DE COMPETÊNCIAS

171

e) a Câmara Municipal gastar mais de cinquenta por cento de sua receita com folha de pagamento, incluído o gasto com o subsídio de seus Vereadores.

9. **(2014 – CESPE – MDIC – Agente Administrativo)** Com referência à CF, aos direitos e garantias fundamentais, à organização político-administrativa, à administração pública e ao Poder Judiciário, julgue os itens subsecutivos.

No âmbito da competência privativa da União, lei complementar poderá autorizar os estados e os municípios a legislarem sobre questões específicas de comércio exterior.

10. **(2013 – FCC – TRT 18ªR – Técnico Judiciário)** Nos termos preconizados pela Constituição Federal de 1988, a competência para legislar sobre desapropriação é:

a) privativa da União, e Emenda Constitucional poderá autorizar os Estados a legislar sobre questões específicas sobre desapropriação.

b) comum da União, Estados, Distrito Federal e Municípios.

c) privativa da União, e Lei Complementar poderá autorizar os Estados a legislar sobre questões específicas sobre desapropriação.

d) concorrente da União, Estados e Distrito Federal.

e) privativa da União, sendo vedada a edição de qualquer norma autorizando Estados, Distrito Federal e Municípios a legislar sobre questões específicas sobre desapropriação.

11. **(2013 – CESPE – MPOG – Todos os Cargos)** No que se refere à organização político--administrativa do Estado e à administração pública, julgue os itens a seguir.

Em matéria orçamentária, a União exerce competência legislativa concorrente, limitando-se a estabelecer normas gerais.

12. **(2013 – FCC – TRT 12ªR – Técnico Judiciário)** Nos termos da Constituição Federal brasileira, a Lei Complementar poderá autorizar os Estados a legislarem sobre questões específicas em matéria de:

a) juntas comerciais.

b) proteção à infância e juventude.

c) direito do trabalho.

d) direito tributário.

e) produção e consumo.

13. **(2013 – CESPE – MPU – Técnico Administrativo)** Julgue os próximos itens, com base no que dispõe a CF acerca da administração pública e da União.

Compete exclusivamente à União preservar as florestas, a fauna e a flora.

14. **(2013 – CESPE – CNJ – Técnico Judiciário)** Com relação à classificação das constituições, aos direitos e garantias fundamentais e à organização político-administrativa, julgue os itens a seguir.

Se determinado estado da Federação editar lei que disponha sobre direito penitenciário, ela será inconstitucional, pois compete privativamente à União legislar sobre esse tema.

172 — DIREITO CONSTITUCIONAL – *Nathalia Masson*

15. (2012 – COPESE – UFT – DPE-TO – Assistente de Defensoria Pública) Nos termos da Constituição Federal de 1988 é competência comum da União, dos Estados, do Distrito Federal e dos Municípios:

a) Proteger o meio ambiente e combater a poluição em qualquer de suas formas.

b) Legislar sobre trânsito e transporte.

c) Assegurar a defesa nacional.

d) Emitir moeda.

16. (2012 – TJ-PR – TJ-PR – Assessor Jurídico) Sobre as disposições constitucionais acerca da organização do Estado, considere as seguintes afirmativas:

1. Legislar sobre trânsito e transporte é de competência concorrente da União, dos Estados e do Distrito Federal.

2. Apenas a União poderá legislar sobre procedimentos em matéria processual.

3. Nas hipóteses de legislação concorrente, a União deverá restringir-se ao estabelecimento de normas gerais, sob pena de extrapolar a sua competência.

4. **Legislar sobre normas gerais de licitação e contratação, em todas as modalidades, para as administrações públicas diretas, autárquicas e fundacionais da União, Estados, Distrito Federal e Municípios, é de competência comum da União, dos Estados, do Distrito Federal e dos Municípios.**

Assinale a alternativa correta.

a) Somente a afirmativa 3 é verdadeira.

b) Somente a afirmativa 4 é verdadeira.

c) Somente as afirmativas 2 e 3 são verdadeiras.

d) Somente as afirmativas 1 e 4 são verdadeiras.

GABARITO DAS QUESTÕES							
1	2	3	4	5	6	7	8
B	V	A	A	F	V	F	A
9	10	11	12	13	14	15	16
F	C	V	C	F	F	A	A

Capítulo 12
PODER LEGISLATIVO

1. ESTRUTURA DO PODER LEGISLATIVO (ART. 44, CF/88)

Em âmbito federal, a Constituição de 1988 consagrou a organização **bicameral** do Poder Legislativo, uma vez que ele será exercido pelo Congresso Nacional, que é composto por duas Casas Legislativas (a Câmara dos Deputados e o Senado Federal).

A opção pela estrutura bicameral foi determinada pela nossa forma de Estado, que é federada. Assim, nosso bicameralismo é federativo, pois uma Casa (a Câmara dos Deputados) representa o povo, enquanto a outra (o Senado Federal) é formada por representantes dos Estados-membros e do Distrito Federal.

Importante destacar que nos Estados-membros, no Distrito Federal e nos Municípios, o Poder Legislativo é **unicameral**, isto é, formado por uma única Câmara, respectivamente, pela Assembleia Legislativa, pela Câmara Legislativa e pela Câmara Municipal.

Esquematicamente, temos:

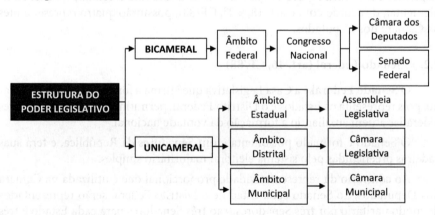

2. COMPOSIÇÃO DAS CASAS LEGISLATIVAS

2.1. Câmara dos Deputados (art. 45, CF/88)

Nos termos do art. 45, CF/88, a **Câmara dos Deputados** é formada por representantes do povo, que são eleitos pelo sistema eleitoral proporcional em cada Estado, em cada Território e no Distrito Federal.

O número de Deputados Federais que cada Estado e o Distrito Federal possuirão vai variar proporcionalmente ao número de habitantes da entidade federada, e será determinado, para cada legislatura, no ano que antecede às eleições, por meio de lei complementar. Desta forma, Estados mais populosos terão mais representantes na Câmara dos Deputados, enquanto os Estados com um menor número de habitantes terão menos representantes.

Deve-se, todavia, observar a regra básica de que nenhuma entidade federada terá menos que **oito** ou mais que **setenta** representantes.

Quanto ao mandato, o dos Deputados Federais será de quatro anos, não havendo qualquer restrição quanto à reeleição, que pode se efetivar ilimitadamente.

No que refere aos requisitos de elegibilidade para a Câmara, são os seguintes:

– nacionalidade brasileira (vale recordar que para ocupar a Presidência da Casa o indivíduo há de ser brasileiro nato, conforme prevê o art. 12, § 3°, II, CF/88);

– estar no pleno exercício dos direitos políticos (art. 14, § 3°, II, CF/88);

– ostentar a condição de eleitor (art. 14, § 3°, III, CF/88);

– possuir domicílio eleitoral na circunscrição na qual pretende se candidatar (art. 14, § 3°, IV, CF/88)

– ser filiado a um partido político (art. 14, § 3°, V, CF/88); e,

– ter a idade mínima de 21 anos (art. 14, § 3°, VI, 'c', CF/88).

Por fim, vale destacar que atualmente não existem Territórios Federais na República Federativa do Brasil. No entanto, se novos forem criados (por lei complementar, de acordo com o art. 18, § 2°, CF/88), possuirão quatro representantes na Câmara dos Deputados.

2.2. Senado Federal (art. 46, CF/88)

O **Senado Federal** é a Casa Legislativa que afirma a forma federativa de Estado, pois representa os Estados e o Distrito Federal, permitindo que essas entidades federadas atuem auxiliando a formação da vontade nacional.

O Senado é formado por oitenta e um Senadores da República, e terá suas cadeiras preenchidas pelo sistema eleitoral majoritário simples.

Ao contrário da representatividade proporcional que é utilizada na Câmara dos Deputados, no Senado cada Estado e o Distrito Federal serão representados de modo paritário por três Senadores (são três Senadores para cada Estado e três para o Distrito Federal).

Cada Senador é eleito para um mandato de oito anos, havendo renovação parcial de 1/3 ou 2/3 da representação de cada Estado e do Distrito Federal a cada eleição. Para exemplificar: nas eleições de 2006, cada Estado elegeu dois representantes para o Senado. Como o mandato deles é de oito anos, somente nas eleições de 2014 estas duas cadeiras ficaram vagas e foram novamente postas em disputa. Nas eleições de 2010, portanto, cada Estado somente elegeu um Senador (cuja vaga só ficará aberta para disputa nas eleições de 2018).

Conforme a Constituição, cada Senador é eleito com dois suplentes, e sua eleição implicará a dos seus dois substitutos (chapa única).

Os requisitos de elegibilidade para o indivíduo ocupar uma cadeira no Senado Federal são os seguintes:

– nacionalidade brasileira (vale recordar que para ocupar a Presidência da Casa o indivíduo há de ser brasileiro nato, conforme estabelece o art. 12, § 3º, III, CF/88);

– estar no pleno exercício dos direitos políticos (art. 14, § 3º, II, CF/88);

– ostentar a condição de eleitor (art. 14, § 3º, III, CF/88);

– possuir domicílio eleitoral na circunscrição na qual pretende se candidatar (art. 14, § 3º, IV, CF/88)

– ser filiado a um partido político (art. 14, § 3º, V, CF/88); e,

– ter a idade mínima de 35 anos (art. 14, § 3º, VI, 'a', CF/88).

2.3. Tabela comparativa entre a Câmara dos Deputados e o Senado Federal

Em conclusão ao estudo dos itens anteriores, verifique a tabela comparativa:

	CÂMARA DOS DEPUTADOS	SENADO FEDERAL
NÚMERO DE PARLAMENTARES	**513** Deputados (mínimo 8, máximo 70)	**81** Senadores (cada Estado e o Distrito Federal: 3)
COMPOSIÇÃO	Representantes do povo	Representantes dos Estados e do Distrito Federal (bicameralismo federativo)
NACIONALIDADE	Brasileiro nato ou naturalizado (**Presidência** da casa: brasileiro **nato**)	Brasileiro nato ou naturalizado (**Presidência** da casa: brasileiro **nato**)
IDADE MÍNIMA	21 anos	35 anos
DURAÇÃO DO MANDATO	**1 legislatura** (4 anos)	**2 legislaturas** (8 anos)
SISTEMA ELEITORAL	Proporcional	Majoritário

3. COMPETÊNCIAS DA CÂMARA DOS DEPUTADOS (ART. 51, CF/88)

De acordo com o que prevê a Constituição em seu artigo 51, a Câmara dos Deputados possui **competências privativas** (que não podem ser delegadas) e que serão efetivadas pela Casa Legislativa por meio da edição de **resolução**. Vejamos quais são:

(1) autorizar, por dois terços de seus membros, a instauração de processo contra o Presidente e o Vice-Presidente da República e os Ministros de Estado;

(2) proceder à tomada de contas do Presidente da República, quando não apresentadas ao Congresso Nacional dentro de sessenta dias após a abertura da sessão legislativa;

(3) elaborar seu regimento interno;

(4) dispor sobre sua organização, funcionamento, polícia, criação, transformação ou extinção dos cargos, empregos e funções de seus serviços, e a iniciativa de lei para fixação da respectiva remuneração, observados os parâmetros estabelecidos na lei de diretrizes orçamentárias;

(5) eleger membros do Conselho da República, nos termos do art. 89, VII.

4. COMPETÊNCIAS DO SENADO FEDERAL (ART. 52, CF/88)

Conforme enuncia a Constituição em seu artigo 52, o Senado Federal possui **competências privativas** (que não podem ser delegadas) e que serão efetivadas pela Casa Legislativa por meio da edição de **resolução**. Vejamos quais são:

(1) processar e julgar o Presidente e o Vice-Presidente da República nos crimes de responsabilidade, bem como os Ministros de Estado e os Comandantes da Marinha, do Exército e da Aeronáutica nos crimes da mesma natureza conexos com aqueles;

(2) processar e julgar os Ministros do Supremo Tribunal Federal, os membros do Conselho Nacional de Justiça e do Conselho Nacional do Ministério Público, o Procurador-Geral da República e o Advogado-Geral da União nos crimes de responsabilidade;

(3) aprovar previamente, por voto secreto, após arguição pública, a escolha de:

a) Magistrados, nos casos estabelecidos nesta Constituição;

b) Ministros do Tribunal de Contas da União indicados pelo Presidente da República;

c) Governador de Território;

d) Presidente e diretores do banco central;

e) Procurador-Geral da República;

f) titulares de outros cargos que a lei determinar;

(4) aprovar previamente, por voto secreto, após arguição em sessão secreta, a escolha dos chefes de missão diplomática de caráter permanente;

(5) autorizar operações externas de natureza financeira, de interesse da União, dos Estados, do Distrito Federal, dos Territórios e dos Municípios;

(6) fixar, por proposta do Presidente da República, limites globais para o montante da dívida consolidada da União, dos Estados, do Distrito Federal e dos Municípios;

(7) dispor sobre limites globais e condições para as operações de crédito externo e interno da União, dos Estados, do Distrito Federal e dos Municípios, de suas autarquias e demais entidades controladas pelo Poder Público federal;

(8) dispor sobre limites e condições para a concessão de garantia da União em operações de crédito externo e interno;

(9) estabelecer limites globais e condições para o montante da dívida mobiliária dos Estados, do Distrito Federal e dos Municípios;

(10) suspender a execução, no todo ou em parte, de lei declarada inconstitucional por decisão definitiva do Supremo Tribunal Federal;

(11) aprovar, por maioria absoluta e por voto secreto, a exoneração, de ofício, do Procurador-Geral da República antes do término de seu mandato;

(12) elaborar seu regimento interno;

(13) dispor sobre sua organização, funcionamento, polícia, criação, transformação ou extinção dos cargos, empregos e funções de seus serviços, e a iniciativa de lei para fixação da respectiva remuneração, observados os parâmetros estabelecidos na lei de diretrizes orçamentárias;

(14) eleger membros do Conselho da República, nos termos do art. 89, VII.

(15) avaliar periodicamente a funcionalidade do Sistema Tributário Nacional, em sua estrutura e seus componentes, e o desempenho das administrações tributárias da União, dos Estados e do Distrito Federal e dos Municípios.

Vale frisar que o parágrafo único do art. 52 determina que nos casos listados nos itens (1) e (2) – competência do Senado para processar e julgar o Presidente e o Vice-Presidente da República nos crimes de responsabilidade, bem como os Ministros de Estado e os Comandantes da Marinha, do Exército e da Aeronáutica nos crimes da mesma natureza conexos com aqueles; e processar e julgar os Ministros do STF, os membros do CNJ e do CNMP, o PGR e o AGU nos crimes de responsabilidade – funcionará como Presidente o do STF, limitando-se a condenação, que somente será proferida por dois terços dos votos do Senado Federal, à perda do cargo, com inabilitação, por oito anos, para o exercício de função pública, sem prejuízo das demais sanções judiciais cabíveis.

Por último, verifique os esquemas postos abaixo, que auxiliarão na compreensão das principais competências do Senado Federal evitarão confusão com as atribuições da Câmara dos Deputados:

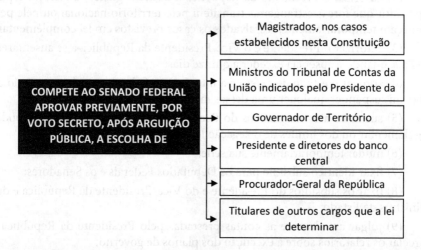

QUADRO COMPARATIVO	
FUNÇÕES DA CÂMARA DOS DEPUTADOS X SENADO FEDERAL	
COMPETE PRIVATIVAMENTE À CÂMARA DOS DEPUTADOS	**COMPETE PRIVATIVAMENTE AO SENADO FEDERAL**
Autorizar, por dois terços de seus membros, a instauração de processo contra o Presidente e o Vice-Presidente da República e os Ministros de Estado	**Processar e julgar** o Presidente e o Vice-Presidente da República nos crimes de responsabilidade, bem como os Ministros de Estado e os Comandantes da Marinha, do Exército e da Aeronáutica nos crimes da mesma natureza conexos com aqueles
Elaborar seu regimento interno	Elaborar seu regimento interno
Dispor sobre sua organização, funcionamento, polícia, criação, transformação ou extinção dos cargos, empregos e funções de seus serviços, e a iniciativa de lei para fixação da respectiva remuneração, observados os parâmetros estabelecidos na lei de diretrizes orçamentárias	Dispor sobre sua organização, funcionamento, polícia, criação, transformação ou extinção dos cargos, empregos e funções de seus serviços, e a iniciativa de lei para fixação da respectiva remuneração, observados os parâmetros estabelecidos na lei de diretrizes orçamentárias
Eleger membros do Conselho da República, nos termos do art. 89, VII	Eleger membros do Conselho da República, nos termos do art. 89, VII

5. COMPETÊNCIAS DO CONGRESSO NACIONAL (ART. 49, CF/88)

Conforme enuncia a Constituição em seu artigo 49, o Congresso Nacional possui **competências exclusivas** (que não podem ser delegadas) e que serão efetivadas por meio da edição de **decreto legislativo**. Vejamos quais são:

(1) resolver definitivamente sobre tratados, acordos ou atos internacionais que acarretem encargos ou compromissos gravosos ao patrimônio nacional;

(2) autorizar o Presidente da República a declarar guerra, a celebrar a paz, a permitir que forças estrangeiras transitem pelo território nacional ou nele permaneçam temporariamente, ressalvados os casos previstos em lei complementar;

(3) autorizar o Presidente e o Vice-Presidente da República a se ausentarem do País, quando a ausência exceder a quinze dias;

(4) aprovar o estado de defesa e a intervenção federal, autorizar o estado de sítio, ou suspender qualquer uma dessas medidas;

(5) sustar os atos normativos do Poder Executivo que exorbitem do poder regulamentar ou dos limites de delegação legislativa;

(6) mudar temporariamente sua sede;

(7) fixar idêntico subsídio para os Deputados Federais e os Senadores;

(8) fixar os subsídios do Presidente e do Vice-Presidente da República e dos Ministros de Estado;

(9) julgar anualmente as contas prestadas pelo Presidente da República e apreciar os relatórios sobre a execução dos planos de governo;

(10) fiscalizar e controlar, diretamente, ou por qualquer de suas Casas, os atos do Poder Executivo, incluídos os da administração indireta;

(11) zelar pela preservação de sua competência legislativa em face da atribuição normativa dos outros Poderes;

(12) apreciar os atos de concessão e renovação de concessão de emissoras de rádio e televisão;

(13) escolher dois terços dos membros do Tribunal de Contas da União;

(14) aprovar iniciativas do Poder Executivo referentes a atividades nucleares;

(15) autorizar referendo e convocar plebiscito;

(16) autorizar, em terras indígenas, a exploração e o aproveitamento de recursos hídricos e a pesquisa e lavra de riquezas minerais;

(17) aprovar, previamente, a alienação ou concessão de terras públicas com área superior a dois mil e quinhentos hectares.

6. FUNCIONAMENTO DO PODER LEGISLATIVO (ART. 57, CF/88)

A Constituição prevê que o Congresso Nacional vai se reunir anualmente, na Capital Federal (que é Brasília – art. 18, § 1º, CF/88), de 2 de fevereiro a 17 de julho e de 1º de agosto a 22 de dezembro. Esse período, que abarca o ano legislativo, é denominado **sessão legislativa**.

Como a sessão legislativa só dura um ano, ela não pode ser confundida com a **legislatura**, que tem a duração de quatro anos – isto é, compreende quatro sessões legislativas.

> **DICA**
> Deputados Federais possuem mandato de 4 anos, logo são eleitos para uma legislatura. Senadores possuem mandato de 8 anos, logo são eleitos para duas legislaturas.

Fora do período delimitado como sessão legislativa, temos o **recesso parlamentar**, que vai de 18 a 31 de julho, e de 23 de dezembro a 1º de fevereiro. É importante recordar que o recesso será finalizado antes, em 31 de janeiro, quando estivermos na última sessão legislativa da legislatura (no último dos 4 anos que compõem a legislatura). Isso porque no primeiro ano de cada legislatura cada uma das Casas reunir-se-á em sessões preparatórias, a partir de 1º de fevereiro, para a posse de seus membros e eleição das respectivas Mesas (art. 57, § 4º, CF/88).

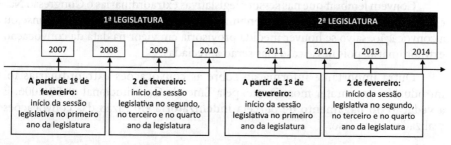

Durante o período do recesso, se necessário for, os parlamentares serão **extraordinariamente convocados**, da seguinte maneira:

(1) pelo Presidente do Senado Federal, nos casos de:

- decretação de estado de defesa;
- decretação de intervenção federal;
- solicitação de autorização para decretação de estado de sítio; e, por fim,
- para compromisso e a posse do Presidente e do Vice-Presidente da República;

(2) pelo Presidente da República, pelo Presidente da Câmara dos Deputados, pelo Presidente do Senado Federal e a requerimento da maioria absoluta dos membros de ambas as Casas do Congresso Nacional: em caso de urgência ou interesse público relevante, sendo necessária a aprovação da maioria absoluta de cada uma das Casas Legislativas do Congresso Nacional em todas essas hipóteses.

A tabela abaixo auxilia a compreensão:

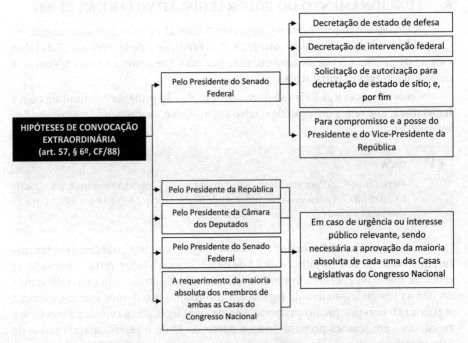

Convém lembrar que nas sessões legislativas extraordinárias o Congresso Nacional não poderá deliberar sobre nenhuma outra matéria exceto aquela que ensejou a convocação, salvo se houver medida provisória em vigor na data da convocação extraordinária, pois nesse caso elas serão apreciadas.

Outra importante informação sobre as convocações extraordinárias foi introduzida, em caráter moralizante, pela Emenda Constitucional nº 50/2006. É a **vedação do pagamento de parcela indenizatória** em razão das convocações realizadas no recesso.

7. COMISSÕES PARLAMENTARES

As Comissões Parlamentares são órgãos colegiados, de natureza técnica, que integram a estrutura do Congresso Nacional e de suas Casas Legislativas. Têm por função primordial o estudo inaugural das proposições apresentadas. Possuem também finalidade investigativa, representativa e de fiscalização da gestão da coisa pública, além de funcionarem como espaço singular e privilegiado de interação entre o Parlamento e a sociedade.

Quanto à formação, as comissões devem respeitar o ideal da **proporcionalidade** (art. 58, § 1º, CF/88), o que significa que a comissão deverá ser o retrato do colorido partidário da Casa Legislativo (partidos majoritários na Casa, também o serão nas comissões).

As **CPIs** (comissões parlamentares de inquérito) são comissões legislativas as quais se atribui função de acentuada importância para o Estado Democrático, qual seja, a de vigiar e controlar os negócios públicos, no intuito de coibir atos indecentes e criminosos, que comprometem a boa e hábil gestão do Estado.

No art. 58, § 3º, a Constituição lista os requisitos necessários para a instauração das comissões investigativas, a saber:

(i) subscrição de requerimento de Constituição de CPI por, no mínimo, 1/3 dos Deputados Federais ou dos Senadores da República, ou 1/3 dos membros de cada Casa do Congresso Nacional – neste último caso formando uma Comissão Parlamentar Mista de Inquérito (CPMI).

(ii) a indicação de um fato determinado;

(iii) a previsão de um prazo certo para a apuração de referido fato.

No que se refere aos poderes e aos limites da atuação das CPIs, tomemos como ponto de partida o texto constitucional, que prevê que as CPIs possuem os "poderes de investigação próprios das autoridades judiciais".

No entanto, em razão da **cláusula de reserva de jurisdição** (que determina que algumas medidas estão reservadas às autoridades e órgãos do Poder Judiciário que exerçam a jurisdição), as CPIs não possuem todos os poderes investigativos dos magistrados, pois a própria Constituição reserva com exclusividade certas atribuições aos juízes.

Da incidência da cláusula podemos concluir que as CPIs **não** podem determinar (pois somente os juízes e tribunais possuem competência para tanto):

(i) a busca e apreensão domiciliar (art. 5º, XI, CF/88);

(ii) a quebra do sigilo das comunicações telefônicas (art. 5º, XII, CF/88);

(iii) a decretação de prisão, salvo a situação de flagrante delito (art. 5º, LXI, CF/88).

Outro limite existente para a atuação das CPIs é o **direito ao silêncio** (art. 5º, LXIII, CF/88). Nenhuma autoridade pública – nem mesmo uma CPI – está autorizada a constranger qualquer pessoa a narrar ou confirmar fatos que importem em prejuízo pessoal. Assim, todo e qualquer indivíduo submetido a investigação ou processo, sendo indiferente a condição de preso ou solto, de indiciado ou testemunha, pode se resguardar no direito de manter o silêncio para evitar a autoincriminação.

É também importante destacar que as CPIs não possuem poderes que não estejam listados dentro das atribuições do Poder Legislativo. Assim, as CPIs não podem:

(i) promover a responsabilização de quem quer que seja;

(ii) anular atos de qualquer outro Poder da República;

(iii) convocar magistrado para investigar sua atuação jurisdicional;

(iv) subverter, revogar, cassar, alterar decisões jurisdicionais proferidas nos processos, entre as quais se inserem as que decretam o chamado segredo de justiça.

Quanto às atribuições das comissões, podemos listar as seguintes:

– a busca e a apreensão (desde que não domiciliar);

– a quebra de sigilos: bancário, fiscal e de dados (inclusive os telefônicos);

– a requisição de diligências;

– a oitiva de indiciados, testemunhas e autoridades (sempre respeitando o direito ao silêncio).

Em finalização ao item, vale recordar a **diferença** entre duas medidas: a quebra do sigilo das comunicações telefônicas (que a CPI não pode determinar) e a quebra do sigilo telefônico (que a CPI pode decretar).

A quebra do sigilo das comunicações telefônicas, também chamada de interceptação telefônica, somente pode ser determinada por ordem judicial e consiste em intromissão que atinge o conteúdo da comunicação, que alcança a conversa, no momento em que ela ocorre. Já a quebra do sigilo telefônico, nada mais é do que o acesso aos registros telefônicos, referentes aos dados armazenados pela operadora de telefonia. Quebrar o sigilo telefônico, portanto, é acessar informações como data e duração das chamadas feitas, números para os quais se efetivou ligações.

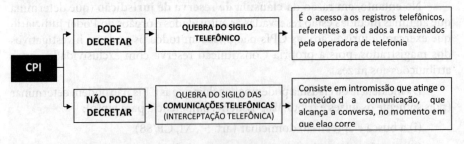

8. IMUNIDADES DOS DEPUTADOS FEDERAIS E SENADORES

8.1. Introdução

As imunidades são regras que protegem o exercício da função parlamentar e são atribuídas aos membros do Poder Legislativo para que estes possam executar

Cap. 12 · PODER LEGISLATIVO

suas atribuições com liberdade e independência perante os demais Poderes e sem pressões externas.

Como o intuito das imunidades é o de garantir o livre exercício do mandato, elas não conferem privilégios de ordem pessoal, pois são **prerrogativas vinculadas ao cargo.**

Assim, como são prerrogativas do cargo (e não da pessoa que temporariamente o exerce) podemos concluir que as imunidades:

(i) não amparam o suplente, pois este não exerce a função, apenas goza de mera expectativa de no futuro vir a exercê-la;

(ii) são irrenunciáveis;

(iii) devem ser mantidas até mesmo no curso de circunstâncias excepcionais. Ressalve-se a possibilidade de, no curso do estado de sítio, as imunidades serem suspensas pelo voto de 2/3 dos membros da Casa Legislativa respectiva, para atos praticados fora do recinto do Congresso Nacional, que sejam incompatíveis com a medida.

8.2. Imunidade material

Igualmente intitulada "inviolabilidade", a imunidade material é aquela que **impede a responsabilização** do parlamentar por suas opiniões, palavras e votos, tanto na esfera **penal**, quanto na esfera **civil**.

Essa impossibilidade de responsabilizar o parlamentar na esfera penal e civil por suas opiniões, palavras e votos, somente se dá no **exercício funcional**, o que significa que o parlamentar só estará protegido pela imunidade quando as palavras, opiniões e votos forem proferidas no exercício da sua função.

De acordo com o STF, quando o ato é praticado no Congresso Nacional, presume-se o exercício funcional; logo presume-se também a incidência da imunidade. Por outro lado, se a conduta tiver sido praticada fora do recinto parlamentar, deve haver inequívoca confirmação de que o ato está relacionado com a função parlamentar para a imunidade alcançá-la. Assim, se um parlamentar foi numa reunião na escola de seu filho e com suas palavras caluniou a diretora, ele será responsabilizado, pois não estava no exercício da função. Por outro lado, se o parlamentar estava fora do Congresso Nacional e concedeu (na posição de parlamentar) uma entrevista a uma emissora de TV e ofendeu, com suas palavras e opiniões, certos segmentos da sociedade, ele não poderá ser processado pois estava no exercício da função.

8.3. Imunidades formal relativa à prisão

Essa imunidade impede que o parlamentar federal seja preso, salvo em **flagrante** pela prática de **crime inafiançável**. E se houver prisão, os autos deverão ser encaminhados à Casa Legislativa respectiva (Câmara ou Senado), para que, pelo voto da maioria de seus membros, resolva se vai ou não manter a prisão.

Há algumas observações relevantes sobre essa imunidade formal:

(i) é a partir da diplomação que se inicia a imunidade formal quanto à prisão;

(ii) diplomação é a expedição, pela Justiça Eleitoral, de um diploma (certificado) que atesta formalmente que o indivíduo foi eleito de forma válida e regular. A diplomação é feita logo após a eleição e antes da posse;

(iii) de acordo com os incisos XLII, XLIII e XLIV do art. 5°, CF/88, são crimes inafiançáveis: o racismo, a tortura, o tráfico ilícito de entorpecentes e drogas afins, o terrorismo, os hediondos, a ação de grupos armados, civis ou militares, contra a ordem constitucional e o Estado Democrático;

(ii) ainda que a Constituição só autorize a prisão do parlamentar federal em caso de flagrante pela prática de crime inafiançável, o STF entende que a prisão dos congressistas também pode se dar em virtude da prolação de sentença condenatória.

8.4. Imunidade formal relativa ao processo

A imunidade relacionada ao processo foi modificada pela Emenda Constitucional n° 35/2001, pois antes dela o STF somente poderia receber a denúncia e iniciar o processo criminal contra o parlamentar se fosse concedida uma autorização da respectiva Casa Legislativa. Como as Casas Legislativas nunca davam sua autorização, o processo não se iniciava no STF.

Na tentativa de eliminar esse espaço de "quase impunidade", a Emenda Constitucional 35 acabou com essa exigência de prévia autorização, de forma que após a emenda o STF passou a poder receber denúncia contra parlamentar federal independentemente de pronunciamento da Casa Legislativa.

Assim, hoje essa imunidade refere-se à possibilidade de a Casa Legislativa respectiva **suspender** (a qualquer tempo, desde que antes de a decisão final ser dada pelo STF) o trâmite da ação penal proposta contra Deputado Federal ou Senador em razão de crime praticado após o ato de diplomação. Ou seja, se o STF receber denúncia contra um Deputado Federal ou Senador, por crime cometido após a diplomação, a Casa Legislativa respectiva (a Câmara ou o Senado) poderá suspender o andamento da ação penal durante aquele mandato.

Sobre essa possibilidade de sustação vale lembrar que:

(i) não pode se dar de ofício pela Casa, pois deve ser provocada por um partido político que nela esteja representado;

(ii) assim que a Casa for provocada ela terá o prazo improrrogável de 45 dias para votar e decidir se haverá ou não a sustação; e, por fim,

(iii) a sustação da ação penal resulta na sustação da prescrição.

8.5. Imunidades dos demais membros do Poder Legislativo

Conforme estabelecem os artigos 27, § 1° e 32, § 3°, CF/88, são aplicáveis, sem restrições, aos membros das Assembleias Legislativas dos Estados e da Câmara Legislativa do Distrito Federal, as normas relativas às prerrogativas dos parlamentares integrantes do Congresso Nacional.

Em âmbito municipal, por outro lado, a regra é distinta, pois os vereadores só possuem imunidade material, **não** sendo detentores de nenhuma imunidade formal (art. 29, VIII, CF/88).

Quanto à imunidade material dos **Vereadores**, vale recordar que eles são invioláveis ao proferir suas opiniões, palavras e votos, mas o reconhecimento dessa imunidade condiciona-se não só à demonstração de pertinência e conexão com o mandato, mas também à comprovação de que o Vereador age dentro dos limites da circunscrição municipal.

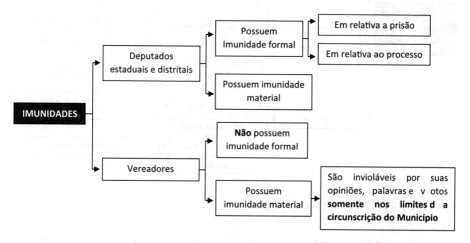

8.6. Foro por prerrogativa de função

O poder constituinte originário criou um regramento de foros especiais para o processo e julgamento das autoridades que ocupam os mais relevantes cargos e funções públicas.

Assim, **Deputados Federais** e **Senadores**, serão submetidos a julgamento perante o **Supremo Tribunal Federal** a partir da expedição do diploma até o término do mandato.

Como a determinação da competência para o julgamento em razão do foro privilegiado rege-se pela regra da atualidade do mandato, encerrado o mandato parlamentar deixará o STF de figurar como tribunal competente e os autos serão remetidos à Justiça de 1º grau.

Com relação aos **Deputados Estaduais**, e em homenagem ao ideal de simetria, eles também possuirão foro especial, mas no **Tribunal de Justiça** do respectivo Estado em se tratando de infrações penais comuns inseridas na jurisdição da Justiça Estadual, incluindo-se aí os crimes dolosos contra a vida. O foro será no **Tribunal Regional Federal** se o crime for praticado em detrimento de bens, serviços ou interesses da União, entidade autárquica ou empresa pública federal, e no **Tribunal Regional Eleitoral** se o crime for eleitoral.

Quanto aos **Vereadores**, a Constituição Federal não concedeu a eles prerrogativa de foro, o que pode, todavia, ser feito pelas Constituições Estaduais, que podem conferir competência originária para o processamento e julgamento das infrações penais aos respectivos Tribunais de Justiça.

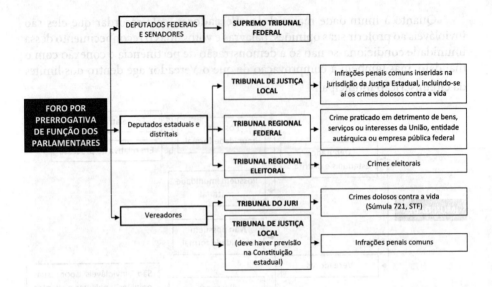

9. QUESTÕES COMENTADAS

1. (2014 – IADES – TRE-PA – Técnico Judiciário) No que se refere ao Poder Legislativo, julgue o item:

Deputados e senadores, desde a posse, serão julgados pela prática de crimes comuns. É o designado foro especial em razão da função.

Item incorreto. Deputados e Senadores, desde a expedição do diploma (e não desde a posse), serão processados e julgados perante o STF. Isso é o que se verifica a partir da leitura do art. 53, § 1º, CF/88, a saber: "Os Deputados e Senadores, desde a expedição do diploma, serão submetidos a julgamento perante o Supremo Tribunal Federal".

2. (2014 – FCC – TRT 16ªR – Técnico Judiciário) Considere as seguintes atribuições:

I. Suspender a execução, no todo ou em parte, de lei declarada inconstitucional por decisão definitiva do Supremo Tribunal Federal.

A assertiva representa literalmente o art. 52, X da Constituição Federal, mas **não se trata de competência exclusiva do Congresso Nacional** (mas sim do Senado Federal).

II. Fixar os subsídios dos Ministros de Estado, observadas as demais normas constitucionais.

A assertiva está correta. É competência do Congresso Nacional fixar os subsídios dos Ministros de Estado e também do Presidente e do Vice-Presidente da República, conforme o disposto no art. 49, VIII, CF/88.

III. Escolher dois terços dos membros do Tribunal de Contas da União.

A assertiva está correta. A eleição de dois terços dos membros do TCU é de competência exclusiva do Congresso Nacional, conforme o art. 49, XIII, CF/88.

IV. Autorizar, por dois terços de seus membros, a instauração de processo contra o Presidente e o Vice-Presidente da República e os Ministros de Estado.

Item incorreto. Trata-se de competência da Câmara dos Deputados (e não do Congresso Nacional) autorizar por 2/3 de seus membros a instauração de processo contra o Presidente da República, seu Vice e Ministros de Estado (art. 51, I, CF/88).

De acordo com o disposto na Constituição Federal, é competência exclusiva do Congresso Nacional, dentre outras, as atribuições indicadas APENAS em

a) I, II e III.

b) II e III.

c) II, III e IV.

d) I e IV.

e) II e IV.

3. **(2014 – CESPE – ANTAQ – Técnico Administrativo)** Com relação aos poderes da República, julgue o item subsequente.

As comissões parlamentares de inquérito são criadas pela Câmara dos Deputados e pelo Senado Federal, em conjunto ou separadamente, para a apuração de fato determinado e por prazo certo, devendo suas conclusões, se for o caso, ser encaminhadas ao Ministério Público, para que promova a responsabilidade civil ou criminal dos infratores.

Alternativa correta, pois traduz exata disposição constitucional. O art. 58, § 3º assim determina: "As comissões parlamentares de inquérito, que terão poderes de investigação próprios das autoridades judiciais, além de outros previstos nos regimentos das respectivas Casas, serão criadas pela Câmara dos Deputados e pelo Senado Federal, em conjunto ou separadamente, mediante requerimento de um terço de seus membros, para a apuração de fato determinado e por prazo certo, sendo suas conclusões, se for o caso, encaminhadas ao Ministério Público, para que promova a responsabilidade civil ou criminal dos infratores".

10. QUESTÕES PARA TREINAR!

1. **(2012 – CESPE – TRE-RJ – Técnico Judiciário)** No que concerne ao direito constitucional e à Constituição Federal de 1988 (CF), julgue os itens a seguir.

O Poder Legislativo é exercido pelo Congresso Nacional, que se compõe da Câmara dos Deputados e do Senado Federal. A Câmara dos Deputados é constituída pelos representantes dos estados da Federação, eleitos pelo sistema proporcional, e o Senado Federal é composto pelos representantes do povo, eleitos segundo o princípio majoritário.

2. **(2013 – CESPE – TRE-MS – Técnico Judiciário)** No que concerne ao Poder Legislativo, assinale a opção correta.

a) O Poder Legislativo é exercido pelo Congresso Nacional, composto pela Câmara dos Deputados e pelo Senado Federal, com legislatura anual.

b) Compete exclusivamente ao Congresso Nacional sustar portaria ministerial que exorbite do poder regulamentar.

c) A suspensão da execução de lei declarada inconstitucional pelo Supremo Tribunal Federal (STF) compete à Câmara dos Deputados.

d) As imunidades parlamentares serão automaticamente suspensas durante o estado de sítio.

e) Os integrantes da Câmara dos Deputados são eleitos pelo sistema majoritário.

3. **(2012 – FUMARC – TJ-MG – Técnico Judiciário)** Quanto ao Senado Federal, é correto afirmar, dentre as alternativas abaixo, EXCETO:

a) O Senado Federal compõe-se de representantes dos Estados e do Distrito Federal, eleitos segundo o princípio proporcional.

b) Cada Estado e o Distrito Federal elegerão três Senadores, com mandato de oito anos.

c) A representação de cada Estado e do Distrito Federal será renovada de quatro em quatro anos, alternadamente, por um e dois terços.

d) Cada Senador será eleito com dois suplentes.

4. **(2012 – FCC – TRT 6ªR – Técnico Judiciário)** Em relação ao Poder Legislativo, é correto afirmar:

a) Os Senadores representam os Estados e o Distrito Federal e possuem mandato de oito anos, embora a legislatura do Congresso Nacional dure, apenas, quatro anos.

b) O Congresso Nacional reúne-se, anualmente, na Capital Federal, de 2 de janeiro a 30 de junho e de 1º de agosto a 22 de dezembro.

c) Os Deputados Federais representam o povo e possuem mandato de quatro anos, embora a legislatura do Congresso Nacional dure oito anos

d) A convocação extraordinária do Congresso Nacional será feita pelo Presidente da Câmara dos Deputados em caso de decretação de estado de defesa ou de intervenção federal.

e) As comissões parlamentares de inquérito são permanentes e possuem poderes para apurar fatos de relevância política, bem como para aplicar sanções.

5. **(2012 – CESPE – PRF – Agente Administrativo)** Julgue os próximos itens, acerca dos Poderes Legislativo, Executivo e Judiciário.

Cada um dos vinte e seis estados da Federação mais o Distrito Federal elegem três senadores, totalizando oitenta e um senadores com mandato de oito anos, havendo para cada senador dois suplentes.

6. **(2011 – CESPE – PREVIC – Técnico Administrativo)** No que concerne ao direito constitucional, julgue os itens de 40 a 45 à luz da Constituição Federal de 1988 (CF).

O Senado Federal compõe-se de três representantes de cada estado e do Distrito Federal, eleitos segundo o princípio proporcional. A representação, nesse caso, é renovada de quatro em quatro anos, alternadamente, por um e dois terços.

7. **(2014 – CESPE – MDIC – Agente Administrativo)** No que se refere aos Poderes Legislativo, Executivo e Judiciário, bem como às funções essenciais à justiça, julgue os seguintes itens.

Constitui competência exclusiva do Congresso Nacional a sustação dos atos normativos do Poder Executivo que exorbitem do poder regulamentar ou dos limites de delegação legislativa.

Cap. 12 · PODER LEGISLATIVO 189

8. **(2012 – FCC – TRF 2ªR – Técnico Judiciário)** Camargo, Carlos, Caruso, Cassio e Cardoso exercem respectivamente os cargos de Presidente do Supremo Tribunal Federal, Vice--Presidente da República, Presidente do Senado Federal, Presidente da Câmara dos Deputados e Presidente da República. A Mesa do Congresso Nacional será presidida pelo

a) Caruso.

b) Carlos.

c) Camargo.

d) Cardoso.

e) Cassio.

9. **(2010 – CESPE – TRE-BA – Técnico Judiciário)** Julgue os itens a seguir, acerca da organização dos poderes.

Ainda que fora do Congresso Nacional, se estiver no exercício de sua função parlamentar, o deputado federal é inviolável, civil ou penalmente, por suas palavras e opiniões.

10. **(2012 – CESPE – ANATEL – Técnico Administrativo)** Considerando que determinado deputado federal diplomado tenha sido preso em flagrante, durante seu mandato, pela prática de crime inafiançável, julgue o item abaixo.

A prisão do deputado é inconstitucional, visto que os deputados federais gozam de imunidade formal e não podem ser presos, em nenhuma hipótese, a partir da expedição do diploma.

11. **(2012 – CONSULPLAN – TSE – Técnico Judiciário)** Pedroso Pereira, deputado federal eleito e diplomado, ainda não empossado, é investigado como mandante do crime de homicídio qualificado ocorrido no município onde mantém sua base eleitoral. No espaço de tempo entre a diplomação e a posse do parlamentar, o Ministério Público denuncia o político em face do fato ocorrido. Considerando a situação apresentada, é correto afirmar que a denúncia

a) não poderá ser recebida, em razão da imunidade processual do deputado.

b) pode ser recebida e processada pelo Tribunal de Justiça do Estado em que ocorreu o crime.

c) pode ser recebida e processada pelo Supremo Tribunal Federal.

d) poderá ser recebida, mas o processo judicial será suspenso até o término do mandato do parlamentar.

12. **(2011 – FCC – TRE-AP – Técnico Judiciário)** O número de Deputados à Assembléia Legislativa corresponderá ao triplo da representação do Estado na Câmara dos Deputados e, atingido o número de

a) vinte, será acrescido de tantos quantos forem os Deputados Federais acima de dez.

b) vinte e quatro, será acrescido de tantos quantos forem os Deputados Federais acima de oito.

c) trinta, será acrescido de tantos quantos forem os Deputados Federais acima de oito.

d) doze, será acrescido de tantos quantos forem os Deputados Federais acima de seis.

DIREITO CONSTITUCIONAL – *Nathalia Masson*

e) trinta e seis, será acrescido de tantos quantos forem os Deputados Federais acima de doze.

13. (2012 – FCC – TRT 11ªR – Técnico Judiciário) José, Deputado Federal, é investido no cargo de Secretário de um determinado Estado da Federação. Nesse caso, de acordo com a Constituição Federal de 1988, José

a) perderá o mandato de Deputado Federal se permanecer no cargo de Secretário de Estado por mais de seis meses.

b) perderá o mandato de Deputado Federal independentemente do prazo que permanecer no cargo de Secretário de Estado.

c) não perderá o mandato de Deputado Federal e poderá optar pela remuneração do mandato.

d) não perderá o mandato de Deputado Federal e receberá a remuneração de Secretário de Estado.

e) poderá cumular os cargos de Deputado Federal e Secretário de Estado, optando-se por uma das remunerações estabelecidas.

14. (2014 – IADES – TRE-PA – Técnico Judiciário) No que se refere ao Poder Legislativo, assinale a alternativa correta.

a) O congressista afastado de suas funções de parlamentar, para exercer cargo de Ministro de Estado – função do poder executivo – continuará a dispor de imunidades.

b) Deputados e senadores, desde a posse, serão julgados pela prática de crimes comuns. É o designado foro especial em razão da função.

c) Perderão o mandato o deputado ou o senador, que passarem a residir fora de Brasília.

d) As matérias, cuja competência é privativa da Câmara dos Deputados, serão disciplinadas por meio de resolução, o que implica não sofrer interferência do Senado ou da Presidência da República.

15. (2014 – FCC – TRT 16ªR – Técnico Judiciário) Considere as seguintes atribuições:

I. Suspender a execução, no todo ou em parte, de lei declarada inconstitucional por decisão definitiva do Supremo Tribunal Federal.

II. Fixar os subsídios dos Ministros de Estado, observadas as demais normas constitucionais.

III. Escolher dois terços dos membros do Tribunal de Contas da União.

IV. Autorizar, por dois terços de seus membros, a instauração de processo contra o Presidente e o Vice-Presidente da República e os Ministros de Estado.

De acordo com o disposto na Constituição Federal, é competência exclusiva do Congresso Nacional, dentre outras, as atribuições indicadas APENAS em

a) I, II e III.

b) II e III.

c) II, III e IV.

d) I e IV.

e) II e IV.

16. (2015 – FUNIVERSA – SAPeJUS-GO – Agente de Segurança Prisional) A respeito do estado de sítio, analise a assertiva.

As imunidades de deputados ou senadores subsistirão durante o estado de sítio, só podendo ser suspensas mediante o voto de dois terços dos membros da Casa respectiva, nos casos de atos praticados fora do recinto do Congresso Nacional que sejam incompatíveis com a execução da medida.

GABARITO DAS QUESTÕES							
1	2	3	4	5	6	7	8
F	B	A	A	V	F	V	A
9	10	11	12	13	14	15	16
V	F	C	E	C	D	B	V

Capítulo 13
PODER EXECUTIVO

1. INTRODUÇÃO

O Poder Executivo é um dos poderes da União, sendo **independente e autônomo** em relação aos demais (Legislativo e Judiciário).

Sua função **típica** (principal) é a de administrar a coisa pública. Vale frisar que, além de suas atribuições típicas, o poder possui também funções **atípicas**, a saber: (i) de natureza jurisdicional, quando há um dissídio administrativo; e (ii) de natureza legislativa, ao, por exemplo, editar uma medida provisória ou uma lei delegada.

2. O PODER EXECUTIVO NA CONSTITUIÇÃO DA REPÚBLICA DE 1988

O Poder Executivo é **unipessoal**, sendo exercido unicamente pelo Presidente da República, que é auxiliado pelos Ministros de Estado (art. 76, CF/88).

O **Presidente da República** deverá:

(i) ser brasileiro nato (em razão da previsão do art. 12, § 3°, I, CF/88);

(ii) estar no pleno exercício dos direitos políticos (art. 14, § 3°, II, CF/88);

(iii) ostentar a condição de eleitor (art. 14, § 3°, III, CF/88);

(iv) possuir domicílio eleitoral no país (art. 14, § 3°, IV, CF/88)

(v) ser filiado a um partido político (art. 14, § 3°, V, CF/88); e,

(vi) ter a idade mínima de 35 anos (art. 14, § 3°, VI, 'a', CF/88).

Ademais, o Presidente (e o Vice que com ele tenha sido registrado) será eleito pelo sistema eleitoral majoritário absoluto, o que significa que o candidato deverá obter a **maioria absoluta dos votos válidos** (isto é, não são computados os votos em branco e os nulos) em primeiro ou em segundo turno. O primeiro turno ocorrerá no primeiro domingo de outubro e o segundo turno no último domingo de outubro (se ele for necessário), no ano anterior ao do término do mandato presidencial vigente (ver art. 77, CF/88).

Vale frisar que o mandato do Presidente é de **quatro anos** e terá início em 1° de janeiro do ano seguinte ao da sua eleição (art. 82, CF/88), podendo ele se reeleger para um único mandato subsequente (art. 14, § 5°, CF/88).

Quanto aos **Ministros de Estado** (de acordo com o art. 84, I, e o art. 87, ambos da CF/88) estes se subordinam ao Presidente e são por ele nomeados e demitidos livremente (isto é, não há necessidade de o Senado Federal aprovar a escolha presidencial, tampouco esta escolha precisa ser motivada). Serão nomeados pelo Presidente dentre:

(i) brasileiros, natos ou naturalizados – salvo o Ministro de Estado da Defesa, que necessariamente será brasileiro nato (em razão da previsão do art. 12, § 3°, VII, CF/88);

(ii) maiores de 21 anos; e

(iii) indivíduos no pleno exercício dos direitos políticos.

Ainda sobre os Ministros de Estado, vale recordar que serão processados e julgados no Supremo Tribunal Federal pela prática de crimes comuns e de responsabilidade (art. 102, I, 'c', CF/88). Todavia, se o crime de responsabilidade praticado pelo Ministro for conexo com o do Presidente da República, o processo e o julgamento serão de competência do Senado Federal (art. 52, I e parágrafo único, CF/88).

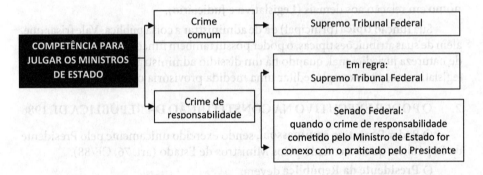

3. POSSE

De acordo com a Constituição (art. 82), a posse do Presidente e do Vice-Presidente da República ocorrerá em **1° de janeiro** do ano subsequente à eleição, em sessão do **Congresso Nacional**.

Caso o Presidente e o Vice-Presidente da República não compareçam para a posse dos cargos na data fixada (1° de janeiro), os cargos serão declarados vagos depois de decorridos **dez dias**, salvo se houver motivo de força maior que justifique a ausência (caso em que aguardaremos pelo tempo que for necessário a superação do motivo). É importante ler o art. 78, CF/88.

4. IMPOSSIBILIDADES DE EXERCER O CARGO: O IMPEDIMENTO E A VACÂNCIA

Os afastamentos temporários, ocasionados por uma doença ou uma viagem, por exemplo, são intitulados **impedimentos**.

Já a **vacância** é resultado de uma impossibilidade categórica e decisiva de exercer a função, por exemplo, em razão de renúncia ou morte.

Nos termos do art. 79, CF/88, caso o Presidente se ausente de suas funções, temporária ou definitivamente, pertencerá ao Vice-Presidente a atribuição primária para substituí-lo (em caso de impedimento) ou sucedê-lo (em caso de vacância).

DICA

Atenção com os termos "substituição" e "sucessão"; o primeiro indica o exercício temporário do cargo, decorrente de um impedimento; o segundo indica o exercício definitivo, em razão da vacância do cargo.

Se houver **impedimento simultâneo** do Presidente e do Vice-Presidente da República, acionaremos as autoridades listadas no art. 80, CF/88. Este dispositivo traz um rol taxativo e ordenado das pessoas que deverão ser chamadas sucessivamente para ocupar, temporariamente, a Presidência da República. Na ordem, serão acionados para assumir a Presidência:

(1°) o Presidente da Câmara dos Deputados;

(2°) o Presidente do Senado Federal;

(3°) o Ministro Presidente do Supremo Tribunal Federal.

Noutro giro, se o caso não for caso de impedimento e sim de **vacância dos dois cargos**, a solução será realizar **novas eleições**, que poderão ser **diretas** ou **indiretas**.

Caso a vacância dos dois cargos ocorra nos **dois primeiros anos** do mandato presidencial, deverá ser organizada nova eleição **direta** em até noventa dias depois de aberta a última vaga (art. 81, *caput*, CF/88).

Se a vacância dos dois cargos se efetivar nos **últimos dois anos** do mandato, no entanto, será feita nova eleição **indireta** (pelo Congresso Nacional), trinta dias depois da última vaga se abrir (art. 81, § 1°, CF/88).

Veja abaixo a tabela comparativa dessas duas eleições:

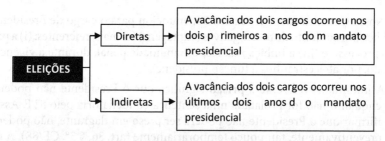

DICA

O Presidente e o Vice que forem eleitos em qualquer dessas duas modalidades de eleições extraordinárias não terão um mandato comum, de quatro anos de governo. Deverão, somente, completar o período que resta do mandato de seus antecessores (art. 81, § 2°, CF/88). É o chamado **"mandato-tampão"**.

5. LICENÇA

O Presidente e o Vice-Presidente da República podem se ausentar do país sem necessidade de o Congresso Nacional conceder licença (ou autorização), se for por período **inferior** a quinze dias.

No entanto, eles não podem sair do país por **período superior a quinze dias**, sem licença do Congresso Nacional, pois se o fizerem estarão sujeitos à perda do cargo (art. 83, CF/88).

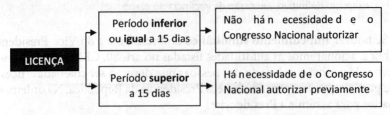

6. ATRIBUIÇÕES DO PRESIDENTE DA REPÚBLICA

O art. 84, CF/88 traz as atribuições privativas do Presidente em um rol não exaustivo, e sim meramente exemplificativo (ver art. 84, XXVII).

É importante destacar que nem todas as competências elencadas no art. 84 poderão ser delegadas; a maioria é de atribuições presidenciais indelegáveis. Somente são **delegáveis** as atividades previstas nos incisos VI, XII e XXV, 1ª parte (essa primeira parte refere-se à atribuição de "prover"). A delegação poderá ser feita aos Ministros de Estado, ao Procurador-Geral da República (PGR) e ao Advogado-Geral da União (AGU), conforme prevê o parágrafo único do art. 84, CF/88.

7. IMUNIDADES DO PRESIDENTE DA REPÚBLICA

Nossa Constituição, em seu art. 86, enunciou para o cargo de Presidente da República um conjunto de prerrogativas (vantagens) formais, referentes: (i) à prisão, (ii) ao processo e (iii) à inibição da responsabilidade penal, durante a vigência do mandato, por atos estranhos à função presidencial.

A imunidade referente à **prisão** significa que o Presidente não poderá ser preso enquanto não for prolatada uma sentença condenatória pelo STF. Assim, é certo afirmar que o Presidente não poderá ser preso em flagrante, não poderá ser preso preventivamente, tampouco temporariamente (art. 86, § 3°, CF/88). A única modalidade de prisão válida para o Presidente é aquela decorrente de uma sentença penal condenatória (proferida pelo STF).

No que tange à imunidade formal em relação ao **processo**, para que o Presidente da República seja processado pela prática de crime (comum ou de responsabilidade), deve ser dada uma autorização pela Câmara dos Deputados, por 2/3 de seus membros. Vale lembrar que esse juízo da Câmara é um juízo político, e não jurídico (art. 86, *caput*, CF/88 e art. 51, I, CF/88).

Quanto à **irresponsabilidade penal temporária**, o Presidente só poderá ser responsabilizado, durante a vigência de seu mandato, pela prática de crimes que sejam relacionados ao exercício de suas funções. Não havendo conexão entre o crime praticado e a atividade presidencial (isto é, se o crime for estranho ao exercício das funções presidenciais ou se o crime foi praticado antes do início do mandato), a responsabilização somente ocorrerá após o encerramento do mandato presidencial (art. 86, § 4°, CF/88).

Como o processamento e o julgamento dos crimes estranhos à atividade presidencial somente serão efetivados após o encerramento do mandato, quando o foro especial já não mais se aplicar, é certo afirmar que o ex-Presidente será processado e julgado por esses crimes nas instâncias ordinárias.

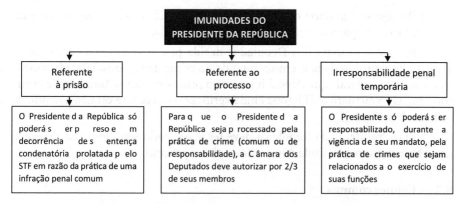

8. RESPONSABILIDADE DO PRESIDENTE DA REPÚBLICA

8.1. Introdução

A Constituição permite que o Presidente seja responsabilizado tanto pela prática de crimes comuns (infrações penais comuns), quanto por crimes de responsabilidade (infrações político-administrativas).

A expressão **"crimes comuns"** se refere a qualquer tipo de infração penal (abrangendo desde as contravenções penais, até os crimes dolosos contra a vida e os crimes eleitorais), e o órgão competente para o julgamento é o Supremo Tribunal Federal (art. 102, I, *b*, CF/88).

Já os **"crimes de responsabilidade"** são as infrações político-administrativas, apresentadas no art. 85 da CF/88 num rol meramente exemplificativo. O juiz natural para essas infrações é o Senado Federal (art. 52, I, CF/88). Importante destacar que os crimes de responsabilidade não são crimes efetivamente (por isso não estão previstos no Código Penal ou em leis penais extravagantes), são meras infrações descritas de forma genérica no art. 85 da Constituição.

Nos dois casos, de crime comum ou de responsabilidade, o Presidente da República somente poderá ser processado se antes a **Câmara dos Deputados autorizar**, por 2/3 de seus membros. É um juízo de admissibilidade político e, sobre ele, vale mencionar quatro informações relevantes:

(i) qualquer cidadão pode apresentar a acusação contra o Presidente na Câmara dos Deputados;

(ii) exige-se a maioria de 2/3 dos membros da Câmara dos Deputados para que a autorização para o processamento seja concedida;

(iii) caso a Câmara dos Deputados decida pela adequação da acusação, a autorização terá sido dada e, em se tratando de crime de responsabilidade, vinculará o Senado Federal (que deverá instaurar o processo); em se tratando de crime comum, não vinculará o STF (que ainda verificará se receberá ou não a denúncia contra o Presidente);

(iv) o Presidente da República deve ter assegurado seu direito de defesa já nessa fase, mesmo que ainda não exista nenhum processo.

8.2. Crimes comuns

Quando a infração praticada pelo Presidente é comum, o julgamento deverá ser realizado no **Supremo Tribunal Federal**, e a primeira tarefa do Ministro relator será a de avaliar se o fato foi cometido no exercício das funções presidenciais ou se é um crime estranho à função.

Caso o relator entenda que o fato é estranho ao exercício funcional e aplique a cláusula de irresponsabilidade penal temporária (art. 86, § 4º, CF/88), deverá suspender a possibilidade de responsabilização enquanto durar o mandato.

Por outro lado, se o relator concluir que o crime é conexo ao exercício das funções presidenciais, deverá dar andamento ao trâmite e ficará aguardando se o Procurador-Geral da República oferece ou não a denúncia ou a queixa-crime contra o Presidente da República.

Mesmo com a apresentação da denúncia pelo PRG ou da queixa-crime pelo ofendido (diretamente ou por seu representante legal), o STF ainda não poderá instaurar o processo, pois deverá antes disso comunicar à Câmara dos Deputados, que fará o juízo de admissibilidade da acusação. Se a Câmara autorizar o processamento do Presidente, o STF ainda fará nova análise da admissibilidade da acusação (pois não está vinculado à autorização concedida pela Câmara dos Deputados) e decidirá se irá ou não receber a denúncia ou queixa contra o Presidente.

Recebendo a denúncia, o STF inicia o processo contra o Presidente da República. Vale lembrar que enquanto estiver sendo processado, o Presidente ficará suspenso de suas funções. Essa suspensão dura, no máximo, 180 dias. Assim, se o prazo de suspensão terminar e o Presidente ainda estiver sendo processado, ele retomará o exercício de suas funções e o processo seguirá (art. 86, §§ 1º e 2º, CF/88).

A decisão da Corte pode ser pela absolvição ou pela condenação; neste último caso será designada uma pena a ser cumprida e o Presidente poderá ser preso.

8.3. Crimes de responsabilidade

Os crimes de responsabilidade são infrações político-administrativas listadas na Constituição (no art. 85). Se praticados pelo Presidente, o julgamento será realizado no **Senado Federal** (desde que seja dada, antes, autorização pela Câmara dos Deputados).

O Senado funcionará como um **Tribunal Político** de colegialidade heterogênea, pois composto por todos os membros do Senado Federal, mas presidido por autoridade externa ao Poder Legislativo, isto é, pelo Ministro Presidente do STF (parágrafo único do art. 52, CF/88).

Vale lembrar que enquanto estiver sendo processado o Presidente ficará suspenso de suas funções. Essa suspensão vai durar, no máximo, 180 dias. Deste modo, se o prazo de suspensão terminar e o Presidente ainda estiver sendo processado, ele retomará o exercício de suas funções e o processo seguirá normalmente (art. 86, §§ 1° e 2°, CF/88).

No Senado, a condenação somente poderá ser proferida por 2/3 dos membros da Casa Legislativa, formalizada em uma resolução, e importará na aplicação das penas de perda do cargo e inabilitação por oito anos para o exercício das funções públicas, sem prejuízo das demais sanções judiciais cabíveis.

DICA

O STF já decidiu que as duas penas (perda do cargo e inabilitação) são principais e independentes, e a eventual impossibilidade de aplicação da pena de perda do cargo (em virtude de renúncia, por exemplo) não torna inviável a aplicação da inabilitação.

9. RESPONSABILIDADE DOS GOVERNADORES E DOS PREFEITOS

Os **Governadores**, se praticarem crime comum, serão processados e julgados no Superior Tribunal de Justiça (art. 105, I, *a*, CF/88). No que se refere aos crimes de responsabilidade, o processamento e julgamento serão feitos por um Tribunal especial, formado por cinco membros da Assembleia Legislativa e cinco desembargadores, sob a presidência do Presidente do Tribunal de Justiça local (art. 78, § 3°, Lei 1079/1950). Vale informar que a possibilidade de instauração de um processo criminal contra o Governador pode depender de autorização prévia da Assembleia Legislativa estadual: basta que haja previsão da imunidade referente à autorização na respectiva Constituição estadual.

Os **Prefeitos** municipais poderão ser processados e julgados perante o Tribunal de Justiça, Tribunal Regional Eleitoral ou pelo Tribunal Regional Federal, a depender da natureza do crime praticado (ver o art. 29, X, CF/88 e a Súmula 702 do STF). Já em relação aos crimes de responsabilidade, serão processados e julgados pela Câmara Municipal (conforme prevê o art. 4°, Decreto Lei 201/1967).

É possível estruturar os órgãos competentes para a responsabilização dos chefes do Poder Executivo do seguinte modo:

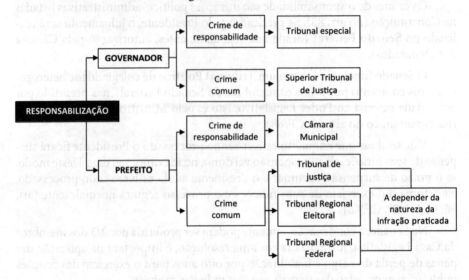

10. QUESTÕES COMENTADAS

1. (2013 – CESPE – TRE-MS – Técnico Judiciário-Adaptada) A respeito de Poder Executivo brasileiro, avalie o item posto abaixo:

A prática de crimes comuns e de responsabilidade pelo presidente da República enseja o processo e o julgamento pelo Senado Federal, após autorização da Câmara dos Deputados.

> Item incorreto. Se o Presidente cometer crime comum, o julgamento será realizado no STF, conforme prevê o art. 102, I, 'b' e o art. 86, CF/88.

2. (2012 – FCC – TRT 6ªR – Técnico Judiciário) Em relação ao tema responsabilidade do Presidente da República, considere:

I. Compete privativamente ao Senado Federal processar e julgar o Presidente da República nos crimes de responsabilidade, podendo sancioná-lo com pena de privação de liberdade e inabilitação, por oito anos, para o exercício de função pública.

> Item falso. O Senado Federal não pode condenar o Presidente da República a pena de prisão (de privação de liberdade). Somente as penas de perda do cargo e de inabilitação por oito anos para o exercício da função pública é que podem ser aplicadas, conforme se depreende da leitura atenta do art. 52, parágrafo único, CF/88.

II. O Presidente da República, na vigência de seu mandato, não pode ser responsabilizado por atos estranhos ao exercício de suas funções.

> Item correto. É o exato teor do parágrafo 4º do art. 86 da CF/88, a saber: "O Presidente da República, na vigência de seu mandato, não pode ser responsabilizado por atos estranhos ao exercício de suas funções".

Cap. 13 • PODER EXECUTIVO

III. Enquanto não sobrevier sentença condenatória, nas infrações comuns, o Presidente da República não estará sujeito à prisão.

> Correto. O examinador trouxe cópia literal do art. 86, § 3° da Constituição Federal: "Enquanto não sobrevier sentença condenatória, nas infrações comuns, o Presidente da República não estará sujeito a prisão".

Está correto o que se afirma em

a) I, apenas.

b) II, apenas.

c) I e II, apenas.

d) II e III, apenas.

e) I, II e III.

3. **(2014 – CESPE – TJ-CE – Técnico Judiciário)** A respeito do Poder Executivo, julgue o item:

Em caso de impedimento do presidente e do vice-presidente da República, serão sucessivamente chamados ao exercício da presidência o presidente da Câmara dos Deputados, o do Senado Federal e o do Supremo Tribunal Federal.

Assertiva correta, em conformidade com o art. 80, CF/88.

11. QUESTÕES PARA TREINAR!

1. **(2014 – FUNCAB – MDA – Técnico de Suporte)** Sobre a organização do Poder Executivo, é correto afirmar:

a) É exercido pelo Presidente da República, auxiliado pelos Ministros de Estado.

b) O mandato dos Ministros de Estado é de 4 (quatro) anos.

c) Os Ministros de Estado devem ser brasileiros natos, maiores de 18 (dezoito) anos.

d) O recebimento de denúncia ou queixa-crime contra o Presidente da República pelo Supremo Tribunal Federal, em razão de infração penal comum, não acarreta a suspensão do exercício de suas funções.

e) Compete privativamente ao Ministro da Defesa decretar o estado de sítio e o estado de defesa.

2. **(2014 – CESPE – MDIC – Agente Administrativo)** No que se refere aos Poderes Legislativo, Executivo e Judiciário, bem como às funções essenciais à justiça, julgue os seguintes itens.

Compete ao ministro de Estado exercer a orientação, a coordenação e a supervisão dos órgãos e das entidades da administração federal e estadual concernentes à sua área de competência.

3. **(2013 – CESPE – TRE-MS – Técnico Judiciário)** Em relação ao Poder Executivo, assinale a opção correta.

a) Para ocupar o cargo de ministro de Estado, o cidadão deve ter, no mínimo, trinta anos de idade e estar no exercício de seus direitos políticos.

b) Não cabe aos ministros de Estado referendar os atos e decretos assinados pelo presidente da República.

c) O presidente da República tem autonomia para vetar artigo de projeto de lei por razões de inconstitucionalidade.

d) A CF autoriza a criação ou a extinção de órgãos públicos por meio de decreto presidencial.

e) A nomeação do procurador-geral da República pelo presidente da República independe de prévia aprovação do Senado Federal.

4. **(2013 – CESPE – CNJ – Técnico Judiciário – Área Administrativa)** No que se refere à administração pública, aos deputados e senadores, às atribuições do presidente da República e às funções essenciais à Justiça, julgue os itens seguintes.

Com o objetivo de organizar a administração federal, o presidente da República pode, mediante decreto, extinguir cargo público, quando vago, bem como órgão público.

5. **(2014 – CESPE – Câmara dos Deputados – Técnico Legislativo)** Acerca da organização dos poderes da República, julgue os próximos itens.

A CF autoriza o presidente da República a criar cargos e extinguir órgãos públicos por meio de decreto.

6. **(2015 – FUNRIO – UFRB – Assistente em Administração)** Com relação a saída do Brasil do Presidente e do Vice-Presidente da República, nos termos da Constituição Federal, é correto afirmar o seguinte:

a) O Presidente e o Vice-Presidente da República não poderão, sem licença do Senado Federal, ausentar-se do País por período superior a quinze dias, sob pena de perda do cargo.

b) O Presidente e o Vice-Presidente da República não poderão, sem licença da Câmara Federal, ausentar-se do País por período superior a quinze dias, sob pena de perda do cargo.

c) O Presidente e o Vice-Presidente da República poderão, sem licença do Congresso Nacional, ausentar-se do País por período inferior a trinta dias.

d) O Presidente e o Vice-Presidente da República poderão, sem licença do Senado Federal, ausentar-se do País por período inferior a trinta dias.

e) O Presidente e o Vice-Presidente da República não poderão, sem licença do Congresso Nacional, ausentar-se do País por período superior a quinze dias, sob pena de perda do cargo.

7. **(2014 – CESPE – Câmara dos Deputados)** Acerca da organização dos poderes da República, julgue os próximos itens.

Afrontaria a CF dispositivo de Constituição estadual que previsse que a ausência do país do governador e do vice-governador, por qualquer prazo, dependeria de prévia licença da assembleia legislativa.

Cap. 13 · PODER EXECUTIVO

8. **(2013 – CETRO – ANVISA – Técnico Administrativo)** Sobre a Presidência da República, analise as assertivas abaixo.

   I. O Presidente da República não pode ausentar-se do País por período superior a 15 dias, sem licença do Congresso Nacional, sob pena de perda do cargo.

   II. O mandato do Presidente da República é de 4 anos e tem início em 1º de janeiro do ano seguinte ao da sua eleição.

   III. O Presidente da República, na forma da lei e no exercício de suas funções, pode delegar aos Ministros de Estado o que lhe compete no tocante à provisão e extinção de cargos públicos federais.

   IV. Em caso de impedimento ou vacância do cargo de Presidente ou de Vice – Presidente, serão sucessivamente chamados para exercer a função: I. Presidente da Câmara dos Deputados; II. Presidente do Senado Federal; e III. Presidente do Supremo Tribunal Federal.

   É correto o que se afirma em

   a) I, II e III, apenas.

   b) I, II e IV, apenas.

   c) II, III e IV, apenas.

   d) III e IV, apenas.

   e) I, II, III e IV.

9. **(2015 – FUNRIO – UFRB – Assistente em Administração)** Em caso de impedimento do Presidente e do Vice-Presidente da República, qual a ordem de chamamento para o exercício do cargo, nos termos da Constituição Federal?

   a) O Presidente da Câmara dos Deputados, o do Senado Federal e o do Supremo Tribunal Federal.

   b) O Presidente da Câmara dos Deputados, o do Senado Federal e o do Tribunal Superior Eleitoral.

   c) O Presidente do Senado Federal, o da Câmara dos Deputados e o do Supremo Tribunal Federal.

   d) O Presidente do Congresso Nacional, o do Supremo Tribunal Federal e o do Tribunal Superior Eleitoral.

   e) O Presidente do Congresso Nacional, o do Supremo Tribunal Federal e o do Superior Tribunal de Justiça.

10. **(2014 – FGV – AL-BA – Técnico de Nível Superior)** Em caso de vacância dos cargos de Presidente e Vice-Presidente da República, por falta de posse na data fixada, a Constituição Federal determina que assumirá a Presidência da República

   a) o Presidente do Supremo Tribunal Federal.

   b) o Presidente da Câmara dos Deputados.

   c) o Presidente do Senado Federal.

   d) o Presidente do Congresso Nacional.

   e) o Presidente do Superior Tribunal de Justiça.

11. **(2013 – CESPE – TRT 10ªR – Técnico Judiciário)** Com base na CF, julgue os próximos itens, referentes à organização dos poderes na República Federativa do Brasil.

Em caso de vacância dos cargos de presidente e vice-presidente da República, nos três primeiros anos do mandato, deve-se convocar eleição popular direta, a ser realizada noventa dias depois de aberta a última vaga, assegurando-se aos eleitos um mandato de quatro anos, permitida a reeleição para um único período subsequente.

12. **(2015 – FCC – CNMP – Técnico do CNMP)** Com relação à responsabilidade do Presidente da República, dispõe a Constituição Federal que, admitida a acusação por:

a) dois terços do Congresso Nacional, será submetido a julgamento perante o Supremo Tribunal Federal, nas infrações penais comuns, ou perante a Câmara dos Deputados, nos crimes de responsabilidade.

b) dois terços da Câmara dos Deputados, será submetido a julgamento perante o Supremo Tribunal Federal, nas infrações penais comuns, ou perante o Senado Federal, nos crimes de responsabilidade.

c) maioria absoluta da Câmara dos Deputados, será submetido a julgamento perante o Superior Tribunal de Justiça, nas infrações penais comuns, ou perante o Senado Federal, nos crimes de responsabilidade.

d) maioria absoluta do Congresso Nacional, será submetido a julgamento perante o Supremo Tribunal Federal, nas infrações penais comuns, ou perante o Senado Federal, nos crimes de responsabilidade.

e) maioria absoluta do Senado Federal, será submetido a julgamento perante o Supremo Tribunal Federal, nas infrações penais comuns, ou perante o Congresso Nacional, nos crimes de responsabilidade.

13. **(2013 – CESPE – CNJ – Analista – Área Administrativa)** Com base na norma constitucional e na doutrina sobre a matéria, julgue os itens seguintes, relativos aos Poderes Legislativo e Executivo.

As infrações penais comuns praticadas pelo presidente da República deverão ser julgadas pelo STF, depois de a acusação ser admitida por dois terços da Câmara dos Deputados.

14. **(2012 – CONSULPLAN – TSE – Analista – Área Administrativa – Adaptada)** Analise a assertiva, com referência ao Presidente da República, que tem atribuições e responsabilidades delineadas na Constituição.

Comete crime de responsabilidade, se atuar contra o exercício dos direitos políticos, individuais e sociais.

15. **(2012 – CONSULPLAN – TSE – Analista – Área Administrativa – Adaptada)** Analise a assertiva, com referência ao Presidente da República, que tem atribuições e responsabilidades delineadas na Constituição.

É julgado perante o Supremo Tribunal Federal, nos crimes de responsabilidade.

16. **(2012 – CESPE – MPE-PI – Analista – Área Administrativa)** Com relação ao Poder Executivo, julgue os itens subsecutivos.

No caso de infrações penais comuns, admitida a acusação contra o presidente da República, desde que por maioria absoluta pela Câmara dos Deputados e pelo Senado Federal, será ele submetido a julgamento perante o Supremo Tribunal Federal.

17. (2012 – FCC – TRE-CE – Analista – Área Administrativa) Atos do Presidente da República que contrariem a probidade na administração e o descumprimento das decisões judiciais, dentre outros, são considerados

a) respectivamente crimes de responsabilidade e infrações penais comuns.

b) infrações penais comuns, apenas.

c) respectivamente infrações penais comuns e crimes de responsabilidade.

d) crimes de responsabilidade, apenas.

e) infrações penais comuns e crimes políticos.

18. (2013 – CESPE – TRE-MS – Técnico Judiciário) A respeito de Poder Executivo brasileiro, assinale a opção correta.

a) O poder regulamentar é inerente e privativo ao chefe do Poder Executivo.

b) A eleição do presidente da República, simultaneamente com a do vice-presidente, é feita mediante voto direto e secreto, pelo sistema de representação proporcional, sendo realizada nos estados, nos territórios e no Distrito Federal.

c) A prática de crimes comuns e de responsabilidade pelo presidente da República enseja o processo e o julgamento pelo Senado Federal, após autorização da Câmara dos Deputados.

d) O cidadão português equiparado ao brasileiro naturalizado não poderá ser ministro de estado.

e) A concessão de indulto e a comutação de penas são atividades privativas do presidente da República, não podendo ser delegadas.

19. (2012 – FCC – TRT 6ªR – Técnico Judiciário) Em relação ao tema responsabilidade do Presidente da República, considere:

I. Compete privativamente ao Senado Federal processar e julgar o Presidente da República nos crimes de responsabilidade, podendo sancioná-lo com pena de privação de liberdade e inabilitação, por oito anos, para o exercício de função pública.

II. O Presidente da República, na vigência de seu mandato, não pode ser responsabilizado por atos estranhos ao exercício de suas funções.

III. Enquanto não sobrevier sentença condenatória, nas infrações comuns, o Presidente da República não estará sujeito à prisão.

Está correto o que se afirma em

a) I, apenas.

b) II, apenas.

c) I e II, apenas.

d) II e III, apenas.

e) I, II e III.

20. (2014 – CESPE – TJ-CE – Técnico Judiciário) A respeito do Poder Executivo, assinale a opção correta.

a) Em caso de impedimento do presidente e do vice-presidente da República, serão sucessivamente chamados ao exercício da presidência o presidente da Câmara dos Deputados, o do Senado Federal e o do Supremo Tribunal Federal.

b) Os ministros de Estado serão escolhidos pelo presidente da República, entre brasileiros aprovados em concurso público de provas e títulos.

c) Compete exclusivamente ao presidente da República conceder anistia, graça e indulto.

d) O vice-presidente da República, na vigência de seu mandato, não pode ser responsabilizado por crimes funcionais.

e) O presidente da República está sujeito a prisão quando comete infração comum.

GABARITO DAS QUESTÕES

1	2	3	4	5	6	7	8	9	10
A	F	C	F	F	E	V	E	A	B
11	12	13	14	15	16	17	18	19	20
F	B	V	V	F	F	D	A	D	A

Capítulo 14
PODER JUDICIÁRIO

1. INTRODUÇÃO

O Judiciário, inserido no art. 2º da CF/88 como um dos Poderes da União, é independente e autônomo e tem significativa importância no panorama constitucional das liberdades públicas.

Possuidor da função típica **jurisdicional**, é o responsável pelo exercício da jurisdição – atividade por meio da qual o Estado presta a tutela jurisdicional, mediante provocação, no intuito de promover imparcialmente a composição dos conflitos.

> **DICA**
> É importante lembrar que o Poder Judiciário exercerá, também, funções de modo atípico (secundário), tanto de natureza executivo-administrativa quanto de natureza legislativa.

2. ÓRGÃOS DO PODER JUDICIÁRIO

2.1. Introdução

O art. 92, CF/88 traz os órgãos que integram o Poder Judiciário, a saber:

(i) o Supremo Tribunal Federal (STF);

(ii) o Conselho Nacional de Justiça (CNJ);

(iii) o Superior Tribunal de Justiça (STJ);

(iv) os Tribunais Regionais Federais e Juízes Federais;

(v) os Tribunais e Juízes do Trabalho;

(vi) os Tribunais e Juízes Eleitorais;

(vii) os Tribunais e Juízes Militares; e

(viii) os Tribunais e Juízes dos Estados e do Distrito Federal e Territórios.

O Poder Judiciário exerce suas atribuições jurisdicionais através dos órgãos anteriormente listados, com exceção do Conselho Nacional de Justiça (CNJ), que se limita a cumprir tarefas de caráter administrativo, não possuindo função jurisdicional.

O STF, os Tribunais Superiores e o CNJ têm sede na Capital Federal, e o STF e os Tribunais Superiores exercem jurisdição em todo o território nacional.

Os Tribunais Superiores são aqueles assim nominados (SUPERIOR Tribunal de Justiça, Tribunal SUPERIOR do Trabalho, Tribunal SUPERIOR Eleitoral e SUPERIOR Tribunal Militar).

DICA
O STF não é um Tribunal Superior, é o Tribunal Supremo, instância principal de tutela e proteção máxima à Constituição Federal.

O STF e os Tribunais Superiores são intitulados "órgãos de convergência", por possuírem jurisdição em todo o território nacional.

O Tribunal do Júri não faz parte da divisão da justiça; se apresenta como uma garantia individual, integrando a justiça comum.

Os Municípios não possuem jurisdição própria, apesar de, obviamente, existir prestação jurisdicional em suas localidades, através das comarcas e sessões judiciárias.

A justiça do Distrito Federal e Territórios é criada e mantida pela União, de forma que tanto os magistrados quanto os servidores dessa justiça sejam remunerados pelo erário federal (art. 21, XIII e art. 22 XVII, CF/88).

DICA
Os Tribunais de Contas e o Ministério Público não são órgãos do Poder Judiciário.

2.2. Padrão de idade como requisito de ingresso

Para que determinada pessoa seja indicada para integrar os quadros de alguns dos órgãos do Poder Judiciário, deverão ser observados certos limites etários (mínimo e máximo), quais sejam:

(i) os integrantes do STF, STJ e TST deverão ter idade mínima de 35 anos e idade máxima de 65 anos;

(ii) os integrantes dos TRFs e TRTs deverão ter idade mínima de 30 anos e idade máxima de 65 anos;

(iii) os ministros civis do STM deverão ter idade mínima de 35 anos.

DICA
Convém destacar que após a Emenda Constitucional 61/2009, a Constituição deixou de exigir a observância de critério etário para a composição do CNJ (ver art. 103-B, CF/88).

2.3. Aprovação prévia pelo Senado Federal como requisito para a posse

A posse em determinados cargos do Poder Judiciário exige **prévia aprovação do Senado Federal**, em sabatina. A assunção dos cargos por parte daqueles indicados para integrar o STF, STJ, TST ou CNJ (com exceção do Presidente do CNJ, que é o Presidente do STF) está na dependência da aprovação da maioria absoluta dos membros do Senado Federal.

Por outro lado, os quinze membros que forem indicados para assumir cargo no STM se sujeitam à aprovação por maioria simples dos membros do Senado Federal.

3. O QUINTO CONSTITUCIONAL

Em conformidade com o art. 94, CF/88, **um quinto** dos lugares dos Tribunais Regionais Federais, dos Tribunais dos Estados e do Distrito Federal e Territórios será composto de membros do Ministério Público com mais de dez anos de carreira e advogados de notório saber jurídico e de reputação ilibada com mais de dez anos de efetiva atividade profissional. Deve-se observar que o magistrado nomeado pelo quinto constitucional é desde logo vitalício.

Esta regra será cumprida da seguinte maneira: os órgãos de representação das respectivas classes preparam uma lista sêxtupla, reduzida pelo Tribunal para uma lista tríplice, enviando-a ao Poder Executivo, que nos vinte dias subsequentes escolherá um componente da lista para nomeação.

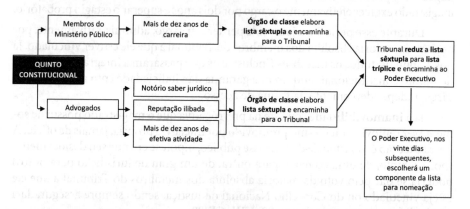

O quinto constitucional passou a ser aplicado também aos Tribunais do Trabalho, TST e TRTs, a partir da Emenda Constitucional 45/2004.

 DICA
Quanto ao STJ, como não temos um quinto do Tribunal composto por membros da advocacia e do MP, mas tão somente um terço, é possível concluir que o Tribunal **não** sofre a incidência da cláusula (ver art. 104, CF/88).

4. GARANTIAS DO PODER JUDICIÁRIO

Com a finalidade de assegurar a **independência** e a **autonomia** do Poder Judiciário perante os outros poderes, assim como **garantir a imparcialidade** no exercício de suas tão importantes funções, a Constituição estipulou garantias que o resguardam de pressões externas indevidas, reforçam o princípio da separação de poderes e, por consequência, o próprio Estado Democrático de Direito.

São as **garantias funcionais** que permitem aos juízes o cumprimento de suas atribuições constitucionais e legais com a necessária imparcialidade e, ainda, com desassombro e liberdade diante de eventuais ingerências externas. Podem ser fracionadas em dois grupos: (1) garantias de independência; e (2) garantias de imparcialidade. Vejamos ambas.

(1) As garantias de independência permitem aos magistrados trabalhar em paz, sem se subordinar hierarquicamente a quem quer que seja. São elas:

(i) vitaliciedade,

(ii) inamovibilidade e

(iii) irredutibilidade de subsídios.

A **vitaliciedade** é a garantia que vincula o titular ao cargo para o qual foi nomeado e, uma vez alcançada, torna o sujeito detentor do cargo por toda vida, o que garante que ele somente irá perdê-lo em virtude de sentença judicial transitada em julgado. No primeiro grau de jurisdição, a vitaliciedade somente é adquirida após o magistrado exercer efetivamente o cargo por dois anos e superar o estágio probatório.

Durante esse período, o juiz pode perder seu cargo, administrativamente, por decisão da maioria absoluta dos membros do Tribunal a que ele estiver vinculado. Já nos Tribunais, todos os membros (inclusive os que passaram a integra-lo pela regra do quinto constitucional) adquirem a garantia da vitaliciedade com a assunção do cargo, independentemente da forma de acesso.

Já a **inamovibilidade** consiste na prerrogativa que o magistrado possui de somente ser removido ou mesmo promovido por iniciativa própria, jamais de ofício. A única exceção é a existência de interesse público, hipótese em que seu deslocamento (por exemplo, de uma comarca para outra, de um grau de jurisdição para outro) poderia se dar pelo voto da maioria absoluta dos membros do Tribunal a que ele esteja vinculado ou do Conselho Nacional de Justiça, sendo sempre assegurada a ampla defesa, nos termos do art. 93, VIII, CF/88.

Quanto à **irredutibilidade de subsídios**, pode-se dizer que é a garantia que os magistrados têm de que seus subsídios não poderão ser reduzidos (salvo em decorrência da incidência dos tributos). Isso evita pressões externas, que impediriam a liberdade no exercício das atribuições judicantes. Trata-se de uma garantia nominal e não real, isto é, os valores percebidos pelos magistrados não estão livres de corrosão por eventual inflação.

(2) As **garantias de imparcialidade** dos órgãos judiciários são vedações que foram impostas ao juiz no intuito de garantir sua imparcialidade como órgão julgador. O rol que as prevê é exaustivo e determina que aos magistrados é vedado:

(i) exercer, ainda que em disponibilidade, outro cargo ou função, salvo uma de magistério;

(ii) receber, a qualquer título ou pretexto, custas ou participação em processo;

(iii) dedicar-se à atividade político-partidária;

(iv) receber, a qualquer título ou pretexto, auxílios ou contribuições de pessoas físicas, entidades públicas ou privadas, ressalvadas as exceções previstas em lei;

(v) e exercer a advocacia no juízo ou Tribunal do qual se afastou, antes de decorridos três anos do afastamento do cargo por aposentadoria ou exoneração, a chamada quarentena de saída.

5. CONSELHO NACIONAL DE JUSTIÇA

Em um cenário de críticas severas ao isolacionismo social, morosidade e corporativismo maléfico que acometiam o Poder Judiciário, foi instituído (pela Emenda Constitucional 45/2004) o Conselho Nacional de Justiça, órgão com **atribuições exclusivamente administrativas**, desprovido de competências jurisdicionais, para controlar a atuação administrativa e financeira do Poder Judiciário, bem como fiscalizar os juízes no cumprimento de seus deveres funcionais.

Referido conselho foi definido na Constituição com **quinze membros**, com mandato de dois anos, sendo admitida apenas uma recondução. Esses membros são nomeados pelo Presidente da República, depois de aprovada a escolha pela maioria absoluta do Senado Federal, com exceção do Presidente do STF, que é membro nato do Conselho.

Aliás, sobre o Presidente do Supremo Tribunal Federal, vale frisar que ele presidirá o Conselho e, nas suas ausências e impedimentos, o Vice-Presidente do STF exercerá a função.

Também é importante destacar que o Ministro do Superior Tribunal de Justiça exercerá a função de Ministro-Corregedor e que, junto ao Conselho, oficiarão o Procurador-Geral da República e o Presidente do Conselho Federal da OAB.

Ainda sobre a composição, conforme prevê o art. 103-B, incisos I a XIII, CF/88, integram o Conselho:

(i) o Presidente do Supremo Tribunal Federal;

(ii) um Ministro do STJ, indicado pelo STJ;

(iii) um Ministro do TST, indicado pelo TST;

(iv) um desembargador de TJ, indicado pelo STF;

(v) um juiz estadual, indicado pelo STF;

(vi) um juiz de TRF, indicado pelo STJ;

(vii) um juiz federal, indicado pelo STJ;

(viii) um juiz de TRT, indicado pelo TST;

(ix) um juiz do trabalho, indicado pelo TST;

(x) um membro do Ministério Público da União, indicado pelo PGR;

(xi) um membro do Ministério Público estadual, escolhido pelo PGR entre os nomes indicados pelo órgão competente de cada instituição estadual;

(xii) dois advogados, indicados pelo Conselho Federal da Ordem dos Advogados do Brasil;

(xiii) dois cidadãos, de notável saber jurídico e reputação ilibada, indicados um pela Câmara dos Deputados e outro pelo Senado Federal.

Em síntese, na composição do CNJ temos:

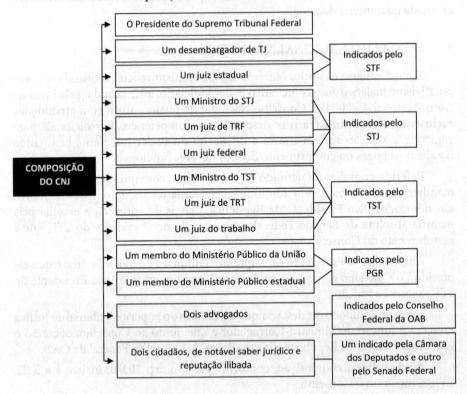

Quanto às **competências** do Conselho, não há previsão exaustiva no art. 103, § 4º, CF/88, haja vista a possibilidade de ampliação que pode ser efetuada pelo Estatuto da Magistratura.

Em finalização ao tópico, vale afirmar três coisas:

(i) por estarem as atribuições do CNJ restritas ao controle da atuação administrativa, financeira e disciplinar dos órgãos do Poder Judiciário a ele sujeitos, pode-se afirmar que seus atos poderão ser **revistos pelo STF**, que, além de ser órgão de cúpula jurisdicional e nacional do Judiciário brasileiro, apresenta-se igualmente como órgão de cúpula administrativa, financeira e de controle do cumprimento dos deveres funcionais dos juízes (art. 102, I, r, CF/88);

(ii) o STF **não** se submete às deliberações do CNJ;

(iii) por último e para que não restem dúvidas: o STF afirmou a **constitucionalidade** do Conselho, determinando que sua criação não importou violação ao ideal de separação de poderes, tampouco ao princípio federativo.

6. SÚMULAS VINCULANTES

A mesma Emenda Constitucional 45/2004 que criou o CNJ, instituiu um instrumento típico da *common law*: as **súmulas vinculantes**.

O intuito do estabelecimento desse instituto em nossa Constituição teve objetivos mais amplos e nobres que simplesmente combater a morosidade do Judiciário, reduzindo sua carga de trabalho. A previsão de efeito vinculante às súmulas visou garantir respostas igualitárias entre os jurisdicionados, fortalecendo os valores relacionados ao ideal de isonomia e de segurança jurídica.

É competência do Supremo Tribunal Federal, e de nenhum outro órgão, a edição, a revisão e o cancelamento das súmulas vinculantes.

Nessa tarefa, deve a Corte observar alguns **requisitos** para que sua atuação seja legítima:

(i) existência de reiteradas decisões sobre a matéria constitucional;

(ii) controvérsia atual entre órgãos do Poder Judiciário ou entre estes e a Administração Pública que acarrete grave insegurança jurídica ou a multiplicação de processos idênticos;

(iii) aprovação por 2/3 de seus membros.

É certo que só o STF pode editar/rever/cancelar súmulas vinculantes. Mas é válido destacar que a atuação da Corte pode se dar de ofício (proposta apresentada por um ministro integrante da Corte) ou por provocação (art. 103-A, § 2°, CF/88).

Essa provocação pode ser feita pelos mesmos legitimados que podem ajuizar a ação direta de inconstitucionalidade (ADI) no STF e estão listados no art. 103, CF/88. São eles: I – o Presidente da República; II – a Mesa do Senado Federal; III – a Mesa da Câmara dos Deputados; IV – a Mesa de Assembleia Legislativa; IV – a Mesa de Assembleia Legislativa ou da Câmara Legislativa do Distrito Federal; V – o Governador de Estado; V – o Governador de Estado ou do Distrito Federal; VI – o Procurador-Geral da República; VII – o Conselho Federal da Ordem dos Advogados do Brasil; VIII – partido político com representação no Congresso Nacional; IX – confederação sindical ou entidade de classe de âmbito nacional.

Quanto ao **efeito vinculante** da súmula, necessário deixar assente que todos os demais órgãos do Poder Judiciário e a administração pública, direta e indireta, de todas as unidades da nossa Federação, estão vinculados pelo teor do enunciado da súmula vinculante. No entanto, importante destacar que os Poderes Executivo e Legislativo também não ficam vinculados pela súmula quando estiverem no exercício da produção normativa, isto é, salvo quando estiverem legislando. Assim, o legislador pode editar uma lei (ou o Presidente da República uma medida provisória) que afronte o teor da súmula vinculante). Essa possibilidade visa oxigenar a discussão e permitir que o legislador renove o debate sobre um tema que parecia já definitivamente resolvido pelo STF quando da edição da súmula com efeito vinculante.

 DICA

Devemos ter atenção ao disposto no art. 103-A, § 3°, CF/88, que determina que, da decisão judicial ou do ato administrativo que contrariar enunciado

> de súmula vinculante, negar-lhe vigência ou aplicá-lo indevidamente, caberá **reclamação** ao STF, sem prejuízo da utilização de outros recursos ou meios admissíveis de impugnação.

7. ARQUITETURA DO PODER JUDICIÁRIO

O Supremo Tribunal Federal (STF) e os Tribunais Superiores (STJ – Superior Tribunal de Justiça; STM – Superior Tribunal Militar; TST – Tribunal Superior do Trabalho e TSE – Tribunal Superior Eleitoral) têm sede na **Capital Federal** (Brasília, de acordo com o art. 18, § 1º, CF/88) e exercem jurisdição sobre todo o território nacional.

O STF e o STJ são **Tribunais nacionais**, na medida em que não pertencem a qualquer das divisões da Justiça pátria. Assim, além de órgãos de convergência são também órgãos de superposição. Isso porque, embora não pertençam a qualquer Justiça, suas decisões se sobrepõem às decisões proferidas pelos órgãos inferiores das Justiças comum e especial.

Já o TST, o TSE e o STM são intitulados **órgãos de convergência** na medida em que funcionam como Tribunal de cúpula de cada uma das Justiças especiais da União, sendo os responsáveis pela decisão definitiva nas causas de competência da Justiça respectiva.

Quanto às causas processadas na Justiça Federal ou nas locais, em matéria infraconstitucional, a convergência conduz ao STJ e, em matéria constitucional, convergem diretamente ao STF.

Por último, todos os Tribunais Superiores convergem unicamente ao Supremo Tribunal Federal, como órgão máximo da Justiça brasileira.

A Justiça Comum é fracionada entre (i) a Justiça Federal; (ii) a Justiça Estadual; e (iii) a Justiça do Distrito Federal e Territórios. A Constituição ainda prevê que a União, no Distrito Federal e nos Territórios, e os Estados deverão instituir: (i) juizados especiais, e (ii) a justiça de paz.

Por seu turno, a Justiça especializada é composta pelos seguintes órgãos: (i) Justiça do Trabalho; (ii) Justiça Eleitoral; (iii) Justiça Militar da União; (iv) Justiça Militar dos Estados, do Distrito Federal e Territórios.

8. O SUPREMO TRIBUNAL FEDERAL

É o órgão judicial brasileiro mais antigo e encontra-se no topo da organização judiciária, caracterizando-se como órgão superior do Poder. Em respeito à Constituição da República, o Supremo Tribunal Federal possui sede na Capital Federal, alastrando sua competência sobre todo o território nacional.

Nos termos do art. 101, CF/88, o tribunal é composto por onze ministros, escolhidos dentre brasileiros natos (conforme art. 12, § 3º, CF/88) com mais de 35 anos e menos de 65 anos de idade, de notável saber jurídico e reputação ilibada.

Os ministros do STF são nomeados pelo Presidente da República, depois de aprovada a escolha pela maioria absoluta do Senado Federal. Vale destacar que a

Cap. 14 • PODER JUDICIÁRIO

composição da nossa Corte Suprema não se submete à regra do quinto constitucional (prevista no art. 94, CF).

A função básica da nossa Corte Suprema é a de tutelar a Constituição da República, assim como assegurar o respeito a ela em todo o país, o que é feito por meio de alguns mecanismos. Um deles é o controle concentrado de constitucionalidade, reservado com exclusividade ao STF, que é o único tribunal competente para julgar a ação direta de inconstitucionalidade (ADI; art. 102, I, a, CF/88), a ação declaratória de constitucionalidade (ADC; art. 102, I, a, CF/88), a ação direta de inconstitucionalidade por omissão (ADO; art. 103, § 2º, CF/88) e a arguição de descumprimento de preceito fundamental (ADPF; art. 102, 1º, CF/88).

No entanto, e para além dessa função, a Constituição Democrática de 1988 ampliou significativamente as competências originárias do STF, que hoje possui vasta grade de tarefas, inclusive recursal (recurso ordinário, no inciso II do art. 102; e recurso extraordinário, no inciso III do art. 102).

9. SUPERIOR TRIBUNAL DE JUSTIÇA

O STJ tem sede na Capital Federal e jurisdição em todo o território nacional, tendo sido instituído pela Constituição de 1988.

Possui, no mínimo, **trinta e três ministros,** nomeados pelo Presidente da República dentre brasileiros com mais de 35 e menos de 65 anos, possuidores de notável saber jurídico e reputação ilibada, depois de aprovada a escolha pela maioria absoluta do Senado Federal.

Dos trinta e três ministros:

(i) um terço é composto por juízes advindos dos Tribunais Regionais Federais;

(ii) um terço é composto por Desembargadores advindos dos Tribunais de Justiça;

(iii) um terço, em partes iguais, dentre advogados e membros do Ministério Público Federal, Estadual, do Distrito Federal e Territórios, alternadamente, indicados segundo o regramento previsto no art. 94, CF/88 – apesar de a aritmética da formação do STJ não se subordinar à regra do "quinto constitucional", o procedimento de indicação dos membros do Ministério Público e da advocacia segue os trâmites definidos por essa cláusula.

Sobre as atribuições do STJ, é sabido que o Tribunal possui competências originárias (art. 105, I, CF/88) e recursais (art. 105, II e III, CF/88).

Por fim, a Emenda Constitucional nº 45/2004 estabeleceu que irão funcionar junto ao Superior Tribunal de Justiça os seguintes órgãos administrativos: (i) a Escola Nacional de Formação e Aperfeiçoamento de Magistrados; e (ii) o Conselho da Justiça Federal.

10. QUESTÕES COMENTADAS

1. **(2013 – FCC – TRT 18ªR – Técnico Judiciário)** Considere as seguintes assertivas sobre o Poder Judiciário, de acordo com a Constituição Federal de 1988:

I. Somente pelo voto da maioria absoluta de seus membros ou dos membros do respectivo órgão especial poderão os tribunais declarar a inconstitucionalidade de lei ou ato normativo do Poder Público.

Correta. O item traz exatamente a redação do art. 97, CF/88.

II. O ato de disponibilidade do magistrado, por interesse público, fundar-se-á em decisão por voto da maioria absoluta do respectivo tribunal ou do Conselho Nacional de Justiça, assegurada ampla defesa.

Correta. É o que determina o art. 93, VIII, CF/88.

III. Lei Ordinária, de iniciativa do Supremo Tribunal Federal, disporá sobre o Estatuto da Magistratura, observados os princípios estabelecidos na Constituição Federal de 1988.

Incorreta. Trata-se de Lei Complementar e não de Lei Ordinária, nos termos do art. 93, CF/88.

Está correto o que se afirma em:

a) I e II, apenas.

b) I, II e III.

c) II e III, apenas.

d) I e III, apenas.

e) II, apenas

2. **(2013 – FCC – TRT 1ªR – Técnico Judiciário)** Suponha que um indivíduo empossado como juiz no ano de 2010 tenha também assumido um cargo de magistério em instituição pública de ensino. Sem prévia comunicação ao Tribunal ao qual estava vinculado, filiou-se a partido político, vindo a perder o cargo em 2011 por decisão do respectivo Tribunal. No ano seguinte, passou a exercer advocacia junto ao mesmo juízo do qual se afastou. Considerando as normas da Constituição Federal, o indivíduo em questão

a) agiu ilicitamente ao exercer um cargo de magistério em instituição pública de ensino, conjuntamente com o cargo de juiz.

Alternativa falsa. Mesmo empossado como Juiz ele pode exercer um cargo de magistério, conforme determina o art. 95, parágrafo único, I, que determina: "Aos juízes é vedado: I – exercer, ainda que em disponibilidade, outro cargo ou função, salvo uma de magistério".

b) somente poderia dedicar-se a atividade político-partidária mediante prévia e expressa autorização do respectivo Tribunal.

Alternativa falsa. Aos juízes é expressamente vedado pela Constituição dedicar-se à atividade político-partidária (art. 95, parágrafo único, II, CF/88).

c) somente poderia dedicar-se a atividade político-partidária após tornar-se vitalício.

Alternativa falsa. Aos juízes é vedado dedicar-se à atividade político-partidária em qualquer período do exercício da magistratura (art. 95, parágrafo único, II, CF/88).

d) **agiu ilicitamente ao exercer advocacia junto ao mesmo juízo do qual se afastou, antes de decorridos 3 anos do afastamento do cargo.**

Alternativa verdadeira. Deveria o magistrado ter respeitado a quarentena de saída, nos termos da Constituição Federal, que assevera, no art. 95, parágrafo único, V: "Aos

Cap. 14 · PODER JUDICIÁRIO | 217

juízes é **vedado** exercer a advocacia no juízo ou tribunal do qual se afastou, antes de decorridos **três anos** do afastamento do cargo por aposentadoria ou exoneração".

3. **(2013 – CESPE – TRE-MS – Técnico Judiciário)** No que se refere ao Poder Judiciário, julgue o item:

    O STF possui competência para processar e julgar, originariamente, os membros dos tribunais regionais eleitorais pela prática de crimes comuns.

    Incorreta. Essa competência pertence ao STJ e não ao STF, conforme determina o art. 105, I, 'a', CF/88.

11. QUESTÕES PARA TREINAR!

1. **(2015 – FGV – DPE-RO – Técnico da Defensoria Publica)** O Poder Judiciário é organizado em harmonia com as diretrizes estabelecidas pela Constituição da República Federativa do Brasil, incluindo o modo de ingresso na carreira e os critérios de promoção. A esse respeito, é correto afirmar que:

    a) o acesso ao cargo de Desembargador do Tribunal de Justiça ocorre, exclusivamente, a partir de promoção na carreira;

    b) a promoção na carreira é definida, exclusivamente, pelo critério de merecimento;

    c) a unidade do Poder Judiciário permite que juízes vinculados aos Estados sejam transferidos para a União;

    d) os juízes comissionados são nomeados pelo Governador a partir de lista tríplice formada pelo Tribunal de Justiça;

    e) a promoção de juízes para o Tribunal de Justiça deve seguir, alternadamente, os critérios de antiguidade e merecimento.

2. **(2015 – FCC – TRE-RR – Técnico Judiciário)** Dentro da estrutura constitucional Brasileira, o Órgão máximo do Poder Judiciário é o

    a) Tribunal Federal de Recursos.

    b) Conselho Nacional de Justiça.

    c) Superior Tribunal de Justiça.

    d) Tribunal Superior Eleitoral.

    e) Supremo Tribunal Federal.

3. **(2015 – FGV – TJ-SC – Técnico Judiciário)** Determinado desembargador, após verificar que certo Juiz de Direito vinha descumprindo a Constituição em reiteradas decisões, determinou, em contato telefônico, que o magistrado de primeira instância não mais agisse dessa maneira, pois tal proceder era extremamente negativo para a imagem do Poder Judiciário. O Juiz de Direito afirmou que não atenderia essa determinação, já que tinha independência funcional e nada poderia ser feito contra ele. O desembargador, por sua vez, rebateu afirmando que a Constituição da República não atribuiu essa garantia, de maneira expressa, aos magistrados, afirmativa que está absolutamente correta. À luz desse quadro, é correto afirmar que:

a) os magistrados não possuem independência funcional, já que a Constituição da República não lhes outorgou expressamente essa garantia, o que denota a juridicidade da determinação do desembargador;

b) o Juiz de Direito somente possui independência funcional enquanto agir em harmonia com a ordem jurídica, o que indica a plena juridicidade da determinação do desembargador;

c) a independência funcional dos magistrados, além de ínsita na concepção de Poder Judiciário, também decorre das demais garantias outorgadas pela ordem constitucional, o que indica a injuridicidade da ordem do desembargador;

d) o Poder Judiciário é estruturado com base no princípio da hierarquia, o que permite que órgão superior reforme as decisões de órgão inferior, daí decorrendo a juridicidade da conduta do desembargador;

e) com base no princípio da colegialidade, não seria possível que um desembargador, isoladamente, expedisse determinação dessa natureza, possibilidade só assegurada a uma Câmara ou ao Tribunal Pleno.

4. **(2014 – FGV – TJ-RJ – Técnico de Atividade Judiciária)** Os Juízes de Direito dos Estados podem examinar as causas de competência dos Juízes Federais quando:

a) o Conselho Nacional de Justiça, no exercício de suas atribuições constitucionais, declarar a competência do órgão jurisdicional estadual;

b) o Superior Tribunal de Justiça, a partir de provocação dos legitimados previstos em lei, der provimento ao incidente de deslocamento de competência;

c) o Supremo Tribunal Federal, ao resolver conflito de competência entre órgãos da Justiça Federal e da Justiça Estadual, assim o determinar;

d) não houver vara do juízo federal na respectiva comarca e figurarem como parte instituição de previdência social e segurado;

e) não houver vara do juízo federal na respectiva comarca e a causa versar sobre qualquer matéria de competência da União.

5. **(2014 – CESPE – ANTAQ – Técnico Administrativo)** Com relação aos poderes da República, julgue o item subsequente.

O estatuto da magistratura deve ser regulado por lei complementar, cuja proposição é de iniciativa do Supremo Tribunal Federal.

6. **(2014 – FCC – TRF 4ªR – Técnico Judiciário)** Considere as seguintes situações:

I. Após sete anos de exercício da função, em primeiro grau, um juiz perde o cargo, mediante sentença judicial transitada em julgado.

II. É determinada a remoção de certo magistrado, contrariamente à sua vontade, por motivo de interesse público, conforme decisão do voto da maioria absoluta do tribunal a que pertence.

III. Determinado magistrado, membro de Tribunal de Justiça estadual, sofre redução em seu subsídio mensal, a fim de que este seja adequado ao valor fixado para o do Governador do Estado.

Seria incompatível com a Constituição da República, por infringir garantia que esta expressamente outorga aos juízes, o que consta em

a) I, II e III.

b) I, apenas.

c) I e II, apenas.

d) II e III, apenas.

e) III, apenas.

7. **(2014 – FCC – TRF 4ªR – Técnico Judiciário)** Após reorganização administrativa, realizada com vistas a assegurar o pleno acesso do jurisdicionado à justiça em todas as fases do processo, determinado Tribunal Regional Federal alterou sua composição e forma de atuação do seguinte modo:

I. nove membros, sendo dois nomeados dentre advogados com mais de dez anos de efetiva atividade profissional e membros do Ministério Público Federal com mais de dez anos de carreira, e os demais mediante promoção de juízes federais com mais de cinco anos de exercício, por antiguidade e merecimento, alternadamente.

II. promoção de justiça itinerante, por meio da realização de audiências e demais funções da atividade jurisdicional, em equipamentos públicos e comunitários, nos limites territoriais da respectiva jurisdição.

III. funcionamento descentralizado, por meio da constituição de Câmaras regionais, mantida, no entanto, sua sede no local determinado em lei.

É compatível com a disciplina da matéria na Constituição da República o que consta em

a) I, apenas.

b) I e II, apenas.

c) II e III, apenas.

d) III, apenas.

e) I, II e III.

8. **(2014 – FJG – RIO – Prefeitura de Rio de Janeiro – RJ – Técnico em Segurança do Trabalho)** Constitui órgão do Poder Judiciário:

a) o Conselho Nacional de Justiça

b) o Conselho de Defesa Nacional

c) o Conselho Nacional do Ministério Público

d) o Tribunal de Defesa das Atividades Econômicas

9. **(2014 – CESPE – TJ-SE – Técnico Judiciário)** Com relação à organização dos Poderes Legislativo e Judiciário e ao Conselho Nacional de Justiça, julgue o item que se segue.

O Conselho Nacional de Justiça, embora seja órgão do Poder Judiciário, não possui competência jurisdicional, cabendo-lhe a supervisão administrativa e financeira daquele poder.

10. (2014 – CESPE – TJ-CE – Técnico Judiciário) No que concerne ao Conselho Nacional de Justiça (CNJ), julgue o item que se segue.

a) Compete ao CNJ processar e julgar as ações penais impetradas contra os seus conselheiros.

b) O CNJ é integrado por quinze membros, entre eles dois juízes estaduais e dois desembargadores de tribunal de justiça, indicados pelo STJ.

c) Junto ao CNJ oficiarão o procurador-geral de justiça e o presidente da Ordem dos Advogados do Brasil.

d) O CNJ não está autorizado a propor ação direta de inconstitucionalidade.

e) O CNJ, apesar de órgão do Poder Judiciário, está tecnicamente subordinado ao Tribunal de Contas da União em razão de seu caráter correcional.

11. (2014 – CESPE – TJ-CE – Técnico Judiciário) Assinale a opção correta, considerando as normas da CF relativas ao Poder Judiciário.

a) As decisões administrativas dos tribunais deverão ser proferidas em sessões reservadas, como regra.

b) A promoção do juiz que figure por três vezes consecutivas ou cinco alternadas em lista de merecimento é medida obrigatória.

c) Compete ao Poder Judiciário fixar a remuneração de seus servidores, observados os critérios que preservem o equilíbrio financeiro e atuarial.

d) Cabe ao STJ processar e julgar os juízes estaduais e do Distrito Federal nos crimes comuns e de responsabilidade.

e) São órgãos do Poder Judiciário os tribunais de justiça dos estados e os conselhos de justiça dos municípios.

12. (2014 – CESPE – TC-DF – Técnico de Administração) Acerca da administração pública e dos poderes da República, julgue o item que se segue.

Além dos juízes oriundos dos tribunais regionais federais e dos desembargadores advindos dos tribunais de justiça, comporão o STJ, na proporção de um quinto de suas vagas, advogados e membros do Ministério Público com mais de dez anos de atividade efetiva e mais de dez anos de carreira, respectivamente.

13. (2014 – FGV – AL-BA – Técnico de Nível Superior) Os magistrados possuem restrições severas em relação aos atos empresariais e à atividade política, diferentemente de outras carreiras jurídicas, cujos integrantes podem candidatar-se a cargos eletivos e manter vínculo com seus cargos de origem.

Uma das vedações constitucionais imposta ao magistrado está vinculada à atividade

a) corporativa.

b) associativa.

c) político-partidária.

d) de magistério.

e) administrativa no Poder Judiciário.

Cap. 14 · PODER JUDICIÁRIO

221

14. **(2013 – CESPE – TRT 8ªR – Técnico Judiciário)** Assinale a opção correta a respeito do Poder Judiciário.

a) Salvo autorização do CNJ, o juiz titular terá de residir na respectiva comarca.

b) Deverão ser motivadas e tomadas em sessão pública as decisões administrativas dos tribunais, sendo as disciplinares tomadas pelo voto da maioria absoluta de seus membros.

c) Os servidores dos tribunais receberão delegação para a prática de atos de mero expediente, contudo referidas práticas só possuirão caráter decisório se a delegação for expressa nesse sentido.

d) A CF estabelece que as custas e emolumentos serão destinados ao custeio dos serviços afetos às atividades da administração pública em geral.

e) O CNJ é um órgão de natureza judicial, com sede na capital federal e jurisdição em todo o território nacional.

15. **(2013 – CESPE – MPU – Técnico Administrativo)** Considerando as disposições constitucionais sobre o Poder Judiciário, julgue o item que se segue.

A regra do quinto constitucional aplica-se ao Superior Tribunal de Justiça, ao Tribunal Superior do Trabalho, aos tribunais regionais federais, aos tribunais dos Estados e do DF e territórios e aos tribunais regionais do trabalho.

16. **(2013 – FCC – TRT 18ªR – Técnico Judiciário)** Considere as seguintes assertivas sobre o Poder Judiciário, de acordo com a Constituição Federal de 1988:

I. Somente pelo voto da maioria absoluta de seus membros ou dos membros do respectivo órgão especial poderão os tribunais declarar a inconstitucionalidade de lei ou ato normativo do Poder Público.

II. O ato de disponibilidade do magistrado, por interes – se público, fundar-se-á em decisão por voto da maioria absoluta do respectivo tribunal ou do Conselho Nacional de Justiça, assegurada ampla defesa.

III. Lei Ordinária, de iniciativa do Supremo Tribunal Federal, disporá sobre o Estatuto da Magistratura, observados os princípios estabelecidos na Constituição Federal de 1988.

Está correto o que se afirma em:

a) I e II, apenas.

b) I, II e III.

c) II e III, apenas.

d) I e III, apenas.

e) II, apenas

17. **(2013 – CESPE – MJ – Analista Técnico – Administrativo)** Em relação às atribuições e às competências dos Poderes Executivo, Legislativo e Judiciário, julgue o item que se segue.

O Superior Tribunal de Justiça tem competência para processar e julgar originariamente mandado de segurança contra seus próprios atos.

18. (2013 – CESPE – TCE-RO – Agente Administrativo) Considerando o disposto na CF a respeito do Ministério Público e da magistratura, julgue o item que se segue.

O Conselho Nacional de Justiça e o TCU são órgãos internos do Poder Judiciário, porém não possuem jurisdição, sendo apenas órgãos administrativos de fiscalização externa dos demais órgãos.

19. (2013 – CESPE – DEPEN – Especialista – Todas as áreas) A propósito do Poder Judiciário, julgue o próximo item.

Apesar de competir ao Conselho Nacional de Justiça o controle da atuação administrativa e financeira do Poder Judiciário e do cumprimento dos deveres funcionais dos juízes, o texto constitucional não reconhece esse órgão como integrante do Poder Judiciário.

20.. (2013 – CESPE – MPU – Técnico Administrativo) Considerando as disposições constitucionais sobre o Poder Judiciário, julgue o item que se segue.

A regra segundo a qual os juízes não podem, antes de decorridos três anos do afastamento do cargo, exercer a advocacia no juízo ou no tribunal do qual tenham se afastado aplica-se tanto ao afastamento por aposentadoria quanto ao por exoneração.

21. (2013 – VUNESP – TJ-SP – Escrevente Técnico Judiciário) Segundo a Constituição Federal, é(são) órgão(s) do Poder Judiciário:

a) o Tribunal de Contas da União.

b) o Ministério da Justiça.

c) o Superior Tribunal Federal.

d) o Conselho Superior de Justiça.

e) os Tribunais e os Juízes do Trabalho.

22. (2013 – CESPE – TJ-DF – Técnico Judiciário) Acerca do Poder Judiciário, julgue o item que se segue.

O cargo de juiz é vitalício, razão por que seu ocupante somente o perderá por decisão judicial transitada em julgado.

23. (2013 – CESPE – TRT 10ªR – Técnico Judiciário) Com relação ao Poder Judiciário, julgue o item que se segue.

Leis e expedientes administrativos tendentes a intimidar o exercício dos juízes infringem o instituto das garantias judiciais e direitos fundamentais dos cidadãos, especialmente o direito à tutela judicial e ao processo e julgamento por um tribunal independente e imparcial.

24. (2013 – FCC – TRT 1ªR – Técnico Judiciário) Suponha que um indivíduo empossado como juiz no ano de 2010 tenha também assumido um cargo de magistério em instituição pública de ensino. Sem prévia comunicação ao Tribunal ao qual estava vinculado, filiou-se a partido político, vindo a perder o cargo em 2011 por decisão do respectivo Tribunal. No ano seguinte, passou a exercer advocacia junto ao mesmo juízo do qual se afastou. Considerando as normas da Constituição Federal, o indivíduo em questão

a) agiu ilicitamente ao exercer um cargo de magistério em instituição pública de ensino, conjuntamente com o cargo de juiz.

b) somente poderia dedicar-se a atividade político-partidária mediante prévia e expressa autorização do respectivo Tribunal.

c) somente poderia dedicar-se a atividade político-partidária após tornar-se vitalício.

d) agiu ilicitamente ao exercer advocacia junto ao mesmo juízo do qual se afastou, antes de decorridos 3 anos do afastamento do cargo.

e) não poderia ter perdido o cargo por decisão do Tribunal ao qual estava vinculado.

25. (2013 – CESPE – TRE-MS – Técnico Judiciário) No que se refere ao Poder Judiciário, assinale a opção correta.

a) O STF possui competência para processar e julgar, originariamente, os membros dos tribunais regionais eleitorais pela prática de crimes comuns.

b) Os julgamentos do Poder Judiciário serão públicos, não podendo o juiz ou tribunal limitar o seu acesso em hipótese alguma.

c) Os tribunais de justiça podem declarar a inconstitucionalidade de lei ou ato normativo do poder público, desde que o façam pelo voto da maioria absoluta de seus membros ou dos membros do respectivo órgão especial.

d) A justiça de paz, órgão de caráter jurisdicional, será composta por cidadãos eleitos pelo voto direto, secreto e universal, para um mandato de dez anos.

e) Compete ao Conselho Nacional de Justiça o controle da atuação administrativa, financeira e jurisdicional do Poder Judiciário, bem como a fiscalização do cumprimento dos deveres funcionais dos juízes.

GABARITO DAS QUESTÕES				
1	2	3	4	5
E	E	C	D	V
6	7	8	9	10
E	E	A	V	D
11	12	13	14	15
B	F	C	B	F
16	17	18	19	20
A	V	F	F	V
21	22	23	24	25
E	F	V	D	C

Capítulo 15

DESAFIO – DIREITO CONSTITUCIONAL

Julgue os itens postos abaixo e assinale (V) ou (F):

1. O preâmbulo da Constituição Federal é norma de caráter normativo e deve ser reproduzido nas Constituições dos Estados-membros.

2. O Supremo Tribunal Federal é composto de onze membros, todos brasileiros natos, dotados de notável saber jurídico e reputação ilibada, com idade superior a 35 anos e inferior a 60 anos, nomeados pelo Presidente da República após aprovação da maioria absoluta do Senado Federal.

3. É violável a liberdade de consciência e de crença, sendo assegurado o livre exercício dos cultos religiosos e garantida, na forma da lei, a proteção aos locais de culto e a suas liturgias.

4. A República Federativa do Brasil tem como fundamentos, dentre outros, o pluralismo político e a autodeterminação dos povos.

5. Dentre os princípios pelos quais a República Federativa do Brasil rege-se nas suas relações internacionais encontram-se a prevalência dos direitos humanos e a igualdade entre Estados.

6. Na repartição de competências na Federação brasileira, é competência exclusiva da União a legislação sobre procedimentos em matéria processual.

7. A redução das desigualdades regionais é um dos princípios que rege a República Federativa do Brasil nas suas relações internacionais.

8. A cassação, a suspensão ou a perda de direitos políticos se dará no caso de incapacidade civil absoluta.

9. Todo o poder emana do povo, que o exerce por meio de representantes eleitos ou diretamente, nos termos da Constituição Federal.

10. A República Federativa do Brasil buscará a integração econômica, política, social e cultural dos povos da América Latina, visando à formação de uma comunidade latino-americana de nações.

11. Nacionalidade é o vínculo jurídico-político que liga o indivíduo a um determinado Estado, tornando-o um componente do povo, o que o capacita a exigir a proteção estatal, a fruição de prerrogativas ínsitas à condição de nacional, mas não o sujeita ao cumprimento de deveres.

12. A nacionalidade primária é aquela resultante de um fato natural, qual seja, o nascimento, podendo ser estabelecida por meio de critérios sanguíneos e territoriais.

13. Um inglês veio para o Brasil a serviço do seu país de origem. Aqui conheceu uma brasileira, com quem teve um filho. Pode-se dizer que a criança aqui nascida não é brasileira nata.

14. Os Estados podem incorporar-se entre si, subdividir-se ou desmembrar-se para se anexarem a outros, ou formarem novos Estados ou Territórios Federais, mediante aprovação da população diretamente interessada, que deve ser consultada em referendo popular depois de aprovada a respectiva lei ordinária pelo Congresso Nacional.

15. Segundo a Constituição Federal, são brasileiros natos os nascidos na República Federativa do Brasil, ainda que de pais estrangeiros, mesmo que estejam a serviço de seu país de origem.

16. O cargo de Ministro do Superior Tribunal de Justiça é privativo de brasileiro nato.

17. São brasileiros naturalizados os que, na forma da lei, adquiram a nacionalidade brasileira, exigidas aos originários de países de língua portuguesa apenas residência por cinco anos ininterruptos e idoneidade moral.

18. Ao tratar da nacionalidade, dispõe o texto constitucional que são privativos de brasileiro nato os cargos da carreira diplomática.

19. De acordo com a Constituição da República Federativa do Brasil são privativos de brasileiros natos os cargos de Ministro das Relações Exteriores e de Ministro da Segurança Pública.

20. Cidadão português que legalmente adquira a nacionalidade brasileira não poderá exercer cargo da carreira diplomática, mas não estará impedido de exercer o cargo de ministro de Estado das Relações Exteriores.

21. O Tribunal de Contas da União, justamente por ser chamado de Tribunal, é órgão do Poder Judiciário.

22. O Supremo Tribunal Federal, o CNJ e os Tribunais Superiores têm sede em Brasília e possuem jurisdição em todo o território nacional.

23. O Superior Tribunal de Justiça é composto de no mínimo 27 membros, dentre brasileiros natos ou naturalizados, com mais de 35 e menos de 65 anos de idade.

24. O STF será acionado para julgar em recurso extraordinário decisão prolatada por juiz federal em crime político.

25. O Conselho Nacional de Justiça é órgão integrante do Poder Judiciário, dotado não só de atribuição jurisdicional, mas também da tarefa de fiscalizar a atuação administrativa e financeira do Poder.

26. A Constituição Federal poderá ser emendada na vigência de estado sítio, estado de defesa ou intervenção estadual.

Cap. 15 • DESAFIO – DIREITO CONSTITUCIONAL

27. Somente o STF pode editar, rever e cancelar Súmulas Vinculantes, após reiteradas decisões sobre matéria constitucional e pelo voto de dois terços de seus membros.

28. São Poderes da União, independentes e harmônicos entre si, o Legislativo, o Executivo e o Judiciário.

29. O STF julga o Presidente da República pela prática de crime comum e de responsabilidade.

30. Súmulas vinculantes são editadas pelo STF vinculam os demais órgãos do Poder Judiciário e toda a Administração Pública, direta e indireta, nas esferas federal, estadual e municipal.

31. A organização político-administrativa da República Federativa do Brasil compreende a União, os Estados, o Distrito Federal, os Territórios e os Municípios, todos autônomos, nos termos da Constituição.

32. Os Territórios Federais integram a União, e sua criação, transformação em Estado ou reintegração ao Estado de origem serão reguladas em lei ordinária.

33. São brasileiros natos os nascidos no estrangeiro de pai brasileiro ou de mãe brasileira, desde que sejam registrados em repartição brasileira competente ou venham a residir na República Federativa do Brasil e optem, em qualquer tempo, depois de atingida a maioridade, pela nacionalidade brasileira.

34. O Distrito Federal é a capital do Brasil.

35. A criação, a incorporação, a fusão e o desmembramento de Municípios, far-se-ão por lei estadual, dentro do período determinado por Lei Complementar Federal, e dependerão de consulta prévia, mediante plebiscito, às populações dos Municípios envolvidos, após divulgação dos Estudos de Viabilidade Municipal, apresentados e publicados na forma da lei.

36. Compete à União legislar privativamente sobre direito tributário, penal, processual, eleitoral, agrário, marítimo, aeronáutico, espacial e do trabalho.

37. Aos Municípios competem explorar e regulamentar a prestação de serviços de transporte intermunicipal.

38. Os direitos e garantias expressos na Constituição Federal excluem outros direitos decorrentes do regime e dos princípios por ela adotados, ou dos tratados internacionais em que a República Federativa do Brasil seja parte.

39. É um dos objetivos fundamentais da República Federativa do Brasil, expresso no texto constitucional, a garantia do desenvolvimento nacional e a busca da autosuficiência econômica.

40. Considere que Marcos, cidadão brasileiro, com vinte anos de idade, pretenda se eleger na próxima eleição, pela primeira vez, vereador de determinado município e que seu irmão adotivo seja atualmente vereador do referido município. Nessa situação, Marcos é considerado relativamente inelegível.

41. Direitos fundamentais de segunda geração são chamados de liberdades negativas em relação ao poder estatal.

42. Direitos fundamentais de segunda geração são direitos sociais, econômicos e culturais.

43. Direitos fundamentais de segunda geração possuem um viés mais coletivo e subjetivo, como direito à paz, a um meio ambiente sadio ou à comunicação.

44. As normas definidoras dos direitos e garantias fundamentais têm aplicação mediata.

45. A competência para legislar sobre previdência social é concorrente da União, dos Estados e do Distrito Federal.

46. Os tratados e convenções internacionais sobre direitos humanos que forem aprovados, em cada Casa do Congresso Nacional, em um turno, por três quintos dos votos dos respectivos membros, serão equivalentes às emendas constitucionais.

47. É livre a manifestação do pensamento, sendo permitido o anonimato.

48. Conceder-se-á *habeas-corpus* sempre que alguém sofrer ou se achar ameaçado de sofrer violência ou coação em sua liberdade de locomoção, por ilegalidade ou abuso de poder.

49. A República Federativa do Brasil é formada pela união indissolúvel dos Estados, dos Municípios, do Distrito Federal e dos Territórios Federais.

50. É livre o exercício de qualquer trabalho, ofício ou profissão, atendidas as qualificações profissionais que a lei estabelecer.

GABARITO DO Desafio – DIREITO CONSTITUCIONAL									
1	2	3	4	5	6	7	8	9	10
F	F	F	F	V	F	F	F	V	V
11	12	13	14	15	16	17	18	19	20
V	V	F	F	F	F	F	V	F	V
21	22	23	24	25	26	27	28	29	30
F	F	F	F	F	F	V	V	F	V
31	32	33	34	35	36	37	38	39	40
F	F	V	F	V	F	F	F	F	F
41	42	43	44	45	46	47	48	49	50
F	V	F	F	F	F	F	V	F	F

Redação Oficial, Gramática e Interpretação de Texto

Luciane Sartori

Dedico este livro aos meus alunos – aos que foram, aos que são e aos que serão, pois são eles que sempre inspiram meu trabalho.

Dedico também aos meus pais; hoje eles não estão mais aqui, porém continuam em meu coração orientando-me, acalentando-me, servindo-me de modelo para a vida.

E também o dedico a Jesus, que me serve de modelo espiritual, lembrando-me sempre do maior aprendizado: o amor incondicional, lei universal.

NOTA DA AUTORA

Olá,

Fazendo um intertexto com Vinícius de Moraes, que me desculpem as demais matérias, mas Língua Portuguesa é fundamental. Afinal, sem o conhecimento de nossa língua nenhum outro conhecimento se realiza para nós, seus usuários.

As provas atuais de Português no concurso público são feitas de modo a cobrar do candidato, além do conhecimento específico de gramática, principalmente a habilidade de redigir e interpretar. Note-se ainda que a prova toda é feita nesta língua, portanto essa habilidade acaba sendo cobrada em todo o certame.

Assim, estudar essa matéria tem de ter este fim: entender as condições estipuladas por nossos gramáticos como instrumento de redação e de entendimento de texto.

Para isso se destina este livro: mais do que servir de fonte de consulta das condições linguísticas oferecidas pela gramática, a intenção é auxiliar você a compreender tais condições para o sucesso da aprovação e da vida.

Portanto, estude com foco na elaboração do sentido do texto e seu sucesso estará garantido.

Professora Luciane Sartori

Capítulo 1
ACENTUAÇÃO GRÁFICA

1. INTRODUÇÃO

A apresentação deste assunto será feita inicialmente pelas normas anteriores ao Acordo Ortográfico da Língua Portuguesa de 1990, e, ao final de cada norma apresentada, haverá uma observação que mostrará a alteração estabelecida pelo Acordo, o qual se torna obrigatório a partir de 2016.

É importante saber que tal apresentação foi escolhida porque o Acordo pode não entrar em vigência, como também pode sofrer novas alterações.

Entretanto, ao final de cada norma apresentada, haverá uma observação que mostrará a alteração estabelecida pelo Acordo. Isso se deve ao fato de que há também editais que pedem as normas estabelecidas a partir de 2009.

Trataremos neste capítulo, portanto, dos seguintes acentos: trema, agudo e circunflexo. Isso porque nos concentraremos nos **motivos sonoros** para que uma palavra tenha ou não acento, e estes sinais são empregados justamente com base nisso, diferenciando as palavras umas das outras, ou um tipo de som do outro.

2. TREMA

O trema aparece nos grupos QUE / QUI / GUE / GUI quando o "u" é pronunciado e átono (fraco). Ex.: seqüela, eqüino, agüei, lingüiça.

Observe-se como o som do "e" e do "i" nos grupos QUE / QUI / GUE / GUI nessas palavras é mais forte do que o "u" de cada uma delas. Além disso, quando falamos cada uma delas, pronunciamos o som do "u". Diferente do que ocorre com o som das palavras: *queijo, quitanda, guerra, guitarra,* em que o "u" não tem som, ou seja, não é pronunciado.

Podemos concluir com isso que o trema é um acento empregado para diferenciarmos o som dos grupos QUE / QUI / GUE / GUI, esclarecendo-nos quando o som do "u" é emitido e quando esse som não é emitido.

DICA

Há verbos em que o "u" desses grupos é pronunciado e tônico (forte). Quando isso ocorre, o trema não é empregado, pois ele determina o som átono (fraco) do "u", por isso ele é substituído pelo acento agudo, exemplo: ele argúi. Isso ocorre também no presente do subjuntivo de alguns verbos como "averiguar" e "apaziguar", que já caíram muito em prova por isso, vejamos:

Compare com os verbos que têm "água" em sua formação, como enxaguar:	
presente do indicativo --- pres. do subjuntivo	**presente do indicativo --- pres. do subjuntivo**
eu averiguo → (que) averigúe	eu enxáguo → (que) enxágüe
tu averiguas → (que) averigúes	tu enxáguas → (que) enxágües
ele averigua → (que) averigúe	ele enxágua → (que) enxágüe
nós averiguamos → (que) averigüemos	nós enxaguamos → (que) enxagüemos
vós averiguais → (que) averigüeis	vós enxaguais → (que) enxagüeis
eles averiguam → (que) averigúem	eles enxáguam → (que) enxágüem

Alterações do Acordo de 1990:

O trema não será mais usado → era: argüir, redargüir; agora: arguir, redarguir –só será mantido nas palavras estrangeiras em suas derivadas: *Müller, mülleriano*. Logo, o acento agudo que segue o mesmo raciocínio do trema também não será mais empregado→ era: ele argúi; agora: ele argui. Vejam que nestes casos o som não muda, apenas a acentuação.

Para os verbos terminados em *-guar, -quar e -quir*, como *enxaguar, apaziguar, obliquar, delinquir* e outros, tanto a pronúncia quanto a escrita sofrerão alteração. Nós teremos duas formas de pronunciar esses verbos e, consequentemente, duas formas de escrevê-los. Essas duas formas facultativas misturam as formas dos dois grupos de verbos anteriores ao Acordo e eles ficarão assim:

presente do indicativo ou	**presente do subjuntivo ou**
eu averiguo → averíguo	eu averigue → averígue
tu averiguas → averíguas	tu averigues → averígues
ele averigua → averígua	ele averigue → averígue
nós averiguamos → averiguamos	nós averiguemos → averiguemos
vós averiguais → averiguais	vós averigueis → averigueis
eles averiguam → averíguam	eles averiguem → averígüem

presente do indicativo ou	**presente do subjuntivo ou**
eu enxáguo → enxaguo	eu enxágue → enxague
tu enxáguas → enxaguas	tu enxágues → enxagues
ele enxágua → enxagua	ele enxágue → enxague
nós enxaguamos → enxaguamos	nós enxaguemos → enxaguemos
vós enxaguais → enxaguais	vós enxagueis → enxagueis
eles enxáguam → enxáguam	eles enxáguem → enxágüem

3. **ACENTO AGUDO E ACENTO CIRCUNFLEXO**

Primeiras informações:

′ (agudo): só aparece na sílaba tônica de som aberto, exemplo: avó.

^ (circunflexo): só aparece na sílaba tônica de som fechado, exemplo: avô.

Para entendermos a aplicação desses acentos, temos de fazer alguns lembretes:

(a) **Quanto à tonicidade, as palavras são classificadas em:**

(i) oxítona: quando sua sílaba tônica é a última → ca<u>fé</u>, uru<u>bu</u>;

(ii) paroxítona: quando sua sílaba tônica é a penúltima → ca<u>be</u>ça, <u>jú</u>ri;

(iii) proparoxítona: quando sua sílaba tônica é a antepenúltima →<u>sí</u>laba, <u>tô</u>nico.

(b) **Ditongo** – ocorre quando, ao separarmos uma palavra em sílabas, duas vogais permanecem na mesma sílaba: cha-**péu**, ca-**dei**-ra

(c) **Hiato** – ocorre quando, ao separarmos uma palavra em sílabas, uma das vogais vai para a outra sílaba: sa-**í**-da, sa-**ú**-de

(d) o "a" sempre é vogal, nunca é fraco;

(e) o "e" e o "o" são semivogais, se tiverem o som do "i" e do "u" respectivamente – como ocorre em *mãe* e *mão* -; já com o som deles próprios, ou seja, de "e" e de "o" – como em *apóia* e *sei*, são vogais;

(f) o "i" e o "u" são semivogais, só serão vogais se estiverem juntas de uma consoante, ou estiverem sozinhas na sílaba, ou tiverem o som estendido quando chamamos pela palavra.

(g) Comparem ainda: i-dei-a ≠ quais (não se separa, pois há aqui um tritongo – só o "a" é vogal)

ditongo tritongo

- A sequência *eia* apresenta vogal (*e* com som de *e*) + semivogal (*i* de som fraco) + vogal (*a*).

- A sequência *uai* apresenta semivogal (u de som fraco) + vogal (a) + semivogal (i de som fraco).

Sempre que as formações forem as apresentadas acima, o raciocínio será o mesmo, portanto a separação ocorrerá somente no primeiro caso e da forma como a fizemos.

Vamos, agora, às regras de acentuação das palavras.

3.1. Oxítonas

Acentuam-se as terminadas em –a (s), – e (s), – o (s), – em (ens).

   DICA
Esta é a regra do <u>PÁ</u>, <u>PÉ</u>, <u>PÓ</u>,-*EM* seguidas ou não de –*s*, lembrando que a terminação –*em*, quando seguida de –*s*, fica –*ens*.

Exemplos:
1º) vatapá, café, cipós, refém, reféns, encontrá-la, fazê-lo, compô-lo;
2º) talvez, urubu, tatu, saci, parti-lo, substituí-lo.

3.2. Paroxítonas

Acentuam-se as terminadas em –i(s), -us, -l, -x, -r, -ps, um (uns), -ã (s), -ão (s), -on (s), -en (só no singular) e ditongo.

DICA

Paroxítonas são acentuadas, **exceto** as que terminam em – a (s), –e (s), – o (s), – em (ens), –am → PÁ(S), PÉ(S), PÓ(S), -EM(ENS), -AM.

Exemplos:
1º) cebola, rubrica, rabanete, coco, item, itens, hifens, polens, iam, lembram;
2º) biquíni, vírus, móvel, ônix, açúcar, fórceps, álbum, ímã, órfão, íon, íons, hífen, água.

3.3. Proparoxítonas

Todas são acentuadas. Exemplos: matemática, ínterim, sílaba, alcoólatra.

DICA

Cuidado com a pronúncia: *pudico*, e não púdico
rubrica, e não rúbrica
ibero, e não íbero
filantropo, e não filântropo...

3.4. Monossílabas

São acentuadas as tônicas terminadas em –a (s), -e(s), -o (s).

DICA

Esta é a regra do PÁ, PÉ, PÓ, seguidas ou não de –s.

Exemplos:
1º) más, já, vês, pós, pôs;
2º) mas, o, cru, nu, mar.

DICA

As palavras monossílabas átonas são os artigos, as preposições, as conjunções e os pronomes oblíquos átonos; as demais classes de palavras são as tônicas, ou seja, as que têm significação.

3.5. Ditongo

Recebem acento os ditongos tônicos e de som aberto –éi (s), -ói (s), -éu (s).

DICA
As terminações lembram uma frase dita assim: *éi, ói éu!* (ei, óia eu).
Exemplos:
1º) pastéis, herói, troféus;
2º) atéia, heróico, estréia, idéia;
3º) ateu, camafeu, coisa, moita.

Alterações do Acordo de 1990:

Nas paroxítonas em que há ditongos abertos -*éi* e –*ói*, a acentuação seguirá a regra geral (a regra das oxítonas, paroxítonas e proparoxítonas), e paroxítonas terminadas em "-a" e "-o" não são acentuadas; assim, *era: a-téi-a, he-rói-co, es--tréi-a, i-déi-a – agora: a-tei-a, he-roi-co, es-trei-a, i-dei-a*. As demais – oxítonas ou monossílabas tônicas – continuam a ser acentuadas: *pastéis, he-rói, tro-féus, céu*.

3.6. Hiato

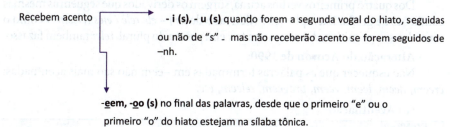

Recebem acento – i (s), – u (s) quando forem a segunda vogal do hiato, seguidas ou não de "s" – mas não receberão acento se forem seguidos de –nh.

–eem, –oo (s) no final das palavras, desde que o primeiro "e" ou o

primeiro "o" do hiato estejam na sílaba tônica.

Exemplos:

1º) saúde, fluído (verbo no particípio), faísca, balaústre, restituí-lo, vêem, vôos, perdôo.

2º) moinho, juiz, ruim, iam, Mooca, álcool, meeiro.

Alterações do Acordo de 1990:

(a) As vogais "i" e "u", componentes de um falso hiato, nas paroxítonas não serão mais acentuadas, a não ser que façam parte das oxítonas.

Mas, afinal, o que é um falso hiato? Um falso hiato é a ocorrência de uma vogal antecedida de um ditongo e não de outra vogal.

Vamos ver: era: *fei- ú -ra*, agora: *fei-u-ra* → observem que a vogal "u" é antecedida de ditongo e não de outra vogal e o "u" tônico está na penúltima sílaba, que é a tônica, por isso não tem mais acento.

Assim *Pi-au-í* continua com acento, pois o "i" tônico está na última sílaba, que é a tônica.

(b) Não se usa mais o acento nas palavras terminadas em *–êem* e *-ôo*(s) – era: *vêem, vôos,* agora: *veem, voos.*

4. O ACENTO EM ALGUNS VERBOS

(a) Nota Ortográfica

Alguns verbos, quando vão para o plural, *dobram* o *-e*, observem:

crê	dê	lê	vê	provê	→ 3ª pessoa do singular
↓	↓	↓	↓	↓	
crêem	dêem	lêem	vêem	provêem	→ 3ª pessoa do plural

DICA
Verbos que dobram o 'e' no plural: CREDELEVEPROVÊ.

Dos quatro primeiros verbos acima, surgem os derivados que seguem as mesmas condições de grafia. Exemplo: *reler* (derivado de *ler*) – ele relê / eles relêem → como o verbo *ler*, seu primitivo, dobra o *–e* em terceira pessoa do plural, *reler* também faz isso.

Alteração do Acordo de 1990:
Não esquecer que as palavras terminadas em –eem não são mais acentuadas: *creem, deem, leem, veem, proveem, releem,* etc.

(b) Acentuação

presente verbos	3ª pessoa do singular	3ª pessoa do plural
ter	**tem** – monossílaba tônica terminada em *–em*.	**têm** – acento diferencial: diferencia o plural do singular.
vir	**vem** – monossílaba tônica terminada em *–em*.	**vêm** – acento diferencial: diferencia o plural do singular.
ver	**vê** – monossílaba tônica terminada em *–e* / som fechado.	**vêem** (hiato) / **veem** (Acordo)
conter	**contém** – oxítona terminada em *-em* / singular.	**contêm** – oxítona terminada em *–em* / plural = acento diferencial.
		Obs.: não dobra o *–e*, porque é derivado do verbo *ter*, que não dobra o *–e*.
convir	**convém** – oxítona terminada *em* *–em*/singular.	**convêm** – oxítona terminada em *–em*/ plural = acento diferencial.
		Obs.: não dobra o *–e*, porque é derivado do verbo *vir*, que não dobra o *–e*.
rever	**revê** – oxítona terminada em *–e*/ som fechado.	**revêem** (hiato) / **reveem** (Acordo)
		Obs.: dobra o *–e*, porque é derivado do verbo *ver*.

Cap. 1 • ACENTUAÇÃO GRÁFICA

> **DICA**
>
> Nas provas esta parte da Acentuação é bastante cobrada nas questões de Concordância, já que o segredo do emprego ou não do acento e do uso do agudo ou do circunflexo dependem da relação do verbo com o seu sujeito.

5. ACENTO DIFERENCIAL

As palavras que relacionadas abaixo não recebem acento, seguindo as regras de acentuação. Os motivos desses acentos são diferentes, como veremos a seguir.

(a) Este primeiro grupo recebe acento diferencial, para que se distingam palavras que têm significação própria daquelas que não têm:

pélo, pélas, péla (verbo) → péla, pélas (subst.=jogo) → pelo, pelas, pela (prep.+artigo)

pára (verbo) → para (preposição)

pêlo, pêlos (cabelo) → pelo, pelos (preposição *por* + artigo *o/s*)

pêra (fruta ou barba) → pera (preposição arcaica)

pôr (verbo) → por (preposição)

côa, côas (verbo) → coa, coas (preposição *com* +artigo *a*(s)/ formação antiga)

(b) O acento diferencial aqui marca a diferença do tempo verbal, recebendo acento a forma que tem som fechado, ou seja, som masculino.

pôde (pretérito perfeito) → pode (presente do indicativo)

(c) Este grupo tem acento para diferenciar o som fechado do som aberto e todas têm significação própria:

pôlo, pôlos (subst. = ave) → pólo, pólos (substantivo= jogo ou extremidade)

Alterações do Acordo de 1990:

Algumas alterações foram feiras nesse grupo de palavras que recebe acento diferencial. Vejamos:

- O acento diferencial de *pôde/pode, pôr/por* permanece;

- Os grupos *pára/para, péla(s)/pela(s), pêlo(s)/pelo(s), pólo(s)/polo(s), côa(s)/coa(s)* e *pêra/pera* não têm mais acento diferencial – também entraram para o grupo das paroxítonas;

- As palavras *forma/fôrma* têm acento diferencial, mas é facultativo o seu emprego; a Academia explica que isso serve para evitar ambiguidade, quando as duas palavras forem empregadas em uma mesma frase: A *forma* da *fôrma* é oval.

É bom saber:

(i) Devemos considerar a tonicidade da última palavra para fazermos a classificação dos nomes compostos. As demais palavras que constituem o nome são consideradas átonas:

guarda-civil →	oxítona
amor-perfeito →	paroxítona.

(ii) O til das palavras primitivas é mantido apenas nas derivadas que apresentam o sufixo *–mente* ou antes do sufixo iniciado *pelo –z*: *irmãmente, leõezinhos, oraçõezinhas*.

6. RESUMINDO

(a) Trema

- Somente nos grupos QUE, QUI, GUE, GUI, quando o "u" é pronunciado e átono – em alguns verbos, esse "u" é pronunciado e tônico, recebendo o acento agudo, como ocorre, por exemplo, no presente do subjuntivo do verbo *averiguar*: *que eu averigúe*.

- **Acordo**: em 2016, o trema não será mais empregado, a não ser nas palavras estrangeiras e, por esse motivo, o acento agudo empregado nos verbos terminados em -GUAR, -QUAR e –QUIR não apresentam mais esse acento e passam a ter duas formas de pronúncia e duas de grafia: *eu enxáguo ou enxaguo*.

(b) Agudo e circunflexo: somente nas sílabas tônicas, nos casos de:

(i) **Oxítonas** → P<u>Á</u>, P<u>É</u>, P<u>Ó</u> (s), -EM (ens);

(ii) **Paroxítonas** → não são acentuadas: P<u>Á</u>, P<u>É</u>, P<u>Ó</u> (s), -EM (ens), -AM;

(iii) **Proparoxítonas** → todas são acentuadas.

(iv) **Monossílabas** → P<u>Á</u>, P<u>É</u>, P<u>Ó</u> (s);

(v) **Ditongos** → tônicos e de som aberto -éi, -ói, -éu (s);

Acordo: não serão mais acentuados nas paroxítonas, somente em oxítonas e monossílabas.

(vi) **Hiatos** → acentuam-se -i, -u (exceto se seguidos –nh), -eem, -<u>oo</u> (s);

Acordo: os falsos hiatos das paroxítonas não serão mais acentuados: fei<u>u</u>ra, como também os hiatos finais –eem e –oo.

(c) Alguns verbos e a acentuação

presente / verbos	3ª pessoa do singular	3ª pessoa do plural
ter	tem	têm
vir	vem	vêm
ver	vê	vêem / veem (Acordo)
conter	contém	contêm
convir	convém	convêm
rever	revê	revêem / reveem (Acordo)

Cap. 1 · ACENTUAÇÃO GRÁFICA

7. QUESTÕES COMENTADAS

1. **(2013 – FCC – PGE-BA – Assistente de Procuradoria)** Todas as palavras estão acentuadas de acordo com as normas oficiais em:

   a) Aquí também se observam as preferencias musicais dos jovens que usam o transporte público.

   b) As raizes da falta de educação dos jóvens se devem também à falta de educação dos pais.

   c) Os ônibus contem uma verdadeira platéia ouvindo musicas altas nem sempre de carater muito agradável.

   d) Os passageiros não têm como evitar o terrível som do ruído das falas, ao celular, dentro dos ônibus.

   e) Alguem falando alto ao telefone, numa forma pouco rápida, revela um comportamento publico repreensível.

   Na letra a, "aqui" não deveria ter acento, pois trata-se de oxítona terminada em –i, e "preferência" tem acento por ser uma paroxítona terminada em ditongo.

   Na letra b, "raízes" tem de ter acento, pois o "i" forma hiato com o "a"; "jovens" não tem acento, porque é uma paroxítona terminada em –ens.

   Na letra c, "contém" tem de ter acento, por ser uma oxítona terminada em –em; "plateia", pelo Acordo, não tem mais acento, pois trata-se de uma paroxítona terminada em –a; "músicas" tem de ter acento, pois é uma proparoxítona; e "caráter" é uma paroxítona terminada em –r, portanto tem acento.

   Na letra d, não há erro.

   Na letra e, "alguém" tem de ter acento, pois é uma oxítona terminada em –em; e "público" é uma proparoxítona, logo é acentuada.

   Assim, o gabarito da questão é a letra 'd'.

2. **(2012 – FCC – TST – Analista Judiciário – Taquigrafia)** Segundo os preceitos da gramática normativa do português do Brasil, a única palavra dentre as citadas abaixo que NÃO deve ser pronunciada com o acento tônico recaindo em posição idêntica àquela em que recai na palavra avaro é:

   a) mister.

   b) filantropo.

   c) gratuito.

   d) maquinaria.

   e) ibero.

   "Avaro" é paroxítona, por isso inclusive não tem acento. "Mister" é a única oxítona do teste; todas as outras são paroxítonas, como "a<u>va</u>ro": filan<u>tro</u>po; gra<u>tui</u>to; maqui<u>na</u>ria; i<u>be</u>ro.

   Gabarito correto: letra 'a'.

3. **(2012 – FCC – TRE-AP – Técnico Judiciário – Área Adm.)** Entre as frases que seguem, a única correta é:

a) Ele se esqueceu de que?

b) Era tão ruím aquele texto, que não deu para distribui-lo entre os presentes.

c) Embora devessemos, não fomos excessivos nas críticas.

d) O juíz nunca negou-se a atender às reivindicações dos funcionários.

e) Não sei por que ele mereceria minha consideração.

Na letra a, "quê" tem acento neste caso, pois está no final da frase, ele está substantivado.

Na letra b, "ruim" não tem acento, pois, apesar de haver um hiato nesta palavra, o "i" não está sozinho na sílaba nem seguido de "s", está acompanhado do "m", logo não deve ser acentuado.

Na letra c, "devêssemos" é proparoxítona, portanto acentuada.

Na letra d, "juiz" não tem acento, pois, apesar de haver um hiato nesta palavra, o "i" não está sozinho na sílaba nem seguido de "s", está acompanhado do "z", logo não deve ser acentuado.

Na letra e, não apresenta erro – é bom observar que o "por que" fica separado e sem acento, porque a oração "por que ele mereceria minha consideração" pode ser substituída pelo ISSO, logo é uma subordinada substantiva, apresentando, portanto, o advérbio interrogativo "por que". De modo mais simples, podemos entender que o "por que" pode ser substituído por "por qual motivo" ou podemos apenas imaginar a palavra "motivo" bem à frente de "por que", e isso dá certo.

Gabarito correto: letra 'e'.

8. QUESTÕES PARA TREINAR!

1. **(2015 – CESPE – Fundação Universidade de Brasília – CEBRASPE)** Analise a assertiva:

Os acentos gráficos das palavras "bioestatística" e "específicos" têm a mesma justificativa gramatical.

2. **(2015 – CESPE – MPU – Técnico do MPU – Segurança Institucional e Transport**

A palavra "cível" recebe acento gráfico em decorrência da mesma regra que determina o emprego de acento em **amável** e **útil**.

3. **(2015 – CONSULPLAN – HOB – Agente de Administração)** Assinale a alternativa em que todas as palavras foram acentuadas pelo mesmo motivo.

a) saúde – boné – distraídas.

b) remédio – possível – fúria.

c) alguém – homogêneo – número.

d) músculos – diagnóstico – públicas.

4. **(2014 – CESPE – Polícia Federal – Agente de Polícia Federal)** Analise a assertiva:

Os termos "série" e "história" acentuam-se em conformidade com a mesma regra ortográfica.

Cap. 1 • ACENTUAÇÃO GRÁFICA

5. **(2014 – UPENET – PM-PE – Oficial da Polícia Militar)** *A importância da participação da família no desenvolvimento da criança é indiscutível, mas, neste século, os pais deixaram de lado a educação dos filhos, já que esperam que tudo venha da escola. Sem a transmissão de valores, a criança tem dificuldade em processar mentalmente estímulos, de relacionar fatos e estabelecer a importância entre eles. Deixa, portanto, de aprender com os erros do passado. O processo de mediação pode estar presente em qualquer situação do dia a dia. Numa viagem de férias, uma mãe estará mediando o aprendizado de seu filho, ao juntar ao lazer algumas histórias sobre o local, ao chamar a atenção para a arquitetura ou o comportamento das pessoas.*

MORAES, Rita. *Deixe-me pensar*. Isto é, 30 jun.1998. (Adaptado)

Observe os termos abaixo sublinhados. Em seguida, assinale a alternativa que apresenta a justificativa CORRETA para o acento existente no termo sublinhado.

a) "A importância da participação da <u>família</u> no desenvolvimento da criança..." – paroxítona terminada em hiato.

b) "...a criança tem dificuldade em processar mentalmente <u>estímulos</u>..." – a tonicidade recai na penúltima sílaba.

c) "Numa viagem de <u>férias</u>, uma mãe estará mediando o aprendizado..." – proparoxítona terminada em ditongo.

d) "A importância da participação da família no desenvolvimento da criança é <u>indiscutível</u>..." – paroxítona terminada em "l".

e) "...mas neste <u>século</u>, os pais deixaram de lado a educação dos filhos..." – a tonicidade recai na penúltima sílaba.

6. **(2014 – FCC – TJ-AP – Técnico Judiciário)** Acentuam-se devido à mesma regra os seguintes vocábulos do texto:

a) *também, mantêm, experiências.*

b) *indígenas, séculos, específico.*

c) *acúmulo, importância, intercâmbio.*

d) *políticas, história, Pará.*

e) *até, três, índios.*

7. **(2014 – FGV – TJ-RJ – Técnico de Atividade Judiciária)** TEXTO 3 – QUANTO FALTA PARA O DESASTRE?

Verão de 2015. As filas para pegar água se espalham por vários bairros. Famílias carregam baldes e aguardam a chegada dos caminhões-pipa. Nos canos e nas torneiras, nem uma gota. O rodízio no abastecimento força lugares com grandes aglomerações, como shopping centers e faculdades, a fechar. As chuvas abundantes da estação não vieram, as obras em andamento tardarão a ter efeito e o desperdício continuou alto. Por isso, São Paulo e várias cidades vizinhas, que formam a maior região metropolitana do país, entram na mais grave crise de falta d'água da história. (*Época*, 16/06/2014)

A correção na acentuação gráfica faz parte do cuidado com a norma culta na redação de um texto; a opção que apresenta um vocábulo do texto 3 que é acentuado graficamente por razão distinta das demais é:

REDAÇÃO OFICIAL, GRAMÁTICA E INTERPRETAÇÃO DE TEXTO – *Luciane Sartori*

a) famílias;

b) país;

c) rodízio;

d) água;

e) desperdício.

8. (2014 – CETRO – IF-PR – Auxiliar de Biblioteca) De acordo com a norma-padrão da Língua Portuguesa e quanto à acentuação, assinale a alternativa correta.

a) Minha mãe fez um delicioso bolo de amêixa.

b) Ele não acredita nisso. É um cético.

c) Não quero mais ficar aquí.

d) Aquela mulher parece uma vibôra.

e) Mesmo com idade avançada, ainda tem vigôr.

9. (2014 – CETRO – IF-PR – Assistente de Alunos) De acordo com a norma-padrão da Língua Portuguesa e quanto à acentuação, assinale a alternativa correta.

a) Todos estão em rítmo de festa.

b) O estacionamento é gratuíto.

c) Não gostaria de executar este trabalho sózinho.

d) Resolvemos viver em harmonía.

e) Perdeu o fôlego de tanto correr.

10. (2014 – IADES – SES-DF – Técnico de Laboratório – Patologia Clínica) Quanto à acentuação gráfica dos vocábulos em "Todos têm direito a um serviço público de saúde de qualidade.", assinale a alternativa correta.

a) O vocábulo "têm" está acentuado porque representa a terceira pessoa do plural do presente do indicativo do verbo ter.

b) A norma-padrão considera mais aceitável a forma têem no lugar de "têm".

c) A palavra "público" é acentuada por ser proparoxítona terminada em vogal.

d) Os vocábulos "público" e "saúde" são acentuados pela mesma regra.

e) A palavra "saúde" é acentuada por ser paroxítona constituída de ditongo crescente na sílaba tônica.

11. (2014 – FUNDATEC – SEFAZ-RS) Analise as afirmações que são feitas sobre acentuação gráfica.

I. Caso o acento das palavras 'trânsito' e 'específicos' (l.25) seja retirado, essas continuam sendo palavras da língua portuguesa.

II. A regra que explica a acentuação das palavras 'vários' (l.41) e 'país' (l.40) não é a mesma.

III. Na palavra 'daí' (l.33), há um ditongo decrescente.

IV.   Acentua-se a palavra 'vêm' (l.21) para diferenciá-la, em situação de uso, quanto à flexão de número.

Quais estão corretas?

a)   Apenas I e III.

b)   Apenas II e IV.

c)   Apenas I, II e IV.

d)   Apenas II, III e IV.

e)   I, II, III e IV

GABARITO DAS QUESTÕES					
1	2	3	4	5	6
C	C	D	C	D	B
7	8	9	10	11	
B	B	E	A	B	

Capítulo 2
ORTOGRAFIA

1. INTRODUÇÃO

A ortografia oficial, como dizem os editais, é baseada em **dois processos**: o etimológico ou histórico e o fonológico ou de pronúncia. Dessa forma, como nem toda forma escrita representa fielmente o som emitido na pronúncia, pois existe ainda o aspecto histórico da palavra a ser considerado, temos de seguir o que instituições credenciadas, como a Academia Brasileira de Letras, ditam como sistema de grafia.

2. ESTUDO DA ORTOGRAFIA

O estudo da Ortografia compreenderá:

(2.1) emprego de letras;

(2.2) emprego do hífen;

(2.3) semântica e ortografia;

(2.4) emprego de algumas expressões.

2.1. Emprego de letras

Na maioria das vezes, o que estabelece uma ou outra grafia é a **origem** das palavras. Sendo assim, a melhor maneira de assimilarmos a sua escrita é reconhecendo a "genética" delas, ou seja, a sua etimologia. É claro que isso não irá solucionar todas as dificuldades desse assunto, mas já será um bom começo. Porque todos sabemos que a ortografia nós assimilamos mesmo lendo bastante e atentamente.

(1º) Usamos X em vez de CH:

(a) Após **ditongos** encontramos a letra "x": *deixa, trouxa.*

Exceções: *guache* e *recauchutar.*

(b) Após iniciais **me** e **en** encontramos a letra "x": *mexerica, mexer, enxame, enxada, enxovalhar.*

Exceções: *encher* (de cheio), *encharcar* (de charco), *mecha* (de cabelo), *enchova* (o mesmo que anchova), *enchumaçar* (de chumaço).

(c) Nas palavras de origem indígena e africana, bem como nas aportuguesadas do inglês com "sh": *xavante, xingar, xampu, xerife.*

(2º) Usamos S:

(a) Em palavras derivadas de primitivas com "s" na *grafia: análise/analisar, rosa/roseira, casa /casinha, jus/justiça.*

(b) Após ditongos. Exemplos: *causa, lousa, náusea*.

(c) Para indicar origem, no caso do sufixo "ês" e seu feminino "esa": *português, portuguesa, calabrês, calabresa, milanês, milanesa*.

(d) Na formação de adjetivos com "oso"(a,s) e "ense": *rigorosa, rigoroso, tediosas, tediosos, paranaense*.

(e) Nos verbos **querer** e **pôr**: *pus, quis, pusesse, quisesse, pusera, quisera*.

(f) Em palavras femininas terminadas em "-isa" ou "-esa" que não sejam derivadas de primitivas grafadas com "-z" (*juiz/juíza*): *baronesa, sacerdotisa, consulesa, poetisa*.

(3º) Usamos Z:

(a) Em palavras derivadas de primitivas com "z": *rapaz/rapazote, cruz/cruzamento, juiz/ajuizar*

(b) Com o sufixo "triz", formando substantivo feminino de algumas palavras: *imperador /imperatriz, embaixador /embaixatriz (sua esposa, embaixadora=exerce as funções de embaixador), ator /atriz*.

(c) Em substantivos abstratos derivados de adjetivos: homem *sensato – sensatez*; gelatina *mole – moleza*; homem *embriagado – embriaguez*; questão *certa – certeza*; mulher *bela – beleza*; campo *árido – aridez*; homem *nobre – nobreza*.

Exceções: quando a palavra tem na sua origem a letra "s" esta permanece no substantivo derivado, assim: *formosa /formosura; lesado / leso*.

(d) Quando formamos aumentativos ou diminutivos: *florzinha; pauzinho, nozinho*.

Exceções: nos casos de palavras que têm na sua origem a letra "s": *casa / casinha; lápis / lapisinho*.

(e) Sufixo formador de verbo "izar" ou "isar".

A maioria dos verbos são com o sufixo "izar": <u>*polêmica*</u> – <u>*polemizar*</u>; <u>*política*</u> – <u>*politizar*</u>.

Entretanto, se a palavra de origem apresenta um "s": <u>*análise*</u> – <u>*analisar*</u>; <u>*friso*</u> – <u>*frisar*</u>; <u>*paralisia*</u> – <u>*paralisar*</u>.

(4º) Usamos J:

(a) Em palavras de origem africana, indígena ou árabe. Exemplos: *pajé, canjica, jiboia, jerimum*.

(b) Nas formas derivadas de verbos que terminam em **jar** e **jear** são grafadas com "j": *viajar / viajem, arranjar/arranjem, granjear / granjeiem*.

(c) Na terminação –aje: *ultraje, laje, traje*.

(5º) Usamos o G:

(a) Nos <u>substantivos</u> terminados em –**gem** são grafados com "g": *fuligem, coragem, garagem, vertigem, viagem*. Exceções: *lambujem, pajem*.

Observe, então, a diferença:

A viagem *foi boa.*

Para que eles viajem *com segurança, precisarão usar o cinto.*

(b) Nas palavras terminadas em *-ágio, -égio, -ígio, -ógio* e *-úgio: pedágio, colégio, litígio, relógio, refúgio.*

(6º) Usamos o Ç

(a) Nas palavra de origem árabe, tupi ou africana: *açafrão, Paiçandu, caçula.*

(b) Após ditongo: refeição, louça, calabouço.

(c) Na relação **ter – tenção:** *reter/ retenção, ater/ atenção, obter/ obtenção.*

(7º) Substantivos que finalizam em –ssão, -são

(a) Verbos grafados com **–itir, -primir** e **–ced-** originam substantivos com– ssão: *demitir →demissão, imprimir→impressão, ceder→cessão.*

(b) Verbos grafados com **–verter, -nd-** e **–pelir** originam substantivos com **–são:** *reverter→reversão, pretender→pretensão, expelir→expulsão.*

(8º) Verbos com terminação –e ou –i

(a) **–e:** nos verbos terminados em –o<u>a</u>r e –u<u>a</u>r no presente do subjuntivo:

Modelo: (que eu) fale, (que tu) fales, (que ele) fale...

abençoar→ abençoe, abençoes, abençoe...

continuar→continue, continues, continue...

(b) **–i:** nos verbos terminados em **–a<u>i</u>r, -u<u>i</u>r** e **-o<u>e</u>r** quando flexionados nas 2ª e 3ª pessoa do presente do indicativo:

Modelo: (tu) falas, (ele) fala

cair→ cais, cai

possuir→ possuis, possui

moer → móis, moi.

(9º) Formações de palavras que merecem atenção

<u>cateque</u>se → <u>catequi</u>zar anjo*→ angelical (vem de *Ângelus*)

* o "j" é só adaptação fonética

<u>espontâne</u>o→ <u>espontane</u>idade <u>homogêne</u>o→<u>homogene</u>idade

<u>bati</u>smo → <u>bati</u>zar tórax→<u>torá</u>cico , bem como índex, índice; cálix, cálice...

(10º) Lista de algumas palavras que aparecem muito em provas

exceção –há dois significados para essa palavra: exceção [1] – desvio, fora da regra; exceção [2] – tipo de recurso usado em processos;

excerto – trecho de texto – é um fragmento;

ascensão – como *pretensão, suspensão*, que vêm de verbos que apresentam **–nd** no início da última sílaba: ascender> ascensão;

privilégio;
prescindir – o contrário de *imprescindível*, logo aquilo que é *descartável*;
recrudescimento – aumento, elevação;
reivindicar – e, não, reinvindicar;
reincidência – incidir novamente;
adivinhado – e, não, advinhado;

2.2. Emprego do hífen

Quanto ao emprego do hífen, a base será o *Acordo Ortográfico da Língua Portuguesa*, de 16 de dezembro de 1990, da Academia Brasileira de Letras e da Academia das Ciências de Lisboa. Além disso, haverá também o apoio do VOLP de 2009, 5ª edição e do *Escrevendo pela Nova Ortografia*, do Instituto Antônio Houaiss.

Primeiro é bom lembrar que o hífen só aparece em substantivos compostos (super-homem), em adjetivos compostos (verde-claro), na separação silábica – como já vimos – (ma-ca), entre verbos e pronomes que aos primeiros se agregaram (fazê-lo), ou ainda entre alguns prefixos ou alguns falsos prefixos e uma palavra primitiva (pré-natal).

(1º) **Emprega-se o hífen:**

(a) quando houver a junção de duas palavras ou mais, dando origem a uma nova, com sentido diferente das anteriores.

"Ele sempre bebe um *copo de leite* antes de dormir."

"O *copo-de-leite* do jardim da cidade está lindo."

(b) quando o segundo substantivo especifica o primeiro: *banana-prata, vale--refeição, navio-escola.*

(c) nas composições de palavras que designam espécies botânicas e zoológicas, ligadas por preposição ou qualquer outro elemento de ligação: *bem-me-quer, bem-te-vi...*

(d) em compostos em que o primeiro elemento é numeral: *quinta-feira, primeira-dama.*

(e) nos chamados encadeamentos vocabulares, o hífen também é empregado: a ponte *Rio-Niterói*, a ligação *Angola-Moçambique*, diálogo *governo-supermercados...*

DICA
Deve-se entender *encadeamentos vocabulares* por palavras que ocasionalmente se combinam, formando uma ideia de relação ou de continuidade ou de soma – não haverá nestes casos o surgimento de um outro significado: *de* Rio *até* Niterói, Angola *e* Moçambique, *entre* governo *e* supermercados.

(f) em compostos formados por palavras iguais ou semelhantes, como dois adjetivos ou dois verbos ou elementos repetidos : *sócio-gerente, luso-brasileiro, verde-claro, reco-reco, corre-corre...*

Observações:

(i) Com *sócio* só há o hífen se tiver o sentido de *associado* mesmo, por isso em *socioeconômico* não há o sinal.

(ii) *euro, indo, sino, luso* etc. só se escrevem com o hífen caso se trate da soma de duas origens, como em *luso-brasileiro, anglo-americano*; do contrário, não há: *eurocomunista, lusofilia.*

(g) Nos topônimos (nomes de lugar) compostos iniciados por *grã, grão* ou por forma verbal ou cujos elementos estejam ligados por artigo: *Grã-Bretanha, Grão-Pará, Passa-Quatro, Baía de Todos-os-Santos.*

Observação: os demais não são separados por hífen, como *América do Sul*, com exceção de *Guiné-Bissau*, cuja forma é consagrada pelo uso.

(2º) Hífen com prefixos ou falsos prefixos:

Nas palavras formadas por derivação, ou seja, que "nasceram" de outras, como é o caso de <u>re</u>ver que "nasceu" de *ver* e, para isso, sofreu o acréscimo do prefixo <u>re</u>, pode haver o emprego do hífen entre este prefixo e a palavra primitiva.

O hífen será empregado, basicamente, quando o segundo elemento (palavra primitiva) dessa formação se iniciar por "h" ou pela mesma letra em que termina o prefixo ou o falso prefixo da formação. Assim, temos: *auto–ordenamento, micro--ondas, inter-regional, anti-inflacionário, anti–humano, auto–hemoterapia...*

Não teremos hífen, então, para: *autotutela, autoajuda.*

> **DICA**
>
> Há aqui uma particularidade: quando o prefixo for **co**, mesmo que o segundo elemento se inicie pela vogal **o**, não haverá o emprego do hífen: *coobrigação, coordenar, cooperar...*

É por isso que a ABL sugere que tiremos o "h" do segundo elemento quando o primeiro for **co**: *coerdeiro, coerdar...*

(3º) Casos especiais de emprego do hífen:

Primeiro elemento	Segundo elemento	Exemplos
ab ob sob sub	iniciado por *b,h,r*	ab-rogar, ob-rogar, sob-roda sub-humano, sub-ramal exceção: ab-rupto / abrupto
hiper inter super	iniciado por *h, r*	hiper-hepático, inter-humano, super-homem, super-real
ad	iniciado por *d,h,r*	ad-digital, ad-rogar exceção: adrenalina
circum pan	a) iniciado por vogal b) iniciado por *h, m, n*	circum-adjacente, circum-hospitalar, circum-murar, circum--navegação, pan-americano, pan-harmônico, pan-mágico, pan-negro

Primeiro elemento	Segundo elemento	Exemplos
além soto aquém vice recém vizo sem sota ex ("cessamento" ou "estado anterior")	qualquer (sempre)	além-fronteira, aquém-mar, recém-publicado, sem-fim, sota-capitão, soto-general, vice-tesoureiro, vizo-rei, ex-librista
pós pré pró	sempre que conservem autonomia vocabular: *pré-ocupado* e *preocupado*	pós-graduação, pré-qualificar, pró-forma

(4º) Há ainda o emprego do hífen com bem e mal:

Após esses elementos, usa-se o hífen quando forem seguidos de elemento que se inicie por *vogal* ou *h*. Mas há uma ressalva, *bem* pode <u>não</u> se aglutinar a elementos que se iniciem por consoante. Sendo assim, teremos: <u>bem</u>-<u>estar</u> / <u>mal</u>-<u>estar</u>, <u>bem</u>-<u>humorado</u> / <u>mal</u>-<u>humorado</u>; porém <u>bem</u>-<u>criado</u> / <u>mal</u>criado, <u>bem</u>-falante / <u>mal</u>falante.

(5º) Não se emprega hífen:

(a) quando o primeiro elemento termina em vogal e após essa vogal a primeira letra da próxima palavra começa com "r" ou "s", a letra "r" ou "s" será dobrada: *antirracial, antissemita, antirrepública, antissocial*;

(b) quando as formações forem com os prefixos "des" e "in": *desclassificar, desanuviar, desconsiderar, incalculável, incapaz*;

(c) quando a palavra tiver perdido o "h" original: *desumano, inábil*.

2.3. Semântica e ortografia

(1º) Homônimos: *São palavras que apresentam a mesma pronúncia ou a mesma grafia, ou as duas coisas ao mesmo tempo, mas significados diferentes.* Exemplo:

Eu sempre *jogo* neste bicho. (jogar – verbo)

O *jogo* foi ótimo. (jogo – substantivo)

Os homônimos podem ser: *homônimos homógrafos; homônimos homófonos; homônimos perfeitos.*

(a) Homônimos homógrafos: *São palavras iguais na grafia e diferentes na pronúncia*

Ex. Almoço (ô) – substantivo e Almoço (ó) – verbo

(b) Homônimos homófonos: *São palavras que possuem o mesmo som e grafia diferente.*

Ex.: Cela – quarto de prisão e Sela – arreio

(c) Homônimos perfeitos: *São palavras que possuem a mesma pronúncia e a mesma grafia.*

Ex.: Manga – da camisa e Manga – fruta

Cap. 2 • ORTOGRAFIA

(2º) Parônimos: *São palavras que possuem significados diferentes e apresentam pronúncia e escrita parecidas.*

Ex.: Emergir – vir à tona e Imergir – afundar

Ex.: Infringir – desobedecer e Infligir – aplicar

Relação de alguns homônimos

Acender – pôr fogo
Ascender – subir

Acento – sinal gráfico
Assento – tampo de cadeira, banco

Aço – metal
Asso – verbo (1ª pessoa do singular, presente do indicativo)

Banco – assento com encosto
Banco – estabelecimento que realiza transações financeiras.

Cerrar – fechar
Serrar – cortar

Cessão – ato de ceder
Sessão – reunião
Secção/seção – divisão, repartição

Cesto – cesta pequena
Sexto – numeral ordinal

Cheque – ordem de pagamento
Xeque – lance no jogo de xadrez

Xeque – entre os árabes, chefe de tribo ou soberano

Concerto – sessão musical
Conserto – reparo, ato ou efeito de consertar

Coser – costurar
Cozer – cozinhar

Expiar – sofrer, padecer
Espiar – espionar, observar

Estático – imóvel
Extático – posto em êxtase, enlevado

Estrato – tipo de nuvem
Extrato – trecho, fragmento, resumo

Incerto – indeterminado, impreciso
Inserto – introduzido, inserido

Chácara – pequena propriedade campestre
Xácara – narrativa popular

Relação de parônimos

Absolver – perdoar
Absorver – sorver

Acostumar – habituar-se
Costumar – ter por costume

Acurado – feito com cuidado
Apurado – refinado

Afear – tornar feio
Afiar – amolar

Amoral – indiferente à moral
Imoral – contra a moral, devasso

Cavaleiro – que anda a cavalo
Cavalheiro – homem educado

Comprimento – extensão
Cumprimento – saudação

Deferir – atender
Diferir – adiar, retardar

Delatar – denunciar
Dilatar – estender, ampliar

Eminente – alto, elevado, excelente
Iminente – que ameaça acontecer

Emergir – sair de onde estava mergulhado
Imergir – mergulhar

Emigrar – deixar um país
Imigrar – entrar num país

Estádio – praça de esporte
Estágio – aprendizado

Flagrante – evidente
Fragrante – perfumado

Fluir – proceder, escorrer
Fruir – aproveitar

Incidente – circunstância acidental
Acidente – desastre

Inflação – aumento geral de preços, perda do poder aquisitivo
Infração – violação

Intercessão – intervenção
Interseção ou Intersecção – corte, cruzamento

Mal – opõe-se a *bem*. É também sinônimo de doença.
Mau – opõe-se a *bom*.

Nenhum – antônimo de algum.
Nem um – nem um sequer, nem um único.

Ótico – relativo ao ouvido
Óptico – relativo à visão

2.4. Emprego de algumas expressões

Existem também expressões que apresentam semelhanças entre si, e têm significação diferente. Tal semelhança pode levar os usuários da língua a usar uma expressão em vez de outra.

Ao encontro de	a favor, para junto de		As medidas vão *ao encontro dos* anseios do povo.
De encontro a	contra		As medidas vêm **de encontro aos** interesses do povo.
Ao invés de	ao contrário de		O preço subiu, **ao invés de** cair.
Em vez de	em lugar de		Foi ao cinema **em vez de** ficar em casa.
Onde	empregado em situações estáticas (com verbos de quietação)		**Onde** moras? (= em que lugar...?)
Aonde	empregado em situações dinâmicas (com verbos de movimento). Semelhante a "a que lugar"		**Aonde** vais? (=a que lugar...?)
Afim (de)	semelhante (→ afinidade)		A língua espanhola é **afim d**a língua portuguesa.
A fim de	para, finalidade		Estude **a fim de** ser aprovado.
A	preposição	tempo futuro	Daqui **a** duas horas, eles chegarão.
		idéia de distância	Fiquei **a** dez metros do local.
Há	verbo	tempo passado (=faz)	**Há** duas horas, choveu.
		=existir, ocorrer e acontecer	**Há** dez pessoas ali.

Cerca de **Acerca de** **A cerca de** **Há cerca de**	aproximadamente	**Cerca de** vinte pessoas participaram da palestra.
	sobre, a respeito de	Falou **acerca de** política.
	distância ou tempo futuro aproximados	Fiquei **a cerca de** dez metros do local. (distância aproximada)
		Daqui **a cerca de** duas horas, eles chegarão. (futuro aproximado)
	existência ou tempo passado aproximados	**Há cerca de** dez pessoas ali. (=existem aproximadamente)
		Há cerca de duas horas, choveu. (= faz aproximadamente)
Tampouco	nem, também não	Não estuda, **tampouco** trabalha.
Tão pouco	muito pouco	Ele estuda **tão pouco**!
Senão **Se não**	do contrário a não ser mas sim	Saia daí **senão** vai se molhar. Não faz outra coisa **senão** reclamar. Não tive a intenção de exigir, **senão** de pedir.
	caso não	Esperarei mais um pouco; **se não** vier, irei embora.
Porquê **Por quê** **Porque** **Por que**	= motivo (sempre antecedido de palavra determinante: artigo, pronome ou numeral) • tem valor de substantivo	Eu não sei o **porquê** de sua amargura. (o=artigo)
	próximo de um sinal de pontuação • preposição e pronome substantivo.	**Por quê**? / Eles não vieram e eu não sei **por quê**.
	= pois (o contexto equivale a uma justificativa). • conjunção explicativa, causal ou final.	Fui à praia **porque** estava calor. (=pois) Ele rezará muito, **porque** se livre dessa doença. (=para que)
	≠ pois • preposição e pronome relativo (= pelo qual e flexões). • advérbio interrogativo (= por que razão)	Este é o momento **por que** esperava. (=pelo qual) **Por que** *(razão)* você não foi à reunião? (interrogativa direta) Quero saber **por que** *(razão)* você não foi à reunião. (interrogativa indireta)

3. QUESTÕES COMENTADAS

1. **(2012 – FCC – TRE-SP – Técnico Judiciário)** É preciso corrigir deslizes relativos à ortografia oficial e à acentuação gráfica da frase:

   a) As obras modernistas não se distinguem apenas pela temática inovadora, mas igualmente pela apreensão do ritmo alucinante da existência moderna.

b) Ainda que celebrassem as máquinas e os aparelhos da civilização moderna, a ficção e a poesia modernista também valorizavam as coisas mais quotidianas e prosaicas.

c) Longe de ser uma excessão, a pintura modernista foi responsável, antes mesmo da literatura, por intênsas polêmicas entre artistas e críticos concervadores.

d) No que se refere à poesia modernista, nada parece caracterizar melhor essa extraordinária produção poética do que a opção quase incondicional pelo verso livre.

e) O escândalo não era apenas uma consequência da produção modernista: parecia mesmo um dos objetivos precípuos de artistas dispostos a surpreender e a chocar.

Na letra a, não há erro de grafia ou acentuação.

Na letra b, não há erro de grafia ou acentuação.

Na letra c, "exceção" é grafado com xc e ç; "intensas" é paroxítona terminada em a, logo não tem acento; e "conservadores" é com s.

Na letra d, não há erro de grafia ou acentuação.

Na letra e, não há erro de grafia ou acentuação.

Assim, o gabarito da questão é c.

2. **(2012 – FCC – TJ-PE – Técnico Judiciário)** A frase redigida em conformidade com o padrão culto escrito é:

a) O projeto reformulado por implicar atitude descriminatória no tocante a raças foi sancionado pelo presidente, o que o fez ser saudado com grande entusiasmo.

b) A assessoria negou que o dirigente obtem informações por meios considerados expúrios, mas se propôs a discutir a questão perante uma comissão técnica.

c) Propuseram que todas as sexta-feiras, impreterivelmente ao mesmo horário, o grupo faça uma apresentação detalhando o avanço semanal da pesquisa.

d) Havendo crido nos seus sócios, manifestou seu lado mais ingênuo, o que faz que o advogado do jovem crédulo alimente a pretensão de pugnar por sua inocência.

e) São problemas, evidentemente, de ordem institucionais, que devem ser evitados sob pena de a barbárie vir a se instalar irreprimível na organização.

Na letra a, "discriminatória" é com "i", já que o sentido é de "discriminar, estabelecer diferenças".

Na letra b, "obtém" é oxítona terminada em –em, logo deve ser acentuada; "espúrios" é com "s" e não com "x" e tem acento por ser paroxítona terminada em ditongo.

Na letra c, o que foge ao padrão culto neste item não é referente à ortografia nem a acentuação, mas mesmo assim vale a correção. O que temos é um problema de elaboração sintática e de pontuação no trecho inicial – veja a correção: "Propuseram que todas as sextas-feiras, impreterivelmente **no** mesmo horário, o grupo **fizesse** uma apresentação, detalhando o ..."– as alterações foram as seguintes: a troca de AO por NO, a troca de FAÇAM por FIZESSE e a colocação de uma vírgula antes do gerúndio .

Na letra d, não apresenta erro.

Na letra e, novamente não temos problemas de ortografia e acentuação. Nesta frase, temos um erro de concordância: de *ordem institucional*: o adjetivo "institucional" se refere à "ordem", por isso deve ficar no singular.

Gabarito d.

Cap. 2 • ORTOGRAFIA

3. **(2012 – FCC – TRF – 2ª REGIÃO – Analista Judiciário)** Está correto o emprego de ambos os elementos sublinhados em:

a) Se o <u>por quê</u> da importância primitiva de Paraty estava na sua localização estratégica, a importância de que goza atualmente está na relevância histórica <u>porque</u> é reconhecida.

b) Ninguém teria <u>porque</u> negar a Paraty esse duplo merecimento de ser poesia e história, <u>por que</u> o tempo a escolheu para ser preservada e a natureza, para ser bela.

c) Os dissabores <u>por que</u> passa uma cidade turística devem ser prevenidos e evitados pela Casa Azul, <u>porque</u> ela nasceu para disciplinar o turismo.

d) <u>Porque</u> teria a cidade passado por tão longos anos de esquecimento? Criou-se uma estrada de ferro, eis porque.

e) Não há <u>porquê</u> imaginar que um esquecimento é sempre deplorável; veja-se como e por quê Paraty acabou se tornando um atraente centro turístico.

> **Para entendermos a questão, faz-se necessário um breve estudo acerca do emprego dos porquês – Resumo**
>
> - acompanhado de palavras determinantes → porquê
>
>   (artigo, pronome, numeral)
>
> - seguido de sinal de pontuação (.!?;) → por quê
>
>   e em final de frase
>
> - se a troca por POIS der certo → porque
>
>   **Dica:** "até porque", "isso porque"
>
> - se a troca por POIS não der certo → por que
>
> **Na letra a,** "o porquê" deve ser junto e com acento, pois está substantivado – observar o artigo que o precede; "por que" é preposição + pronome relativo, por isso equivale à expressão "pela qual".
>
> **Na letra b,** "por que" é advérbio interrogativo, pois a oração "<u>porque</u> negar a Paraty esse duplo merecimento de ser poesia e história" pode ser substituída pelo ISSO, logo é uma subordinada substantiva, apresentando, portanto, o advérbio interrogativo "por que" – de modo mais simples, podemos entender que o "por que" pode ser substituído por "por qual motivo" ou ainda podemos apenas imaginar a palavra "motivo" bem à frente de "por que", e isso dá certo – fica ao seu critério usar qualquer um dos raciocínios, todos são 100% garantidos pelo Inmetro rs. O segundo "porque" deve ficar junto e sem acento, pois é uma conjunção, haja vista poder ser substituído por "pois".
>
> **Na letra c**, as duas formas estão corretas, pois o primeiro é preposição + pronome relativo, equivalente à expressão "pelos quais", e o segundo é uma conjunção, equivale ao "pois".
>
> **Na letra d**, o primeiro "por que" deve ser separado sem acento, pois é um advérbio interrogativo (=por que motivo ou por qual motivo), e o segundo "por quê" deve ser separado com acento, pois, como a expressão foi empregada ao final da frase, o "quê" foi substantivado.
>
> **Na letra e**, o primeiro e o segundo "por que" devem ser separados e sem acento, pois são advérbios interrogativos (=por que motivo ou por qual motivo)
>
> Gabarito correto: letra 'c'.

4. QUESTÕES PARA TREINAR!

1. **(2012 – CESPE – TRE-RJ)** Julgue se o trecho abaixo, adaptados de O Globo de 17/7/2012, está correto e adequado à língua escrita formal.

Esclarecemos, ainda, que a situação levou o presidente do Tribunal Regional Eleitoral do Rio de Janeiro (TRE/RJ) a constituir um grupo especial com a Secretaria de Segurança, a Polícia Federal, o Comando Militar do Leste e a Polícia Rodoviária Federal, para atuar na campanha deste ano. Neste contexto, de invasão do mundo político pelo crime organizado, a Lei da Ficha Limpa ganha ainda maior relevância.

2. **(2011 – CESPE – CBM-ES)** O item a seguir apresenta fragmento adaptado de textos diversos. Julgue-o no que se refere à correção gramatical e ortográfica.

Caraguatatuba passará a exigir ficha criminal de quem quizer ocupar algum imóvel na cidade na temporada.

3. **(2012 – CESGRANRIO – TRANSPETRO)** Ao escrever frases, que deveriam estar de acordo com a norma-padrão, um funcionário se equivocou constantemente na ortografia.

Ele só **NÃO** se enganou em:

a) O homem foi acusado de estuprar várias vítimas.

b) A belesa da duquesa era realmente de se admirar.

c) Porque o sapato deslisou na lama, a mulher foi ao chão.

d) Sem exitar, as crianças correram para os brinquedos do parque.

e) Sem maiores pretenções, o time venceu o jogo e se classificou para a final.

4. **(2011 – CESPE – Correios)** As opções a seguir contêm trechos adaptados de texto extraído do sítio dos Correios na Internet. Assinale a opção em que o trecho apresentado está gramaticalmente correto.

a) Exemplo de ação de caráter social que envolve os carteiros e tem tido grande recepitividade é o Papai Noel nos Correios. Desde 1997, quando se transformou em projeto corporativo, passou a ser desenvolvido em todas 28 diretorias regionais.

b) Em 2009, dois estados testaram um novo modelo para o projeto, segundo o qual só podem participar crianças que cursam até o último ano da 1.ª etapa do ensino fundamental (ou seja, até o 4.º ou 5.º ano) de instituições de ensino públicas (municipais, estaduais ou federais), além de crexes e abrigos.

c) A intenção é contribuir para o alcance do 2.º objetivo de desenvolvimento do milenio da ONU: educação basica de qualidade para todos.

d) Em 2009, os Correios receberam 1.981.000 cartas, de todos os estados brasileiros, sendo que 21% foi adotado e atendido, por pessoas, que desejavam colaborar para um Natal mais solidário.

e) Os presentes são recebidos nas agências e entregues, em regiões carentes dos grandes centros urbanos, por carteiros ou outros empregados dos Correios, às crianças que escreveram as cartas.

5. **(2011 – CESPE – Correios)** No tempo em que se andava a cavalo para entregar cartas, era preciso pôr arreios no cavalo, ou seja, era preciso:

a) arriar-se o cavalo.

b) arreiar o cavalo.

c) arreiar-se no cavalo.

d) arrear o cavalo.

e) arriar no cavalo.

6. **(2013 – FCC – PGE-BA)** Considere: No Brasil, a falta de educação entre as pessoas vem aumentando. Por uma ......, ainda que superficial, podemos ...... com ...... a falta de um ...... de discrição dos ...... de pais despreparados para educá-los.

As palavras que preenchem, respectivamente, as lacunas do texto acima estão corretamente grafadas em:

a) análise – enxergar – clareza – gesto – discípulos

b) análise – enchergar – claresa – gesto – dicipulos

c) análise – enchegar – clareza – jesto – discípulos

d) análize – enxergar – clareza – jesto – discípulos

e) análize – enxergar – claresa – gesto – dissípulos

7). (2010 – CESPE – UERN) As opções que se seguem apresentam trechos adaptados de um texto publicado no Jornal do Comércio (PE) de 15/3/2010. Assinale a opção em que o trecho adaptado apresenta grafia correta.

a) A ampla maioria dos mosquitos desenvolve-se nos rescipientes de água parada localizados dentro dos quintais dos domicílios, e por isso o discurso oficial repete o mantra de que o cidadão precisa acordar para o perigo, fazendo a sua parte para previnir o surto.

b) No entanto, não se podem deixar em segundo plano, principalmente nas áreas mais pobres, os terrenos e logradouros abandonados repletos de criatórios do mosquito da dengue. As residências e construções abandonadas devem ser vistoriadas regularmente

c) A responsabilidade pela saúde pública, em última instânscia, é dos governantes, e não do cidadão. É para isso que existem autoridades eleitas pelo povo.

d) O Brasil é vunerável à ação do mosquito da dengue por uma razão simples: a precaridade das condições de vida, nos locais em que predomina o acúmulo de lixo, somada às deficiências na educação, são o cenário ideal para a multiplicação do inseto.

e) Neste cenário favorável à epidemia, será preciso mais do que campanhas informativas para debelar o risco, já vislumbrado, de caus generalisado. Os postos e hospitais da rede pública e privada não têm capacidade para dar conta da demanda em momentos de crise epidemiológica.

8. **(2011 – CESPE – STM)** Julgue o texto a seguir quanto à correção gramatical e ortográfica.

Era coisa sabida que a ausência de tais enfermidades revelava não achar-se o ar corrupto nestes lugares pela ação da humidade e da podridão.

9. **(2010 – CESPE – MPU)** Julgue o texto a seguir quanto à correção gramatical e ortográfica.

Visto apenas pelo ângulo econômico, o problema da exploração da mão de obra infantil, é ao mesmo tempo reflexo e impecílio para o desenvolvimento. Quando crianças e adolescentes deixam de estudar para entrar precocemente no mercado de trabalho, trocam um futuro mais promissor pelo ganho imediato.

10. (2012 – CETRO – TJ-RS) Em relação à ortografia, assinale a alternativa correta.

a)   O fazendeiro pegou a enchada e capinou todo o pomar.

b)   Antônio achou um ezagero a quantidade de exames que o médico solicitou.

c)   O enchame de abelhas atacou muitas pessoas naquele vilarejo.

d)   Minha bota enxarcou devido à forte chuva.

e)   João exercia suas tarefas com muita responsabilidade.

GABARITO DAS QUESTÕES				
1	2	3	4	5
C	C	A	D	D
6	7	8	9	10
A	B	E	E	E

Capítulo 3

MORFOLOGIA

---

1. INTRODUÇÃO

O estudo de morfologia se subdivide em duas partes:

- estrutura e formação de palavras;

- classes gramaticais ou classes de palavras.

2. ESTRUTURA DAS PALAVRAS

As palavras podem ser formadas por uma única parte, como ocorre com *mar*, ou não, como ocorre com *ferreiro*. Da palavra *mar* e da palavra *ferreiro*, podem-se formar outras palavras, mas *mar* sempre aparecerá como a menor unidade: <u>mar</u>, <u>maré</u>, <u>marítimo</u>; ao contrário de <u>ferreiro</u>, <u>ferro</u>, <u>ferragem</u>. Observe que neste último conjunto a menor parte é *ferr*. *As palavras que* nascem de uma mesma raiz e apresentam a mesma origem etimológica são chamadas **cognatas**.

Todas essas partes (*mar, -é, ferr, -eiro,...*) que formam a palavra chamam-se **elementos mórficos** ou **morfemas.** De acordo com a sua função, são classificados em: *radical, afixos, desinências, vogal temática.* Além dos quatro morfemas, há ainda podemos encontrar a formação do *tema* nas formas verbais, bem como as *vogais* e as *consoantes de ligação.*

Assim, temos:

radical	elemento básico da palavra que sustenta o seu significado: **fum** o **fum** ante de **fum** ar
afixos	associam-se ao radical, formando uma nova palavra: prefixo: antes do radical →**in** feliz sufixo: depois do radical → feliz **mente**
desinências	a) nominais: indicam o gênero e o número dos nomes. g a t **o s** ──────→ desinência nominal de número └──────→ desinência nominal de gênero b) verbais: indicam pessoa, número, tempo e modo dos verbos. **(amávamos)** **am a v á m o s** radical vogal desinência desinência temática modo-temporal número-pessoal

vogal temática	indica a conjugação a que pertence verbo: falar – 1ª conjugação beber – 2ª conjugação partir – 3ª conjugação
tema	radical + vogal temática **ama** –mos, **bebe** – mos, **parti** – mos
vogal e consoante de ligação	facilitam a pronúncia, não têm significação e, por isso, não são morfemas: gás – **o** – metro / café – **t** – eira = *gasômetro* e *cafeteria*

3. FORMAÇÃO DAS PALAVRAS

A formação das palavras ocorre por meio de alguns processos:

(1º) **Derivação**

prefixal	prefixo + radical	**des**leal, **sub**solo
sufixal	radical + prefixo	leal**dade**, fatal**ismo**
prefixal e sufixal	prefixo + radical+ sufixo	**des**leal**dade**, **des**respeit**oso**
parassíntese	prefixo + radical +sufixo	**des**alm**ado**, **en**trist**ecer**
regressiva	substantivo que surge por redução de verbos que indicam ação – formam-se pela junção do radical do verbo às vogais *-o*, *-a* ou *-e*	afagar → *afago* caçar → *caça* sacar → *saque*
imprópria	mudança da classe gramatical da palavra sem que ela mude de forma	Homem **Aranha** → adjetivo derivado substantivo

 DICA
Parassíntese ≠ Derivação prefixal e sufixal

Para diferenciar derivação prefixal e sufixal de parassíntese, o raciocínio deve ser feito assim: de deslealdade podem-se formar desleal e lealdade, assim temos tanto um prefixo quanto um sufixo sendo agregados ao radical. Porém de entristecer não se podem formar entriste e tristecer, logo temos aí um processo só – o prefixo e o sufixo tiveram de ser usados ao mesmo tempo para formar a palavra em questão. A parassíntese ou derivação parassintética, ainda é particularmente ocorrida nos verbos e os prefixos a- e em- (em-) têm como principal função participar desse processo.

(2º) **Composição**

por justaposição	os radicais agregados permanecem inalterados	*passatempo*=passa+tempo
por aglutinação	há alteração em pelo menos um dos radicais	*planalto*= plano+alto

Os principais processos são o de derivação e o de composição, entretanto existem outros.

(3º) outros processos de formação de palavras

hibridismo	união de palavras de idiomas diferentes	*televisão = tele*:grego + *visão*:latim
onomatopeia	imitação de sons	*tique-taque*
abreviação	não é abreviatura, é a redução da palavra sem prejuízo da compreensão	*pneu* por pneumático *quilo* por quilograma
sigla	união das letras ou sílabas iniciais de outras palavras	*ONU, PTB, Incra, Embratur*
combinação	junção de partes de outras palavras	*portunhol*= português +espanhol
intensificação	aumento da palavra existente, intensificando seu sentido	*protocolizar* = protocolar
reduplicação ou duplicação silábica	segundo Evanildo Bechara, consiste na repetição de vogal ou consoante para formar uma palavra imitativa – normalmente é a sílaba tônica que se repete	*reco-reco*

4. RELAÇÃO ENTRE ESTRUTURA E FORMAÇÃO DE PALAVRAS E CLASSES GRAMATICAIS

O assunto de Formação e Estrutura de Palavras nos ajuda a entender a correspondência semântica entre as palavras bem como a grafia de algumas pela relação "genética" (etimológica) que existe entre elas e, ainda, suas classificações gramaticais.

Assim, se entendemos que *cafeteira, enfermeira* e *pedreira* são três palavras que dão nome, sabemos que são três substantivos – afinal, o substantivo é a palavra que dá nome aos seres – e, como as três têm o mesmo sufixo, também entendemos que o sufixo *–eira* é normalmente empregado em substantivo, o que nos ajuda a reconhecer outros substantivos.

Além disso, a base de nossa grafia corresponde também à etimologia da palavra, portanto se *analisar* é com "s", então suas cognatas também o serão, como *análise, psicanálise, analisado* e assim por diante também serão com "s".

5. CLASSES DE PALAVRAS (OU GRAMATICAIS)

São **dez classes** (classificações) de palavras que se subdividem em **dois grupos**: palavras variáveis e invariáveis. As variáveis são as que têm flexão de gênero (masculino, feminino), número (singular, plural), grau (aumentativo ou diminutivo, comparativo ou superlativo), pessoa (1ª, 2ª, 3ª), tempo (presente, passado, futuro), modo (indicativo, subjuntivo, imperativo) e voz (ativa, passiva, reflexiva) e as invariáveis, logicamente, não têm flexão.

As variáveis são: substantivo, artigo, adjetivo, numeral, pronome e verbo. E as invariáveis são: advérbio (apesar de apresentar flexão de gênero), preposição, conjunção e interjeição.

6. PANORAMA

Classe	Definição	Exemplos
SUBSTANTIVO (variável)	É a palavra com que damos nomes aos seres em geral.	carro, professor, pássaro, Carolina, Fortaleza, felicidade, sinceridade, sensatez, vida,...
ADJETIVO (variável)	É a palavra que atribui *qualidade, característica* ou *estado* aos seres.	mulher **linda**, tarde **ensolarada**, pessoa **responsável,** casas **amarelas ...**
ARTIGO (variável)	É a palavra que indica o substantivo. Refere-se ao substantivo para *defini--lo* ou *indefini-lo*, indicando-lhe o *gênero* e o *número*.	o vaso, **um** vaso, **os** vasos, **uns** vasos, a bala, **uma** balas, **as** balas, **umas** balas...
NUMERAL (variável)	É a palavra que indica *quantidade* ou *ordem de sucessão*.	um, dois, primeiro, segundo, dobro, triplo, um terço, dois terços, ...
PRONOME (variável)	É a palavra que substitui o nome (pronome substantivo) ou o acompanha (pronome adjetivo), indicando uma das três pessoas gramaticais.	**Aquela** moça é **minha** filha. **Ela** e **eu** seremos candidatos do sindicato. **Nossos** alunos estão muito bem preparados. **Estes** recados são para **você**.
VERBO (variável)	É a palavra que indica processo, ou seja, aquilo que se passa no tempo (basicamente: ação, estado ou fenômeno da natureza).	Carlos **treina** muito. (ação) Ela **estava** tranquila. (indica o estado *tranquila*) **Nevou** em diversas regiões. (fenômeno natural)
ADVÉRBIO (invariável)	Nunca se refere ao substantivo. É um modificador semântico ou do verbo, ou do adjetivo ou ainda de outro advérbio, exprimindo determinada **circunstância.**	**Não** faremos isso **calmamente**. **Ontem** fizemos a compra do mês. Ele **sempre** se arruma **muito bem**. O salão está **bastante** enfeitado. Ela está **meio** cansada.
PREPOSIÇÃO (invariável)	É a palavra que liga dois elementos, estabelecendo entre eles relações de sentido e/ou de dependência. É, por esse motivo, também chamada de **conectivo.** Não tem função sintática.	Ela passou **por** aqui hoje. **Até** amanhã, meu amigo. Estou aqui **desde** as duas horas. Ensino **a** distância. Estamos aqui **para** estudar. Estou **sem** vontade **de** fazer isso.
CONJUNÇÃO (invariável)	É a palavra que liga dois elementos que exercem a mesma função sintática, estabelecendo entre eles uma determinada relação semântica. Por isso também é chamada de **conectivo.** Não tem função sintática.	Voltaremos mais cedo, **se** for possível. Ele pagou o produto, **contudo** não quis levá-lo. Sua professora é ótima; você deveria, **pois,** valorizá-la mais. Esperei mais um pouco, **conquanto** estivesse com pressa. Não houve acordo, **porque** eles não quiseram.
INTERJEIÇÃO (invariável)	É a palavra através da qual exprimimos nossas emoções. Não tem função sintática.	**Oh,** ele veio! **Oxalá** eu conseguisse isso! **Nossa,** que tormento! **Ué,** por que sofres tanto?

Obs.: Locução: é o conjunto de duas ou mais palavras que juntas desempenham apenas uma função gramatical (um sentido) → amor <u>de mãe</u>= amor <u>materno</u>.

7. CLASSES DE PALAVRAS VARIÁVEIS

A seguir, temos as particularidades de cada uma das classes.

7.1. Substantivo

O substantivo é palavra que varia em gênero, número e grau e que atribui nome aos seres em geral. E é sempre uma palavra de maior significação que as outras que o acompanham, portanto é considerado núcleo: *Aquelas grandes casas amarelas são maravilhosas*. Observe-se que *aquelas, grandes* e *amarelas* são palavras que acompanham o nome casa, determinando, qualificando esse substantivo.

As palavras que se referem ao substantivo devem concordar com ele, e sempre o determinarão, o qualificarão, por isso são chamadas *adjetivas* ou *determinantes*, como em: *Aquelas grandes casas amarelas são maravilhosas*.

Na elaboração das frases, não se refere a outro substantivo, a não ser que seja o nome próprio deste outro: *Rio Amazonas*. Por esse motivo, quando ocorrer de ele se referir a outro substantivo terá valor de uma palavra determinante – um caso de derivação imprópria: *Os vizinhos pintaram sua casa com tons pastel*. Note-se que *pastel* é adjetivo de *tons* nesta frase, e, quando isso ocorre, esse substantivo de valor adjetivo fica invariável.

O substantivo pode, ainda, ser representado por uma oração a qual se chama oração subordinada substantiva: *Eu quero sua saída da empresa.* = *Eu quero que você saia da empresa*.

Quanto à sua formação, pode ser:
- *primitivo x derivado* (jornal x jornalista)
- *simples x composto* (jornal x girassol/ beija-flor)

Quanto à sua classificação, pode ser:
- *comum x próprio* (jornal x Amazonas)
- *concreto x abstrato* (jornal x redação)

Observações: – os substantivos *próprios* são sempre *concretos* e devem ser grafados com iniciais *maiúsculas*; – os substantivos *abstratos* indicam o nome de uma qualidade (tristeza), sentimento (raiva), sensações (fome), ações (briga) ou estados (vida) – são seres de existência dependente, o concreto é independente; – *dentre os comuns*, merecem destaque os **coletivos** que, mesmo no singular, designam um conjunto de seres de mesma espécie, como:
- *alcatéia* (conjunto de lobos) – coletivo específico;
- *bando* (conjunto de marginais, de animais, de crianças) – coletivo genérico;
- *século* (conjunto de cem anos) – coletivo numérico.

 DICA

Para se fazer a diferença entre o substantivo abstrato e o concreto, com base na dependência ou independência de outro ser, basta que você imagine se alguém tem de sentir algo. Por exemplo: alguém tem de sentir a tristeza, para que ela exista? Sim; então sua existência é de dependência de outro ser e, por

> isso, é um substantivo abstrato. Agora, um outro exemplo: a escola, ninguém tem de senti-la, porque isso nem é possível, logo é um substantivo concreto.

7.2. Adjetivo

O adjetivo é palavra que varia em gênero, número e grau. Sempre se refere ao substantivo, indicando sua característica ou seu estado, mantendo com ele relação de concordância de gênero e número. Por isso, diz-se que o adjetivo é um determinante do substantivo – termo determinado – ou uma palavra adjetiva: *Aquelas grandes casas amarelas são maravilhosas*

Na elaboração de frases, além de se referir ao substantivo, pode substituí-lo e quando isso acontece passa ter o valor de nome-núcleo: *O escuro assusta as criancinhas.* Pode ter, também, valor de advérbio e, neste caso, será invariável: *Falou rápido.* E pode, ainda, aparecer em forma de uma oração a qual se chama oração subordinada adjetiva: *Força imensurável.* → *Força que não se pode medir.*

Outras formas de emprego e formação:

• *Adjetivos pátrios* ou *gentílicos*: indicam a nacionalidade ou a origem geográfica de um ser; normalmente são formados pelo acréscimo de um sufixo ao substantivo de que se originam: Alagoas/alagoano; podem ser *simples* ou *compostos*, referindo-se a duas ou mais nacionalidades ou regiões; nestes últimos casos assumem sua forma reduzida e erudita, com exceção do último elemento (franco-ítalo-brasileiro).

• *Adjetivos restritivos:* particularizam o substantivo a que se referem, especificando-o com uma característica que não lhes é própria: *mulher alta, fruta amarga, céu alaranjado.*

• *Adjetivos explicativos:* revelam uma característica que é própria do substantivo a que se referem: *fogo quente, gelo frio, céu azul, homem racional.*

• *Locuções adjetivas*: expressões, geralmente, formadas por preposição e nome que equivalem a adjetivos → *anel de prata* = *anel argênteo, problema de fígado* = *problema hepático.*

• *Semântica*: podem mudar de sentido, quando mudam de posição com o substantivo:

- menina *pobre*: sem recursos;

- *pobre* menina: coitada.

- homem *grande*: relativo ao tamanho dele – grande;

- *grande* homem: notável

7.3. Flexões do Substantivo e do Adjetivo

I – Gênero e número

As flexões de gênero e número dos adjetivos simples são exatamente as mesmas dos substantivos simples. A única observação que devemos lembrar é esta: *substantivo simples com valor de adjetivo fica invariável*: Comprei blusas **vinho**.

(a) Gênero (masculino / feminino)

Os substantivos e os adjetivos podem ser:

(i) *biformes*: uma forma para masculino e outra para feminino: *gato / gata; bonito / bonita*.

DICA
São chamados heterônimos os substantivos que fazem distinção de gênero não pela desinência, mas através do radical: *bode / cabra; homem / mulher*.

(ii) *uniformes*: uma única forma para ambos os gêneros: *inteligente / inteligente; criança / criança*.

Os substantivos, neste caso, dividem-se em:

- *epiceno*: usado para animais de ambos os sexos (macho e fêmea)→ jacaré **macho**, jacaré **fêmea**; – *comum de dois gêneros*: designa pessoas, fazendo a distinção dos sexos através das palavras adjetivas→ **o** dentista, **a** dentista.

- *sobrecomum*: apresenta um só gênero gramatical para designar pessoas de ambos os sexos→ a criança.

DICA
(1) alguns substantivos, quando mudam de gênero, mudam de sentido: o cabeça (chefe); a cabeça (parte do corpo).
(2) outros têm gênero vacilante: o/a diabetes; o/a laringe; o/a soprano; o/a usucapião; o/a personagem...

(b) Número (singular x plural)

Nos substantivos e adjetivos simples, forma-se o plural em função do final da palavra.

Substantivo terminado em	Forma o plural assim	Exemplos	Exceções
Vogal ou ditongo	+s	muro → muros degrau → degraus	–
ão	+s -ão + ões -ão + ães	acórdão → acórdãos mamão → mamões tabelião → tabeliães	–
al el ol ul	-l + is	canal → canais fusível → fusíveis caracol → caracóis paul → pauis	mal → males mel → méis ou meles _ cônsul → cônsules
il	-l +s (em oxítonas) -il + eis (em paroxítonas)	til → tis fuzil → fuzis míssil → mísseis fóssil → fósseis	reptil / projetil → reptis / projetis ou réptil / projétil → répteis / projéteis

Substantivo terminado em	Forma o plural assim	Exemplos	Exceções
r, z	+es	gravidez → gravidezes júnior → juniores sênior → seniores caráter → caracteres	–
m	-m+ns	refém → reféns nuvem → nuvens	–
s	+es (em oxítonas) invariável, se não for oxítona	lilás → lilases adeus → adeuses o pires → os pires o ônibus → os ônibus	→ **cais** e **xis** são invariáveis; → **cós** faz plural cós ou coses
n	+s ou +es (o acréscimo de *es* é pouco comum)	pólen → polens hífen → hifens, hífenes abdômen → abdomens, abdômenes	–
x	Invariáveis	A fênix → as fênix O tórax → os tórax	As formas variantes seguem o plural da variante: índex ou índice → _ ou índices.

 DICA

(i) Alguns exemplos de substantivos terminados em -ão que apresentam múltiplos plurais: alão→ alões, alãos, alães / alazão→ alazões, alazães / aldeão→ aldeões, aldeãos, aldeães / vilão→ vilões, vilãos / ancião→ anciões, anciãos, anciães / verão→ verões, verãos / castelão→ castelões, castelãos / rufião→ rufiões, rufiães / ermitão→ ermitões, ermitãos, ermitães / sultão→ sultões, sultães, sultãos.

(ii) Sufixo diminutivo *-ZINHO(A)/-ZITO(A)*: colocar a palavra primitiva no plural, retirar o -S e acrescentar o sufixo com –S: cãe**zitos**, coronei**zinhos**, mulhere**zinhas**.

(ii) Alguns substantivos, quando mudam de número, mudam de sentido: bem (virtude); bens (riquezas).

Nos compostos, o plural é formado de maneira diferente para os substantivos e adjetivos.

Plural dos substantivos compostos

I – Sem hífen	igual ao substantivo simples	planalto → planaltos girassol → girassóis

II – Substantivos compostos com hífen	como fica?	exemplo
substantivo adjetivo pronome numeral	são sempre flexionados	couve-flor → couves-flores amor-perfeito → amores-perfeitos guarda-civil → guardas-civis quinta-feira → quintas-feiras
	Obs.: em nome de reza só o 2º varia. (norma erudita)	pai-nosso → pai-nossos / pais-nossos

II – Substantivos compostos com hífen	como fica?	exemplo
advérbio verbo preposição prefixo	ficam invariáveis	sempre-viva → sempre-vivas guarda-chuva → guarda-chuvas alto-falante → alto-falantes vice-presidente → vice-presidentes
ligados por preposição	varia apenas a primeira palavra com ou sem o hífen	pão de ló → pães de ló mula sem cabeça → mulas sem cabeça joão-de-barro → joões-de-barro
palavras repetidas ou semelhantes ou onomatopaicas	varia apenas o último elemento	teco-teco → teco-tecos pingue-pongue → pingue-pongues bem-te-vi → bem-te-vis **Obs.:** verbos repetidos → corre-corre → corre-corres ou corres-corres
com o segundo substantivo determinando ou limitando o primeiro, indicando forma espécie ou finalidade*	varia apenas o primeiro elemento (ou variam os dois elementos)	banana-prata → bananas-prata ou bananas-pratas navio-escola → navios-escola ou navios-escolas laranja-pera → laranjas-pera ou laranjas-peras vale-refeição → vales-refeição ou vales-refeições
formados com grão, grã, bel seguidos de substantivo	varia apenas o segundo elemento	grão-duque → grão-duques grã-duquesa → grã-duquesas bel-prazer → bel-prazeres
Exceções	invariáveis →	louva-a-deus e arco-íris

DICA

Há muitas dúvidas em como identificar os compostos em que o 2º substantivo especifica o 1º. Assim, pode-se recorrer ao raciocínio dado na parte de emprego do hífen no capítulo que tratou deste tema: basta que você tente visualizar os elementos de uma composição, como banana-prata, e você verá apenas um, no caso, a banana, mas a prata não.

DICA

Há substantivos simples que só são empregados no plural e compostos que têm o segundo elemento sempre no plural: olheiras, óculos, guarda-costas, para-raios, paraquedas, porta-joias, saca-rolhas.

Plural e gênero dos adjetivos compostos

Adjetivos compostos sem hífen	a flexão é igual a do simples, só varia "o final"	relações socioeconômicas relação socioeconômica projetos socioeconômicos
Adjetivos compostos com hífen	como ficam?	Exemplo

Adjetivo + Adjetivo	varia apenas o último adjetivo	blusa verde-clara → blusas verde-claras terno vermelho-claro → ternos vermelho-claros congresso afro-luso-brasileiro → congresso afro--luso-brasileiros
Adjetivo + Substantivo	invariável	casa verde-limão → casas verde-limão casaco verde-musgo → casacos verde-musgo
Exceções	invariáveis → variam os dois elementos →	azul-marinho, azul-celeste e cor de... surdo-mudo → surdas-mudas

II – Grau

Grau dos substantivos	
normal	casa
diminutivo	casinha, casebre
aumentativo	casarão

O aumentativo e o diminutivo podem ser analítico ou sintético	analítico		navio pequeno, copo grande, problema imenso
	sintético com sufixos nominais	de aumentativos	-aça (barcaça), -aço (balaço), -alhão (boba-lhão), -anzil (corpanzil) , -ão (garrafão),-areu (fogaréu), -arra (naviarra), -arrão (canzar-rão), -astro (poetastro), -azio (copázio), -orra (cabeçorra), -az (velhacaz), -uça (dentuça)...
		de diminutivos	-acho (riacho), -cula (gotícula), -ebre (case-bre), -eco (padreco), -ejo (vilarejo), -ela (rue-la), -ete (farolete), -eto (livreto), -ico (namori-co), -im (espadim), – (z)inho (pezinho), -isco (chuvisco), -ito (cãozito), -ola (bandeirola), -ote (saiote), -ucho (papelucho), -ulo (nódu-lo), -únculo (homúnculo), -usco (velhusco)...
Aumentativo ou diminutivo com valor pejorativo	jornaleco, livreco, dramalhão, medicastro...		
Sufixos diminutivos com valor afetivo	doidinho, amorzinho...		
Sufixo aumentativo ou diminutivo que não dá à palavra nenhum dos dois graus	cartaz, papelão, cordão, folhinha, (– calendário), ...		
aumentativos ou diminutivos com valores: popular ou erudito.	obra: obrinha, opúsculo		
Grau dos adjetivos			
Comparativo	igualdade (tão...quanto/ como)	Ele é **tão** alto **quanto** você.	
	superioridade (mais...(do) que)	Ele é **mais** alto **(do) que** você.	
	inferioridade (menos...(do) que)	Ele é **menos** alto **(do) que** você.	

Superlativo	absoluto	analítico	Ele é **muito** alto.
		sintético	Ele é **altíssimo**.
	relativo	de superioridade	Ele é **o mais** alto de todos.
		de inferioridade	Ele é **o menos** alto de todos.

Formas sintéticas especiais para os adjetivos **bom, mau, grande** e **pequeno**

Adjetivos	Comparativo de Superioridade	Superlativo absoluto	
		regular	irregular
bom	melhor	boníssimo	ótimo
mau	pior	malíssimo	péssimo
pequeno	menor	pequeníssimo	mínimo
grande	maior	grandíssimo	máximo

Quando estes adjetivos se referem a características de um mesmo ser, admitem--se as construções **mais bom que, mais mau que, mais grande que, mais pequeno que**. Ex.: Ele é bonito e inteligente; alguns o consideram **mais bom** que inteligente.

7.4. Artigo

O artigo é palavra que varia em gênero e número. Sua função principal é indicar o substantivo, revelando seu gênero. Mantém com o nome, portanto, relação de concordância: <u>As</u> grandes casas amarelas são maravilhosas.

Sendo assim, sua função primeira, na elaboração das frases, é de ser determinante do substantivo; porém pode também substituí-lo, passando a ter valor de nome:

Estudo <u>a (determinante) língua</u> portuguesa e <u>a</u> (=nome, substitui língua) inglesa.
Classifica-se em:

- **definido**: o, a, os, as – determinam o substantivo ou a espécie de modo específico, preciso;
- **indefinido**: um, uma, uns, umas – determinam o substantivo ou a espécie de modo vago, impreciso.

Ele pode aparecer combinado com preposição: **numa, do, à (a + a), ao**...; e tem a propriedade de substantivar qualquer palavra precedida por ele: **processo da substantivação**:

O escuro assusta as criancinhas. = o adjetivo escuro passou a ser substantivo.

 DICA
Para se certificar de que uma palavra é artigo, troque o gênero do substantivo posterior. Se o suposto artigo não mudar de gênero, no contexto da frase, pertence à outra classe.

Empregos

(i) não se deve usar artigo depois de *cujo* e suas flexões;

(ii) não se usa artigo diante de expressões de tratamento iniciadas por possessivos;

(iii) é obrigatório o uso do artigo definido entre o numeral *ambos* e o substantivo a que se refere (ambos os cônjuges);

(iv) diante do possessivo adjetivo o uso é facultativo; mas se o pronome for substantivo, torna-se obrigatório;

(v) antes de nomes de pessoas comuns, seu emprego é facultativo;

(vi) antes de nomes de pessoas bastante conhecidas, não se usa artigo;

(vii) não se usa artigo diante das palavras *casa* (=lar, moradia) e *terra* (=chão firme) a menos que essas palavras sejam especificadas;

(viii) diante de alguns nomes de cidade não se usa artigo, a não ser que venham especificados, adjetivados;

(ix) usa-se artigo definido antes dos nomes de estados brasileiros, exceto: AL, GO, MT, MG, PE, SC, SP e SE;

(x) não se combina com conectivo o artigo que faz parte de nomes de jornais, revistas e obras literárias, bem como com aquele que faz parte de um sujeito;

(xi) depois de *todo*, emprega-se o artigo quando se quer conferir ideia de totalidade ao contexto;

(xii) **contração** = preposição + outra palavra com perda fonética: na/àquela;

(xii) **combinação**: preposição + outra palavra sem perda fonética: ao/aos – especialmente com as preposições *de, em, por.*

7.5. Numerais

O numeral é palavra que indica quantidade, número de ordem, múltiplo ou fração; por esse motivo se classificam em *cardinal* (1, 2, 3, ...), *ordinal* (primeiro, segundo,...), *multiplicativo* (dobro, duplo, triplo, ...) e fracionário (meio, metade, terço).

Na elaboração das frases, acompanha o substantivo, ou seja, é um determinante, mas também pode substituí-lo; portanto, tanto pode ser palavra adjetiva ou nome: *Ele trouxe <u>um (determinante) presente</u> pra mim e <u>um</u> (=nome, substitui presente) para ela.*

Atenção!

(i) **Milhão, bilhão (ou bilião), trilhão** têm valor de substantivo e variam em número; referindo-se a eles, devem ser empregados o, os, meu, do, os,–, tudo masculino e concordando em número com ele:

- *Os milhões de pessoas que aqui compareceram eram impacientes.*

- *A população mundial alcançou a marca dos 7 bilhões de habitantes nesta segunda-feira (31) por volta das 4h, segundo a Organização das Nações Unidas (ONU).* (in internet: <u>http://g1.globo.com</u>)

- *Ah se fosse meu 1,5 milhão!*

(ii) **Milhar** também pode ser precedido por um artigo de gênero **masculino**:

- *Os milhares de pessoas que cometeram delitos, após cumprirem suas penas, ficam quites com a sociedade. (ESAF- Técnico da Receita Federal)*

7.6. Numerais

O pronome é palavra que varia em gênero, número e pessoa. Na elaboração de frases, ele acompanha ou substitui o nome: _Aquela menina_ é minha irmã. – acompanha o nome; _Ela é minha irmã._ – substitui o nome, no caso, substituiu _irmã._

Quando acompanha o substantivo, tem valor de determinante, palavra adjetiva e é classificado pronome adjetivo; quando substitui o substantivo, tem valor de nome e é classificado pronome substantivo.

Subdivide-se em seis grupos de acordo com suas funções específicas nos contextos. Por esse motivo, há um capítulo só para esta classe, o capítulo 4.

7.7. Verbos

O verbo é palavra variável que exprime um acontecimento representado no tempo, seja **ação**, **estado** ou **fenômeno da natureza**.

Exemplos:

- Ela _trabalhou_ muito ontem. (ação)

- Ela _estava_ cansada. (estado)

- _Chove_ lá fora. (fenômeno da natureza)

Sem verbo não existe oração e quando estão em uma de suas **formas nominais** (infinitivo -_falar_-, particípio –_falado_- ou gerúndio -_falando_) podem

(a) formar uma **locução verbal**: _Eles estavam desenhando em cima da mesa._

(b) desempenhar **papel nominal**, ou seja, ter valor de substantivo, adjetivo ou advérbio:

- _O jantar está servido._ (substantivo)
- _Mulheres vividas são interessantes._ (adjetivo)
- _Errando se aprende._ (advérbio)

(c) formar **orações reduzidas**: _Dançar a noite inteira_ é maravilhoso.

Como o emprego desta classe de palavra é muito rico, o capítulo 5 será apenas sobre Verbos.

7.8. Advérbio

O advérbio é a palavra que expressa ideia de circunstância. Não se refere ao substantivo porque é invariável, portanto não pode manter com ele relação de concordância; ele só se refere ao verbo, ao adjetivo, a outro advérbio ou a uma frase inteira. Ao estabelecer relação com esses elementos, ele modifica seu sentido, por isso é tido como modificador semântico.

- _O rapaz fala muito._ – modifica o sentido do verbo _falar_

- _O lugar era bastante confortável._ – modifica o sentido do adjetivo _confortável_

- O velhinho caminha **tão** devagar! – modifica o sentido do advérbio _devagar_

- _Possivelmente, haverá crise esse ano._ – modifica o sentido de toda a oração

É classificado de acordo com a circunstância que expressa e as preposições, normalmente, fazem parte das expressões e locuções adverbiais. Quando se refere ao adjetivo ou a outro advérbio, é advérbio de intensidade.

Também é uma classe de palavra que pode ser representada por uma oração a qual se chama oração subordinada adverbial: *Eles saíram quando eu cheguei.* – esta oração expressa ideia de tempo, revelando em que momento eles saíram

Principais circunstâncias:

(i) **lugar**: longe, junto, acima, atrás, alhures...

(ii) **tempo**: breve, cedo, já, dentro, ainda...

(iii) **modo**: bem, mal, melhor, pior, devagar, a maioria dos advérbios com sufixo -mente

(iv) **negação**: não, tampouco, absolutamente...

(v) **dúvida**: quiçá, talvez, provavelmente, possivelmente...

(vi) **intensidade**: muito, pouco, bastante, mais, demais, tão...

(vii) **afirmação**: sim, certamente, realmente, efetivamente...

São locuções adverbiais:

(i) à direita, à frente, à vontade, de cor, em vão, por acaso, frente a frente, de maneira alguma, de manhã, de repente, de vez em quando, em breve e tantas outras.

Obs.: São classificadas, também, em função da circunstância que expressam.

Grau: apesar de invariável, o advérbio pode apresentar variações de grau comparativo ou superlativo.

Comparativo:	Superlativo:
igualdade:tão+advérbio+quanto superioridade:mais+advérbio+(do)que inferioridade: menos+advérbio+(do) que	sintético:+sufixo-íssimo analítico: muito, pouco, demais, tão+advérbio

DICA

bem e *mal* admitem grau comparativo de superioridade sintético: *melhor* e *pior*. As formas *mais bem* e *mais mal* são usadas diante de particípios adjetivados: *Eles se saíram melhor que eu no teste. Ele está mais bem informado do que eu.*

7.9. Preposição

A preposição é palavra invariável que relaciona dois termos entre si, estabelecendo, em algumas construções, relação de subordinação (termo regente + termo regido); em outras, relação semântica, ou seja, de sentido:

- *Ele precisa de você.* – relação de subordinação entre os termos *precisar* (regente) e *você* (regido), pois o verbo exigiu a preposição *de*.

- *O armário de ferro amassou.* – relação semântica, pois revela o material de que o armário é feito.

Esta classe de palavra não tem função sintática, ou seja, uma preposição é sempre classificada como preposição. Divide-se em: essenciais e acidentais – estas últimas exercem função de preposição às vezes; podem fazer parte das expressões ou locuções adjetivas bem como das adverbiais, quando estabelecem as relações de sentido e sempre deve ser, por isso, analisada junto do termo regido por ela.

Assim, em *O armário de ferro amassou.*, "de ferro" é uma locução adjetiva de "armário", pois revelou um sentido: material; já em *O armário de ferro amassou à noite.*, "à noite" é uma locução adverbial, pois também revelou um sentido: de tempo.

Classificações:

(i) **essenciais:** a, ante, após, até, com, contra, de, desde, em, entre, para, per, perante, por, sem, sob, sobre, trás

(ii) **acidentais:** afora, conforme, consoante, durante, exceto, salvo, segundo, senão etc.

Obs.: preposições essenciais regem pronome oblíquo tônicos; enquanto preposições acidentais regem as formas retas dos pronomes pessoais: Falei **sobre** ti. / Todos, **exceto** eu, vieram.

São locuções prepositivas: abaixo de, acerca de, a fim de, além de, ao lado de, apesar de, através de, de acordo com, em vez de, junto de, perto de etc.

Obs.: a última palavra da locução prepositiva é sempre uma preposição, e de uma locução adverbial nunca é preposição.

Emprego:

(i) **combinação:** preposição + outra palavra sem perda fonética: ao/aos.

(ii) **contração:** preposição + outra palavra com perda fonética: na/àquela.

(ii) não se deve contrair preposição com o termo seguinte se ele for sujeito: Está na hora de ele falar.

Relações de sentido estabelecidas pelas preposições:

autoria – música de Caetano

lugar – cair **sobre** o telhado / estar **sob** a mesa

tempo – nascer a 15 de outubro / viajar **em** uma hora

modo – chegar **aos** gritos / votar **em** branco

causa – tremer de frio / preso **por** vadiagem

assunto – falar **sobre** política

fim ou finalidade – vir **em** socorro / vir **para** ficar

instrumento – escrever a lápis / ferir-se **com** a faca

companhia – sair com amigos

meio – voltar a cavalo / viajar de ônibus

matéria – anel de prata / pão com farinha

posse – carro de João

oposição – Flamengo **contra** Fluminense

conteúdo – copo de (com) vinho

preço – vender a (por) R$ 300, 00

origem – descender de família humilde

destino – ir a Roma

7.10. Conjunção

A conjunção é uma palavra que relaciona duas orações ou dois termos seme-lhantes de uma mesma oração – não tem, portanto, função sintática. Ao relacionar tais elementos, estabelece entre eles relação semântica ou sintática: quando a relação é semântica apenas, a conjunção é coordenativa e, nos períodos compostos, relaciona orações independentes, de mesma função gramatical; quando a relação estabelecida é semântico-sintática, a conjunção é subordinativa e, no período composto, relaciona orações, indicando dependência de uma oração com a outra.

Assim como a preposição, deve ser analisada junto do elemento regido por ela, ou seja, o elemento que estiver à sua frente. Importante saber que, nas orações reduzidas, as conjunções e suas locuções não aparecem e, muitas vezes, dão lugar às preposições e suas locuções.

Observemos o quadro abaixo. Nele há as principais conexões:

CONJUNÇÕES COORDENATIVAS		
1- **aditivas** – indicam adição, sequência	e, nem, que (=e), (não só...) mas também / como também, (tanto...) como	O número dezesseis é par **e** sua raiz quadrada é quatro.
2 – **adversativas** – indicam adversidade, oposição	mas, porém, contudo, toda-via, entretanto, que (=mas), no entanto, e sim	Ele estava com muita fome, **mas** não conseguia engolir a comi--da de tão nervoso que estava.
3 – **alternativas** – indicam alternância, exclusão	ou... ou, ora... ora, quer... quer, seja... seja, nem...nem, já...já	**Ou** aprendemos a conversar, **ou** teremos de nos separar.
4 – **conclusivas** – indicam fato ou ideia resultante da oração anterior	logo, portanto, pois (depois de verbo), por isso	A prova estava fácil; *fomos*, **pois**, muito bem.
5 – **explicativas** – indicam fato ou ideia que justifica o conteúdo da primeira oração.	que, porque, pois (antes do verbo), porquanto	Não vá sem mim, **que** eu fi-carei triste.
CONJUNÇÕES SUBORDINATIVAS		
1- **causais** – indicam o motivo do fato da oração principal.	porque, já que, pois que, por isso que, como (só no início do período), visto que, desde que, visto como, na medida em que	**Como** estava doente, foi ao médico.
2- **comparativas** – indicam uma relação entre dois elemen-tos – um da oração subordina-da e outro da oração principal.	mais... do que, menos... do que, tão/tanto... como/ quan-to, assim como, como (no iní-cio ou não do período)	Ele sempre se comportou **como** um garoto mimado.
3- **concessivas** – indicam ideia de oposição, de exceção ao padrão.	embora, conquanto, ainda que, mesmo que, se bem que, posto que, por mais que	**Embora** estivesse cansada, assisti à aula até o fim.
4- **condicionais** – indica um fato hipotético ou condicio-nal (= permissivo) do fato da oração principal.	se (não), caso, desde que, a não ser que, a menos que, contanto que, uma vez que, desde que, salvo se	Ele não poderá cursar este módulo, **a menos que** haja alguma desistência.

CONJUNÇÕES SUBORDINATIVAS		
5- **conformativas** – indicam a ideia "de acordo com" em relação à ideia da principal	conforme, como, segundo	Tudo aconteceu **como** eles haviam previsto.
6- **consecutivas** – indicam um fato resultante do fato da oração principal	(tão/tanto...) que, de modo que, de sorte que, de maneira que, de forma que	*Tanto* se esforçou, **que** conseguiu ser aprovado nos exames.
7- **finais** – indicam a finalidade do fato da oração principal.	a fim de que, para que, porque, que	Estude bastante **para que** consiga uma boa classificação.
8- **proporcionais** – indicam fato simultâneo ao da oração principal	à proporção que, à medida que, na medida em que, quanto mais, quanto menos, conforme	Sentíamos mais calor **à medida que** avançávamos para o interior.
9- **temporais** – indicam circunstância de tempo em relação ao fato da oração principal.	quando, enquanto, mal, logo que, assim que, sempre que, desde que	**Mal** amanhece, muita gente vai à praia em busca de peixe fresco.
10 – **integrantes** – auxiliam as orações subordinadas substantivas a completar a oração principal.	que, se	Nós queremos *que* você compareça à nossa festa de despedida. (= Nós queremos *isso*.)

7.11. Interjeição

A interjeição expressa estado emocional do falante, variando de acordo com o contexto emocional. Pode expressar:

(i) **alegria**: ah!, oh!, oba! etc.

(ii) **advertência**: cuidado!, atenção etc.

(iii) **afugentamento**: fora!, rua!, passa!, xô! etc.

(iv) **alívio**: ufa!, arre!

(v) **animação**: coragem!, avante!, eia!

(vi) **aplauso**: bravo!, bis!, mais um! etc.

(vii) **chamamento**: alô!, olá!, psit! etc.

(viii) **desejo**: oxalá!, tomara! etc.

(ix) **dor**: ai!, ui! etc.

(x) **espanto**: puxa!, oh!, chi!, ué! etc.

(xi) **impaciência**: hum!, hem! etc.

(xii) **silêncio**: silêncio!, psiu!, quieto!

São **locuções interjeitivas**: puxa vida!, não diga!, que horror!, graças a Deus!, ora bolas!, cruz credo! etc.

7.12. Palavras Denotativas

Palavras que se assemelham ao advérbio. A NGB considera essa série de palavras apenas como palavras denotativas, não pertencendo a nenhuma das 10 classes gramaticais.

Classificam-se em função da ideia que expressam:

(i) **adição**: ainda, além disso etc.: Comeu tudo e ainda queria mais.

(ii) **afastamento**: embora: Foi embora daqui.

(iii) **afetividade**: ainda bem, felizmente, infelizmente: Ainda bem que passei de ano.

(iv) **aproximação**: quase, lá por, bem, uns, cerca de, por volta de etc.: É quase 1h a pé.

(v) **designação**: eis: Eis nosso carro novo.

(vi) **exclusão**: apesar, somente, só, unicamente, inclusive, exceto, senão, sequer, apenas etc.: Todos saíram, menos ela.

(vii) **explicação**: isto é, por exemplo, a saber etc.: Li vários livros, a saber, os clássicos.

(viii) **inclusão**: até, ainda, também, inclusive etc.: Eu também vou.

(ix) **limitação**: só, somente, unicamente, apenas etc.: Apenas um me respondeu.

(x) **realce**: é que, cá, lá, não, mas, é porque etc.: E você lá sabe essa questão?

(xi) **retificação**: aliás, isto é, ou melhor, ou antes etc.: Somos três, ou melhor, quatro.

(xii) **situação**: então, mas, se, agora, afinal etc.: Afinal, quem perguntaria a ele?

8. QUESTÕES COMENTADAS

1. **(2013 – FCC – MPE-SE – Analista)** A frase em que o elemento sublinhado NÃO é um pronome está em:

a) *... chegam a decretar a morte dos subúrbios, que consideram insustentáveis...*

b) *... em ruas que podem ser frequentadas por pedestres...*

c) *... já que está em estudo a ressurreição de um sistema de bondes.*

d) *... nas grandes cidades em torno das quais eles gravitam.*

e) *É uma metáfora que faz ainda mais sentido quando...*

A **letra c** deve ser assinalada como a alternativa correta, pois a palavra destacada é integrante da locução conjuntiva causal "já que", enquanto, nas demais alternativas, todas as palavras são pronomes relativos e introduzem orações subordinadas adjetivas.

Gabarito correto é a letra 'c'.

2. **(2010 – FCC – MPE-RS – Secretário de Diligências)** *... afirma que dados da empresa foram cruciais para os resultados do trabalho.* (último parágrafo)

O único adjetivo que **NÃO** apresenta semelhança de sentido com o de *cruciais*, entre aqueles que também aparecem no texto, considerada a forma de masculino singular, é:

a) significativo.

b) valioso.

c) essencial.

d)   isolado.

e)   decisivo.

Diferentemente do que ocorre nas demais alternativas, na letra d, o adjetivo "isolado" foge da ideia de "importância" associada ao adjetivo "cruciais" e está no masculino singular.

Gabarito correto é a letra 'd'.

3.   **(2014 – UFGD – Instituto AOCP)** "Existe uma óbvia barreira disciplinar, <u>já que</u> filósofos e neurocientistas tendem a pensar de forma bem diferente sobre a questão." A expressão destacada pode ser substituída, sem prejuízo sintático-semântico, por

a)   apesar de.

b)   como.

c)   porquanto.

d)   embora.

e)   à medida que.

O conectivo "porquanto" é o único explicativo-causal, portanto é o único que pode substituir a locução conjuncional "já que". "Apesar de" é locução prepositiva com valor de concessão; "como" para ser causal tem de ser empregado no início do período; "embora" é conjunção concessiva; e "à medida que" é locução de conjunção proporcional.

Gabarito correto é a letra 'c'.

9.   QUESTÕES PARA TREINAR!

1.   **(2013 – VUNESP – TJ-SP)** Assinale a alternativa contendo palavra do texto que é formada por prefixo.

a)   Máquina.

b)   Brilhantismo.

c)   Hipertexto.

d)   Textualidade.

e)   Arquivamento.

2.   **(2013 – ESPP – COBRA Tecnologia S-A /BB)** Assinale a alternativa que indica, correta e respectivamente, os processos de formação das palavras girassol, maquinista e quilo.

a)   Derivação por sufixação, composição por justaposição e redução.

b)   Composição por justaposição, redução e derivação por sufixação.

c)   Composição por justaposição, derivação por sufixação e redução.

d)   Redução, composição por justaposição e derivação por sufixação.

3.   **(2013 – IDECAN – COREN-MA)** "O <u>gasto</u> com celular já havia aumentado..." Quanto ao processo de formação de palavras, a palavra à "gasto" à constitui exemplo de derivação

a) sufixal.

b) prefixal.

c) imprópria.

d) regressiva.

e) parassintética.

4. **(2012 – CESPE – Instituto Rio Branco)** Analise a assertiva:

O vocábulo "inaturável" é formado por derivação e tem o mesmo radical do vocábulo *desnaturado*.

5. **(2011 – CESPE – PC-ES)** "O célebre homem brasileiro cordial é cordial não porque seja polido, o que ele nunca foi, mas porque nada nunca passa pelo cérebro antes de chega à vida – é só um coração batendo forte no meio da rua, que é o seu lugar."

Se, em vez do adjetivo "célebre", o autor tivesse optado pela sua forma superlativa, teria de acrescentar-lhe o sufixo -érrimo, da seguinte forma: *celebérrimo*.

6. **(2012 – CESPE – PC-CE)** *"Muitos acreditam que chegamos à velhice do Estado Nacional."*

"No coração histórico da sociedade moderna, a Comunidade Europeia (CE) supranacional parece dar especial crédito à tese de que a soberania político-nacional vem fragmentando-se."

Os substantivos "velhice" e "tese", estão empregados no texto de forma indefinida e com sentido genérico.

7. **(2012 – CESPE – PC-AL)** *Para não envelhecer, essa vilã dos contos de fadas ultrapassa todos os limites e quebra todos os interditos.*

A preposição "Para", que expressa uma ideia de finalidade, poderia ser corretamente substituída por "Com o intuito de" ou por "A fim de".

8. **(2012 – CESPE – PRF- adaptada)** *A nova política condiciona a isenção da alíquota adicional de 30% no imposto sobre produtos industrializados a contrapartidas mensuráveis das empresas.*

Em "a isenção" e em "a contrapartidas", o termo "a", em ambas as ocorrências, pertence à mesma classe gramatical.

9. **(2014 – CESGRANRIO – BB – Escriturário)** No fragmento "fazer um safári, frequentar uma praia de nudismo, comer algo exótico (um baiacu venenoso, por exemplo), visitar um vulcão ativo" (*l* 16-18), são palavras de classes gramaticais diferentes

a) "praia" e "ativo"

b) "venenoso" e "exótico"

c) "baiacu" e "nudismo"

d) "ativo" e "exótico"

e) "safári" e "vulcão"

Cap. 3 · MORFOLOGIA

10. (2014 – CESGRANRIO – BB – Escriturário) Nos trechos abaixo, a expressão destacada pode ser substituída pela que vem ao lado, sem alteração do sentido e de acordo com a norma-padrão em:

a) "Hoje é dia **de mais** um sorteio da Mega-Sena." (*l* 24)   – **demais**

b) "pois, das cem, eu fiz onze até agora. Falta **muito** ainda." (*l* 14-15)   – **muitas**

c) "livros **listando** as cem coisas" (*l* 1)   – **listados**

d) "serei **obrigada** mesmo a cumprir todas essas metas antes?" (*l* 8-9)   – **obrigado**

e) "assistindo a um DVD promocional **que** também mostra" (*l* 11-12)   – **o qual**

GABARITO DAS QUESTÕES				
1	2	3	4	5
C	C	D	E	V
6	7	8	9	10
E	V	E	A	E

Capítulo 4

PRONOMES

1. INTRODUÇÃO

Pronomes têm esse nome porque sempre **"trabalham em *pró* do *nome*"**, sua função está marcada no nome dele. Os pronomes variam em gênero, número e pessoa, seguindo a flexão do nome e, ainda que cada tipo tenha uma função própria, ou acompanham o nome, ou substituem-no. Assim, podem ter valor de palavra adjetiva ou valor de nome. Quando os pronomes acompanham o substantivo, têm valor de palavra adjetiva e também são chamados de *pronome adjetivo*; quando substituem o substantivo, têm valor de nome e também são chamados de *pronome substantivo*. Exemplos:

- *Ana saiu. Ela foi ao cinema.* → o pronome "ela" é pron. substantivo, pois substitui "Ana";

- *Aquela questão já foi resolvida.* → o pronome "aquela" é pron. adjetivo, pois acompanha "questão";

- *Este carro é meu. Esse outro é seu.* → o pronome "outro" é pronome substantivo, pois substitui "carro"; o pronome "esse" é pronome adjetivo, pois acompanha o nome "outro". Vejam a vantagem de entender isso: como nome é núcleo, sabemos que o núcleo do sujeito é "outro" e "esse" é adjunto adnominal.

Quando empregamos um pronome no lugar de um nome que já tenha sido citado no texto, promovemos relação entre suas partes. Isso significa que, retomando o que já foi dito no texto para dar-lhe continuidade, realizamos o processo da coesão, e, se essa retomada é lógica, pois apresenta ideias afins, esse processo é coerente.

Além disso, alguns pronomes revelam ao leitor informações do contexto que sequer foram expressas no texto. Isso ocorre quando esses pronomes nos dão ideia de tempo e de lugar por si sós, sem que haja necessidade de o autor tê-las citado.

Os pronomes indicam, ainda, a pessoa do discurso, ou seja, a pessoa gramatical em que o texto foi redigido. Vamos ver essa função exercida, principalmente, pelos pronomes pessoais. E, para isso, vamos relembrar quem são as pessoas do discurso:

1ª pessoa: aquele que fala – emissor;

2ª pessoa: aquele com quem se fala – receptor;

3ª pessoa: aquele de que ou de quem se fala – referente (como vocês podem ver, esta pessoa é o alvo da fofoca das outras duas).

2. EMPREGO DOS PRONOMES

Os pronomes podem ser de seis tipos: pessoal (tratamento), possessivo, demonstrativo, relativo, indefinido e interrogativo:

2.1. Pronome Pessoal

São pronomes substantivos, pois sempre substituem um substantivo; por isso, assumem a função sintática desse nome. E, ao substituí-lo, indicam a pessoa do discurso, ou seja, se o texto diz "Levantei-me cedo e fui trabalhar", sabemos que está em primeira pessoa, devido ao pronome "me" – claro que a forma verbal "levantei" auxilia nesse reconhecimento, mas ele apenas concorda com o nome, no caso, o pronome subentendido "eu", que é seu sujeito.

Vamos ver no quadro abaixo que eles apresentam variações. Isso ocorre porque mudam de função sintática na frase, dividindo-se em:

Pronomes Pessoais				
número	pessoa	pronomes retos	pronomes oblíquos	
			tônicos	átonos
singular	1ª 2ª 3ª	eu tu ele, ela	mim, comigo ti, contigo ele, ela, si, consigo	me te se, o, a, lhe
plural	1ª 2ª 3ª	nós vós eles, elas	nós, conosco vós, convosco eles, elas, si, consigo	nos vos se,os, as, lhes

(a) Os pronomes pessoais **RETOS** desempenham a função de sujeito e predicativo do sujeito ou vocativo, este último com *tu* e *vós*:

- Ó, *tu*, Senhor Jesus. → vocativo

- *Ele não é eu.* → predicativo do sujeito

- *Eles saíram cedo.* → sujeito

(i) Quando preposicionados passam a funcionar como oblíquos tônicos (exceto **eu** e **tu** que exercem sempre a função de sujeito):

- *Dei um presente a eles.* → oblíquo tônico , objeto indireto

- *Comprei ela.* → essa estrutura está errada, pois o pronome "ela" só pode ser empregado sem preposição quando for sujeito, o que não ocorre aqui; por isso temos de pôr um oblíquo átono na frase: *Comprei-a.*

- *Esta questão será resolvida entre mim e ela.* → forma correta, pois só podemos empregar oblíquos tônicos aqui, pois esses pronomes "mim" e "ela" não são sujeitos da oração, tanto que estão preposicionados por "entre".

- *Este livro é para eu ler.* → forma correta, neste caso, o pronome "eu" é sujeito do verbo no infinitivo "ler", vejam que é ele que vai praticar a ação de ler; e a preposição "para" está preposicionando a oração "para eu ler", pois é uma oração reduzida de infinitivo.

- *Para mim explicar isso é fácil.* → forma correta, o sujeito da oração é oracional "explicar isso", e não o "mim". Na ordem direta como fica assim: *Explicar isso é fácil para mim.* Note-se que "para mim" é complemento nominal de "fácil". A frase também pode ser escrita assim: *Para mim, explicar isso é fácil.* Dessa maneira, ao menos na escrita a confusão desaparece, porque sujeito não fica separado por vírgula de seu verbo.

Obs.: Semelhante caso ocorre com os demais pessoais retos na função de sujeito do infinitivo:

- *Esta é a roupa dele viajar.* → forma errada, pois "ele" é o sujeito que vai viajar, certo? Assim, temos de elaborar a frase da seguinte maneira: *Esta é a roupa de ele viajar.*

(b) Os pessoais **OBLÍQUOS** desempenham a função básica de **complementos** – exceto, em dois casos, em que eles poderão ser sujeito de um verbo no infinitivo ou adjunto adnominal, como veremos abaixo.

(i) Os **oblíquos átonos** não são preposicionados na elaboração da frase. As formas *me, te, se, nos, vos* podem ser objeto direto ou indireto, dependendo da regência do verbo; as formas *o, a, os, as* são objetos diretos e *lhe, lhes* são objetos indiretos; e, com exceção dos oblíquos *se, a, o,* podem ser complementos nominais:

- *José o pagou ontem.* → objeto direto

- *José pagou-lhe ontem.* → objeto indireto

- *Você não nos viu?* → objeto direto

- *Eles não nos deram o recado.* → objeto indireto

- *Fumar lhe é prejudicial. (=Fumar é prejudicial a ele.)* → complemento nominal

(ii) Os **tônicos** são sempre preposicionados na elaboração da frase, por isso são objetos indiretos ou complementos nominais:

- *Fumar é prejudicial a ele.* → complemento nominal (o termo regente é adjetivo: prejudicial)

- *Explicar isso me é fácil. (=Explicar isso é fácil para mim.)* → compl. nominal (o termo regente é adjetivo: fácil)

- *Romão disse isso a ela e saiu.* → objeto indireto (o termo regente é verbo: dizer)

(c) **Outros empregos importantes dos pronomes pessoais**

(i) Os pronomes oblíquos podem ser, ainda, **reflexivos e recíprocos.** Os reflexivos são aqueles que aparecem como objeto direto ou indireto representando a mesma pessoa ou coisa que o sujeito do verbo (o sujeito é agente e paciente, ou seja, pratica e sofre a mesma ação verbal); os recíprocos, por sua vez, são aqueles que exprimem reciprocidade da oração (X faz para Y o que Y faz para X).

- *Todos se cumprimentaram naquela noite empolgadamente.* → recíproco

- *Muitos se inscreveram para esta prova.* → reflexivo

(ii) Nos pronomes oblíquos tônicos *comigo, contigo, conosco* e *convosco*, a preposição *com* já é parte integrante do pronome. *Conosco* e *convosco* devem aparecer na sua forma analítica (*com nós* e *com vós*) quando vierem com os modificadores *todos, outros, mesmos, próprios* ou um *numeral.*

- *Ninguém foi conosco ao parque.* → forma certa;

- *Ninguém foi conosco três ao parque.* → forma errada, o certo é *Ninguém foi com nós três...*

(iii) Os pronomes **oblíquos átonos** podem assumir **valor possessivo**, exceto *o, a* e *se*. Nesse caso, assumem a função de **adjuntos adnominais**, e não de complemento:

- *Levaram meu dinheiro.* → Levaram-me <u>o</u> dinheiro.

- *A mãe acariciava seu peito com muito cuidado.* →*A mãe acariciava-lhe o peito...*

- *Um gol argentino tirou nossas últimas esperanças.*→... *tirou-nos as ...esperanças.*

→ Observem que na substituição do possessivo pelo oblíquo correspondente aparece o <u>artigo</u>.

(iv) Os pronomes *o, a, os* e *as* viram *lo (la/los/las)*, quando associados a verbos terminados em *r, s* ou *ze* essas terminações saem; os pronomes viram *no (na/nos/nas)*, se a terminação verbal for em ditongo nasal *(-am, -em, -ão, -õe)*.

Resumindo:

Verbos + o (a,s)

Verbos terminados em –r, -s, -z + lo (a,s) – saem essas terminações do verbo

Verbos terminados em –som nasal + no (a,s)

Encontrei <u>os alunos</u> na classe. → Encontrei-os...

Estou alegre por encontrar <u>meus amigos</u>. → ... encontrá-los.

Vocês devem limpar <u>o salão</u>. → ...limpá-lo

Trouxemos <u>os convites</u>. → Trouxemo-los.

Fiz <u>a prova</u>. → Fi-la.

Ponham <u>o livro</u> nesta mesa. → Ponham-no...

Libertem <u>o assaltante</u>. → Libertem-no.

Tragam <u>as malas</u>. → Tragam-nas.

Põe <u>o livro</u> ali. → Põe-no.

Obs.: Verbo em 1ª pessoa do plural + pronome oblíquo NOS, o verbo perde o "s": *Nós queixamos-<u>nos</u>.* **(forma errada)**→*Nós queixamo-<u>nos</u>.* **(forma correta)**; ou *Nós nos queixamos.* **(outra forma correta)**

(v) Os oblíquos *si* e *consigo* têm valor exclusivamente reflexivo, ou seja, a ação "vai e volta para a mesma pessoa". Por isso a ideia que eles revelam é "ele (a,s) mesmo (a,s)".

Vejamos as frases abaixo:

- *Luísa costumava conversar consigo mesma.* → forma certa (com ela mesma)

- *Luísa, preciso falar consigo um instante.* → forma errada, ela quer falar *com você*, e não com *ela mesma*; se o tratamento à Luísa fosse em segunda pessoa, a troca seria *contigo*.

- *Luísa é uma pessoa que só pensa em si.*→ forma certa (em ela mesma, ou seja, nela mesma)

- __Luísa não trazia consigo nenhum dinheiro__. → forma certa (com ela mesma)

- __Luísa, eu não me lembro de si. Você se lembra de mim?__ → o mau emprego do "si" causou no texto um sentido interessante: a pessoa não se lembra dela mesma, e não é esse o objetivo.

Atenção! Uniformidade de tratamento

Na frase acima, não seria possível fazermos a seguinte construção:

__Luísa, eu não me lembro de ti. Você se lembra de mim__?, pois o tratamento dispensado à Luísa na frase original é em terceira pessoa – observe-se o emprego de "você" e de "se".

Se o tratamento fosse em segunda pessoa, o texto seria:

__Luísa, eu não me lembro de ti. Tu te lembras de mim__?

(vi) Quando o **oblíquo** funciona como **sujeito** do verbo no infinitivo?

Observe o emprego do pronome na seguinte construção:

Estes verbos (sensitivos e causativos) não aceitam os pronomes do caso reto.	Pronomes oblíquos átonos.	Qualquer verbo no infinitivo.
Deixar	me	cantar
Mandar	te	trabalhar
Fazer	se, o, a	sair
Ver	nos	entrar
Ouvir	vos	ir
Sentir	os, as	... etc.

Sujeito de verbo no infinitivo com os verbos sensitivos e causativos.

- Deixe eu ver isso. → forma errada, a norma culta exige que façamos o emprego do oblíquo, que, neste caso, funcionará como sujeito do infinitivo "ver".

A forma correta, então, será: *Deixe-__me ver__ isso.*

"__Deixe-me ir__, preciso andar

Vou por aí a procurar

Rir pra não chorar

Quero assistir ao sol nascer

__Ver as águas do rio correr__

__Ouvir os pássaros cantar__"

Os trechos da música acima ficariam assim:

- "__Ver as águas do rio correr__" → Vê-**las** correr.

- "__Ouvir os pássaros cantar__" → Ouvi-**los** cantar.

(vii) Os pronomes acompanhados das palavras *só* ou *todos* assumem a forma reta, mesmo que funcionem sintaticamente como complemento na frase: Estava *só* ele no banco / Encontramos *todos* eles ali;

(viii) Plural de modéstia – uso do *"nós"* em lugar do *"eu"*, para evitar tom impositivo ou pessoal: **Nós** fizemos um trabalho baseado na estrutura didática. → quando o sujeito é apenas um autor referindo-se ao próprio trabalho;

(ix) Num sujeito composto é de bom tom colocar o pronome de 1ª pessoa por último: *José, Maria e eu* fomos ao teatro. Porém se for algo desagradável ou que implique responsabilidade, usa-se inicialmente a 1ª pessoa: *Eu, José e Maria* fomos os autores do erro.

(x) Quando numa mesma oração ocorrem dois pronomes átonos, um na função de objeto direto e outro, objeto indireto, estes pronomes podem combinar-se, observadas as seguintes regras:

→ o pronome **se** associa-se aos **me, te, nos, vos, lhe(s)**, e NUNCA aos **o(s), a(s)**.

→ antepostos, conservam-se separados e, pospostos, ligam-se por hífen.

1) Dê <u>paz (=a) para mim (=me)</u>. = Dê me + a = **Dê-ma.**

2) Envio <u>cartas(=as) a ela (=lhe) sempre</u>. = Envio-**lhas** sempre.

3) Justiça seja feita <u>a ela(=lhe)</u>. = Justiça **se lhe** faça. (**se** = pronome apassivador → Justiça **seja** <u>feita</u> / Justiça **se** <u>faça</u>)

(d) Colocação dos pronomes oblíquos átonos quando objetos (me, te, se, nos, vos, se, lhe, o, a, os, as)

(d.1) Emprego de Pronome:

(i) <u>ênclise</u>: pronome depois do verbo →

<u>Dê</u>-*me uma xícara de café.*

(ii) <u>mesóclise</u>: pronome no "meio" do verbo →

<u>Entregar</u>-*te*-<u>ia</u> *os documentos hoje.*

(iii) <u>próclise</u>: pronome antes do verbo →

Nada **me** <u>assusta</u>.

Esses pronomes, quando pospostos ao verbo, ligam-se a ele pelo hífen e, quando antepostos, mantêm sua autonomia, ou seja, não se ligam ao verbo pelo hífen.

A colocação dos oblíquos, em verdade, trata de cuidar da eufonia da frase, pois, como esses pronomes, quando funcionam como complementos verbais, acompanham o verbo, nunca ficam distantes dele, e acabam por ser colocados antes (próclise), no meio (mesóclise) ou depois (ênclise) do verbo. O ponto é que dependendo da forma verbal e das demais palavras que empregamos antes do verbo, a colocação do pronome em uma dessas três posições pode ser obrigatória.

(d.2) Vejamos os casos obrigatórios:

PRÓCLISE – é obrigatória com os seguintes casos:

(1) Com palavras atrativas dos pronomes antes do verbo, o pronome fica antes do verbo:

(i) <u>Expressões negativas</u>→

Nada <u>me faltará</u>.

(ii) <u>Advérbios não separados por vírgulas</u>→

Hoje <u>te contarei</u> *o ocorrido*.

(iii) <u>Pronomes demonstrativos, indefinidos e relativos</u>→

Isso <u>me</u> *assusta. / Alguém* <u>me</u> *disse isso. / Esta é a pessoa que* <u>nos socorreu</u>.

(iv) <u>Conjunções subordinativas</u>→

Ela disse que <u>te ofendi</u>.

(2) Nas construções de:

(i) <u>Preposição "em" + gerúndio</u>→ **Em** <u>se</u> **tratando** deste assunto, ele é especialista.

(ii) <u>Frases exclamativas, interrogativas e optativas</u>→

Onde a <u>encontraram</u>*? /Como se* <u>ilude</u>*! / Deus te* <u>proteja</u>*!*

MESÓCLISE – é obrigatória – <u>desde que não haja caso de próclise:</u>

(i) Com verbos no <u>futuro do presente</u> (ex.: darei) <u>e do pretérito</u> (ex.:daria) no início da frase. →

<u>Contar</u>-*te*-<u>ei</u> *o ocorrido. /* <u>Contar</u>-*te*-<u>ia</u> *o ocorrido*.

Observações:

(1ª) A mesóclise, no caso acima, só será obrigatória se não houver, é claro, fator de próclise, pois a próclise prevalece:

Hoje te <u>contarei</u> *o ocorrido*.

(2ª) A próclise passa a ser obrigatória, mesmo com verbo no futuro, se o sujeito estiver expresso ou representado pelo pronome reto:

- <u>Eu</u> *lhe* <u>direi</u> *isso depois*.

- <u>Ana</u> *lhe* <u>dirá</u> *isso depois*.

ÊNCLISE – é obrigatória – <u>desde que o verbo não esteja no futuro e não haja caso de próclise:</u>

(i) Usa-se sempre em início de frase → <u>*Diga*-*me*</u> *o que aconteceu*.

(ii) Usa-se também após advérbio seguido de vírgula → *Hoje,* <u>*levei*-*o*</u> *ao cinema*.

Observações:

(1) Proibida com os verbos no futuro, usa-se mesóclise →

- *Hoje,* <u>*contar*-*te*-*ei*</u> *o ocorrido*.

- <u>Contar</u>-*te*-<u>ei</u> *o ocorrido*.

(2) No corpo do texto, o pronome oblíquo não pode aparecer após a vírgula, deve-se fazer a ênclise, a não ser que seja uma continuidade da frase:

- *Ele me iludiu, enganou-me e foi embora.* → forma culta correta, depois da vírgula, inicia-se a segunda oração.

- *O novo funcionário, como sempre, me disse que faltaria hoje por causa de um problema pessoal.* → forma correta, pois a oração é *O novo funcionário me disse*; trata-se de uma continuidade da frase.

(e) Com as formas nominais – a colocação do oblíquo átono com as formas nominais dos verbos deve ser assim:

GERÚNDIO→ seguem-se as regras vistas até aqui normalmente (basicamente, usa-se ênclise, a não ser que haja caso de próclise);

INFINITIVO → a colocação é facultativa, mesmo que haja caso de próclise obrigatória, ou seja, a colocação do pronome estará sempre certa;

PARTICÍPIO → a colocação do pronome após o particípio é proibida.

(f) Nas locuções verbais – os empregos com as formas nominais praticamente se repetem, a única diferença está na colocação do pronome na locução com verbo no gerúndio.

(1º) Verbo auxiliar + infinitivo

(i) Se houver caso de próclise ou não, pode-se colocar o pronome antes ou depois do verbo auxiliar, ou antes ou depois do infinitivo. →

- *O professor me* vai elogiar.

- *O professor vai me (-me) elogiar.* – sem hífen não é culto.

- *O professor* vai elogiar-*me*.

- *O professor não me* vai elogiar.

- *O professor não vai me (-me) elogiar.* – sem o hífen não é culto.

- *O professor não* vai elogiar-*me*.

(ii) Observem que de qualquer forma a colocação fica correta, quando o verbo auxiliar está no infinitivo.

(2º) Verbo auxiliar + gerúndio

(i) Se não houver caso de próclise, pode-se colocar o pronome antes da locução, entre os verbos da locução ou após a locução →

- *O professor me* está elogiando.

- *O professor está me (-me) elogiando.*- sem hífen não é culto

- *O professor* está elogiando-*me*.

(ii) Se houver fator de próclise, pode-se colocar o pronome antes do verbo auxiliar ou depois do gerúndio, NUNCA no meio da locução. →

- *O professor não me* está elogiando./ *não* está elogiando-*me*.

(3º) Verbo auxiliar + particípio

(i) Se não houver fator de próclise, o pronome ficará antes ou depois do verbo auxiliar. Isso porque não se põe o pronome oblíquo após o particípio. → *Tinha-o encontrado lá.* NUNCA: *Tinha encontrado-o lá.*

(ii) Se houver fator de próclise, o pronome ficará antes do verbo auxiliar. → *Não o tinha encontrado lá.*

(4º) **Nas demais situações**, a colocação é facultativa: Eu **lhe** obedeço. → Eu obedeço-lhe.

> **DICA**
> **Resumindo para a prova:**
> (1) Nunca inicie frase com pronome oblíquo;
> (2) O caso que prevalece sobre TODOS os outros é o da próclise;
> (3) Se o verbo é a primeira palavra da frase e está nos futuros do presente ou do pretérito, só pode ser feita a mesóclise, NUNCA a ênclise;
> (4) Com o infinitivo a colocação do pronome é sempre correta;
> (5) Com o gerúndio, praticamente, usa-se ênclise;
> (6) Com o particípio, ênclise NUNCA;
> (7) Gravar as condições de próclise obrigatória.

2.2. Pronomes de Tratamento

Os pronomes de tratamento estão enquadrados nos pronomes pessoais. São empregados como referência à pessoa com quem se fala (2ª pessoa), entretanto, a concordância é feita com a 3ª pessoa.

Abrev.	Tratamento	Uso
V. A.	Vossa Alteza	príncipes, arquiduques, duques
V. Em.ª	Vossa Eminência	cardeais
V. Ex.ª	Vossa Excelência	altas autoridades do governo e das classes armadas
V. Mag.ª	Vossa Magnificência	reitores das universidades
V. M.	Vossa Majestade	reis, imperadores
V. Rev.ma	Vossa Reverendíssima	sacerdotes em geral
V. S.	Vossa Santidade	papa
V. S.ª	Vossa Senhoria	todos os que têm graduação: autoridades, sejam elas do setor público ou não.

Empregos:

(i) também são considerados pronomes de tratamento as formas *você, vocês* (provenientes da redução de *Vossa Mercê*), *Senhor, Senhora* e *Senhorita*;

(ii) as formas de tratamento serão precedidas de *Vossa,* quando nos dirigirmos diretamente à pessoa e de *Sua,* quando fizermos referência a ela. Troca-se na abreviatura o V. pelo S.;

Vossa Excelência ☞ fala direta à pessoa (no corpo do texto)

Sua Excelência ☞ fala referindo-se à pessoa (no campo do destinatário)

(iii) os pronomes e locuções pronominais de tratamento – assim como o *você*, que hoje é usado no lugar da 2ª pessoa (*tu/vós*) – levam o verbo e os demais pronomes que entram em concordância com ele para a 3ª pessoa; sendo que as formas nominais e as palavras adjetivas concordam em gênero com o sexo da pessoa da autoridade em questão.

<u>Sua / Vossa Senhoria</u> será **homenageada** por seus amigos.

3ª pessoa mulher 3ª pessoa

<u>Sua / Vossa Senhoria</u> será **homenageado** por seus amigos.

3ª pessoa homem 3ª pessoa

2.3. Pronome Possessivo

Faz referência às pessoas do discurso, apresentando-as como possuidoras de algo. Concorda em gênero e número com a coisa possuída – normalmente é o nome que ele acompanha.

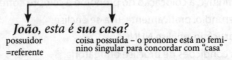

João, esta é sua casa?
possuidor = referente
coisa possuída – o pronome está no feminino singular para concordar com "casa"

Pronomes possessivos		
pessoa	um possuidor	vários possuidores
1ª	meu (s), minha (s)	nosso (a/s)
2ª	teu (a/s)	vosso (a/s)
3ª	seu (a/s)	seu (a/s)

Outros empregos

(i) normalmente, vem antes do nome a que se refere; podendo, também, vir depois do substantivo que determina. Neste último caso, pode até alterar o sentido da frase:

- *Minha* <u>casa</u> não ficará à venda.

- *Casa minha* não ficará à venda.;

(ii) *seu (a/s)* pode causar ambigüidade, para desfazê-la, deve-se preferir o uso do *dele (a/s)*:

- *Ele disse que Maria estava trancada em sua casa.* – casa de quem: dele ou da Maria?;

(iii) pode indicar aproximação numérica: *Ele tem lá seus 40 anos*;

(iv) nas expressões do tipo *"Seu João"*, seu não tem valor de posse por ser uma alteração fonética de *Senhor*;

(v) as bancas exploram bastante a referência textual, solicitando que o candidato indique a qual elemento se refere o pronome possessivo. São duas as dificuldades que podem surgir nesse tipo de questão: lembrar-se de que a concordância é feita com o elemento possuído e não com o possuidor, ou seja, o referente; e lembrar-se também de que o possessivo pode ficar distante de seu referente, portanto é o entendimento do contexto que fará a diferença para que se reconheça o possuidor.

Exemplo: *Ana e Bia, esse carro é seu?* – observem que o referente do possessivo é composto por "Ana e Bia", mas muitos responderiam numa questão em que se perguntasse isso, dizendo que o referente é "carro", por causa da concordância;

vejam que "carro" é a coisa possuída, portanto a concordância tem de ser feita com ele, ao passo que "Ana e Bia" são as possuidoras, os referentes.

2.4. Pronome Demonstrativo

Os demonstrativos indicam posição dos seres em relação às pessoas do discurso, situando-os no tempo e/ou no espaço (função dêitica destes pronomes). Podem também ser empregados fazendo referência aos elementos do texto (função anafórica ou catafórica). São eles:

• este (a/s), esse (a/s), aquele (a/s):	•têm função de pronome adjetivo, por isso concordam com o nome a que se referem;
• isso, isto, aquilo, o (a/s):	•têm função de pronome substantivo, e ficam no lugar de um nome, de um trecho do texto ou de uma frase inteira, por isso não sofrem flexão;
• mesmo*, próprio, semelhante, tal (e flexões):	•quando são demonstrativos, são pronomes adjetivos.

Observações:

(1ª) Modernamente, o rigor do emprego desses pronomes (este, esse, aquele e suas flexões) expresso acima está bastante reduzido, tanto que eles são muito empregados como pronomes substantivos, principalmente quando se deseja evitar estruturas ambíguas.

(2ª) O emprego de "mesmo" como pronome substantivo não é aceitável ainda na norma culta. Exemplos: *Não entre no elevador sem antes verificar se* **o mesmo** *encontra-se no andar.*

(=ele/**emprego incorreto-pronome substantivo**) Aliás, o oblíquo "se" enclítico deveria estar antes do verbo, afinal o "mesmo" é um demonstrativo neste caso, e demonstrativo é palavra atrativa do oblíquo átono. Como vocês podem ver, a frase tem tudo o que vocês não podem fazer. Por que facilitar se podemos complicar, não é mesmo? Bastaria dizer: *Não entre no elevador sem antes verificar se* **eles e** *encontra no andar.*

(3º) O *mesmo* tem mais de uma função:

(i) Ele **mesmo** *fez o trabalho.* (=em pessoa / **emprego correto**; igual ao do demonstrativo *próprio*-**pronome adjetivo**)

(ii) Ele fez **mesmo** *todo o trabalho.* (=realmente, de fato **advérbio**)

(iii) Até **mesmo** *ele poderia ser capaz de realizar tal tarefa.* (**palavra denotativa de inclusão**)

 DICA
Nestes dois últimos casos, ele é invariável.

Empregos

(1) Indicando localização no ESPAÇO (função dêitica do pronome):

(i) *este* (**aqui**) – pronome de 1ª pessoa: o falante o emprega para referir-se ao ser que está junto dele:

- *Este é meu casaco! – a moça avisou, enquanto o segurava.*

(ii) *esse* (**aí**) – pronome de 2ª pessoa: o falante o emprega para referir-se ao ser que está junto do ouvin- te: – *Passe-me essa jarra de suco, por favor. – pediu ela ao rapaz que sentara à sua frente.*

(iii) *aquele* (**lá**) – pronome de 3ª pessoa: a referência será ao ser que está distante do falante e do ouvinte: *As duas não aguentavam de curiosidade, quem seria aquele moço na esquina?*

(2) Indicando localização **TEMPORAL** (função dêitica do pronome):

(i) ESTE→ presente:

Neste ano, não haverá eleição para Prefeito. – refere-se ao ano vigente

(ii) ESSE→ passado ou futuro próximos:

- *Nesse ano, não houve eleição para Prefeito.*– refere-se ao ano anterior ao vigente, pois o verbo está no passado, fazendo essa indicação;

- *Nesse ano, não haverá eleição para Prefeito.*– refere-se ao ano posterior ao vigente, pois o verbo está no futuro, fazendo essa indicação;

(iii) AQUELE→ passado remoto ou bastante vago:

- *Naquela época, não havia iluminação elétrica.*– refere-se a um tempo remoto.

(3) Fazendo referências **contextuais** (funções anafórica e catafórica):

DICA
A anáfora e a catáfora são denominações que damos aos processos de retomadas a informações já expressas no texto ou de indicações de informações que ainda serão ditas no texto, e esses processos podem ser realizados por alguns recursos da linguagem, como os pronomes. Então pode-se pensar assim: termo **AN**afórico é aquele que retoma o que foi dito **An**tes dele no texto, ao passo que o **CATA**fórico é aquele que vai **CATA**ndo o que vê pela frente, ou seja, faz referência ao que ainda vai ser dito no texto.

(A) ESTE e ESSE e suas flexões

→ refere-se a um elemento sobre o qual ainda se vai falar no texto (referência catafórica):

Este é o problema: estou dura.

• ESTE

→ pode também fazer referência ao último elemento já expresso (referência anafórica): *Ana e Bia saíram, esta foi ao cinema.* Notem que o último elemento é Bia, enquanto a Ana era o primeiro elemento citado.

• ESSE → SEMPRE se refere a um elemento já mencionado no texto (referência anafórica):

*Comprei **aspirina** hoje de manhã, pois o preço estava ótimo. **Esse remédio** é* excelente.

(B) ESTE, ESSE e AQUELE e suas flexões

• *ESSE*→ refere-se a qualquer informação antecedente a ele no texto;

• *ESTE*→ refere-se à última informação antecedente a ele no texto;

•*AQUELE*→ refere-se à informação mais distante dele no texto:

- Ana, João e *Cris* são irmãos; *esta* é quieta, <u>esse</u> fala pouco e **aquela** fala muito.

Observação: Os demonstrativos podem se contrair com as preposições **a,** **de e em:**

- *Daquele momento até hoje, só penso em você.*

- *Àquela altura do campeonato, todos estavam desanimados com o jogo.*

- *Neste domingo, sairemos juntos.*

Em expressões de tempo, muitas vezes não empregamos a preposição, apesar de a norma culta não concordar com isso: *(N) **Este domingo**, sairemos juntos.*

(4) Outros empregos

(i) *O professor que não é compreensivo e tolerante no seu dia a dia não consegue ensinar ISSO aos alunos.* → pronome substantivo, que substitui o trecho anterior, o qual diz que o professor não sabe ensinar "compreensão" e "tolerância" aos seus alunos porque não faz isso.

(ii) Os demonstrativos *o, a, os, as* sempre equivalem a outro demonstrativo, especialmente a *aquele (s), aquela(s), aquilo*. Neste caso, aparecem junto ao relativo "que" ou à preposição "a":

- *Somos o (=aquilo) que somos.*

- *O (=aquilo) que dá pra rir dá pra chorar.*

- *Esta caneta é igual à (=a aquela) que está no armário.*

(iii) O demonstrativo *o* pode ainda equivaler aos demonstrativos *isso, isto* e *aquilo* – neste caso, ele será invariável:

- *Há muito eu planejo sair em férias e vou fazê-lo logo.* → *fazê-lo = fazer isso* *= sair em férias*

(iv) Quando os demonstrativos substantivos substituem algum termo, expressão, oração ou idéia, evitando sua repetição, dizemos que cumprem o papel de **termos vicários.** Neste exemplo, o verbo *fazer* também é vicário, notem como ele substitui o verbo "sair".

(v) *Tal, mesmo* e *semelhante* são demonstrativos se puderem ser substituídos por *esse, este* ou *aquele* (e flexões)

- *Nós moramos no **mesmo** endereço há dois anos. (=... nesse endereço...)*
- *Tal atitude o enfraqueceu. (= Essa atitude...)*
- *José foi punido por **semelhante** descuido. (= aquele, esse descuido)*

(vi) Podem apresentar valor intensificador ou depreciativo, dependendo do contexto:

- *Aquilo é um marido de enfeite.*
- *Elas chegaram à conclusão por si **próprias**, por si **mesmas**.*

(vii) *Nisso* e *nisto* podem ser usados com valor de *"então"* ou *"nesse momento"*:

- *Nisso, ela entrou triunfante.*

2.5. Pronome Relativo

Os relativos mantêm relação com o termo expresso anteriormente a ele, o termo antecedente.

Pronomes Relativos	
QUE, O/A (s) QUAL (quais) – referem-se à coisa ou pessoa:	O livro que li é ótimo. / O livro o qual li é bom.
QUEM – refere-se à pessoa (= que ou aquele que) e sempre é preposicionado:	Esta é a aluna de quem falei.
CUJO (parecido com o possessivo) – indica posse entre o antecedente e o subsequente, concordando com este último:	Este é o autor com cujas ideias concordo. (=Este é o autor. Com suas ideias concordo.)
ONDE (= em que) – usado para indicar lugar; variantes: **aonde** e **donde**, dependendo da regência:	A rua onde (=em que) moro é movimentada.
COMO – sempre se refere a um antecedente que indica "modo" ou "maneira":	O jeito como fala é muito carismático.
QUANDO (=em que) – seu antecedente dá ideia de "tempo" e, por isso, também é equivalente a "em que":	Ano maravilhoso foi aquele quando (= em que) me formei.
QUANTO (a/s) (= tudo o que, todos os que, todas as que) – seu antecedente dá ideia de "quantidade" e, normalmente, tem por antecedente os pronomes indefinidos *tudo*, *tanto (a/s)*:	Comprei tudo quanto queria.

Observações:

(i) Observar a palavra a que se refere o pronome relativo para evitar erros de concordância verbal:

*Lemos os livros **que** foram indicados pelo professor. (que = os quais → livros)*

(ii) Respeitar a regência do verbo ou do nome, usando a preposição exigida quando necessário:

- *Este é o livro / a que me refiro.* (O verbo *referir-se* exige a preposição *a*; por isso, ela aparece antes do *que*, que é seu objeto indireto).
- *Esta á a obra / por que tenho admiração.* (A preposição *por* foi exigida pelo substantivo *admiração*; o *que* deve ser preposicionado, pois é complemento nominal).

(iii) A formação "em que" pode tanto ser empregada para referir-se a um antecedente que tem o valor de lugar ou valor de tempo, como também pode ser empregado por exigência de termo regente:

- *Havoline, o óleo / em que todo motorista confia.* (caso de regência)

(iv) Os relativos têm função sintática (*onde* é sempre adjunto adverbial de lugar e *cujo*, adjunto adnominal, já que equivale a um possessivo).

(v) Os relativos compõem as **orações subordinadas adjetivas** – as quais são adjuntos adnominais oracionais.

(vi) Não se pode confundir pronome relativo com pronome interrogativo, que tem grafia idêntica a dos primeiros; os relativos sempre têm termo antecedente a que se referem, os interrogativos não e são empregados em frases interrogativas diretas ou indiretas:

- *Ele não sabe quem veio aqui.* (interrogativa indireta, pois não se sabe quem veio aqui; o pronome é interrogativo, pois não tem antecedente expresso – e a pergunta permanece: "Quem veio aqui?".)

(vii) Em relação ao relativo CUJO, há uma fórmula que não se pode esquecer:

| NOME + (prep.) **CUJO** (artigo nunca) + NOME |

- Note-se que ele é o único relativo que concorda com seu consequente;
- Não se emprega o CUJO seguido de artigo;
- Só pode ser empregado entre dois nomes, pois ele estabelece posse entre os dois, por isso tem emprego semelhante ao do possessivo: concorda com o da frente, mas seu referente é o antecedente.
- Pode ser substituído pelo QUE ou QUEM, caso sejam empregados o artigo e a preposição DE também, ou pelo possessivo:

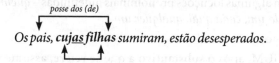

equivalente ao artigo, pois faz concordância e especificação

Entende-se este trecho desta forma: As filhas dos pais
  artigo   posse = dos (de)

Equivalência com o possessivo:

Os pais estão desesperados. Suas filhas sumiram.

(viii) O demonstrativo *o* quando junto do relativo *que* forma uma dupla com ele: demonstrativo + relativo: *Não sei se ele chega logo, oque irá nos atrasar.* = *Não sei se ele chega logo, aquilo que irá nos atrasar.*

(ix) *O qual* (e flexões) → é usado depois de preposições com mais de uma sílaba – porém é empregado obrigatoriamente com as monossilábicas **sem** e **sob**, as quais o relativo **que** não aceita, e é usado, também, em lugar do relativo *que* para evitar ambiguidade. Observe-se:

- *Esta é a bolsa sem que não saio. (sem eufonia, som agradável)*

- *Esta é a bolsa sem a qual não saio. (com eufonia, som agradável)*

- *Este é o pai da moça que me processou.* → o termo antecedente é "o pai da moça", porém o termo apresenta dois nomes: *pai* e *moça*; assim, fica a dúvida: quem processou, o pai ou a filha? Agora, se a frase fosse redigida, por exemplo, desta maneira:

-- *Este é o pai da moça a qual me processou.* → não haveria dúvida, ou

-- *Este é o pai da moça o qual me processou.* → também sem dúvida.

2.6. Pronome Indefinido

Os indefinidos referem-se à 3ª pessoa do discurso quando considerada de modo vago, impreciso ou genérico. Podem fazer referência a pessoas, coisas e lugares. Alguns também podem dar ideia de conjunto ou quantidade indeterminada.

Pronomes indefinidos		
variáveis		**invariáveis**
pessoas		quem, alguém, ninguém, outrem
coisas	qual (quais), bastante (s), todo (a/s), algum (a/s), vário (a,s), nenhum (a/s), certo (a/s), outro (a/s), muito (a/s), pouco (a/s), quanto (a/s), um (a/s), qualquer (quaisquer), cada, tanto(a/s)	algo, cada, nada, tudo

Existem algumas locuções pronominais indefinidas – *quem quer que seja, seja quem for, cada um, cada qual, qualquer um ...*

Empregos:

(i) <u>ALGUM</u>, após o substantivo a que se refere, assume valor negativo (= nenhum):

-*Mulher alguma resolverá o problema daquele homem. (= nenhuma)*

(ii) <u>CADA</u> deve ser sempre seguido de um substantivo ou numeral:

- *Elas receberam três livros cada uma.* (<u>e não</u> *Elas receberam três livros cada.*)

- *Vendeu cada livro por dez reais.* (<u>e não</u> *Vendeu os livros por dez reais.*)

(iii) <u>CERTO</u> é indefinido se vier antes do nome a que estiver se referindo; caso contrário é adjetivo:

- *Certas pessoas deveriam ter seus lugares certos.*

(o 1º é indefinido = algumas; o 2º é adjetivo= corretos

(iv) <u>*BASTANTE*</u> pode vir como adjetivo também, se estiver determinando algum substantivo:

- *Vieram* **bastantes** <u>*pessoas*</u> *à festa.* (pronome indefinido/ = muitas)

- *Estes são* <u>*documentos*</u> **bastantes** *para resolver o processo.* (adj. / = suficientes)

Compare:

- *Ela* <u>*fala*</u> **muito.** (= bastante / não varia: advérbio – *Elas falam* **muito.**)

(v) <u>*OUTREM*</u> equivale a *"qualquer pessoa".*

- *Foi decidido por mim, e não será alterado por* **outrem.**

(vi) <u>*NADA*</u> tem valor negativo (*nenhuma coisa*), mas nas interrogativas negativas tem valor positivo (*alguma coisa*); colocado junto a verbos ou adjetivos, pode equivaler a *advérbio*:

- *Os bandidos* **nada** *levaram consigo.* (valor negativo = nenhuma coisa)

- *O senhor não quer* **nada**? (valor positivo = O senhor quer alguma coisa?)

- *Ela não parece* **nada** *bem.* (= advérbio/ modifica o advérbio *bem*)

(vii) <u>*OUTRO*</u> *(a/s)* ganha valor adjetivo se equivaler a *"diferente"*:

- *Voltei* **outra** *desta viagem.*

(viii) <u>*DEMAIS*</u> é pronome indefinido quando equivale a *"outros"* e se refere a substantivo, e é advérbio que indica intensidade quando faz tal referência:

- *Ele* <u>*fala*</u> **demais.** (advérbio, pois se refere a um verbo)

- *Ela é* <u>*baixa*</u> **demais.** (advérbio, pois se refere a um adjetivo)

- *Ela fala* <u>*bem*</u> **demais,** *que orgulho!* (advérbio, pois se refere a um outro advérbio)

- *Respeito somente os mais velhos. Os* **demais** *que me perdoem.* (indefinido, pois é igual a *outros*)

(ix) <u>*QUALQUER*</u> é a única palavra em Português que não se flexiona "no final", mas sim no "no meio" – quaisquer – em virtude do processo de formação (pronome indefinido **qual** + verbo **quer**).

(x) <u>*TODO*</u>, no singular, acompanhado do artigo significa "inteiro" (e flexões) e, sem o artigo, significa "qualquer"; no plural, sempre é acompanhado de artigo ou de outro determinante ou de outro nome:

(a) No primeiro caso, assume valor indefinido:

- *Todo livro é interessante. (= qualquer livro)*

b) No segundo caso, acompanhado de artigo, passa a significar "inteiro".

- *Todo o livro é interessante. (=o livro todo– inteiro)*

No plural, a expressão sempre será formada pelo pronome + o artigo, pois o plural generaliza a referência de qualquer maneira:

- *Todos os livros são bons.* (generaliza os livros, pois todos são bons)

- *Todos aqueles rapazes compareceram.*

2.7. Pronome Interrogativo

Os interrogativos são os indefinidos nas perguntas, e são empregados na formulação de uma pergunta direta ou indireta. Referem-se à 3ª pessoa do discurso. São eles: *que, quem, qual (a/s)* e *quanto (a/s)* em frases interrogativas.

As perguntas diretas são seguidas de sinal de interrogação: *Quantos livros você tem? / Que é carnaval? / O que é carnaval?*

As perguntas indiretas aparecem nas formações de períodos compostos por subordinação e não são seguidas de sinal de interrogação, porém pode-se pensar a pergunta de forma direta, pois o texto não apresenta a informação em si:

- *Não sei quem lhe contou.* → Quem lhe contou? A frase não diz.
- *Não sei por que não vieram.* → Por que não vieram? – **por que**, neste caso é um advérbio interrogativo. Além do "por que", as expressões "como", "onde" e "quando" têm essa mesma função.

DICA

(i) Todos os pronomes interrogativos podem ser enfatizados pela expressão **é que** (expletiva ou de realce): *Quem é que lhe disse isso?*

(ii) Pode aparecer preposicionado, conforme a regência:
Por que você faltou à aula? – quem falta, falta a algo e falta **por** algum motivo.
De onde você veio?* – quem vem, vem **de** algum lugar.
* ONDE = advérbio interrogativo

3. QUESTÕES COMENTADAS

1. **(2014 – FCC – TRF 3ªR – Analista Judiciário)** *A guerra dos dez anos começou quando um fazendeiro cubano, Carlos Manuel de Céspedes, e duzentos homens mal armados tomaram a cidade de Santiago e proclamaram a independência do país em relação à metrópole espanhola. Mas a Espanha reagiu. Quatro anos depois, Céspedes foi deposto por um tribunal cubano e, em março de 1874, foi capturado e fuzilado por soldados espanhóis.*

   Entrementes, ansioso por derrubar medidas espanholas de restrição ao comércio, o governo americano apoiara abertamente os revolucionários e Nova York, Nova Orleans e Key West tinham aberto seus portos a milhares de cubanos em fuga. Em poucos anos Key West transformou-se de uma pequena vila de pescadores numa importante comunidade produtora de charutos. Despontava a nova capital mundial do Havana.

   Os trabalhadores que imigraram para os Estados Unidos levaram com eles a instituição do "lector". Uma ilustração da revista Practical Magazine mostra um desses leitores sentado de pernas cruzadas, óculos e chapéu de abas largas, um livro nas mãos, enquanto uma fileira de trabalhadores enrolam charutos com o que parece ser uma atenção enlevada.

   O material dessas leituras em voz alta, decidido de antemão pelos operários (que pagavam o "lector" do próprio salário), ia de histórias e tratados políticos a romances e coleções de poesia. Tinham seus prediletos: O conde de Monte Cristo, de Alexandre Dumas, por exemplo, tornou-se uma escolha tão popular que um grupo de trabalhadores escreveu ao autor pouco antes da morte dele, em 1870, pedindo-lhe que cedesse o nome de seu herói para um charuto; Dumas consentiu.

Cap. 4 · PRONOMES

Segundo Mário Sanchez, um pintor de Key West, as leituras decorriam em silêncio concentrado e não eram permitidos comentários ou questões antes do final da sessão.

(Adaptado de: MANGUEL, Alberto. Uma história da leitura. Trad. Pedro Maia Soares. São Paulo, Cia das Letras, 1996, p. 134-136)

Afirma-se corretamente;

a) Em *pedindo-lhe que cedesse o nome de seu herói...* (4º parágrafo), o elemento destacado é um pronome.

b) O elemento destacado no segmento *...uma escolha tão popular que um grupo de trabalhadores...* (4º parágrafo) NÃO é um pronome.

c) Em *que pagavam o "lector" do próprio salário...* (4º parágrafo), o elemento destacado substitui *leituras*.

d) Em *com o que parece ser uma atenção enlevada* (3º parágrafo), o elemento destacado refere-se a "charutos".

e) Em *Os trabalhadores que imigraram para os Estados Unidos...* (3º parágrafo), o elemento destacado NÃO é um pronome.

Na letra a – é incorreta afirmação feita, pois o termo em destaque é uma conjunção integrante que introduz uma oração subordinada substantiva objetiva direta.

Na letra b – está correta a afirmação que indica que a palavra destacada NÃO é um pronome, pois deve ser compreendida como uma conjunção subordinativa consecutiva.

Na letra c – é incorreta afirmação feita, pois o pronome "que" destacado é relativo à palavra "operários" e não à palavra "leituras".

Na letra d – é incorreta afirmação feita, pois "enrolar charutos" é a expressão recuperada pelo pronome "que" destacado neste item, e não "charutos".

Na letra e – é incorreta afirmação feita na questão, pois a palavra "que" destacada introduz uma oração subordinada adjetiva restritiva, colocada como comentário adicional do autor, tanto que o "que" pode ser facilmente substituído pela forma equivalente "os quais".

Gabarito correto é a letra 'b'.

2. **(2015 – CESPE – DEPEN – Agente e Técnico)** Em relação às ideias e às estruturas linguísticas do texto I, julgue o item que se segue.

A correção gramatical do texto seria preservada, caso o trecho "O que se constata", no início do segundo parágrafo, fosse reescrito da seguinte forma: O que constata-se.

A questão trabalha com colocação do pronome oblíquo átono. Assim, vejamos os elementos colocados antes do verbo para vermos se há um caso de próclise, já que este caso prevalece sobre os demais. Na formação "O que...", há um pronome demonstrativo e um relativo e, como o relativo é palavra atrativa do oblíquo, não se pode fazer a ênclise.

Portanto, o item está errado.

3. **(2015 – INSTITUTO AOCP-- EBSERH – Técnico em Citopatogia)** Assinale a alternativa em que o termo destacado é invariável.

a) O que <u>ele</u> quer dizer...".

b) "... se todo mundo ao seu redor...".

c) "... você vai se sentir infeliz."

d) "Essa avalanche de informação...".

e) "... muito mais do que isso...".

Todas as palavras sublinhadas são pronomes, e os pronomes podem variar em gênero, número e pessoa. Por esse motivo, temos de começar a resolver a questão, avaliando possíveis mudanças em cada um dos pronomes assinalados: "ele" = eles – varia; "todos" = todos – varia; "você"= vocês – varia; "essa" = essas – varia; "isso" não apresenta outra forma. Por isso a resposta é a e.

4. QUESTÕES PARA TREINAR!

1. **(2015 – INSTITUTO AOCP – EBSERH – Técnico em Citopatogia)** Assinale a alternativa em que o termo destacado é invariável.

a) O que ele quer dizer...".

b)"... se todo mundo ao seu redor...".

c)"...você vai se sentir infeliz."

d)"Essa avalanche de informação...".

e)"... muito mais do que isso...".

2. **(2014 – IF-SC – IF-SC – Técnico de Laboratório – Eletroeletrônica)** Complete as frases com os pronomes eu ou mim e, depois, assinale a opção que apresenta a sequência CORRETA de cima para baixo.

I.   Traga o livro para ____, quero ler agora.

II.   Este segredo fica entre ____ e ela, não te intrometas.

III.   Trouxe o texto para ____ corrigir; farei com imenso prazer.

IV. Para ____ acertar esta questão preciso de muita leitura.

a) mim, mim, eu, eu

b)   mim, eu, eu, mim

c)   eu, mim, eu, eu

d)   eu, mim, eu, mim

e)   mim, eu, eu, eu

3. **(2014 – CESPE – TJ-CE – Nível Médio)**

1 Como o ar, a água, as praças e a ordem democrática, a moeda é um dos bens públicos e a sua preservação é uma das obrigações mais importantes dos poderes políticos.

4 Cumprir essa obrigação é também proteger os pobres, os mais indefesos diante da alta de preços. Em tempos de inflação elevada, o reajuste de seus ganhos é normalmente mais

7 lento que a alta do custo de vida. Além disso, eles são menos capazes de poupar e de buscar proteção em aplicações financeiras. O Estado de S.Paulo, 27/2/2014

Cap. 4 · PRONOMES

No texto acima, o pronome "eles" (l.7) é termo coesivo que retoma o antecedente

a) "poderes políticos" (l.3).

b) "os pobres" (l.4).

c) "seus ganhos" (l.6).

d) "o ar, a água, as praças e a ordem democrática" (l.1).

e) "bens públicos" (l.2).

4. **(2014 – FGV – TJ-RJ – Analista Judiciário)** TEXTO 1 – BEM TRATADA, FAZ BEM Sérgio Magalhães, O Globo

O arquiteto Jaime Lerner cunhou esta frase premonitória: "O carro é o cigarro do futuro." Quem poderia imaginar a reversão cultural que se deu no consumo do tabaco?

Talvez o automóvel não seja descartável tão facilmente. Este jornal, em uma série de reportagens, nestes dias, mostrou o privilégio que os governos dão ao uso do carro e o desprezo ao transporte coletivo. Surpreendentemente, houve entrevistado que opinou favoravelmente, valorizando Los Angeles – um caso típico de cidade rodoviária e dispersa.

Ainda nestes dias, a ONU reafirmou o compromisso desta geração com o futuro da humanidade e contra o aquecimento global – para o qual a emissão de CO_2 do rodoviarismo é agente básico. (A USP acaba de divulgar estudo advertindo que a poluição em São Paulo mata o dobro do que o trânsito.)

O transporte também esteve no centro dos protestos de junho de 2013. Lembremos: ele está interrelacionado com a moradia, o emprego, o lazer. Como se vê, não faltam razões para o debate do tema.

Observe o emprego do demonstrativo "este" nos segmentos a seguir:

I – "O arquiteto Jaime Lerner cunhou esta frase premonitória";

II – "Este jornal, em uma série de reportagens,...";

III – "... nestes dias, mostrou o privilégio que os governos dão ao uso do carro e o desprezo ao transporte coletivo";

IV – "a ONU reafirmou o compromisso desta geração com o futuro da humanidade".

As frases acima que apresentam exatamente o mesmo motivo da utilização desse demonstrativo são:

a) I – II;

b) I – III;

c) II – IV;

d) III – IV;

e) II – III – IV.

5. **(2014 – FUNCAB – MDA – Administrador de Dados)** No enunciado seguinte, observa-se a repetição dos antropônimos "Daniel" e "Neymar":

"A banana do Daniel primeiro reapareceu na mão de Neymar, também vítima de episódios de racismo em estádios. Neymar escreveu na rede em defesa do colega e dele próprio '[...] #somostodosmacacos e daí?' Uma reação legítima, mas sem a maturidade do Daniel." (§ 2)

Para evitá-la, pode-se fazer remissão à primeira ocorrência de cada um desses nomes, empregando (com os ajustes porventura necessários):

a) Esse – este.

b) Aquele – este.

c) Este – segundo.

d) Aquele – outro.

e) Este – aquele.

6. **(2014 – FGV – Prefeitura de Osasco – SP – Motorista de Ambulância)** Dificuldades no combate à dengue

A epidemia da dengue tem feito estragos na cidade de São Paulo. Só este ano, já foram registrados cerca de 15 mil casos da doença, segundo dados da Prefeitura. As subprefeituras e a Vigilância Sanitária dizem que existe um protocolo para identificar os focos de reprodução do mosquito transmissor, depois que uma pessoa é infectada. Mas quando alguém fica doente e avisa as autoridades, não é bem isso que acontece. (*Saúde Uol*) O texto emprega a forma do demonstrativo "este" em "Só este ano..." para referir-se a um período atual de tempo. Esse emprego se repete em:

a) "Estas vacinas são eficientes."

b) "Este casaco que visto protege do frio."

c) "João e Maria vieram, mas esta chegou de táxi."

d) "Este é o resultado a que cheguei."

e) "Este momento me traz preocupações."

7. **(2014 – FGV- FUNARTE- Assistente Administrativo)** A primeira frase do texto – *Desta vez, trago-vos algumas histórias e fico grato pelo tempo que possa ser dispensado à sua leitura.* – emprega a expressão "Desta vez"; a forma "esta" do pronome demonstrativo se justifica porque:

a) se refere a um local próximo ao enunciador;

b) se liga a um termo referido anteriormente;

c) se prende ao último termo de uma enumeração;

d) alude a um momento presente;

e) antecipa um termo do futuro do texto.

8. **(2014 – VUNESP – Câmara Municipal de Sorocaba – Mestre de Cerimônias)** Assinale a alternativa correta quanto a colocação de pronome pessoal.

a) Tomara sistematizem-se os conceitos de C & P!

b) Não concebe-se que as instituições desconheçam regras de polidez.

c) Há universidades que privam-se da ciência do protocolo.

d) Se afirma que o brasileiro não é afeito aos rituais litúrgicos.

e) Jocosamente se diz que C & P é afrescalhamento.

9. **(2014 – INSTITUTO AOCP – UFGD – Farmacêutico)** Assinale a alternativa cujo pronome NÃO foi classificado corretamente.

a) "...estão mudando isso de forma radical..." (demonstrativo)

b) "...estão tirando de seus resultados..." (possessivo)

c) "Se este for mesmo o caso..." (demonstrativo)

d) "...todos temos nossos compromissos..." (possessivo)

e) "...ocorre antes de estarmos cientes dela." (possessivo)

10. **(2014 – CESGRANRIO – Petrobras – Conhecimentos Básicos)** No trecho "casa ao lado, onde" (#2;. 9-10) a palavra onde pode ser substituída, sem alteração de sentido e mantendo-se a norma-padrão, por

a) que

b) cuja

c) em que

d) o qual

e) no qual

GABARITO DAS QUESTÕES				
1	2	3	4	5
E	A	B	D	E
6	7	8	9	10
E	D	E	E	C

Capítulo 5

VERBOS

1. INTRODUÇÃO

O verbo é palavra variável que exprime um acontecimento representado no tempo, seja **ação, estado** ou **fenômeno da natureza**. Exemplos:

- Ela *trabalhou* muito ontem. (ação)

- Ela *estava* cansada. (estado)

- *Chove* lá fora. (fenômeno da natureza)

Sem verbo não existe oração e quando estão em uma de suas **formas nominais** (infinitivo *-falar-*, particípio *–falado-* ou gerúndio *-falando*) podem:

(a) formar uma **locução verbal**: *Eles estavam desenhando em cima da mesa.*

(b) desempenhar **papel nominal,** ou seja, ter valor de substantivo, adjetivo ou advérbio:

- *O jantar está servido.* (substantivo)

- *Mulheres vividas são interessantes.* (adjetivo)

- *Errando se aprende.* (advérbio)

(c) formar **orações reduzidas**: <u>*Dançar a noite inteira*</u> *é maravilhoso.*

2. ESTRUTURA DO VERBO

O verbo é construído por partes que formam o todo de seu significado. Cada uma dessas partes tem seu próprio papel ao dar o valor da forma verbal.

cantávamos → **cant á va mos**

radical vogal desinência desinência

temática modo-temporal número-pessoal

A primeira parte dele é chamada de **radical**, ou seja, a base do significado do verbo. É aí que o verbo guarda o sentido que o acompanha em todas as variações que sofre.

Eu **cantei**
Eu **canto**
Nós **cantamos**

Depois vem a **vogal temática**. Ela liga o **radical** à outra parte do verbo que é a **desinência**. Como também representa a conjugação a que o verbo pertence.

FalAr
ComEr
PartIr

Com a vogal temática são elaboradas as três formas que conhecemos de **conjugação**.

1ª → *ar* → fala**r**

2ª → *er* → come**r**→   (verbo *pôr*, cuja origem está na forma arcaica da língua portuguesa **poer**, e derivados também)

3ª → *ir* → parti**r**

A **desinência** é o elemento indicador (**designador**) das flexões do verbo. Essas flexões podem ser de **número** (plural ou singular), **pessoa** (1ª, 2ª e 3ª do singular ou do plural, indicadas também pelos pronomes pessoais do caso reto – os que conjugam os verbos / eu,tu ele,nós,vós,eles), **tempo** (presente, passado e futuro) e **modo** (indicativo, subjuntivo e imperativo).

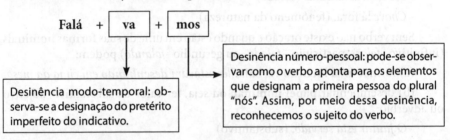

3. MODOS VERBAIS

O **modo verbal** indica as várias maneiras como as pessoas apresentam os fatos. Temos três determinações de modo: indicativo, subjuntivo e imperativo.

(a) Modo indicativo. Por meio desse modo, o falante **indica** a ideia de um fato que ocorreu, ocorre ou ocorrerá com certeza. Esse falante, assim, demonstra segurança quanto ao conteúdo de sua informação: *Fui ao cinema*.

(b) Modo subjuntivo. Por meio desse modo, o falante expressa a ideia de um fato que poderia ter ocorrido, que pode ocorrer ou que poderá ocorrer, mas que em nenhum dos casos ele tem certeza, por isso subjuntivo. Dessa forma, esse falante, demonstra dúvida ou insegurança quanto ao conteúdo de sua informação: *Talvez eu vá ao cinema com você.*

> 📢 **DICA**
> Pode-se usar as expressões QUE, SE, QUANDO para lembrar-se das desinências. Observe-se que não é uma regra, é só uma forma eufônica (som agradável) de se pronunciar o verbo no subjuntivo.
> *Ele quer que eu vá ao cinema com você.*
> *Se eu fosse ao cinema com você.*
> *Quando eu for ao cinema com você.*

(c) **Modo imperativo**. Nesse modo o falante impõe uma ideia que deverá ser atendida pela pessoa com quem ele está falando. A exposição desse artifício pode aparecer sob a forma de **ordem, conselho** ou **pedido**, por isso imperativo, já que "impera"... Esse falante se dirige a alguém ou a um grupo de pessoas das quais ele pode ou não fazer parte: *Compre batom!*

Essas pessoas a quem o falante se dirige são: **tu, você** (no lugar do pronome "ele" na conjugação verbal), **nós, vós** e **vocês** (no lugar do pronome "eles").

4. TEMPOS VERBAIS

A forma de flexionar o verbo demonstra o momento em que o fato relatado ocorreu. Basicamente temos três referências de marcação do tempo:

(a) O **presente**, que indica ação que ocorre no momento da fala (hoje): *Quero uma promoção.*

(b) O **pretérito**, que indica ação passada, anterior ao momento da fala (ontem): *Fomos ao cinema.*

(c) O **futuro**, indica ação que deverá ocorrer após o momento da fala. (amanhã): *Compraremos isso..*

Quadro resumo dos modos e seus respectivos tempos verbais.

5. OS TEMPOS DE CADA MODO

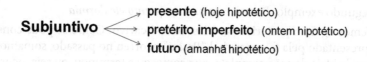

Primeiro exemplo: *Estude / para que consiga uma boa classificação.*

Esse exemplo ilustra o **presente do subjuntivo**. O que se percebe é que a forma verbal "consiga" sugere a possibilidade de um fato ocorrer no presente, mas há uma dúvida quanto ao fato de tal ideia ocorrer realmente. A ordem é estudar com o objetivo de se conseguir uma boa classificação, mas não é certeza de que ela será alcançada.

Segundo exemplo: *Se soubéssemos conversar /, brigaríamos menos.*

Neste exemplo temos o emprego do **pretérito imperfeito do subjuntivo**. Aqui a forma verbal "soubéssemos" indica um fato que poderia ter ocorrido anteriormente, e, se tivesse acontecido, como expressa o contexto, "nós brigaríamos" menos, mas essa ideia é um hipótese – observe-se o emprego do "Se" no início do período, reforçando essa ideia hipotética.

Terceiro exemplo: *Quando eu for à sua casa,/ levarei seus discos.*

Por fim, o **futuro do subjuntivo**. Essa oração elaborada com a forma verbal "for" corresponde a um fato que poderá ou não ocorrer no futuro. Revelando uma informação incerta, possível no futuro, cuja data, como se percebe, também é incerta.

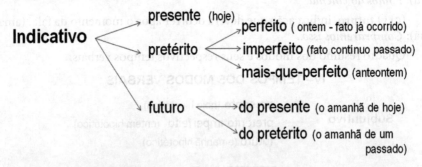

Primeiro exemplo: *Escovo os dentes todos os dias.*

Esse exemplo mostra o **presente do indicativo**. Esse tempo nos revela ações certas que ocorrem no momento da fala, ou seja, no momento atual, como também expressa ações que ocorrem constantemente, cotidianamente. Vocês escovam os dentes todos os dias, não é mesmo?

O presente pode ainda indicar fatos que ocorreram no passado ou que vão ocorrer em um futuro próximo, é um tempo bem eclético:

- <u>Amanhã</u>, *eu faço isso.*

- <u>Em 1500</u>, *Pedro Álvares Cabral descobre o Brasil.*

Note-se que se esse tempo verbal estiver indicando fatos passados ou futuros, o contexto vai revelar.

Segundo exemplo: *Passei a roupa, / enquanto ele dormia.*

Temos agora o **pretérito perfeito do indicativo**. Como se pode constatar o fato representado pela forma verbal "Passei" ocorreu no passado, somamos a isso o caráter de ideia de ação completa, que começou e terminou, ou seja, ocorreu e já encerrou. Nada impediu que o fato fosse terminado. Ela se propôs a passar a roupa e passou mesmo, enquanto ele dormia.

Terceiro exemplo: *Lia o livro / quando ela chegou.*

Observe-se que a ação a que o leitor se propôs não traz consigo a ideia de fim, de encerramento, porque representa uma ação em processo, contínua que foi interrompida com a chegada dela. A forma verbal "lia" nos remete ao **pretérito imperfeito do indicativo**. E isso significa que o fato foi executado continuamente no passado, sem a preocupação de dar a ideia de encerramento. Assim, ao contrário do perfeito, que traz a ideia de término da ação, este é **imperfeito**.

Quarto exemplo: *Comera todo o resto do almoço / quando ela chegou com a pizza.*

O que se entende é ele comeu os restos do almoço antes de ela chegar com a pizza. Se a ação realizada por ela foi perfeita, já que ela chegou com a pizza, a ação dele foi mais que perfeita, pois ele comeu o resto do almoço antes de ela chegar. Por isso a ação representada pela forma verbal " Comera" ilustra o **pretérito mais--que-perfeito do indicativo**. Uma ação – a de **comer** – que começou e terminou com certeza antes de outra – a de **chegar** com a pizza – que também começou e terminou com certeza.

É por esse motivo que se diz que este tempo representa o passado anterior a outro passado, daí podermos fazer analogia com a ideia de "anteontem", pois o fato ocorreu antes do fato que ocorreu "ontem" – pretérito perfeito.

Quinto exemplo: *Fecharei a porta / assim que sair.*

Com esse exemplo, observa-se uma ação futura representada pela forma verbal "Fecharei" que certamente iniciará depois de terminado o momento de sair. Como temos uma ação futura que ocorrerá depois de outra, temos o **futuro do presente**.

Sexto exemplo: *Se fosse preciso, / eu mentiria por você.*

Como se pode observar a ação de *mentir*, representada pela forma verbal "mentiria" é futura, posterior à ação passada "fosse", por isso é um fato **futuro do pretérito** "fosse". Dessa forma, observa-se que a ação de mentir ocorreria certamente no futuro, mas esta ação só seria realizada se houvesse ocorrido a hipotética necessidade no passado – pretérito imperfeito do subjuntivo. Essa ação futura certa condicionada à outra hipotética no passado é ilustrativa do **futuro do pretérito**.

Como ela é condicionada a uma outra, ela também pode sugerir um ideia hipotética: *Eu teria falado com Carlos, mas ele não estava no escritório.* Note-se que, como a ação de falar com Carlos está condicionada a ele estar no escritório, fez com que esse tempo verbal, nesse contexto, fosse incerto, hipotético.

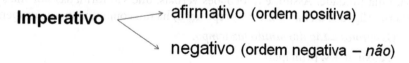

Primeiro exemplo: *Inscreva-se já!*

A forma verbal "Inscreva" exemplifica o modo **imperativo afirmativo**, que impõe ao ouvinte um apelo à ideia de inscrição imediata, mesmo não sendo essa a sua motivação naquele momento.

Segundo exemplo: _Não faça barulho!_

Ao contrário do exemplo anterior, o **imperativo negativo** sugere que o ouvinte NÃO realize uma ação que poderia lhe ocorrer que é a de fazer barulho. A motivação negativa é implantada como determinação à ação do ouvinte.

Formações: o **imperativo afirmativo** é formado com as representações na segunda pessoa do singular "tu" e segunda do plural "vós" do presente do indicativo sem o "s". As demais pessoas procedem todas do presente do subjuntivo. O **imperativo negativo** é exatamente igual ao presente do subjuntivo.

presente do indicativo	**afirmativo**		presente do subjuntivo	**negativo (não)**	
eu falo	-		eu fale	-	
tu falas →	fala	(tu)	tu fales →	fales	(tu)
ele fala	fale	(você) ←	ele fale →	fale	(você)
nós falamos	falemos	(nós) ←	nós falemos →	falemos	(nós)
vós falais →	falai	(vós)	vós faleis →	faleis	(vós)
eles falam	falem	(vocês) ←	eles falem →	falem	(vocês)

6. CORRELAÇÃO OU ARTICULAÇÃO DOS TEMPOS E MODOS VERBAIS

Correlação ou articulação dos tempos e modos verbais é a relação lógica que os verbos têm entre si quando conjugados no período composto. Tomemos o seguinte período como exemplo: _Fecharei a porta / assim que sair_.

Por meio dessa frase, observamos uma ação futura representada pela forma verbal "Fecharei" que certamente iniciará depois de terminado o momento de "sair". Como temos uma ação futura que ocorrerá em seguida de outra, temos o **futuro do presente**, que é a representação de um fato expresso pelo verbo "fechar" que ocorrerá em seguida à realização do primeiro fato: "sair" . É essa relação existente entre os dois verbos, e que deve ser respeitada, que denominamos como **correlação de tempos e modos verbais**.

Não existem regras definitivas para essas formações, por isso o que vale mesmo é o entendimento do texto em conjunto com o emprego dos tempos e modos verbais.

7. LOCUÇÕES VERBAIS

Sempre que se fala "locução", significa "mais de uma palavra" formando uma ideia, uma unidade. Assim, em locuções verbais, que são formadas por mais de um verbo (ligados ou não por uma preposição) há um conjunto, uma ação apenas.

Os garotos estão dormindo faz tempo.

v. auxiliar + v. principal

Na locução verbal, o verbo que exerce a função de principal fica na forma nominal e o auxiliar se flexiona sempre que possível e necessário. O principal tem essa classificação porque ele representa a ação realmente realizada.

Ocorrem locuções verbais, de modo geral, em combinações de dois ou mais verbos em:

Cap. 5 · VERBOS

(a) **formação de voz passiva**, com os auxiliares *ser* e *estar* + *particípio* do verbo principal: *Ela foi raptada por dois homens mascarados.*

(b) **construções com outros auxiliares**, que determinam com mais eficiência como se realiza ou deixa de se realizar a ação verbal. Podem expressar ideias de: possibilidade(*posso ter*), obrigação(*tive de ir*), duração (*vai andando, estou a andar*), começo ou encerramento(*começou a chover, pôs-se a chorar, acabei de sair*), dúvida(*parece aguentar*) e várias outras.

Os verbos auxiliares são empregados para atuar no sentido que se quer dar ao texto quando a forma simples – um só verbo – não satisfaz a semântica, exemplos: *Choveu!* e *Começou a chover!* Têm ideias bem diferentes, porém o principal fato é *chover*.

8. TEMPOS COMPOSTOS

É o tempo constituído por os verbos auxiliares *ter* e *haver* flexionados mais o verbo principal no particípio. Semanticamente pode manter a ideia do tempo simples, como também acrescentar-lhe algo mais:

- *O ladrão **tinha fugido**, quando a polícia chegou.* (= fugira, o ladrão fugiu antes de a polícia chegar)

- *Ela **tem levado** seus filhos à escola de carro.* (= ela leva seus filhos de carro desde um certo tempo passado até os dias de hoje)

9. CLASSIFICAÇÕES DOS VERBOS

regulares	seguem o paradigma verbal de sua conjugação, ou seja, mantêm o radical e, em todos eles, as desinências são iguais em todos os tempos e modos; seguem, portanto um modelo de conjugação: eu **canto**, eu **amo**, eu **falo.**
irregulares	não seguem o paradigma verbal da conjugação a que pertencem; as irregularidades podem aparecer no radical ou nas desinências : **ouvir – ouço/ouve, estar – estou/estão.**
anômalos	verbos irregulares com mudanças profundas nos radicais : **ser/ir** →eu **sou**, tu **és**, ele **é** ... / eu **vou**, tu **vais**, ele **vai** ...
defectivos	não são conjugados em determinadas pessoas, tempo ou modo : **falir** – no pres. do ind. só apresenta a 1ª e a 2ª pessoa do plural
abundantes	apresentam mais de uma forma para uma mesma flexão. Mais frequente no particípio, devendo-se usar o particípio regular com *ter* e *haver*; já o irregular com *ser* e *estar* : Isso *foi* **aceito**/ Ele *tinha* **aceitado** o convite.
auxiliares	juntam-se ao verbo principal ampliando sua significação. Presentes nos tempos compostos e nas locuções verbais como já vimos: Eles **estavam** *estudando.*
impessoais	são conjugados apenas na 3ª pessoa do singular, porque não apresentam sujeito; é o caso dos verbos que indicam fenômenos da natureza, os que indicam tempo ou clima – *ser, estar, haver, fazer* – e, ainda, o verbo *haver* com sentido de "existir": **Há** muitas pessoas aqui.
unipessoais	São empregados somente em 3ª pessoa do singular e do plural devido à sua significação e aplicação, mas apresentam sujeito; normalmente indicam vozes de animais – *latir, mugir...*: **Consta** que tudo é verdade. – observe que o sujeito aqui é oracional (que tudo é verdade).

Observações

Verbo	Particípio regular	
aceitar	aceitado	aceito
acender	acendido	aceso
eleger	elegido	eleito
entregar	entregado	entregue
enxugar	enxugado	enxuto
expulsar	expulsado	expulso
imprimir	imprimido	impresso
limpar	limpado	limpo
morrer	morrido	morto
murchar	murchado	murcho
suspender	suspendido	suspenso

Particípio irregular

(a) Os seguintes verbos só possuem particípio irregular:

abrir – aberto	escrever – escrito	ver – visto
cobrir – coberto	fazer – feito	vir – vindo
dizer – dito	pôr – posto	

(b) Emprego dos particípios.

(i) Usa-se o particípio regular (-ado /-ido) junto com os verbos *ter* e *haver*. – **tempo composto**

Exemplo: O povo **havia elegido** o candidato.

(ii) Usa-se o particípio irregular junto com os verbos *ser e estar*. – **voz passiva**

Exemplo: Naquela época, o candidato já **estava eleito**.

(c) Os particípios regulares dos verbos **ganhar** (ganhado), **gastar** (gastado) e **pagar** (pagado) estão sendo substituídos, na prática, pelos particípios irregulares: ganho, gasto e pago.

(d) **Chegar** só possui forma regular: **chegado**.

(e) Muitas formas irregulares dos abundantes funcionam como adjetivos, quando se referem ao substantivo: exercício **correto**, homem **distinto**, negócio **isento**, vinho **tinto** ...

(f) Os unipessoais e os impessoais, se empregados em sentido figurado, podem ser flexionados em qualquer pessoa: **Anoitecemos** no topo da montanha e **amanhecemos** com o sol nascendo.

(g) Os defectivos existem por causa da eufonia ou por coincidirem com flexões de outros verbos ou ainda por motivos semânticos. Sendo esse o motivo de a maioria deles ser de 3ª conjugação, observe: **adequar-se, reaver, precaver-se, viger, falir, abolir**.

(i) o verbo **reaver** tem apenas a 1ª e a 2ª pessoas do plural no presente do indicativo e não tem o presente do subjuntivo, o que reflete seus "defeitos" de conjugação no modo imperativo que nasce desses outros dois tempos anteriores. A mesma formação têm os verbos **adequar-se, falir, precaver-se.**

Pres. ind.	Pret. perf. Ind.	Pres. subj.	Imperf. subj.	Fut. subj.
x-x-x	reouve	x-x-x	reouvesse	reouver
x-x-x	reouveste	x-x-x	reouvesses	reouveres
x-x-x	reouve	x-x-x	reouvesse	reouver
reavemos	reouvemos	x-x-x	reouvéssemos	reouvermos
reaveis	reouvestes	x-x-x	reouvésseis	reouverdes
x-x-x	reouveram	x-x-x	reouvessem	reouverem

(ii) o verbo **abolir** não apresenta 1ª pessoa do singular no presente do indicativo nem o presente do subjuntivo, o que reflete seus "defeitos" de conjugação no modo imperativo que nasce desses outros dois tempos anteriores. Como este verbo, conjugam-se os verbos **colorir, banir, demolir, explodir, emergir, esculpir, viger** – ressalvando que *viger* tem como paradigma o verbo *beber*.

Pres. ind.	Pret. perf. Ind.	Pres. subj.
x-x-x	aboli	x-x-x
aboles	aboliste	x-x-x
abole	aboliu	x-x-x
abolimos	abolimos	x-x-x
abolis	abolistes	x-x-x
abolem	aboliram	x-x-x

Paradigmas: quando aprendemos os verbos regulares, entendemos que se soubermos conjugar um deles, sabemos conjugar todos os outros – normalmente, os paradigmas, neste caso, são os verbos FALAR, BEBER e PARTIR. O mesmo processo ocorre com outros verbos, ou seja, até mesmo com os irregulares; basta que se formem paralelos de verbos com a mesma construção. Vejamos alguns exemplos:

Regulares: fal**ar**, am**ar**, compr**ar** → eu fal – **o** → eu am – **o** → eu compr – **o** ...

Irregulares {
    restit**uir**, imisc**uir**-se → eu restitu – **o** → eu me imiscu – **o**.

    rep**etir**, comp**etir**, refl**etir**→ eu rep – **ito** → eu comp – **ito** → eu refl – **ito**

Outras classificações:

Pronominais: certos verbos possuem pronomes pessoais átonos que se tornam parte integrante deles:
Eu me queixei do seu mau comportamento.

Reflexivos: outros verbos podem representar uma ação que o sujeito, ao mesmo tempo, pratica e sofre essa mesma ação. O pronome exerce a função sintática de complemento verbal (objeto direto ou indireto) e, morfologicamente, chamam-se reflexivos também: *Eu me lavei com este sabão.*

> **Primitivos:** aqueles que servem de base para a formação de outros: ter, ver, vir, pôr, cantar...
>
> **Derivados:** os que foram criados a partir do radical dos primitivos: reter, rever, provir, repor, encantar...

Importante: os derivados devem ser conjugados como seus primitivos:

$$\begin{cases} \text{Quando eu} & \text{vir} \\ \text{Quando eu} & \text{revir} \end{cases} \qquad \begin{cases} \text{Se ele} & \text{tivesse} \\ \text{Se ele} & \text{retivesse} \end{cases}$$

$$\begin{cases} \text{Quando eu} & \text{vier} \\ \text{Quando eu} & \text{provier} \end{cases} \qquad \begin{cases} \text{Se ele} & \text{viesse} \\ \text{Se ele} & \text{interviesse} \end{cases}$$

$$\begin{cases} \text{Quando eu} & \text{puser} \\ \text{Quando eu} & \text{repuser} \end{cases} \qquad \begin{cases} \text{Eu} & \text{vim} & \text{Ele} & \text{veio} \\ \text{Eu intervim} / & \text{Ele interveio} \end{cases}$$

10. TERMINAÇÕES E VERBOS QUE MERECEM ATENÇÃO

(1) Verbos terminados em –IAR. São regulares. Ex.: negociar

Presente do indicativo

eu negocio	nós negociamos
tu negocias	vós negociais
ele negocia	eles negociam

Observação:

M EDIAR

A NSIAR

R EMEDIAR

I NCENDIAR

O DIAR

São **irregulares,** mas têm como paradigma o verbo *odiar.*

Presente do indicativo

eu odeio	nós odiamos
tu odeias	vós odiais
ele odeia	eles odeiam

(2) Verbos terminados em –EAR. São irregulares, mas têm como paradigma o verbo *passear.*

eu passeio	nós passeamos
tu passeias	vós passeais
ele passeia	eles passeiam

(3) Verbos terminados em –UIR. Os verbos terminados em –UIR terão as conjugações terminadas em **i** como seu paradigma POSSUIR (exceto no caso dos defectivos):

Presente do indicativo

eu possuo	nós possuímos
tu possuis	vós possuís
ele possui	eles possuem

(4) Verbos em –OER: As 2ª e 3ª pessoas do singular do presente do indicativo formam o ditongo aberto 'ói'. As demais pessoas, em todos os outros tempos verbais seguem o paradigma 'beber', respeitadas as devidas acentuações tônicas.

Atenção! Na hora de escolher um exemplo, lembrem que DOER (sentir dor) e SOER (costumar, ter hábito de) são defectivos : DOER só se conjuga nas terceiras pessoas e SOER segue o modelo do verbo *abolir*.

Paradigma: MOER (o radical é MO-):

eu moo	nós moemos
tu móis	vós moeis
ele mói	eles moem

(5) REQUERER – não é derivado do QUERER. No presente do indicativo: **requeiro, requeres, requer...** e no presente do subjuntivo: **requeira, requeiras, requeira...** Os demais tempos seguem o paradigma BEBER.

(6) PROVER – não é derivado do VER, apesar de coincidir na 1ª pessoa do singular do presente do indicativo e do subjuntivo. Além de ter a dobra do "e" (ee) na 3ª pessoa do plural.

Pres.indicativo: **provejo, provês, provê,..., provêm.**

Pres.subjuntivo: **proveja, provejas, proveja,...**

Pret. perfeito: **provi, proveste, proveu, provemos, provestes, proveram**

> **DICA**
>
> Em prova, o que as pessoas mais confundem é o sentido desse verbo com o do PROVIR que é derivado de VIR e tem, portanto, conjugação completamente diferente de prover. Assim, é preciso muita atenção, em primeiro lugar com o sentido da frase.

11. FORMAS NOMINAIS

Denominam-se formas nominais as palavras, de origem verbal, que também podem ser empregadas nas funções próprias de adjetivos, substantivos ou advérbios. São elas: *infinitivo, gerúndio* e *particípio*. Resumindo seus possíveis empregos e funções, essas formas podem aparecer :

(a) nas locuções verbais: *Ele está dormindo.*

(b) como verbos nas orações subordinadas reduzidas: *Terminada a reunião*, *serviu-se um jantar.*

(c) como nomes {
  substantivo: *Viver* é *lutar* (=A vida é uma luta.);
  adjetivo: *Mulheres vividas são sábias.*
  advérbio: *Errando* se aprende.
}

11.1. Infinitivo

(i) é infinito ou infinitivo, porque é **atemporal**: *Este livro é para eu ler.*

(ii) *pode ter valor de* **substantivo**: *Fumar* é *prejudicial.*

(iii) pode ser **impessoal** → quando terminar em *r* e for de sentido genérico ou indefinido (*É difícil cantar a noite inteira*) ou **pessoal** → quando na frase houver sujeito que o flexione no contexto: *Este livro é para eu ler. tu leres, ele ler, nós lermos, vós lerdes, eles lerem.*

11.2. Particípio

(i) pode ser **regular** (-ado, -ido): *Ele havia corrido muito.*

ou **irregular** (...): *Ele havia aberto o portão.*

ou **abundantes** (quando apresenta as duas formas): *Ele havia / tinha imprimido isso. Ele estava / era impresso.*

(ii) pode expressar o resultado de uma **ação passada**: *Terminada a reunião, todos saíram.*

(iii) e pode ter valor de **adjetivo**, sendo assim, sofre flexão para concordar com o nome a que se refere: *As mulheres vividas são sábias.*

11.3. Gerúndio

(i) sua desinência é **–ndo**: *Eles estão estudando.*

(ii) expressa ideia de **ação em processo** na forma simples: *Eles estão estudando.*

(iii) expressa ideia de **ação concluída** na forma composta: *Tendo estudado, foi aprovado.*

(iv) pode ter valor de **adjetivo** ou de **advérbio**: *Água fervendo é um perigo. Errando, corrige-se o erro.*

12. VOZES VERBAIS

	ativa: sujeito é agente da ação verbal → *Ele fez o trabalho.*	
Vozes verbais	**passiva**: sujeito é paciente da ação verbal. Pode ser analítica ou sintética:	**analítica** – verbo auxiliar (ser) + particípio do verbo principal: → *O trabalho foi feito por ele.* (o verbo "ser" mantém o tempo do verbo (transitivo direto) na voz ativa e concorda com o sujeito)
		Sintética ou pronominal – verbo (transitivo direto) na 3ª p. + *SE* (partícula apassivadora): → *Fez-se o trabalho.* (o verbo principal passa a ser o verbo conjugado)
	reflexiva: sujeito é agente e paciente da ação verbal. Também pode ser recíproca ao mesmo tempo (acréscimo de *SE* = pronome reflexivo) → *Fez-se na vida.* (= a si mesmo/ a si mesma)	

13. TABELA RESUMO DE VERBOS

CONJUGAÇÕES, MODOS, TEMPOS E FORMAS NOMINAIS

CONJUGAÇÕES	1" – terminação → *ar* 2" – terminação → *er* 3" – terminação → *ir*	cant**ar** vend**er** part**ir**
MODOS	indicativo (certeza) subjuntivo (hipótese) imperativo (ordem, pedido)	Eu canto. Se eu cantasse ... Cante (você)
TEMPOS SIMPLES DO INDICATIVO	**PRESENTE** → indica fatos que acontecem no momento em que se fala		eu cant-o
	PRETÉRITO	**perfeito** → usado para exprimir fatos concluídos **imperfeito** → refere-se a fatos não concluídos **mais-que-perfeito** → indica fatos totalmente concluídos, mas que ocorreram *antes* de outro fato também concluído	eu cant-ei eu cant-ava (1ª conjugação) eu beb-ia (2ª conjugação) eu part-ia (3ª conjugação) eu cant-ara
	FUTURO	**do presente** → indica fatos que acontecem após o momento da fala **do pretérito** → indica um fato futuro, mas relativo a um outro no passado	eu cant-arei eu cant-aria
TEMPOS SIMPLES DO SUBJUNTIVO	**PRESENTE** **PRETÉRITO IMPERFEITO** **FUTURO**		que eu cant-e se eu cant-asse quando eu cant-ar
TEMPOS COMPOSTOS DO INDICATIVO	**PRETÉRITO**	perfeito mais-que-perfeito	eu tenho/hei cantado eu tinha/havia cantado
	FUTURO	do presente do pretérito	eu terei/haverei cantado eu teria/haveria cantado
TEMPOS COMPOSTOS DO SUBJUNTIVO	**PRETERITO**	perfeito mais-que-perfeito	que eu tenha/haja cantado se eu tivesse/houvesse cantado
	FUTURO		quando eu tiver/houver cantado
FORMAS NOMINAIS	**INFINITIVO** -terminação -*r* **GERÚNDIO** -terminação -*ndo* **PARTICÍPIO** -terminação -*ado/ido*		cant**ar** cant**ando**, vend**endo**, part**indo** cant**ado**, vend**ido**, part**ido**

FORMAÇÃO DO IMPERATIVO		
IMPERATIVO AFIRMATIVO	*tu* e *vós* vêm do presente do indicativo menos o "s" final *você, nós* e *vocês* vêm do presente do subjuntivo	ex.: tu cantas – canta tu vós cantais – cantai vós cante você cantemos nós cantem vocês
IMPERATIVO NEGATIVO	todas as formas vêm do presente do subjuntivo	não cantestu não cantevocê não cantemos nós não canteis vós não cantem vocês

> **ATENÇÃO:** Verbo **SER** Imperativo afirmativo: **Sê (tu) Seja (você)**
> **Sede (vós) Sejamos (nós)**
> **Sejam (vocês)**

14. QUESTÕES COMENTADAS

1. **(2014 – FCC – TRT – 19ªR – Técnico Judiciário – Área Administrativa)** *O Nordeste não vem em sua poesia como um tema ou uma imposição doutrinária...* (Texto III, 3º parágrafo) Nos segmentos transcritos do Texto III, o verbo flexionado nos mesmos tempo e modo em que se encontra o grifado acima está em:

   a) *... fez como um desterrado...*

   b) *..."as impressões dum homem que esteve no cárcere".*

   c) *... que tudo via em névoa...*

   d) *... a que sai das fontes mais preciosas do coração.*

   e) *E que voltasse com todos os sentidos atacados de fome.*

   A forma verbal do enunciado "vem" está flexionada no presente do indicativo. Vejamos, agora, nos itens abaixo, qual forma está flexionada no mesmo tempo e modo que a do enunciado.

   Na letra a, "fez" está no pretérito perfeito do indicativo.

   Na letra b, "esteve" está no pretérito perfeito do indicativo.

   Na letra c, "via" está no pretérito imperfeito do indicativo.

   Na letra d, "sai" está no presente do indicativo, é a resposta.

   Na letra e, "voltasse" está no pretérito imperfeito do subjuntivo.

   Gabarito correto é a letra 'd'.

2. **(2011 – FCC – TRE-RN – Técnico Administrativo).** *... como fazia em noites de trovoadas.* (1º parágrafo) O verbo flexionado nos mesmos tempo e modo em que se encontra o grifado acima está em:

   (A) *Ao ouvir as notícias...*

   (B) *... D. João embarcou na carruagem...*

   (C) *... que passara a madrugada...*

   (D) *... bastaram algumas semanas...*

   (E) *... que o aguardava...*

   A forma verbal do enunciado "fazia" está flexionada no pretérito imperfeito do indicativo. Vejamos, agora, nos itens abaixo, qual forma está flexionada no mesmo tempo e modo que a do enunciado.

   Na letra a, "ouvir" está no infinitivo.

   Na letra b, "embarcou" está no pretérito perfeito do indicativo.

   Na letra c, "passara" está no pretérito mais-que-perfeito do indicativo.

   Na letra d, "bastaram" está no pretérito perfeito do indicativo, é a resposta.

   Na letra e, "aguardava" está no pretérito imperfeito do indicativo – é a resposta.

   Gabarito correto é a letra 'e'.

Cap. 5 · VERBOS

3. **(2012 – FCC – TRE-SP – Técnico Judiciário)** *Já* tenho lido *que ele usa uma língua misturada de italiano e português.*

   No segmento grifado acima, Antonio Candido usou determinada forma verbal que poderia ser substituída, sem prejuízo para correção e a lógica, por:

   a) li.

   b) lia.

   c) lera.

   d) leria.

   e) leio.

   > Nesta questão, o examinador pede para que o candidato aponte a forma simples – verbo conjugado – equivalente à forma composta – verbo auxiliar ter ou haver + particípio do verbo principal – grifada no enunciado. Assim, a formação "tenho lido" é tempo composto do pretérito perfeito do indicativo e é equivalente a "li", que é a forma simples deste mesmo tempo e modo.
   >
   > A resposta, portanto, é a letra 'a'.

15. QUESTÕES PARA TREINAR!

1. **(2015 – INSTITUTO AOCP – EBSERH – Médico – Radiologia e Diagnóstico por Imagem)** Assinale a alternativa correta quanto ao que se afirma a respeito das palavras em destaque no excerto a seguir.

   "Os aquíferos, que concentram água no subterrâneo e abastecem nascentes e rios, são responsáveis atualmente por fornecer água potável à metade da população mundial..."

   a) São verbos conjugados no tempo presente do indicativo e se encontram no plural para concordar com "Os aquíferos".

   b) Os verbos "concentram" e "abastecem" se encontram no pretérito do indicativo e têm, respectivamente, os seguintes sujeitos pospostos: água, nascentes e rios.

   c) O verbo "são" se encontra no plural para concordar com o sujeito "nascentes e rios".

   d) O verbo "são" tem como objeto direto o que segue: "responsáveis atualmente por fornecer água potável à metade da população mundial".

   e) São verbos conjugados no presente do subjuntivo e remetem ao sujeito "água potável".

2. **(2014 – IBFC – SEDS-MG – Agente de Segurança Penitenciária)** O uso do Presente do Indicativo em "A sabedoria popular já sabe que emoções causam alterações físicas." é, semanticamente, melhor justificado por:

   a) expressar uma ação que era habitual no passado.

   b) fazer referência a um fato passado de modo mais dinâmico.

   c) apontar para uma ação que ocorre no momento em que se lê.

   d) expressar uma ação de caráter "atemporal".

3. **(2015 – FCC – MANAUSPREV – Analista Previdenciário – Administrativa)** *Na época, o* látex representava *50% da exportação do Brasil*

O verbo flexionado nos mesmos tempo e modo que o grifado acima encontra-se em:

a) .. *mas conheço um pouco o interior da Amazônia.*

b) .. *quando já era uma fortaleza avançada dos portugueses...*

c) *A temática amazônica se impõe...*

d) *... escreveria sobre Paraty ou Pequim, certamente.*

e) *E teve uma importância econômica fundamental durante 40 anos...*

4. **(2015 – FCC – TRE-RR – Técnico Judiciário)** (*nem creio que* <u>venha</u> *a ter*)

O verbo flexionado nos mesmos tempo e modo em que se encontra o sublinhado acima está em:

a) *... que uns dizem com voz rouca ...*

b) *... que existam pássaros ...*

c) *... que ele entendia ...*

d) *... o que lhes ensinam ...*

e) *... que assim se chama.*

5. **(2014 – IBFC – PC-RJ – Papiloscopista Policial de 3ª Classe)** A respeito do emprego do pretérito imperfeito, na segunda estrofe do texto II, pode afirmar o seguinte:

a) Revela uma ação passada relacionada com um fato futuro.

b) Indica uma ação que se repetia no passado.

c) Aponta para um evento que ocorre no momento da enunciação.

d) Sinaliza uma ação pontual realizada uma única vez no passado.

e) Representa uma ação que ocorreu no passado e se estende até o presente.

6. **(2014 – CETRO – IF-PR – Auxiliar de Biblioteca)** Leia o texto abaixo, retirado do livro *Perto do Coração Selvagem*, de Clarice Lispector, para responder à questão.

(...) Viver em sociedade é um desafio às vezes ficamos presos a determinadas normas que nos obrigam a seguir regras limitadoras do nosso ser ou do nosso não-ser... Quero dizer com isso que nós temos, no mínimo, duas personalidades: a objetiva, que todos ao nosso redor conhecem; e a subjetiva... Em alguns momentos, esta se mostra tão misteriosa que se perguntarmos – Quem somos? Não saberemos dizer ao certo! Agora de uma coisa eu tenho certeza: sempre devemos ser autênticos, as pessoas precisam nos aceitar pelo que somos e não pelo que parecemos ser... Aqui reside o eterno conflito da aparência x essência. E você... O que pensa disso? (...) Nunca sofra por não ser uma coisa ou por sê-la...

Leia a oração abaixo transcrita do texto e, em seguida, assinale a alternativa que apresenta o tempo e o modo verbais corretos do termo destacado

"(...) Viver em sociedade <u>é</u> um desafio (...)"

a) Presente do modo subjuntivo.

b) Presente do modo indicativo.

c) Futuro do presente do modo indicativo.

d) Futuro do pretérito do modo indicativo.

e) Pretérito perfeito do modo indicativo.

7. **(2014 – FCC – TRT 1ªR – Técnico Judiciário)** Considerando-se a necessidade de que os tempos e modos verbais de uma frase devem estar em adequada correlação, o segmento *"Uma obra de arte mal concebida seria aquela em que os recursos expressivos utilizados"* deverá ser completado por:

a) não nos convencessem de sua verdade própria.

b) não nos estarão convencendo de sua realidade.

c) não terá sua realidade capaz de nos convencer.

d) não nos haviam convencido de sua verdade.

e) não podiam convencer-nos de sua realidade.

8. **(2015 – FCC – TCE-CE – Técnico de Controle Externo-Administração)** A articulação entre os tempos e os modos verbais está adequada na frase:

a) Uma vez que o preconceito se revelasse inevitável será oportuna a criação de leis com o intuito de que foram coibidas atitudes preconceituosas.

b) É natural que há preconceito nas relações interpessoais: mesmo que percebemos tenhamos externado uma avaliação preconceituosa.

c) Qualquer sociedade tem preconceitos, mas era importante que existissem leis para que pessoas preconceituosas forem exemplarmente julgadas e punidas.

d) É preciso que se tenha cautela com nosso comportamento em sociedade, pois seria possível que reações preconceituosas surjam mesmo sem que nós possamos perceber.

e) O preconceito teria raízes sociais fundas: ele se disseminaria pelas pessoas e, quando déssemos por nós, estaríamos repetindo algo que sequer teríamos investigado.

9. **(2015 – VUNESP – SAP-SP – Agente de escolta e vigilância penitenciária)** Considere o trecho – "Tem gente que não acredita em um ensino que não impõe autoridade. Nós acreditamos…" – (segundo parágrafo), para responder à questão.

Assinale a alternativa em que o trecho está corretamente reescrito, com todos os verbos no tempo passado.

a) Teria gente que não acreditaria em um ensino que não imporá autoridade. Nós acreditaremos.

b) Teve gente que não acreditou em um ensino que não impõe autoridade. Nós acreditamos.

c) Tem gente que não acreditava em um ensino que não impunha autoridade. Nós acreditamos.

d) Tinha gente que não acreditava em um ensino que não impusesse autoridade. Nós acreditávamos.

e) Terá gente que não acreditasse em um ensino que não impusera autoridade. Nós acreditáramos.

10. (2015 – FCC – TCM-GO – Auditor Controle Externo – Jurídica) *Em qualquer época, ... que se ...... ao grande público o melhor que os artistas ....*

Haverá plena correlação entre tempos e modos verbais na frase acima preenchendo-se as lacunas, respectivamente, com

a) era preciso – oferecia – produzem

b) será preciso – oferecesse – produziriam

c) é preciso – oferecesse – produzissem

d) seria preciso – ofereça – têm produzido

e) é preciso – ofereça – produzam

GABARITO DAS QUESTÕES				
1	2	3	4	5
A	D	B	B	B
6	7	8	9	10
B	A	E	D	E

Capítulo 6

MORFOSSINTAXE

1. INTRODUÇÃO

Para quem quer prestar concursos, o estudo de Morfossintaxe é **o mais apropriado**, pois a cobrança deste assunto é feita desta forma: o emprego da palavra e sua classificação devem ser analisados por meio do entendimento da elaboração da frase.

Assim, basta que lembremos que uma determinada palavra é classificada como substantivo em uma frase e, muitas vezes, em outra, passa a ser adjetivo; o adjetivo, em algumas frases, passa a ser substantivo... O que ocorre é que essas alterações são, em verdade, resultantes da organização das palavras na frase e a relação estabelecida entre elas.

Além disso, o raciocínio morfossintático ajuda muito quando o estudo da gramática passar da Morfologia para a Análise Sintática. Essa mudança pode ser um pesadelo para quem não entende que as funções morfológicas das palavras é a base para entender suas funções sintáticas.

A Morfossintaxe consiste justamente do estudo dessas variações de função morfológica das palavras para que possamos entender a melhor a Análise Sintática. Dessa forma, vez ou outra, falaremos dos termos sintáticos da oração, como sujeito, complemento nominal, objeto direto, objeto indireto..., em meio às classificações morfológicas, como substantivo, adjetivo, pronome e todas as outras.

2. MORFOSSINTAXE

No decorrer deste estudo, todas as palavras receberão sua classificação morfológica e, algumas vezes, citaremos suas funções sintáticas, pois, na análise sintática, todas as palavras são um termo da oração, por exemplo, um adjetivo, na sintaxe, passa a ser um adjunto adnominal ou um predicativo. Entretanto, nosso objetivo agora não é falar sobre as funções sintáticas, e sim sobre o valor morfológico que as palavras assumem em cada contexto, que já serão suas funções morfossintáticas.

E o que o examinador cobra? Justamente isso, a **classificação das palavras** e, principalmente, a relação entre elas na elaboração das frases nos contextos dos textos selecionados. Assim como também são muito cobradas as relações semânticas (de sentido) e as sintáticas (gramaticais) entre as orações e suas classificações.

Nas provas atuais, a tendência de as classificações dos termos e das orações serem pedidas tem diminuído muito, entretanto o raciocínio fica implícito nas questões, que parecem ser apenas de interpretação de texto. Assim, saber as classificações reflete em maior segurança e agilidade para se entender as questões e saber responder a elas.

O estudo da Morfologia se subdivide em duas partes: Estrutura e Formação de Palavras e Classes Gramaticais (ou Classes de Palavras). A parte que nos interessa aqui é o estudo das classes gramaticais, isto é, das classificações das palavras. Assim, antes da leitura deste capítulo, é recomendável que se leia primeiro o capítulo 3 para relembrar as classes gramaticais.

3. RELAÇÕES E FUNÇÕES DAS PALAVRAS NA ELABORAÇÃO DE FRASES

3.1. Palavras variáveis

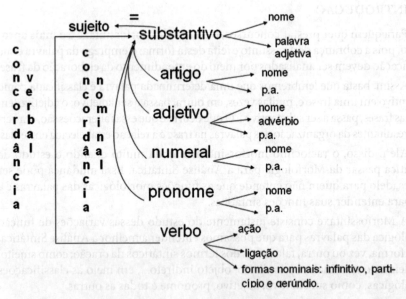

Vamos entender esse primeiro esquema. Observem que pusemos, na fileira do meio, as palavras variáveis, e a palavra que encabeça a lista é o substantivo. Isso, porque é ele a palavra de maior significação, isto é, é substantivo, porque tem substância de significado, o que as outras – artigo, adjetivo, numeral e pronome – sozinhas não têm. O substantivo é também substancial, tanto que determina a flexão de todas as outras palavras que se referem a ele, como se pode observar pelas flechas que vão do artigo, adjetivo, numeral e pronome ao substantivo.

Como se pode observar, ainda, essa é a base da concordância nominal: toda palavra que se refere ao substantivo, acompanhando-o ou referindo-se a ele, deve concordar com ele em gênero e número. E o verbo?

Observe-se também que a flecha que relaciona o verbo ao substantivo, mostra que até o verbo tem de obedecer ao substantivo, desde que o nome seja o sujeito da oração. E, neste caso, o verbo concordará com o nome sujeito. Esta é a base da concordância verbal: o verbo concorda com o nome que representa o sujeito da oração em pessoa e número.

Entender o que o esquema mostra ao lado direito da lista das classes de palavras variáveis vai ser melhor quando estivermos analisando as frases, mas vejamos o que há nesta apresentação. Primeiro, devemos lembrar que existem palavras que determinam o substantivo e, por isso, o especificam, o qualificam, essas palavras são chamadas determinantes ou palavras adjetivas. Assim, toda palavra que se refere ao substantivo, acompanhando-o ou não, pode ser chamada de palavra adjetiva, pois cumpre papel semelhante ao do adjetivo, que é qualificar o nome e concordar com ele em gênero e número. O substantivo, por sua vez, dá nome aos seres, assim, ele e toda palavra que o substituir serão chamados de nome.

Agora já podemos entender melhor o que está no esquema: todas essas palavras variáveis podem ter valor de adjetivo, como também podem ter valor de nome. Se estiverem se referindo ao nome ou acompanhando-o, serão palavras adjetivas – determinantes do nome – e, se estiverem no lugar dele, substituindo-o, serão nomes. O adjetivo pode assumir ainda o papel do advérbio, quando estiver expressando ideia de circunstância, sem se referir ao nome. O verbo pode representar uma ação ou apenas servir de ligação entre uma característica do nome-sujeito e o próprio sujeito, como também pode assumir o papel do substantivo, do adjetivo e do advérbio, mas isso, é claro, como diz a própria classificação, quando estiverem em suas *formas nominais*. Do contrário, nem teriam essa classificação, certo?

3.2. Palavras invariáveis

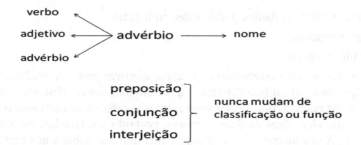

Como se pode notar preposição, conjunção e interjeição são classes de personalidade forte; com exceção do advérbio, elas nunca mudam de função e, consequentemente, não mudam de classificação. Quanto ao advérbio, pode assumir o papel do nome, ou seja, de um substantivo.

O advérbio não se refere ao substantivo; sua relação se faz com o verbo e, quando expressa circunstância de intensidade, pode também fazer referência ao adjetivo e ao advérbio, alterando o grau destas duas últimas classes. Lembrando: "Café <u>muito quente</u>!" – grau superlativo absoluto analítico – *muito* intensifica o adjetivo *quente* do nome *café*; ou "Falou <u>muito bem</u>!" – grau superlativo analítico –*muito* intensifica o advérbio *bem*.

"Mas o advérbio não é invariável?!" Sim, apesar da possibilidade da flexão de grau. Isso é fácil de entender, pois as flexões de grau do advérbio em nada interferem na relação de concordância entre as palavras, mudam apenas a intensidade de um advérbio. Em vez de "Falou bem!", dizer "Falou muito bem!", não interfere no raciocínio de concordância base da língua, mas nas relações de colocação das palavras da frase e, consequentemente, na semântica.

3.3. Morfossintaxe do período simples

Vamos analisar algumas frases para pôr em prática toda essa teoria. Observe-se que será feita a análise passo a passo para a compreensão de como se deve fazer tal raciocínio.

(i) Aquela <u>menina</u> alta é minha <u>filha</u>.

Primeiro passo, isolar o verbo da oração acima; em seguida, reconhecer os substantivos. Depois de isolado o verbo, os substantivos são as que têm maior significação que as outras.

Aquela menina alta (é) minha <u>filha</u>.
$\quad$ S=N=N*$\quad\quad$ V $\quad$ S=N=N*

* S=N=N → substantivo = nome = núcleo

* V → verbo

Agora, verificar as palavras adjetivas que se referem a cada substantivo. Primeiro: quais palavras se referem ao substantivo *menina*? Depois, ao substantivo *filha*, quais palavras se referem ao substantivo *filha*?

Aquela menina *alta* (é) *minha* filha.
P*= PA*$\quad$ S=N=N $\quad$ Adj.*= PA* $\quad$ V $\quad$ P*=PA* $\quad$ S=N=N

* PA → palavra adjetiva (palavra determinante)

* P → pronome

* Adj.→ adjetivo

Observe-se que percebemos as palavras adjetivas pela concordância em primeiro lugar: *menina* é substantivo feminino e singular, *filha* é substantivo feminino e singular. As palavras que a esses substantivos se referem são de mesmo número e gênero que eles, além de determiná-los, portanto adjetivá-los, especificá-los, explicá-los. A oração não fala de qualquer menina, mas sobre a que está distante e é alta. Sabemos que está distante pelo pronome *aquela* e que é alta pelo adjetivo *alta* que também a determina. Assim como ocorre com *filha*. Não é qualquer *filha*, mas a *minha*, pronome que pela posse especifica *filha*.

Note-se que a base de cada parte da oração é o nome, depois que isolamos o verbo; por isso todo nome é núcleo dessas partes e todas as palavras que o acompanham são determinantes dele e, por isso, devem ser pensadas junto dele, formando essas partes significativas da oração. Podemos ilustrar este raciocínio assim:

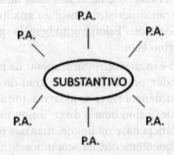

Para quem tem dificuldade em reconhecer o que é pronome, numeral, artigo, adjetivo, substantivo, basta seguir a escala do esquema inicial:

- substantivo

- artigo

- adjetivo

- numeral

- pronome

Exemplos: *Menina* e *filha* são substantivos, pois, isolando o verbo, são as palavras de maior significação. Se isolarmos estas duas palavras, elas continuam tendo significado para nós, enquanto *aquela*, *alta* e *minha* não têm a mesma significação, se isoladas da frase. Depois, basta verificar a escala que fizemos. Por exemplo, *Aquela* não é artigo – só existem dois: *o*, *um* e suas flexões; não é adjetivo, pois não caracteriza *menina*, não é numeral, porque não é número um, dois..., portanto só pode ser pronome. O pronome está por último por ser a classe que mais é difícil de ser reconhecida. *Alta* não é artigo, mas caracteriza *menina*, então é adjetivo. E *minha* não é artigo, não é adjetivo, não é numeral, só pode ser pronome.

Essa primeira parte é elementar, ou seja, esta é a base da elaboração das frases em nossa língua. Daqui para frente, haverá um aprofundamento dessa análise inicial, pois veremos as possíveis mudanças de classes das palavras.

(i) O jacaré virou a canoa. → O jacaré virou bolsa.

Primeiro isolar os verbos; depois, reconhecer os substantivos. Em seguida, identificar as palavras adjetivas de cada nome. Vamos ver como ficou:

O jacaré **(virou)** *a* canoa. → *O* jacaré **(virou)** bolsa.
Art.*= PA   S=N=N   V. A.*   Art.*= PA   S=N=N   Art.*= PA   S=N=N   V. L.*   S=Adj. (PA)=N*

*Art. → artigo

*V.A. → verbo de ação

*V.L. → verbo de ligação

* N → núcleo

O que houve de diferente agora foi o comportamento dos verbos e a aparição do artigo. Além disso, o substantivo *bolsa* perdeu seu valor de nome e assumiu valor adjetivo em relação ao *jacaré*.

O artigo sempre irá se referir ao nome, até o que não é substantivo passa a ser classificado como nome, se o artigo se referir a essa palavra, o que chamamos processo de substantivação. Assim, a palavra que estiver sendo indicada pelo artigo assumirá o valor de um substantivo e será dessa forma classificada, por exemplo, *jantar* é verbo – eu janto, tu jantas, ele janta, nós jantamos... –, entretanto, quando dizemos "*o jantar*", passa a ser classificado como substantivo. A esta mudança de função damos o nome de *processo de substantivação*. Não sobram dúvidas de que, neste caso, *jacaré* e *canoa* são substantivos nas duas frases.

O verbo *virar* assume papéis diferentes de uma frase para a outra, o significado ajuda a perceber isso. Na primeira, o jacaré virou mesmo, ou seja, praticou a ação de virar; porém, na segunda oração, o verbo não tem mais essa carga semântica. Ele perdeu o seu significado próprio, o de virar, e passou a ser apenas uma ligação entre o jacaré e o seu estado *bolsa* – o coitado não é mais um jacaré, mas uma bolsa. Por isso, na primeira frase, o verbo *virar* é um verbo de ação e, na segunda, é um verbo de ligação. É simples, basta perceber a significação do verbo. Dessa forma, pode-se aprofundar o conhecimento sobre o comportamento dos verbos: quando mantiver sua significação original, o verbo será chamado de *significativo*; quando deixar de ter seu significado para assumir o significado se *ser* ou *estar*, ele passará a ser verbo de ligação – na segunda frase, o verbo *virar* pode ser pensado assim: *O jacaré está bolsa.; O jacaré é bolsa.*

Esse comportamento do verbo revela a mudança ocorrida com o substantivo *bolsa*, que, na segunda frase, assume valor adjetivo em relação ao substantivo "jacaré", que é o sujeito da oração. Essa estrutura nos leva à seguinte conclusão: toda vez que uma palavra ou expressão estiver relacionada ao sujeito, essa palavra ou expressão, não importa a que classe de palavra pertença, assumirá valor adjetivo. Por isso, na sintaxe, dizemos que toda vez que aparece um verbo de ligação, há um predicativo do sujeito, termo de valor adjetivo. Dessa forma, mesmo que este termo tenha valor de PA, será considerado núcleo de um termo, apesar de estar "sozinho", ou seja, ele não estará acompanhando um nome, mas será um núcleo, pois está em uma estrutura em que ele é uma informação importante na frase. Vejam que a frase foi feita só para dar essa informação: o estado do jacaré. Conclusão: uma palavra ou expressão de valor adjetivo só será núcleo de um termo quando estiver relacionada ao sujeito pelo verbo, que será de ligação.

A ausência do artigo faz uma grande diferença, se ele tivesse aparecido na segunda frase, determinando a *bolsa*, a estrutura gramatical nos levaria a pensar a segunda frase da mesma forma que pensamos a primeira, e o verbo *virar* seria novamente um verbo significativo.

(i) **O quarto escuro assusta as crianças pequenas.** → **O escuro as assusta.**

Primeiro isolem os verbos. Depois, reconhecer os substantivos. Em seguida, identificar as palavras adjetivas de cada nome. A análise seguinte se utilizará da primeira oração para que se possa entender a segunda e, assim, novas alterações de funções aparecerão:

O   quarto   escuro   (assusta)   as   crianças   pequenas.
Art.=PA   S=N=N   Adj.=PA   V.A.   Art.=PA   S=N=N   Adj.=

O   escuro   as   (assusta).
Art.=PA   S=N=N   P=N=N*   V.A.

*P=N=N → pronome = nome = núcleo

Na primeira oração, não se observa nenhuma alteração em relação à estrutura básica. Foi uma frase bem simples. A outra, entretanto, já apresenta uma estrutura que nos faz pensar um pouco mais. Não é difícil, mas ajuda a entender a mudança de função do adjetivo que passou à função de substantivo pelo processo de substantivação. Além disso, o exemplo evidencia a mudança da função do "as", que, na primeira frase, era artigo – note-se que a referência dele é o substantivo *crianças* da primeira oração-, mas, na segunda frase, passou a substituir um termo inteiro e passou, então, a ter o valor de um nome e, por isso, passou também a ser núcleo.

> **DICA**
>
> Quando as formas "o, a, os, as" aparecerem próximas ao verbo da oração e surgir uma dúvida sobre sua função como pronomes, basta que se faça uma troca de "o, a, os, as" por "ele, ela, eles, elas" respectivamente. Neste caso ficaria assim: "O escuro assusta <u>elas</u>." –, forma errada gramaticalmente e, especialmente, na norma culta, mas boa para se reconhecer a função dessas formas como pronomes.

1. Aquelas boas almas oferecem comida ao João.
2. Aquelas boas almas oferecem comida a ele.
3. Elas oferecem-lhe comida.
4. Beijou-lhe a face.

Vamos comparar todas essas frases agora. O processo será o mesmo. Primeiro, isolar os verbos; depois, reconhecer os substantivos ou nomes. Em seguida, identificar as palavras adjetivas de cada nome. Feita esta primeira parte, observe-se com especial atenção o emprego dos pronomes, especialmente do LHE e sua atuação nas orações. Seguindo todos os passos, o entendimento das frases ocorrerá.

Aquelas   *boas*   almas   (oferecem)   comida   ao   João.
P=PA   Adj.=PA   S=N=N   V.A.   S=N=N   Prep.+Art.(= PA)*   S=N=N

*Prep.+ Art. (= PA) → preposição + artigo e somente o artigo tem o valor de palavra adjetiva, pois preposição e conjunção nunca mudam de classificação.

Nesta primeira frase, a novidade está na aparição da preposição. É importante lembrar que a preposição sempre deve ser analisada junto do conteúdo que estiver à frente dela, como nesse caso, em que o segmento "o João" foi precedido da preposição "a" e, no momento da análise, esta preposição e a informação seguinte têm de ser vistos como um conjunto. É por esse motivo que ela se chama preposição, porque sempre fica numa "pré-posição".

Depois disso, temos de verificar se esta preposição relaciona o termo, que chamamos preposicionado, com outra palavra na oração ou não. Se houver essa relação, o termo preposicionado será um complemento de verbo ou de nome, ou será um termo adjetivo ou será um termo adverbial. Nesta oração, o sujeito (aquele que conjuga o verbo) é evidente "Aquelas boas almas" e este sujeito pratica a ação de oferecer, e "as almas oferecem o quê?" "comida". Observe-se que isso nos comprova *comida* ser um substantivo, pois dá nome àquilo que "as almas oferecem".

Como a frase continua com mais informações, deve-se voltar ao verbo e "perguntar" a ele "as almas oferecem a quem?" "ao João". A partir disso, há de se verificar o sentido que ocorreu dessa formação: o sentido é lógico? Está de acordo com o sentido da frase? Se estiver é um caso de complemento, relação essa a que chamamos de regência: "as almas oferecem ao João" é uma estrutura lógica, por isso o termo "ao João" é um complemento do verbo "oferecer".

Aquelas	*boas*	<u>almas</u>	**(oferecem)**	<u>comida</u>	**ao**	<u>João.</u>
P=PA	Adj.=PA	S=N=N	V.A.	S=N=N	Prep.+Art.(= PA)	S=N=N

Aquelas	*boas*	<u>almas</u>	**(oferecem)**	<u>comida</u>	**a**	<u>ele.</u>
P=PA	Adj.=PA	S=N=N	V.A.	S=N=N	Prep.	P=N=N

Observe-se que a diferença da primeira para a segunda oração foi que o termo preposicionado pela preposição "a" pôde ser trocado pelo pronome "ele" e com a preposição mantida na elaboração da frase. Dessa forma, o termo "a ele" continua sendo complemento do verbo, mas agora o pronome assumiu o valor do substantivo, por isso nós o chamamos de nome ou pronome substantivo.

<u>Elas</u>	**(oferecem)** –	<u>lhe</u>	<u>comida.</u>
P=N=N*	V.A.	P=N=N	S=N=N

O pronome "elas" é um pronome com o valor do nome, pois substituiu "aquelas boas almas", e é núcleo do termo. O pronome "lhe" substituiu o termo "a ele" da frase 2, que equivalia ao termo "ao João" da frase 1, o que nos mostra que o "lhe" substitui termo preposicionado pela preposição "a" em terceira pessoa, diferente do pronome "o" e suas flexões "os, a, as" que substituem somente termos que não sejam preposicionados. Como o "lhe" substituiu outro pronome que tinha valor de nome, ele manteve esse valor e, por isso, também se tornou núcleo do termo, podendo assim ser chamado de pronome substantivo. O restante da frase manteve-se igual.

Outro detalhe: o pronome "lhe" mudou de posição quando substituiu o pronome "ele". Isso ocorreu porque os oblíquos átonos (me, te, se, lhe (s), o(s), a(s), nos, vos) têm sempre colocação próxima ao verbo: antes, no "meio" ou depois dele. Assim, podemos encontrar "Eu o encontrei", "Encontrá-lo-ei" e "Eu encontrei-o", mas **não** "Eu comprei o bolo lhe."

(Beijou) – *lhe*	**a**	<u>face.</u>
V.A.	P=PA	Art.=PA	S=N=N

Observe-se aqui como o "lhe" mudou completamente sua semântica da oração 3 para a 4. No caso anterior, "oferecem-<u>lhe</u>" (exemplo 3) é equivalente a "oferecem <u>a ele</u>" (exemplo 2) e, em ambos os casos, os pronomes são nomes ou pronomes substantivos, pois substituem o nome. Neste caso, porém, seu valor é outro, ele equivale ao possessivo "sua", "dele" ou "dela": ou "Beijou a <u>sua</u> face." ou "Beijou a face <u>dele</u>." ou "Beijou a face <u>dela</u>.". E, por isso, assume valor de palavra adjetiva, pois sua relação é com o substantivo "face".

> 🔊 **Dica:**
> Para diferenciar uma função da outra, basta substituir o "lhe" por "a ele (s)", "a ela(s)"; se der certo é complemento do verbo. Do contrário, substitua por um possessivo "seu(s)", "sua(s)", "dele(s)", "dela(s)" e verificar a relação do "lhe" com um nome da oração, como fizemos neste último caso.

(i) Aqueles dois ótimos funcionários visitarão um novo cliente hoje. → **Os dois o visitarão hoje.**

Vamos fazer o mesmo procedimento inicial: primeiro isolar os verbos; depois, reconhecer os substantivos. Em seguida, identificar as palavras adjetivas de cada nome. O que ocorrerá de diferente aqui é pensar a segunda oração com base na primeira e assim as alterações vão aparecer:

Aqueles **dois** **ótimos** <u>funcionários</u> **(visitarão)** *um* *novo* <u>cliente</u> **hoje.**
P=PA   Num*= PA   Adj= PA   S=N=N   V.A.   Art=PA   Adj=PA   S=N=N   Adv=N*

    * Num → numeral

    * Adv=N → advérbio = núcleo

Isolado o verbo, neste primeiro termo da primeira oração, a novidade é o numeral "dois" que apareceu acompanhando o substantivo *funcionários*, por isso tem valor de adjetivo, é uma palavra adjetiva, assim como o pronome *aqueles* e o adjetivo *ótimos*. Podemos inclusive classificá-lo como numeral adjetivo.

Depois disso, há o próximo termo nominal (termo nominal, porque sua base é o nome), que traz o artigo "um" e muitos o consideram um numeral. O artigo indefinido "um" e sua flexão "uma" não devem ser assim confundidos. Estas formas só são consideradas como numerais, se elas estiverem, no contexto, dando ideia de quantidade mesmo, ou dando o número de algo, como em "Quantos namorados você tem?", "<u>Um</u>"; "Ela mora no apartamento <u>um</u>.". Não havendo essas funções, será um artigo.

Agora, temos a última novidade: o advérbio. Observe-se que esta palavra, por essência, já é um advérbio mesmo, pois sua informação é circunstancial, já que ela dá ideia de tempo, além disso, é invariável. Por este exemplo, é possível de se notar também que a palavra "hoje" não se agrupa com nenhuma outra, justamente por não fazer concordância com elas, tampouco ter alguma relação de sentido, já que não caracteriza nenhum dos nomes da oração, o que ela faz é dar ao leitor a noção de "quando" os funcionários irão visitar um novo cliente. Como ele não se agrega a nenhuma outra palavra, ele constitui um termo e é seu núcleo.

Comparemos agora com a oração seguinte:

Os **dois** **o** **(visitarão)** **hoje.**
Art.=PA   Num=N=N   P=N=N   V.A.   Adv.=N

A diferença da oração anterior para esta, está na mudança de função do numeral "dois" de palavra adjetiva para nome, porque ela passou pelo processo de substantivação, tanto que ele é o sujeito desta oração – basta observar o artigo "os" determinando-o.

Mais uma vez, o pronome oblíquo aparece, observe-se que ele está próximo do verbo e pode ser substituído por "ele" mentalmente "Os dois visitarão <u>ele</u> hoje.".

(i) Fumar é prejudicial à saúde.

Isolar os verbos; reconhecer os substantivos; em seguida, identificar as palavras adjetivas de cada nome. Termos preposicionados já devem ser separados dos demais, para analisarmos sua relação com outras palavras.

O que vemos de diferente aqui é que, como há dois verbos no período, deve--se começar a análise pelo verbo conjugado. Procedendo assim, a análise da frase ficará mais fácil:

<u>Fumar</u> (é) *prejudicial* à (A=a) <u>saúde</u>.
V=N=N   V.L.   Adj.= PA=N   Prep + Art (=PA)   S=N=N

O verbo "ser" é um verbo de ligação e, para entender o que o verbo "fumar" está fazendo nessa frase, deve-se perguntar ao verbo "ser" "quem é que é prejudicial?" e ele "responderá", com certeza, "fumar" que equivale nesse contexto à seguinte forma "O fumo". Isso torna fácil entender que o verbo "fumar", nesta frase é um verbo com valor de nome. Além disso, pode-se perceber que "fumar" determina o comportamento do verbo "ser" (3ª pessoa do singular) e que o verbo "ser" se dirige a ele. É bom lembrarmos, ainda, que esse raciocínio com verbo "fumar" pôde e deve ser feito, porque ele está em uma das formas nominais, no caso, no infinitivo.

Se o verbo "ser" é um verbo de ligação, então "prejudicial" tem valor adjetivo, e observe-se que ele é mesmo um adjetivo, e como está ligado ao sujeito pelo verbo, mesmo sendo PA, deve ser entendido como núcleo, como já foi visto antes no caso b.

> **DICA**
>
> Caso haja dúvida em relação a isso, deve-se fazer o seguinte: basta colocar *prejudicial* ao lado de um substantivo, como "caso prejudicial", "atitude prejudicial", e observar que as relações são lógicas, pois se não o fossem, então teríamos dois substantivos, como em "caso prejuízo", "atitude prejuízo".

Na terceira parte da análise, encontramos um termo precedido de preposição. Assim, verifica-se a preposição "a" mais o artigo "a", que tem função de palavra adjetiva, pois acompanha o nome "saúde". Agora, é importante verificar se essa preposição associa o nome *saúde* a alguma outra palavra na frase. Ao verbo "fumar" não está relacionado, pois não há sentido lógico entre eles; o verbo é de ligação, não exige preposição; só resta saber se mantém relação lógica com "prejudicial".

Vamos ver: o que é prejudicial, é prejudicial A alguma coisa, prejudicial A alguém, logo existe relação entre "prejudicial" e "à saúde". Então, o termo "à saúde" não tem valor adjetivo, pois um adjetivo não se refere a outro adjetivo, isso não existe; não é complemento do verbo, pois não mantém relação com ele; não é advérbio, pois mantém relação com outra palavra, completando-a. Assim, só pode ser um complemento nominal.

(ii) Os móveis de ferro são bastante resistentes.

Isolar os verbos; reconhecer os substantivos; em seguida, identificar as palavras adjetivas de cada nome. Termos preposicionados já devem ser separados dos demais, para analisarmos sua relação com outras palavras.

Os   móveis   *de*   <u>ferro</u>   (são)   bastante   *resistentes*.
Art=PA   S=N=N   Prep   S=N=N   V.L.   Adv.=N   Adj=PA=N
                 ⎵⎵⎵⎵⎵⎵⎵⎵⎵
                     Loc. Adj.*

*Loc. Adj. → locução adjetiva

Separado o verbo, que é de ligação, já nos fará ver a palavra adjetiva *resistentes*, que se refere ao nome *móveis*. E só poderia ser *resistentes*, pois está no plural, concordando com o nome *móveis*. Note-se que é a *móveis* que o verbo se refere, tanto que também está no plural e "móveis" é o núcleo do termo, por isso ele é o sujeito da oração. Dessa forma, *resistentes* é palavra adjetiva-núcleo, pois está relacionada ao sujeito pelo verbo, como no caso b.

"Bastante" só pode ser advérbio, já que se refere a "resistentes" que é adjetivo. Quando isso ocorre, de o advérbio referir-se a um adjetivo, ele é de intensidade, o que nos ajuda a entender ainda mais a relação estabelecida entre eles nesta oração. Caso haja dúvida sobre o advérbio "bastante", nesta frase, referir-se ao verbo, ou a qualquer outra palavra da frase que não seja *resistentes*, basta pensar o advérbio junto dessa palavra, por exemplo, se houver a impressão de o advérbio estar se referindo a "móveis", deve-se unir "móveis" e "bastante": "móveis bastante" – assim se perceberá que isso não é verdade. Mas se unirmos "bastante" a "resistentes", será fácil entender a relação lógica entre essas palavras, que está de acordo com o sentido do texto: "bastante resistentes".

Ferro é substantivo que, analisado nesta oração acompanhado da preposição *de*, faz que percebamos a expressão *de ferro* ter valor adjetivo. Observe-se que a preposição *de* associa *ferro* à palavra *móveis* e, dessa vez, adjetivando, pois diz de que material são feitos os móveis. Portanto, trata-se de uma locução adjetiva.

(i) Bastantes mulheres compraram rápido da nossa empresa este produto.

Isolar os verbos; reconhecer os substantivos; em seguida, identificar as palavras adjetivas de cada nome. Termos preposicionados já devem ser separados dos demais, para analisarmos sua relação com outras palavras.

Bastantes	mulheres	(compraram)	rápido	da	nossa	empresa	*este*	produto.
P=PA	S=N=N	V.A.	Adj=Adv=N	Prep+Art(=PA)	P=PA	S=N=N	P=PA	S=N=N

Como "mulheres" é um substantivo com valor de nome mesmo, é núcleo, "bastantes", portanto, só poderia ser PA. Observe-se que "bastantes" realmente se refere ao substantivo, além de acompanhá-lo e concordar com ele. É impossível analisar esta palavra de forma diferente. Neste caso, "bastantes" é um pronome indefinido, ele dá ideia de quantidade, o que prova ele não ser um advérbio, pois advérbio não expressa quantidade, expressa intensidade; mas também não poderia ser um numeral, já que não é número. Basta pensar na escala: não é artigo, não é adjetivo, não é numeral, só pode ser pronome. É pronome indefinido, pois dá a ideia de quantidade, mas não exatamente quanto.

"Rápido" é um adjetivo que, neste caso, exerce a função de um advérbio, equivale a "rapidamente", pois mantém relação lógica de sentido no contexto com o verbo "comprar": "compraram rapidamente". Além disso, é invariável.

O termo preposicionado "da nossa empresa", deve ser analisado como um conjunto, já que preposicionado. Note-se que agora o termo preposicionado é complemento verbal: "As mulheres compraram de quem o produto? *Da nossa empresa*, assim a preposição está aí por motivo de regência, já que a preposição foi empregada para relacionar "nossa empresa" ao verbo.

O último termo é fácil de ser analisado, afinal é um substantivo com sua respectiva palavra adjetiva, um pronome adjetivo. Esta formação completa o verbo: "quem compra, compra *algo, este produto*".

(i) **Moravam em uma casa de madeira.**

Isolar os verbos; reconhecer os substantivos; em seguida, identificar as palavras adjetivas de cada nome. Termos preposicionados já devem ser separados dos demais, para analisarmos sua relação com outras palavras.

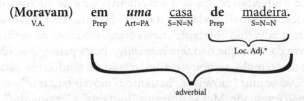

Com duas preposições na frase, o melhor é proceder à análise, depois de feito todo o raciocínio básico, pelas preposições. Fica mais simples, pois a preposição "de" que preposiciona o termo *madeira*, associa esse substantivo ao outro substantivo "casa", adjetivando-o, dizendo de qual material a casa é feita, trata-se de uma locução adjetiva.

A preposição "em" por sua vez, apesar de relacionar "uma casa de madeira" ao verbo "morar", não é seu complemento, pois tal verbo é considerado um verbo que não exige complemento, afinal, quem mora, mora, simplesmente. Usarmos a preposição "em" com esse verbo, deve-se ao fato de ela ser empregada aqui para representar o sentido de lugar nos contextos: quem mora, mora em algum lugar.Dessa maneira, se o termo todo "em uma casa de madeira" é um termo que expressa ideia de lugar, então a expressão tem valor adverbial, já que lugar nos remete a uma ideia de circunstância.

(i) **Hoje é uma noite de festa.**

Isolar os verbos; reconhecer os substantivos; em seguida, identificar as palavras adjetivas de cada nome. Termos preposicionados já devem ser separados dos demais, para analisarmos sua relação com outras palavras.

Hoje é uma noite de festa.
Adv=N=N* V.L. Art=PA S=N=N Prep S=N=N
                              Loc. Adj.*

*Adv=N=N → advérbio = nome = núcleo

Hoje é um advérbio, entretanto, nesta oração, este advérbio assume o valor de um substantivo, ele não virou um substantivo, mas exerce a função de um. Fazendo a análise sintática desse termo, constataríamos que se trata de um sujeito, já que o verbo fala sobre ele: o que que é uma noite de festa? *Hoje*.

Note-se, ainda, que o verbo da oração é um verbo de ligação, logo toda a estrutura que aparece a seguir "uma noite de festa" tem valor adjetivo em relação ao sujeito *hoje*. O termo preposicionado que aparece dentro deste termo "de festa" adjetiva "noite". Neste caso, podemos usar um truque gramatical muito bom, que não serve em todas as frases, porém, quando for possível fazê-lo, ajudará bastante: transformando o termo preposicionado em uma palavra só, constatar-se-á que é equivalente ao adjetivo "festiva", que qualifica *noite*, funcionando, assim, como locução adjetiva.

DICA

Resumindo:

(1) O substantivo e toda palavra que o substituir é chamada de nome e todo nome é núcleo.

(2) Palavras que acompanham o substantivo ou a ele se referem são chamadas de palavras determinantes ou palavras adjetivas;

(3) As palavras adjetivas devem concordar com o substantivo/nome a que se referem;

(4) O advérbio é sempre aquele que "sobra", gramaticalmente, na frase e que não entra em concordância com palavra alguma;

(5) Termos preposicionados não devem ser analisados separadamente de sua preposição e, até aqui, podem ter valor de adjetivo, de advérbio ou de complemento, ou seja, ou a relação é de sentido – valor adverbial ou adjetivo – ou a relação é de regência – valor de complemento;

(6) As classes gramaticais podem mudar de função, mas, quando mudam, só assumem papel de substantivo, ou de adjetivo, ou de advérbio.

3.4. Morfossintaxe do período composto

Agora, entraremos em uma nova etapa: a análise da relação entre as orações na formação do período composto. É importante salientar que os conectivos nos ajudarão a definir os tipos de oração existentes no período.

Antes das análises que seguem, é bom lembrar alguns conceitos:

(a) **Frase** é enunciado que tem sentido, com ou sem verbo: *Bom dia!; Tenha um bom dia!*

(b) **Oração** é enunciado que tem verbo: *Tenha um bom dia!*

(c) **Período** é uma frase que tem uma ou mais orações – quando há apenas uma oração, o período se chama **simples**; quando há mais de uma oração, o período se chama **composto**.

Os períodos podem ser compostos por coordenação – quando apresentam orações coordenadas – ou por subordinação – quando apresentam uma oração principal mais uma (ou mais) oração subordinada. Para reconhecer as orações coordenadas e as subordinadas, basta que se observe o seu conectivo, como ilustramos abaixo:

Oração coordenada	→ conjunção coordenativa ou nenhuma conjunção
Oração subordinada adverbial	→ conjunção subordinativa com sentido adverbial
Oração subordinada substantiva	→ conjunção subordinativa integrante, ou advérbio interrogativo, ou pronome indefinido/interrogativo
Oração subordinada adjetiva	→ pronome relativo

Vamos entender as diferenças básicas entre um tipo e outro pelo raciocínio da pontuação.

As orações coordenadas são independentes umas das outras, ao passo que as subordinadas são dependentes de outra oração. A coordenação é a mesma coisa que enumeração, então, observe-se como as coordenadas são encadeadas da mesma forma que os elementos de uma enumeração nominal:

João __correu__,   __tropeçou__ e __caiu__. = Comprei __lápis__,   __borracha__ e __caderno__.
        verbo   verbo   verbo   nome   nome   nome

Temos no primeiro período apresentado acima três verbos distintos, portanto três orações, e podemos escrevê-las assim:

João __correu__. __Tropeçou__. E __caiu__. ou João __correu__. __Tropeçou__. __Caiu__.

Observem que a alteração da pontuação não prejudicou em nada o sentido das frases; nem a ausência do conectivo "e" fez diferença. Isso é mais uma prova de que essas orações são coordenadas. As coordenadas que não apresentam conjunção coordenativa– que é a mesma coisa que síndeto – são consideradas assindéticas, e as que apresentam síndeto são as sindéticas. Não há oração principal em um período composto por coordenação.

Obs.: As conjunções, assim como as preposições, devem ser analisadas junto com as orações em que elas são empregadas.

João __correu__, / __tropeçou__ / e __caiu__.
        1   2   3

Oração coordenada assindética

Oração coordenada assindética

Oração coordenada sindética

Por ora vamos ficar só com essas classificações. No capítulo 8, veremos a classificação completa de todas as orações. Entendidas as orações coordenadas, vamos ver as subordinadas.

Ele __perguntou__/ se você __viria__ aqui. e O rapaz, /que __veio__ aqui,/é meu sobrinho.
          1   2   1   2

Note-se que cada período acima apresenta dois verbos distintos, portanto há duas orações em cada um – são períodos compostos. Vamos fazer o mesmo teste da pontuação:

Ele __perguntou__. Se você __viria__ aqui. e O rapaz. Que __veio__ aqui. É meu sobrinho.

Essas pontuações não deram certo e isso ocorre porque os períodos são compostos por subordinação. As subordinadas, como o nome já diz, são sempre as que obedecem a uma oração mais importante que elas: a oração principal. Além disso, suas classificações comprovam definitivamente que tais orações só podem se apoiar em outra mesmo, pois cumprem a função de um substantivo – oração substantiva-, a de um adjetivo – oração subordinada adjetiva – , e a de um advérbio – oração subordinada adverbial – em relação à oração principal.

O que irá facilitar distinguir cada uma delas? Saber distinguir seus conectivos. Por exemplo:

*Ele **perguntou**/ **se** você **viria** aqui.*

O "se", visto como conectivo, pode ser uma conjunção subordinativa integrante ou uma conjunção subordinativa adverbial condicional. Quando condicional, pode ser trocada pelo conectivo "caso" e não há prejuízo semântico ao contexto; quando integrante, toda a oração iniciada pela conjunção pode ser substituída pelo pronome "isso" e a oração principal ficará completa sintaticamente:

*Ele **perguntou** isso.*

A troca funcionou. A oração "Ele perguntou", que é a principal, ficou completa. A conjunção é integrante, portanto a oração "se você viria aqui" é subordinada substantiva.

Ele perguntou/se você viria aqui.

1   2

1 – Oração principal

2 – Oração subordinada substantiva

Vejamos o segundo caso: *O rapaz, /que **veio** aqui,/é meu sobrinho.*

Para identificarmos este "que" como pronome relativo, e diferenciá-lo da conjunção integrante, basta que nós troquemos o "que" pelo seu equivalente "qual", que vem acompanhado de artigo, combinando com o termo antecedente:

*O rapaz, /que **veio** aqui,/ é meu sobrinho.*

Como o termo antecedente é "o rapaz" masculino e singular, a troca foi feita com base nessas flexões e a troca funcionou no período:

*O rapaz, /o qual **veio** aqui,/é meu sobrinho.*

1   2   1

Isso mostra que o "que" é um relativo e, sempre que houver um pronome relativo no período, a oração por ele iniciada será uma oração subordinada adjetiva, portanto as classificações ficam assim:

1 – Oração principal

2 – Oração subordinada adjetiva

*É proibida a entrada de crianças pequenas,/ enquanto o palestrante **estiver falando**.*

O conectivo "enquanto" estabelece no contexto ideia de tempo; note-se a noção de duração que essa palavra nos transmite: "Durante que período as crianças pequenas terão sua entrada proibida?" "Durante, enquanto o palestrante estiver falando."

Se a semântica é de tempo, então só pode ser circunstancial, é uma conjunção subordinativa que revela no período sentido adverbial e a oração, por sua vez, só pode ter a mesma classificação:

É proibida a entrada de crianças pequenas,/enquanto o palestrante estiver falando.
₁ ₂

1 – Oração principal

2 – Oração subordinada adverbial de tempo

3.5 Orações reduzidas

Quando uma oração se apresenta **sem conjunção ou sem pronome relativo** e com o **verbo no infinitivo, no particípio** ou **no gerúndio**, dizemos que ela é uma **oração reduzida**, acrescentando-lhe o nome **de infinitivo, de particípio** ou **de gerúndio**. Podem ser introduzidas ou não por preposição. Ex.:

Ele não precisa de microfone ***para que o ouçam***.
₁ ₂

1 – Oração principal

2 – Oração subordinada adverbial final desenvolvida

Ele não precisa de microfone, ***para o ouvirem***.
₁ ₂

1 – Oração principal

2 – Oração subordinada adverbial final reduzida de infinitivo

Note-se que, no primeiro período, o verbo está conjugado em tempo e modo e a formação de "para que" é uma locução, pois as duas palavras juntas desempenham a função de uma conjunção de finalidade, e o contexto deve ser analisado assim: para a finalidade de as pessoas o ouvirem, ele não precisava de microfone. No segundo período, porém, o "que" sai e fica apenas o "para", que é uma preposição, além de o verbo ter ido para o infinitivo pessoal. Por esses motivos é que há uma oração reduzida de infinitivo no segundo período, mas o sentido das duas frases é exatamente o mesmo.

Outro caso:

Na porta, havia um cartaz ***que comunicava falência***.
₁ ₂

1 – Oração principal

2 – Oração subordinada adjetiva desenvolvida

Na porta, havia um cartaz ***comunicando falência***.
₁ ₂

1 – Oração principal

2 – Oração subordinada adjetiva reduzindo de gerúndio

Comparando as duas frases, verificamos que o primeiro período apresenta uma oração subordinada adjetiva desenvolvida, pois nela há um pronome relativo (que = o qual) e o verbo está conjugado em tempo e modo. Já no segundo, temos uma

Cap. 6 · MORFOSSINTAXE

oração subordinada sem pronome relativo e o seu verbo está no gerúndio, ou seja, não está conjugado em tempo nem em modo. Independentemente dessa estrutura alterada, o sentido dos dois períodos é o mesmo. Outro caso:

Parece <u>que ele entende tudo isso.</u>
1   2

1 – Oração principal
2 – Oração subordinada substantiva desenvolvida

Parece <u>entender tudo isso.</u>
1   2

1 – Oração principal
2 – Oração subordinada substantiva reduzida de infinitivo

No primeiro período, a oração subordinada é desenvolvida, já que há nela a conjunção subordinativa integrante e o verbo está conjugado, ao passo que a segunda é uma oração subordinada substantiva reduzida, porque nela não há conjunção e o verbo está no infinitivo. Mesmo assim, o sentido dos dois períodos é o mesmo. Outro caso:

<u>Quando encerrou a reunião,</u> todos se retiraram.
1   2

1 – Oração principal
2 – Oração subordinada adverbial temporal desenvolvida

Encerrada a reunião, <u>todos se retiraram.</u>
1   2

1 – Oração principal
2 – Oração subordinada adverbial temporal reduzida de particípio

Observe-se que, no primeiro período, o verbo está conjugado em tempo e modo e há o emprego do conectivo "quando", que revela ideia de tempo: oração desenvolvida. No segundo período, porém, o "quando" sai e o verbo vai para o particípio. Por esses motivos é que há aí uma oração reduzida de particípio no segundo período, mas o sentido dos dois é exatamente o mesmo.

4. QUESTÕES COMENTADAS

1. **(2015 – CESPE – TCU – Técnico Federal de Controle Externo)** Com relação a aspectos linguísticos do texto, julgue o próximo item.

   Sem prejuízo do sentido do texto, o termo "destarte" (l.27) poderia ser substituído por **contudo** ou **todavia**.

   > Destarte é um termo erudito, raramente usado de forma corrente na língua portuguesa, que significa "desta maneira; feito deste modo; assim; dessarte". Sendo assim, não pode ser substituído por "contudo" ou "todavia", pois são conjunções coordenativas que revelam a ideia de adversidade .
   >
   > Item errado.

REDAÇÃO OFICIAL, GRAMÁTICA E INTERPRETAÇÃO DE TEXTO – *Luciane Sartori*

2. **(2015 – IADES – ELETROBRAS – Leiturista)** Na linha 1, no trecho "para quem quer poupar energia elétrica", o vocábulo sublinhado é um

a) pronome.

b) substantivo.

c) preposição.

d) adjetivo.

e) conjunção.

A palavra "quem", neste trecho, é um pronome indefinido, porque substitui uma pessoa, com a ideia de qualquer pessoa. Por isso a resposta é a.

3. **(2015 – IADES – ELETROBRAS – Leiturista)**

1   A Eletrobras é uma empresa global com foco em energia limpa. Maior companhia do setor elétrico da América Latina, é responsável por mais de um terço da
4 energia elétrica do Brasil e metade das linhas de transmissão que cortam o território nacional.
     Presente em todas as regiões brasileiras, a Eletrobras
7 lidera um sistema composto por empresas de geração e transmissão, distribuidoras no norte e nordeste do País, um centro de pesquisas de energia elétrica, uma empresa de
10 participações e metade do capital de Itaipu Binacional.

Disponível em: <http://www.eletrobras.com/>.
Acesso em: 9 jan. 2015, com adaptações.

Com relação a palavras do texto, assinale a alternativa correta.

a) Na linha 4, a palavra "metade" é um numeral cardinal.

b) O adjetivo **brasileira** equivale ao termo "do Brasil" (linha 4), podendo, por isso, substituí-lo.

c) Na linha 6, o vocábulo "Presente" pode ser flexionado no plural, pois concorda com "regiões brasileiras".

d) O vocábulo **obtido** substitui corretamente a palavra "composto" (linha 7).

e) Na linha 6, é correto substituir o termo "todas as" pelo pronome **algumas**, mantendo-se o sentido da informação.

Na letra a, "metade", neste texto, é um substantivo – observemos que seria possível colocarmos o artigo antes desta palavra: ...*responsável por UM terço ... e pelA metade das linhas ...* .

Na letra b, o adjetivo **brasileira** equivale ao termo "do Brasil" (linha 4), pois "do Brasil" é sua locução adjetiva equivalente – esta é a resposta.

Na letra c, "Presente" **não** pode ser flexionado no plural, pois concorda com "Eletrobrás".

Cap. 6 · MORFOSSINTAXE

Na letra d, o vocábulo **obtido não** substitui corretamente a palavra "composto", pois o sentido no contexto é diferente – "composto" tem sentido de "formado, constituído".

Na letra e, se substituirmos o termo "todas as" pelo pronome **algumas**, o sentido se altera: a informação de que a Eletrobrás está em todas regiões para dizer que ela está presente em apenas algumas.

Gabarito b.

5. QUESTÕES PARA TREINAR!

1. **(2014 – CESGRANRIO – BB – Escriturário)** No fragmento "fazer um safári, frequentar uma praia de nudismo, comer algo exótico (um baiacu venenoso, por exemplo), visitar um vulcão ativo" (*l* 16-18), são palavras de classes gramaticais diferentes

a) "praia" e "ativo"

b) "venenoso" e "exótico"

c) "baiacu" e "nudismo"

d) "ativo" e "exótico"

e) "safári" e "vulcão"

2. **(2010 – CESPE – INSS)** "A principal distinção é que não existe partida. O veículo liga como se fosse acionado por um interruptor."

A palavra 'partida' complementa o sentido da forma verbal 'existe'.

3. **(2013 – FCC – MPE-SE – Analista – Direito)** A frase em que o elemento sublinhado NÃO é um pronome está em:

a) ... chegam a decretar a morte dos subúrbios, *que* consideram insustentáveis...

b) ... em ruas *que* podem ser frequentadas por pedestres...

c) ... já *que* está em estudo a ressurreição de um sistema de bondes.

d) ... nas grandes cidades em torno das *quais* eles gravitam.

e) *É uma metáfora que faz ainda mais sentido quando...*

4. **(2014 – CESGRANRIO – Banco do Brasil – Escriturário)** O conector <u>que</u> classifica-se diferentemente do <u>que</u> se destaca em "coisas que você deve fazer" (*l* 1-2) em:

a) "Eu, **que** não apostei na Mega-Sena" (*l* 36)

b) "coisas **que** a gente precisa porque precisa fazer" (*l* 13)

c) "lugares **que** você deve conhecer" (*l* 2-3)

d) "os cem pratos **que** você deve provar" (*l* 3-4)

e) "terem a certeza absoluta de **que** você vai morrer" (*l* 5-6)

5. (2011 – CESPE – PC-ES) Analise a assertiva:

No trecho "estão convencidos de que as desigualdades são, em sua maior parte, sociais ou históricas", a omissão da preposição "de" prejudicaria a correção gramatical do período.

6. (2012 – CESPE – PC-CE) Analise os trechos abaixo:

"Muitos acreditam que chegamos à velhice do Estado Nacional."

"No coração histórico da sociedade moderna, a Comunidade Europeia (CE) supranacional parece dar especial crédito à tese de que a soberania político-nacional vem fragmentando-se."

✓ Os substantivos "velhice" e "tese", estão empregados no texto de forma indefinida e com sentido genérico.

7. (2012 – FCC – MPE-RS – Secretário de Diligências) Analise o trecho abaixo:

... *afirma que dados da empresa foram cruciais para os resultados do trabalho.* (último parágrafo)

O único adjetivo que **NÃO** apresenta semelhança de sentido com o de *cruciais*, entre aqueles que também aparecem no texto, considerada a forma de masculino singular, é:

a) significativo.

b) valioso.

c) essencial.

d) isolado.

e) decisivo.

8. (2015 – CESPE – DEPEN – Especialista – Todas as áreas – Conhecimentos Básicos) Leia o texto abaixo e responda a questão:

Educação Prisional

O projeto transforma a leitura em uma extensão da produção de trabalho intelectual, que já caracterizava a remição de pena por dias de estudo. Os detentos têm acesso a mais de cem livros comprados pelo governo e, a partir dessa seleção, eles têm de vinte e um a trinta dias para ler um livro e escrever uma resenha que, se adequada aos parâmetros da lei, como circunscrição ao tema e estética, subtraem quatro dias da pena. Ao todo, os detentos podem remir até quarenta e oito 17 dias apenas com as leituras. Essa possibilidade, no entanto, ainda é restrita a penitenciárias federais de segurança máxima.

No que diz respeito aos aspectos linguísticos do texto **Educação prisional**, julgue o seguinte item.

A substituição da locução "no entanto" (R.17) por **conquanto** manteria a relação estabelecida entre a última oração do segundo parágrafo e a que a antecede.

9. (2015 – IADES – ELETROBRAS – Leiturista) Na linha 1, no trecho "para quem quer poupar energia elétrica", o vocábulo sublinhado é um

a) pronome.

b) substantivo.

c) preposição.

d) adjetivo.

e) conjunção.

10. (2015 – IADES- ELETROBRAS – Leiturista) Leia o texto abaixo e responda a questão:

1 A Eletrobras é uma empresa global com foco em energia limpa. Maior companhia do setor elétrico da América Latina, é responsável por mais de um terço da
4 energia elétrica do Brasil e metade das linhas de transmissão que cortam o território nacional.

Presente em todas as regiões brasileiras, a Eletrobras
7 lidera um sistema composto por empresas de geração e transmissão, distribuidoras no norte e nordeste do País, um centro de pesquisas de energia elétrica, uma empresa de
10 participações e metade do capital de Itaipu Binacional.

Disponível em: <http://www.eletrobras.com/>.
Acesso em: 9 jan. 2015, com adaptações.

Com relação a palavras do texto, assinale a alternativa correta.

a) Na linha 4, a palavra "metade" é um numeral cardinal.

b) O adjetivo **brasileira** equivale ao termo "do Brasil" (linha 4), podendo, por isso, substituí-lo.

c) Na linha 6, o vocábulo "Presente" pode ser flexionado no plural, pois concorda com "regiões brasileiras"

d) O vocábulo **obtido** substitui corretamente a palavra "composto" (linha 7).

e) Na linha 6, é correto substituir o termo "todas as" pelo pronome **algumas**, manten-do-se o sentido da informação.

GABARITO DAS QUESTÕES				
1	2	3	4	5
A	F	C	E	V
6	7	8	9	10
F	D	F	A	B

Capítulo 7

SINTAXE DO PERÍODO SIMPLES E DO COMPOSTO

1. INTRODUÇÃO

Esse estudo se baseia em *reconhecer, identificar, compreender* e *classificar* os termos das orações, bem como a relação entre elas na elaboração do texto para que esse processo resulte em um determinado sentido. A compreensão dos mecanismos de organização dos termos da oração e os de organização das orações nos períodos (estudo de Morfossintaxe) facilita classificar esses elementos, essas partes.

Quando procedemos à análise de um objeto, temos de decompor esse objeto em suas partes, pois somente entendendo as partes, somos capazes de entender o todo. Por isso esse estudo requer muita atenção às partes do enunciado analisado. Esse entendimento sintático das partes proporciona a real compreensão do todo.

2. FRASE, ORAÇÃO E PERÍODO

Frase é todo enunciado com sentido, haja nele verbo (frase verbal) ou não (frase nominal): *Bom dia!; Compre o que eu quero.*

Oração é todo enunciado que tenha verbo: <u>*Tenha* um bom dia</u>.

A oração pode ser declarativa (com ponto final), interrogativa (com sinal de interrogação ou não – uma pergunta indireta: Não sei <u>por que ele não veio</u>.), exclamativa (com sinal de exclamação) ou optativa, também chamada de imperativa ou imprecativa, expressa uma ordem, um desejo, uma súplica, um pedido (com pontuação vária).

Período é todo enunciado encerrado por um ponto que o finalize (.!?...). Pode ser simples (1 oração) ou composto (com mais de 1 oração) por coordenação ou subordinação:

- *Eles <u>falam</u> como papagaio.* → <u>período composto</u>, pois, mesmo que o verbo esteja subentendido, contamos a oração:

Eles <u>falam</u> / como papagaio (fala).

¹   ²

- *Eu <u>comprei</u> salgados; e ele, doces.* → <u>período composto</u>, pois há novamente verbo subentendido, tanto que desta vez a vírgula o substitui a fim de evitar a repetição dele:

Eu <u>comprei</u> salgados; / e ele (comprou) doces.

¹   ²

- *Eles estão dormindo.* → período simples, pois há dois verbos, mas só há uma ação sendo praticada de fato: dormir, tanto que este é o verbo principal, o "estar" é só um auxiliar no contexto, portanto contamos apenas uma oração.

O restante é simples: basta contar o número de verbos, este número corresponderá ao número de orações do período.

3. TERMOS DA ORAÇÃO E O PAPEL DAS ORAÇÕES SUBORDINADAS

SINTAXE		
DO PERÍODO SIMPLES E COMPOSTO – TERMOS DA ORAÇÃO		
TERMOS ESSENCIAIS		
1. Sujeito = nome seu núcleo, normalmente, **não** é preposicionado	• é o termo da oração a respeito do qual se declara alguma coisa;	As **camas** estão arrumadas.
	• é o nome do assunto da oração;	Seu **comparecimento** é importante.
	• e ser representado por uma oração: a subordinada substantiva subjetiva.	É importante que você compareça à reunião.
2. Predicado ↓	• é a informação que se quer passar; • é nele que está o **verbo**; • pode ter mais de um núcleo.	Elas **chegaram** cedo aqui. Elas estavam **tristes**. Elas **chegaram tristes**.
Predicativo	• é sempre uma característica ou estado **importante** no contexto da frase;	Achei **linda** a joia. **predicativo do objeto "joia"**
	• pode se referir ao sujeito ou ao objeto;	Aquela joia é **linda**. sujeito **predicativo do sujeito**
	• e ser representado por uma oração: a subordinada substantiva predicativa.	O importante é que você **compareça** à reunião.
TERMOS INTEGRANTES		
1. Objeto Direto	• completa o sentido do verbo transitivo direto (não "pede" preposição);	Jane recebeu **flores**. Encontrei-**a** ontem.
	• pode ser preposicionado;	O filho ama **ao pai**.
	• pode ser pleonástico (repetido);	Os **meninos**, eu **os** vi lá fora.
	• e ser representado por uma oração: a subord. substantiva objetiva direta.	Quero que você **compareça** aqui.
2. Objeto Indireto termo preposicionado	• completa o sentido de verbo transitivo indireto ("pede" preposição);	Ela prefere rosas a **cravos**. Isto **lhe** pertence?
	• pode ser pleonástico (repetido);	**Aos pesquisadores**, não **lhes** deram verba.
	• e ser representado por uma oração: a subord. substantiva objetiva indireta.	Necessito de que você **compareça** aqui.
3. Complemento Nominal termo preposicionado	• completa o sentido de nomes: advérbio→ adjetivo → substantivo abstrato →	Ele agiu contrariamente **à lei**. Estou feliz com seu **comportamento**. Tenho necessidade de sua **ajuda**.
	• e pode ser representado por uma oração: a subordinada substantiva completiva nominal.	Tenho necessidade de que você me **ajude**.

SINTAXE		
DO PERÍODO SIMPLES E COMPOSTO – TERMOS DA ORAÇÃO		
4. Agente da Passiva termo preposicionado (por / de)	• pratica a ação na voz passiva. (corresponde ao sujeito da voz ativa) • só aparece na voz passiva analítica	**João** comprou aquelas flores. (voz ativa) sujeito---------- Aquelas flores foram compradas por **João**. (v. p.) ⌐----➤ agente da passiva
TERMOS ACESSÓRIOS		
1. Adjunto Adnominal	• determina, qualifica ou caracteriza o substantivo concreto ou o abstrato (quando for termo agente);	**Os meus dois velhos** soldadinhos **de chumbo** foram comprados pela **minha** mãe.
	• representa, portanto, na sintaxe, as palavras adjetivas, determinantes do nome (artigo, adjetivo, numeral adjetivo, pronome adjetivo e locução adjetiva);	**Os verdadeiros** sentimentos **da humanidade** estão encarcerados na alma **das pessoas**.
	• pode ser representado por uma oração: a <u>subordinada adjetiva.</u>	**Os** rapazes **que estudaram bastante** obtiveram **boa** classificação na prova.
2. Adjunto Adverbial	• é um modificador semântico;	Os dois rapazes o visitarão **hoje**.
	• representa uma **circunstância** relacionada ao adjetivo, a outro advérbio, ao verbo ou a uma oração inteira (tempo, lugar, modo ...);	Os móveis de ferro são **bastante** <u>resistentes.</u> Muita gente lê **<u>muito</u>** mal.
	• pode ser representado por um advérbio, por uma locução adverbial ou uma expressão adverbial;	O carro virou **rapidamente à es**<u>**querda**</u>.
	• e pode ser representado também por uma oração: a_<u>subordinada adverbial.</u>	No atual estágio da sociedade brasileira, **<u>se se deseja um regime democrático</u>**, não basta abolir a necessidade de bens básicos.
3. Aposto	• explica, detalha, caracteriza melhor ou resume o substantivo a que se refere; • suas principais classificações são: explicativo →	Curitiba, **capital do Paraná**, é muito bonita.
	enumerativo →	Só desejo uma coisa: **felicidade**. Compramos várias coisas: **arroz, feijão, sal, açúcar e pão.**
	especificativo →	A Avenida **Paulista** é muito movimentada. A cidade **de Santos** é muito boa.
	• e pode ser representado por uma oração: <u>subordinada substantiva apositiva.</u>	Só desejo uma coisa: **<u>que você seja feliz</u>**.

Existe ainda o vocativo, mas ele não é termo da oração.

REDAÇÃO OFICIAL, GRAMÁTICA E INTERPRETAÇÃO DE TEXTO – *Luciane Sartori*

VOCATIVO	• termo independente usado para fazer chamamento.

		simples: 1 núcleo	**Maria** saiu.
Sujeito **nome** **que** **pratica** **ou sofre** **a ação** **verbal** **ou** **sobre** **quem se** **declara** **uma** **infor-** **mação.**	deter-minado	composto: mais de 1 núcleo	**João e Maria** saíram.
		oculto, semântico ou **desinencial**: reconhecido pela desinência verbal e pelo contexto	Acredit**ei** em você.
	indeter-minado	verbo na **3ª pessoa do plural**	Telefona**ram** para você.
		verbo na **3ª pessoa do singular + partícula SE** (índice de indeterminação do sujeito)	**Precisa-se** de dinheiro. **Vive-se** bem aqui.
	inexistente com verbos impessoais: (na 3ª pessoa do singular). Os principais são:	**SER, ESTAR, HAVER, FAZER:** indicando tempo ou clima; **HAVER, FAZER:** indicando tempo passado.	São 3 horas. Há três anos não o vejo. Faz duas horas que choveu. Está frio. **Faz / Há** dois anos.
		verbos que indicam **fenômeno da natureza**	**Choveu** muito.
		HAVER: com sentido de **existir**	**Havia** muitas pessoas ali. (**Existiam** muitas pessoas ali).

4. TIPOS DE PREDICADO

VERBAL	seu **núcleo** é um verbo de ação, também chamado de **verbo significativo**; neste caso, o sujeito pratica ou sofre uma ação	Os meninos **desobedeceram** ao pai. verbo de ação → núcleo
NOMINAL	seu **núcleo** é um nome: **predicativo do sujeito**; quando houver na frase verbo de ligação, sempre haverá também o predicativo do sujeito	Os pais estavam **nervosos** (verbo de lig.)+ pred. do suj. → núcleo
VERBO-NOMINAL	apresenta **dois núcleos**: **verbo significativo** + **predicativo** do sujeito ou do objeto	Eles **assistiram nervosos** ao jogo. verbo de ação + pred. do suj. (2 núcleos) **Considero** aquele homem **educado**. verbo de ação + pred. do obj. (2 núcleos)

5. PREDICAÇÃO VERBAL – COMPORTAMENTO DO VERBO NO PREDICADO.

1. Verbo intransitivo (verbo de ação, significativo) – É aquele que tem sentido completo. Exemplos: O carro **morreu**. Aquela nuvem escura **desapareceu**. Todos **saíram**.	**2. Verbo transitivo direto** (verbo de ação ou significativo) – É aquele que exige um complemento chamado **objeto direto**. Exemplos: O camelô **vendia** óculos. o.d. O capanga **tirou** o intruso do recinto. o. d. Nós **fechamos** o portão. o. d.

Cap. 7 · SINTAXE DO PERÍODO SIMPLES E DO COMPOSTO | **353**

| 3. **Verbo transitivo indireto** (verbo de ação ou significativo) – É aquele que exige um complemento chamado **objeto indireto**. O verbo transitivo indireto exige preposição. Exemplos: Eu **gosto** de dinheiro. o.i. Nós **precisamos** de sua cooperação. o.i. | 4. **Verbo transitivo direto e indireto** (verbo de ação, significativo) – É aquele que admite **objeto direto** e **indireto** ao mesmo tempo. Exemplos: Ela **prefere** rosas a cravos. o.d. o.i. **Ofereceram** certificados aos participantes. o.d. o.i. | 5. **Verbo de ligação** É aquele que deixa de ser de ação, em um contexto, para apenas ligar ao sujeito um **predicativo**, ou seja, uma **qualidade** ou **estado** importante. Podem ser de ligação: ser, estar, ficar, continuar, andar, parecer, permanecer, virar, viver. Ex.: O rio **está** *cheio*. José **é** *inteligente*. Ele **permanecia** *calado*. |

6. COMPLEMENTO NOMINAL X ADJUNTO ADNOMINAL

Complemento nominal completa, por regência, *adjetivo*, *advérbio* e *substantivo abstrato* – ou, como termo paciente; adjunto adnominal relaciona-se, não por regência, ao *substantivo concreto* e ao *abstrato* – ou, como termo agente.

Dessa forma, podemos tirar algumas conclusões:

(**a**) quando o termo preposicionado relacionar-se a *advérbio* ou a *adjetivo*, só poderá ser complemento nominal, como já vimos nesta aula:

- *Fumar é prejudicial à saúde.*
adjetivo   complemento nominal

- *A boa vida está longe da cidade grande.*
advérbio   complemento nominal

(**b**) quando o termo preposicionado referir-se a *substantivo concreto*, só poderá ser adjunto adnominal:

- *A casa de pedra é construção comum em muitas regiões.*
substantivo adjunto
concreto   adnominal

(**c**) quando o termo preposicionado relacionar-se a substantivo abstrato, será adjunto adnominal, se for termo agente, mas, se for termo paciente, alvo da ação, será complemento nominal:

A resposta do professor foi boa. → neste caso, a resposta é dele,
substantivo adjunto   pois foi ele quem respondeu, agente.
abstrato   adnominal

- *A resposta ao professor foi boa.* → neste caso, não foi o professor quem respondeu, ele recebeu a resposta, *termo* paciente, alvo da ação de responder.
substantivo complemento
abstrato   nominal

- *As reclamações dos moradores ao síndico são infundadas.*
    substantivo   adjunto   complemento
    abstrato   adnominal   nominal

Neste último exemplo, o raciocínio é o mesmo: *os moradores* é que praticam a ação de reclamar, termo agente; o síndico é o alvo das reclamações, pois elas foram feitas a ele, termo paciente. Fora isso, a própria regência lhe dirá se o termo é complemento ou não, como vimos com o substantivo *medo*, por exemplo, na parte do complemento nominal.

7. PERÍODO COMPOSTO

O período pode ser composto por coordenação ou por subordinação:

(a) <u>Período composto por coordenação</u>: esse período é formado por orações coordenadas, ou seja, orações que são independentes umas das outras. Apresentam-se enumeradas no período ou acompanhadas de conjunções ou locuções de conjunção coordenativa.

(b) <u>Período composto por subordinação</u>: esse período composto é formado, basicamente, por oração principal (sem conectivo) e oração subordinada (com conectivo) que exerce função gramatical em relação à principal.

Vejamos cada um deles a seguir.

(a) Período composto por coordenação

Esse período é formado por orações coordenadas, ou seja, orações que são independentes umas das outras. Apresentam-se enumeradas no período ou acompanhadas de conjunções ou locuções de conjunção coordenativa. Elas podem ser:

(i) <u>assindéticas</u>: sem síndeto, ou seja, sem conjunção ou locução conjuntiva;

(ii) <u>sindéticas</u>: com síndeto, ou seja, com conjunção ou locução conjuntiva.

Eles <u>saíram</u>, / <u>foram</u> ao cinema, / <u>voltaram</u> cedo. – são **3 orações** coordenadas assindéticas.
     1   2   3

Eles <u>saíram</u>, / <u>foram</u> ao cinema / e <u>voltaram</u> cedo. $\begin{cases} \text{1 e 2 são orações coordenadas} \\ \text{assindéticas;} \\ \text{3 é oração coordenada sindé-} \\ \text{tica aditiva.} \end{cases}$
     1   2   3

As orações sindéticas classificam-se de acordo com a relação sintático-semântica que têm entre si, o que é revelado pelas conjunções ou locuções de conjunção coordenativas:

(1) <u>aditiva</u>, quando a relação entre elas é de soma ou sequência de fatos:

- *Ele não trabalha, **tampouco estuda**.* → são duas coisas que ele não faz, soma.

(2) <u>adversativa</u>, quando a ideia de uma oração é contrária a da outra:

- *Estou com sono, **porém vou acompanhar a aula até o final**.* → quem está com sono, vai dormir, e agindo contrariamente à sua necessidade, a pessoa vai acompanhar a aula até o fim.

(3) <u>alternativa</u>, quando a ideia é de escolha:

Cap. 7 • SINTAXE DO PERÍODO SIMPLES E DO COMPOSTO

- "*Ou assovia, ou chupa cana.*" → não sabemos vocês, mas nós adoramos este exemplo, que por si só deixa clara a ideia de escolha entre as duas ações. Vejam que neste caso as duas orações são coordenadas sindéticas alternativas, pois as duas apresentam síndeto, conjunção.

(4) conclusiva, quando a frase apresenta um fato ou ideia resultante da outra:

- *O cigarro vicia, logo sua venda deve ser proibida.* → é pura lógica, se o cigarro vicia, então (resultado) sua venda deve ser proibida.

(5) explicativa, quando o conteúdo da oração justifica o conteúdo da outra:

- *A venda do cigarro deve ser proibida, porque ele vicia.* → notem que o conteúdo da segunda oração justifica o da primeira; e observem também que apenas invertemos a ordem do período anterior, mas o conectivo mudou: antes era *logo* e agora é *porque*.

Observação importante: se reescrevermos os dois últimos períodos acima com a conjunção **pois**, as coisas ficarão diferentes:

- *A venda do cigarro deve ser proibida, pois (= porque) ele vicia*
                                                    verbo

- *O cigarro vicia, sua venda deve, pois, (=portanto) ser proibida.*
                        verbo

Vejam que o "pois" colocado antes do verbo tem valor explicativo e, depois do verbo, tem valor conclusivo. Assim, se vocês mudarem a posição dele no texto de outra pessoa, causarão incoerência para o texto dela; se empregarem o "pois" antes do verbo numa oração de sentido conclusivo, também usarão o conectivo de forma incoerente; e o contrário disso também: numa explicativa, colocarem esse conectivo depois do verbo, será um assombro. Pessoal, atenção a essa informação desse conectivo, porque o CESPE trabalha demais com essa informação.

DICA
As orações coordenadas não apresentam ordem inversa.

(b) Período composto por subordinação

Esse período é formado por oração subordinada, que é uma oração dependente de outra (dependente da oração principal). De acordo com a função sintático-semântica exercida pela oração subordinada, ela pode ser:

(b.1) adverbial → com conjunções (ou locuções) subordinativas;

(b.2) adjetiva → com pronome relativo (que, qual, quem, onde, cujo, quanto, como, quando);

(b.3) <u>substantiva</u> → com conjunção subordinativa integrante (que, se), ou advérbio interrogativo ou pronome indefinido ou pronome interrogativo.

DICA
As subordinadas sempre estarão relacionadas a uma oração principal.

(b.1) Oração subordinada adverbial

Exerce função de adjunto adverbial em relação à principal e são, basicamente, iniciadas por conjunções ou locuções de conjunção subordinativas, que revelam sentidos adverbiais:

- *Saímos / <u>quando era cedo</u>.* → A oração 1 é a principal e a 2 é subord. adverbial temporal.
   1   2 (equivale ao advérbio "cedo")

As adverbiais podem ser (veja quadro de conjunções no capítulo 3):

(i) <u>causal</u>, quando a oração dá o motivo da ação da outra oração:

Não o namorou,/ <u>porque ainda estava de luto</u>. → estar de luto é o motivo de ela não o ter namorado.

DICA
O conectivo *como* para ser causal só poderá ser empregado no início do período: **Como** *ainda estava de luto*, não o namorou.

DICA
Muitas conjunções e locuções conjuntivas podem mudar de classificação, dependendo do contexto em que estão inseridas, principalmente, as formas *e, mas, desde que, em vez de que, pois, porque, como, conforme, se*.

DICA
Não se confunde "porque" causal com explicativo, observando-se o seguinte:
Fui ao médico,/ porque estava doente.
   2º fato   1º fato → o primeiro fato gerou o segundo: causa
Ana foi ao médico, /porque vi a receita médica aviada a ela.
   1º fato   2º fato → o primeiro fato não gera o segundo, apenas o justifica: explicativo

(ii) <u>comparativa</u>, quando relaciona dois elementos:

Ele vive / <u>como um cidadão honesto</u>. → os dois elementos relacionados aqui são ele e o cidadão honesto; note-se também que o verbo da segunda oração fica subentendido, o que na comparação é muito comum: *Ele vive como um cidadão honesto (vive).*

(iii) <u>concessiva</u>, quando a ideia de uma oração é contrária à outra, mas de forma mais branda, assemelhando-se à ideia da *exceção*, por isso seu verbo sempre fica no modo subjuntivo:

<u>Embora esteja cansada,</u>/ acompanhará aula até o fim. → observe-se que seu sentido é mais brando que de uma adversativa, numa dissertação, ela seria menos contundente que a adversativa.

(iv) <u>condicional</u>, quando revela um fato permissivo em relação ao fato da outra oração e esse fato pode ser hipotético ou não:

Não irei à praia com você, / <u>a menos que faça sol.</u> → notem que fazer sol, fará com uma pessoa vá à praia com outra.

(v) <u>conformativa</u>, quando indica a ideia "de acordo com" em relação à ideia da principal:

Faça o serviço contratado, / <u>como eu o orientei.</u> → a pessoa em referência na oração terá de realizar o serviço contratado, conforme a orientação recebida, de acordo com essa orientação.

(vi) <u>consecutiva</u>, apresenta ideia de consequência, ou seja, indica um fato resultante do fato da oração principal:

Ele falou tão alto /<u>que me assustou.</u> → a pessoa se assustou por consequência da fala alta da outra, fato resultante; note-se a correlação lógica com o advérbio "tão" na oração principal.

(vii) <u>final</u>, quando indica a finalidade do fato da oração principal:

Pegou-me pelo braço / <u>para que eu o seguisse.</u> → o objetivo de pegar o outro pelo braço, foi que o outro o seguisse.

(viii) <u>proporcional</u>, quando indica fato simultâneo ao da oração principal, os quais ocorrerão na mesma intensidade ou proporção:

<u>Quanto mais as cidades se desenvolvem,</u> / mais problemas vão surgindo. → a relação de simultaneidade entre os dois fatos é notória.

(ix) <u>temporal</u>, quando indica circunstância de tempo em relação ao fato da oração principal:

<u>Mal ele chegou,</u> / todas o rodearam. → a pessoa nem chegou "direito" e todas já o rodearam.

(b.2) Oração subordinada adjetiva

Exerce função de adjunto adnominal em relação ao termo antecedente (nome – substantivo ou pronome) que estará na oração principal e sempre apresentará pronome relativo:

- Os rapazes /que estudaram / conseguiram ótima classificação.
  1   2 (estudiosos)   1

A **1** é a oração principal e a **2** é a oração subordinada adjetiva restritiva. Suas classificações são as seguintes:

CLASSIFICAÇÃO	SENTIDO	EXEMPLOS
1- restritiva	- limita, restringe o sentido do nome; - na escrita, **não fica isolada por vírgulas.**	Ela colheu as laranjas que estavam maduras. **Obs.**: note-se que neste caso serão colhidas as maduras e as demais, que estão verdes, permanecerão no pé.
2- explicativa	- apenas esclarece, explica melhor o nome a que se refere; - **aparece sempre isolada por vírgula (s).**	Ela colheu as laranjas, que estavam maduras. **Obs.**: neste caso, o que se deve entender é que todas as laranjas serão colhidas.

Note-se que a diferença semântica entre as orações subordinadas adjetivas foi definida pelo emprego da vírgula que ocorreu antes do relativo, é só isso. Com vírgula antes do relativo, a oração é explicativa e sua semântica generaliza o conteúdo da outra; sem vírgula, a oração é restritiva e especifica o sentido da outra, restringe.

(b.3) Oração subordina substantiva

Esta oração tem sempre valor de termo sintático da oração principal, pois equivale a um substantivo. Quando **desenvolvida**, é iniciada por conjunção integrante (que, se); quando **justaposta**, é iniciada por pronome interrogativo ou indefinido (que, quem, quanto) ou advérbio interrogativo (como, onde, por que, quando):

- *Espero que você participe da reunião.*
  1   2 (sua participação)

A **1** é a oração principal e a **2** tem a função de completar o sentido do verbo "esperar" e, por isso, é a oração subordinada substantiva objetiva direta. Equivale a "Espero isso.".

No quadro abaixo, encontram-se as funções e classificações das orações subordinadas substantivas.

ORAÇÃO SUBORDINADA SUBSTANTIVA		
CLASSIFICAÇÕES	ORAÇÃO PRINCIPAL (sem conjunção e verbo conjugado)	ORAÇÃO SUBORDINADA (com conectivo e = ISSO)
SUBJETIVA = SUJEITO ORACIONAL	1. verbo EM 3ª PESSOA DO SINGULAR	É essencial que vocês estudem.
PREDICATIVA= PREDICATIVO ORACIONAL	2. sujeito + verbo de ligaÇão	Meu desejo é que vocês passem.
OBJETIVA DIRETA = OBJ. DIRETO ORACIONAL	3. sujeito + V. T. DIRETO	Quero que vocês passem.

Cap. 7 • SINTAXE DO PERÍODO SIMPLES E DO COMPOSTO 359

OBJETIVA INDIRETA = OBJ. INDIRETO ORACIONAL	4. sujeito + V. T. INDIRETO	Creio <u>em que vocês passarão.</u>
COMPLETIVA NOMINAL = COMPLEMENTO NOMINAL ORACIONAL	5. sujeito + VERBO + SUBST. ABSTRATO/ ADJ.	Tenho certeza <u>de que vocês passarão.</u>
APOSITIVA = APOSTO ORACIONAL	6. DOIS PONTOS OU VÍRGULA Pode ser precedida de **a saber, isto é, ou seja**. Nela a palavra **que** é <u>palavra expletiva</u> e não é chamada de conjunção.	Só queremos isso: <u>que vocês passem.</u>
PONTUAÇÃO: A substantiva não se separa por pontuação alguma, com exceção da apositiva, como se pode observar no quadro acima. Essa pontuação pode ser representada por vírgula ou por dois-pontos.		

(c) Considerações finais

Há períodos mistos, períodos em que as orações subordinadas aparecem misturadas com orações coordenadas, vejamos:

(i) As orações subordinadas substantivas podem ser coordenadas entre si, com ou sem conjunção:

Espero <u>que você realize as suas tarefas</u> **e** <u>organize sua agenda rapidamente.</u>

A oração 1 e a 2 são orações subordinadas substantivas, pois completam o verbo "esperar" da oração principal: "Espero **isso e isso**" e, ao mesmo tempo, são coordenadas entre si, tanto que estão relacionadas pelo **e**.

(ii) Uma mesma oração pode desempenhar papel duplo:

Sempre havia alguém / <u>**que** nos incomodava,</u> / <u>**quando** queríamos dormir</u> /<u>**ou**</u>

<u>**quando** queríamos estudar.</u>

A análise é esta:

Oração 1 → é oração principal da oração 2;

Oração 2 → é oração subordinada adjetiva restritiva (sem vírgula e com pronome relativo) em relação à oração 1, e, ao mesmo tempo, é oração principal das orações 3 e 4;

Oração 3 e 4/ são orações subordinadas adverbiais de tempo (vejam que são iniciadas pelo "quando") e, ao mesmo tempo, são coordenadas entre si, pois estão relacionadas pelo "ou", que dá ideia de alternância entre elas.

(d) Orações reduzidas

Quando uma oração se apresenta **sem conjunção ou sem pronome relativo** e com o **verbo no infinitivo, no particípio** ou **no gerúndio**, dizemos que ela é uma **oração reduzida**, acrescentando-lhe o nome **de infinitivo, de particípio** ou **de gerúndio**. Podem, ainda, ser introduzidas por preposição.

No quadro abaixo, colocamos um exemplo de oração reduzida em cada uma das formas verbais – infinitivo, particípio e gerúndio – e na coluna da direita sua forma desenvolvida correspondente.

ORAÇÕES SUBORDINADAS REDUZIDAS e DESENVOLVIDAS		
INFINITIVO	É necessário estudar. oração subordinada substantiva subjetiva reduzida de infinitivo	É necessário que todos estudem. ....o.s.s.s. desenvolvida
GERÚNDIO	Havia muitos alunos copiando a matéria. oração subordinada adjetiva restritiva reduzida de gerúndio	Havia muitos alunos que copiavam a matéria. o.s.a.r. desenvolvida
PARTICÍPIO	Terminada a reunião, todos se retiraram. oração subordinada adverbial temporal reduzida de particípio	Quando terminou a reunião, todos se retiraram o.s.a.t. desenvolvida

Observações:

(i) Oração coordenada também pode ser reduzida com verbo no gerúndio. Note que ela apresenta a sequência do fato anteriormente citado:

- *Ele se levantou, abrindo os braços para o céu. (= e abriu os braços para o céu)*

(ii) Importante lembrar que o QUE é a base das conexões, por isso ele aparece tanto no período composto:

- *Vieram mais cedo para que terminassem o trabalho.* → locução de conjunção, por isso a oração é desenvolvida.

- *Vieram mais cedo para terminar o trabalho.* → agora é só preposição, por isso a oração é reduzida.

8. VOZES VERBAIS

8.1. Introdução

ATIVA: sujeito é agente da ação verbal → *A imobiliária alugou a casa.*	
PASSIVA: sujeito é paciente da ação verbal. Obs.: verbos que aceitam voz passiva, apesar de não serem transitivos diretos: *perdoar, pagar, obedecer* e *desobedecer.*	ANALÍTICA – verbo auxiliar (ser) + particípio do verbo principal → *A casa foi alugada pela imobiliária.* (o verbo "ser" mantém o tempo do verbo (TD) na voz ativa e concorda com o sujeito)
	SINTÉTICA ou PRONOMINAL- verbo (TD) na 3ª p. + *SE* (partícula apassivadora) → *Alugou-se a casa.* (=A casa *foi alugada* por ela.) (o verbo principal passa a ser o verbo conjugado como na voz ativa e o "se" passa a ser empregado para apassivar a frase)

Cap. 7 • SINTAXE DO PERÍODO SIMPLES E DO COMPOSTO

> **REFLEXIVA**: sujeito é agente e paciente da ação verbal. (acréscimo de pronome oblíquo, neste caso chamado <u>reflexivo</u> / classificação morfológica. **Dica**: lembrem-se do reflexo do espelho: você olha para o espelho e se vê; isto é, a ação vai e volta para o mesmo ser, por isso na interpretação da frase sempre aparecerá *ele mesmo, ela mesma*)
>
> → **Ele <u>se</u> cortou com a faca.** { = a si mesmo/ a si mesma – equivalência gramatical
> { = ele mesmo/ ela mesma – equivalência semântica
>
> **Obs.**: No plural, a voz reflexiva pode indicar **reciprocidade**:
>
> *Cumprimentaram-se ali mesmo.* → um cumprimentou o outro – reciprocidade; e o pronome SE é chamado <u>recíproco</u>.

> **DICA**
> A diferença principal entre as vozes verbais é o comportamento do sujeito.

8.2. Transposição das vozes verbais

Na passagem da voz ativa para a passiva, deve-se seguir o seguinte esquema:

(i) o sujeito passa a ser o agente da passiva;

(ii) o objeto direto passa a ser o sujeito paciente;

(iii) o verbo vai para o particípio e suas flexões são mantidas pela locução verbal da passiva, que **sempre** será formada com o verbo *ser*;

(iv) os demais termos **não** sofrem alteração.

> **DICA**
> O único tipo de verbo que pode fazer essa transposição é o verbo que "pede" objeto direto – complemento sem preposição.

Observem os esquemas de transposição da voz ativa para a passiva analítica:

(i) <u>A imobiliária</u>   <u>alugou</u>   <u>a casa</u>   <u>hoje</u>.
sujeito agente   verbo   objeto direto   adjunto adverbial

<u>A casa</u>   <u>foi alugada</u>   <u>pela imobiliária</u>   <u>hoje</u>.
sujeito paciente   locução verbal   agente da passiva   adjunto adverbial

(ii) <u>Compravam</u> – <u>na</u>   <u>às pressas</u>.
sujeito indeterminado   verbo   objeto direto   adjunto adverbial

<u>Ela</u>   <u>era comprada</u>   <u>às pressas</u>   <u>?</u>
sujeito paciente   locução verbal   adjunto adverbial   agente da passiva indeterminado

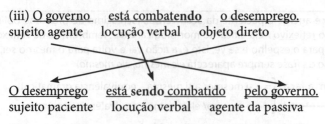

(iii) O governo está combatendo o desemprego.
sujeito agente   locução verbal   objeto direto

O desemprego está sendo combatido pelo governo.
sujeito paciente   locução verbal   agente da passiva

Observe-se que o verbo *ser* sempre assume o tempo do verbo principal; e o verbo auxiliar sempre será o mesmo da voz ativa, só sofrerá as devidas mudanças de concordância, conforme a exigência do "novo" sujeito.

Agora faremos um esquema de transposição da voz ativa para a passiva analítica e para a passiva sintética ou pronominal:

(i) O proprietário reformou as casas.
sujeito agente   verbo   objeto direto

As casas foram reformadas pelo proprietário.
sujeito paciente   locução verbal   agente da passiva

Reformaram – se* as casas.
verbo   sujeito paciente

*partícula apassivadora ou pronome apassivador

Na passiva sintética, o verbo ficará no plural se o sujeito estiver no plural. E, se invertermos os processos, os caminhos serão os mesmos.

> **DICA**
>
> (i) Nunca esquecer: na voz passiva analítica sempre aparecerá o verbo *ser* e a forma verbal sempre deverá concordar com o sujeito paciente;
>
> (ii) **Contar o número de verbos das formações:** na voz passiva analítica, sempre haverá um verbo a mais que na ativa e na passiva sintética, porque na passiva analítica sempre vamos acrescentar o verbo *ser*, e mais nenhum outro verbo diferente dos verbos que estiverem na ativa deverá aparecer.
>
> (iii) A voz ativa e a passiva sintética sempre têm o mesmo número de verbos.
>
> (iv) Da passiva analítica para a sintética, sempre haverá "a troca" do verbo *ser* para a partícula apassivadora *se* e vice-versa.
>
> (v) Na sintética, o agente da passiva não é citado, trata-se de uma síntese.

9. AS FUNÇÕES DO SE E ALGUMAS DICAS

No quadro abaixo, estão as funções do "se". Do lado esquerdo do quadro, há exemplos correspondentes às classificações e logo abaixo uma dica para o reconhecimento da função dessa palavra.

Cap. 7 · SINTAXE DO PERÍODO SIMPLES E DO COMPOSTO

Conjunção Subordinativa Condicional → sempre inicia oração subordinada adverbial	*Vou à festa, **se** você for comigo.* =*caso*, semanticamente → *Vou à festa, caso você vá comigo.* / o verbo pode até mudar, mas o importante na troca é que o sentido se mantenha.
Conjunção Subordinativa Integrante → sempre inicia oração subordinada substantiva	*Ele me perguntou <u>se eu queria um café</u>.* = *Ele me perguntou <u>isso</u>.* Basta trocar toda a oração pelo *isso*.
Partícula Apassivadora ou Pronome Apassivador → sempre haverá sujeito na oração	*Aluga-se <u>casa</u>. / Alugam-se <u>casas</u>.* → sujeito sujeito a melhor opção de reconhecimento do pronome apassivador é passar a frase para a voz passiva analítica; dando certo, havendo coerência na elaboração da passiva analítica dentro do texto, é voz passiva sintética e há sujeito na oração: *Casa é alugada.* e *Casas são alugadas.*
Índice de Indeterminação do Sujeito → sempre com verbo no singular	*Come-se bem aqui. / Precisa-se de dinheiro.* → não há, nessas frases verbo transitivo direto, logo não é possível passar para a voz passiva analítica e não se reconhece sujeito no contexto.
Pronome Reflexivo (é reconhecido por interpretação da frase) → sintaticamente é objeto direto ou indireto, dependendo da regência do verbo ou sujeito de verbo no infinitivo.	*1) Ele **se** fez na vida.* (= Ele fez **ele mesmo** – objeto direto – na vida – equivalência semântica apenas, pois não é correto dizer *Ele fez ele*, certo, gente?!) = *2) Ele fez **a si mesmo** na vida.* (= objeto direto preposicionado – equivalência gramatical correta) *3) Ele deixou-**se** <u>ficar</u> à vista.* (= sujeito do infinitivo "ficar") → neste caso, o sujeito pratica e sofre a ação verbal.
Pronome Recíproco (é reconhecido por interpretação da frase) → é o pronome reflexivo que, usado no plural, pode exprimir o sentido da reciprocidade e, por isso, muda sua classificação morfológica.	*Cumprimentaram-**se** ali na rua.* = um cumprimentou o outro.
Parte Integrante do Verbo → fazem parte de verbos que exprimem, geralmente, sentimento ou mudança de estado, como arrepender-se, ajoelhar-se, congelar-se etc.	*Queixou-**se** de você.* → o verbo normalmente não é usado sem o pronome = *Queixou de você.*, observe-se a irregularidade da formação. De acordo com Celso Pedro Luft, esse pronome deve ser visto como reflexivo obrigatório, pois o verbo "pede" o pronome.

10. AS FUNÇÕES DO QUE

conjunção subordinativa integrante:	*Eu quero que você seja feliz.*
pronome relativo:	*Os documentos que devem ser analisados estão aqui.*
preposição (= de):	*Temos que combinar nosso próximo passeio.*
conjunção subordinativa consecutiva:	*Choveu tanto naquela região que o rio transbordou.*
conjunção subordinativa comparativa:	*As poltronas eram mais frágeis que o divã.*
sempre base de locuções de conjunção:	*Ainda que se esforçasse, não agradava ao patrão.* *Esforçou-se para que o filho alcançasse sucesso.*

11. QUESTÕES COMENTADAS

Para a resolução de questões de vozes verbais, é **importante** lembrar os seguintes aspectos:

1. a frase de voz ativa que pode ser transposta para a passiva é aquela que apresenta sujeito (mesmo indeterminado, só não pode oração sem sujeito) + verbo de ação + OD;

2. o sujeito da ativa vira agente da passiva e o OD da ativa vira o sujeito da passiva;

3. Transpondo de uma voz para outra somente o verbo "ser" pode ser incluso à frase ou ser retirado – nenhum outro verbo poderá ser colocado na passagem de uma voz para outra.

1. **(2011 – FCC – NOSSA CAIXA DESENVOLVIMENTO)** Na frase *No caso dos donos do mundo, não se devem esperar exames de consciência mais profundos,* é correto afirmar que

   a) a construção verbal é um exemplo de voz ativa.

   b) a partícula *se* tem a mesma função que em *E se ela não vier?*

   c) a forma plural *devem* concorda com *exames.*

   d) ocorre um exemplo de indeterminação do sujeito.

   e) a expressão *donos do mundo* leva o verbo ao plural.

   Na letra a – é incorreta a afirmação feita, pois a expressão está na voz passiva sintética e pode ser transposta: *não se devem esperar exames de consciência mais profundos = exames de consciência mais profundos não devem ser esperados.*

   Na letra b – é incorreta afirmação feita, pois no enunciado o "se" é classificado como partícula apassivadora, enquanto a proposição feita na questão deve ser entendida como conjunção subordinativa condicional.

   Na letra c – está correta a afirmação sobre a concordância da locução verbal "devem esperar" com a palavra "exames", pois esta tem a função de sujeito da oração e impõe a forma plural ao verbo.

   Na letra d – é incorreta a afirmação feita, pois o sujeito é paciente e explícito "exames de consciência"

   Na letra e – é incorreta a afirmação feita, pois a expressão "dos donos do mundo" não é o sujeito da oração, tanto que é um termo preposicionado e faz parte do adjunto adverbial.

   Gabarito correto é a letra 'c'.

Cap. 7 · SINTAXE DO PERÍODO SIMPLES E DO COMPOSTO

2. (2013 – FCC – TRT – 5ªR – Analista Judiciário)

Embora as maiores instituições humanas se alienem, ou enxovalhem, resta-nos sempre uma, tão nova nos lábios de Gladstone como nos de Péricles: a instituição divina da palavra, capaz só por só de reconquistar todas as outras, quando associada à misteriosa onipotência da verdade. Tiraram-lhe a majestade da tribuna, pela qual os parlamentos governam. Mas ficou-lhe a imprensa, que se impõe aos governos, domina os parlamentos, e instrui os povos. Considerada como órgão desta função, avulta incomparável, no mundo moderno, a sua grandeza. E é assim que a consideramos, que o seu prestígio nos fascina, que a sua beleza nos deslumbra, que a sua missão nos atrai, que as temeridades, os sacrifícios, os perigos da sua comunhão nos acenam, ainda hoje, com uma sedução diversa, mas às vezes não menos viva que a de vinte e sete anos atrás, quando o jornalismo arrebatou pela primeira vez no seu torvelinho a nossa mocidade.

Cada país, cada raça, cada estado social, cada época tem a sua imprensa, e, na mesma época, o Proteu reveste, para cada ambição, para cada parcialidade, para cada tendência, para cada apostolado, a sua forma, atenuada, ou típica, vivaz, ou decadente, confessa, ou dissimulada. As grandes nações coevas poderiam caracterizar-se cada qual pelo caráter do seu jornalismo. Mas através das variedades que o diversificam, das especialidades, que o enriquecem, das excentricidades que o desnaturam, a origem do seu valor, do seu poderio, da sua resistência indestrutível está na transparência luminosa da sua ação sobre a sociedade, na sua correspondência com os sofrimentos populares, na sua solidariedade com as reivindicações do direito, na irreconciliabilidade da sua existência com a da ignorância, a da mentira, a da torpeza.

Obs.: Proteu – um deus do mar, capaz de se metamorfosear em todas as formas que desejasse, fossem animais ou quaisquer outros elementos, como água ou fogo.

Ortografia atualizada segundo as normas vigentes.

(Rui Barbosa. Campanhas jornalísticas. 4. ed. São Paulo: Edigraf, 1972. p. 138-139)

Considere as afirmativas seguintes a respeito da regência de alguns verbos transcritos do texto e do sentido que lhes é atribuído. Está INCORRETO o que consta em:

a) No 1º parágrafo, a frase *Tiraram-lhe a majestade da tribuna* pode ser substituída, sem outra alteração, por: **Arrebataram dela a majestade da tribuna**.

b) No 2º parágrafo, o verbo da frase que se inicia por *o Proteu reveste* está empregado sem necessidade de complemento diretamente ligado a ele.

c) No 1º parágrafo, a frase *Mas ficou-lhe a imprensa* apresenta sentido de **Porém tocou a ela por quinhão a imprensa**, respeitada a regência do verbo que substitui o original.

d) O pronome **nos**, subordinado aos verbos do 1º parágrafo grifados em *que a sua beleza nos deslumbra, que a sua missão nos atrai*, pode ser substituído por **a nós**, com alteração apenas de sua colocação em cada uma das frases.

e) O verbo grifado na frase transcrita do 1º parágrafo, *que a consideramos*, apresenta um único complemento, expresso pelo pronome **a**.

A letra a é correta, pois o oblíquo, neste caso, tem sentido de possessivo.

A letra b é incorreta, pois o verbo "reveste" é VTD, ou seja, pede complemento, que, nesta frase, é "*a sua forma, atenuada, ou típica, vivaz, ou decadente, confessa, ou dissimulada.*"

REDAÇÃO OFICIAL, GRAMÁTICA E INTERPRETAÇÃO DE TEXTO – *Luciane Sartori*

A letra c é correta a afirmação feita, pois o sentido das palavras substituidoras das originais são coerentes ao contexto, além de também observarmos que a regência do verbo "tocar" foi respeitada, já que o pronome "lhe" aí tem função de complemento indireto.

A letra d é correta, pois o pronome oblíquo "nos" pode ter função de objeto indireto ou de direto e, nesta frase, cumpre com a função de objeto indireto, observadas as regências dos verbos citados; além disso, como oblíquo tônico (preposicionado) ele fica somente após o verbo – deslocamento correto, portanto.

A letra e é correta, pois o verbo citado tem como complemento apenas o oblíquo "a".

Gabarito correto é a letra 'b'.

3. **(2012 – MPE-AP – Promotor de Justiça)** ... *quando vierem* as cheias...

O segmento grifado exerce na frase acima a mesma função sintática que o elemento grifado exerce em:

a) ... *todos* fogem diante dele...

b) .. as coisas do mundo sejam governadas *pela fortuna e por Deus*...

c) ... mas deixa a nosso governo *a outra metade*...

d) ... sem poder contê-*lo* minimamente...

e) ... só resta *aos homens* providenciar barreiras e diques...

Este tipo de questão, normalmente, traz muita dúvida aos candidatos. Acredito que isso aconteça porque ela fala em análise sintática, mas, gente, é tranquila sempre. Como fazemos em aula, o ideal é sempre começar o raciocínio da questão pelo reconhecimento do sujeito – se for um sujeito inexistente, já será detectado, neste momento, pela análise do verbo.

Reconhecido o sujeito, temos de passar ao reconhecimento dos objetos, depois ao dos adjuntos adverbiais e, em seguida, ao do restante dos termos.

A FCC costuma cobrar o sujeito e o objeto direto nesta questão. Vejamos: na frase do enunciado "... *quando vierem* **as cheias**...", o sujeito é "as cheias", logo é ele que temos de procurar em negrito nos itens a serem analisados. Sendo assim, neste caso, temos de descartar os termos preposicionados desde já – isso ocorre em b, e.

Ficamos, então, com as alternativas a, c, d. Na letra d, temos o "–lo", que sempre é OD. Analisando a letra c, observamos que, pela regência verbal, deve haver um objeto direto na frase: quem deixa, deixa algo a alguém: deixa a outra metade (OD) a nosso governo (OI). Assim, gente, só pode ser a alternativa a.

É bom lembrar: não se confunde sujeito com o objeto direto e vice-versa pelo entendimento da oração!

Na letra a, o termo em destaque é o sujeito, é a resposta.

Na letra b, o termo em destaque é agente da passiva.

Na letra c, o termo em destaque é objeto direto.

Na letra d, o termo em destaque é objeto direto.

Na letra e, o termo em destaque é objeto indireto.

Gabarito correto é a letra 'a'.

Cap. 7 · SINTAXE DO PERÍODO SIMPLES E DO COMPOSTO

12. QUESTÕES PARA TREINAR!

1. **(2013 – CESPE – ANVISA)** Com relação à estrutura sintática e semântica do texto, julgue os itens subsequentes.

As orações *São tantos os espaços para a dita participação popular* e *não há espaços de visibilidade claros* são exemplos de oração sem sujeito.

2. **(2013 – FCC – DPE-RS)** Das expressões em negrito, SOMENTE uma exerce a função de complemento.

a) *...caso de assassinato que o havia atormentado ...*

b) *...20 anos após o crime, o julgamento ...*

c) *Foi assim que o Departamento de Justiça Criminal ...*

d) *...esperança de ver os assassinos de...* (linha 53)

e) *...comprometimento em prender os homens...* (linhas 58 e 59)

3. **(2013 – FCC – INFRAERO**) *Ingres concedia tanta intensidade formal ao estampado de um vestido* ...O verbo que exige o mesmo tipo de complemento que o da frase acima se encontra em:

a) *Degas prestou-lhe uma homenagem única ...*

b) *Ingres é o mais contraditório dos pintores.*

c) *... já velho e cego, foi, ainda assim ...*

d) *... perverteu os princípios clássicos ...*

e) *Defendia valores eternos, imutáveis ...*

4. **(2013 – IADES – CFA)** O trecho Galileu havia demonstrado que um mesmo fenômeno físico é visto de distintas maneiras, dependendo do ponto onde está o observador possui

a) Oração Principal, Oração Subordinada Substantiva Objetiva Direta, Oração Subordinada Adjetiva Explicativa.

b) Oração Principal, Oração Subordinada Adverbial Causal, Oração Coordenada Assindética Explicativa.

c) Oração Principal, Oração Subordinada Substantiva Predicativa, Oração Subordinada Adjetiva Explicativa.

d) Oração sem sujeito, Oração Subordinada Substantiva Objetiva Direta, Oração Subordinada Adjetiva Explicativa.

5. **(2013 – FCC – DPE-RS)** EUA dizem que um ataque ao Irã uniria o país, hoje dividido WASHINGTON (Reuters) – Um ataque militar contra o Irã uniria o país, que está dividido, e reforçar a determinação do governo iraniano para buscar armas nucleares, disse o secretário de Defesa dos Estados Unidos, Robert Gates, nesta terça-feira. Em pronunciamento ao conselho diretor do Wall Street Journal, Gates afirmou ser importante usar outros meios para convencer o Irã a não procurar ter armas nucleares e repetiu as suas preocupações de que ações militares somente iriam retardar – e não impedir – que o país obtenha essa capacidade.

(http://noticias.uol.com.br/ultimas-noticias/reuters/2010/11/16/eua-dizem-que-um--ataque-ao-ira-uniria-o-pais-hoje-dividido.jhtm?action=print)

O fragmento frasal de que ações *militares somente iriam retardar* (linhas 9 e 10) é ...... do substantivo *preocupações* (linha 9). Assinale a alternativa que preenche corretamente a lacuna do texto acima.

a) complemento verbal

b) complemento nominal oracional

c) adjunto verbal

d) adjunto nominal

e) complemento prepositivo-verbal

6. **(2012 – TJ-SC – TJ-SC)** Indique a alternativa em que está <u>errada</u> a classificação das orações sublinhadas:

a) Não se pode esquecer <u>que o ministro havia dito o contrário um ano atrás.</u> [subordinada substantiva objetiva direta]

b) A afinidade é o vínculo <u>que existe entre um dos cônjuges e os parentes do outro.</u> [subordinada adjetiva restritiva]

c) <u>Quem faz a segurança dos magistrado</u>s é a Polícia Federal. [subordinada substantiva subjetiva]

d) <u>Se a inflação recrudescer,</u> o governo consumirá capital político. [subordinada adverbial temporal]

e) <u>Como os meninos eram bagunceiros,</u> o porteiro disse que ia impedir sua entrada. [subordinada adverbial causal]

7. **(2012 – CESGRANRIO – TRANSPETRO)** Observe as palavras se no trecho se não se cuidar botam numa jaula: um animal estranho. (L. 16-17) Afirma-se corretamente que ambas apresentam, respectivamente, as mesmas funções das palavras destacadas em:

a) Tire um tempo livre **se** quiser **se** tratar.

b) Ele **se** considera sabido **se** acerta todas as questões.

c) O consumidor virá queixar-**se**, **se** você não devolver o produto.

d) Formaram-**se** diversos grupos para debater **se** é o melhor momento.

e) **Se** ele desconhecia **se** ia adotar uma nova política, por que tocou no assunto?

8. **(2013 – COPEVE – Prefeitura de Penedo)** A palavra se, no período abaixo, é, respectivamente, A prancha desliga-se automaticamente se alguém toca no equipamento ou se ele entra em contato com outro metal.

a) objeto direto, conjunção subordinativa, conjunção subordinativa.

b) partícula apassivadora, conjunção subordinativa, partícula de reciprocidade.

Cap. 7 · SINTAXE DO PERÍODO SIMPLES E DO COMPOSTO

c) partícula expletiva, partícula de indeterminação do sujeito, partícula apassivadora.

d) partícula integrante do verbo, partícula de indeterminação do sujeito, conjunção subordinativa.

e) objeto direto, conjunção subordinativa, partícula de indeterminação do sujeito.

9. **(2014 – FCC – TRT 19ªR)** *que converte grandes extensões de floresta em pastagens* -(Texto I, 3° parágrafo) Transpondo a frase acima para a voz passiva, a forma verbal passará a ser:

a) tinham convertido.

b) foi convertida.

c) são convertidas.

d) deveria converter.

e) foram convertidos.

10. **(2014 – FCC- TRT 19ªR)** A voz reflexiva está empregada em:

a) *... fitava–me os bugalhos enormes...* (último parágrafo)

b) *A desconhecida amiga exigia de mim um sa crifício...* (2° parágrafo)

c) *Uma voz chegou–me, fraca...* (2° parágrafo)

d) *Nunca me havia aparecido criatura mais simpática.* (4° parágrafo)

e) *... achei–me ridículo e vazio...* (último parágrafo)

GABARITO DAS QUESTÕES				
1	2	3	4	5
F	A	A	A	B
6	7	8	9	10
D	A	A	C	E

Capítulo 8

REGÊNCIA E CRASE

1. INTRODUÇÃO

O estudo de regência nos permite entender as relações entre as palavras, especialmente as relações de subordinação que podem ocorrer entre um verbo ou um nome e seus complementos a fim de deixar o texto claro e correto, sem as formas viciosas que normalmente o usuário da língua faz.

2. SINTAXE DE REGÊNCIA

Sintaxe de regência é a relação de dependência ou subordinação que se estabelece entre os termos. Há termos que exigem a presença de outros e, por isso, são chamados de **regentes** ou **subordinantes** (verbo ou nome); e estes termos que atuam como complementos são chamados de **regidos** ou **subordinados**. Nos elementos regidos (ou subordinados) poderá haver preposição ou não, dependendo do que exigir o regente (ou subordinante).

Quando o termo regente é o verbo, a relação que se estabelece entre ele e o seu complemento é a de **regência verbal**.

Ex.1: Eles   <u>gostam</u>   <u>de maçã.</u>   Eu   <u>amo</u>   <u>você</u>.
               regente   regido   regente   regido
               verbo   objeto indireto   verbo   objeto direto

Se essa relação ocorrer entre o nome (adjetivo, substantivo abstrato ou advérbio) e o seu complemento, haverá **regência nominal**.

Ex.1: Ele é <u>favorável</u>   <u>ao aborto.</u>
              regente   regido
             adjetivo   complemento nominal

Ex.2: Estes alunos sempre agiram   <u>contrariamente</u>   <u>ao regulamento.</u>
                                  regente   regido
                                  advérbio   complemento nominal

Ex.3: Tenho   <u>admiração</u>   <u>por você.</u>
                      regente   complemento nominal
              substantivo abstrato   complemento nominal

3. REGÊNCIA NOMINAL

Esta regência tem por base a complementação de nomes para que se alcance a semântica desejada, bem como a clareza da frase. A regência da palavra "medo" ilustra o que dissemos aqui, pois seu complemento pode vir acompanhado da preposição *a* ou *de*: "medo do vizinho" ou "medo ao vizinho". Observem como a relação de sentido do segundo exemplo é mais clara do que a do primeiro exemplo: no primeiro, o vizinho tem medo ou alguém tem medo do vizinho?; já no segundo exemplo, fica claro que alguém tem medo ao vizinho.

Por esse motivo, muitos nomes (adjetivo, substantivo ou advérbio) admitem mais de uma preposição. **E essa relação entre nome e complemento é sempre regida por preposição.**

Sendo assim, é difícil que saibamos todas as regências de todos os nomes, porém o sentido nos auxilia, vejamos:

- *Homens amparados* **no** *muro*.

- *Homens amparados* **do** *vento*.

O importante das frases acima é que percebamos que houve a troca da preposição, porém tanto uma construção como a outra nos deixa clara a ideia da frase, o que não é uma regra, pois há vezes em que a escolha ou a troca da preposição é errada, pois não se obtém um sentido lógico entre o termo regido e o regente, como em *Homens* a*mparados* **entre** *o vento*.

Vejamos alguns exemplos de nomes e seus complementos:

- *Ela morava em uma cidade* **contígua à** *minha*.

- *Seu comportamento é* **incompatível com** *a situação*.

- *Este terreno é* **passível de** *desapropriação*.

- *É* **preferível** *o estudo* **ao** *trabalho*.

- *Aquele artista é* **versado em** *música*.

- *Este seu trabalho é* **análogo ao** *outro que você realizava*.

- *Aquele é o homem* **por** *quem tenho* **admiração**.

- *Este é o tratamento* **com** *que somos* **felizes**.

Muitos nomes apresentam a mesma regência dos verbos de que derivam. Observemos o substantivo "obediência" rege com a preposição "a", assim como seus correspondentes: o adjetivo "obediente" e o advérbio "obedientemente", que regem com a preposição a. Esses três nomes seguem a regência exata do verbo de que originaram "obedecer". Dessa forma, o conhecimento da regência de determinados verbos permite que se conheça a dos nomes derivados, ainda que isso não seja uma regra.

4. REGÊNCIA VERBAL

4.1. Introdução

O estudo da regência verbal tem como base a predicação verbal, ou seja, a análise do verbo como verbo significativo (VTD, VTI, VTDI ou VI) ou como verbo de ligação. Se for um verbo de ligação, fica fácil: o complemento é um predicativo; se for um verbo significativo, deve-se observar se ele exige complemento ou não, e se esse complemento deverá ser preposicionado ou não, e com qual preposição.

Lembrando as classificações que os verbos significativos podem receber: se for VTD, terá complemento sem preposição – OD – ; se for VTI, terá complemento com determinada preposição – OI; se for VTDI, terá dois complementos, um direto – OD – e um indireto – OI – ; e se for VI, não terá complemento.

4.2. A regência e a semântica

Observem-se os casos abaixo:

João <u>namora</u>. → Neste caso, a frase só informa que João namora.

     VI

João <u>namora</u> *Maria.* → Neste, a frase informa qual é a namorada de João.

    VTD   OD

João <u>namora</u> *com Maria.* → Aqui, a frase informa quem acompanha João quando ele vai namorar.

VI adjunto adverbial de companhia

A partir dessa ilustração, podemos perceber que o estudo da regência verbal tem relação com o da predicação verbal, ou seja, tem relação com o estudo do comportamento do verbo no predicado para que determinado sentido seja alcançado.

4.3. Lembretes importantes

(a) Os pronomes oblíquos átonos podem funcionar como complementos verbais:

PRONOMES OBLÍQUOS	FUNÇÃO SINTÁTICA	EXEMPLOS
O / A	**OBJETO**	Você comprou **o carro**?
	DIRETO	Sim, comprei-**o**.
LHE	**OBJETO**	Você obedece **a seu pai**?
	INDIRETO	Sim, obedeço-**lhe**.
ME	**OBJETO**	Você não **nos** viu? *(obj. dir.)*
TE	**DIRETO**	Você não **nos** confiou seu trabalho. *(obj. ind.)*
SE	**ou**	Entregaram-**me** o carro. *(obj. ind.)*
NOS	**OBJETO**	Entregaram-**me** ao carrasco. *(obj. dir.)*
VOS	**INDIRETO**	

(b) Os pronomes oblíquos tônicos, logicamente, só podem funcionar como complementos verbais se forem objetos indiretos, como é o caso dos seguintes pronomes:

ele, ela, eles, elas, mim, ti, si...	objeto indireto.	Dei isso **a ele**.

(c) Quando o complemento de um verbo ou de um nome for constituído de uma oração reduzida de infinitivo, não se faz a combinação ou contração entre a preposição e o sujeito dessa oração. Exemplo:

Esta é a roupa de o menino viajar. – e não *do menino*

Está na hora de eles viajarem. – e não *deles*

(d) Termos de regências diferentes pedem complementos diferentes. Vejamos as correções efetuadas abaixo:

- *Entrou e saiu da sala.* (forma errada) → *Entrou na sala e saiu dela.* (forma correta)

Quem entra, **entra em** algum lugar; quem sai, **sai de** algum lugar, portanto os verbos têm regências diferentes e não é possível oferecer a eles o mesmo complemento. Assim, o desdobramento feito no segundo exemplo é necessário para que se mantenha o texto correto e lógico.

Vejam mais um exemplo:

- *Tenho e assisto na minha própria casa.* (forma errada) → *Tenho minha própria casa e nela assisto.* (forma correta)

O verbo "ter" é VTD e o verbo "assistir", na acepção de morar, residir, pede complemento com preposição "em". Se as regências são diferentes, é necessário que haja complementos diferentes.

(e) É claro que se os termos tiverem a mesma regência, podem ter o mesmo complemento:

- A amiga **de quem** muito *gosto e preciso* nas horas difíceis veio aqui hoje.

           OI   **VTI** **VTI**

- *Visitei e conheci* várias cidades.

   VTD   **VTD**   **OD**

(f) As orações subordinadas substantivas e os pronomes relativos podem ser preposicionados, dependendo da função sintática que eles desempenharem:

- *Comprei o livro / de que* precisava *para fazer meu trabalho.*

                OI *(eu precisava do livro para fazer meu trabalho)*

- *Este é o trabalho / por que tenho dedicado tanto* empenho.

                CN *(eu tenho dedicado tanto empenho pelo – por + o – trabalho)*

- *Tínhamos* certeza */ de que ele era inocente.*

    O.P. **oração subordinada substantiva completiva nominal**

- Gosto */ de que vivam felizes.*

    O.P. **oração subordinada substantiva objetiva indireta.**

(g) Os pronomes relativos e as orações subordinadas substantivas podem desempenhar as seguintes funções sintáticas:

(i) As **subordinadas substantivas** podem desempenhar função de sujeito, objeto direto, objeto indireto, complemento nominal, predicativo e aposto. Exatamente como já vimos.

(ii) Os **pronomes relativos** podem desempenhar função de sujeito, objeto direto, objeto indireto, complemento nominal, predicativo do sujeito ou do objeto, agente da passiva, adjunto adverbial (onde, como) e adjunto adnominal (cujo). Essa variedade se deve ao fato de eles serem pronomes substantivos, já que estão sempre substituindo o nome antecedente. Dessa forma, assumem a função sintática do termo que substituem, como ilustramos no item f.

Note-se que para entender a função sintática do pronome relativo, é necessário que se monte a oração adjetiva na ordem direta, substituindo o relativo pelo termo a que ele se refere. Outros exemplos:

- *Havoline, o óleo / em que todo motorista confia.*
                               OI

Por que a preposição "em" foi empregada nesta frase? Para este reconhecimento dar 100% certo, deve-se reelaborar a frase em ordem direta. Então, temos: *todo motorista confia em algo, no (em +o) óleo.*

Observe-se que colocamos o termo **o óleo** na elaboração da frase, apesar de ele não estar escrito na oração subordinada adjetiva; porém, como sua presença foi garantida pelo pronome relativo "que", tira-se o pronome e coloca-se o termo a que ele se refere para podermos perceber melhor a estrutura sintática da oração, ou seja, a relação entre os termos. Dessa forma, conseguimos reconhecer que o PR (pronome relativo) substitui o termo "o óleo" e, por isso, é o objeto indireto do verbo "confiar".

- *Esta é a obra / por que tenho admiração.*
            CN (*eu tenho admiração pela – por +a – obra*)

- *Comprei a revista / a que você se referiu.*
            OI (*você se referiu à – a+a – revista*)

- *Esta é a trama / em que você nos envolveu.*
            OI (*você nos envolveu na – em + a – trama*)

Observação importante: é importante lembrar que nem sempre é por regência que a preposição aparece antes do relativo, pois ele também pode ser adjunto adverbial, por exemplo; neste caso, a preposição pode ser empregada para revelar a circunstância expressa na frase.

Este foi o ano / em que me formei. → eu me formei no ano.
                                       adj. adv. de tempo

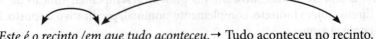

Este é <u>o recinto</u> /<i>em que</i> tudo aconteceu. → Tudo aconteceu <u>no recinto.</u>

adj. adv. de lugar

Neste último caso, inclusive, a formação "em que" pode ser substituída pelo "onde" já que se trata de um adjunto adverbial de lugar. Entretanto, nas orações anteriores isso não poderia ocorrer.

É importante, ainda, que se observe que o raciocínio da regência com o pronome relativo é bem diferente do raciocínio que temos de fazer quando o conectivo é a conjunção subordinativa integrante (CSI), que é muito mais fácil:

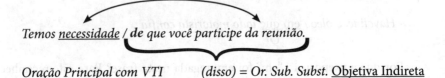

Temos <u>necessidade</u> / de que você participe da reunião.

Oração Principal com VTI   (disso) = Or. Sub. Subst. <u>Objetiva Indireta</u>

Note-se que, neste caso, basta ler a frase desde o começo e fazer o raciocínio básico da sintaxe: sujeito + verbo + complementos: *Nós temos <u>necessidade</u> disso.* → OI

Sendo assim, se o conectivo for uma conjunção subordinativa integrante, a oração será uma subordinada substantiva e, se ela for um objeto indireto ou um complemento nominal, a preposição virá da oração principal. Mas, se o conectivo for um PR, a oração será subordinada adjetiva, e a preposição será empregada pela sintaxe da oração adjetiva e não da principal.

(h) É importante lembrar-se do OD preposicionado. Este objeto ocorre quando há pronomes ou palavras que exigem a preposição – não o verbo -, ou quando se quer trabalhar o sentido do verbo ou da informação com tons diferentes, como realce, ideia de parte e clareza.

- *Comemos <u>daquele pão</u> hoje à tarde.*

    OD **preposicionado**

Para reconhecer o OD preposicionado, basta concentrar-se na regência do verbo: *quem come, come algo* → OD, logo "<u>daquele pão</u>" é OD preposicionado.

4.4. Regências variantes

(a) Há verbos que mudam de regência, mas não mudam de sentido:

Falei <u>**sobre** você</u>. → Falei <u>**de** você</u>.
  VTI   VTI

Cumpriremos <u>a nossa tarefa.</u> → Cumpriremos <u>**com** a nossa tarefa.</u>
  VTD   VTI

(b) Há verbos que mudam de regência, mas mudam de sentido:

Aspirei <u>o ar puro da manhã.</u> → *sorver, absorver*
VTD

Aspirei <u>ao cargo de gerente.</u> → *desejar, almejar, pretender*
VTI

Preciso <u>do relógio.</u> → *necessitar*
VTI

Preciso <u>o relógio.</u> → *acertar, informar com exatidão*
VTD

Visei <u>a onça.</u> → *mirar um alvo*
VTD

Visei <u>as tarefas dos alunos.</u> → *dar visto*
VTD

Visei <u>ao cargo de gerente.</u> → *desejar, almejar, pretender*

VTI → **Obs.**: Mas seguido de outro verbo pode ser usado com ou sem a preposição A:

Visei atuar como gerente. → *desejar, almejar, pretender* **ou**

Visei a atuar como gerente. → *desejar, almejar, pretender*

4.5. A regência de alguns verbos

GRUPO A – Verbos que mudam de sentido e, por isso, mudam de regência

ASPIRAR

(a) aspirar → algo, alguém → cheirar, sorver
(b) aspirar → **a** algo → almejar, pretender
Neste sentido não aceita *lhe*; aceita apenas ***a ele, a ela.***

(a) Aspirou <u>o ar</u> puro da manhã.

(b) Esta era a vida <u>a que</u> aspirava.

(b) O cargo de gerente é ótimo, por isso aspiro <u>a ele</u>.

ASSISTIR

(a) assistir → algo, alguém → prestar assistência, ajudar, socorrer (modernamente)
(b) assistir → **em** algum lugar → morar, residir
(c) assistir → **a** algo → caber, pertencer
(d) assistir → **a** algo → ver, presenciar*
Neste sentido não aceita *lhe*; aceita apenas ***a ele, a ela.***

(a) O técnico assistia os jogadores novatos.

(b) Assistiu em Maceió por muito tempo.

(c) Assiste ao homem tal direito.

(d) Não assistimos ao show.

(b) Tenho minha própria casa e nela assisto.

(d) Este programa, assisti a ele várias vezes. (seria **errado** dizermos "assisti-lhe")

VISAR

(a) visar → algo, alguém → mirar
(b) visar → algo → dar visto
(c) visar → **a** algo → ter em vista, objetivar **Obs.: a-** No sentido de *objetivar* não aceita *lhe*; aceita apenas *a ele, a ela.* **b-** Quando um complemento for um verbo no infinitivo, na última acepção, a preposição se torna facultativa: Viso (a) conquistar isso.

(a) Disparou o tiro visando o alvo.

(b) Visaram os documentos.

(c) Viso a uma situação melhor.

IMPLICAR

(a) implicar → **com** algo, **com** alguém → ter implicância
(b) implicar-**se** → **em** algo → envolver-se
(c) implicar → algo → acarretar, causar

(a) O chefe deste departamento implica demais com a faxineira.

(b) O diretor daquela escola implicou-se em tráfico de drogas.

(c) Você sabe quais são as consequências que esses seus atos implicarão.

(c) Sua desatenção ao serviço implicou sua demissão.

(c) Implicou várias mortes o desmoronamento da barreira da região sul.

PROCEDER

(a) proceder → ...... (VI) → ter fundamento
(b) proceder → **de** algum lugar → originar-se, vir de algum lugar
(c) proceder → **a** algo → dar início, executar

(a) Suas queixas não procedem.

(b) Muitos males da humanidade procedem da falta de respeito ao próximo.

(c) Os detetives procederam a uma investigação criteriosa.

QUERER

(a) querer → algo → desejar
(b) querer → **a** algo, **a** alguém → estimar, ter afeto

(a) Quero <u>uma longa viagem</u> nestas férias.

(b) Quero muito <u>a meus amigos</u>.

GRUPO B – Verbos que não mudam de sentido, mas de regências interessantes

ATENDER

(a) Quando o complemento for **pessoa**, é **transitivo direto ou indireto**.

Obs.: Caso se queira substituir o objeto por um pronome, só se pode usar a forma direta o, a, os, as (e não lhe/lhes)

Ex.: *O médico **atendeu** <u>o / ao paciente</u>.* → *O médico o atendeu.*

(b) Quando o complemento for **coisa**, é **transitivo indireto**.

Ex.: *O governo não **atende** <u>as/às reivindicações</u> dos grevistas.*

DICA

Modernamente é aceita também a forma direta para coisa. Assim, para a prova, o que vale para este verbo, são as duas formas de regência em qualquer situação: com coisa ou com pessoa. Mas, o emprego do pronome continua com a mesma ressalva.

CHAMAR

(a) No sentido de chamar a presença de alguém, pede objeto direto.

Ex.: *Já chamei <u>a criatura</u> para depor.*

(b) No sentido de pedir atenção ou auxílio, pede objeto indireto, com a preposição **por**.

Ex.: ***Chamamos** <u>por ele</u>, mas não nos deu atenção.*

(c) No sentido de apelidar, dar nome, qualificar, admite as seguintes construções: complemento verbal (objeto direto ou indireto) e o predicativo do objeto (que pode vir acompanhado de preposição ou não).

Obs.: Este é o único verbo que é de ação e pede predicativo + objeto indireto, porque todos os outros que são de ação e pedem predicativo, pedem predicativo + objeto direto.

Exemplos: *Chamaram <u>Josué</u> <u>visionário</u>.*
                    OD predicativo do objeto

          Chamaram <u>Josué</u> <u>de visionário</u>.
                    OD predicativo do objeto (com preposição)

Chamaram-lhe visionário.

OI predicativo do objeto

Chamaram-lhe de visionário.

OI predicativo do objeto (com preposição)

CUSTAR

(a) no sentido de ser custoso, ser difícil: rege com a preposição **a**; tem como sujeito aquilo que é difícil, podendo apresentar-se sob a forma de uma oração reduzida de infinitivo, que pode vir precedida da preposição **a**.

Ex.: **Custou** *ao aluno* entender o problema.

Ex.: Custou-*lhe* a entender o problema.

(b) no sentido de acarretar, exigir, obter por meio de: pede objeto direto e indireto.

Ex.: *O carro* **custou-*me*** *todas as economias*.

(c) no sentido de ter valor de, ter o preço: não pede complemento.

Ex.: *Imóveis* **custam** *caro*.

INFORMAR / AVISAR / COMUNICAR / CERTIFICAR

No sentido de dar informação, admitem duas construções:

(a) objeto direto de pessoa e indireto de coisa (regido pelas preposições **de** ou **sobre**).

Ex.: *Informou as pessoas do ocorrido.*

(b) objeto indireto de pessoa (regido pela preposição **a**) e direto de coisa.

Ex.: *Informou às pessoas o ocorrido.*

OBEDECER / DESOBEDECER

Exigem a preposição **a**.

Ex.: *As crianças* **obedecem** *aos pais*.

Ex.: *O aluno* **desobedeceu** *ao professor*.

PAGAR / PERDOAR

(a) se têm por complemento palavra que denote coisa, não exigem preposição.

Ex.: *Ela* **pagou** *a conta do restaurante*.

Ex.: *Perdoou o trote*.

(b) se têm por complemento palavra que denote pessoa (no caso do verbo *pagar*, considera-se o credor, sendo ele pessoa ou não): regem com a preposição a.

Ex.: *Ele* **pagou** *a conta do restaurante ao gerente*.

Ex.: *Perdoou o trote a todos os colegas*.

PREFERIR

Este verbo exige dois complementos, sendo um sem preposição, objeto direto, e o outro, com a preposição **a**, objeto indireto.

Ex.: *Prefiro <u>dançar</u> <u>a fazer ginástica.</u>*
      OD   OI

Observações:

(a) Segundo a linguagem formal, é errado usar este verbo reforçado pelas expressões ou palavras: antes, mais, muito mais, mil vezes mais, etc.

Ex.: *Prefiro mil vezes dançar a fazer ginástica. (errado)*

(b) Quando o artigo for empregado no objeto direto, deverá ser empregado no indireto também.

Ex.: *Prefiro <u>salgado</u> a doce.* → *Prefiro <u>o salgado</u> <u>ao doce</u>. (paralelismo)*

Ex.: *Prefiro <u>maçã</u> <u>a pera</u>.* → *Prefiro <u>a maçã</u> <u>à (aa)pera</u>. (paralelismo)*

SIMPATIZAR / ANTIPATIZAR

Exigem a preposição **com**.

Ex.: *Simpatizo com Lúcio.*

Ex.: *Antipatizo com meu professor.*

Obs.: Estes verbos **não** são pronominais, portanto são consideradas construções **erradas** as que os apresentam acompanhados de pronome oblíquo, como:

- *Simpatizo-me com Lúcio.*

- *Antipatizo-me com meu professor de História.*

<u>GRUPO C – Verbos estáticos e verbos de movimento – indicação de LUGAR</u>

Primeiramente, vamos entender as semânticas produzidas pelas preposições A e EM na indicação de lugar:

A – indica proximidade ou movimento;

EM – não indica movimento, fica então com o sentido de *em cima de* ou *dentro de.*

- *Sentamo-nos <u>na mesa</u>.* → correto: em cima da mesa;

- *Sentamo-nos <u>à mesa</u>.* → correto: próximos à mesa;

- *Encostei-me <u>na parede</u>.* → incorreto: <u>à parede</u> – há ideia de proximidade;

- *Esperei-o <u>na saída do cinema</u>.* → incorreto: <u>à saída do cinema</u> – proximidade;

- *Vou <u>ao banheiro</u>.* → correto: ideia de movimento;

- *Vou <u>no carro dela</u>.* → correto: dentro do carro, sem movimento;

- *Cheguei <u>à casa de Maria</u> agora.* → correto

- *<u>Onde</u> você está?* → correto: sem movimento, **está em** que lugar;

- *<u>Aonde</u> você vai?* →correto: com movimento, **vai a** algum lugar.

CHEGAR / IR – de movimento (ou não)

• chegar, ir → **a** (movimento) / **de** (origem) → um lugar
• chegar, ir → **em / de** → meio de transporte
• ir → **a** → temporariamente
→ **para** → definitivamente

- Vou <u>ao dentista</u>. / movimento;
- Cheguei <u>a Brasília</u> <u>de avião</u>. → movimento e meio (de transporte);
- Cheguei <u>no trem das 13h</u> <u>a São Paulo</u>. → sem movimento e com movimento;
- Fui <u>no carro do meu amigo</u> <u>ao cinema</u>. →sem movimento e com movimento;
- Note-se a diferença de sentido:
- Vá <u>para o inferno</u>. → é para a pessoa ir e nunca mais voltar – como dizemos.
- Vá <u>ao inferno</u>. → é para a pessoa ir e voltar.

MORAR / RESIDIR / SITUAR-SE / ESTABELECER-SE – estáticos

• **em** → uma casa, rua, praça, cidade, país...
Assim também: **morador em / residente em / situado em / sito em / estabelecido em** ...

- Este estabelecimento, sito <u>na Avenida Dorotéia</u>, nº 10, era de meu pai.
- Morávamos <u>na Rua do Pari</u>.

5. CRASE

5.1. Definição

É a fusão entre as duas vogais idênticas: a + a(s), as quais pertencem a classes gramaticais diferentes. Essa fusão é indicada pelo acento grave (`) nos seguintes casos:

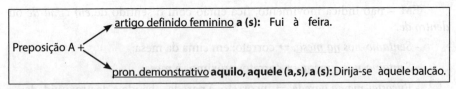

5.2. Crase formada com o <u>artigo definido feminino</u>

Neste caso a preposição "a", empregada por motivo de regência, se funde ao artigo definido feminino singular ou plural, conforme o nome a que ele se refere.

Todos assistiram à cena em silêncio.

preposição a + artigo a

A preposição foi empregada devido à regência do verbo *assistir*, que exige a preposição "a" quando tem o sentido de *ver, presenciar*. O artigo feminino singular foi empregado por referir-se a um substantivo feminino singular *cena*. Se fosse substantivo plural ou masculino, a formação seria:

Todos assistiram ao(s) filme(s) em silêncio.

preposição a + artigo o(s)

Além disso, o artigo é definido, ou seja, no contexto deve referir-se ao substantivo principalmente com o objetivo de especificá-lo ou manter a especificação que outra palavra já tenha feito ao substantivo. Portanto, quando isso ocorre, este artigo deve ser empregado, vejamos a diferença:

Não chegaram a conclusão alguma.

preposição a + ...pron. indefinido- o substantivo não está especificado

Não chegaram à conclusão desejada.

preposição a + artigo a / adjetivação – o substantivo está especificado, o artigo definido é empregado.

Temos de lembrar ainda que o substantivo pode ser empregado no plural para causar generalização e, neste caso, o artigo não deve ser empregado:

Faz anos que não vou a festas.

preposição a + ... substantivo no plural para indicar generalização, ou seja, qualquer festa

E, por fim, se a regência não exigir a preposição, só se emprega o artigo:

Não vimos a faxineira do prédio.

VTD ... + artigo a

🔊 **DICA**

Por tudo que foi visto, podemos concluir que a forma **à(s)** é equivalente à forma **ao(s)**. Assim, toda vez que o "a/à (s)" estiver em concordância, no feminino, com o termo a que se refere, pode-se substituir essa forma mentalmente por uma forma masculina para se verificar se a crase é empregada em um determinado contexto ou não:

Vou **à** farmácia.　=　Vou **ao** clube.

preposição a + artigo a　preposição a + artigo o

> Conclusão: onde se emprega "ao(s)", também se emprega a formação da crase "à(s)". Caso não dê certo a formação do "ao(s)", também não ocorrerá a formação da crase "à(s)". Mas é importante lembrar: esta correspondência entre as duas formas só pode ser feita, se, na forma feminina, houver concordância: *Faz anos que não vou a festas*. → Não se faz a troca pela forma masculina com esta frase, pois não há concordância entre "a" e "festas", logo o artigo não foi empregado, o "a" é só preposição; já que ela não varia, consequentemente, não há crase mesmo, por isso nada de fazer troca pelo **ao(s).**

Não ocorre crase com artigo definido feminino, então,

(a) antes de substantivo masculino (se houvesse artigo, seria o "o" e não o feminino):

- *Façamos isso a lápis.*
- *Comemos bife a cavalo.*

(b) antes de verbo (afinal, artigo não se refere a verbo):

- *"Tudo a partir de R$1,99."*
- *Todos temos contas a pagar.*

(c) antes de pronomes em geral:

- *Refiro-me a ela e não a você.*
- *Esta é a pessoa a quem me refiro.*
- *Refiro-me a alguém especial.*
- *Refiro-me a Vossa Senhoria e não à senhora.*

🔊 **DICA**

Para se ter certeza do emprego ou não da crase antes do pronome, verifique se o pronome empregado aceita ou não o artigo e, para isso, basta passá-lo para o masculino, mas, vejam, tem de ser para a forma masculina do próprio pronome:

Refiro-me a ela. = *Refiro-me a ele.*, e **não** *Refiro-me ao ele.*, logo o pronome **não** aceita o artigo antes dele, **não** há crase, apenas preposição.

Refiro-me à senhora. = *Refiro-me ao senhor.*, logo o pronome aceita o artigo antes dele, há crase.

Refiro-me a alguém. = ? , não existe forma masculina ou feminina para esse pronome, por isso **não** é possível empregar-se o artigo antes dele, logo **não há crase.**

Costumamos dizer que se a palavra não tem forma específica para o masculino nem para o feminino (tem gênero neutro) é um anjinho, pois não tem sexo definido. E isso vocês podem estender a tadas as palavras. Vejam que verbo tem essa mesma característica, portanto também é anjinho e, por isso, antes dele não há crase.

(d) antes de artigo indefinido (se já há um artigo, não se põe outro, certo?):

- *Fomos* <u>a uma convenção maravilhosa</u>.
- *Concorremos* <u>a uma bicicleta</u>.

(e) depois de preposição que não seja "a"(lógico, pois com outra preposição não há fusão de a+a):
- *Pusemos o livro* <u>sobre a</u> *mesa*.
- *Fomos* <u>para a</u> *cidade mais próxima*.

(f) em expressões de palavras repetidas, mesmo que sejam femininas (pois não há especificação):
- *Conhecemos este lugar de* <u>ponta a ponta.</u>
- *Tomei o remédio* <u>gota a gota</u>.

Atenção! Crase com a formação "a(s) qual (quais)"

O relativo "qual" é sempre acompanhado de artigo; assim, pode haver a crase na formação "a (s) qual (quais)"

Esta é a viagem à qual me referi.

preposição a + a artigo que acompanha o relativo "a qual"

Neste caso foi a regência de "referir-se" exigiu a preposição "a" e como o complemento desse verbo é o relativo, a preposição fundiu-se ao "a" da formação "a qual". Veja a diferença do próximo caso:

Esta é a viagem a qual <u>farei</u> *nestas férias.*

VTD

apenas o a artigo

Ocorrências facultativas:

(a) crase antes de <u>nomes próprios femininos</u>: *Dei um presente a / à Paula*.

O artigo antes do nome próprio é facultativo gramaticalmente; semanticamente, porém, o seu emprego se deve à familiaridade que se tem com a pessoa. Sendo assim, antes de nome de pessoas ilustres não se usa artigo e, consequentemente, crase: *Fiz referência a Joana D'arc*.

Se o nome estiver adjetivado, especificado, o artigo deverá ser usado devido à especificação que faz a adjetivação: *Dei um presente à bela Paula*.

(b) crase antes de <u>pronome possessivo adjetivo feminino</u>: *Dei um presente a / à sua irmã*.

O pronome possessivo, nesta frase, é adjetivo, por isso o artigo é facultativo, mas se o possessivo for substantivo, obrigatoriamente, será antecedido de artigo, para retomar o substantivo já expresso na oração; logo, ocorrerá a crase, se a regência exigir a preposição: *Minha opinião é* <u>igual</u> *à sua (opinião)*.

Passando a frase para o masculino, fica mais fácil ver a diferença:

"Meu carro é igual a seu." ou "Meu carro ao seu."?

(c) crase com a preposição <u>até</u> – pode-se empregar "até" ou a locução "até a" com a ideia de distância; assim, se a regência exigir a preposição, haverá crase: <u>Fui até a / à esquina</u>.

5.3. Crase formada com o <u>pronome demonstrativo</u>

Este é o caso mais fácil, já que a preposição "a", empregada por motivo de regência, se funde ao "a" dos demonstrativos *aquele (a,s), aquilo* ou *a(s)*:

Chegou àquele lugar muito cedo.

preposição a + demonstrativo aquele

A preposição "a" foi empregada, porque a regência do verbo "chegar" a exigiu. E ela fundiu-se com o "a" do demonstrativo "aquele", originando a crase.

Ora aspirava a isto, ora àquilo; não sabia o que queria.

preposição a + demonstrativo aquilo

Neste caso, ocorre o mesmo processo. A regência do verbo "aspirar", com sentido de *almejar*, exigiu o emprego da preposição "a", que se fundiu com o "a" do demonstrativo "aquilo", originando a crase.

Esta caneta é igual à que comprei ontem.

preposição a + demonstrativo a (=aquela)

Aqui é a regência de "igual" que exige a preposição "a" que se funde com o demonstrativo "a", originando a crase. Observe, ainda, que o demonstrativo "a" substitui a palavra "caneta":

Esta caneta é igual <u>à (caneta) que</u> comprei ontem.

(a aquela – caneta – que)

E o mesmo processo ocorre nestes casos também:

Minha vida está ligada à (vida)dele. = o artigo "a" retoma o substantivo vida

Minha opinião é igual à sua (opinião). = o artigo "a" substantiva o possessivo "sua" que substitui o nome opinião.

5.4. Particularidades

(a) há crase nas <u>expressões femininas iniciadas por "a"</u> (= locuções adverbiais, prepositivas e conjuntivas): *à esquerda, à noite, à espera de, à procura de, à proporção que, à moda (mesmo que ela esteja subentendida)...*

– Coma à vontade.

Cap. 8 · REGÊNCIA E CRASE

- *À medida que o tempo passa, envelhecemos.*

- *Às vezes, ele me irrita.*

- *Ele fez um gol à Ronaldinho.* (= *a moda de* Ronaldinho)

- *Estarei lá às dez horas.*

(i) Neste último exemplo, temos a indicação de hora exata – "dez horas" -, como em *Estarei lá à uma hora.*, indicação de "uma hora", hora exata, o "uma" é numeral; diferente de *Passe em casa a uma hora qualquer.*, neste caso, o pronome indefinido até reforça a presença do artigo indefinido "uma".

O mesmo raciocínio ocorre nesses casos:

- *A espera é de oito a dez horas.* → média de nove horas de espera, e não hora exata (de –a)

- *Ficarei lá das oito às dez horas* → média de duas horas de permanência, horas exatas (das – às)

(ii) *Ele fez um gol à Ronaldinho,* aqui há a expressão "à moda de" subentendida, pois o sujeito "Ele" fez um gol, seguindo o estilo de Ronaldinho, seguindo sua moda. Diferente de *"frango a passarinho"*, em que muita gente põe o acento grave, pensando haver a expressão "à moda de" subentendida neste caso, e isso não é verdade: por acaso quando se prepara este frango, segue-se a moda de o passarinho fazer o frango? Claro que não!

Atenção!

- Não se pode confundir uma expressão feminina com o que não é expressão feminina:

A medida tomada pelo governo foi decisiva. = é sujeito, sem crase

À medida que o tempo passa, envelhecemos. = é expressão, com crase

- Note-se que o acento grave desses casos é um acento diferencial: diferencia expressão daquilo que não é expressão. Por esse motivo, as expressões masculinas não são acentuadas, pois a diferença entre o que é e o que não é expressão está no emprego da preposição "a":

O pé é uma parte do corpo. = sujeito – não é expressão adverbial, prepositiva ou conjuntiva

Fomos até lá a pé. = expressão

Paguei meu carro a prazo. = expressão

(iii) As expressões *a pena*, *a lenha* e *a distância* não são acentuadas:

- *Tudo isso vale a pena.*

- *Este forno é a lenha.*

- *Ensino a distância.*

A expressão *a distância* tem acento grave se for especificada:

- *Estou à distância <u>de cem metros</u> do local.* → aqui existe especificação

(b) _casa_ e _terra_ são considerados substantivos de sentido genérico, por isso só se emprega artigo antes deles se estiverem adjetivados, especificados. E, neste último caso, poderá haver crase se a regência exigir a presença da preposição:

- _Cheguei a casa logo cedo._ = sem especificação, só preposição

- _Cheguei à casa de meus amigos à noite._= especificação, crase

- _Cheguei à casa amarela._ = especificação, crase

- _Desci a terra na primeira parada da viagem._ =sem especificação, sem crase, só preposição

- _Desci à terra natal de meus amigos._ = especificação, crase

(c) crase antes de **nome de lugar** (topônimo) só ocorre se a regência exigir a preposição "a" e o nome do lugar aceitar o artigo ou estiver adjetivado, especificado. Para verificar se o nome do lugar aceita artigo, basta "voltarmos de lá", se **voltarmos de**, não aceita artigo; se **voltarmos da**, aceita artigo. Vejamos como fazer o raciocínio corretamente:

- _Irei **à Bahia**._ → _Quem vai, vai **a** – com preposição. Voltei d**a** Bahia, aceita artigo= com crase_

- _Irei **a Brasília**._ → _Quem vai, vai **a** – com preposição. Voltei d**e** Brasília, não aceita artigo= sem crase, só preposição_

- _Irei **à Brasília dos governantes**._ → _Quem vai, vai **a** – com preposição. Neste caso, não precisamos nem voltar de Brasília, podemos ficar lá, passeando, pois Brasília está especificada, então artigo haverá com certeza= com crase_

- _Conheço **a Bahia**._ → _Quem conhece, conhece **algo** – sem preposição. Voltei d**a** Bahia, aceita artigo= sem crase, só artigo_

- _Conheço **Brasília**._ → _Quem conhece, conhece **algo** – sem preposição. Voltei d**e** Brasília, não aceita artigo= sem crase, em preposição e sem artigo._

- _Conheço **a Brasília dos governantes**._→ _Quem conhece, conhece **algo** – sem preposição. Neste caso, não precisamos nem voltar de Brasília, podemos ficar lá, passeando, pois Brasília está especificada, então artigo haverá com certeza= sem crase, só artigo._

Segue abaixo um quadro-resumo do assunto para facilitar o seu estudo.

Fusão: <u>PREPOSIÇÃO A</u>	{	+ A (artigo feminino)
		+ A QUAL (pronome relativo)
		+ AQUELE – AQUELA – AQUILO – A (pron. demonstrativo)

HÁ CRASE	NÃO HÁ CRASE
* antes de **palavras femininas** _Eu me referi À moça_	*antes de palavras **masculinas:** _Falamos A respeito disso._

Cap. 8 · REGÊNCIA E CRASE

*no pronome **AQUELE** (variações) *Eu me referi ÀQUELA moça*	*antes de **verbos:** *A partir de hoje, estuda-remos.*
* nas **expressões femininas:** *Estudamos À NOITE*	*antes da **maioria dos pronomes**: *Eu me refiro A esta moça.*
*na dupla de preposições **A-DA:** *Estudamos DAS 8h ÀS 18 h.*	*entre **palavras repetidas:** *cara a cara*
* **FACULTATIVO** – antes dos pronomes adjetivos possessivos femininos- **MINHA, SUA** : *Eu sou favorável A/À sua saída.*	*se o **A estiver no singular e a palavra seguinte, no plural:** *Nós nos referimos A festas.*
	*antes de **CASA, TERRA, DISTÂNCIA** ... sem determinante:
* **FACULTATIVO** – antes de **nomes próprios femininos:** *Enviei uma carta A/À Mariana.*	*Ensino A distância. / Estou À distância de cem metros daí.*
* **FACULTATIVO** – com a preposição **ATÉ** - *Fui ATÉ A/À esquina.*	

6. QUESTÕES COMENTADAS

1. **(2012 – FCC – TRE-SP – Técnico Judiciário)** A pesquisa, feita em terras destinadas ...... agricultura, teve por objetivo estudar ...... áreas que permitissem condições favoráveis de sobrevivência ...... aves.

a) à – às – as

b) à – as – as

c) à – as – às

d) a – as – as

e) a – às – às

Como dito na questão anterior, para a resolução de testes como esse, é necessário que observemos tanto a regência quanto o emprego do artigo. Recomendo que se comece a resolução pelo emprego do artigo, já que dá mais trabalho e é o que mais confunde os candidatos na hora da resolução.

Assim, temos de observar primeiramente se após a cada lacuna há como referência um substantivo feminino e se ele está no singular ou no plural, concordando com as possibilidades de resposta. Por exemplo, depois da primeira lacuna, há "agricultura", um substantivo feminino e singular, o qual concorda com o "a" singular da primeira coluna de "a" a "e" de alternativas e, por isso, há **possibilidade** de haver crase; depois da segunda lacuna, há a expressão "áreas", substantivo feminino e plural, concorda com os "as" da segunda coluna de "a" a "e" de alternativas, portanto há a **possibilidade** de haver crase; em seguida da terceira lacuna, há "aves" expressão feminina e plural, concorda com os "as" da segunda coluna de "a" a "e" de alternativas, portanto há a **possibilidade** de haver crase.

Assim, resta-nos analisar a regência: no primeiro caso, há a palavra "destinadas", que exige a preposição "a", a qual gera crase, pois se une ao artigo já verificado; no segundo caso, há o verbo "estudar" que é transitivo direto, portanto não exige preposição, fica apenas o artigo "as"; e no terceiro caso, há a expressão "condições favoráveis de sobrevivência", que exige a preposição "a", gerando a crase: "às".

Assim, a resposta é c.

2. **(2014 – FCC – TRT 19ªR – Técnico Judiciário)** *... que podem representar uma das principais ameaças à* conservação do ecossistema *...* (Texto I, 2º parágrafo) O sinal indicativo de crase deverá permanecer, como no exemplo acima, caso o segmento grifado seja substituído por:

a) cada componente da biodiversidade.

b) alguma das espécies ameaçadas.

c) qualquer ser vivo da floresta.

d) respeito das condições do ambiente.

e) recente pesquisa de medicamentos.

Para questões como esta, é importante entendermos que a preposição será mantida, afinal a regência a exige:"ameaças" **a** quê? O que temos de avaliar, portanto, é o emprego do artigo para que a crase seja mantida ou não.

Na letra a, não se pode usar acento grave neste caso, pois "cada" é um pronome indefinido, e não é possível empregarmos um artigo definido junto de um pronome que é indefinido, não é mesmo? Assim, permanece apenas a preposição na frase.

Na letra b, não se pode usar acento grave neste caso, pois "alguma" é um pronome indefinido, e não é possível empregarmos um artigo definido junto de um pronome que é indefinido, não é mesmo? Assim, permanece apenas a preposição na frase.

Na letra c, não se pode usar acento grave neste caso, pois "qualquer" é um pronome indefinido, e não é possível empregarmos um artigo definido junto de um pronome que é indefinido, não é mesmo? Assim, permanece apenas a preposição na frase.

Na letra d, não se pode usar acento grave neste caso, pois "respeito" é substantivo masculino, assim o artigo que se empregaria aí seria o masculino, porém, nem ele será empregado nesta oração, porque "a respeito" é uma expressão.

Na letra e, há crase, pois a palavra de referência é um substantivo feminino "pesquisa", ocasionando o emprego do artigo feminino junto da preposição, gerando a crase – é a resposta.

Gabarito e.

3. **(2014 – FCC – TRT 2ªR – Técnico Judiciário)** Quando se dizia "livro", todos entendiam um objeto de peso e volume, composto de folhas encadernadas, protegidas por papelão ou couro, nas quais se gravavam a tinta palavras ou imagens. (3º parágrafo)

A expressão acima destacada é equivalente à sublinhada na seguinte frase:

a) As janelas sob as quais foram gravadas as cenas eram pintadas de verde.

b) As folhas rubricadas, as quais entreguei à secretária, foram anexadas ao prontuário.

c) As urnas em que foram depositados os votos foram lacradas pela diretoria do clube.

d) Os rapazes de quem foram gravados os depoimentos foram entrevistados ontem.

e) O livro de onde retirei a citação está emprestado.

Temos aqui novamente uma questão de regência e emprego de pronome relativo. Esta questão exige esse raciocínio de forma um pouco diferente da questão ante-

Cap. 8 · REGÊNCIA E CRASE

rior, pois no lugar de o candidato apenas analisar a oração adjetiva e o emprego do relativo, ele deve também mostrar que entende o emprego das preposições.

Como vemos em aula, as preposições são empregadas por exigência da regência, o que auxilia no entendimento da frase ou no sentido da palavra regente: "quem gosta, **gosta de**"; ou para relacionar uma palavra a outra, estabelecendo entre elas relação de adjetivação: "lápis **de Maria**"; ou para estabelecer determinados sentidos aos contextos, como o sentido de tempo, de lugar, de modo..., enfim relação adverbial: "Estou **em casa**." – lugar.

Neste caso, primeiramente deve haver esse entendimento do emprego da preposição EM, na expressão "nas quais" para depois relacionarmos com a alternativa que apresente este mesmo entendimento. Assim, em "palavras ou imagens se gravavam NAS FOLHAS ENCADERNADAS (=nas quais) a tinta", temos a preposição "em" indicando lugar. E esta preposição faz a mesma relação de ideia de lugar na frase da alternativa C.

É bom lembrar, para tal raciocínio, que "em" nos pode dar ideia de lugar com as seguintes semânticas: em cima de, sobre, dentro de. Isso não se dá nas demais alternativas:

Na letra a, a semântica de "sob" (=debaixo) é diferente da ideia de "sobre" (=em cima de)– acredito que esta tenha sido a alternativa em que as pessoas mais apostaram por causa da ideia de lugar, mas, como podemos notar, ela perverte o sentido da preposição "em" na frase do enunciado.

Na letra b, "as quais" nem sequer é preposicionado, serve apenas de objeto direto do verbo "entregar".

Na letra c, explicado acima.

Na letra d, há a ideia de posse, pois são dos rapazes os depoimentos gravados.

Na letra e, há ideia de lugar, expressa pelo "onde", mas também há a ideia de origem da citação com base na regência de "retirar": **retirei** a citação **de** algum lugar – não tem a ideia da preposição "em".

Assim, o gabarito da questão é c.

7. QUESTÕES PARA TREINAR!

1. **(2012 – FCC – TRE-AP – Técnico Judiciário)** O segmento grifado está empregado corretamente em:

   a) A incompatibilidade **da** encomenda e a prestação de serviços gerou o conflito.

   b) A curiosidade é inata **do** ser humano.

   c) Foi sempre devotado **pela** ciência.

   d) A sua declaração **o** indispôs com os colegas.

   e) Compenetrou-se **sobre** a necessidade de estudar.

2. **(2012 – FCC – TRE-SP – Técnico Judiciário)** *... João Rubinato, que* <u>adotou</u> *o nome de um amigo funcionário do Correio...* O verbo que exige o mesmo tipo de complemento que o grifado acima está empregado em:

   a) ... que já acabou com a garoa...

b) ... e produziu uma obra radicalmente brasileira...

c) ... a que se sobrepôs à velha cidadezinha provinciana...

d) Adoniran Barbosa é um paulista de cerne...

e) ... e depois fugir, com ela e conosco, para a terra da poesia...

3. **(2013 – FCC- MPE-PE – Técnico Ministerial)** *Apenas* exigem *imperiosamente um final feliz*... O verbo que exige o mesmo tipo de complemento que o grifado acima está em:

a) Leitores de romances policiais não são exigentes.

b) ... e os meios para obtê-la.

c) ... que contribua com eficiência maior...

d) Os leitores contemporâneos acreditam firmemente na onipotência...

e) ... porque lhes falta o valor literário.

4. **(2015 – VUNESP – PC-CE)** Leia o texto. Mesmo estando apta_____ desenvolver atividades na área de ensino, a maioria dos profissionais que conclui o ensino superior sente-se impelida _____ buscar outras áreas _____ que possa trabalhar, geralmente atraída _____ salários mais expressivos e melhores condições de trabalho.

Considerando-se as regras de regência, verbal e nominal, de acordo com a norma-padrão da língua portuguesa, as lacunas do texto devem ser preenchidas, correta e respectivamente, com:

a) a ... de ... de ... por

b) a ... a ... em ... por

c) em ... por ... a ... de

d) a ... com ... por ... com

e) por ... a ... em ... com

5. **(2014 – FCC – TRT 2ªR – Técnico Judiciário)** Quando se dizia "*livro*", todos entendiam um objeto de peso e volume, composto de folhas encadernadas, protegidas por papelão ou couro, nas quais se gravavam a tinta palavras ou imagens. (3º parágrafo). A expressão acima destacada é equivalente à sublinhada na seguinte frase:

a) As janelas sob as quais foram gravadas as cenas eram pintadas de verde.

b) As folhas rubricadas, as quais entreguei à secretária, foram anexadas ao prontuário.

c) As urnas em que foram depositados os votos foram lacradas pela diretoria do clube.

d) Os rapazes de quem foram gravados os depoimentos foram entrevistados ontem.

e) O livro de onde retirei a citação está emprestado.

6. **(2014 – CESGRANRIO – Petrobras – Conhecimentos Básicos – Nível Médio)** O período em que a palavra em destaque respeita a regência verbal conforme a norma-padrão é:

Cap. 8 · REGÊNCIA E CRASE

393

a) Os jogadores não abraçaram **à** causa dos torcedores: vencer a competição.

b) O goleiro ajudou **ao** time quando defendeu o pênalti.

c) A população custou **com** se habituar aos turistas.

d) Esquecemos **das** lições que aprendemos antes.

e) Lembrar os erros só pode interessar **aos** adversários.

7. **(2014 – FCC – TRT 19ªR – Técnico Judiciário)** ... *que podem representar uma das principais ameaças à* <u>conservação do ecossistema</u> ... (Texto I, 2º parágrafo). O sinal indicativo de crase deverá permanecer, como no exemplo acima, caso o segmento grifado seja substituído por:

a) cada componente da biodiversidade.

b) alguma das espécies ameaçadas.

c) qualquer ser vivo da floresta.

d) respeito das condições do ambiente.

e) recente pesquisa de medicamentos.

8. **(2013 – FCC – MPE-AP – Técnico Ministerial)** Devido ...... rapidez das mensagens eletrônicas e ao excesso de informações transmitidas por e-mail, é comum depararmos com demonstrações de afeto em meio ...... outros assuntos, o que diminui nossa sensibilidade ...... tais atenções. (Adaptado de http://infnetmidiasdigitais.wordpress.com/2011/01/05/a-evolucao-da-midia-da-carta-escrita-ao-e-mail-informatizado). Preenchem corretamente as lacunas da frase acima, na ordem dada:

a) à – à – a

b) a – à – a

c) à – a – a

d) a – à – à

e) à – à – à

9. **(2013 – FCC- TRE-SP – Técnico Judiciário)** A pesquisa, feita em terras destinadas ...... agricultura, teve por objetivo estudar ...... áreas que permitissem condições favoráveis de sobrevivência ...... aves.

a) à – às – as

b) à – as – as

c) à – as – às

d) a – as – as

e) a – às – às

10. **(2015 – COSEAC – CLIN – Auxiliar de Enfermagem do Trabalho)** "...por fidelidade à obscura semente..." (9º §). Das alterações feitas no fragmento acima, há erro no emprego do acento indicativo da crase em:

a) por fidelidade àquela obscura semente.

b) por fidelidade à essa obscura semente.

c) por fidelidade à mesma obscura semente.

d) por fidelidade à nova e obscura semente.

GABARITO DAS QUESTÕES

1	2	3	4	5
D	B	B	B	C
6	7	8	9	10
E	E	C	C	B

Capítulo 9

CONCORDÂNCIA NOMINAL E VERBAL

1. INTRODUÇÃO

Quando falamos em concordância, estamos falando em **combinar as palavras variáveis**. Esse processo ocorre de duas maneiras: pela concordância nominal e pela concordância verbal.

Importante saber a inda que a concordância pode ser feita de três maneiras:

(a) <u>gramatical ou lógica</u>: a que segue os padrões gramaticais vigentes da linguagem;

(b) <u>atrativa</u>: a que dá ênfase a apenas um dos vários elementos, com valor estilístico;

(c) <u>ideológica (silepse)</u>: a que faz prevalecer a ideia e não a lógica da linguagem.

É comum, ainda, que a atrativa e a ideológica se cruzem.

2. CONCORDÂNCIA NOMINAL

2.1. Definição

Em concordância nominal, temos de nos preocupar com as palavras variáveis que determinam o nome – substantivo ou qualquer palavra que o substitua -, são elas: o artigo, o adjetivo, o numeral e o pronome.

Essas palavras, sempre que acompanham o nome, devem concordar com ele em gênero e número. Vejamos o exemplo abaixo:

<u>Os</u> <u>meus</u> <u>dois</u> <u>velhos</u> soldadinhos <u>de chumbo</u> foram doados.

artigo pron. num. adjetivo subst./nome locução adj.

Como o artigo *os*, o pronome adjetivo *meus*, o numeral adjetivo *dois* e o adjetivo *velhos* referem-se ao substantivo *soldadinhos*, devem concordar com ele no gênero masculino e no número plural, já que ele é substantivo masculino e está no plural.

Atenção! Em prova, essa concentração no ponto em que a questão está trabalhando é importantíssima, ganha-se tempo e não se "filosofa" em outros aspectos da linguagem.

Há ainda a locução adjetiva "de chumbo" para comentarmos. Trata-se de uma expressão que se refere ao nome, porém não concorda com ele.

- *Os meus dois velhos soldadinhos <u>de chumbos</u> foram doados.* (construção errada)

Isso ocorre, porque a associação dessa expressão "de chumbo" com o substantivo "soldadinhos" se dá por meio da preposição que é um conectivo, ou seja, ela está lá para fazer a relação entre os dois substantivos: *soldadinhos* e *chumbo*. Dessa forma, não é necessária a concordância entre os nomes *soldadinhos* e *chumbo* para entendermos a relação que existe entre a locução e o substantivo. Se "de chumbo" estivesse na sua forma de adjetivo "plúmbeo", não haveria o conectivo para estabelecer essa relação e, nesse caso, teríamos de fazer a concordância:

- Os meus dois velhos soldadinhos plúmbeos foram doados.

Quando o termo preposicionado varia, o que ocorre? A dona deste terreno quer vendê-lo.

Se *dona* for para o plural, é preciso que *deste terreno* também sofra flexão? Não, a frase ficará assim: As donas do terreno querem vendê-lo.

Dona passou a ser *donas* e, por isso, o artigo *a* teve de ir para o plural normalmente; porém a expressão "do terreno" não, pois a preposição já fez a relação entre os termos ser estabelecida. A única alteração que houve na frase foi semântica, ou seja, no sentido da frase. Dá para pensarmos que a primeira dona é mais rica que as outras, pois são duas para ter um terreno.

A frase poderia também apresentar-se assim: As donas dos terrenos querem vendê-los.

A expressão "do terreno" não foi para o plural porque "donas" está no plural, mas porque *as donas* têm *dois terrenos ou mais*. Essa alteração só aconteceu por causa da semântica.

Além do entendimento dessa relação, temos ainda dois pontos importantes a serem observados. Um deles é que dentro dos termos preposicionados as palavras devem estar em concordância com o núcleo: *dos terrenos* não poderia ser *da terrenos* ou *do terrenos*, dentro de todo termo a harmonia da concordância deve ser estabelecida também. Outro ponto a ser analisado é o que aconteceu com o pronome *los*, que é um pronome substantivo, ou seja, substituiu um substantivo, portanto assume o valor do nome bem como suas flexões – substituiu *terrenos*, substantivo masculino e plural, então *los* deve ser flexionado no masculino e no plural.

Esse é o esquema que representa as relações apresentadas:

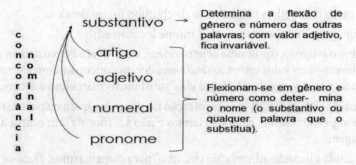

Essas são as bases da concordância nominal. Assim, para resolver questão de prova desse assunto, nunca se deve concentrar-se nos termos preposicionados, ou seja, naqueles que estiverem com preposição antes, como em "de chumbo", só é necessário observar se "dentro" deles foi feita a concordância necessária.

Para não haver equívoco, pode-se valer da seguinte estratégia: isolar os verbos e o(s) termo(s) preposicionado(s) depois de observar se "dentro" dele existe concordância.

- *Os meus dois velhos soldadinhos de chumbo (foram doados).*

Esse processo auxilia muito a perceber a concordância, entretanto é sempre bom ter em mente que o raciocínio desse assunto exigirá a interpretação do texto.

<blockquote>
<u>REGRA BÁSICA</u>: as palavras adjetivas concordam com o nome a que se referem em gênero e número, *exceto* as preposicionadas.
</blockquote>

Vamos ver agora as particularidades do assunto:

2.2. Substantivo + Substantivo + Adjetivo:

O adjetivo pode ficar no plural (se os gêneros dos substantivos forem diferentes, prevalecerá o masculino) **ou** pode concordar com o substantivo mais próximo. Exemplos:

(a) Comprei <u>livro</u> e <u>apostilas</u> ilustrados. ——➤ o adjetivo ficou no plural para concordar com os dois substantivos de referência e no masculino, porque, quando os gêneros dos substantivos são diferentes prevalece o masculino: *concordância gramatical.*

Mas, como diz a regra, essa mesma frase também pode ser redigida da seguinte maneira:

(b) Comprei <u>livro</u> e <u>apostila</u> ilustrada. ——➤ o adjetivo ficou no feminino e no singular, porque concordou apenas com o substantivo mais próximo *apostila*: *concordância atrativa.*

Note-se que a gramática permite as duas formas de concordância, para que o autor consiga deixar clara a relação do adjetivo com o substantivo a que se refere. Por isso, tudo dependerá do contexto para se avaliar melhor a concordância, ainda que muitas vezes nem essa permissão gramatical ajude: *Comprei <u>apostilas</u> e <u>livros</u> ilustrados* – o autor, neste caso, refere-se apenas a *livros* ou também a *apostilas*?

Não é possível termos certeza, pois se a relação for só com *livros*, a concordância será *ilustrados*, e se for com os dois substantivos, a concordância também será *ilustrados*. Assim, não podemos perder de vista que, gramaticalmente, as duas formas são corretas, ainda que possa haver ambiguidade ou obscuridade no entendimento do sentido da frase, e, sempre que for necessário e possível, a concordância esclarecerá o sentido da frase.

2.3. Adjetivo + Substantivo + Substantivo

O adjetivo concorda com o nome mais próximo. Isso ocorre por uma questão de eufonia (som agradável). Exemplo: *Observam-se **boa** <u>disciplina</u>, <u>estudo</u> e <u>trabalho</u> neste lugar.*

O adjetivo *boa* só concordou com *disciplina*, ainda que sua referência seja *disciplina*, *estudo* e *trabalho*.

OBSERVAÇÕES:

(a) Se preceder um substantivo como título, prenome, parentesco ou se referir a nomes próprios, inclusive de pessoas ilustres, é empregado SEMPRE no plural. Exemplos:

Tivemos a presença dos ilustres <u>Celso Cunha</u> e <u>Domingos P. Cegala</u>.

(b) Se o adjetivo anteposto aos substantivos funcionar como predicativo (quando a adjetiva está relacionado ao sujeito pelo verbo), poderá concordar com o substantivo mais próximo (conforme a regra acima), ou ir para o plural – isso dependerá do comportamento do verbo. Portanto, não se preocupem com a classificação sintática do adjetivo, apenas observem o verbo:

<u>Ficou triste</u> o <u>filho</u> e a <u>filha</u>.

OU

<u>Ficaram tristes</u> o <u>filho</u> e a <u>filha</u>.

(c) Todas as condições de concordância apontadas aqui seguem a norma padrão. Porém há autores que são favoráveis à concordância atrativa – concordância do adjetivo apenas com o substantivo mais próximo – como também são favoráveis à concordância gramatical:

Tinha fascinante <u>trabalho</u> e <u>desempenho</u>.

OU

Tinha fascinantes <u>trabalho</u> e <u>desempenho</u>.

Tudo isso fica condicionado à eufonia (som agradável) do período e também à clareza da informação.

2.4. Substantivo + Adjetivo + Adjetivo + Adjetivo

(a) Se o substantivo estiver no plural: Não se usa ARTIGO antes dos adjetivos.

(b) Se o substantivo estiver no singular: Usa-se ARTIGO a partir do segundo adjetivo – com paralelismo, ou seja, com clareza da informação. Por esse motivo, essa é a forma aconselhável de se fazer a elaboração da frase.

Observação: caso não se coloque o artigo a partir do segundo adjetivo, não haverá erro gramatical, porém sua ausência poderá acarretar alteração do sentido ou obscuridade ao texto. Por esse motivo, essa é a forma desaconselhável de se fazer a elaboração da frase.

Exemplos:

- *Estudamos as línguas* <u>grega</u>, <u>romana</u> e <u>inglesa</u>.

- *Estudamos a língua* <u>grega</u>, *a* <u>romana</u> e *a* <u>inglesa</u>. *(forma aconselhável)*

- *Estudamos a língua* <u>grega</u>, <u>romana</u> e <u>inglesa</u>. *(forma desaconselhável)*

2.5. Pronome de Tratamento

A concordância com os pronomes de tratamento formados por locuções, como Vossa Senhoria, Sua Santidade... deve ser feita apenas na terceira pessoa (=você), devido à ideia de distanciamento entre as pessoas em comunicação que esses pronomes marcam.

Além disso, a concordância das palavras adjetivas que se referirem a esses pronomes será feita com o sexo da pessoa que recebeu o tratamento e não com o pronome.

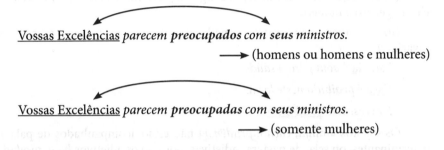

Vossas Excelências *parecem preocupados com seus ministros.*
⟶ (homens ou homens e mulheres)

Vossas Excelências *parecem preocupadas com seus ministros.*
⟶ (somente mulheres)

2.6. Substantivo com a Função de Adjetivo

Quando o substantivo é empregado como adjetivo, deve ficar invariável:

Tinha dois lindos ternos **vinho**.

2.7. Flexão dos Adjetivos Compostos

São duas as formas de flexionarmos os adjetivos compostos, dependendo de sua formação. Quando são formados por:

Caso 1 – adjetivo + adjetivo: apenas o último elemento varia em gênero e número. Exemplos:

- *Comprei uma* camisa **verde-clara**. → *duas* camisas **verde-claras**.

- *O* homem **democrata-cristão** *saiu*. → *Os* homens **democrata-cristãos**...

Os dois adjetivos são formados por dois adjetivos: *verde* e *clara*, *democrata* e *cristão*. Como *clara* e *cristão* são os últimos elementos da formação dos dois adjetivos compostos, somente eles concordam com os substantivos de referência. Assim, apenas *clara* concorda com o substantivo *camisa* e apenas *cristão* concorda com o substantivo *homem*.

Caso 2 – adjetivo + substantivo: o adjetivo composto fica invariável. Exemplos:

- *O* tecido **verde-musgo** *é novo*. → *Os* tecidos **verde-musgo** *é novo*.

- *O* terno *dele é* **verde-limão**. → *Os* ternos *dele são* **verde-limão**.

Os dois adjetivos compostos têm como último elemento um substantivo com função de adjetivo, *musgo* e *limão*. E, assim como no item 1.5, esse substantivo não varia em função de outro.

Observações:

1- **azul-marinho** e **azul-celeste** → invariáveis

2- **surdo-mudo** → variam os dois elementos: (meninos surdos-mudos / meninas surdas-mudas)

2.8. Bom / É Proibido / É Necessário

(a) Se o sujeito determinado por artigo ou pronome: o adjetivo concorda com ele em gênero e número.

(b) Se o sujeito não for determinado por artigo ou pronome: o adjetivo fica invariável.

- <u>Laranja</u> é *bom para a saúde*.

- <u>Caça</u> é *proibido neste local*.

- *É necessário* <u>prudência</u>.

Os sujeitos *laranja, caça* e *prudência* não estão acompanhados de palavras determinantes, ou seja, de palavras adjetivas, por isso os adjetivos *bom, proibido* e *necessário* ficaram invariáveis.

Atenção para a diferença:

- <u>Esta laranja</u> é *boa para a saúde*. → *É boa para a saúde* <u>esta laranja</u>.

- <u>A caça</u> é *proibida neste local*. → *É proibida* <u>a caça</u> *neste local*.

2.9. Meio/Muito/Bastante/Caro/Barato ... adj. ou adv.?

Palavra adjetiva varia, mas advérbio não varia. A questão é que algumas palavras – meio, muito, bastante... – podem desempenhar papel de palavra adjetiva, mas também podem desempenhar papel de advérbio. Isso dependerá de qual será a palavra a que elas se referirão: um substantivo ou não: palavra que se refere a um nome é palavra adjetiva e varia; palavra que não se refere ao nome é advérbio – pode referir-se a um adjetivo, a um outro advérbio ou a um verbo – e não varia.

- *Meia* <u>porta</u> *está aberta*. → o numeral *meio* se refere ao substantivo *porta*, logo é uma palavra adjetiva e, por isso, deve concordar com *porta*.

- *A porta está* **meio** <u>aberta</u>→ *meio* está se referindo ao adjetivo *aberta*, por isso trata-se de um advérbio e fica invariável.

É claro que o sentido da palavra "meio" muda de um caso para o outro. Quando a ideia é de *metade, meio* é numeral e varia normalmente; quando a ideia é de *um tanto, um pouco, meio* é advérbio e não varia.

- *Bastantes* <u>pessoas</u> *vieram*. → "bastante" se refere ao substantivo *pessoas*, por isso é uma palavra adjetiva e tem de variar; é pronome indefinido.

- Eles são **bastante** <u>agradáveis</u>.→agora "bastante" se refere ao adjetivo *agradáveis*, assim só pode ser um advérbio, não varia.

Caro e barato funcionam do mesmo jeito. Quando se referem a um nome, são adjetivos e concordam com o nome de referência, quando não se referem ao nome, são advérbios e não variam.

- *Esses carros <u>custaram</u> muito caro.* → "caro" é advérbio e não varia, pois sua referência é o verbo.

- *As frutas <u>estão</u> bem baratas.* → "baratas" é adjetivo de frutas, por isso varia.

3. CONCORDÂNCIA VERBAL

3.1. Introdução

Este assunto se concentra na análise da flexão do verbo, que deve seguir a flexão de pessoa e número do sujeito. Essa concordância, então, é feita como procedemos ao conjugar os verbos:

Eu amo – verbo em primeira pessoa do sing. como o sujeito;

Tu amas – verbo em segunda pessoa do sing. como o sujeito;

Ele ama – verbo em terceira pessoa do sing. como o sujeito;

Nós amamos – verbo em primeira pessoa do plural como o suj.;

... e assim por diante.

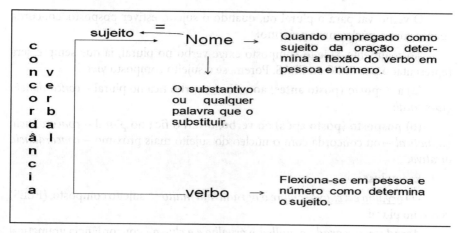

Assim, deve-se levar em consideração o núcleo do sujeito para se realizar a concordância:

- <u>*O número de alunos participantes da excursão* foi excelente.</u>

O núcleo do sujeito da oração é *número* e o sujeito "todo" é o que sublinhamos acima. Assim, se substituirmos "todo" o sujeito por um pronome pessoal do caso reto (eu, tu, ele, nós, vós, eles), o pronome será "ele", pois a informação principal sempre está no núcleo, ou seja, no nome – no caso do sujeito, será o nome que não estiver preposicionado.

Em um grupo de nomes formando o sujeito, o nome que não estiver preposicionado será sempre o núcleo do sujeito – quando o sujeito estiver explícito na oração em que está o verbo que esse sujeito rege.

Como o sujeito da oração analisada pode ser substituído pelo pronome pessoal "ele", o verbo deve ficar na terceira pessoa do singular.

- *O número de alunos participantes da excursão* foi excelente.

ELE = 3ª pessoa do singular → 3ªp.s.

Além disso, é importante lembrar que em um período composto há de se considerar oração por oração, afinal cada uma delas apresenta um verbo e, muitas vezes, têm sujeito diferente uma da outra. Ou, ainda, o sujeito de uma oração está expresso em outra.

3.2. Sujeito Simples (com um núcleo apenas)

O verbo concorda em pessoa e número com o *núcleo* do sujeito, quando, é claro, o sujeito existir.

A partir de agora, analisaremos o comportamento do verbo com tipos de sujeito diferentes do sujeito simples.

3.3. Sujeito Composto (sujeito com mais de um núcleo)

O verbo vai para o plural ou, quando o sujeito estiver posposto, concorda apenas com o núcleo mais próximo.

Normalmente, sujeito composto exige verbo no plural, já que sempre será representado por ELES ou ELAS. Porém, se o sujeito composto vier

(a) anteposto (posto antes) ao verbo: o verbo fica no plural – *concordância gramatical*;

(b) posposto (posto após) ao verbo: o verbo fica no plural – *concordância gramatical* – ou concorda com o núcleo do sujeito mais próximo – *concordância atrativa*.

Exemplos:

- *O orvalho e a chuva* sempre o **agradaram muito.** → sujeito composto, (ELES) verbo no plural.

Agradam ou agrada a mulher o *orvalho e a chuva.*/ concordância gramatical ou atrativa.

No primeiro caso, o sujeito estava em ordem direta, ou seja, antes do verbo; o verbo, então, tem de ir para o plural. Já no segundo caso, o sujeito *o orvalho e a chuva* estava depois do verbo e, quando isso ocorre, o verbo pode tanto ir para o plural, como concordar apenas com o núcleo mais próximo, nesta frase, apenas com *orvalho*.

Queremos deixar claro que não estamos dizendo que o verbo pode tanto ficar no plural como no singular, a informação é bem diferente.

Cap. 9 · CONCORDÂNCIA NOMINAL E VERBAL

3.4. Sujeito Paciente + Se (voz passiva + pronome apassivador)

O verbo concorda com o sujeito normalmente.

A voz é passiva, porque o sujeito determinado na oração sofre a ação do verbo. É importante lembrar que essa construção só é possível com verbo de ação e que seja transitivo direto ou direto e indireto.

O mais importante no caso do sujeito paciente, quando há o pronome apassivador SE na frase, é sabermos reconhecer o sujeito. Reconhecido o sujeito da oração, o pronome é apassivador – o qual também é chamado de partícula apassivadora -, e o verbo deverá concordar com o sujeito.

- *Espera-se uma nova* <u>guerra</u>. → *Esperam-se novas* <u>guerras</u>.

No primeiro exemplo, guerra é um sujeito paciente simples e singular, por isso o verbo fica no singular. No segundo exemplo, o sujeito paciente simples e plural faz com que o verbo vá para o plural. Para tal reconhecimento, basta fazer o seguinte raciocínio:

- <u>*Espera-se*</u> *uma nova guerra*, então *Uma nova guerra* <u>*é esperada*</u>.

- <u>*Esperam-se*</u> *novas guerras*, então *Novas guerras* <u>*são esperadas*</u>.

Se a troca deu certo no contexto, não há o que ter dúvida: *uma nova guerra* e *novas guerras* são os respectivos sujeitos da oração.

3.5. Sujeito Indeterminado + Se (voz ativa + índice de indeterminação do sujeito)

O verbo fica em 3ª pessoa do singular.

A voz é ativa quando alguém pratica a ação, e sujeito indeterminado acontece quando não se sabe quem foi que a praticou, por isso a classificação "indeterminado". É importante lembrar que essa construção só é possível com verbo de ação e que seja transitivo indireto ou intransitivo.

Muito parecida com a forma do sujeito paciente, essa construção não apresenta nenhum nome que possa ser o sujeito da oração, ou simplesmente a ideia da frase é "que qualquer um" poderia praticar a ação do verbo da oração, ou, ainda, a intenção do autor do texto não era dizer quem foi o praticante da ação verbal.

- <u>*Desconfia-se*</u> *dos mentirosos*. → *Quem é que desconfia dos mentirosos?* Qualquer um, todo mundo.

- <u>*Acredita-se*</u> *em seres de outros planetas.* → *Quem é que acredita nesses seres?* Qualquer um, todo mundo.

Em nenhum dos casos acima encontraremos um nome que possa ser o sujeito da oração, pois "dos <u>mentirosos</u>" e "em <u>seres</u> de outros planetas" são nomes que constituem termos preposicionados, pois os verbos são transitivos indiretos.

Semanticamente, quem desconfia de mentirosos? É claro que *todo mundo*, *qualquer um* desconfia de mentirosos; assim como acreditar em seres de outros planetas também tem sentido *genérico*, ou seja, *todo mundo* acredita em seres de outros planetas, de acordo com o contexto.

3.6. Sujeito Inexistente (ou oração sem sujeito)

Ocorre com verbos impessoais, que ficam invariáveis, em 3ª pessoa do singular.

A oração fica sem sujeito quando o verbo é impessoal. Os verbos impessoais são conjugados apenas na 3ª pessoa do singular, porque não apresentam sujeito; é o caso dos verbos que indicam fenômenos da natureza – *chover, nevar, relampejar...* -, os que indicam tempo ou clima – *ser, estar, haver, fazer* – e, ainda, o verbo *haver* com sentido de "existir": **Há** (=existem) muitas pessoas aqui.

(a) <u>Verbo *haver = existir*</u> → oração sem sujeito, verbo em 3ª pessoa do singular:

- *Logo* **existirão** <u>pessoas</u> *morando na Lua.* = *Logo* **haverá** *pessoas...*

Na primeira frase, o sujeito é *pessoas, existir* é um verbo que apresenta sujeito, por isso está em terceira pessoa do plural. No segundo exemplo, contudo, o verbo *existir* foi substituído pelo *haver* e, nesse caso, a oração passou a ser sem sujeito, por isso o verbo ficou em terceira pessoa do singular.

- <u>Deverão existir</u> *muitos* <u>alunos</u>. = <u>Deverá haver</u> *muitos alunos.*

Na primeira frase, o sujeito é "alunos", por isso a locução verbal, especificamente, o verbo auxiliar (deverão) foi para o plural, pois o verbo principal (existir) aceita um sujeito – observe-se que o verbo principal é sempre aquele que representa a ação propriamente dita da oração; o auxiliar, por sua vez, é que faz as devidas flexões e auxilia no sentido que se deseja dar a ação, quando o verbo principal não consegue fazer isso sozinho, porém, como é o principal que importa, o auxiliar segue as características do principal.

Na segunda oração, não há mais sujeito, pois o verbo principal é o *haver* e, como verbo principal, ele terá sentido de existir, logo será impessoal. Dessa maneira, ao verbo auxiliar só restou ficar no singular, seguindo as características do principal.

Ao mesmo tempo em que reconhecemos o haver sempre impessoal, quando verbo principal da locução, também devemos reconhecê-lo como pessoal, quando auxiliar de outro verbo, já que fica equivalente ao verbo "ter":

- *Eles* **<u>tinham estudado</u>** *bastante.* → *Eles* **<u>haviam estudado</u>** *bastante.*

(b) <u>*HAVER* e *FAZER* indicando tempo passado</u> → com o primeiro verbo ou com o segundo, a oração fica sem sujeito e os verbos devem permanecer em 3ª pessoa do singular:

- *Há três dias, não o vejo.* → *Faz três dias que não o vejo.*

E o mesmo processo ocorre quando há a locução verbal:

- <u>Deve fazer</u> *três anos que não o vejo.*

<u>Observação</u>: o verbo *fazer* indicando clima também é impessoal e pelo mesmo motivo.

- *Faz verões incríveis no Nordeste do Brasil.*

(c) <u>*SER*</u> → na determinação de DATAS, HORAS e DISTÂNCIA → o verbo SER concorda com a expressão numérica que indica a "data", a "hora" ou a "distância". O sujeito é inexistente nesses casos; a questão é que o verbo *ser* apresenta concordância totalmente irregular em relação aos outros.

- *São 4 horas da tarde.* → o verbo no plural concorda com 4
- *É meio-dia e meia.* → o verbo no singular concorda com *meio*.
- *Daqui a Santos são 70 quilômetros.* → v. no plural concorda com 70
- *Ontem foi 1º. de maio.* → verbo no singular concorda com 1º
- *Ontem foram 10 de maio.* → verbo no plural concorda com 10

Observação: na indicação de data, há três construções possíveis que alteram o comportamento do verbo:

- *Ontem foram 10 de maio.* → verbo no plural concorda com 10 **OU**
- *Ontem foi 10 de maio.* → verbo no singular, subentendo-se a palavra dia: *Ontem foi (dia) dez de maio.** **OU**
- *Ontem foi dia 10 de maio.* → com a palavra dia expressa*

*Com o substantivo *dia* expresso ou subentendido, o verbo fica no singular para concordar com ele.

3.7. Particularidades na Formação do Sujeito

As formações de sujeito a seguir continuam sendo de sujeito simples e de composto, porém alguns com possibilidades de concordância diferentes da gramatical e outros com estrutura diferente.

3.7.1. Sujeito é expressão de sentido partitivo

(a) Quando o sujeito tem como núcleo uma expressão de sentido partitivo (refere-se a uma parte de um todo), o verbo fica no singular;

(b) Quando o sujeito é expressão de sentido partitivo com adjunto adnominal no plural, ou seja, acompanhado de termo plural, o verbo fica no singular ou no plural, concordando com a ideia de vários elementos.

(a) A *maioria* **conseguiu** sucesso.

b) A *maioria dos candidatos* **conseguiu / conseguiram** sucesso.

Observações:

1. Quando o verbo distanciar-se do sujeito, que é partitivo, poderá ficar no plural, concordando com a ideia de "vários, muitos": *A maioria concordava com ele, mas **discordavam** em alguns pontos. (caso de silepse – concordância com a ideia);*

2. Na ordem inversa, a preferência é pelo singular: *Ontem à tarde, **reuniu-se** a turma de alunos.*

3.7.2. Um dos que / Uma das que

Quando o sujeito apresenta em sua formação essa estrutura, o verbo fica no singular, mas pode ficar também no plural, desde que não haja na frase ou no contexto o sentido da exclusão:

- Raposa é uma das equipes que *participou / participaram* do campeonato.

Se o verbo fica no singular faz referência à equipe Raposa, enfatizando-a. Mas, se o verbo fica no plural, faz referência a todas as equipes, o que neste caso não traz prejuízo semântico ao texto.

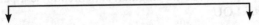

- É **um** dos filmes desta famosa roteirista que **passará** hoje na TV.

Nesse segundo caso, não podemos pensar *filmes*, pois seria incoerente todos os filmes de uma roteirista passarem no mesmo horário e no mesmo dia na TV. Assim, temos aqui a ideia da exclusão: só um filme passará, os outros não, por isso o verbo fica no singular.

Atenção! Com estas três formações de sujeito o verbo só pode ficar no singular, observem que não há o "que", pronome relativo:

- <u>Um</u> dos meninos **quebrou a janela.** → não temos aqui a formação "um dos que"

- <u>Cada um</u> dos diretores **expôs seu plano.**

- <u>Nenhum</u> deles **compareceu à reunião de hoje.**

Todas essas expressões dão a ideia de singular.

3.7.3. Com a expressão mais de um:

(a) Verbo no singular.

(b) Se houver **repetição** (da expressão) **ou reciprocidade** (na ideia, com o pronome recíproco), o verbo vai para o plural:

- Mais de <u>um filho</u> **apoiou** o pai. → o verbo concorda com o nome, que é núcleo.

- Mais de <u>um aluno</u>, mais de <u>um professor</u> **faltaram**. → pessoal, sujeito composto, verbo no plural.

- Mais de <u>um irmão</u> **abraçaram-se.** → o verbo foi para o plural, porque a ideia que há aqui é de que um irmão abraçou o outro – o que é revelado pelo pronome *se*, pronome recíproco.

Neste último caso, prevalece a ideia passada pela frase e não os aspectos gramaticais.

3.7.4. Sujeito representado pelo "que" e pelo "quem"

(a) <u>Pronome relativo QUE como reforço de sujeito:</u>

- *As* <u>pessoas/ que</u> *participarem do evento/ receberão um brinde.*

Podemos observar que o verbo *participarem* está no plural para concordar com o antecedente do pronome relativo "que", *as pessoas*, tanto que ele está em terceira pessoa do plural.

(b) <u>Pronome QUEM como sujeito</u>

Quando o sujeito for representado pelo pronome "quem": o verbo deverá ficar na terceira pessoa do singular (o pronome quem é considerado neste caso um pronome indefinido).

<u>Pela norma culta:</u> *Não fui eu <u>quem</u> fez este relatório.*

Por quê: <u>Quem</u> **fez** este relatório não fui eu.

O pronome "quem" é o sujeito e, assim, leva o verbo para a 3ª pessoa do singular.

3.7.5. Sujeito é nome próprio no plural

Se o sujeito for acompanhado de artigo plural, o verbo fica no plural; se o sujeito não for acompanhado de artigo ou acompanhado de artigo singular, o verbo fica no singular:

- <u>Campinas</u> **possui** *um bom movimento artístico.*

- <u>O Amazonas</u> **nasce** *nos Andes.*

- <u>Os Estados Unidos</u> **chegarão** *a Marte.*

3.7.6. Sujeito ligado por "ou"

De olho na semântica:

(a) Verbo no singular se "ou" indicar exclusão;

(b) Verbo no plural se "ou" indicar adição, soma, inclusão;

(c) Verbo concorda com o núcleo mais próximo dele quando "ou" indicar retificação.

(a) <u>O Brasil ou a Argentina</u> **ganhará** o campeonato mundial.

<u>Ricardo ou Alexandre</u> **casará** com Luísa.

Nos dois casos acima, o "ou" indica exclusão, porque só um país pode ganhar, assim como somente um se casará com Luísa. Assim, um dos elementos é excluído.

(b) <u>Fortaleza ou Recife</u> **são** bons lugares para as férias.

Já nesta frase a ideia muda, pois o que ela nos diz é que os dois lugares *são bons para as férias*, por isso a ideia aqui é de inclusão, de soma, nenhum dos dois lugares foi excluído.

(c) <u>O deputado ou os deputados</u> **votaram** contra o projeto do governador.

Neste último período, a ideia é de retificação. Note-se que a palavra *deputado* passa do singular para o plural. Este é um recurso que a linguagem nos oferece apara corrigirmos algo que dissemos equivocadamente. Mas, nós não usamos essa estrutura, nós dizemos "ou melhor": "O deputado, ou melhor, os deputados... Portanto, é um caso de retificação e o verbo, logicamente, o verbo concorda com o último elemento que é o da correção.

3.7.7. Sujeito formado por locuções pronominais

(a) Algum nós

Nenhum + de/dentre + vós + **verbo**

Qual   eles

Quem

O verbo fica na terceira pessoa do singular desde que o primeiro pronome esteja no singular.

(b) Alguns

Poucos   nós

Muitos + de/dentre + vós + **verbo**

Quais   eles

Quantos

Vários

O verbo concordará com os pronomes NÓS / VÓS/ ELES, ou vai para a terceira pessoa do plura, desde que o primeiro pronome esteja no plural.

- <u>ALGUM de nós</u> *abandonará a luta?*

sujeito com loc.

pronominal e o 1º } verbo em 3ª p. sing.

pronome no singular

- *Sim,* <u>ALGUNS de nós</u> *abandonarão / abandonaremos a luta.*

sujeito com loc.

pronominal e o 1º } verbo em 3ª p. pl. **OU** v. concorda com o 2º

pronome no plural   pronome da locução (nós)

Mais dois exemplos:

- *É necessário saber* <u>qual de nós</u> *tem coragem suficiente para realizar a tarefa.*

- <u>Quais de nós</u> *têm / temos coragem suficiente para realizar a tarefa?*

A primeira regra é fácil de entender, pois se o pronome núcleo do sujeito é singular, colocamos o verbo no singular, raciocínio básico.

A segunda regra permite a concordância gramatical, pois se o pronome núcleo do sujeito está no plural, o verbo vai para o plural; mas, esse plural permite a possibilidade de o verbo ir para o plural, concordando com o segundo pronome da locução, realizando um concordância ideológica: no último exemplo, temos a locução *Quais de nós*, se a concordância é feita com o pronome nós, a concordância é ideológica, porque a pessoa está se inserindo ao grupo de pessoas *que tem coragem suficiente para realizar a tarefa.*

3.7.8. Sujeito oracional

O sujeito oracional é, em verdade, uma oração subordinada substantiva que exerce a função de sujeito da oração principal. Esta oração chama-se subjetiva e pode ser desenvolvida ou reduzida. Quando o sujeito de uma oração aparece sob a forma de oração, o verbo da oração principal fica na terceira pessoa do singular.

Para reconhecer uma oração como sujeito da outra, sugerimos que se troque a oração subordinada pelo ISSO, tenha ela a conjunção subordinativa integrante ou não. Vejamos:

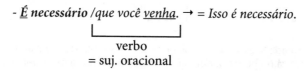

- É necessário /que você venha. → = Isso é necessário.
  verbo
  = suj. oracional

E não importa se essa oração subordinada substantiva subjetiva, isto é, esse sujeito oracional seja desenvolvido ou reduzido, o raciocínio é o mesmo:

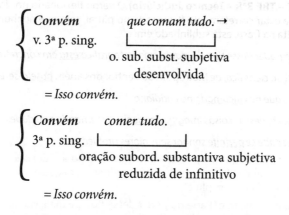

{ Convém   que comam tudo. →
  v. 3ª p. sing.
              o. sub. subst. subjetiva
              desenvolvida
= Isso convém.

{ Convém   comer tudo.
  3ª p. sing.
              oração subord. substantiva subjetiva
              reduzida de infinitivo
= Isso convém.

4. QUESTÕES COMENTADAS

1. **(2011 – FCC – TRE-RN – Técnico Judiciário)** Com a substituição dos segmentos grifados pela expressão entre parênteses ao final da transcrição, o verbo que deverá ser colocado no plural está em:

   a) ... em breve, o local vai abrigar um complexo voltado principalmente para o turismo religioso. (a região do Agreste/Trairi).

   b) A ocupação portuguesa só se efetivou no final do século, com a fundação do Forte dos Reis Magos e da Vila de Natal. (A ocupação pelos portugueses).

   c) A região é grande produtora de sal, petróleo e frutas ... (A região de dunas, falésias e praias desertas).

   d) O turismo de aventura encontra seu espaço no Polo Serrano ... (O turismo voltado para atividades de aventura).

e) ... e começou a ganhar importância <u>a extração do sal</u> ... (os recursos obtidos com a extração do sal).

Observe-se que o raciocínio desta questão é igual ao da anterior, assim:

Na letra a, substituindo "o local" por "a região do Agreste/Trairi", o verbo ficará no singular, já que o núcleo deste último termo é "região".

Na letra b, substituindo "A ocupação portuguesa" por "A ocupação pelos portugueses", o verbo ficará no singular, já que o núcleo deste último termo é "ocupação".

Na letra c, substituindo "A região" por "A região de dunas, falésias e praias desertas", o verbo ficará no singular, já que o sujeito o núcleo deste último termo é "região".

Na letra d, substituindo "O turismo de aventura" por "O turismo voltado para atividades de aventura", o verbo ficará no singular, já que o núcleo deste último termo é "turismo".

Na letra e, substituindo "a extração do sal" por "os recursos obtidos com a extração do sal", o verbo ficará no plural, já que o núcleo deste último termo é "recursos" – essa é a resposta.

Gabarito e.

2. **(2014 – FCC – TRF 3ªR – Técnico Judiciário)** O verbo flexionado no singular que também poderia estar corretamente flexionado no plural, sem que nenhuma outra alteração fosse feita na frase, está sublinhado em:

a) *Parte do poder desse tipo de magia cinematográfica <u>está</u> em concretizar...*

b) *Toda ficção científica, de Metrópolis ao Senhor dos anéis, <u>baseia-se</u>, essencialmente...*

c) *... tudo o que nos <u>incomoda</u> no cotidiano*

d) *Como parte dessas coisas imaginadas <u>acaba</u> se tornando realidade...*

e) *... a sociedade se <u>permite</u> sonhar seus piores problemas...*

Para este tipo de questão, o raciocínio muda um pouco. Em primeiro lugar, temos de reconhecer o sujeito de cada oração e identificar aquele que permita ao verbo ficar no singular ou no plural.

Na letra a, o sujeito é "Parte do poder desse tipo de magia cinematográfica", cujo núcleo é um coletivo partitivo – parte –, o que permite ao verbo concordar com ele (parte), no singular, ou com o núcleo do adjunto adnominal que o acompanha (poder) – neste caso, em ambas as ocorrências, o verbo deverá ficar no singular.

Na letra b, o sujeito é "Toda ficção científica", cujo núcleo é "ficção", portanto, neste caso, o verbo deverá ficar no singular.

Na letra c, o sujeito é "que", que retoma o demonstrativo "o", levando, desta forma, o verbo para o singular.

Na letra d, o sujeito é "parte dessas coisas imaginadas", cujo núcleo é um coletivo partitivo – parte –, o que permite ao verbo concordar com ele (parte), no singular, ou concordar com o núcleo do adjunto adnominal que o acompanha (coisas) – neste caso, o verbo poderá ficar no singular ou no plural – essa é a resposta.

Na letra e, o sujeito é "sociedade", levando, desta forma, o verbo para o singular.

Gabarito d.

3. **(2014 – FCC – SABESP – Técnico em Gestão)** Quanto à concordância verbal, a frase inteiramente correta é:

Cap. 9 · CONCORDÂNCIA NOMINAL E VERBAL

a) Grande parte dos efeitos da urbanização no século XXI se produz nas cidades do chamado sul global.

b) O hipercrescimento, dizem os especialistas, caracterizam algumas cidades no século XXI.

c) Nem sempre existiu cidades tão populosas como as do século XXI.

d) Devem haver muitos contrastes entre as pessoas que vivem nas cidades e aqueles que moram no campo.

e) Os otimistas, que são a maioria, vê as cidades como arenas de transformação social.

Há aqui uma questão comum de concordância, em que se deve considerar o reconhecimento dos verbos que aparecerem nas frases e seus respectivos sujeitos, até encontrarmos o verbo que será flexionado de acordo com o seu sujeito; assim:

Na letra a, o sujeito de "produz" é "Grande parte dos efeitos da urbanização", cujo núcleo é "parte", e, como o verbo está no singular, concordando com tal núcleo, tem-se a alternativa correta – essa é a resposta.

Na letra b, o sujeito de "dizem" é "os especialistas", cujo núcleo é "especialistas", e, como o verbo está no plural, concordando com tal núcleo, tem-se flexão correta; mas de "caracterizam" o sujeito é "O hipercrescimento", cujo núcleo é "hipercrescimento" – singular -, por isso o verbo deveria estar no singular.

Na letra c, o sujeito de "existiu" é "cidades tão populosas", cujo núcleo é "cidades", e, como o verbo está no singular, sem concordar, portanto, com tal núcleo, sua forma está errada.

Na letra d, o verbo "haver", na primeira oração deste período, tem sentido de "existir", o que o torna impessoal, obrigando-o a ser flexionado apenas em terceira pessoa do singular, assim como seus verbos auxiliares, portanto a forma "devem haver" está errada, teria de ser "deve haver"; na segunda oração, o sujeito de "vivem" é o "que", o qual se refere a "pessoas", o que leva o verbo para o plural, flexão correta; e o sujeito de "moram" também é o "que", o qual se refere a "aqueles", o que leva o verbo para o plural – flexão correta.

Na letra e, o sujeito de "são" é o "que", que se refere a "otimistas", o que leva o verbo para oplural, flexão correta; mas de "vê" o sujeito é "Os otimistas", cujo núcleo é "otimistas" – plural -, por isso o verbo deveria estar no plural – flexão errada.

Gabarito a.

5. QUESTÕES PARA TREINAR!

1. **(2013 – CESPE – TJ-DF)** A pesquisa indica, ainda, que 30% das pessoas no mundo não pensam sobre o cibercrime, por não acreditarem que poderiam ser vítimas desse tipo de ação, enquanto 21% admitem não tomar quaisquer medidas de segurança quando estão online.

   A alteração da flexão de plural do pronome "quaisquer" para a forma singular — qualquer — acarretaria incorreção gramatical ao texto.

2. **(2013 – CESPE – TRT)** "Esse ato integra o rol de ações relacionadas à responsabilidade social do tribunal, intensificado a cada gestão."

   O termo "intensificado" está no singular porque concorda com "rol", mas estaria também correto se colocado no feminino plural — intensificadas —, forma que concordaria com "ações".

3. **(2012 – CESPE – ANAC)** "Em 1808, os ventos começaram a mudar. A vinda da Corte e a presença inédita de um soberano em terras americanas motivaram novas esperanças entre a elite intelectual luso-brasileira."

No trecho "A vinda da Corte e a presença inédita de um soberano em terras americanas motivaram", o emprego da forma verbal no plural deve-se à presença do artigo "a" antes de "presença", motivo pelo qual a supressão desse artigo levaria o verbo para a forma singular, mantendo-se, assim, a correção gramatical do trecho.

4. **(2012 – CESPE – ANATE)** "O número de domicílios que têm apenas telefone celular aumentou. Em decorrência do fenômeno da expansão dos que só têm celular, houve uma diminuição dos telefones fixos."

A forma verbal "têm" está no plural porque concorda com o antecedente do pronome relativo.

5. **(2014 – FCC – TRF – 3ª REGIÃO – Técnico Judiciário)** O verbo flexionado no singular que também poderia estar corretamente flexionado no plural, sem que nenhuma outra alteração fosse feita na frase, está sublinhado em:

a)   *Parte do poder desse tipo de magia cinematográfica está em concretizar...*

b)   *Toda ficção científica, de* Metrópolis *ao* Senhor dos anéis, *baseia-se, essencialmente...*

c)... *tudo o que nos incomoda no cotidiano*

d)   *Como parte dessas coisas imaginadas acaba se tornando realidade...*

e)   ... *a sociedade se permite sonhar seus piores problemas...*

6. **(2013 – FCC – TRT – 5ª Região (BA)** – Técnico Judiciário) Sem que nenhuma outra modificação seja feita, o verbo flexionado no singular que também pode ser corretamente flexionado no plural está grifado em:

a)   ... a praga denominada vassoura-de-bruxa <u>devastou</u> os cacaueiros da Bahia...

b)   Essa característica do cultivo <u>ajuda</u> na conservação das espécies florestais...

c)   O mundo <u>aponta</u> para alimentos rastreados e de qualidade.

d)   ... com o tempo, o mercado interno brasileiro <u>atrairá</u> também um número maior de consumidores...

e)   A maior parte das propriedades da Costa do Cacau [...] <u>utiliza</u> o sistema cabruca...

7. **(2014 – FCC – SABESP – Técnico em Gestão – Informática)** Quanto à concordância verbal, a frase inteiramente correta é:

a)   Grande parte dos efeitos da urbanização no século XXI se produz nas cidades do chamado sul global.

b)   O hipercrescimento, dizem os especialistas, caracterizam algumas cidades no século XXI.

c)   Nem sempre existiu cidades tão populosas como as do século XXI.

d)   Devem haver muitos contrastes entre as pessoas que vivem nas cidades e aqueles que moram no campo.

e)   Os otimistas, que são a maioria, vê as cidades como arenas de transformação social.

Cap. 9 · CONCORDÂNCIA NOMINAL E VERBAL

8. **(2014 – FCC – TRT 2ªR – Técnico Judiciário)** A frase em que a concordância respeita as regras da gramática normativa é:

a) É bilateral, sem dúvida alguma, os interesses pela exploração desse tipo de negócio, por isso os países envolvidos terão de fazer concessões mútuas.

b) Cada um dos interessados em participar dos projetos devem apresentar uma proposta de ação e uma previsão de custos.

c) Acordos luso-brasileiros têm sido recebidos com entusiasmo, o que sugere que haverá de serem cumpridos fielmente.

d) Quanto mais discussão houver sobre as questões pendentes, mais se informarão, com certeza, os que têm de decidir os próximos passos do processo.

e) Procede, por uma questão técnica, segundo os especialistas entrevistados, as medidas divulgadas ontem, pois a urgência de saneamento é indiscutível.

9. **(2014 – FCC – TRF 3ªR – Técnico Judiciário)** A concordância verbal e nominal está inteiramente correta em:

a) Muitas pessoas, em busca de paz e de silêncio, gostam de caminhar em meio à natureza, deixando para trás o barulho que lhes é imposto pela vida urbana.

b) O contexto barulhento de nossas cidades e a irritação dele resultante propicia um crescente desconforto que levam muitas pessoas à procura de lugares silenciosos para viver melhor.

c) É preciso haver certo controle dos ruídos que se produz habitualmente no interior das residências, de modo que não se exponha os vizinhos a sons que venham incomodá-los.

d) **Tornou**-se comum atualmente muitas **queixas** de pessoas que se **sente** incomodadas pelo excesso de barulho a que **estão sujeitas** em sua rotina diária.

e) A reprodução de sons por aparelhos cada vez mais possantes **a espalham** por todos os lugares e **incomodam** as pessoas, quando **deveriam**, ao contrário, evitar aborrecimentos.

10. **(2015 – Makiyama – Banestes – Técnico Bancário)** Quanto à concordância verbal, assinale a alternativa INCORRETA:

a) Fui eu quem recolheu todos os brinquedos que estavam espalhados.

b) Os soldados haverão de vencer essa batalha!

c) Caldas Novas é uma cidade muito bonita!

d) Os dois frascos contêm biscoito salgado.

e) O tênis que comprei são para o Marcos.

GABARITO DAS QUESTÕES				
1	2	3	4	5
V	V	F	V	D
6	7	8	9	10
D	A	D	A	E

Capítulo 10

PONTUAÇÃO

1. INTRODUÇÃO

A pontuação nos serve na língua escrita como instrumento para reproduzir os ritmos e as melodias da língua falada, cujos recursos para isso são muitos e extremamente expressivos. Os sinais de pontuação nos auxiliam, portanto, a reproduzir aproximadamente as pausas, a melodia, o ritmo, a entonação da fala.

Os sinais que normalmente marcam as **pausas** são a vírgula (,), o ponto e vírgula (;) e o ponto (.). Enquanto os dois-pontos (:), o ponto de interrogação (?), o ponto de exclamação (!), as reticências (...), as aspas simples (") ou duplas (""), os parênteses (( )) e o travessão simples ou duplo (- -) têm como função essencial marcar a melodia, a entonação, ritmo, reflexão, jogo de silêncio, diferenças. Muitas vezes a pausa e a melodia são representadas por um mesmo sinal, por isso essa divisão das funções dos sinais é relativa, assim como diz Celso Cunha.

Vamos deixar claro aqui que, ao dizermos que os sinais representam pausa, ritmo, entonação, melodia,... eles se destinam em verdade a todas as funções da sintaxe, ou seja, às funções sonoras, semânticas e gramaticais. Tanto isso é verdade que dizemos, por exemplo, que a vírgula representa uma pausa, porém nem toda pausa é representada por uma vírgula.

A reprodução da entonação, do ritmo, da pausa, da melodia, enfim, do som pretende a representação máxima da expressão da mensagem, mas prevê, em primeiro lugar, o entendimento do texto. Sendo assim, depreende-se que a pontuação destina-se a organizar o texto, promover o sentido que se deseja transmitir, por fim, realizar a comunicação. Assim, nossos sinais têm, em primeira instância, finalidade sintática.

Ao elaborarmos uma frase, podemos estruturá-la em ordem direta ou indireta/inversa. Em ordem direta, a estrutura básica é:

Aquela menina bonita	comprou	doce	na loja da esquina.
SUJEITO +	VERBO +	COMPLEMENTO(S) +	ADJUNTO ADVERBIAL

Em ordem direta não há motivos para separarmos nenhum elemento com algum sinal de pontuação. Daí entendermos que elementos que se completam sintaticamente não separados pela pontuação.

E aqui devemos fazer uma ressalva quanto aos adjuntos adverbiais, especialmente os longos (formados por mais de uma palavra), que ao final da frase podem ser separados por vírgula ou não, dependendo da intenção do autor em chamar a atenção para o adjunto ou não, lembrando ainda que isso só é possível, porque adjunto adverbial não é complemento.

Temos assim toda a base do raciocínio da pontuação.

2. EMPREGO DOS SINAIS DE PONTUAÇÃO

2.1. Vírgula (,)

É usada para marcar uma pausa com a finalidade de nos indicar que os termos por ela separados não formam uma unidade sintática, ainda que estejam em uma mesma frase ou oração. É, portanto, um sinal "separador", como diz Evanildo Bechara:

- *Lúcia, esposa de João, foi a ganhadora única da Sena.* → aqui temos um caso de aposto explicativo e ele poderia, ainda, aparecer assim:

- *A ganhadora única da Sena foi Lúcia, esposa de João.* → com apenas uma vírgula por estar no final da frase.

DICA
Nestes casos, o aposto poderia ainda ser separado pelo travessão ou dois-pontos:
- *Lúcia – esposa de João – foi a ganhadora única da Sena.*
- *A ganhadora única da Sena foi Lúcia – esposa de João.*
- *A ganhadora única da Sena foi Lúcia: esposa de João.*

A diferença entre o travessão e a vírgula é que o travessão pede pausa maior de leitura e, portanto, realça a informação.

2.1.1. *Então, não se separam por vírgula:*

(a) sujeito de verbo: **Esta sua ideia,** com certeza não **poderia** ser melhor.
Correção: *Esta sua ideia, com certeza, não poderia ser melhor.*
Obs.: *Note-se que "com certeza" é termo intercalado, por isso ele fica isolado da frase pelas vírgulas; por isso, neste caso, o sujeito não fica separado do verbo. Se retirarmos a expressão adverbial da frase, veremos que a frase tem continuidade lógica. Não é um processo diferente do exemplo anterior, em que havia um aposto explicativo.*

(b) predicado de sujeito: **Esta sua ideia,** não poderia ser melhor.
Correção: *Esta sua ideia não poderia ser melhor.*

(c) objeto de verbo: *Os estudantes* **estudam, assuntos variados.**
Correção: *Os estudantes estudam assuntos variados.*

(d) adjunto adnominal de nome: *A* **casa, de pedra,** *é muito resistente.*
Correção: *A casa de pedra é muito resistente.*

(e) complemento nominal de nome:
A visão, do futuro, tem comprometido nossas esperanças.
Correção: *A visão do futuro tem comprometido nossas esperanças.*

(f) predicativo do objeto do objeto: *O juiz considerou-o, culpado.*
Correção: *O juiz considerou-o culpado.*

(g) oração principal da subordinada substantiva (exceto a apositiva): *Ele quer, que você participe do Congresso.*
Correção: *Ele quer que você participe do Congresso.*

(h) em geral, antes de oração subordinada adverbial que não tenha pausa entre ela e a principal: *Choveu tanto ontem que o rio transbordou.* – neste caso, o "tanto" mantém paralelismo com o "que".

 DICA

Nos casos de ordem inversa ou de intercalação, a vírgula pode aparecer entre os termos complementos, realçando a informação ou evitando ambiguidades:
De qualidade de vida, todos nós precisamos. → o OI colocado em ordem inversa pode ser seguido de vírgula e fica realçado no contexto.
*Os meninos, **ansiosos**, correram em direção ao avô.* → caso de predicativo intercalado separado pelas vírgulas diferenciam-no do adjunto adnominal, evita, portanto, ambiguidade. Neste caso, os meninos estavam ansiosos naquele momento.
Se não houvesse as vírgulas:
*Os meninos **ansiosos** correram em direção ao avô.* → neste caso, "ansiosos" é um adjunto adnominal e a característica dos meninos é permanente, ou seja, eles são ansiosos.

Atenção

Quando há uma relação sintática de complementação entre termos da oração, não se pode separá-los por meio de vírgula na ordem direta; e nunca entre o sujeito e o verbo ou entre o verbo e o objeto direto – pela norma culta, independentemente da ordem da frase.

2.1.2. *Empregos da vírgula:*

(a) separar vocativo:
***Maria,** traga-me uma xícara de café.*
*Traga-me, **Maria,** uma xícara de café.*
*Traga-me uma xícara de café, **Maria**.*

(b) separar alguns apostos, como o explicativo:
*Lúcia, **esposa de João**, foi a ganhadora única da Sena.*

(c) separar o adjunto adverbial inverso ou intercalado:

Depois do carnaval, estudaremos ainda mais.

As pessoas, muitas vezes, são complicadas.

Para os adjuntos curtos a colocação da vírgula é facultativa. Entretanto, é necessário que se verifique, especialmente quando eles são formados por um elemento apenas (o advérbio propriamente dito), se a colocação da vírgula não causa alteração de sentido no contexto, observem:

Não queremos saber.

Não, queremos saber. → houve alteração, a colocação da vírgula no texto seria errada.

(d) separar elementos enumerados (coordenados):

Precisa-se de pedreiros, serventes, mestre-de-obras.

 DICA

(i) Como no exemplo acima não foi empregada a conjunção "e", entendemos que a enumeração ainda não acabou, ou seja, há outros profissionais de que a suposta obra precisa. Caso a enumeração apresente um "e" antes do último elemento – *Precisa-se de pedreiros, serventes e mestre-de-obras.* – o entendimento deve ser que a enumeração se encerrou e a suposta obra só precisa destes três profissionais.

(ii) Termos coordenados ligados pelas conjunções **e, ou, nem** dispensam o uso da vírgula:

Conversaram sobre futebol, religião e política.

Não comprei roupas nem sapatos novos.

Ainda não me decidi se viajarei para Bahia ou Ceará.

(e) separar expressões explicativas ou retificativas (isto é, por exemplo, ou seja...): *Amanhã, ou melhor, depois de amanhã sairemos juntos.*

(f) isolar conjunções coordenativas adversativas e conclusivas intercaladas: *Não existia, porém, motivo para tanta preocupação.*

g) separar complemento pleonástico antecipado: *A mim, nada me irrita.*

h) separar nome de lugar na indicação de datas: *São Paulo, 06 de março de 2015.*

(i) separar elementos coordenados assindéticos ou enumerados repetidos: *"Andorinha, andorinha, minha cantiga é mais triste! Passei a vida à toa, à toa . . ." (Manuel Bandeira)*

(j) marcar a omissão de um termo (normalmente é o verbo) ou de um trecho: *Ela prefere doces; e eu, salgado.* (omissão do verbo preferir). *Ele queria comprar os acessórios da festa hoje; e eu, amanhã.* (omissão do trecho "queria comprar os acessórios da festa)

2.1.3. Emprego da vírgula entre orações

(a) Pontuação das orações subordinadas adverbiais

(1) Na ordem direta, a vírgula poderá separar as orações adverbiais da principal se houver pausa entre elas: *Não foi à praia, embora estivesse um calor insuportável.*

(2) As orações subordinadas adverbiais (desenvolvidas ou reduzidas) serão separadas por vírgula quando estiverem em ordem inversa (colocadas após a oração principal) ou intercaladas ("no meio" da oração principal):

- *Não viu, **quando retornou ao local**, mais nada.* → intercalada

- *Quando retornou ao local, não viu mais nada.* → inversa

- *Ao retornar ao local, não viu mais nada.* → inversa

(B) Pontuação das orações coordenadas assindéticas e sindéticas

Normalmente são separadas por vírgula:

- *Eles dançaram, pularam, brincaram, divertiram-se a noite inteira.*

– *Eles conversaram bastante, **mas** não chegaram a um comum acordo.*

Obs.: não existem orações coordenadas inversas ou intercaladas entre si.

Podem também ser separadas por ponto e vírgula ou ponto final. Observem-se as possibilidades dos modelos abaixo:

*(i) Estávamos todos confiantes, **porém** alguns começaram a ficar preocupados com aquela notícia.*

*(ii) Estávamos todos confiantes; **porém** (,) alguns começaram a ficar preocupados com aquela notícia.*

*(iii) Estávamos todos confiantes. **Porém** (,) alguns começaram a ficar* preocupados com aquela notícia.

Como se pode ver a vírgula só pode aparecer depois da conjunção coordenativa, caso ela tenha sido precedida de ponto e vírgula ou ponto final.

Emprego da vírgula antes do E no período composto

Há quatro casos em que se pode usar a vírgula antes da conjunção **e** no período composto:

(1) quando as orações coordenadas aditivas tiverem sujeitos diferentes: *Os ricos estão cada vez mais ricos(,) e os pobres estão cada vez mais pobres.*

(2) quando a conjunção **e** vier repetida com a finalidade de dar ênfase (polissíndeto):

E chora, e ri, e grita, e pula de alegria.

Obs.: Neste caso, a praxe é que se ponha a vírgula, por motivos estilísticos.

(3) quando a conjunção **e**

(a) assumir valores distintos do da adição (adversidade, consequência...):

Ele estudou muito (,) e ainda não foi aprovado. (=mas)

(b) estiver acompanhada do "sim" ("e sim") será uma expressão adversativa equivalente ao "mas": *Este "um" não é numeral, e sim artigo.*

- agora, se a opção for pelo "mas" e se queira ser enfático, fica "...;mas, sim,...":

Este "um" não é numeral, mas artigo.

Este "um" não é numeral; mas, sim, artigo.

(4) pode-se empregar a vírgula antes do "e", ainda que o sujeito seja o mesmo, por duas razões:

- caso se queira fazer um realce à oração iniciada pelo **e**;

- caso se queira dar maior clareza à frase: quando a parte esquerda do período for muito extensa e peça a pausa para que o leitor possa relembrar o sujeito, ou ainda, quando o sujeito estiver distante do verbo da oração iniciada pelo "e".

*Disse a **ele** que não corresse, mas correu, pulou, tropeçou, **e** caiu. (neste exemplo, temos a ilustração dos dois casos citados acima: realce à última oração e sujeito distante da oração iniciada pelo "e").*

Emprego da vírgula com a conjunção POIS (relembrando)

*Ele foi bem na prova, **pois** estudou bastante.* → coordenativa explicativa

(=porque, porquanto, visto que)

*Ele estudou bastante; foi, **pois**, bem na prova.* → coordenativa conclusiva

(=portanto)

Vejam que essa conjunção, quando explicativa, deve ser empregada antes do verbo, no início da coordenada sindética; ao passo que, quando conclusiva, deve ser empregada após o verbo da coordenada sindética. Logo, se o "pois" for mal empregado ou mal pontuado, haverá incoerência no período.

No último exemplo, poderíamos ter no lugar do ponto e vírgula uma vírgula – três vírgulas neste caso seriam gramaticalmente corretas -, porém esta forma de um ponto e vírgula e duas vírgulas dão maior clareza à elaboração do texto, portanto maior clareza.

(c) Pontuação das orações subordinadas adjetivas

As orações subordinadas adjetivas podem ser de dois tipos

(i) explicativas – são separadas por vírgula (*intercaladas* – "dentro" da oração principal – ou *justapostas* – ao lado da oração principal);

(ii) restritivas – não são separadas, antes do relativo, por vírgula da principal.

Assim, para a gramática, havendo vírgula, é uma classificação, não havendo vírgula, a classificação é outra. Para a semântica, a alteração da pontuação provoca a alteração da interpretação:

Vejamos a diferença de sentido entre as sentenças de cada par:

(i.1) É preciso ter cautela com as ordens judiciais, que constituem desrespeito a um direito individual.

(i.2) É preciso ter cautela com as ordens judiciais que constituem desrespeito a um direito individual.

(ii.1) As emissões de gases, que provocam o efeito estufa pela indústria, cresceram 77% entre 1994 e 2007.

(ii.2) As emissões de gases que provocam o efeito estufa pela indústria cresceram 77% entre 1994 e 2007.

Diferença de sentido:

(i.1) É preciso ter cautela com **todas** as ordens judiciais, pois constituem desrespeito a um direito individual.

(i.2) É preciso ter cautela **apenas** com as ordens judiciais que constituem desrespeito a um direito individual; as **outras** não constituem um desrespeito...

(ii.1) **Todas** as emissões de gases provocam o efeito estufa pela indústria e cresceram 77% entre 1994 e 2007.

(ii.2) **Apenas** as emissões de gases que provocam o efeito estufa pela indústria cresceram 77% entre 1994 e 2007; as **outras** emissões não provocam efeito estufa... e não cresceram ...

Como se pode notar a oração adjetiva restritiva sempre dará a ideia da exclusão, e é isso que faz a verdadeira diferença entre ela e a explicativa, raciocínio que vai além da pontuação, pois tem-se de saber se o conteúdo da adjetiva é explicativo ou restritivo para realizar a devida pontuação.

Observações importantes sobre a pontuação das adjetivas restritivas:

(i) A oração subordinada adjetiva, normalmente, não é iniciada por vírgula, porém pode apresentá-la no início, separando o pronome relativo do termo mais próximo, quando seu antecedente estiver distante, a fim de evitar incoerência no entendimento da frase:

- *O juiz tem de ser pontual no exame dos dados da informação, que não lhe permitam erro ao aplicar a sentença. (Evanildo Bechara)*→ a vírgula neste caso foi empregada para que o leitor não pensasse que a referência do relativo é "informação", mas, sim, dados.

Compare com o emprego do adjetivo:

- *A mulher andava pela praça silenciosa.* → a praça é silenciosa;

- *A mulher andava pela praça, silenciosa.* → a mulher é silenciosa.

(ii) Ou a restritiva pode apresentar, ainda, vírgula ao seu final, caso esteja intercalada na principal, quando for extensa (primeiro exemplo) ou quando terminar por verbo seguido do verbo da principal (segundo exemplo):

- *Os trabalhadores <u>que devido a diversos problemas de saúde decorrentes de insalubridade tiveram de se aposentar,</u> serão indenizados. (Ernani Terra)*

- *Não deveremos padronizar o sistema de informação dos tribunais, porque cada um tem um modelo diferente. O <u>que o Conselho Nacional de Justiça pretende</u>, é fazer que todos os sistemas possam comunicar-se entre si. (CESPE- com adaptações)*

(d) Pontuação das orações intercaladas

Há orações que não entram em nenhuma das classificações anteriores, por isso são chamadas apenas de intercaladas. E elas devem aparecer separadas pela pontuação: – *Senhor,* **disse o velho,** *ainda tenho grandes sonhos.*

DICA

Essas orações poderão ter suas vírgulas substituídas por duplo travessão: *Senhor,* **– disse o velho –** *ainda tenho grandes sonhos.*

Obs.: Note-se que neste caso tivemos de manter a vírgula depois de Senhor para marcar o vocativo, bem como os travessões para isolar a oração intercalada.

2.2 Ponto-e-vírgula (;)

É um sinal intermediário entre a vírgula e o ponto final e é basicamente empregado para

(a) separar orações ou frases muito extensas, ou orações nas quais a vírgula já tenha sido utilizada, principalmente:

– *Todos nós estávamos muito empolgados com a Copa 2010; porém, apesar de muito esforço, nosso time não teve o desempenho esperado.*

(b) separar os itens de um texto oficial ou de uma enumeração longa:

– *A Lei no. 62, de 1935, assegurou diversos direitos trabalhistas aos industriários e comerciários, dentre eles:*

- *Aviso prévio;*
- *Suspensão do contrato;*
- *Estabilidade decenal;*
- *Redução do salário; (...)*

2.3 Ponto (.)

É normalmente empregado para encerrar uma ideia. Assim, ele assinala uma pausa maior que a da vírgula e a do ponto e vírgula

(a) <u>indicar o final de uma frase declarativa absoluta ou a elaboração de um período composto:</u> *Todos sabemos que ele nos trairá.*

(b) separar períodos entre si: *Ele saiu. Foi às compras. Voltou bem mais tarde.*

(c) nas abreviaturas: *Av. ; V. Ex.ª*

Se por acaso o ponto da abreviação coincide com o ponto final do período, ele não se repete e assume as duas funções.

2.4. Dois-pontos (:)

O emprego deste sinal é muito simples: ou inicia a fala de outro que não seja o autor do texto, ou marca o início de uma justificativa, uma explicação, uma enumeração esclarecedora ao que foi dito antes dele:

(a) iniciar a fala dos personagens: *Então o padre respondeu: – Parta agora.*

(b) antes de apostos ou orações apositivas, enumerações ou sequência de palavras que explicam, resumem ideias anteriores: *Meus amigos são poucos: Fátima, Rodrigo e Gilberto.*

(c) antes de citação: *Como já dizia Vinícius de Morais: "Que o amor não seja eterno posto que é chama, mas que seja infinito enquanto dure."*

> **DICA**
> Tirando a indicação de fala do personagem ou da citação, os dois-pontos podem ser substituídos pelo "porque" ou apresentam uma informação que esclarece ou representa o que foi dito antes – exemplo "b" -, logo tem caráter explicativo.

2.5. Ponto de exclamação (!)

Este sinal marca principalmente a entonação da voz de caráter emocional, porque, sem que seja isso, encerra uma ideia como o ponto.

(a) sinaliza frase exclamativa: *Não é que ele veio!*

(b) após interjeições ou expressões ou termos equivalentes, como vocativo: *Nossa! Oh! (interjeições)* ≠ *Ó Deus! (vocativo)*

Obs.:

1 – A vírgula desse vocativo fica antes do *ó* ou depois *do ser chamado*, e não entre eles: *Responda-me, ó Deus!* ou *Ó Deus, responda-me!*

2 – Depois da exclamação que segue a interjeição não há necessidade do emprego da maiúscula: ***Ah!** Eu não quero ir.* ou ***Ah!** eu não quero ir.* Como se pode ver, empregar a maiúscula é facultativo, ainda que a minúscula seja de emprego culto.

(c) após imperativo: *Vá embora!*

(d) havendo tom interrogativo, pode ser seguido do ponto de interrogação: *Quem poderia imaginar isso!?*

2.6. Ponto de interrogação (?)

Este sinal marca principalmente a "entonação interrogativa ou de incerteza, real ou fictícia, ao que também chamamos de *interrogação retórica*" (Evanildo Bechara), aquela em que o autor faz a pergunta apenas para que respondamos com as ideias apresentadas no texto dele próprio.

Depois do sinal de interrogação conclusa usa-se a maiúscula:

(a) sinaliza pergunta direta: *Quem é você? Sou Antônio.*

(b) pode ser seguido do ponto de exclamação, o que revela estado de dúvida da personagem diante de um fato: *Mas ele fará isso?!*

2.7. Reticências (...)

De modo geral, indicam interrupção da fala ou do pensamento, ou ainda hesitação ao dizê-lo:

(a) interrupção de ideia ou de frase que não se completa: *Eu queria dizer que... Deixa depois eu falo.*

(b) hesitação, dúvida, timidez, surpresa: *Olha... não sei se digo..., mas eu preciso... eu te amo.*

(c) alterações de natureza emocional, como tristeza, dor etc.: *Há quanto tempo eu não ria tanto!... Será que vou chorar depois?*

(d) prolongamento de ideia ao fim de uma frase gramaticalmente completa: *Eu sempre disse que isso ia acontecer..., não disse? Isso eu não podia imaginar... Mas a vida continua...*

(e) supressão de palavra ou trecho de texto transcrito, citação – neste caso, é recomendável ficar entre parênteses: *"Falemos, então, de historiografia. Que ela (tem) um componente subjetivo (...) é sabido; mas as conclusões radicais (...)"*

2.8. Parênteses ( ) e Colchetes [ ]

Ambos têm funções semelhantes no que diz respeito a suas funções na elaboração do texto, e os colchetes podem ser empregados quando os parênteses já foram usados, a fim de fazerem uma nova inserção. Vejamos seus empregos:

(a) isolar trecho de caráter explicativo ou datas:

"(...)'Hoje [1942-3]..., até mesmo nos testemunhos mais resolutamente voluntários', escrevia Bloch, (...)"

"(...) A redação desse relatório é primorosa, pela concisão, objetividade e clareza (hoje diríamos: transparência), qualidades que vêm coerentemente combinadas com a honestidade absoluta dos dados e da autoavaliação (...)"

(b) marcar também a lacuna de um trecho de texto não transcrito:

"Falemos, então, de historiografia. Que ela (tem) um componente subjetivo (...) é sabido; mas as conclusões radicais (...)"

DICA

Os parênteses também podem substituir a vírgula ou o travessão e vice-versa:

- João **(o filho da empregada)** casou-se com a filha da patroa da mãe.

Cap. 10 · PONTUAÇÃO

> - João – **o filho da empregada** – *casou-se com a filha da patroa da mãe.*
> - João, **o filho da empregada,** *casou-se com a filha da patroa da mãe.*

2.9. Travessão simples (–) e duplo (--)

É empregado para

(a) <u>marcar o início da fala de um personagem:</u> *O rapaz questionou: – Por que o preço deste produto aumentou tanto de ontem para hoje?*

(b) <u>marcar mudança de interlocutor nos diálogos:</u> *– Como vai você? – Vou bem, obrigada.*

(c) <u>substituir a vírgula em expressões ou frases explicativas, realçando essa informação, já que a pausa do travessão é maior:</u> *Monteiro Lobato – **grande escritor brasileiro** – escreveu também obra infantil.*

(d) <u>substituir também os dois-pontos:</u> *Ele só quer uma explicação – a de sua ausência ao jantar.*

◀)) **DICA**

(i) Se o segundo travessão coincidir com uma vírgula, usam-se os dois sinais:

- A criação de um sistema de saúde gratuito, <u>com estrutura completa – desde hospitais até equipamentos técnicos de última geração –</u>*, asseguraria maior confiabilidade na ação da administração pública.*

(ii) O travessão duplo é empregado quando marca uma intercalação, como vimos no exemplo acima, substituindo vírgulas, parênteses, colchetes. E o travessão simples marca uma inversão (substituindo a vírgula); ou marca a intercalação, ou melhor, a informação circunstancial ou explicativa, "extra", "à parte" que encerra o texto; ou substitui os dois-pontos (como vimos no item d):

(a) Depois de tanto trabalho – só poderia desmaiar de canseira, ainda que fosse cedo para isso.

(b) Só poderia desmaiar de canseira, ainda que fosse cedo para isso – depois de tanto trabalho.

(c) Ele só quer uma explicação – a de sua ausência ao jantar.

2.10. Aspas simples (' ') e duplas (" ")

As **aspas duplas** são empregadas para

(a) <u>isolar palavras ou expressões que fogem à norma culta, como gírias, estrangeirismos, palavrões, arcaísmos e outros:</u>

- Minha avó sempre dizia que os "reclames" de televisão atrapalham muito.

- Você pode me dar um "feedback" do serviço pelo funcionário.

(b) <u>marcar palavras ou expressões que não foram empregadas em seu sentido usual, especialmente com tom de ironia, ou para destacá-la:</u>

REDAÇÃO OFICIAL, GRAMÁTICA E INTERPRETAÇÃO DE TEXTO – *Luciane Sartori*

- *"**Rachas**" põem em risco a vida das pessoas.*

- *"(...) Diz-se que há o "**economês**", jargão misterioso dos economistas, o "**politiquês**", estilo evasivo dos políticos, o "**acadêmico**", com o cheiro de mofo dos baús da velha retórica etc. etc.(...)"* (Tarcísio Viegas, *inédito*)

(c) indicar uma citação textual sem alteração ao texto original:

- *"**Nada nunca é suficiente no atual sistema**", disse Michael Moore no Festival de Cinema de Toronto, em 2009.*

E as **aspas simples** devem ser empregadas quando

(a) No interior de um texto marcado pelas aspas, caso o emprego desse sinal tenha de se repetir, usa-se aspas simples ('):

- *"(...) 'Hoje [1942-3]..., até mesmo nos testemunhos mais resolutamente voluntários', escrevia Bloch, (...)"*

(b) Se o trecho marcado pelas aspas encerrar o período, o devido ponto (. ou ! ou? ou ...) deverá ser empregado depois das aspas; porém se o texto ou trecho todo estiver marcado pelas aspas, obviamente, o devido ponto fica dentro das aspas:

- *"(...) 'Hoje [1942-3]..., até mesmo nos testemunhos mais resolutamente voluntários', escrevia Bloch, (...)"* → pontuação dentro das aspas que abarca todo o texto

- *Disse Michael Moore no Festival de Cinema de Toronto, em 2009, "Nada nunca é suficiente no atual sistema".* → o ponto depois das aspas, pois elas não abarcam todo o texto.

3. QUESTÕES COMENTADAS

1. (2012 – FCC – TST – Técnico Judiciário) Leia as afirmações abaixo, referentes à pontuação empregada no 1º parágrafo do texto.

Os cursos universitários a distância costumavam ser malvistos na academia brasileira. Lutava-se contra a sua regulamentação, que só se deu em 1996. A má fama dessa modalidade em que o aluno se forma praticamente sem ir à universidade – já tão disseminada em países de educação de alto nível – persiste até hoje no Brasil. Em parte, pela resistência de uma turma aferrada à velha ideia de que ensino bom, só na sala de aula. Mas também pelo desconhecimento que ainda paira sobre esses cursos. Uma nova pesquisa, conduzida pela Fundação Victor Civita, retirou um conjunto deles dessa zona de sombra, produzindo um estudo que rastreou as fragilidades e o que dá certo e pode ser exemplar para os demais. Durante cinco meses, os especialistas analisaram os cursos de oito faculdades (públicas e particulares) que oferecem graduação a distância em pedagogia, a área que, de longe, atrai mais alunos. O retrato que emerge daí ajuda a desconstruir a visão de que esses cursos fornecem educação superior de segunda classe. Em alguns casos, eles já chegam a ombrear com tradicionais ilhas de excelência. Mas, no geral, resta muito que avançar.

I.   *A má fama dessa modalidade [...] – já tão disseminada em países de educação de alto nível – persiste até hoje no Brasil.*

✓ Na frase acima, se os travessões fossem substituídos por vírgulas, haveria prejuízo para a correção e a lógica.

II.   *Em parte, pela resistência de uma turma aferrada à velha ideia de que ensino bom, só na sala de aula.*

Cap. 10 · PONTUAÇÃO

✓ Mantendo-se a correção e o sentido, uma vírgula pode ser colocada imediatamente após turma.

III. *Uma nova pesquisa, conduzida pela Fundação Victor Civita, retirou um conjunto deles dessa zona de sombra.*

✓ As vírgulas que isolam o segmento *conduzida pela Fundação Victor Civita* podem ser suprimidas, sem prejuízo para a correção.

Está correto o que se afirma APENAS em

a) I.

b) II.

c) III.

d) I e II.

e) II e III.

No item I, a troca dos travessões pelas vírgulas não causaria prejuízo gramatical nem lógico.

No item II, não se pode pôr uma vírgula aí sem que o sentido seja alterado, pois se trata de um particípio adjetivo que marca uma oração subordinada adjetiva reduzida restritiva, e com as vírgulas ela passaria a ser explicativa – da especificação passaria à generalização, sentido alterado.

No item III, as vírgulas separam uma oração subordinada adjetiva reduzida explicativa, que passaria a ser restritiva, ou seja, seu sentido seria alterado, mas a correção não.

Gabarito c.

2. **(2014 – FCC – TRT 2ªR – Técnico Judiciário)** O comentário correto sobre o emprego do sinal de pontuação no trecho citado é:

a) (linhas 29 a 31) *parecem de outras eras, na medida em que já não correspondem a necessidades vitais* / a vírgula introduz expressão que, em consequência do emprego de *na medida em que*, expressa ideia de "em conformidade com".

O trecho do texto em que se encontra o trecho referido no item b é este: "*Desviante porque, diferentemente das máquinas, que são criadas com vistas a uma determinada função, as cidades são todas ou quase todas o resultado de adaptações sucessivas a funções diferentes, não previstas por sua fundação anterior (penso...)*"

b) (linhas 20 e 21) *(penso nas cidades italianas, com sua história de séculos ou de milênios)* / os parênteses abrigam lembrança cuja presença no texto sugere que elas sejam o exemplo mais expressivo das adaptações referidas.

c) (linhas 2 a 4) *descartar tudo aquilo que impede vê-la, todas as ideias recebidas, as imagens pré- constituídas* / a substituição das duas vírgulas por parênteses, seguidos por vírgula, não altera a relação original entre os segmentos.

d) (linhas 14 e 15) *uma cidade vive na medida em que funciona, isto é, serve para se viver nela e para fazer viver* / a segunda vírgula, por ser optativa, pode ser retirada sem que haja prejuízo da correção gramatical.

e) (linhas 23 a 27) *pode nos dizer alguma coisa importante sobre a cidade: como, ao passar de uma era para outra, as espécies vivas ... as cidades* / os dois-pontos introduzem a síntese do que foi tratado com mais detalhes anteriormente na frase.

Na letra a, a expressão "na medida em que" marca o início da ideia de causa, e não a ideia de conformidade.

Na letra b, de fato o trecho entre parênteses nos revela uma lembrança do autor – ele se lembrou das cidades italianas, que são antigas e passaram por adaptações –, e são, então, o exemplo expressivo de tais adaptações.

Na letra c, os parênteses não ficarão corretos, pois os vírgulas, neste caso, não marcam uma intercalação, mas sim uma enumeração – observe-se que o trecho apresenta um objeto composto de "descartar", que forma a enumeração.

Na letra d, a segunda vírgula faz uma dupla com a primeira, não pode ser retirada – as expressões explicativas ou retificativas devem se separadas por vírgulas.

Na letra e, o conteúdo colocado após os dois-pontos não formam uma síntese do que foi dito antes, ao contrário, marcam um exemplo de "alguma coisa importante sobre a cidade".

Gabarito b.

3. **(2013 – FCC – TRT 15ªR – Técnico Judiciário)** *Quero dizer, não obstante, que antes de começar a escrever sustentava como uma evidência palmária (por outro lado nada original) que somos herdeiros de um tempo, de uma cultura e que, para usar um símile que algumas vezes emprego, vejo a humanidade como se fosse o mar. (...)*

O comentário isolado pelos parênteses deve ser entendido como:

a) citação de interlocutor alheio ao contexto, para facilitar o entendimento da ideia exposta.

b) reconhecimento do escritor de que sua obra, ao reproduzir a vida, nada tem de particular e diferente.

c) observação crítica a respeito da presença do senso comum em algumas obras de arte atuais.

d) especificação de elementos que devem constituir a base da elaboração de uma obra de arte.

e) constatação de que a evidência sustentada era de conhecimento geral e amplamente aceita.

Na letra a, não é fala de um interlocutor alheio, mas sim do próprio autor do texto.

Na letra b, o autor não se refere ao seu texto quando diz "nada original", mas sim à evidência citada antes do comentário entre parênteses.

Na letra c, o comentário se refere à "evidência palmária", e não ao texto ou a algumas obras de arte atuais.

Na letra d, não há especificações, há apenas um comentário que diz que a evidência que ele sustenta é de conhecimento geral.

Na letra e, há o entendimento correto que justifica o conteúdo do comentário feito pelo autor entre parênteses.

Gabarito e.

4. QUESTÕES PARA TREINAR!

1. **(2012 – FCC – TST – Técnico Judiciário)** Leia as afirmações abaixo, referentes à pontuação empregada no 1º parágrafo do texto.

Os cursos universitários a distância costumavam ser malvistos na academia brasileira. Lutava-se contra a sua regulamentação, que só se deu em 1996. A má fama dessa moda-

Cap. 10 · PONTUAÇÃO

lidade em que o aluno se forma praticamente sem ir à universidade – já tão disseminada em países de educação de alto nível – persiste até hoje no Brasil. Em parte, pela resistência de uma turma aferrada à velha ideia de que ensino bom, só na sala de aula. Mas também pelo desconhecimento que ainda paira sobre esses cursos. Uma nova pesquisa, conduzida pela Fundação Victor Civita, retirou um conjunto deles dessa zona de sombra, produzindo um estudo que rastreou as fragilidades e o que dá certo e pode ser exemplar para os demais. Durante cinco meses, os especialistas analisaram os cursos de oito faculdades (públicas e particulares) que oferecem graduação a distância em pedagogia, a área que, de longe, atrai mais alunos. O retrato que emerge daí ajuda a desconstruir a visão de que esses cursos fornecem educação superior de segunda classe. Em alguns casos, eles já chegam a ombrear com tradicionais ilhas de excelência. Mas, no geral, resta muito que avançar.

I. *A má fama dessa modalidade [...] – já tão disseminada em países de educação de alto nível – persiste até hoje no Brasil.*

Na frase acima, se os travessões fossem substituídos por vírgulas, haveria prejuízo para a correção e a lógica.

II. *Em parte, pela resistência de uma turma aferrada à velha ideia de que ensino bom, só na sala de aula.*

Mantendo-se a correção e o sentido, uma vírgula pode ser colocada imediatamente após turma.

III. *Uma nova pesquisa, conduzida pela Fundação Victor Civita, retirou um conjunto deles dessa zona de sombra.*

As vírgulas que isolam o segmento *conduzida pela Fundação Victor Civita* podem ser suprimidas, sem prejuízo para a correção.

Está correto o que se afirma APENAS em

a) I.

b) II.

c) III.

d) I e II.

e) II e III.

2. **(2014 – FCC – TRT 2ªR – Técnico Judiciário)** O comentário correto sobre o emprego do sinal de pontuação no trecho citado é:

a) (linhas 29 a 31) *parecem de outras eras, na medida em que já não correspondem a necessidades vitais* / a vírgula introduz expressão que, em consequência do emprego de *na medida em que*, expressa ideia de "em conformidade com".

O trecho do texto em que se encontra o trecho referido no item b é este: "*Desviante porque, diferentemente das máquinas, que são criadas com vistas a uma determinada função, as cidades são todas ou quase todas o resultado de adaptações sucessivas a funções diferentes, não previstas por sua fundação anterior (penso...)*"

b) (linhas 20 e 21) (*penso nas cidades italianas, com sua história de séculos ou de milênios*) / os parênteses abrigam lembrança cuja presença no texto sugere que elas sejam o exemplo mais expressivo das adaptações referidas.

c) (linhas 2 a 4) *descartar tudo aquilo que impede vê-la, todas as ideias recebidas, as imagens pré-constituídas* / a substituição das duas vírgulas por parênteses, seguidos por vírgula, não altera a relação original entre os segmentos.

REDAÇÃO OFICIAL, GRAMÁTICA E INTERPRETAÇÃO DE TEXTO – *Luciane Sartori*

d) (linhas 14 e 15) *uma cidade vive na medida em que funciona, isto é, serve para se viver nela e para fazer viver* / a segunda vírgula, por ser optativa, pode ser retirada sem que haja prejuízo da correção gramatical.

e) (linhas 23 a 27) *pode nos dizer alguma coisa importante sobre a cidade: como, ao passar de uma era para outra, as espécies vivas ... as cidades* / os dois-pontos introduzem a síntese do que foi tratado com mais detalhes anteriormente na frase.

3. **(2012 – FCC – MPE-PE – Técnico Ministerial)** O romance policial, descendente do extinto *romance gótico, conserva características significativas do gênero precursor: a popularidade imensa e os meios para obtê-la. "Romances policiais", reza um anúncio do editor de Edgar Wallace, "são lidos por homens e mulheres de todas as classes; porque não há nada que seja tão interessante como a explicação de um crime misterioso. Não há nada que contribua com eficiência maior para divertir os espíritos preocupados".*

Os criminosos e detetives dos romances policiais servem-se dos instrumentos requintados da tecnologia moderna para cometer e revelar horrores: sociedades anônimas do crime, laboratórios científicos transformados em câmaras de tortura. Os leitores contemporâneos acreditam firmemente na onipotência das ciências naturais e da tecnologia para resolver todos os problemas e criar um mundo melhor; ao mesmo tempo, devoram romances nos quais os mesmíssimos instrumentos físicos e químicos servem para cometer os crimes mais abomináveis.

Leitores de romances policiais não são exigentes. Apenas exigem imperiosamente um final feliz: depois da descoberta do assassino, as núpcias entre a datilógrafa do escritório dos criminosos e o diretor do banco visado por eles, ou então a união matrimonial entre o detetive competente e a bela pecadora arrependida.

Não adianta condenar os romances policiais porque lhes falta o valor literário. Eles "são expressões legítimas da alma coletiva, embora não literárias, e sim apenas livrescas de desejos coletivos de evasão."

(Adaptado de Otto Maria Carpeaux. Ensaios reunidos 1942-1978. Rio de Janeiro: Univer-Cidade e TopBooks, v.1, 1999. p. 488-90)

Atente para as afirmações abaixo sobre a pontuação empregada no texto:

I. O emprego das aspas no primeiro parágrafo denota transcrição exata das palavras do editor citado.

II. No segundo parágrafo, os dois-pontos introduzem uma síntese do que foi afirmado antes.

III. Na frase *Não adianta condenar os romances policiais porque lhes falta o valor literário*, uma vírgula poderia ser colocada imediatamente antes do termo porque sem prejuízo para a correção e o sentido original.

Está correto o que consta APENAS em

a) I e III.

b) I e II.

c) III.

d) II.

e) I.

Cap. 10 · PONTUAÇÃO

4. **(2012 – FCC – TRE-SP – Técnico Judiciário)** *A pesquisa também chama a atenção para o novo Código Florestal, que prevê a redução de algumas áreas – hoje legalmente protegidas, como matas ciliares e topos de morros –, para serem utilizadas para a agropecuária.*

O segmento isolado pelos travessões, no último parágrafo, constitui

a) repetição desnecessária de uma mesma informação.

b) introdução de um novo assunto no texto

c) transcrição exata das palavras do pesquisador.

d) determinação de uma área a ser explorada.

e) informação com exemplos esclarecedores.

5. **(2015 – CESPE – FUB – Para todos os cargos de nível médio)** "Estação do ano mais aguardada pelos brasileiros, o verão não é sinônimo apenas de praia, corpos à mostra e pele bronzeada.". Com relação às ideias e às estruturas do texto acima, julgue o item que se segue.

Seria mantida a correção gramatical do período caso o fragmento "Estação do ano mais aguardada pelos brasileiros" (l.1) fosse deslocado e inserido, entre vírgulas, após "verão" (l.2) feitos os devidos ajustes de maiúsculas e minúsculas.

6. **(2015 – FCC – MANAUSPREV – Técnico Previdenciário – Administrativa)** *O primeiro... problema que as árvores parecem propor-nos é o de nos conformarmos com a sua mudez. Desejaríamos que falassem, como falam os animais, como falamos nós mesmos. Entretanto, elas e as pedras reservam-se o privilégio do silêncio, num mundo em que todos os seres têm pressa de se desnudar. Fiéis a si mesmas, decididas a guardar um silêncio que não está à mercê dos botânicos, procuram as árvores ignorar tudo de uma composição social que talvez se lhes afigure monstruosamente indiscreta, fundada que está na linguagem articulada, no jogo de transmissão do mais íntimo pelo mais coletivo.*

Grave e solitário, o tronco vive num estado de impermeabilidade ao som, a que os humanos só atingem por alguns instantes e através da tragédia clássica. Não logramos comovê-lo, comunicar-lhe nossa intemperança. Então, incapazes de trazê-lo à nossa domesticidade, consideramo-lo um elemento da paisagem, e pintamo-lo. Ele pende, lápis ou óleo, de nossa parede, mas esse artifício não nos ilude, não incorpora a árvore à atmosfera de nossos cuidados. O fumo dos cigarros, subindo até o quadro, parece vagamente aborrecê-la, e certas árvores de Van Gogh, na sua crispação, têm algo de protesto.

De resto, o homem vai renunciando a esse processo de captura da árvore através da arte. Uma revista de vanguarda reúne algumas dessas representações, desde uma tapeçaria persa do século IV, onde aparece a palmeira heráldica, até Chirico, o criador da árvore genealógica do sonho, e dá a tudo isso o título: Decadência da Árvore. Vemos através desse documentário que num Claude Lorrain da Pinacoteca de Munique, Paisagem com Caça, a árvore colossal domina todo o quadro, e a confusão de homens, cães e animal acuado constitui um incidente mínimo, decorativo. Já em Picasso a árvore se torna raríssima, e a aventura humana seduz mais o pintor do que o fundo natural em que ela se desenvolve.

O que será talvez um traço da arte moderna, assinala- do por Apollinaire, ao escrever: "Os pintores, se ainda observam a natureza, já não a imitam, evitando cuidadosamente a reprodução de cenas naturais observadas ou reconstituídas pelo estudo... Se o fim da pintura continua a ser, como sempre foi, o prazer dos olhos, hoje pedimos ao amador que procure tirar dela um prazer diferente do proporcionado pelo espetáculo das coisas naturais". Re-

nunciamos assim às árvores, ou nos permitimos fabricá-las à feição dos nossos sonhos, que elas, polidamente, se permitem ignorar.

(Adaptado de: ANDRADE, Carlos Drummond de. "A árvore e o homem", em Passeios na Ilha, Rio de Janeiro: José Olympio, 1975, p. 7-8)

Atente para as frases abaixo sobre a pontuação do texto.

I.   No segmento *...genealógica do sonho, e dá a tudo isso o título...* (3º parágrafo), a vírgula pode ser corretamente suprimida, uma vez que é seguida da conjunção aditiva "e".

II.   No segmento *...nossa intemperança. Então, incapazes de trazê-lo...* (2º parágrafo), o ponto final pode ser corretamente substituído por ponto e vírgula, feita a alteração entre maiúscula e minúscula.

III.   No segmento *...seduz mais o pintor do que o fundo natural...* (3º parágrafo), o acréscimo de uma vírgula imediatamente após "pintor" acarretaria a separação equivocada do verbo e seu complemento.

Está correto o que se afirma APENAS em

a) II e III.

b) I.

c) I e II.

d) III.

e) II.

7. **(2015 – CESGRANRIO – Petrobras – Técnico de Administração e Controle Júnior)** A frase que apresenta o uso da vírgula de acordo com a norma-padrão da língua portuguesa é:

a) A Copa do Mundo campeonato mundial que ocorreu no Brasil em junho de 2014, foi marcada pelos erros dos juízes, que deixaram de marcar várias faltas

b) A paixão pelo futebol, sem dúvida, é um fenômeno que ocorre em todas as partes do mundo, independente da origem social e geográfica dos torcedores.

c) O futebol, com certeza é o esporte que mais emociona o povo brasileiro, devido ao tão celebrado "futebol-arte", que empolga os estádios e deslumbra os jornalistas.

d) Os clubes europeus e americanos, vêm adquirindo nossos melhores jogadores, além de retirar do país jovens atletas que despontam nos clubes do interior.

e) A equipe inteira envolveu-se nos preparativos para o jogo decisivo do campeonato: técnico jogadores, fisioterapeutas, médicos e preparadores físicos.

8. **(2015 – COSEAC – CLIN – Auxiliar de Enfermagem do Trabalho)** "...e os habitantes da mata, essas criaturas naturais que ainda circulam pelo ar e pelo chão, começam a preparar sua vida para a primavera que chega" (1º §). No fragmento acima, as vírgulas foram empregadas para:

a) marcar termo adverbial intercalado.

b) isolar oração adjetiva explicativa.

c) enfatizar o termo sujeito em relação ao predicado.

d) separar termo em função de aposto.

Cap. 10 · PONTUAÇÃO

433

9. **(2014 – FCC – TJ-AP – Técnico Judiciário)** A passagem do texto que se mantém correta após o acréscimo da vírgula é:

a) Essas relações até hoje, não deixaram de existir nem se deixaram restringir aos limites das fronteiras nacionais...

b) Essa amplitude das redes de relações regionais, faz da história desses povos uma história rica em ganhos e não em perdas culturais...

c) ... como muitas vezes divulgam os livros didáticos que retratam, a história dos índios no Brasil.

d) Processos estes que se somam, às diferentes experiências de contato vividas pelos distintos grupos indígenas com cada um dos agentes e agências que entre eles chegaram...

e) ... com um pouco mais de conhecimento sobre a história da região, podemos constatar que os povos indígenas dessa parte da Amazônia nunca viveram isolados entre si.

10. **(2014 – VUNESP – TJ-SP – Escrevente Técnico Judiciário)** Assinale a alternativa em que a vírgula foi empregada para separar oração introduzida por pronome relativo, a exemplo do que ocorre em: ...um coeficiente de apenas 3% separa os privilegiados, que estudaram em colégios privados...

a) Ela estava pensando em que lugar estaria, que dia seria, que pessoas eram aquelas ao seu redor.

b) Ficou encantada com a história, acabara de ler o livro, que já tinha sido traduzido para o inglês.

c) Ele observou o local, sabia, com certeza, que ali já estivera em outra ocasião, mas quando?

d) Era possível, àquela altura da vida, que todos os seus maiores desejos se realizassem enfim.

e) Estou vendo essa tempestade se formar, entre, que aqui estaremos bem mais protegidos dela.

GABARITO DAS QUESTÕES				
1	2	3	4	5
C	B	E	E	V
6	7	8	9	10
E	B	D	E	B

Capítulo 11

INTERPRETAÇÃO DE TEXTO

1. INTRODUÇÃO

A interpretação do texto se dá quando, ao lê-lo, nos preocupamos primeiramente com suas partes para, depois, formarmos o todo. Para isso, existem **pontos cruciais** de análise, que devem ser levados em consideração quando procedemos à leitura:

(a) reconhecer o tipo de texto que se está lendo: narração (fato), descrição (imagem) ou dissertação (ideia, tese);

(b) identificar o tipo de linguagem empregada pelo autor do texto: denotativa (emprego das palavras em seu sentido real) ou conotativa (emprego das palavras em sentido figurado);

(c) analisar os principais aspectos gramaticais da elaboração textual: pronomes, tempos e modos verbais, sintaxe, conectivos;

(d) situar todas as informações textuais naquele determinado contexto e relacioná-las;

(e) entender o texto como unidade, já que todos transmitem apenas uma mensagem – para isso estudamos coesão e coerência, palavras e ideias-chave;

(f) e, enfim, chegar à intenção do autor.

Temos aí um **resumo** de todo o processo interpretativo, conteúdos que garantem a excelência da interpretação, pois nos permitem a análise plena, consciente do texto, enfim, uma leitura competente.

Além de interpretar bem um texto, temos também de nos preocuparmos com o entendimento das questões. Assim, antes de falarmos de cada tópico apresentado acima, vamos ver como os examinadores formulam as questões para sabermos como resolvê-las.

2. ERROS CLÁSSICOS DE INTERPRETAÇÃO

Os três erros mais comumente cometidos são o da extrapolação, o da redução e o da contradição.

(a) EXTRAPOLAÇÃO: apresenta informação que não pode ser comprovada pelo texto; nem por dedução lógica, coerente.

(b) REDUÇÃO: a informação, neste caso, está no texto, mas o item não apresentará a ideia solicitada na sua totalidade, como aparece no texto ou na questão.

(c) CONTRADIÇÃO: o item apresentará informação contrária à do texto.

2.1. Análise de questões de prova

(a) (CESPE / TODOS OS CARGOS DE NÍVEL SUPERIOR / FUNESA / SEAD) Na longa sequência de reflexões sobre o sentido e o conceito axiomático de nação, colhido da história, da tradição e das suas raízes morais, culturais e espirituais, é possível estabelecer a identidade e a vocação dos povos para perpetuar elementos de cultura, de vida, de solidariedade, de consenso e valor. Com o desenvolvimento da doutrina, o conceito complexo de nação, antes de chegar à inteligência, à razão e ao cérebro, já cursou com a intuição, o sentimento e o coração. (...)

- O desenvolvimento do texto argumenta contra a doutrina que defende "o conceito axiomático de nação" (l.2) fundamentado apenas em critérios racionais.

> (a.1) Comentário: em nenhum momento do fragmento do texto, verificou-se alguma oposição à doutrina analisada no texto, tanto que o objetivo do autor era apenas analisar a doutrina a fim de esclarecê-la, portanto, dizer que a argumentação é contra a doutrina, é um erro de contradição.
>
> Na mesma questão temos um exemplo de redução também, pois o texto desenvolve a ideia de que "... *o sentido e o conceito axiomático de nação (...) Com o desenvolvimento da doutrina, o conceito complexo de nação, antes de chegar à inteligência, à razão e ao cérebro, já cursou com a intuição, o sentimento e o coração. (...)*, ou seja, o conceito não é "fundamentado apenas em critérios racionais", como apontou a questão, mas também em critérios emocionais.
>
> Item errado. Erro de contradição e de redução.

(b) (CESPE / ADMINISTRADOR / AGU) Está surgindo no mundo uma nova tendência de consumo. De acordo com uma pesquisa mundial divulgada no final de 2009, consumidores reconhecem as boas causas e estão cada vez mais dispostos a apoiar as marcas e empresas que as praticam, percebendo o poder que possuem de determinar as tendências do mercado. (...)

É possível e imprescindível criar uma nova economia, com base em novos modelos, que incluam de fato os aspectos sociais e ambientais.

A valorização, pelo consumidor, do trabalho de empresas que demonstram responsabilidade social e ambiental está ligada à conscientização desse consumidor acerca de seu poder de influenciar o mercado.

> (b.1) Comentário: se os "consumidores reconhecem as boas causas e estão cada vez mais dispostos a apoiar as marcas e empresas que as praticam", então eles as valorizam, e sabem como fazê-lo, pois percebem "o poder que possuem de determinar as tendências do mercado". Logo esta conscientização e essa valorização estão ligadas.

Cap. 11 · INTERPRETAÇÃO DE TEXTO

E as boas causas, por sua vez, estão determinadas no desenvolvimento do texto quando autor esclarece que essa nova forma de consumo, que é a nova economia, inclui os "aspectos sociais e ambientais". Portanto, item certo.

(c) (CESPE / Analista técnico administrativo / DPU) A ideia de democracia tem seu nascedouro nas cidades-Estados gregas e consubstancia-se na tomada de decisões mediante a participação direta dos cidadãos. (...) ao mundo moderno, alguns fatores se apresentaram como inviabilizadores da participação política direta (...)

Diante da impossibilidade de reunião de todos os envolvidos — aqueles que, de alguma forma, sentem os reflexos das decisões tomadas — e sendo cada vez mais urgente a tomada de decisões em tempo recorde, identificou-se a necessidade de eleger representantes. Assim nasceu a democracia representativa, com seus prós e contras.

A democracia representativa derivou da negligência de certos grupos da sociedade nas decisões do Estado.

(c.1) Comentário: a democracia representativa, ou seja, a democracia com a eleição de representantes derivou da "impossibilidade de reunião de todos os envolvidos" e da urgência da "tomada de decisões em tempo recorde".

Dessa forma, podemos concluir que o item está errado, pois o texto não apresenta a ideia de negligência de certos grupos da sociedade nas decisões do Estado, nem podemos depreender essa ideia pelo contexto.

Item errado, erro de extrapolação.

3. TIPOLOGIA TEXTUAL

(a) Descrição: reprodução de uma imagem.

Podemos ilustrar essa modalidade como uma espécie de **fotografia textual**, em que o observador absorve as informações por intermédio dos sentidos. Esse desenho feito com as palavras representa o que o observador vê paralisado no tempo, por isso nada muda no desenvolvimento do texto. Dessa forma não ocorre na representação do cenário (ou do objeto, ou da pessoa...) a progressão temporal (sucessão de fatos), portanto não há passagem do tempo.

Mesmo que o texto apresente ação, não se pode confundir descrição com narração, já que esta última apresenta sempre a passagem do tempo por meio da sucessão de fatos, enquanto na descrição isso nunca acontecerá, ou seja, nada se altera, porque o tempo não passa, os fatos não se sucedem, ou seja, um não gera o outro.

Observem a estrutura do texto abaixo:

(...) em volta das bicas era um zunzum crescente; uma aglomeração tumultuosa de machos e fêmeas. Uns após outros, lavavam a cara, incomodamente,

debaixo do fio de água que escorria da altura de uns cinco palmos. O chão inundava-se. As mulheres precisavam já prender as saias entre as coxas para não

as molhar, via-se-lhes a tostada nudez dos braços e do pescoço que elas despiam suspendendo o cabelo todo para o alto do casco; os homens, esses não se preocupavam em não molhar o pêlo, ao contrário metiam a cabeça bem debaixo da água e esfregavam com força as ventas e as barbas, fossando e fungando contra as palmas das mãos. As portas das latrinas não descansavam, era um abrir e fechar de cada instante, um entrar e sair sem tréguas. Não se demoravam lá dentro e vinham ainda amarrando as calças ou saias; as crianças não se davam ao trabalho de lá ir, despachavam-se ali mesmo, no capinzal dos fundos, por detrás da estalagem ou no recanto das hortas.
(Aluísio Azevedo, O Cortiço)

O que há neste texto é a reprodução de uma cena: rotina de uma manhã em um cortiço.

Vejamos ainda que, na descrição, as principais informações são passadas por intermédio de **palavras adjetivas**.

(b) Narração: história, revelação de um fato inusitado.

Podemos ilustrar a elaboração do texto narrativo como um **filme**, pois aqui ocorre a passagem do tempo registrando a ação apresentada no texto, por isso sempre apresentará progressão temporal, ou seja uma sucessão de fatos, na qual sempre haverá uma mudança, uma transformação do fato apresentado inicialmente. É essa sucessão que nos revela o fato principal, ao que damos o nome de ação. Na narração as informações importantes, portanto, estão associadas aos **verbos**.

É bom lembrar ainda que a narração apresenta também elementos que a diferenciam dos demais tipos de texto. Esses elementos são: personagem ou personagens (com quem acontece algo, um fato), narrador (aquele que conta o que aconteceu, narra o fato), tempo (quando aconteceu o fato), lugar (cenário, onde o fato aconteceu) e ação (o que aconteceu). Nem todos aparecem obrigatoriamente em um único texto, mas o que nunca falta à narração é o personagem.

Exemplo:

Um jovem leiteiro foi confundido com um assaltante e morto nesta madrugada com um tiro no coração. Um morador de nossa cidade, assustado com o barulho feito pelo trabalhador da madrugada, eliminou o suposto marginal em nome da segurança dos que dormiam inocentes.

Vamos reconhecer seus elementos:

(i) Personagens: o leiteiro e o morador da cidade;

(ii) Narrador: aquele que nos conta o fato;

(iii) Tempo: nesta madrugada;

(iv) Lugar: nossa cidade;

(v) Ação: assassinato.

(c) Dissertação: análise de um assunto.

Na dissertação, propõe-se uma **tese** sobre uma **suposta verdade**. Tal verdade deve ter existência substancial, por isso é representada por uma palavra substantiva. A sustentação dessa verdade, por sua vez, pode ser ilustrada por outras palavras substantivas. Veja o que uma das principais fontes de pesquisa do mundo virtual, a enciclopédia livre Wikipédia, nos apresenta sobre o que é dissertação (A explicação foi feita com uma linguagem bastante simples e clara, por isso destacamos essa informação):

__Dissertação__ é um trabalho baseado em estudo teórico de natureza reflexiva, que consiste na ordenação de __ideias__ sobre um determinado tema. A característica básica da dissertação é o cunho reflexivo-teórico. Dissertar é debater, discutir, questionar, expressar ponto de vista, qualquer que seja. É desenvolver um __raciocínio__, desenvolver argumentos que fundamentem posições. É __polemizar__, inclusive, com opiniões e com argumentos contrários aos nossos. É estabelecer relações de causa e consequência, é dar exemplos, é tirar conclusões, é apresentar um texto com organização __lógica__ das ideias. Basicamente um texto em que o autor mostra as suas ideias.

Assim, podemos entender a dissertação, diferenciando-a dos dois tipos anteriores, como um texto que apresenta a análise do autor sobre algo, revelando um entendimento lógico sobre o assunto que ele analisou. É um texto que apresenta uma ideia, ao que chamamos de tese, isto é, esse tipo de texto revela a ideia que o autor desenvolveu sobre um determinado assunto.

Além disso, todas as informações que forem apresentadas sobre o assunto analisado serão os argumentos que representarão a análise feita pelo autor. Note-se que os argumentos são os motivos que levaram o autor a ter um posicionamento, uma ideia, uma tese sobre o assunto.

Exemplo:

Não se pode mais tratar a __vida__ humana como um simples exemplo de existência biológica. Já está na hora de se entender que é preciso ter __respeito__ à vida como uma atitude existencial que deve ser encarada como __essência__ de nossa natureza, o que vai além das próprias leis de um país.

Atente para o que se pode destacar agora:

A verdade geral defendida, o nome do assunto = __vida__, especificamente a humana;

Argumentos que sustentam essa verdade: __respeito__ e __essência__;

O substantivo __vida__ representa a palavra chave quanto à verdade defendida na tese do autor de que "Não se pode mais tratar a vida humana como um simples exemplo de existência biológica.". Essa verdade é sustentada por dois argumentos positivos na defesa dessa tese: o __respeito__ à vida e a vida como __essência__ de nossa natureza.

> **DICA**
> **Resumindo**:
> - descrição → imagem – não há progressão temporal e não apresenta mudança;
> - narração → fato – há progressão temporal e sempre apresenta uma mudança;
> - dissertação → ideia – há progressão discursiva e não apresenta reprodução de imagem.
>
> Esses tipos podem até se misturar, mas um texto na íntegra sempre apresentará um tipo que prevalece, pois o autor só tem um objetivo de cada vez: reproduzir, contar ou analisar.

4. ESTRUTURA DISSERTATIVA PADRÃO

4.1. Introdução

Introdução (1º§*): tese + 3 argumentos (+comentário);

Desenvolvimento
- (2º§*): retomada do primeiro argumento + justificativa da ideia principal;
- (3º§*): retomada do segundo argumento + justificativa da ideia principal;
- (4º§*): retomada do terceiro argumento + justificativa da ideia principal;

Conclusão (5º§*): Retomada da tese, que pode ser em forma de
- → resumo do texto;
- ou
- → apresentação de solução(ões);   (+comentário final opcional)
- ou
- → questionamento.

A citação dos parágrafos aqui feita não é uma regra tampouco uma forma fixa. Trata-se apenas de uma forma de ilustrar a disposição das ideias no texto.

Dizer dissertação padrão é o mesmo que dizer **básico**. Sabendo como ela funciona, sabe-se como todos os textos dissertativos funcionam. Junto do entendimento dessa estrutura, vamos reconhecer também as palavras e as ideias-chave.

4.2. Palavra-chave e ideia-chave

Palavras-chave: são as palavras de maior destaque de cada parágrafo de um texto e estabelecem referência central à ideia desenvolvida naquele momento.

Ideias-chave: é uma síntese do parágrafo em que se concentram as ideias dominantes nele expressas.

Cap. 11 · INTERPRETAÇÃO DE TEXTO

Para reconhecer bem as palavras-chave, basta concentrar-se na(s) palavra(s) que mais se repete(m) em cada parágrafo. Pode ser tanto uma palavra como também uma expressão. É importante lembrar que essa "repetição" pode não acontecer pela palavra propriamente dita, mas também pode acontecer por meio de pronomes, sinônimos e todos os recursos possíveis de retomada daquela palavra ou expressão.

Vamos ver isso no texto abaixo, analisando sua estrutura e reconhecendo as palavras e ideias-chave de cada palavra.

Fragmento

Uma nova economia surgiu em escala global no último quartel do século XX. Denominada informacional, global, em rede, para identificar suas características fundamentais e diferenciadas e enfatizar sua interligação. É informacional porque a produtividade e a competitividade de unidades ou agentes dessa economia — sejam empresas, sejam regiões, sejam nações — dependem basicamente de sua capacidade de gerar, processar e aplicar de forma eficiente a informação baseada em conhecimentos. É global porque as principais atividades produtivas, o consumo e a circulação, assim como seus componentes — capital, trabalho, matéria-prima, administração, informação, tecnologia e mercados — estão organizados em escala global, diretamente ou mediante uma rede de conexões entre agentes econômicos. É em rede porque, nas novas condições históricas, a produtividade é gerada, e a concorrência é feita em uma rede global de interação entre redes empresariais. Essa nova economia surgiu no último quartel do século XX porque a revolução da tecnologia da informação forneceu a base material indispensável para sua criação.

Manuel Castells. A sociedade em rede, p. 119 (com adaptações).

Aplicando o esquema estrutural no texto analisado, entendemos que ele realmente é um fragmento dissertativo padrão, pois podemos dividi-lo em três partes: introdução, desenvolvimento e conclusão.

1ª parte) Introdução

> *Uma **nova economia** surgiu* <u>em escala global no último quartel do século XX.</u> *Denominada* <u>informacional, global, em rede,</u> *para identificar suas características fundamentais e diferenciadas e enfatizar sua* <u>interligação.</u>

Este início de texto mostra o assunto do texto "uma nova economia" e sobre esse assunto o autor afirma que ela surgiu no final do século XX, em escala global, e suas três denominações a caracterizam e enfatizam sua interligação.

Nota: fizemos aqui uma paráfrase, isto é, reescrevemos o texto de forma diferente, mas dissemos a mesma coisa. Não é preciso fazer isso, nem se deve, pois o tempo de prova é exíguo e poderá haver perda da ideia transmitida no texto. O ideal é que, ao ler, se grifem as ideias consideradas mais importantes no texto.

Podemos concluir, então, que a palavra-chave desta primeira parte do texto é "nova economia" (na verdade, uma expressão), e mesmo que ela não se repita, é para ela que todo o trecho se volta. O conteúdo dele tem por finalidade apresentar essa nova economia. E a ideia-chave é que ela é nova e global, já que o restante deste fragmento é uma continuidade dessa ideia, apenas a reitera.

Até esta parte, a ideia que o autor nos quis apresentar já foi identificada e, nessa apresentação (introdução), ele forneceu ainda as três denominações da nova economia para podermos entendê-la como nova e em escala global, ou seja, globalizada. Assim, elas nos servem como três argumentos, ou podemos pensar que servem como três motivos para entendermos a afirmação inicial: a economia é nova e é global. Nessa primeira parte temos, então, a tese mais os três argumentos.

2ª parte) Desenvolvimento

Como o autor não pode apresentar uma ideia sem justificá-la, qual é seu próximo passo? Justificar, explicar essas informações. Sendo assim, é nesse momento que se inicia o desenvolvimento do texto, que irá fazer a relação entre os argumentos e a tese do texto, desenvolvendo-a, ou seja, explicando, esclarecendo como esses argumentos podem servir de motivos para que se chegue àquela ideia inicial.

É importante observar a importância do papel da conjunção "porque", ilustrando a alma desta parte do texto, já que tal conectivo é explicativo-causal – apresenta as explicações e justificativas que a estrutura requer neste momento. Claro que esse desenvolvimento, essa fundamentação dos argumentos pode ser feita e estruturada de diversas formas: por meio de exemplos ilustrativos da ideia, de índices estatísticos, de causa e consequência, de enumeração e outros recursos.

> *É **informacional** <u>porque</u> a produtividade e a competitividade de unidades ou agentes dessa economia — sejam empresas, sejam regiões, sejam nações — dependem basicamente de sua capacidade de gerar, processar e aplicar de forma eficiente a informação baseada em conhecimentos. É **global** <u>porque</u> as principais atividades produtivas, o consumo e a circulação, assim como seus componentes — capital, trabalho, matéria-prima, administração, informação, tecnologia e mercados — estão organizados em escala global, diretamente ou mediante uma rede de conexões entre agentes econômicos. É **em rede** <u>porque</u>, nas novas condições históricas, a produtividade é gerada, e a concorrência é feita em uma rede global de interação entre redes empresariais.*

Note-se como esse desenvolvimento está de acordo com a estrutura básica dissertativa. Os trechos "É informacional", "É global" e "É em rede" retomam os argumentos citados no primeiro momento do texto e, em seguida, comprovam a tese:

"*É **informacional** <u>porque</u>, ... dependem basicamente de sua capacidade de gerar, processar e aplicar de forma eficiente a <u>informação</u> baseada em conhecimentos.*";

"*É **global** <u>porque</u>...estão organizados <u>em escala global</u>, diretamente ou mediante <u>uma rede de conexões</u> entre agentes econômicos.*";

"*É **em rede** <u>porque</u>, nas <u>novas condições históricas</u>... <u>é feita em uma rede global de interação</u>.*".

Todas essas informações servem apenas para confirmar a ideia central de que essa informação é realmente nova, porque é diferente do que era antes e é recente, e é global, porque as negociações são todas feitas de forma global, em conexão entre empresas e agentes econômicos do mundo.

As palavras-chave de cada trecho, então, são as que colocadas em negrito, para que se perceba como o autor retomou cada argumento lançado, repetindo as palavras, bem como se reconheçam essas palavras como as mais importantes de cada trecho, pois é delas que se "fala". Em seguida, foram grifadas as informações que são importantes no desenvolvimento, pois estão relacionadas à primeira parte, confirmando-a.

3ª parte) Conclusão

Ao final do texto, o que resta ao autor? Anunciar que vai encerrar a análise, pois todas as considerações apontadas já apontaram sua ideia básica como verdadeira. Assim, ele simplesmente reitera a ideia central e fecha o texto.

> *Essa **nova economia** surgiu no último quartel do século XX porque a revolução da tecnologia da informação forneceu a base material indispensável para sua criação.*

A expressão "nova economia" é novamente expressão-chave do período, pois o seu conteúdo refere-se a ela. Quanto à ideia-chave, para reconhecê-la neste exemplo basta que se note como o trecho reitera a tese apresentada no início, confirmando que tal economia é recente, ou seja, nova (observe-se a repetição da data), o que permitiu ao autor não mencionar a característica global, já que o desenvolvimento do texto associou a ideia de global àquilo que é recente no trecho *"nas novas condições históricas"* e, na sequência, fez mais um comentário que acaba por confirmar essas características da nova economia outra vez, pois mostra que ela nasceu devido à revolução da tecnologia, que é nossa contemporânea.

5. ARTICULAÇÃO TEXTUAL

5.1. Introdução

A estruturação do texto depende principalmente da relação coerente de significados entre as ideias, as frases, as orações, os períodos que o compõem. Depende, portanto, da articulação dos pensamentos que o incorporam, como sabemos que o fazem a coordenação e a subordinação, por exemplo.

Essa ligação entre as partes constitutivas do texto se dá por meio da dependência de sentido que elas têm de ter entre si – **coerência** – e que é realizada por meio das conexões entre elas – **coesão**. A falta de coerência ocorre, por exemplo, quando se empregam de modo inadequado conjunções e pronomes, quando a escolha vocabular é inadequada, quando há ambiguidades, regências e concordâncias incorretas; e a falta de coesão ocorre quando palavras, frases estão "desconectadas", bem como as partes do texto, como os parágrafos também.

Portanto, quando o processo da coesão é ignorado ou mal elaborado, a coerência pode ficar comprometida ou simplesmente não existir. E como consequência disso, o texto pode não apresentar **progressão discursiva**, ou seja, não tem desenvolvimento da ideia apresentada e, como consequência disso, não apresenta **circularidade** – começo, meio e fim interligados – torna-se apenas uma repetição de informações ou, ainda, uma série de informações que não têm relação lógica entre si, logo a argumentação não se realiza.

Assim, se um leitor não reconhece tais propriedades textuais, mesmo que o texto esteja bem redigido, para ele, leitor, será apenas um amontoado de informações desconexas, sem relação lógica entre si, e daí a sensação de que se leu, leu e não se entendeu nada, ou que havia muita informação no texto e já não é possível lembrar o que se acabou de ler.

A técnica que muito auxilia na elaboração dos parágrafos para a concretização da progressão do discurso e da coerência é o **paralelismo**: elaborar o parágrafo com a mesma estrutura da dissertação – introdução, argumentação e conclusão -, de modo que o seu encerramento reitere o início, confirmando-o.

5.2. Coesão

Coesão. *Sf* 1. União íntima das partes de um todo. 2. *Fig.* Harmonia, concordância, união.

Coesão pode ser considerada a "costura" textual, a "amarração", a concatenação das frases, dos períodos e dos parágrafos que fazemos com palavras, como vimos na análise anterior. Para garantir uma boa coesão no texto, o autor se vale de alguns mecanismos gramaticais bem como vocabulares. Abaixo, há exemplos de mecanismos coesivos que os textos podem apresentar.

(a) Elementos Anafóricos

Esse, essa, isso, aquilo, isso, ele...

São palavras referentes a outras que apareceram no texto, a fim de retomá-las:

*Dolores era beleza única. **Ela** sabia do **seu poder** de seduzir e **o** usava.*

(b) Elementos Catafóricos

Este, esta, isto, tal como, a saber...

São palavras referentes a outras que irão aparecer no texto:

***Este novo produto** a deixará maravilhosa, é o **xampu** Ela. Use-o e você não vai se arrepender.*

(c) Coesão lexical

Palavras ou expressões equivalentes

A repetição de palavras compromete a qualidade do texto, mostrando falta de vocabulário do redator. Assim, os autores se utilizam de sinônimos, os quais podem até não ser sinônimos se retirados do contexto, mas naquele apresentado, eles o são:

Primeiro busquei o amor, que traz o êxtase – êxtase tão grande que sacrificaria o resto de minha vida por umas poucas horas dessa alegria.

Observe-se como nesse caso "amor" e "alegria" são sinônimos contextuais; afinal, fora desse texto não são necessariamente equivalentes. O amor pode ser um "inferno" na vida de uma pessoa, porém neste caso isso não aconteceu, já que o amor trouxe êxtase para a vida pessoa.

(d) Coesão por elipse ou zeugma (omissão)

É a omissão de um termo, facilmente identificável, que já foi expresso anteriormente no texto.

Podemos ocultar o sujeito da frase e fazer o leitor procurar no contexto quem é o agente, fazendo correlações entre as partes:

O marechal marchava rumo ao leste. O marechal, não tinha medo, ( ) sabia que ao seu lado a sorte também galopava.

(e) Conectivos principais

* <u>Preposições e suas locuções:</u> em, para, de, por, sem, com...
* <u>Conjunções e suas locuções:</u> e, que, quando, para que, mas...
* <u>Pronomes relativos, demonstrativos, possessivos, pessoais:</u> onde, que, cujo, seu, este, esse, ele...

Os programas de TV, em que nós podemos ver muitas mulheres nuas, são imorais. Desde seu início, a televisão foi usada para facilitar o domínio da sociedade. Como exemplo, podemos citar a chegada do homem à Lua, onde os E.U.A. conseguiram com sua propaganda capitalista frente a uma Guerra Fria, a simpatia de grande parte da população do planeta.

5.3. Coerência

Coerência. *Sf* 1.qualidade, estado ou atitude de coerente; 2.ligação ou harmonia entre situações, acontecimentos ou ideais; relação harmônica; conexão, nexo, lógica.

Coerência textual é uma relação harmônica que se estabelece entre as partes de um texto, em um contexto específico, e que é responsável pela percepção de uma **unidade de sentido**. Sendo assim, os principais aspectos envolvidos nessa questão são:

(a) Coerência semântica

Refere-se à relação entre significados dos elementos da frase ou entre os elementos do texto como um todo: *Primeiro busquei o amor, que traz o êxtase –*

êxtase tão grande que sacrificaria o resto de minha vida por umas poucas horas dessa alegria.

Por coerência, só podemos entender que **amor** e **alegria** são termos compatíveis no contexto, pois, auxiliados pelo demonstrativo <u>dessa</u> – pronome anafórico, vemos que o autor retoma um termo antecedente. Como ele diz que o amor lhe trouxe êxtase e que ele "sacrificaria o resto de sua vida por umas poucas horas dessa alegria", nada mais lógico, portanto, coerente, do que entendermos que ele se referiu ao "amor, acompanhado de êxtase" como "alegria". E temos de relacioná-los durante a leitura, senão não estamos de fato compreendendo o todo da composição textual.

(b) Coerência sintática

Refere-se aos meios sintáticos que o autor utiliza para expressar a coerência semântica: "*A felicidade, para **cuja obtenção** não existem técnicas científicas, faz-se de pequenos fragmentos...*" – como leitores do texto, vocês devem entender que o pronome *cuja* foi empregado para estabelecer **posse** entre *obtenção* e *felicidade.*

(c) Coerência estilística

Refere-se ao estilo do autor, a linguagem que ele emprega para redigir. O leitor atento a isso, consegue facilmente entender a estrutura do texto e relacionar bem as informações textuais. Além disso, percebendo se a linguagem do texto é figurada ou não, seu raciocínio interpretativo deverá funcionar de uma determinada maneira, como vamos ver na próxima aula.

(d) Coerência de elaboração textual

O texto tem de apresentar circularidade, e o leitor, por sua vez, não deve perder isso de vista, ou seja, à medida que vai lendo o texto, deve relacionar todas as informações apresentadas em cada parte do texto, sempre confirmando com o desenvolvimento do texto o que entendeu da parte inicial.

6. LEITURA COMPLETA: PROGRESSÃO DISCURSIVA, COESÃO E COERÊNCIA

Veremos a seguir uma análise textual completa. Para isso, faremos a simulação de um procedimento de leitura tal como ele deve ser.

No decorrer do exercício, reconheceremos a palavra ou a expressão-chave, pode ser que mais de uma seja encontrada. Em seguida, haverá o reconhecimento da informação mais importante sobre a palavra ou a expressão-chave também em cada um dos parágrafos do texto, pois assim fica reconhecida a ideia-chave.

Cap. 11 · INTERPRETAÇÃO DE TEXTO

O texto abaixo é uma dissertação básica, portanto do tipo padrão.

Destruição: a ameaça constante

O mundo moderno caminha atualmente para sua própria destruição, pois tem havido inúmeros conflitos internacionais, o meio ambiente encontra-se ameaçado por sério desequilíbrio ecológico e, além do mais, permanece o perigo de uma catástrofe nuclear.

Nestas últimas décadas, temos assistido, com certa preocupação, aos inúmeros conflitos internacionais que. se sucedem. Muitos trazem na memória a triste lembrança das guerras do Vietnã e da Coréia, as quais provocaram grande extermínio. Em nossos dias, testemunhamos conflitos na América Central que, envolvendo as grandes potências internacionais, poderiam conduzir-nos a um confronto mundial de proporções incalculáveis.

Outra ameaça constante é o desequilíbrio ecológico, provocado pela ambição desmedida de alguns, que promovem desmatamentos desordenados e poluem as águas dos rios. Tais atitudes contribuem para que o meio ambiente, em virtude de tantas agressões, acabe por se transformar em um local inabitável.

Além disso, enfrentamos sério perigo relativo à utilização da energia atômica. Quer pelos acidentes que já ocorreram e podem acontecer novamente nas usinas nucleares, quer por um eventual confronto em uma guerra mundial, dificilmente poderíamos sobreviver diante do poder avassalador desses sofisticados armamentos.

Em virtude dos fatos mencionados, somos levados a acreditar na possibilidade de estarmos a caminho do nosso próprio extermínio. É desejo de todos nós que algo possa ser feito no sentido de conter essas diversas forças destrutivas, para podermos sobreviver às adversidades e construir um mundo que, por ser pacífico, seja mais facilmente habitado pelas gerações vindouras.

Vejamos agora cada uma das partes constitutivas do texto:

(a) A Introdução

O mundo moderno ***caminha atualmente para sua própria*** destruição,
tese
pois tem havido inúmeros conflitos internacionais, o meio ambiente
argumento 1
encontra-se ameaçado por sério desequilíbrio ecológico e, além do mais,
argumento 2
permanece o perigo de uma catástrofe nuclear.
argumento 3

Nesse parágrafo de introdução, o autor apresentou logo de saída a tese e, em seguida, apenas mencionou os argumentos, ou seja, apresentou elementos que comprovam a ideia inicial – a tese.

Primeiro, entendemos que o assunto do texto é a "destruição do mundo moderno", pois é a ideia mais abrangente de todas as apresentadas no parágrafo e, por isso, a mais importante. Completando o raciocínio, entendemos que a tese então seria: "O mundo moderno caminha atualmente para sua própria destruição". Todas as outras informações apresentadas: "inúmeros conflitos internacionais", "... sério desequilíbrio ecológico" e o "perigo de uma catástrofe nuclear" apenas confirmam a inicial. Elas são partes da ideia da "destruição mundial", por isso podemos dizer que são premissas* menores da premissa* maior.

Premissa: ponto de partida para atingir uma conclusão lógica.

Percebendo essa estrutura, reconhecer as palavras-chave ficou fácil: "mundo moderno" e "destruição".

Depois de terminado o parágrafo introdutório, no texto padrão, o autor dará início à argumentação, ou seja, ao desenvolvimento do texto. E, assim, cada argumento é convenientemente desenvolvido nos parágrafos seguintes.

(b) O Desenvolvimento

Reconhecida a ideia central do início do texto, não se pode mais perdê-la de vista, ou seja, ela deverá reproduzir-se de alguma forma no decorrer do texto. Essa é a parte mais importante do procedimento da leitura, pois é nesse momento que temos de concatenar as informações do contexto, ou seja, de relacionar as informações para que ver como elas estão coerentemente interligadas.

No segundo parágrafo, o autor retomou **o primeiro argumento** e desenvolveu-o:

> Nestas últimas décadas, temos assistido, com certa preocupação, aos inúmeros <u>conflitos internacionais</u> que se sucedem. Muitos trazem na memória a triste lembrança das guerras do Vietnã e da Coréia, as quais provocaram grande extermínio. Em nossos dias, testemunhamos conflitos na América Central que, envolvendo as grandes potências internacionais, <u>poderiam conduzir-nos a um confronto mundial de proporções incalculáveis.</u>

Neste parágrafo, o autor retomou o primeiro argumento, o que fica fácil perceber pela repetição da expressão "conflitos internacionais". Daí em diante, ele se valeu de exemplos ilustrativos de conflitos para comprovar suas afirmações sobre destruição. Ele segue com essas ilustrações em forma de enumeração, para nos levar a perceber sua consequência, a qual comprova a ideia inicial, a linha dissertativa que o texto apresentou: a destruição do mundo moderno, já que se trata de "um confronto mundial de proporções incalculáveis".

Observe-se como fica clara a relação entre *destruição do mundo* e *conflitos internacionais*, o que causa coesão e paralelismo ao texto. E se essas características são reconhecidas pelo leitor fica muito fácil compreender seu todo.

Claro que a expressão-chave do parágrafo é "conflitos internacionais" , negritada no texto, e a ideia-chave é que "os conflitos internacionais podem nos levar a um confronto mundial de proporções incalculáveis", sublinhada no texto.

No parágrafo seguinte, desenvolve-se **o segundo argumento**:

> Outra ameaça constante é o <u>desequilíbrio ecológico</u> provocado pela ambição desmedida de alguns, que promovem desmatamentos desordenados e poluem as águas dos rios. <u>Tais atitudes contribuem para que o meio ambiente, em virtude de tantas agressões, acabe por se transformar em um local inabitável.</u>

Note-se a presença de uma expressão ("Outra ameaça constante..."), no início do parágrafo, que estabelece a ligação deste parágrafo com o anterior. A percepção dessa expressão facilita entendermos que o texto continua com o mesmo objetivo: comprovar a destruição do mundo moderno.

A expressão-chave é "desequilíbrio ecológico", pois é o argumento retomado que será desenvolvido no parágrafo para esclarecer ao leitor como tal fato pode desencadear o nosso fim. Para isso o autor elaborou o parágrafo por meio de jogo de **causa e consequência** – observem-se as expressões: "provocado pela", "em virtude de". Assim, reconhecer a ideia-chave, a qual está sublinhada no texto, é mais simples.

A partir dessas relações de ideias, fica comprovado que o "desequilíbrio ecológico" poderá acarretar a "destruição do mundo", já que "o meio ambiente, em virtude de tantas agressões, pode se transformar em um local inabitável".

Logicamente, o quarto parágrafo desenvolverá o terceiro argumento:

> Além disso, enfrentamos sério perigo relativo à <u>utilização da energia atômica.</u> Quer pelos acidentes que já ocorreram e podem acontecer novamente nas usinas nucleares, <u>quer por um eventual confronto</u> em uma guerra mundial, <u>dificilmente poderíamos sobreviver diante do poder avassalador</u> desses sofisticados armamentos.

Observe-se a expressão "Além disso...", colocada no início desse parágrafo. Ela é o elemento de ligação com o parágrafo anterior e este, estabelecendo a conexão entre os argumentos apresentados. Assim como o fazem a "repetição" da expressão-chave desse parágrafo: "desses sofisticados armamentos" retoma "energia nuclear".

A expressão-chave negritada acima retoma o terceiro argumento, *"o perigo de uma catástrofe nuclear"*, que está desenvolvido neste parágrafo por meio de causa e consequência, contribuindo para confirmar que o emprego desses recursos atômicos também pode causar a nossa destruição, pois, como está na ideia-chave sublinhada no texto, "dificilmente poderíamos sobreviver diante do poder avassalador desses sofisticados armamentos".

Nota: importante perceber como em todos os parágrafos o autor relacionou os argumentos à ideia de destruição por meio do jogo de palavras; reconhecer essa estrutura é essencial para uma leitura de peso.

(c) A Conclusão

Três argumentos não é de fato uma regra de elaboração de argumentação, entretanto é considerada uma boa média de fundamentos para se comprovar uma tese. Tão logo o autor termine de expor seus motivos, isto é, seus argumentos, ele deve encerrar essa sequência de dados comprobatórios da ideia central de seu texto e partir para a reiteração dela. Dá-se, então, a elaboração da conclusão.

Essa finalização pode iniciar-se com uma expressão que remeta ao que foi dito nos parágrafos anteriores. A ela deve seguir-se uma reafirmação da tese proposta no início do texto. No final do parágrafo, é normal que sejam colocadas observações extras sobre o assunto, fazendo um comentário sobre os fatos mencionados ao longo da dissertação, muitas vezes, apresentando uma perspectiva do assunto.

Com base nisso, analisemos este parágrafo final:

> Em virtude dos fatos mencionados, <u>somos levados a acreditar na</u>
> expressão inicial
> <u>possibilidade de estarmos a caminho do nosso próprio extermínio. É</u>
> reafirmação da tese
> desejo de todos nós que algo possa ser feito no sentido de conter essas diversas forças destrutivas, para podermos sobreviver às adversidades e construir um mundo que, por ser pacífico, seja mais facilmente habitado pelas gerações vindouras.

Note-se mais uma vez o jogo de vocabulário. Para retomar a tese, o autor se reportou à destruição, repetindo tal palavra por meio de um termo sinônimo: *extermínio*. Dessa forma, reiterou a ideia principal de seu texto, e, ao final, apresentou uma perspectiva futura do assunto, revelando a importância que ele tem se não for pensado hoje.

Expressão-chave "nosso próprio extermínio" e a ideia-chave é a mesma da abertura do texto, como podemos observar pelo fragmento sublinhado no texto.

Não é sempre que o texto se apresenta em estrutura padrão, mas, se essa estrutura é básica, ela sempre estará em qualquer dissertação, só dependerá do autor que poderá acrescentar novas fórmulas possíveis da mesma estrutura, como mudar a ordem de empregá-los... Entretanto, o que nunca irá mudar: toda dissertação apresenta tese e argumentos, o resto é uma questão de estilo e organização de raciocínio.

Em termos de estrutura, o que nunca muda:

O autor faz uma afirmação → justifica → **retoma** uma informação → acrescenta outra → justifica → **retoma** a informação anterior → acrescenta outra → justifica →**retoma** ... até que → conclui.

E assim vai retomando e acrescentando novas informações ao texto. Esses acréscimos é que são importantes, o resto é só justificativa, ou seja, desenvolvimento da ideia já expressa. Reconhecidas somente as ideias apresentadas pelo autor, o resto é só "repetição", desenvolvimento dessas ideias, portanto não devem ser grifadas como as mais importantes, servirão apenas para que se interprete melhor o que o autor disse.

Importante entender, então, que esses acréscimos de informações que fundamentam as ideias apresentadas serão os responsáveis pela progressão do discurso.

7.   DENOTAÇÃO E CONOTAÇÃO – METÁFORA

A **denotação** consiste em utilizar a palavra no seu sentido próprio, único, literal, real, que não permite mais de uma interpretação.

*Faça uma **fogueira** com o máximo cuidado.*

(significa lenha ou outra matéria combustível empilhada, à qual se lança fogo)

A **conotação** consiste em atribuir novos significados ao valor denotativo da palavra, ou seja, trata-se do sentido figurado dela.

*Seu rosto foi consumido pela **fogueira** das minhas recordações.*

(significa ardor, exaltação, entusiasmo)

A **metáfora** é um dos vários recursos da conotação que ocorre quando há o emprego de um termo que se associa a outro ou que o substitui, baseando-se numa comparação implícita de ordem pessoal e subjetiva.

Quando dizemos que "João (um homem) é forte como um touro.", entendemos ser esta uma elaboração de comparação, pois a frase apresenta o elemento "como", que já evidencia essa relação, como também pela presença da característica comum entre o *João* e o *touro*: forte. Assim, a relação entre os dois elementos é explícita. Mas, se dizemos

João é um touro.

não temos mais uma comparação explícita. A elaboração da frase agora constitui uma metáfora, pois a relação entre os dois tornou-se implícita. Tanto que poderíamos pensar que o João é forte como um touro, ou que João é bravo como um touro, ... ; enfim nossa interpretação dependeria do contexto.

Outros exemplos de metáfora:

*(i) Eu sou uma **ilha** longe de você. (Fernando Brant) .*

*(ii) Eu não acho a **chave** de mim. (Abel Silva)*

*(iii) Mariângela gostou dos sofás da Mobiliária Moderna e Benvenuto Cascadura gostou dos **sofás** de Mariângela. E de sofá em sofá, casaram-se. (J.Cândido de Carvalho)*

8. SINONÍMIA CONTEXTUAL

Além de cobrar conhecimento prévio de vocabulário, na maioria das vezes, o que as questões pedem é que os candidatos consigam enxergar uma possibilidade de significação para uma palavra pelo entendimento do texto. Esse processo de relação entre as palavras chama-se **sinonímia contextual**, que é a significação da palavra em um determinado contexto e sua possível relação com outra de significado semelhante somente naquele contexto. Na frase

*Primeiro busquei o amor, que traz o êxtase – êxtase tão grande que sacrificaria o resto de minha vida por umas poucas horas dessa **alegria**.*

Observe-se como nesse caso "amor" e "alegria" são sinônimos contextuais; afinal, fora desse texto não são necessariamente equivalentes. O amor pode ser um "inferno" na vida de uma pessoa, porém neste caso isso não aconteceu, já que o amor trouxe êxtase para a vida da pessoa.

9. AS INFORMAÇÕES IMPLÍCITAS

Um dos aspectos mais intrigantes da leitura de um texto é a verificação de que ele pode dizer coisas que parece não estar dizendo: além das informações explicitamente enunciadas, existem outras que ficam subentendidas ou pressupostas.

Alguns tipos de texto exploram, com malícia e com intenções falaciosas (falsas, mentirosas), esses aspectos subentendidos e pressupostos, como é o caso da extrapolação.

9.1. Pressupostos

São ideais não expressas de maneira explícita, mas que o leitor pode perceber a partir de certas palavras ou expressões contidas na frase.

*O tempo **continua** chuvoso.*

Informação explícita: no momento, o tempo é de chuva.

Informação implícita: o verbo "continuar" deixa perceber que antes o tempo já estava chuvoso.

Os pressupostos são marcados, nas frases, por meio de vários indicadores linguísticos:

(a) *Advérbios*: Os resultados da pesquisa *ainda* não chegaram até nós.

Pressuposto: Os resultados já deviam ter chegado.

(b) *Verbos*: O caso do contrabando *tornou-se* público.

Pressuposto: O caso não era público antes.

(c) *Adjetivos*: Os partidos *radicais* acabarão com a democracia no Brasil.

Pressuposto: Existem partidos radicais no Brasil, **como também** existem os não radicais.

(d) *Orações adjetivas*: Os candidatos a prefeito *que só querem defender seus interesses* não pensam no povo.

Pressuposto: Existem candidatos a prefeito que só querem defender seus interesses e não pensam no povo, **como também** existem os que **não** querem defender **apenas** seus interesses e **(porque)** pensam no povo.

9.2. Subentendidos

São as insinuações escondidas por trás de uma afirmação. Por isso é que se diz que a percepção da ideia subentendida é de competência do leitor. Como dizem: *"Para bom entendedor, pouca palavra basta."*

Essa competência, entretanto, advém da análise do contexto. Não é adivinhação, nem se pode dizer que depende da capacidade de cada um, como se houvesse aqueles que nasceram competentes em leitura e aqueles que não nasceram; a questão é saber reconhecer a ideia subentendida pelo conjunto de informações apresentadas no texto, procedendo à leitura de forma competente. Exemplo:

Se uma pessoa pergunta: *Você tem fogo?*,

Subentende-se: *Acenda-me o cigarro.* – a depender do contexto.

9.3. Inferência

Inferência pode ser definida como um processo de raciocínio conclusivo, ou seja, pode-se concluir *alguma coisa* a partir de *outra* já conhecida: SE uma coisa→ ENTÃO a outra.

> **DICA**
> Este processo de raciocínio deve ser feito com base na lógica, ou seja, na coerência, senão haverá uma **extrapolação**.

Para ilustração desse conceito, vamos ler uma citação do livro *Convite à Filosofia*, da professora Marilena Chauí.

Um caçador sai pela manhã em busca da caça. Entra no mato e vê rastros: choveu na véspera e há pegadas no chão; pequenos galhos rasteiros estão quebrados; o capim está amassado em vários pontos; a carcaça de um bicho está à mostra, indicando que foi devorado há poucas horas; há um grande silêncio no ar, não há canto de pássaros, não há ruídos de pequenos animais.

O caçador supõe que haja uma onça por perto. Ele pode, então, tomar duas atitudes. Se, por todas as experiências anteriores, tiver certeza de que a onça está nas imediações, pode preparar-se para enfrentá-la: sabe que caminhos evitar, se não estiver em condições de caçá-la; sabe que armadilhas armar, se estiver pronto para capturá-la; sabe como atraí-la, se quiser conservá-la viva e preservar a espécie.

O caçador pode ainda estar sem muita certeza se há ou não uma onça nos arredores e, nesse caso, tomará uma série de atitudes para verificar a presença ou ausência do felino: pode percorrer trilhas que sabe serem próprias de onças; pode examinar melhor as pegadas e o tipo de animal que foi devorado; pode comparar, em sua memória, outras situações nas quais esteve presente uma onça etc.

Assim, partindo de indícios, o caçador raciocina para chegar a uma conclusão e tomar uma decisão. Temos aí um exercício de raciocínio empírico e prático (isto é, um pensamento que visa a uma ação) e que se assemelha à intuição sensível ou empírica, isto é, caracteriza-se pela singularidade ou individualidade do sujeito e do objeto do conhecimento – no nosso caso, o texto.

Quando, porém, um raciocínio se realiza em condições tais que a individualidade psicológica do sujeito e a singularidade do objeto são substituídas por critérios de generalidade e universalidade, temos ... a abdução, *no nosso caso, a extrapolação*.

Tomemos esta questão como exemplo:

(U. Uberaba-MG) Um dos critérios básicos dos conquistadores europeus para se imporem sobre os colonizados foi forçar o uso de sua língua. A língua materna é o bem mais caro a que um povo livre pode aspirar. No caso do Brasil, nestes tempos neoliberais, vemos esse bem ser atingido em seu âmago, com a proliferação das formas da língua inglesa imperando sobre as coisas mais simples do nosso dia-a-dia. Pode-se inferir que o autor do trecho acima considera:

a) que é imperiosa a proliferação de termos da língua inglesa em nossa língua.
b) que devemos evitar o uso excessivo de termos da língua inglesa.
c) que a nossa língua materna está sendo a língua inglesa.
d) que um povo livre não usa a língua de seu colonizador.

Explicação

A inferência é uma conclusão. Assim, se relacionarmos todas as informações mais importantes do contexto, teremos

SE a língua materna é o bem mais caro a que um povo livre pode aspirar e

SE, no caso do Brasil, vemos esse bem ser atingido em seu âmago, com a proliferação das formas da língua inglesa

ENTÃO não podemos deixar que a língua inglesa tome conta de nossa língua para que continuemos a ser um povo livre.

Assim, a resposta é "devemos evitar o uso excessivo de termos da língua inglesa", alternativa B

A alternativa "a": *que é imperiosa a proliferação de termos da língua inglesa em nossa língua.* é falsa, pois aponta o que é evidente no texto, e não o que se infere – além der ser uma redução da ideia do texto.

A alternativa "c": *que a nossa língua materna está sendo a língua inglesa.* é falsa porque trata-se de uma extrapolação, tanto que o texto fala que a nossa língua materna **está sendo atingida** em seu âmago com a *proliferação das formas da língua inglesa,* portanto a inglesa não está sendo a nossa, **ainda** está proliferando.

A alternativa "d": *que um povo livre não usa a língua de seu colonizador.* é falsa, pois o item mistura as informações: o que um povo livre tem a ver com o colonizador, o colonizador tem relação com os povo colonizado, e não com o povo livre.

Por isso tudo a questão de inferência é uma questão de lógica sempre dentro do contexto.

10. PARÁFRASE

A paráfrase consiste em reescrever um texto com outras palavras, ou seja, substituir o vocabulário e/ou modificar as construções frásicas, sem, entretanto, alterar o conteúdo original (omitir ideais básicas ou modificá-las indevidamente, ou ainda acrescentar ideias que não pertençam ao conteúdo parafraseado). É importante manter também a sequência das ideais, com coesão, para que o texto parafraseado mantenha a unidade.

A paráfrase não se confunde, portanto, com o resumo. Exemplo:

Texto original: *O cão mordeu o menino.*

Texto parafraseado: *O menino foi mordido pelo cão.*

11. RESUMINDO – COMO PROCEDER EM PROVA?

Interpretação pede mais a prática do que a teoria em si. A teoria acaba sendo mais uma orientação dos procedimentos bem como dos raciocínios existentes. Assim, vamos fazer uma breve retrospectiva para resumirmos o processo de interpretação de texto.

Primeiro, retomemos a estrutura: o que nunca muda?

> O autor faz uma afirmação → justifica → **retoma** uma informação → acrescenta outra → justifica → **retoma** a informação anterior → acrescenta outra → justifica → **retoma** ... até que → conclui.

A afirmação inicial do texto e as informações "novas", que o autor vai acrescentando, são as proposições ou premissas do texto. Certamente a afirmação inicial do primeiro parágrafo retrata a tese, numa estrutura padrão, por isso é a premissa maior e as demais são as premissas menores. A afirmação inicial do parágrafo é também chamada de tópico frasal – como está no Wikipédia *"Tópico frasal é a oração que introduz a ideia central a ser desenvolvida em um parágrafo".* Também podemos chamar essas frases iniciais, especialmente na dissertação padrão, de tópicos e subtópicos, já que primeiro há a apresentação da tese e depois a argumentação.

Dessa forma, aconselhamos que seja seguida a estrutura esquematizada acima como um parâmetro de reconhecimento das ideias mais importantes dos parágrafos. Seguindo esse plano, então, quais são passos?

(1º) Primeiro ver o que o examinador pede na questão e verifique se é pedido o raciocínio da interpretação, se não for, não leia o texto;

(2º) Grifar a ideia considerada mais importante de cada parágrafo, riscar no texto; reconhecer os conectivos e observar as ideias que eles expressam – entre os parágrafos as ideias são, de modo geral, de continuidade, ou de conclusão, ou de oposição – mas todos vão comprovar a tese, esteja ela no final ou no começo do texto;

(3º) Sempre reconhecer os pronomes e a que palavra ou termo ou parágrafo eles se referem – marcar essas relações com flechas;

(4º) Observar os tempos verbais, a fim de não se confundir no campo das ideias;

(5º) Muita atenção ao jogo de palavras e à sinonímia contextual, reforçando a relação de sentido existente entre as palavras dentro de cada contexto – esta parte é muito importante para a visão do todo do texto, o que ajuda a resumi-lo;

(6º) Quando a questão falar sobre tese ou ideia principal, ler antes de mais nada a parte inicial e a parte final; observar se elas se voltam para a mesma ideia e a ideia principal aparecerá;

(7º) Se o enunciado falar em argumentação, atentem ao desenvolvimento;

Nota: essa separação de ideia principal e argumentação ajuda a não confundir os argumentos com a ideia "maior", mais abrangente. Assim, a cabeça fica "fresca" e a visão do texto fica mais objetiva.

(8º) Texto muito difícil, tempo esgotado, atentar às palavras-chave, ou pelo menos, as que mais se "repetiram" no desenvolvimento do texto. E, assim, as informações mais importantes também surgirão, principalmente, a tese, a mais abrangente, com certeza, surgirá.

 DICA
Leitura é, principalmente, um jogo de lógica, por isso o mais importante agora é o treino.

12. QUESTÕES COMENTADAS

1. (2010 – CESPE – TRE-BA – Todos os cargos de nível superior)

Rio de Janeiro, 15 de dezembro de 1904.

Meu caro Paz,

Obrigado pelas tuas palavras e pelo teu abraço. Ainda que de longe, senti-lhes o afeto antigo, tão necessário nesta minha desgraça. Não sei se resistirei muito. Fomos casados durante 35 anos, uma existência inteira; por isso, se a solidão me abate, não é a solidão em si mesma, é a falta da minha velha e querida mulher. Obrigado. Até breve, segundo me anuncias, e oxalá concluas a viagem sem as contrariedades a que aludes. Abraça-te o velho amigo

Machado de Assis.

Machado de Assis. Obra completa. vol. 3. Rio de Janeiro: Nova Aguilar, 1994, p. 1.072 (com adaptações).

✓ Em "senti-lhes o afeto antigo" (l.4), a forma pronominal "lhes" refere-se às expressões "tuas palavras" e a "teu abraço" ambas na linha 3.

Trata-se de uma questão de coesão estabelecida pelo pronome. Para se avaliar questões como esta, o ideal é trocarmos o pronome pelo termos indicados pelo examinador.

Neste caso, teríamos: *Obrigado pelas tuas palavras e pelo teu abraço. Ainda que de longe, senti o afeto antigo de tuas palavras e de teu abraço (...)*. Bom lembrar que, neste caso, o "lhe" tem valor de possessivo, por isso o sentido deu certo.

2. (2010 – CESPE – INCA – Todos os cargos) Um dos aspectos mais notáveis da aventura do homem ao longo da história tem sido seu constante anseio de buscar novas perspectivas, abrir horizontes desconhecidos, investigar possibilidades ainda inexploradas, enfim, ampliar o conhecimento. Desde seus primórdios, os seres humanos dedicam-se a investigar e a pesquisar, sendo esta curiosidade, este desejo de conhecer, uma das mais significativas forças impulsoras da humanidade. O fato é que essa ininterrupta e incansável luta pelo saber tem sido uma das mais importantes atividades do homem. Ocorre que, ao dar vazão ao seu insaciável afã de descobrir, criar, conquistar, ao tentar realizar em toda sua plenitude a livre aventura do espírito, o homem depara-se com seus limites. Ora, aceitando-se que o objetivo, visto como bom para o labor de investigar, é o benefício do homem e nunca seu prejuízo, dificilmente se admitiria que a caminhada com vistas a esse benefício, ou seja, os procedimentos destinados a fazer progredir o saber, pudesse fazer-se sem o respeito aos valores maiores do homem, tais como sua vida, sua saúde, sua liberdade, sua dignidade. Ivan de Araújo Moura Fé. Conflitos éticos em psiquiatria. In: José E. Assad (Coord.). Desafios éticos. Brasília: Conselho Federal de Medicina, 1993, p. 185 (com adaptações).

Cap. 11 · INTERPRETAÇÃO DE TEXTO

A partir da argumentação do texto acima, bem como das estruturas linguísticas nele utilizadas, julgue os itens que se seguem.

✓ Subentende-se da argumentação do texto que vários aspectos notáveis fizeram parte da "aventura do homem ao longo da história" (l.1-2).

> Tal ideia pode ser subentendida do texto graças à expressão "Um dos aspectos" em Um dos aspectos mais notáveis da aventura do homem ao longo da história tem sido seu constante anseio de buscar novas perspectivas, (...): se existe "um dos aspectos mais notáveis da aventura do homem ao longo da história", então existem vários outros.
>
> Item certo.

3. **(2015 – TCU – Técnico Federal de Controle Externo)** Nas sociedades antigas, tanto as leis quanto os códigos eram considerados expressões da vontade divina, revelada mediante a imposição de legisladores que dispunham de privilégios dinásticos e de uma legitimidade garantida pela casa sacerdotal. As leis eram objeto de respeito e veneração, e, por serem asseguradas por sanções sobrenaturais, dificilmente o homem primitivo questionava sua validez e sua aplicabilidade. Escreve H. Summer Maine que algumas experiências societárias, ao permitirem o declínio do poder real e o enfraquecimento de monarcas hereditários, acabaram por favorecer a emergência de aristocracias, depositárias da produção legislativa, com capacidade de julgar e de resolver conflitos. Aquele momento inicial de um direito sagrado e ritualizado, expressão das divindades, desenvolveu-se na direção de práticas normativas consuetudinárias. À época do direito consuetudinário, largo período em que não se conheceu a invenção da escrita, uma casta, ou aristocracia, investida do poder judicial, era o único meio que poderia conservar, com algum rigor, os costumes da raça ou da tribo. O costume aparece como expressão da legalidade, de forma lenta e espontânea, instrumentalizada pela repetição de atos, usos e práticas.

    A invenção e a difusão da técnica da escritura, somadas à compilação de costumes tradicionais, proporcionaram os primeiros códigos da Antiguidade, como o de Hamurábi, o de Manu, o de Sólon e a Lei das XII Tábuas. Constata-se, destarte, que os textos legislados e escritos eram melhores depositários do direito e meios mais eficazes para conservá-lo que a memória de certo número de pessoas, por mais força que tivessem em função de seu constante exercício. Esse direito antigo, tanto no Oriente quanto no Ocidente, não diferenciava, na essência, prescrições civis, religiosas e morais. Somente em tempos mais avançados da civilização é que se começou a distinguir o direito da moral e a religião do direito. Certamente, de todos os povos antigos, foi com os romanos que o direito avançou para uma autonomia diante da religião e da moral.

    Antônio C. Walker. O direito nas sociedades primitivas. In: Antônio C. Walker (Org.) Fundamentos de história do direito. Belo Horizonte: Del Rey, 2006, p. 19-20 (com adaptações)

    Conforme as ideias apresentadas no texto,

    ✓ nas sociedades antigas, a origem do direito esteve diretamente relacionada ao declínio do poder real exercido por monarcas hereditários e à emergência de aristocracias.

    > Como a questão é de interpretação, a primeira coisa a fazer é ler o texto a fim de entendê-lo e achar a resposta ao que foi pedido, mas também para observarmos em que parte dele aparecem informações que nos levariam à resposta.
    >
    > Assim, ao ler o texto, ao meio do primeiro parágrafo, o trecho que nos oferece condições de julgar o item é este: *que algumas experiências societárias, ao permitirem o declínio do poder real e o enfraquecimento de monarcas hereditários, acabaram por favorecer a emergência de aristocracias, depositárias da produção legislativa, com capacidade de julgar e de resolver conflitos. Aquele momento inicial de um direito(...).*

REDAÇÃO OFICIAL, GRAMÁTICA E INTERPRETAÇÃO DE TEXTO – *Luciane Sartori*

É muito importante observar que o examinador fez uma paráfrase ao elaborar o item, pois ele disse a mesma coisa que estava no texto, só que com palavras diferentes.

Item certo.

13. QUESTÕES PARA TREINAR!

1. **(2015 – IBFC – CEP 28 – Técnico de Enfermagem)** Analise o texto abaixo:

Também tem de ser verde

(Jennifer ann Thomas)

A onda sustentável que tomou o planeta nas últimas décadas levantou considerações em torno da fabricação de baterias. A busca pelo aumento da eficiência passou a rivalizar com a batalha por tornar esses dispositivos mais verdes. O caminho seguro é a substituição gradual de fontes sujas de energia, a exemplo do petróleo, pelas renováveis. A energia solar, em especial, foi alavancada ao status de possível solução definitiva para os dois problemas que rondam as baterias: a eficiência e a sustentabilidade. Se toda a radiação que atinge a Terra em um dia, vinda do sol, virasse eletricidade, seria possível sustentar a humanidade por 27 anos. Na prática, o que falta hoje para a adoção ampla da alternativa solar é apenas vontade, da indústria e de consumidores, para implantá-la. A startup alemã Changers achou uma boa forma de incentivo..

A Changers vende os modelos abastecidos por radiação solar. Seus carregadores, finos e maleáveis, podem ser acoplados a mochilas ou levados dentro de uma bolsa. Após quatro horas carregando no sol, uma dessas baterias absorve energia suficiente para produzir 16 watts-hora, o suficiente para recarregar a bateria de um smartphone duas vezes no dia.

Um aplicativo, normalmente entregue junto com as baterias da Changers, motiva clientes a ser sustentáveis – e, no processo, mostra as vantagens de adotar essa postura (mesmo que para isso seja preciso pagar um pouco mais caro pelo produto alimentado pelo sol, em comparação com as baterias carregadas com fontes sujas). [...] A fundadora da Changers, Daniela Schiefer, afirma: "Todos adoram falar da necessidade de cuidar da Terra, mas poucos se mexem para isso. Queremos dar um empurrão, dizer 'vamos começar de algum lugar' e mostrar quanto é fácil adotar posturas mais conscientes".

(Revista Veja, de 15/04/15 – adaptado)

2. **(2015 – IBFC – CEP 28 – Técnico de Enfermagem)** Considerando o sentido global do texto, pode-se afirmar que a referência à startup alemã Changers cumpre o seguinte papel:

a) revelar a superioridade da tecnologia alemã em relação às demais encontradas em outros países.

b) fragilizar a ideia de que é possível a implantação gradativa de energia solar como alternativa para o consumo.

c) ilustrar que, havendo vontade por parte da indústria e dos consumidores, vislumbram-se novas alternativas de energia.

d) demonstrar o interesse internacional em atingir mercados consumidores como o brasileiro.

Cap. 11 · INTERPRETAÇÃO DE TEXTO

3. **(2015 – IBFC – CEP 28 – Técnico de Enfermagem)** Embora seja um texto informativo, é possível perceber a presença da linguagem figurada em algumas passagens da notícia acima. Assinale a única opção em que NÃO se perceba um exemplo dessa linguagem.

    a) "A onda sustentável que tomou o planeta nas últimas décadas " (1°§)

    b) "a batalha por tornar esses dispositivos mais verdes" (1°§)

    c) "Seus carregadores, finos e maleáveis, podem ser acoplados a mochilas" (2°§)

    d) "Queremos dar um empurrão, dizer 'vamos começar de algum lugar " (3°§)

4. **(2015 – FGV – Prefeitura de Cuiabá – MT – Agente da Saúde)** Analise o texto abaixo:

    É justo que as mulheres se aposentem mais cedo?

    A questão acerca da aposentadoria das mulheres em condições mais benéficas que aquelas concedidas aos homens suscita acalorados debates com posições não somente técnicas, mas também com muito juízo de valor de cada lado.

    Um fato é certo: as mulheres intensificaram sua participação no mercado de trabalho desde a segunda metade do século 20.

    Há várias razões para isso. Mudanças culturais e jurídicas eliminaram restrições sem sentido no mundo contemporâneo: um dos maiores e mais antigos bancos do Brasil contratou sua primeira escriturária em 1969 e teve sua primeira gerente em 1984.

    Avanços no planejamento familiar e a disseminação de métodos contraceptivos permitiram a redução do número de filhos e liberaram tempo para a mulher se dedicar ao mercado de trabalho.

    Filhos estudam por mais tempo e se mantêm fora do mercado de trabalho até o início da vida adulta. Com isso, o custo de manter a família cresce e cria a necessidade de a mulher ter fonte de renda para o sustento da casa.

    A tecnologia também colaborou: máquinas de lavar roupa, fornos micro-ondas, casas menores e outras parafernálias da vida moderna reduziram a necessidade de algumas horas nos afazeres domésticos e liberaram tempo para o trabalho fora de casa.

    A inserção feminina no mercado de trabalho ocorreu, mas com limitações. Em relação aos homens, mulheres têm menor taxa de participação no mercado de trabalho, recebem salários mais baixos e ainda há a dupla jornada de trabalho. Quando voltam para a casa, ainda têm que se dedicar à família e ao lar.

    Essas dificuldades levam algumas pessoas a defender formas de compensação para as mulheres por meio de tratamento previdenciário diferenciado. Já que as mulheres enfrentam dificuldades de inserção no mercado de trabalho, há de compensá-las por meio de uma aposentadoria em idade mais jovem.

    A legislação brasileira incorpora essa ideia. Homens precisam de 35 anos de contribuição para se aposentar no INSS; mulheres, de 30.

    No serviço público, que exige idade mínima, as mulheres podem se aposentar com cinco anos a menos de idade e tempo de contribuição que os homens.

    (Marcelo Abi-Ramia Caetano, Folha de São Paulo, 21/12/2014.)

5. **(2015 – FGV – Prefeitura de Cuiabá – MT – Agente da Saúde)** O tema contido na pergunta que serve de título ao texto

REDAÇÃO OFICIAL, GRAMÁTICA E INTERPRETAÇÃO DE TEXTO – *Luciane Sartori*

(A) é defendido por uma opinião pessoal do autor.

(B) é contestado legalmente no corpo do texto.

(C) é visto como uma injustiça em relação ao homem.

(D) é tido como legal, mas moralmente injusto.

(E) é observado de forma técnica e legal.

4. **(2015 – FGV – Prefeitura de Cuiabá – MT – Agente da Saúde – Técnico em Radiologia)** "A questão acerca da aposentadoria das mulheres em condições mais benéficas que aquelas concedidas aos homens suscita acalorados debates com posições não somente técnicas, mas também com muito juízo de valor de cada lado."

Ao dizer que há "muito juízo de valor de cada lado", o autor do texto diz que na discussão aparecem

a) questões que envolvem valores da Previdência.

b) problemas que prejudicam economicamente os empregadores.

c) posicionamentos apoiados na maior experiência de vida.

d) opiniões de caráter pessoal.

e) questionamentos injustos e pouco inteligentes.

5. **(2015 – Prefeitura de Cuiabá – MT – Agente da Saúde – Técnico em Radiologia)** Dizer que as mulheres intensificaram sua participação no mercado de trabalho desde a segunda metade do século XX equivale a dizer que

(A) o trabalho feminino não existia antes dessa época.

(B) a atividade de trabalho até essa época apelava para a força física.

(C) as mulheres entraram no mercado de trabalho há pouco tempo.

(D) os homens exploravam as mulheres até a época citada.

(E) as famílias passaram a ter menos filhos desde o século XX.

6. **(2015 – FGV – Prefeitura de Cuiabá – MT – Agente da Saúde)** "Há várias razões para isso." A forma do pronome demonstrativo sublinhado é justificada pelo fato de

(A) se referir a um fato futuro na progressão do texto.

(B) fazer alusão a um acontecimento do momento.

(C) localizar o tema como de autoria do interlocutor.

(D) se prender a uma afirmação feita anteriormente.

(E) realizar a seleção entre dois termos, destacando o mais distante.

7. **(2015 – FGV – Prefeitura de Cuiabá – MT – Agente da Saúde – Técnico em Radiologia)** "Mudanças culturais e jurídicas eliminaram restrições sem sentido no mundo contemporâneo: um dos maiores e mais antigos bancos do Brasil contratou sua primeira escriturária em 1969 e teve sua primeira gerente em 1984." Os exemplos citados nesse segmento do texto

(A) comprovam as mudanças citadas.

(B) contrariam as modificações culturais e jurídicas.

(C) demonstram o atraso cultural das mulheres.

(D) indicam a permanência de determinadas restrições.

(E) provam o despreparo das mulheres para o mercado de trabalho masculino.

8. **(2015 – FGV – Prefeitura de Cuiabá – MT – Agente da Saúde)** Segundo o texto, a necessidade ou possibilidade de a mulher trabalhar se prende a diferentes motivos. As opções a seguir apresentam motivos presentes no texto 1, <u>à exceção de uma</u>. Assinale-a.

(A) Aumento do tempo livre, em função da redução do número de filhos.

(B) O desenvolvimento tecnológico, que auxilia nos trabalhos domésticos.

(C) A manutenção dos filhos por mais tempo.

(D) O desequilíbrio econômico da Previdência.

(E) Os métodos contraceptivos, que limitam o número de filhos.

9. **(2015 – FGV – Prefeitura de Cuiabá – MT – Agente da Saúde – Técnico em Radiologia)** Segundo o texto 1, o que levaria a um tratamento diferenciado para as mulheres seria

(A) uma compensação masculina pela exploração anterior.

(B) um reconhecimento de que o trabalho doméstico é pesado.

(C) uma recompensa por sua atuação como mulher e mãe.

(D) uma retribuição às maiores dificuldades de trabalho.

(E) um pagamento por sua vida menos longa.

10. **(2015 – FGV – Prefeitura de Cuiabá – MT – Agente da Saúde)** Assinale a opção que indica duas razões que mostram as limitações femininas no mercado de trabalho.

(A) Dupla jornada de trabalho / tecnologia de apoio doméstico.

(B) Tecnologia de apoio doméstico / necessidade de força física.

(C) Necessidade de força física / interrupções legais do período de trabalho.

(D) Interrupções legais do período de trabalho / salários mais baixos.

(E) Salários mais baixos / dupla jornada de trabalho.

GABARITO DAS QUESTÕES				
1	2	3	4	5
C	C	E	D	C
6	7	8	9	10
D	A	D	D	E

Capítulo 12

REDAÇÃO OFICIAL

1. INTRODUÇÃO

O conteúdo de Redação Oficial está baseado na 2ª edição de 2002 revista e atualizada do *Manual de Redação Oficial da Presidência da República*.

Um pouco da história desse manual.

Em 11 de janeiro de 1991, o Presidente da República autorizou a criação de uma comissão, presidida pelo Ministro do Supremo Tribunal Federal Gilmar Ferreira Mendes, para rever, atualizar, uniformizar e simplificar as normas de redação de atos e comunicações oficiais. Depois de 9 meses, foi apresentada a primeira edição do *Manual de Redação Oficial da Presidência da República*.

Esse Manual foi dividido em duas partes: a primeira, elaborada pelo diplomata Nestor Forster Jr., tratava das comunicações oficiais, sistematizava seus aspectos essenciais, padronizava a diagramação dos expedientes, exibia modelos, simplificava os fechos que vinham sendo utilizados desde 1937, suprimia arcaísmos e apresentava uma súmula gramatical aplicada à redação oficial; a segunda parte, a cargo do Ministro Gilmar Mendes, ocupava-se da elaboração e redação dos atos normativos no âmbito do Executivo, da conceituação e exemplificação desses atos e do procedimento legislativo.

Depois de 10 anos do lançamento da 1ª edição, foi necessário fazer uma adequação das formas de comunicação usadas na administração aos avanços da informática. Outras alterações decorreram da necessidade de adaptação do texto à evolução legislativa na matéria e às alterações constitucionais ocorridas no período.

Segundo o apresentador dessa nova edição, Pedro Parente, Chefe da Casa Civil da Presidência da República do Governo de Fernando Henrique Cardoso, esperava-se que esta nova edição do Manual contribuísse, tal como a primeira, para a consolidação de uma cultura administrativa de profissionalização dos servidores públicos e de respeito aos princípios constitucionais da legalidade, impessoalidade, moralidade, publicidade e eficiência, com a consequente melhoria dos serviços prestados à sociedade.

"Em uma frase, pode-se dizer que redação oficial é a maneira pela qual o Poder Público redige atos normativos e comunicações. Interessa-nos tratá-la do ponto de vista do Poder Executivo." – segundo os organizadores deste trabalho.

Percebe-se que os três motivos principais da preocupação da elaboração do Manual e de suas revisões são a modernização, a atualização e a eficiência. A passagem do tempo por si só já pediria essas revisões, haja vista a consequente evolução da linguagem e da sociedade por que passamos.

É justamente esse o ponto que originou a participação desse assunto nos concursos públicos. Afinal, para quem vai trabalhar no setor público é realmente importante saber comunicar-se com habilidade e usar os meios adequados para isso se o que se propõe é um serviço eficiente para a sociedade.

Por isso, ao estudar redação oficial, o candidato tem de se concentrar em saber as características da linguagem da redação oficial, a formatação e a estrutura das redações – especialmente a do padrão ofício -, quem envia determinadas correspondências, quem as recebe e qual é a finalidade de cada uma delas.

Dessa forma, o assunto será apresentado em duas partes. A primeira enfocará as características da linguagem desses documentos e algumas particularidades – emprego dos pronomes de tratamento, fecho dos documentos e identificação do signatário. E a segunda, por sua vez, abordará a estrutura, a finalidade de cada uma e "quem manda para quem".

2. CARACTERÍSTICAS DA LINGUAGEM

A linguagem da redação oficial deve caracterizar-se pela impessoalidade, uso do padrão culto de linguagem, clareza, concisão, formalidade e uniformidade.

PADRÃO CULTO DA LINGUAGEM ☞ emprego correto das regras formais da gramática e linguagem comum ao conjunto de usuários da língua;

Mesmo que a gramática se apresente correta, se o vocabulário empregado não for padrão de nossa língua, a linguagem dessas comunicações será inadequada. É simples entender isso, pois, como se trata de um documento, o texto deve ser entendido por qualquer cidadão brasileiro. Assim, emprego de gírias, jargões de qualquer tipo, regionalismos, termos raros, ou qualquer elemento que fuja àquilo que é padrão da linguagem não é apropriado. Em suma, é preciso um padrão vocabular.

Isso nos leva a entender outra característica:

UNIFORMIDADE ☞ forma única e comum de elaboração e emprego dos documentos;

Além de a linguagem ter de ser padrão, portanto ter uniformidade, uma forma única e comum a todos, o uso de papéis para o texto definitivo e a estrutura dos textos também têm de ter essa padronização, pois isso facilita a comunicação, facilitando a compreensão do emprego e do objetivo do documento.

A administração federal é una, e a padronização da linguagem, da apresentação dos textos e da formalidade de tratamento seguem essa unidade federativa, porque a representam.

FORMALIDADE ☞ linguagem polida e cortês expressa pelo emprego adequado de pronomes de tratamento;

Os textos oficiais devem ser redigidos e elaborados, como vimos, com padronização. E, seguindo essa uniformidade, há certos procedimentos e normas que devem ser respeitados com base nos princípios ditados pela civilidade, como polidez e cortesia, ou seja, deve haver formalidade expressa pelas formas específicas de tratamento.

IMPESSOALIDADE ☞ ausência de impressões pessoais;

A impessoalidade segue o princípio da finalidade. Os textos oficiais devem ser feitos em nome do serviço público a fim de atender o interesse geral dos cidadãos, e não se presta, portanto, a fins de interesses próprios ou de terceiros.

CONCISÃO ☞ objetividade;

Ao contrário da prolixidade, a concisão é uma propriedade de redação que visa garantir que o texto apresente seu objetivo de forma direta, dispensando informações desnecessárias e subjetivas que possam dificultar seu entendimento.

CLAREZA ☞ linguagem de fácil compreensão.

A clareza, como se pode notar, está intimamente relacionada às outras características, pois o texto será claro se ele seguir aos princípios da padronização e se for impessoal e conciso. Mantidas essas características, evita-se redação que ofereça obscuridade ou interpretação equivocada.

2.1. Pronomes de tratamento

Para o emprego gramatical dos pronomes de tratamento vide capítulo 4.

Referências dos pronomes de tratamento e respectivos vocativos

A quem se referem os pronomes e quais seus vocativos?

✓ **Vossa Excelência**, é empregado para as altas autoridades públicas:

(a) do Poder Executivo:

Presidente da República; Vice-Presidente da República; Ministros de Estado; Governadores e Vice-Governadores de Estado e do Distrito Federal; Oficiais--Generais das Forças Armadas; Embaixadores; Secretários-Executivos de Ministérios e demais ocupantes de cargos de natureza especial; Secretários de Estado dos Governos Estaduais; Prefeitos Municipais.

(b) do Poder Legislativo:

Deputados Federais e Senadores; Ministros do Tribunal de Contas da União; Deputados Estaduais e Distritais; Conselheiros dos Tribunais de Contas Estaduais; Presidentes das Câmaras Legislativas Municipais.

(c) do Poder Judiciário:

Ministros dos Tribunais Superiores; Membros de Tribunais; Juízes; Auditores da Justiça Militar.

Observação: Vereador não recebe esse tratamento, ele deve ser tratado por Vossa Senhoria; só passa a ser Vossa Excelência quando Presidente da Câmara.

De modo geral, para autoridades tratadas por **Vossa Excelência** o vocativo adequado é *Senhor*, seguido do cargo respectivo:

Senhor Senador,

Senhor Juiz,

Senhor Governador.

Aos **Chefes de Poder**, entretanto, o **vocativo** a ser empregado é *Excelentíssimo Senhor*, seguido do cargo respectivo:

Excelentíssimo Senhor Presidente da República,

Excelentíssimo Senhor Presidente do Congresso Nacional,

Excelentíssimo Senhor Presidente do Supremo Tribunal Federal.

✓ **Vossa Senhoria** é empregado para as demais autoridades e para particulares. O **vocativo** adequado é:

Senhor Fulano de Tal, (...)

✓ **Vossa Magnificência** é empregada por força da tradição, em comunicações dirigidas a reitores de universidade.

O **vocativo** adequado é:

Magnífico Reitor, (...)

✓ **Vossa Santidade** é empregada em comunicações dirigidas ao Papa. O **vocativo** correspondente é:

Santíssimo Padre, (...)

✓ **Vossa Eminência** ou **Vossa Eminência Reverendíssima**, em comunicações aos Cardeais. Corresponde-lhes os **vocativos**:

Eminentíssimo Senhor Cardeal, ou

Eminentíssimo e Reverendíssimo Senhor Cardeal,

(...)

✓ **Vossa Excelência Reverendíssima** é usado em comunicações dirigidas a Arcebispos e Bispos;

✓ **Vossa Reverendíssima** ou **Vossa Senhoria Reverendíssima** para Monsenhores, Cônegos e superiores religiosos.

✓ **Vossa Reverência** é empregado para sacerdotes, clérigos e demais religiosos.

Observações importantes

(i) Em comunicações oficiais, está abolido o uso do tratamento *Digníssimo (DD.)*, às autoridades tratadas por *Vossa Excelência*. A dignidade é pressuposto para que se ocupe qualquer cargo público, sendo desnecessária sua repetida evocação.

(ii) Fica dispensado o emprego do superlativo *Ilustríssimo (Ilmo.)* para as autoridades que recebem o tratamento de *Vossa Senhoria* e para particulares. É suficiente o uso do pronome de tratamento *Senhor*.

(iii) Acrescente-se que *Doutor (Dr.)* não é forma de tratamento, e sim título acadêmico. É costume designar por doutor os bacharéis, especialmente os bacharéis em Direito e em Medicina. Nos demais casos, o tratamento *Senhor* confere a desejada formalidade.

2.2 Fechos para comunicações

(a) para autoridades superiores, inclusive o Presidente da República:

Respeitosamente,

(b) para autoridades de mesma hierarquia ou de hierarquia inferior:

Atenciosamente,

Atenção! Ficam excluídas da fórmula acima as comunicações dirigidas a autoridades estrangeiras, que atendem a rito e tradição próprios, devidamente disciplinados no Manual de Redação do Ministério das Relações Exteriores.

2.3. Identificação do Signatário

Excluídas as comunicações assinadas pelo Presidente da República, todas as demais comunicações oficiais devem trazer o nome e o cargo da autoridade que as expede, abaixo do local de sua assinatura. A forma da identificação deve ser a seguinte:

(espaço para assinatura)

Nome

Chefe da Secretaria-Geral da Presidência da República

3. ESTRUTURA E FINALIDADE

Os modelos de documento oficial mais solicitados serão agora apresentados conforme o padrão divulgado no Manual de Redação da Presidência da República a fim de entendermos sua estrutura e finalidade.

3.1. O Padrão Ofício

Há três tipos de expedientes que se diferenciam antes pela finalidade do que pela forma: o *ofício*, o *aviso* e o *memorando*. Com o fito de uniformizá-los, pode--se adotar uma diagramação única, que siga o que chamamos de *padrão ofício*. As peculiaridades de cada um serão tratadas adiante; por ora busquemos as suas semelhanças.

3.1.1. *Partes do documento no* Padrão Ofício

O *aviso*, o *ofício* e o *memorando* devem conter as seguintes partes:

(a) **tipo e número do expediente, seguido da sigla do órgão que o expede**: Exemplos: Mem. 123/2002-MF Aviso 123/2002-SG Of. 123/2002-MME

(b) **local e data** em que foi assinado, por extenso, com alinhamento à direita:

Exemplo: Brasília, 15 de março de 1991.

(c) assunto: resumo do teor do documento

Exemplo: Assunto: **Produtividade do órgão em 2002.**

(d) destinatário: o nome e o cargo da pessoa a quem é dirigida a comunicação. No caso do ofício deve ser incluído também o *endereço*.

(e) texto: nos casos em que não for de mero encaminhamento de documentos, o expediente deve conter a seguinte estrutura:

– **introdução**, que se confunde com o parágrafo de abertura, na qual é apresentado o assunto que motiva a comunicação. Evite o uso das formas: *"Tenho a honra de"*, *"Tenho o prazer de"*, *"Cumpre-me informar que"*, empregue a forma direta;

– **desenvolvimento**, no qual o assunto é detalhado; se o texto contiver mais de uma idéia sobre o assunto, elas devem ser tratadas em parágrafos distintos, o que confere maior clareza à exposição;

– **conclusão**, em que é reafirmada ou simplesmente reapresentada a posição recomendada sobre o assunto.

Os parágrafos do texto devem ser numerados, exceto nos casos em que estes estejam organizados em itens ou títulos e subtítulos.

Já quando se tratar de mero encaminhamento de documentos a estrutura é a seguinte:

– **introdução**: deve iniciar com referência ao expediente que solicitou o encaminhamento. Se a remessa do documento não tiver sido solicitada, deve iniciar com a informação do motivo da comunicação, que é *encaminhar*, indicando a seguir os dados completos do documento encaminhado (tipo, data, origem ou signatário, e assunto de que trata), e a razão pela qual está sendo encaminhado, segundo a seguinte fórmula:

"Em resposta ao Aviso nº 12, de 1º de fevereiro de 1991, encaminho, anexa, cópia do Ofício nº 34, de 3 de abril de 1990, do Departamento Geral de Administração, que trata da requisição do servidor Fulano de Tal."

ou

"Encaminho, para exame e pronunciamento, a anexa cópia do telegrama no 12, de 1º de fevereiro de1991, do Presidente da Confederação Nacional de Agricultura, a respeito de projeto de modernização detécnicas agrícolas na região Nordeste."

– **desenvolvimento**: se o autor da comunicação desejar fazer algum comentário a respeito do documento que encaminha, poderá acrescentar parágrafos de *desenvolvimento*; em caso contrário, não há parágrafos de desenvolvimento em aviso ou ofício de mero encaminhamento.

(f) fecho

(g) assinatura do autor da comunicação; e

Cap. 12 · REDAÇÃO OFICIAL

(h) identificação do signatário (v. *2.3. Identificação do Signatário*).

3.1.2. Forma de diagramação

Os documentos do *Padrão Ofício* devem obedecer à seguinte forma de apresentação:

(a) deve ser utilizada fonte do tipo *Times New Roman* de corpo 12 no texto em geral, 11 nas citações, e 10 nas notas de rodapé;

(b) para símbolos não existentes na fonte *Times New Roman* poder-se-á utilizar as fontes *Symbol* e *Wingdings*;

(c) é obrigatória constar a partir da segunda página o número da página;

(d) os ofícios, memorandos e anexos destes poderão ser impressos em ambas as faces do papel. Neste caso, as margens esquerda e direta terão as distâncias invertidas nas páginas pares (*"margem espelho"*);

(e) o início de cada parágrafo do texto deve ter 2,5 cm de distância da margem esquerda;

(f) o campo destinado à margem lateral esquerda terá, no mínimo, 3,0 cm de largura;

(g) o campo destinado à margem lateral direita terá 1,5 cm;

O constante neste item aplica-se também à *exposição de motivos* e à *mensagem* (v. *4. Exposição de Motivos* e *5. Mensagem*).

(h) deve ser utilizado espaçamento simples entre as linhas e de 6 pontos após cada parágrafo, ou, se o editor de texto utilizado não comportar tal recurso, de uma linha em branco;

(i) não deve haver abuso no uso de negrito, itálico, sublinhado, letras maiúsculas, sombreado, sombra, relevo, bordas ou qualquer outra forma de formatação que afete a elegância e a sobriedade do documento;

(j) a impressão dos textos deve ser feita na cor preta em papel branco. A impressão colorida deve ser usada apenas para gráficos e ilustrações;

(l) todos os tipos de documentos do *Padrão Ofício* devem ser impressos em papel de tamanho *A-4*, ou seja, 29,7 x 21,0 cm;

(m) deve ser utilizado, preferencialmente, o formato de arquivo *Rich Text* nos documentos de texto;

(n) dentro do possível, todos os documentos elaborados devem ter o arquivo de texto preservado para consulta posterior ou aproveitamento de trechos para casos análogos;

(o) para facilitar a localização, os nomes dos arquivos devem ser formados da seguinte maneira:

tipo do documento + número do documento + palavras-chaves do conteúdo

Ex.: *"Of. 123 – relatório produtividade ano 2002"*

3.2. Ofício

(a) Finalidade

O ofício é um documento expedido por e para autoridades em geral com a finalidade de tratar sobre assuntos oficiais pelos órgãos da Administração Pública entre si e também com particulares. O modelo ofício é um dos mais completos quanto a sua estrutura e serve como referência para os outros tipos de expediente produzidos dentro dos órgãos públicos.

(b) Estrutura

Abaixo listaremos apenas os itens que fazem parte do ofício e esquematizaremos no modelo detalhadamente cada passo.

Além de seguir o modelo do *padrão ofício* descrito anteriormente, o ofício se apresenta com acréscimo de *vocativo* – que invoca o destinatário – seguido de vírgula. Exemplos:

Excelentíssimo Senhor Presidente do Congresso Nacional,

Senhor Senador,

Senhor Deputado,

No *ofício*, além das partes constitutivas do *padrão ofício*, há também em sua composição, o *cabeçalho* – ou *rodapé*, a depender de sua posição, se na parte superior ou na parte inferior da folha. Devem constar do cabeçalho as seguintes informações do remetente:

– nome do órgão ou setor;

– endereço postal;

– telefone e endereço de correio eletrônico.

(c) Exemplo de Ofício

[Ministério]
[Secretaria/Departamento/Setor/Entidade]
[Endereço para correspondência].
[Endereço - continuação]
[Telefone e Endereço de Correio Eletrônico]

5 cm

Ofício nº 524/1991/SG-PR

Brasília, 27 de maio de 1991.

A Sua Excelência o Senhor
Deputado [Nome]
Câmara dos Deputados
70.160-900 – Brasília – DF

Assunto: **Demarcação de terras indígenas**

Senhor Deputado,

2,5 cm

1.   Em complemento às observações transmitidas pelo telegrama nº 154, de 24 de abril último, informo Vossa Excelência de que as medidas mencionadas em sua carta nº 6708, dirigida ao Senhor Presidente da República, estão amparadas pelo procedimento administrativo de demarcação de terras indígenas instituído pelo Decreto nº 22, de 4 de fevereiro de 1991 (cópia anexa).

2.   Em sua comunicação, Vossa Excelência ressalva a necessidade de que – na definição e demarcação das terras indígenas – fossem levadas em consideração as características sócio-econômicas regionais.

3 cm

3.   Nos termos do Decreto nº 22, a demarcação de terras indígenas deverá ser precedida de estudos e levantamentos técnicos que atendam ao disposto no art. 231, § 1º, da Constituição Federal. Os estudos deverão incluir os aspectos etno-históricos, sociológicos, cartográficos e fundiários. O exame deste último aspecto deverá ser feito conjuntamente com o órgão federal ou estadual competente.

4.   Os órgãos públicos federais, estaduais e municipais deverão encaminhar as informações que julgarem pertinentes sobre a área em estudo. É igualmente assegurada a manifestação de entidades representativas da sociedade civil.

5.   Os estudos técnicos elaborados pelo órgão federal de proteção ao índio serão publicados juntamente com as informações recebidas dos órgãos públicos e das entidades civis acima mencionadas.

1,5 cm

6.   Como Vossa Excelência pode verificar, o procedimento estabelecido assegura que a decisão a ser baixada pelo Ministro de Estado da Justiça sobre os limites e a demarcação de terras indígenas seja informada de todos os elementos necessários, inclusive daqueles assinalados em sua carta, com a necessária transparência e agilidade.

Atenciosamente,

[Assinatura]
[Nome]
[cargo]

(297 x 210mm)

Veja a disposição das partes que compõem o modelo ofício:

472   REDAÇÃO OFICIAL, GRAMÁTICA E INTERPRETAÇÃO DE TEXTO – *Luciane Sartori*

Tipo de documento/número/sigla do órgão expedidor.
A localização deste item na folha de papel garante a uniformidade do documento, o que facilita seu arquivamento físico quando é enviado. (alinhado à esquerda).

A identificação do local e da data funcionam como referencial para arquivamento quando se recebe um documento.

Devem constar do cabeçalho ou do rodapé do ofício as seguintes informações do remetente
- nome do órgão ou setor;
- endereço postal;
Telefone e endereço de correio eletrônico.
Essa característica é própria apenas do modelo ofício.

O destinatário deve apresentar o pronome de tratamento iniciado por "Sua", o cargo e o nome da autoridade a quem é dirigida a comunicação. No caso do ofício deve ser incluído também o endereço.

É o resumo do teor do documento no assunto.

No caso do Ofício e do Aviso, o conteúdo do texto trata de assuntos oficiais pelos Órgãos da Administração Pública entre si e também quando dirigidas a particulares. A forma de tratamento, nesta parte da comunicação, deve iniciar com "Vossa".

A numeração dos parágrafos é um recurso próprio de documentos oficiais. Ocorre quando o texto apresenta o mínimo de três parágrafos.

O fecho das comunicações oficiais possui, além da finalidade óbvia de arrematar o texto, a de saudar o destinatário. O Manual oferece dois fechos diferentes para todas as modalidades de comunicação oficial:
a) para autoridades, superiores, inclusive o Presidente da República:
Respeitosamente, (finalizado com vírgula)
b) para autoridades de mesma hierarquia ou hierarquia inferior:
Atenciosamente, (finalizado com vírgula)

Identificação do signatário: excluídas as comunicações assinadas pelo Presidente da República, todas as demais comunicações oficiais devem trazer o nome e o cargo da autoridade que as expede abaixo do local de sua assinatura.
Para evitar equívocos, recomenda-se não deixar a assinatura em página isolada do expediente. Basta que se transfira para essa página ao menos a última frase anterior ao fecho.

Vocativo é o termo de chamamento da autoridade. (Excelentíssimo, Magnífico, Meritíssimo, Senhor Deputado...)

Documento central (exemplo de ofício):

5 cm

[Ministério]
[Secretaria/Departamento/Setor/Entidade]
[Endereço para correspondência].
[Endereço - continuação]
[Telefone e Endereço de Correio Eletrônico]

Ofício nº 524/1991/SG-PR

Brasília, 27 de maio de 1991.

A Sua Excelência o Senhor
Deputado [Nome]
Câmara dos Deputados
70.160-900 – Brasília – DF

Assunto: **Demarcação de terras indígenas**

Senhor Deputado,

2,5 cm

3 cm

1.   Em complemento às observações transmitidas pelo telegrama nº 154, de 24 de abril último, informo Vossa Excelência de que as medidas mencionadas em sua carta nº 6708, dirigida ao Senhor Presidente da República, estão amparadas pelo procedimento administrativo de demarcação de terras indígenas instituído pelo Decreto nº 22, de 4 de fevereiro de 1991 (cópia anexa).

2.   Em sua comunicação, Vossa Excelência ressalva a necessidade de que – na definição e demarcação das terras indígenas – fossem levadas em consideração as características sócio-econômicas regionais.

3.   Nos termos do Decreto nº 22, a demarcação de terras indígenas deverá ser precedida de estudos e levantamentos técnicos que atendam ao disposto no art. 231, § 1º, da Constituição Federal. Os estudos deverão incluir os aspectos etno-históricos, sociológicos, cartográficos e fundiários. O exame deste último aspecto deverá ser feito conjuntamente com o órgão federal ou estadual competente.

4.   Os órgãos públicos federais, estaduais e municipais deverão encaminhar as informações que julgarem pertinentes sobre a área em estudo. É igualmente assegurada a manifestação de entidades representativas da sociedade civil.

5.   Os estudos técnicos elaborados pelo órgão federal de proteção ao índio serão publicados juntamente com as informações recebidas dos órgãos públicos e das entidades civis acima mencionadas.

6.   Como Vossa Excelência pode verificar, o procedimento estabelecido assegura que a decisão a ser baixada pelo Ministro de Estado da Justiça sobre os limites e a demarcação de terras indígenas seja informada de todos os elementos necessários, inclusive daqueles assinalados em sua carta, com a necessária transparência e agilidade.

Atenciosamente,

[Assinatura]
[Nome]
[cargo]

1,5 cm

(297 x 210mm)

3.3. Aviso

O Manual de Redação da Presidência da República deixa bem clara a função desse documento: "O **aviso** é expedido exclusivamente por Ministros de Estado para autoridades de mesma hierarquia com a finalidade do tratamento de assuntos oficiais pelos órgãos da Administração Pública entre si". (*Manual de Redação da Presidência da República*, 2002.)

(a) Finalidade

Tratar de assuntos internos.

(b) Estrutura

Quanto a sua estrutura e finalidade, o *aviso*, assim como o *ofício*, segue o modelo do *padrão ofício* com acréscimo do *vocativo* – que invoca o destinatário – seguido de vírgula. Exemplos:

Excelentíssimo Senhor Presidente da República,

Senhora Ministra,

(c) Exemplo de Aviso

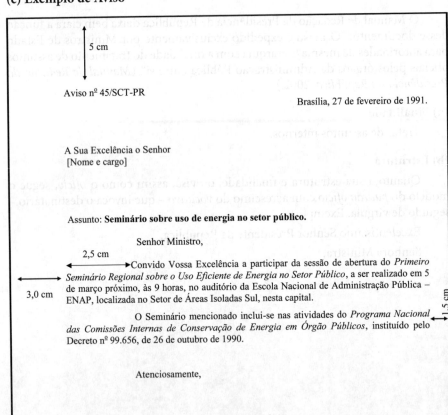

3.4. Memorando

"(...) é a modalidade de comunicação entre unidades administrativas de um mesmo órgão, que podem estar hierarquicamente em mesmo nível ou não". (*Manual de Redação da Presidência da República*, 2002).

(a) Finalidade

Sua característica principal é a agilidade. A tramitação do memorando em qualquer órgão deve pautar-se pela rapidez e pela simplicidade de procedimentos burocráticos. Ele é considerado um documento de circulação interna.

(b) Estrutura

Quanto a sua estrutura e finalidade, o *memorando* segue o modelo do *padrão ofício*, entretanto pode se apresentar de forma mais simples por ser documento interno, como se pode notar no modelo abaixo. Atente-se ao vocativo citado pelo cargo e não pelo nome.

Exemplo:

Ao Sr. Chefe do Departamento de Administração

(c) Exemplo de Memorando

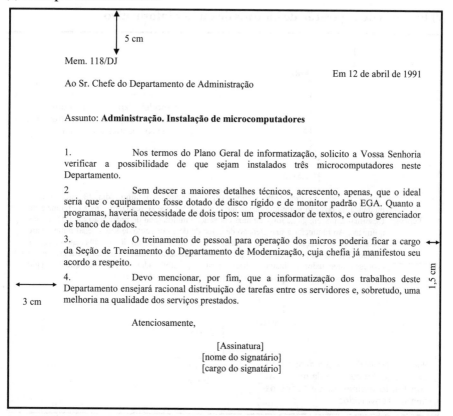

(297 x 210mm)

3.5. Exposição de Motivos de caráter informativo

(a) Finalidade

É o expediente dirigido ao Presidente da República ou ao Vice-Presidente para:
informá-lo de algo;
propor alguma medida; ou
submeter a sua consideração projeto de ato normativo.

(b) Estrutura

A exposição de motivos tem a apresentação do *padrão ofício*. O anexo que pode acompanhar a exposição de motivos propõe alguma medida ou apresenta projeto de ato normativo.

De acordo com sua finalidade, ela apresenta duas formas básicas de estrutura: uma para aquela que tenha caráter exclusivamente informativo e outra para a que proponha alguma medida ou submeta projeto de ato normativo.

No primeiro caso, o da exposição de motivos que simplesmente leva algum assunto ao conhecimento do Presidente da República, sua estrutura segue o modelo antes referido para o *padrão ofício*.

(c) Exemplo de Exposição de Motivos de caráter informativo

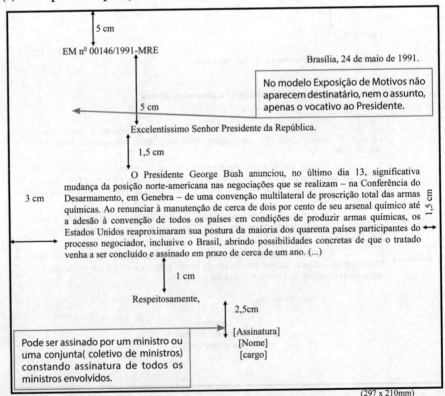

3.6. Mensagem

É o instrumento de comunicação oficial entre os Chefes dos Poderes Públicos, notadamente as mensagens enviadas pelo Chefe do Poder Executivo ao do Legislativo para informar algo.

(a) Finalidade

Tratar de assuntos de interesse público.

(b) Estrutura

As mensagens contêm:

(i) a indicação do tipo de expediente e de seu número, horizontalmente, no início da margem esquerda:

Mensagem no

(ii) vocativo, de acordo com o pronome de tratamento e o cargo do destinatário, *horizontalmente*, no início da margem esquerda;

Excelentíssimo Senhor Presidente do Senado Federal,

(iii) o texto, iniciando a 2 cm do vocativo;

(iv) o local e a data, *verticalmente* a 2 cm do final do texto, e *horizontalmente* fazendo coincidir seu final com a margem direita.

A mensagem, como os demais atos assinados pelo Presidente da República, não traz identificação de seu signatário.

(c) Exemplo de Mensagem

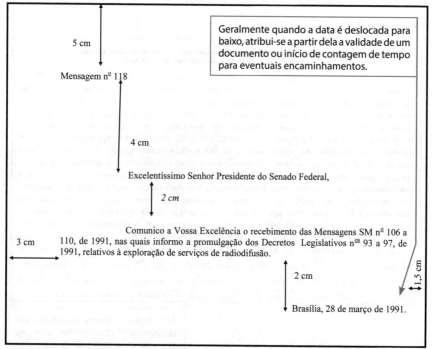

3.7. Ata

É o resumo escrito dos fatos e decisões de uma assembleia, sessão ou reunião para um determinado fim.

(a) Normas, estrutura e valor documental

Geralmente, as atas são transcritas à mão pelo secretário, em livro próprio, que deve conter um termo de abertura e um termo de encerramento, assinados pela autoridade máxima da entidade ou por quem receber daquela autoridade delegação de poderes para tanto; esta também deverá numerar e rubricar todas as folhas do livro. Permite-se também a transcrição da ata em folhas digitadas, desde que elas sejam convenientemente arquivadas, impossibilitando fraude. E, em casos muito especiais, usam-se formulários já impressos, como os das seções eleitorais.

Como a ata é um documento de valor jurídico, deve ser lavrada de tal forma, que nada lhe poderá ser acrescentado ou modificado. Se houver engano, o secretário escreverá a expressão "digo", retificando o pensamento. Se o engano for notado no final da ata, escrever-se-á a expressão — "Em tempo:..., Onde se lê..., leia-se...".

Nas atas, os números devem ser escritos por extenso, evitando-se também as abreviações. As atas são redigidas sem se deixarem espaços ou parágrafos, a fim de se evitarem acréscimos. O tempo verbal preferencialmente utilizado na ata é o pretérito perfeito do indicativo.

Quanto à assinatura, deverão fazê-lo todas as pessoas presentes ou, quando deliberado, apenas o presidente e o secretário.

Tudo isso porque a ata tem valor documental.

(b) Exemplo de Ata

Ata
de Reunião de Diretoria Colegiada – DC Extraordinária
realizada em 06 de maio de 2004

No dia seis de maio de dois mil e quatro, nesta cidade, na Rua Augusto Severo, n° 84, em sua sede, foi realizada Reunião Extraordinária da Diretoria Colegiada – DC, da Agência Nacional de Saúde Suplementar – ANS com as presenças do Diretor Presidente sr. Fausto Pereira dos Santos, e do diretor sr. José Leôncio de Andrade Feitosa. A diretora sra. Maria Stella Gregori, encontrava-se nos escritórios da ANS em São Paulo-SP e foi consultada por telefone. Essa reunião extraordinária foi secretariada pelo Secretário Geral desta Agência, sr. Aureliano Ribeiro Moreira, que elaborou a presente Ata. A pauta prevista para esta reunião, tratou do seguinte assunto: **1.)** **Deliberação: a)** aprovadas a metodologia e Resolução Normativa que tratam do reajuste das contraprestações pecuniárias dos planos privados de assistência à saúde. São anexados e passam a fazer parte integrante dessa Ata, os critérios metodológicos que ampararam essa deliberação colegiada. Feita essa deliberação, os srs. Diretores consideraram cumprida a pauta, dando por encerrada esta sessão. *Humbigo de Lã Azul. Embassaldo Reflex Sujo, Sesundo Fantando Sobrinho, Pormenoris Sobrando Filho, Furtado Pretaldo Liso, Urineu Tonico de Louça, Kaguimor Fujido da Murta, Sesundo Fantando Sobrinho, Pormenoris.*

> As assinaturas devem vir alinhadas em sequência imediatamente após seu encerramento, sem espaço entre elas.

3.8. Atestado

É o documento firmado por uma pessoa a favor de outra, atestando a verdade a respeito de determinado fato.

(a) Estrutura

É composto de:

(i) título, ou seja, a palavra ATESTADO em maiúsculas;

(ii) nome e identificação da pessoa que emite (que pode ser escrito no final, após a assinatura) e o nome e identificação da pessoa que solicitou;

(iii) texto, sempre resumido, claro e preciso, contendo o que se está confirmando ou negando;

(iv) assinatura, nome e cargo ou função de quem atesta.

(b) Exemplo de Atestado

Secretaria de Segurança Pública

ATESTADO DE BONS ANTECEDENTES

Atestamos para os devidos fins que o Sr. Belizário Lisobaldo, residente nesta cidade na Rua Batráquio Bojudo, 456, Bairro Brejo Seco, é pessoa de bons antecedentes, nada constando em nossos arquivos, até a presente data, que venha a desabonar sua conduta.

Berimbau Duro, 17 de setembro de 2015

Tormento Ferrão

3.9. Circular

É o meio de correspondência pelo qual alguém se dirige, ao mesmo tempo, a várias repartições ou pessoas.

(a) Estrutura

Na circular, não consta destinatário, pois ela não é unidirecional e o endereçamento vai no envelope, se for o caso. E, normalmente, segue o padrão ofício.

(b) Exemplo de Circular

CIRCULAR nº 09/2009 Teresina, 22 de setembro de 2009. ◄──

AOS: PAIS, ALUNOS, FUNCIONÁRIOS E PROFESSORES DO COLÉGIO MADRE SAVINA
DA: DIREÇÃO GERAL – PROFESSORA ORLANE DAMASCENO

Comunicamos aos senhores que a biópsia enviada a São Paulo, dia 13.09.09, do nosso querido professor Décio Bufaldo – Ensino Médio – chegou em 21.09.09 ao órgão competente e as autoridades sanitárias de Teresina, com a confirmação do Vírus Influenza A – H1N1. Já os exames da esposa Profª. Ana Conda e do filho menor de quatro anos, foram negativos para o referido Vírus.

Atenciosamente,

Paulada Damascio
Profª. Paulada Damascio
Direção Geral.

Na circular o tipo de documento, o número, o local e data aparecem juntos e centralizados na folha.

3.10. Declaração

É um documento que se assemelha ao atestado, mas que não deve ser expedido por órgãos públicos. Nele se manifesta uma opinião, conceito, resolução ou observação.

(a) Estrutura

(i) título: DECLARAÇÃO;

(ii) texto: nome do declarante – identificação pessoal ou profissional (ou ambas), residência, domicílio, finalidade e exposição de assunto;

(iii) local e data;

(iv) assinatura (e identificação do signatário).

(b) Exemplo de Declaração

DECLARAÇÃO

Declaro, para os devidos fins, que a Senhora Olívya Palyto, brasileira, solteira, andreense, natural do município de Taquara Rachada, nascida em 18 de janeiro de 1969, filha de Lady Gaga e de Fredy Mercury, trabalhou no Porto de Santos no período de 1999 a 2006, exercendo com correção, responsabilidade e competência a função de pau-de-virar-tripa para a qual está devidamente qualificada, conforme currículo anexo

São Paulo, 20 de abril de 2015.

Marinheiro Popeye

3.11. Requerimento

É o instrumento utilizado para os mais diferentes tipos de solicitações às autoridades ou órgãos públicos.

(a) Estrutura

(i) nome e qualificação do requerente;

(ii) exposição e solicitação;

(iii) pedido de deferimento;

(iv) local e data;

(v) assinatura.

(b) Exemplo de Requerimento

Ao Sr. Celestino Pedro, porteiro-chefe do Departamento de Recebimento

REQUERIMENTO

JOSÉ DE JESUS SILVA, brasileiro, casado, amazonense, portador do registro de identidade de n° 0X0.0X0 – Seseg/AM e do CPF n° 001.002.003-00, residente e domiciliado na cidade de Manaus, na rua das Flores, n° 01, vem respeitosamente requerer a V.Sa. que lhe seja concedida a locação de lote em Paraisópolis, Terra de Deus, para instalação de frente de despachos e trabalhos.

Nestes Termos

Pede Deferimento,

Manaus, 24 de abril de 2004.

José Maria de Jesus da Silva

José Maria de Jesus da Silva

3.12. Parecer

É a forma de comunicação pela qual um especialista emite uma opinião fundamentada sobre determinado assunto. É praticamente a mesma coisa que um laudo.

(a) Estrutura

(i) título (a palavra PARECER), seguido de numeração e sigla do órgão em letras maiúsculas.

(ii) número do processo, seguido de numeração e sigla do órgão em letras maiúsculas.

(iii) ementa da matéria do Parecer, em letras maiúsculas e à direita da página.

(iv) texto paragrafado, analisando a matéria em questão e formulando o Parecer.

(v) data por extenso.

(vi) assinatura, nome e cargo da autoridade ou chefia que emite o Parecer.

(b) Exemplo de Parecer

PARECER N.º 000/00 – ASJUR/SARE

PROCESSO N.º E.01/00000/00 – GAB/SARE

TRANSFORMAÇÃO DE CARGO DE AUXILIAR TÉCNICO EM CARGO DE ENGENHEIRO, EM FUNDAÇÃO ESTADUAL. INVIABILIDADE, À LUZ DA CONSTITUIÇÃO DE 1988.

Remetido pelo Senhor Secretário de Estado de Administração e Reestruturação, chegou o presente processo a este órgão de Consultoria Jurídica, para pronunciamento quanto à viabilidade da transformação de cargo de Auxiliar Técnico no de Engenheiro no Departamento de Trânsito do Estado do Rio de Janeiro.

Às fls. 00/00 encontra-se pronunciamento da Superintendência Central de Recursos Humanos, que sugeriu fosse ouvido este órgão, adiantando-se ali que há manifestação "favorável à realização de Concurso Público, salvo nos casos de ascensão em áreas vinculadas ou planos de carreiras".

Desconheço tal manifestação e acredito que a transformação, como pretendida, contraria a Constituição da República.

A nova Carta Magna trata, de modo bastante rigoroso, a exigência do Concurso Público, exigindo-o não apenas para a primeira investidura, mas para qualquer outro tipo de investidura em cargo ou emprego público.

Não vejo, portanto, como se possa admitir que Auxiliar Técnico passe a Engenheiro com responsabilidades, tarefas e atribuições tão diferentes.

Outra não parece ter sido a razão da norma constitucional aludida senão impedir que, sem Concurso Público, o servidor venha a ocupar cargo ou emprego público mais elevado do que aquele no qual ingressou.

Opino, assim, que a transformação aqui tratada é inviável, de acordo com as normas constitucionais vigentes.

É o parecer, sub censura.

Rio de Janeiro, 21 de março de 2014.

Batifundo Certeiro

Batifundo Certeiro
Assessor Jurídico

3.13. Relatório

É a modalidade de comunicação pela qual se faz a narração ou descrição, ordenada, mais ou menos minuciosa, daquilo que se viu, ouviu ou observou.

(a) Estrutura

(i) local e data (pode também apresentar local e data antes do fecho);

(ii) vocativo;

(iii) introdução – apresentação do observador e do fato observado;

(iv) texto – exposição cronológica do fato observado;

(v) fecho;

(vi) assinatura (e identificação do signatário).

(b) Exemplo de Relatório

Rio de Janeiro, 10 de julho de 2310.

Senhor Secretário,

Ao término do 1º semestre de 2310, vimos apresentar a V. Ex.ª o Relatório de Atividades pertinentes à Superintendência de Desenvolvimento Institucional, ao qual se anexam quadros demonstrativos em que se expressam os dados quantitativos das atividades operacionais.

Seguindo as diretrizes determinadas pelo plano estratégico desta Secretaria para este ano. Pôde esta unidade alcançar as metas previstas nos projetos, conforme se segue.

Apesar das dificuldades em relação às condições de trabalho, com número reduzido de pessoal qualificado e carência de materiais específicos e equipamentos, consideramos bastante positivos os resultados obtidos nestes primeiros meses da atual gestão.

Atenciosamente,

José da Silva

José da Silva

Superintendente de Desenvolvimento Institucional

3.14. Telegrama

(a) Definição e Finalidade

Com o fito de uniformizar a terminologia e simplificar os procedimentos burocráticos, passa a receber o título de *telegrama* toda comunicação oficial expedida por meio de telegrafia, telex, etc.

Por tratar-se de forma de comunicação dispendiosa aos cofres públicos e tecnologicamente superada, deve restringir-se o uso do telegrama apenas àquelas situações que não seja possível o uso de correio eletrônico ou fax e que a urgência justifique sua utilização e, também em razão de seu custo elevado, esta forma de comunicação deve pautar-se pela concisão (v. *1.4. Concisão e Clareza*).

(b) Estrutura

Não há padrão rígido, devendo-se seguir a forma e a estrutura dos formulários disponíveis nas agências dos Correios e em seu sítio na Internet.

3.15. FAX

(a) Definição e Finalidade

O fax (forma abreviada já consagrada de *fac-símile*) é uma forma de comunicação que está sendo menos usada devido ao desenvolvimento da Internet. É utilizado para a transmissão de mensagens urgentes e para o envio antecipado de documentos, de cujo conhecimento há premência, quando não há condições de envio do documento por meio eletrônico. Quando necessário o original, ele segue posteriormente pela via e na forma de praxe.

Se necessário o arquivamento, deve-se fazê-lo com cópia xerox do fax e não com o próprio fax, cujo papel, em certos modelos, se deteriora rapidamente.

(b) Estrutura

Os documentos enviados por fax mantêm a forma e a estrutura que lhes são inerentes.

É conveniente o envio, juntamente com o documento principal, de *folha de rosto*, i. é., de pequeno formulário com os dados de identificação da mensagem a ser enviada, conforme exemplo a seguir:

[Órgão Expedidor]

[setor do órgão expedidor]

[endereço do órgão expedidor]

Destinatário: _____

Nº do fax de destino: _____

Data: /_/_

Remetente: _____

Tel. p/ contato: _____

Fax/correio eletrônico: _____

No de páginas: esta + Nº do documento: _____

Observações: _____

3.16. Correio eletrônico

(a) Definição e finalidade

O correio eletrônico (*"e-mail"*), por seu baixo custo e celeridade, transformou-se na principal forma de comunicação para transmissão de documentos.

(b) Estrutura

Um dos atrativos de comunicação por correio eletrônico é sua flexibilidade. Assim, não interessa definir forma rígida para sua estrutura. Entretanto, deve-se evitar o uso de linguagem incompatível com uma comunicação oficial (v. *1.2 A Linguagem dos Atos e Comunicações Oficiais*).

O campo *assunto* do formulário de correio eletrônico mensagem deve ser preenchido de modo a facilitar a organização documental tanto do destinatário quanto do remetente.

Para os arquivos anexados à mensagem deve ser utilizado, preferencialmente, o formato *Rich Text*. A mensagem que encaminha algum arquivo deve trazer informações mínimas sobre seu conteúdo.

Sempre que disponível, deve-se utilizar recurso de *confirmação de leitura*. Caso não seja disponível, deve constar da mensagem pedido de confirmação de recebimento.

(c) Valor documental

Nos termos da legislação em vigor, para que a mensagem de correio eletrônico tenha *valor documental*, i. é, para que possa ser aceita como documento original, é necessário existir *certificação digital* que ateste a identidade do remetente, na forma estabelecida em lei.

4.   QUESTÕES COMENTADAS

1.   (2015 – MSGás – Técnico de Tecnologia da Informação) Considere a correspondência:

Senhor Diretor,

Informamos a _____ que, conforme o Decreto número 001, de 4 de janeiro de 2015, fica prorrogado o prazo até o dia 17 de fevereiro do corrente ano do horário especial de expediente nos órgãos da Administração Direta, Autarquias e Fundações, que deverá ser cumprido das 13 às 19 horas.

Diante do exposto, contamos com _____ apoio para o cumprimento de tal Decreto.

Atenciosamente,

João Pedro Lins

Secretário Estadual de Educação

De acordo com a norma-padrão, as lacunas devem ser preenchidas, correta e respectivamente, com

a)   Vossa Excelência, vosso

b)   Sua Excelência, seu

c)   Vossa Senhoria, vosso

d)   Vossa Senhoria, seu

Como a questão trabalha com pronome de tratamento, temos de primeiramente observar qual é o cargo citado no texto, ao qual o pronome se referirá. Neste questão, o cargo de referência é diretor, logo o pronome adequado, segundo as normas do Manual, é Vossa Senhoria. Além disso, temos de nos lembrar que tais pronomes pedem concordância em terceira pessoa: SEU, neste caso.

Gabarito d.

REDAÇÃO OFICIAL, GRAMÁTICA E INTERPRETAÇÃO DE TEXTO – *Luciane Sartori*

2. **(2015 – CESPE – DEPEN – Agente e Técnico – Todas as áreas – Conhecimentos Básicos)** Considerando os aspectos estruturais e linguísticos das correspondências oficiais, julgue o item que se segue de acordo com o Manual de Redação da Presidência da República.

   ✓ Nos expedientes normalmente classificados com o padrão ofício, independentemente dos seus destinatários, são usados apenas os fechos **Atenciosamente** ou **Respeitosamente**, excetuando-se dessa prescrição os casos de comunicações oficiais dirigidas a autoridades estrangeiras.

   Note-se que os fechos **Atenciosamente** e **Respeitosamente devem ser empregados, respectivamente** para autoridades de mesma hierarquia ou de hierarquia inferior **e** para autoridades superiores, inclusive o Presidente da República.

   Item errado.

3. **(2015 – CESPE – DEPEN – Agente e Técnico – Todas as áreas)** Considerando os aspectos estruturais e linguísticos das correspondências oficiais, julgue o item que se segue de acordo com o Manual de Redação da Presidência da República.

   ✓ O aviso, a mensagem e o ofício são exemplos de comunicações oficiais que seguem uma diagramação própria, conhecida como padrão ofício.

   As comunicações oficiais que seguem uma diagramação própria, conhecida como padrão ofício são o ofício, o aviso e o memorando.

   Item errado.

5. QUESTÕES PARA TREINAR!

1. **(2012 – FADESP – CREA-PA – Técnico em Tecnologia da Informação e Comunicação)** Considerando-se os preceitos da redação oficial, é falso afirmar que:

   a) O requerimento é um documento que contém um pedido ou uma reivindicação, pode ser redigido na 3ª pessoa e, em geral, inicia com a identificação completa do requerente.

   b) A ata é o registro de fatos ocorridos e resoluções tomadas durante uma reunião; nela deve constar a hora do início e do fim da reunião, assim como o local e o nome dos participantes.

   c) O tratamento impessoal que se deve dar aos assuntos que constam das comunicações oficiais decorre da ausência de impressões individuais de quem comunica, da impessoalidade de quem recebe a comunicação e do caráter impessoal do próprio assunto tratado.

   d) Não é adequado começar um e-mail com 'prezado senhor' e terminar com 'um beijo'. Ao se redigir correspondência oficial endereçada a profissionais liberais, funcionários graduados, diretores, devem-se usar, no endereçamento e no fecho, respectivamente, as seguintes fórmulas "Senhor K" e "Afetuosamente".

2. **(2013 – FJG – RIO – SMA-RJ – Agente Administrativo)** Os princípios gramaticais que devem ser aplicados à redação oficial são respeitados na seguinte frase:

   a) Não se deve adotar medidas precipitadas, e que comprometam o andamento do projeto.

   b) O projeto tem mais de cem páginas e muita complexidade.

   c) Na apresentação do projeto, o diretor mostrou determinação, não ser inseguro, inteligência e ter ambição.

d) Nada é tão importante como o respeito aos direitos humanos.

3. **(2013 – MPE-RS – Agente Administrativo)** A questão versa sobre redação oficial. Assinale, entre as alternativas abaixo, aquela cuja redação atende ao critério de clareza.

   a) Há muitos anos atrás o Promotor de Justiça disse a seu subordinado que ele seria destituído de suas funções.
   b) O servidor público disse ao colega que ele seria promovido.
   c) Sendo inassídua, a Senhora Diretora repreendeu a funcionária.
   d) Após o exame das provas fornecidas pelo servidor público, a autoridade constatou sua ingenuidade.
   e) Em seu pronunciamento, Sua Excelência solicitou ao juiz a revisão do caso.

4. **(2014 – MPE-RS – Secretário de Diligências)** Instrução: A questão está relacionada à redação oficial.

   Para concessão da assistência judiciária gratuita a pessoas jurídicas, a jurisprudência tem considerado indispensável prova cabal da necessidade do benefício mesmo em se tratando de empresa sem fins lucrativos no que improcede a alegação de que seja suficiente para se deferir o pedido a mera presunção de miserabilidade. Assinale a alternativa que preenche corretamente as lacunas tracejadas do enunciado abaixo, extraído e adaptado de documento oficial, na ordem em que aparecem. Referidos bens não podem ser impostos _____ exequente sem que _____ a possibilidade de verificação da existência de outros bens que atendam à finalidade da penhora, sendo manifesta a ausência da plausibilidade do direito alegado pela agravante.

   a) a – seja-lhe assegurada
   b) à – lhe seja assegurada
   c) a – lhe seja assegurada
   d) a – seja assegurada a ela
   e) à – seja-lhe assegurada

5. **(2014 – FADESP – CREA – PA Auxiliar Técnico)** Leia os textos abaixo transcritos.

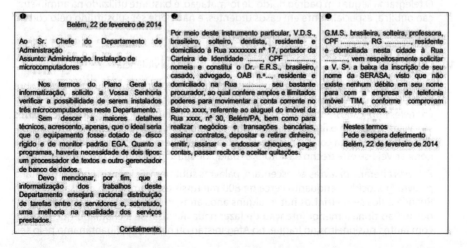

Trata–se, respectivamente, dos seguintes documentos:

a) aviso, ofício, atestado.

b) ofício, atestado, relatório.

c) ofício, mandato, memorando.

d) memorando, procuração, requerimento.

6. **(2013 – CESPE – TCE-RO – Agente Administrativo -)** O trecho a seguir estaria correto e adequado para constituir parte de um memorando interno:

Segue cópia do Relatório Resumido da Execução Orçamentária do município XYZ referente ao segundo bimestre do exercício corrente.

7. **(2010 – CESPE – DPU – Agente Administrativo)** Para explicar ao ministro da Justiça, detalhadamente e por escrito, a necessidade urgente de reestruturação dos canais de comunicação entre a DPU e o Ministério da Justiça, um DP federal deve encaminhar, àquele ministro, um(a)

a) aviso

b) correio eletrônico.

c) ofício.

d) mensagem.

e) exposição de motivos.

8. **(2013 – CESPE – PC-BA)** Julgue o item:

Por estar de acordo com as regras de concordância do padrão culto da linguagem, a frase "Vossa Excelência indicareis a vossa nova secretária" seria adequada para compor a redação de documento oficial.

9. **(2012 – CESPE – TER-RJ – Técnico Judiciário)** Julgue o item:

O telegrama segue um padrão rígido de formatação, é bastante utilizado na administração pública, especialmente em casos urgentes, e não pode ser substituído pelo correio eletrônico.

10. (2012 – FCC – TJ-PE – Oficial de Justiça) As palavras e a violência

A grande pensadora norte-americana Susan Sontag (1933-2004) refletiu e escreveu sobre inúmeros temas culturais da modernidade, sem jamais esquecer-se dos aspectos políticos neles implicados. Sabedora do peso das palavras, indignava-se quando os poderosos se valiam delas com o fito de encobrir artificialmente uma violência real. Por vezes, a elipse mesma da palavra correta pode significar a camuflagem de um fato que não se deseja nomear. Veja-se este trecho da autora, extraído de seu livro póstumo Ao mesmo tempo:

Palavras alteram, palavras acrescentam, palavras subtraem. Foi a insistência em evitar a palavra "genocídio", enquanto cerca de 800 mil tutsis estavam sendo massacrados em Ruanda pelos seus vizinhos hutus, alguns anos atrás, que indicou que o governo americano não tinha a menor intenção de fazer nada. Recusar-se a chamar o que ocorreu com tantos prisioneiros no Iraque, no Afeganistão ou na baía de Guantánamo pelo seu nome verdadeiro – "tortura" – é tão escandaloso quanto a recusa em chamar o genocídio de Ruanda de genocídio. A respeito dos presos no Iraque, disse o governo que foram objetos de "maus tratos" ou até de "humilhação" – isso foi o máximo que admitiu o secretário de Defesa Donald Rumsfeld, numa entrevista coletiva. E concluiu: "Portanto, não vou usar a palavra tortura".

As palavras podem ser utilizadas com eufemismo por duas razões, pelo menos: atendendo à delicadeza de quem as pronuncia, para não chocar desnecessariamente o interlocutor, ou encobrindo com má-fé o ato ignominioso, que se falseia para ocultar a responsabilidade de quem o praticou. Para uma escritora crítica como Susan Sontag, essas operações não se confundem jamais, e ela parece nos alertar para que também nós apuremos os ouvidos diante do que realmente dizem as palavras, ao descreverem um fato. (Sebastião Arruda Campos, inédito)

Uma carta de protesto contra a declaração infeliz de um secretário de Estado pode iniciar-se corretamente com a seguinte frase:

(A) Vimos à presença de Vossa Excelência para que se digne a retificar sua infeliz declaração acerca dos episódios de Guantánamo.

(B) Viemos a presença de Vossa Senhoria para solicitar que ratifiqueis vossa infeliz declaração sobre o ocorrido em Guantánamo.

(C) Vimos solicitar a Sua Magnificência que vos digneis a retificar seu pronunciamento sobre o ocorrido em Guantánamo.

(D) Viemos empenhar a Sua Excelência nossos protestos por vossa declaração acerca das ocorrências em Guantánamo.

(E) Vimos apresentar-vos, ilustríssimo secretário, nossos protestos pelo pronunciamento que concedestes acerca dos fatos de Guantánamo.

GABARITO DAS QUESTÕES				
1	2	3	4	5
E	D	E	B	D
6	7	8	9	10
V	C	F	F	A

Capítulo 13
DESAFIO – PORTUGUÊS

Julgue os itens postos abaixo e assinale (V) ou (F):

1. As orações subordinadas estão sempre relacionadas a uma oração principal.

2. O termo "pois" utilizado na frase "A venda de bebidas e carros diminuiu, pois a crise econômica chegou!" tem valor conclusivo.

3. As orações coordenadas são as orações dependentes umas das outras.

4. O termo "pois" utilizado na frase "Aquela rua é muito perigosa à noite, a moça deve, pois, andar por ali acompanhada" tem valor explicativo.

5. Na frase: "O policial tirou o meliante do local do crime", o verbo utilizado é transitivo direto.

6. O termo "linda" na frase "Sua saia é linda." é um predicativo.

7. Pode-se dizer que o futuro do pretérito indica fatos que acontecem após o momento da fala, enquanto o futuro do presente indica um fato futuro, mas relativo a um outro no passado.

8. É correto afirmar que na frase "Belo Horizonte, capital de Minas Gerais, é uma cidade linda." temos um aposto.

9. A frase "Se eu jogasse..." traz o verbo 'jogar' no gerúndio.

10. Na oração "Tendo estudado, foi aprovada em um difícil concurso público.", traz o verbo 'estudar' no subjuntivo.

11. Na oração "Estudantes, obedeçam aos seus mestres!", temos um vocativo.

12. Uma locução verbal é formada por mais de um verbo.

13. "Ufa", "Puxa", "Oba" e "Cuidado" são exemplos de interjeições.

14. A oração "Os milhares de pessoas que cometeram delitos, após cumprirem suas penas, ficam quites com a sociedade." não está construída corretamente.

15. O superlativo absoluto de 'bom' é 'melhor', e o comparativo de superioridade regular é 'boníssimo'.

16. As frases "Nós queixamo-nos" e "Nós nos queixamos" representam duas maneiras corretas de dizer a mesma coisa.

17. O superlativo absoluto regular de 'mau' é 'péssimo'.

18. O comparativo de superioridade do adjetivo 'pequeno' é 'menor'.

19. São chamados de substantivos heterônimos os que fazem distinção de gênero não pela desinência, mas através do radical: bode / cabra; homem / mulher.

20. "Co-ordenar" e "co-operar" estão grafadas corretamente pelo Acordo.

21. Pode-se afirmar que não há nenhum erro na frase "Eu teria advinhado sua intenção!".

22. Todas as palavras estão acentuadas corretamente: matemática, ínterim, sílaba, alcoólatra e rubrica.

23. Se por um lado a conotação consiste em utilizar a palavra no seu sentido próprio, (único e literal), a denotação consiste em atribuir novos significados ao valor conotativo da palavra, ou seja, trata-se do sentido figurado dela.

24. Todas as palavras estão acentuadas corretamente: vatapá, café, cipós, refém, reféns, encontrá-la e fazê-lo.

25. Pode-se afirmar que não há nenhum erro na frase "O copo-de-leite do jardim da minha casa está lindo."

26. Na frase "Meu pai sempre dizia que os "reclames do plim-plim" de televisão atrapalham muito.", as aspas duplas foram utilizadas de forma equivocada.

27. Não existe diferença de sentido entre as frases: (i) "É preciso ter cuidado com as suas palavras que são desrespeitosas" e (ii) É preciso ter cuidado com as suas palavras, que são desrespeitosas".

28. Está pontuada corretamente a frase que diz: "Neste caso, a praxe é que se ponha a vírgula, por motivos estilísticos.".

29. Está pontada corretamente a frase que diz: "Ainda não me decidi, se viajarei para Salvador, ou, para São Paulo.".

30. Na frase "João é um touro.", temos o emprego de uma metáfora.

31. Na frase "Os alunos estudam, várias disciplinas", temos um emprego correto da vírgula.

32. "Meu rosto ardia como uma fogueira": nesta frase temos o emprego da linguagem denotativa.

33. Na perspectiva gramatical, as duas frases a seguir estão corretamente construídas: (i) "João ou Carlos ganharão o posto de aluno n° 1 da turma!" e (ii) "Rio de Janeiro e Salvador são bons lugares para passear nas férias".

34. Na perspectiva gramatical, as duas frases a seguir estão corretamente construídas: (i) "Ontem foram 12 de julho." e (ii) "Ontem foi 12 de julho.".

Cap. 13 · DESAFIO – PORTUGUÊS

35. A frase "O goleiro ajudou ao time quando fez aquela defesa espetacular!" está de acordo com as regras gramaticais de regência.

36. A oração "Não se pode esquecer que o chefe havia dito o contrário um ano atrás." temos uma oração subordinada substantiva objetiva direta.

37. Há erros de ortografia na frase "Sem exitar ela correu para seus braços e agradeçeu todas as bênças recebidas".

38. Há erros de ortografia na frase "A beleza da duqueza era realmente de se adimirar."

39. Na oração "Errando, aprende-se com o erro.", o verbo 'errar' está no particípio.

40. A frase "A porta está meia aberta" está erroneamente construída.

41. As palavras "hipertexto" e "textualidade" são formadas por prefixo.

42. Na frase "Ela havia corrido muito.", o verbo 'correr' está no particípio.

43. Na frase "Terminada a conversa, os dois saíram satisfeitos." O verbo 'terminar' está no subjuntivo.

44. Na oração "Como as meninas eram arruaceiras, o porteiro disse que ia impedir sua entrada.", temos uma oração subordinada adverbial causal.

45. A frase "O povo custou com se habituar aos estrangeiros." está de acordo com as regras gramaticais de regência.

46. As seguintes palavras estão corretamente acentuadas: pasteis, herói, troféus, camafeu, heroico e ateu.

47. Na frase "O tique-taque intermitente do relógio não me deixava esquecer que em poucos instantes meu tempo acabaria...", temos uma onomatopeia.

48. Na frase "Suas botas enxarcaram devido à forte tempestade." não há erro ortográfico.

49. Na oração "Aquelas *grandes* bolsas *pretas* são maravilhosas!", os termos sublinhados são adjetivos.

50. Todas as palavras estão corretamente grafadas: análise – enchergar – clareza – gesto – discípulos.

GABARITO DO DESAFIO – PORTUGUÊS									
1	**2**	**3**	**4**	**5**	**6**	**7**	**8**	**9**	**10**
V	F	F	F	V	V	F	V	F	F
11	**12**	**13**	**14**	**15**	**16**	**17**	**18**	**19**	**20**
V	V	V	F	F	V	F	V	V	F

GABARITO DO DESAFIO – PORTUGUÊS

21	22	23	24	25	26	27	28	29	30
F	F	F	V	V	F	F	V	F	V
31	**32**	**33**	**34**	**35**	**36**	**37**	**38**	**39**	**40**
F	F	F	V	F	V	V	V	F	V
41	**42**	**43**	**44**	**45**	**46**	**47**	**48**	**49**	**50**
F	V	F	V	F	F	V	F	V	F

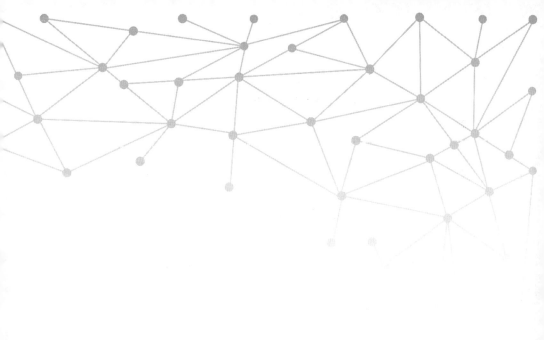

Direito Administrativo

Luís Gustavo Bezerra de Menezes

Direito Administrativo

Luis Gustavo Bezerra de Menezes

Agradeço à minha esposa, Maria Vitória, não só pela paciência, mas principalmente por ter concebido a nossa joia, Maria Luiza, fonte de alegria e inspiração, semente de um Brasil melhor. Agradeço ao amigo Marcelo Nogueira pela dedicação na revisão destas linhas e à Nathalia Masson pelo convite para integrar essa equipe.

NOTA DO AUTOR

Prezado leitor,

É com grande satisfação que integro essa equipe de excelência, assumindo a responsabilidade de simplificar o Direito Administrativo para você que começa a alçar os primeir–os degraus da carreira pública.

Trata-se de um ramo do Direito Público não codificado e repleto de conceitos abstratos, sendo regido por inúmeras leis esparsas, que versam sobre temas ligados à Administração Pública e à função administrativa.

Porém, desde já, é importante ressaltar que, além de a disciplina aparecer em qualquer concurso, é também de extrema utilidade para o desempenho de suas funções após a aprovação. De forma exemplificativa, vou contar uma pequena história para você entender melhor o que digo: "No momento, você estuda para realizar um concurso público e alcançar seu sonho: tomar posse em um cargo público. Quando entrar em exercício em algum órgão ou entidade pública, você será regido por um conjunto de leis que integrará o seu regime jurídico. Praticará atos administrativos, realizará compras por procedimento licitatório e, caso cause algum prejuízo a um particular, haverá responsabilidade civil do Estado."

Entendeu? Não?! Todos os conceitos sublinhados serão apresentados ao longo dessa obra e ajudarão não só na sua conquista, mas também no bom desempenho de suas atribuições funcionais. Ah! Importante: SÓ APRENDEMOS FAZENDO QUESTÕES! Não deixe de exercitar. Essa é a "fórmula mágica" da aprovação. Então, vamos trabalhar...Bons estudos e, se precisar, é só procurar minha *fanpage* com meu nome.

Grande abraço,
Luís Gustavo Bezerra de Menezes

Capítulo 1

CONCEITOS BÁSICOS

1. ESTADO, GOVERNO E ADMINISTRAÇÃO PÚBLICA

1.1. Conceito de Estado

Estado é uma instituição organizada política, social e juridicamente, ocupando um território definido, normalmente onde a lei máxima é uma Constituição escrita, e dirigida por um Governo que possui soberania reconhecida tanto interna quanto externamente.

Nesse sentido, vale destacar que o Estado, ente personalizado, possui representação externa, nas relações internacionais e, interna, como pessoa jurídica de direito público, com prerrogativas especiais, para que possa ser atingida a finalidade de interesse público.

O fim do Estado é assegurar a vida humana em sociedade. O Estado deve garantir a ordem interna, assegurar a soberania na ordem internacional, elaborar as regras de conduta e solucionar conflitos de interesse. Nesse contexto, insere-se o Direito Administrativo, como ramo autônomo do Direito Público, tendo como finalidade disciplinar as relações entre as diversas pessoas e órgãos do Estado, bem como entre este e os administrados.

1.2. Elementos do Estado

Sucintamente, temos que Estado é uma pessoa jurídica territorial, composta dos elementos povo, território e governo soberano. Um Estado soberano é sintetizado pela máxima "Um governo, um povo, um território". Sendo assim, são elementos do Estado: povo, território e governo soberano.

O **povo** é o elemento humano (subjetivo), formado pelo conjunto de pessoas submetidas à ordem jurídica estatal. O **território** é o elemento material (objetivo), representando sua base geográfica. Já o **Governo** é a organização necessária ao exercício do poder político, sendo a **soberania** o poder de organizar-se juridicamente e de fazer valer dentro de seu território a universalidade de suas decisões nos limites dos fins éticos de convivência. Portanto, governo soberano é o poder absoluto indivisível, com supremacia na ordem interna e independência na ordem internacional.

1.3. Organização do Estado

O Estado pode ser organizado de várias formas, levando-se em consideração a sua extensão territorial, a estruturação de seus Poderes e a subdivisão em unidades menores. Estados de tamanhos variados podem ter vários níveis de governo: local, regional e nacional. Assim, o Estado pode ser:

(a) **Unitário ou simples** – quando só existe uma fonte de Direito, presente no âmbito nacional, estendendo-se uniformemente sobre todo o seu território. Um mesmo poder, para um mesmo povo, num mesmo território.

(b) **Composto** – onde há a reunião de vários Estados-membros, que são entidades regionais que formam a Federação. Neste tipo de Estado existem várias fontes de Direito. Em nosso país, por exemplo, há divisão de poder em nível Federal, Estadual e a Municipal.

No Brasil, nossa Carta Magna dispõe, em seu art. 1º, que "A República **Federativa** do Brasil é formada pela **união indissolúvel dos Estados e Municípios e do Distrito Federal**, constitui-se em Estado Democrático do Direito...".

Assim, para o Direito Administrativo, a expressão "Estado", em sentido amplo, abrange a União, os Estados, o Distrito Federal e os Municípios, sendo todos entes políticos dotados de competência legislativa.

Destacamos que o Estado, em suas relações internacionais (externas), possui soberania; enquanto a União, os Estados, o Distrito Federal e os Municípios, nas suas relações internas, possuem, apenas, autonomia.

1.4. Poderes do Estado

De acordo com o artigo 2º do texto constitucional são Poderes da União, independentes e harmônicos entre si, o Legislativo, o Executivo, e o Judiciário.

Cada um desses Poderes do Estado exerce predominantemente uma função estatal específica, porém, não há uma separação absoluta de funções – o que assegura o sistema de freios e contrapesos. Assim, os Poderes irão desempenhar funções **típicas** (principais) e funções **atípicas** (não-principais ou secundárias).

Poder Legislativo é aquele que tem como principal função a de **legislar** (fazer leis!), ou seja, inovar o ordenamento jurídico, estabelecendo regras gerais e abstratas, criando comandos a todos os cidadãos, visto que ninguém será obrigado a fazer ou deixar de fazer alguma coisa senão em virtude de lei.

Poder Judiciário é aquele que tem como principal função **julgar**, solucionar conflitos de interesses entre as partes, aplicando as leis aos casos concretos.

Poder Executivo é aquele que tem como principal função **executar, administrar** a coisa pública, dentro dos limites impostos por lei, com a finalidade de atender ao interesse público.

Pelo exposto acima, percebemos que a função administrativa (objeto do Direito Administrativo) é exercida tipicamente (principal) pelo Poder Executivo, porém, os demais Poderes também irão desempenhá-la, só que de forma atípica (não-principal).

> **DICA**
> **PODER LEGISLATIVO** – função legislativa
> **PODER JUDICIÁRIO** – função jurisdicional } **FUNÇÕES TÍPICAS (PRINCIPAIS)**
> **PODER EXECUTIVO** – função executiva
> Obs: O poder é uno e indivisível!

1.5. Conceito de Governo

O termo "Governo" possui natureza política, estando associado à formulação das políticas públicas, onde os governantes traçam as metas e diretrizes do país. A função política e o Governo são objeto de estudo próprio do Direito Constitucional.

1.6. Conceito de Administração Pública

Enquanto o vocábulo "Governo" relaciona-se com a função política do Estado, o conceito de Administração Pública liga-se à execução das políticas públicas. Dentre os diversos sentidos que podem ser adotados para definir a Administração Pública, destacam-se:

(a) Sentido objetivo ou material ou funcional de Administração Pública: nesse sentido, a Administração Pública confunde-se com a própria função (atividade) administrativa desempenhada pelo Estado. Não se preocupa com a sua estrutura, mas sim com o que se faz. Vale lembrar que a função administrativa é exercida predominantemente pelo Poder Executivo, porém, os demais Poderes também a exercem de forma atípica.

(b) Sentido subjetivo ou formal ou orgânico de Administração Pública: a expressão Administração Pública refere-se aos sujeitos que integram a estrutura administrativa do Estado, ou seja, quem desempenha a função administrativa. Assim, num sentido subjetivo, Administração Pública representa o conjunto de órgãos, agentes e entidades que desempenham a função administrativa. Assim, temos:

(i) Entes ou Entidades ou Pessoas: são as pessoas jurídicas integrantes da estrutura da Administração Direta e Indireta. Dividem-se em:

(a) entes políticos – União, Estados, Distrito Federal e Municípios (todas com personalidade jurídica de Direito Público);

(b) entes Administrativos – autarquias, fundações públicas, empresas públicas e sociedades de economia mista (todas com personalidade jurídica de Direito Público e/ou Privado).

(ii) Órgãos Públicos: são unidades de atuação integrantes de uma pessoa jurídica da estrutura da Administração Direta ou da Indireta;

(iii) Agentes Públicos: Ou seja, são pessoas físicas incumbidas, definitiva ou transitoriamente, do exercício de alguma função estatal, seja por meio de um cargo, de um emprego, de uma função ou de um mandato.

> **DICA**
>
> **Sentido objetivo ou material ou funcional** = atividade administrativa (O que faz a Administração Pública?)
>
> **Sentido subjetivo ou formal ou orgânico** = órgãos + agentes + entidades (Quem faz a Administração Pública?)

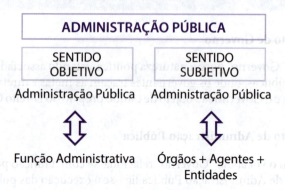

2. DIREITO ADMINISTRATIVO: CONCEITO E FONTES

2.1. Conceito

O Direito Administrativo é o ramo do direito público que regulamenta as relações existentes entre a Administração Pública e seus administrados. Segundo o professor Hely Lopes Meirelles é o "conjunto harmônico de princípios jurídicos que regem os órgãos, os agentes e as atividades públicas tendentes a realizar concreta, direta e imediatamente os fins desejados pelo Estado"[1].

2.2. Fonte

As fontes do Direito Administrativo são a lei (em sentido amplo, abrangendo desde a Constituição Federal até os atos normativos), a doutrina, a jurisprudência e os costumes (a praxe administrativa). Devemos ressaltar que a lei é a principal fonte do Direito Administrativo.

3. QUESTÕES COMENTADAS

1. (2014 – CESPE – SUFRAMA – Analista) Do ponto de vista objetivo, a expressão administração pública se confunde com a própria atividade administrativa exercida pelo Estado.

> Correta. No sentido objetivo ou material, a Administração Pública confunde-se com a própria função (atividade) administrativa desempenhada pelo Estado.

---
[1] MEIRELLES, Hely Lopes. *Direito Administrativo Brasileiro*. 40ª. Edição, São Paulo: Malheiros, 2013, p. 40.

Cap. 1 · CONCEITOS BÁSICOS   **505**

2. **(2014 – CESPE – MPT – Procurador)** A lei é fonte primária do direito, sendo que o costume, fonte secundária, não é considerado fonte do direito administrativo.

   Incorreta. Realmente a lei é fonte primária (principal) do Direito e o costume é fonte secundária para o Direito Administrativo.

3. **(2014 – CESPE – TJ-CE – Analista Judiciário)** A administração pública, em sentido subjetivo, diz respeito à atividade administrativa exercida pelas pessoas jurídicas, pelos órgãos e agentes públicos que exercem a função administrativa.

   Incorreta. Em sentido subjetivo, Administração Pública representa o conjunto de órgãos, agentes e entidades que desempenham a função administrativa, ou seja, tal conceito diz respeito aos sujeitos que exercem a atividade administrativa.

4.   QUESTÕES PARA TREINAR!

1. **(2012 – CESPE – TRT 2ªR – Analista Administrativo)** Julgue o item:

   – O estudo da administração pública, do ponto de vista subjetivo, abrange a maneira como o Estado participa das atividades econômicas privadas.

2. **(2013 – CESPE – TRT 10ªR – Analista Judiciário)** Julgue o item:

   – Em decorrência do princípio da legalidade, a lei é a mais importante de todas as fontes do direito administrativo.

3. **(2013 – CESPE – Ministério da Integração – ATA)** Julgue o item:

   – Os costumes, a jurisprudência, a doutrina e a lei constituem as principais fontes do direito administrativo.

4. **(2013 – FGV – TJ-AM – Analista Judiciário)** Com relação ao sentido da expressão Administração Pública, analise as afirmativas a seguir.

   I. Administração Pública, em sentido formal, relaciona-se à pessoa que executa atividades da administração.

   II. Administração Pública, em sentido material, relaciona-se à atividade administrativa desempenhada pelo Estado.

   III. Administração Pública, em sentido subjetivo, relaciona-se às pessoas jurídicas que executam a Administração Pública em sentido objetivo, às atividades de execução desempenhadas pelo Estado.

   Assinale:

   a) se somente a afirmativa I estiver correta.

   b) se somente a afirmativa III estiver correta.

   c) se somente as afirmativas I e a III estiverem corretas.

   d) se somente as afirmativas II e a III estiverem corretas.

   e) se todas as afirmativas estiverem corretas.

5. **(2014 – VUNESP – Delegado de Polícia-SP)** O conceito de Direito Administrativo é peculiar e sintetiza-se no conjunto harmônico de princípios jurídicos que regem os órgãos, os

agentes e as atividades públicas tendentes a realizar concreta, direta e imediatamente os fins desejados pelo Estado. A par disso, é fonte primária do Direito Administrativo

a) a jurisprudência.

b) os costumes.

c) os princípios gerais de direito.

d) a lei, em sentido amplo.

e) a doutrina.

GABARITO DAS QUESTÕES				
1	2	3	4	5
F	V	V	E	D

Capítulo 2

PRINCÍPIOS DO DIREITO ADMINISTRATIVO E REGIME JURÍDICO ADMINISTRATIVO

1. PRINCÍPIOS DO DIREITO ADMINISTRATIVO

Os princípios são as **ideias centrais** de um sistema, com força normativa própria, que determinam o alcance e sentido das regras de um determinado ordenamento jurídico. Ressaltamos que não há hierarquia entre os princípios (expressos ou não), visto que tais diretrizes devem ser aplicadas de forma harmoniosa. Assim, a aplicação de um princípio não exclui a aplicação de outro e nem um princípio se sobrepõe ao outro.

Encontram-se, de maneira explícita (art. 37, *caput*) ou não no texto da Constituição Federal. Os primeiros são, por unanimidade, os chamados princípios expressos (ou explícitos). Os demais são os denominados princípios reconhecidos (ou implícitos).

Os princípios explícitos são: **L**egalidade, **I**mpessoalidade, **M**oralidade, **P**ublicidade e **E**ficiência (**LIMPE**). Aplicam-se indistintamente à Administração Pública Direta e Indireta, de qualquer dos Poderes (Executivo, Legislativo e Judiciário), de todas as esferas da federação (União, Estados, Distrito Federal e Municípios).

Abaixo, segue quadro resumo com os princípios explícitos e os principais princípios implícitos ou reconhecidos pela doutrina.

PRINCÍPIOS GERAIS	CARACTERÍSTICAS
LEGALIDADE	O administrador público só pode fazer aquilo que a lei autoriza ou determina. Diz-se que sua atuação deve ocorrer *secundum legem*.
IMPESSOALIDADE	Possui três concepções: O administrador deve sempre agir visando ao atendimento interesse público (e não de seu interesse particular); Não-promoção pessoal do agente público (CF, art. 37, § 1º). Na concepção de isonomia (tratamento igualitário, sem discriminação). Nesse ponto, temos como exemplo, a obrigatoriedade da realização de concursos públicos e de licitações públicas.
MORALIDADE	A conduta do administrador deve ser toda pautada em bons costumes, em uma conduta justa e ética. Mas tal princípio da moralidade tem proporções jurídicas, ou seja, não basta que a conduta do administrador seja legal, pois também deverá ser honesta, acima de tudo.

PUBLICIDADE	Requisito da eficácia dos atos administrativos. A publicidade dos atos da administração é a regra, devendo ser ampla. O sigilo é uma exceção para Administração. Em princípio, todo ato administrativo deve ser publicado, só se admitindo o sigilo nos casos de segurança nacional, investigações policiais ou interesse superior da administração, em processo previamente declarado sigiloso.
EFICIÊNCIA (INTRODUZIDO PELA EC 19/98)	Segundo a professora Maria Sylvia Di Pietro, o princípio da eficiência deve ser analisado sob dois aspectos: (i) relativamente à forma de atuação do agente público, espera-se melhor desempenho possível de suas atribuições, a fim de obter os melhores resultados; (ii) quanto ao modo de organizar, estruturar e disciplinar a administração pública, exige-se que este seja o mais racional possível, no intuito de alcançar melhores resultados na prestação dos serviços públicos.
SUPREMACIA DO INTERESSE PÚBLICO	Confere à Administração Pública certas **prerrogativas especiais** (não aplicáveis aos particulares administrados), para que atinja o interesse público. Sempre que houver conflito entre o direito do indivíduo e o interesse da comunidade, há de prevalecer este. Marca uma **relação de verticalidade** entre o particular e a Administração Pública.
INDISPONIBILIDADE DO INTERESSE PÚBLICO	Confere limites à atuação estatal. Os bens e interesses públicos são indisponíveis, ou seja, não pertencem à Administração ou a seus agentes, cabendo aos mesmos somente sua gestão em prol da coletividade.
MOTIVAÇÃO	É a justificativa da prática do ato. Formalmente, definimos motivação como sendo a exposição da situação de fato ou de direito que autoriza ou determina a prática do ato administrativo.
AUTOTUTELA	É o poder dado à Administração de revisar seus atos e consertar erros, devendo anular os atos ilegais e revogar os atos inconvenientes.
CONTINUIDADE DO SERVIÇO PÚBLICO	Os serviços públicos por serem prestados no interesse da coletividade devem ser adequados e seu fornecimento não deve sofrer interrupções. Porém, devemos ressaltar que isto não se aplicará às interrupções por situações de emergência ou após aviso prévio – nos casos de segurança, ordem técnica ou inadimplência do usuário. Tal princípio permite, por exemplo, a retomada de um serviço mal prestado por uma concessionária de serviço público.
RAZOABILIDADE E PROPORCIONALI-DADE	São tidos como princípios gerais de Direito, aplicáveis a praticamente todos os ramos da ciência jurídica. No âmbito do Direito Administrativo encontram aplicação especialmente no que concerne à prática de atos administrativos que impliquem restrição ou condicionamento a direitos dos administrados ou imposição de sanções administrativas.

2. REGIME JURÍDICO ADMINISTRATIVO

Sabemos que o Direito Administrativo é um ramo do direito público. Sendo assim, no seu estudo, percebemos uma série de **prerrogativas** da Administração Pública para atender ao interesse da coletividade. De outro lado, obviamente, temos que limitar os poderes da Administração conferindo a ela uma série de **limitações**. Nas palavras de Maria Sylvia Di Pietro, regime jurídico administrativo é o conjunto das prerrogativas e restrições a que está sujeita a Administração e que não são encontradas nas relações entre particulares.

Para Celso Antônio Bandeira de Mello, acompanhado da doutrina majoritária, o estudo do regime jurídico administrativo se delineia em função da consagração de dois princípios: supremacia de interesse público sobre o particular (prerrogativas) e a indisponibilidade, pela Administração Pública, dos interesses públicos (sujeições).

O autor afirma que "Em suma, o necessário – parece-nos – é encarecer que na administração os bens e os interesses não se acham entregues à livre disposição da vontade do administrador. Antes, para este, coloca-se a obrigação, o dever de curá-los nos termos da finalidade a que estão adstritos. É a ordem legal que dispõe sobre ela".[1]

DICA

Há divergência doutrinária quanto aos princípios basilares do regime jurídico administrativo:

Maria Sylvia Di Pietro – legalidade e supremacia do interesse público sobre o particular

Celso Antônio Bandeira de Mello – supremacia do interesse público sobre o particular e indisponibilidade, pela Administração Pública, dos interesses públicos.

3. QUESTÕES COMENTADAS

1. **(2014 – FCC – TRT 16ªR – Técnico Judiciário)** Em julgamento proferido pelo Supremo Tribunal Federal, a Corte Suprema firmou entendimento no sentido de que assessor de Juiz ou de Desembargador tem incompatibilidade para o exercício da advocacia. Ao fundamentar sua decisão, a Corte explanou que tal incompatibilidade assenta-se, sobretudo, em um dos princípios básicos que regem a atuação administrativa. Trata-se do princípio da

   (A) supremacia do interesse privado.
   (B) publicidade.
   (C) proporcionalidade.
   (D) moralidade.
   (E) presunção de veracidade.

---

[1] BANDEIRA DE MELLO, Celso Antônio. *Curso de Direito Administrativo*. 17ª. Edição, São Paulo: Malheiros, 2003, p. 63.

510 DIREITO ADMINISTRATIVO – Luís Gustavo Bezerra de Menezes

Boa questão! Se o candidato tivesse calma, perceberia que tal incompatibilidade está relacionada com o princípio da moralidade. Porém, não podemos justificar o gabarito pela lógica! Então, temos que a FCC cobrou a literalidade de um julgado do STF. Nessa linha, transcrevo as palavras do ministro Carlos Velloso, relator do RE 199.088: *"É claro que as condições para o exercício de profissão deverão ser razóaveis. No caso, parece-me perfeitamente razoável ficar incompatível com a advocacia quem exerce cargo de assessor de juiz ou de desembargador. A incompatibilidade, em tal caso, assenta-se, sobretudo, na ética, na MORALIDADE administrativa, que é princípio constitucional imposto à Administração Pública, direta e indireta".*

2. **(2014 – FCC – TRT 16ªR – Oficial de Justiça)** Determinada empresa do ramo farmacêutico, responsável pela importação de importante fármaco necessário ao tratamento de grave doença, formulou pedido de retificação de sua declaração de importação, não obtendo resposta da Administração pública. Em razão disso, ingressou com ação na Justiça, obtendo ganho de causa. Em síntese, considerou o Judiciário que a Administração pública não pode se esquivar de dar um pronto retorno ao particular, sob pena inclusive de danos irreversíveis à própria população. O caso narrado evidencia violação ao princípio da:

(A) publicidade.

(B) eficiência.

(C) impessoalidade.

(D) motivação.

(E) proporcionalidade.

O princípio da eficiência foi introduzido no Texto Constitucional através da Emenda Constitucional 19/98. Através dele, o agente público tem a obrigação de realizar suas atribuições com presteza, perfeição e rendimento funcional. Segundo a professora Maria Sylvia Di Pietro, o princípio da eficiência está relacionado à forma de atuação do agente público, espera-se melhor desempenho possível de suas atribuições, a fim de obter os melhores resultados.

3. **(2014 – FCC – TRT 19ª R – Técnico Judiciário)** Roberto, empresário, ingressou com representação dirigida ao órgão competente da Administração pública, requerendo a apuração e posterior adoção de providências cabíveis, tendo em vista ilicitudes praticadas por determinado servidor público, causadoras de graves danos não só ao erário como ao próprio autor da representação. A Administração pública recebeu a representação, instaurou o respectivo processo administrativo, porém, impediu que Roberto tivesse acesso aos autos, privando-o de ter ciência das medidas adotadas, sendo que o caso não se enquadra em nenhuma das hipóteses de sigilo previstas em lei. O princípio da Administração pública afrontado é a:

(A) publicidade

(B) eficiência

(C) isonomia

(D) razoabilidade

(E) improbidade

O princípio da publicidade está relacionado com a transparência da Administração Pública. Nesse contexto, ganha relevo a recente Lei de Acesso à Informação (Lei n°

Cap. 2 · PRINCÍPIOS DO DIREITO ADMINISTRATIVO E REGIME JURÍDICO ADMINISTRATIVO

12.527/2011), que estabelece normas gerais, em caráter nacional, sobre o acesso à informação no âmbito da Administração Pública.

Na situação hipotética, a Administração impediu que Roberto tivesse acesso aos autos, sendo que ainda reforça a ideia de que "o caso não se enquadra em nenhuma das hipóteses de sigilo previstas em lei". Ou seja, claramente, houve afronta ao princípio da publicidade.

A publicidade dos atos da administração é a regra, devendo ser ampla. O sigilo é uma exceção para Administração. Em princípio, todo ato administrativo deve ser publicado, só se admitindo o sigilo nos casos de segurança nacional, investigações policiais ou interesse superior da administração, em processo previamente declarado sigiloso.

4. QUESTÕES PARA TREINAR!

1. **(2014 – ESAF – Ministério do Turismo – Técnico-Administrativo)** Assinale a opção em que consta princípio da Administração Pública que não é previsto expressamente na Constituição Federal.

   a) Publicidade.

   b) Eficiência.

   c) Proporcionalidade.

   d) Legalidade.

   e) Moralidade.

2. **(2015 – FCC – TRT 6ªR – Juiz Substituto)** Acerca dos princípios informativos da Administração pública, considere:

   I. O princípio da publicidade aplica-se também às entidades integrantes da Administração indireta, exceto àquelas submetidas ao regime jurídico de direito privado e que atuam em regime de competição no mercado.

   II. O princípio da moralidade é considerado um princípio prevalente e a ele se subordinam os demais princípios reitores da Administração.

   III. O princípio da eficiência, que passou a ser explicitamente citado pela Carta Magna a partir da Emenda Constitucional no 19/1998, aplica-se a todas as entidades integrantes da Administração direta e indireta.

   Está correto o que consta APENAS em:

   a) III.

   b) I e II.

   c) II e III.

   d) I.

   e) II.

3. **(2014 – FCC – TRT 16ªR – Oficial de Justiça)** Determinada empresa privada, concessionária de serviços públicos, torna-se inadimplente, deixando de prestar o serviço de

administração de uma estrada do Estado do Maranhão, descumprindo o contrato firmado e prejudicando os usuários. Neste caso, a retomada do serviço público concedido ainda no prazo de concessão pelo Governo do Estado do Maranhão tem por escopo assegurar o princípio do serviço público da

a) cortesia.

b) continuidade.

c) modicidade.

d) impessoalidade.

e) atualidade.

4. **(2014 – FCC – TCE-RS – Auditor Público)** A necessidade de publicação dos atos administrativos no Diário Oficial e, em alguns casos, em jornais de grande circulação é forma de observância do princípio da

a) legalidade, ainda que essa obrigação não esteja prevista na legislação.

b) impessoalidade, na medida em que os atos administrativos são publicados sem identificação da autoridade que os emitiu.

c) eficiência, posto que a Administração deve fazer tudo o que estiver a seu alcance para promover uma boa gestão, ainda que não haja lastro na legislação.

d) supremacia do interesse público, pois a Administração tem prioridade sobre outras publicações.

e) publicidade, na medida em que a Administração deve dar conhecimento de seus atos aos administrados.

5. **(2014 – FCC – TRF 4ªR – Oficial de Justiça)** O princípio que traduz a ideia de que a Administração tem que tratar a todos os administrados sem discriminações, benéficas ou peculiares denomina-se princípio da:

a) moralidade.

b) publicidade.

c) supremacia do interesse público.

d) impessoalidade.

e) responsabilidade.

6. **(2014 – FCC – TRE-GO – Analista de Controle Externo)** Um dos princípios básicos da Administração pública, além de consagrado explicitamente na Constituição Federal, quando trata dos princípios que norteiam a atuação administrativa, também consta implicitamente ao longo do texto constitucional, como por exemplo, quando a Carta Magna exige que o ingresso em cargo, função ou emprego público dependerá de concurso público, exatamente para que todos possam disputar-lhes o acesso em plena igualdade. Do mesmo modo, ao estabelecer que os contratos com a Administração direta e indireta dependerão de licitação pública que assegure igualdade de todos os concorrentes. Trata-se do princípio da:

a) proporcionalidade.

Cap. 2 · PRINCÍPIOS DO DIREITO ADMINISTRATIVO E REGIME JURÍDICO ADMINISTRATIVO | 513

b) publicidade.

c) eficiência.

d) motivação.

e) impessoalidade.

7. **(2014 – CESPE – TJ-CE – Técnico Judiciário)** Assinale a opção que explicita o princípio da administração pública na situação em que um administrador público pratica ato administrativo com finalidade pública, de modo que tal finalidade é unicamente aquela que a norma de direito indica como objetivo do ato.

a) impessoalidade

b) segurança jurídica

c) eficiência

d) moralidade

e) razoabilidade

8. **(2014 – CESPE – SUFRAMA – Analista)** Julgue o item:

– Do ponto de vista objetivo, a expressão administração pública se confunde com a própria atividade administrativa exercida pelo Estado.

9. **(2014 – CESPE – TEM – Contador)** Julgue o item:

– A supremacia do interesse público sobre o privado e a indisponibilidade, pela administração, dos interesses públicos, integram o conteúdo do regime jurídico-administrativo.

10. **(2013 – FCC – PGE-CE – Técnico Ministerial)** Determinado administrado formulou requerimento administrativo perante a Administração Pública pleiteando o fornecimento de remédio. Contudo, passados quase cinco meses do requerimento, a autoridade competente não tinha analisado o pedido, o que ensejou a propositura de ação judicial. O caso narrado evidencia a violação ao seguinte princípio do Direito Administrativo:

a) eficiência.

b) especialidade.

c) tutela.

d) autotutela.

e) publicidade.

GABARITO DAS QUESTÕES				
1	**2**	**3**	**4**	**5**
C	A	B	E	D
6	**7**	**8**	**9**	**10**
E	A	V	V	A

Capítulo 3

ORGANIZAÇÃO ADMINISTRATIVA DA UNIÃO

1. ORGANIZAÇÃO ADMINISTRATIVA DA UNIÃO

A organização administrativa da União foi inicialmente estabelecida no Decreto-lei 200/67. Através do qual fica estabelecido que a Administração Pública Federal compreende:

(i) Administração Direta: que se constitui dos serviços integrados na estrutura administrativa da Presidência da República e dos Ministérios

(ii) Administração Indireta: formada pelo conjunto de autarquias, fundações públicas, empresas públicas e sociedades de economia mista.

2. CENTRALIZAÇÃO X DESCENTRALIZAÇÃO / CONCENTRAÇÃO X DESCONCENTRAÇÃO

O Estado exerce suas funções administrativas através de um **conjunto integrado de órgãos**, agentes e entidades, que compõem o conceito subjetivo de Administração Pública.

Para exercer tais funções, o Estado organiza-se de duas formas básicas: administração centralizada e administração descentralizada.

Centralização ocorre quando o Estado exerce suas atividades por meio de seus órgãos e agentes integrantes da estrutura da Administração Direta. Assim, a pessoa jurídica (U, E, DF ou M) exercerá diretamente a atividade administrativa.

Descentralização administrativa ocorre quando as entidades políticas (União, Estados, Distrito Federal e Municípios) exercem suas funções através de outras pessoas físicas ou jurídicas. Nesse caso, faz-se necessária a presença de duas pessoas jurídicas: o Estado e a entidade que executará o serviço.

Esse processo de descentralização administrativa pode ocorrer por **outorga** (ou por serviços) ou por **delegação** (ou por colaboração).

Há descentralização por outorga (ou por serviços) quando o Estado cria ou autoriza a criação de uma entidade, por lei, e a ela transfere, por prazo indeterminado, determinado serviço. Ou seja, a descentralização por outorga, na verdade, reflete a criação da estrutura da Administração Indireta ou Descentralizada.

Já na descentralização por delegação (ou por colaboração), o Estado transfere a execução de determinado serviço a pessoa física ou jurídica, normalmente, por prazo determinado, através de ato ou contrato. Ocorre quando o serviço é prestado através das delegatárias de serviço público (concessionárias e permissionárias, por exemplo), sob fiscalização do Poder Público.

A **desconcentração** é uma mera técnica administrativa de distribuição interna de competências, visando à eficiência na prestação do serviço. Assim, percebemos que a desconcentração ocorre em âmbito interno, dentro de uma mesma pessoa jurídica. Resulta na criação dos órgãos públicos. O processo inverso, de extinção de um órgão público, refere-se ao conceito de concentração.

> **DICA**
>
> **Centralização** – Administração Direta ou Centralizada (U/E/DF/M)
> **Descentralização por outorga** – Administração Indireta ou Descentralizada
> **Descentralização por delegação** – Delegatárias de serviços públicos
> **Concentração** – extinção de órgãos públicos
> **Desconcentração** – criação de órgãos públicos

3. ADMINISTRAÇÃO DIRETA

A Administração Direta é integrada pelas **pessoas jurídicas de direito público** que possuem competência legislativa, ou seja, pelas pessoas políticas ou entes da federação (União, Estados, Distrito Federal e Municípios). Assim, os conceitos de Administração Pública Direta, de Administração Centralizada e de Entidades Políticas confundem-se.

4. ÓRGÃOS PÚBLICOS

Segundo Hely Lopes Meirelles os **órgãos públicos** são "centros de competência instituídos para o desempenho de funções estatais, através de seus agentes, cuja atuação é imputada à pessoa jurídica a que pertencem". Já a Lei nº 9.784/1999 os definem como "unidades de atuação integrantes da estrutura da Administração Direta ou Indireta".[1]

Dentre as características dos órgãos públicos, destacam-se:

(i) integram a estrutura de uma pessoa jurídica, logo, nenhum órgão público possui personalidade jurídica própria e nem patrimônio próprio;

(ii) são estruturados de forma hierarquizada;

(iii) resultam da desconcentração administrativa;

(iv) podem ser encontrados na estrutura da Administração Direta ou Indireta;

(v) não representam em juízo a pessoa jurídica da qual fazem parte;

(vi) podem firmar contratos de gestão com outros órgãos ou pessoas jurídicas, através de seus administradores (CF, art. 37, §8º);

(vii) alguns órgãos públicos possuem capacidade processual (ou judiciária) para defesa em juízo de suas prerrogativas funcionais.

---
[1] MEIRELLES, Hely Lopes. *Direito Administrativo Brasileiro*. 40ª. Edição, São Paulo: Malheiros, 2013, p. 69.

Sobre a **capacidade processual** de alguns órgãos públicos: o órgão, por ser um ente despersonalizado, via de regra não possui capacidade processual para estar em juízo, ou seja, não pode figurar em um dos polos da relação jurídica. Entretanto, a legislação infraconstitucional atribui capacidade processual para os órgãos independentes e autônomos, não alcançando os demais órgãos públicos. A jurisprudência e a doutrina atribuem capacidade processual do órgão público para impetração de mandado de segurança, na defesa de sua competência, quando violada por outro órgão.

ÓRGÃO PÚBLICO
⇩
SEM PERSONALIDADE JURÍDICA
⇩
ALGUNS ÓRGÃOS
(INDEPENDENTES E AUTÔNOMOS)
⇩
CAPACIDADE PROCESSUAL (OU JUDICIÁRIA)
⇩
MANDADO DE SEGURANÇA

4.1. Teoria do Órgão

Diversas teorias tentam explicar a relação jurídica existente entre o Estado e seus agentes públicos. Dentre essas teorias, a doutrina majoritária utiliza-se da **teoria do órgão** ou da im**putação volitiva**, do alemão Otto Gierke.

Assim, presume-se que a entidade (pessoa jurídica), manifesta-se por meio de seus órgãos públicos, de tal modo que a atuação dos agentes públicos nestes centros de competência, representa a própria manifestação do Estado. Fala-se que a vontade do agente público foi imputada ao órgão.

Por esta teoria, justifica-se a validade dos atos praticados pelos agentes de fato, pois considera-se que o ato praticado pelo funcionário de fato é imputável à atuação da Administração. É necessário que o ato se revista, ao menos, de aparência de ato jurídico legítimo e seja praticado por alguém que se deva presumir ser um agente público (teoria da aparência).

4.2. Classificação dos Órgãos

4.2.1. Quanto à posição estatal:

(a) Órgãos **Independentes**: são os diretamente previstos no texto constitucional, representando os três Poderes (Câmara dos Deputados, Senado Federal, Supremo Tribunal Federal, Superior Tribunal de Justiça e demais tribunais e juízos,

Presidência da República e seus simétricos nas demais esferas da Federação). São órgãos sem qualquer subordinação hierárquica ou funcional. As atribuições destes órgãos são exercidas por agentes políticos.

(b) Órgãos **Autônomos:** situam-se na cúpula da Administração, hierarquicamente logo abaixo dos órgãos independentes. Possuem ampla autonomia administrativa, financeira e técnica, caracterizando-se como órgãos diretivos. São exemplos: os Ministérios, as Secretarias de Estado, a Advocacia Geral da União, etc.

(c) Órgãos **Superiores:** são órgãos que possuem atribuições de direção, controle e decisão, mas que sempre estão sujeitos ao controle hierárquico de uma chefia mais alta. Incluem-se nessa categoria órgãos com denominações muito heterogêneas, como Procuradorias, Coordenadorias, Gabinetes etc.

(d) Órgãos **Subalternos:** são todos os órgãos que exercem atribuições de mera execução, sempre subordinados a vários níveis hierárquicos superiores. São exemplos as seções de expediente, de pessoal, de material, de portaria etc.

4.2.2. Quanto à estrutura:

(a) Órgãos **Simples:** os órgãos simples ou unitários são constituídos por um só centro de competência. Estes órgãos não são subdivididos em sua estrutura interna, integrando-se em órgãos maiores.

(b) Órgãos **Compostos:** os órgãos compostos reúnem em sua estrutura diversos órgãos, como resultado da desconcentração administrativa.

4.2.3. Quanto à atuação funcional:

(a) Órgãos **Singulares:** também denominados unipessoais, são os órgãos em que a atuação ou as decisões são atribuição de um único agente, seu chefe e representante. É exemplo a Presidência da República.

(b) Órgãos **Colegiados:** também denominados pluripessoais, são caracterizados por atuar e decidir através da manifestação conjunta de seus membros. São exemplos o Congresso Nacional e os Tribunais.

5. ADMINISTRAÇÃO INDIRETA

A Administração Indireta é representada pelo conjunto de pessoas jurídicas de direito público e/ou privado que possuem capacidade de autoadministração. É integrada pelo conjunto de autarquias, fundações públicas, empresas públicas e sociedades de economia mista, ou seja, pelas pessoas administrativas.

5.1. Características comuns entre as entidades da Administração Indireta:

(i) resultam da descentralização por outorga (ou por serviço);

(ii) possuem personalidade jurídica própria;

(iii) patrimônio próprio;

(iv) são criadas por lei específica ou possuem a criação autorizada por lei específica (CF, art. 37, XIX);

(v) como regra, sujeitam-se às regras de licitação e contratos (Lei n° 8.666/1993) e a concurso público;

(vi) sujeitam-se à proibição de acumulação de cargos;

(vii) de acordo com o novo Código Civil, não se sujeitam à falência (regime falimentar);

(viii) possuem relação de vinculação (e não subordinação!) com a Administração Direta.

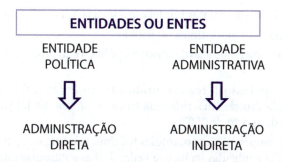

 DICA
A relação existente entre as entidades administrativas (Administração Indireta) e as entidades políticas (Administração Direta) não é de subordinação, mas sim de vinculação (ou tutela ou supervisão ministerial ou controle finalístico).

Cabe ressaltar que na desconcentração administrativa existe uma relação hierárquica entre os diversos órgãos integrantes da estrutura administrativa, porém na descentralização administrativa não há tal relação.

Destacamos, ainda que as entidades integrantes da Administração Indireta não sendo subordinadas hierarquicamente à entidade estatal-matriz, não estão submetidas ao controle hierárquico, sendo sujeitas apenas ao controle finalístico de sua administração e da conduta de seus dirigentes.

Falemos agora das entidades da Administração Indireta:

(a) **Autarquias**

São pessoas jurídicas de direito público, de **natureza** meramente **administrativa**, criadas por **lei específica**, para a realização de **atividades, obras ou serviços típicos do Estado**. Segundo Hely Lopes Meirelles: "A autarquia, sendo um prolongamento do Poder Público, uma *longa manus* do Estado, deve executar serviços próprios do Estado, em condições idênticas às do Estado, com os mesmos privilégios da

Administração-matriz e passíveis dos mesmos controles dos atos administrativos".[2] De forma resumida, temos as seguintes **características** nas autarquias:

(i) integram a estrutura da Administração Pública Indireta;

(ii) resultam da descentralização por outorga;

(iii) personalidade jurídica de direito público;

(iv) possuem patrimônio próprio, composto por bens públicos;

(v) são tidas como um serviço público personificado;

(vi) estão vinculadas (e não subordinadas!) à pessoa política que as criou. Tal relação de vinculação também é denominada de controle finalístico (e não hierárquico!) ou tutela ou supervisão ministerial, exercido nos termos e limites definidos em lei;

(vii) são criadas ou extintas por lei específica (CF, art. 37, XIX);

(viii) exercem atividade típica do Estado;

(ix) sujeitam-se à realização de concurso público e ao procedimento licitatório, como regra;

(x) regime de Pessoal: regime jurídico único (estatutário), reestabelecido através de medida cautelar deferida pela Corte Suprema, no julgamento da ADI 2.135/DF, de 02 de agosto de 2007;

(xi) juízo Competente: as autarquias federais, nos litígios comuns, terão suas causas processadas e julgadas na Justiça Federal; já as autarquias estaduais e municipais terão suas causas processadas e julgadas na Justiça Estadual;

(xii) as autarquias respondem de forma objetiva em relação ao dano causado pelos seus agentes, nessa qualidade, a terceiros (CF, art. 37, § 6º);

(xiii) sujeitam-se à fiscalização do Tribunal de Contas (CF, art. 70).

Como exemplo de tais entidades temos o Banco Central do Brasil (BACEN), o Instituto Nacional de Seguridade Social (INSS), a Comissão de Valores Mobiliários (CVM), o Instituto Brasileiro de Meio Ambiente (IBAMA), dentre outros.

(b) Fundações Públicas

No Direito Brasileiro a expressão "fundação" requer certo cuidado, pois poderemos ter as **fundações privadas**, que são fiscalizadas pelo Ministério Público, guardando relação com o estudo do Direito Civil (Fundação da Xuxa, Fundação Roberto Marinho, etc.) e as **fundações públicas**, que são objeto de estudo do Direito Administrativo, devendo ter suas atividades supervisionadas pela pessoa política responsável.

As fundações públicas (patrimônio público personificado) podem possuir personalidade jurídica de direito público (quando criada diretamente por lei) ou de direito privado (quando a lei meramente autorizar sua criação). As primeiras são chamadas de **fundações autárquicas** e as segundas de **fundações governamentais**.

---

[2] MEIRELLES, Hely Lopes. *Direito Administrativo Brasileiro*. 40ª. Edição, São Paulo: Malheiros, 2013, p. 408.

PERSONALIDADE JURÍDICA DAS FUNDAÇÕES PÚBLICAS

FUNDAÇÃO PÚBLICA COM PERSONA-
LIDADE JURÍDICA DE DIREITO PÚBLICO

CRIADA POR LEI ESPECÍFICA

FUNDAÇÃO AUTÁRQUICA

FUNDAÇÃO PÚBLICA COM PERSONA-
LIDADE JURÍDICA DE DIREITO PRIVADO

LEI ESPECÍFICA AUTORIZA A CRIAÇÃO

FUNDAÇÃO GOVERNAMENTAL

Quanto ao **juízo competente,** embora haja divergência doutrinária, a corrente majoritária entende que as fundações públicas federais de direito público ou privado possuem o foro da Justiça Federal. Como exemplo de fundações públicas, podemos citar a Fundação Rio Zôo (do Município do Rio de Janeiro), a Fundação IBGE, FUNARTE, FUNAI, dentre outras.

DICA
Cuidado para não confundir:
ÓRGÃO – Centros de Competência, despersonalizado
AUTARQUIA – Serviço Público Personificado
FUNDAÇÃO PÚBLICA – Patrimônio Público Personificado

(c) **Empresas Públicas e Sociedades de Economia Mista**

Empresa pública é a entidade com **personalidade jurídica de Direito Privado,** integrante da Administração Indireta, instituída pelo Poder Público, mediante autorização legislativa específica, revestindo-se de qualquer das formas admitidas em Direito e com **capital exclusivamente público,** para exploração de atividades econômicas ou execução de serviços públicos.

Sociedade de Economia Mista é a entidade com **personalidade jurídica de Direito Privado,** integrante da Administração Indireta, instituída pelo Poder Público, mediante autorização legislativa específica, revestindo-se sob a forma de **sociedade anônima** e com **controle acionário do Poder Público,** para exploração de atividades econômicas ou execução de serviços públicos.

As empresas públicas e as sociedades de economia mista possuem as seguintes **características comuns:**

(i) personalidade jurídica de Direito Privado (sem as prerrogativas de Direito Público);

(ii) criação por autorização legislativa específica;

(iii) objeto: atividade econômica ou prestação de serviço público;

(iv) regime de pessoal: celetista (trabalhista), mas o ingresso depende previamente de concurso público;

(v) estão sujeitas às regras gerais de licitação (Lei nº 8.666/1993), porém poderão ter seu próprio estatuto, quando seu objeto for atividade econômica (CF, art. 173, § 1º, III);

(vi) estão sujeitas a um regime híbrido, ou seja, seguem regras do direito público (concurso público e licitação, por exemplo) e regras do direito privado (obrigações trabalhistas, por exemplo).

Já como **distinções** entre elas, podemos apontar as seguintes:

DISTINÇÕES	SOCIEDADE DE ECONOMIA MISTA	EMPRESA PÚBLICA
FORMA SOCIETÁRIA	Somente S/A (Sociedade Anônima)	Qualquer forma (inclusive S/A)
COMPOSIÇÃO DO CAPITAL	Majoritariamente público	Exclusivamente público
FORO PROCESSUAL	Justiça Estadual (U/E/DF/M)	Justiça Federal (União) ou Justiça Estadual (E/DF/M)
EXEMPLOS	Banco do Brasil, Petrobras, Instituto de Resseguros do Brasil (IRB), dentre outros	Empresa de Correios e Telégrafos, BNDES, Caixa Econômica Federal (CEF), dentre outras

6. OUTROS CONCEITOS RELEVANTES

6.1. Consórcios públicos

(a) Base Constitucional: Art. 241 – A União, os Estados, o Distrito Federal e os Municípios disciplinarão por meio de lei os consórcios públicos e os convênios de cooperação entre os entes federados, autorizando a gestão associada de serviços públicos, bem como a transferência total ou parcial de encargos, serviços, pessoal e bens essenciais à continuidade dos serviços transferidos".

(b) Base Legal: Lei nº 11.075, de 06 de abril de 2005, regulamentada pelo Decreto nº 6.017, de 17 de janeiro de 2007.

Segundo a lei, consórcio público é a pessoa jurídica formada **exclusivamente** por entes da federação, para estabelecer relações de cooperação federativa, inclusive a realização de objetivos de interesse comum, constituída como associação pública, com personalidade jurídica de direito público e natureza autárquica, ou como pessoa jurídica de direito privado, sem fins econômicos.

A doutrina tem denominado de autarquia **multifederada** ou **interfederativa**, o consórcio público, com personalidade jurídica de direito público, pertencente a mais de uma pessoa da Federação. O art. 6º, da Lei nº 11.075/2005, estabelece que *"os consórcios públicos com personalidade jurídica de direito público integram a administração indireta de todos os entes da Federação associados".*

Cap. 3 · ORGANIZAÇÃO ADMINISTRATIVA DA UNIÃO

6.2. Agências executivas

Agência Executiva é uma **qualificação** concedida pelo Poder Executivo à autarquia ou fundação pública que assinar contrato de gestão com o respectivo Ministério supervisor. Através de tal contrato, serão estabelecidas determinadas metas e objetivos a serem cumpridos. Sendo assim, percebemos que as agências executivas **não** representam uma nova forma na estrutura da Administração Pública Brasileira.

O principal é sabermos que as Agências Executivas são entidades integrantes da estrutura da Administração Pública Indireta, visto que representam, apenas, autarquias ou fundações públicas com privilégios maiores.

6.3. Agências reguladoras

No início da década de 90, iniciou-se um processo denominado "Reforma do Estado", que tinha como objetivo principal a **redução** da máquina administrativa (formação de um "Estado Mínimo"), pois entendia-se que o Estado desempenhava várias funções que não precisavam ser por ele desempenhadas.

Porém, dentre essas atividades que só poderiam ser desenvolvidas pelo Estado, destaca-se a regulação das atividades consideradas típicas do Estado. Assim, surgiram as agências reguladoras, que vieram suprir tal necessidade.

No Direito Administrativo brasileiro, as agências reguladoras **não** representaram uma nova figura jurídica na estrutura da Administração Pública, pois as leis que vêm instituindo essas entidades têm-lhes conferido a forma de *autarquias em regime especial*. Logo, são integrantes da estrutura da Administração Indireta.

Vale destacar que o regime especial das agências reguladoras varia, de acordo com a sua lei de criação. Em regra, essas entidades possuem as seguintes **características** comuns:

(a) estabilidade de seus dirigentes que só poderão perder seus cargos através de sentença judicial com trânsito em julgado, renúncia, processo administrativo ou outra forma definida na lei de criação;

(b) mandato fixo de seus dirigentes;

(c) prazo de quarentena para seus dirigentes;

(d) diretores nomeados pelo Presidente da República com aprovação do Senado Federal;

(e) alto grau de especialização técnica;

(f) poder normativo técnico.

6.4. Terceiro setor: entidades paraestatais

Tradicionalmente, Hely Lopes Meireles, incluía as empresas públicas e sociedades de economia mista em tal conceito. Modernamente não mais, visto que as referidas entidades integram a Administração Indireta. Sendo assim, não estão "ao lado do Estado", e sim "dentro" do próprio Estado.

Entidades paraestatais são **entes de cooperação com o Poder Público**. São as **pessoas privadas** que, agindo ao lado do Estado, colaboram com este, no desempenho de **atividade de interesse público, não lucrativa**, recebendo, por isso, especial proteção estatal, tais como incentivos fiscais e outros benefícios.

DICA

PARAESTATAL OU PARESTATAL – "PARALELO AO ESTADO; AO LADO DO ESTADO"

Assim, são **características** comuns ao conceito de entidades paraestatais:
(i) não integram a Administração Pública;
(ii) são Pessoas Jurídicas de Direito Privado;
(iii) exercem atividade de interesse público, sem fins lucrativos.

São **quatro** as entidades que integram tal conceito:
(a) **Serviços sociais autônomos** (Sistema "S" – SENAI, SESC, SEBRAE, etc.)
(b) **Organizações sociais**
(c) **Organizações da sociedade civil de interesse público (OSCIP)**
(d) **Entidades de Apoio**

7. AGENTES PÚBLICOS

Agente Público é todo aquele que exerce, ainda que transitoriamente ou sem remuneração, por eleição, nomeação, designação, contratação ou qualquer forma de investidura ou vínculo, mandato, cargo, emprego ou função pública. Tal definição tem origem na Lei n° 8.429/1992 (Lei de Improbidade Administrativa), em seu art. 2°. De forma sucinta, percebemos que agente público é **toda pessoa física que presta serviços (com ou sem remuneração) ao Estado.**

7.1. Espécies e classificação

Existem várias formas de classificação dos agentes públicos, porém, seguiremos a adotada pelo professor Hely Lopes Meirelles:
(a) Agentes Políticos
(b) Agentes Administrativos
(c) Agentes Honoríficos
(d) Agentes Delegados
(e) Agentes Credenciados

DICA

A Professora Maria Sylvia Di Pietro utiliza a seguinte classificação:
(a) Agentes Políticos
(b) Servidores Públicos
(c) Militares (a Emenda Constitucional 18/98 aboliu a nomenclatura servidor público militar)
(d) Particulares em colaboração com o Poder Público

(a) Agentes políticos

São aqueles componentes do alto escalão do Governo, possuindo competência emanada diretamente pela Constituição Federal, exercendo funções governamentais, judiciais e quase-judiciais, elaborando normas legais, conduzindo os negócios públicos, decidindo e atuando com independência nos assuntos de sua competência. São os membros dos Poderes Executivo, Legislativo e Judiciário.

(b) Agentes administrativos

São aqueles que possuem uma relação funcional com a Administração Pública. Regra geral, sujeitam-se à hierarquia administrativa e à regime jurídico próprio. São os servidores públicos, os empregados públicos, os contratados temporariamente, os ocupantes de cargo em comissão, etc.

(c) Agentes honoríficos

Não possuem qualquer vínculo funcional com o Estado. Possuem, geralmente uma função gratuita e temporária, mas respondem penalmente pelo exercício arbitrário delas. Segundo a doutrina, decorrem do dever cívico, da honrabilidade de exercer essas atribuições. Como exemplo, temos os mesários do TRE, e os jurados do Tribunal de Júri.

(d) Agentes delegados

São os particulares contratados pela Administração, que agem em nome próprio, executando as atribuições para as quais foram contratados. Dividem-se, basicamente, em: concessionários, permissionários e autorizatários de serviços públicos.

(e) Agentes credenciados

Segundo Hely Lopes Meirelles: "são os que recebem a incumbência da Administração para representa-la em determinado ato ou praticar certa atividade específica, mediante remuneração do Poder Público credenciante"[3].

 DICA
Em sentido amplo, Maria Sylvia Di Pietro afirma serem servidores públicos as pessoas físicas que prestam serviço ao Estado e às entidades da Administração Indireta, com vínculo empregatício (seja estatutário, celetista ou especial) e mediante remuneração paga pelos cofres públicos. Assim, num sentido amplo, o conceito de servidor público engloba os servidores estatutários, os empregados públicos, os contratados temporários e os ocupantes de cargo em comissão. Em sentido estrito, servidor público seria a pessoa legalmente investida em cargo público.

8. Questões comentadas

1. **(2014 – FCC – TRT 16ªR – Técnico Judiciário)** Luísa, candidata a uma vaga de concurso público, em seu exame oral, foi questionada pelos examinadores acerca da classificação dos órgãos públicos, especificamente quanto à posição estatal, devendo exemplificar os órgãos públicos superiores. Luísa forneceu cinco exemplos de órgãos públicos superiores, equivocando-se acerca de um deles, qual seja,

---
[3] MEIRELLES, Hely Lopes. *Direito Administrativo Brasileiro*. 40ª. Edição, São Paulo: Malheiros, 2013, p. 84.

(A) Divisões.

(B) Departamentos.

(C) Ministérios.

(D) Coordenadorias.

(E) Gabinetes

Quanto à posição estatal, os órgãos públicos classificam-se como independentes, autônomos, superiores e subalternos.

Os órgãos superiores são aqueles que possuem atribuições de direção, controle e decisão, mas que sempre estão sujeitos ao controle hierárquico de uma chefia mais alta. Não têm autonomia administrativa nem financeira. Incluem-se nessa categoria órgãos com denominações muito heterogêneas, como Procuradorias, Coordenadorias, Gabinetes, Divisões e Departamentos.

Já os órgãos autônomos estão situados na cúpula da Administração Pública. Hierarquicamente, encontram-se logo abaixo dos órgãos independentes. Possuem ampla autonomia administrativa, financeira e técnica, caracterizando-se como órgãos diretivos. São exemplos: os Ministérios, as Secretarias de Estado, a AGU etc.

Assim, percebemos que o equívoco de Luísa foi ter indicado os Ministérios como órgãos superiores, pois os mesmos são órgãos autônomos.

2. (2014 – FCC – Prefeitura de Recife – Procurador) Considere:

I. É característica recorrente nas agências reguladoras estabelecidas no Brasil a partir da década de 90 a definição de mandato aos seus dirigentes, com duração fixada em suas respectivas leis instituidoras.

II. Para as empresas públicas, a Constituição Federal prevê uma espécie de investidura especial aos seus diretores, que dependerá de prévia aprovação do poder legislativo respectivo.

III. Nas sociedades de economia mista, desde que se preservem o capital social exclusivamente público e a maioria do capital votante nas mãos da União, é possível a transferência das demais ações a outros entes federados.

Está correto o que consta em

(A) I, II e III.

(B) I, apenas

(C) I e II, apenas

(D) I e III, apenas

(E) II e III, apenas

Vamos analisar os itens:

I – Correta. No início da década de 90, iniciou-se um processo denominado "Reforma do Estado", que tinha como objetivo principal a redução da máquina administrativa (formação de um "Estado Mínimo"). Nesse contexto, surgem as Agências Reguladoras com o objetivo de fiscalizar a prestação de serviços públicos praticados pela iniciativa privada e de criar regras para o setor.

Com o objetivo de garantir maior grau de independência perante o Poder Executivo, as Agências Reguladoras criadas em âmbito federal assumiram a forma de autarquias em regime especial.

Cap. 3 • ORGANIZAÇÃO ADMINISTRATIVA DA UNIÃO

Dentre as características que compõe o "regime especial" destas autarquias, destacamos o mandato fixo e a estabilidade de seus dirigentes (impossibilidade de demissão, salvo falta grave apurada mediante devido processo legal).

Por fim, vale ressaltar que o prazo do mandato fixo dos dirigentes das Agências Reguladoras pode variar, pois dependerá da lei instituidora de cada uma delas.

II – Errada. A CF não estabelece a exigência de aprovação prévia, pelo Poder Legislativo, dos dirigentes de empresas públicas e sociedades de economia mista.

III – Errada. O capital das sociedades de economia mista é "misto", ou seja, público e privado, sendo que a maioria deve ser público. Assim, deverá ser majoritariamente público e não exclusivamente público.

Com isso, temos que apenas o item I é correto. Logo, a alternativa correta é a letra "B".

3. **(2015 – CESPE – DEPEN)** As empresas públicas, diferentemente das sociedades de economia mista, devem adotar obrigatoriamente a forma empresarial sociedade anônima.

Incorreta. As empresas públicas poderão ser constituídas sob qualquer forma admitida no Direto. Já as sociedades de economia mista só podem adotar a forma de sociedades anônimas.

9. QUESTÕES PARA TREINAR!

1. **(2014 – ESAF – Ministério do Turismo – Técnico)** Assinale a opção que preencha adequadamente as lacunas do texto abaixo.

Ocorre a chamada _____ administrativa quando o estado desempenha algumas de suas atribuições por meio de outras pessoas e não pela sua administração direta.

Por que a _____ ocorre no âmbito de uma mesma pessoa jurídica, surge relação de hierarquia, de subordinação entre os órgãos dela resultantes.

Em nenhuma forma de _____ há hierarquia.

A _____ ocorre exclusivamente dentro da estrutura de uma mesma pessoa jurídica.

a) Desconcentração / descentralização / descentralização/desconcentração.

b) Descentralização / descentralização / desconcentração/descentralização.

c) Desconcentração / desconcentração / descentralização/desconcentração.

d) Descentralização / desconcentração / desconcentração/descentralização.

e) Descentralização / desconcentração / descentralização/desconcentração.

2. **(2014 – ESAF – Ministério do Turismo – Técnico)** Acerca dos Órgãos Públicos, assinale a opção correta.

a) A teoria da representação é a tese atualmente adotada pela doutrina brasileira para legitimar a atuação do agente público em nome da pessoa jurídica administrativa.

b) Órgão pode integrar a estrutura de uma pessoa jurídica da Administração Indireta.

c) Órgão público possui personalidade jurídica.

d) A criação de um órgão público exemplifica a prática de descentralização administrativa.

e) Não há possibilidade de hierarquia entre órgãos públicos.

3. **(2014 – FCC – TJ-AP – Técnico Judiciário)** As autarquias, empresas públicas e sociedades de economia mista são entidades estatais. É correto afirmar quanto a referidas instituições que as:

a) autarquias e empresas públicas integram a Administração pública direta, enquanto que as sociedades de economia mista, por possuírem personalidade de direito privado, integram a Administração pública indireta.

b) empresas públicas detêm personalidade de direito público e integram a Administração pública indireta, as autarquias, da mesma forma, detêm personalidade jurídica de direito público, mas integram a Administração pública direta.

c) autarquias detêm personalidade jurídica de direito público, enquanto as empresas públicas e sociedades de economia mista detêm personalidade jurídica de direito privado, integrando, todas elas, a denominada Administração pública indireta.

d) sociedades de economia mista prestadoras de serviço público integram a Administração pública direta, enquanto as exploradoras de atividade econômica integram a Administração pública indireta.

e) autarquias, empresas públicas e sociedade de economia mista detêm personalidade jurídica de direito privado, razão pela qual integram a denominada Administração pública indireta.

4. **(2014 – FCC – MPE-PE – Promotor)** Em relação às empresas públicas, NÃO é aspecto obrigatório a ser observado em seu regime jurídico a:

a) realização de licitação para contratação de obras, serviços, compras e alienações, observados os princípios da administração pública.

b) criação por meio de registro de seus atos constitutivos, na forma do Código Civil.

c) forma societária de sociedade anônima.

d) personalidade jurídica de direito privado.

e) vedação à acumulação remunerada de cargos, empregos e funções públicas.

5. **(2014 – FCC – PGM-MT – Procurador Municipal)** Observe as seguintes características, no tocante a determinadas entidades da Administração Indireta:

I – sua criação deve ser autorizada por lei específica.

II – a contratação de seus servidores deve ser feita por concurso público, porém, eles não titularizam cargo público e tampouco fazem jus à estabilidade prevista no art. 41 da Constituição Federal.

III – seus servidores estão sujeitos à proibição de acumulação de cargos, empregos e funções públicas, com as exceções admitidas pela Constituição; porém, nem sempre é aplicável a essas entidades a regra do teto remuneratório.

Estamos nos referindo à:

a) empresas públicas e às sociedades de economia mista.

b) autarquias e às sociedades de economia mista.

c) fundações governamentais e às empresas públicas.

d) sociedades de economia mista e aos consórcios públicos.

Cap. 3 · ORGANIZAÇÃO ADMINISTRATIVA DA UNIÃO

e) agências e às empresas públicas.

6. **(2014 – FCC – TRF 4ªR – Técnico Judiciário)** A Administração pública de determinada esfera promoveu planejamento e reestruturação de sua organização, cujo resultado recomendou a criação de uma autarquia para desempenho de serviço público, uma empresa estatal para desempenho de atividade econômica e uma fundação para atrelar recursos e patrimônios fundiários necessários para ditar a política agrária. O movimento levado a efeito pelo ente federado demonstra que a organização administrativa seguiu o modelo de

   a) desconcentração, utilizando pessoas jurídicas distintas para distribuição de competências.

   b) descentralização administrativa vertical, na qual se instaura hierarquia entre os entes das diversas pessoas políticas criadas.

   c) descentralização política, na qual se instaura vínculo hierárquico entre os diversos entes e pessoas jurídicas envolvidas, subordinados ao Chefe do Poder Executivo.

   d) desconcentração política, na qual se instaura vínculo hierárquico entre as diversas pessoas políticas e jurídicas envolvidas, não obstante esses entes guardem algum grau de autonomia.

   e) descentralização, por meio da qual há distribuição de competências entre as pessoas jurídicas envolvidas, que detêm capacidade de autoadministração e não se subordinam por vínculo hierárquico com o Chefe do Executivo.

7. **(2015 – FCC – CNMP – Administração)** Os agentes públicos subdividem-se em cinco espécies ou categorias bem diferenciadas, dentre elas, o agente

   a) investigador.

   b) corporativo.

   c) integral.

   d) supervisor.

   e) delegado.

8. **(2015 – FCC – CNMP – Administração)** Corresponde à espécie agente político:

   a) Dirigentes de empresas estatais.

   b) Membros do Conselho Tutelar.

   c) Membros do Ministério Público.

   d) Agentes Comunitários de Saúde.

   e) Mesário da Justiça Eleitoral.

9. **(2015 – FCC – SEFAZ-PI – Auditor Fiscal)** Considere as seguintes afirmações sobre Administração Direta e Indireta:

   I. Autarquias são pessoas jurídicas de direito público, que desempenham serviço público descentralizado, com capacidade de autoadministração.

   II. Sociedades de economia mista submetem-se ao regime jurídico de direito público e têm por objeto, exclusivamente, o exercício de atividade econômica em regime de competição no mercado.

III. Empresas públicas são pessoas jurídicas de direito privado que podem desempenhar apenas serviços públicos ou atividade econômica em regime de monopólio.

Está correto o que se afirma APENAS em

a) II.

b) I.

c) I e III.

d) II e III.

e) III.

10. (2014 – CESPE – SUFRAMA – Agente Administrativo) Julgue o item:

– Empresa pública e sociedade de economia mista são entidades da administração indireta com personalidade jurídica de direito privado.

11. (2014 – CESPE – MDIC – Analista) Julgue o item:

– Parte do capital instituidor de uma sociedade de economia mista é privada, apesar de determinadas relações institucionais, como organização e contratação de pessoal, serem regidas pelo direito público.

12. (2014 – CESPE – MTE – Agente Administrativo) Julgue o item:

– As empresas públicas são entidades integrantes do quadro da administração direta dotadas de personalidade jurídica própria.

13. (2014 – CESPE – ICMBio – Técnico Administrativo) Julgue o item:

– As autarquias integram a administração indireta e, por isso, não possuem patrimônio.

14. (2014 – CESPE – CADE – Agente Administrativo) Julgue o item:

– As entidades da administração pública indireta têm capacidade de autoadministração, ou seja, podem definir regras para se organizarem.

15. (2014 – CESPE – Polícia Federal – Agente Administrativo) Julgue o item:

– São características das sociedades de economia mista: criação autorizada por lei; personalidade jurídica de direito privado; sujeição ao controle estatal; estruturação sob a forma de sociedade anônima.

16. (2014 – CESPE – Tribunal de Contas – DF – Técnico) Julgue o item:

– Os municípios, assim como os estados-membros, poderão ter sua administração indireta, em razão da autonomia a eles conferida pela CF.

GABARITO DAS QUESTÕES							
1	2	3	4	5	6	7	8
E	B	C	C	A	E	E	C
9	10	11	12	13	14	15	16
B	V	F	F	F	F	V	V

Capítulo 4

ATOS ADMINISTRATIVOS

1. CONCEITO

A Administração Pública realiza sua função executiva (ou administrativa) por meio de atos jurídicos que recebem a denominação de **atos administrativos**. Sendo assim, atos administrativos **são espécies do gênero ato jurídico.**

Segundo a doutrina de Hely Lopes Meireles: "ato administrativo é toda manifestação unilateral de vontade da Administração Pública que agindo nesta qualidade tenha por fim imediato, adquirir, resguardar, modificar, extinguir e declarar direitos, ou impor obrigações aos administrados ou a si própria"[1].

Por seu turno, a professora Maria Sylvia Di Pietro conceitua o ato administrativo como "a declaração do Estado ou de quem o represente, que produz efeitos jurídicos imediatos com observância da lei, sob regime jurídico de direito público e sujeita a controle do Poder Judiciário"[2].

Sucintamente podemos defini-lo como sendo **a manifestação unilateral de vontade da Administração, quando esta atua na qualidade de Administração Pública (em relações jurídicas de direito público) ou de quem lhe faça às vezes,** ou seja, quem represente o Estado no exercício de suas funções administrativas. Destarte, uma concessionária de serviço público ao representar a Administração Pública emite atos administrativos.

São manifestações de vontade, diferentes daquelas **típicas** do Poder Legislativo (elaboração de normas primárias – leis) ou do Poder Judiciário (decisões judiciais). É importante destacar que tanto o Poder Judiciário quanto o Poder Legislativo também editam atos administrativos **(função atípica)**, quando exercem suas atividades de gestão interna, tais como aquisição de materiais, concessão de licenças, etc. A atividade administrativa é típica do Poder Executivo, porém, **não exclusiva**.

Cabe ressaltar que a Administração Pública também pratica atos regidos predominantemente pelo Direito Privado, igualando-se aos particulares, abrindo mão de sua supremacia de Poder Público. Tais atos são denominados pela doutrina como **atos da administração.**

2. FATOS ADMINISTRATIVOS

São também conhecidos como "atos materiais". É a realização material decorrente do exercício da função administrativa. De forma simplificada, constatamos

---

[1] MEIRELLES, Hely Lopes. *Direito Administrativo Brasileiro*. 40ª. Edição, São Paulo: Malheiros, 2013, p. 165.

[2] DI PIETRO, Maria Sylvia. Direito Administrativo. 22ª. Edição, São Paulo: Atlas, 2009, p. 196.

ser a **concretização da atividade administrativa**. Normalmente, são consequências dos atos administrativos.

Nesse contexto, a demolição de um prédio (fato administrativo) pode ser decorrente de uma ordem de serviço da Administração (ato administrativo).

Por fim, é importante ressaltar que existe grande divergência doutrinária sobre essa definição, sendo pacífico que o fato administrativo não produz efeito jurídico.

3. ELEMENTOS OU REQUISITOS DE VALIDADE

Para que um ato administrativo seja válido e insuscetível de anulação (seja pela própria Administração Pública ou pelo Poder Judiciário), é fundamental que os **cinco elementos** que o compõem sejam **isentos de vícios** (ou defeitos). Por isso, os elementos do ato administrativo também são chamados de requisitos de validade. Tais elementos encontram-se definidos na Lei nº 4.717/1965 (Lei de Ação Popular). São eles:

(a) COMPETÊNCIA (ou sujeito)
(b) FINALIDADE
(c) FORMA
(d) MOTIVO
(e) OBJETO

Conforme a vinculação dos elementos à lei, teremos uma das principais classificações dos atos administrativos. Assim, os atos administrativos dividem-se basicamente em:

(i) Ato Vinculado ou regrado – aquele em que a lei estabelece rigorosamente todos os requisitos e condições de sua realização, sem deixar qualquer margem de liberdade ao administrador, ou seja, todos os elementos estão definidos em lei.

(ii) Ato discricionário – aquele em que a Administração pode praticar com certa margem de escolha, ou seja, pode ser observada a oportunidade e conveniência para a Administração praticar certos atos.

É importante ressaltar que os requisitos competência, finalidade e forma serão sempre **vinculados**. Esses requisitos sempre serão limitados por imposição legal. A **discricionariedade** do administrador encontra-se na escolha dos **motivos** e do **objeto**.

Por fim, devemos sempre lembrar que essa discricionariedade implica liberdade de atuação para o administrador, dentro dos limites impostos por **lei**. A margem do administrador é estabelecida por lei, que na verdade, atua como fonte do Direito Administrativo, e como maior limitadora da discricionariedade administrativa.

ATO ADMINISTRATIVO

Elementos ou Requisitos de Validade do Ato Administrativo
(Lei 4.7147/65):

✓ COMpetência
✓ FInalidade
✓ FORma
}
elementos sempre vinculados

✓ Motivo
✓ OBjeto
}
podem ser elementos vinculados ou não

Falemos agora de cada um deles:

(a) **Competência**

É a necessidade de se ter um agente competente, por lei, para praticá-lo. Caracteriza-se como elemento vinculado de todo ato administrativo.

A competência é dita irrenunciável, não podendo o administrador renunciá-la, deixar de utilizá-la, já que dada por lei a ele, com o intuito de atendimento do fim público – salvo nos casos de delegação e avocação de competências legalmente previstos, a seguir explicadas.

DICA
A competência é irrenunciável. Assim, na delegação, não se transfere competência, mas somente, e em caráter temporário, transfere-se o exercício de parte das atribuições do delegante.

(i) **Delegação** – permite que um órgão transfira para outro o exercício das funções que lhe são atribuídas. A delegação pode ocorrer entre órgãos e autoridades com ou sem relação hierárquica. No primeiro caso, temos a delegação vertical, no segundo, a horizontal. São tidas como matérias indelegáveis: as decisões de recursos administrativos, as matérias de competência exclusiva de órgão ou autoridade e a edição de atos de caráter normativo.

(ii) **Avocação** – é a ordem inversa da delegação, onde a autoridade superior "puxa" para si a competência atribuída à autoridade inferior. Na avocação há necessidade de relação hierárquica entre as partes envolvidas.

DICA
AGENTE DE FATO X USURPADOR DE FUNÇÃO
Para a prática de um ato administrativo, o agente que o expede necessita estar legitimamente investido no cargo para que possa exercer a competência prevista em lei.
Para Celso Antônio Bandeira de Mello, a expressão funcionário de fato (ou agente de fato) é aquela segundo a qual, em que pese a investidura do funcionário ser irregular, a situação tem aparência de legalidade. É o caso do servidor que continua trabalhando após os 70 anos ou que não possui o nível de escolaridade exigido para o cargo.
Em nome da teoria da aparência e dos princípios da boa-fé, da segurança jurídica e da presunção de legalidade dos atos administrativos, reputam-se válidos os atos por ele praticados, se por outra razão não forem viciados. Ressalte-se que a validade dos atos praticados por funcionário de fato depende de exame caso a caso e apenas é garantida em nome da segurança jurídica e da boa-fé da população.
Cabe ressaltar que mesmo investido em situação irregular, o funcionário de fato não estará obrigado a devolver a remuneração percebida aos cofres públicos. Isto deve-se ao princípio do enriquecimento sem causa por parte da Administração, porque tendo trabalhado para o Poder Público, se lhe fosse exigida a devolução da remuneração auferida, haveria enriquecimento ilícito do Estado que se beneficiaria do trabalho gratuito do agente.

> Diferentemente da função de fato, ato praticado por usurpador de função pública é considerando pela maioria da doutrina como ato inexistente. A usurpação de função pública ocorre quando a pessoa que pratica o ato não detém a função pública, ou seja, neste caso, não houve sequer a investidura no cargo.
>
> Um exemplo de usurpação de função pública seria o caso de uma pessoa que, embora não tenha sido investida no cargo de delegado de polícia, começa a praticar atos privativos deste cargo, como se delegado de polícia fosse.
>
> A usurpação de função pública é considerada como crime em nosso ordenamento jurídico, capitulado no Código Penal. (Art. 328 – Usurpar o exercício de função pública: Pena – detenção, de três meses a dois anos, e multa).

(b) Finalidade

É sempre o interesse público, expressa ou implicitamente, estabelecido na lei. Não é o agente quem determina o interesse público a ser perseguido, mas sim a lei, caracterizando-se, como elemento sempre vinculado do ato administrativo. O atendimento à finalidade de interesse público está relacionado à ideia constante no princípio da impessoalidade.

Nesse contexto, é válido explicitar o que se entende por **abuso de poder**.

O abuso de poder, na forma omissiva ou comissiva, é gênero do qual são espécies: o excesso de poder e o desvio de poder:

(i) Excesso de Poder – estará configurado quando a autoridade competente extrapola os limites de sua competência, ou seja, decorre da atuação do agente fora dos limites legais de sua competência. Assim, por exemplo, quando a autoridade, competente para aplicar a pena de suspensão, impõe penalidade mais grave, que não se encontra na esfera de suas atribuições, está caracterizado o excesso de poder.

(ii) Desvio de Poder ou de Finalidade – ocorre quando o administrador atinge finalidade diversa do interesse público, ou seja, decorre da atuação do agente apartada do interesse público, ainda que dentro da sua competência. Para ilustrar, imagine que o Prefeito de determinada cidade, por exemplo, desapropria vizinho seu, inimigo político, pois nessa situação, não estará atendendo a desapropriação à finalidade do interesse público, mas sim o interesse particular do administrador. Também temos desvio de poder quando o administrador, embora atinja o interesse público, utiliza-se de ato com finalidade diversa daquela prevista em lei, para a prática do ato. Como exemplo de desvio de poder podemos citar a remoção de ofício como forma de punição de um servidor. Em tal situação, muito embora tenha atingido o interesse público, o administrador utilizou o ato de remoção com finalidade de punição, que não é a prevista em lei, para tal ato, visto que o ato de remoção não tem caráter punitivo.

RESUMÃO

EXCESSO DE PODER	DESVIO DE PODER (DE FINALIDADE)
⇩	⇩
VÍCIO DE COMPETÊNCIA	VÍCIO DE FINALIDADE

(c) Forma

É maneira através do qual o ato é exteriorizado. Sua inobservância torna o ato passível de invalidação. A forma usual do ato administrativo é a escrita, porém, há situações, excepcionais, em que é admitida a forma não-escrita (cartazes e placas que expressam uma ordem da Administração, sinais do guarda de trânsito, etc.).

(d) Motivo

É a situação de fato (um acontecimento) ou de direito (hipótese legal) que autoriza ou determina a realização do ato administrativo. Se o motivo determina a prática do ato administrativo, então esse ato será vinculado, porém, se o motivo autoriza a Administração a praticar o ato, podemos afirmar que tal ato é discricionário.

Pode vir expresso na lei, como condição sempre determinante da prática do ato (vinculado) ou pode a lei deixar a avaliação da oportunidade e conveniência da prática do ato, nas mãos do administrador público (ato discricionário).

(e) Objeto (ou conteúdo):

É o efeito imediato produzido pelo ato administrativo, sendo o resultado que a Administração Pública pretende alcançar com a prática do ato administrativo. Identifica-se com o próprio conteúdo do ato, por meio do qual a Administração manifesta seu poder e sua vontade, ou atesta, simplesmente, situações preexistentes.

> **DICA**
> De forma resumida, podemos obter os elementos do ato administrativo através das seguintes perguntas:
> **COMPETÊNCIA** – Quem pratica o ato?
> **FINALIDADE** – Para que pratica o ato?
> **FORMA** – Como se pratica o ato?
> **MOTIVO** – Por que se pratica o ato?
> **OBJETO** – O que se quer praticando o ato?

4. MOTIVO X MOTIVAÇÃO

Motivo e motivação não se confundem. Motivação é a exposição dos motivos que determinaram a prática do ato. Formalmente, definimos motivação como sendo a exposição da situação de fato ou de direito que autoriza ou determina a prática do ato administrativo. Integra o elemento "forma" do ato administrativo.

Na demissão de um servidor, por exemplo, o elemento motivo seria a infração por ele praticada, ensejadora dessa modalidade de punição; já a motivação seria a exposição de motivos, a exteriorização, por escrito, do motivo que levou a Administração a aplicar tal penalidade.

Todos os atos administrativos válidos possuem um motivo, porém, a motivação nem sempre será obrigatória, como por exemplo, na exoneração de cargo em comissão. Nesses casos, o motivo não será expresso pela Administração, ou seja, embora o motivo exista, não haverá motivação do ato.

É bom lembrar, que a boa prática administrativa recomenda a motivação de todo ato administrativo, a fim de se dar maior transparência à atividade administrativa. **Atualmente, podemos afirmar que a regra é a motivação de todos os atos, sejam vinculados ou discricionários.** A Lei n° 9.784/1999, em seu art. 50, enumera diversos atos administrativos que exigem motivação.

Essa motivação deve ser clara e congruente, podendo ser expressa ou por meio da citação de um ato prévio, no caso da chamada motivação *alliunde* (ou por referência ou em forma de considerandos)

5. TEORIA DOS MOTIVOS DETERMINANTES

Quando a explicitação do motivo não for exigida, o agente fica com a faculdade de praticá-lo sem motivação, entretanto, se motivar, terá que demonstrar sua efetiva ocorrência, como por exemplo, no caso de dispensa de um servidor exonerável que não exija motivação. Se forem explicitados os motivos, ficará a autoridade que os deu sujeita à comprovação de sua real existência.

A partir do momento em que o administrador público motiva um ato administrativo que não precisava ser motivado, a motivação passa a integrar a validade do ato administrativo, devendo ser comprovada a existência dos motivos alegados pelo administrador.

Porém, cabe ressaltar que a teoria dos motivos determinantes não transforma o ato discricionário em vinculado, pois o ato, na sua essência, continua sendo discricionário, ficando o administrador sim vinculado à comprovação dos motivos alegados.

6. MÉRITO DO ATO ADMINISTRATIVO

Como foi visto acima, nem todos os elementos estruturais dos atos administrativos devem ser vinculados, visto que em a alguns deles a lei confere certa margem de liberdade à atuação do administrador. Nesse caso, o administrador pode decidir pela **conveniência e oportunidade** da prática de determinado ato, por meio da **valoração do motivo e do objeto**.

Nos atos discricionários, esse conjunto – **motivo + objeto** – forma o **mérito do ato administrativo**. Não há mérito do ato administrativo vinculado. E, é justamente esse núcleo de elementos que permite verificar se um ato é vinculado ou discricionário.

O mérito do ato administrativo não pode, em princípio, ser aferido pelo Poder Judiciário, dada a separação dos poderes. Ao administrador público que vivencia cada situação é que cabe decidir pela oportunidade e conveniência do ato.

Não há vedação, porém, para que o Poder Judiciário analise a legalidade dos atos discricionários. Assim, ao Judiciário cabe verificar os elementos vinculados do ato administrativo discricionário (competência, finalidade e forma) e, também, se na escolha do motivo e do objeto do ato administrativo foram observados os limites da lei.

RESUMÃO

MÉRITO DO ATO ADMINISTRATIVO

ATO DISCRICIONÁRIO

MOTIVO + OBJETO

CONVENIÊNCIA E OPORTUNIDADE

7. ATRIBUTOS DO ATO ADMINISTRATIVO

São as características dos atos administrativos. São eles que **diferenciam** o ato jurídico do Direito Civil, do ato administrativo propriamente dito, a saber: (a) presunção de legalidade ou legitimidade; (b) imperatividade; (c) autoexecutoriedade; e (d) tipicidade.

Falemos de cada um deles:

(a) Presunção de legalidade ou legitimidade

Atributo presente em todas as espécies de atos administrativos. Relaciona-se com a necessidade de a Administração praticar seus atos de maneira célere. Os atos administrativos presumem-se legítimos, até prova em contrário. Assim, regra geral, desde o momento de sua edição, **ainda que contenha vício de formação**, os atos administrativos estão aptos para produzir seus efeitos.

Obviamente, esse atributo não impede que seja decretada, posteriormente, sua invalidade pela Administração ou pelo Poder Judiciário. O que ocorre é que enquanto tal invalidade não for comprovada, considera-se válido e apto a produzir seus efeitos os atos administrativos.

Essa presunção é relativa (presunção *júris tantum* de legitimidade), sendo assim, ocorre a inversão do ônus da prova para quem invoca a ilegitimidade do ato.

Já através da presunção de veracidade, presume-se que o conteúdo do ato é verdadeiro. As diversas bancas examinadoras ratificaram, em algumas provas, a opinião de que a presunção de legalidade ou legitimidade não se confunde com a presunção de veracidade.

(b) Imperatividade

É a possibilidade de a Administração Pública impor os seus atos aos particulares, independentemente da vontade do particular. Decorre do Poder Extroverso do Estado, ou seja, do Poder de Império que a Administração exerce sobre os particulares, já que busca sempre atingir ao interesse público. Não está presente em todas as espécies de atos administrativos, sendo encontrada, apenas, nos atos em que se faz mister a força coercitiva do Estado, ou seja, de execução forçada.

(c) Autoexecutoriedade

Segundo Hely Lopes Meirelles: "a autoexecutoriedade consiste na possibilidade de certos atos administrativos ensejam de **imediata** e **direta execução pela própria Administração**, independentemente de ordem judicial"[3].

Tal atributo não pode representar uma restrição ao acesso do particular ao Judiciário em caso de ameaça ou lesão a direito seu. Assim, o particular sempre poderá **recorrer ao Judiciário** para comprovar que houve arbítrio, desvio ou excesso de poder na prática de certo ato administrativo.

Os atos de polícia administrativa representam um exemplo típico de ato autoexecutório. Como exemplo, podemos citar a interdição de estabelecimento comercial, a demolição de construções irregulares, a aplicação de multa e a apreensão de mercadorias irregulares.

Celso Antônio Bandeira de Mello ainda divide a autoexecutoriedade em dois novos atributos: exigibilidade e executoriedade. Assim, temos que:

(i) exigibilidade – obrigação que o administrado tem de cumprir o ato administrativo. Permite a utilização de meios indiretos de coerção, tal como a aplicação de uma multa ao particular.

(ii) executoriedade – possibilidade de a própria Administração Pública praticar o ato administrativo ou compelir o administrado a praticá-lo. Permite a utilização de meios diretos de coerção. A executoriedade é um plus em relação à exigibilidade, de tal modo que nem todos os atos exigíveis são executórios.

Segundo o autor: "Quer-se dizer, pela exigibilidade pode-se induzir à obediência, pela executoriedade pode-se compelir, constranger fisicamente". [4]

> **DICA**
> **Exigibilidade** – meios indiretos de coerção
> **Executoriedade** – meios diretos de coerção

(d) Tipicidade

Decorre do princípio da legalidade (CF, art. 5º, II). Assim, o ato administrativo deve corresponder a figuras definidas previamente pela lei como aptas a produzir determinados resultados, como decorrência do atributo da tipicidade.

8. PRINCIPAIS FORMAS DE EXTINÇÃO DO ATO ADMINISTRATIVO

As principais formas de extinção do ato administrativo são a **anulação** e a **revogação**. Vejamos cada uma delas.

(a) Anulação: o pressuposto da anulação é que o ato possua um **vício de legalidade** em algum de seus requisitos de formação. Com isso, podemos defini-la

---

[3] MEIRELLES, Hely Lopes. *Direito Administrativo Brasileiro*. 40ª. Edição, São Paulo: Malheiros, 2013, p. 177.
[4] BANDEIRA DE MELLO, Celso Antônio. *Curso de Direito Administrativo*. 17ª. Edição, São Paulo: Malheiros, 2003, p. 385.

como sendo o **desfazimento de um ato por motivo de ilegalidade**. A anulação decorre do **controle de legalidade** dos atos administrativos.

A anulação de um ato que contenha vício de legalidade pode ocorrer **tanto pelo Poder Judiciário (controle externo) quanto pela própria Administração Pública (controle interno).**

A invalidação por via judicial dependerá, sempre, de provocação do interessado. Já a via administrativa poderá resultar do **Poder de Autotutela do Estado,** que **deve** extingui-lo, tendo em vista a constatação do vício de legalidade.

Uma vez que o ato administrativo ofende a lei, é lógico afirmarmos que a invalidação opera efeitos *"ex tunc"*, **retroagindo à origem do ato,** ou seja, como bem explicita Bandeira de Melo: "fulmina o que já ocorreu, no sentido de que se negam hoje os efeitos de ontem".

(b) Revogação: ocorre no momento em que um ato válido, legítimo e perfeito torna-se **inconveniente e inoportuno** ao interesse público. O ato não possuía qualquer vício de formação, porém, **não atende mais aos pressupostos de conveniência e oportunidade.**

Por depender de uma avaliação quanto ao momento em que o ato se tornou inoportuno e inconveniente, a revogação caberá à autoridade administrativa no exercício de suas funções. **Seria inadmissível imaginar que o Poder Judiciário pudesse revogar ato administrativo,** pois tal competência depende da experiência/ vivência do administrador público que decidirá quanto à oportunidade e conveniência da prática do ato.

Porém, é importante reforçarmos que, atipicamente, o Poder Judiciário também emite atos administrativos (quando exerce a função administrativa). Nesse caso, caberá ao Poder Judiciário revogar os seus próprios atos administrativos.

A revogação opera efeitos *"ex nunc"* **(proativos), ou seja, a partir de sua vigência.** O ato de revogação não retroagirá os seus efeitos, pois o ato revogado era perfeitamente válido, até o momento em que se tornou inoportuno e inconveniente à Administração Pública.

Por fim, vale ressaltar que o poder discricionário dado à Administração Pública de revogar seus atos administrativos, por questões lógicas não é ilimitado. Alguns atos são insuscetíveis de revogação, ou seja, são atos ditos irrevogáveis. São eles, segundo a doutrina majoritária:

(i) os atos consumados, que já exauriram seus efeitos

(ii) os atos vinculados, pois nesse o administrador não tem escolha na prática do ato

(iii) os atos que geram direitos adquiridos

(iv) os atos que integram um procedimento administrativo

(v) os "meros atos administrativos" (certidões, pareceres, atestados)

Para facilitar a memorização do tema, verifique o quadro comparativo posto abaixo:

FORMAS DE EXTINÇÃO	ANULAÇÃO	REVOGAÇÃO
MOTIVO	Ilegalidade (ilegitimidade) do ato	Inconveniência ou inoportunidade do ato
CONTROLE	De legalidade	De mérito
QUEM PROMOVE?	Administração Pública (Poder que emitiu) ou o Poder Judiciário	Administração Pública (Poder que emitiu)
EFEITOS DA EXTINÇÃO	*Ex-tunc* (retroativos)	*Ex-nunc* (proativos)

9. CONVALIDAÇÃO

A convalidação também pode ser intitulada de sanatória, saneamento ou aperfeiçoamento.

Tradicionalmente, a doutrina dividia os atos administrativos em válidos e nulos. Com a evolução do Direito Administrativo Brasileiro, a doutrina passou a aceitar a classificação dos atos administrativos em:

(i) Ato Válido – possui todos os requisitos de acordo com a lei

(ii) Ato Nulo – aquele que possui um vício insanável

(iii) Ato Anulável – aquele que possui um vício sanável

Com o surgimento dos atos anuláveis, surgiu a possibilidade de convalidação dos atos administrativos, que de forma sucinta pode ser definida como a **possibilidade** de a Administração consertar **vícios sanáveis** existentes em **alguns elementos do ato**, desde que **não gere lesão ao interesse público ou a terceiros.**

Como pressupostos da convalidação temos que: **o vício deve ser sanável (vício insanável não pode ser convalidado, gerando a nulidade do ato) e não acarretar lesão ao interesse público ou a terceiros.** A convalidação, assim como a invalidação do ato, tem **efeitos retroativos (*ex tunc*)**, retroagindo seus efeitos ao momento em que o ato foi praticado.

Além disso, a convalidação só atinge a alguns elementos do ato. A doutrina majoritária afirma que ela só poderá incidir nos elementos: **competência (salvo os casos de incompetência em razão da matéria e as matérias de competência exclusiva) e forma (desde que ela não seja essencial à validade do ato).** Não caberá convalidação sobre a finalidade, o motivo e o objeto, ou seja, o ato com vício em tais elementos é classificado com um ato nulo, visto que possui vício insanável.

Segundo o ordenamento jurídico, existem duas hipóteses de convalidação:

(a) **Convalidação Expressa** – é a tradicional, por iniciativa discricionária da Administração Pública, desde que o ato possua vícios sanáveis e não acarrete lesão ao interesse público ou a terceiros.

(b) **Convalidação Tácita** – ocorre, automaticamente, quando os **efeitos** do ato administrativo sejam **favoráveis ao administrado** (qualquer forma de vício),

Cap. 4 · ATOS ADMINISTRATIVOS

desde que a Administração não anule tal ato dentro de um **prazo decadencial de 5 anos**. Findo esse prazo, sem que haja manifestação da Administração Pública no sentido de anulá-lo, tornam-se definitivos os seus efeitos, **salvo comprovada má-fé do beneficiário.**

10. QUESTÕES COMENTADAS

1. **(2015 – CESPE – DEPEN)** O atributo da imperatividade permite que a administração pública constitua, unilateralmente e por ato administrativo, obrigações para os administrados. Trata-se de decorrência do poder extroverso do Estado, que tem como uma de suas características a possibilidade de a administração impor seus atos independentemente da concordância do particular.

   Correta. Não requer maiores comentários, tendo em vista que o enunciado do item traz a definição doutrinária correta. Vale ressaltar, apenas, que o Poder Extroverso do Estado nada mais é do que o Poder de império, logo, relaciona-se com o atributo da imperatividade.

2. **(2014 – FCC – TRT 19ªR – Técnico Judiciário)** Lúcio, servidor público federal, praticou ato administrativo desrespeitando a forma do mesmo, essencial à sua validade. O ato em questão:

   (A) admite convalidação

   (B) não comporta anulação

   (C) é necessariamente legal

   (D) comporta revogação

   (E) é ilegal

   Como já sabemos, quando o ato administrativo possui algum vício ele deverá ser anulado, tendo em vista que esse defeito (vício) gera sua ilegalidade.

   Na situação hipotética, Lúcio praticou o ato com vício de forma (ilegal). Além disso, o examinador informa que esta forma era essencial à validade do ato, ou seja, o ato só poderia ser praticado daquela forma determinada. Logo, quando a forma é essencial à validade do ato não há como se "consertar" (convalidar) caso ela seja desrespeitada. O ato será nulo.

   Resumindo: Na situação hipotética, Lúcio praticou um ato ilegal que deverá ser anulado (e não revogado!), sem que haja possibilidade de convalidação.

3. **(2014 – FCC – TCE-PI – Auditor de Controle Externo)** São sujeitos ativos da invalidação dos atos administrativos:

   (A) o Poder Judiciário e a Administração pública, que poderão invalidar os atos administrativos quando provocados ou de ofício, não havendo necessidade, para tanto, de lide instaurada.

   (B) a Administração pública que, deve, necessariamente, ser provocada a fazê-lo.

   (C) a Administração pública, que poderá invalidar os atos de ofício ou quando provocada a fazê-lo e o Poder Judiciário, que poderá invalidá-los, no curso de uma lide, quando provocado.

(D) o Poder Judiciário, que poderá invalidar os atos administrativos, não sendo necessário, para tanto, haver ação judicial em curso.

(E) a Administração pública, que é sempre interessada na correção de seus atos, o que torna o poder de invalidação ilimitado.

A banca utilizou o termo invalidação como sinônimo de anulação. Já sabemos que a anulação de um ato que contenha vício de legalidade pode ocorrer tanto pelo Poder Judiciário (controle externo) quanto pela própria Administração Pública (controle interno).

A invalidação por via judicial dependerá, sempre, de provocação do interessado (princípio da inércia do Poder Judiciário). Já a via administrativa poderá resultar do Poder de Autotutela do Estado, que deve extingui-lo, de ofício ou mediante provocação, pois, muito embora proveniente da manifestação de vontade de um de seus agentes, o ato contém vício de legalidade.

11. QUESTÕES PARA TREINAR!

1. (2015 – FCC – CNMP – Administração) Ato administrativo é:

a) manifestação bilateral de poder da Administração pública que, agindo nessa qualidade, tenha por fim imediato adquirir, resguardar, transferir, modificar, extinguir, declarar direitos e impor obrigações aos administrados.

b) manifestação unilateral de vontade da Administração pública que visa impor obrigações aos administrados ou a si própria ou alguma realização material em cumprimento a uma decisão de si própria.

c) manifestação unilateral de vontade da Administração pública que, agindo nessa qualidade, tenha por fim imediato adquirir, resguardar, transferir, modificar, extinguir e declarar direitos, ou impor obrigações aos administrados ou a si própria.

d) realização material da Administração em cumprimento de alguma decisão administrativa.

e) sinônimo de fato administrativo.

2. (2013 – FCC – MPE-MA – Técnico Ministerial) O efeito jurídico imediato que o ato administrativo produz é:

a) o objeto do ato.

b) a motivação do ato.

c) a forma do ato.

d) a finalidade do ato.

e) o motivo do ato.

3. (2013 – FCC – MPE-MA – Técnico Ministerial) Marcelo, servidor público estadual e chefe de determinada repartição pública, ao utilizar-se do poder disciplinar, aplicou pena de demissão a seu subordinado Joaquim, alegando, para tanto, o cometimento de conduta que, na verdade, inexistiu. Marcelo agiu premeditadamente, visando o ingresso de parente seu na vaga disponibilizada com a saída de Joaquim. O ato administrativo de demissão, no caso narrado, apresenta vício de:

Cap. 4 · ATOS ADMINISTRATIVOS

a) motivo, apenas.

b) motivo e de finalidade.

c) sujeito e de forma.

d) forma, apenas.

e) objeto, apenas.

4. **(2013 – FCC – MPE-MA – Técnico Ministerial)** Se a Administração Pública pune um funcionário, mas este não praticou qualquer infração, haverá vício:

a) na forma do ato administrativo.

b) em um dos atributos do ato administrativo, mas não nos requisitos de tal ato.

c) no motivo do ato administrativo.

d) no objeto do ato administrativo.

e) no sujeito do ato administrativo.

5. **(2012 – FCC – TRE-PR – Analista)** Quando o agente público atua fora dos limites de sua competência ele comete

a) desvio de poder.

b) omissão.

c) improbidade

d) excesso de poder.

e) prevaricação.

6. **(2012 – FCC – TRE-RR – Analista Administrativo)** Claudio, fiscal do Procon de Roraima, ao receber denúncia anônima acerca de irregularidades em restaurante, comparece ao local e apreende gêneros alimentícios impróprios para o consumo, por estarem deteriorados. A postura adotada concerne a uma das características do poder de polícia, qual seja,

a) discricionariedade.

b) inexigibilidade.

c) consensualidade.

d) normatividade.

e) autoexecutoriedade.

7. **(2012 – ESAF – Ministério da Integração – Técnico)** Os atos administrativos, uma vez expedidos e independentemente de expressa previsão legal, apresentarão sempre o(s) seguinte(s) atributo(s):

a) presunção de legitimidade, imperatividade e autoexecutoriedade.

b) presunção de legitimidade e veracidade, bem assim autoexecutoriedade.

c) autoexecutoriedade, apenas.

d) imperatividade e autoexecutoriedade, apenas.

e) presunção de legitimidade e veracidade, apenas.

DIREITO ADMINISTRATIVO – Luís Gustavo Bezerra de Menezes

8. **(2013 – FCC – MPE-MA – Técnico Ministerial)** A teoria dos motivos determinantes

a) destina-se ao ato administrativo proferido sem motivação.

b) tem por objetivo revogar atos administrativos que adotaram motivos falsos ou inexistentes.

c) não se aplica aos atos administrativos discricionários.

d) vincula a validade do ato à motivação nele contida.

e) permite a convalidação de atos administrativos que adotaram motivos falsos.

9. **(2013 – FCC – TRT 1ªR – Técnico Judiciário)** A respeito de atributo dos atos administrativos, é INCORRETO afirmar:

a) A presunção de veracidade é o atributo pelo qual o ato administrativo não pode ser objeto de anulação pelo Poder Judiciário, salvo aqueles considerados discricionários.

b) Imperatividade é o atributo pelo qual os atos administrativos se impõem a terceiros, independentemente de sua concordância.

c) Presunção de legitimidade diz respeito à conformidade do ato com a lei, presumindo-se, até prova em contrário, que o ato foi emitido com observância da lei.

d) O atributo da executoriedade permite à Administração o emprego de meios de coerção para fazer cumprir o ato administrativo.

e) A tipicidade é o atributo pelo qual o ato administrativo deve corresponder a figuras previamente definidas pela lei como aptas a produzir determinados resultados.

10. **(2014 – FCC – PGM – Procurador de Recife)** A chamada teoria dos motivos determinantes sustenta que:

a) quando motivado o ato administrativo, ainda que discricionário, sua validade fica condicionada aos motivos apresentados pela Administração.

b) ainda que produzido o ato administrativo por pessoa competente, sua validade fica condicionada à existência de motivos de interesse público.

c) quando o ato administrativo implicar constrição de direitos individuais, a Administração deve demonstrar o caráter imprescindível da sua adoção, em detrimento de outro ato menos oneroso ao particular.

d) ainda que em determinados casos a lei tenha deixado certa margem de discricionariedade à Administração, os motivos dos atos administrativos serão sempre vinculados à finalidade pública.

e) quando servidor público for flagrado reincidindo em falta grave, deverá ser afastado, sem direito de defesa.

11. **(2014 – FCC – TJ-AP – Técnico Judiciário)** Sabe-se que, depois de editado, um ato administrativo, produz efeitos como se válido fosse até sua impugnação administrativa ou judicial. Esse atributo dos atos administrativo é denominado:

a) imperatividade ou poder extroverso, que diferencia um ato administrativo de um contrato e é corolário do princípio da supremacia do interesse público sobre o particular.

Cap. 4 · ATOS ADMINISTRATIVOS

b) presunção de legitimidade, estabelecido para que a Administração pública cumpra de forma célere suas funções, tratando-se, no entanto, de presunção que admite prova em contrário.

c) presunção de legitimidade, estabelecido para que a Administração pública cumpra de forma eficiente suas funções, tratando-se, no entanto, de presunção que não admite prova em contrário, em razão do princípio da legalidade.

d) autoexecutoriedade, que se divide em exigibilidade e executoriedade e encontra fundamento na necessidade da administração fazer cumprir suas decisões, desde que haja com proporcionalidade, ou seja, sem cometer excessos.

e) presunção de veracidade, que diz respeito à conformidade dos atos com os dispositivos legais e não admite prova em contrário.

12. (2014 – FCC – PGM-MT – Procurador Municipal) Motivação alliunde é:

a) motivação baseada em afirmações falsas.

b) sinônimo de motivação obter dictum.

c) motivação omissão, capaz de gerar a nulidade do ato administrativo.

d) sinônimo de ratio decidendi, nos processos administrativos.

e) fundamentação por remissão àquela constante em ato precedente.

13. (2012 – CESPE – TER-MS – Técnico Judiciário) Julgue o item:

– O motivo do ato não se confunde com a motivação da autoridade administrativa, pois a motivação diz respeito às formalidades do ato.

14. (2012 – CESPE – TJ-AL – Auxiliar Judiciário) Julgue o item:

Segundo a teoria dos motivos determinantes, a motivação expressa — declaração pela administração pública das razões para a prática do ato — é exigível apenas para os atos vinculados.

15. (2012 – CESPE – DPE-TO – Defensor Público) Julgue o item:

– Por ter sido adotado na CF o princípio da inafastabilidade da jurisdição, o mérito do ato administrativo pode ser controlado pelo Poder Judiciário em qualquer circunstância.

16. (2014 – ESAF – AIET) São hipóteses de atos administrativos irrevogáveis, exceto:

a) Atos vinculados.

b) Atos que geraram direitos adquiridos.

c) Atos consumados.

d) Atos administrativos praticados pelo Poder Judiciário.

e) Atos, já preclusos, que integrem procedimento.

17. (2012 – ESAF – MDIC) O ato de autorização de uso de um bem público cujo prazo já tenha expirado e os atos que integram um procedimento administrativo que já tenha chegado ao seu fim possuem em comum o seguinte:

a) são atos administrativos vinculados.

b) são atos administrativos anuláveis.

c) são atos administrativos viciados.

d) são atos administrativos irrevogáveis.

e) são atos administrativos conversíveis.

18. (2012 – ESAF – ATA) A correção ou regularização de determinado ato, desde a origem, de tal sorte que os efeitos já produzidos passem a ser considerados efeitos válidos, não passíveis de desconstituição e esse ato permaneça no mundo jurídico como ato válido, apto a produzir efeitos regulares, denomina-se:

a) Contraposição.

b) Convalidação.

c) Revogação.

d) Cassação.

e) Anulação.

19. (2012 – ESAF – Ministério da Integração – Técnico) No que se refere ao controle dos atos administrativos, é correto afirmar que possuem efeitos retroativos:

a) a revogação, a anulação e a convalidação de tais atos.

b) apenas a anulação e a convalidação de tais atos.

c) a revogação e a anulação de tais atos, apenas.

d) apenas a anulação de tais atos.

e) apenas a revogação e a convalidação de tais atos.

20. (2013 – FCC – TJ-PE – Remoção – Serviço e Notarial e de Registro) Como consequência decorrente dos vícios, os atos administrativos podem ser

a) nulos, sendo, no entanto, passíveis de convalidação, com base na discricionariedade da Administração.

b) anuláveis, passíveis de convalidação diante de vício de forma.

c) anuláveis, passíveis de convalidação por vício quanto ao motivo declarado.

d) nulos, passíveis de convalidação quando se tratar de vício de competência, ainda que exclusiva.

e) anuláveis, quando se tratar vício de finalidade, desde que a finalidade praticada também tenha sido pública.

21. (2013 – FCC – MPE-MA – Técnico Ministerial) O ato administrativo ao distanciar-se do fim público

a) deve ser revogado.

b) detém vício em um de seus requisitos.

c) apresenta vício em um dos atributos do ato.

d) pode ser convalidado.

e) não comporta anulação.

Cap. 4 · ATOS ADMINISTRATIVOS

22. (2013 – FCC – MPE-MA – Técnico Ministerial) Com relação ao ato administrativo, considere as seguintes assertivas:

I. O objeto e o motivo do ato administrativo, em determinadas hipóteses, podem ser discricionários.

II A revogação do ato administrativo, quando feita pelo Judiciário, produz efeitos ex tunc.

III A convalidação consiste em modalidade de extinção do ato administrativo, por conter vício insanável.

Está correto o que se afirma em:

a)   I e III, apenas.

b)   I, II e III.

c)   I, apenas.

d)   I e II, apenas.

e)   II, apenas.

23. (2012 – CESPE – TJRO – Oficial de Justiça) Julgue o item:

– A anulação de ato administrativo ocorre mediante ação judicial, ao passo que a revogação ocorre por meio de processo administrativo.

24. (2012 – CESPE – DPRF – Agente Administrativo) Julgue o item:

– A anulação de um ato administrativo depende de determinação do Poder Judiciário. A revogação, por outro lado, pode se dar por meio de processo administrativo.

25. (2014 – CESPE – Policia Federal – Agente Administrativo) Julgue o item:

– Anulação de ato administrativo consiste na extinção de um ato ilegal determinada pela administração ou pelo poder judiciário, sem eficácia retroativa.

GABARITO DAS QUESTÕES				
1	2	3	4	5
C	A	B	C	D
6	7	8	9	10
E	E	D	A	A
11	12	13	14	15
B	E	V	F	F
16	17	18	19	20
D	D	B	B	B
21	22	23	24	25
B	C	F	F	F

Capítulo 5

PODERES E DEVERES ADMINISTRATIVOS

1. INTRODUÇÃO

O Direito Administrativo é um ramo do direito público, onde prevalece uma relação de verticalidade, possuindo a Administração Pública prerrogativas especiais para que **prevaleça o interesse da coletividade** sobre o de um particular.

Os poderes administrativos são ferramentas (prerrogativas) concedidas ao administrador público para que seja atingida a finalidade de interesse público. Sendo assim, são **irrenunciáveis** e devem ser exercidos nos limites da **lei**.

A expressão "poderes administrativos" traz implícita a ideia de uma faculdade dada ao administrador público, porém, na realidade, tratam-se de **poderes-deveres** da Administração, visto que sem eles, esta não conseguiria sobrepor a vontade da lei à vontade individual, o interesse público sobre o privado.

Vale ressaltar que ao lado dos "poderes administrativos" também temos os "deveres administrativos" a fim de impor limites à atuação estatal.

2. DEVERES ADMINISTRATIVOS

Segundo a doutrina majoritária, os principais deveres administrativos são:

(a) Poder-dever de agir – como já visto anteriormente, o administrador público possui o **dever** de agir. Assim, as prerrogativas a ele conferidas deverão ser utilizadas para o alcance do interesse da coletividade. Diz-se que ele não só pode, como deve agir.

(b) Dever de eficiência – o administrador público dever realizar suas ações com presteza, perfeição e rendimento funcional. Também devemos ressaltar que a ideia de economicidade, atrelada ao melhor custo-benefício de suas ações, está relacionada ao princípio constitucional da eficiência.

(c) Dever de probidade – associado ao dever de honestidade na conduta do administrador. Caso o administrador se desvie desse dever, haverá a prática de um ato de improbidade administrativa, incidindo, assim, a Lei nº 8.429/1992 (Lei de Improbidade Administrativa).

(d) Dever de prestar contas – é o dever natural de todo gestor de bens e recursos públicos. Como regra, compete ao Tribunal de Contas julgar as contas dos administradores de recursos públicos.

3. PODERES ADMINISTRATIVOS

O professor Hely Lopes Meirelles classifica-os em: (a) poder vinculado; (b) poder discricionário; (c) poder hierárquico; (d) poder disciplinar; (e) poder regulamentar; e (f) poder de polícia. Falaremos de cada um deles a seguir.

> **DICA**
> Para Maria Sylvia Di Pietro os poderes discricionário e vinculado não existem como poderes autônomos; a discricionariedade e a vinculação são, quando muito, atributos de outros poderes ou competências da Administração.

(a) Poder vinculado

Também chamado de poder regrado. Relaciona-se à prática dos atos administrativos chamados **VINCULADOS**. Nesse tipo de ato administrativo é mínima ou inexistente a liberdade de escolha por parte do administrador, ou seja, **deverão ser executados de acordo com a lei**.

Todos os elementos do ato são **rigorosamente estabelecidos por lei**, não cabendo ao administrador público valorar quanto à conveniência/oportunidade de sua prática.

Os atos vinculados que possuam algum **vício** em seus elementos ou requisitos de validade deverão ser anulados **pela própria Administração ou pelo Poder Judiciário**. Porém, são tidos como irrevogáveis.

(b) Poder discricionário

Relaciona-se à prática dos atos chamados **discricionários**. Nesse tipo de ato administrativo o administrador público possui certa **margem de liberdade** para atuar, podendo valorar quanto à **oportunidade e conveniência** de sua prática, **escolhendo o motivo e o objeto** da prática do ato. Já os demais elementos dos atos discricionários (competência, finalidade e forma) vêm definidos em lei, não havendo liberdade para escolha de tais elementos.

Devemos relembrar que o ato discricionário **ilegal** deverá ser **anulado tanto pela Administração quanto pelo Judiciário**. Já a **revogação** ocorre quando o ato discricionário se tornou **inoportuno/inconveniente** para a Administração Pública. **Somente pode revogar um ato administrativo quem o praticou! Não cabe** ao Poder Judiciário **apreciar o mérito do ato administrativo**, que consiste justamente na escolha da **conveniência e oportunidade** da prática do ato pelo administrador.

A atuação da Administração Pública está limitada ao disposto em lei. Assim, a norma legal funciona como a maior limitação à atuação do administrador público.

Visando a um maior controle dos atos discricionários, justamente para que o Administrador Público não ultrapasse os limites da discricionariedade, acarretando, consequentemente, a arbitrariedade, a doutrina e a jurisprudência enfatizam diversas limitações ao poder discricionário da Administração, além da lei. Destacam-se dentre tais limites os princípios da razoabilidade e da proporcionalidade.

(c) Poder hierárquico

Segundo Hely Lopes Meirelles: "Poder hierárquico é o de que dispõe o Poder Executivo para distribuir e escalonar as funções de seus órgãos, ordenar e rever a atuação de seus agentes, estabelecendo a relação de subordinação entre os servidores do seu quadro de pessoal"1.

Para que haja manifestação do poder hierárquico, é fundamental que haja uma relação de hierarquia, de subordinação entre as partes. A hierarquia é típica da atividade administrativa da Administração Pública, sendo resultado da relação de subordinação que existe entre os diversos órgãos e agentes que integram a estrutura do Poder Executivo.

Da relação de subordinação, existente na estrutura hierárquica da Administração, podemos destacar como objetivos e consequências do poder hierárquico:

(i) ordenar, controlar e corrigir as atividades administrativas;

(ii) delegar e avocar atribuições;

(iii) obedecer às determinações superiores, salvo se manifestamente ilegais;

(iv) fiscalizar os atos praticados pelos subordinados;

(v) rever os atos de inferiores hierárquicos.

(d) Poder disciplinar

Para Maria Sylvia Di Pietro o poder disciplinar é o que cabe à Administração Pública para apurar infrações e aplicar penalidades aos servidores públicos e demais pessoas sujeitas à disciplina administrativa; é o caso dos que com ela contratam.

A doutrina aponta o poder disciplinar como de exercício discricionário. Há que se observar que tal discricionariedade é bastante reduzida. Como exemplo de discricionariedade do Poder Disciplinar, podemos citar a graduação do número de dias da penalidade de suspensão.

(e) Poder regulamentar

Também chamado por alguns autores de poder normativo. Pode ser definido como a prerrogativa concedida à Administração Pública de editar atos gerais para complementar as leis e permitir sua efetiva aplicação. O Poder Regulamentar, em sentido estrito, consubstancia-se na autorização, ao Chefe do Poder Executivo, para a edição de decretos e regulamentos.

Já o poder normativo, segundo a doutrina moderna, seria o fundamento para que as demais autoridades públicas também emitissem atos de caráter normativo. Assim, quando um Ministro de Estado expede uma Instrução Normativa ou quando o Presidente de uma Agência Reguladora expede uma Resolução, teremos o exercício do poder normativo.

 DICA
Como a criação de cargos públicos depende de lei, a extinção desses cargos, como regra, também decorrerá de lei. Porém, caso os cargos públicos estejam

---

[1] MEIRELLES, Hely Lopes. *Direito Administrativo Brasileiro*. 40ª. Edição, São Paulo: Malheiros, 2013, p. 135.

> **VAGOS**, poderão ser extintos através de decreto autônomo (nos termos do art. 84, VI, CF).

(f) Poder de polícia

A definição legal de poder de polícia é encontrada no nosso Código Tributário Nacional, em seu artigo 78, pois o exercício de tal poder pela Administração Pública é fato gerador da taxa, uma das espécies tributárias elencadas pelo CTN (art. 78. Considera-se poder de polícia atividade da administração pública que, limitando ou disciplinando direito, interesse ou liberdade, regula a prática de ato ou abstenção de fato, em razão de interesse público concernente à segurança, à higiene, à ordem, aos costumes, à disciplina da produção e do mercado, ao exercício de atividades econômicas dependentes de concessão ou autorização do Poder Público, à tranquilidade pública ou ao respeito à propriedade e aos direitos individuais ou coletivos).

De acordo com Maria Sylvia Di Pietro, temos que "pelo conceito moderno, adotado no direito brasileiro, o poder de polícia é a atividade do Estado consistente em limitar o exercício dos direitos individuais em benefício do interesse público"[2]. Em sentido amplo, o conceito de poder de polícia engloba a atividade do Poder Legislativo ao emitir as limitações administrativas.

A doutrina majoritária aponta como princípio fundamental do exercício do poder de polícia o da supremacia do interesse público sobre o particular, tendo por finalidade a tutela (proteção) do interesse público. É exercido por todos os entes da Federação – União, Estados, Distrito Federal e Municípios – sobre todas as atividades que possam interferir no interesse público coletivo ou prejudicá-lo.

Dentre as sanções derivadas do exercício do poder de polícia, Hely Lopes Meirelles aponta: interdição de atividade, fechamento de estabelecimento, demolição de construção irregular, apreensão de mercadorias irregulares, inutilização de gêneros, destruição de objetos, embargo de obras, etc.

A doutrina majoritária reconhece o poder de polícia originário e o poder de polícia derivado. Hely Lopes Meirelles os diferencia muito bem:

Por fim, deve-se distinguir o poder de polícia originário do poder de polícia delegado, pois que aquele nasce com a entidade que o exerce e este provém de outra, através de transferência legal. O poder de polícia originário é pleno no seu exercício e consectário, ao passo que o delegado é limitado ao poder de delegação e se caracteriza por atos de execução. Por isso mesmo, no poder de polícia delegado não se compreende a imposição de taxas, porque o poder de tributar é intransferível da entidade estatal que o recebeu constitucionalmente[3].

 DICA
Poder de Polícia Originário – exercido pela Adm. Pública Direta

---

[2] DI PIETRO, Maria Sylvia. Direito Administrativo. 22ª. Edição, São Paulo: Atlas, 2009, p. 117.
[3] MEIRELLES, Hely Lopes. *Direito Administrativo Brasileiro*. 40ª. Edição, São Paulo: Malheiros, 2013, p. 155.

Cap. 5 · PODERES E DEVERES ADMINISTRATIVOS 553

Poder de Polícia Derivado – exercido pela Adm. Pública Indireta (entidades de direito público)

Segundo o STF o poder de polícia só pode ser exercido por pessoa jurídica de direito público, dada a natureza da atividade envolvida.

Segundo o professor Diogo de Figueiredo Moreira Neto, o exercício do poder de polícia é exercido através de quatro etapas que constituem o **Ciclo de Polícia**. São elas: ordem de polícia, consentimento, fiscalização e sanção.

A primeira etapa (ordem de polícia) corresponde às limitações administrativas emitidas pelo Poder Legislativo, através de lei. Já o consentimento, nem sempre estará presente, tendo em vista que somente ocorrerá naquelas atividades que exigem a anuência do Poder Público para serem exercidas. A fiscalização é a essência do poder de polícia. Por fim, a sanção decorrerá do descumprimento, por parte do particular, das ordens de polícia.

O Poder de Polícia também é dividido em: **polícia administrativa** e **polícia judiciária**. O quadro abaixo auxiliará na compreensão das diferenças entre elas:

TIPO DE PODER DE POLÍCIA	POLÍCIA ADMINISTRATIVA	POLÍCIA JUDICIÁRIA
ATUAÇÃO	Principalmente preventiva	Principalmente repressiva
TIPO DE ILÍCITO	Administrativo	Penal
NORMAS REGULAMENTARES	Direito Administrativo	Direito Processual Penal
INCIDÊNCIA	Bens, direitos e atividades	Pessoas
COMPETÊNCIA	Diversos órgãos da Administração Pública	Corporações especializadas

Doutrinariamente, são reconhecidos como atributos do poder de polícia a discricionariedade, a autoexecutoriedade e a coercibilidade. Vejamos o significado de cada um deles:

(a) Discricionariedade: reside na livre escolha, pela Administração Pública, da oportunidade e conveniência de exercer o poder de polícia, assim como de aplicar sanções e empregar os meios tendentes a atingir o fim pretendido, que é a proteção do interesse público.

Muito embora a discricionariedade seja apontada como regra, não podemos esquecer que, em alguns casos, haverá total vinculação do administrador à lei, no exercício do poder de polícia, como, por exemplo, na concessão de uma licença para o exercício de uma profissão a um particular.

(b) Autoexecutoriedade: consiste na possibilidade de a Administração Pública executar direta e imediatamente os seus atos independentemente de manifestação prévia do Poder Judiciário. Porém, vale ressaltar que nem todos os atos de polícia gozam de tal atributo. Por fim, vale ressaltar que a autoexecutoriedade não exclui a possibilidade de controle judicial posteriormente à execução do ato.

(c) **Coercibilidade:** é a imposição coativa das medidas adotadas pela Administração, ou seja, deve ser obrigatoriamente observada pelo particular.

 DICA

Em **resumo**, sobre o poder de polícia, pode-se dizer que:

(i) sua definição original está prevista no Código Tributário Nacional. Através dessa legislação, percebemos que o exercício do Poder de Polícia poderá acarretar cobrança de taxa;

(ii) seu fundamento é supremacia do interesse público sobre o particular;

(ii) sua finalidade é a proteção do interesse público;

(iv) deve ser exercido pelo ente da federação (U/E/DF/M) competente para regular a matéria;

(v) pode ser dividido da seguinte forma: originário e derivado; judiciária e administrativa;

(vi) dentre as sanções derivadas do exercício do Poder de Polícia, Hely Lopes Meirelles aponta: interdição de atividade, fechamento de estabelecimento, demolição de construção irregular, apreensão de mercadorias irregulares, inutilização de gêneros, destruição de objetos, embargo de obras, etc.;

(vii) seus atributos são: discricionariedade, autoexecutoriedade e coercibilidade.

4. USO E ABUSO DO PODER

Atualmente, a doutrina aponta que aos administradores cabe o poder-dever de agir, isto é, o poder administrativo, por ser conferido à Administração para o atingimento do fim público, representa um dever de agir.

Porém, é obrigação do administrador público utilizá-lo segundo as normas legais e com obediência aos princípios que regem o Direito Administrativo. Quando ultrapassa tais limites, surge a figura do abuso de poder.

O abuso de poder é gênero do qual são espécies: o excesso de poder e o desvio de poder.

(a) Excesso de poder:

Ocorre quando o agente público excede os limites de sua competência. Decorre da atuação do agente fora dos limites legais de sua competência. Ocorre, por exemplo, quando a autoridade administrativa aplica penalidade mais gravosa do que aquela prevista em lei.

(b) Desvio de poder:

Ocorre quando o agente público pratica ato com finalidade diversa do interesse público (geral) ou quando a lei não prevê aquela finalidade (específica). Ocorre, por exemplo, quando o Prefeito desapropria inimigo político.

Outro exemplo de desvio de poder, tradicional de prova, podemos citar a remoção de ofício como forma de punição de um servidor. Em tal situação, muito embora tenha atingido o interesse público, o administrador utilizou o ato de remoção

Cap. 5 • PODERES E DEVERES ADMINISTRATIVOS

com finalidade de punição, que não é a prevista em lei, para tal ato, visto que o ato de remoção não tem caráter punitivo.

5. QUESTÕES COMENTADAS

1. **(2014 – FCC – TRT 19ªR – Técnico Judiciário)** Carlos Eduardo, servidor público estadual e chefe de determinada repartição pública, adoeceu e, em razão de tal fato, ficou impossibilitado de comparecer ao serviço público. No entanto, justamente no dia em que o mencionado servidor faltou ao serviço, fazia-se necessária a prática de importante ato administrativo. Em razão do episódio, Joaquim, servidor público subordinado de Carlos Eduardo, praticou o ato, vez que a lei autorizava a delegação. O fato narrado corresponde a típico exemplo do poder:

    (A) disciplinar

    (B) de polícia

    (C) regulamentar

    (D) hierárquico

    (E) normativo-disjuntivo

    Segundo Hely Lopes Meirelles: "Poder hierárquico é o de que dispõe o Poder Executivo para distribuir e escalonar as funções de seus órgãos, ordenar e rever a atuação de seus agentes, estabelecendo a relação de subordinação entre os servidores do seu quadro de pessoal"[4].

    Para que haja manifestação do poder hierárquico, é fundamental que haja uma relação de hierarquia, de subordinação entre as partes. A hierarquia é típica da atividade administrativa da Administração Pública, sendo resultado da relação de subordinação que existe entre os diversos órgãos e agentes que integram a estrutura do Poder Executivo.

    Da relação de subordinação, existente na estrutura hierárquica da Administração, podemos destacar como objetivos e consequências do poder hierárquico:

    • ordenar, controlar e corrigir as atividades administrativas

    • delegar e avocar atribuições

    • obedecer às determinações superiores, salvo se manifestamente ilegais

    • fiscalizar os atos praticados pelos subordinados

    • rever os atos de inferiores hierárquicos

    Ressaltamos que segundo a legislação vigente, poderá haver delegação de competências entre órgãos ou autoridades, sem que haja uma relação de hierarquia, ao passo que na avocação de competências é sempre essencial que haja hierarquia entre os órgãos ou autoridades envolvidas.

2. **(2015 – CESPE – DEPEN)** Consoante a doutrina majoritária, considera-se exercício do poder hierárquico a atividade do Estado que condiciona a liberdade e a propriedade do indivíduo aos interesses coletivos.

    Incorreta. Ao condicionar a liberdade e a propriedade dos particulares em prol da coletividade, a Administração Pública exerce o poder de polícia.

---

[4] MEIRELLES, Hely Lopes. *Direito Administrativo Brasileiro*. 40ª. Edição, São Paulo: Malheiros, 2013, p. 135.

DIREITO ADMINISTRATIVO – Luís Gustavo Bezerra de Menezes

3. **(2014 – FCC – TRT 16ªR – Analista Judiciário)** Considere as afirmações abaixo.

I. O poder disciplinar não abrange as sanções impostas a particulares não sujeitos à disciplina interna da Administração.

II. Os órgãos consultivos, embora incluídos na hierarquia administrativa para fins disciplinares, fogem à relação hierárquica no que diz respeito ao exercício de suas funções.

III. A discricionariedade existe, ilimitadamente, nos procedimentos previstos para apuração da falta funcional, pois os Estatutos funcionais não estabelecem regras rígidas como as que se impõem na esfera criminal.

A propósito dos poderes disciplinar e hierárquico, está correto o que se afirma em:

(A) III, apenas.

(B) I, II e III.

(C) I e II, apenas.

(D) II, apenas.

(E) I e III, apenas.

Analisando os itens propostos na questão, teremos:

I – Correta. Para Maria Sylvia Di Pietro o poder disciplinar é o que cabe à Administração Pública para apurar infrações e aplicar penalidades aos servidores públicos e demais pessoas sujeitas à disciplina administrativa; é o caso dos que com ela contratam. Para Maria Sylvia Di Pietro, "não abrange as sanções impostas a particulares não sujeitos à disciplina da Administração porque nesse caso as medidas punitivas encontram seu fundamento no poder de polícia do Estado"5.

II – Correta. Segundo a doutrina administrativa, pode haver distribuição de competências dentro da organização administrativa, excluindo-se a relação hierárquica com relação a determinadas atividades. É o que acontece, por exemplo, nos órgãos consultivos que, embora incluídos na hierarquia administrativa para fins disciplinares, por exemplo, fogem à relação hierárquica no que diz respeito ao exercício de suas funções. São determinadas atividades que, por sua própria natureza, são incompatíveis com uma determinação de comportamento por parte do superior hierárquico.

III – Errada. O poder disciplinar é um poder discricionário. Nesse ponto, há que se ressaltar que a discricionariedade existe, limitadamente, uma vez que os Estatutos Funcionais não estabelecem regras rígidas como as que impõem na esfera criminal. A doutrina reconhece a discricionariedade de tal poder, por exemplo, na possibilidade de graduação da sanção a ser aplicada, porém, na apuração da irregularidade cometida, não haverá discricionariedade.

Assim, percebemos que a alternativa que reúne os itens corretos é a "C".

6. QUESTÕES PARA TREINAR!

1. **(2013 – FCC – TRT 1ªR – Analista Judiciário)** Durante regular fiscalização, fiscais de determinada municipalidade identificaram que um estabelecimento comercial do se-

---

[5] DI PIETRO, Maria Sylvia. Direito Administrativo. 22ª. Edição, São Paulo: Atlas, 2009, p. 93.

Cap. 5 · PODERES E DEVERES ADMINISTRATIVOS

tor de bares e restaurantes estava utilizando indevidamente a calçada para instalação de mesas e cadeiras. Os agentes municipais, considerando que estavam devidamente autorizados pela lei, no correto desempenho de suas funções,

a) apreenderam as mesas e cadeiras e multaram o estabelecimento, no exercício de seu poder disciplinar.

b) interditaram o estabelecimento, no exercício de seu poder de tutela administrativa.

c) apreenderam as mesas e cadeiras irregulares e multaram o estabelecimento, no exercício do poder de polícia.

d) multaram o estabelecimento e determinaram a instauração de processo de interdição do estabelecimento, como expressão de seu poder hierárquico.

e) interditaram o estabelecimento e apreenderam todo o mobiliário da calçada, como expressão de seu poder de autotutela.

2. **(2013 – FCC – TRT 1ªR – Técnico Judiciário)** Entre os poderes atribuídos à Administração pública insere-se o denominado poder disciplinar, que corresponde ao poder de:

a) apurar infrações e aplicar penalidades aos servidores públicos.

b) impor restrições à atuação de particulares, em prol da segurança pública.

c) coordenar e controlar a atividade de órgãos inferiores, verificando a legalidade dos atos praticados.

d) editar normas para disciplinar a fiel execução da lei.

e) organizar a atividade administrativa, redistribuindo as unidades de despesas.

3. **(2013 – FCC – TJ-PE – Técnico)** Analise as situações abaixo descritas que correspondem ao exercício de poderes da Administração:

I. Edição de decreto do Poder Executivo dispondo sobre a organização e funcionamento de órgãos administrativos.

II. Declaração de inidoneidade de particular para participar de licitação ou contratar com a administração pública.

III. Concessão de licença de instalação e funcionamento para estabelecimento comercial.

As situações descritas correspondem, respectivamente, aos poderes

a) regulamentar, de polícia e normativo.

b) disciplinar, de polícia e regulamentar.

c) normativo, disciplinar e regulamentar.

d) normativo, disciplinar e de polícia.

e) hierárquico, disciplinar e regulamentar.

4. **(2015 – FCC – TCM – GO – Auditor de Controle Externo)** A respeito do poder de polícia, considere:

I. Constitui um poder vinculado, descabendo discricionariedade administrativa para a prática de atos que envolvam seu exercício.

DIREITO ADMINISTRATIVO – *Luís Gustavo Bezerra de Menezes*

II. Os atos praticados no exercício do poder de polícia, quando dotados de autoexecutoriedade, possibilitam que a Administração os ponha em execução sem necessitar de tutela jurisdicional.

III. Corresponde apenas a atos repressivos, tanto no âmbito da polícia administrativa como em relação à polícia judiciária, dotados de coercibilidade.

Está correto o que se afirma APENAS em

a) II.

b) I.

c) III.

d) I e II.

e) II e III.

5. **(2015 – FCC – CNMP – Administração)** A Administração é dotada de poderes administrativos dentre os quais figuram os poderes

a) político, vinculado, hierárquico e de polícia.

b) disciplinar, discricionário, regulamentar e de polícia.

c) regulamentar, vinculado, disciplinar e militar.

d) militar, disciplinar, discricionário e hierárquico.

e) disciplinar, político, vinculado e hierárquico.

6. **(2012 – ESAF – CGU)** A Coluna I abaixo traz exemplos de atos punitivos da Administração enquanto que na Coluna II encontram-se os fundamentos de sua prática. Correlacione as colunas para, ao final, assinalar a opção que contenha a sequência correta.
Coluna I Coluna II

(1) Poder Disciplinar

(2) Poder de Polícia

( ) Penalidade de Demissão

( ) Multa de Trânsito

( ) Apreensão de Veículo

( ) Declaração de Inidoneidade para Licitar ou Contratar com a Administração Pública

a) 1 / 1 / 2 / 2

b) 2 / 1 / 2 / 2

c) 1 / 2 / 2 / 1

d) 1 / 2 / 2 / 2

e) 2 / 2 / 1 / 2

7. **(2012 – ESAF – ATA)** Assinale a opção que contenha o fundamento do dever de obediência do servidor público, disposto no inciso IV, art. 116 da Lei n. 8.112/90.

a) Publicidade.

b) Disciplina.

c) Hierarquia.

d) Moralidade.

e) Eficiência.

8. (2012 – CESPE – TRE-RJ – Técnico Judiciário) Julgue o item:

– O poder de polícia, que decorre da discricionariedade que caracteriza a administração pública, é limitado pelo princípio da razoabilidade ou proporcionalidade.

9. (2012 – CESPE – TRE-RJ – Técnico Judiciário) Julgue o item:

– O poder de polícia deriva do poder hierárquico. Os chefes de repartição, por exemplo, utilizam-se do poder de polícia para fiscalizar os seus subordinados.

10. (2012 – CESPE – TRE-RJ – Técnico Judiciário) Julgue o item:

– Servidor da vigilância sanitária que apreende, em estabelecimento comercial, produtos alimentícios fora do prazo de validade exerce poder de polícia.

GABARITO DAS QUESTÕES				
1	2	3	4	5
C	A	D	A	B
6	7	8	9	10
C	C	V	F	V

Capítulo 6

PROCESSO ADMINISTRATIVO FEDERAL (LEI N° 9.784/1999)

1. CAMPO DE APLICAÇÃO

A palavra processo tem origem no verbo latim *procedere* e significa caminhar, avançar de um ponto inicial ao final.

A Lei n° 9.784/1999 estabelece normas básicas sobre o **processo administrativo** no âmbito da Administração Pública Federal. Haverá regulamentação, por inteiro, daqueles processos administrativos que não possuírem regulamentação própria. Já no caso de haver legislação específica regulamentando determinado tipo de processo administrativo, a Lei n° 9.784/1999 só será aplicada subsidiariamente, em caso de lacunas da lei específica.

Nesse sentido, o art. 69 da Lei n° 9.784/1999 explicita que os processos administrativos específicos continuarão a reger-se por lei própria, aplicando-se-lhes, apenas subsidiariamente, os preceitos desta Lei. É o caso, por exemplo, do processo administrativo federal que já possui regulamentação na Lei n° 8.112/1990.

Seu âmbito de aplicação à Administração Federal Direta e Indireta, bem como aos órgãos dos Poderes Legislativo e Judiciário da União, quando no desempenho das suas funções administrativas, ou seja, atípicas.

DICA
A Lei n° 9.784/1999 trata de normas gerais sobre processo administrativo em âmbito **federal**, ou seja, é aplicável, apenas, no âmbito da União. Cada Estado, cada Município, deverá ter sua própria legislação sobre o tema.

2. PRINCÍPIOS BÁSICOS

Em seu art. 2°, a Lei n° 9.784/1999 estabelece, expressamente, que, dentre outros, deverão ser observados os princípios da: **legalidade, finalidade, motivação, razoabilidade, proporcionalidade, moralidade, ampla defesa, contraditório, segurança jurídica, interesse público e eficiência**. Outros princípios não se encontram expressamente no texto da Lei n° 9.784/1999, mas são orientadores dos processos administrativos em geral, já que estabelecidos pela doutrina. Dentre eles, destacam-se:

(a) **Legalidade objetiva:**

Decorre do princípio da legalidade, informador de todo Direito Administrativo. A atuação do administrador deve ser em conformidade com a lei, exigindo-se que o processo administrativo seja regrado do início ao fim, sendo caso de nulidade o desrespeito a tal princípio.

(b) Oficialidade (ou Impulso oficial dos processos):

Decorre do poder-dever da Administração de controlar a legalidade dos seus atos (autotutela), competindo-lhe impulsionar o processo administrativo até a sua conclusão, ainda que iniciado por iniciativa de um particular. Também permite que a revisão de ofício do processo administrativo, quando couber.

(c) Informalidade (ou informalismo):

Segundo Hely Lopes Meirelles: "o princípio do informalismo dispensa ritos sacramentais e formas rígidas para o processo administrativo, sobretudo para os atos a cargo do particular. Bastam as formalidades estritamente necessárias à obtenção da certeza jurídica e à segurança procedimental"[1].

Como decorrência de tal princípio, é um direito do administrado fazer-se assistir, facultativamente, por advogado, salvo quando obrigatória a representação, por força de lei e os atos, em regra, serão escritos, mas também serão admitidos atos orais, que deverão ser reduzidos a termo. Obviamente, caso a lei exija determinada forma para a prática do ato, esta deverá ser obedecida, sob pena de nulidade do ato.

Tal princípio visa a proteção ao particular, sendo vedada à Administração a recusa imotivada de recebimento de documentos, devendo o servidor orientar o interessado quanto ao suprimento de eventuais falhas.

(d) Verdade material:

É o princípio mais característico dos processos administrativos, que traça uma das principais diferenças em relação aos judiciais.

Ao contrário do que ocorre no processo judicial, em que se procura a verdade formal, ou seja, a verdade é colhida através do exame dos fatos e das provas trazidos pelas partes aos autos, no processo administrativo o que importa é conhecer a verdade dos fatos no mundo real.

Para isso, cabe à autoridade julgadora do processo administrativo conhecer as provas apresentadas pelas partes, por terceiros ou até pela própria Administração. Daí, nos processos administrativos, em maneira geral, a decisão de um recurso administrativo poderá reformar a decisão anterior, prejudicando a parte interessada.

Assim, nos processos administrativos, admite-se a *reformatio in pejus* (reforma em prejuízo), a qual não é admissível nos processos judiciais criminais, por exemplo.

Tal regra, também não é aplicável ao processo de revisão, estabelecido na Lei n° 8.112/1990, em seu art. 182, § único, o qual estabelece que: "Da revisão do processo não poderá resultar agravamento de penalidade".

A Lei ainda estabelece alguns critérios que deverão ser observados nos processos administrativos, todos com relação direta aos princípios explícitos e implícitos, assim, teremos:

---

[1] MEIRELLES, Hely Lopes. *Direito Administrativo Brasileiro*. 40ª. Edição, São Paulo: Malheiros, 2013, p. 779.

I – atuação conforme a lei e o Direito (legalidade);

II – atendimento a fins de interesse geral, vedada a renúncia total ou parcial de poderes ou competências, salvo autorização em lei (impessoalidade);

III – objetividade no atendimento do interesse público, vedada a promoção pessoal de agentes ou autoridades (impessoalidade);

IV – atuação segundo padrões éticos de probidade, decoro e boa-fé (moralidade);

V – divulgação oficial dos atos administrativos, ressalvadas as hipóteses de sigilo previstas na Constituição (publicidade);

VI – adequação entre meios e fins, vedada a imposição de obrigações, restrições e sanções em medida superior àquelas estritamente necessárias ao atendimento do interesse público (razoabilidade e proporcionalidade);

VII – indicação dos pressupostos de fato e de direito que determinarem a decisão (motivação);

VIII – observância das formalidades essenciais à garantia dos direitos dos administrados (segurança jurídica);

IX – adoção de formas simples, suficientes para propiciar adequado grau de certeza, segurança e respeito aos direitos dos administrados (segurança jurídica e informalismo);

X – garantia dos direitos à comunicação, à apresentação de alegações finais, à produção de provas e à interposição de recursos, nos processos de que possam resultar sanções e nas situações de litígio (contraditório e ampla defesa);

XI – proibição de cobrança de despesas processuais, ressalvadas as previstas em lei (gratuidade);

XII – impulsão, de ofício, do processo administrativo, sem prejuízo da atuação dos interessados (oficialidade);

XIII – interpretação da norma administrativa da forma que melhor garanta o atendimento do fim público a que se dirige, vedada aplicação retroativa de nova interpretação (impessoalidade e segurança jurídica).

3. DIREITOS E DEVERES DOS ADMINISTRADOS

O art. 3º destaca os seguintes **direitos** aos administrados, dentre outros:

(i) ser tratado com respeito pelas autoridades e servidores, que deverão facilitar o exercício de seus direitos e o cumprimento de suas obrigações;

(ii) ter ciência da tramitação dos processos administrativos em que tenha a condição de interessado, ter vista dos autos, obter cópias de documentos neles contidos e conhecer as decisões proferidas;

(ii) formular alegações e apresentar documentos antes da decisão, os quais serão objeto de consideração pelo órgão competente;

(iv) fazer-se assistir, facultativamente, por advogado, salvo quando obrigatória a representação, por força de lei.

Já o art. 4º destaca os seguintes **deveres** do administrado, perante à Administração, dentre outros:

(i) expor os fatos conforme a verdade;

(ii) proceder com lealdade, urbanidade e boa-fé;

(iii) não agir de modo temerário;

(iv) prestar as informações que lhe forem solicitadas e colaborar para o esclarecimento dos fatos.

4. INÍCIO DO PROCESSO

O processo administrativo poderá ser iniciado de ofício, cabendo a iniciativa à Administração, ou a pedido do interessado, que deverá requerer, em regra, por escrito, salvo nos casos em que for admitida a solicitação oral, devendo conter:

(i) órgão ou autoridade administrativa a que se dirige;

(ii) identificação do interessado ou de quem o represente;

(iii) domicílio do requerente ou local para recebimento de comunicações;

(iv) formulação do pedido, com exposição dos fatos e de seus fundamentos;

(v) data e assinatura do requerente ou de seu representante.

Como decorrência do princípio do informalismo, é vedada à Administração a recusa imotivada de recebimento de documentos, devendo o servidor orientar o interessado quanto ao suprimento de eventuais falhas.

Quando os pedidos de uma pluralidade de interessados tiverem conteúdo e fundamentos idênticos, poderão ser formulados em um único requerimento, salvo preceito legal em contrário.

5. LEGITIMADOS

O art. 9º da referida legislação estabelece que **legitimados** são os interessados no processo administrativo federal. São eles:

(i) pessoas físicas ou jurídicas que o iniciem como titulares de direitos ou interesses individuais ou no exercício do direito de representação;

(ii) aqueles que, sem terem iniciado o processo, têm direitos ou interesses que possam ser afetados pela decisão a ser adotada;

(iii) as organizações e associações representativas, no tocante a direitos e interesses coletivos;

(iv) as pessoas ou as associações legalmente constituídas quanto a direitos ou interesses difusos.

A legislação ainda estabelece que são capazes, para fins de processo administrativo, os maiores de dezoito anos, ressalvada previsão especial em ato normativo próprio.

6. COMPETÊNCIA

A Lei nº 9.784/1999 estabeleceu regras importantes a respeito da **delegação** e **avocação de competência**. Em seu art. 11, estabelece que, regra geral, a competência

Cap. 6 · PROCESSO ADMINISTRATIVO FEDERAL (LEI Nº 9.784/1999)

é irrenunciável, devendo ser exercida pelos órgãos administrativos a que foi atribuída como própria, salvo os casos de delegação e avocação legalmente admitidos.

Sobre a delegação a Lei estabelece a possibilidade de um órgão administrativo e seu titular poderão, se não houver impedimento legal, delegar parte da sua competência a outros órgãos ou titulares, **ainda que estes não lhe sejam hierarquicamente subordinados**, quando for conveniente, em razão de circunstâncias de índole técnica, social, econômica, jurídica ou territorial. Fica claro que em se tratando de delegação de competência **não há necessidade da existência de uma relação de subordinação** entre os órgãos e seus titulares envolvidos.

Merecem destaque, ainda, que o art. 13 estabelece como **matérias indelegáveis**:

(i) a edição de atos de caráter normativo;

(ii) a decisão de recursos administrativos;

(iii) as matérias de competência exclusiva do órgão ou autoridade.

Tendo em vista a discricionariedade administrativa para a delegação de competência, o ato de delegação e sua revogação (a qualquer tempo) deverão ser publicados no meio oficial. O ato de delegação especificará as matérias e poderes transferidos, os limites da atuação do delegado, a duração e os objetivos da delegação e o recurso cabível, podendo conter ressalva de exercício da atribuição delegada. Vale ressaltar ainda que as decisões adotadas por delegação devem mencionar explicitamente esta qualidade e considerar-se-ão editadas pelo delegado.

Quanto à avocação **temporária** de competência, a **órgão hierarquicamente inferior**, em seu art. 15, a Lei estabelece que, será permitida, em **caráter excepcional** e por motivos relevantes devidamente justificados. Fica claro que na avocação de competência, ao contrário da delegação, **deve haver uma relação de subordinação** entre os órgãos envolvidos.

Por fim, em seu art. 17 estabelece que na hipótese de inexistir competência legal específica, o processo administrativo deverá ser iniciado perante a autoridade de **menor grau hierárquico** para decidir.

7. IMPEDIMENTOS E SUSPEIÇÃO

Impedimento e suspeição são figuras típicas do processo relacionadas a vício na formação dos atos processuais.

(a) Impedimento – é a circunstância que impossibilita a pessoa de exercer regularmente suas funções ou que a proíbe de realizar certos atos jurídicos.

(b) Suspeição – é o fato de se duvidar da imparcialidade de um juiz.

A principal diferença entre tais institutos é que o impedimento da autoridade julgadora de um processo gera uma **presunção absoluta de incapacidade** para a prática do ato, ao passo que a suspeição gera uma **presunção relativa de incapacidade**, restando o vício sanado se o interessado alegá-la em momento oportuno.

Tal distinção é demonstrada pela Lei 9.784/99, quando, em seu art. 19, regulamenta que a autoridade ou servidor que incorrer em impedimento deve comunicar o fato à autoridade competente, abstendo-se de atuar. A omissão do dever de comunicar o impedimento **constitui falta grave**, para efeitos disciplinares.

Assim, é **impedido de atuar** em processo administrativo o servidor ou autoridade que:

(i) tenha interesse direto ou indireto na matéria;

(ii) tenha participado ou venha a participar como perito, testemunha ou representante, ou se tais situações ocorrem quanto ao cônjuge, companheiro ou parente e afins até o terceiro grau;

(iii) esteja litigando judicial ou administrativamente com o interessado ou respectivo cônjuge ou companheiro.

Já, quando trata de suspeição, em seu art. 20, a Lei deixa claro que é uma faculdade a arguição da **suspeição** quando a autoridade ou servidor que tenha amizade íntima ou inimizade notória com algum dos interessados ou com os respectivos cônjuges, companheiros, parentes e afins até o terceiro grau.

Vícios de Competência	
IMPEDIMENTO	**SUSPEIÇÃO**
✓ Presunção absoluta	✓ Presunção relativa
✓ Ato Nulo	✓ Ato Anulável
✓ A autoridade deve se declarar impedida, sob pena de cometer falta grave	✓ Pode ser arguida pela parte interessada

8. FORMA, TEMPO E LUGAR DOS ATOS DO PROCESSO

Como decorrência do princípio do informalismo, os atos do processo administrativo não dependem de forma determinada **senão quando a lei expressamente a exigir**, devendo os atos do processo serem produzidos por escrito, em vernáculo, com a data e o local de sua realização e a assinatura da autoridade responsável. O processo **deverá** ter suas páginas **numeradas sequencialmente e rubricadas**.

A autenticação de documentos exigidos em cópia poderá ser feita pelo órgão administrativo. Sendo o reconhecimento de firma somente será exigido quando houver dúvida de autenticidade, **salvo imposição legal**.

Os atos do processo devem realizar-se em dias úteis, no horário normal de funcionamento da repartição na qual tramitar o processo, **podendo ser concluídos depois do horário normal** os atos já iniciados, cujo adiamento prejudique o curso regular do procedimento ou cause dano ao interessado ou à Administração.

Inexistindo disposição específica, os atos do órgão ou autoridade responsável pelo processo e dos administrados que dele participem **devem ser praticados no**

Cap. 6 • PROCESSO ADMINISTRATIVO FEDERAL (LEI Nº 9.784/1999)

prazo de cinco dias, salvo motivo de força maior, podendo ser dilatado até o dobro, mediante comprovada justificação.

Os atos do processo devem realizar-se preferencialmente na sede do órgão, **cientificando-se o interessado se outro for o local de realização.**

9. COMUNICAÇÃO DOS ATOS

O particular interessado no objeto do processo administrativo deverá ser intimado, perante o órgão competente, para ciência de decisão ou a efetivação de diligências necessárias. A intimação observará a **antecedência mínima de três dias úteis quanto à data de comparecimento**, devendo conter:

(a) identificação do intimado e nome do órgão ou entidade administrativa;

(b) finalidade da intimação;

(c) data, hora e local em que deve comparecer;

(d) se o intimado deve comparecer pessoalmente, ou fazer-se representar;

(e) informação da continuidade do processo independentemente do seu comparecimento;

(f) indicação dos fatos e fundamentos legais pertinentes.

A intimação pode ser efetuada por ciência no processo, por via postal com aviso de recebimento, por telegrama ou outro meio que assegure a certeza da ciência do interessado. No caso de interessados indeterminados, desconhecidos ou com domicílio indefinido, a intimação deve ser efetuada por meio de publicação oficial.

Como decorrência do **princípio da economia processual**, as intimações serão nulas quando feitas sem observância das prescrições legais, **mas o comparecimento do administrado supre sua falta ou irregularidade.**

O desatendimento da intimação **não importa** o reconhecimento da verdade dos fatos, nem a renúncia a direito pelo administrado. Daí, concluímos que está afastada qualquer presunção ou renúncia a direito decorrente do simples desatendimento à intimação, como decorrência do princípio da verdade material.

Devem, ainda, ser objeto de intimação os atos do processo que resultem para o interessado em imposição de deveres, ônus, sanções ou restrição ao exercício de direitos e atividades e os atos de outra natureza, de seu interesse.

10. INSTRUÇÃO

A fase de instrução destina-se à **apuração** e **comprovação dos fatos** necessários a uma decisão fundamentada. Obviamente, visando sempre à comprovação dos fatos (verdade material), a Administração não pode utilizar provas obtidas por meios ilícitos.

Assim, as atividades de instrução destinadas a averiguar e comprovar os dados necessários à tomada de decisão realizam-se de ofício ou mediante impulsão do órgão responsável pelo processo, sem prejuízo do direito dos interessados de propor atuações probatórias.

Para fins de instrução, caso haja interesse geral na matéria do processo, o órgão competente poderá, mediante despacho motivado, abrir período de consulta pública para manifestação de terceiros, antes da decisão do pedido, se não houver prejuízo para a parte interessada.

A abertura da consulta pública será objeto de divulgação pelos meios oficiais, a fim de que pessoas físicas ou jurídicas possam examinar os autos, fixando-se prazo para oferecimento de alegações escritas.

Antes da tomada de decisão, a juízo da autoridade, diante da relevância da questão, poderá, ainda, ser realizada **audiência pública** para debates sobre a matéria do processo. Os órgãos e entidades administrativas, em matéria relevante, poderão estabelecer outros meios de participação de administrados, diretamente ou por meio de organizações e associações legalmente reconhecidas.

Os resultados da consulta e audiência pública e de outros meios de participação de administrados deverão ser apresentados com a indicação do procedimento adotado.

Na fase instrutória e antes da tomada da decisão, o interessado poderá juntar documentos e pareceres, requerer diligências e perícias, bem como aduzir alegações referentes à matéria objeto do processo. Somente poderão ser recusadas, mediante decisão fundamentada, as provas propostas pelos interessados quando sejam ilícitas, impertinentes, desnecessárias ou protelatórias.

Quando necessária a prestação de informações ou a apresentação de provas pelos interessados ou terceiros, serão expedidas intimações para esse fim, mencionando-se data, prazo, forma e condições de atendimento. Não sendo atendida, poderá o órgão competente, se entender relevante a matéria, suprir de ofício a omissão, não se eximindo de proferir a decisão.

Quando dados, atuações ou documentos solicitados ao interessado forem necessários à apreciação de pedido formulado, o não atendimento no prazo fixado pela Administração para a respectiva apresentação implicará **arquivamento** do processo.

Vale destacar que os interessados serão intimados de prova ou diligência ordenada, com antecedência mínima de **três dias úteis**, mencionando-se data, hora e local de realização.

Pode ser que seja necessária à instrução processual o parecer de um órgão consultivo, como a Assessoria Jurídica, por exemplo. Nesse caso, o parecer deverá ser emitido no prazo máximo de **quinze dias**, salvo norma especial ou comprovada necessidade de maior prazo.

Caso o parecer seja obrigatório e vinculante, tal peça é essencial ao seguimento do processo, ficando os autos paralisados até a sua apresentação, sem prejuízo da responsabilidade de quem der causa ao atraso. Porém, se o parecer for obrigatório e não vinculante, o processo continuará a tramitar, sem prejuízo da responsabilidade do agente responsável.

Encerrada a instrução, o interessado terá o direito de manifestar-se no prazo máximo de **dez dias**, salvo se outro prazo for legalmente fixado. Em caso de risco iminente, a Administração Pública poderá motivadamente adotar providências acauteladoras sem a prévia manifestação do interessado.

11. DEVER DE DECIDIR

A Administração tem o dever de explicitamente emitir decisão nos processos administrativos e sobre solicitações ou reclamações, em matéria de sua competência. Concluída a instrução de processo administrativo, a Administração tem o prazo de **até trinta dias** para decidir, **salvo prorrogação por igual período expressamente motivada.**

12. MOTIVAÇÃO

A Lei n° 9.784/1999 também trouxe importante regra quanto à motivação dos atos administrativos. Tradicionalmente, a doutrina entendia que os atos administrativos vinculados deveriam ser sempre motivados, com base nos preceitos legais; já os atos administrativos discricionários prescindiriam de motivação.

Com a evolução do Direito Administrativo Brasileiro, e a importância, cada vez maior, dada à transparência da Administração Pública, modernamente, entendia-se que a boa técnica administrativa exigia a motivação de todos os atos, visando-se, também, ao contraditório e a ampla defesa dos administrados.

Para pôr fim à discussão, Lei n° 9.784/1999 estabeleceu uma lista **exemplificativa** de hipóteses em que **deverá** haver motivação dos atos, assim, deverão ser motivados, com indicação dos fatos e dos fundamentos jurídicos, quando:

(a) neguem, limitem ou afetem direitos ou interesses;

(b) imponham ou agravem deveres, encargos ou sanções;

(c) decidam processos administrativos de concurso ou seleção pública;

(d) dispensem ou declarem a inexigibilidade de processo licitatório;

(e) decidam recursos administrativos;

(f) decorram de reexame de ofício;

(g) deixem de aplicar jurisprudência firmada sobre a questão ou discrepem de pareceres, laudos, propostas e relatórios oficiais;

(h) importem anulação, revogação, suspensão ou convalidação de ato administrativo.

A motivação deverá ser explícita, clara e congruente, podendo consistir em declaração de concordância com fundamentos de anteriores pareceres, informações, decisões ou propostas, que, neste caso, serão parte integrante do ato (*motivação alliunde*)

Na solução de vários assuntos da mesma natureza, pode ser utilizado **meio mecânico** que reproduza os fundamentos das decisões, **desde que não prejudique direito ou garantia dos interessados.** A motivação das decisões de órgãos colegiados e comissões ou de decisões orais constará da respectiva ata ou de termo escrito.

 DICA
Como regra, a motivação é **obrigatória** em todos os atos administrativos, sejam vinculados ou discricionários.

13. DESISTÊNCIA E OUTROS CASOS DE EXTINÇÃO DO PROCESSO

O interessado poderá, mediante manifestação **escrita**, desistir total ou parcialmente do pedido formulado ou, ainda, renunciar a direitos disponíveis. Em havendo vários interessados, a desistência ou renúncia atinge somente quem a tenha formulado.

Devido ao princípio da **oficialidade (ou impulso oficial)**, informador dos processos administrativos, a desistência ou renúncia do interessado, conforme o caso, não prejudica o prosseguimento do processo, se a Administração considerar que o interesse público assim o exige. Cabe, ainda, ao órgão competente declarar extinto o processo quando exaurida sua finalidade ou o objeto da decisão se tornar impossível, inútil ou prejudicado por fato superveniente.

14. ANULAÇÃO, REVOGAÇÃO E CONVALIDAÇÃO

Nesse tópico será relembrada, apenas, a convalidação dos atos administrativos. Assim, o leitor deve se reportar ao tópico de Atos Administrativos, para relembrar a anulação e a revogação dos atos administrativos.

A convalidação (ou sanatório) é a possibilidade de a Administração Pública corrigir defeitos existentes em alguns elementos dos atos administrativos, decorrente da inexistência de interesse em ver o ato anulado. Para isso, o ato administrativo deve ter um **vício sanável**, que possa ser convalidado, sob pena de nulidade do ato administrativo.

É importante ressaltar que a convalidação é uma faculdade para Administração (ato discricionário, segundo a Lei n° 9.784/1999), só sendo legítima quando devidamente motivado e comprovada a não ocorrência de lesão ao interesse público ou prejuízo a terceiros.

Com a edição da Lei n° 9.784/1999 que regulou, de forma genérica, os processos administrativos na esfera federal passou a ser expressamente admitida a convalidação. Portanto, hoje, podemos ter como resultados do controle de legalidade: a **anulação** ou a **convalidação**, sendo que as hipóteses para a convalidação são:

(a) Quando os efeitos do ato viciado forem favoráveis ao administrado de boa-fé, a Administração dispões de 5 anos para anulá-lo, findo este prazo sem manifestação da Administração convalidado estará o ato (convalidação tácita);

(b) Por iniciativa da Administração, quando dos defeitos do ato não resultem lesão ao interesse público ou a terceiros (convalidação expressa).

O controle administrativo deriva do poder-dever de autotutela que a Administração tem sobre seus próprios atos e agentes. Vale aqui mencionar a súmula 473 do STF, segundo a qual "A Administração pode anular seus próprios atos, quando eivados de vícios que os tornem ilegais, porque deles não se originam direitos; ou revogá-los, por motivo de conveniência ou oportunidade, respeitados os direitos adquiridos, e ressalvada, em todos os casos, a apreciação judicial".

15. RECURSO ADMINISTRATIVO E DA REVISÃO

Das decisões administrativas cabe recurso, em face de razões de **legalidade e de mérito**. O recurso será dirigido à autoridade que proferiu a decisão, a qual, se não a reconsiderar no **prazo de cinco dias**, o encaminhará à autoridade superior.

Salvo exigência legal, a interposição de recurso administrativo **independe de caução**. Há que se ressaltar que com a Súmula Vinculante nº 21, o entendimento doutrinário é que não seria possível que a legislação estabelecesse a obrigatoriedade de depósito de caução para a interposição de recurso (É inconstitucional a exigência de depósito ou arrolamento prévios de dinheiro ou bens para admissibilidade de recurso administrativo).

Salvo disposição legal diversa, o recurso administrativo tramitará **no máximo por três instâncias administrativas, salvo disposição legal diversa.** Como visto anteriormente, antes da impetração de recurso administrativo, caberá pedido de reconsideração que deverá ser encaminhado à autoridade que proferiu a decisão, a qual, se não a reconsiderar, no prazo de cinco dias, o encaminhará à autoridade superior. Têm legitimidade para interpor recurso administrativo:

(a) os titulares de direitos e interesses que forem parte no processo;

(b) aqueles cujos direitos ou interesses forem indiretamente afetados pela decisão recorrida;

(c) as organizações e associações representativas, no tocante a direitos e interesses coletivos;

(d) os cidadãos ou associações, quanto a direitos ou interesses difusos.

Salvo disposição legal específica, é **de dez dias o prazo para interposição de recurso administrativo**, contado a partir da ciência ou divulgação oficial da decisão recorrida. **Quando a lei não fixar prazo diferente**, o recurso administrativo **deverá ser decidido no prazo máximo de trinta dias**, a partir do recebimento dos autos pelo órgão competente. Esse prazo poderá ser prorrogado por igual período, ante justificativa explícita.

A interposição de recurso ocorrerá por meio de requerimento no qual o recorrente deverá expor os fundamentos do pedido de reexame, podendo juntar os documentos que julgar convenientes.

Salvo disposição legal em contrário, o recurso **não tem** efeito suspensivo, ou seja, a decisão anterior poderá ser executada pela Administração, antes mesmo do julgamento do recurso, assim, dizemos que tal recurso possui o denominado efeito devolutivo.

Caso haja **justo receio de prejuízo de difícil ou incerta reparação** decorrente da execução, a autoridade recorrida ou a imediatamente superior **poderá, de ofício ou a pedido**, dar efeito suspensivo ao recurso. Interposto o recurso, o órgão competente para dele conhecer deverá intimar os demais interessados para que, **no prazo de cinco dias úteis**, apresentem alegações.

O recurso não será conhecido quando interposto:

(a) fora do prazo;

(b) perante órgão incompetente, hipótese em que será indicada ao recorrente a autoridade competente, sendo-lhe devolvido o prazo para recurso.

(c) por quem não seja legitimado;

(d) após exaurida a esfera administrativa.

Como decorrência do **princípio da verdade material**, o não conhecimento do recurso **não impede a Administração de rever de ofício o ato ilegal**, desde que não ocorrida preclusão administrativa. O órgão competente para decidir o recurso poderá confirmar, modificar, anular ou revogar, total ou parcialmente, a decisão recorrida, se a matéria for de sua competência. Cabe destacar que se puder decorrer gravame à situação do recorrente, este deverá ser cientificado para que formule suas alegações antes da decisão.

Assim, percebemos que na apreciação dos recursos, a autoridade competente para apreciação do recurso poderá agravar a situação inicialmente imposta ao interessado, **admitindo-se assim a** *"reformatio in pejus"* **(reforma em prejuízo), no caso de recursos administrativos.**

Se o recorrente alegar violação de enunciado da súmula vinculante, o órgão competente para decidir o recurso explicitará as razões da aplicabilidade ou inaplicabilidade da súmula, conforme o caso.

Acolhida pelo Supremo Tribunal Federal a reclamação fundada em violação de enunciado da súmula vinculante, dar-se-á ciência à autoridade prolatora e ao órgão competente para o julgamento do recurso, que deverão adequar as futuras decisões administrativas em casos semelhantes, sob pena de responsabilização pessoal nas esferas cível, administrativa e penal.

Os processos administrativos de que resultem sanções poderão ser revistos, **a qualquer tempo, a pedido ou de ofício**, quando surgirem **fatos novos ou circunstâncias relevantes suscetíveis de justificar a inadequação da sanção aplicada.**

Já na hipótese de revisão de processo, a Lei nº 9.784/1999 estabelece, em seu art. 65, que "Da revisão do processo não poderá resultar agravamento da sanção". Com isso, fica claro que **na revisão do processo só será admitida a** *"reformatio in mellius".*

RECURSO X REVISÃO

Recurso Administrativo	Revisão de Processo Administrativo
⬇	⬇
Pode agravar a decisão anterior	Não pode agravar a decisão anterior
⬇	⬇
Cabe *"Reformatio in pejus"*	Cabe *"Reformatio in mellius"*

Cap. 6 · PROCESSO ADMINISTRATIVO FEDERAL (LEI N° 9.784/1999)

16. PRAZOS

Os prazos começam a correr a partir da data da cientificação oficial, excluindo-se da contagem o dia do começo e incluindo-se o do vencimento. Considera-se prorrogado o prazo até o primeiro dia útil seguinte se o vencimento cair em dia em que não houver expediente ou este for encerrado antes da hora normal.

Quando expressos em dias, os prazos contam-se de modo contínuo. Já os prazos fixados em meses ou anos contam-se de data a data. Se no mês do vencimento não houver o dia equivalente àquele do início do prazo, tem-se como termo o último dia do mês.

Salvo motivo de força maior devidamente comprovado, os prazos processuais não se suspendem.

17. SANÇÕES

As sanções, a serem aplicadas por autoridade competente, terão natureza pecuniária ou consistirão em obrigação de fazer ou de não fazer, assegurado sempre o direito de defesa.

18. QUESTÕES COMENTADAS

1. **(2014 – FCC – TRT 16ªR – Analista Administrativo)** Órgão integrante do Poder Legislativo federal, no desempenho da função administrativa, solucionou controvérsia proferindo ato administrativo restritivo de direito sem, no entanto, observar a Lei n° 9.784/1999. Considerando o âmbito de aplicação da referida lei, é correto afirmar que o administrador atuou:

   (A) conforme a lei, porque o referido ato normativo aplica-se, exclusivamente, ao Poder Executivo federal, abrangendo a Administração pública direta e indireta.

   (B) conforme a lei, porque o referido ato normativo aplica-se ao Poder Executivo federal, abrangendo a Administração pública direta e indireta e ao Poder Judiciário federal, não se aplicando ao Poder Legislativo federal, estadual ou local.

   (C) em desconformidade com a lei, porque os preceitos da supracitada norma também se aplicam aos órgãos dos Poderes Legislativo e Judiciário da União, quando no desempenho de função administrativa.

   (D) em desconformidade com a lei, porque os preceitos da norma também se aplicam aos órgãos dos Poderes Legislativo e Judiciário da União, respectivamente, quando no desempenho de função legislativa e judicial.

   (E) conforme a lei, porque o ato normativo aplica-se tão somente às unidades de atuação integrantes da estrutura da Administração direta e da estrutura da Administração indireta federal.

   Nessa questão, o examinador quer saber qual o campo de aplicação da Lei n° 9.784/1999. Preliminarmente, é importante destacarmos que a referida legislação veio estabelecer normas básicas sobre o processo administrativo no âmbito da Administração Pública Federal Direta e Indireta.

   Tal lei teve por finalidade o disciplinamento geral dos processos administrativos existentes no âmbito federal. É importante salientarmos desde já que há alguns tipos de processos administrativos federais que possuem regulamentação própria. Nesses casos, o art. 69 da Lei n° 9.784/1999 explicita que os processos administrativos específicos continuarão a reger-se por lei própria, aplicando-se-lhes, apenas subsidiariamente, os preceitos desta Lei.

A Lei n° 9.784/1999 só regulamentará, por inteiro, aqueles processos administrativos que não possuírem regulamentação própria. Já no caso de haver legislação específica regulamentando determinado tipo de processo administrativo, a Lei n° 9.784/1999 só será aplicada subsidiariamente, em caso de lacunas da lei específica.

Por fim, em seu art. 1°, estabelece seu âmbito de aplicação à Administração Federal Direta e Indireta, bem como aos órgãos dos Poderes Legislativo e Judiciário da União, quando no desempenho das suas funções administrativas, ou seja, atípicas.

Assim, órgão integrante do Poder Legislativo federal, no desempenho da função administrativa, ao solucionar controvérsia proferindo ato administrativo restritivo de direito sem, no entanto, observar essa legislação, age em desconformidade com o referido diploma legal.

2. **(2014 – FCC – TRF 3ªR – Analista Judiciário)** Segundo a Lei no 9.784/99, o órgão competente poderá declarar extinto o processo administrativo quando exaurida sua finalidade ou o objeto da decisão se tornar:

(A) inútil, apenas.

(B) impossível, apenas.

(C) impossível ou prejudicado por fato superveniente, apenas.

(D) prejudicado por fato superveniente, apenas.

(E) impossível, inútil ou prejudicado por fato superveniente.

Os artigos 51 e 52 da Lei n° 9.784/1999 tratam da desistência e de outros casos de extinção dos processos administrativos. Assim, o interessado poderá, mediante manifestação escrita, desistir total ou parcialmente do pedido formulado ou, ainda, renunciar a direitos disponíveis. Em havendo vários interessados, a desistência ou renúncia atinge somente quem a tenha formulado.

Devido ao princípio da oficialidade (ou impulso oficial), informador dos processos administrativos, a desistência ou renúncia do interessado, conforme o caso, não prejudica o prosseguimento do processo, se a Administração considerar que o interesse público assim o exige.

Quanto à extinção, tema trabalhado nessa questão, cabe ao órgão competente declarar extinto o processo quando exaurida sua finalidade ou o objeto da decisão se tornar impossível, inútil ou prejudicado por fato superveniente.

3. **(2014 – FCC – TRT 19ªR – Analista Administrativo)** Nos termos da Lei no 9.784/99, que regula o processo administrativo no âmbito da Administração pública federal, as sanções, desde que assegurado o prévio direito de defesa, serão aplicadas por autoridade competente e:

(A) terão natureza pecuniária ou consistirão em obrigação de fazer ou de não fazer.

(B) terão natureza, exclusivamente, pecuniária.

(C) consistirão, exclusivamente, em obrigação de fazer.

(D) terão natureza pecuniária ou consistirão em obrigação tão somente de fazer.

Cap. 6 · PROCESSO ADMINISTRATIVO FEDERAL (LEI Nº 9.784/1999)

(E) consistirão, exclusivamente, em obrigação de não fazer.

Questão literal extraída da Lei n° 9.784/1999! Nos termos do art. 68, as sanções, a serem aplicadas por autoridade competente, terão natureza pecuniária ou consistirão em obrigação de fazer ou de não fazer, assegurado sempre o direito de defesa.

19. QUESTÕES PARA TREINAR! QUESTÕES

1. **(2015 – FCC – TRE-RR – Analista de Sistemas)** Nos termos previstos na Lei no 9.784/99, que regula o processo administrativo no âmbito da Administração Pública Federal, é regra atinente à delegação que

   a) a edição de atos de caráter normativo pode ser objeto de delegação.

   b) o ato de delegação é irrevogável.

   c) o ato de delegação e o de sua revogação devem ser publicados em meio oficial.

   d) as decisões tomadas por delegação considerar-se-ão adotadas tanto pelo delegado como por aquele que delegou.

   e) é incabível no ato de delegação ressalvas de exercício da atividade delegada.

2. **(2015 – FCC – ManausPrev – Técnico Administrativo)** A instauração de processo administrativo, nos termos do que dispõe a Lei no 9.784/99,

   a) depende de provocação do interessado, sendo vedada a instauração de ofício ou requerida por terceiros.

   b) deve se dar por meio de ofício, vedada a participação de interessados indiretos no objeto do processo.

   c) deve se dar após autorização judicial quando houver potencial de aplicação de pena de demissão a servidor público.

   d) pode se dar a pedido de pessoa física ou jurídica titular do interesse em questão, ou mesmo ser instaurada de ofício.

   e) deve se dar por provocação do interessado ou do Ministério Público, vedada instauração de ofício.

3. **(2013 – VUNESP – DCTA – Assistente Administração)** São capazes, para fins de processo administrativo, os

   a) que, mesmo por causa transitória, não puderem exprimir sua vontade.

   b) maiores de dezesseis anos e menores de 18 anos, ressalvados os absolutamente incapazes.

   c) maiores de dezesseis anos e menores de 18 anos, ressalvados os relativamente incapazes.

   d) maiores de dezoito anos, ressalvada previsão especial em ato normativo próprio.

   e) pródigos.

4. **(2013 – VUNESP – DCTA – Assistente Administração)** Embora os atos do processo devam realizar-se em dias úteis, no horário normal de funcionamento da repartição na

qual tramitar o processo, há possibilidade de que sejam concluídos depois do horário normal os atos

a) produzidos por escrito, em vernáculo, com a data e o local de sua realização e a assinatura da autoridade responsável.

b) realizados preferencialmente na sede do órgão, cientificando-se o interessado se outro for o local de realização.

c) já iniciados, cujo adiamento prejudique o curso regular do procedimento ou cause dano ao interessado ou à Administração.

d) já iniciados, cujo adiamento prejudique o curso regular do procedimento ou cause dano ao administrado.

e) já iniciados, cujo adiamento prejudique o curso regular do procedimento ou cause dano ao litigante.

5. **(2013 – VUNESP – DCTA – Assistente Administração)** Concluída a instrução de processo administrativo, a Administração, salvo prorrogação por igual período expressamente motivada, tem o prazo para decidir de

a) até 30 dias.

b) até 60 dias.

c) até 90 dias.

d) 120 dias.

e) 180 dias.

6. **(2013 – VUNESP – DCTA – Assistente Administração)** O interessado poderá desistir total ou parcialmente do pedido formulado ou, ainda, renunciar a direitos disponíveis, Mediante

a) comprovada justificação judicial.

b) manifestação escrita.

c) impulsão do órgão responsável pelo processo.

d) despacho motivado.

e) decisão fundamentada.

GABARITO DAS QUESTÕES					
1	2	3	4	5	6
C	D	D	C	A	B

Capítulo 7

CONTROLE DA ADMINISTRAÇÃO PÚBLICA

1. CONCEITO

O controle da Administração Pública é exercitável em todos os Poderes do Estado, abrangendo toda atividade administrativa e seus agentes. **Onde há atividade administrativa, deverá haver o controle**. O Decreto-Lei n° 200/67 estabelece o **controle** como um dos princípios básicos da Administração Pública.

Hely Lopes Meirelles, define o controle como "a faculdade de vigilância, orientação e correção que um Poder, órgão ou autoridade exerce sobre a conduta funcional de outro"[1].

Assim, o controle da Administração Pública representa o conjunto de mecanismos para a **fiscalização** da atividade administrativa, representando um verdadeiro **poder-dever** de orientação, vigilância e, quando necessário, de correção dos atos da Administração. Essa atividade poderá ser exercida pelo próprio Poder ou por órgãos especializados, tais como o Tribunal de Contas.

 DICA

Recentemente a EC n° 45/2004 (Reforma do Judiciário) estabeleceu dois órgãos constitucionais que exercem funções de controle na estrutura do Poder Judiciário e do Ministério Público. São eles: (i) o CNJ – Conselho Nacional de Justiça (art. 103-B, CF) e (ii) o CNMP – Conselho Nacional do Ministério Público (art. 130-A, CF).

Referidos órgãos possuem como funções:

(a) controlar a atuação administrativa e financeira e o cumprimento dos deveres funcionais de seus membros;

(b) zelar pela observância do art. 37 e apreciar, de ofício ou mediante provocação, a legalidade dos atos administrativos praticados por seus membros, podendo desconstituí-los, revê-los ou fixar prazo para que se adotem as providências necessárias ao exato cumprimento da lei, sem prejuízo da competência do Tribunal de Contas.

---

[1] MEIRELLES, Hely Lopes. *Direito Administrativo Brasileiro*. 40ª. Edição, São Paulo: Malheiros, 2013, p. 753.

2. CLASSIFICAÇÃO DAS FORMAS DE CONTROLE (HELY LOPES MEIRELLES)

2.1. Quanto à origem:

(a) Controle interno: este controle deriva do princípio da autotutela administrativa, sendo exercido dentro da estrutura de um mesmo Poder (Executivo, Legislativo e Judiciário). Ex: As autoridades superiores, controlando os atos de seus subordinados (relação hierárquica)

A Constituição Federal determina, em seu art. 74, que os Poderes mantenham sistema de controle interno, cabendo aos responsáveis pelo controle interno dar ciência ao Tribunal de Contas das irregularidades conhecidas, sob pena de responsabilização **solidária**.

> Art. 74, CF. Os Poderes Legislativo, Executivo e Judiciário manterão, de forma integrada, sistema de controle interno com a finalidade de:
>
> I – avaliar o cumprimento das metas previstas no plano plurianual, a execução dos programas de governo e dos orçamentos da União;
>
> II – comprovar a legalidade e avaliar os resultados, quanto à eficácia e eficiência, da gestão orçamentária, financeira e patrimonial nos órgãos e entidades da administração federal, bem como da aplicação de recursos públicos por entidades de direito privado;
>
> III – exercer o controle das operações de crédito, avais e garantias, bem como dos direitos e haveres da União;
>
> IV – apoiar o controle externo no exercício de sua missão institucional.
>
> § 1º – Os responsáveis pelo controle interno, ao tomarem conhecimento de qualquer irregularidade ou ilegalidade, dela darão ciência ao Tribunal de Contas da União, sob pena de responsabilidade solidária.
>
> § 2º – Qualquer cidadão, partido político, associação ou sindicato é parte legítima para, na forma da lei, denunciar irregularidades ou ilegalidades perante o Tribunal de Contas da União.
>
> **(b) Controle Externo:** é aquele controle exercido por um Poder sobre os atos administrativos praticados por outro Poder. Podemos citar como exemplos:
>
> (i) Sustação, pelo Congresso Nacional, de atos normativos do Poder Executivo que exorbitem do poder regulamentar (Poder Legislativo » Poder Executivo) – CF, art. 49, V;
>
> (ii) Anulação de um ato do Executivo por decisão judicial (Poder Judiciário » Poder Executivo);
>
> (iii) Julgamento anual, pelo Congresso, das prestações de contas do Presidente e a apreciação dos relatórios sobre a execução dos planos de governo (Poder Legislativo » Poder Executivo);
>
> (iv) Auditoria realizada pelo TCU sobre as despesas realizadas pelo Executivo e Judiciário federal (Poder Legislativo » Poderes Executivo e Judiciário).

> **DICA**
> Segundo Maria Sylvia Di Pietro, o controle finalístico realizado pela Administração Direta sobre a Administração Indireta é um controle externo.

(c) Controle Popular: em virtude de a Administração dever sempre atuar visando à satisfação do interesse público, nada mais lógico ou necessário do que a existência de mecanismos, constitucionais, à disposição dos administrados que possibilitem a verificação da correta atuação da Administração. Não deixa de ser um controle externo, porém, exercido diretamente pela população. Podemos citar como exemplos:

(i) O art. 31, § 3º da CF determina que as contas dos Municípios fiquem (por 60 dias, anualmente) à disposição de qualquer contribuinte o qual poderá questionar sua legitimidade;

(ii) O art. 5º, LXXIII da CF estabelece que qualquer cidadão é parte legítima para propor ação popular;

(iii) O art. 74, § 2º da CF estatui que qualquer cidadão, partido político, associação ou sindicato á parte legítima para denunciar irregularidades perante o TCU;

(iv) O art. 37, § 3º da CF dispõe sobre a participação do usuário junto à Administração Pública.

2.2. Conforme momento do exercício

a) Controle prévio ou preventivo (a *priori*): diz-se prévio quando exercido antes do início da prática, ou antes, da conclusão do ato administrativo. Podemos citar como exemplos:

(i) Autorização do Senado para que a União, Estados, DF e Municípios contraiam empréstimos externos (CF, art. 52, V);

(ii) Aprovação pelo Senado da escolha de ministros dos Tribunais Superiores, Procurador-Geral da República, Presidente do BACEN, etc (CF, art. 52, III);

(iii) Concessão de liminar em Mandado de Segurança preventivo.

(b) Controle concomitante: é exercido durante a realização do ato e permite a verificação da regularidade de sua formação. Podemos citar como exemplos:

(i) Fiscalização da execução de um contrato administrativo;

(ii) Realização de auditoria durante a execução do orçamento;

(iii) Acompanhamento de um concurso pela corregedoria competente.

(c) Controle subsequente ou corretivo (a *posteriori*): talvez a mais comum das modalidades, é exercido após a conclusão do ato e possibilita a correção de defeitos, sua anulação ou ratificação. Podemos citar como exemplos:

(i) Homologação de um procedimento administrativo;

(ii) Sustação, pelo Congresso, de ato normativo do Poder Executivo;

(iii) Controle judicial dos atos administrativos, em regra.

2.3. Quanto ao aspecto controlado:

(a) Controle de legalidade ou de legitimidade: trata-se de uma decorrência do princípio da legalidade, resultando na verificação da conformidade do ato administrativo com a lei. Pode resultar de um controle interno (exercido dentro do próprio Poder) ou de um controle externo (exercido por outro Poder). Através dessa forma de controle, o ato administrativo poderá ser confirmado (através de homologação, por exemplo) ou rejeitado (pela sua anulação). Quando o ato administrativo possui algum defeito em sua formação, diz-se que há um vício.

A doutrina tradicional entendia que o ato viciado era um ato nulo, passível de ser anulado. Com a evolução, surgiu a ideia de ato anulável. Assim, temos que o ato nulo possui um vício insanável (que não pode ser consertado), ao passo que o ato anulável possui um vício sanável.

(b) Controle de Mérito: visa verificar a eficiência, a oportunidade e a conveniência do ato controlado. Compete, em regra, ao Poder que editou o ato. Como regra, a análise da oportunidade e conveniência da prática do ato administrativo, pelo próprio Poder que o editou, resultará na revogação do ato administrativo. Não é possível que o Poder Judiciário exerça controle de mérito sobre os atos dos demais Poderes.

2.4. Quanto à amplitude

(a) Controle hierárquico: é típico da atividade administrativa, sendo um controle interno e resulta do escalonamento vertical dos órgãos da Administração Direta ou das unidades integrantes das entidades da Administração Indireta. Em razão de sua natureza é dito pleno ou irrestrito, permanente e automático (não necessitando de norma específica ou autorizativa). É apto para verificar legalidade e/ou mérito e para o seu exercício são necessárias as faculdades de supervisão, coordenação, orientação, fiscalização, aprovação, revisão e avocação.

(b) Controle finalístico: é aquele exercido pela Administração Direta sobre a Administração Indireta, baseada na relação de vinculação, é denominada de Supervisão Ministerial. Depende de norma legal que estabeleça: os meios, os aspectos, as ocasiões, as finalidades e a autoridade controladora. Tal forma de controle é conhecida como controle finalístico ou tutela ou supervisão ministerial ou vinculação ou controle teleológico.

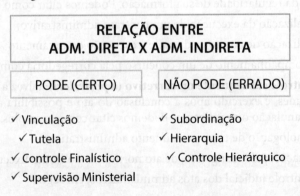

3. CONTROLE ADMINISTRATIVO

É aquele exercido pela própria Administração sobre os seus atos, analisando aspectos de mérito e de legalidade. É realizado pelo Executivo e pelos órgãos administrativos do Legislativo e do Judiciário. É derivado do poder-dever de autotutela que a Administração detém sobre seus atos e agentes. Caracteriza-se um controle interno e de forma geral se dá mediante fiscalização (a pedido ou de ofício) hierárquica ou recursos administrativos. Conforme o órgão que o realize podemos ter:

(i) Controle hierárquico próprio: é aquele realizado pelos órgãos superiores sobre os inferiores, pelas chefias sobre os subordinados, pelas corregedorias sobre órgão e agentes sujeitos à sua correição etc. Ou seja, é aquele realizado dentro de um mesmo órgão.

(ii) Controle hierárquico impróprio: é aquele realizado por órgãos especializados no julgamento de recursos, ocorrendo quando o recorrente se dirige a órgãos estranhos àquele que originou o ato impugnado. Neste caso não existe entre o órgão controlado e o controlador uma relação de hierárquica de subordinação. EX: Conselho de Contribuintes do Ministério da Fazenda recebendo recursos contra a Delegacia de Julgamento da Receita Federal.

(iii) Controle finalístico: realizado pela Administração Direta sobre a Administração Indireta, é principalmente realizada pelos Ministérios sobre as entidades a eles vinculadas, está prevista no Decreto-Lei nº 200/67.

4. CONTROLE LEGISLATIVO

O controle legislativo, ou parlamentar, é exercido pelos órgãos legislativos ou pelas comissões parlamentares sobre determinados atos do Executivo e somente se verifica nas situações e nos limites expressamente previstos na CF (princípio da independência e harmonia dos poderes – clausula pétrea). Trata-se de controle externo e político, podendo ater-se aos aspectos de legalidade ou de conveniência pública.

(i) Compete ao Congresso Nacional fiscalizar e controlar, diretamente, ou por qualquer de suas Casas, os atos do Poder Executivo, incluídos os da administração indireta (art. 49, X da CF);

(ii) Compete ao Congresso Nacional sustar os atos do Poder Executivo que exorbitem do poder regulamentar ou dos limites de delegação legislativa (art. 49, V da CF). Este controle e só de legalidade e não de mérito;

(iii) As CPIs terão poderes de investigação próprios das autoridades judiciais e serão criadas para apuração de fato determinado e por prazo certo, sendo suas conclusões, se for o caso, encaminhadas ao MP, para que este promova a responsabilidade civil ou criminal dos infratores (art. 58, § 3º da CF).

Outras competências constitucionais do Legislativo (art. 49 ao 52, CF):

(a) Ao Congresso Nacional julgar anualmente as contas prestadas pelo Presidente da República e apreciar os relatórios sobre a execução dos planos de governo (art. 49, IX);

(b) Ao Senado Federal aprovar a escolha de magistrados, ministros do TCU, Procurador Geral da República, outras autoridades (art. 52, III);

(c) Ao Senado Federal autorizar operações externas de natureza financeira, da União, Estados, DF, Territórios e Municípios (art. 52, V);

(d) À Câmara dos Deputados proceder à tomada de contas do Presidente da República, quando não apresentadas ao Congresso Nacional, dentro de 60 dias após a abertura da sessão legislativa (art. 51, II);

(e) Ao Congresso Nacional, auxiliado pelo TCU, a fiscalização contábil, financeira, orçamentária, operacional e patrimonial da União e das entidades da Administração Direta e Indireta, quanto à legalidade, legitimidade, economicidade, aplicação das subvenções e renúncia de receitas (art. 70).

5. FISCALIZAÇÃO CONTÁBIL, FINANCEIRA E ORÇAMENTÁRIA NA CF

A fiscalização financeira e orçamentária é exercida sobre os atos de todas as pessoas que administrem bens ou dinheiros públicos. O art. 70, § único, estabelece que "prestará contas qualquer pessoa física ou jurídica, pública ou privada, que utilize, arrecade, guarde, gerencie ou administre dinheiro, bens e valores públicos ou pelos quais a União responda, ou que, em nome desta, assuma obrigações de natureza pecuniária". O controle interno e pleno visa a observação da legalidade, conveniência, oportunidade e eficiência, já o controle externo visa comprovar a probidade da Administração. As áreas alcançadas pelo chamado controle externo são:

(i) Contábil: a preocupação é com a correção da formalização dos registros das receitas e despesas;

(ii) Financeira: o controle se efetiva por meio do acompanhamento dos depósitos bancários, empenho de despesas, pagamentos efetuados, ingresso de valores etc.;

(iii) Orçamentário: diz respeito ao acompanhamento da execução do orçamento, fiscalização dos registros nas rubricas orçamentárias adequadas etc.;

(iv) Operacional: controla a execução das atividades administrativas em geral, a observância dos procedimentos legais e adequação à eficiência e economicidade;

(v) Patrimonial: incide sobre bens do patrimônio público, móveis ou imóveis, constantes de almoxarifado, estoques ou em uso pela Administração.

6. ATRIBUIÇÕES DOS TRIBUNAIS DE CONTAS

Os Tribunais de Contas são órgãos de natureza técnica e não estão subordinados ao Poder Legislativo, a fim de se garantir independência e imparcialidade na sua atuação. Trata-se, apenas, de um órgão auxiliar do Poder Legislativo no desempenho do **controle externo**. Vale frisar que este Poder é titular do controle externo da Administração Pública, nos termos do art. 70 da CF.

Assim, temos Tribunal de Contas da União (órgão federal), Tribunal de Contas do Estado (órgão estadual) e Tribunal de Contas do Município (órgão municipal). Quanto a este último, a CF/88, em seu art. 31, § 4º, proíbe a criação de Tribunais,

Cap. 7 · CONTROLE DA ADMINISTRAÇÃO PÚBLICA

583

Conselhos ou órgãos de Contas Municipais. Sendo assim, só existem dois Tribunais de Contas do Município, responsáveis pela fiscalização do Município do Rio de Janeiro e de São Paulo, ambos criados antes de 1988.

Há que se ressaltar que existem Tribunais de Contas dos Municípios, porém, sendo um órgão estadual, fiscalizador dos Municípios que compõem aquele determinado Estado da federação. Atualmente, existem quatro Tribunais dessa natureza, nos seguintes Estados: Ceará, Pará, Goiás, Bahia.

Segundo o art. 71 da CF, compete ao Tribunal de Contas da União:

I – **apreciar** as contas prestadas anualmente pelo Presidente da República, mediante parecer prévio que deverá ser elaborado em **sessenta dias** a contar de seu recebimento;

II – **julgar** as contas dos administradores e demais responsáveis por dinheiros, bens e valores públicos da administração direta e indireta, incluídas as fundações e sociedades instituídas e mantidas pelo Poder Público federal, e as contas daqueles que derem causa a perda, extravio ou outra irregularidade de que resulte prejuízo ao erário público;

III – **apreciar**, para fins de registro, **a legalidade dos atos de admissão de pessoal**, a qualquer título, na administração direta e indireta, incluídas as fundações instituídas e mantidas pelo Poder Público, **excetuadas as nomeações para cargo de provimento em comissão**, bem como a das concessões de aposentadorias, reformas e pensões, **ressalvadas as melhorias posteriores que não alterem o fundamento legal do ato concessório**;

IV – realizar, por iniciativa própria, da Câmara dos Deputados, do Senado Federal, de Comissão técnica ou de inquérito, inspeções e auditorias de natureza contábil, financeira, orçamentária, operacional e patrimonial, nas unidades administrativas dos Poderes Legislativo, Executivo e Judiciário, e demais entidades referidas no inciso II;

V – **fiscalizar** as contas nacionais das empresas supranacionais de cujo capital social a União participe, de forma direta ou indireta, nos termos do tratado constitutivo;

VI – **fiscalizar** a aplicação de quaisquer recursos repassados pela União mediante convênio, acordo, ajuste ou outros instrumentos congêneres, a Estado, ao Distrito Federal ou a Município;

VII – prestar as informações solicitadas pelo Congresso Nacional, por qualquer de suas Casas, ou por qualquer das respectivas Comissões, sobre a fiscalização contábil, financeira, orçamentária, operacional e patrimonial e sobre resultados de auditorias e inspeções realizadas;

VIII – aplicar aos responsáveis, em caso de ilegalidade de despesa ou irregularidade de contas, as sanções previstas em lei, que estabelecerá, entre outras cominações, multa proporcional ao dano causado ao erário;

IX – **assinar prazo** para que o órgão ou entidade adote as providências necessárias ao exato cumprimento da lei, se verificada ilegalidade;

X – **sustar, se não atendido, a execução do ato impugnado**, comunicando a decisão à Câmara dos Deputados e ao Senado Federal;

XI – representar ao Poder competente sobre irregularidades ou abusos apurados.

No caso de contrato administrativo, o ato de sustação será adotado diretamente pelo Congresso Nacional, que solicitará, de imediato, ao Poder Executivo as medidas cabíveis. Caso o Congresso Nacional ou o Poder Executivo, no prazo de noventa dias, não efetivarem as medidas cabíveis, o Tribunal decidirá a respeito.

7. CONTROLE JUDICIÁRIO

O controle judiciário, ou judicial, é o exercido pelos órgãos do Poder Judiciário sobre os atos administrativos praticados pelo Poder Executivo, Legislativo. Resulta do **princípio da inafastabilidade da tutela jurisdicional** consagrado na CF, art. 5º, XXXV. Trata-se de um controle externo e, via de regro, posterior. É exercido mediante provocação, não cabendo ao Poder Judiciário exercê-lo de ofício.

O controle judiciário será exercido pelas vias processuais de procedimento ordinário, sumário ou especial de que dispõe o titular do direito lesado ou ameaçado de lesão para obter a anulação do ato ilegal em ação contra a Administração Pública. Dentre eles, destacam-se: mandado de segurança individual, mandado de segurança coletivo, ação popular, ação civil pública, mandado de injunção, habeas data, dentre outros.

8. QUESTÕES COMENTADAS

1. (2014 – FCC – TRF 4ªR – Analista Judiciário) Considere:

I. Convocação de Ministro de Estado por Comissão do Senado Federal para prestar, pessoalmente, informações sobre o tema da demarcação de terras indígenas.

II. Controle administrativo sobre órgãos da Administração Direta.

Acerca do Controle da Administração pública, os itens I e II correspondem, respectivamente, a controle:

(A) **legislativo de natureza política e controle administrativo interno decorrente do poder de autotutela da Administração pública.**

(B) administrativo de natureza política e controle administrativo interno decorrente do poder de tutela da Administração pública.

(C) legislativo de natureza financeira e controle administrativo externo decorrente do poder de autotutela da Administração pública.

(D) administrativo de natureza política e controle administrativo externo decorrente do poder de tutela da Administração pública.

(E) legislativo de natureza política e controle administrativo interno decorrente do poder de tutela da Administração pública.

Analisando cada um dos itens, temos:

Cap. 7 · CONTROLE DA ADMINISTRAÇÃO PÚBLICA 585

I – Convocação de um Ministro (PE) por Comissão do Senado Federal (PL) – reparem que é um controle externo do Poder Legislativo sobre o Poder Executivo. Esse controle externo é legislativo e, consequentemente, de natureza política.

II – Controle administrativo sobre órgãos da Administração Direta – estamos falando de um controle exercido dentro da própria Administração Direta, logo, é um controle administrativo interno, baseado no princípio da autotutela. CUIDADO! Se fosse o controle da Administração Direta sobre a Administração Indireta, seria um controle finalístico baseado no princípio da tutela.

Resposta: letra 'a'.

2. (2014 – FCC – SAEB-BA – Perito Criminal) O Estado da Bahia, ao exercer o controle sobre autarquia estadual por ele instituída, de modo a assegurar que esta última está agindo em conformidade com os fins que justificaram sua criação, observa o princípio da

(A) impessoalidade.

(B) autotutela.

(C) hierarquia.

(D) presunção de legitimidade.

(E) tutela.

Essa questão ninguém pode errar! Galera, controle da Administração Direta (Estado da Bahia) sobre Administração Indireta (autarquia). Trata-se de um controle finalístico, exercido por meio de uma supervisão ministerial, baseando-se no princípio da tutela. Por isso a resposta é letra "e".

Cuidado! Não é autotutela, pois este é o poder que permite que a Administração revise seus próprios atos, internamente, e conserte suas falhas. Por fim, vale lembrar que a relação entre a Administração Direta e a Indireta não é de hierarquia, mas sim de vinculação.

3. (2014 – FCC – TRT 16ªR – Analista Administrativo) O sistema de controle interno engendrado pela Constituição Federal, mantido de forma integrada pelos Poderes Legislativo, Executivo e Judiciário, tem, dentre as suas finalidades, a de

(A) apreciar, para fins de registro, a legalidade dos atos de admissão de pessoal, a qualquer título, na Administração direta e indireta.

(B) aplicar aos responsáveis, em caso de ilegalidade de despesa ou irregularidade de contas, as sanções previstas em lei.

(C) exercer o controle das operações de crédito, avais e garantias, bem como dos direitos e haveres da União.

(D) representar a União, em sistema rotativo, na execução da dívida ativa de natureza tributária.

(E) receber petições, reclamações, representações ou queixas de qualquer pessoa contra atos ou omissões das autoridades ou entidades públicas.

Essa é a velha "decorebinha" das atribuições do sistema de controle interno. Nos termos do art. 74, da CF, são elas:

I – avaliar o cumprimento das metas previstas no plano plurianual, a execução dos programas de governo e dos orçamentos da União;

DIREITO ADMINISTRATIVO – *Luís Gustavo Bezerra de Menezes*

II – comprovar a legalidade e avaliar os resultados, quanto à eficácia e eficiência, da gestão orçamentária, financeira e patrimonial nos órgãos e entidades da administração federal, bem como da aplicação de recursos públicos por entidades de direito privado;

III – exercer o controle das operações de crédito, avais e garantias, bem como dos direitos e haveres da União;

IV – apoiar o controle externo no exercício de sua missão institucional.

Resposta: letra "c".

9. QUESTÕES PARA TREINAR!

1. **(2015 – FCC – CNMP – Controle Interno)** Servidores responsáveis pelo setor de controle interno de determinado órgão da Administração direta federal identificam irregularidades na execução financeira de contrato de prestação de serviços, ainda em vigor, celebrado em decorrência de processo licitatório e contratação considerados oportunamente regulares pelos órgãos de controle externo. Nessa hipótese, à luz da disciplina constitucional da matéria, os servidores responsáveis pelo controle interno:

   a) deverão, sob pena de responsabilidade solidária, dar ciência das irregularidades ao Tribunal de Contas da União, cabendo ao Congresso Nacional determinar a suspensão da execução contratual e solicitar, de imediato, ao Executivo as medidas cabíveis.

   b) deverão, sob pena de responsabilidade solidária, dar ciência das irregularidades ao Tribunal de Contas da União, ao qual compete determinar, de imediato, a suspensão da execução contratual e solicitar ao Executivo a adoção das medidas cabíveis.

   c) estarão dispensados de dar ciência das irregularidades ao Tribunal de Contas da União, em virtude de processo licitatório e contrato já terem sido analisados e considerados regulares pelo órgão de controle externo, cuja jurisdição sobre a contratação assim se encerrou.

   d) deverão, sob pena de responsabilidade solidária, dar ciência das irregularidades aos dirigentes do órgão para que estes, comuniquem o Tribunal de Contas da União, ao qual compete requerer ao Poder Judiciário a suspensão da execução contratual e solicitar, de imediato, ao Executivo as medidas cabíveis.

   e) deverão, sob pena de responsabilidade solidária, dar ciência das irregularidades aos dirigentes do órgão para que estes, comuniquem o Tribunal de Contas da União, ao qual compete determinar, de imediato, a suspensão da execução

2. **(2015 – FCC – TCM – GO – Auditor Substituto)** Quanto ao sistema de controle incidente sobre a atuação administrativa, a Administração pública está sujeita à:

   a) autotutela administrativa que é levada a efeito pela própria administração, e, também, pelos Tribunais de Contas.

   b) controle interno e à controle externo de seus atos, o primeiro exercido pelo Poder Legislativo, por intermédio do Tribunal de Contas e o segundo pelo Poder Judiciário.

   c) controle interno e à controle externo de seus atos, este último, via de regra, efetivado pelos Poderes Legislativo e Judiciário e alicerçado nos mecanismos de controles recíprocos entre os Poderes.

Cap. 7 · CONTROLE DA ADMINISTRAÇÃO PÚBLICA

d) controle externo de seus atos, que, via de regra, é alicerçado nos princípios hierárquico e disciplinar.

e) controle interno e à controle externo de seus atos, o primeiro exercido pelo Poder Judiciário, mediante provocação, e o segundo pelo Legislativo de ofício, por intermédio do Tribunal de Contas.

3. (2015 – FCC – TRE-RR – Analista Administrativo) O controle sobre os órgãos da Administração Direta é um controle interno e decorre do poder de

a) tutela que permite à Administração rever os próprios atos quando ilegais, apenas.

b) tutela que permite à Administração rever os próprios atos quando ilegais, inoportunos ou inconvenientes.

c) autotutela que permite à Administração rever os próprios atos quando ilegais ou inoportunos, apenas.

d) autotutela que permite à Administração rever os próprios atos quando ilegais, inoportunos ou inconvenientes.

e) autotutela e tutela, sendo possível a análise legal e de mérito dos atos.

4. (2015 – FCC – TCE-CE – Técnico de Controle Externo) A Constituição Federal estabelece que o controle externo está a cargo:

a) do Congresso Nacional.

b) do Poder Executivo.

c) do Conselho Nacional de Justiça.

d) do Tribunal de Contas da União.

e) da Controladoria Geral da União.

5. (2015 – FCC – TCE-CE – Analista de Controle Externo) No exercício do controle externo, uma das medidas que pode ser adotada é a sustação de contratos. Nos termos da Constituição Federal, esse ato de sustação será adotado diretamente pelo:

a) Tribunal de Contas.

b) Congresso Nacional.

c) Plenário do Tribunal de Contas.

d) Presidente da República.

e) Ministério Público.

GABARITO DAS QUESTÕES				
1	2	3	4	5
A	C	D	D	B

Capítulo 8

LEI DE IMPROBIDADE ADMINISTRATIVA (LEI N° 8.429/1992)

1. CONCEITO

Preliminarmente, cumpre-nos ressaltar que a palavra improbidade tem sua origem na expressão latina *improbitate*, e, pode ser considerado como todo aquele contrário às normas da moral, à lei e aos bons costumes; aquele que denota falta de honradez e de retidão no modo de proceder.

Portanto, em todas as situações analisadas nesse capítulo, expostas na Lei n° 8.429, de 02 de junho de 1992, é fundamental que a conduta ilícita do administrador público esteja impregnada pela **má-fé** ou **desonestidade**, no trato da coisa pública. Trata-se da conduta administrativa contrária ao ordenamento jurídico, comprometendo a atuação da Administração Pública.

Segundo Marino Pazzaglini Filho "a improbidade administrativa, sinônimo jurídico de corrupção e malversação administrativas, exprime o exercício da função pública com desconsideração aos princípios constitucionais expressos e implícitos que regem a Administração Pública".[1]

Em outra passagem, conceitua "Diante do exposto, é possível conceituar improbidade administrativa do agente público: toda conduta ilegal (corrupta, nociva ou inepta) do agente público, dolosa ou culposa, no exercício (ainda que transitório ou sem remuneração) de função, cargo, mandato ou empregado público, com ou sem participação (auxílio, favorecimento ou indução) de terceiro, que ofende os princípios constitucionais (expressos e implícitos) que regem a Administração Pública".[2]

A Constituição Federal, em seu art. 37, § 4°, não define improbidade administrativa, mas traz suas **consequências**. De acordo com esse dispositivo, além das sanções penais cabíveis, os atos de improbidade acarretam:

(i) perda da função pública;

(ii) suspensão dos direitos políticos (e não a perda dos mesmos!);

(iii) ressarcimento ao erário (cofres públicos);

(iv) indisponibilidade dos bens.

A Lei n° 8.429/1992 regulamentou o dispositivo constitucional e classificou os atos de improbidade em **três categorias**:

---

[1] Pazzaglini Filho, Marino. *Lei de Improbidade Administrativa Comentada*. São Paulo: Atlas, 2002, p. 57.

[2] Idem 17. p. 60.

(i) atos que importam enriquecimento ilícito do agente público (art. 9º);

(ii) atos que causam prejuízo ao erário, ou seja, aos cofres públicos (art. 10);

(iii) atos que atentam contra os princípios da Administração Pública (art. 11).

2. SUJEITO PASSIVO DO ATO DE IMPROBIDADE (ART. 1º)

Sucintamente, podemos resumir os **sujeitos passivos** dos atos de improbidade da seguinte forma:

(i) órgãos e entidades integrantes da estrutura da Administração Pública Direta (Entidades Políticas – União, Estados, Municípios e Distrito Federal);

(ii) entidades integrantes da Administração Indireta (Entidades Administrativas – autarquias, fundações públicas, empresas públicas e sociedades de economia mista);

(iii) empresas incorporadas ao patrimônio público;

(iv) entidade para cuja criação ou custeio o erário haja concorrido ou concorra com mais de cinquenta por cento do patrimônio ou da receita anual;

(v) entidades que compõem o denominado "Terceiro Setor", ou seja, as entidades paraestatais: Pessoas jurídicas de Direito Privado, que atuam ao lado do Estado, para desempenhar atividades de interesse público, sem fins lucrativos, que para isso recebem uma certa proteção estatal, através de benefícios, subvenções e incentivos fiscais ou creditícios (serviços sociais autônomos, organizações sociais e organizações da sociedade civil de interesse público), **limitando-se, nestes casos, a sanção patrimonial ao prejuízo sofrido pelos cofres públicos**.

3. SUJEITO ATIVO DO ATO DE IMPROBIDADE ADMINISTRATIVA (ART. 2º E 3º)

Engloba todo aquele que tenha **algum vínculo com o serviço público**, ainda que seja uma ligação temporária e sem remuneração. Para fins da Lei nº 8.429/1992, temos que reputa-se agente público todo aquele que exerce, ainda que transitoriamente ou sem remuneração, por eleição, nomeação, designação, contratação ou qualquer outra forma de investidura ou vínculo, mandato, cargo, emprego ou função nas entidades mencionadas no item anterior.

É importante ressaltarmos que **mesmo aquele que não seja agente público**, mas que induza ou concorra para a prática do ato ou dele se beneficie, sob qualquer forma, ainda que indiretamente, **será considerado sujeito ativo do ato de improbidade**.

4. PRINCÍPIOS EXPRESSOS NA LEI DE IMPROBIDADE ADMINISTRATIVA (ART. 4º)

A Lei de Improbidade Administrativa reza que todo agente público é obrigado a observar os princípios explícitos da Administração Pública inseridos na Constituição Federal, em seu art. 37. Sendo assim, sempre deverão ser observados os princípios da **legalidade, impessoalidade, moralidade, publicidade** e **eficiência** (vide princípios do Direito Administrativo).

> **DICA**
> Cabe ressaltar que o princípio da eficiência foi introduzido no Texto Constitucional através da Emenda Constitucional 19, de 1998, ou seja, posteriormente à edição da Lei n° 8.429/1992, sendo assim, também deverá ser observado na conduta de qualquer agente público.

Além dos princípios explícitos na Constituição Federal, também deverão ser adotados pelos agentes públicos, em sua conduta, os **princípios implícitos**, com a mesma relevância. Assim, o próprio princípio da probidade administrativa, logicamente, deverá ser observado.

5. RESSARCIMENTO DO DANO (ART. 5º)

Para que fique configurada a obrigação de reparar integralmente a lesão que causou ao patrimônio público, do agente público ou terceiro causador do dano, será **necessária a comprovação de dolo ou culpa**. Assim, fica caracterizada a adoção da **responsabilidade civil subjetiva**. Observamos, ainda, que a conduta do agente poderá ser **omissiva ou comissiva**. Por fim, é essencial a ocorrência de **dano real**, não cabendo o dano presumido ou moral.

6. PERDIMENTO DOS BENS (ART. 6º)

No caso de enriquecimento ilícito, perderá o agente público ou terceiro beneficiário os bens ou valores acrescidos ao seu patrimônio. Pouco importa se houve ou não ato lesivo ao erário, ou seja, **ainda que não ocorra efetiva lesão ao erário, poderá haver o perdimento dos bens**.

7. INDISPONIBILIDADE DOS BENS (ART. 7º)

Poderá a autoridade administrativa, responsável pelos procedimentos investigatórios, requerer ao Ministério Público a indisponibilidade dos bens do indiciado, com o fim de **assegurar o ressarcimento** integral de uma futura execução forçada, caso seja condenado. Trata-se de uma medida cautelar e **não** de uma sanção.

8. RESPONSABILIDADE DOS SUCESSORES (ART. 8º)

A responsabilidade dos sucessores daqueles que causarem lesão ao patrimônio público ou que se enriquecerem ilicitamente, **é limitada ao valor da herança recebida**. É bom lembrar que a responsabilidade dos sucessores tem fulcro na nossa Constituição Federal, em seu art. 5º, XLV.

9. DOS ATOS DE IMPROBIDADE ADMINISTRATIVA

9.1. Que importam enriquecimento ilícito (art. 9º)

Constitui a modalidade **mais grave** de improbidade administrativa, consequentemente, as penalidades aplicáveis, de acordo com o art. 12, I, são as de grau mais elevado. São características dessa modalidade:

(i) a vantagem percebida pelo agente público deve ser patrimonial, **ainda que não cause dano ao erário ou ao patrimônio público**, como no caso de comissões ou gratificações percebidas indevidamente;

(ii) a vantagem deve originar-se da conduta desonesta do agente público, no exercício de cargo, mandato, função, emprego ou atividade nas entidades do art. 1º. **O enriquecimento ilícito deve ser fruto de sua conduta funcional desonesta**;

(iii) a conduta suscetível de acarretar o enriquecimento ilícito do agente deverá ser **dolosa**, não se admitindo a forma culposa em nenhuma de suas modalidades;

(iv) nexo causal entre o enriquecimento ilícito e o desempenho da atividade pública do agente;

(v) em tal modalidade, o beneficiário será o próprio agente público que praticou o ato ímprobo.

Nos termos do art. 9º, temos:

Art. 9º Constitui ato de improbidade administrativa importando enriquecimento ilícito auferir qualquer tipo de vantagem patrimonial indevida em razão do exercício de cargo, mandato, função, emprego ou atividade nas entidades mencionadas no art. 1º desta lei, e notadamente:

I – receber, para si ou para outrem, dinheiro, bem móvel ou imóvel, ou qualquer outra vantagem econômica, direta ou indireta, a título de comissão, percentagem, gratificação ou presente de quem tenha interesse, direto ou indireto, que possa ser atingido ou amparado por ação ou omissão decorrente das atribuições do agente público;

II – perceber vantagem econômica, direta ou indireta, para facilitar a aquisição, permuta ou locação de bem móvel ou imóvel, ou a contratação de serviços pelas entidades referidas no art. 1º por preço superior ao valor de mercado;

III – perceber vantagem econômica, direta ou indireta, para facilitar a alienação, permuta ou locação de bem público ou o fornecimento de serviço por ente estatal por preço inferior ao valor de mercado;

IV – utilizar, em obra ou serviço particular, veículos, máquinas, equipamentos ou material de qualquer natureza, de propriedade ou à disposição de qualquer das entidades mencionadas no art. 1º desta lei, bem como o trabalho de servidores públicos, empregados ou terceiros contratados por essas entidades;

V – receber vantagem econômica de qualquer natureza, direta ou indireta, para tolerar a exploração ou a prática de jogos de azar, de lenocínio, de narcotráfico, de contrabando, de usura ou de qualquer outra atividade ilícita, ou aceitar promessa de tal vantagem;

VI – receber vantagem econômica de qualquer natureza, direta ou indireta, para fazer declaração falsa sobre medição ou avaliação em obras públicas ou qualquer outro serviço, ou sobre quantidade, peso, medida, qualidade ou característica de mercadorias ou bens fornecidos a qualquer das entidades mencionadas no art. 1º desta lei;

VII – adquirir, para si ou para outrem, no exercício de mandato, cargo, emprego ou função pública, bens de qualquer natureza cujo valor seja desproporcional à evolução do patrimônio ou à renda do agente público;

VIII – aceitar emprego, comissão ou exercer atividade de consultoria ou assessoramento para pessoa física ou jurídica que tenha interesse suscetível de ser atingido ou amparado por ação ou omissão decorrente das atribuições do agente público, durante a atividade;

IX – perceber vantagem econômica para intermediar a liberação ou aplicação de verba pública de qualquer natureza;

X – receber vantagem econômica de qualquer natureza, direta ou indiretamente, para omitir ato de ofício, providência ou declaração a que esteja obrigado;

XI – incorporar, por qualquer forma, ao seu patrimônio bens, rendas, verbas ou valores integrantes do acervo patrimonial das entidades mencionadas no art. 1º desta lei;

XII – usar, em proveito próprio, bens, rendas, verbas ou valores integrantes do acervo patrimonial das entidades mencionadas no art. 1º desta lei.

Por fim, percebemos que a lista do art. 9º, **não é uma lista taxativa**, devido a expressão "notadamente" utilizada em sua redação. Assim, a Lei apenas enumera, de forma exemplificativa, alguns dos casos que poderão ocorrer.

9.2. Que importam prejuízo ao erário (art. 10)

Constitui ato de improbidade administrativa que importa lesão ao erário toda **conduta ilegal** do agente público, omissiva ou comissiva, dolosa ou culposa, que enseje perda patrimonial, desvio, apropriação, malbaratamento ou dilapidação dos bens ou haveres das entidades referidas no art. 1º da Lei nº 8.429/1992. Do seu conceito, percebemos que devem estar presentes:

(i) ação ou omissão ilegal do agente público, no exercício de suas atribuições. Não há que se falar em tal modalidade de improbidade administrativa se o agente público agiu *secundum legem*, mesmo que tenha incorrido em erro de interpretação da norma ou má conduta administrativa, desde que não seja caracterizada a sua má-fé;

(ii) ocorrência de **dano econômico real**, não cabendo dano presumido ou moral;

(iii) **dolo ou culpa** na conduta ilegal do agente público, caracterizando, assim, a **responsabilidade subjetiva do agente** causador do dano;

(iv) nexo causal entre a lesão ao erário e o desempenho ilegal da atividade pública do agente;

(v) tal ato de improbidade visa o benefício de terceiros.

Nos termos do art. 10, temos:

> Art. 10. Constitui ato de improbidade administrativa que causa lesão ao erário qualquer ação ou omissão, dolosa ou culposa, que enseje perda patrimonial, desvio, apropriação, malbaratamento ou dilapidação dos bens ou haveres das entidades referidas no art. 1º desta lei, e notadamente:
>
> I – facilitar ou concorrer por qualquer forma para a incorporação ao patrimônio particular, de pessoa física ou jurídica, de bens, rendas, verbas ou valores integrantes do acervo patrimonial das entidades mencionadas no art. 1º desta lei;
>
> II – permitir ou concorrer para que pessoa física ou jurídica privada utilize bens, rendas, verbas ou valores integrantes do acervo patrimonial das entidades mencionadas no art. 1º desta lei, sem a observância das formalidades legais ou regulamentares aplicáveis à espécie;

III – doar à pessoa física ou jurídica bem como ao ente despersonalizado, ainda que de fins educativos ou assistências, bens, rendas, verbas ou valores do patrimônio de qualquer das entidades mencionadas no art. 1º desta lei, sem observância das formalidades legais e regulamentares aplicáveis à espécie;

IV – permitir ou facilitar a alienação, permuta ou locação de bem integrante do patrimônio de qualquer das entidades referidas no art. 1º desta lei, ou ainda a prestação de serviço por parte delas, por preço inferior ao de mercado;

V – permitir ou facilitar a aquisição, permuta ou locação de bem ou serviço por preço superior ao de mercado;

VI – realizar operação financeira sem observância das normas legais e regulamentares ou aceitar garantia insuficiente ou inidônea;

VII – conceder benefício administrativo ou fiscal sem a observância das formalidades legais ou regulamentares aplicáveis à espécie;

VIII – frustrar a licitude de processo licitatório ou de processo seletivo para celebração de parcerias com entidades sem fins lucrativos, ou dispensá-los indevidamente;

IX – ordenar ou permitir a realização de despesas não autorizadas em lei ou regulamento;

X – agir negligentemente na arrecadação de tributo ou renda, bem como no que diz respeito à conservação do patrimônio público;

XI – liberar verba pública sem a estrita observância das normas pertinentes ou influir de qualquer forma para a sua aplicação irregular;

XII – permitir, facilitar ou concorrer para que terceiro se enriqueça ilicitamente;

XIII – permitir que se utilize, em obra ou serviço particular, veículos, máquinas, equipamentos ou material de qualquer natureza, de propriedade ou à disposição de qualquer das entidades mencionadas no art. 1º desta lei, bem como o trabalho de servidor público, empregados ou terceiros contratados por essas entidades.

XIV – celebrar contrato ou outro instrumento que tenha por objeto a prestação de serviços públicos por meio da gestão associada sem observar as formalidades previstas na lei;

XV – celebrar contrato de rateio de consórcio público sem suficiente e prévia dotação orçamentária, ou sem observar as formalidades previstas na lei.

XVI – facilitar ou concorrer, por qualquer forma, para a incorporação, ao patrimônio particular de pessoa física ou jurídica, de bens, rendas, verbas ou valores públicos transferidos pela administração pública a entidades privadas mediante celebração de parcerias, sem a observância das formalidades legais ou regulamentares aplicáveis à espécie;

XVII – permitir ou concorrer para que pessoa física ou jurídica privada utilize bens, rendas, verbas ou valores públicos transferidos pela administração pública a entidade privada mediante celebração de parcerias, sem a observância das formalidades legais ou regulamentares aplicáveis à espécie;

XVIII – celebrar parcerias da administração pública com entidades privadas sem a observância das formalidades legais ou regulamentares aplicáveis à espécie;

XIX – frustrar a licitude de processo seletivo para celebração de parcerias da administração pública com entidades privadas ou dispensá-lo indevidamente;

XX – agir negligentemente na celebração, fiscalização e análise das prestações de contas de parcerias firmadas pela administração pública com entidades privadas;

XXI – liberar recursos de parcerias firmadas pela administração pública com entidades privadas sem a estrita observância das normas pertinentes ou influir de qualquer forma para a sua aplicação irregular.

Por fim, percebemos que a lista do art. 10 **não é taxativa**, devido a expressão "notadamente" utilizada em sua redação. Assim, a Lei apenas enumera alguns dos casos que poderão ocorrer.

DICA

Uma forma de diferenciarmos as situações enumeradas no art. 9º (atos de improbidade que importam enriquecimento ilícito), das situações previstas no art. 10 (atos de improbidade que acarretam lesão ao erário) é que nas primeiras, o beneficiário do ato de improbidade administrativa é o **próprio agente público** que o praticou, enquanto nas segundas, o benefício é de terceiros.

9.3. Que atentam contra os princípios da Administração Pública (art. 11)

Preliminarmente, devemos perceber que todos os atos de improbidade administrativa irão envolver **desrespeito a um ou mais princípios do Direito Administrativo**. Inevitavelmente, quando o agente público pratica um ato de improbidade estará ferindo os princípios da probidade administrativa e da moralidade.

Sendo assim, o entendimento doutrinário é que o art. 11 da Lei nº 8.429/1992 possui **caráter residual ou secundário**, ou seja, o agente público que praticar ato de improbidade administrativa só será enquadrado por transgressão aos princípios que regem a atividade administrativa, se não se enquadrar nas duas categorias citadas anteriormente. Na prática do ato de improbidade administrativa que atentam contra os princípios da Administração Pública, teremos os seguintes traços comuns:

(i) conduta do agente público denotativa de má-fé, desonestidade;

(ii) ação ou omissão dolosa do agente público, violadora dos princípios da Administração Pública;

(iii) além de desrespeito a princípio constitucional, não poderá acarretar lesão ao erário (art. 10) ou enriquecimento ilícito do agente público (art. 9º);

(iv) conduta **dolosa** do agente público.

Nos termos do art. 11, temos:

> Art. 11. Constitui ato de improbidade administrativa que atenta contra os princípios da administração pública qualquer ação ou omissão que viole os deveres de honestidade, imparcialidade, legalidade, e lealdade às instituições, e notadamente:
>
> I – praticar ato visando fim proibido em lei ou regulamento ou diverso daquele previsto, na regra de competência;

II – retardar ou deixar de praticar, indevidamente, ato de ofício;

III – revelar fato ou circunstância de que tem ciência em razão das atribuições e que deva permanecer em segredo;

IV – negar publicidade aos atos oficiais;

V – frustrar a licitude de concurso público;

VI – deixar de prestar contas quando esteja obrigado a fazê-lo;

VII – revelar ou permitir que chegue ao conhecimento de terceiro, antes da respectiva divulgação oficial, teor de medida política ou econômica capaz de afetar o preço de mercadoria, bem ou serviço.

VIII – descumprir as normas relativas à celebração, fiscalização e aprovação de contas de parcerias firmadas pela administração pública com entidades privadas.

IX - deixar de cumprir a exigência de requisitos de acessibilidade previstos na legislação. (Incluído pela Lei nº 13.146, de 2015)

DICA

Na verdade, a melhor forma para enquadrarmos determinado ato em uma das três hipóteses seria por **exclusão**. Sendo assim, devemos começar analisando se o ato em questão acarretou, de alguma forma, a percepção de vantagens indevidas. Após, numa segunda análise, observamos se o ato causou dano ao erário. Se, finalmente, também não ocorreu nenhum dano à Administração Pública, resta o enquadramento final como ato atentatório aos princípios da Administração Pública.

10. PENALIDADES (ART. 12)

As sanções previstas na Lei de Improbidade Administrativa **não excluem** outras sanções penais, civis e administrativas, previstas na legislação específica.

Não há previsão na Lei nº 8.429/1992 de **nenhuma medida punitiva de natureza penal**. Aliás, o próprio texto constitucional impõe medidas de natureza civil (ressarcimento ao erário e indisponibilidade dos bens), política (suspensão dos direitos políticos) e político-administrativa (perda da função pública), sem excluir, contudo, a ação penal cabível.

Algumas penalidades são aplicáveis, sem graduação, **nas três hipóteses previstas na lei (arts. 9º, 10 e 11):**

(a) perda da função pública;

(b) ressarcimento integral do dano;

(c) perda dos bens ou valores acrescidos ilicitamente ao patrimônio.

Ressaltamos que a perda da função pública e a suspensão dos direitos políticos só se efetivam com o **trânsito em julgado da sentença condenatória.**

Independentemente das sanções penais, civis e administrativas previstas na legislação específica, está o responsável pelo ato de improbidade sujeito às seguintes cominações, que podem ser aplicadas isolada ou cumulativamente, de acordo com a gravidade do fato:

ATOS DE IMPROBIDADE ADMINISTRATIVA QUE IMPORTEM	PREVISÃO LEGAL	SUSPENSÃO DOS DIREITOS POLÍTICOS	MULTA CIVIL	PROIBIÇÃO CONTRATAR COM O PODER PÚBLICO E DE RECEBER BENEFÍCIOS OU INCENTIVOS FISCAIS OU CREDITÍCIOS, DIRETA OU INDIRETAMENTE
ENRIQUECIMENTO ILÍCITO	Art. 9º	8 a 10 anos	Até 3 vezes o valor do acréscimo patrimonial	10 anos
LESÃO AO ERÁRIO	Art. 10	5 a 8 anos	Até duas vezes o valor do dano	5 anos
DESRESPEITO AOS PRINCÍPIOS DA ADMINISTRAÇÃO PÚBLICA	Art. 11	3 a 5 anos	Até 100 vezes o valor da remuneração do agente público	3 anos

Na fixação das penas previstas nesta lei o juiz levará em conta a **extensão do dano causado**, assim como o **proveito patrimonial** obtido pelo agente.

Cabe ressaltar, ainda, que o art. 21 da Lei de Improbidade afirma que a aplicação das penalidades independe:

(i) da efetiva ocorrência de dano ao patrimônio público, salvo quanto à pena de ressarcimento;

(ii) da aprovação ou rejeição das contas pelo órgão de controle interno ou pelo Tribunal ou Conselho de Contas.

11. DECLARAÇÃO DE BENS (ART. 13)

A Lei de Improbidade Administrativa condiciona a posse e o exercício do agente público à apresentação de **declaração dos bens** que compõem o seu patrimônio privado, além de sua atualização anual e no momento em que deixar de exercer mandato, cargo, emprego ou função pública.

A declaração compreenderá imóveis, móveis, semoventes, dinheiro, títulos, ações ou quaisquer bens ou valores patrimoniais localizados no País ou no exterior, pertencentes ao patrimônio do servidor e, quando for o caso, do cônjuge, companheiro, filhos ou outras pessoas que vivam sob sua dependência econômica.

Estará sujeito à pena de **demissão**, a bem do serviço público, o servidor que se recusar a prestar declaração dos bens, dentro do prazo determinado, ou que prestá-la com informações falsas. Logicamente, para aplicação de tal penalidade, é imprescindível que haja a apuração através de processo administrativo disciplinar, em que seja assegurado o contraditório e a ampla defesa.

12. PROCEDIMENTO ADMINISTRATIVO E JUDICIAL (ART. 14 AO 18)

Qualquer pessoa poderá representar à autoridade administrativa competente para que seja instaurada investigação visando apurar ato de improbidade administrativa. Tal representação deverá respeitar algumas **formalidades**, tais como: ser formulada por escrito, assinada e conter a qualificação do representante. Também informará sobre o fato e sua autoria, além de indicar as provas de que tenha conhecimento o denunciante. Se tais exigências não forem cumpridas, a autoridade administrativa rejeitará a representação, em despacho fundamentado, o que não impedirá a representação ao Ministério Público.

Após a instauração do processo administrativo, a Comissão responsável pela apuração dos fatos dará conhecimento ao Ministério Público e ao Tribunal ou Conselho de Contas, da existência de procedimento administrativo para apurar a prática do ato de improbidade. O Ministério Público e o Tribunal de Contas poderão, a requerimento, designar representante para acompanhar o procedimento administrativo.

A ação principal, que terá rito ordinário, será proposta pelo Ministério Público ou pela pessoa jurídica interessada, dentro de trinta dias da medida cautelar. Ressaltamos que a Lei de Improbidade estabelece que quando o Ministério Público não for parte, obrigatoriamente, atuará como fiscal da lei, sob pena de nulidade do processo.

A Lei nº 8.429/1992 prevê algumas medidas acautelatórias, tais como: a indisponibilidade dos bens, o sequestro dos bens, investigação, exame e bloqueio de bens, contas bancárias e aplicações financeiras mantidas pelo indiciado no exterior, afastamento do agente público do exercício do cargo, emprego ou função.

13. DISPOSIÇÕES PENAIS DA LEI DE IMPROBIDADE ADMINISTRATIVA (ART. 19)

Constitui **crime**, sujeito a pena de detenção de seis a dez meses e multa, a representação de ato de improbidade contra agente público ou terceiro beneficiário, quando o autor da denúncia o souber inocente, sem prejuízo da ação de indenização por danos materiais, morais ou à imagem que forem provocados.

> **DICA**
> Não há previsão de sanção penal na Lei nº 8.429/1992 para o agente ímprobo (autor do ato de improbidade administrativa). A sanção prevista no art. 19 estabelece sanção penal **para quem representa** ato de improbidade administrativa contra agente público ou terceiro beneficiário, sabendo que o suposto autor do ato é inocente.

14. PRESCRIÇÃO (ART. 23)

Podemos de forma sucinta definir prazo prescricional como sendo aquele de que dispõe a Administração Pública, para punir o agente que cometeu uma infra-

Cap. 8 · LEI DE IMPROBIDADE ADMINISTRATIVA (LEI Nº 8.429/1992) 599

ção. Assim, prescrição é a **perda do direito de punir**, por parte da Administração, pelo decurso do prazo prescricional. As ações civis de improbidade administrativa possuem **dois prazos** de prescrição.

Será de **cinco anos** o prazo prescricional para ações a serem ajuizadas contra agentes públicos que exerçam mandato, cargo em comissão ou função de confiança, contados a partir do término do mandato ou do vínculo funcional.

Já o prazo prescricional para aqueles agentes públicos que exerçam cargo efetivo ou emprego público, é o estabelecido em lei específica, para as faltas puníveis com demissão a bem do serviço público.

Segundo a Lei nº 8.112/1990, aplicável no âmbito do serviço público federal, esse prazo também será de **5 anos**.

Devemos relembrar que, nos termos do § 5º do art. 37 da Constituição Federal, os prazos de prescrição estabelecidos em lei não são aplicáveis às ações de ressarcimento, visto que elas são imprescritíveis.

Por fim, a Lei 13.019/14 inseriu o inciso III, no art. 23, estabelecendo o prazo prescricional de até cinco anos da data da apresentação à administração pública da prestação de contas final pelas entidades referidas no parágrafo único do art. 1o da Lei nº 8.429/92.

15. QUESTÕES COMENTADAS

1. **(2014 – FCC – TRT 19ªR – Técnico Judiciário)** Mateus, agente público, recebeu vantagem econômica, diretamente de Bruno, para tolerar a exploração de jogo de azar por parte deste último. Nos termos da Lei no 8.429/92, a conduta de Mateus:

   (A) constitui ato ímprobo causador de prejuízo ao erário.

   (B) constitui ato ímprobo que importa enriquecimento ilícito.

   (C) não constitui ato ímprobo, embora seja conduta criminosa.

   (D) constitui ato ímprobo, na modalidade atentatória aos princípios da Administração Pública.

   (E) não constitui ato ímprobo, mas caracteriza falta funcional passível de punição na seara administrativa.

   Questão tradicional! Requer que o candidato conheça a classificação dos atos de improbidade administrativa.

   Sabemos que a Lei nº 8.429/1992 estabelece três categorias de atos de improbidade: os que importam enriquecimento ilícito (art. 9º), os que acarretam lesão ao erário (art. 10) e os que atentam contra princípios da Administração Pública (art. 11).

   Assim, o candidato deve conhecer a literalidade desses três artigos. A situação hipotética em que Mateus foi enquadrada está prevista no art. 9º, V (receber vantagem econômica de qualquer natureza, direta ou indireta, para tolerar a exploração ou a prática de jogos de azar, de lenocínio, de narcotráfico, de contrabando, de usura ou de qualquer outra atividade ilícita, ou aceitar promessa de tal vantagem).

   Porém, para ficar mais fácil ainda, devemos perceber que a característica dessa espécie de ato de improbidade é que o beneficiário do ato ímprobo será o próprio agente que o praticou. Para isso, a conduta relacionada com a expressão "receber vantagem econômica" será sempre enquadrada como enriquecimento ilícito.

DIREITO ADMINISTRATIVO – *Luís Gustavo Bezerra de Menezes*

2. **(2014 – FCC – SABESP – Advogado)** Em janeiro de 2005, José, vereador de determinado Município, praticou ato de improbidade administrativa, previsto na Lei no 8.429/92. Em dezembro de 2008, deu-se o término do exercício do mandato de José e, em janeiro de 2012, o Ministério Público ajuizou a respectiva ação de improbidade administrativa. A propósito dos fatos narrados, a ação ajuizada pelo Ministério Público

   (A) não é cabível, vez que José não é considerado sujeito ativo de improbidade administrativa.

   (B) está prescrita, pois deveria ser ajuizada até janeiro de 2010.

   (C) está prescrita, pois deveria ser ajuizada até janeiro de 2011.

   (D) não está prescrita, pois poderá ser ajuizada até dezembro de 2015.

   (E) não está prescrita, pois poderia ser ajuizada até dezembro de 2013.

   O art. 23, da Lei de Improbidade, estabelece o prazo prescricional para as ações de improbidade administrativa.

   Segundo o referido dispositivo, será de **cinco anos** o prazo prescricional para ações a serem ajuizadas contra agentes públicos que exerçam mandato eletivo, cargo em comissão ou função de confiança, contados a partir do término do mandato ou do vínculo funcional.

   Já o prazo prescricional para aqueles agentes públicos que exerçam cargo efetivo ou emprego público, é o estabelecido em lei específica, para as faltas puníveis com demissão a bem do serviço público.

   Tendo em vista que José é Vereador, temos que o prazo prescricional é de cinco anos contados a partir do término do mandato, que no caso em pauta foi em dezembro de 2008. Observa-se, então, que a pretendida ação poderá ser proposta até dezembro de 2013.

3. **(2014 – FCC – METRO-SP – Advogado)** Marilis, Prefeita de um Município Paulista, foi processada e condenada por improbidade administrativa, haja vista ter sido comprovada a prática de ato ímprobo que importou em enriquecimento ilícito. A propósito do aludido ato de improbidade, é INCORRETO afirmar que

   (A) não admite conduta culposa.

   (B) admite a medida de indisponibilidade de bens.

   (C) tem as sanções mais severas previstas na Lei de Improbidade Administrativa.

   (D) pode gerar, dentre outras consequências, a perda da função pública.

   (E) o sucessor não está sujeito às cominações previstas na Lei de Improbidade Administrativa, independentemente do limite do valor da herança.

   O enunciado da questão informa que Marilis foi condenada por ato de improbidade administrativa que importa enriquecimento ilícito e solicita a identificação da alternativa incorreta. Por isso, passemos a analisar todas as assertivas propostas:

   a) Correta. Segundo a jurisprudência, a única modalidade que admite a conduta culposa ou dolosa do autor do ato é na lesão ao erário. As outras duas categorias só admitem a conduta dolosa.

   b) Correta. Nos termos do art. 7º, da LIA, quando o ato de improbidade ensejar enriquecimento ilícito, caberá à autoridade administrativa responsável pelo inquérito representar ao Ministério Público para indisponibilidade dos bens.

   c) Correta. O ato de improbidade que importa enriquecimento ilícito é a pior das três categorias. Consequentemente, as sanções impostas são as mais severas.

   d) Correta. Esta é uma das consequências previstas na CF, art. 37, §4º.

Cap. 8 · LEI DE IMPROBIDADE ADMINISTRATIVA (LEI Nº 8.429/1992)

601

e) Errada. O art. 8º da LIA, estabelece que a responsabilidade dos sucessores daqueles que causarem lesão ao patrimônio público ou que se enriquecerem ilicitamente, é limitada ao valor da herança recebida.

16. QUESTÕES PARA TREINAR!

1. **(2014 – ESAF – Ministério do Turismo – Técnico-Administrativo)** 'No que concerne à interpretação de disposições constitucionais e legais que tratam de improbidade administrativa, assinale a opção correta.

    a) Segundo a jurisprudência mais recente do Superior Tribunal de Justiça, as sanções previstas pela Lei de Improbidade Administrativa podem ser aplicadas retroativamente, para alcançar fatos anteriores à sua vigência.

    b) Consoante mandamento constitucional, os atos de improbidade administrativa importarão a cassação dos direitos políticos, a perda da função pública, a indisponibilidade dos bens e o ressarcimento ao erário, na forma e gradação previstas em lei, sem prejuízo da ação penal cabível.

    c) Conforme disposição contida na Lei de Improbidade Administrativa, reputa-se agente público, para os efeitos da aludida norma, todo aquele que exerce, ainda que transitoriamente, mas apenas de forma remunerada, mandato, cargo, emprego ou função nas entidades públicas mencionadas na referida lei.

    d) O sucessor daquele que causar lesão ao patrimônio público ou se enriquecer ilicitamente não está sujeito às cominações da Lei de Improbidade Administrativa.

    e) A aplicação das sanções previstas na Lei de Improbidade Administrativa independe da aprovação ou rejeição das contas pelo órgão de controle interno ou pelo Tribunal ou Conselho de Contas.

2. **(2015 – FCC – TCE-CE – Técnico de Controle Externo)** Para Alexandre de Moraes atos de improbidade são "aqueles que, possuindo natureza civil e devidamente tipificados em lei federal, ferem direta ou indiretamente os princípios constitucionais e legais da Administração pública". Nesse sentido, os atos de improbidade foram disciplinados pela Lei Federal no 8.429/1992. Segundo o referido regime jurídico,

    a) as sanções de perda da função pública e suspensão dos direitos políticos somente se efetivam com o trânsito em julgado da sentença condenatória.

    b) o ato de improbidade em si não constitui crime e não pode caracterizá-lo, isso em razão do princípio da especialidade.

    c) para que uma conduta seja caracterizada como improba deve, além de atentar contra os princípios da Administração, implicar enriquecimento ilícito ou prejuízo ao erário.

    d) a aplicação das sanções aos agentes administrativos previstas na denominada Lei de Improbidade Administrativa depende da efetiva ocorrência do dano ao patrimônio público, hipótese em que se deve aguardar decisão do Tribunal de Contas competente quanto à aprovação ou rejeição das contas.

    e) os atos de improbidade que atentam contra os princípios da Administração pública compreendem tão somente a ação, excluindo a omissão.

3. **(2015 – FCC – TCM – RJ – Auditor Substituto)** O Prefeito do Município do Rio de Janeiro dispensou indevidamente um processo licitatório. Nos termos da Lei no 8.429/1992,

a) constitui ato de improbidade administrativa que causa prejuízo ao erário.

b) constitui ato de improbidade administrativa que atenta contra os princípios da Administração pública.

c) a aplicação de eventual pena depende da rejeição das contas pelo TCM/RJ.

d) a ação a ser proposta destinada a levar a efeito eventual sanção prescreve em 10 anos após o término do mandato.

e) constitui ato de improbidade administrativa que comporta enriquecimento ilícito.

4. **(2015 – FCC – TCE-CE – Analista de Controle Externo – Área Judiciária)** Medésio associa-se com Dionísio, servidor público federal, para intermediar a liberação de pensões e aposentadorias para pessoas que não preenchem os requisitos legais, recebendo, para tanto, vantagens econômicas com o esquema fraudulento. Identificado o esquema, Dionísio

a) e Medésio não responderão por improbidade administrativa, cabendo a responsabilização ser efetuada nos termos da legislação penal.

b) responderá por improbidade administrativa, nos termos da Lei no 8.429/92, e Medésio responderá nos termos da legislação penal.

c) responderá por improbidade administrativa, nos termos da Lei no 8.429/92, e Medésio responderá nos termos da legislação civil.

d) e Medésio responderão por improbidade administrativa, nos termos da Lei no 8.429/92.

e) e Medésio poderão ser absolvidos de eventual responsabilização por ato de improbidade administrativa se devolverem todas as vantagens recebidas pelo esquema fraudulento.

5. **(2015 – FCC – CNMP – Controle Interno)** Atos de improbidade administrativa estabelecidos na Lei Federal no 8.429/1992, como: permitir ou facilitar a aquisição, permuta ou locação de bem ou serviço superfaturado, deixar de prestar contas quando esteja obrigado a fazê-lo e perceber vantagem econômica, direta ou indireta, para facilitar a alienação, permuta ou locação de bem público ou o fornecimento de serviço por ente estatal subfaturado, constituem respectivamente:

a) prejuízo ao erário, atentam contra os princípios da Administração pública e enriquecimento ilícito.

b) prejuízo ao erário, enriquecimento ilícito e atentam contra os princípios da Administração pública.

c) atentam contra os princípios da Administração pública, prejuízo ao erário e enriquecimento ilícito.

d) enriquecimento ilícito, prejuízo ao erário e atentam contra os princípios da Administração pública.

e) atentam contra os princípios da Administração pública, enriquecimento ilícito e prejuízo ao erário.

GABARITO DAS QUESTÕES				
1	2	3	4	5
E	A	A	D	A

Capítulo 9

RESPONSABILIDADE CIVIL DO ESTADO

1. INTRODUÇÃO

A responsabilidade civil, genericamente considerada, tem sua origem no Direito Civil. No Direito Público, em especial no Direito Administrativo, surge em virtude de **dano ou prejuízo causado pela Administração Pública no desempenho de suas funções**. É modalidade de obrigação extracontratual, ou seja, não depende da formalização prévia de contrato administrativo. Para que ocorra, é necessária a comprovação de:

(i) ocorrência de um dano patrimonial ou moral; e

(ii) nexo de causalidade (relação de causa e efeito) entre o dano havido e o comportamento do agente, o que significa ser necessário que o dano efetivamente haja decorrido, direta ou indiretamente, da ação ou omissão indevida do agente.

Na definição de Celso Antônio Bandeira de Melo, a responsabilidade civil ou responsabilidade patrimonial extracontratual do Estado é a obrigação que lhe incumbe de reparar, economicamente, os danos causados a terceiros e que lhe sejam imputáveis em decorrência de comportamentos comissivos ou omissivos, materiais ou jurídicos.

2. EVOLUÇÃO

A evolução da responsabilidade civil do Estado passou, basicamente, pelas seguintes fases: **irresponsabilidade do Estado**; **responsabilidade subjetiva** do Estado e **responsabilidade objetiva** do Estado. Falaremos de cada um desses diferentes momentos a seguir.

(a) Irresponsabilidade do Estado

Decorre do regime **absolutista**. Baseava-se na ideia de que não era possível ao Estado, literalmente personificado na figura do rei, lesar seus súditos, uma vez que o rei não cometia erros (*The king can do no wrong*). Essa teoria logo começou a ser combatida, por sua evidente injustiça: se o Estado deve tutelar o Direito, não pode deixar de responder quando, por sua ação ou omissão, causar danos a terceiros, mesmo porque, sendo pessoa jurídica, é titular de direitos e obrigações. Para a doutrina majoritária, essa teoria jamais foi adotada no direito brasileiro.

(b) Responsabilidade com culpa civil do Estado

Esta doutrina, influenciada pelo individualismo característico do liberalismo, pretendeu equiparar o Estado ao indivíduo, sendo, portanto, obrigado a indenizar os danos causados aos particulares nas mesmas hipóteses em que existe tal obrigação para os indivíduos. Assim, como o Estado atua por meio de seus agentes, somente existia obrigação de indenizar quando estes, os agentes, tivessem agido com culpa ou dolo, cabendo, evidentemente, ao particular prejudicado o ônus de demonstrar a existência desses elementos subjetivos.

(c) Teoria da culpa administrativa (culpa anônima)

A Teoria da Culpa Administrativa representou o primeiro estágio da transição entre a doutrina subjetiva da culpa civil e a responsabilidade objetiva atualmente adotada pela maioria dos países ocidentais.

Segundo a Teoria da Culpa Administrativa, o dever de o Estado indenizar o dano sofrido pelo particular somente existe caso seja comprovada, pelo prejudicado, a existência de uma culpa especial baseada na falha do Estado ao prestar o serviço. Vale ressaltar que, segundo o STF, esta falha poderia decorrer de três vertentes: da inexistência do serviço, do mau funcionamento do serviço ou do atraso na prestação do serviço.

Atualmente, no direito brasileiro, esta teoria é adotada em casos de **omissão do Estado**, de **caso fortuito** ou de **força maior** e por **danos produzidos por atos de terceiros**.

(d) Teoria do risco administrativo

Essa teoria tem por fundamento o **princípio da isonomia**, tendo como ideia central a repartição do ônus entre todos os beneficiários da prestação do serviço público, ou seja, a coletividade. A responsabilidade do Estado surge em virtude do dano, sem que para ele tenha concorrido o particular. Independe da falha do Estado na prestação do serviço, da culpa do agente público ou até mesmo da atividade ser lícita ou ilícita.

Resumidamente, existindo o fato do serviço e o nexo de causalidade entre o fato e o dano ocorrido, **presume-se a culpa da Administração**. Compete a esta, para eximir-se da obrigação de indenizar, comprovar, se for o caso, existência de culpa exclusiva do particular ou, se comprovar culpa concorrente, terá atenuada sua obrigação. O que importa, em qualquer caso, é que o ônus da prova de culpa do particular, se existente, cabe sempre à Administração. **Em regra, é a teoria adotada no Brasil**, estando disciplinada no art. 37, § 6º da Constituição Federal.

(e) Teoria do risco integral

Vimos que na Teoria do Risco Administrativo dispensa-se a prova da culpa da Administração, mas permite-se que esta venha a comprovar a culpa exclusiva ou concorrente da vítima para fim de atenuar ou excluir a responsabilidade do Estado, respectivamente.

A visão **mais radical** resulta na teoria do risco integral, haja vista que por ela, o Estado sempre será responsabilizado pelo prejuízo causado ao particular, ainda que seja comprovada a culpa exclusiva ou concorrente da vítima.

DICA

Há divergência doutrinária quanto a sua aplicação ou não no Direito Administrativo Brasileiro. A professora Maria Sylvia Di Pietro afirma a aplicação de tal teoria em alguns casos, tais como o dano nuclear.

EVOLUÇÃO HISTÓRICA

TEORIA DO RISCO ADMINISTRATIVO	TEORIA DO RISCO INTEGRAL
Admite fatores de redução ou exclusão da responsabilidade do Estado	*Não admite fatores de redução ou exclusão da responsabilidade do Estado*

3. RESPONSABILIDADE CIVIL DO ESTADO NA CF/88

A atual Carta Magna, em seu art. 37, §6º, reza que **"As pessoas jurídicas de Direito Público e as de Direito Privado prestadoras de serviços públicos responderão pelos danos que seus agentes, nessa qualidade, causarem a terceiros, assegurado o direito de regresso contra o responsável nos casos de dolo e culpa"**.

Como já visto anteriormente, o dispositivo supramencionado consagra a **responsabilidade civil objetiva** do Estado no caso de dano causado a terceiros, com base na **teoria do risco administrativo**. De forma resumida, temos que a aplicação de tal dispositivo abrange:

TEXTO DA CF, ART. 37, §6º	ABRANGÊNCIA DO DISPOSITIVO
PESSOA JURÍDICA DE DIREITO PÚBLICO	União, Estados, Municípios e Distrito Federal
	Autarquias (incluindo as Agências Reguladoras)
	Fundação Autárquica (Fundação Pública com Personalidade Jurídica de Direito Público)
PESSOA JURÍDICA DE DIREITO PRIVADO DESDE QUE PRESTADORA DE SERVIÇO PÚBLICO	Fundação Governamental (Fundação Pública com Personalidade Jurídica de Direito Privado)
	Sociedade de Economia Mista
	Empresa Pública
	Delegatárias de Serviços Públicos (concessionárias, permissionárias e autorizatárias)

Assim, quanto às pessoas jurídicas de direito privado, essas somente estarão abrangidas quando forem prestadoras de serviços públicos. Caso explorem atividade econômica, terão responsabilidade subjetiva, nos termos do Código Civil.

Outrossim, o STF já entendeu que as pessoas jurídicas de direito privado, prestadoras de serviços públicos, terão responsabilidade objetiva em relação ao dano causado aos terceiros usuários ou não dos serviços.

4. AÇÃO DE INDENIZAÇÃO (PARTICULAR X ADMINISTRAÇÃO)

A reparação do dano causado pela Administração ao particular dar-se-á **amigavelmente** ou por meio de **ação judicial de indenização** movida por este contra aquela. Nessa ação, bastará ao particular demonstrar a relação de causa e consequência entre o fato lesivo e o dano, bem assim o valor patrimonial desse dano. A partir daí, cabe à Administração, para eximir-se da obrigação de indenizar, comprovar, se for o caso, que a vítima concorreu com dolo ou culpa para o evento danoso, podendo resultar **três** situações:

(1) se não conseguir provar, responderá integralmente pelo dano, devendo indenizar o particular;

(2) se comprovar que a culpa total foi do particular, ficará eximida da obrigação de reparar;

(3) se comprovar que houve culpas recíprocas (parcial de ambas as partes), a obrigação será atenuada proporcionalmente (responsabilidade mitigada)

5. AÇÃO REGRESSIVA (ADMINISTRAÇÃO X AGENTE)

Segundo posicionamento recente do STF, o servidor somente responderá através de ação regressiva, perante à Fazenda Pública, **não sendo possível** acionar diretamente o servidor ou o Estado e o servidor conjuntamente, através de litisconsórcio passivo facultativo. Além disso, o dano já deve ter sido ressarcido ao particular, para que o Estado possa regressivamente acioná-lo.

Quanto à ação regressiva, seus efeitos, por tratar-se de uma ação de natureza civil, transmitem-se aos herdeiros e sucessores do culpado (CF, art. 5º, XLV). Trata-se de uma ação de ressarcimento de dano. Logo, é imprescritível (CF, art. 37, § 5º).

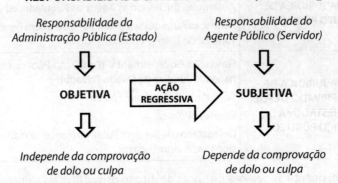

6. QUESTÕES COMENTADAS

1. (2014 – FCC – SABESP – Advogado) Analise a seguinte assertiva: Desastres ocasionados por chuvas, tais como, enchentes, inundações e destruições, excluem a responsabilidade estatal. A assertiva em questão

(A) não está correta, pois inexiste excludente da responsabilidade estatal, sendo hipótese de responsabilidade subjetiva.

(B) está correta, não comportando exceção.

(C) não está correta, pois, em regra, o Estado responde diante de fatos decorrentes da natureza.

(D) está correta, mas se for comprovado que o Estado omitiu-se no dever de realizar certos serviços, ele responderá pelos danos.

(E) não está correta, pois o Estado sempre responde objetivamente.

A Constituição Federal consagra a **responsabilidade civil objetiva do Estado**, pautada na Teoria do Risco Administrativo, porém, paralelamente a essa teoria, a doutrina administrativa adota, **em alguns casos, a Teoria da Culpa Administrativa**. Trata-se de uma teoria de responsabilidade civil objetiva, ou seja, acabamos de descobrir: como regra, a responsabilidade civil do Estado é objetiva, mas, em alguns casos, haverá responsabilidade subjetiva!

Segundo a Teoria da Culpa Administrativa, o dever de o Estado indenizar o dano sofrido pelo particular somente existe caso seja comprovada a existência de falta do serviço. Não se trata de perquirir da culpa subjetiva do agente, mas da ocorrência de falta na prestação do serviço.

A tese subjacente é que somente o dano decorrente de irregularidade na execução da atividade administrativa ensejaria indenização ao particular, ou seja, exige-se também uma espécie de culpa, mas não culpa subjetiva do agente, e sim uma culpa especial da Administração à qual convencionou-se chamar de culpa administrativa, baseada na falha do Estado na prestação de um serviço.

A culpa administrativa podia decorrer de uma das três formas possíveis de falta do serviço: inexistência do serviço, mau funcionamento do serviço ou atraso na prestação do serviço. Caberá sempre ao particular prejudicado pela falta comprovar sua ocorrência para fazer jus à indenização.

Essa teoria é adotada no direito pátrio no caso de danos oriundos de fenômenos da natureza, por exemplo, em virtude de desastres ocasionados por chuvas, tais como, enchentes, inundações e destruições. Nessas situações, o Estado só responderá pelos danos causados aos particulares de for comprovada a falha do Estado na prestação de um serviço (Teoria da Culpa Administrativa). Caso contrário, exclui-se a responsabilidade do Estado.

2. (2015 – CESPE – DEPEN) De acordo com o atual entendimento do STF, a responsabilidade civil das pessoas jurídicas de direito privado prestadoras de serviço público de transporte é objetiva relativamente aos usuários do serviço, não se estendendo a pessoas que não ostentem a condição de usuário.

> **Incorreta.** O Supremo Tribunal Federal (STF) definiu que há responsabilidade civil objetiva (dever de indenizar danos causados independente de culpa) das empresas que prestam serviço público mesmo em relação a terceiros, ou seja, aos não-usuários, tendo em vista que a CF não estabelece tal distinção no art. 37, § 6º.

3. (2015 – CESPE – DEPEN) Nos casos de responsabilidade objetiva por risco integral, não se admitem, em regra, excludentes de responsabilidade, ao contrário do que ocorre nos casos de responsabilidade objetiva por risco administrativo.

> **Correta.** A teoria do risco integral, de responsabilidade objetiva do Estado, difere da teoria do risco administrativo por não admitir a redução ou a exclusão de responsabilidade do Estado.

7. QUESTÕES PARA TREINAR!

1. (2015 – FCC – SEFAZ-PI – Auditor Fiscal) Determinado servidor da Secretaria da Fazenda inseriu informações falsas sobre cidadão, seu desafeto, no cadastro de contribuintes do Estado, fazendo com que o referido cidadão passasse a figurar no cadastro de inadimplentes. Diante dessa situação, o cidadão, que é um pequeno empresário, sofreu diversos prejuízos morais e patrimoniais, especialmente em decorrência de restrições de crédito. A responsabilidade do Estado pelos danos sofridos pelo cidadão é:

a) subjetiva, dependendo, pois, da prévia responsabilização do agente público em processo disciplinar ou administrativo.

b) objetiva, dependendo, para efeito do dever de indenizar o cidadão, da comprovação do nexo de causalidade entre a conduta do servidor e os danos sofridos.

c) afastada, se comprovada culpa exclusiva do agente público, o qual responde civilmente perante o cidadão prejudicado e administrativamente por falta disciplinar.

d) condicionada à comprovação de dolo do servidor, circunstância que, se presente, obriga o Estado a indenizar os danos patrimoniais e morais sofridos pelo cidadão.

e) decorrente da prestação do serviço público, não estando presente na situação narrada em face da conduta dolosa do agente público.

2. **(2012 – FCC – TRE-SP – Analista Judiciário)** De acordo com a Constituição Federal brasileira, as pessoas jurídicas de direito público e as de direito privado prestadoras de serviço público respondem pelos danos que seus agentes, nessa qualidade, causarem a terceiros. Isso significa que a responsabilidade extracontratual do Estado

a) independe da comprovação de dolo ou culpa do agente, bastando a comprovação do nexo de causalidade entre a ação do agente público e o dano e a ausência de condições excludentes.

b) depende da comprovação do dolo ou culpa do agente público, caracterizadora da falha na prestação do serviço público.

c) independe da comprovação de dolo ou culpa do agente, o qual responde pelos danos causados perante os terceiros, podendo exercer direito de regresso em face da Administração na hipótese de causas excludentes da ilicitude da sua conduta.

d) é de natureza objetiva, sendo afastada quando comprovada a culpa ou dolo exclusivo do agente que, em tal hipótese, responde diretamente perante o particular.

e) é de natureza subjetiva, condicionada à comprovação de culpa exclusiva do agente público.

3. **(2012 – FCC – TRE-PR – Analista Judiciário)** Durante uma perseguição a suspeitos, uma viatura policial estadual avançou o sinal vermelho e colidiu com outro veículo, particular, causando danos de grande monta e também lesões corporais nos integrantes do veículo. Nessa hipótese, com base na Constituição Federal e com as informações constantes deste preâmbulo, o Estado

a) responde apenas subjetivamente, desde que haja culpa do agente público, uma vez que este estava no regular desempenho de sua função.

b) responde subjetivamente pelos danos sofridos pelos

particulares, desde que reste comprovada negligência do condutor da viatura.

c) responde objetivamente pelos danos sofridos pelos particulares, cabendo direito de regresso contra o condutor da viatura na hipótese de ser comprovada culpa ou dolo.

Cap. 9 · RESPONSABILIDADE CIVIL DO ESTADO

609

    d)   responde subjetivamente, caso seja demonstrado o nexo de causalidade, e o servidor responde objetivamente pelos danos causados.

    e)   e o servidor respondem objetivamente, uma vez que avançar sinal vermelho significa negligência de natureza gravíssima.

4. **(2012 – CESPE – TRE-RJ – Técnico Judiciário)** Julgue o item:

   – As pessoas jurídicas de direito público e as de direito privado prestadoras de serviços públicos respondem objetivamente pelos eventuais danos que seus agentes causarem a terceiros ao prestarem tais serviços.

5. **(2012 – CESPE – TRT 10ªR – Analista Judiciário)** Julgue o item:

   – A teoria do risco integral obriga o Estado a reparar todo e qualquer dano, independentemente de a vítima ter concorrido para o seu aperfeiçoamento.

6. **(2012 – CESPE – TER-MS – Técnico Judiciário)** Julgue o item:

   – À semelhança do que ocorre no direto civil, o direito administrativo admite a culpa concorrente da vítima, considerando-a causa atenuante da responsabilidade civil do Estado.

7. **(2012 – CESPE – TER-MS – Técnico Judiciário)** Julgue o item:

   – O ordenamento jurídico brasileiro adota a teoria da irresponsabilidade do Estado.

8. **(2012 – CESPE – TER-MS – Técnico Judiciário)** Julgue o item:

   – Segundo a CF, a responsabilidade civil do Estado abrange as pessoas jurídicas de direito público, as de direito privado prestadoras de serviços públicos e as executoras de atividade econômica.

GABARITO DAS QUESTÕES			
1	**2**	**3**	**4**
B	A	C	V
5	**6**	**7**	**8**
V	V	F	F

Capítulo 10

SERVIÇOS PÚBLICOS

1. CONCEITO

O Estado possui funções de natureza administrativa, judicial e legislativa. Dentre as funções tidas como administrativas, prestadas, **predominantemente**, pelo Poder Executivo, destaca-se a **prestação de serviços públicos**.

Segundo Celso Antônio Bandeira de Mello, serviço público é "atividade de oferecimento de utilidade ou comodidade fruível preponderantemente pelos administrados, prestada pela Administração Pública ou por quem lhe faça às vezes, sob um regime de Direito Público, instituído em favor de interesses definidos como próprios pelo ordenamento jurídico"[1].

Para Hely Lopes Meirelles temos que "é todo aquele prestado pela Administração ou por seus delegados, sob normas e controle estatais, para satisfazer necessidades essenciais ou secundárias da coletividade ou simples conveniências do Estado"[2].

Por fim, percebemos que a prestação de serviços públicos pode atender às necessidades dos administrados diretamente (exemplo: serviços de energia elétrica ou de telefonia) ou indiretamente (exemplo: segurança pública e transporte coletivo), devendo ser prestado diretamente pelo Estado ou por quem faça às vezes do Estado (represente o Estado, tal como uma concessionária de serviço público).

2. BASE CONSTITUCIONAL E REGULAMENTAÇÃO LEGAL

(a) Previsão constitucional: art. 175, CF.

Art. 175. Incumbe ao Poder Público, na forma da lei, diretamente ou sob regime de concessão ou permissão, sempre através de licitação, a prestação de serviços públicos.

Parágrafo único. A lei disporá sobre:

I – o regime das empresas concessionárias e permissionárias de serviços públicos, o caráter especial de seu contrato e de sua prorrogação, bem como as condições de caducidade, fiscalização e rescisão da concessão ou permissão;

II – os direitos dos usuários;

III – política tarifária;

---

[1] BANDEIRA DE MELLO, Celso Antônio. *Curso de Direito Administrativo*. 17ª. Edição, São Paulo: Malheiros, 2003, p. 620.

[2] MEIRELLES, Hely Lopes. *Direito Administrativo Brasileiro*. 40ª. Edição, São Paulo: Malheiros, 2013, p. 386.

IV – a obrigação de manter serviço adequado.

(b) Regulamentação: Lei n° 8987/1995 e alterações posteriores, que dispõe sobre o regime de concessão e permissão da prestação de serviços públicos previsto no art. 175 da Constituição Federal, e dá outras providências. Estabelece normas gerais sob concessão e permissão de serviços públicos aplicáveis à União, Estados, Distrito Federal e Municípios.

3. COMPETÊNCIA

A competência na prestação de serviços públicos foi **partilhada** pela nossa Carta Magna levando-se em consideração o **princípio da predominância de interesses**. Assim, caberá a União a prestação de serviços de interesse, predominantemente, nacional, destinando aos Estados e aos Municípios os de interesse regional e local, respectivamente. Para os Estados, as questões de interesse regional são atribuídas de forma residual, pois a eles foram atribuídas as competências que não forem vedadas pelo Texto Constitucional.

A única competência dos Estados, expressamente prevista na Constituição Federal, é a exploração **direta, ou mediante concessão, dos serviços locais de gás canalizado, na forma da lei, vedada a edição de medida provisória para a sua regulamentação** (art. 25, § 2°, CF).

Situação relevante é a do Distrito Federal, que por não poder ser dividido em Municípios, caberá as questões de interesse regional (serviços de competência dos Estados) e as de interesse local (serviços de competência dos Municípios). Diz-se que sua competência é cumulativa (Estado + Município).

4. FORMAS DE PRESTAÇÃO E MEIOS DE EXECUÇÃO

4.1. Formas de prestação dos serviços públicos

(a) Serviço centralizado – é aquele prestado diretamente por meio dos órgãos e agentes da Administração Direta (União, Estados, Distrito Federal e Municípios), em seu nome e sob sua exclusiva responsabilidade.

(b) Serviço descentralizado – é aquele prestado por outra pessoa física ou jurídica, podendo ocorrer por **outorga ou por delegação**.

No primeiro caso, o Estado cria ou autoriza a criação de uma entidade e, por lei, transfere a ela a titularidade e a execução do serviço público. A descentralização por outorga é o processo de criação das entidades da Administração Indireta. Já na delegação, o Estado transfere somente a execução do serviço, através de ato ou contrato administrativo.

4.2. Meios de execução

(a) Execução **direta**: é realizada pelos próprios meios da pessoa responsável pela sua prestação ao público. Considera-se execução direta quando o serviço é prestado pela Administração Direta ou pela Indireta.

(b) Execução **indireta**: é a que o responsável comete a terceiros (por contratação, e não por delegação) para realizá-lo nas condições regulamentares. Serviço próprio ou recebido por delegação, quando feito por terceiros, caracteriza a execução indireta.

5. CLASSIFICAÇÃO

Os serviços públicos podem ser classificados segundo: (i) sua *essencialidade*: serviços *públicos* e serviços de *utilidade pública*; (ii) sua *adequação*: serviços *próprios* e serviços *impróprios* do Estado; (iii) os *destinatários* do serviço: serviços "*uti universi*" (gerais) e serviços "*uti singuli*" (individuais). A seguir verificaremos cada uma dessas classificações.

(i) Quanto à sua essencialidade:

– **Serviços públicos:** propriamente ditos, são os que a Administração presta diretamente à comunidade, por reconhecer sua essencialidade e necessidade para a sobrevivência do grupo social e do próprio Estado. São privativos do Estado, devendo ser prestados sem delegação a terceiros. Ex: defesa nacional, polícia, etc.

– **Serviços de utilidade pública:** são os que a Administração, reconhecendo sua conveniência para os membros da coletividade, presta-os diretamente ou consente que terceiros os prestem, nas condições regulamentadas e sob seu controle, mas por conta e risco dos prestadores, mediante remuneração dos usuários. Ex: transporte coletivo, energia elétrica, gás, telefone.

(ii) Quanto à sua adequação:

– Serviços próprios do Estado: são os que se relacionam intimamente com as atribuições do Poder Público (segurança, polícia, saúde pública, etc.) e para a execução dos quais a Administração usa de sua supremacia sobre os administrados. Por sua essencialidade, geralmente são gratuitos ou de baixa remuneração.

– Serviços impróprios do Estado: são os que não afetam substancialmente as necessidades da comunidade, mas satisfazem interesses comuns de seus membros. São prestados remuneradamente por seus órgãos ou entidades descentralizadas, ou é delegada sua prestação a concessionários, permissionários ou autorizatários. Normalmente são serviços rentáveis, e são sempre realizados sob regulamentação e controle do Poder Público competente.

(iii) Quanto aos destinatários:

– Gerais: são prestados sem ter usuários determinados, para atender à coletividade no seu todo, como os de polícia, iluminação pública. São indivisíveis, devendo ser mantidos por imposto (tributo geral) ou contribuições especiais. Exemplo: polícia, calçamento, etc.

– Individuais: possuem usuários determinados e utilização particular e mensurável para cada destinatário, devendo ser remunerados por taxa (tributo) ou tarifa (preço público). Exemplo: telefone, água, energia.

6. REQUISITOS

A ideia dos serviços ou requisitos (ou princípios) do serviço público adequado encontra-se destacada no art. 6º, §1º, da Lei n° 8.987/1995. Podemos conceituar serviço público adequado como aquele que satisfaz as condições de **regularidade**, **continuidade (permanência)**, **eficiência**, **segurança**, **atualidade**, **generalidade**, **cortesia** na sua prestação e **modicidade** das tarifas.

Não se caracteriza como descontinuidade do serviço a sua interrupção em situação de emergência ou após prévio aviso, quando motivada por razões de ordem técnica ou de segurança das instalações, ou ainda por inadimplemento do usuário, considerado o interesse da coletividade.

Já a atualidade compreende a modernidade das técnicas, do equipamento e das instalações e a sua conservação, bem como a melhoria e expansão do serviço.

7. SERVIÇOS DELEGADOS A PARTICULARES: CONCESSÃO, PERMISSÃO E AUTORIZAÇÃO

A delegação de serviços públicos pode ocorrer através da concessão, da permissão e da autorização. Desde já, cumpre ressaltar que apenas as duas primeiras são regulamentadas pela Lei n° 8.987/1995.

(a) Concessão

Pelo art. 2º, II, da Lei n° 8.987/1995, considera-se concessão de serviço público "a delegação de sua prestação, feita pelo poder concedente, mediante licitação, na modalidade de concorrência, à pessoa jurídica ou consórcio de empresas que demonstre capacidade para seu desempenho, por sua conta e risco, por prazo determinado". Verificamos, assim, não ser possível a utilização do instituto da concessão para delegação de serviços públicos a pessoas físicas.

Assim, concessão de serviço público é o contrato por meio do qual a Administração Pública delega a alguém a execução de determinado serviço ou atividade pública e este aceita prestá-la, por sua conta e risco, em nome da própria administração.

Resumidamente, temos que:

(i) há uma modalidade de concessão que deve ser precedida da execução de obra pública;

(ii) a concessão só é possível a uma pessoa jurídica ou consórcio de empresas, não cabendo a pessoa física;

(iii) deverá haver licitação prévia, na modalidade de concorrência e será formalizada através de contrato administrativo;

(iv) prazo determinado.

Quanto às **formas de extinção** da concessão, temos:

(a) advento do termo contratual – pelo término do prazo contratual; dar-se-á com a indenização das parcelas dos investimentos relacionados aos bens reversíveis, ainda não amortizados ou depreciados, que tenham sido realizados com o objetivo de garantir a continuidade e atualidade do serviço concedido (art. 36);

(b) encampação – retomada coativa do serviço, por interesse público superveniente. Necessita de lei autorizativa específica e pagamento de indenização prévia (art. 37);

(c) caducidade – pelo descumprimento total ou parcial do contrato por parte do contratado; a declaração da caducidade se dará por meio de decreto, independentemente de indenização prévia, e após processo administrativo em que seja assegurada a ampla defesa (art. 38);

(d) rescisão – pela inexecução total ou parcial do contrato por parte do poder concedente; ocorrerá por iniciativa da concessionária, mediante ação judicial, sendo que os serviços não poderão ser interrompidos ou paralisados, até a decisão judicial transitada em julgado (art. 39);

(e) anulação – pela ilegalidade da licitação ou do contrato;

(f) falência ou extinção da empresa.

Extinta a concessão, por quaisquer das formas, ocorrerá a **reversão**. Retornam ao poder concedente todos os bens reversíveis, direitos e privilégios transferidos ao concessionário, devendo ainda haver a imediata assunção do serviço pelo poder concedente, o que autoriza, inclusive, a ocupação das instalações e a utilização de todos os bens reversíveis.

(b) Permissão

A permissão de serviço público será formalizada mediante contrato de adesão, que observará os termos desta Lei, das demais normas pertinentes e do edital de licitação, inclusive quanto à precariedade e à revogabilidade unilateral do contrato pelo poder concedente.

Na concessão de serviços públicos, a Lei n° 8.987/1995 fixa concorrência como modalidade licitatória, porém, o mesmo não acontece na permissão, pois caberá à Administração definir a modalidade aplicada ao caso em concreto.

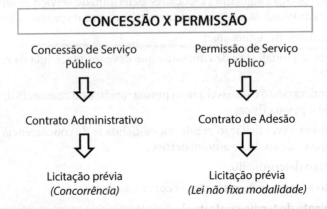

(c) Autorização

Segundo Maria Sylvia Di Pietro, há **três** modalidades distintas de autorização, previstas em nosso ordenamento jurídico:

(i) autorização mediante a qual a Administração faculta ao particular determinada atividade de seu interesse, sem a qual seria ilegal. Ex: autorização de porte de arma;

(ii) autorização de uso de bem público, que faculta ao particular a utilização de um bem de propriedade estatal. Ex: autorização para funcionamento de uma banca de jornal em determinada rua;

(iii) autorização de serviço público.

Segundo Hely Lopes Meireles "serviços autorizados são aqueles que o Poder Público, por ato unilateral, precário e discricionário, consente na sua execução por particular para atender a interesses coletivos instáveis ou emergências transitórias"[3].

A doutrina admite que é a única forma de delegação de serviços públicos que **não necessita de licitação prévia e que não depende da celebração de contrato**. Sua formalização ocorre através de ato administrativo discricionário e precário. Destina-se a serviços que não exigem execução pela própria Administração, nem exigem grande especialização, como no caso de serviços de táxi, de despachantes, segurança particular, etc.

A autorização não está prevista no art. 175 da Constituição Federal e nem a Lei n° 8.987/1995 contempla tal modalidade de delegação. Mas há previsão em outras passagens do Texto Constitucional, como no art. 21, XI e XII e no art. 223.

---

[3] MEIRELLES, Hely Lopes. *Direito Administrativo Brasileiro*. 40ª. Edição, São Paulo: Malheiros, 2013, p. 472.

Cap. 10 · SERVIÇOS PÚBLICOS

8. QUESTÕES COMENTADAS

1. **(2014 – FCC – PGMMT – Procurador Municipal)** Determinado Município, visando promover prestação mais eficiente de serviço municipal de coleta de lixo domicilIar, edita lei específica, por meio da qual cria empresa pública dedicada ao referido serviço antes praticado por órgão municipal. No caso, houve:

(A) concentração de um serviço uti possidetis.

(B) desconcentração de um serviço uti universi.

(C) descentralização de um serviço uti universi.

(D) descentralização de um serviço uti singuli.

(E) desconcentração de um serviço uti singuli.

Aprendemos os conceitos de descentralização e de desconcentração e vimos que no tocante à estrutura da Administração Pública temos:

• Desconcentração – criação de órgãos públicos

• Descentralização – criação das entidades da Administração Indireta

Tendo em vista que o Município "cria uma empresa pública", ocorreu o processo de descentralização (já eliminamos as alternativas "A", "B" e "E"). Agora, temos que conhecer um pouco sobre a classificação dos serviços públicos quanto aos destinatários: serviços gerais (*uti universi*) x serviços individuais (*uti singuli*).

Os serviços gerais (*uti universi*) são prestados sem ter usuários determinados, para atender à coletividade no seu todo, como os de polícia, iluminação pública e limpeza urbana. São indivisíveis, devendo ser mantidos, como regra, por imposto. Já os serviços individuais (*uti singuli*) possuem usuários determinados e utilização particular e mensurável para cada destinatário, devendo ser remunerados por taxa (tributo) ou tarifa (preço público), tais como iluminação domiciliar, coleta de lixo e telefone.

Assim, ao criar uma empresa pública para tornar mais eficiente a coleta de lixo domiciliar, o Município praticou a descentralização de um serviço *uti singuli*.

2. **(2015 – FCC – TRF 5ªR – Juiz Federal)** A concessionária do serviço público somente pode interromper a prestação do serviço por motivos de ordem técnica ou de segurança das instalações, casos em que ficará dispensada de realizar prévia comunicação ao usuário.

Incorreta. Não se caracteriza como descontinuidade do serviço a sua interrupção em situação de emergência ou após prévio aviso, quando motivada por razões de ordem técnica ou de segurança das instalações, ou ainda por inadimplemento do usuário, considerado o interesse da coletividade.

3. **(2015 – FCC – TRF 5ªR – Juiz Federal)** A encampação, que constitui uma das formas de extinção do contrato de concessão, deve ser adotada pela administração sempre que se caracterizar a inadimplência por parte do concessionário.

Incorreta. A encampação representa retomada coativa do serviço, por interesse público superveniente. Necessita de lei autorizativa específica e pagamento de indenização prévia

9. QUESTÕES PARA TREINAR!

1. **(2014 – FCC – TRT 16ªR – Oficial de Justiça)** Determinada empresa privada, concessionária de serviços públicos, torna-se inadimplente, deixando de prestar o serviço de administração de uma estrada do Estado do Maranhão, descumprindo o contrato firmado e prejudicando os usuários. Neste caso, a retomada do serviço público concedido ainda no prazo de concessão pelo Governo do Estado do Maranhão tem por escopo assegurar o princípio do serviço público da

a) cortesia.

b) continuidade.

c) modicidade.

d) impessoalidade.

e) atualidade.

2. **(2015 – FCC – TCESP – Agente de Fiscalização)** De acordo com a Constituição Federal, a prestação de serviço público por particular é

a) vedada, em qualquer hipótese.

b) permitida, apenas quando se tratar de serviço não essencial, passível de cobrança de tarifa.

c) possível, apenas para aqueles serviços de titularidade não exclusiva de Estado.

d) vedada, exceto quando contar com autorização legislativa específica.

e) permitida, na forma da lei, mediante concessão ou permissão, precedida de licitação.

3. **(2015 – FCC – TRE-CE – Analista Judiciário)** Na concessão de serviço público, a rescisão unilateral por motivo de inadimplemento contratual denomina-se

a) retrocessão.

b) encampação.

c) reversão.

d) caducidade.

e) adjudicação.

4. **(2012 – FCC – TJ-RJ – Analista de Execução De Mandados)** O Poder Público contratou, na forma da lei, a prestação de serviços de transporte urbano à população. A empresa contratada providenciou todos os bens e materiais necessários à prestação do serviço, mas em determinado momento, interrompeu as atividades. O Poder Público assumiu a prestação do serviço, utilizando-se, na forma da lei, dos bens materiais de titularidade da empresa. A atuação do poder público consubstanciou-se em expressão do princípio da

a) continuidade do serviço público.

b) eficiência.

c) segurança jurídica.

d) boa-fé.

e) indisponibilidade do interesse público.

5. **(2012 – ESAF – PFN – Procurador)** Como regra, dão azo à indenização pela assunção de propriedade dos bens reversíveis, cujos investimentos respectivos ainda não tenham sido amortizados ou depreciados,

a) todas as espécies de extinção da concessão ou permissão.

b) todas as espécies de extinção da concessão ou permissão, à exceção das que ocorrem pelo advento do termo contratual.

c) todas as espécies de extinção da concessão ou permissão, à exceção das que ocorrem em face da rescisão.

d) todas as espécies de extinção da concessão ou permissão, à exceção das que ocorrem pelo advento do termo contratual ou pela rescisão.

e) todas as espécies de extinção da concessão ou permissão, à exceção das que ocorrem pelo advento do termo contratual e da caducidade.

GABARITO DAS QUESTÕES				
1	2	3	4	5
B	E	D	A	A

Capítulo 11
LICITAÇÃO

1. CONCEITO

Na lição do professor Hely Lopes Meirelles, licitação é o **procedimento administrativo vinculado** por meio do qual os entes da Administração Pública e aqueles por ela controlados selecionam a **melhor proposta** entre as oferecidas pelos vários interessados, com dois objetivos: a celebração do contrato, ou a obtenção do melhor trabalho técnico, artístico ou científico.

Já nas palavras da professora Maria Sylvia Di Pietro, licitação é o procedimento administrativo, pelo qual um ente público, no exercício da função administrativa, abre a todos os interessados, que se sujeitem às condições fixadas no instrumento convocatório, a possibilidade de formularem propostas dentre as quais selecionará e aceitará a mais conveniente para a celebração do contrato.

A Lei n° 8.666/1993 estabelece um conjunto de normas gerais aplicáveis à União, Estados, Distrito Federal e Municípios, alcançando não só a Administração Direta, mas também a Administração Indireta, bem como às demais entidades controladas direta ou indiretamente pelo Poder Público. Sendo assim, a referida lei é tida como uma lei federal (competência da União) de caráter nacional (aplicável a todos os entes da federação).

2. DISPOSITIVOS CONSTITUCIONAIS

(i) CF, art. 22, XXVII – Estabelece a competência privativa da União para fixar normas gerais de licitação e contratação, aplicáveis à União, Estados, Distrito Federal e Municípios. Vale ressaltar que esta competência não exclui a possibilidade dos Estados e Municípios suplementarem a referida legislação para atendimento de suas necessidades.

(ii) CF, art. 37, XXI – Como regra, a Administração Pública está sujeita a procedimento licitatório prévio à contratação de obras, serviços, compras e alienações. O princípio fundamental da licitação é a igualdade (ou isonomia), devendo-se assegurar igualdade de condições não só entre os licitantes, mas também, em relação a todos que tenham interesse de contratar com a Administração Pública. Tal regra não é absoluta, visto que nos casos especificados na legislação poderá haver contratação direta, pela Administração Pública (casos de dispensa e inexigibilidade de licitação).

(iii) CF, art. 173 – Como regra, as empresas estatais estão sujeitas às regras de licitação da Lei n° 8.666/1993. Porém, quando forem exploradoras de atividade econômica, poderão ter um Estatuto diferenciado, com regras mais flexíveis, de licitação e contratação. Como tal Estatuto ainda não existe, a regra é que todas as empresas públicas e sociedades de economia mista, independentemente da atividade que exerçam (prestação de serviço público ou exploração de atividade econômica), estarão sujeitas aos dispositivos da Lei n° 8.666/1993.

(iv) CF, art. 175, § 1°, III – O Estado pode prestar serviço público diretamente ou indiretamente, através das delegatárias de serviço público. A Lei n° 8.987/1995 regulamenta tal artigo, estabelecendo normas gerais sobre concessão e permissão de serviço público, aplicáveis à União, Estados, Distrito Federal e Municípios. Ressaltamos que existem três formas de delegação de serviço público: concessão, permissão e autorização. Apenas a concessão e a permissão de serviço público necessitam de licitação prévia. A autorização é a única forma de delegação que prescinde de procedimento licitatório prévio à contratação. Também devemos perceber que diferentemente do art. 37, XXI, não consta neste dispositivo nenhuma exceção ao dever de licitar.

3. PRINCÍPIOS DA LICITAÇÃO

Nos termos da Lei n° 8.666/1993, nos termos do seu art. 3°, a licitação destina-se a garantir a observância do princípio constitucional da isonomia, a selecionar a proposta mais vantajosa e a promoção do desenvolvimento nacional sustentável (**finalidades da licitação**). O mesmo artigo estabelece uma **lista exemplificativa** de princípios aplicáveis ao procedimento licitatório, que será processado e julgado em estrita conformidade com os seguintes princípios básicos, além dos que lhes são correlatos:

(a) legalidade;

(b) impessoalidade;

(c) moralidade;

(d) igualdade;

(e) publicidade;

(f) probidade administrativa;

(g) vinculação ao instrumento convocatório;

(h) Julgamento objetivo.

Apenas os princípios da vinculação ao instrumento convocatório e do julgamento objetivo são específicos das licitações. Abaixo, faremos uma breve análise dos princípios previstos na Lei n° 8.666/1993 e naqueles estabelecidos pela doutrina administrativa.

(a) Legalidade

O procedimento licitatório é vinculado, sendo minuciosamente descrito na legislação. Assim, o administrador deverá agir somente pautado na lei, havendo pouca margem de discricionariedade para a prática dos atos integrantes do procedimento. Deve, ainda, observância às regras fixadas no instrumento convocatório, que segundo o professor Hely Lopes Meirelles é a lei interna da licitação.

(b) Impessoalidade

O administrador público deve ser imparcial visando sempre ao interesse público do procedimento licitatório, não podendo ajudar ou prejudicar qualquer licitante em prol de seu interesse particular. Tem por fim inibir o subjetivismo do administrador na seleção da proposta mais vantajosa para a Administração Pública.

(c) Moralidade

O servidor deve decidir não somente entre o legal e o ilegal, mas também deve se preocupar em ter uma conduta honesta e ética perante os administrados, quando for decidir o melhor caminho a ser seguido para atingir o fim público. Representa um pressuposto de validade dos atos que integram o procedimento licitatório.

(d) Igualdade ou isonomia

É o princípio basilar do procedimento licitatório. Deve-se não apenas tratar os licitantes de maneira igual, mas também dar oportunidade de participar da licitação a quaisquer interessados que tenham condições de assegurar o futuro cumprimento do contrato a ser celebrado. Consequentemente, a Lei n° 8.666/1993 veda aos agentes públicos:

(i) admitir, prever, incluir ou tolerar, nos atos de convocação, cláusulas ou condições que comprometam, restrinjam ou frustrem o seu caráter competitivo e estabeleçam preferências ou distinções em razão da naturalidade, da sede ou domicílio dos licitantes ou de qualquer outra circunstância impertinente ou irrelevante para o específico objeto do contrato;

(ii) estabelecer tratamento diferenciado de natureza comercial, legal, trabalhista, previdenciária ou qualquer outra, entre empresas brasileiras e estrangeiras, inclusive no que se refere a moeda, modalidade e local de pagamentos, mesmo quando envolvidos financiamentos de agências internacionais, ressalvado o disposto no parágrafo seguinte e no art. 3° da Lei n° 8.248, de 23 de outubro de 1991.

Nem todos são iguais entre si, admitindo-se, portanto, algumas normas de distinção entre os licitantes. A fase de habilitação, por exemplo, não deixa de ser mais uma forma de diferenciação entre os licitantes. Não configura violação ao princípio da igualdade o estabelecimento de requisitos mínimos que tenham por fim exclusivamente garantir a adequada execução do contrato. Também cabe ressaltar que a Lei Complementar n° 123/06 (Estatuto da Microempresa e da Empresa de Pequeno Porte) estabelece regras que implicam preferência de contratação para elas.

(e) Publicidade

Os atos do procedimento licitatório são públicos e acessíveis a todos, ressalvado, obviamente, o sigilo das propostas, até a sua abertura. Permite o controle dos atos da Administração Pública não só pelos seus órgãos, mas também pela sociedade em geral, impondo que os motivos determinantes das decisões proferidas em qualquer etapa do procedimento sejam declarados.

(f) Probidade administrativa

De forma sucinta, temos que a improbidade administrativa é o desrespeito ao princípio da probidade administrativa, que deve reger a conduta do administrador, de modo que ele aja dentro de uma conduta ética, com honestidade e decência, zelando pelo interesse público. O desrespeito a tal princípio ensejará a aplicação das sanções previstas na Lei n° 8.429/1992.

(g) Vinculação ao instrumento convocatório

A fase externa da licitação inicia-se com a publicação do instrumento convocatório que, via de regra, é o edital de licitação. Como dito anteriormente, o edital é a lei interna das licitações, vinculando aos seus termos não só os licitantes, mas a própria Administração Pública que o expediu. A Administração não pode descumprir as normas e condições do edital, ao qual se acha estritamente vinculada.

(h) Julgamento objetivo

O conceito de julgamento objetivo está relacionado com o critério de julgamento das propostas da licitação, ou seja, aos tipos de licitação previstos na Lei nº 8.666/1993. No julgamento das propostas, a comissão levará em consideração os critérios objetivos definidos no edital ou convite, os quais não devem contrariar as normas e princípios estabelecidos por esta lei. São **quatro** os tipos de licitação previstos na Lei nº 8.666/1993:

(i) **Menor preço** – quando o critério de seleção da proposta mais vantajosa para a Administração determinar que será vencedor o licitante que apresentar a proposta de acordo com as especificações do edital ou convite e ofertar o menor preço.

(ii) **Melhor técnica**

(iii) **Técnica e preço**

(iv) **Maior lance ou oferta** – nos casos de alienação de bens ou concessão de direito real de uso.

DICA

Para o professor Hely Lopes Meirelles: "Na licitação de melhor técnica o que a Administração pretende é a obra, o serviço, o equipamento ou material mais eficiente, mais durável, mais aperfeiçoado, mais rápido, mais rentável, mais adequado, enfim, aos objetivos de determinado empreendimento ou programa administrativo. Em face desses objetivos, é lícito a Administração dar prevalência a outros fatores sobre o preço, porque nem sempre pode obter a melhor técnica, dentro das especificações e do preço negociado pela Administração"[1].

A Lei proíbe a utilização de outros tipos de licitação, diversos dos nela previstos. No caso de concessões e permissões de serviços públicos, a Lei nº 8.987/1995 estabelece critérios próprios de julgamento das propostas, devido à natureza desses contratos diferenciados.

(i) Competitividade

Por ser a licitação um procedimento de disputa isonômica para selecionar a proposta mais vantajosa à Administração Pública, a competitividade decorre da própria lógica de sua estrutura. Só haverá licitação, se houver competição. Caso não haja viabilidade jurídica de competição, teremos um caso de contratação direta

---

[1] MEIRELLES, Hely Lopes. *Direito Administrativo Brasileiro*. 40ª. Edição, São Paulo: Malheiros, 2013, p. 301.

pela Administração (inexigibilidade de licitação). A inobservância de tal princípio tipifica crime, de acordo com a Lei n° 8.666/1993:

Art. 90. Frustrar ou fraudar, mediante ajuste, combinação ou qualquer outro expediente, o caráter competitivo do procedimento licitatório, com o intuito de obter, para si ou para outrem, vantagem decorrente da adjudicação do objeto da licitação:

Pena – detenção, de 2 (dois) a 4 (quatro) anos e multa.

(j) Sigilo das propostas

A licitação não será sigilosa, sendo públicos e acessíveis ao público os atos de seu procedimento (princípio da publicidade), salvo quanto ao conteúdo das propostas, até a respectiva abertura. A quebra do sigilo das propostas deixa em condição mais favorável o licitante que dispunha de informação relativa ao seu conteúdo. Cabe observarmos que o sigilo das propostas é relativo, tendo em vista que após a abertura de seus envelopes, não haverá mais o sigilo. A inobservância de tal princípio tipifica crime, de acordo com a Lei n° 8.666/1993:

Art. 94. Devassar o sigilo de proposta apresentada em procedimento licitatório, ou proporcionar a terceiro o ensejo de devassá-lo:

Pena – detenção, de 2 (dois) a 3 (três) anos e multa.

(k) Adjudicação compulsória

Pode ser definida como a entrega simbólica do objeto contratual ao vencedor da licitação. Diz-se ser uma entrega simbólica, pois o vencedor do procedimento licitatório não tem direito adquirido à contratação, mas sim, mera expectativa de direito ao contrato.

A Administração pode decidir pela não assinatura do contrato administrativo, porém, não poderá atribuir o objeto da licitação a outro que não o vencedor ou a terceiros estranhos ao procedimento licitatório, sob pena de nulidade. Tal princípio também veda a abertura de nova licitação enquanto válida a adjudicação anterior.

A Administração deverá convocar o interessado para assinar o termo do contrato dentro do prazo e condições estabelecidos. Esse prazo poderá ser prorrogado uma vez, por igual período, quando solicitado pela parte e desde que ocorra motivo aceito pela Administração. Caso o adjudicatório não compareça, seu direito decairá e ficará caracterizado descumprimento à obrigação assumida, sujeitando-o às penalidades cabíveis.

Quando o convocado não assinar o termo do contrato no prazo e condições estabelecidos, a Administração poderá revogar a licitação ou convocar os licitantes remanescentes, na ordem de classificação, para fazê-lo em igual prazo e nas mesmas condições propostas pelo primeiro classificado, inclusive quanto aos preços atualizados de conformidade com o ato convocatório.

Por outro lado, os licitantes não podem ficar vinculados eternamente a suas propostas, por isso, a Lei n° 8.666/1993 estabelece uma espécie de "prazo de validade" para as propostas, pois a não convocação para a contratação, pela Administração, decorridos 60 dias da data da entrega das propostas, libera os licitantes dos compromissos assumidos.

4. MODALIDADES

As modalidades de licitação são a forma do procedimento licitatório adotado em cada contratação. Desde já, cabe destacar que as modalidades de licitação não se confundem com os tipos de licitação. Estes são os critérios de julgamento das propostas. A Lei n° 8.666/1993 prevê **cinco modalidades licitatórias**, em seu artigo 22: concorrência, tomada de preços, convite, concurso e leilão. Além disso, fica vedada a criação de outras modalidades de licitação ou a combinação das já existentes.

Além dessas modalidades previstas na Lei n° 8.666/1993, existe mais uma prevista na Lei 10.520/02 denominada pregão. E como isso é possível, se a Lei n° 8.666/1993 veda a criação de uma nova modalidade licitatória?

Em verdade, o impedimento existente na Lei Geral de Licitações e Contratos veda a criação de uma nova modalidade de licitação através de um simples ato administrativo ou através de uma lei federal, estadual, distrital ou municipal.

A Lei n° 10.520/2002, que instituiu o pregão como uma nova modalidade licitatória é uma Lei Federal de caráter nacional, assim como a Lei n° 8.666/1993. Sendo assim, não há qualquer impedimento de que uma lei de caráter nacional crie uma nova modalidade de licitação.

Por fim, a Lei n° 9.472/1997 (que criou a ANATEL) previu uma nova modalidade de licitação, não prevista na Lei n° 8.666/1993, a CONSULTA, hoje, aplicável às agências reguladoras federais, pois foi, posteriormente, estendida às demais agências pela Lei n° 9.986/2000.

Com relação à concorrência, à tomada de preços e ao convite, a doutrina entende haver uma hierarquia implícita entre elas de acordo com o vulto dos contratos (valor contratual) a serem celebrados. Nesse sentido, o art. 23 fixa limites de valores que deverão ser seguidos na escolha de uma dessas modalidades licitatórias. Assim, temos:

I – para obras e serviços de engenharia:

(a) convite – até R$ 150.000,00 (cento e cinqüenta mil reais);

(b) tomada de preços – até R$ 1.500.000,00 (um milhão e quinhentos mil reais);

(c) concorrência – acima de R$ 1.500.000,00 (um milhão e quinhentos mil reais);

II – para compras e serviços não referidos no item anterior:

(a) convite – até R$ 80.000,00 (oitenta mil reais);

(b) tomada de preços – até R$ 650.000,00 (seiscentos e cinquenta mil reais);

(c) concorrência – acima de R$ 650.000,00 (seiscentos e cinquenta mil reais).

O parágrafo quarto do artigo 23, da Lei n° 8.666/1993 ratifica a hierarquia implícita existente entre tais modalidades, afirmando que nos casos em que couber convite, a Administração poderá utilizar a tomada de preços e, em qualquer caso, a concorrência. Como decorrência dessa regra, podemos concluir que a concorrência é uma modalidade licitatória que poderá ser utilizada para qualquer valor de contrato.

(a) Concorrência

É a modalidade de licitação mais complexa, utilizada para **qualquer valor de contratação**, entre **quaisquer interessados** que, na fase inicial de **habilitação**

preliminar, comprovem possuir os requisitos mínimos de qualificação exigidos no edital para execução de seu objeto.

De acordo com o professor Hely Lopes Meirelles, a concorrência obedece aos seguintes requisitos: universalidade, ampla publicidade, habilitação preliminar e julgamento por comissão.

No que tange às comissões de licitação, temos que serão compostas, em regra, **por no mínimo 3 membros**, sendo, pelo menos, dois deles servidores qualificados do próprio órgão responsável pela licitação. Podem ser permanentes ou provisórias.

A investidura dos membros da Comissão não ultrapassará o prazo de um ano, **vedada a recondução da totalidade de seus membros** para uma mesma Comissão no período subsequente.

Os membros das Comissões de Licitações responderão **solidariamente** por todos os atos praticados pela comissão, **salvo** se posição individual divergente estiver devidamente fundamentada e registrada em sua ata lavrada na reunião em que tiver sido tomada a decisão.

Como visto anteriormente, a concorrência é uma modalidade licitatória utilizada para qualquer valor de contrato, porém, cabe ressaltar que, obrigatoriamente, deverá ser utilizada nas seguintes situações:

(i) contratação de obras e serviços de engenharia com valor superior a R$ 1.500.000,00 (Lei n° 8.666/1993, art. 23, I, c);

(ii) compras e serviços, que não sejam de engenharia, com valor superior a R$ 650.000,00 (Lei n° 8.666/1993, art. 23, II, c);

(iii) alienação de bens móveis avaliados, isolada ou globalmente, em quantia superior a R$ 650.000,00 (Lei n° 8.666/1993, art. 17, §6°);

(iv) como regra, utilizada na compra ou alienação de bens imóveis, independentemente do valor;

(v) nas concessões de direito real de uso, independentemente do valor (Lei n° 8.666/1993, art. 23, §3°.);

(vi) nas concessões e subconcessões de serviços públicos, independentemente do valor Como regra, é a modalidade utilizada nas licitações internacionais.

(b) Tomada de preços

É a modalidade de licitação entre interessados **devidamente cadastrados ou que atenderem a todas as condições exigidas para cadastramento até o terceiro dia anterior à data do recebimento das propostas**, observada a necessária qualificação. De forma esquematizada, a modalidade tomada de preços apresenta as seguintes peculiaridades:

(i) presta-se para contratação de menor vulto que a concorrência. O procedimento administrativo é o mesmo que o da concorrência;

(ii) a característica fundamental dessa modalidade de licitação é a **habilitação prévia** à abertura do procedimento, ou seja, o interessado deve estar cadastrado pela Administração Pública;

(iii) aqueles que não estiverem previamente cadastrados poderão cadastrar-se até o terceiro dia anterior à data do recebimento das propostas, desde que sejam satisfeitas as condições exigidas;

(iv) a Lei n° 8.666/1993 admite a tomada de preços nas licitações internacionais, quando o órgão ou entidade dispuser de cadastro internacional de fornecedores e desde que respeitados os limites de valor estabelecidos na lei;

(v) segundo a Lei n° 8.666/1993, onde couber tomada de preços, a Administração poderá optar pela utilização da concorrência.

(c) Convite:

É a modalidade de licitação entre interessados do ramo pertinente ao seu objeto, **cadastrados ou não**, escolhidos e convidados em **número mínimo de 3 (três) pela unidade administrativa**, a qual afixará, em local apropriado, cópia do instrumento convocatório e o estenderá aos demais cadastrados na correspondente especialidade **que manifestarem seu interesse com antecedência de até 24 (vinte e quatro) horas da apresentação das propostas.** De forma esquematizada, a modalidade convite apresenta as seguintes peculiaridades:

(i) O instrumento convocatório do convite é a carta-convite e não o edital.

(ii) Não precisa haver publicação no Diário Oficial, visto que a lei exige, apenas, que a carta-convite seja afixada em local apropriado.

(iii) Inicialmente, a carta-convite poderá ser enviada a interessados do ramo, cadastrados ou não, porém, só poderão "se convidar" os demais cadastrados que se manifestarem com antecedência de até 24 horas da apresentação das propostas.

(iv) Regra geral, deverá ser convidado um número mínimo de três empresas.

(v) Existindo na praça mais de 3 (três) possíveis interessados, a cada novo convite, realizado para objeto idêntico ou assemelhado, é obrigatório o convite a, no mínimo, mais um interessado, enquanto existirem cadastrados não convidados nas últimas licitações.

(vi) Quando, por limitações do mercado ou manifesto desinteresse dos convidados, for impossível a obtenção do número mínimo de licitantes exigidos, essas circunstâncias deverão ser devidamente justificadas no processo, sob pena de repetição do convite.

(vii) No caso de convite, a Comissão de Licitação, excepcionalmente, nas pequenas unidades administrativas e em face da exiguidade de pessoal disponível, poderá ser substituída por servidor formalmente designado pela autoridade competente.

(viii) Também é modalidade de licitação que poderá ser utilizada em licitações internacionais, quando não houver fornecedor do bem ou serviço no Brasil.

(ix) Segundo a Lei n° 8.666/1993, onde couber convite, a Administração poderá optar pela utilização da tomada de preços ou da concorrência.

(d) Concurso:

Concurso é a modalidade de licitação entre quaisquer interessados para **escolha de trabalho técnico, científico ou artístico**, mediante a instituição de **prêmios ou**

remuneração aos vencedores, conforme critérios constantes de edital publicado na imprensa oficial com **antecedência mínima de 45 (quarenta e cinco) dias.**

À modalidade de licitação concurso, não serão aplicados os tipos de licitação previstos no art. 45, da Lei de Licitações, pois será pago um prêmio ou remuneração ao vencedor. A comissão de licitação será integrada por pessoas de reputação ilibada e reconhecido conhecimento da matéria em exame, **servidores públicos ou não.**

O concurso deverá ser precedido de regulamento próprio, a ser obtido pelos interessados no local indicado no edital, que deverá mencionar:

I – a qualificação exigida dos participantes;

II – as diretrizes e a forma de apresentação do trabalho;

III – as condições de realização do concurso e os prêmios a serem concedidos.

Por fim, não podemos esquecer que, ressalvadas as hipóteses de inexigibilidade de licitação, os contratos para a prestação de serviços técnicos profissionais especializados (art. 13) deverão, preferencialmente, ser celebrados mediante a realização de concurso, com estipulação prévia de prêmio ou remuneração.

(e) Leilão

É a modalidade de licitação entre quaisquer interessados para a venda de bens móveis inservíveis para a administração ou de produtos legalmente apreendidos ou penhorados, ou para a alienação de bens imóveis (prevista no art. 19), a quem oferecer o maior lance, igual ou superior ao valor da avaliação. De forma resumida, temos que o leilão será utilizado na venda de:

(i) Bens móveis inservíveis para a Administração

(ii) Produtos legalmente apreendidos ou penhorados

(iii) Bens imóveis da Administração Pública, cuja aquisição haja derivado de procedimentos judiciais ou dação em pagamento. Nesse caso, também será admitida a concorrência.

DICA

Na alienação de bens imóveis a modalidade utilizada, como regra, é a concorrência, porém, caso o imóvel seja adquirido por dação em pagamento ou procedimento judicial, a Administração poderá valer-se da concorrência ou do leilão para aliená-lo.

(f) Pregão:

O pregão é uma nova modalidade licitatória utilizada na **aquisição de bens e serviços comuns**, definidos, pela Lei nº 10.520/2002, como aqueles cujos padrões de desempenho e qualidade possam ser objetivamente definidos pelo edital, por meio de especificações usuais no mercado.

Não importa o valor da contratação, sua utilização está centrada no objeto contratual: bens e serviços comuns. O pregão poderá ser utilizado na aquisição de bens e serviços comuns, **qualquer que seja o valor da futura contratação.**

Pelo fato de ser uma lei resumida, a Lei do Pregão estabelece que os dispositivos da Lei n° 8.666/1993 serão aplicados supletivamente (subsidiariamente) à referida modalidade. Havendo ausência de dispositivo legal na Lei n° 10.520/2002, deve-se aplicar a Lei Geral de Licitações.

Abaixo, transcreveremos de forma resumida, as características gerais do pregão:

(i) Não é conduzido por uma "Comissão de Licitação", mas sim por um único representante da Administração, escolhido dentre os servidores do órgão ou da entidade, com atribuições especiais, denominado pregoeiro. O pregoeiro é auxiliado por uma Equipe de Apoio.

(ii) No âmbito do Ministério da defesa, a Lei 10.520/02 autoriza que militares sejam pregoeiros ou integrantes da equipe de apoio.

(iii) O tipo de licitação utilizado é **sempre** o menor preço.

(iv) É uma modalidade licitatória não prevista na Lei n° 8.666/1993, utilizada para qualquer valor de contrato e seu objeto é a aquisição de bens e serviços comuns.

(v) O pregoeiro abre em sessão pública as propostas escritas apresentadas pelos licitantes. Após essa fase poderão ser realizados lances verbais e sucessivos para reduzir, ainda mais, o valor oferecido pelo licitante.

(vi) O autor da oferta de valor mais baixo e os das ofertas com preços até 10% superiores a ela poderão fazer novos lances verbais e sucessivos, até a proclamação do vencedor, sempre pelo menor preço. Não havendo pelo menos três ofertas com diferença de até 10% em relação à mais baixa, poderão os autores das melhores propostas, até o máximo de três, oferecer novos lances verbais e sucessivos, quaisquer que sejam os preços oferecidos. Examinada a proposta classificada em primeiro lugar, quanto ao objeto e valor, caberá ao pregoeiro decidir motivadamente a respeito da sua aceitabilidade.

(vii) Após essa fase de lances verbais, o pregoeiro abrirá o envelope contendo os documentos do licitante que apresentou a melhor proposta, para a verificação do atendimento das condições fixadas no edital. Sendo assim, é importante ressaltar que a maior diferença entre essa e as outras modalidades de licitação está na inversão que ocorre nas fases de habilitação e julgamento das propostas.

(viii) Para dar maior competitividade ao pregão, a Lei n° 10.520/2002 veda:

– garantia de proposta

– aquisição do edital pelos licitantes, como condição para participação do certame

– pagamento de taxas e emolumentos, salvo os referentes a fornecimento do edital, que não serão superiores ao custo de sua reprodução gráfica, e aos custos de utilização de recursos de tecnologia da informação, quando for o caso

(ix) Se a proposta vencedora estiver acima do valor estimado inicialmente pela Administração Pública, o pregoeiro poderá negociar diretamente com o proponente para que seja obtido o melhor preço.

(x) Declarado o vencedor, qualquer licitante poderá manifestar imediata e motivadamente a intenção de recorrer, quando lhe será concedido o prazo de 3 (três) dias

Cap. 11 · LICITAÇÃO

para apresentação das razões do recurso, ficando os demais licitantes desde logo intimados para apresentar contrarrazões em igual número de dias, que começarão a correr do término do prazo do recorrente, sendo-lhes assegurada vista imediata dos autos;

(xi) Quando não houver manifestação de nenhum licitante quanto a sua intenção de recorrer, caberá ao pregoeiro a adjudicação do objeto da licitação. Quando não houver tal manifestação, a adjudicação será realizada pela autoridade competente para julgar o recurso. Porém, a homologação da licitação sempre caberá a essa autoridade. Com isso, ao contrário das demais modalidades da Lei n° 8.666/1993, no pregão a homologação é posterior à adjudicação.

(xii) O prazo de validade das propostas é de 60 dias, **salvo outro prazo estabelecido no edital**.

5. PRAZO MÍNIMO ENTRE A PUBLICAÇÃO DO EDITAL E A APRESENTAÇÃO DAS PROPOSTAS

É o início da fase externa do procedimento, quando os interessados tomarão ciência do instrumento convocatório e das condições de participação. É obrigatória a publicação de um aviso contendo o resumo do edital, no mínimo uma vez, no D.O.U. (licitação na Administração Federal ou licitação de obras com recursos federais) ou no D.O.E. (licitação estadual ou municipal) e em jornal de grande circulação.

Lembrando que no caso da modalidade convite, a publicação não é obrigatória, bastando que a carta-convite seja afixada em local apropriado do órgão ou entidade.

Qualquer modificação no edital exige divulgação da mesma forma que se deu o texto original, reabrindo-se o prazo inicialmente estabelecido para apresentação das propostas, exceto quando, inquestionavelmente, a alteração não afetar a formulação das propostas.

Os prazos estipulados pela Lei são os abaixo, porém, cabe ressaltar que a Lei estabelece o prazo mínimo:

(i) **45 dias** para as modalidades de:

– concurso;

– concorrência, quando o contrato a ser celebrado contemplar o regime de empreitada integral ou quando a licitação for do tipo melhor técnica ou técnica e preço.

(ii) **30 dias** para as modalidades de:

– concorrência, nos casos não especificados no item acima;

– tomada de preços, quando a licitação for do tipo melhor técnica ou técnica e preço.

(iii) **15 dias** para as modalidades de:

– tomada de preços, nos casos não especificados no item acima;

– leilão.

(iv) **5 dias úteis** para modalidade de convite;

(v) **8 dias úteis** para a modalidade de pregão, contados a partir da publicação do aviso.

DICA
Apenas as modalidades pregão e convite utilizam a contagem em **dias úteis**.

6. CONTRATAÇÃO DIRETA: DISPENSA X INEXIGIBILIDADE

Sabemos que o procedimento licitatório prévio é, via de regra, obrigatório para que a Administração Pública realize suas contratações. Porém, trata-se de uma imposição relativa, visto que comporta as ressalvas previstas na legislação.

A Lei de Normas Gerais estabelece as situações excepcionais onde a Administração não estará obrigada à realização de licitação prévia. Genericamente, fala-se em casos de **contratação direta**, que poderá ocorrer **via dispensa ou via inexigibilidade de licitação**.

6.1. Inexigibilidade de licitação

Um dos princípios doutrinários básicos da licitação é a competitividade. É óbvio que, se não houver competição, não temos como realizar uma licitação. A inexigibilidade de licitação caracteriza-se, justamente, por tal fato: **inviabilidade jurídica de competição**.

A Lei n° 8.666/1993, em seu artigo 25, estabelece uma **lista exemplificativa** de situações que ensejam a inexigibilidade de licitação. De forma resumida, são elas:

(a) fornecedor exclusivo, **vedada** a preferência de marca;

(b) contratação de serviço técnico profissional especializado, de **natureza singular (notória especialização)**, **vedada** a inexigibilidade para serviços de publicidade;

(c) contratação de artistas consagrados pela crítica ou pela opinião pública.

Quanto à contratação de serviço técnico profissional especializado, a Lei n° 8.666/1993 estabelece, em seu artigo 13, quais seriam os serviços assim classificados. Porém, tal contratação só será feita por inexigibilidade de licitação se os serviços forem visualmente diferenciados, de natureza singular (notória especialização), pois a regra é que haja licitação, na modalidade concurso (Lei n° 8.666/1993, art. 13, § 1°).

Considera-se de notória especialização o profissional ou empresa cujo conceito no campo de sua especialidade, decorrente de desempenho anterior, estudos, experiências, publicações, organização, aparelhamento, equipe técnica, ou de outros requisitos relacionados com suas atividades, permita inferir que o seu trabalho é essencial e indiscutivelmente o mais adequado à plena satisfação do objeto do contrato.

O importante é observarmos que a lei só exemplificou algumas hipóteses de inexigibilidade de licitação, pois, em qualquer hipótese em que esteja caracterizada a impossibilidade de competição, ensejará a inexigibilidade do procedimento licitatório.

Caso seja comprovado superfaturamento, **respondem solidariamente** pelo dano causado à Fazenda Pública o fornecedor ou o prestador de serviços e o agente público responsável, sem prejuízo de outras sanções legais cabíveis.

6.2. Dispensa de licitação

Na dispensa de licitação, teremos duas hipóteses distintas: licitação dispensada e licitação dispensável.

A diferença crucial entre as hipóteses de dispensa de licitação e as de inexigibilidade é que, naquelas, há viabilidade jurídica de competição, porém a Lei autoriza alguns casos em que a Administração está isenta da realização de procedimento licitatório (**licitação dispensável**) e, em outros, determina que não será feita licitação (**licitação dispensada**). Já nos casos de inexigibilidade, como acabamos de ver, não haverá licitação, por falta de competitividade no mercado.

Os casos de licitação dispensável estão previstos no artigo 24, da Lei nº 8.666/1993, de forma **taxativa** (exaustiva). São situações em que a Administração poderá fazer licitação, mas a Lei autorizou (ato discricionário) a não-realização de tal procedimento.

Já os casos de licitação dispensada estão previstos no artigo 17, I e II, da Lei nº 8.666/1993, de forma **taxativa** (exaustiva). São situações em que a Administração não irá fazer licitação, porque a Lei determinou (ato vinculado) a não-realização de tal procedimento. São situações que envolvem alienação de bens móveis e imóveis, em casos especiais.

Se analisarmos os casos de licitação dispensável e dispensada previstos na Lei nº 8.666/1993, podemos estabelecer mais uma diferença crucial entre as duas situações. O artigo 24 (licitação dispensável) refere-se a casos de contratação ou aquisição de algum material ou serviço pela Administração Pública; já os casos previstos no artigo 17 (licitação dispensada) envolvem hipóteses de alienação de bens móveis e imóveis pela Administração Pública.

Por fim, ressaltamos que constitui crime dispensar ou inexigir licitação, fora dos casos previstos em lei, sujeito a pena de três a cinco anos de detenção e multa. Caso seja comprovado superfaturamento, **respondem solidariamente** pelo dano causado à Fazenda Pública o fornecedor ou o prestador de serviços e o agente público responsável, sem prejuízo de outras sanções legais cabíveis.

CONTRATAÇÃO DIRETA

INEXIGIBILIDADE DE LICITAÇÃO - não há viabilidade jurídica de competição

DISPENSA DE LICITAÇÃO - há viabilidade jurídica de competição (pelo menos em tese), mas

> { ☐ Lei AUTORIZA que não haja licitação - DISPENSÁVEL
> { ☐ Lei DETERMINA que não haja licitação - DISPENSADA

7. QUESTÕES COMENTADAS

1. **(2013 – FCC – TRF 5ªR – Analista Administrativo)** Considere os seguintes princípios:

   I. Julgamento subjetivo, respeitado o interesse público.

II. Probidade administrativa.

III. Vinculação ao instrumento convocatório.

IV. Publicidade.

A licitação destina-se a garantir a observância do princípio constitucional da isonomia e a selecionar a proposta mais vantajosa para a Administração e será processada e julgada em estrita conformidade com determinados princípios. Dentre eles, os indicados APENAS em:

a) II, III e IV.

b) I e II.

c) I, III e IV.

d) III.

e) II e III.

O Estatuto de Licitações e Contratos (Lei n° 8.666/1993), em seu art. 3°., estabelece uma lista exemplificativa de princípios que são aplicáveis ao procedimento licitatório: "A licitação destina-se a garantir a observância do princípio constitucional da isonomia, a seleção da proposta mais vantajosa para a administração e a promoção do desenvolvimento nacional sustentável e será processada e julgada em estrita conformidade com os princípios básicos da legalidade, da impessoalidade, da moralidade, da igualdade, da publicidade, da probidade administrativa, da vinculação ao instrumento convocatório, do julgamento objetivo **e dos que lhes são correlatos**".

Assim, ao observamos os itens propostos, percebemos que apenas o item I está incorreto, tendo em vista que a lei estabelece o julgamento objetivo (e não subjetivo!) das propostas.

O conceito de julgamento objetivo está relacionado com o critério de julgamento das propostas da licitação, ou seja, aos tipos de licitação previstos na Lei n° 8.666/1993. No julgamento das propostas, a comissão levará em consideração os critérios objetivos definidos no edital ou convite, os quais não devem contrariar as normas e princípios estabelecidos por esta lei.

O julgamento das propostas será objetivo, devendo a Comissão de Licitação ou o responsável pelo convite realizá-lo em conformidade com os tipos de licitação, os critérios previamente estabelecidos no ato convocatório e de acordo com os fatores exclusivamente nele referidos, de maneira a possibilitar sua aferição pelos licitantes e pelos órgãos de controle.

Vale ressaltar que a doutrina ainda estabelece outros princípios aplicáveis ao procedimento licitatório, tais como: competitividade, adjudicação compulsória, sigilo das propostas, dentre outros.

2. **(2014 – FCC – TRT 19ªR – Técnico Judiciário)** O Governo Federal, ao instituir a Política Nacional de Resíduos Sólidos, incluiu, entre seus objetivos, a prioridade nas aquisições e contratações governamentais, para: (a) produtos reciclados e recicláveis; (b) bens, serviços e obras que considerem critérios compatíveis com padrões de consumo social e ambientalmente sustentáveis. O tema em questão está associado ao seguinte princípio relativo às licitações públicas:

Cap. 11 • LICITAÇÃO

a) adjudicação compulsória.

b) licitação sustentável.

c) julgamento objetivo.

d) ampla defesa.

e) vinculação ao instrumento convocatório.

A Lei nº 12.349/2010 inseriu no art. 3º, da Lei nº 8.666/1993, dentre as finalidades do procedimento licitatório o desenvolvimento nacional sustentável. Pode-se dizer que a licitação sustentável é o procedimento administrativo formal que contribui para a promoção do desenvolvimento nacional sustentável, mediante a inserção de critérios sociais, ambientais e econômicos nas aquisições de bens, contratações de serviços e execução de obras. Assim, ao estabelecer prioridade para aquisições e contratações de "produtos recicláveis" e ao observar os "padrões de consumo social e ambientalmente sustentáveis", temos a ideia de licitação sustentável.

Sobre o tema, o STF já se pronunciou: "O **princípio do desenvolvimento sustentável**, além de impregnado de caráter eminentemente constitucional, encontra suporte legitimador em compromissos internacionais assumidos pelo Estado brasileiro e representa fator de obtenção do justo equilíbrio entre as exigências da economia e as da ecologia, subordinada, no entanto, a invocação desse postulado, quando ocorrente situação de conflito entre valores constitucionais relevantes, a uma condição inafastável, cuja observância não comprometa nem esvazie o conteúdo essencial de um dos mais significativos direitos fundamentais: o direito à preservação do meio ambiente, que traduz bem de uso comum da generalidade das pessoas, a ser resguardado em favor das presentes e futuras gerações".

3. **(2014 – FCC – TRT 2ªR – Técnico Judiciário)** A Administração pública de São Bernardo do Campo tem necessidade de adquirir equipamento de informática que é produzido e comercializado, com exclusividade, por empresa brasileira sediada no Estado do Paraná. Após ampla e detida pesquisa, constatou-se que referido equipamento é o único capaz de atender de forma satisfatória o interesse público, sendo premente sua aquisição. Para tanto, a Administração pública municipal deve comprar referido equipamento por meio de

a) procedimento licitatório, na modalidade pregão eletrônico, que é exigência constitucional para todas as contratações públicas.

b) procedimento licitatório, elegendo a modalidade licitatória que imprima maior competitividade ao certame, desde que o faça de forma motivada.

c) contratação direta, com fundamento na dispensa de licitação, exigindo do fornecedor a comprovação de exclusividade de fabricação e comercialização, por meio da apresentação de atestado emitido para esse fim.

d) contratação direta, com fundamento na inexigibilidade de licitação, exigindo, para tanto, que o fornecedor apresente a documentação comprobatória da condição de exclusividade, nos termos da Lei.

e) contratação direta, com fundamento na dispensa ou na inexigibilidade de licitação, não havendo, em qualquer das hipóteses, forma específica indicada pela lei para comprovação da exclusividade de fabricação e comercialização.

A regra insculpida no Texto Constitucional, art. 37, XXI, prescreve o dever de licitar como regra para a Administração Pública. Porém, o mesmo dispositivo traz a possibilidade desse preceito ser ressalvado pela legislação. A essas ressalvas, chamamos, genericamente, de contratação direta.

Os casos de contratação direta são divididos em dispensa e inexigibilidade de licitação. Na situação hipotética prevista na questão, temos um caso de inexigibilidade de licitação.

Um dos princípios doutrinários básicos da licitação é a competitividade. É óbvio que se não houver competição, não temos como realizar uma licitação. A inexigibilidade de licitação caracteriza-se justamente por tal fato: inviabilidade jurídica de competição.

A Lei n° 8.666/1993, em seu artigo 25, estabelece uma lista exemplificativa de situações em que a licitação será inexigível. São elas:

fornecedor exclusivo, vedada a preferência de marca

contratação de serviço técnico profissional especializado, de natureza singular (notória especialização), vedada a inexigibilidade para serviços de publicidade e divulgação

contratação de artistas consagrados pela crítica ou pela opinião pública

Devemos observar que a lei só trouxe algumas hipóteses de inexigibilidade de licitação, pois em qualquer hipótese em que esteja caracterizada a impossibilidade de competição, ficará caracterizada a inexigibilidade do procedimento licitatório.

8. QUESTÕES PARA TREINAR!

1. **(2015 – FCC – TCMRJ – Auditor Substituto)** Suponha que a Secretaria Estadual de Cultura pretenda realizar uma temporada de concertos gratuitos à população, com a participação de prestigiado regente estrangeiro. De acordo com as disposições aplicáveis da Lei no 8.666/1993, a licitação para contratação do referido profissional:

   a) poderá ser realizada na modalidade convite, independentemente do valor do contrato.

   b) será inexigível, caso se trate de artista consagrado pela crítica ou pela opinião pública.

   c) é inafastável, salvo se o contratado não receber remuneração pelo trabalho.

   d) poderá ser dispensada, se comprovada notória especialização do contratado.

   e) poderá ser substituída por procedimento de pré-qualificação, observados os requisitos de publicidade aplicáveis.

2. **(2015 – FCC – CNMP – Administração – 2015)** Dentre as modalidades de licitação, é correto afirmar:

   a) Concurso é destinado à escolha de trabalho técnico ou artístico, predominantemente de criação intelectual. É usado comumente na seleção de projetos, onde se busca a melhor técnica, e não o menor preço. Aos classificados pode-se atribuir prêmio ou remuneração.

   b) Convite é a licitação para contratos de valor estimado imediatamente superior ao estabelecido para a tomada de preço, realizada entre interessados previamente cadastrados, observada a necessária qualificação.

Cap. 11 · LICITAÇÃO

637

c) Tomada de preço é a modalidade mais simples, destinada às contratações de pequeno valor, consistente na solicitação escrita a pelo menos três interessados do ramo, registrados ou não, para que apresentem suas propostas, no prazo mínimo de cinco dias úteis.

d) Pregão é a modalidade de licitação utilizável para a venda de bens móveis inservíveis para a Administração, produtos legalmente apreendidos ou empenhados e também para os bens imóveis cuja aquisição haja derivado de procedimento judicial ou de dação em pagamento.

e) Concorrência é a cabível qualquer que seja o valor de seu objeto, em que se admite a participação de quaisquer interessados, registrados ou não, que satisfaçam as condições do edital, convocados com antecedência mínima de 45 ou 30 dias.

3. **(2015 – FCC – TRE-RR – Analista Judiciário)** Nos termos da Lei n° 8.666/1993, existindo na praça mais de três possíveis interessados, a cada nova licitação na modalidade convite, realizada para objeto idêntico ou assemelhado, é obrigatório o convite a, no mínimo, mais um determinado número de interessado(s), enquanto existirem cadastrados não convidados nas últimas licitações. O número mínimo de interessados a que se refere o enunciado é de

a) seis.

b) um.

c) cinco.

d) dois.

e) três.

4. **(2014 – FCC – TCE-RS – Auditor Público)** Uma autarquia estadual precisa reformar suas instalações, e adaptá-las ao atendimento que será prestado ao público em decorrência de uma nova atribuição que lhe foi outorgada por lei. Para tanto,

a) poderá realizar licitação, sob qualquer das modalidades previstas na lei, ou promover contratação direta, mediante prévia pesquisa de mercado, tendo em vista que as autarquias não se sujeitam ao regime de direito público.

b) deverá realizar regular licitação, tendo em vista que as autarquias, submetidas ao regime de direito público, sujeitam-se a obrigatoriedade do certame.

c) poderá contratar diretamente outra empresa que integre a Administração indireta, tendo em vista que os regimes jurídicos são semelhantes.

d) deverá realizar licitação caso o valor da contratação supere R$ 150.000,00 (cento e cinquenta mil reais), tendo em vista que até esse montante incide hipótese de dispensa de licitação.

e) deverá contratar diretamente empresa de engenharia para promover as obras, tendo em vista que as autarquias não se sujeitam ao princípio que obriga a realização de licitação.

5. **(2014 – FCC – TCE-GO – Analista de Controle Externo/Área Jurídica)** A União Federal pretende adquirir bens nos termos de acordo internacional específico, devidamente

aprovado pelo Congresso Nacional, sendo as condições ofertadas manifestamente vantajosas para o Poder Público. Na hipótese narrada, é

a) inexigível a licitação.

b) obrigatória licitação na modalidade concorrência.

c) dispensável a licitação.

d) obrigatória licitação na modalidade convite.

e) obrigatória licitação na modalidade tomada de preços.

GABARITO DAS QUESTÕES				
1	2	3	4	5
B	A	B	B	C

Capítulo 12

REGIME JURÍDICO DO SERVIDOR PÚBLICO FEDERAL (LEI N° 8.112/1990)

1. INTRODUÇÃO

Como regime jurídico dos servidores públicos devemos entender o conjunto de regras que estabelecem a relação existente entre a Administração Pública e seus agentes. De modo sucinto, podemos concluir que tal expressão abrange o conjunto de direitos e deveres existente em tal vínculo funcional.

Quando tratamos de servidores públicos, percebemos, principalmente, a existência de dois regimes jurídicos de pessoal na estrutura administrativa brasileira: o estatutário e o celetista.

O regime jurídico **estatutário ou legal** é aquele onde o conjunto de direitos e deveres daqueles a ele vinculado, é estabelecido por lei, como a própria denominação ensina. Tem como característica a unilateralidade e ser típico do Direito Público.

As pessoas que ingressam no serviço público sob o regime jurídico estatutário são chamadas de servidores públicos, ocupantes de cargos públicos e remunerados através de remuneração ou vencimentos.

Por outro lado, tal relação pode ser estabelecida através de um contrato de trabalho, entre a Administração Pública e seus empregados públicos. Trata-se de um regime jurídico **celetista ou trabalhista**, de caráter bilateral, onde os integrantes são remunerados através de salários. É um regime típico do Direito Privado.

DICA
REGIME ESTATUTÁRIO » UNILATERAL E LEGAL » SERVIDOR PÚBLICO
REGIME CELETISTA » BILATERAL E CONTRATUAL » EMPREGADO PÚBLICO

Nesse contexto, insere-se a Lei n° 8.112/1990, que, em seu art. 1°, institui o Regime Jurídico Estatutário dos Servidores Públicos Civis da União, das autarquias, inclusive as em regime especial, e das fundações públicas federais.

Na referida legislação, encontraremos um conjunto de regras estatutárias que estabelece o vínculo funcional existente entre a Administração Pública Federal e seus servidores públicos, integrantes da Administração Direta, autárquica e fundacional, formando, assim, o Estatuto do Servidor Público Federal.

Por fim, ressaltamos que os empregados públicos das sociedades de economia mista e das empresas públicas **não** são abrangidos pela Lei n° 8.112/1990 (visto que serão sempre regidos pelo regime celetista ou trabalhista) e nem os servidores estaduais e municipais, posto que cada Estado e cada Município deve elaborar o seu próprio estatuto.

Lei 8.112-90

CAMPO DE APLICAÇÃO - RESUMO

✓ União (Federal) Poder Executivo, Legislativo e Judiciário
✓ Adm. Direta, Autárquica e Fundacional

✓ Não é aplicável aos Estados e Municípios
✓ Não é aplicável à empresa pública e sociedade de economia mista (empregados públicos)

---

2. SERVIDOR PÚBLICO

A Lei nº 8.112/1990 define **servidor público** como sendo a pessoa legalmente investida em cargo público. Tal definição é menos abrangente que a definição de agente público trazida pela Lei nº 8.429/1992 (Lei de Improbidade Administrativa), em seu artigo 2º.

> **DICA**
>
> Em **sentido amplo**, Maria Sylvia Di Pietro afirma serem servidores públicos as pessoas físicas que prestam serviço ao Estado e às entidades da Administração Indireta, com vínculo empregatício (seja estatutário, celetista ou especial) e mediante remuneração paga pelos cofres públicos.
>
> Os Estatutos definem servidor público em **sentido estrito**, como sendo a pessoa legalmente investida em cargo público. Essa definição seria a de servidor público, em sentido estrito, englobando as pessoas físicas ocupantes de cargo público, efetivo ou em comissão, sujeitas a um regime jurídico estatutário ou legal.
>
> Assim, em sentido amplo, até os empregados públicos celetistas e os contratados temporariamente, para atender necessidade excepcional de interesse público, podem ser chamados de servidores públicos.

3. CARGO PÚBLICO

Pela definição da Lei nº 8.112/1990, temos que **cargo público** é o conjunto de **atribuições e responsabilidades** previstas na estrutura organizacional da Administração que devem ser cometidas a um servidor. Traduzindo para uma linguagem simplificada, temos que o **cargo público** é um lugar, previsto na estrutura da Administração Pública, que deve ser ocupado por um **servidor público**.

Além disso, estabelece que os cargos públicos são acessíveis a todos os brasileiros, são criados por lei, com denominação própria e vencimento pago pelos cofres públicos, para provimento efetivo ou em comissão.

A nomeação para cargo efetivo depende de aprovação prévia em concurso público de provas ou de provas e títulos, de acordo com a natureza e complexidade do cargo ou emprego. Já a nomeação para cargo em comissão independe de aprovação prévia em concurso público, visto ser um cargo de livre nomeação e exoneração.

 DICA
Via de regra, a criação e a extinção de cargos públicos se dará sempre através de lei, porém, se o cargo público estiver **vago**, poderá ser extinto através de decreto autônomo, nos termos da Constituição Federal, art. 84, VI.

Como **requisitos básicos** para investidura em cargo público temos:

(a) nacionalidade brasileira (não esquecendo dos estrangeiros, na forma da lei);
(b) gozo dos direitos políticos;
(c) quitação com as obrigações militares e eleitorais;
(d) nível de escolaridade exigido para o exercício do cargo;
(e) idade mínima de dezoito anos;
(f) aptidão física e mental.

O primeiro ponto a ser observado é que o art. 7º estabelece que a investidura no cargo público ocorre com a assinatura do termo de posse, sendo assim, tais requisitos deverão ser comprovados no **ato da posse**, e não antes de tal momento.

Também cabe ressaltar que o artigo 5º, da Lei nº 8.112/1990, estabeleceu, apenas, os requisitos **básicos**, pois as atribuições do cargo podem justificar a exigência de outros requisitos, assim estabelecidos em lei (art. 5º, § 1º).

Tudo dependerá da **lei** de criação do cargo que poderá exigir outros requisitos, além daqueles já citados acima, desde que sejam razoáveis e proporcionais às exigências do cargo. Porém, é importante ressaltar que **o edital do concurso não é instrumento válido para fixar tais requisitos, mas sim a lei.**

4. CONCURSO PÚBLICO

A Constituição Federal exige aprovação prévia em concurso público para investidura em cargos efetivos ou empregos públicos. Tal exigência possui como principal fundamento o princípio da **isonomia**, pois essa seria a forma de se assegurar igualdade entre todos aqueles que pretendem ingressar no serviço público.

O concurso público deverá ser de **provas ou de provas e títulos** (nunca só de títulos!), devendo ser graduado de acordo com a natureza do cargo ou emprego a ser ocupado, podendo, segundo a Lei 8.112/90, ser realizado em duas etapas, conforme dispuserem a lei e o regulamento do respectivo plano de carreira, condicionada a inscrição do candidato ao pagamento do valor fixado no edital, quando indispensável ao seu custeio, e ressalvadas as hipóteses de isenção nele expressamente previstas.

O prazo de validade do concurso e as condições de sua realização serão fixados em edital, que será publicado no Diário Oficial da União e em jornal diário de grande circulação.

Segundo o Texto Constitucional, em seu art. 37, III, o prazo de validade do concurso público será de **até 2 anos**, **prorrogável**, **uma única vez, por igual pe-**

ríodo. A contagem de tal prazo inicia-se com a **homologação** do concurso, pela autoridade competente.

Merece destaque, ainda, a situação dos portadores de deficiência física, pois a nossa Carta Magna estabelece que eles deverão prestar concurso, sendo-lhes reservado um percentual de vagas. Ressaltamos que tal reserva de vagas não fere o princípio da isonomia, cabendo à lei o estabelecimento desse percentual de vagas, bem como definir os critérios de admissão.

No nosso caso, o Estatuto dos Servidores Públicos Federais assegura às pessoas portadoras de deficiência o direito a se inscrever em concurso público para provimento de cargo **cujas atribuições sejam compatíveis com a deficiência** de que são portadoras, reservando para tais pessoas **até 20% (vinte por cento)** das vagas oferecidas no concurso.

Por fim, a Lei nº 8.112/1990 estabelece que, em âmbito federal *não será aberto novo concurso enquanto houver candidato aprovado em concurso anterior com prazo de validade não expirado.* Caso não haja mais nenhum candidato aprovado no concurso anterior ou caso o prazo de validade do concurso já haja expirado, poderá ser aberto um novo concurso na esfera federal.

5. FORMAS DE PROVIMENTO

É ato administrativo por meio do qual é preenchido cargo público, com a designação de seu titular. O provimento dos cargos públicos far-se-á mediante ato da autoridade competente de cada Poder. Segundo o STF, as formas de provimento são classificadas como: **originária e derivada.**

(i) Provimento Originário ou Inicial – ocorre quando não há vínculo anterior com a Administração.

(ii) Provimento Derivado – ocorre quando já havia um vínculo anterior com a Administração.

O STF já afirmou que a **única** forma de provimento originário compatível com a Constituição Federal é a nomeação. Todas as demais são formas de provimento derivado.

Segundo a Lei nº 8.112/1990, em seu art. 8º, são formas de provimento:

(a) Nomeação;

(b) Promoção;

(c) Readaptação;

(d) Reversão;

(e) Aproveitamento;

(f) Reintegração;

(g) Recondução.

Cabe ressaltar que a Lei nº 9.527/1997 revogou, pela ausência de concurso público, a transferência e o acesso ou ascensão, que também eram tidas como formas de provimento pelo Estatuto. Assim, hoje, não podemos mais falar em tais institutos, pois ambos **não existem mais**, após a exclusão do texto da lei.

(a) Nomeação

Mais uma vez, ressaltamos que segundo entendimento do STF é a única forma de provimento originário. Caracteriza-se como **ato unilateral** da Administração Pública, visando o preenchimento de determinado cargo público.

Segundo a Lei nº 8.112/1990, ocorrerá:

I - **em caráter efetivo**, quando se tratar de cargo isolado de provimento efetivo ou de carreira;

II - **em comissão**, inclusive na condição de interino, para cargos de confiança vagos.

Segundo a CF, art. 37, II, a **nomeação para cargo efetivo**, isolado ou de carreira, depende de aprovação prévia em concurso público de provas ou de provas e títulos, de acordo com a natureza e complexidade do cargo, obedecidos a ordem de classificação e o prazo de sua validade.

Já a **nomeação para cargo em comissão** independe de aprovação prévia em concurso público, visto ser um cargo de livre nomeação e exoneração. O Estatuto refere-se aos cargos em comissão utilizando-se da expressão cargos de confiança.

As regras constantes da Lei nº 8.112/1990 são aplicáveis integralmente aos servidores ocupantes de cargo efetivo, porém, apenas, em parte são aplicáveis aos servidores ocupantes de cargos em comissão.

(i) Posse

Pode ser definida como **ato bilateral**, através do qual o nomeado torna-se servidor público, formalizando-se, nesse momento, o vínculo com a Administração Pública. A partir de então, o nomeado fica investido no cargo público.

A Lei nº 8.112/1990 dispõe que **a investidura no cargo público ocorre com a assinatura do termo de posse**, donde constarão as atribuições, deveres, direitos e responsabilidades inerentes ao cargo, que não poderão ser alteradas unilateralmente, por qualquer das partes.

Só caberá posse nos casos de provimento de cargo por nomeação, ou seja, a posse sempre decorrerá do provimento originário. Não há que se falar em posse, decorrente de provimento derivado.

 DICA
NOMEAÇÃO » ATO UNILATERAL » PROVIMENTO DO CARGO
POSSE » ATO BILATERAL » INVESTIDURA NO CARGO

O prazo para o nomeado tomar posse é de **30 dias, improrrogáveis**, da data de publicação do ato de provimento, ou seja, a partir da data de publicação da nomeação. Tal prazo é aplicável tanto para a posse em cargos efetivos como para cargos em comissão.

Cabe ressaltar que o Estatuto estabelece um critério diferenciado para aquele que já ocupa um cargo público federal e é nomeado para outro cargo público federal. Nesse caso, ele terá o mesmo prazo (30 dias improrrogáveis) para tomar posse, porém, caso esteja gozando de determinadas licenças ou de certos afastamentos, tal prazo será contado após o seu retorno.

A Lei n° 8.112/1990 permite a posse através de **procuração específica** (não pode ser genérica!). O servidor, no ato da posse, deverá apresentar declaração de bens e valores que constituem seu patrimônio e declaração quanto ao exercício ou não de outro cargo, emprego ou função pública.

Caso o nomeado não tome posse, **o ato de nomeação será tornado sem efeito**. Como ainda não há vínculo entre o nomeado e a Administração Pública, não há que se falar em exoneração e, muito menos, em demissão.

(ii) Exercício

Segundo o art. 15, da Lei n° 8.112/1990, exercício é o efetivo desempenho das atribuições do cargo público ou da função de confiança. Para dar exercício ao servidor, é competente a autoridade do órgão ou entidade para onde for nomeado ou designado.

O prazo para o servidor entrar em exercício é de **15 dias, improrrogáveis, contados da data da posse. Caso o servidor empossado não entre em exercício, será ele exonerado.**

(iii) Exercício em nova sede

O servidor que deva ter exercício em outro município em razão de ter sido removido, redistribuído, requisitado, cedido ou posto em exercício provisório terá, **no mínimo, dez e, no máximo, trinta dias** de prazo, contados da publicação do ato, para a retomada do efetivo desempenho das atribuições do cargo, incluído nesse prazo o tempo necessário para o deslocamento para a nova sede. A esse prazo, usualmente, chamamos "período de trânsito".

(iv) Jornada de trabalho

Os servidores públicos federais cumprirão jornada de trabalho fixada em razão das atribuições pertinentes aos respectivos cargos, respeitada a duração máxima do trabalho semanal de quarenta horas e observados os limites mínimo e máximo de seis horas e oito horas diárias, respectivamente. Tal regra não é aplicável à duração de trabalho estabelecida em leis especiais, tais como os servidores públicos que trabalham em hospitais públicos federais, sob o regime de plantão.

Aos ocupantes de cargo em comissão ou função de confiança também não é aplicável tal regra, visto que se submetem a regime de integral dedicação ao serviço, podendo ser convocado sempre que houver interesse da Administração.

(b) Promoção

Podemos defini-la como a passagem de nível do servidor, dentro da mesma carreira. Os requisitos para o desenvolvimento do servidor na carreira, mediante promoção, serão estabelecidos pela lei que fixar as diretrizes do sistema de carreira na Administração Pública Federal e seus regulamentos. A promoção não interrompe o tempo de exercício, que é contado no novo posicionamento na carreira a partir da data de publicação do ato que promover o servidor.

(c) Readaptação

É forma de provimento derivado que visa adaptar a uma nova função o servidor, estável ou não, que sofreu uma limitação, física ou mental, na sua capacidade laborativa, mas que não ficou inválido permanentemente, pois nesse caso, deverá ser aposentado por invalidez permanente.

Obviamente, dependerá de inspeção médica e deverá ocorrer em cargo equivalente ao anterior, respeitada a habilitação exigida, nível de escolaridade e equivalência de vencimentos. Na hipótese de não haver vaga, o servidor ficará como excedente, até a existência de vaga.

(d) Reversão

Atualmente, a redação do art. 25 define a reversão como sendo o retorno à atividade do servidor aposentado, podendo ocorrer a pedido ou de ofício.

Ocorrerá a reversão de ofício quando junta médica oficial declarar insubsistentes os motivos da aposentadoria, determinando o retorno à atividade do servidor aposentado por invalidez permanente.

A reversão de ofício ocorrerá diretamente, independentemente de interesse da Administração, de forma vinculada.

A reversão deverá ocorrer no mesmo cargo ou no cargo resultante de sua transformação, sendo que no caso da reversão de ofício, encontrando-se o cargo provido, o servidor exercerá suas atribuições como excedente, até a ocorrência de vaga.

Já a reversão a pedido deve atender alguns requisitos, além da solicitação por parte do servidor, obviamente, que serão expostos abaixo:

(i) a aposentadoria deve ter sido voluntária e deve ter ocorrido nos cinco anos anteriores à solicitação;

(ii) o servidor deveria ser estável quando na atividade;

(iii) interesse da Administração, ou seja, deve ser conveniente para a Administração Pública a reversão do servidor;

(iv) deve haver cargo vago.

Logicamente, não poderá ser revertido, a pedido ou de ofício, o servidor aposentado que já houver completado 70 (setenta) anos de idade.

(e) Aproveitamento

Caracteriza-se como sendo o retorno, ao serviço ativo, do servidor estável, posto em disponibilidade. A disponibilidade é um instituto que permite ao servidor **estável**, que teve o seu cargo extinto ou declarado desnecessário, permanecer sem trabalhar, com remuneração proporcional ao tempo de serviço, à espera de um eventual aproveitamento.

Em tais situação, o servidor ficará disponível para Administração Pública, recebendo remuneração proporcional ao seu **tempo de serviço**, até o seu eventual aproveitamento em cargo de atribuições e vencimentos compatíveis com o anteriormente ocupado.

> **DICA**
> DISPONIBILIDADE – TEMPO DE SERVIÇO
> REGRAS DE APOSENTADORIA – TEMPO DE CONTRIBUIÇÃO

(f) Reintegração

Caracteriza-se como mais uma forma de provimento derivado, ocorrendo quando o servidor público federal estável, que havia sido injustamente demitido, consegue, **por via judicial ou administrativa**, invalidar o ato de demissão.

Logicamente, o servidor será reintegrado no cargo anteriormente ocupado ou no cargo resultante de sua transformação e terá direito ao ressarcimento de todos os direitos e vantagens inerentes ao cargo que deixou de perceber no período em que esteve afastado. Na hipótese de o cargo ter sido extinto, o servidor reintegrado ficará em disponibilidade, até seu adequado aproveitamento.

(g) Recondução

Segundo o art. 29, da Lei nº 8.112/1990, é o retorno do servidor estável ao cargo anteriormente ocupado, podendo decorrer de:

(i) inabilitação em estágio probatório, relativo a outro cargo

(ii) reintegração do anterior ocupante

(h) Estágio probatório

Ao entrar em exercício, o servidor nomeado para cargo de provimento efetivo ficará sujeito a estágio probatório por período de vinte e quatro meses durante o qual a sua aptidão e capacidade serão objeto de avaliação para o desempenho do cargo, observados os seguintes fatores:

(i) assiduidade;

(ii) disciplina;

(iii) capacidade de iniciativa;

(iv) produtividade;

(v) responsabilidade.

> **DICA**
> Há uma grande polêmica quanto ao prazo do estágio probatório. Tudo começou com a ampliação do prazo para aquisição de estabilidade que passou de 2 anos para 3 anos de efetivo exercício, em decorrência da alteração trazida pela Emenda Constitucional nº 19/98.
>
> Desde então, o tema é objeto de conflito entre posicionamentos doutrinários e até entre os Tribunais, tanto administrativamente, quanto judicialmente. Alguns defendem que o prazo do estágio probatório é de 24 meses (como estabelecido pelo texto original da Lei nº 8.112/1990) e outros que o prazo passou a ser de 36 meses.
>
> Atualmente, pode-se dizer que a polêmica está **pacificada**, pois o entendimento do STF, do STJ, da AGU e da grande maioria das bancas examinadoras é que o prazo do estágio probatório é de **36 meses**.

Quatro meses antes de findo o período do estágio probatório, será submetida à homologação da autoridade competente a avaliação do desempenho do servidor, realizada por comissão constituída para essa finalidade, de acordo com o que dispuser a lei ou o regulamento da respectiva carreira ou cargo, sem prejuízo da continuidade de apuração dos fatores enumerados nos incisos I a V deste artigo.

Servidor **não aprovado** em estágio probatório:

(a) ESTÁVEL ⇨ EXONERADO ⇨ RECONDUÇÃO

(b) NÃO ESTÁVEL ⇨ **EXONERADO (não há que se falar em demissão)**

DICA

VITALICIEDADE X ESTABILIDADE X EFETIVIDADE

Tais conceitos não se confundem. A **estabilidade** é prevista no art. 41, da CF, sendo uma garantia de permanência no serviço público para os servidores ocupantes de cargo efetivo, aprovados em concurso público, adquirida após três anos de efetivo exercício.

Assim, diz-se que a estabilidade está relacionada com o tempo de serviço público. Já a **efetividade** é um atributo do cargo público, ou seja, terá efetividade o servidor ocupante de cargo público efetivo. Logo, a efetividade está relacionada com o tipo de cargo público que a pessoa ocupa.

Por fim, a **vitaliciedade** seria uma "superestabilidade" aplicável aos ocupantes de cargos vitalícios, tais como os magistrados e membros do Ministério Público. Os detentores de tal privilégio somente perderão seus cargos em virtude de sentença judicial com trânsito em julgado.

Obs: Estabilidade Extraordinária (ADCT, art. 19) – "Os servidores públicos civis da União, dos Estados, do Distrito Federal e dos Municípios, da administração direta, autárquica e das fundações públicas, em exercício na data da promulgação da Constituição, há pelo menos cinco anos continuados, e que não tenham sido admitidos na forma regulada no art. 37, da Constituição, são considerados estáveis no serviço público".

6. FORMAS DE VACÂNCIA

É a forma através da qual o cargo público fica vago, ou seja, é a maneira pela qual o servidor desocupa o cargo público. Tem sentido oposto à expressão "provimento" de cargo público. Segundo a Lei nº 8.112/1990, em seu art. 33, a vacância decorrerá de:

(a) exoneração;

(b) demissão;

(c) promoção;

(d) readaptação;

(e) aposentadoria;

(f) posse em outro cargo inacumulável;

(g) falecimento.

Devemos perceber que a promoção e a readaptação são citadas também, pela Lei, como formas de provimento. Assim, para fins de prova, segundo a literalidade da Lei n° 8.112/1990, teremos duas formas simultâneas de vacância e provimento: a promoção e a readaptação.

7. REMOÇÃO

Desde já, é importante ressaltarmos que a remoção **não é hipótese de provimento ou de vacância** de cargo público.

Remoção é o deslocamento do servidor (e não do cargo!), a pedido ou de ofício, no âmbito do mesmo quadro, com ou sem mudança de sede, ou seja, o servidor permanecerá no mesmo cargo, podendo implicar ou não mudança na localidade de exercício do servidor.

A remoção de ofício (art. 36, I) independe da vontade do servidor e será sempre determinada no interesse da Administração, devendo o servidor em tal situação receber uma indenização denominada ajuda de custo, que será estudada oportunamente.

Já a remoção a pedido pode ocorrer a critério da Administração ou pode, em certos casos, a Administração ser obrigada a concedê-la. Nesses casos, o servidor não receberá nenhuma forma de indenização.

Ou seja, na primeira situação (art. 36, II) o servidor solicita a remoção e depende da concordância da Administração, porém, na segunda situação (art. 36, III) o servidor solicita a remoção e a Administração terá que acatar o seu pedido, desde que o pedido do servidor seja fundamentado em um dos casos estipulados pela Lei.

Neste último caso, a remoção a pedido, para outra localidade, independentemente do interesse da Administração, poderá ocorrer nas seguintes situações:

(a) para acompanhar cônjuge ou companheiro, também servidor público civil ou militar, de qualquer dos Poderes da União, dos Estados, do Distrito Federal e dos Municípios, **que foi deslocado no interesse da Administração; (a pedido não!)**

(b) por motivo de saúde do servidor, cônjuge, companheiro ou dependente que viva às suas expensas e conste do seu assentamento funcional, condicionada à comprovação por junta médica oficial;

(c) em virtude de processo seletivo promovido, na hipótese em que o número de interessados for superior ao número de vagas, de acordo com normas preestabelecidas pelo órgão ou entidade em que aqueles estejam lotados.

8. REDISTRIBUIÇÃO

Também não é forma de provimento, nem de vacância. Redistribuição é o **deslocamento** de cargo de provimento efetivo, ocupado ou vago no âmbito do quadro geral de pessoal, para outro órgão ou entidade do mesmo Poder.

A redistribuição deve ser previamente apreciada pelo órgão central do Sistema de Pessoal Civil e possui os seguintes pressupostos:

Cap. 12 · REGIME JURÍDICO DO SERVIDOR PÚBLICO FEDERAL (LEI Nº 8.112/1990) | 649

(i) interesse da administração;

(ii) equivalência de vencimentos;

(iii) manutenção da essência das atribuições do cargo;

(iv) vinculação entre os graus de responsabilidade e complexidade das atividades;

(v) mesmo nível de escolaridade, especialidade ou habilitação profissional;

(vi) compatibilidade entre as atribuições do cargo e as finalidades institucionais do órgão ou entidade.

9. VENCIMENTO E REMUNERAÇÃO

O servidor público, em virtude de possuir um vínculo funcional com a Administração Pública, deve receber uma retribuição pecuniária, pelo desempenho de suas funções. Tal retribuição seria a contraprestação paga ao servidor público, em decorrência dos serviços prestados à Administração Pública.

Até mesmo, porque como visto anteriormente, a Lei proíbe a prestação de serviços gratuitos, **salvo os casos previstos em lei**. Assim, o Estatuto do Servidor Público Federal estabelece que vencimento é a retribuição pecuniária pelo exercício de cargo público, com valor fixado em lei, ou seja, é o valor básico percebido pelo servidor público.

Já a remuneração do servidor é o vencimento do cargo efetivo, acrescido das vantagens pecuniárias **permanentes**, estabelecidas em lei, não podendo ser inferior ao salário mínimo.

10. VANTAGENS

São vantagens quaisquer valores percebidos pelo servidor que não sejam vencimento. Possuem caráter permanente ou temporário, sendo certo, que apenas as vantagens de caráter permanente integram a remuneração. Segundo o art. 49, da Lei nº 8.112/1990, poderão ser pagas ao servidor, além do vencimento, as seguintes vantagens:

(a) indenização;

(b) gratificação;

(c) adicional.

Quanto às gratificações e adicionais, a Lei estabelece que serão incorporados ao vencimento ou provento, nos casos e condições indicados em lei, consequentemente, poderão ou não fazer parte da remuneração do servidor, dependendo do caráter permanente ou não que possuam, de acordo com o disposto em lei. Já as indenizações não serão incorporadas à remuneração, visto que não possuem caráter permanente. Vamos comentar cada uma delas a seguir.

(a) Indenizações:

Quanto ao caráter permanente ou não de tais vantagens, a Lei esclarece que as indenizações não serão incorporadas ao vencimento ou provento para qualquer efeito, ou seja, jamais farão parte da remuneração do servidor, visto o seu caráter temporário (indenizatório). Segundo o art. 51, da Lei nº 8.112/1990, são elas:

(i) ajuda de custo;

(ii) diárias;

(iii) indenizações de transporte;

(iv) auxílio moradia (Lei nº 11.355/2006).

(b) Gratificações e adicionais:

Como visto anteriormente, podem incorporar-se ou não à remuneração, dependendo do seu caráter permanente ou não. Segundo o art. 51, da Lei nº 8.112/1990, são elas:

(i) retribuição pelo exercício de função de direção, chefia e assessoramento;

(ii) gratificação natalina;

(iii) adicional pelo exercício de atividades insalubres, perigosas ou penosas;

(iv) adicional pela prestação de serviço extraordinário;

(v) adicional noturno;

(vi) adicional de férias;

(vii) gratificação por encargo de curso ou concurso.

DICA

Através da leitura do art. 51, da Lei nº 8.112/1990, percebemos que este estabelece uma lista exemplificativa (e não taxativa!) de gratificações e adicionais, pois a Lei estabelece a possibilidade de existirem outras, relativas ao local ou à natureza do trabalho.

Ainda havia previsão de uma outra vantagem, já revogada, denominada adicional por tempo de serviço, sendo que os já concedidos aos servidores abrangidos pelo Estatuto, ficaram transformados em anuênios (art. 244).

11. LICENÇAS

Como licença, devemos entender a autorização, dada ao servidor público, para não comparecimento ao serviço, normalmente, durante certo prazo, em regra, determinado, decorrendo de situações específicas, que variam de acordo com a natureza de cada licença.

O art. 81, da Lei nº 8.112/1990, estabelece as licenças que podem ser concedidas ao servidor público federal:

(a) por motivo de doença em pessoa da família;

(b) por motivo de afastamento do cônjuge ou companheiro;

(c) para o serviço militar;

(d) para atividade política;

(e) para capacitação;

(f) para tratar de interesses particulares;

(g) para desempenho de mandato classista.

A Licença para capacitação foi introduzida pela Lei n° 9.527/1997, que ao mesmo tempo exclui a antiga licença prêmio por assiduidade. Assim, hoje, não há mais no serviço público federal a licença prêmio.

Como regra geral, a licença concedida dentro de 60 dias do término de outra licença da mesma espécie será tida como prorrogação da licença, e não como uma nova licença.

Além das licenças estudadas acima, a Lei n° 8.112/1990 ainda estabelece que podem ser concedidas ao servidor as seguintes licenças:

(a) para tratamento de saúde (art. 202);

(b) à gestante, adotante e paternidade (art. 207);

(c) por acidente de serviço (art. 211).

Tais licenças encontram-se concentradas no final do texto da Lei, e não no art. 81 da Lei n° 8.112/1990, por integrarem benefícios relacionados à seguridade social do servidor.

12. REGIME DISCIPLINAR

O Regime Disciplinar a que estão submetidos os funcionários públicos civis da União está situado entre os artigos 116 e 142 da Lei n° 8.112/1990. Nele encontraremos os deveres, as proibições, as responsabilidades dos servidores referentes ao exercício de suas funções.

12.1. Deveres dos servidores

A Lei n° 8.112/1990, em seu art. 116, enumera alguns deveres dos servidores públicos federais, que serão abordados abaixo. Porém, cabe ressaltar, que não fica excluído o dever de o servidor observar outros previstos em seu Código de Ética (Decreto n° 1.171/1994), nos regimentos internos, nas portarias, decretos e demais atos normativos.

Via de regra, o desrespeito a esses deveres ensejará a pena de advertência ou a pena de suspensão, conforme a gravidade do caso. Assim, são deveres previstos na Lei n° 8.112/1990:

(i) exercer com zelo e dedicação as atribuições do cargo;

(ii) ser leal às instituições a que servir;

(iii) observar as normas legais e regulamentares;

(iv) cumprir as ordens superiores, **exceto quando manifestamente ilegais**;

(v) atender com presteza:

– ao público em geral, prestando as informações requeridas, ressalvadas as protegidas por sigilo;

– à expedição de certidões requeridas para defesa de direito ou esclarecimento de situações de interesse pessoal;

– às requisições para a defesa da Fazenda Pública.

(vi) levar as irregularidades de que tiver ciência em razão do cargo ao conhecimento da autoridade superior ou, quando houver suspeita de envolvimento desta, ao conhecimento de outra autoridade competente para apuração;

(vii) zelar pela economia do material e a conservação do patrimônio público;

(viii) guardar sigilo sobre assunto da repartição;

(ix) manter conduta compatível com a moralidade administrativa;

(x) ser assíduo e pontual ao serviço;

(xi) tratar com urbanidade as pessoas;

XII – representar contra ilegalidade, omissão ou abuso de poder.

12.2. Penalidades

O artigo 127 da Lei nº 8.112/1990 estipula uma lista de **penalidades** que podem ser aplicadas ao servidor público federal. São elas:

(a) advertência;

(b) suspensão;

(c) demissão;

(d) cassação de aposentadoria ou disponibilidade;

(e) destituição de cargo em comissão;

(f) destituição de função comissionada.

As penas de demissão, cassação de aposentadoria ou de disponibilidade e a destituição de cargo em comissão ou de função comissionada recebem o nome de "penas capitais".

Para aplicação de uma penalidade a um servidor, deve-se sempre assegurar o contraditório e ampla defesa do servidor (CF, art. 5º, LV). Para isso, o artigo 128, em seu § único, estabelece que o ato de imposição da penalidade mencionará sempre o fundamento legal e a causa da sanção disciplinar.

Pela literalidade do Texto Constitucional, em seu art. 5º, LV, temos que "aos litigantes, em processo judicial ou administrativo, e aos acusados em geral são assegurados o contraditório e ampla defesa, com os meios e recursos a ela inerentes". Assim, percebemos que o contraditório e a ampla defesa são garantias não só do processo judicial, mas também do processo administrativo.

Daí, concluímos que para se aplicar **qualquer penalidade** ao servidor é essencial a instauração prévia de PAD ou sindicância, pois é justamente em tais procedimentos que será assegurado o contraditório e a ampla defesa do servidor.

A Lei nº 8.112/1990 ainda estabelece que na aplicação das penalidades serão consideradas:

(i) a natureza e a gravidade da infração cometida;

(ii) os danos que dela provierem para o serviço público;

(iii) as circunstâncias agravantes ou atenuantes;

(iv) os antecedentes funcionais.

Cap. 12 · REGIME JURÍDICO DO SERVIDOR PÚBLICO FEDERAL (LEI N° 8.112/1990) | 653

13. QUESTÕES COMENTADAS

1. (2014 – FCC – TRT 2ªR – Analista Administrativo) Servidor Público federal, ocupante de cargo junto ao Ministério da Fazenda, foi deslocado, no âmbito do mesmo quadro, com mudança de sede, no interesse da Administração. O ato administrativo descrito, nos termos da Lei n° 8.112/1990, denomina-se

(A) redistribuição, que se constitui na modalidade de deslocamento do servidor que se dá de ofício, no interesse da Administração, com ou sem mudança de sede, independentemente de motivação.

(B) remoção, que compreende as modalidades de ofício, hipótese em que o deslocamento do servidor se dá no interesse da administração, e a pedido, hipótese em que o deslocamento do servidor se dá a critério da Administração, podendo, no entanto, ocorrer independentemente do interesse da Administração, nas situações expressamente autorizadas pela Lei.

(C) transferência, que é a modalidade de deslocamento do servidor que se dá de ofício, com ou sem mudança de sede, sempre no interesse da Administração.

(D) remoção, que compreende as modalidades de ofício, hipótese em que o deslocamento do servidor se dá no interesse da Administração, e a pedido, hipótese em que o deslocamento do servidor se dá, exclusivamente, a critério da Administração.

(E) recondução, que se constitui na modalidade de deslocamento do servidor que se dá de ofício, no interesse da administração, com ou sem mudança de sede, hipótese em que a motivação do ato é dispensada; denominando-se redistribuição, o deslocamento a pedido do servidor.

Prevista no art. 36, do Estatuto Federal, a remoção representa o deslocamento do servidor (e não do cargo!), a pedido ou de ofício, no âmbito do mesmo quadro de pessoal, com ou sem mudança de sede, ou seja, o servidor permanecerá no mesmo cargo, podendo implicar ou não mudança na localidade de exercício de suas atribuições.

A remoção poderá ocorrer de ofício ou a pedido. A remoção de ofício ocorre independentemente de solicitação do servidor, para atender ao interesse da Administração. Vale lembrar que neste caso, o servidor perceberá ajuda de custo pelo deslocamento que não poderá ser utilizado para punir o servidor, sob pena da prática de ato com desvio de poder.

Já a remoção a pedido dependerá, obviamente, de solicitação do servidor, podendo exigir ou não a concordância da Administração. No primeiro caso, o servidor solicita o deslocamento e a Administração pode ou não deferir o seu pedido, porém, no segundo caso, a Administração deverá acatar o pedido, desde que seja fundamentado em um dos casos previstos expressamente no art. 36, III, da Lei n° 8.112/1990. São elas:

para acompanhar cônjuge ou companheiro, também servidor público civil ou militar, de qualquer dos Poderes da União, dos Estados, do Distrito Federal e dos Municípios, que foi deslocado no interesse da Administração;

por motivo de saúde do servidor, cônjuge, companheiro ou dependente que viva às suas expensas e conste do seu assentamento funcional, condicionada à comprovação por junta médica oficial;

em virtude de processo seletivo promovido, na hipótese em que o número de interessados for superior ao número de vagas, de acordo com normas preestabelecidas pelo órgão ou entidade em que aqueles estejam lotados.

Depois desta breve explanação, percebemos que o gabarito é a letra "B". Em relação a letra "D", a sua incorreção deve-se à palavra "exclusivamente".

2. **(2014 – FCC – TRF 3ªR – Contador)** Claudio, servidor público federal ocupante de cargo efetivo, foi colocado em disponibilidade em face da extinção do órgão no qual estava lotado. Posteriormente, o Órgão Central do Sistema de Pessoal Civil determinou o imediato provimento, por Cláudio, de vaga aberta junto a outro órgão da Administração pública federal. De acordo com as disposições da Lei n° 8.112/90, referida situação caracteriza:

(A) **aproveitamento, cabível desde que se trate de cargo com vencimentos e atribuições compatíveis com o anteriormente ocupado pelo servidor.**

(B) recondução, apenas se o servidor estiver em disponibilidade há menos de 5 (cinco) anos.

(C) reintegração, somente obrigatória em se tratando de órgão sucessor do extinto nas respectivas atribuições.

(D) reversão, facultativa para o servidor, que poderá optar por permanecer em disponibilidade, recebendo 50% (cinquenta por cento) de seus vencimentos.

(E) redistribuição, obrigatória para o servidor, independentemente dos vencimentos do novo cargo.

A questão versa sobre uma das formas de **provimento derivado** de cargo público denominada aproveitamento. Vale ressaltar que também há previsão deste instituto na Constituição Federal, no art. 41. Caracteriza-se como sendo o retorno, ao serviço ativo, do servidor estável, posto em disponibilidade.

Sendo assim, cabe esclarecer que disponibilidade é uma prerrogativa inerente à estabilidade, garantindo ao servidor estável que teve seu cargo extinto ou declarado desnecessário, o direito de permanecer sem trabalhar, percebendo remuneração proporcional ao tempo de serviço, até um eventual aproveitamento em cargo compatível ao anteriormente ocupado (em remuneração, atribuição e nível de escolaridade).

3. **(2014 – FCC – TRT 16ªR – Contador)** Vinicius, servidor público federal, pretende tirar licença para capacitação profissional. A propósito de tal licença e nos termos da Lei no 8.112/90, é INCORRETO afirmar que:

(A) é concedida sem prejuízo da remuneração do servidor

(B) só pode ocorrer após cada quinquênio de efetivo exercício

(C) é concedida no interesse da Administração

(D) se dá com o afastamento do exercício do cargo efetivo

(E) **tem, como prazo máximo, o período de dois meses.**

Prevista no art. 87, do Estatuto Federal, a licença para capacitação veio substituir a antiga licença prêmio. Nos termos atuais, após cada cinco anos de efetivo exercício (não acumuláveis), o servidor poderá, no interesse da Administração (ato discricionário), afastar-se do exercício do cargo efetivo, com a respectiva remuneração, por até três meses, para participar do curso de capacitação profissional. Reposta correta: letra "e".

14. QUESTÕES PARA TREINAR!

1. **(2014 – FCC – TRT 18ªR – Juiz Substituto)** No tocante à disciplina da remoção dos servidores públicos, nos termos da Lei Federal n° 8.112/1990, é INCORRETO afirmar:

a) Remoção é o deslocamento do servidor, a pedido ou de ofício, no âmbito do mesmo quadro, com ou sem mudança de sede.

Cap. 12 · REGIME JURÍDICO DO SERVIDOR PÚBLICO FEDERAL (LEI Nº 8.112/1990)

655

b) A remoção a pedido, para acompanhar cônjuge ou companheiro, também servidor público civil ou militar, de qualquer dos Poderes da União, dos Estados, do Distrito Federal e dos Municípios, que foi deslocado de ofício, é concedida independentemente do interesse da Administração.

c) A remoção a pedido, por motivo de saúde do servidor, cônjuge, companheiro ou dependente que viva às suas expensas e conste do seu assentamento funcional, pode ser concedida mediante declaração firmada por médico de confiança do interessado.

d) Na hipótese em que o número de interessados for superior ao número de vagas, a remoção a pedido se dará mediante processo seletivo, de acordo com normas preestabelecidas pelo órgão ou entidade em que aqueles estejam lotados.

e) A remoção a pedido não gera direito à percepção de ajuda de custo pelo servidor removido.

2. **(2014 – FCC – DPE-SP – Defensor Público)** Determinado servidor público que ocupava cargo efetivo foi demitido, tendo essa decisão sido lançada no bojo de processo disciplinar que tramitou nos termos da legislação vigente. Entende o servidor que não foram apreciados corretamente todos os fatos e provas colacionados aos autos. Pretende questionar judicialmente a decisão, requerendo

a) sua recondução ao cargo, cabível nos casos de nulidade do processo disciplinar

b) seu ingresso no serviço público, iniciando novo vínculo com a Administração pública.

c) sua remoção para outro cargo, precedida de invalidação da decisão que o demitiu, para que seja resgatado o vínculo inicial.

d) sua readaptação, precedida de invalidação da decisão que o demitiu, para possibilitar que seja resgatado o vínculo inicial.

e) sua reintegração ao cargo anteriormente ocupado, fazendo jus a todos os vencimentos que lhe deveriam ter sido pagos desde a demissão.

3. **(2014 – FCC – TRT 19ªR – Oficial de Justiça)** Caterina, servidora pública federal, deverá ter exercício em outro Município em razão de ter sido removida. Nos termos da Lei n° 8.112/90, a servidora terá um prazo mínimo, contado da publicação do ato, para a retomada do efetivo desempenho das atribuições do cargo, incluído nesse prazo o tempo necessário para o deslocamento para a nova sede. O prazo mínimo a que se refere o enunciado é de

a) dez dias.

b) um mês.

c) cinco dias.

d) setenta e duas horas.

e) quinze dias.

4. **(2013 – FCC – TRT 5ªR – Analista Judiciário)** A investidura em cargo público ocorre com a posse e dependerá de prévia inspeção médica oficial. Todavia, nos termos do Regime Jurídico dos Servidores Públicos Civis da União, somente haverá posse nos casos de provimento de cargo por:

a) nomeação.

b) promoção.

c) readaptação.

d) reintegração.

DIREITO ADMINISTRATIVO – Luís Gustavo Bezerra de Menezes

e) recondução.

5. (2013 – FCC – TRT 12ªR – Técnico Judiciário) Segundo a Lei n° 8.112/90, especificamente no que concerne ao regime jurídico dos servidores públicos da União, é INCORRETO:

a) A posse, em regra, ocorrerá no prazo de trinta dias contados da publicação do ato de provimento.

b) Não se abrirá novo concurso enquanto houver candidato aprovado em concurso anterior com prazo de validade não expirado.

c) As universidades e instituições de pesquisa científica e tecnológica federais poderão prover seus cargos com professores, técnicos e cientistas estrangeiros, de acordo com as normas e os procedimentos previstos em lei.

d) Para as pessoas portadoras de deficiência serão reservadas até 10% (dez por cento) das vagas oferecidas no concurso público para provimento de cargo com atribuições compatíveis com a deficiência de que são portadoras.

e) Só haverá posse nos casos de provimento de cargo por nomeação.

6. (2014 – FCC – TRT 19ªR – Contador) Jéssica, servidora pública federal, aposentou-se por invalidez em 2011. Decorridos dois anos, a junta médica oficial declarou insubsistentes os motivos de sua aposentadoria. Cumpre salientar que Jéssica, no início de 2013, completou 70 (setenta) anos de idade. A propósito do tema e nos termos da Lei n° 8.112/90,

a) aplica-se, no caso, o instituto da recondução.

b) aplica-se, no caso, o instituto da readaptação.

c) é possível a reversão, independentemente da idade, devendo Jéssica, posteriormente, requerer sua aposentadoria por idade.

d) não é possível a reversão, uma vez que Jéssica completou setenta anos de idade.

e) é possível a recondução de Jéssica, independentemente da idade, devendo, posteriormente, requerer sua aposentadoria por idade.

7. (2013 – FCC – TRT 5ªR – Analista Judiciário) O vencimento é a retribuição pecuniária pelo exercício de cargo público, com valor fixado em lei. Além do vencimento, poderão ser pagas ao servidor vantagens. Os servidores do Tribunal Regional do Trabalho da 5ª Região – TRT/BA receberam as seguintes vantagens: gratificações, ajuda de custo, diárias e adicionais. Dessas vantagens, incorporam-se aos vencimentos, nos casos e condições indicados em lei,

a) gratificações e diárias.

b) ajuda de custo e diárias.

c) gratificações e adicionais.

d) adicionais e ajuda de custo.

e) gratificações, diárias e adicionais.

GABARITO DAS QUESTÕES						
1	2	3	4	5	6	7
C	E	A	A	D	D	C

Capítulo 13

DESAFIO – DIREITO ADMINISTRATIVO

Julgue os itens postos abaixo e assinale (V) ou (F):

1. Para o Direito Administrativo, a expressão "Estado", em sentido amplo, abrange a União, os Estados, o Distrito Federal, os Municípios e os Territórios, sendo todos entes políticos dotados de competência legislativa.

2. A função administrativa é exercida tipicamente pelo Poder Executivo, não podendo os demais Poderes desempenhá-la.

3. Em sentido subjetivo a expressão Administração Pública refere-se aos sujeitos que integram a estrutura administrativa do Estado.

4. As fontes do Direito Administrativo são a lei, a doutrina, a jurisprudência e os costumes.

5. São princípios explícitos da Administração Pública: Legalidade, Pessoalidade, Moralidade, Publicidade e Eficiência.

6. A Administração Pública Direta é formada pelo conjunto de autarquias, fundações públicas, empresas públicas e sociedades de economia mista.

7. A descentralização administrativa ocorre quando o Estado exerce suas atividades por meio de seus órgãos e agentes integrantes da estrutura da Administração Direta.

8. A descentralização por outorga reflete a criação da estrutura da Administração direta ou centralizada.

9. Na descentralização por delegação o Estado transfere a execução de determinado serviço a pessoa física ou jurídica, normalmente, por prazo determinado, através de ato ou contrato.

10. A desconcentração é uma mera técnica administrativa de distribuição externa de competências, visando à eficiência na prestação do serviço.

11. Os órgãos públicos integram a estrutura de uma pessoa jurídica, logo, nenhum órgão público possui personalidade jurídica própria e nem patrimônio próprio.

12. Os órgãos públicos podem ser encontrados somente na estrutura da Administração Direta.

13. Alguns órgãos públicos possuem capacidade processual (ou judiciária) para defesa em juízo de suas prerrogativas funcionais.

14. A Administração Indireta é representada pelo conjunto de pessoas jurídicas de direito público e/ou privado que possuem capacidade de auto-administração.

15. As Entidades da Administração Indireta são criadas por lei específica ou possuem a criação autorizada por lei específica.

16. As Entidades da Administração Indireta sujeitam-se à proibição de acumulação de cargos.

17. A relação existente entre as entidades administrativas (Administração Indireta) e as entidades políticas (Administração Direta) é de subordinação.

18. As autarquias integram a estrutura da Administração Pública Indireta e não possuem personalidade jurídica de direito público.

19. As autarquias podem ser criadas ou extintas por lei específica.

20. As fundações públicas podem possuir personalidade jurídica de direito público ou de direito privado.

21. Empresa pública é a entidade com personalidade jurídica de Direito Público, integrante da Administração Indireta, instituída pelo Poder Público, mediante autorização legislativa específica.

22. Sociedade de Economia Mista é a entidade com personalidade jurídica de Direito Privado, integrante da Administração Direta, instituída pelo Poder Público, mediante autorização legislativa específica.

23. Consórcio público é a pessoa jurídica formada por entes da federação e empresas privadas, para estabelecer relações de cooperação federativa.

24. As Agências Executivas são entidades integrantes da estrutura da Administração Pública Indireta, visto que, apenas, representam autarquias ou fundações públicas com privilégios maiores.

25. As entidades paraestatais integram a Administração Pública.

26. Agente Público é todo aquele que exerce, ainda que transitoriamente ou sem remuneração, por eleição, nomeação, designação, contratação ou qualquer forma de investidura ou vínculo, mandato, cargo, emprego ou função pública.

27. Agentes administrativos são os que recebem a incumbência da Administração para representá-la em determinado ato ou praticar certa atividade específica, mediante remuneração do Poder Público credenciante.

28. Agentes honoríficos são os particulares contratados pela Administração, que agem em nome próprio, executando as atribuições para as quais foram contratados. Dividem-se, basicamente, em: concessionários, permissionários e autorizatários de serviços públicos.

29. No ato administrativo vinculado pode ser observada a oportunidade e conveniência para a Administração praticar certos atos.

Cap. 13 • DESAFIO – DIREITO ADMINISTRATIVO

30. A delegação de um ato administrativo pode ocorrer entre órgãos e autoridades com ou sem relação hierárquica. No primeiro caso, temos a delegação horizontal, no segundo, a vertical.

31. Para haver avocação de procedimentos administrativos não há necessidade de relação hierárquica entre as partes envolvidas.

32. No desvio de poder há vício de competência.

33. A forma usual do ato administrativo é a escrita, porém, há situações, excepcionais, em que é admitida a forma não-escrita.

34. Como regra, o mérito do ato administrativo não pode ser aferido pelo Poder Judiciário, dada a separação dos poderes.

35. A imperatividade corresponde ao atributo pertinente ao objeto ou conteúdo que proporciona a produção de efeito jurídico imediato do ato administrativo.

36. O atributo da auto-executoriedade é uma restrição ao acesso do particular ao Judiciário em caso de ameaça ou lesão a direito seu.

37. São requisitos para a formação do ato administrativo: competência, clareza, individualidade, publicidade e imperatividade.

38. São, entre outros, atributos do ato administrativo a exigibilidade e motivação.

39. A anulação de um ato que contenha vício de legalidade pode ocorrer tanto pelo Poder Judiciário quanto pela própria Administração Pública.

40. O ato de revogação não retroagirá os seus efeitos, pois o ato revogado era perfeitamente válido, até o momento em que se tornou inoportuno e inconveniente à Administração Pública.

41. Os atos vinculados que possuam algum vício em seus elementos ou requisitos de validade deverão ser anulados pela própria Administração ou pelo Poder Judiciário.   P o - rém, são tidos como irrevogáveis.

42. O controle judicial sobre o exercício do poder discricionário deve incluir a análise do mérito do ato administrativo.

43. A hierarquia é típica da atividade administrativa da Administração Pública, sendo resultado da relação de subordinação que existe entre os diversos órgãos e agentes que integram a estrutura do Poder Executivo.

44. A criação de cargos públicos pode se dar por lei ou por decreto, logo a extinção, como regra, também decorrerá de lei ou decreto.

45. O poder de polícia na área administrativa não difere do poder de polícia na área judiciária.

46. O abuso de poder é gênero do qual são espécies: o excesso de poder e o desvio de poder.

47. O processo administrativo não poderá ser iniciado de ofício.

48. Como decorrência do princípio do informalismo, é vedada à Administração a recusa imotivada de recebimento de documentos, devendo o servidor orientar o interessado quanto ao suprimento de eventuais falhas.

49. Quando os pedidos de uma pluralidade de interessados tiverem conteúdo e fundamentos idênticos, não poderão ser formulados em um único requerimento, salvo preceito legal em contrário.

50. Não é impedido de atuar em processo administrativo o servidor ou autoridade que tenha participado ou venha a participar como perito, testemunha ou representante, ou se tais situações ocorrem quanto ao cônjuge, companheiro ou parente e afins até o terceiro grau.

GABARITO DO DESAFIO – DIREITO ADMINISTRATIVO									
1	2	3	4	5	6	7	8	9	10
F	F	V	V	F	F	F	F	V	F
11	12	13	14	15	16	17	18	19	20
V	F	V	V	V	V	F	F	V	V
21	22	23	24	25	26	27	28	29	30
F	F	F	V	F	V	F	F	F	F
31	32	33	34	35	36	37	38	39	40
F	F	V	F	F	F	F	F	V	V
41	42	43	44	45	46	47	48	49	50
V	F	V	F	F	V	F	V	F	F

Matemática e Raciocínio Lógico

Paulo Henrique (PH)

Matemática e Raciocínio Lógico

Paulo Henrique(PH)

Para QG, Zelinha, Rena, Hec e Bá, pois o que hoje sou devo a vocês.

NOTA DO AUTOR

Olá, meu povo!

Imagino que vocês já leram e escutaram um milhão de vezes que toda pessoa, antes de morrer, deve *"plantar uma árvore, ter um filho e escrever um livro"*. Pois é, mas quando você completa esse *"ciclo"*, você sente que essa frase tem um significado a mais.

Em 2009, iniciei um projeto de criação de um blog (http://beijonopapaiena-mamae.blogspot.com) para dar minha parcela de contribuição na preparação de concurseiros nas disciplinas de Raciocínio Lógico e Matemática. Escrever nunca foi meu forte, sempre me debati um pouco para transformar as ideias em palavras.

Durante muito tempo, naveguei entre artigos para diversos sites, cursos em PDF, aulas presenciais e *on-line*, sem nunca me dedicar diretamente à preparação de um livro.

Até que veio o convite da professora Nathalia Masson, por indicação da professora Luciane Sartori, para fazer parte de um projeto diferente de unir a principais disciplinas para concursos públicos em um livro só.

Com uma ajuda toda especial de minha esposa Renata (sem ela, nem estaríamos batendo esse papo...), e o apoio dos meus filhos Hector e Bárbara, que nunca me deixaram desistir da ideia de uma publicação, encarei o desafio e aqui estamos.

Para quem já está familiarizado com meus artigos no "Beijo..." ou no site de concursos Eu Vou Passar (http://www.euvoupassar.com.br), verá que o livro é uma extensão desse trabalho, com abordagens simples, falando a "língua" do concurseiro, como se estivéssemos em sala de aula, explicando de um modo bem especial para que todos percam o medo desse assunto que me é tão fascinante.

Além disso, tentei passar a vocês a importância de se resolver questões de Raciocínio Lógico. Muitas vezes, é até mais importante do que qualquer embasamento teórico. Nos 3 capítulos que irão conhecer, trouxe à tona os principais tópicos cobrados pelas bancas, mostrando diversas dicas para facilitar o entendmento do conteúdo.

E para os que ainda não foram apresentados (prazer, sou o professor PH!!!), convido-os a conhecer este livro, abrindo uma nova porta para o mundo do Raciocínio Lógico.

Espero que gostem...

Parafraseando meu blog, SEJA BEM-VINDO, MEU LIVRO!

Beijo no papai e na mamãe,

PH

Capítulo 1

QUESTÕES LÓGICAS

1. INTRODUÇÃO

Questões Lógicas são questões que **não** necessitam de conceitos prévios de Raciocínio Lógico (proposições, tabela-verdade, conectivos, etc.). A única coisa que vocês precisam para resolvê-las é **PENSAR!**

Sim, 'botar o cocuruto para trabalhar', 'fazer o Tico brigar com o Teco', 'abrir o Olho de Tandera'!

Questões Lógicas necessitam de raciocínio rápido e deduções lógicas. Boa parte das bancas, desde as menos conhecidas, como IBFC, AOCP, Fumarc, e outras, até as 'bigs' como Esaf, Cespe, e especialmente a FCC, trabalham com esse tipo de questão. E os termos utilizados são os mais diversos. Vamos dar uma olhada como esse tema aparece nos conteúdos programáticos:

(1) Estrutura lógica de relações arbitrárias entre pessoas, lugares, objetos ou eventos fictícios; deduzir novas informações das relações fornecidas e avaliar as condições usadas para estabelecer a estrutura daquelas relações. Compreensão e elaboração da lógica das situações por meio de: raciocínio verbal, raciocínio matemático, raciocínio sequencial, orientação espacial e temporal, formação de conceitos, discriminação de elementos. Compreensão do processo lógico que, a partir de um conjunto de hipóteses, conduz, de forma válida, a conclusões determinadas.

(2) Avaliação da habilidade do candidato em entender a estrutura lógica de relações arbitrárias entre pessoas, lugares, coisas ou eventos fictícios; deduzir novas informações das relações fornecidas, e avaliar as condições usadas para estabelecer a estrutura daquelas relações.

(3) Reconhecimento de sequências e padrões.

(4) Raciocínio sequencial. Análise, interpretação e utilização de dados apresentados em gráficos e tabelas.

(5) Lógica e Raciocínio Lógico: problemas envolvendo lógica e raciocínio lógico. Resolução de situações-problema. Problemas envolvendo raciocínio. Problemas de lógica e raciocínio.

Leram bem? E aí, o que acharam?

Meu povo, tem de tudo! Desde o conteúdo mais vago (como os itens 1 e 2, utilizados por bancas como FCC e FGV), como algo mais direto (como os itens 3 e 4). O que importa é que vocês precisam fazer para dominar esse tipo de assunto: **RESOLVER MUITAS questões lógicas!**

MATEMÁTICA E RACIOCÍNIO LÓGICO – *Paulo Henrique (PH)*

E que tal começar agora? Vamos ver vários exemplos dentre os diversos assuntos cobrados pela bancas examinadoras. Depois desse capítulo, você estará apto para fazer uma infinidade de questões sobre os temas abordados!

2. SEQUÊNCIAS LÓGICAS

Um dos temas mais comuns em provas de concurso público é o de Sequências Lógicas. Questões desse tipo nada mais são do que tentativas de descobrir uma **lógica de formação da sequência**, ou seja, qual **critério** o elaborador utilizou para montar a sequência.

O que iremos tratar nesse tópico são diversas maneiras de se cobrar esse assunto: cálculos matemáticos, 'questão carimbo', contagem de algarismos, questões com letras, números, figuras ou palavras. E a forma mais eficaz de preparação é RESOLVER QUESTÕES.

Um dos métodos mais comuns utilizados para montar uma sequência lógica é a partir de **cálculos matemáticos**. É assim: escolhe-se um número inicial, depois aplica-se algum cálculo matemático (soma, subtração, potenciação, etc) e, partir daí, vamos incrementando nossa sequência.

1.   **(2010 – FGV – Codesp – Advogado)** Observe a sequencia numérica a seguir:

"135279114131517761921238...".

Mantida a lei de formação, os dois primeiros algarismos na sequencia serão

(A)   25

(B)   37

(C)   27

(D)   15

(E)   05

Em determinadas situações, a **visualização** é tudo! Por isso, vou colocar a sequência de uma forma, digamos, mais colorida:

1 3 5 **2** 7 9 11 **4** 13 15 17 **6** 19 21 23 **8**

Observem que a 'lei de formação' é:

(1)   colocar 3 números ímpares consecutivos;

(2)   o próximo número será o 1º número par (no caso, o 2);

(3)   colocar os próximos 3 números ímpares consecutivos, continuando a sequência de onde parou no item 1;

(4)   colocar o próximo número par;

(5)   repete os passos 3 e 4.

Como, no final da sequência, temos 3 números ímpares e 1 número par, o próximo número será ímpar, não é mesmo? Como o último número ímpar foi o 23, **o próximo será o 25** (é o que pede a questão)! Se continuássemos seguindo a regra, teríamos os números 27 e 29 (os outros dois ímpares) e 10 (o número par).

Resposta: letra A.

2. **(2013 – VUNESP – MPE-ES – Agente Especializado)** A sequência (10; 17; 31; 59; 115; ...) foi criada seguindo um padrão pré determinado. O maior número da sequência que é menor do que 1 000 é

(A) 698.

(B) 713.

(C) 899.

(D) 902.

(E) 999.

O 1º passo é tentar fazer algum cálculo matemático para encontrar a próximo número da sequência, ok?

$$10; 17; 31; 59; 115;$$

Vejamos o que acontece se diminuirmos 2 números consecutivos:

(i)   17 – 10 = **7**

(ii)   31 – 17 = **14**

(iii) 59 – 31 = **28**

(iv) 115 – 59 = **56**

O que está acontecendo com a nossa sequência? Qual é a regra que o elaborador utilizou para montar essa sequência?

Vejam:

$$\underbrace{7 \times 2 = \mathbf{14}} \qquad \underbrace{28 \times 2 = \mathbf{56}}$$

$$(10; \underbrace{17;}_{7} 31; \underbrace{59;}_{14 \times 2 = \mathbf{28}} 115; ...)$$

Vejam que, para encontrarmos o próximo número, devemos pegar o anterior e somar com o dobro da diferença do cálculo anterior!

Pronto! Agora, é só seguir a sequência até chegar ao que a questão pede (o maior número menor que 1000):

(i)   dobrando 56 = 112

(ii)   115 + 112 = **227**

(iii) dobrando 112 = 224

(iv) 227 + 224 = **451**

(v)   dobrando 224 = 448

(vi) 451 + 448 = **899**

Cheeeeeega! O próximo número vai ficar maior que 1000! Logo, o número que queremos é igual a 899.

Resposta: letra C.

3. **(2007 – FCC – TRF 3ªR – Técnico Judiciário)** Os números abaixo estão dispostos de maneira lógica.

8 1 12 10 14 11 ...... 3 7 5 16 9

A alternativa correspondente ao número que falta no espaço vazio é :

(A) 51

(B) 7

(C) 12

(D) 6

(E) 40

Vou dar uma ajuda 'pintada':

8 1 **12** 10 **14** 11 ...... **3** 7 **5** **16** 9

Melhorou?

Se vocês somarem os números de cores iguais, verão que sempre dará o mesmo valor! Ou seja, somando os extremos, você terá sempre o mesmo valor dos termos subsequentes:

8 + 9 = 1 + 16 = 12 + 5 = 10 + 7 = 14 + 3

Todos eles têm a mesma soma: 17

Assim, o número que serve para completar o 11 é 6.

⇨ 11 + 6 = **17**

Resposta: letra D.

4. **(2015 – FCC – CNMP – Técnico)** Observe a sequência (1; 2; 3; 3; 4; 5; 6; 6; 7; 8; 9; 9; 10; 11; ...) que possui uma lei de formação. A soma dos 38º, 45º e 81º termos dessa sequência é igual a

(A) 119.

(B) 124.

(C) 127.

(D) 131.

(E) 139.

Esqueçam por um momento os termos que a questão pede. Vamos tentar entender como a sequência foi montada! Entendendo a lógica da sequência, não importa qual termo a questão pede, você encontra sem problema nenhum!

Eu consegui enxergar 2 coisas:

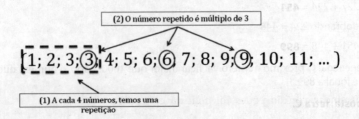

Pensemos assim: o 14º termo é o 11, correto? Se pegarmos 14 (o termo que quero "descobrir") e dividir por 4 (que é sempre quando completa um "ciclo"), encontramos quociente 3 e resto 2.

O legal é o que vem agora!

– O resto **2** me dará a posição do 14º termo no meu grupo de 4 números! É o **2º** termo!

– O quociente 3 é a quantidade de múltiplos de 3 que eu já passei!

Ou seja, para descobrir o 14º termo eu faço:

(1) <u>quociente = 3</u>: então o último número repetido foi 9 (quociente x múltiplo de 3)

(2) <u>resto = 2</u>: a partir do 9, conte 2: pula o 10 e encontra o 11

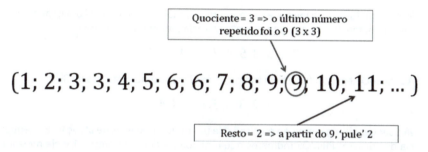

Assim:

38º termo	45º termo	81º termo
38 : 4 ⇨ quociente = 9 e resto = 2	45 : 4 ⇨ quociente = 11 e resto = 1	81 : 4 ⇨ quociente = 20 e resto = 1
(1) quociente = 9	(1) quociente = 11	(1) quociente = 20
⇨ último número repetido = 9 x 3 = 27	⇨ último número repetido = 11 x 3 = 33	⇨ último número repetido = 20 x 3 = 60
(2) resto = 2 ⇨ a partir do 27, conte 2: pula o 28 e encontra o 29	(2) resto = 1 ⇨ a partir do 33, conte 1: encontra o 34	(2) resto = 1 ⇨ a partir do 60, conte 1: encontra o 61
Conclusão: **38º termo = 29**	Conclusão: **45º termo = 34**	Conclusão: **81º termo = 61**

A soma dos 38º, 45º e 81º termos dessa sequência é igual a

= 29 + 34 + 61 = **124**

Resposta: letra B.

O cálculo matemático é apenas uma das formas de resolver questões de sequências. Vamos ver outras.

> **DICA**
>
> Um dos olhares que você precisa ter em uma sequência é a possibilidade de ter 2 sequências dentro de uma só! É o que eu chamo de Sequência 2 em 1.
>
> Se está difícil enxergar um padrão, tenta separar a sequência em 2 partes (como faremos na próxima questão), pode dar certo, ok?

5. (2011 – IDHTec – Prefeitura Municipal – Auxiliar) Observe a sequência numérica

$$1, 2, 2, 3, 3, 5, 4, 7, 5, 11, 6, 13, 7...$$

Qual a soma dos dois próximos números?

(A) 16

(B) 18

(C) 21

(D) 23

(E) 25

Não há qualquer possibilidade de montarmos uma regra de formação baseado em um cálculo matemático. Daí, vamos ver a sequência uma forma diferente:

$$1, 2, 2, 3, 3, 5, 4, 7, 5, 11, 6, 13, 7...$$

A sequência em azul ficou bem tranquila, não? O próximo número será 8!

$$1, 2, 3, 4, 5, 6, 7 \Rightarrow 8$$

Já a sequência em vermelho precisaria de um pouquinho mais de atenção. É a sequência de números PRIMOS (números que têm apenas dois divisores: o 1 e ele mesmo)!!! Logo, o próximo número primo é o 17!

$$2, 3, 5, 7, 11, 13, \Rightarrow 17$$

Assim:

Soma dos dois próximos números = $17 + 8 = \mathbf{25}$

Resposta: letra E

Fiquem atentos que, dependendo da banca, poderemos até ter <u>Sequência 3 em 1</u>, ou <u>4 em 1</u>, ok? Tudo é possível para o elaborador.

Um outro tipo de questão obriga que o candidato conte a sequência a partir da quantidade de algarismos de um determinado número. Vamos ver um exemplo.

6. (2009 – FCC – TCE-GO – Técnico de Controle Externo) Seja a sequência de números ímpares positivos escritos como segue:

$$1\ 3\ 5\ 7\ 9\ 1\ 1\ 1\ 3\ 1\ 5\ 1\ 7\ 1\ 9\ 2\ 1\ 2\ 3\ 2\ 5 ...$$

Se o mesmo padrão de escrita fosse sucessivamente obedecido, qual algarismo ocuparia a 109ª posição nessa sequência?

(A) 0

(B) 1

(C) 6

(D) 7

(E) 9

A melhor forma de resolvermos a questão é a seguinte: contar a quantidade de números ímpares, baseando-se na quantidade de algarismos que esse número tem. Primeiro, encontraremos os ímpares com 1 algarismo (de 1 a 9), depois com 2 (de 10 a 99), e assim sucessivamente. Vamos ver como fica:

1 algarismo = 5 posições (essa parte está bem fácil de deduzir, não?)

2 algarismos = **do 10 ao 99**, temos 90 números, sendo que a metade é ímpar (a outra metade é par, lógico!). Então, temos 45 números, cada um com 2 algarismos, totalizando 90 posições.

Podemos pensar assim também: de 10 a 19, temos 10 números, sendo 5 pares e 5 ímpares. E quantas dezenas teremos até 99? São 9 (conta nos dedos: do 10, do 20, ..., até chegar no 90).

Assim, 9 dezenas, cada dezena com 5 ímpares, cada ímpar com 2 algarismos = 9 x 5 x 2 = 90 números, ok?

Até agora, chegamos no número 99 (último ímpar com 2 algarismos) e já contamos 95 posições (5 + 90).

O próximo passo é mais cauteloso, já que estamos chegando próximo da posição pedida na questão.

3 algarismos = **do 100 ao 109**, são 10 números, sendo 5 ímpares, com 3 algarismos, totalizando 15 posições a mais (mesma ideia que empregamos na parte de 2 algarismos, ok?).

Assim:

– chegamos no **número 109**

– Total de posições até agora = 5 + 90 + 15 = **110 posições**

Opa, a questão pede a 109ª posição. Como já alcançamos 110 posições, o último número contado (com 3 algarismos) terá a posição que queremos. O número é 109 (coincidência!). Então:

9 ⇨ 110ª posição

0 ⇨ 109ª posição

1 ⇨ 108ª posição

Caso a questão peça uma posição bem mais à frente, vale o mesmo pensamento: veja o que acontece em cada DEZENA de números (no caso de 3 algarismos, cada dezena terá 15 algarismos!).

Depois, conte quantas dezenas você terá até se aproximar da posição que você quer. Chegando pertinho, você vai de número em número para não 'passar do ponto'...

Resposta: letra A.

Dentre as questões de Sequências, podemos encontrar uma 'Questão Carimbo'.

 DICA

A 'Questão Carimbo' apresenta, seja na forma de números, letras, ou figuras, uma repetição de determinados elementos, como se fosse um carimbo. Se isso acontecer, façamos assim:

1. Defina o tamanho do carimbo (qual a quantidade de elementos que a sequência apresenta e que está sempre se repetindo);
2. Veja qual posição a questão pede. Daí, divida essa posição pelo tamanho do carimbo;
3. O RESTO dessa divisão será a posição do elemento no carimbo.
IMPORTANTE! Se o resto der ZERO, o elemento será o ÚLTIMO do carimbo, ok?

7. **(2010 – FGV – CAERN – Agente Administrativo)** Na sequência

(♥, ♠, ♦, ♣, ★, ▢, ♥, ♠, ♦, ♣, ★, ▢, ...),

o símbolo que ocupa a 73ª posição é

(A) ♥.
(B) ♠.
(C) ♣.
(D) ★.
(E) ▢.

Vejam que a sequência postada na questão trabalha com elementos SEMPRE repetidos. É assim que descobrimos que a questão é CARIMBO. Vejam:

carimbo   carimbo

Assim, as 6 figuras se repetirão indefinidamente! Para sabermos que figura estará na 73ª posição, precisamos apenas:

```
73 | 6
 6   12
13
-12
  1
```

1. Dividir o número 73 por 6 (quantidade de figuras no carimbo);
2. O quociente 12 representa quantas vezes o carimbo inteiro foi repetido. Ou seja, foram dadas 12 carimbadas **completas**;
3. O resto 1 nos diz que, após 12 carimbadas, sobrou 1 figura de um carimbo 'incompleto', ou seja, a 73ª **posição refere-se à 1ª figura do carimbo.**

Resposta: letra A.

8. **(2012 – Faperp – TJ-PB – Analista)** Na sequência infinita (1,3,5,7,1,3,5,7,1,3,5,7, ...) a posição 15.618 é ocupada pelo algarismo:

(A) 1.
(B) 3.
(C) 5.
(D) 7.

É uma Questão Carimbo? Sim!!!

CARIMBO

Vejam que os números 1, 3, 5 e 7 estão se repetindo indefinidamente! Esse é o nosso Carimbo!

Agora, é só seguir o que manda a **DICA**

(i) tamanho do carimbo = 4 (são 4 números: 1, 3, 5 e 7)

(ii) a questão pede a posição 15618. Dividindo 15618 por 4, temos 3904 como quociente, com resto igual a 2.

(iii) tendo resto igual a 2, a posição que nos interessa é a 2ª posição do carimbo.

O número que procuramos será o **número 3**.
Resposta: letra B.

Mais uma maneira de se cobrar o assunto é tratarmos, na mesma questão, de sequência com letras e números.

9. **(2011 – CONSULPLAN – Prefeitura de Ponte Nova-MG – Contador)** Os valores que substituem as lacunas na sequência (7, S, 8, O, 10, ___, 13, T, ___, D, 22, V) são, respectivamente, iguais a

(A) S, 19

(B) E, 21

(C) M, 18

(D) F, 16

(E) D, 17

Separando letras e números, já temos uma ideia de qual é o número que falta na sequência:

(7, S, 8, O, 10, ___, 13, T, ___, D, 22, V)

Notem que a sequência aumenta em progressão:

De 7 para 8 ⇨ **aumenta 1**

De 8 para 10 ⇨ **aumenta 2**

De 10 para 13 ⇨ **aumenta 3**

Agora, teremos que **aumentar 4**, não é mesmo? Então o próximo número da sequência será **17**!

Veja que:

De 17 para 22 ⇨ **aumenta 5** (ou seja, mantem-se a progressão)

Sim, mas e as letras? Que sequência maluca é essa???

Por favor, leiam os números:

7 ⇨ **S**ete

8 ⇨ **O**ito

10 ⇨ **D**ez (é a letra que falta na sequência!)

13 ⇨ **T**reze

17 ⇨ **D**ezessete

22 ⇨ **V**inte e dois

Conclusão: a letra será sempre a 1ª do número que a antecede, ok?

Resposta: letra E.

Quando uma questão de Sequências envolver palavras, nossa vontade é de buscar uma lógica envolvendo:

(i) Conceitos da a Língua Portuguesa;

(ii) Contagem de letras das palavras.

Por mais que pareça lógico, tais possibilidades são esquecidas pelas bancas examinadoras. Elas se guiam muito mais por:

(i) Letras repetidas

(ii) Lógicas entre as primeiras ou últimas letras (palavras com mesma quantidade de letras podem trazer uma lógica com a letra do meio da palavra, ok?)

Querem ver um exemplo?

10. (2010 – FCC – TRF 4ªR – Técnico Judiciário) Uma propriedade comum caracteriza o conjunto de palavras seguinte:

MARCA – BARBUDO – CRUCIAL – ADIDO – FRENTE – ?

De acordo com tal propriedade, a palavra que, em sequência, substituiria corretamente o ponto de interrogação é:

(A) HULHA.

(B) ILIBADO.

(C) FOFURA.

(D) DESDITA.

(E) GIGANTE.

Gosto de chamar esse tipo de questão de 'Questão 5 segundos', ou seja, ou você 'enxerga' em 5 segundos e mata a questão, ou olha para ela e, em 5 segundos, pula e passa para a próxima.

Entendo como um dos tipos de questão mais difíceis de solucionar, pois se você não conseguir desvendar o segredo, adeus questão! E, muitas vezes, a resposta fica muito clara, que você pensa: 'Como é que eu não vi isso???'. Pena que isso acontece DEPOIS de você entender o raciocínio...

Cap. 1 • QUESTÕES LÓGICAS

 DICA

Na hora da prova, se parar em uma questão de Sequência Lógica e não conseguir 'matar' a charada, SEM DESESPERO! Esquece um pouco, passa para a próxima e depois volta e dá uma outra olhada! Afastar-se um pouco do foco pode fazer você enxergar a questão com outros olhos, ok?

Bom, mas o que vale é a resolução, certo? Vou pegar o conjunto de palavras e vocês verão aquele balãozinho sobre a cabeça de vocês...

M**A**RC**A** – **B**AR**B**UDO – **C**RU**C**IAL – A**D**I**D**O – FR**ENTE**

A propriedade que a questão quer que você encontre é que cada palavra tem letras repetidas, começando com a letra A, depois B, depois C, e assim por diante.

Então, pela sequência mostrada, a palavra que você deverá procurar nas alternativas é uma que tenha duas letras F. Só tem **F**O**F**URA!

Resposta: letra C.

11. **(2010 – FCC – TCE/SP – Auxiliar da Fiscalização Financeira)** A seguinte sequência de palavras foi escrita obedecendo a um padrão lógico:

PATA – REALIDADE – TUCUPI – VOTO – ?

Considerando que o alfabeto é o oficial, a palavra que, de acordo com o padrão estabelecido, poderia substituir o ponto de interrogação é

(A) QUALIDADE.

(B) SADIA.

(C) WAFFLE.

(D) XAMPU.

(E) YESTERDAY.

Questão interessante, pois temos não 1, mas 2 formas de resolução para a mesma sequência.

1ª forma de resolução

Vejam as vogais que são a última letra de cada palavra:

PAT**A** – REALIDAD**E** – TUCUP**I** – VOT**O**

Temos uma sequência, não? A E I O? Logo, devemos procurar uma alternativa que termine com a letra U.

2ª forma de resolução

Vejam a 1ª letra de cada palavra:

PATA – **R**EALIDADE – **T**UCUPI – **V**OTO

Há uma sequência aqui! Vejam que a gente começa com a letra P. Pulamos 1 letra (a letra Q) e chegamos na letra R. Pulamos uma outra letra (letra S) e encontramos a letra T. De novo, pulamos outra (letra U) e temos a letra V.

Assim, ao pularmos a letra W, devemos procurar uma alternativa que comece com a letra X.

A opção que temos é **XampU**!

Resposta: letra D.

3. ASSOCIAÇÃO LÓGICA

Outro assunto que aparece com certa frequência em concursos públicos é Associação Lógica. É um assunto que, como as Sequências Lógicas, não necessita de conceitos prévios de Raciocínio Lógico, apenas a 'vontade' de pensar.

O 1º passo para resolvermos uma questão de Associação lógica é preparar uma tabela, montada com base nas informações prestadas na questão. Normalmente, ela fala de pessoas (técnicos, deputados, vizinhos, etc.) e pede para o candidato associar cada uma dessas pessoas com outras informações, como nacionalidade, profissão, animais de estimação, objetos, etc.

12. (2005 – CESPE – FUNAG – Agente Administrativo) A FUNAG, ao organizar um seminário internacional para médicos, engenheiros e advogados, convidou apenas um representante de cada país para cada uma dessas áreas. Lopez, Juan e Pablo, convidados de países do MERCOSUL — Argentina, Paraguai e Uruguai —, são de profissões e de países diferentes. Sabe-se também que o médico é argentino, que Lopez é advogado e não é uruguaio e que Pablo não é argentino.

	médico	engenheiro	advogado	Argentina	Uruguai	Paraguai
Juan						
Lopez						
Pablo						
Argentina						
Uruguai						
Paraguai						

Com base nessas informações e, se necessário, com o auxílio da tabela acima, julgue o item que segue.

Juan é médico e é argentino.

Aqui, o elaborador já facilitou, postando a tabela que normalmente você construiria. Porém, não vejo a necessidade de termos uma tabela desse tamanho, colocando mais linhas, além daquelas com os nomes dos representantes. Trabalhem sempre assim:

– nas linhas, o nome das pessoas (no nosso caso, os representantes);

– nas colunas, o restante das informações da questão (profissão e países).

DICA

Em uma questão de Associação Lógica:

– Sempre que você tiver uma **AFIRMAÇÃO**, marque 'S' na célula que contém a afirmação, 'N' no restante da linha e da coluna que essa célula faz parte;

> – Sempre que você tiver uma **NEGAÇÃO**, marque apenas 'N' na célula que contém a negação.

Por isso, esqueçam as linhas com o nome dos países. O que importa é CRUZAR INFORMAÇÕES, ok?

Olha só, digamos que em uma das dicas apareça '*PH tem um Chevette azul*'. Depois, outra dica traz '*O Chevette tem placa de Rondônia*'. Se a gente **cruzar informações**, conseguimos concluir que **o Chevette do PH é de Rondônia**, correto?

Bom, agora, com base nas informações da questão, vamos concluir:

(1) '*Lopez é advogado e não é uruguaio. Pablo não é argentino.*'

(a) marque S na célula de Lopez e advogado e N no restante da linha e da coluna dessa célula;

(b) marque apenas N na célula de Lopez e uruguaio;

(c) marque também N na célula de Pablo e argentino.

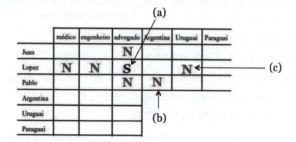

(2) '*O médico é argentino.*'

Hora de cruzar informações!!! Já que Pablo não é argentino e o médico é, logo **Pablo não é médico**. Só sobrou Juan. Juan sendo médico, **ele será argentino**.

Assim, coloquem **S** para a célula Juan e médico, bem como S para Juan e argentino. Não se esqueçam de preencher o restante das linhas e colunas com **N**, ok?

Como Lopez não é uruguaio, ele só pode ser paraguaio. Sobrou para o Pablo o Uruguai!

Sendo Lopez advogado e Juan médico, Pablo deve ser engenheiro! Ficou assim nossa tabela:

	médico	engenheiro	advogado	Argentina	Uruguai	Paraguai
Juan	S	N	N	S	N	N
Lopez	N	N	S	N	N	S
Pablo	N	S	N	N	S	N
Argentina						
Uruguai						
Paraguai						

Conclusão:

(1) Juan é médico e argentino; (é exatamente o que a questão cobra!)
(2) Lopez é advogado e paraguaio;
(3) Pablo é engenheiro e uruguaio.

Item correto.

Vejam que nem foi necessário preencher parte da nossa tabela. Por isso, na hora da prova, se a questão já trouxer a tabela, ADAPTE! Esqueça a parte dela que você encontrará a resposta mais rapidamente.

Algumas questões de Associação Lógica necessitam, além da própria tabela que montamos, de um apoio. E o que é esse 'apoio'? Pode ser uma outra tabela, um desenho que precisaremos fazer, ou uma sequência a ser montada. Veremos 2 exemplos, ok?

13. (2009 – Universa – IPHAN – Analista) Quatro músicos, ao término de uma apresentação, sentaram-se ao redor de uma mesa de bar. Alexandre é pianista. Os instrumentos que os outros três tocam são: flauta, violino e violoncelo. Breno está sentado à direita de Alexandre. Viana sentou-se à direita do flautista. Por sua vez, Hugo, que não é violinista, encontra-se à frente de Breno. Sabe-se que cada um desses músicos toca um único desses instrumentos. Assim, pode-se concluir corretamente que

(A) Breno é flautista, e Hugo é violoncelista.
(B) Viana é violoncelista, e Hugo é flautista.
(C) Viana é violinista, e Hugo é flautista.
(D) Breno é violoncelista, e Hugo é flautista.
(E) Breno é violinista, e Hugo é violoncelista.

Nossa tabela terá apenas 4 linhas, com o nome dos músicos, e 4 colunas, com os instrumentos deles. E o nosso apoio será a mesa do bar, ok? Como '*Alexandre é pianista*', já podemos colocar **S** nessa informação e **N** no restante da linha e da coluna. Ainda, fixaremos uma posição qualquer para ele na mesa e, com base nessa referência, analisaremos as outras dicas.

A nossa tabela ficará assim:

	Piano	Flauta	Violino	Violoncelo
Alexandre	S	N	N	N
Breno	N			
Hugo	N			
Viana	N			

E a nossa mesa:

Se ficarem na dúvida de onde será a direita ou a esquerda de Alexandre, sentem-se à mesa, no lugar dele, e vejam se confere com o nosso desenho.

'*Breno está sentado à direita de Alexandre*' ⇨ só mexeremos na mesa, colocando Breno à direita de Alexandre:

'*Hugo, que não é violinista, encontra-se à frente de Breno*' ⇨ duas informações: colocamos **N** para Hugo e violinista, e Hugo em frente a Breno na mesa. Logo, só poderemos ter Viana em frente a Alexandre, não é mesmo? Ficou assim:

	Piano	Flauta	Violino	Violoncelo
Alexandre	S	N	N	N
Breno	N			
Hugo	N		N	
Viana	N			

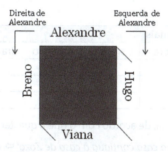

'*Viana sentou-se à direita do flautista*' ⇨ pela posição de cada um nas mesas, concluímos que Breno é o flautista.

	Piano	Flauta	Violino	Violoncelo
Alexandre	S	N	N	N
Breno	N	S	N	N
Hugo	N	N	N	
Viana	N	N		

Para Hugo, há somente uma opção: violoncelo. Sobrou para Viana o violino. Nossa tabela ficou completa:

	Piano	Flauta	Violino	Violoncelo
Alexandre	S	N	N	N
Breno	N	S	N	N

	Piano	Flauta	Violino	Violoncelo
Hugo	N	N	N	S
Viana	N	N	S	N

Conclusão: Alexandre é pianista, **Breno é flautista**, **Hugo é violoncelista** e Viana é flautista.

Resposta: letra A.

14. **(2009 – ESAF – Receita Federal do Brasil – Auditor Fiscal)** Três meninos, Zezé, Zozó e Zuzu, todos vizinhos, moram na mesma rua em três casas contíguas. Todos os três meninos possuem animais de estimação de raças diferentes e de cores também diferentes. Sabe-se que o cão mora em uma casa contígua à casa de Zozó; a calopsita é amarela; Zezé tem um animal de duas cores – branco e laranja – ; a cobra vive na casa do meio. Assim, os animais de estimação de Zezé, Zozó e Zuzu são, respectivamente:

(A) calopsita, cobra, cão.

(B) cão, calopsita, cobra.

(C) cão, cobra, calopsita.

(D) calopsita, cão, cobra.

(E) cobra, cão, calopsita.

Dessa vez, nossa tabela terá 3 linhas (com Zezé, Zozó e Zuzu) e dois grupos de colunas: animais e cores. Aqui, cabe uma observação: a questão cita apenas 2 cores para os animais ('*amarela*' e '*branco e laranja*'). A 3ª cor fica a nosso critério. No final, ela não influirá no resultado, ok?

	Animais			Cores		
	Cão	Cobra	Calopsita	Amarelo	Branco e Laranja	Outra Cor
Zezé						
Zozó						
Zuzu						

Agora, vamos preenchê-la, de acordo com o que a questão diz.

(1) '*o cão mora em uma casa contígua à casa de Zozó*' ⇨ então **Zozó não pode ser o dono do cão**, já que ele mora em uma casa contígua (diferente). Marque **N** na célula Zozó e cão;

(2) '*Zezé tem um animal de duas cores – branco e laranja*' e '*a calopsita é amarela*' ⇨ Marque **S** para Zezé e '*branco e laranja*' e **N** para o restante da linha e da coluna.

Aqui, tem um cruzamento de informação: **Zezé não pode ser o dono da calopsita**. Pensemos assim: se o animal de Zezé tem duas cores, e a calopsita tem apenas uma (amarela), logo o animal de Zezé não poderá ser a calopsita. Caiu a ficha?

Marque **N**, ok? Até agora, temos:

	Animais			Cores		
	Cão	Cobra	Calopsita	Amarelo	Branco e Laranja	Outra Cor
Zezé			N	N	S	N
Zozó	N				N	
Zuzu					N	

(3) *'a cobra vive na casa do meio'* ⇨ aqui entra o desenho das casas. Ora, se a cobra vive na casa do meio, em um dos dois lados (direita ou esquerda), deve morar o cão, correto? Se o cão morasse junto com a cobra ia dar muuuuita confusão, não acham???

Como cobra e cão não podem morar juntos, então o cão mora em uma dessas 2 casas

Assim, se *'o cão mora em uma casa contígua à casa de Zozó'* E *'a cobra vive na casa do meio'*, então **Zozó mora na casa do meio** e **seu animal de estimação é a cobra**. Marque **S** e depois preencha o restante dessa linha e coluna com **N**.

	Animais				Cores		
	Cão	Cobra	Calopsita	Amarelo	Branco e Laranja	Outra Cor
Zezé		N	N	N	S	N
Zozó	N	S	N		N	
Zuzu		N			N	

Agora, é só completar o restante da tabela: Zezé só pode ser dono do cão. Sobrou para Zuzu a calopsita amarela. A cor que falta é do animal de Zozó. Ficou assim:

	Animais				Cores		
	Cão	Cobra	Calopsita	Amarelo	Branco e Laranja	Outra Cor
Zezé	S	N	N	N	S	N
Zozó	N	S	N	N	N	S
Zuzu	N	N	S	S	N	N

Assim, os animais de estimação de **Zezé, Zozó e Zuzu** são, respectivamente, **o cão, a cobra e a calopsita**.

Resposta: letra C.

15. (2010 – CESGRANRIO – Banco Central – Técnico) Quatro casais divertem-se em uma casa noturna. São eles: Isabel, Joana, Maria, Ana, Henrique, Pedro, Luís e Rogério. Em determinado momento, está ocorrendo o seguinte:

– a esposa de Henrique não dança com o seu marido, mas com o marido de Isabel;

– Ana e Rogério conversam sentados à beira do bar;

– Pedro toca piano acompanhando Maria que canta sentada ao seu lado;

– Maria não é a esposa de Pedro.

Considere a(s) afirmativa(s) a seguir.

I – Rogério é o marido de Ana.

II – Luís é o marido de Isabel.

III – Pedro é o marido de Joana.

Está(ão) correta(s) somente a(s) afirmativa(s)

(A) I.

(B) II.

(C) III.

(D) I e II.

(E) II e III.

Já sabemos que devemos montar uma tabela:

		Maridos			
		Henrique	Pedro	Luís	Rogério
Esposas	Isabel				
	Joana				
	Maria				
	Ana				

A grande 'sacada' da questão é logo a 1ª dica: *'a esposa de Henrique não dança com o seu marido, mas com o marido de Isabel'.* O que isso quer dizer?

(1)   que Henrique e Isabel não são marido e esposa um do outro;

(2)   como a esposa de Henrique e o marido de Isabel estão dançando, então nenhum dos nomes que aparecem nas outras dicas são casados com Henrique ou Isabel, já que eles estão fazendo outra coisa, ou seja, não estão dançando. Entenderam?

Assim,

– Isabel não é casada com Henrique, nem com Rogério (dica 2), nem com Pedro (dica 3). Só sobrou Rogério (coloque **S** para Rogério e Isabel, e **N** para o restante da linha e da coluna).

– Henrique não é casado com Isabel, nem com Ana (dica 2), nem com Maria (dica 3). Só sobrou Joana. (coloque **S** para Henrique e Joana, e **N** para o restante da linha e da coluna).

Vamos preencher a tabela:

		Maridos			
		Henrique	Pedro	Luís	Rogério
Esposas	Isabel	N	N(3)	S	N(2)
	Joana	S	N	N	N
	Maria	N(3)		N	
	Ana	N(2)		N	

Como, na dica 4, *'Maria não é a esposa de Pedro'*, então:

– **Maria só pode ser esposa de Rogério**;

– **Pedro só pode ser marido de Ana**.

Completando:

Cap. 1 · QUESTÕES LÓGICAS

		Maridos			
		Henrique	Pedro	Luís	Rogério
Esposas	Isabel	N	N(3)	S	N(2)
	Joana	S	N	N	N
	Maria	N(3)	N	N	S
	Ana	N(2)	S	N	N

Pronto, descobrimos os casais! Agora, é só comparar o resultado da nossa tabela com as afirmativas da questão:

I – Rogério é o marido de Ana.

Falso, concluímos que a esposa de Rogério é Maria.

II – Luís é o marido de Isabel.

Verdadeiro

III – Pedro é o marido de Joana.

Falso, pois Pedro é marido de Ana.

Resposta: letra B.

Quanto maior for nossa tabela, mais avançada será o nível da questão. E mais atenção na hora da resolução, no que se refere ao cruzamento de informações.

16. **(2008 – FCC – TRT 2ªR – Analista Judiciário)** Amaro, Benito, Corifeu e Delúbio são funcionários de uma mesma unidade do Tribunal Regional do Trabalho e cada um deles participou de apenas um entre quatro cursos de Informática, realizados em janeiro, fevereiro, março e abril de 2008. Sabe-se também que:

– tais funcionários trabalham no Tribunal há 1, 2, 4 e 5 anos;

– os cursos tiveram durações de 20, 30, 40 e 50 horas;

– Delúbio participou do curso realizado no mês de março;

– Corifeu, que é funcionário há mais de 1 ano, fez o curso no mês de janeiro, com a duração de 30 horas;

– Benito, funcionário há 2 anos, fez o curso cuja duração era maior do que a do curso feito por aquele que é funcionário há 5 anos e menor do que a do curso feito pelo que é funcionário há 4 anos;

– o funcionário que tem 1 ano de serviço, que não é Delúbio, fez seu curso antes do mês de abril;

– Amaro fez seu curso após o funcionário que trabalha há 5 anos no Tribunal ter feito o dele.

Com base nessas informações, é correto afirmar que:

(A) Amaro é funcionário do Tribunal há 2 anos.

(B) a duração do curso feito por Benito foi de 40 horas.

(C) Corifeu é funcionário do Tribunal há 4 anos.

(D) Benito fez o curso em março.

(E) a duração do curso feito por Delúbio foi de 40 horas.

MATEMÁTICA E RACIOCÍNIO LÓGICO – *Paulo Henrique (PH)*

Bem grandinha, não? Olha só, vamos ter:

– nas linhas: *Amaro, Benito, Corifeu e Delúbio*.

– nas colunas: meses (*janeiro, fevereiro, março e abril*), tempo de serviço (*1, 2, 4 e 5 anos*) e duração do curso (*20, 30, 40 e 50 horas*).

Ficou assim:

	MESES				TEMPO				DURAÇÃO			
	JAN	FEV	MAR	ABR	1	2	4	5	20	30	40	50
Amaro												
Benício												
Corifeu												
Delúbio												

'*Delúbio participou do curso realizado no mês de março*' ⇨ essa está bem tranquila. Marque **S** para Delúbio e MAR e **N** para o restante da linha e coluna.

	MESES				TEMPO				DURAÇÃO			
	JAN	FEV	MAR	ABR	1	2	4	5	20	30	40	50
Amaro			N									
Benício			N									
Corifeu			N									
Delúbio	N	N	S	N								

'*Corifeu, que é funcionário há mais de 1 ano, fez o curso no mês de janeiro, com a duração de 30 horas*' ⇨ dica bem tranquila também. Marque **S** para Corifeu e JAN, e Corifeu e 30, **N** para o restante das linhas e colunas. E não se esqueça de colocar **N** para Corifeu e 1, já que ele tem MAIS de 1 ano de serviço, ok?

	MESES				TEMPO				DURAÇÃO			
	JAN	FEV	MAR	ABR	1	2	4	5	20	30	40	50
Amaro	N		N							N		
Benício	N		N							N		
Corifeu	S	N	N	N	N				N	S	N	N
Delúbio	N	N	S	N						N		

'*Benito, funcionário há 2 anos, fez o curso cuja duração era maior do que a do curso feito por aquele que é funcionário há 5 anos e menor do que a do curso feito pelo que é funcionário há 4 anos*' ⇨ 1ª parte: **S** para Benito e 2, **N** para o restante da linha e coluna; 2ª parte: se pensarmos em uma ordem, do curso de menor duração para o de maior duração, teremos:

Funcionário 5 anos – Benício – Funcionário 4 anos

Assim, concluímos que Benício não pode ter feito nem o curso mais curto (o de 20 horas), nem o mais longo (o de 50 horas), correto? Coloquem **N** nessas células, sobrando apenas o curso de 40 horas para ele:

	MESES				TEMPO				DURAÇÃO			
	JAN	FEV	MAR	ABR	1	2	4	5	20	30	40	50
Amaro	N		N			N				N	N	
Benício	N		N		N	S	N	N	N	N	S	N
Corifeu	S	N	N	N	N	N			N	S	N	N
Delúbio	N	N	S	N		N				N	N	

Cap. 1 · QUESTÕES LÓGICAS

'O funcionário que tem 1 ano de serviço, que não é Delúbio' ⇨ se Delúbio não tem 1 ano de serviço (coloque **N**), só pode ser Amaro! Como só restam dois meses para serem preenchidos, e Amaro fez o curso antes de abril, então, obrigatoriamente, ele deve ter feito o curso em fevereiro (**S** para Amaro e FEV, e **N** para o resto da linha e coluna). Por exclusão, Benício fez o curso em abril.

	MESES				TEMPO				DURAÇÃO			
	JAN	FEV	MAR	ABR	1	2	4	5	20	30	40	50
Amaro	N	S	N	N	S	N	N	N		N	N	
Benício	N	N	N	S	N	S	N	N	N	N	S	N
Corifeu	S	N	N	N	N	N			N	S	N	N
Delúbio	N	N	S	N	N	N				N	N	

'Amaro fez seu curso após o funcionário que trabalha há 5 anos no Tribunal ter feito o dele' ⇨ como Amaro fez o curso em fevereiro, antes dele só quem fez o curso em janeiro, que é Corifeu. Logo, Corifeu é o funcionário com 5 anos de serviço. Sobrou para Delúbio 4 anos de serviço:

	MESES				TEMPO				DURAÇÃO			
	JAN	FEV	MAR	ABR	1	2	4	5	20	30	40	50
Amaro	N	S	N	N	S	N	N	N		N	N	
Benício	N	N	N	S	N	S	N	N	N	N	S	N
Corifeu	S	N	N	N	N	N	N	S	N	S	N	N
Delúbio	N	N	S	N	N	N	S	N		N	N	

Voltando agora na dica 3, temos:

Funcionário 5 anos	Benício	Funcionário 4 anos
⇩	⇩	⇩
Corifeu	Benício	**Delúbio**
⇩	⇩	⇩
30	40	**50**

Assim, Delúbio fez o curso de 50 horas, sobrando para Amaro o curso de 20 horas. Completando a tabela:

	MESES				TEMPO				DURAÇÃO			
	JAN	FEV	MAR	ABR	1	2	4	5	20	30	40	50
Amaro	N	S	N	N	S	N	N	N	S	N	N	N
Benício	N	N	N	S	N	S	N	N	N	N	S	N
Corifeu	S	N	N	N	N	N	N	S	N	S	N	N
Delúbio	N	N	S	N	N	N	S	N	N	N	N	S

Olhando as alternativas, a única correta é *'a duração do curso feito por Benito foi de 40 horas'.*

Resposta: letra B.

17. **(2007 – FCC – Câmara dos Deputados – Analista Legislativo)** Segundo dados de uma pesquisa, em 2006 cinco deputados – cujas letras iniciais dos nomes eram A, B, C, D e E – encaminharam à Mesa da Câmara, 9, 12, 14, 15 e 18 projetos, não respectivamente. Constam também nessa pesquisa as seguintes informações:

MATEMÁTICA E RACIOCÍNIO LÓGICO – *Paulo Henrique (PH)*

– tais deputados tinham 28, 36, 42, 45 e 56 anos de idade e eram filiados ao PT, PSDB, PFL, PSOL e PTB, não necessariamente nesta ordem;

– o deputado mais idoso era filiado ao PSDB;

– o deputado mais jovem era filiado ao PSOL e a letra inicial do seu nome não é B;

– o deputado filiado ao PT tinha 42 anos e a letra inicial do seu nome não é D e nem C;

– tanto o deputado cujo nome começa por E, que apresentou 18 projetos, como o deputado cujo nome começa por C, que apresentou 15 projetos, não eram filiados ao PSDB e nem ao PFL;

– o deputado cujo nome começa por D apresentou 12 projetos: dois a menos que o filiado ao PTB, cuja letra inicial do nome não é B;

– o deputado cuja letra inicial do nome é A não era filiado ao PSDB;

– o deputado que tinha 36 anos não foi aquele que apresentou 14 projetos;

– o deputado cuja letra inicial do nome é D não tinha 56 anos.

Com base nas afirmações dadas, é correto afirmar que o deputado filiado ao:

(A) PTB tinha 36 anos.

(B) PSDB apresentou 12 projetos.

(C) PSOL tem por inicial de seu nome a letra C.

(D) PFL tinha 45 anos.

(E) PT apresentou 15 projetos.

Bom, nossa tabela terá os cinco deputados nas linhas e mais 3 grupos de colunas: Projetos, Idade e Filiação. Montemos:

	PROJETOS					IDADE					FILIAÇÃO				
	9	12	14	15	18	28	36	42	45	56	PT	PSDB	PFL	PSOL	PTB
A															
B															
C															
D															
E															

'O deputado mais idoso era filiado ao PSDB', 'o deputado mais jovem era filiado ao PSOL' e *'o deputado filiado ao PT tinha 42 anos'* ⇨ essas 3 informações nós vamos guardar (anotem abaixo da tabela de vocês) para usarmos futuramente quando formos cruzar alguma informação, ok?

'O deputado mais jovem era filiado ao PSOL e a letra inicial do seu nome não é B' ⇨ marquem **N** para B e 28, e B e PSOL;

'O deputado filiado ao PT tinha 42 anos e a letra inicial do seu nome não é D e nem C' ⇨ marquem **N** para C e PT, C e 42, D e PT, D e 42. Ficou assim:

	PROJETOS					IDADE					FILIAÇÃO				
	9	12	14	15	18	28	36	42	45	56	PT	PSDB	PFL	PSOL	PTB
A															
B						N								N	
C								N			N				

Cap. 1 · QUESTÕES LÓGICAS

PROJETOS					IDADE					FILIAÇÃO				
9	12	14	15	18	28	36	42	45	56	PT	PSDB	PFL	PSOL	PTB
D							N			N				
E														

56 – PSDB   28 – PSOL   42 – PT

A próxima dica a gente vai com calma, ok? *'tanto o deputado cujo nome começa por E, que apresentou 18 projetos'* ⇨ aí, a gente diz: STOP! (*'in the name of love...'*) e marca **S** para E e 18, sem esquecer de colocar **N** para o restante da linha e da coluna.

Continuando: *'deputado cujo nome começa por C, que apresentou 15 projetos'* ⇨ STOP! (*'in the name of love...'*) e marca **S** para D e 15, e **N** para o restante da linha e da coluna.

'O deputado cujo nome começa por E (...) como o deputado cujo nome começa por C (...) não eram filiados ao PSDB e nem ao PFL' ⇨ coloquem **N** para C e PSDB, C e PFL, E e PSDB e E e PFL, ok? Aqui, ainda vale um cruzamento: se C e E não são do PSDB, então eles não têm 56 anos, correto? (olhem o lembrete abaixo da tabela!)

PROJETOS					IDADE					FILIAÇÃO				
9	12	14	15	18	28	36	42	45	56	PT	PSDB	PFL	PSOL	PTB
A			N	N										
B			N	N	N									N
C	N	N	N	S	N			N		N	N	N	N	
D			N	N				N			N			
E	N	N	N	N	S			N			N	N		

56 – PSDB   28 – PSOL   42 – PT

De novo, com cuidado! *'o deputado cujo nome começa por D apresentou 12 projetos'* ⇨ coloquem **S** para D e 12, **N** com o resto da linha e da coluna.

'Dois a menos que o filiado ao PTB, cuja letra inicial do nome não é B' ⇨ Ou seja, B não é filiado ao PTB e não apresentou 14 projetos. Com essas 2 informações, a gente fecha a 1ª parte da tabela: só sobrou para o B 9 projetos, e quem apresentou 14 projetos foi o A.

PROJETOS					IDADE					FILIAÇÃO				
9	12	14	15	18	28	36	42	45	56	PT	PSDB	PFL	PSOL	PTB
A	N	N	S	N	N									
B	S	N	N	N	N	N								N
C	N	N	N	S	N			N		N	N	N	N	
D	N	S	N	N	N			N			N			
E	N	N	N	N	S			N			N	N		

56 – PSDB   28 – PSOL   42 – PT

Assim, o deputado A, que apresentou 14 projetos, é o filiado ao PTB. Com isso, só sobrou para o C ser filiado ao PSOL (e, pelo lembrete, tem 28 anos). Vamos montar até aqui:

PROJETOS					IDADE					FILIAÇÃO				
9	12	14	15	18	28	36	42	45	56	PT	PSDB	PFL	PSOL	PTB
A	N	N	S	N	N	N					N	N	N	N	S
B	S	N	N	N	N	N								N	N

	PROJETOS					IDADE					FILIAÇÃO				
	9	12	14	15	18	28	36	42	45	56	PT	PSDB	PFL	PSOL	PTB
C	N	N	N	S	N	S	N	N	N	N	N	N	N	S	N
D	N	S	N	N	N	N		N			N			N	N
E	N	N	N	N	S	N			N			N	N	N	N

56 – PSDB 28 – PSOL 42 – PT

Notem que, depois das últimas informações, podemos preencher mais espaços na tabela. O deputado E é filiado ao PT e, pelo lembrete, ele tem 42 anos.

	PROJETOS					IDADE					FILIAÇÃO				
	9	12	14	15	18	28	36	42	45	56	PT	PSDB	PFL	PSOL	PTB
A	N	N	S	N	N	N		N			N	N	N	N	S
B	S	N	N	N	N	N		N			N			N	N
C	N	N	N	S	N	S	N	N	N	N	N	N	N	S	N
D	N	S	N	N	N	N		N			N			N	N
E	N	N	N	N	S	N	N	S	N	N	S	N	N	N	N

56 – PSDB 28 – PSOL 42 – PT

'*O deputado cuja letra inicial do nome é A não era filiado ao PSDB*' ⇨ vocês podem pensar que essa informação já está na tabela (o que é verdade!!!), porém ela nos dá um alerta para cruzarmos uma informação: <u>o deputado A não tem 56 anos!</u>

Quem também não tem 56 anos (e, por conseguinte, não é filiado ao PSDB) é o deputado D ('*o deputado cuja letra inicial do nome é D não tinha 56 anos*'). Logo, o deputado B tem 56 anos e é filiado ao PSDB. E, por exclusão, o deputado D é filiado ao PFL.

	PROJETOS					IDADE					FILIAÇÃO				
	9	12	14	15	18	28	36	42	45	56	PT	PSDB	PFL	PSOL	PTB
A	N	N	S	N	N	N		N		N	N	N	N	N	S
B	S	N	N	N	N	N	N	N	N	S	N	S	N	N	N
C	N	N	N	S	N	S	N	N	N	N	N	N	N	S	N
D	N	S	N	N	N	N		N		N	N	N	S	N	N
E	N	N	N	N	S	N	N	S	N	N	S	N	N	N	N

56 – PSDB 28 – PSOL 42 – PT

Vamos acabar!

'*O deputado que tinha 36 anos não foi aquele que apresentou 14 projetos*' ⇨ pela tabela, quem apresentou 14 projetos foi o deputado A. Assim, ele não tinha 36 anos. Sobrou apenas para o deputado A 45 anos, e, por exclusão, o deputado D tem 36 anos.

	PROJETOS					IDADE					FILIAÇÃO				
	9	12	14	15	18	28	36	42	45	56	PT	PSDB	PFL	PSOL	PTB
A	N	N	S	N	N	N	N	N	S	N	N	N	N	N	S
B	S	N	N	N	N	N	N	N	N	S	N	S	N	N	N
C	N	N	N	S	N	S	N	N	N	N	N	N	N	S	N

PROJETOS					IDADE					FILIAÇÃO				
9	12	14	15	18	28	36	42	45	56	PT	PSDB	PFL	PSOL	PTB
D	N	S	N	N	N	N	S	N	N	N	N	N	S	N	N
C	N	N	N	N	S	N	N	S	N	N	S	N	N	N	N

56 – PSDB   28 – PSOL   42 – PT

Olhando as alternativas:

(A) *PTB tinha 36 anos.*

Errado! O deputado filiado ao PTB foi o A, que tinha 45 anos.

(B) *PSDB apresentou 12 projetos.*

Errado! O deputado filiado ao PSDB foi o B, que apresentou 9 projetos.

(C) *PSOL tem por inicial de seu nome a letra C.*

CORRETO

(D) *PFL tinha 45 anos.*

Errado! O deputado filiado ao PFL foi o D, que tinha 36 anos.

(E) *PT apresentou 15 projetos.*

Errado! O deputado filiado ao PT foi o E, que apresentou 18 projetos.

Resposta: letra C.

4. VERDADES E MENTIRAS

Você já ouviu falar de 'Verdades e Mentiras'? Ou 'Encontrando o Culpado'? Em certos concurseiros, esse assunto causa arrepios, náuseas, vômito, tontura, suor frio. Falaram até que iriam pedir para colocar na questão "O Ministério da Saúde adverte: VERDADES E MENTIRAS faz mal à saúde".

Brincadeiras à parte, esse assunto traz muita confusão por causa da necessidade de análise de textos que podem ser tanto verdadeiros quanto falsos. Vamos resolver algumas questões e mostrar que, com concentração e uma boa dose de dedução lógica, poderemos nos dar bem em futuras provas.

18. **(2008 – CESPE – STJ – Técnico Judiciário)** Considere que João e Pedro morem em uma cidade onde cada um dos moradores ou sempre fala a verdade ou sempre mente e João tenha feito a seguinte afirmação a respeito dos dois: "Pelo menos um de nós dois é mentiroso". Nesse caso, a proposição "João e Pedro são mentirosos" é V.

Vamos analisar o que a questão diz.

João, que ou sempre fala a verdade ou sempre mente, disse: '*Pelo menos um de nós dois é mentiroso*'. Agora, imaginemos as duas hipóteses para João: falando a verdade e mentindo, ok?

(1) <u>João falando a verdade</u>: a frase diz que um dos dois é mentiroso. Pela nossa suposição, isto é uma verdade. E como não pode ser João, então, Pedro é mentiroso!

(2) <u>João mentindo</u>: Se a frase "Pelo menos um de nós dois é mentiroso" é mentira, então concluímos que NENHUM DOS DOIS É MENTIROSO.

Epa! Deu *tilt*! Como já começamos supondo que JOÃO É MENTIROSO, não é possível dizer que nenhum dos dois será mentiroso, não é mesmo? Dizemos que gerou uma INCONSISTÊNCIA!

Assim, só há uma hipótese possível: **João sempre fala a verdade e Pedro sempre mente** (hipótese 1).

Logo, dizer que '*João e Pedro são mentirosos*' é uma proposição falsa.

Item errado.

Uma das dicas que sempre passo em sala de aula é a Técnica 'Apela para Deus'. Vou explicar.

DICA

TÉCNICA "APELA PARA DEUS"

Quando tivermos uma situação em que apenas uma dica é verdadeira, olhe pro céu e pergunte a Ele: 'Deus, o que devo fazer?'

Com toda sua sapiência, ele dirá: '**Meu filho, SÓ A VERDADE PREVALECERÁ!**'.

Pronto, esta é a sua saída! Neste tipo de questão, **procure sempre a verdade**!

19. **(2006 – ESAF – MTE – Auditor fiscal do Trabalho)** Ana encontra-se à frente de três salas cujas portas estão pintadas de verde, azul e rosa. Em cada uma das três salas encontra-se uma e somente uma pessoa – em uma delas encontra-se Luís; em outra encontra-se Carla; em outra, encontra-se Diana. Na porta de cada uma das salas existe uma inscrição, a saber:

Sala verde: "Luís está na sala de porta rosa"

Sala azul: "Carla está na sala de porta verde"

Sala rosa: "Luís está aqui"

Ana sabe que a inscrição na porta da sala onde Luís se encontra pode ser verdadeira ou falsa. Sabe, ainda, que a inscrição na porta da sala onde Carla se encontra é falsa, e que a inscrição na porta da sala em que Diana se encontra é verdadeira. Com tais informações, Ana conclui corretamente que nas salas de portas verde, azul e rosa encontram-se, respectivamente:

(A) Diana, Luís, Carla

(B) Luís, Diana, Carla

(C) Diana, Carla, Luís

(D) Carla, Diana, Luís

(E) Luís, Carla, Diana

Bom, pela técnica, temos que procurar a sala onde está **Diana**, não é mesmo? É ela que **SEMPRE** fala a verdade!

Assim, só podem haver 3 hipóteses:

	Inscrição	Hipótese 1	Hipótese 2	Hipótese 3
Sala verde	"Luís está na sala de porta rosa"	Diana		

Cap. 1 · QUESTÕES LÓGICAS

	Inscrição	Hipótese 1	Hipótese 2	Hipótese 3
Sala azul	*"Carla está na sala de porta verde"*		Diana	
Sala rosa	*"Luís está aqui"*			Diana

Em uma 1ª leitura, já podemos concluir que ela não poderá estar na sala rosa (Hipótese 3), ok? Porque, para ela estar na sala rosa, a inscrição deveria ser 'DIANA está aqui' e não 'Luís está aqui'.

	Inscrição	Hipótese 1	Hipótese 2	Hipótese 3
Sala verde	*"Luís está na sala de porta rosa"*	Diana	**Carla**	
Sala azul	*"Carla está na sala de porta verde"*		**Diana**	
Sala rosa	*"Luís está aqui"*		**Luís**	~~Diana~~

Vamos supor agora que Diana estaria na sala azul (Hipótese 2). Assim, a inscrição '*Carla está na sala de porta verde*' deve ser verdadeira. Logo, Carla estaria na sala verde. Por exclusão, Luís estaria na sala rosa. Parece que deu certo? Vamos ver!

Para confirmarmos que a hipótese 2 é a correta, temos que verificar a sala verde, onde está Carla. Lembrem-se que a sala de Carla deve conter uma inscrição FALSA.

A inscrição diz '*Luís está na sala de porta rosa*'. Pergunto: essa inscrição é falsa? Negotoff! Ela será verdadeira, porque, do jeito que armamos, Luís realmente estará na sala rosa. Então, temos uma INCONSISTÊNCIA! Por isso, devemos eliminar a Hipótese 2, ok?

	Inscrição	Hipótese 1	Hipótese 2	Hipótese 3
Sala verde	*"Luís está na sala de porta rosa"*	Diana	~~Carla~~	
Sala azul	*"Carla está na sala de porta verde"*		~~Diana~~	
Sala rosa	*"Luís está aqui"*		~~Luís~~	~~Diana~~

Logo, Diana somente poderá estar na sala verde. Como a inscrição deve ser verdadeira, Luís estará na sala rosa e, por exclusão, Carla estará na sala azul. Ficou assim:

	Inscrição	Hipótese 1	Hipótese 2	Hipótese 3
Sala verde	*"Luís está na sala de porta rosa"*	**Diana**	~~Carla~~	
Sala azul	*"Carla está na sala de porta verde"*	**Carla**	~~Diana~~	
Sala rosa	*"Luís está aqui"*	**Luís**	~~Luís~~	~~Diana~~

Confirmando o que dissemos, olhem o que diz a inscrição da porta azul (onde está Carla): '*Carla está na sala de porta verde*'. Verdadeiro ou falso? **Falso**. Então, completou o ciclo. A sala onde está Diana apresenta uma inscrição verdadeira, e a de Carla, uma inscrição.

Nessa questão, esqueçam o Luís. Como a sala dele pode ter uma inscrição tanto verdadeira como falsa, qualquer informação lá não importa, ok?

Resposta: letra C.

Já vimos pelos exemplos anteriores que temos que procurar inconsistências dentre as afirmações postadas na questão. E que devemos iniciar a resolução procurando a afirmação **verdadeira**.

Mas, e se a questão apresentar várias afirmações verdadeiras?

MATEMÁTICA E RACIOCÍNIO LÓGICO – *Paulo Henrique (PH)*

20. (2009 – ACAFE – MPE-SC – Analista) Jorge, Roberto e Nelson são três amigos que têm em comum o hábito de colecionar. Cada um deles coleciona um tipo de objeto diferente. Perguntados sobre o que colecionam, disseram o seguinte:

Nelson: O Roberto não coleciona discos.

Roberto: Eu coleciono moedas.

Jorge: O Nelson coleciona selos.

Dois deles falaram a verdade e um mentiu. O que Roberto, Jorge e Nelson colecionam, respectivamente?

(A) Moedas, Selos e Discos.

(B) Moedas, Discos e Selos.

(C) Discos, Moedas e Selos.

(D) Discos, Selos e Moedas.

(E) Selos, Discos e Moedas.

Pergunto: o que é mais fácil: encontrar dois amigos que falaram a verdade ou um dos amigos que mente?

Lógico que **encontrar o mentiroso!**

Novamente, vamos testar cada uma das hipóteses, agora buscando a mentira, e ver se acontece alguma inconsistência!

	FRASE	Hipótese 1	Hipótese 2	Hipótese 3
Nelson	O Roberto não coleciona discos	MENTIRA	Verdade	Verdade
Roberto	Eu coleciono moedas	Verdade	MENTIRA	Verdade
Jorge	O Nelson coleciona selos	Verdade	Verdade	MENTIRA

Hipótese 1 – Nelson mentiu

Ou seja, Roberto coleciona discos. Como a frase de Roberto (que é verdade) diz que ele coleciona moedas, teremos uma INCONSISTÊNCIA. Correto? Então, **Nelson não é o mentiroso!**

Hipótese 2 – Roberto mentiu

Então, ele não coleciona moedas. Na frase (verdadeira) do Nelson, ele diz que Roberto não coleciona discos. Então, por exclusão, já que ele não coleciona nem moedas, nem discos, Roberto só pode colecionar selos. Opa, gerou uma INCONSISTÊNCIA! Jorge, que também fala a verdade, diz que Nelson é que coleciona selos. Como dois amigos não podem colecionar selos, deduzimos que **Roberto não é o mentiroso!**

Hipótese 3 – Jorge mentiu

Ou seja, Nelson não coleciona selos. Como Roberto, que fala a verdade, coleciona moedas, Nelson só poderá colecionar discos, correto? Na última frase, Nelson diz que Roberto não coleciona discos, e isso é verdade, já que descobrimos que ele coleciona moedas! Sobrou para Jorge colecionar selos. Assim, **JORGE É O MENTIROSO!**

E ficou assim:

	FRASE	Hipótese 1	Hipótese 2	Hipótese 3
Nelson	O Roberto não coleciona discos	Verdade	**Discos**	Verdade

Cap. 1 · QUESTÕES LÓGICAS

	FRASE	Hipótese 1	Hipótese 2	Hipótese 3
Roberto	Eu coleciono moedas	Verdade	**Moedas**	Verdade
Jorge	O Nelson coleciona selos	MENTIRA	**Selos**	MENTIRA

Resposta: letra A.

21. **(2010 – FEPESE – SEFAZ-SC – Analista Financeiro)** Quatro crianças jogavam futebol em uma rua; ao dar um chute mais forte, uma delas quebrou o para-brisas de um carro. O dono do carro indagou:

– "Quem quebrou o para-brisas do meu carro?"

– "Não fui eu", disse Pedro.

– "Foi o Marcos", disse Mário.

– "Foi o Mário", diz o Carlos.

– "O Carlos mentiu", diz o Marcos.

Só um deles mentiu.

Quem quebrou o para-brisas do carro?

(A) Carlos

(B) Marcos

(C) Mário

(D) Pedro

(E) Não há dados suficientes para a conclusão.

Bom, as quatro crianças falaram e uma delas mentiu, ok? Por isso, é mais fácil encontrar o mentiroso do que os três que falam a verdade, concordam comigo?

E aqui o 'Olho de Tandera' entra em ação: Mário e Carlos falam nomes diferentes! Ou seja, ou Mário mentiu ou Carlos mentiu, ok? Os dois juntos não podem falar a verdade! Senão, teríamos dois culpados e isso não acontece, ok?

Assim, só pode ter acontecido:

Crianças	Resposta	Hipótese 1	Hipótese 2
Pedro	*"Não fui eu"*	Verdade	Verdade
Mário	*"Foi o Marcos"*	**MENTIRA**	Verdade
Carlos	*"Foi o Mário"*	Verdade	**MENTIRA**
Marcos	*"O Carlos mentiu"*	Verdade	Verdade

Na <u>hipótese 1</u>, há uma CONTRADIÇÃO, vamos ver?

Notem que Marcos fala a verdade e ele diz que *'O Carlos mentiu'*. Ora, mas nessa hipótese, Carlos está falando a verdade. Portanto, teríamos **2 mentirosos**: Mário, pela dedução do 'Olho' e Marcos, por causa de Carlos! Assim, essa hipótese está furada!

Então, só pode ser a <u>hipótese 2</u>!

Admitindo que Carlos mentiu, Marcos estaria falando a verdade, tendo, assim, apenas 1 mentiroso (Carlos) e os outras 3 crianças falando a verdade. Não há qualquer inconsistência na resposta de Pedro, Mário e Marcos. Portanto, essa é a hipótese correta.

Crianças	Resposta	Hipótese 1	Hipótese 2
Pedro	"Não fui eu"	Verdade	Verdade
Mário	"Foi o Marcos"	MENTIRA	Verdade
Carlos	"Foi o Mário"	Verdade	MENTIRA
Marcos	"O Carlos mentiu"	Verdade	Verdade

Assim, concluímos que, pela fala de Mário (que fala a verdade), que chutou a bola e 'quebrou o para-brisas do carro' foi **Marcos**.

Resposta: letra B.

22. **(2010 – FGV – BADESC – Analista de Sistemas)** Certo dia, três amigos fizeram, cada um deles, uma afirmação:

    Aluísio: – Hoje não é terça-feira.

    Benedito: – Ontem foi domingo.

    Camilo: – Amanhã será quarta-feira.

    Sabe-se que um deles mentiu e que os outros dois falaram a verdade.

    Assinale a alternativa que indique corretamente o dia em que eles fizeram essas afirmações.

    (A) sábado.
    (B) domingo.
    (C) segunda-feira.
    (D) terça-feira.
    (E) quarta-feira.

    Temos que encontrar o mentiroso, não é?

    O teste que faremos levará em conta quem está mentindo. Fica assim:

Amigos	Afirmação	Hipótese 1	Hipótese 2	Hipótese 3
Aluísio	'Hoje não é terça-feira'	MENTIRA	Verdade	Verdade
Benedito	'Ontem foi domingo'	Verdade	MENTIRA	Verdade
Camilo	'Amanhã será quarta-feira'	Verdade	Verdade	MENTIRA

Hipótese 1:

Se a afirmação de Aluísio é mentira, então concluímos que hoje **É** terça-feira. Assim:

Como Benedito disse que 'Ontem foi domingo', essa afirmação também é FALSA, não é mesmo? E isso não pode acontecer. Ou seja, INCONSISTÊNCIA!

Hipótese 2:

Agora, a afirmação de Benedito é mentira, portanto ontem **NÃO** foi domingo. Se olharmos também que a afirmação de Camilo é verdadeira, ou seja, *'Amanhã será quarta-feira'*, então temos:

Agora, olhando a figura acima, podemos concluir que a afirmação de Aluísio *'Hoje não é terça-feira'* é mentira, não? Outra INCONSISTÊNCIA! Então, só pode ser a hipótese 2. Vamos testar:

Hipótese 3:

A afirmação de Camilo agora é mentira, então amanhã não será quarta-feira. Já a afirmação de Benedito *'Ontem foi domingo'* é verdadeira. Portanto:

Olhando agora para as afirmações e comparando com a figura, temos:

(i)   **Aluísio**   *'Hoje não é terça-feira'*   ⇨ VERDADE!

(ii) **Benedito**   *'Ontem foi domingo'*   ⇨ VERDADE!

(iii) **Camilo**   *'Amanhã será quarta-feira'*   ⇨ MENTIRA!

Ficou beeeeem certinho: 2 amigos falando a verdade e um mentindo. Logo, pela figura, HOJE É SEGUNDA-FEIRA.

Resposta: letra C.

23. **(2012 – FCC – TST – Técnico Judiciário)** Huguinho, Zezinho e Luizinho, três irmãos gêmeos, estavam brincando na casa de seu tio quando um deles quebrou seu vaso de estimação. Ao saber do ocorrido, o tio perguntou a cada um deles quem havia quebrado o vaso. Leia as respostas de cada um.

Huguinho : "Eu não quebrei o vaso!"

Zezinho : "Foi o Luizinho quem quebrou o vaso!"

Luizinho : "O Zezinho está mentindo!"

Sabendo que somente um dos três falou a verdade, conclui-se que o sobrinho que quebrou o vaso e o que disse a verdade são, respectivamente,

(A)   Huguinho e Luizinho.

(B)   Huguinho e Zezinho.

(C)   Zezinho e Huguinho.

(D) Luizinho e Zezinho.

(E) Luizinho e Huguinho.

Como a questão diz que "somente um dos três falou a verdade", a ideia é testar as possibilidades para saber qual das respostas é a verdadeira.

	(I)	(II)	(III)
Huguinho : "Eu não quebrei o vaso!"	V	M	M
Zezinho : "Foi o Luizinho quem quebrou o vaso!"	M	V	M
Luizinho : "O Zezinho está mentindo!"	M	M	V

(I)   Huguinho : "Eu não quebrei o vaso!" é **VERDADE**

Partindo dessa hipótese, veremos que ela está furada! Nessa possibilidade, Luizinho diz que "O Zezinho está mentindo!". Se olharmos para a linha de Zezinho, veremos que, de fato, ele está mentindo. O que deixaria a resposta de Luizinho como verdadeira. Assim, teríamos 2 respostas verdadeiras, e isso não pode acontecer!

Conclusão: Hipótese (I) inconsistente!

(II)   Zezinho : "Foi o Luizinho quem quebrou o vaso!" é **VERDADE**

Outra furada!!! Veja que, se a resposta de Zezinho for verdadeira, e a de Huguinho for mentira, 2 irmãos terão quebrado o vaso: Luizinho (baseado na verdade de Zezinho) e Huguinho (que mentiu dizendo que não tinha quebrado).

Conclusão: Hipótese (II) inconsistente!

(III)   **Luizinho** : "O Zezinho está mentindo!" é **VERDADE**

Temos a nossa possibilidade correta! Pela (III), de fato, Zezinho está mentindo, o que deixa a resposta de Luizinho como verdadeira, do jeito que estamos supondo. E ainda: temos apenas um dos irmãos que quebrou o vaso (Huguinho, que mentiu na sua resposta).

Conclusão: Huguinho quebrou o vaso e **Luizinho falou a verdade**.

Resposta: letra A.

5.   QUESTÕES COM DATAS (CALENDÁRIO)

Algumas bancas como Fundação Carlos Chagas (FCC) e Fundação Cesgranrio, dentre outras, trabalha com questões com Datas (calendário). A ideia básica desse assunto é que a questão cita uma data (dia com seu respectivo dia da semana) e pede uma outra data, seja futura ou passada.

Para isso, a 'Receita de Bolo do PH' servirá perfeitamente para resolver essas questões.

24. **(2012 – CONSULPLAN – TSE – Técnico Judiciário)** Os anos bissextos possuem 366 dias, ou seja, 1 dia a mais do que os anos não bissextos. Esse dia a mais é colocado no final de fevereiro, sendo seu 29º dia. Será um ano bissexto aquele que começar em uma segunda-feira e terminar em um(a)

(A)   quarta-feira.

(B) terça-feira.

(C) segunda-feira.

(D) domingo.

Conheçam a 'Receita de Bolo do PH':

(1) que dia da semana 'caiu' um dia

A questão diz que '*ano bissexto aquele que começar em uma segunda-feira*', ou seja 01/01 é uma segunda.

(2) montar um calendário com base nesse dia, até formar uma semana completa

Por coincidência, o dia informado é o 1º dia da nossa tabela. Porém, se a questão tivesse dito 05 de janeiro, por exemplo, esse seria o 1º dia da nossa tabela, ok?

Não esqueçam isso: **não importa qual dia a questão te passa, ele será o 1º dia no nosso calendário!**

Vamos montar:

A partir da data informada na questão, a gente preenche o restante da semana

D	S	T	Q	Q	S	S
1	2	3	4	5	6
7						

(3) contar a quantidade de dias até a data que a questão nos pede

Aqui, fica fácil, a própria questão já disse: são 366 dias! Porém, se isso não acontecer, teremos que contar os dias, desde o informado até o pedido. Para isso, precisaremos conhecer a 'Regra doa Calombinhos':

DICA
Regra dos Calombinhos

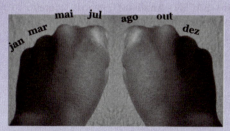

Onde tiver 'calombinho', o mês tem 31 dias (janeiro, março, maio, julho, agosto, outubro, dezembro). Quando não tem, o mês terá 30 (abril, junho, setembro, novembro), 29 ou 28 dias (fevereiro).

(4) Dividiremos a quantidade de dias por 7 (7 dias da semana)

Com o resultado, você procura o valor do RESTO da divisão no calendário do item 2:

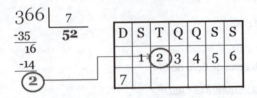

Traduzindo a divisão: 366 dias são 52 semanas completas (o quociente) e sobram 2 dias de uma semana incompleta. Assim, você despreza as semanas completas e o que vale mesmo para o nosso resultado é o resto da divisão, ok?

Com isso, descobrimos que o último dia do ano é o mesmo que o dia **02 de janeiro**, ou seja, uma **terça-feira**!

Resposta: letra B.

Além da 'Receita de Bolo' do PH, algumas dicas sobre o nosso calendário serão bastante úteis para uma resolução mais rápida das questões.

 DICA

1ª dica: Anos bissextos ⇨ para descobrir se é bissexto, você divide o ano por 4. Se der uma divisão EXATA, então esse ano será bissexto, ok?

2ª dica: Fevereiro ⇨ o mês de fevereiro é o único que tem a quantidade de dias dependendo do ano. Se o ano NÃO FOR BISSEXTO, fevereiro tem 28 dias. Se FOR BISSEXTO, terá 29! E é com base nesse dado que precisamos fazer a seguinte colocação:

(i) Fevereiro de um ano não bissexto ⇨ cada dia da semana terá 4 ocorrências. Ou seja, 4 domingos, 4 segundas, 4 terças, e assim por diante;

(ii) Fevereiro de um ano bissexto ⇨ um dos dias terá 5 ocorrências e, OBRIGATORIAMENTE, dois desses dias serão o 1º e o último dia do mês. Vejam do que estou falando:

25. **(2009 – Cesgranrio – BACEN – Analista)** O mês de fevereiro de um ano bissexto só terá cinco sábados se começar em um(a):

   (A) sábado.

   (B) domingo.

   (C) quarta-feira.

   (D) quinta-feira.

   (E) sexta-feira.

Pela dica, sabemos que, para que fevereiro de um ano bissexto tenha 5 sábados, o mês deve começar também em um sábado!

E será que poderíamos resolver pela 'Receita de Bolo'?

Sabemos que fevereiro tem 29 dias e que o dia 1º é um sábado.

Daí, dividindo 29 por 7, encontraremos resto 1, ok? Ou seja, <u>o dia 29 será o mesmo dia da semana do dia 1º</u>.

Então, como a questão quer *'cinco sábados'*, então o dia 1 e o dia 29 terão que ser sábado.

Assim, como a diferença entre os mesmos dias da semana ;e sempre 7, temos que os 5 sábados serão **1**, 8 (1+7), 15 (8+7), 22 (15+7) e **29** (22+7).

Resposta: letra A.

Uma outra dica muito legal e muuuuuito importante para questão de calendário é a relação entre o 1º e o último dia do ano.

> **DICA**
> Em um ano não bissexto, o dia 1º de janeiro (1º dia do ano) e o dia 31 de dezembro (último dia do ano) caem no mesmo dia!
> Caso o ano seja bissexto, 'pulamos' 1 dia no final do ano.
> Ex: ano não bissexto   ano bissexto
> 01/01 – quarta-feira   01/01 – quarta-feira
> 31/12 – quarta-feira   31/12 – quinta-feira

26. (2009 – FGV – MEC – Administrador) O ano de 2009 começou em uma quinta-feira. Sabendo-se que os anos de 2012 e 2016 serão bissextos, ou seja, terão 366 dias cada um, é correto afirmar que o ano voltará a começar em uma quinta-feira em:

(A) 2014

(B) 2015

(C) 2016

(D) 2017

(E) 2018

Vamos seguir a dica:

Dia 01/01/2009   Dia 31/12/2009 (não bissexto)
quinta-feira   mesmo dia = quinta-feira

Dia 01/01/2010   Dia 31/12/2010 (não bissexto)
sexta-feira   mesmo dia = sexta-feira

Dia 01/01/2011   Dia 31/12/2011 (não bissexto)
sábado   mesmo dia = sábado

Dia 01/01/2012   Dia 31/12/2012 (**bissexto**)
domingo   'pula' 1 dia =segunda-feira

Dia 01/01/2013   Dia 31/12/2013 (não bissexto)
terça-feira   mesmo dia = terça-feira

Dia 01/01/2014   Dia 31/12/2013 (não bissexto)
quarta-feira   mesmo dia = quarta-feira

Dia 01/01/2015
QUINTA-FEIRA

Resposta: letra B.

MATEMÁTICA E RACIOCÍNIO LÓGICO – *Paulo Henrique (PH)*

27. (2011 – FCC – TRT 14ªR – Técnico Judiciário) Sabe-se que, em outubro de 2007, os dias x e 3x ocorreram em um domingo. Lembrando que anos bissextos são números múltiplos de 4, então o próximo ano que os dias x e 3x de outubro ocorrerão novamente em um domingo será:

(A) 2012

(B) 2013

(C) 2014

(D) 2015

(E) 2016

Primeiro, vamos ver o seguinte:

Os dias x e 3x, por ocorrerem no mesmo dia (domingo), devem ter uma diferença de 7, 14, 21 ou 28 dias, correto? Para qualquer dia da semana, a diferença em dias sempre será 7 ou múltiplo de 7. Peguem um calendário e confiram.

Imaginem que o dia 1º de um certo mês é uma quinta-feira. As outras quintas do Mês serão 8 (diferença = 7), 15 (diferença = 14), 22 (diferença = 21), 29 (diferença = 28).

Assim, '3x – x' deve ser um desses quatro valores: 7, 14, 21 ou 28. Delas, a única possibilidade é:

$3x - x = 7$	$3x - x = 14$	$3x - x = 21$	$3x - x = 28$
$2x = 7$	$2x = 14$	$2x = 21$	$2x = 28$
$x = 3,5$	$x = 7$	$x = 10,5$	$x = 14$
(não pode ser!)	**x = 7 e 3x = 21**	(não pode ser!)	(não pode ser!)

Conclusão: os dias são **7 e 21 de outubro**!

Agora, **atenção!** Pela dica do início e fim do ano, podemos DEDUZIR que:

– se <u>07/10/2007 fosse o 1º dia</u> de um ano fictício, esse ano <u>terminaria</u> no dia <u>06/10/2008</u>. Como 2008 é um ano bissexto, para descobrirmos o último dia desse ano teríamos que 'pular' 1 dia, ok?

Daí, se **07/10/2007 é um domingo, 06/10/2008 será segunda-feira**.

Logo:

07/10/2007	06/10/2008
domingo	segunda-feira
07/10/2008	06/10/2009 (não bissexto)
terça-feira	terça-feira
07/10/2009	06/10/2010 (não bissexto)
quarta-feira	quarta-feira
07/10/2010	06/10/2011 (não bissexto)
quinta-feira	quinta-feira
07/10/2011	06/10/2012 (bissexto)
sexta-feira	sábado ('pula' 1)
07/10/2012	
domingo	

Resposta: letra A.

28. **(2015 – FCC – Analista – CNMP)** O mês de fevereiro tem 28 dias em anos regulares e 29 dias em anos bissextos. Em qualquer ano (regular ou bissexto), os meses de abril, junho, setembro e novembro têm 30 dias, e os demais meses têm 31 dias. Sabe-se, ainda, que nunca temos dois anos consecutivos que sejam bissextos. Se 1º de janeiro de um ano bissexto caiu em uma sexta-feira, o dia 1º de março do ano seguinte cairá em uma

(A) quarta-feira.

(B) segunda-feira.

(C) sexta-feira.

(D) terça-feira.

(E) quinta-feira.

Bem, vamos usar dois dos conceitos estudados até agora. Vejam que a questão informa que *1º de janeiro de um ano bissexto caiu em uma sexta-feira*. Logo:

01/01/Ano 1 (bissexto) = Sexta-feira

31/12/Ano 1 (bissexto) = Sábado (+ 1 dia)

01/01/Ano 2 = Domingo (esse ano seguinte não é bissexto, ok?)

Agora, a 'Receita de Bolo':

(1) que dia da semana 'caiu' um dia;

Arrumamos o "dia inicial". A questão informa que "1º de janeiro de um ano bissexto caiu em uma sexta-feira", porém, como é pedido um dia no ano seguinte, o dia que queremos será o 1º de janeiro do ano seguinte, ok?

01/01/Ano 2 = Domingo

(2) montar um calendário com base nesse dia (ele será o dia 1), até formar uma semana completa;

D	S	T	Q	Q	S	S
1	2	3	4	5	6	7

(3) contar a quantidade de dias até a data que a questão nos pede;

A questão pede "o dia 1º de março do ano seguinte", ou seja 01/03/Ano 2. Assim:

Contagem = 31 (mês de janeiro) **+ 28** (mês de fevereiro de um ano não bissexto) **+ 1** (mês de março) **= 60**

(4) Dividiremos a quantidade de dias por 7 (7 dias da semana);

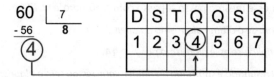

(5)   comparar o resto da divisão com a tabela do item 2.

A tradução da divisão é a seguinte: 60 dias corresponde a 8 semanas (com 7 dias) e a 9ª semana, está incompleta, com apenas 4 dias.

Daí, olhando no nosso calendário o 4 está se referindo à **quarta-feira**.

Resposta: letra A.

6.   FIGURAS E TABELAS

Temos uma variedade enorme de questões que apresentam algum desenho (seja tabela, figura, cálculo matemático, etc.), que necessita ser 'traduzida' para, daí, encontrarmos a solução. É <u>fundamental</u> entender o desenho, tirar conclusões a partir de deduções lógicas. Sem esse entendimento, fica bem complicado a resolução.

Sempre tentem buscar um entendimento lógico sobre a figura (ou tabela) apresentada. Esse é o caminho para a resolução da questão.

29. (2009 – CESGRANRIO – Banco Central – Técnico) Existe uma regra prática de divisibilidade por 7 com o seguinte procedimento:

Separa-se o último algarismo da direita. Multiplica-se esse algarismo por 2 e tal resultado é subtraído do número que restou sem o algarismo à direita. Procede-se assim, sucessivamente, até se ficar com um número múltiplo de 7, mesmo que seja zero.

Veja os exemplos a seguir:

1º) 23.457 é múltiplo de 7

2	3	4	5	7	
-			1	4	(7 x 2 = 14)
2	3	3	1		
-			2		(1 x 2 = 2)
2	3	1			
-		2			(1 x 2 = 2)
2	1				(que é múltiplo de 7)

2º) 2.596 não é múltiplo de 7

2	5	9	6	
-		1	2	(6 x 2 = 12)
2	4	7		
-	1	4		(7 x 2 = 14)

Seja a um algarismo no número a13.477.307 . O valor de a para que este número seja divisível por 7 é:

(A) 1

(B) 3

(C) 5

(D) 7

(E) 9

Olha só, a figura explica como encontrarmos um número múltiplo de 7. O que temos a fazer é utilizar esse mesmo passo-a-passo com o número '*a13.477.307*'. Vamos ver:

1º passo: '*Separa-se o último algarismo da direita*' ⇨ **7**.

2º passo: '*Multiplica-se esse algarismo por 2*' ⇨ **14**.

3º passo: '*e tal resultado é subtraído do número que restou sem o algarismo à direita*':

$$\begin{array}{r} \text{a1.347.730} \\ -\quad 14 \\ \hline \text{a1.347.716} \end{array}$$

Agora, repetiremos esses mesmos passos até chegarmos ao valor de 'a', ok?

1º passo: *'Separa-se o último algarismo da direita'* ⇨ **6**.

2º passo: *'Multiplica-se esse algarismo por 2'* ⇨ **12**.

3º passo: *'e tal resultado é subtraído do número que restou sem o algarismo à direita'*:

$$\begin{array}{r} \text{a.134.771} \\ -\quad 12 \\ \hline \text{a.134.759} \end{array}$$

1º passo: *'Separa-se o último algarismo da direita'* ⇨ **9**.

2º passo: *'Multiplica-se esse algarismo por 2'* ⇨ **18**.

3º passo: *'e tal resultado é subtraído do número que restou sem o algarismo à direita'*:

$$\begin{array}{r} \text{a13.475} \\ -\quad 18 \\ \hline \text{a13.457} \end{array}$$

1º passo: *'Separa-se o último algarismo da direita'* ⇨ **7**.

2º passo: *'Multiplica-se esse algarismo por 2'* ⇨ **14**.

3º passo: *'e tal resultado é subtraído do número que restou sem o algarismo à direita'*:

$$\begin{array}{r} \text{a1.345} \\ -\quad 14 \\ \hline \text{a1.331} \end{array}$$

1º passo: *'Separa-se o último algarismo da direita'* **1**.

2º passo: *'Multiplica-se esse algarismo por 2'* ⇨ **2**.

3º passo: *'e tal resultado é subtraído do número que restou sem o algarismo à direita'*:

$$\begin{array}{r} \text{a.133} \\ -\quad 2 \\ \hline \text{a.131} \end{array}$$

1º passo: *'Separa-se o último algarismo da direita'* ⇨ **1**.

2º passo: *'Multiplica-se esse algarismo por 2'* ⇨ **2**.

3º passo: *'e tal resultado é subtraído do número que restou sem o algarismo à direita'*:

$$\begin{array}{r} \text{a13} \\ -\quad 2 \\ \hline \text{a11} \end{array}$$

1° passo: *'Separa-se o último algarismo da direita'* ⇨ **1**.

2° passo: *'Multiplica-se esse algarismo por 2'* ⇨ **2**.

3° passo: *'e tal resultado é subtraído do número que restou sem o algarismo à direita'*:

$$\begin{array}{r} a1 \\ -\ \ 2 \\ \hline (a\text{-}1)9 \end{array}$$

Aqui, a conta é a seguinte: como não conseguimos diminuir 2 de 1, a gente pede 'emprestado' 1 do 'a' (ficando 'a – 1'). Daí, temos 11 que, diminuindo 2, encontramos 9.

Agora, temos que encontrar um número de 2 algarismos com final 9 que seja divisível por 7. Já sabem que é? **Esse número é o 49**!

Logo,

(a-1) 9 = **49**

(a-1) = 4 ⇨ **a = 5**

Resposta: letra C.

Vocês já ouviram falar de Sudoku? Sudoku é um jogo de dedução e lógica que consiste, na sua forma mais comum, em completar um quadrado 9 x 9 (com 9 linhas e 9 colunas), totalizando 81 quadrados menores, sendo que cada linha, cada coluna e cada quadrado 3x3 deverão ser preenchidos com os números de 1 a 9, sem repetição. Olhem um exemplo:

8			4		6			7
						4		
	1					6	5	
5		9		3		7	8	
				7				
	4	8		2		1		3
	5	2					9	
		1						
3			9		2			5

Pois esse tipo de jogo lógico já apareceu em provas de concurso. Para resolvê-la, precisamos fazer deduções em busca de preencher os espaços vazios.

Para aqueles que não conhecia, já fica um convite para jogar Sudoku. Ajuda, e muito, o desenvolvimento do raciocínio lógico.

30. (Cespe – 2010 – Analista de Controle Interno – SAD/PE) A tabela a seguir deve ter todas as linhas e todas as colunas preenchidas com os algarismos de 1 a 6 de modo que nenhum desses números ocorra repetido em uma mesma linha ou coluna.

1		3			4
2			4		5
		2		6	3
	5		3		
3	1			4	6
		6		1	

Respeitando-se os algarismos já posicionados na tabela, assinale a opção que exibe uma sequência numérica que, quando colocada na sexta linha, permite o preenchimento logicamente correto de toda a tabela.

(A) 2 4 6 5 1 3

(B) 3 5 6 2 1 4

(C) 5 2 6 4 1 3

(D) 4 3 6 5 1 2

(E) 2 4 6 3 1 5

Essa é uma versão diferente da explicada anteriormente, porém o raciocínio é o mesmo: preencher cada linha e cada coluna com os números de 1 a 6, sem se repetirem.

Bem, vamos começar a preencher a tabela!

Olhando para a 6ª linha (é a que importa!), podemos concluir:

(1) o número 3 aparece na 1ª, 4ª e 6ª coluna. Logo, só podemos colocar o 3 na 2ª coluna!

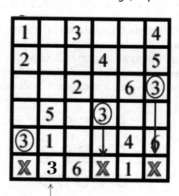

só podemos ter
um 3 aqui!

(2) o número 4 aparece na 4ª e 6ª coluna. Logo, o 4 deve estar na 1ª coluna!

só podemos ter
um 4 aqui!

(3) existe um número 5 está na 6ª coluna. Então, ele deve estar na 4ª coluna! Para a 6ª coluna, só sobrou o 2! Ficou assim:

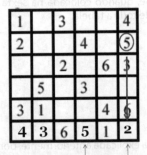

não podendo ter o 5 na 6ª coluna,
só sobrou uma posição. A outra
posição fica o 2

Resposta: letra D.

Vamos ver mais questões envolvendo figuras e tabelas.

31. (2009 - FCC - MRE - Oficial de Chancelaria) Zeus é um aficionado em matemática, pois quando lhe perguntaram sobre sua idade, ele respondeu: "Para saber a minha idade você deve decifrar o criptograma aritmético seguinte, que corresponde, de modo codificado, à adição de dois números naturais. Decifrado o criptograma, a minha idade é igual à soma dos algarismos que correspondem às letras da palavra FISCO."

$$\begin{array}{r} FOSSO \\ +FOSSO \\ \hline CISCO \end{array}$$

Considerando que letras distintas correspondem a algarismos distintos, quantos anos tem Zeus?

(A) 25

(B) 24

(C) 30

(D) 22

(E) 28

Olha só, aqui é colocar o 'cocuruto' para pensar. Precisamos fazer algumas perguntas para facilitar o entendimento da resolução.

Essas perguntas são TODAS conhecidas por vocês. Porém, como o cálculo de uma soma é deveras simples, pode muitas vezes passar despercebido.

(1) Olhemos primeiro a letra O. Na casa das unidades, **qual número que, somado com ele mesmo, terá como resultado esse mesmo número no final?**

É assim: vamos ver se é o número 3. Somando 3 com 3 não dá um número com final 3, ok?

E aí, descobriram? Só pode ser o número 0 (zero)! Ou seja, 0 + 0 = 0. Logo,

$$\begin{array}{r} FOSSO \\ +FOSSO \\ \hline CISCO \end{array}$$

(2) Olhando a parte das dezenas e centenas (dois 'S' juntos), **pode acontecer de 2 números** (C e S) **serem resultados de uma mesma soma** (S + S)? Não dá, né? Então, o que aconteceu?

Só pode ter acontecido o seguinte: S + S dará um número maior que 10. Daí, C será um número maior que 10, portanto temos que fazer o 'vai 1' da soma!

$$\begin{array}{r} \overset{Vai\ '1'}{\overset{1\ 1}{}} \\ +565 \\ 565 \\ \hline 1130 \end{array}$$

Ou seja, na parte das centenas temos S + S + 1(do 'vai 1') tem que dar um número com final S.

S + S + 1 = número com final ' S '

Que número é esse? **Só pode ser o 9**, já que 9 + 9 + 1 = 19 (final 9). Com essa descoberta, também descobrimos o **'C', que será 8**, ok? Já descobrimos:

MATEMÁTICA E RACIOCÍNIO LÓGICO – *Paulo Henrique (PH)*

$$\begin{array}{r} \overset{1\ \ 1}{\text{F O S S O}} \\ +\text{F O S S O} \\ \hline \text{S I S S O} \end{array}$$

(3) Já conseguimos descobrir o 'I', não é? Na unidade de milhar tem o 'vai 1' também né? Então **'I' = 1**, ok?

(4) Por último, na dezena de milhar, F + F (nessa, não tem o 'vai 1') dará 'C', que vale 8. Então, **'F' só pode ser igual a 4**. Fica assim:

$$\begin{array}{r} \overset{1\ \ 1}{\text{F O S S O}} \\ +\text{F O S S O} \\ \hline \text{S I S S O} \end{array}$$

$$O = 0;\ I = 1;\ F = 4;\ C = 8;\ S = 9$$

Agora, somaremos os algarismos da palavra FISCO: **F + I + S + C + O = 4 + 1 + 9 + 8 + 0 = 22**

Resposta: letra D

32. **(2008 – FGV – Senado Federal – Analista Legislativo)** Os números naturais são colocados em um quadro, organizados como se mostra abaixo:

A	B	C	D	E	F	G	H	I
1		2		3		4		5
	9		8		7		6	
10		11		12		13		14
	18		17		16		15	
19		20		21		...		...

O número 2008 está na coluna:

(A) F.

(B) B.

(C) C.

(D) I.

(E) A.

Se vocês olharem bem, verão que as duas primeiras linhas formam um padrão, onde teremos 5 números indo da esquerda para a direita na 1ª linha, e 4 números da direita para a esquerda na 2ª linha. A partir do número 10, volta a se repetir o padrão.

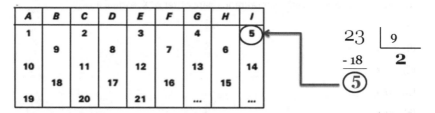

Ou seja, A CADA 9 NÚMEROS, repete-se o padrão!

Assim, se por exemplo você quisesse descobrir em que coluna estaria o número 23 (por dedução, sabemos que ele estaria na coluna I, não é?) teríamos que dividir o 23 por 9 e o número que encontrássemos como resto da divisão nós procuraríamos em que coluna ele está. Vejamos na figura para melhor exemplificação:

Sabendo a lógica da tabela, não importa o número pedido na questão, ela está ganha! Por maior que seja o número, o que nos interessa é o resto da divisão desse número por 9, comparando-o com as 2 primeiras linhas de nossa tabela.

Vejamos o que acontece com o número 2008, que foi pedido na questão:

$$\begin{array}{r|l} 2008 & \underline{9} \\ \underline{-18} & \mathbf{223} \\ 20 & \\ \underline{-18} & \\ 28 & \\ \underline{-27} & \\ \mathbf{1} & \end{array}$$

Ou seja, o número 2008 estará na mesma coluna do número 1, que é a **coluna A**.

Resposta: letra E

33. **(2012 – FCC – TRT 6ªR – Analista Judiciário)** Partindo de um quadriculado n × n formado por palitos de fósforo, em que n é um número ímpar maior ou igual a 3, é possível, retirando alguns palitos, obter um "X" composto por 2n−1 quadrados. As figuras a seguir mostram como obter esse "X" para quadriculados 3 × 3 e 5 × 5.

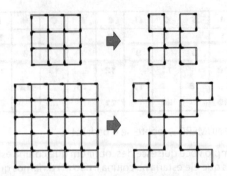

Seguindo o mesmo padrão dos exemplos acima, partindo de um quadriculado 9 × 9, o total de palitos que deverão ser retirados para obter o "X" é igual a

(A) 64.

(B) 96.

(C) 112.

(D) 144.

(E) 168.

O importante aqui é tentar entender a figura, como ela foi montada! Sempre devemos ter em mente que existe uma LÓGICA na montagem da figura. Nosso trabalho é tentar descobri-la.

Vamos analisar o que acontece como quadriculado 3 x 3, ok?

(1)   QUADRICULADO 3 X 3:

O quadriculado foi montado com 4 linhas (1 a mais que o tamanho do quadriculado) com 3 palitos cada (mesmo número do quadriculado), e com 4 colunas (1 a mais que o tamanho do quadriculado) com 3 palitos cada (mesmo número do quadriculado)! Quem não enxergou?

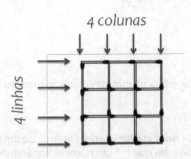

Assim, o quadriculado tem 24 palitos (12 palitos das linhas e 12 palitos das colunas).

Após retirar alguns palitos, a figura terá '2n – 1' quadrados, onde 'n' é igual a 3, correto? Ou seja, a nova figura tem 5 quadrados, que multiplicamos por 4 e encontramos o total de palitos, que é igual a 20. No final, foram retirados 4 palitos:

Palitos retirados = 24 (12 palitos das linhas e 12 palitos das colunas) − 20 (5 quadrados) = **4**

Bateu bonitinho...

(2) QUADRICULADO 5 X 5

Vamos ver se a lógica é a mesma! O quadriculado foi montado com 6 linhas (1 a mais que o tamanho do quadriculado) com 5 palitos cada (mesmo número do quadriculado), e com 6 colunas (1 a mais que o tamanho do quadriculado) com 5 palitos cada (mesmo número do quadriculado)!

Assim, o quadriculado utilizou (5 . 6 + 5 . 6) palitos = 60 palitos.

Restaram na nova figura 2 . 5 − 1 quadrados = 9 quadrados, que multiplicado por 4, terá 36 palitos. Logo:

Palitos retirados = 60 − 36 = **24**

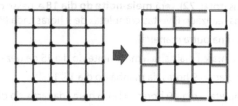

Deu certo! Assim, com as deduções descritas, faremos a mesma coisa com o quadriculado 9 X 9, ok?

(3) QUADRICULADO 9 X 9

Quadriculado = 10 linhas x 9 palitos + 10 colunas x 9 palitos = 90 + 90 = **180 palitos**

Nova figura = 2 . 9 − 1 = 17 quadrados . 4 = **68 palitos**

Palitos retirados = 180 − 68 = **112 palitos**

Resposta: letra C

34. (**2012 – CONSULPLAN – Técnico Judiciário – TSE**) Os relógios analógicos convencionais têm a sua circunferência dividida em 12 pedaços iguais. Em certo relógio, tal circunferência foi dividida em 9 pedaços e só há ponteiro das horas. As marcas deste relógio não representam sempre as mesmas horas. À meia-noite, início do dia 15 de dezembro, seu ponteiro estava sobre a marca mais alta, conforme a figura.

Após uma volta, o ponteiro retornará a esta posição. Nesse momento, serão 9 horas da manhã desse mesmo dia. Quando este ponteiro voltar à posição mais alta e novamente for meia-noite, estará se iniciando o dia _____ de dezembro. Assinale a alternativa que completa corretamente a afirmativa anterior.

(A) 17

(B) 18

(C) 19

(D) 20

Bom, vamos pensar assim: como o dia tem 24 horas, os relógios convencionais dão 2 voltas completas, ok?

Porém o relógio da questão tem apenas 9 marcações! Então, devemos procurar uma quantidade de horas que seja tanto múltipla de 24 (para que tenhamos mais-noite) e de 9 (quantidade de marcações no relógio). Poderíamos resolver através de MMC (mínimo múltiplo comum), mas colocando o cocuruto para pensar, veremos, a cada dia, o que acontece:

(i)   passados 24 horas, será meia-noite do dia 16, mas o relógio não estará na marca mais alta;

(ii) mais 24 horas (total: 48), será meia-noite do dia 17, mas o relógio ainda não estará na marca mais alta;

(iii) mais 24 horas (total: **72**), será **meia-noite do dia 18** e, nesse caso, 72 é múltiplo de 9, ou seja, teremos realizado 8 voltas completas de 9 horas cada (8 x 9 = 72).

Vamos pensar de uma outra maneira?

O ponteiro está na marca mais alta à meia-noite do dia 15 de dezembro. Então:

(i)   1ª volta completa = 9 horas da manhã do dia 15/12

(ii) 2ª volta completa = mais 9 horas (=18), 6 horas da tarde do dia 15/12

(iii) 3ª volta completa = mais 9 horas (=27), 3 horas da manhã do dia 16/12

(iv) 4ª volta completa = mais 9 horas (=36), meio-dia do dia 16/12

Aqui, vale um alerta: O ponteiro do relógio estará na marca mais alta, porém a questão pede *'meia-noite'*, e não meio-dia, ok?

(v)   5ª volta completa = mais 9 horas (=45), 9 horas da noite do dia 16/12

(vi) 6ª volta completa = mais 9 horas (=54), 6 horas da manhã do dia 17/12

(vii) 7ª volta completa = mais 9 horas (=63), 3 horas da tarde do dia 17/12

(viii) **8ª volta completa** = mais 9 horas (=**72**), **meia-noite do dia 18/12**

Resposta: letra B.

35. **(2010 – CESGRANRIO – Banco Central – Analista)** Jonas possui 15 bolas visualmente idênticas. Entretanto, uma delas é um pouco mais pesada do que as outras 14, que têm todas o mesmo peso.

Utilizando uma balança de dois pratos, semelhante à da figura acima, o número mínimo de pesagens que deverão ser feitas para que se possa garantir que a bola que destoa quanto ao peso será identificada é:

(A) 2

(B) 3

(C) 4

(D) 5

(E) 6

Questões dessa natureza necessitam demais de um raciocínio rápido do candidato. Sempre ficará uma dúvida: 'será que conseguem fazer com menos pesagens?'

E é com esse pensamento aterrorizante que o elaborador conta! Para que você entre em desespero e perca tempo e concentração para o restante da prova.

Mas o amigo leitor não será um desses! Vamos comentar.

Existem maneiras diversas para chegar no **mesmo resultado**. Vou colocar de 2 maneiras, mas não pensem que seu raciocínio estará errado caso você não pense dessa maneira, ok? No final, o que importa é marcar o gabarito com a alternativa correta!

1ª situação

(1) coloquemos 5 bolas de cada lado da balança, sobrando 5, ok? Se a balança ficar igual, é porque a bola mais pesada estaria nas que estão fora da balança. Se um dos lados da balança ficar mais pesado, é lá que está a bola mais pesada;

Se a balança permanecer imóvel, a bola mais pesada estará dentre as verdes. Se a balança pender para um dos lados (vermelho ou amarelo), será nesse lado que a bola mais pesada estará!

Detalhe: as cores servem apenas como ilustração, como forma de facilitar a visualização, ok? A questão não fala nada em cores.

(2) reduzimos de 15 para 5 bolas, qualquer que seja o resultado da etapa 1! Agora, coloquemos em cada prato da balança 2 bolas, sobrando 1 e faremos o mesmo raciocínio. Se a balança equilibrar, a bola mais pesada está fora!

CUIDADO! Ainda não temos a **GARANTIA** de que encontramos a bola mais pesada. Vejam que, se um dos lados da balança estiver mais pesado, esse lado terá 2 bolas e ainda não temos como concluir qual das 2 é a mais pesada.

Traduzindo: precisamos de mais uma pesagem.

(3) nessa última etapa, restaram apenas 2 bolas (da bandeja mais pesada do item 2). Colocando as 2 na balança, descobriremos qual é a mais pesada.

Agora sim, nós GARANTIMOS qual bola será a mais pesada! Na etapa 2, encontramos uma possibilidade.

Porém, não há a garantia que, em qualquer 2 pesagens, encontraremos a mais pesada.

Número mínimo de pesagens = 3

<u>2ª situação</u>

O que irá mudar de uma situação para outra é a quantidade de bolas que colocaremos na balança na 1ª pesagem.

Vejamos agora como fica o raciocínio se colocássemos 7 bolas em cada bandeja.

(1) colocando 7 bolas em cada lado, sobrará 1 sem ser pesada. Caso a balança fique em equilíbrio, a bola mais pesada é a que estará 'fora'.

Se a balança permanecer imóvel, a bola mais pesada será a verde!
Se a balança pender para um dos lados (vermelho ou amarelo),
será nesse lado que a bola mais pesada estará!

Porém, não podemos contar com isso. Lembrem-se da GARANTIA! Então, se um dos lados da balança ficar mais pesado, concluímos que a bola 'diferente' estará desse lado.

(2) Separando as 7 bolas do lado mais pesado, formaremos 2 grupos com 3 bolas em cada parte da balança, sobrando 1 bola que não irá ser pesada. Realizaremos o mesmo raciocínio: caso a balança fique em equilíbrio, a bola mais pesada será a de fora da balança. Caso não haja equilíbrio, o lado que pender a balança é o que terá a bola mais pesada.

(3) sobraram 3 bolas. Colocaremos 1 bola de cada lado da balança e 1 fora. Apenas como ilustração, teremos:

Assim:

– equilíbrio ⇨ bola verde é a mais pesada

– balança pendeu para a esquerda ⇨ bola vermelha é a mais pesada

– balança pendeu para a direita ⇨ bola amarela é a mais pesada

De qualquer maneira, **o número mínimo de pesagens será igual a 3**.

Resposta: letra B.

36. **(2011 – CESGRANRIO – Transpetro – Administrador Júnior)** O esquema abaixo ilustra as 4 primeiras linhas de um mosaico triangular, formadas por 32 triângulos pequenos, todos iguais.

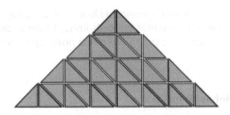

O mosaico triangular completo será construído com até 500 peças. O número de linhas do maior mosaico possível é

(A) 15

(B) 16

(C) 21

(D) 58

(E) 450

Bem, o mosaico está dividido da seguinte maneira:

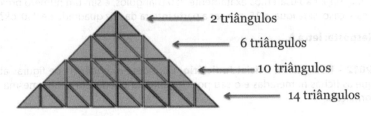

Ou seja, a cada linha do mosaico aumentaremos 4 triângulos!

Porém, por termos apenas a quantidade de triângulos utilizados (500 peças), fica mais complicado nós descobrirmos a quantidade de linhas utilizadas. Vamos dar uma olhada em apenas um pedaço dessa figura para uma dedução mais simples.

Querem ver?

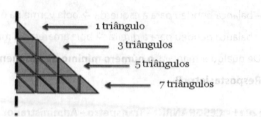

Vejam como o elaborador foi engenhoso! Ele manteve o padrão da sequência, só que pela metade. Ao invés de aumentar, em cada linha, 4 triângulos, só aumentará a metade (2). Além disso, a soma dos triângulos nessa nova figura nos trará uma lógica mais evidente.

Vejam:

(i) Soma de **2 linhas** do mosaico = 1 + 3 = **4**

(ii) Soma de **3 linhas** do mosaico = 1 + 3 + 5 = **9**

(iii) Soma de **4 linhas** do mosaico = 1 + 3 + 5 + 7 = **16**

Daí, tiramos a seguinte relação entre a quantidade de linhas e a soma dos triângulos do mosaico: **a quantidade de triângulos será igual ao quadrado do número de linhas!**

Assim, para encontrarmos a quantidade de linhas para termos um mosaico com 250 triângulos (sim, porque agora só trabalharemos com metade do mosaico original, ok?), devemos encontrar um número que, elevado ao quadrado, seja igual ou próximo de 250.

(Quantidade de linhas)2 = 250

(Quantidade de linhas) = √250 = **15**,8113883008419

Conclusão: não usaremos exatamente 250 triângulos, e sim um número próximo, que, nesse caso, será igual a 15, por ser a parte inteira da raiz quadrada de 250, ok?

Resposta: letra A.

37. **(2012 – FCC – TJ-PE Oficial Judiciário)** Considere a sequência de figuras abaixo, em que as fichas numeradas e o seu posicionamento obedecem a uma mesma lógica de formação:

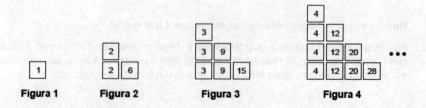

A soma de todos os números que aparecem na formação da figura 5 é

(A)   170.

(B)   185.

(C)   215.

(D)   230.

(E)   275.

De início, já conseguimos visualizar uma relação entre a posição da figura e a quantidade de fichas da maior coluna, e o valor inserido nelas. Vejamos:

A figura **4** terá na 1ª coluna, **4** fichas, todas elas numeradas com **4**. Perceberam a relação?

Próximo passo: entender como é formada a numeração crescente.

Sabemos que o número inicial é a posição da figura. Em todas as figuras, o número da 2ª coluna é encontrado multiplicando o número da 1ª coluna por 3. Vamos ver:

(i)   Figura 2 ⇨ 6 (número da 2ª coluna) = 2 (número da 1ª coluna) x 3

(ii)   Figura 3 ⇨ 9 (número da 2ª coluna) = 3 (número da 1ª coluna) x 3

(iii) Figura 3 ⇨ 15 (número da 3ª coluna) = 3 (número da 1ª coluna) x 5

(iv) Figura 4 ⇨ 12 (número da 2ª coluna) = 4 (número da 1ª coluna) x 3

(v)   Figura 4 ⇨ 20 (número da 3ª coluna) = 4 (número da 1ª coluna) x 5

(vi) Figura 4 ⇨ 28 (número da 4ª coluna) = 4 (número da 1ª coluna) x 7

Notem também que, a cada inclusão de uma coluna, o número de fichas deve diminuir em relação à coluna anterior.

Assim, seguindo esse raciocínio (multiplicação do número da coluna por uma constante e diminuindo a quantidade de fichas das colunas), podemos concluir que, na figura 5, teremos:

(i)   Coluna 1 ⇨ 5 fichas com o número 5

(ii)   Coluna 2 ⇨ 4 fichas com o número 15 (5 x 3)

(iii) Coluna 3 ⇨ 3 fichas com o número 25 (5 x 5)

(iv) Coluna 4 ⇨ 2 fichas com o número 35 (5 x 7)

(v)   Coluna 5 ⇨ 1 ficha com o número 45 (5 x 9)

A figura ficará assim:

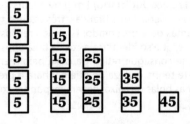

Como a questão pede 'soma de todos os números que aparecem na formação da figura 5', devemos somar:

(5 x 5) + (4 x 15) + (3 x 25) + (2 x 35) + (1 x 45) =

= 25 + 60 + 75 + 70 + 45 =

= 275

Resposta: letra E.

7. PRINCÍPIO DA CASA DOS POMBOS

Já ouviram falar no 'Princípio da Casa dos Pombos' ou 'Princípio do Pombal'?

> **DICA**
>
> O Princípio do Azarado (só os amigos do PH chamam assim...) ou Princípio da Casa dos Pombos diz basicamente que:
>
> **"Se tivermos n+1 pombos para serem colocados em n casas, então pelo menos uma casa deverá conter, pelo menos, dois pombos".**
>
> Pensemos assim: se tivermos 13 alunos em uma sala, eu posso GARANTIR (ter a CERTEZA) que pelo menos 2 fazem aniversário no mesmo mês.
>
> Vejam, temos 12 casas, ou seja, 12 meses em um ano. Se cada aluno faz aniversário em 1 mês, então contaríamos 12 alunos. Conclusão: o 13º aluno pode fazer aniversário em qualquer mês do ano, o que nos GARANTIRIA termos 2 alunos fazendo aniversário no mesmo mês, correto?

Olha só, nós temos que escolher certo número de pessoas para GARANTIR que 2 tenham nascido no mesmo mês. Aí, você pensa em uma pessoa azarada: escolheu 1 pessoa de cada mês:

– janeiro: 1   – fevereiro: 1   – março: 1   – abril: 1

– maio: 1   – junho: 1   – julho: 1   – agosto: 1

– setembro: 1   – outubro: 1   – novembro: 1   – dezembro: 1

Daí, o próximo escolhido (o 13º), **COM CERTEZA**, fará com que se tenha 2 pessoas nascidas no mesmo mês.

Particularmente, chamo esse Princípio de **"Princípio de Azarado"**, porque, em muitas situações, ser azarado vai nos ajudar a resolver a questão.

38. (2012 – FCC – TST – Técnico Judiciário) Em um concurso de televisão, há uma caixa fechada com nove bolas, sendo três brancas, três azuis e três verdes. O participante responde nove perguntas do apresentador e, a cada resposta correta, retira uma bola da caixa. O participante, que só identifica a cor da bola após retirá-la da caixa, ganha o prêmio do programa se conseguir retirar da caixa pelo menos uma bola de cada cor. Para que o participante tenha certeza de que ganhará o prêmio, independentemente de sua sorte ao retirar as bolas da caixa, deverá responder corretamente, no mínimo,

(A)   3 perguntas.

(B) 5 perguntas.

(C) 6 perguntas.

(D) 7 perguntas.

(E) 9 perguntas.

Olha só, a questão pede que *'o participante tenha certeza de que ganhará o prêmio'* e, para ele ganhar, ele tem que *'conseguir retirar da caixa pelo menos uma bola de cada cor'*. Além disso, a questão fala em **CERTEZA**! É nossa deixa para o Princípio, ok?

Então, sabe o que deve acontecer? O participante irá tirar SEGUIDAMENTE 3 bolas brancas (o participante é azarado mesmo!).

Depois disso, tirará, também em sequência, 3 bolas azuis. Assim, para ter a CERTEZA, somente na **7ª bola** é que podemos GARANTIR que teremos uma de cada cor. Ou seja, com **7 perguntas** respondidas, ele poderá garantir que terá, pelo menos, 1 bola de cada cor!

Ficou entendido?

Um detalhe: as cores das bolas não influem no resultado, contanto que sejam as três, ok?

Vejam: o participante pode tirar 3 bolas e serem cada uma de uma cor. Porém, podemos GARANTIR que SEMPRE que tirarmos 3 bolas, elas serão uma de cada cor? A resposta é **NÃO**! E, para isso, o cabra tem que ser o AZARADO, ok?

Resposta: letra D.

39. **(2014 – FCC – TRT 16ªR – Analista Judiciário)** Uma urna contém 14 bolas vermelhas, 15 pretas, 5 azuis e 11 verdes. Retirando-se ao acaso uma bola por vez dessa urna, o número mínimo de retiradas para se ter certeza que uma bola azul esteja entre as que foram retiradas é

(A) 6.

(B) 20.

(C) 1.

(D) 41.

(E) 40.

Temos a urna:

MATEMÁTICA E RACIOCÍNIO LÓGICO – *Paulo Henrique (PH)*

Agora, pense como um azarado! Para que eu **garanta**, para que eu tenha a **certeza** de que uma bola azul seja retirada, eu:

– tenho que tirar TODAS as vermelhas

– tenho que tirar TODAS as pretas

– tenho que tirar TODAS as verdes

– a próxima (+ 1), eu **garanto** que terá 1 azul.

Assim:

Total = 14 + 15 + 11 + 1 = **41**

Resposta: letra D.

40. (2012 – CEPERJ – PROCON/RJ – Analista de Proteção e Defesa do Consumidor) Em um saco há 6 bolas brancas, 5 bolas pretas e 4 bolas vermelhas, todas do mesmo tamanho e peso. Sem ver, devemos retirar do saco n bolas e ter a certeza de que, entre elas, há, pelo menos, uma bola preta.

O menor valor de n para que se tenha essa certeza é:

(A) 5

(B) 7

(C) 9

(D) 10

(E) 11

Nesse momento, após ler a questão, vocês vão se imaginar a pessoa mais azarada do mundo!

E o que vai ser azar para vocês? Ora, tirar uma bola preta.

Assim, o azarado vai tirar TODAS as bolas brancas e TODAS as bolas vermelhas, antes de tirar a preta, correto?

Por isso, para ter a CERTEZA (lembrem: essa é a palavra 'mágica' para a utilização do Princípio) de que uma bola seja preta, devemos retirar do saco **11 bolas**, ou seja:

(i)   vai retirar as **6 bolas brancas**

(ii)   vai retirar as **4 bolas vermelhas**

(iii) a próxima, ou seja, a **11ª bola** vai ser uma bola preta.

Resposta: letra E.

41. (2013 – CESGRANRIO – BR Distribuidora – Técnico de Administração e Controle Júnior) Dentro de um saco há 24 balas, todas indistinguíveis, a não ser por seus sabores: 6 são de morango, 8 de caramelo e 10 de hortelã. Uma pessoa coloca a mão dentro do saco e pega n balas. Para que essa pessoa tenha certeza de que pegou pelo menos duas balas de hortelã, o menor valor de n deverá ser

(A) 4

(B) 10

(C) 16

(D) 18

(E) 20

A questão diz que temos 24 balas, sendo 6 de morango, 8 de caramelo e 10 de hortelã. E ela pede o menor valor de n para termos a CERTEZA (a GARANTIA) de que pegamos 2 balas de hortelã.

Olhem só, eu serei azarado: eu vou pegar **TODAS** as 6 balas de morango. Depois, continuando com o meu azar, pegarei **TODAS** as 8 de caramelo.

Já são 14. Agora, não tem para onde correr. Tenho que pegar as de hortelã. Para mim, só interessam 2 (que é o que a questão pede).

Total: **16 balas** para ter a CERTEZA de que pegou pelo menos duas balas de hortelã.

Resposta: letra C.

8. QUESTÕES DIVERSAS DE LÓGICA

Para finalizar esse capítulo, veremos uma série de questões lógicas dos mais diversos tipos, enfrentando situações que ainda não estudamos, todas elas com o mesmo intuito: **colocar o cocuruto para trabalhar!**

42. (2007 – CESGRANRIO – TCE-RO – Técnico de Informática) Fichas idênticas são empilhadas de tal forma que, assim que a pilha inicial recebe a sexta ficha, ela é dividida em duas novas pilhas: uma com 4 fichas e outra com 2. A partir daí, as fichas continuam a ser empilhadas, sendo colocadas alternadamente em cada pilha, na ordem decrescente das suas alturas. Assim que alguma das pilhas formadas recebe a sexta ficha, essa pilha é dividida em duas novas pilhas, uma com 4, outra com 2 fichas e as fichas continuam a ser empilhadas seguindo o mesmo procedimento. No momento em que a 19ª ficha vai ser colocada, há:

(A) 2 pilhas de 5 fichas e 2 pilhas de 4 fichas.

(B) 2 pilhas de 4 fichas, 2 pilhas de 3 fichas e 2 pilhas de 2 fichas.

(C) 1 pilha de 5 fichas, 3 pilhas de 4 fichas, 1 pilha de 3 fichas e 1 pilha de 2 fichas.

(D) 1 pilha de 5 fichas, 2 pilhas de 4 fichas, 2 pilhas de 3 fichas e 1 pilha de 2 fichas.

(E) 1 pilha de 5 fichas, 2 pilhas de 4 fichas, 1 pilha de 3 fichas e 1 pilha de 2 fichas.

Entenderam a dinâmica, não é? Começaremos com 6 fichas, com duas pilhas, uma com 4, outra com 2. Quando alguma pilha alcançar 6 fichas, paramos e dividimos essa pilha em 2. Vão acompanhando a resolução, fazendo as pilhas também, ok?

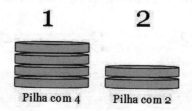

Pilha com 4   Pilha com 2

7ª ficha ⇨ pilha 1, agora com 5 fichas
8ª ficha ⇨ pilha 2, agora com 3 fichas
9ª ficha ⇨ pilha 1, agora com 6 fichas. Chegou a hora da DIVISÃO. Dessa pilha, tiraremos 2 fichas e criaremos a pilha 3, ok?

Ficou assim (em ordem crescente):

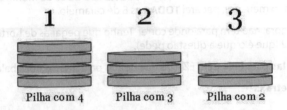

10ª ficha ⇨ pilha 1, agora com 5 fichas
11ª ficha ⇨ pilha 2, agora com 4 fichas
12ª ficha ⇨ pilha 3, agora com 3 fichas
13ª ficha ⇨ pilha 1, agora com 6 fichas.

NOVA DIVISÃO! A pilha 1 perderá 2 fichas, criando a pilha 4:

14ª ficha ⇨ pilha 1, agora com 5 fichas
15ª ficha ⇨ pilha 2, agora com 5 fichas
16ª ficha ⇨ pilha 3, agora com 4 fichas
17ª ficha ⇨ pilha 4, agora com 3 fichas
18ª ficha ⇨ pilha 1, agora com 6 fichas.

MAIS UMA DIVISÃO! A pilha 1 perderá novamente 2 fichas, criando a pilha 5. Agora, a maior pilha será a 2, que tem 5 fichas.

Organizando-as em ordem crescente, teremos uma nova numeração. A pilha 1, que antes tinhas 6 fichas), será a gora a pilha 2, com 4, tendo em vista a criação da pilha 5, ok?

Cap. 1 · QUESTÕES LÓGICAS

Antes de colocarmos a 19ª ficha, teremos 1 pilha de 5 fichas, 2 pilhas de 4 fichas, 1 pilha de 3 fichas e 1 pilha de 2 fichas.

Resposta: letra E.

43. (2008 – ESAF – MPOG – Especialista em Políticas Públicas e Gestão Governamental) No último mês, cinco vendedores de uma grande loja realizaram as seguintes vendas de pares de calçados: Paulo vendeu 71, Ricardo 76, Jorge 80, Eduardo 82 e Sérgio 91. Ana é diretora de vendas e precisa calcular a venda média de pares de calçados realizada por estes cinco vendedores. Para este cálculo, a empresa disponibiliza um software que calcula automaticamente a média de uma série de valores à medida que os valores vão sendo digitados. Ana observou que, após digitar o valor de cada uma das vendas realizadas pelos vendedores, a média calculada pelo software era um número inteiro. Desse modo, o valor da última venda digitada por Ana foi a realizada por:

(A) Sérgio

(B) Jorge

(C) Paulo

(D) Eduardo

(E) Ricardo

Antes de começar, apenas algumas considerações:

(1)   para que tenhamos um número inteiro como média de dois números, a soma deles tem que ser um número par!

(2)   para que tenhamos um número inteiro como média de três números, a soma deles tem que ser um número cujos algarismos somados dê um número divisível por 3!

(3)   para que tenhamos um número inteiro como média de quatro números, a soma deles tem que dar um número cujos 2 últimos algarismos juntos seja um número divisível por 4!

As dicas acima são informações úteis (e que vocês devem conhecer, não só para essa questão, como para futuras) para a resolução.

Bom, feito o breve comentário, vamos tirar algumas conclusões:

– pelo item 1, os dois primeiros vendedores só podem ser:

(1)   Paulo (71) e Sérgio (91) ⇨ soma 162 e média 81

(2)   Jorge (80) e Eduardo (82) ⇨ soma 162 e média 81

(3)   Ricardo (76) e Jorge (80) ⇨ soma 156 e média 78

(4)   Ricardo (76) e Eduardo (82) ⇨ soma 158 e média 79

As opções (1) e (2) serão descartadas. *Por quê, PH?*

Olha só, a soma desses 2 itens dá 162 (somando os algarismos, 1 + 6 + 2 = 9, ou seja, 162 é divisível por 3). Para incluirmos um outro número e termos um número inteiro como média, o novo número também deve ser divisível por 3. E não temos nenhum!!!

Por exemplo, se Paulo e Sérgio forem os primeiros vendedores (item 1), teremos a soma igual a 162. Ao escolhermos um outro vendedor (qualquer um deles!), veremos que, ao somarmos a venda dele, NÃO TEREMOS um número divisível por 3. Olhem os exemplos:

3º vendedor = Jorge (80) ⇨ soma = 242 (não é divisível por 3)

MATEMÁTICA E RACIOCÍNIO LÓGICO – *Paulo Henrique (PH)*

3º vendedor = Eduardo (82) ⇨ soma = 244 (não é divisível por 3)

A opção (3) segue a mesma regra acima! Soma igual a 156, que é divisível por 3 (soma dos algarismos = 1 + 5 + 6 = 12 = 1 + 2 = 3). Então, **os dois primeiros vendedores devem ser Ricardo e Eduardo** (a ordem não importa!).

Agora, teremos que encontrar um número que, somado com 158, dê um número divisível por 3. Só temos 1, o número 91 (158 + 91 = 249 = 2 + 4 + 9 = 15 = 1 + 5 = 6). Vamos conferir?

3º vendedor = Jorge (80) ⇨ soma = 238 (não é divisível por 3)

3º vendedor = Paulo (71) ⇨ soma = 229 (não é divisível por 3)

3º vendedor = **Sérgio** (91) ⇨ soma = 249 (**É divisível por 3**)

O terceiro vendedor é Sérgio!

Até agora, chegamos a uma soma igual a 249 (número ímpar). Sabemos que, <u>para ser divisível por 4</u>, o número tem que ser, NO MÍNIMO, <u>par</u>.

Então, teremos que somar um número ímpar ao 249 (ímpar + ímpar = par). Só temos 1: o 71. Assim:

4º vendedor = Paulo (71) ⇨ soma = 320 (é divisível por 4)

Logo, o quarto vendedor é Paulo!

Por último, sobrou o Jorge.

Como prova de que nossa questão foi resolvida corretamente, somamos 320 com 80 e encontraremos 400, número divisível por 5. Portanto, TODAS AS MÉDIAS SERÃO NÚMEROS INTEIROS!

<u>Conclusão</u>: a última venda digitada foi 80, que pertence a **Jorge**!

Resposta: letra B.

44. **(2011 – CESGRANRIO – IBGE – Codificador Censitário)** Sobre um número desconhecido sabe-se que:

- É ímpar.

- Apresenta apenas três algarismos, todos distintos e dos quais dois são pares.

- É múltiplo de 5.

- Todos os algarismos são maiores que 2.

- O algarismo da centena é o maior e o da unidade é o menor.

A soma dos algarismos desse número é:

(A) 16

(B) 18

(C) 19

(D) 17

(E) 20

Bom, sabemos que nosso *'número desconhecido'* tem *'apenas três algarismos'*. Agora, duas informações, analisadas em conjunto, vão determinar o último algarismo.

(1) *'É ímpar'* e *'É múltiplo de 5'* ⇨ um número múltiplo de 5 deve ter, no algarismo das unidades, o número zero ou o cinco, ok? Como esse número deve ser par, só pode ser o 5.

Pela 2ª informação, deduzimos que o nosso número terá os outros 2 algarismos pares e distintos. Resumindo:

2 números pares e distintos

Com as duas últimas informações, 'mataremos' a charada. Vamos ver!

(2) *'Todos os algarismos são maiores que 2'* e *'O algarismo da centena é o maior e o da unidade é o menor'* ⇨ pela 1ª parte, os números devem estar entre 4, 6 e 8 (já que são pares!). Na 2ª parte, temos que o algarismo da unidade é o MENOR!

Ora, esse número já descobrimos, é o 5! Logo, se ele é o menor, os outros dois devem ser maiores (lógico!). Assim, só podemos ter 6 e 8. Como o maior é o da centena, tem que ser o 8, sobrando, para as dezenas, o 6.

Ficou assim:

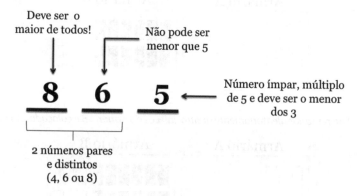

Como a questão pede a soma dos algarismos, temos:

Soma = 8 + 6 + 5 = **19**

Resposta: letra C.

45. **(2010 – FGV – FIOCRUZ – Técnico em Saúde Pública)** Em um armário A há doze jalecos brancos e em um armário B há doze jalecos azuis. São retirados aleatoriamente seis jalecos do armário A e colocados no armário B. A seguir, são retirados aleatoriamente quatro jalecos do armário B e colocados no armário A. Ao final, tem-se que:

(A) há, no máximo, seis jalecos brancos no armário A.

(B) há, no máximo, seis jalecos azuis no armário B.
(C) há, no mínimo, dez jalecos brancos no armário A.
(D) há, no mínimo, dez jalecos azuis no armário B.
(E) há, no máximo, seis jalecos brancos no armário B.

Temos inicialmente a seguinte situação:

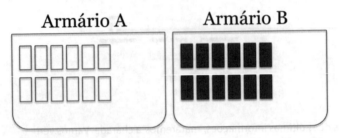

Agora, façamos as movimentações, ok?

(1) *'São retirados aleatoriamente seis jalecos do armário A e colocados no armário B'*

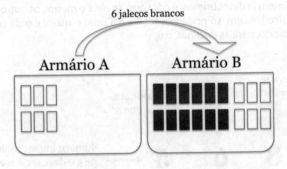

(2) *'São retirados aleatoriamente quatro jalecos do armário B e colocados no armário A'*

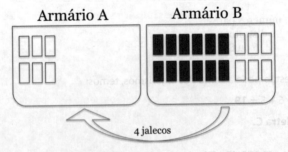

Nesse passo, uma análise dedutiva deve ser feita. Como no armário B tem tanto jaleco branco como azul, há uma série de possibilidades que poderá acontecer. São as seguintes:

(i) 4 jalecos azuis e nenhum branco;

(ii) 3 jalecos azuis e 1 branco;

Cap. 1 · QUESTÕES LÓGICAS

(iii) 2 jalecos azuis e 2 brancos;

(iv) 1 jaleco azul e 3 brancos;

(v) 4 jalecos brancos.

Agora, baseado nessas possibilidades, analisaremos cada uma das alternativas, verificando se existe alguma possibilidade desta ser falsa. A alternativa correta será aquela que, mesmo analisando todas as possibilidades, ela sempre será verdadeira!

Vamos ver.

(A) *há, no máximo, seis jalecos brancos no armário A.*

ERRADO. Como já temos 6 jalecos brancos no armário A, se levarmos pelo menos 1 de B para A, a alternativa estará errada.

(B) *há, no máximo, seis jalecos azuis no armário B.*

ERRADO. Temos 12 jalecos azuis antes da mudança. Se levarmos o máximo de jalecos azuis de B para A, ou seja, 4, sobrariam 8 jalecos no armário B.

(C) *há, no mínimo, dez jalecos brancos no armário A.*

ERRADO. Para que tenhamos, no mínimo, 10 jalecos no armário A, precisaríamos que todos os jalecos movidos de B para A sejam brancos. E nós já vimos que existem outras possibilidades que podem acontecer, não é mesmo?

(D) *há, no mínimo, dez jalecos azuis no armário B.*

ERRADO. Podemos levar, de B para A, 3 jalecos azuis e 1 branco. Assim, teríamos ao final 9 jalecos azuis no armário B.

(E) *há, no máximo, seis jalecos brancos no armário B.*

CORRETO. Vejam que, pela última figura, o armário B tem exatamente 6 jalecos brancos. Se movermos 4 jalecos azuis de B para A, o armário B continuará com os mesmos 6 jalecos. Assim, se movermos pelo menos 1 jaleco branco para o armário A, o armário B ficará com menos que 6 jalecos brancos.

Conclusão: o máximo de jalecos brancos no armário B será 6!

Resposta: letra E.

46. **(2012 – FCC – TCE/SP – Agente da Fiscalização Financeira)** Um homem e uma mulher estão postados de costas um para o outro. O homem voltado para o SUL e a mulher para o NORTE. A mulher caminha 5 metros para o NORTE, gira e caminha 10 metros para o OESTE, gira e caminha 15 metros para o SUL, gira e caminha 20 metros para o LESTE. O homem caminha 10 metros para o SUL, gira e caminha 20 metros para o LESTE, gira e caminha 30 metros para o NORTE, gira e caminha 40 metros para o OESTE. A partir dessas informações, a distância entre a reta que representa a trajetória LESTE, da mulher, e a reta que representa a trajetória OESTE, do homem, é, em metros, igual a

(A) 10.

(B) 20.

(C) 30.

(D) 35.

(E) 40.

Bem, a idéia, como já colocamos anteriormente, é seguir os movimentos informados na questão.

Vejamos primeiro como o homem se movimentou:

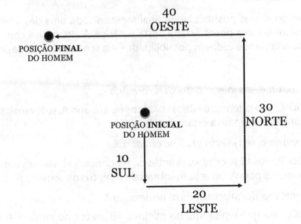

Agora, a movimentação da mulher:

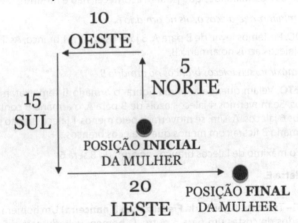

Sobrepondo as duas imagens, veremos que:

(1) o homem 'desceu' 10 para depois 'subir' 30 **(resultante = 20)**, ao mesmo tempo que andou para a direita 20 para depois voltar os mesmos 20 e andar mais 20 para a esquerda.

(2) do mesmo modo a mulher 'subiu' 5 para depois 'descer' 15 **(resultante = 10)**, andando 10 para a esquerda e depois voltando os mesmos 10 e andando mais 10 para a direita.

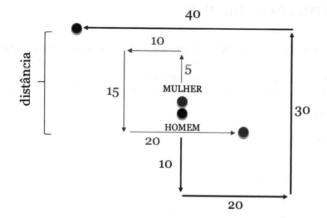

Notem que a questão pede a distancia entre *'trajetória LESTE, da mulher'* e a *'representa a trajetória OESTE, do homem'.*

Simplificando a figura, temos a distância:

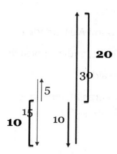

Como falamos antes, o homem 'subiu' somente 20 e a mulher 'desceu' somente 10. Logo:

Distância = 10 + 20 = **30**

Resposta: letra E.

9. CONSIDERAÇÕES FINAIS

Bem, estamos chegando ao final desse capítulo. Porém, seu estudo está apenas começando. Existe uma infinidade de questões lógicas a serem resolvidas, e, quanto mais questões você resolver, mais capaz você estará.

Segue abaixo uma lista de exercícios como forma de treinar o que foi aplicado até agora. Como já falei anteriormente, somente exercitando é que desenvolveremos o tão desejado 'Olho de Tandera' e estaremos bem preparados para os diversos concursos vindouros.

10. QUESTÕES PARA TREINAR!

1. **(2010 – CEPERJ – SEPLAG-RJ – Analista de Planejamento e Orçamento)** O Dia do Trabalho, dia 1º de maio, é o 121º dia do ano quando o ano não é bissexto. No ano de 1958, ano em que o Brasil ganhou, pela primeira vez, a Copa do Mundo de Futebol, o dia 1º de janeiro caiu em uma quarta-feira. Neste ano, o Dia do Trabalho caiu:

   (A) numa segunda-feira.

   (B) numa terça-feira.

   (C) numa quinta-feira.

   (D) numa sexta-feira.

   (E) num sábado.

2. **(2010 – FGV – Companhia Docas-SP – Advogado)** Em cada uma de cinco portas A, B, C, D e E, está escrita uma sentença, conforme a seguir:

   Porta A: 'Eu sou a porta de saída.'

   Porta B: 'A porta de saída é a porta C.'

   Porta C: 'A sentença escrita na porta A é verdadeira.'

   Porta D: 'Se eu sou a porta de saída, então a porta de saída não é a porta E.'

   Porta E: 'Eu não sou a porta de saída.'

   Sabe-se que dessas cinco sentenças há uma única verdadeira e que há somente uma porta de saída. A porta de saída é a porta:

   (A) D

   (B) A

   (C) B

   (D) C

   (E) E

3. **(2010 – ESAF – SMF-RJ – Agente de Fazenda)** A partir da lei de formação da sequência 1, 1, 2, 3, 5, 8, 13, 21,..., calcule o valor mais próximo do quociente entre o 11° e o 10° termo.

   (A) 1,732

   (B) 1,667

   (C) 1,618

   (D) 1,414

   (E) 1,5

4. **(2012 – FCC – TJ-PE – Técnico Judiciário)** Um rapaz e uma moça estão juntos no centro de um campo de futebol. Andam um metro juntos na direção NORTE. A partir desse

Cap. 1 · QUESTÕES LÓGICAS

ponto a moça para de andar e fica olhando fixamente para a direção NORTE. O rapaz gira 90° e anda 2 metros na direção OESTE; gira novamente 90° e anda 4 metros na direção SUL; gira 90° e anda 8 metros na direção LESTE; gira 90° e anda 16 metros na direção NORTE; gira 90° e anda 32 metros na direção OESTE e para. A distância, em metros, entre o rapaz e a moça quando ele cruza a linha imaginária do olhar da moça é, a partir desses dados,

(A) 12.

(B) 16.

(C) 19.

(D) 24.

(E) 32.

5. **(2011 – Cespe – TJ/RR – Analista de Sistemas)** Uma equipe de 10 profissionais, composta por 2 juízes, 4 promotores e 4 defensores públicos, atuou durante quatro dias em julgamentos de processos em determinado tribunal. A cada dia atuaram 1 juiz, 1 promotor e 1 defensor público. Na escala de trabalho, consta que Gerson, Marta e Júlia atuaram na segunda-feira; Luíza, Paula e Carlos atuaram na terça-feira; Bianca e Adalberto atuaram na quarta-feira; Luiz e Diogo atuaram na quinta-feira.

Nessa situação, sabendo que Edna é defensora Pública e atuou na quarta ou na quinta-feira, que a juíza Marta atuou em 2 dias, que Gerson e Bianca são promotores e que 3 promotores são do sexo masculino, julgue os itens seguintes.

Diogo e Carlos são promotores.

(Verdadeiro)   (Falso)

Os 2 juízes são do sexo feminino.

(Verdadeiro)   (Falso)

Adalberto e Paula são defensores públicos.

(Verdadeiro)   (Falso)

6. **(2009 – Cesgranrio – IBGE – Agente Censitário)** Um grupo é formado por N pessoas. O valor mínimo de N para que se tenha certeza de que duas delas fazem aniversário no mesmo dia da semana é

(A) 7

(B) 8

(C) 10

(D) 12

(E) 14

7. **(2012 – FCC – Técnico Judiciário – TRF 2ªR)** Sabe-se que exatamente quatro dos cinco grupos de letras abaixo têm uma característica comum.

BCFE – HILK – JKNM – PQTS – RSUV

Considerando que a ordem alfabética adotada é a oficial, o único grupo de letras que NÃO apresenta a característica comum dos demais é:

(A) BCFE

(B) HILK

(C) JKNM

(D) PQTS

(E) RSUV

8. **(2010 – CEPERJ – SEPLAG-RJ – Analista de Planejamento e Orçamento)** Os amigos A, B e C possuem carros de cores diferentes. Um possui carro prata, outro azul, e outro preto.

Das afirmativas seguintes, somente uma é verdadeira:

A tem carro preto.

B não tem carro azul.

C não tem carro preto.

Assim, é correto dizer que:

(A) A tem carro azul.

(B) B tem carro preto.

(C) C tem carro azul

(D) A tem carro prata.

(E) B não tem carro prata.

9. **(2012 – FCC – TCE-AP – Técnico de Controle Externo)** Um número inteiro será chamado de tricíclico se, e somente se, for formado por uma sequência de dois ou mais dígitos aparecendo exatamente três vezes. Por exemplo, os números 858 585, 107 107107 e 292 129 212 921 são tricíclicos. O menor número positivo que deve ser somado a 198 891 para que se obtenha como resultado um número tricíclico é

(A) 1 109.

(B) 3 129.

(C) 6 972.

(D) 13 230.

(E) 23 331.

10. **(2009 – ESAF – MTE – Auditor Fiscal do Trabalho)** Quatro casais reúnem-se para jogar xadrez. Como há apenas um tabuleiro, eles combinam que:

a) nenhuma pessoa pode jogar duas partidas seguidas;

b) marido e esposa não jogam entre si.

Na primeira partida, Celina joga contra Alberto. Na segunda, Ana joga contra o marido de Júlia. Na terceira, a esposa de Alberto joga contra o marido de Ana. Na quarta, Celina joga contra Carlos. E na quinta, a esposa de Gustavo joga contra Alberto. A esposa de Tiago e o marido de Helena são, respectivamente:

(A) Celina e Alberto

(B) Ana e Carlos

(C) Júlia e Gustavo

(D) Ana e Alberto

(E) Celina e Gustavo

11. (2010 – CONSUPLAN – Prefeitura de Itabaiana-SE – Agente Técnico de Contabilidade) Sejam A, B e C três algarismos distintos de forma que 45A x CB7 = 120951. Assim, pode-se afirmar que:

(A) C < A < B

(B) B < A

(C) C > A

(D) C < B < A

(E) A < C < B

12. (2010 – CESPE – SAD/PE – Analista em Gestão Administrativa) Em uma avenida comercial, sabe-se que três lojas consecutivas têm proprietários, cores e produtos distintos. Sabe-se que o proprietário da loja à direita é Roberto e que Fábio não vende pães e sua loja não é vermelha. A loja central é verde e a loja de Gustavo não é azul nem vende cigarros. A loja azul não vende motos e não fica à direita. Se a loja que vende pães está à esquerda da loja que vende motos, então:

(A) Fábio vende motos.

(B) a loja de Roberto é azul.

(C) a loja de Fábio é azul.

(D) Roberto vende cigarros.

(E) Gustavo vende motos.

13. (2011 – Iades – PG-DF – Técnico Jurídico) O juiz responsável por uma Vara no Fórum da Cidade ficou no cargo por exatos 7 anos e 1 mês, começando numa segunda– feira, dia 8 de novembro de 1999. Se o ano de 1996 foi bissexto, é correto afirmar que ele deixou o cargo em uma

(A) Segunda-feira.

(B) Terça-feira.

(C) Quarta-feira.

(D) Quinta-feira.

(E) Sexta-feira.

14. (2012 – FCC – Prefeitura de SP – Auditor Fiscal Tributário) Considere a sequência de figuras, que representam caixas idênticas, exceto pela cor, empilhadas segundo uma determinada lógica.

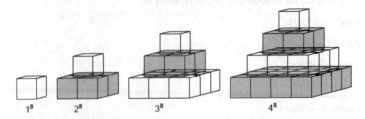

A 101ª figura dessa sequência possui n caixas a mais do que a 99ª figura. O valor de n é igual a

(A) 20605.

(B) 20404.

(C) 20201.

(D) 20002.

(E) 19801.

15. (2011 – VUNESP – TJM-SP – Analista de Sistemas) Dadas as sequências A e B.

Sequência A: 7; 13; 25; 49;

Sequência B: 5; 9; 17; 33;

A diferença entre o 2.º termo da sequência A e o 1.º termo da sequência B é 8. A diferença entre o 3.º termo da sequência A e o 2.º termo da sequência B é 16. A diferença entre o 10.º termo da sequência A e o 9.º termo da sequência B é um número entre

(A) 1000 e 1500.

(B) 1501 e 1900.

(C) 1901 e 2200.

(D) 2201 e 2300.

(E) 2301 e 2350.

16. (2010 – COPEVE-UFAL – Prefeitura de Rio Largo-AL – Contador) Quatro amigos apostaram uma corrida de bicicleta. Manoel disse: Pedro ganhou e Fábio chegou em segundo lugar. Fábio disse: Pedro chegou em segundo lugar e Antônio em terceiro lugar. Pedro disse: Antônio foi o último e Manoel o segundo. Sabendo-se que cada um dos rapazes disse uma verdade e uma mentira, podemos afirmar que

(A) Pedro chegou em último lugar e Antônio em terceiro.

(B) Pedro foi o primeiro colocado e Fábio o último colocado.

(C) Antônio foi o primeiro colocado e Manoel o último colocado.

(D) Fábio chegou em primeiro lugar e Pedro em segundo.

(E) Antônio chegou em terceiro lugar e Manoel em último.

Cap. 1 · QUESTÕES LÓGICAS

17. (2014 – FCC – TJ/AP – Técnico Judiciário) Nove pessoas estão sentadas em volta de uma mesa redonda. Essas pessoas serão nomeadas com as primeiras letras do alfabeto e estão sentadas, considerando o sentido anti-horário e iniciando pela pessoa A, do seguinte modo: A; B; C; D; E; F; G; H; I. São realizadas quatro mudanças de lugar entre algumas dessas pessoas, nessa ordem:

1ª mudança: as pessoas C e E trocam de lugar entre si; em seguida,

2ª mudança: as pessoas D e H trocam de lugar entre si; em seguida,

3ª mudança: as pessoas G e I trocam de lugar entre si; em seguida,

4ª mudança: as pessoas H e A trocam de lugar entre si.

Após essas quatro mudanças, a disposição dessas pessoas em volta da mesa, no sentido horário e iniciando pela pessoa A, é

(A) A; I; G; C; F; D; B; H; E.

(B) A; E; B; H; G; D; I; F; C.

(C) A; C; F; I; D; G; H; B; E.

(D) A; G; D; I; F; C; H; E; B.

(E) A; C; F; I; D; H; G; B; E.

18. (2014 – VUNESP – Urbanismo-SP – Assistente Técnico) Três amigos, Antônio, Bento e Carlos, foram à floricultura do seu José e encomendaram, cada um, um vasinho de flores, que deveria ser entregue às suas respectivas namoradas. Um deles encomendou margaridas, o outro, violetas, e, o outro, begônias, não necessariamente nessa ordem. Conversaram muito com o seu José e depois foram embora. Por algum motivo, perdeu-se a informação de qual era a flor que cada um dos três amigos havia encomendado. Relembrando a conversa que tivera com os rapazes, seu José lembrou-se, com certeza, dos seguintes fatos:

I.   Bento não encomendou violetas.

II.   Carlos é mais velho do que o rapaz que encomendou violetas.

III. O rapaz que encomendou as margaridas é o mais jovem dos três.

Com base nessas informações, pode-se concluir corretamente que

(A) Carlos encomendou margaridas e Bento, begônias

(B) Antônio encomendou margaridas e Carlos, begônias

(C) Bento encomendou begônias e Carlos, violetas.

(D) Antônio encomendou begônias e Carlos, margaridas.

(E) Bento encomendou margaridas e Carlos, begônias.

19. (2015 – FCC – TCE/CE – Técnico de Controle Externo) Em uma família de 6 pessoas, um bolo foi dividido no jantar. Cada pessoa ficou com 2 pedaços do bolo. Na manhã seguinte, a avó percebeu que tinham roubado um dos seus dois pedaços de bolo. Indignada, fez uma reunião de família para descobrir quem tinha roubado o seu pedaço de bolo e perguntou para as outras 5 pessoas da família: "Quem pegou meu pedaço de bolo?"

As respostas foram:

Guilherme: "Não foi eu"

Telma: "O Alexandre que pegou o bolo".

Alexandre: "A Caroline que pegou o bolo".

Henrique: "A Telma mentiu"

Caroline: "O Guilherme disse a verdade".

A avó, sabendo que uma pessoa estava mentindo e que as outras estavam falando a verdade, pôde concluir que quem tinha pegado seu pedaço de bolo foi

(A) Guilherme.

(B) Telma.

(C) Alexandre.

(D) Henrique.

(E) Caroline.

20. (2014 – FUNDEP – IF/SP – Administrador) Observe a operação.

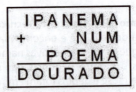

Nessa operação, aparecem letras no lugar de números. Encontre o valor de 0 a 9 a que corresponde cada letra, para que o cálculo indicado esteja correto. Letras iguais significam números iguais e as letras diferentes, números diferentes. Além disso, o primeiro algarismo jamais será 0. Sendo assim, o valores das letras são:

(A) A=4; D=2; E=9; I=3; M=0; N=5; O=8; P=6; R=7 e U=1.

(B) A=4; D=2; E=1; I=3; M=0; N=5; O=6; P=9; R=7 e U=8.

(C) A=2; D=4; E=8; I=3; M=6; N=1; O=0; P=9; R=7 e U=5.

(D) A=2; D=4; E=8; I=3; M=6; N=5; O=0; P=9; R=7 e U=1.

GABARITO DAS QUESTÕES

1	2	3	4	5	6	7	8	9	10
C	E	C	A	V-F-V	B	E	A	B	B
11	12	13	14	15	16	17	18	19	20
A	C	E	C	C	B	B	E	E	D

Capítulo 2

CONCEITOS INICIAIS DE LÓGICA

1. PROPOSIÇÃO

Uma proposição é uma sentença declarativa, que será expressa por meio de palavras e números. Uma frase em que nós possamos atribuir a ela o valor **VERDADEIRO** ou **FALSO**.

Podemos citar exemplos:

(i) Porto Velho é a capital de Rondônia (proposição com valor lógico V);

(ii) o gato late (proposição com valor lógico F);

(iii) Raciocínio Lógico é fácil de aprender (proposição com valor lógico V, mesmo que vocês achem que é F).

Cuidado para não confundirem uma sentença que não é proposição com uma proposição falsa. Quando digo que A = 'o cão mia', podemos afirmar que A é sim uma proposição, que tem o valor lógico falso, ok?

Existem casos que sentenças NÃO SÃO proposições.

1. **(2008 – CESPE – STJ – Técnico Judiciário)** Nas sentenças abaixo, apenas A e D são proposições.

   A) 12 é menor que 6.

   B) Para qual time você torce?

   C) x + 3 > 10.

   D) Existe vida após a morte.

2. **(2010 – CESPE – Sebrae – Analista)** Entre as frases apresentadas a seguir, identificadas por letras de A a E, apenas duas são proposições.

   A) Pedro é marceneiro e Francisco, pedreiro.

   B) Adriana, você vai para o exterior nessas férias?

   C) Que jogador fenomenal!

   D) Todos os presidentes foram homens honrados.

   E) Não deixe de resolver a prova com a devida atenção.

As questões acima descritas são exemplos clássicos de como as bancas cobram esse assunto em prova.

Imaginem que vocês estão estudando e alguém fala "Feliz Aniversário!" para vocês. Vocês pensam: será isso uma proposição?

Como não podemos atribuir um valor lógico a ela, a resposta dever ser NÃO, concordam?

A mesma coisa acontece quando falamos "Para qual time você torce?". Uma pergunta (ou sentença interrogativa) não pode ser respondida através de um valor lógico (verdadeiro ou falso).

A partir desses exemplos, veremos outros casos que também não são proposições:

(i) sentenças <u>exclamativas</u>: "Iabadabadu!"; "Viva Mandela!"

(ii) sentenças <u>interrogativas</u>: "Qual é o seu nome?"; "o Mengão ganhou de quanto?"

(iii) sentenças <u>imperativas</u>: "Estude mais"; "Leia aquele livro".

Nenhum dos exemplos acima são consideradas proposições. Somente as <u>declarativas</u> nós devemos considerar como proposições, pois podemos atribuir um <u>valor lógico</u> verdadeiro ou falso.

Podemos ter outros 2 casos que não consideramos as sentenças como proposições:

(i) Sentenças que <u>não possuem verbo</u> não trazem a ação. Por isso, não podem ser consideradas proposições. 'O carro é azul' é uma proposição, porém 'o carro azul', por não conter o verbo, não pode ser considerada uma proposição.

DICA

(ii) Sentenças <u>Abertas</u> são aquelas que, por ter uma variável, uma incógnita, um termo que torna a frase indeterminada! Dizer que 'ele é professor' torna o valor lógico dessa sentença indeterminada, já que não sabemos quem é ele, ok?

Observem as seguintes afirmações:

1. Paulo é professor.
2. Ele é professor.
3. $4 + 4 \neq 4$
4. $x + 4 \neq 4$

Nos 4 exemplos acima, apenas 2 são proposições: os itens 1 e 3. Os itens 2 e 4 são chamados de **sentenças abertas**.

Na 1ª questão, A e D são realmente proposições. A sentença B é uma interrogativa e a C é uma aberta.

Item correto.

DICA

O elaborador pode colocar sentenças que podem gerar dúvidas quanto à valoração lógica (V ou F) de uma proposição.

Exemplo: Existe vida após a morte

Uma proposição é uma sentença que pode ser julgada como verdadeira (V) ou falsa (F) embora não se exija que o julgador seja capaz de decidir qual é a alternativa válida. Assim, sabemos que o exemplo acima É UMA PROPOSIÇÃO, mesmo que não tenhamos a certeza (vai da opinião de cada um) qual seu valor lógico, ok?

Na 2ª questão, temos 5 frases:

(A) Pedro é marceneiro e Francisco, pedreiro.

Temos uma **proposição composta** (daqui a pouco a gente fala sobre elas, ok?)

(B) Adriana, você vai para o exterior nessas férias?

Sentença <u>interrogativa</u> – **não é proposição**!

(C) Que jogador fenomenal!

Sentença <u>exclamativa</u> – **não é proposição**!

(D) Todos os presidentes foram homens honrados.

Sentença <u>declarativa</u>, portanto **proposição**!

(E) Não deixe de resolver a prova com a devida atenção.

Sentença <u>imperativa</u> – **não é proposição**!

Item correto.

3. (2012 – COPEVE-UFAL – MPE-AL – Técnico do Ministério Público). Dadas as sentenças abaixo,

I. Vá estudar ou monte o seu próprio negocio!

II. Existem políticos que não são honestos.

III. Será que meu professor é competente?

é correto afirmar que

(A) apenas II não é uma proposição.

(B) apenas I e III não são proposições.

(C) apenas I e III são proposições.

(D) I, II e III não são proposições.

(E) I, II e III são proposições.

E agora? Qual delas é proposição? Tem mais de uma? E as que não são proposições, qual é o motivo?

Das 3 sentenças apresentadas, apenas a II é uma proposição. A I é uma sentença imperativa, enquanto a III é uma sentença interrogativa.

Resposta: letra B.

A partir das proposições, podemos definir dois princípios basilares. São eles:

Princípio da Identidade	Uma proposição verdadeira é sempre verdadeira. Uma proposição falsa é sempre falsa.
Princípio da não-contradição	Uma proposição não pode ser verdadeira e falsa simultaneamente.
Princípio do Terceiro Excluído	Uma proposição só pode ter dois valores verdades, isto é, é verdadeiro (V) ou falso (F), não podendo ter outro valor.

Questões sobre esse assunto são bem incomuns. Quando aparecem, resolvemos facilmente. Querem ver?

4. (2012 – PC-SP – PC-SP – Delegado de Polícia) Em lógica, pelo princípio do terceiro excluído,

(A) uma proposição falsa pode ser verdadeira e uma proposição falsa pode ser verdadeira.

(B) uma proposição verdadeira pode ser falsa, mas uma proposição falsa é sempre falsa.

(C) uma proposição ou será verdadeira, ou será falsa, não há outra possibilidade.

(D) uma proposição verdadeira é verdadeira e uma proposição falsa é falsa.

(E) nenhuma proposição poderá ser verdadeira e falsa ao mesmo tempo.

Excluímos logo as alternativas A e B por serem totalmente infundadas. A alternativa D fala do Princípio da Identidade, a alternativa E, do Princípio da Não-Contradição.

Resposta: letra C.

2. TIPOS DE PROPOSIÇÕES

Existem 2 tipos de proposições: as **simples** (os exemplos que vimos até agora foram todos de proposições simples) e as **compostas**.

Proposições compostas são formadas por duas ou mais proposições simples, conectadas entre si.

Exemplos:

(i) Hector é musico **E** Bárbara é bailarina

(ii) **SE** Paulo é cearense, **ENTÃO** Paulo é brasileiro

(iii) **OU** estudo, **OU** jogo futebol

Para dizer o valor lógico de uma proposição simples, é só ler e dizer se ela é V ou F, certo? Na proposição composta, a situação é um pouquinho diferente.

DICA

Para decidirmos se uma proposição composta é verdadeira ou falsa, isso dependerá de duas coisas:
• do valor lógico das proposições componentes (simples);
• do tipo de conectivo que as une.

Vejam, para decidirmos se uma proposição composta é verdadeira ou falsa, precisamos verificar duas coisas:

(1) do valor lógico das proposições componentes (simples);

(2) do tipo de **conectivo** que as une.

E o que é esse conectivo que estou falando? Vejamos um exemplo:

(i) O gato late ⇨ proposição simples, com valor lógico **falso**

(ii) O cão mia ⇨ proposição simples, com valor lógico **falso**

(iii) O gato late **E** o cão mia ⇨ proposição composta com valor lógico **falso**.

Nessa sentença, conhecemos o CONECTIVO ou CONECTIVO LÓGICO. É a parte que conecta, que junta duas proposições.

Nesse exemplo, temos o conectivo E, também conhecido como CONJUNÇÃO.

Vejam o que o Cespe colocou na prova de Auditor de Controle Externo do Tribunal de Contas do Distrito Federal (TC/DF) realizada em 2012:

Proposições são sentenças que podem ser julgadas como verdadeiras — V — ou falsas — F —, de forma que um julgamento exclui o outro, e são simbolizadas por letras maiúsculas, como P, Q, R etc. Novas proposições podem ser construídas usando- -se símbolos lógicos. Uma expressão da forma P → Q é uma proposição cuja leitura é "se P, então Q" e terá valor lógico F quando P for V e Q for F; caso contrário, será sempre V. Uma expressão da forma P v Q é uma proposição que se lê: "P ou Q", e será F quando P e Q forem F; caso contrário, será sempre V. Uma expressão da forma P ∧ Q, que se lê "P e Q", será V quando P e Q forem V; caso contrário, será sempre F. Uma expressão da forma P ⇔ Q, que se lê "P, se e somente se Q" será V quando P e Q tiverem o mesmo valor lógico, caso contrário, será sempre F. A forma ¬P simboliza a negação de P e tem valores lógicos contrários aos de P.

O que a banca colocou nada mais é do que uma síntese do que precisaremos saber cobre os conectivos (calma, veremos detalhadamente cada conectivo, ok?)

Vamos separar o texto:

Proposições são sentenças que podem ser julgadas como verdadeiras — V — ou falsas — F —, de forma que um julgamento exclui o outro, e são simbolizadas por letras maiúsculas, como P, Q, R etc.

– mais um conceito (bem parecido com o nosso) sobre proposição.

Novas proposições podem ser construídas usando-se símbolos lógicos.

– associaremos a cada conectivo um símbolo, facilitando, assim, o entendimento de uma questão.

Uma expressão da forma P → Q é uma proposição cuja leitura é "se P, então Q" e terá valor lógico F quando P for V e Q for F; caso contrário, será sempre V.

Este é o conectivo CONDICIONAL (SE...ENTÃO) que tem como símbolo '→'

Uma expressão da forma P v Q é uma proposição que se lê: "P ou Q", e será F quando P e Q forem F; caso contrário, será sempre V.

Este é o conectivo DISJUNÇÃO (OU), cujo símbolo é 'v'. Você também poderá encontrar em outros livros como disjunção INCLUSIVA.

Uma expressão da forma P ∧ Q, que se lê "P e Q", será V quando P e Q forem V; caso contrário, será sempre F.

– O conectivo E é a CONJUNÇÃO, cujo símbolo é '∧'.

Uma expressão da forma P ⇔ Q, que se lê "P, se e somente se Q" será V quando P e Q tiverem o mesmo valor lógico, caso contrário, será sempre F.

– Temos aqui o conectivo BICONDICIONAL (...SE E SOMENTE SE...), tendo como símbolo '↔'.

A forma ¬P simboliza a negação de P e tem valores lógicos contrários aos de P

– Por último, o modificador NÃO (negação). Aqui, dependendo da banca, poderemos utilizar o símbolo '~' ou '¬'.

Apenas um conectivo não foi citado pela banca e que iremos comentar agora. É a DISJUNÇÃO EXCLUSIVA (OU...OU), cujo símbolo é '⊻'. Cuidado para não confundirem com a disjunção, ok? Falaremos mais sobre essa diferença um pouco mais adiante.

Vejam que a proposição composta que utilizamos como exemplo ("o gato late e o cão mia") pode ser expressa por G ∧ C, e que, para ser verdadeira, ambas as proposições devem ser verdadeiras. Como ambas são falsas, então a proposição composta "O gato late e o cão mia" será **falsa**.

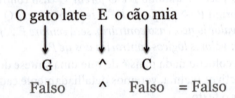

Bem, vamos montar uma tabela com cada conectivo, sua descrição e símbolo.

Conectivo	Descrição	Símbolo
E	Conjunção	∧
OU	Disjunção	∨
SE...ENTÃO	Condicional	→
...SE E SOMENTE SE...	Bicondicional	↔
...OU ...OU	Disjunção Exclusiva	⊻
NÃO[1]	Negação	¬ ou ~

5. **(2012 – CESPE – TC-DF Auditor de Controle Externo)** Com a finalidade de reduzir as despesas mensais com energia elétrica na sua repartição, o gestor mandou instalar, nas áreas de circulação, sensores de presença e de claridade natural que atendem à seguinte especificação:

P: A luz permanece acesa se, e somente se, há movimento e não há claridade natural suficiente no recinto.

Acerca dessa situação, julgue o item seguinte.

A especificação P pode ser corretamente representada por p ↔ (q ∧ r), em que p, q e r correspondem a proposições adequadas e os símbolos ↔ e ∧ representam, respectivamente, a bicondicional e a conjunção.

---

[1] O modificador NÃO (Negação) está nesse grupo, porém ele tem características que 'fogem' do conceito conectivo! Falaremos um pouquinho mais adiante sobre isso.

Cap. 2 • CONCEITOS INICIAIS DE LÓGICA

A questão coloca a especificação P em uma forma simbólica, ou seja, ela 'traduz' o texto assim:

A luz permanece acesa **se, e somente se**, há movimento **e** não há claridade natural suficiente no recinto.

Na forma simbólica fica:

p ↔ (q ∧ r)

Ou seja, temos uma proposição composta, formada por 3 proposições simples (p, q e r), ligadas através de 2 conectivos! 'Dissecando' P, temos:

A questão apontou corretamente os conectivos e seus respectivos símbolos, não é mesmo?
Item correto.

A partir do conhecimento das proposições simples e do conectivo que 'liga' as duas proposições, nós poderemos concluir qual é o valor lógico de uma proposição composta. Para isso, precisamos conhecer a 'famigerada' **TABELA-VERDADE**!

A Tabela-Verdade é a ferramenta que utilizaremos para descobrir o valor lógico das proposições compostas.

A ideia é que temos todas as possibilidades de valor lógico (V ou F) para uma determinada proposição composta.

Em uma tabela-verdade para duas proposições, encontramos 4 valores possíveis. Porém, o que acontecerá com uma tabela verdade com 3 proposições? Encontraremos 8 resultados possíveis.

A	B
V	V
V	F
F	V
F	F

A	B	C
V	V	V
V	V	F
V	F	V
V	F	F
F	V	V
F	V	F
F	F	V
F	F	F

Tabela Verdade com 2   Tabela Verdade com 3
proposições   proposições

Vejamos como montar uma tabela-verdade:

(a) Dada uma proposição composta qualquer, conte o número de proposições simples que a forma.

(b) Após, faça o seguinte cálculo:

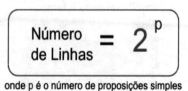

onde p é o número de proposições simples

(c) Sabendo o número de linhas da nossa tabela-verdade, e começando da esquerda para a direita, (primeiro A, depois B, e assim sucessivamente...), divida o número encontrado por 2. O valor encontrado será igual à quantidade de células da tabela que você preencherá com cada um dos valores lógicos (V e F).

(d) na próxima coluna, pegue o valor encontrado na divisão anterior e volte a dividir por 2. Depois, faça o mesmo procedimento: coloque V e F na quantidade que você encontrou, ok? Você repetirá esse passo até finalizar todas as proposições simples.

Note que a tabela mais à esquerda tem 2 proposições (A e B), com o total de 4 linhas (22 = 4).

Dividindo 4 por 2, encontramos 2. Assim, na coluna A, você colocará 2 valores lógicos V e depois 2 valores lógicos F, totalizando 4 células. Dividindo novamente por 2 (2 dividido por 2), encontraremos resultado igual a 1. Assim, na coluna B, iremos preenchê-la colocando 1 valor lógico V e 1 valor lógico F alternadamente, até completar a coluna.

Já na tabela mais à direita, temos 3 proposições (A, B e C), com um total de 8 linhas na nossa tabela-verdade (23 = 8). Da divisão, encontramos 4 (8 dividido por 2 é igual a 4). Logo,

– Na coluna A, 4 valores V e 4 valores F;

– Nova divisão: 4 dividido por 2 é igual a 2. Assim, na coluna B teremos 2 valores V, 2 valores F, 2 valores V e 2 valores F;

– Nova divisão: 2 dividido por 2 é igual a 1. Finalizando, a coluna C ficará V, F, V, F, V, F, V, F (um a um), totalizando as 8 linhas.

Assim, não há nenhuma possibilidade de combinação de valores lógicos que não esteja na tabela para 2 proposições, nem na tabela com 3 proposições.

6. (2013 – SEGER-ES – Analista do Executivo) Um provérbio chinês diz que:

P2: Se o seu problema tem solução, então não é preciso se preocupar com ele, pois ele logo se resolverá.

O número de linhas da tabela verdade correspondente à proposição P2 do texto apresentado é igual a

(A) 24.

(B) 1.

(C) 8.

(D) 12.

(E) 16.

Vamos contar o número de proposições simples que foram essa condicional? Vejamos:

Proposição 1 = o seu problema tem solução

Proposição 2 = não é preciso se preocupar com o problema

Proposição 3 = o problema logo se resolverá

Se são 3 proposições, então o número de linhas é igual a $2^3 = 8$.

Resposta: letra C.

3. CONECTIVOS

Um conectivo é um termo que **junta** duas ou mais proposições. Além disso, ele ajuda a definir o valor lógico de uma proposição composta, através da Tabela-Verdade.

Para conhecê-los, precisaremos trabalhar com uma proposição composta 'padrão', que utilizarei meus filhos Hector e Bárbara para ajudar na compreensão, ok?

3.1. Conectivo E

Também chamado de conjunção, foi utilizado no exemplo inicial.

Pensemos na seguinte proposição:

"Hector ganhou um celular E Hector ganhou um laptop"

Será que estarei cumprindo minha promessa se der ao meu filho Hector apenas o celular? E se der apenas o laptop?

Nenhum dos dois. Para que eu cumpra minha promessa, devo dar **os dois** presentes (vai sair caro, não?). E é assim que funciona a conjunção. Vejam a Tabela-Verdade:

A	B	A ^ B
V	V	V
V	F	F
F	V	F
F	F	F

Para ajudá-los no aprendizado cada conectivo está relacionado ao 'Mantra do PH'.

Os 'Mantras do PH' são frases que definem exatamente como montar a tabela-verdade. Eles podem facilitar, num primeiro momento, o entendimento dos valores lógicos de uma proposição composta.

> **DICA**
> **O 'MANTRA DO E'**
> Em uma **conjunção**, para que a proposição composta seja verdadeira, as proposições componentes têm obrigatoriamente que ser verdadeiras. Se não, a proposição composta será falsa.

7. **(2013 – CESPE – TRE-MS – Analista Judiciário)** Considere a seguinte sentença: A beleza e o vigor são companheiras da mocidade, e a nobreza e a sabedoria são irmãs dos dias de maturidade. Se P, Q e R são proposições simples e convenientemente escolhidas, essa sentença pode ser representada, simbolicamente, por

    (A) (P v Q) → R.

    (B) P → (R v Q).

    (C) P v Q.

    (D) P ∧ R.

    (E) P → R.

A sentença está montada assim:

P = "A beleza e o vigor são companheiras da mocidade"

R = "a nobreza e a sabedoria são irmãs dos dias de maturidade"

Assim, temos apenas 2 proposições simples que, juntas, formam uma conjunção. Vejam que, quando o Cespe JUNTA termos ("a beleza E o vigor" ou "a nobreza E a sabedoria"), ele tenta passar a ideia de apenas UMA proposição, e não de estarmos trabalhando com uma conjunção, ok?

Resposta: letra D.

3.2. Conectivo OU

Também chamado de disjunção ou disjunção inclusiva.

Vamos arrumar a proposição:

"Hector ganhou um celular OU Hector ganhou um laptop"

Na disjunção (ou disjunção inclusiva), eu posso dar apenas um presente para Hector: o celular OU o laptop. Porém, eu posso, <u>INCLUSIVE</u>, dar os dois presentes!

Está aí o motivo de chamarmos de disjunção INCLUSIVA: eu posso dar um ou outro presente. Porém, eu posso, **inclusive**, dar os dois.

A Tabela-Verdade ficará assim:

A	B	A v B
V	V	V
V	F	V
F	V	V
F	F	F

DICA

O 'MANTRA DO OU'

Em uma **disjunção** (ou disjunção inclusiva), para que a proposição composta seja falsa, as proposições componentes têm obrigatoriamente que ser falsas. Se não, a proposição composta será verdadeira.

3.3. Conectivo SE...ENTÃO

Também chamado condicional, uma proposição composta formada com esse conectivo somente será falsa se a primeira proposição for verdadeira e a segunda falsa. Diferente dos conectivos anteriores, esse requer um pouco mais de atenção. Vamos dar um exemplo para elucidar o caso.

"**SE Bárbara é cearense ENTÃO Bárbara é brasileira**"

Agora, vamos montar nossa tabela-verdade.

1ª linha	Se Bárbara é cearense (1ª proposição **verdadeira**), ela pode ser brasileira (2ª proposição **verdadeira**)?	Lógico que sim. Então, o resultado será **verdadeiro**.
2ª linha	Agora, se Bárbara é cearense (1ª proposição **verdadeira**), ela pode NÃO ser brasileira (2ª proposição **falsa**)?	Aí, complicou! Não é possível! Então, o resultado será **falso**.
3ª linha	Se Bárbara NÃO é cearense (1ª proposição **falsa**), ela pode ser brasileira (2ª proposição **verdadeira**)?	**Verdadeiro**, certo? Ela pode ser, por exemplo, piauiense e continuar sendo brasileira, não é mesmo?
4ª linha	Se Bárbara NÃO é cearense (1ª proposição **falsa**), ela pode NÃO ser brasileira (2ª proposição **falsa**)?	**Verdadeiro**, também.

Lembrem-se da proposição, montem a frase utilizando vocês mesmos:

Se Renata é baiana, então Renata é brasileira.

Se Gilberto é paulista, Gilberto é brasileiro.

Ela vai ajudar na memorização quando você precisar na hora da prova. Resumindo:

A	B	A→B
V	V	V
V	F	F
F	V	V
F	F	V

> **DICA**
>
> **O 'MANTRA DO SE...ENTÃO'**
>
> Em uma **condicional**, para que a proposição composta seja **falsa**, a 1ª parte deve ser **verdadeira** e a 2ª, **falsa**. Se **não**, a proposição composta será **verdadeira**.

8. (2009 – ESAF – MPOG – EPPGG) Entre as opções abaixo, a única com valor lógico verdadeiro é:

(A) Se Roma é a capital da Itália, Londres é a capital da França.

(B) Se Londres é a capital da Inglaterra, Paris não é a capital da França.

(C) Roma é a capital da Itália e Londres é a capital da França ou Paris é a capital da França.

(D) Roma é a capital da Itália e Londres é a capital da França ou Paris é a capital da Inglaterra.

(E) Roma é a capital da Itália e Londres não é a capital da Inglaterra.

Para fixarmos os conceitos vistos até agora, vamos ver, alternativa a alternativa, qual é o valor lógico das proposições. Vão conferindo com a tabela-verdade, ok?

	V	→	F		= F
(A)	Roma é a capital da Itália	→	Londres é a capital da França		
	V	→	F		= F
(B)	Londres é a capital da Inglaterra	→	Paris não é a capital da França		
	V	∧	F	v	V
(C)	Roma é a capital da Itália	∧	Londres é a capital da França	v	Paris é a capital da França

Aqui, vale um comentário. Primeiro, Teremos que trabalhar com dois valores lógicos para depois, com o resultado encontrado, juntar com o último.

Temos:

V ∧ F v F

F v F = F

	V	∧	F	v	V
(D)	Roma é a capital da Itália	∧	Londres é a capital da França	v	Paris é a capital da Inglaterra
	Mesma ideia da alternativa C. Vamos ver como fica!				
		V ∧ F v V			
		F v V = V			
	V	∧	F	= F	
(E)	Roma é a capital da Itália		Londres não é a capital da Inglaterra		

Resposta: letra C.

3.4. Conectivo ...SE E SOMENTE SE...

Também chamado de bicondicional, é uma conjunção entre duas condicionais.

"Hector ganha um celular SE E SOMENTE SE Bárbara ganhar um laptop"

Daria no mesmo dizer que

"SE Hector ganha um celular ENTÃO Bárbara ganha um laptop

E

SE Bárbara ganha um laptop ENTÃO Hector ganha um celular"

Analisando a bicondicional, só há 2 possibilidades para que eu cumpra minha promessa: dar os dois presentes ou não dar nenhum!

Assim, a bicondicional será falsa somente quando os valores lógicos das duas proposições que a compõem forem diferentes.

Em suma: haverá duas situações em que a bicondicional será verdadeira: quando ambas as proposições forem verdadeiras, ou quando ambas forem falsas. Nos demais casos, a bicondicional será falsa.

A Tabela-Verdade ficará assim:

A	B	A↔B
V	V	V
V	F	F
F	V	F
F	F	V

DICA
O 'MANTRA DO SE E SOMENTE SE'

Em uma **bicondicional**, para que a proposição composta seja verdadeira, as proposições componentes devem ter valores lógicos iguais. Se não, a proposição composta será falsa.

3.5. Conectivo OU... OU...

Também chamado de disjunção exclusiva, apresenta duas situações mutuamente excludentes, ou seja, se uma delas pode ser verdadeira, a outra será necessariamente falsa.

Ambas nunca poderão ser, ao mesmo tempo, verdadeiras; ambas nunca poderão ser, ao mesmo tempo, falsas.

"OU Hector ganha um celular OU Bárbara ganhar um laptop"

Vejam que somente um dos dois presentes podem ser dados: se eu der o presente ao Hector, não posso dar à Bárbara. Por outro lado, se eu não der o presente ao Hector, terei que dar à Bárbara.

Vejam a Tabela-Verdade:

A	B	A $\underline{v}$ B
V	V	F
V	F	V
F	V	V
F	F	F

 DICA
O 'MANTRA DO OU... OU...'

Em uma **disjunção exclusiva**, para que a proposição composta seja verdadeira, as proposições componentes devem ter valores lógicos diferentes. Se não, a proposição composta será falsa.

Obs.: vale uma olhada agora para esses 2 conectivos: disjunção e disjunção exclusiva. Notem a diferença entre eles, ok?

3.6. Modificador NÃO (Negação)

Não é bem um conectivo (é mais conhecido como MODIFICADOR), porém é muito utilizado para negar as proposições.

Se pergunto: qual é a negação da proposição "Renata vai ao médico". Resposta: "Renata NÃO vai ao médico". Difícil, não???

Mas, cuidado: caso apareça a expressão "Não é verdade" ou "É falso", elas têm o mesmo significado de uma negação.

Daí as seguintes frases são equivalentes:

(1) Renata não vai ao médico.

(2) Não é verdade que Renata vai ao médico.

(3) É falso que Renata vai ao médico.

(A Tabela-Verdade é bem simples:

A	~A
V	F
F	V

Em alguns casos, pode aparecer na mesma proposição duas negações. É o que nós chamamos de Dupla Negação. Dizer que:

"Não é verdade que Brasil não é o país do futebol"

é o mesmo que

"O Brasil é o país do futebol"

pois

$\sim(\sim(B)) = B$

Segue abaixo um resumo dos conectivos:

Conectivo	Descrição	Símbolo	Tabela-Verdade			Mantras do PH
E	Conjunção	∧	A	B	A∧B	Para que a conjunção seja verdadeira, as proposições simples têm que ser verdadeiras. Se não, a conjunção será falsa.
			V	V	V	
			V	F	F	
			F	V	F	
			F	F	F	
OU	Disjunção	v	A	B	A∨B	Para que a disjunção seja falsa, as proposições simples têm que ser falsas. Se não, disjunção será verdadeira.
			V	V	V	
			V	F	V	
			F	V	V	
			F	F	F	

SE... ENTÃO	Condicional	→	A B A→B V V V V F F F V V F F V	*Para que a condicional seja falsa, a 1ª parte (antecedente) deve ser verdadeira e a 2ª (consequente), falsa. Se não, a condicional será verdadeira.*
...SE E SOMENTE SE...	Bicondicional	↔	A B A↔B V V V V F F F V F F F V	*Para que a bicondicional seja verdadeira, as proposições simples devem ter valores lógicos iguais. Se não, a bicondicional será falsa.*
...OU ...OU	Disjunção Exclusiva	$\underline{\vee}$	A B A$\underline{\vee}$B V V F V F V F V V F F F	*Para que a disjunção exclusiva seja verdadeira, as proposições simples devem ter valores lógicos diferentes. Se não, a disjunção exclusiva será falsa.*
* NÃO	Negação	¬ ou ~	A ~A ou ¬A V F F V	

9. **(2012 – FUNDEPES – Pref. Municipal – Auxiliar de Laboratório)** Sejam dadas as sentenças: "A: João fechou a prova de Português" e "B: Maria fechou a prova de Português e de Lógica". Sabendo-se que, João e Maria fecharam a prova de Português, conclui-se que

(A) A ∧ B é verdade.

(B) A → B é falso.

(C) B → A é falso.

(D) A → B é verdade.

(E) B → A é verdade.

Vejam que a proposição A é uma proposição simples, enquanto B é composta (conjunção). Como 'João e Maria fecharam a prova de Português', concluímos que:

(i) "A: João fechou a prova de Português" – a proposição será verdadeira.

(ii) "B: Maria fechou a prova de Português e de Lógica" – notem que, diferente de A, B não tem valor lógico definido. Vejamos:

B é uma conjunção e, nesse conectivo, só será verdadeiro se ambas as proposições componentes forem verdadeiras, correto? Como Maria fechou apenas a prova de Português e nada foi dito sobre a de Lógica, não podemos concluir o valor lógico de B.

Simplificando:

(i) "B: (Maria fechou a prova de Português) ∧ (Maria fechou a prova de Lógica)"

(ii) "B: (V) ∧ (Maria fechou a prova de Lógica)"

(iii) caso 'Maria fechou a prova de Lógica' seja V, B também será V;

(iv) por outro lado, se 'Maria fechou a prova de Lógica' seja F, B também será F.

Conclusão: não há como definir o valor de B.

Desse modo:

(A) A ∧ B é verdade.

Não há como concluir isso, não é mesmo? Já explicamos acima!

(B) A → B é falso.

Sabemos que A = V. Porém, sem saber o valor de B, não há como garantir que a condicional seja F. Se B fosse V, então a condicional seria verdadeira, não é?

(C) B → A é falso.

Temos agora a 2ª parte da condicional (consequente). Logo, a alternativa quer saber se B → V = F. Isso não pode acontecer!

Vejam a tabela-verdade da condicional quando o consequente é V. Isso garante que a condicional também será V, independente do valor de B (antecedente).

(D) A → B é verdade.

Mesma situação da alternativa B. Como não podemos definir se 'A → B é falso', consequentemente também não podemos determinar que 'A → B é verdade'.

(E) B → A é verdade.

Alternativa correta. É exatamente o que concluímos na alternativa C. Ou seja, se o consequente for V, então a condicional também será V.

Guardem essas 2 informações:

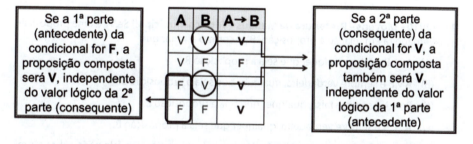

10. **(2011 – Pontua – TRE/SC – Técnico Judiciário)** Sejam as seguintes proposições P: Carlos fala francês, Q: Carlos fala inglês e R: Carlos fala alemão. Dada a seguinte proposição:

É falso que Carlos fala inglês ou alemão, mas que não fala francês.

Assinale a alternativa que traduz de maneira CORRETA a proposição acima para a linguagem simbólica:

(A) ~((Q ∨ R) ∧ ~ P).

(B) (P ∨ Q) ∧ ~R.

(C) ~(P ∧ ~R).

(D) (P ∧ Q) ∨ ~(P ∧ R).

A proposição composta já começa com o termo 'É falso', o que nos leva a entender que TODA a proposição está sendo negada.

Além disso, temos que 'Carlos ... não fala francês'. Nesse caso, estamos negando apenas a proposição P, ok? Quebrando a proposição composta da questão, e dando uma arrumada (para facilitar nossa visualização das proposições), temos:

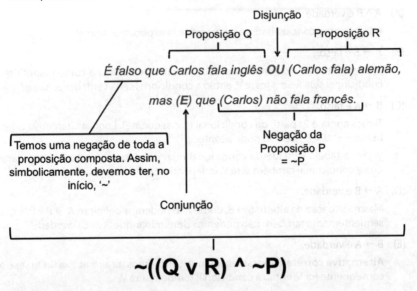

~((Q ∨ R) ∧ ~P)

Resposta: letra A.

11. (2010 – Movens – Prefeitura de Manaus – Técnico Municipal) Se "A" é uma proposição verdadeira em relação à proposição "B", é correto afirmar que

(A) A ↔ B é falsa, qualquer que seja a proposição B.

(B) A ∨ B é sempre verdadeira, qualquer que seja a proposição B.

(C) B → A é sempre falsa, qualquer que seja a proposição B.

(D) A → B é sempre verdadeira, qualquer que seja a proposição B.

A questão afirma que a proposição 'A' é verdadeira, porém não fala nada sobre a proposição 'B'. O que iremos analisar (e o que eu quero que vocês 'enxerguem' na tabela-verdade) é se com apenas um valor lógico nós podemos descobrir o valor de uma proposição composta, ok?

Vamos analisar cada alternativa:

(A) A ↔ B é falsa, qualquer que seja a proposição B.

Sabendo que A = V, temos V ↔ B. Será que a bicondicional será falsa, sem se importar se B é V ou F?

NEGOTOFF 2, meu povo! Notem que, se B = V, a bicondicional será verdadeira, e se B = F, então a proposição será falsa.
Item errado.

(B) A v B é sempre verdadeira, qualquer que seja a proposição B.

Vejam que já sabemos que A = V. Precisamos saber o valor lógico de B?

NÃO!!! Na disjunção, se uma das proposições componentes for V, não importa o valor lógico da outra, essa disjunção será obrigatoriamente verdadeira, ok?
Item correto.

(C) B → A é sempre falsa, qualquer que seja a proposição B.

Temos B → V. Se a 2ª parte de uma condicional for V, então, obrigatoriamente, essa proposição composta será verdadeira, e não falsa, como a alternativa diz!
Item errado.

(D) A → B é sempre verdadeira, qualquer que seja a proposição B.

Temos V → B. Aqui, o valor lógico de B vai importar.

Se B = V, temos V → V = V. Se B = F, então V → F = F. Portanto, não podemos definir, nesse caso, o valor da condicional sem definirmos o valor de B.
Item errado.

DICA

(1) se em uma CONJUNÇÃO, **uma das proposições componentes for F**, podemos concluir que essa proposição composta será F, independente do valor lógico da outra proposição componente.

(2) se em uma DISJUNÇÃO, **uma das proposições componentes for V**, podemos concluir que essa proposição composta será V, independente do valor lógico da outra proposição componente.

(3) na condicional, dois casos:

(a) **se a 1ª parte for F**, obrigatoriamente a condicional será V, independente do valor lógico da outra proposição componente;

(b) **se a 2ª parte for V**, obrigatoriamente a condicional será V, independente do valor lógico da outra proposição componente;

(4) na bicondicional e na disjunção exclusiva, devemos ter o valor lógico de ambas as proposições componentes para descobrirmos o valor lógico da proposição composta.

Resposta: letra B.

4. PROPOSIÇÕES LOGICAMENTE EQUIVALENTES

Um dos assuntos mais cobrados pelas bancas examinadoras é a parte de Equivalência de Proposições, ou Proposições Logicamente Equivalentes.

---

2 Tradução: Negativo! Não pode!

Dizemos que duas proposições são logicamente **equivalentes** (ou simplesmente que são equivalentes) quando:

(i) são compostas pelas mesmas proposições simples e

(ii) os resultados de suas tabelas-verdade são idênticos.

Começaremos com a descrição de algumas equivalências lógicas básicas. Vale a pena dar uma olhada nelas pois elas poderão facilitar a resolução de questões. Vejam:

(1) $p \wedge p = p$

(2) $p \vee p = p$

Exemplo:

Paulo é professor OU é professor = Paulo é professor

(3) $p \wedge q = q \wedge p$

(4) $p \vee q = q \vee p$

(5) $p \leftrightarrow q = q \leftrightarrow p$

Exemplos:

Hector estuda matemática e estuda português = Hector estuda português e estuda matemática

Paulo é professor se e somente se Renata for estudante = Renata é estudante se e somente se Paulo for professor.

(6) $p \leftrightarrow q = (p \rightarrow q) \wedge (q \rightarrow p)$

Exemplo:

Passo se e somente se estudo = SE passo ENTÃO estudo E SE estudo ENTÃO passo

Toda vez que a questão perguntar se duas proposições são equivalentes, podemos fazer a tabela-verdade de ambas. Se os valores lógicos delas forem iguais, então as proposições serão equivalentes!

12. (2012 – ESAF – MF – ATA) A proposição $p \wedge (p \rightarrow q)$ é logicamente equivalente à proposição:

(A) $p \vee q$

(B) $\sim p$

(C) p

(D) $\sim q$

(E) $p \wedge q$

E aí, o que fazer?

Tabela-Verdade! A ideia aqui é montar a Tabela-Verdade de "$p \wedge (p \rightarrow q)$" e comparar com as alternativas.

Vejam:

p	q	p → q	p ∧ (p → q)
V	V	V	V
V	F	F	F
F	V	V	F
F	F	V	F

Será que alguém consegue dizer qual das alternativas é a equivalente? Vou ajudar:

Em uma _____, para que a proposição composta seja verdadeira, as proposições componentes têm obrigatoriamente que ser verdadeiras. Se não, a proposição composta será falsa.

Lembraram? É o '**Mantra do E'**!

Vejam que a tabela-verdade que encontramos é a mesma da conjunção. Logo,

p ∧ (p → q) é logicamente equivalente à p ∧ q

Resposta: letra E.

Porém, se tivermos que responder todas as questões dessa maneira, vamos ter um trabalhão em montar diversas Tabelas Verdade na hora da prova, não acham?

Por isso, só utilizaremos a **Tabela Verdade** em último caso. Será o nosso **Plano B**, ok?

Dentro da parte de Equivalências, o assunto mais cobrado é quando trabalhamos com a condicional. Vocês verão 2 regras que, utilizando-as, não tem "P I I I I I R I GO" de errar uma questão.

Vejamos:

(I) Inverte e Nega

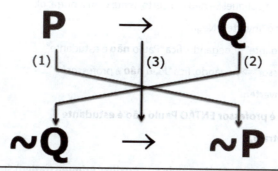

(1) Pega a 1a parte da condicional, leva para a 2a parte, negando
(2) Pega a 2a parte da condicional, leva para a 1a parte negando
(3) Mantem-se a condicional

(II) Troca pelo "OU"

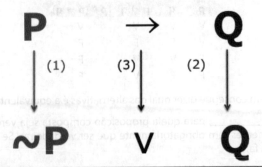

(1) Pega a 1a parte da condicional e nega
(2) Pega a 2a parte da condicional e mantem do jeito que está
(3) Troca a condicional pela disjunção

13. (2013 – Funcab – PC-ES – Perito em Telecomunicação) Marque a alternativa que contém uma sentença logicamente equivalente a "Se Paulo é estudante, então João é professor".

(A) Paulo é estudante ou João é professor.

(B) Se João não é professor, então Paulo não é estudante.

(C) Paulo é estudante ou João não é professor.

(D) Se João é professor, então Paulo é estudante.

(E) Se Paulo não é estudante, então João não é professor.

Não há uma ordem de preferência entre as regras. Por isso, na hora da prova, escolha uma das duas e aplique! Se não der certo, tenta com a outra, ok?

Vamos tentar o "Inverte e Nega":

"Paulo é estudante" ⇨ negando, fica "Paulo **não** é estudante"

"João é professor" ⇨ negando, fica "João **não** é professor"

Agora, é só inverter:

SE João não é professor ENTÃO Paulo não é estudante

Resposta: letra B.

14. (2013 – IBFC – Fundação Hemominas – Auxiliar Administrativo) Se Carlos ganha dinheiro, então Maria compra um carro equivale logicamente a:

(A) Carlos ganha dinheiro ou Maria não compra um carro.

(B) Carlos não ganha dinheiro e Maria não compra um carro.

(C) Carlos ganha dinheiro e Maria compra um carro.

(D) Carlos não ganha dinheiro ou Maria compra um carro.

Opa, a questão só trouxe nas alternativas conjunções (E) e disjunções (OU)! Então deve ser o "Troca pelo OU":

C = Carlos ganha dinheiro

M = Maria compra um carro

$$C \rightarrow M$$

Aplicando o "Troca pelo OU":

(1) nega a 1ª proposição: ~C = Carlos não ganha dinheiro

(2) mantém a 2ª proposição: M = Maria compra um carro

(3) troca pelo OU:

$$\sim C \vee M$$

Carlos não ganha dinheiro OU Maria compra um carro

Resposta: letra D.

Do 'Troca pelo OU' podemos tirar uma outra regra de equivalência: o 'Troca pelo Se... Então'. Vejam como fica:

(III) Troca pelo "SE...ENTÃO"

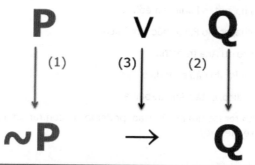

(1) Pega a 1a parte da disjunção e nega
(2) Pega a 2a parte da disjunção e mantem do jeito que está
(3) Troca a disjunção pela condicional

---

15. (2012 – ESAF – CGU – TFC) Um renomado economista afirma que "A inflação não baixa ou a taxa de juros aumenta". Do ponto de vista lógico, a afirmação do renomado economista equivale a dizer que:

(A) se a inflação baixa, então a taxa de juros não aumenta.

(B) se a taxa de juros aumenta, então a inflação baixa.

(C) se a inflação não baixa, então a taxa de juros aumenta.

(D) se a inflação baixa, então a taxa de juros aumenta.

(E) se a inflação não baixa, então a taxa de juros não aumenta.

Analisando a proposição composta, temos:

IB = inflação baixa

TJA = taxa de juros aumenta

Assim:

$$\sim IB \text{ v } TJA$$

Utilizando a regra acima, devemos:

(1) pegar a 1ª proposição e negar = IB

(2) pegar a 2ª proposição e manter = TJA

(3) trocar a disjunção pela condicional

$$IB \rightarrow TJA$$

Traduzindo: **se a inflação baixa, então a taxa de juros aumenta**.

Resposta: letra C.

Fiquem atentos pois podem aparecer questões que 'juntam' 2 das regras que estudamos. Vamos ver um exemplo!

16. **(2012 – ESAF – DNIT – Técnico Administrativo)** A proposição "Paulo é médico ou Ana não trabalha" é logicamente equivalente a:

(A) Se Ana trabalha, então Paulo é médico.

(B) Se Ana trabalha, então Paulo não é médico.

(C) Paulo é médico ou Ana trabalha.

(D) Ana trabalha e Paulo não é médico.

(E) Se Paulo é médico, então Ana trabalha.

Novamente, como temos uma disjunção, podemos encontrar uma condicional como equivalente, não é mesmo?

Façamos assim:

(1) nega a 1ª proposição ⇨ "Paulo NÃO é médico"

(2) mantém a 2ª proposição ⇨ "Ana não trabalha"

(3) troca o 'OU' pelo 'SE...ENTÃO'

"SE Paulo não é médico, ENTÃO Ana não trabalha"

Como não temos essa opção, a saída é aplicar uma outra regra. Que tal utilizarmos o 'Inverte e Nega'???

"SE Paulo não é médico, ENTÃO Ana não trabalha"

É logicamente equivalente a

"SE Ana trabalha, ENTÃO Paulo é médico"

Resposta: letra A.

> **DICA**
>
> Podem acontecer questões em que precisaremos utilizar mais de uma regra, seja de equivalência, seja de negação (que ainda iremos estudar).
>
> Por isso, muita atenção na hora da resolução da questão. Ao aplicar uma regra, caso não encontremos a resposta, devemos continuar, buscando outras regras para descobrirmos a alternativa correta, ok?

ATENÇÃO! Algumas bancas podem apresentar uma nova forma de tratar com proposições compostas (especialmente a condicional), tentando confundir o candidato em sua interpretação lógica e deixando-o confuso quando necessitar encontrar uma proposição equivalente.

17. (2012 – FCC – TRT 11ªR – Técnico) Um analista esportivo afirmou:

"**Sempre que o time X joga em seu estádio marca pelo menos dois gols.**" De acordo com essa afirmação, conclui-se que, necessariamente,

(A) o time X marca mais gols em seu estádio do que fora dele.

(B) o time X marca menos de dois gols quando joga fora de seu estádio.

(C) se o time X marcar um único gol em um jogo, este terá ocorrido fora de seu estádio.

(D) se o time X marcar três gols em um jogo, este terá ocorrido em seu estádio.

(E) o time X nunca é derrotado quando joga em seu estádio.

Vejam que a banca quis 'mascarar' o conectivo. Nossa interpretação é óbvia: devemos tratar a afirmação como uma **PROPOSIÇÃO CONDICIONAL!**

Vejamos se não terá o mesmo sentido:

Sempre que o time X joga em seu estádio marca pelo menos dois gols

pode ser lida como

SE o time X joga em seu estádio, **ENTÃO** (o time X) marca pelo menos dois gols

E o que podemos concluir dessa afirmação? Ora, que precisaremos encontrar uma proposição logicamente equivalente a essa!

E = 'o time X joga em seu estádio'

G = 'o time X marca pelo menos dois gols'

REGRA: 'Inverte e Nega'

(1) Pega a 1ª parte da condicional, leva para a 2ª parte, negando ⇨ ~E

(2) Pega a 2ª parte da condicional, leva para a 1ª parte negando ⇨ ~G

(3) Mantem-se a condicional ⇨ ~G → ~E

Ficou:

Se o time X NÃO marca pelo menos dois gols, então o time X NÃO joga em seu estádio

Traduzindo:

- o time X não marcou gol. <u>Conclusão</u>: ele não jogou em seu estádio.

- o time X marcou apenas 1 gol. <u>Conclusão</u>: ele não jogou em seu estádio.

E é exatamente abordando essa situação que chegaremos ao gabarito da questão. A alternativa (C), com modificação de algumas partes da afirmação, leva a esta conclusão.

(C) se o time X marcar um único gol em um jogo, este terá ocorrido fora de seu estádio.

Resposta: letra C.

5. NEGAÇÃO DE PROPOSIÇÕES

Quando falamos de Negação de Proposições, dizemos que é um tipo específico de equivalência de proposições. A diferença é que, como diz o título, essa proposição (composta) está sendo negada!

Vejam como fica bem fácil detectar uma questão de Negação de Proposições. Normalmente, aparece "A negação da proposição...". Tranquilidade, não?

DICA

Quando a questão pedir a negação da **CONJUNÇÃO** ou da **DISJUNÇÃO**, apliquem a seguinte regra:

1. negar as 2 proposições
- se for E, troca pelo OU
- **se for OU, troca pelo E**

Ou seja:

Em qualquer dos dois casos, negam-se as duas. Depois é só trocar: **se for E, coloca OU**; se for OU coloca E.

A figura abaixo resume o que falamos::

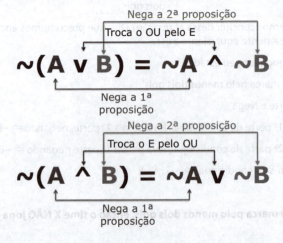

Cap. 2 · CONCEITOS INICIAIS DE LÓGICA

Vejam a Tabela-Verdade abaixo. Ela demonstra o que acabamos de falar:

Negação da Disjunção

A	B	A ∨ B	~(A ∨ B)	A	B	~A	~B	(~A∧ ~B)
V	V	V	**F**	V	V	F	F	**F**
V	F	V	**F**	V	F	F	V	**F**
F	V	V	**F**	F	V	V	F	**F**
F	F	F	**V**	F	F	V	V	**V**

Negação da Conjunção

A	B	A ∧ B	~(A ∧ B)	A	B	~A	~B	(~A∨ ~B)
V	V	V	**F**	V	V	F	F	**F**
V	F	F	**V**	V	F	F	V	**V**
F	V	F	**V**	F	V	V	F	**V**
F	F	F	**V**	F	F	V	V	**V**

Provado, não?

Esses 2 tipos de negação de proposições também podem ser conhecidas (e aparecer no conteúdo programático) como **Regras** ou **Leis de De Morgan**, ok?

18. (2012 – ESAF – MPOG – EPPGG) A negação de "Maria comprou uma blusa nova e foi ao cinema com José" é:

(A) Maria não comprou uma blusa nova ou não foi ao cinema com José.

(B) Maria não comprou uma blusa nova e foi ao cinema sozinha.

(C) Maria não comprou uma blusa nova e não foi ao cinema com José.

(D) Maria não comprou uma blusa nova e não foi ao cinema.

(E) Maria comprou uma blusa nova, mas não foi ao cinema com José.

Pela questão, temos:

M = 'Maria comprou uma blusa nova'

J = 'Maria foi ao cinema com José'

A negação de 'Maria comprou uma blusa nova e foi ao cinema com José':

$$\sim(M \wedge J)$$

Na negação da conjunção, faremos:

(1) Negaremos a 1ª proposição ⇨ **~M**

(2) Negaremos a 2ª proposição ⇨ **~J**

(3) Trocaremos E por OU ⇨ **~M ∨ ~J**

Escrevendo nossa proposição:

Maria <u>NÃO</u> comprou uma blusa nova

<u>OU</u>

<u>NÃO</u> foi ao cinema com José

Resposta: letra A.

19. **(2011 – Pontua – TRE-SC – Analista Judiciário)** Com relação a proposição:

É médico ou professor.

A alternativa que descreve CORRETAMENTE a negação da proposição acima é:

(A) É médico e professor.

(B) Não é médico e não é professor.

(C) É médico ou não é professor.

(D) Não é médico mas é professor.

Agora temos a negação de uma disjunção! A resolução deve ser baseada na regra que apresentamos anteriormente.

Temos:

M = 'É médico'

P = 'É professor'

A negação de 'É médico ou professor':

$$\sim(M \lor P)$$

Agora:

(1) Negaremos a 1ª proposição ⇨ ~M

(2) Negaremos a 2ª proposição ⇨ ~P

(3) Trocaremos OU por E => ~M ∧ ~P

Escrevendo nossa proposição:

<u>NÃO</u> é médico

<u>E</u>

<u>NÃO</u> é professor

Resposta: letra B.

Olha só, temos ainda uma outra negação importante para conhecermos: a **negação da condicional**.

E temos também uma regrinha para facilitar nosso trabalho na hora de montarmos as proposições. Vejam:

Cap. 2 • CONCEITOS INICIAIS DE LÓGICA

DICA
Para negarmos uma condicional, basta:
(1) Mantermos a primeira proposição;
(2) Negarmos a segunda proposição;
(3) junta-las com o conectivo E.

Vejam a figura e guardem a regra:

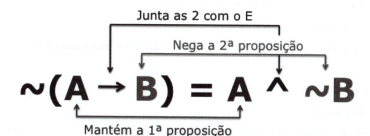

20. (2013 – ESAF – STN – AFC) A negação da proposição "se Curitiba é a capital do Brasil, então Santos é a capital do Paraná" é logicamente equivalente à proposição:

(A) Curitiba não é a capital do Brasil e Santos não é a capital do Paraná.

(B) Curitiba não é a capital do Brasil ou Santos não é a capital do Paraná.

(C) Curitiba é a capital do Brasil e Santos não é a capital do Paraná.

(D) Se Curitiba não é a capital do Brasil, então Santos não é a capital do Paraná.

(E) Curitiba é a capital do Brasil ou Santos não é a capital do Paraná.

A questão nos pede a negação da Condicional. Aplicando diretamente nossa regra, teremos:

(1) Mantem a 1ª proposição ⇨ 'Curitiba é a capital do Brasil'

(2) Nega a 2ª proposição ⇨ 'Santos NÃO é a capital do Paraná'

(3) Troca o 'Se...Então' pelo 'E'

Curitiba é a capital do Brasil E Santos NÃO é a capital do Paraná

Resposta: letra C.

21. (2010 – Instituto Cidades – HR-Cariri – Auxiliar Administrativo) Analise as seguintes afirmativas:

I. A negação de "Você é linda ou é rica" é "Você não é linda e não é rica".

II. A negação de "Se eu como muito pão, então eu sou gordo" é "Eu como muito pão e não sou gordo".

III. A negação de "Eu gosto de ervilhas e gosto de pizza" é "Eu não gosto de ervilhas ou gosto de pizza".

Podemos afirmar corretamente que:

(A) Todas as afirmativas estão corretas.

(B) Todas as afirmativas estão incorretas.

(C) Apenas as afirmativas I e II estão corretas.

(D) Apenas as afirmativas II e III estão corretas.

Analisando item a item, teremos:

(i) A negação de "Você é linda ou é rica" é "Você não é linda e não é rica".

Temos:

L = 'Você é linda'

R = 'Você é rica'

Então, a negação de 'Você é linda ou é rica' será **~(L v R)**.

(1) Negar a 1ª proposição ⇨ **~L**

(2) Negar a 2ª proposição ⇨ **~R**

(3) Trocar OU por E ⇨ **~L ∧ ~R**

Você NÃO é linda E NÃO é rica.

O item I está **correto**.

(ii) A negação de "Se eu como muito pão, então eu sou gordo" é "Eu como muito pão e não sou gordo".

A condicional está montada assim:

P = 'Se eu como muito pão, então eu sou gordo'

G = 'Se eu como muito pão, então eu sou gordo'

E a negação de 'Se eu como muito pão, então eu sou gordo' é **~(P → G)**

(1) Manter a 1ª proposição ⇨ **P**

(2) Negar a 2ª proposição ⇨ **~G**

(3) juntá-las com o conectivo E ⇨ **P ∧ ~G**

Eu como muito pão E NÃO sou gordo

O item 2 está **correto**.

(iii) A negação de "Eu gosto de ervilhas e gosto de pizza" é "Eu não gosto de ervilhas ou gosto de pizza".

Separando a conjunção:

E = 'Eu gosto de ervilhas'

P = 'Eu gosto de pizza'

Então, a negação de 'Eu gosto de ervilhas e gosto de pizza' será **~(E ∧ P)**.

Cap. 2 · CONCEITOS INICIAIS DE LÓGICA

(1) Negar a 1ª proposição ⇨ **~E**

(2) Negar a 2ª proposição ⇨ **~P**

(3) Trocar E por OU ⇨ **~E v ~P**

Eu NÃO gosto de ervilhas OU NÃO gosto de pizza

O item III está **incorreto.**

Resposta: letra C.

A partir do momento que o conteúdo vai sendo estudado, o elaborador pode cobrar qualquer um deles, isolado ou em conjunto. Como já falamos em uma DICA, podemos ter que usar mais de uma regra em uma mesma questão.

Assim, se ficou algum conceito pendente, vale a pena uma recapitulação, ok?

22. (2012 – ESAF – MF – ATA) A negação de "Ana ou Pedro vão ao cinema e Maria fica em casa" é:

(A) Ana e Pedro não vão ao cinema ou Maria fica em casa.

(B) Ana e Pedro não vão ao cinema ou Maria não fica em casa.

(C) Ana ou Pedro vão ao cinema ou Maria não fica em casa.

(D) Ana ou Pedro não vão ao cinema e Maria não fica em casa.

(E) Ana e Pedro não vão ao cinema e Maria fica em casa.

Vejamos as proposições:

A = 'Ana vai ao cinema'

P = 'Pedro vai ao cinema'

M = 'Maria fica em casa'

A negação ficará assim:

$$\sim[(A \text{ v } P) \wedge M]$$

Temos a negação da conjunção:

(1) Negaremos a 1ª proposição ⇨ **~(A v P)**

(2) Negaremos a 2ª proposição ⇨ **~M**

⇨ vejam que encontramos uma negação da disjunção

(3) Trocaremos E por OU ⇨ **~(A v P) v ~M**

Ainda devemos trabalhar com a negação da disjunção (item 1):

(1) Negaremos a 1ª proposição ⇨ **~A**

(2) Negaremos a 2ª proposição ⇨ **~P**

(3) Trocaremos OU por E ⇨ **~A ∧ ~P**

Juntando:

$$\sim A \wedge \sim P \text{ v } \sim M$$

Montando nossa proposição final, temos:

Ana NÃO vai ao cinema E Pedro NÃO vai ao cinema OU Maria NÃO fica em casa

Melhorando:

Ana E Pedro NÃO vão ao cinema OU Maria NÃO fica em casa

Resposta: letra B.

23. **(2009 – ESAF – Receita Federal do Brasil – AFRFB)** Considere a seguinte proposição: "Se chove ou neva, então o chão fica molhado". Sendo assim, pode-se afirmar que:

(A) Se o chão está molhado, então choveu ou nevou.

(B) Se o chão está seco, então não choveu e não nevou.

(C) Se o chão está molhado, então choveu e nevou.

(D) Se o chão está seco, então não choveu ou não nevou.

(E) Se o chão está seco, então choveu ou nevou.

A idéia aqui é encontrarmos uma proposição equivalente. Porém, devemos ficar atentos pois temos 3 proposições simples formando a proposição composta, não é mesmo?

Bom, vamos saber quais são nossas proposições.

CH = 'Chove'

N = 'Neva'

CM = 'O chão fica molhado'

Daí, temos:

'Se chove ou neva, então o chão fica molhado'

(CH v N) → CM

Notem que a questão só tem alternativas com condicionais. Assim, atacaremos de 'Inverte e Nega':

(1) Pega a 1ª parte da condicional, leva para a 2ª parte, negando

~(CH v N)

(2) Pega a 2ª parte da condicional, leva para a 1ª parte, negando

~CM

(3) Mantem-se a condicional

~CM → ~(CH v N)

A 2ª parte da condicional (consequente) foi 'transformada' em uma negação da disjunção, correto?

Então, para encontrar a alternativa correta, ainda temos que trabalhar com essa negação. Assim, ~(CH v N):

(1) Negaremos a 1ª proposição

~CH

(2) Negaremos a 2ª proposição

~N

(3) Trocaremos OU por E

~CH ∧ ~N

Juntando tudo:

$$\sim CM \rightarrow \sim CH \wedge \sim N$$

Ou:

> Se o chão NÃO fica molhado (ou seja, ESTÁ SECO),
>
> então NÃO choveu
>
> E NÃO nevou
>
> **Resposta: letra B.**

6. CONDIÇÃO SUFICIENTE E CONDIÇÃO NECESSÁRIA

O uso das expressões Condição Suficiente e Condição Necessária pode ser traduzida como a utilização de uma outra forma de condicional. Vamos ver como fica essa "tradução" se tivéssemos a seguinte proposição:

> **DICA**
>
> "**SE** Paulo é cearense, **ENTÃO** Paulo é brasileiro"
> Pode ser dito de outra forma:
> "Paulo ser cearense é (CONDIÇÃO) **SUFICIENTE** para Paulo ser brasileiro."
> Ou então:
> Paulo ser brasileiro é (CONDIÇÃO) **NECESSÁRIA** para Paulo ser cearense.

Resumindo:

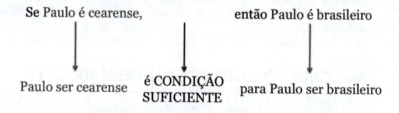

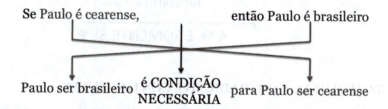

Através da condicional, podemos dizer "Paulo ser cearense é condição suficiente para Paulo ser brasileiro".

Resumindo: para Paulo ser brasileiro só precisa ele ser cearense. Captaram?

Também podemos dizer "Paulo ser brasileiro é condição necessária para Paulo ser cearense".

Teremos o mesmo resultado, não é mesmo? Ora, é necessário, para Paulo ser cearense, Paulo ser brasileiro. Ou existe cearense não-brasileiro?

Vejamos como esse assunto pode ser cobrado.

24. (2009 – FGV – MEC – Analista de Sistemas) Com relação à naturalidade dos cidadãos brasileiros, assinale a alternativa logicamente correta:

(A) Ser brasileiro é condição necessária e suficiente para ser paulista.

(B) Ser brasileiro é condição suficiente, mas não necessária para ser paranaense.

(C) Ser carioca é condição necessária e suficiente para ser brasileiro.

(D) Ser baiano é condição suficiente, mas não necessária para ser brasileiro.

(E) Ser maranhense é condição necessária, mas não suficiente para ser brasileiro.

Vejam como nosso exemplo se encaixa perfeitamente no que a questão cobra.

"Paulo ser cearense é condição suficiente para Paulo ser brasileiro", não é mesmo? Ou seja, "SER CEARENSE é condição suficiente para SER BRASILEIRO".

Analisando as alternativas, veja que é exatamente o que está escrito na letra D: "SER BAIANO é condição suficiente, mas não necessária para SER BRASILEIRO".

Resposta: letra D.

DICA

Podemos ter proposições utilizando simultaneamente 'condição suficiente E necessária' juntos. Sempre que isso acontecer, estaremos falando de BICONDICIONAL, ok?

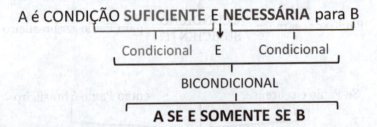

7. TAUTOLOGIA, CONTRADIÇÃO E CONTINGÊNCIA

Já vimos que uma proposição composta é formada por várias proposições. Os termos acima citados referem-se ao resultado lógico dessas proposições.

Olhem a tabela e vejam como é simples cada um dos conceitos:

Tautologia	Quando todos os valores lógicos de uma tabela-verdade têm como resultado **VERDADEIRO**
Contradição	Quando todos os valores lógicos de uma tabela-verdade têm como resultado **FALSO**
Contingência	Quando não for **tautologia**, nem **contradição**

Vejamos um exemplo. Digamos que a questão peça que você encontre a tabela-verdade da proposição composta 'A v (A → B)'. Montemos assim:

(1) coloquemos as proposições simples A e B nas primeiras colunas;

(2) na 3ª coluna, vamos colocar a tabela-verdade da condicional 'A → B'

(3) na 4ª e última coluna, iremos juntar a proposição simples 'A' com a composta 'A → B', utilizando os conceitos da disjunção, ou seja, se ambas as proposições componentes forem F, então o resultado será F. Nos demais, será V. Vejam como ficou:

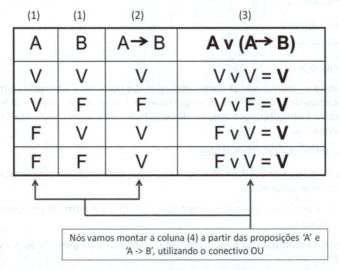

Vocês devem ter encontrado todos os valores lógicos verdadeiro, não foi? E isso é o que? **Tautologia**!

Ou seja, a proposição composta 'A v (A → B)' é uma tautologia, ou então pode-se dizer que é uma proposição tautológica.

Como fixação do conceito, vamos dar uma olhada em algumas questões.

25. (2009 – VUNESP – CESTESB-SP – Analista Administrativo) Na lógica proposicional, uma tautologia é uma fórmula proposicional que:

(A) é falsa para todas as possíveis valorações de suas variáveis proposicionais.

(B) é verdadeira para todas as possíveis valorações de suas variáveis proposicionais.

(C) pode ser falsa ou verdadeira para todas as possíveis valorações de suas variáveis proposicionais.

(D) é falsa para algumas das possíveis valorações de suas variáveis proposicionais.

(E) é verdadeira para algumas das possíveis valorações de suas variáveis proposicionais.

Tranquilo, não? Quando temos uma proposição composta, será uma tautologia quando os valores lógicos dessa proposição forem VERDADEIROS, não importando os valores lógicos das proposições simples.

Portanto, UMA TAUTOLOGIA É UMA FÓRMULA PROPOSICIONAL QUE É VERDADEIRA PARA TODAS AS POSSÍVEIS VALORAÇÕES DE SUAS VARIÁVEIS PROPOSICIONAIS.

Resposta: letra B.

26. **(2008 – NCE-UFRJ – CVM – Agente Executivo)** A proposição "na copa de 2010 o Brasil será hexacampeão ou não será hexacampeão", é um exemplo de:

(A) Contradição.

(B) Equivalência.

(C) Contingência.

(D) Conjunção.

(E) Tautologia.

Analisando as alternativas, já concluímos que não pode ser a alternativa B (para tratarmos de equivalência, precisamos ter pelo menos 2 proposições), nem a alternativa D (a proposição é uma disjunção, e não uma conjunção). Sobraram contradição, Contingência e Tautologia.

Ou seja: faremos a tabela-verdade!

Esqueçam 'a copa de 2010', ok? A proposição composta é 'o Brasil será hexacampeão ou não será hexacampeão'.

Pergunto a vocês: a proposição composta apresentada é formada por quantas proposições simples?

Se alguém respondeu 'DUAS', pare e pense novamente, pois quem falou por vocês falou errado!

Olha só, se eu chamar de BH a proposição 'o Brasil será hexacampeão', como chamarei a proposição '(o Brasil) não será hexacampeão'? Será a negação de BH, não é mesmo?

Ou seja:

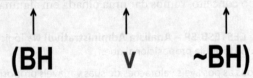

Assim, nossa tabela-verdade será montada conforme abaixo:

BH	~BH	(BH v ~BH)
V	F	V v F = **V**
F	V	F v V = **V**

Todos os valores lógicos da proposição são verdadeiros. Portanto, tautologia!

Resposta: letra E.

8. CONSIDERAÇÕES FINAIS

Pronto, meu povo! Os conceitos que você precisam para resolver questões relacionadas a Lógica Proposicional (ou sentencial) estão aí.

Mais uma vez, como coloquei no capítulo anterior, a fixação desses conceitos passa pela resolução de questões.

Anotem as dicas do PH (tabela-verdade, equivalências e negações de proposições, etc) e resolvam exercícios, não importando a banca. Vocês vão ver que, com o tempo e os exercícios realizados, todos esses conceitos vão se sedimentar como conhecimento, e vocês ficarão bem tranquilos quando eles aparecerem em futuras provas.

9. QUESTÕES PARA TREINAR!

1. **(2014 – IBFC – FUNED-MG – Técnico de Saúde)** Dentre as alternativas abaixo a única que expressa o conceito de proposição lógica é:

   (A) sentença imperativa, da qual não podemos atribuir juízo de valor.

   (B) sentença declarativa, na qual podemos atribuir um valor lógico Verdadeiro ou Falso, seja ela expressa de forma negativa ou afirmativa.

   (C) sentença exclamativa, da qual podemos ou não associar valor lógico, dependendo da afirmação dada.

   (D) sentença matemática aberta, da qual podemos atribuir juízo de valor se a afirmação for correta.

2. **(2006 – CESPE – MPE/TO – Técnico Ministerial)** Considere as seguintes proposições.

   • (7 + 3 = 10) v (5 – 12 = 7)

   • A palavra "crime" é dissílaba.

   • Se "lâmpada" é uma palavra trissílaba, então "lâmpada" tem acentuação gráfica.

• $(8 - 4 = 4)$ v $(10 + 3 = 13)$

• Se $x = 4$ então $x + 3 < 6$.

Entre essas proposições, há exatamente duas com interpretação F.

3. **(2006 – FCC – ICMS-SP – Auditor)** Das cinco frases abaixo, quatro delas têm uma mesma característica lógica em comum, enquanto uma delas não tem essa característica.

I. Que belo dia!

II. Um excelente livro de raciocínio lógico.

III. O jogo terminou empatado?

IV. Existe vida em outros planetas do universo.

V. Escreva uma poesia.

A frase que não possui essa característica comum é a:

(A) I.

(B) II.

(C) III.

(D) IV.

(E) V.

4. **(2010 – CESGRANRIO – Petrobras – Técnico em Informática)** Uma tabela verdade de proposições é construída a partir do número de seus componentes. Quantas combinações possíveis terá a tabela verdade da proposição composta "O dia está bonito então vou passear se e somente se o pneu do carro estiver cheio."?

(A) 1

(B) 3

(C) 6

(D) 8

(E) 12

5. **(2013 – VUNESP – PC-SP – Investigador de Polícia)** Sobre as tabelas de verdade dos conectivos de disjunção (inclusiva), conjunção e implicação (condicional), assinale a alternativa correta.

(A) As conjunções só são falsas quando ambos os conjuntos são falsos.

(B) Não existe implicação falsa com antecedente verdadeiro.

(C) As disjunções são falsas quando algum dos disjuntos é falso.

(D) Só há um caso em que as implicações são verdadeiras.

(E) As implicações são verdadeiras quando o antecedente é falso.

6. **(2012 – ESAF – Receita Federal do Brasil – AFRFB)** A afirmação "A menina tem olhos azuis ou o menino é loiro" tem como sentença logicamente equivalente:

(A) se o menino é loiro, então a menina tem olhos azuis.

(B) se a menina tem olhos azuis, então o menino é loiro.

Cap. 2 · CONCEITOS INICIAIS DE LÓGICA

(C) se a menina não tem olhos azuis, então o menino é loiro.

(D) não é verdade que se a menina tem olhos azuis, então o menino é loiro.

(E) não é verdade que se o menino é loiro, então a menina tem olhos azuis.

7. (2009 – CESGRANRIO – TermoMacaé – Técnico em Contabilidade) Considere a proposição composta "Se o mês tem 31 dias, então não é setembro". A proposição composta equivalente é

(A) "O mês tem 31 dias e não é setembro".

(B) "O mês tem 30 dias e é setembro".

(C) "Se é setembro, então o mês não tem 31 dias".

(D) "Se o mês não tem 31 dias, então é setembro".

(E) "Se o mês não tem 31 dias, então não é setembro".

8. (2013 – IBF – Fundação Hemominas – Cirurgião Dentista) Paulo trabalha ou Marcos joga futebol equivale logicamente a dizer que:

(A) Se Paulo não trabalha, então Marcos joga futebol.

(B) Paulo trabalha e Marcos não joga futebol.

(C) Paulo trabalha se, e somente se, Marcos joga futebol.

(D) Se Paulo não trabalha, então Marcos não joga futebol.

9. (2009 – FUNRIO – PRF – Policial Rodoviário federal) A negação da afirmação "a onça é pintada ou a zebra não é listrada" é:

(A) a onça não é pintada ou a zebra é listrada.

(B) a onça não é pintada ou a zebra não é listrada.

(C) a onça não é pintada e a zebra é listrada.

(D) a onça não é pintada e a zebra não é listrada.

(E) a onça não é pintada ou a zebra pode ser listrada.

10. (2009 – CESGRANRIO – TermoMacaé – Técnico em Contabilidade) A negação da proposição "Se o candidato estuda, então passa no concurso" é:

(A) o candidato não estuda e passa no concurso.

(B) o candidato estuda e não passa no concurso.

(C) se o candidato estuda, então não passa no concurso.

(D) se o candidato não estuda, então passa no concurso.

(E) se o candidato não estuda, então não passa no concurso.

11. (2013 – VUNESP – PC/SP – Escrivão) Um enunciado é uma tautologia quando não puder ser falso. Assinale a alternativa que contém um enunciado que é uma tautologia.

(A) Está chovendo e não está chovendo.

(B) Está chovendo.

MATEMÁTICA E RACIOCÍNIO LÓGICO – *Paulo Henrique (PH)*

(C) Se está chovendo, então não está chovendo.

(D) Está chovendo ou não está chovendo.

(E) Não está chovendo.

12. **(2013 – ESPP – MPE-PR – Auxiliar administrativo)** Se p e q são proposições e ~p e ~q suas respectivas negações, então podemos dizer que (~p v q) → ~q é uma:

(A) Tautologia

(B) Contingência

(C) Contradição

(D) Equivalência

13. **(2014 – Instituto AOCP – EBSERH – Técnico em Citologia)** Considerando a proposição composta (p V r) , é correto afirmar que

(A) a proposição composta é falsa se apenas p for falsa.

(B) a proposição composta é falsa se apenas r for falsa.

(C) para que a proposição composta seja verdadeira é necessário que ambas, p e r sejam verdadeiras.

(D) para que a proposição composta seja verdadeira é necessário que ambas, p e r sejam falsas.

(E) para que a proposição composta seja falsa é necessário que ambas,p e r sejam falsas.

14. **(2015 – CESPE – TER-GO – Técnico Judiciário)** A respeito de lógica proposicional, julgue o item subsequente.

Se P, Q e R forem proposições simples e se T for a proposição composta falsa [P∧(¬Q)] →R, então, necessariamente, P, Q e R serão proposições verdadeiras.

(Verdadeiro)   (Falso)

A proposição "Quando um indivíduo consome álcool ou tabaco em excesso ao longo da vida, sua probabilidade de infarto do miocárdio aumenta em 40%" pode ser corretamente escrita na forma (P∨Q) →R, em que P, Q e R sejam proposições convenientemente escolhidas.

(Verdadeiro)   (Falso)

15. **(2015 – Universa – Agente de Segurança Prisional)** Considerando que uma proposição corresponde a uma sentença bem definida, isto é, que pode ser classificada como verdadeira ou falsa, excluindo-se qualquer outro julgamento, assinale a alternativa em que a sentença apresentada corresponde a uma proposição.

(A) Ele foi detido sem ter cometido crime algum?

(B) Aquela penitenciária não oferece segurança para o trabalho dos agentes prisionais.

(C) Os agentes prisionais da penitenciária de Goiânia foram muito bem treinados.

Cap. 2 · CONCEITOS INICIAIS DE LÓGICA

(D) Fique alerta a qualquer movimentação estranha no pátio do presídio.

(E) Houve fuga de presidiários, que tragédia!

16. (2015 – FCC – TCE-CE – Técnico de Controle Externo) Dois amigos estavam conversando sobre exercícios físicos quando um deles disse: "Se você fizer esteira, então você emagrecerá e melhorará o condicionamento físico". O outro amigo, para negar a afirmação, deverá dizer:

(A) Faça esteira e você não emagrecerá e não melhorará o condicionamento físico.

(B) Faça esteira e você não emagrecerá ou não melhorará o condicionamento físico.

(C) Se você fizer esteira e não emagrecer, então não vai melhorar o condicionamento físico.

(D) Faça esteira e você emagrecerá e não melhorará o condicionamento físico.

(E) Se você fizer esteira e emagrecer, então não melhorará o condicionamento físico.

17. (2015 – IBFC – EBSERH – Médico) A frase "Se a Terra é um planeta, então não emite luz" é equivalente a frase:

(A) A Terra é um planeta e não emite luz.

(B) A Terra não é um planeta ou não emite luz.

(C) A Terra é um planeta ou não emite luz.

(D) A Terra não é um planeta e não emite luz.

(E) A Terra é um planeta ou emite luz.

18. (2015 – FGV – TCE-SE – Analista de Tecnologia da Informação) Considere a afirmação: "Se hoje é sábado, amanhã não trabalharei."

A negação dessa afirmação é:

(A) Hoje é sábado e amanhã trabalharei.

(B) Hoje não é sábado e amanhã trabalharei.

(C) Hoje não é sábado ou amanhã trabalharei.

(D) Se hoje não é sábado, amanhã trabalharei.

(E) Se hoje não é sábado, amanhã não trabalharei.

19. (2015 – VUNESP – TJ/SP – Escrevente Técnico Judiciário) A afirmação "canto e danço" tem, como uma negação, a afirmação contida na alternativa

(A) não canto e não danço.

(B) canto ou não danço.

(C) não danço ou não canto.

(D) danço ou não canto.

(E) danço ou canto.

MATEMÁTICA E RACIOCÍNIO LÓGICO – *Paulo Henrique (PH)*

20. (2010 – CESGRANRIO – Petrobras – Analista de Sistemas Júnior) Analisando as afirmações abaixo no contexto do Cálculo Proposicional, tem-se que a proposição

(A) p → q ↔ p ∧ q é uma tautologia.

(B) p → q ↔ ~ p ∨ q é uma tautologia.

(C) p → q ↔ p ∨ q é uma contradição.

(D) p → q ↔ ~ p ∨ q é uma contradição.

(E) p → q ↔ ~ p ∧ q é uma contradição.

GABARITO DAS QUESTÕES

1	2	3	4	5	6	7	8	9	10
B	F	C	D	E	C	C	A	C	B
11	**12**	**13**	**14**	**15**	**16**	**17**	**18**	**19**	**20**
D	B	E	F-V	C	B	B	A	C	B

Capítulo 3

FUNDAMENTOS DA MATEMÁTICA

1. INTRODUÇÃO

Boa parte dos candidatos que se preparam para concurso público têm um receio tremendo quando, dentro do conteúdo programático, é apresentada a parte de **Matemática**. Nesse capítulo, iremos abordar os principais tópicos cobrados, mesclando teoria e resolução de exercícios, para que suas dúvidas sejam dirimidas e que vocês possam lograr êxito em futuras provas.

Vamos começar!

2. FRAÇÕES

Fração nada mais é do que uma forma que temos para representar um valor, que é dividido em partes iguais.

Digamos que temos uma fração a/b, onde b é um número diferente de zero. Podemos definir que:

- ✓ O numerador e o denominador são os termos da fração.
- ✓ O primeiro número (a), chamado <u>numerador</u>, indica quantas partes tomamos da unidade;
- ✓ O segundo número (b), chamado <u>denominador</u>, indica em quantas partes iguais a unidade foi dividida;

Vejam, a utilização de uma fração é para dividir algo em partes iguais. Dizer que queremos "um quarto de um bolo" é cortar um bolo em 4 partes e separar 1 parte.

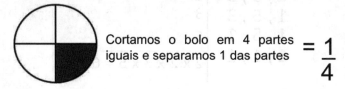

Recordar é viver...
Vamos relembrar como fazemos cálculos com frações.

(A) ADIÇÃO E SUBTRAÇÃO

Quando vamos somar ou subtrair frações pode ocorrer uma das seguintes situações:

1ª situação: as frações têm denominadores iguais.

Aqui, é bem tranqüilo. Se temos denominadores iguais, devemos apenas somar (ou subtrair) os numeradores e repetir o denominador.

Exemplo:

$$\frac{3}{7} + \frac{2}{7} = \frac{3+2}{7} = \frac{5}{7}$$

Vejam que, na diferença, só mudamos o sinal.

$$\frac{3}{7} - \frac{2}{7} = \frac{3-2}{7} = \frac{1}{7}$$

2ª situação: as frações têm denominadores diferentes.

Nesse caso, por termos denominadores diferentes, precisamos transformar essas frações, de modo que todos os denominadores fiquem iguais.

$$\frac{1}{4} + \frac{2}{5} + \frac{7}{6} =$$

Para isso, calcula-se o MMC, o <u>MÍNIMO MÚLTIPLO COMUM</u>, ou seja, preciso encontrar um menor número que me permita dividir todos os denominadores por ele.

E como fazer isso? Vamos DECOMPOR, ou seja, dividir todos os denominadores pelos números primos (números que são divididos por 1 e por ele mesmo).

Vejam:

<u>Números primos</u> = 2, 3, 5, 7, 11, 13, 17, 19, 23, 29...

$$
\begin{array}{ccc|l}
4, & 5, & 6 & 2 \\
2, & 5, & 3 & 2 \\
1, & 5, & 3 & 3 \\
1, & 5, & 1 & 5 \\
1, & 1, & 1 & \overline{2 \times 2 \times 3 \times 5 = 60}
\end{array}
$$

Após isso, divide-se o denominador comum (60) por cada denominador, multiplicando-se, a seguir, o resultado pelo numerador da fração. É assim:

$$\frac{1}{4} + \frac{2}{5} + \frac{7}{6} = \frac{15.1 + 12.2 + 10.7}{60} = \frac{15 + 24 + 70}{60} = \frac{109}{60}$$

$60 : 4 = 15 \qquad 60 : 5 = 12 \qquad 60 : 6 = 10$

(B) MULTIPLICAÇÃO

Para multiplicar frações, multiplicamos numerador por numerador e denominador por denominador. Caso haja alguma possibilidade de simplificação (ou seja, um número que possa ser dividido tanto pelo numerador como pelo denominador), façam logo, antes da multiplicação, ok?

Exemplo:

$$\frac{3}{2} \times \frac{7}{5} = \frac{3 \times 7}{2 \times 5} = \frac{21}{10}$$

(C) DIVISÃO

Na divisão de duas frações, conservamos a primeira fração e multiplicamos pela inversa da segunda. Daí, é só seguir com a mesma regra da multiplicação.

Exemplo:

$$\frac{7}{9} \div \frac{5}{4} = \frac{7}{9} \times \frac{4}{5} = \frac{28}{45}$$

Em questões de concursos, devemos trabalhar com operações com frações. Vamos ver.

1. **(2014 – AOCP – UFES – Advogado)** Qual é o número que, somado com a fração 1/5 resulta em 26/5?

(A) 3.

(B) 5.

(C) 7.

(D) 9.

(E) 11.

Uma questão tranquila, para começar!

Temos que encontrar um número X, somá-lo a 1/5 e chegar a 26/5.

Como os denominadores são iguais, devemos nos preocupar apenas com o numerador, certo?

$$\frac{X}{5} + \frac{1}{5} = \frac{26}{5}$$

⇨ X + 1 = 26

⇨ **X** = 26 – 1 = **25**

Então, a fração é 25/5!

Simplificando (dividindo o numerador e o denominar por 5), temos 5/1, que é igual a 5.

Resposta: letra B.

2. **(2013 – Instituto AOCP – UFES – Assistente Administrativo)** Dois amigos fizeram uma prova com 60 questões. Quando foram conferir o resultado, um deles verificou que tinha acertado 1/3 da prova. Quantas questões o outro acertou, sabendo que totalizam 1/4 dos acertos do amigo?

(A) 4

(B) 5

(C) 10

(D) 15

(E) 20

Fazendo a questão em 2 passos:

(1) encontrar o total de acertos do 1º amigo: 1/3 de 60

$$\frac{1}{3} \times 60 = \frac{60}{3} = \mathbf{20} \text{ questões}$$

(2) encontrar o total de acertos do 2º amigo: 1/4 do 1º amigo

$$\frac{1}{4} \times 20 = \frac{20}{4} = \mathbf{5} \text{ questões}$$

Resposta: letra B.

3. **(2014 – Iades – UFBA – Nível Superior)** Metade de 4/5 é igual a 2/3 de outra fração. O valor dessa outra fração é

(A) 4/15

(B) 8/15

(C) 6/5

(D) 2/5

(E) 3/5

Vamos ler com calma:

$$\underbrace{\frac{1}{2}}_{\text{Metade}} \times \overset{de}{\frac{4}{5}} = \overset{é\ igual}{\frac{2}{3}} \times \underbrace{\frac{X}{\ }}_{\substack{\text{Outra} \\ \text{fração}}}$$

Simplifiquemos o numerador 4 com o denominador 2. Sobrou a fração 2/5. Agora, vamos pegar a fração 2/3 e passar para o outro lado, dividindo. Assim:

$$X = \dfrac{\dfrac{2}{5}}{\dfrac{2}{3}} = \dfrac{\cancel{2}}{5} \times \dfrac{3}{\cancel{2}} = \dfrac{3}{5}$$

Resposta: letra E.

4. **(2013 – FCC – TRT 1ªR – Analista Judiciário)** Somando-se um mesmo número ao numerador e ao denominador da fração 3/5 , obtém-se uma nova fração, cujo valor é 50% maior do que o valor da fração original. Esse número está entre

(A) 1 e 4.

(B) 5 e 8.

(C) 9 e 12.

(D) 13 e 16.

(E) 17 e 20.

Vamos por partes:

– 50% **maior** do que o valor da fração original (que é 3/5)

50% de 3/5 = 1/2 . 3/5 = 3/10

3/5 + 3/10 = 6/10 + 3/10 = 9/10

– Somar <u>um número X</u> a 3 (numerador) e 5 (denominador) para que encontremos 9/10

⇨ X = 5

Encontraremos a fração (5 + 3)/(5 + 5) = 8/10, que não nos serve;

Nessa situação, precisamos raciocinar e entender que o 9/10 pode ser 'transformado' em outra fração. Digamos, se multiplicarmos ambos os termos por 2, encontraremos 18/20 (que, simplificando, não deixa de ser 9/10, ok?)

⇨ X = 15

Encontraremos exatamente a nossa fração:

$$= \dfrac{15 + 3}{15 + 5} = \dfrac{18}{20} \quad \Leftarrow \quad \text{que é o mesmo que 9/10}$$

Logo, o número X é igual a 15 (entre 13 e 16).

Resposta: letra D.

5. **(2014 – Iades – UFMT – Médico)** Se 3/4 da duração do meu plantão equivalem a 2/3 do plantão de um colega, que fração do meu plantão devo acrescentar ou retirar, de modo que fique igual ao dele?

(A) Retirar 1/12.

(B) Acrescentar 1/12.

(C) Retirar 1/8.

(D) Acrescentar 1/8.

(E) Retirar 1/9.

Vamos brincar um pouquinho...

Respondam: quem tem a maior fração? O de 3/4 (chamaremos de A) ou o de 2/3 (chamaremos de B)?

Outra: quem tem o plantão maior? A ou B?

Para isso, precisamos encontrar o MMC, não é mesmo?

$$\underbrace{\frac{3}{4} \;,\; \frac{2}{3} = \frac{9}{12} \;,\; \frac{8}{12}}$$

Para encontrarmos o valor de cada numerador, devemos
dividir o MMC pelos denominadores e depois multiplicar
pelos numeradores.
=> 12 / 4 = 3 x 3 = 9
=> 12 / 3 = 4 x 2 = 8

Pelo cálculo, concluímos que a **fração de A é a maior**, ok?

Agora, olhem só. Se A tem uma fração maior que B é porque o plantão de B é maior que o de A.

Explico.

Se A precisa de um pedaço maior do seu plantão (ou seja, uma fração maior) para se igualar a um pedaço do plantão de B, significa dizer que o plantão de A deve ser menor que o de B.

Vamos ver com números.

Digamos que o plantão de A seja de 8 horas (um valor que posso dividir por 4), teremos que:

(i) 3/4 do plantão de A = 3/4 . 8 = 6 horas

(ii) 2/3 do plantão de B = 3/4 do plantão de A

(iii) 2/3 . B = 6

(iv) **B = 6 . 3/2 = 9 horas**

Assim, baseando-se na igualdade de frações indicada na questão, podemos afirmar que, se o plantão de A for de 8 horas, o plantão de B tem que ser de 9 horas, ok?

Lindo e maravilhoso! Agora, por ser menor, preciso **ACRESCENTAR** um valor no plantão de A para igualar ao de B.

Que valor é esse? **1 hora**!

Em termos de fração, devemos acrescentar 1/8 no plantão de A para chegar a B!

Resposta: letra D.

3. RAZÃO E PROPORÇÃO

Se tivermos 2 números a e b, dizemos que a **razão** entre a e b é o quociente entre a e b, ou a : b, ou a/b.

Do mesmo jeito que colocamos na parte de frações, cada termo de uma razão tem um nome específico.

Sabendo que <u>antecedente</u> e <u>consequente</u> são os termos de uma razão, temos:

$$\frac{a}{b} \quad \begin{matrix} \Leftarrow \text{antecedente} \\ \Leftarrow \text{consequente} \end{matrix}$$

A igualdade entre 2 razões é chamada de **proporção**. Podemos dizer que temos uma proporção quando dizemos que:

$$\frac{1}{3} = \frac{2}{6} = \frac{4}{12} = \frac{10}{30}$$

Vejam que, se pegarmos a fração inicial (vale para as outras também) e multiplicarmos o numerador e o denominador pelo <u>mesmo número</u>, encontraremos uma fração **proporcional** à inicial.

Com base nessa proporcionalidade, precisamos conhecer 3 propriedades F – U – N – D – A – M – E – N – T – A – L para a resolução de questões com esse assunto. Esse será o tema da nossa próxima DICA.

 DICA

Guardem essas 3 propriedades da proporção, pois são muito cobradas em provas:

o produto dos extremos é igual ao produto dos meios
Exemplo:

$$\frac{3}{4} \times \frac{12}{x} \Rightarrow 3x = 12 \cdot 4 \quad 3x = 48 \quad x \Rightarrow 16$$

(2) em toda proporção, a soma ou a diferença dos dois primeiros termos está para o primeiro (ou para o segundo), assim como a soma ou a diferença dos dois últimos termos está para o terceiro (ou quarto).

Exemplo:

$$\frac{3}{4} = \frac{12}{16} \Rightarrow \frac{3+4}{4} = \frac{12+16}{16} \Rightarrow \frac{7}{4} = \frac{28}{16}$$

(3) a soma (ou a diferença) dos antecedentes está para a soma (ou a diferença) dos consequentes, assim como cada antecedente está para seu consequente.

$$\frac{3}{4} = \frac{12}{16} \Rightarrow \frac{3+12}{4+16} \Rightarrow \frac{3}{4} = \frac{12}{16} = \frac{15}{20}$$

6. **(2010 – FGV – CAERN – Agente Administrativo)** Dividindo-se 11700 em partes proporcionais a 1, 3 e 5, a diferença entre a maior das partes e a menor delas é

(A) 6 500.

(B) 5 500.

(C) 5 800.

(D) 5 200.

(E) 5 000.

Chamaremos de P1, P2 e P3 as partes que, somadas, devem ser iguais a 11700. Assim:

$$\frac{P1}{1} = \frac{P2}{3} = \frac{P3}{5}$$

Aplicando a regra (3), fica assim:

$$\frac{P1}{1} = \frac{P2}{3} = \frac{P3}{5} \Rightarrow \frac{P1 + P2 + P3}{1 + 3 + 5} \Rightarrow \frac{11700}{9}$$

Daí, é só aplicar a proporção em cada parte:

$$\frac{P1}{1} = \frac{P2}{3} = \frac{P3}{5} = \frac{11700}{9}$$

$$\Rightarrow \frac{P1}{1} = \frac{11700}{9} \Rightarrow \mathbf{P1 = 1300}$$

$$\Rightarrow \frac{P2}{3} = \frac{11700}{9} \Rightarrow \mathbf{P2} = 1300 \cdot 3 = \mathbf{3900}$$

$$\Rightarrow \frac{P3}{5} = \frac{11700}{9} \Rightarrow \mathbf{P3} = 1300 \cdot 5 = \mathbf{6500}$$

Cap. 3 · FUNDAMENTOS DA MATEMÁTICA

789

Como a questão pede *a diferença entre a maior das partes e a menor delas*, fica assim:

Diferença = 6500 − 1300 = **5200**

Resposta: letra D.

7. **(2013 – FCC – AL-RN – Técnico Legislativo)** Se o preço de 3/5 de quilograma de um produto é R$ 72,00, então, mantida a proporcionalidade, o preço de 150 gramas desse produto será

(A) R$ 38,60.

(B) R$ 24,00.

(C) R$ 67,50.

(D) R$ 10,80.

(E) R$ 18,00.

Bem, se temos 3/5 de 1 quilograma, ou seja, 3/5 de 1000 gramas, isso equivale a:

3 . 1000 / 5 = 3000 / 5 = **600 gramas**

Assim, temos que 600 gramas está para R$ 72,00, assim como 150 gramas está para X (que é o valor que queremos encontrar).

Escrevi dessa maneira para que nós lembremos que:

⇨ 'está para' quer dizer **divisão**

⇨ 'assim como' quer dizer **igualdade** *(lembraram?)*

Aplicando a regra (1) da **dica**, temos:

$$\frac{600}{72} \diagdown \frac{150}{X} \quad \begin{array}{l} \Rightarrow \ 600x = 72 . 150 \\ \Rightarrow \ x = \dfrac{72 . 150}{600} \\ \Rightarrow \ \mathbf{x = R\$ \ 18,00} \end{array}$$

Resposta: letra E.

Vamos ver mais questões desse tipo no próximo tópico: Grandezas Proporcionais.

4. GRANDEZAS PROPORCIONAIS

Podem ser classificados em:

(i) Diretamente proporcionais: duas grandezas são diretamente proporcionais quando o crescimento de uma também faz crescer a outra na mesma proporção.

Pensemos assim: se uma fábrica produz 500 produtos em 1 hora, podemos dizer que, em 2 horas (o dobro de horas), ele produzirá 1000 produtos (o dobro).

Assim, dizemos que TEMPO e PRODUÇÃO são DIRETAMENTE PROPORCIONAIS.

Grandezas diretamente proporcionais: quando uma cresce (ou decresce), a outra cresce (ou decresce) na mesma proporção.

Tempo (horas)	Produção (unidade)
1	500
2	1000
5	2500
20	10000

(ii) Inversamente proporcionais: duas grandezas são inversamente proporcionais quando, enquanto um cresce (ou decresce) a outra decresce (ou cresce) na mesma proporção.

Digamos que você viaja da cidade A para a cidade B em 2 horas, a velocidade de 50 km/h.

Ao dobrarmos a velocidade, ou seja, viajarmos a 100 km/h, você gastará metade do tempo, ou seja, 1 hora, para chegar da cidade A para a B.

Assim, podemos dizer que TEMPO e VELOCIDADE são INVERSAMENTE PROPORCIONAIS.

Grandezas inversamente proporcionais: quando uma cresce (ou decresce), a outra decresce (ou cresce) na mesma proporção.

Tempo (horas)	Velocidade (km/h)
1	100
2	50
5	20
20	5

8. **(2014 – Cetro – FCP – Operacional Administrativo)** Leia atentamente as relações entre cada par de grandezas abaixo.

I. Velocidade média de um automóvel e tempo gasto para percorrer determinado trajeto.

II. Número de bolos e quantidade de ovos necessária para fazer esses bolos.

III. Velocidade média de um automóvel e distância percorrida por esse automóvel num determinado tempo.

Analisando esses três pares de grandezas, é correto afirmar que elas são, respectivamente,

(A) inversamente proporcionais; diretamente proporcionais; inversamente proporcionais.

(B) inversamente proporcionais; inversamente proporcionais; diretamente proporcionais.

(C) inversamente proporcionais; diretamente proporcionais; diretamente proporcionais.

(D) diretamente proporcionais; diretamente proporcionais; inversamente proporcionais.

(E) diretamente proporcionais; inversamente proporcionais; inversamente proporcionais.

Item I

Já falamos dessas grandezas, não? Se eu AUMENTO a velocidade, eu DIMINUO o tempo que gastarei para percorrer determinada distância.

Do mesmo modo, se eu DIMINUO a velocidade, levarei MAIS tempo para percorrer essa distância. Logo, temos grandezas **INVERSAMENTE** proporcionais;

Item II

Digamos que, para fazer 1 bolo, gasto 5 ovos (não tenho a mínima ideia, mas o que vale é o raciocínio...).

Se eu quiser AUMENTAR a quantidade de bolos para 2, precisarei de mais ou menos ovos? MAIS ovos! Portanto, são grandezas **DIRETAMENTE** proporcionais;

Item III

Se pensarmos um pouquinho, vamos concluir que, quanto mais rápido eu viajo (MAIOR velocidade) uma distância MAIOR irei percorrer. Do mesmo modo que, se eu andar mais devagar (MENOR velocidade), percorrerei uma distância menor, não é mesmo?

Assim, temos grandezas **DIRETAMENTE** proporcionais.

Resposta: letra C.

9 – (2012 – FUNCAB – SEAD-PB – Técnico Administrativo) Fernando comprou 80 balas e dividiu entre seus sobrinhos, em partes diretamente proporcionais as suas idades.

SOBRINHOS	IDADE
Ana	2 anos
Paulo	3 anos
Maria	5 anos

O número de balas que Paulo recebeu foi:

(A) 8

(B) 12

(C) 16

(D) 24

(E) 40

MATEMÁTICA E RACIOCÍNIO LÓGICO – *Paulo Henrique (PH)*

Lembram da regra (3) que falamos em Proporção? Podemos (e devemos) usá-la aqui também.

Vejam:

Balas de Ana = A   Balas de Paulo = P   Balas de Maria = M

$$\frac{A}{2} = \frac{P}{3} = \frac{M}{5}$$

Aplicando a regra (3), temos:

$$\underbrace{\frac{A+P+M}{2+3+5}}_{\text{Soma das balas}} = \frac{80}{10} \Rightarrow \frac{A}{2} = \frac{P}{3} = \frac{M}{5} = \frac{80}{10}$$

Assim:

$$\frac{A}{2} = \frac{80}{10} \Rightarrow A = 16 \qquad \frac{P}{3} = \frac{80}{10} \Rightarrow P = 24 \qquad \frac{M}{5} = \frac{80}{10} \Rightarrow P = 40$$

Paulo recebeu 24 balas.

Resposta: letra D.

10. **(2014 – FGV – TCE-BA – Agente Público)** Em uma sala há advogados, juízes e desembargadores, e apenas eles. Para cada dois desembargadores há três juízes e para cada quatro juízes há sete advogados. A razão entre a quantidade de juízes e a quantidade total de pessoas na sala é

(A) 11/39

(B) 12/41

(C) 14/43

(D) 13/45

(E) 15/47

Vejam que existe uma proporcionalidade entre advogados, juízes e desembargadores. Quando a questão fala que *para cada dois desembargadores há três juízes*, isso quer dizer <u>o número de desembargadores está para 2, assim como o número de juízes está para 3</u>. (I)

O mesmo podemos dizer quando *para cada quatro juízes há sete advogados*, isso quer dizer que <u>o número de juízes está para 4, assim como o número de advogados está para 7</u>. (II)

$$\text{(I)} \quad \frac{D}{2} = \frac{J}{3} \qquad\qquad \text{(II)} \quad \frac{J}{4} = \frac{A}{7}$$

Em ambas as proporções, temos J (juízes), correto? Porém, no item (I) está proporcional a 3 e na (II) proporcional a 4. Então, devemos igualar essa proporcionalidade. Façamos assim:

(i) no item I, multipliquemos 3 por 4, que é igual a 12;

(ii) no item II, multipliquemos 4 por 3, que é igual a 12;

(iii) para mantermos o 'equilíbrio', ou seja, a proporcionalidade, devemos multiplicar também a razão dos desembargadores (item I) e a dos advogados (item II).

Vejam como ficou:

$$(I) \quad 4 \times \frac{D}{2} = \frac{J}{3} \times 4 \qquad (II) \quad 3 \times \frac{J}{4} = \frac{A}{7} \times 3$$

para mantermos a proporcionalidade

para podermos igualar as proporções

Assim:

$$\frac{D}{8} = \frac{J}{12} = \frac{A}{21} \Rightarrow \frac{D + J + A}{8 + 12 + 21} \Rightarrow \frac{TOTAL}{41}$$

Como a questão pede a *razão entre a quantidade de juízes e a quantidade total de pessoas na sala*, só precisamos trabalhar com a razão dos juízes e do total:

$$\frac{J}{12} \rightleftarrows \frac{TOTAL}{41} \Rightarrow \frac{J}{TOTAL} = \frac{12}{41}$$

Resposta: letra B.

11. **(2014 – FGV – BNB – Analista Bancário)** Três grandezas A, B e C, são tais que A é diretamente proporcional a B e inversamente proporcional ao quadrado de C.

– **Quando B = 6 e C = 3 tem-se A = 1.**

– **Quando A = 3 e C = 2, o valor de B é:**

(A) 1

(B) 2

(C) 4

(D) 6

(E) 8

Bem, se pensarmos separadamente, temos: a é diretamente proporcional a B.

Pelos valores apresentados, temos:

$$\frac{A1}{B1} = \frac{A2}{B2} \Rightarrow \frac{1}{6} = \frac{3}{B}$$

A é inversamente proporcional ao quadrado de C.

Sempre que a questão apresentar grandezas inversamente proporcionais, <u>inverta o denominador</u>:

$$\frac{A1}{\dfrac{1}{C1^2}} = \frac{A2}{\dfrac{1}{C2^2}} \Rightarrow \frac{1}{\dfrac{1}{3^2}} = \frac{3}{\dfrac{1}{2^2}} \Rightarrow \frac{1}{\dfrac{1}{9}} = \frac{3}{\dfrac{1}{4}}$$

Agora, ao juntarmos os dois casos, fica assim:

$$\frac{\dfrac{A1}{B1}}{\dfrac{1}{C1^2}} = \frac{\dfrac{A2}{B2}}{\dfrac{1}{C2^2}} \Rightarrow \frac{\dfrac{1}{6}}{\dfrac{1}{9}} = \frac{\dfrac{3}{B}}{\dfrac{1}{4}}$$

Quando temos uma fração no denominador, devemos repetir o numerador e multiplicar pelo inverso dessa fração. Lembraram?

$$1 \cdot \frac{9}{6} = 3 \cdot \frac{4}{B}$$

$\Rightarrow 1 \cdot 9 \cdot B = 3 \cdot 4 \cdot 6$

$\Rightarrow 9B = 72$

$\Rightarrow \mathbf{B = 8}$

Resposta: letra E.

12. **(2013 – Cetro – ANVISA – Técnico em Regulação e Vigilância Sanitária)** Os três profissionais mais assíduos de uma repartição foram premiados com R$34.500,00, divididos entre eles segundo a quantidade de ausências durante o ano. O maior prêmio será para o profissional com maior assiduidade durante o ano. Carolina faltou 1 dia, Lucas 3 e Reginaldo 5. Dessa forma, é correto afirmar que o valor recebido por Reginaldo foi

(A) R$7.500,00.

(B) R$6.000,00.

(C) R$5.500,00.

(D) R$4.500,00.

(E) R$3.000,00.

Cap. 3 · FUNDAMENTOS DA MATEMÁTICA

Pensemos assim: como *o maior prêmio será para o profissional com maior assiduidade*, quem faltou menos, ganha mais! Grandezas Inversamente Proporcionais, não é mesmo?

Assim, atribuindo C para o prêmio de Carolina, L para o prêmio de Lucas e R para o prêmio de Reginaldo, temos:

$$\frac{C}{\dfrac{1}{F_C}} = \frac{L}{\dfrac{1}{F_L}} = \frac{R}{\dfrac{1}{F_R}} \Rightarrow \frac{C}{\dfrac{1}{1}} = \frac{L}{\dfrac{1}{3}} = \frac{R}{\dfrac{1}{5}}$$

Olhem a regra (3) aparecendo de novo: (Estão vendo como ela é importante, não é?)

$$\frac{C}{\dfrac{1}{1}} = \frac{L}{\dfrac{1}{3}} = \frac{R}{\dfrac{1}{5}} = \frac{C+L+R}{\dfrac{1}{1}+\dfrac{1}{3}+\dfrac{1}{5}}$$

Fazendo o cálculo do denominador, temos:

$$\frac{C}{\dfrac{1}{1}} = \frac{L}{\dfrac{1}{3}} = \frac{R}{\dfrac{1}{5}} = \frac{34500}{\dfrac{23}{15}}$$

Agora é só calcular cada parte:

⇨ C/1/1 = 34500 / 23/15

⇨ **C = R$ 22.500,00**

⇨ L/1/3 = 34500 / 23/15

⇨ **L = R$ 7.500,00**

⇨ R/1/5 = 34500 / 23/15

⇨ **R = R$ 4.500,00**

Resposta: letra D.

13. **(2008 – FCC – TRT 18ªR – Técnico Judiciário)** Certo dia, dois técnicos judiciários do Tribunal Regional do Trabalho efetuaram a manutenção de X microcomputadores. Para a realização dessa tarefa, eles dividiram os X micros entre si, na razão inversa de seus respectivos tempos no serviço público: 8 e 12 anos. Se o técnico com maior número de anos de serviço fez a manutenção de 16 micros, então X é um número:

(A) ímpar.

(B) menor do que 10.

(C) divisível por 6.

(D) maior do que 30.

(E) quadrado perfeito.

Sempre que tivermos uma questão falando em razão inversa, lembraremos de grandezas INVERSAMENTE proporcionais. Assim, vamos seguir o que pede a questão.

Chamemos de M1 e M2 a quantidade de micros que os dois técnicos fizeram a manutenção, ok?

M1 tem 8 anos de serviço e M2 tem 12, e, por ter mais anos de serviço, fez a manutenção de 16 micros. Vamos armar a proporção:

$$\underbrace{\frac{M1}{\frac{1}{I1}} = \frac{M2}{\frac{1}{I2}}}_{\text{razão inversa}} \Rightarrow \frac{M1}{\frac{1}{8}} = \frac{16}{\frac{1}{12}}$$

Continuando:

$$M1 \cdot \frac{1}{12} = 16 \cdot \frac{1}{8} \Rightarrow \frac{M1}{12} = 2$$

M1 = 24 (divisível por 4).

Resposta: C.

14. **(2009 – FCC – TRT 15ªR – Técnico Judiciário)** Três Técnicos Judiciários – Alberico, Benivaldo e Corifeu – devem arquivar 340 processos e, para executar esta tarefa, decidiram dividir o total entre si, em partes diretamente proporcionais às suas respectivas idades. Sabe-se que:

– **Alberico tem 36 anos;**

– **Benivaldo é o mais velho dos três e sua idade excede a de Corifeu, o mais jovem, em 12 anos;**

– **caberá a Corifeu arquivar 90 processos.**

Nessas condições, é correto afirmar que:

(A) as idades dos três somam 105 anos.

(B) Benivaldo deverá arquivar 110 processos.

(C) Corifeu tem 28 anos.

(D) Alberico deverá arquivar 120 processos.

(E) Benivaldo tem 35 anos.

Vamos montar as proporções?

$$\frac{TA}{IA} = \frac{TB}{IB} = \frac{TC}{IC} \Rightarrow \frac{TA}{36} = \frac{TB}{IC + 12} = \frac{90}{IC}$$

TA = TRABALHOS DE ALBERICO
IA = IDADE DE ALBERICO

TB = TRABALHOS DE BENIVALDO
IB = IDADE DE BENIVALDO

TC = TRABALHOS DE CORIFEU
IC = IDADE DE CORIFEU

Regra (3) novamente, meu povo!

$$\frac{TA}{36} = \frac{TB}{IC + 12} = \frac{90}{IC} \Rightarrow \frac{340}{2.IC + 48}$$

Mexendo com Corifeu e o total, temos:

$$\frac{90}{IC} \times \frac{340}{2.IC + 48} \Rightarrow$$

$340IC = 180IC + 4320$
$340IC - 180IC = 4320$
$160IC = 4320$
$IC = 27$

Como a idade de Benivaldo *excede a de Corifeu em 12 anos*, **IB** = 27 + 12 = **39**. Vamos ver como ficou:

$$\frac{TA}{36} = \frac{TB}{39} = \frac{90}{27} = \frac{340}{102}$$

Calculando os trabalhos, encontraremos:

TA = 340 . 36 / 102 = **120**(o gabarito da questão)

TB = 340 . 39 / 102 = **130**

Resposta: letra D.

5. PORCENTAGEM

Um símbolo que aparece bastante em prova, sobretudo em questões envolvendo Fundamentos da Matemática, é o símbolo de porcentagem: %.

Significa apenas: dividido por 100.

É isso mesmo! O símbolo % sempre vem depois de um número. Ele quer dizer apenas que este número está dividido por 100.

Por exemplo:

(i) quando uma pessoa for receber um aumento de 5%, isso quer dizer que, a cada R$ 100,00 recebidos, ela receberá mais R$ 5,00;

(ii) ao comprar um produto, se a loja te conceder um desconto de 10%, isso quer dizer que, a cada R$ 100,00 que você for pagar pelo produto, a loja irá devolver R$ 10,00;

(iii) se temos que 55% da população de uma cidade é composta por mulheres, podemos concluir que, de 100 pessoas, 55 são mulheres.

Ao trabalharmos com porcentagem, ou com valores em percentuais, poderemos transformá-los em duas outras formas: frações e forma decimal.

Acompanhem o exemplo:

$$\underbrace{60\%}_{\text{porcentagem}} = \underbrace{\frac{60}{100}}_{\text{fração}} = \underbrace{0,6}_{\substack{\text{forma} \\ \text{decimal}}}$$

A partir de agora, iremos ver diversos exemplos sobre como as bancas cobram esse assunto em prova.

15. **(2013 – Iades – UFTM – Assistente Administrativo)** Considere que 48% dos produtos de uma drogaria são de perfumaria e, desses, 25% são para uso infantil. A porcentagem de produtos de perfumaria infantil, na drogaria, é igual a

(A) 0,12.

(B) 0,54.

(C) 1,92.

(D) 12.

(E) 23.

Questão simples para começar! Para saber a porcentagem de outra porcentagem somente precisamos multiplicá-las, ok?

Perfumaria infantil = 48% . 25%

Por termos numeradores e denominadores podendo ser divididos por determinados números, a ideia inicial é simplificar, não é mesmo?

$$\underset{:4\,=\,25}{\overset{:4\,=\,12}{\frac{48}{100}}} \times \underset{:25\,=\,4}{\overset{:25\,=\,1}{\frac{25}{100}}} \Rightarrow \frac{12 \times 1}{25 \times 4} = \frac{12}{100}$$

Perfumaria infantil = 12%

Resposta: letra D.

16. **(2013 – Cetro – ANVISA – Técnico em Regulação e Vigilância Sanitária)** Uma categoria profissional entrou em greve devido ao reajuste salarial de 3%. O sindicato da cate-

goria, após a negociação, conseguiu um aumento de 80% sobre o percentual anterior. Logo, o valor do reajuste percentual após a negociação foi de

(A) 2,4%.

(B) 3,6%.

(C) 4,5%.

(D) 5,4%.

(E) 6%.

Vejamos:

Reajuste salarial = 3%

Houve um aumento = 80%

Ou seja:

Reajuste após a negociação = 3% + 80% de 3%

⇨ 3% = 0,03

⇨ 80% = 0,80 = 0,8

Assim:

⇨ = 0,03 + 0,8 . 0,03

⇨ = 0,03 + 0,024

⇨ = 0,054 = **5,4%**

Resposta: Letra D.

17. **(2013 – Iades – UFTM – Enfermeiro)** Dos assinantes de um jornal, 25% assinam para a semana inteira e há 9.360 que assinam apenas para os fins de semana. Sendo essas as únicas modalidades de assinatura possíveis, o número de assinantes desse jornal é

(A) 10.880.

(B) 11.700.

(C) 12.480.

(D) 16.380.

(E) 18.720.

Montando um pequeno esqueminha, fica bem mais fácil resolver a questão:

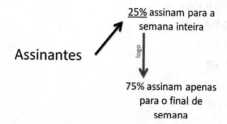

Assim:

75% dos Assinantes = 9360

⇨ 75/100 . A = 9360

⇨ A = 9360 . 100/75

⇨ A = 9360 . 4/3

⇨ **A** = 3120 . 4 = **12480**

Resposta: letra C.

Até aqui, questões bem tranqüilas, não é mesmo?

Vamos começar a trabalhar com questões que envolvam, além dos cálculos de porcentagem, outros assuntos de Raciocínio Lógico e/ou Matemática, ok?

18. **(2010 – CEPERJ – SEPLAG-RJ – Especialista em Políticas Públicas e Gestão Governamental)** Um consórcio de empresas de engenharia fez um concurso para recrutar profissionais de diversas áreas, que irão trabalhar na construção de uma grande represa. Sabe-se que, entre os candidatos, 30% dos homens tinham curso superior e que 10% das mulheres tinham curso superior. Sabe-se, ainda, que, considerando o total de candidatos, 18% tinham curso superior. Então, entre os candidatos, a porcentagem de homens é de:

(A) 30%

(B) 40%

(C) 50%

(D) 60%

(E) 70%

Vamos supor que são, ao todo, 100 profissionais. Isso nos leva a montar algumas equações:

(1)   H (homens) + M (mulheres) = 100

   ⇨ **H = 100 – M**

(2)   *18% (dos candidatos) tinham curso superior*

   ⇨ **18% de 100 = 18**

(3)   *30% dos homens tinham curso superior e que 10% das mulheres tinham curso superior*

   ⇨ **0,3.H + 0,1.M = 18**

Substituindo (1) na (3), temos:

   ⇨ 0,3 . (100 – M) +0,1M = 18

   ⇨ 30 – 0,3M + 0,1M = 18

   ⇨ 0,2M = 12

   ⇨ **M** = 12 / 0,2 = **60**

Logo:

H = 100 – M = 100 – 60 = 40

Cap. 3 · FUNDAMENTOS DA MATEMÁTICA

Ou seja, dos 100 profissionais que inicialmente supomos, descobrimos que 40 são homens. Logo, o percentual de homens é igual a **40%**.

Resposta: letra B.

19. **(2012 – FCC – TRT 11ªR – Técnico Judiciário)** Em uma sala com 200 pessoas, 90% são homens. Após alguns homens se retirarem, tendo permanecido todas as mulheres, elas passaram a representar 20% do grupo. A quantidade de homens que saíram da sala é igual a

(A) 20

(B) 40

(C) 80

(D) 90

(E) 100

Primeiro, precisamos ver o que acontece quando temos 200 pessoas, sendo que 90% são homens. Fica assim:

$$\text{HOMENS} = 90\% = 0,9 \cdot 200 = \mathbf{180}$$

Sala com **200** Pessoas

logo

$$\text{MULHERES} = 10\% = \mathbf{20}$$

Agora, saíram 'x' homens!

Aqui, a dedução <u>mais importante</u>: como não saiu nenhuma mulher, continuamos tendo 20 mulheres, só que agora com um novo percentual, de 20%. Ou seja:

<u>20 mulheres equivalem a 20% do total de pessoas</u>

Conclusão: Temos **100 pessoas**.

Bom, se agora temos **100 pessoas**, sendo 20 mulheres, sobraram 80 homens.

Como, inicialmente tínhamos 180 homens:

Diferença $=180 - 80 = \mathbf{100\ homens}$.

Resposta: letra E

20. **(2011 – UFES – UFES – Assistente em Administração)** Num certo auditório havia, inicialmente, certa quantidade de pessoas, sendo que 80% são homens. Após 20 homens saírem do auditório (sendo que nenhuma mulher se ausentou), a porcentagem de mulheres no auditório passou a ser de 40%. A quantidade inicial de pessoas no auditório era:

(A) 30

(B) 35

(C) 40

(D) 45

(E) 50

Mesma ideia, não é mesmo? Com base nas informações da questão, vamos montar o seguinte diagrama:

(1) Inicialmente

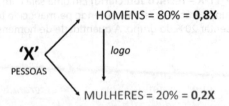

(2) Saíram 20 homens, passando o percentual das mulheres para 40%

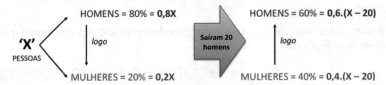

Assim, concluímos que o total de homens (0,8X), retirados os 20 que saíram, é igual aos 60% dos homens restantes (0,6X − 20). Assim:

⇨ 0,8X − 20 = 0,6X − 0,6.20

⇨ 0,8X − 0,6X = 20 − 12

⇨ 0,2X = 8

⇨ X = 8/0,2 = **40 pessoas**

Resposta: letra C.

6. CONJUNTOS

De forma bem simples, para iniciarmos nossos estudos sobre conjuntos, falaremos de alguns conceitos:

Conjunto: representa uma coleção de objetos.

⇨ *O conjunto de todos os cearenses.*

⇨ *O conjunto de todos os números naturais.*

Ou seja, Conjuntos são grupos dos mais diversos tipos (jornais, produtos, disciplinas, etc).

Elemento: é um dos componentes de um conjunto.

- Paulo Henrique é um elemento do conjunto dos cearenses.
- 1 é um elemento do conjunto dos números naturais.

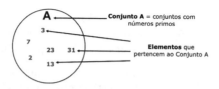

Normalmente, nas questões de conjuntos, temos 2 situações:

(i) o assunto cobrado refere-se a relações (de pertinência ou inclusão) ou operações (união, interseção e diferença);

(ii) você deverá montar conjuntos através de um diagrama (Diagrama de Venn) baseado nas informações prestadas na questão. Além disso, serão informados valores para serem preenchidos nesses conjuntos.

O Diagrama de Venn é a forma que iremos utilizar para resolver boa parte das questões de conjuntos.

Normalmente, as questões trazem valores que devemos colocar 'dentro' dos conjuntos, sejam esses conjuntos individualmente ou sendo intersecção entre 2 ou 3 conjuntos. A forma mais comum de montarmos o Diagrama é a seguinte:

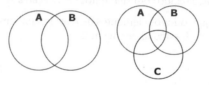

Se a questão já não apresentar os Diagramas montados, será assim que iremos representá-los, ok?

Bem, para começar, veremos 2 relações importantes sobre conjuntos:

Relações de pertinência

É a característica associada a um **elemento** que faz parte de um **conjunto**.

∈ **(pertence)**, ∉ **(não pertence)**

Relações de inclusão

Relacionam um **conjunto** com outro **conjunto**.

⊂ **(está contido)**, ⊃ **(contém)**, ⊄ **(não está contido)**

- $A = \{2, 7\} \not\subset B = \{0, 1, 2, 5\}$

Ou seja, A não está contido em B. Para que isso aconteça, TODOS os elementos de A devem fazer parte do conjunto B.

- $D = \{0, 1, 2, 5\} \supset C = \{2, 5\}$

Como D é maior que C, e todos os elementos de C estão também em D, podemos dizer que **D contem C,** ou **C está contido em D.**

21. (2012 – AOCP – BRDE – Assistente Administrativo) Em relação aos conjuntos: A = {1, 2}, B = {1, 2, 3} e C = {1, 2, 3, 4}, assinale a alternativa correta.

(A) $A \subset B \subset C$

(B) $A \not\subset B \subset C$

(C) $A \in B \not\in C$

(D) $A \in B \in C$

(E) $A \in B \subset C$

Vejam que temos os **conjuntos** A, B e C. Logo, não pode haver relação de **pertinência**, já que não estamos trabalhando com elementos em relação aos conjuntos, não é mesmo?

Além disso, temos que todos os elementos de A estão também em B e em C, bem como todos os elementos de B estão também em C.

Assim **A ⊂ B ⊂ C**

Resposta: letra A.

<u>Conjunto Universo (U)</u>

É muito comum a expressão "conjunto universo". Geralmente a utilizamos para indicar todos os elementos com os quais se pretende trabalhar.

Quando a questão fala em "Numa turma de 50 alunos..." ou "Num estudo realizado com 1000 professores...", estamos delimitando o <u>Conjunto Universo</u> da questão.

<u>Subconjunto</u>

Diz-se que <u>A é subconjunto de B</u> se **todo elemento de A é também elemento de B.**

- {2} é subconjunto de {0, 1, 2, 5}

- {0, 1, 2} é subconjunto de {0, 1, 2, 5}

<u>Operações com Conjuntos</u>

Dados os conjuntos A, B e o Conjunto Universo S, conforme a figura, denomina-se:

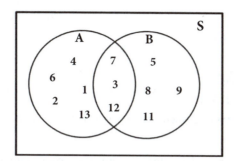

	Operações	Resultado
União (∪)	A ∪ B = {x | x ∈ A ou x ∈ B}	{1, 2, 3, 4, 5, 6, 7, 8, 9, 11, 12, 13}
Interseção (∩)	A ∩ B = {x | x ∈ A e x ∈ B}	{3, 7, 12}
Diferença (−)	A − B = {x | x ∈ A e x ∉ B}	{1, 2, 4, 6, 13}

22. (2013 – Quadrix – CRF-RS – Técnico em Informática) Dados os conjuntos A = {1, 2, 4, 5, 8, 9} e B = {3, 5, 7, 9}, o conjunto A − B é igual a:

(A) {1,2, 4, 8}

(B) {3,7}

(C) {5,9}

(D) {1, 2, 3, 4, 5, 7, 8, 9}

(E) { }

Na diferença A − B, temos que todos os elementos que pertencem ao conjunto A e não pertencem ao conjunto B.

⇨ A = {1, 2, 4, 5, 8, 9}

⇨ B = {3, 5, 7, 9}

Serão os seguintes elementos:

$$A - B = \{1, 2, 4, 8\}$$

Resposta: letra A.

23. (Ceperj – 2012 – Assistente Previdenciário – Rioprevidência) Observe os conjuntos abaixo:

A = {1,5,6,7}

B = {2,5,6,8}

C = {1,5,6}

Os conjuntos (A ∩ B) e (A ∪ C) valem, respectivamente:

(A) {5,6} e {1,5,6,7}

(B) {1,5,6} e {1,2,5,6,7}

(C) {7} e {1,5,6,7}

(D) {1,5,6,7} e {1,5,7}

(E) {1,2,5,6,7,8} e {1,5,6}

⇨ (A ∩ B) = todos os elementos que pertencem ao conjunto A **e** ao conjunto B

⇨ = **{5, 6}**

⇨ (A U C) = todos os elementos que pertencem ao conjunto A **ou** ao conjunto C

⇨ = **{1, 5, 6, 7}**

Resposta: letra A.

24. **(2014 – Iades – HUOL – Cirurgião Dentista)** Considere A, B e C três conjuntos quaisquer tais que A ⊂ B ∩ C ⊂ D. Assinale a alternativa que vale sempre, independentemente de outras condições específicas de A, B, C, D ou x.

(A) x ∈ B → x ∈ D.

(B) x ∈ C → x ∈ D.

(C) x ∈ A → x ∈ D.

(D) x ∈ B U C → x ∈ D.

(E) x ∈ A U B U C → x ∈ D.

Aqui, vale muito uma interpretação lógica dos conjuntos. Lendo o que se pede, temos:

O conjunto A está contido da intersecção de B e C, que está contido (esta intersecção, e não os dois conjuntos B e C, ok?) no conjunto D.

Olhem como fica a figura:

A ⊂ B ∩ C

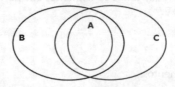

Agora, juntando o conjunto D:

A ⊂ B ∩ C ⊂ D

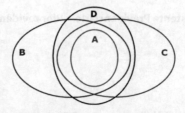

Assim, a única conclusão possível é dizer que, se tivermos um elemento pertencente ao conjunto A esse elemento também pertencerá ao conjunto D.

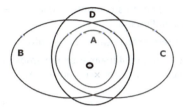

Resposta: letra C.

25. (2014 – FDC – AGERIO – Analista de Desenvolvimento) Sejam os conjuntos A = {-1, 0, 1, 2}; B = {1, 2, 3, 4, 5}; C = {6, 7} e D = {4, 6, 8, 10}. O conjunto que representa a operação (B – A) U (C ∩ D) corresponde a:

(A) {3, 4, 5, 6};

(B) {2, 3, 4};

(C) {4, 5, 6, 7};

(D) {4, 5, 6};

(E) {3, 4, 5}.

Vamos separar a operação:

⇨ (B – A) = {3, 4, 5}

⇨ (C ∩ D) = {6}

Para finalizar:

⇨ **(B – A) U (C ∩ D) = {3, 4, 5, 6}**

Resposta: letra A.

Tranquilo, meu povo! Veremos agora a 2ª situação apresentada no início desse tópico. Vamos trabalhar, através de exemplos, com o Diagrama de Venn.

26. (2013 – Iades – UFTM – Assistente Administrativo) Uma prova para candidatos a determinado emprego verificou se eles conheciam razoavelmente os idiomas inglês e espanhol. A correção das provas de todos quanto a esse quesito indicou que 14 candidatos sabiam inglês, 12 sabiam espanhol, 5 sabiam ambas e 10 não sabiam nenhuma. Um dos candidatos colocou uma observação dizendo que sabia francês. Qual era o número de candidatos?

(A) 31.

(B) 32.

(C) 36.

(D) 41.

(E) 42.

DICA
Em operações com conjuntos, buscaremos sempre começar pela **intersecção** dos conjuntos, seja em questões com 2 conjuntos, seja com questões com 3 conjuntos.

Temos 2 conjuntos: candidatos que sabem inglês e candidatos que sabem espanhol.

CUIDADO! O candidato que sabe francês não formará um conjunto. Vejam que ele não faz qualquer relação com os outros conjuntos. Assim, esse candidato ficará "fora" dos conjuntos (e aqui tem pegadinha...).

1º passo: coloca o 5 na intersecção entre os 2 conjuntos

2º passo: para cada conjunto individualmente, devemos pensar da seguinte maneira: como já colocamos 5, e esse valor pertence a ambos os conjuntos, devemos diminuir 5 do valor informado.

Olhem:

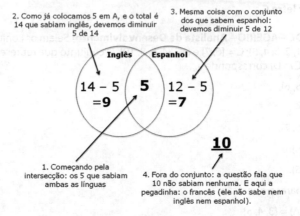

Agora, é somar:

Total = 9 + 5 + 7 + 10 = **31**

Resposta: letra A.

27. **(2011 – Cespe – IFB – Assistente de Administração)** O prefeito de certo município encomendou uma pesquisa para avaliar a adesão da população local às campanhas de vacinação. Uma das perguntas feitas aos pais questionava quais doses entre as três doses da vacina tetravalente seus filhos tinham tomado, considerando que cada dose pode ser tomada independentemente da outra. O resultado da pesquisa, que obteve informações advindas de 480 crianças, apontou que:

- 120 crianças tomaram as três doses;
- 130 tomaram a primeira e a segunda dose;
- 150 tomaram a segunda e a terceira dose;
- 170 tomaram a primeira e a terceira dose;
- 270 tomaram a primeira dose;
- 220 tomaram a segunda dose;
- 50 não tomaram nenhuma das três doses.

De acordo com os dados acima, julgue o item que se segue.

Na situação considerada, mais de 80 crianças tomaram apenas a terceira dose da vacina tetravalente.

São 120 crianças que tomaram as 3 doses. A partir daí, na intersecção de 2 conjuntos, cada valor deve ser subtraído desses 120, ok? Vamos ver como fica até agora!

- 120 crianças tomaram as três doses;
- 130 tomaram a primeira e a segunda dose = 130 − 120 = **10**
- 150 tomaram a segunda e a terceira dose = 150 − 120 = **30**
- 170 tomaram a primeira e a terceira dose = 170 − 120 = **50**

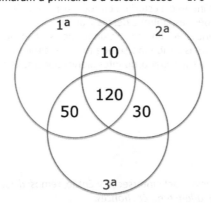

Agora, cada uma das doses separadamente:

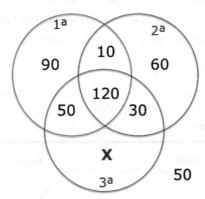

- 270 tomaram a primeira dose = 270 − (10 + 120 + 50) = **90**
- 220 tomaram a segunda dose = 220 − (10 + 120 + 30) = **60**
- **50** não tomaram nenhuma das três doses => fora dos conjuntos

Vejam que a questão não trouxe o valor para a terceira dose. É exatamente o que precisamos descobrir. Como a questão fala que *480 crianças* participaram da pesquisa, então somaremos todos os valores dos conjuntos, inclusive o valor dos que não tomaram nenhuma dose (= 50) e igualaremos a 480, ok?

Fica assim:

⇨ 90 + 60 + X + 10 + 30 + 50 + 120 + 50 = 480

⇨ 410 + X = 480

⇨ **X** =480 − 410 = **70** (menos de 80 crianças)

Item errado.

28. **(2009 – ESAF – RFB – Analista Tributário)** Uma escola para filhos de estrangeiros oferece cursos de idiomas estrangeiros para seus alunos. Em uma determinada série, 30 alunos estudam francês, 45 estudam inglês, e 40, espanhol. Dos alunos que estudam francês, 12 estudam também inglês e 3 estudam também espanhol. Dos alunos que estudam inglês, 7 estudam também espanhol e desses 7 alunos que estudam inglês e espanhol, 3 estudam também francês. Por fim, há 10 alunos que estudam apenas alemão. Não sendo oferecidos outros idiomas e sabendo-se que todos os alunos dessa série devem estudar pelo menos um idioma estrangeiro, quantos alunos dessa série estudam nessa escola?

(A) 96.

(B) 100.

(C) 125.

(D) 115.

(E) 106.

Já sabemos que o início é pela intersecção! Então, temos: *desses 7 alunos que estudam inglês e espanhol, 3 estudam também francês.*

Na intersecção dos três idiomas, colocamos 3. Na intersecção de inglês e espanhol, apenas 4, pois já colocamos 4 na intersecção dos três idiomas;

Dos alunos que estudam francês, 12 estudam também inglês e 3 estudam também espanhol

Já colocamos 3 (intersecção dos 3), então colocaremos 9 para francês e inglês e 0 (zero) para francês e espanhol;

10 alunos que estudam apenas alemão

Aqui, não é preciso colocar um outro conjunto. Como só temos essa informação para alemão, é só colocar 10 'fora' dos conjuntos.

O Diagrama fica assim:

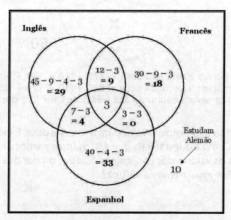

Então:

Total = 29 + 18 + 33 + 9 + 4 + 3 + 10 = **106**

Resposta: letra E.

Bem, e se não tivermos a interseção? Como iremos resolver?

29. (2013 – IBFC – EBSERH – Técnico em Informática) Numa pesquisa, sobre a preferência entre 2 produtos, foram, entrevistadas 320 pessoas e chegou-se ao seguinte resultado: 210 preferiram o produto A, 190 preferiram o produto B e 45 nenhum dos dois. Portanto, o total de entrevistados que preferiram somente um dos produtos foi de:

(A) 150

(B) 125

(C) 35

(D) 85

Para resolvermos, sempre procuramos a intersecção, não é? Como não temos, vamos chamá-la de **X**. A partir daí, vamos fazendo os cálculos.

Olhem:

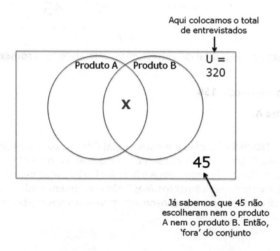

Agora, sabendo disso, vamos diminuir de 'X' cada valor colocado para os conjuntos A e B:

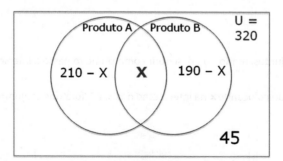

Pronto! Se somarmos todos os elementos pertencentes ao conjunto U (Universo), terá que dar 320.

⇨ (210 − X) + (190 − X) + X + 45 = 320

⇨ 210 − X + 190 − X + X + 45 = 320

⇨ −X + 445 = 320

⇨ −X = 320 − 445

⇨ −X = −125, logo **X = 125**

Substituam o 125 no lugar do "X" e vamos ver o que acontece:

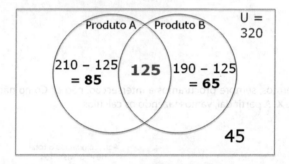

Como a questão pede o total de entrevistados que preferiram **somente um** dos produtos:

Somente um = 85 + 65 = **150**

Resposta: letra A.

30. **(2013 – IBFC – HU-MA – Técnico em Radiologia)** Dos 100 pacientes de um hospital, 52 consomem o medicamento A, 45 consomem o medicamento B e 41 consomem o medicamento C. Além disso, 16 consomem A e B, 17 B e C e 20 consomem A e C. Há pacientes que consomem os três medicamentos. Mas 7 não consomem nenhum desses remédios, O numero total de pacientes que consomem apenas um dos medicamentos é igual a:

(A) 47

(B) 53

(C) 56

(D) 60

(E) 63

Serão 3 conjuntos, tendo que descobrir como primeiro passo a intersecção dos 3 conjuntos.

Já começando colocando **x** na intersecção dos 3, e 7 'fora' dos conjuntos:

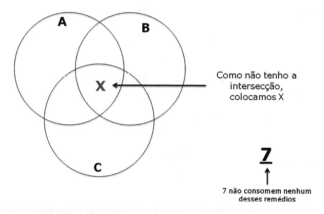

Colocando agora a intersecção entre 2 conjuntos:

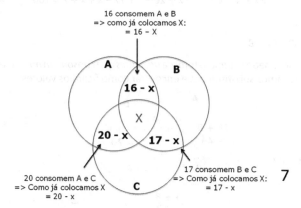

Agora, precisamos ter cuidado com os cálculos, ok?

52 consomem o medicamento A.

Nós já colocamos (16 − X), X e (20 − X). Precisamos somar esses valores e diminuir de 52

⇨ 16 − X + X + 20 − X = 36 − X

⇨ 52 − (36 − X) = 52 − 36 + X = **16 + X**

Acompanharam o raciocínio? É só fazer o mesmo para B e C.

45 consomem o medicamento B.

Os valores já colocados são (16 − X), X e (17 − X).

⇨ 16 − X + X + 17 − X = 33 − X

⇨ 45 − (33 − X) = 45 − 33 + X = **12 + X**

41 consomem o medicamento C.

Já colocamos (17 − X), X e (20 − X). Precisamos somar esses valores e diminuir de 41:

⇨ 17 − X + X + 20 − X = 37 − X

⇨ 41 − (37 − X) = 41 − 37 + X = **4 + X**

Substituindo:

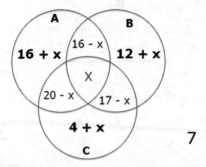

Última parte: somem todos os elementos. O valor deve ser igualado a 100:

⇨ $16 + x + 12 + x + 4 + x + 16 - x + 20 - x + 17 - x + x + 7 = 100$

⇨ $x + 92 = 100$

⇨ $x = 100 - 92 = 8$

Como a questão pede *o numero total de pacientes que consomem apenas um dos medicamentos*, precisamos substituir o X e encontrar como ficam os valores:

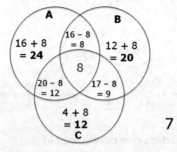

Somente um = $24 + 12 + 20 = 56$

Resposta: letra C.

31. **(2009 – FUNCAB – Prefeitura de Porto Velho – Fiscal de Tributos Municipais)** Uma pesquisa foi realizada em uma classe de 51 alunos. Verificou-se que 23 alunos possuem computador, 28 alunos possuem telefone celular, 37 alunos possuem passaporte, 13 alunos possuem computador e telefone celular, 15 alunos possuem computador e passaporte e 17 alunos possuem telefone celular e passaporte. Determine o número de alunos que possuem computador, telefone celular e passaporte.

(A) 13

(B) 8

(C) 15

(D) 7

(E) 9

Vejam que novamente não temos a interseção. Logo, chamaremos de **x**.

Daí, *13 alunos possuem computador e telefone celular*, se eu já coloquei **x** alunos na intersecção dos 3, sobra '13 – x' para a intersecção de computador e celular.

A mesma coisa faremos na intersecção de computador e passaporte (15 – x) e telefone celular e passaporte (17 – x). Fica assim:

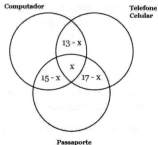

Agora, muito cuidado nos cálculos:

23 alunos possuem computador

Já colocamos no conjunto dos computadores 28 – x alunos (13 – x + x + 15 – x). Então, preencheremos no espaço vazio 23 – (28 – x), que é igual a **x – 5**.

28 alunos possuem telefone celular

Já colocamos no conjunto dos telefones celulares 30 – x alunos (13 – x + x + 17 – x). Então, preencheremos no espaço vazio 28 – (30 – x), que é igual a **x – 2**.

37 alunos possuem passaporte

Já colocamos no conjunto dos passaportes 32 – x alunos (17 – x + x + 15 – x). Então, preencheremos no espaço vazio 37 – (32 – x), que é igual a **x + 5**.

Ficou assim:

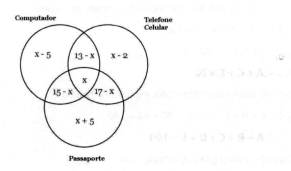

Agora, somaremos todos os valores dos conjuntos e igualaremos a 51 (total de alunos da classe):

⇨ (x – 5) + (x – 2) + (x + 5) + (13 – x) + (17 – x) + (15 – x) + x = 51

⇨ x + 43 = 51

⇨ x = 51 – 43

⇨ **x = 8**

Resposta: letra B.

Olha só, chegou a hora de conhecermos algumas questões mais avançadas, que exigirão, além das operações com conjuntos, algumas deduções lógicas. Vamos ver uns exemplos.

32. (2008 – CESPE – TRT 5ªR – Técnico Judiciário) No curso de línguas Esperanto, os 180 alunos estudam inglês, espanhol ou grego. Sabe-se que 60 alunos estudam espanhol e que 40 estudam somente inglês e espanhol. Com base nessa situação, julgue o item que se segue.

Se 40 alunos estudam somente grego, então mais de 90 alunos estudam somente inglês.

Se vocês repararem, não conseguiremos preencher, com as informações passadas pela questão e pelo item a ser respondido, todos os valores dos conjuntos.

Assim, a saída é atribuir incógnitas (letras) para o restante dos valores que a questão não coloca.

Fica assim:

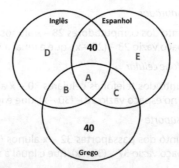

Com isso, conseguiremos montar algumas equações:

60 alunos estudam espanhol

(1) $A + C + E + 40 = 60$

⇨ **$A + C + E = 20$**

Os 180 alunos estudam inglês, espanhol ou grego

(2) $A + B + C + D + E + 40 + 40 = 180$

⇨ **$A + B + C + D + E = 100$**

Substituindo (1) na (2), temos:

⇨ $(A + C + E) + B + D = 100$

⇨ $20 + B + D = 100$

⇨ **$B + D = 80$**

Notem que a questão fala que *mais de 90 alunos estudam somente inglês*. Isso é o valor de B, correto? Se B + D = 80, como pode B ser maior que 90? Impossível!

Item errado.

33. **(2015 – FCC – Manausprev – Analista Previdenciário)** Em um grupo de 32 homens, 18 são altos, 22 são barbados e 16 são carecas. Homens altos e barbados que não são carecas são seis. Todos homens altos que são carecas, são também barbados. Sabe-se que existem 5 homens que são altos e não são barbados nem carecas. Sabe-se que existem 5 homens que são barbados e não são altos nem carecas. Sabe-se que existem 5 homens que são carecas e não são altos e nem barbados. Dentre todos esses homens, o número de barbados que não são altos, mas são carecas é igual a

(A) 13.

(B) 5.

(C) 8.

(D) 4.

(E) 7.

Pensemos assim: vamos montar os 3 conjuntos, colocando letras (caaaalma, só para começar...) no lugar dos números.

Vejam:

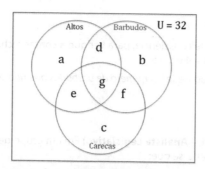

Agora vamos ler cada parte do texto e verificar de que letras estamos falando, ok?

⇨ *5 homens que são altos e não são barbados nem carecas*: **a = 5**

⇨ *5 homens que são barbados e não são altos nem carecas*: **b = 5**

⇨ *5 homens que são carecas e não são altos e nem barbados*: **c = 5**

Todos homens altos que são carecas, são também barbados: ou seja, não existe homem alto, careca e não é barbado. Logo, **e = 0**

Homens altos e barbados que não são carecas são seis: **d = 6**

Vamos substituir para ver como estamos:

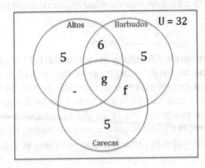

Melhorou, não foi? Vejam que a questão fala que *18 são altos*. Logo,

⇨ 5 + 6 + g = 18

⇨ 11 + g = 18

⇨ **g = 18 – 11 = 7**

Sabendo que g = 7 e que *22 são barbados*, podemos fazer:

⇨ 6 + 5 + 7 + f = 22

⇨ 18 + f = 22

⇨ **f = 22 – 18 = 4**

Só por desencargo de consciência, para ver que a contas fecharam, vejam que "16 são carecas", pois g = 7, f = 4 e c = 5.

Ah, e o que a questão pede? *O número de barbados que não são altos, mas são carecas* é o valor de **f**.

Resposta: letra D.

34. **(2014 – FCC – ALEPE – Analista Legislativo)** Em um grupo de 90 funcionários de uma repartição pública sabe-se que:

– 12 têm conhecimentos jurídicos, contábeis e de informática;

– 56 têm conhecimentos de informática;

– 49 têm conhecimentos contábeis.

Além disso, todos que têm conhecimentos jurídicos também conhecem informática, e 8 funcionários não têm conhecimento jurídico, nem de informática e nem contábil.

Nas condições dadas, o número de funcionários que têm conhecimentos de informática e de contabilidade (simultaneamente), mas que não têm conhecimentos jurídicos, é igual a

(A) 26.

(B) 25.

(C) 18.

(D) 11.

(E) 7.

Dessa vez, a questão já começa passando a interseção dos 3 conjuntos, não é mesmo? Vamos ver se conseguimos mais informações.

8 funcionários não têm conhecimento jurídico, nem de informática e nem contábil.

⇨ Essa informação vai para 'fora' dos conjuntos.

Todos que têm conhecimentos jurídicos também conhecem informática.

⇨ Aqui a conclusão é que não teremos valores para somente 'conhecimentos jurídicos' e 'conhecimentos jurídicos e contábeis', ok?

De resto, vamos colocar letras para preencher todo o Diagrama!

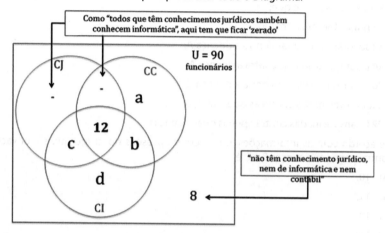

Deu uma melhorada, não é? Vamos ver o que ainda temos para descobrir.

49 têm conhecimentos contábeis

Olhando para o diagrama, temos:

⇨ $a + b + 12 = 49$

⇨ $a + b = 37$ (vou chamar de EQ1)

56 têm conhecimentos de informática

Mesma ideia, vamos montar uma equação:

⇨ $b + c + d + 12 = 56$

⇨ $b + c + d = 44$ (essa vai ser a EQ2)

Um grupo de 90 funcionários...

Soma tudo, meu povo!

⇨ $a + b + c + d + 12 + 8 = 90$

⇨ $a + b + c + d + 20 = 9$

⇨ $a + b + c + d = 70$ (substituam a EQ2 nessa equação)

⇨ $a + 44 = 70$

⇨ **$a = 70 - 44 = 26$**

Para acabar, substituam a = 26 em EQ1:

$\Rightarrow 26 + b = 37$

$\Rightarrow \mathbf{b} = 37 - 26 = \mathbf{11}$

Como a questão pede *o número de funcionários que têm conhecimentos de informática e de contabilidade (simultaneamente), mas que não têm conhecimentos jurídicos*, isso é, pelo nosso diagrama, exatamente o valor de **b**, não é mesmo?

Resposta: letra D.

35. (2010 – FCC – BAHIAGÁS – Analista de Processos Organizacionais) Em um grupo de 100 pessoas, sabe-se que:

– 15 nunca foram vacinadas;

– 32 só foram vacinadas contra a doença A;

– 44 já foram vacinadas contra a doença A;

– 20 só foram vacinadas contra a doença C;

– 2 foram vacinadas contra as doenças A, B e C;

– 22 foram vacinadas contra apenas duas doenças.

De acordo com as informações, o número de pessoas do grupo que só foi vacinado contra ambas as doenças B e C é

(A) 10.

(B) 11.

(C) 12.

(D) 13.

(E) 14.

A dica já sabemos: começar pela intersecção (*2 foram vacinadas contra as doenças A, B e C*)!

Porém, vamos fazer logo outras conclusões:

15 nunca foram vacinadas

$\Rightarrow$ Vai ficar 'fora' das bolinhas

32 só foram vacinadas contra a doença A

$\Rightarrow$ Cuidado com o *SÓ*! Esse número ficará no espaço do A, porém não será repartido com nenhuma intersecção!

20 só foram vacinadas contra a doença C

$\Rightarrow$ Mesmo entendimento do anterior.

Nos espaços que faltarem, vamos colocar letras, ok? (Lembram? Já fizemos isso anteriormente, não foi?)

Ficou assim:

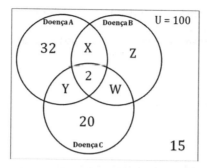

E agora? Bem, vamos ver quais informações ainda temos na questão.

44 já foram vacinadas contra a doença A

Aqui são TODOS os valores do conjunto A. Olhando para a figura, temos que:

⇨ 32 + X + Y + 2 = 44

⇨ X + Y + 34 = 44

⇨ | X + Y = 10: |

22 foram vacinadas contra apenas duas doenças

Encontramos:

⇨ X + Y + W = 22

Como | X + Y = 10: |

⇨ 10 + W = 22

⇨ **W = 22 – 10 = 12**

Meu povo, e o W é o que?

É o que a questão nos pede, ou seja, *o número de pessoas do grupo que só foi vacinado contra ambas as doenças B e C*, não é mesmo?

Resposta: letra C.

É isso aí, meu povo! Chegamos ao final do capítulo. Agora, é com vocês! Treinem, resolvam questões. Só assim vocês conseguirão fixar todos os conceitos apresentados, para que, na hora da prova, façam questões tranquilas e acertem todas!

7. QUESTÕES PARA TREINAR!

1. **(2015 – IBFC – SEAB-BA – Técnico de Registro de Comércio)**Mauro acertou 7/12 de 40% das questões de um concurso. Nessas condições, a fração que corresponde ao total de questões que Mauro errou no concurso é:

    (A) 23/60

    (B) 14/60

    (C) 11/30

    (D) 23/30

    (E) 7/30

MATEMÁTICA E RACIOCÍNIO LÓGICO – *Paulo Henrique (PH)*

2. **(2015 – Iades – Eletrobrás – Leiturista)** Um fiscal de obras conseguiu vistoriar 2/5 das obras sob sua responsabilidade na segunda-feira e 1/4 na terça-feira. Qual é a fração que representa o número de obras que ainda não foi visitado?

    (A) 7/20

    (B) 3/9

    (C) 1/10

    (D) 6/9

    (E) 13/20

3. **(2013 – FCC – Metrô-SP – Agente de Segurança)** Dois amigos foram a uma pizzaria. O mais velho comeu 3/8 da pizza que compraram. Ainda da mesma pizza o mais novo comeu 7/5 da quantidade que seu amigo havia comido. Sendo assim, e sabendo que mais nada dessa pizza foi comido, a fração da pizza que restou foi

    (A) 3/5

    (B) 7/8

    (C) 1/10

    (D) 3/10

    (E) 36/40

4. **(2013 – VUNESP – FUNDUNESP – Engenheiro de Segurança)** A razão entre a medida do lado de um quadrado e a medida do maior lado de um retângulo é 4:5. A razão entre a medida do lado desse quadrado e a medida do menor lado desse retângulo é 7:5. A razão entre a área desse quadrado para a área desse retângulo vale

    (A) 14:15.

    (B) 14:25.

    (C) 25:28.

    (D) 25:14.

    (E) 28:25.

5. **(2008 – CESGRANRIO – Petrobrás – Técnico de Administração e Controle Júnior)** Seja A/B a razão entre duas quantidades. Se a primeira das quantidades for acrescida de 6 unidades e a segunda das quantidades for acrescida de 9 unidades, a razão entre elas permanece inalterada. O valor dessa razão é

    (A) 1/3

    (B) 2/3

    (C) 2/5

    (D) 2/9

    (E) 3/5

6. **(2013 – FCC – Banco do Brasil – Escriturário)** Dos 56 funcionários de uma agência bancária, alguns decidiram contribuir com uma lista beneficente. Contribuíram 2 a cada 3 mulheres, e 1 a cada 4 homens, totalizando 24 pessoas.

Cap. 3 • FUNDAMENTOS DA MATEMÁTICA

A razão do número de funcionárias mulheres para o número de funcionários homens dessa agência é de

(A) 3 para 4.

(B) 2 para 3.

(C) 1 para 2

(D) 3 para 2.

(E) 4 para 5.

7. **(2007 – FCC – TRF 4ªR – Técnico Judiciário)** Sabe-se que um número X é diretamente proporcional a um número Y e que, quando X = 8, tem-se Y = 24. Assim, quando X = 5/6, o valor de Y é

(A) 1/3

(B) 2/3

(C) 3/2

(D) 5/3

(E) 5/2

8. **(2013 – CESPE – INPI – Técnico de Propriedade Industrial)** Em televisões FullHD, a proporção entre a largura e a altura da tela é 16:9. Com base nessa informação, julgue o item a seguir.

Se a altura for aumentada em 20%, então, para manter a proporção de 16:9, a largura também deverá ser aumentada em 20%.

(Verdadeiro)   (Falso)

9. **(2011 – Cespe – BRB – Escriturário)** Uma empresa contratou 16 novos profissionais, para as áreas I e II. Para os profissionais da área I, o salário mensal é de R$ 2.250,00, e de R$ 1.650,00, para os da área II. Com esses novos profissionais, a despesa mensal de salários será superior a R$ 29.700,00 e inferior a R$ 30.300,00.

A respeito dessa situação, julgue o item subsequente.

Os números que representam as despesas mensais da empresa com os salários dos novos profissionais das áreas I e II são diretamente proporcionais a 9 e 11.

(Verdadeiro)   (Falso)

10. **(2013 – FCC – AL-RN – Técnico Legislativo)** Se o preço de 3/5 de quilograma de um produto é R$ 72,00, então, mantida a proporcionalidade, o preço de 150 gramas desse produto será

(A) R$ 38,60.

(B) R$ 24,00.

(C) R$ 67,50.

(D) R$ 10,80.

(E) R$ 18,00.

11. (2013 – FGV – TCE-BA – Analista de Controle Externo) Em uma comunidade pré-histórica, os objetos de valor usados como moeda eram a concha, a argola e a lâmina. Sabe-se que duas lâminas equivaliam a 7 argolas e que 4 argolas equivaliam a 9 conchas. Um habitante dessa comunidade possuía 210 conchas. O número máximo de lâminas que ele conseguiria obter com essas conchas era

(A) 20.

(B) 22.

(C) 24.

(D) 26.

(E) 28.

12. (2014 – FEPESE – MPE-SE – Técnico em Informática) Em uma eleição, o número de votos nulos é 10.800 votos, o que corresponde a 30% do total dos votos dados. Logo, o número total de votos dados nesta eleição é:

(A) 28.000.

(B) 30.000.

(C) 32.000.

(D) 33.000.

(E) 36.000.

13. (2013 – COMVEST – UFAM – Técnico de Laboratório) Na porta de um supermercado foi realizada uma enquete, com 200 pessoas, sobre o uso de três produtos de limpeza A, B e C. As respostas foram: 20 pessoas usam somente o produto A, 60 pessoas usam somente o produto B, 30 pessoas usam somente o produto C, 16 pessoas usam os produtos A e B, 28 pessoas usam os produtos A e C, 12 pessoas usam os produtos B e C, e 8 pessoas usam os três produtos. Qual o percentual do total de pessoas entrevistadas na enquete que NÃO usam nenhum dos três produtos?

(A) 25%

(B) 75%

(C) 50%

(D) 30%

(E) 100%

14. (2012 – ESAF – Receita Federal do Brasil – Auditor Fiscal) Luca vai ao shopping com determinada quantia. Com essa quantia, ele pode comprar 40 lápis ou 30 canetas. Luca, que sempre é muito precavido, guarda 10% do dinheiro para voltar de ônibus. Sabendo que Luca comprou 24 lápis, então o número de canetas que Luca pode comprar, com o restante do dinheiro, é igual a

(A) 9.

(B) 12.

(C) 6.

(D) 18.

(E) 15.

Cap. 3 · FUNDAMENTOS DA MATEMÁTICA | 825

15. **(2015 – VUNESP – TJ-SP – Escrevente Técnico Judiciário)** Um determinado recipiente, com 40% da sua capacidade total preenchida com água, tem massa de 428 g. Quando a água preenche 75% de sua capacidade total, passa a ter massa de 610 g. A massa desse recipiente, quando totalmente vazio, é igual, em gramas, a

(A) 338.

(B) 208.

(C) 200.

(D) 182.

(E) 220.

16. **(2013 – IBFC – SEPLAG-MG – Enfermagem)** Em uma entrevista para saber se as pessoas utilizariam os produtos A, B ou C, chegou-se a seguinte conclusão: 229 pessoas utilizariam o produto A, 223 utilizariam o produto B, 196 utilizariam o produto C, 79 utilizariam os produtos A e B, 89 os produtos A e C, 69 os produtos B e C, 37 os três produtos e 53 nenhum dos três. Nessas condições, é correto afirmar que:

(A) 275 pessoas utilizariam somente um dos produtos.

(B) 112 pessoas utilizariam somente o produto C.

(C) 225 pessoas utilizariam os produtos A e C, mas não utilizariam o produto B

(D) 500 pessoas foram entrevistadas

17. **(2015 – FGV – SSP-AM – Técnico de Nível Superior)** Em uma empresa de porte médio, 217 funcionários têm casa própria ou carro ou as duas coisas. Se 189 têm carro e 63 têm casa própria, o número de funcionários que têm carro mas não têm casa própria é:

(A) 124;

(B) 138;

(C) 144;

(D) 148:

(E) 154.

18. **(2014 – VUNESP – Desenvolve – SP – Auditor)** Em relação aos conjuntos A, B e C e a um total de 58 elementos que pertencem a eles, sabe-se: que nenhum elemento pertence simultaneamente aos três conjuntos; que 13 elementos pertencem simultaneamente aos conjuntos A e B; que 3 elementos pertencem simultaneamente aos conjuntos A e C; que 2 elementos pertencem simultaneamente aos conjuntos B e C; que o número de elementos que pertencem apenas ao conjunto C é 5 unidades a mais do que aqueles que pertencem apenas ao conjunto B; que o número de elementos que pertencem apenas ao conjunto A é 1 unidade a menos do que aqueles que pertencem apenas ao conjunto B. O número de elementos que pertencem apenas ao conjunto C é igual a

(A) 46.

(B) 31.

(C) 24.

(D) 17.

(E) 12.

19. (2014 – FCC – SEFAZ-RJ – Auditor Fiscal) Em uma grande empresa, 50% dos empregados são assinantes da revista X, 40% são assinantes da revista Y e 60% são assinantes da revista Z. Sabe-se que 20% dos empregados assinam as revistas X e Y, 30% assinam as revistas X e Z, 20% assinam as revistas Y e Z e 10% não assinam nenhuma das revistas. Considerando que existam somente as revistas X, Y e Z, obtém-se que a porcentagem dos empregados que assinam mais que uma revista é igual a

(A) 80%.

(B) 40%.

(C) 60%.

(D) 50%.

(E) 70%.

20. (2014 – VUNESP – Desenvolve-SP – Contador) Os doutores de Barsan são médicos, advogados ou engenheiros, mas nunca são os três ao mesmo tempo. São 8 os engenheiros que também são advogados, e um a menos do que esses 8 são os médicos que também são engenheiros. Três doutores são especialistas em apenas uma das áreas, um em cada uma das áreas. Sabendo-se que em Barsan há 27 doutores, o número de advogados supera o número de engenheiros em

(A) 1.

(B) 2.

(C) 3.

(D) 4.

(E) 5.

GABARITO DAS QUESTÕES									
1	2	3	4	5	6	7	8	9	10
D	A	C	E	B	A	E	V	V	E
11	12	13	14	15	16	17	18	19	20
D	E	A	A	E	C	E	D	D	B

Capítulo 4

DESAFIO – MATEMÁTICA E RACIOCÍNIO LÓGICO

Julgue os itens postos abaixo e assinale (V) ou (F):

1. Questões Lógicas são questões que necessitam de conceitos prévios de Raciocínio Lógico (proposições, tabela-verdade, conectivos, etc).

2. Quando temos razões de denominador diferente a 100, podemos dizer que temos taxas percentuais, ou porcentagem.

3. Para que tenhamos um número inteiro como média de dois números, a soma deles tem que ser um número ímpar.

4. Para que tenhamos um número inteiro como média de três números, a soma deles tem que ser um número cujos algarismos somados dê um número divisível por 3.

5. Para que tenhamos um número inteiro como média de quatro números, a soma deles tem que dar um número cujos 2 últimos algarismos juntos seja um número divisível por 4.

6. Uma proposição é uma sentença declarativa, que será expressa somente por meio de números.

7. Sentenças imperativas ("Estude mais"; "Leia aquele livro") são consideradas proposições.

8. Sentenças que não possuem verbo não podem ser consideradas declarativas, consequentemente também não são proposições.

9. Sentenças abertas são aquelas que, por ter uma variável, uma incógnita, um termo que torna a frase determinada.

10. Uma proposição é uma sentença que pode ser julgada como verdadeira (V) ou falsa (F) embora não se exija que o julgador seja capaz de decidir qual é a alternativa válida.

11. "Todos os presidentes foram homens honrados." É uma sentença declarativa, portanto proposição.

12. "Não deixe de resolver a prova com a devida atenção." É uma sentença imperativa, portanto, não é proposição.

13. Uma proposição pode ser verdadeira e falsa simultaneamente.

14. Uma proposição só pode ter dois valores verdades, isto é, é verdadeiro ou falso, não podendo ter outro valor.

15. Existem proposições simples e compostas.

16. Para decidirmos se uma proposição composta é verdadeira ou falsa, precisamos verificar duas coisas: 1) do valor lógico das proposições componentes (simples); 2) do tipo de conectivo que as une.

17. Um conectivo é um termo que junta duas ou mais proposições.

18. Numa conjunção, para que a proposição composta seja verdadeira, as proposições componentes têm obrigatoriamente que ser falsa.

19. Numa disjunção, para que a proposição composta seja falsa, as proposições componentes têm obrigatoriamente que ser verdadeira.

20. Numa condicional, para que a proposição composta seja falsa, a 1ª parte deve ser verdadeira e a 2ª, falsa.

21. Numa bicondicional, para que a proposição composta seja verdadeira, as proposições componentes devem ter valores lógicos iguais. Se não, a proposição composta será falsa.

22. Numa disjunção exclusiva, para que a proposição composta seja falsa, as proposições componentes devem ter valores lógicos diferentes.

23. Se em uma conjunção, uma das proposições componentes for verdadeira, podemos concluir que essa proposição composta será falsa, independente do valor lógico da outra proposição componente.

24. Na bicondicional e na disjunção exclusiva, devemos ter o valor lógico de ambas as proposições componentes para descobrirmos o valor lógico da proposição composta.

25. A equivalência lógica entre duas proposições, p e q, pode ser representada simbolicamente como: $p \Leftrightarrow q$, $p \leftrightarrow q$, ou simplesmente por $p = q$.

26. Uma tautologia é uma fórmula proposicional que é falsa para todas as possíveis valorações de suas variáveis proposicionais.

27. Chama-se fração todo par a/b de números naturais, com o segundo diferente de 1.

28. Se A tem uma fração maior que B é porque o plantão de B é maior que o de A.

29. Quando escrevemos uma razão na forma fracionária ou na forma de divisão, o 1º número é o consequente, enquanto o 2º é o antecedente. O consequente e o antecedente são os termos de uma razão.

30. A igualdade entre duas razões é chamada de proporção.

31. Em toda proporção, a soma ou a diferença dos dois primeiros termos está para o primeiro (ou para o segundo), assim como a soma ou a diferença dos dois últimos termos está para o terceiro (ou quarto).

Cap. 4 · DESAFIO – MATEMÁTICA E RACIOCÍNIO LÓGICO

32. Em uma proporção a soma (ou a diferença) dos antecedentes está para a soma (ou a diferença) dos consequentes, assim como cada antecedente está para seu consequente.

33. Duas grandezas são diretamente proporcionais, enquanto um cresce (ou decresce) a outra decresce (ou cresce) na mesma razão.

34. Duas grandezas são inversamente proporcionais quando ambas crescem ou decrescem na mesma razão.

35. O símbolo de porcentagem (%) significa apenas dividido por 100.

36. quando uma pessoa for receber um aumento de 5%, isso quer dizer que, a cada R$ 100,00 recebidos, ela receberá mais R$ 5,00;

37 ao comprar um produto, se a loja te conceder um desconto de 20%, isso quer dizer que, a cada R$ 100,00 que você for pagar pelo produto, a loja irá devolver R$ 10,00;

38. se temos que 55% da população de uma cidade é composta por mulheres, podemos concluir que, de 100 pessoas, 55 são mulheres.

39. O Princípio do Azarado ou Princípio da Casa dos Pombos diz basicamente que: se tivermos N+1 pombos para serem colocados em N casas, então pelo menos uma casa deverá conter, pelo menos, quatro pombos.

40 Pode-se expressar porcentagem em sua forma decimal, ou em forma de fração.

41. Para saber a porcentagem de outra porcentagem somente precisamos somá-las.

42. Diz-se que A é subconjunto de B se todo elemento de A é também elemento de B.

43. Duas proposições são equivalentes quando têm a mesma tabela-verdade.

44. Todos os X são Y. Todos os Z são Y. Alguns X estão quebrados. Logo, alguns Y estão quebrados.

45. Uma urna contém 14 bolas vermelhas, 15 pretas, 5 azuis e 11 verdes. Retirando-se ao acaso uma bola por vez dessa urna, o número mínimo de retiradas para se ter certeza que uma bola azul esteja entre as que foram retiradas é 20.

46. A sequência (10; 17; 31; 59; 115; ...) foi criada seguindo um padrão pré-determinado. O maior número da sequência que é menor do que 1 000 é 999.

47. Para que ao final de 2 anos de aplicação num regime de capitalização composta, um capital de R$ 15 800,00 produza o montante de R$ 24 687,50, a taxa anual da aplicação deverá ser de 25%.

48. Em lógica de programação, denomina-se disjunção inclusiva de duas proposições p e q a proposição representada por "p ou q" cujo valor lógico é a falsidade (F), quando os valores lógicos das proposições p e q são ambos falsos ou ambos verdadeiros, e o valor lógico é a verdade (V), nos demais casos.

49. Participam de uma gincana 120 pessoas, das quais 30 são homens. 45 homens devem entrar na gincana para que as mulheres representem 60% dos participantes.

50. Se os termos da sequência (5, 10, 26, 50, 122, 170, …) obedecem a uma sequência lógica na lei de sua formação, o sétimo termo será 290.

GABARITO DO DESAFIO – MATEMÁTICA E RACIOCÍNIO LÓGICO									
1	2	3	4	5	6	7	8	9	10
F	F	F	V	V	F	F	V	F	V
11	12	13	14	15	16	17	18	19	20
V	V	F	V	V	V	V	F	F	V
21	22	23	24	25	26	27	28	29	30
V	F	F	V	V	F	F	F	F	V
31	32	33	34	35	36	37	38	39	40
V	V	F	F	V	V	F	V	F	V
41	42	43	44	45	46	47	48	49	50
F	V	V	V	F	F	V	F	F	V

Informática

Carlos Viana

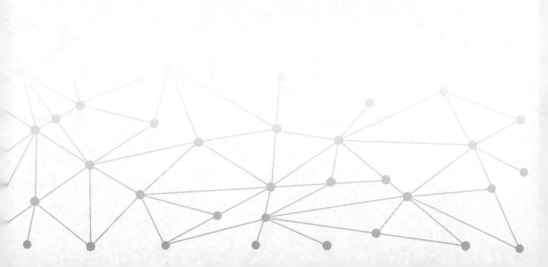

INFORMÁTICA

Carlos Viana

Dedico esta obra primeiramente a quem me sustenta: meu Deus.

Dedico-a também à minha linda esposa, Larice – ela sabe o quanto a amo –, à nossa pequenina Ella e ao nosso querido maltês, Chicão, que teve muita dificuldade em entender os momentos em que precisei de concentração.

NOTA DO AUTOR

Será que uma obra é como um filho? Nós, autores, dedicamos tempo a ela, sacrificamos lazer, momentos com a família, tudo isso por uma paixão. Somos tomados por um frenesi em que palavras emergem na nossa mente como bolhas de champanhe fervilhando e, após passearem pelos dedos frenéticos ao teclado, repousam em uma tela reluzente de computador.

Mas será que é apenas por essa paixão que escrevemos? Decerto que não. A razão de uma obra é ter serventia. É o seu propósito. Na verdade, o motivo de todo o tempo dedicado é fazer com que palavras o ajudem a realizar seu sonho de ser um funcionário público. E, principalmente, de ajudar outras pessoas, com seu bom atendimento, seu bom trabalho e sua dedicação.

Creio que uma obra represente a materialização de um desejo de fazer nossa pequena parte neste mundo e espero que esta aqui o ajude a atingir seus objetivos e realizar uma das missões mais nobres que conheço: a de servir.

Seja um bom funcionário público! E que Deus lhe abençoe nessa jornada em busca de conhecimento!

Carlos Viana

Capítulo 1

INTERNET

1. INTRODUÇÃO

A evolução tecnológica originou marcos históricos em nossa era. A revolução industrial, a invenção do computador e a criação da Internet são fatos que mudaram a forma como a civilização se comporta.

A **Internet** está enraizada em nosso cotidiano e parece não encontrar limites na imaginação humana. Novos serviços são criados diariamente em uma velocidade que, no mínimo, nos deixa impressionados. Em razão disso, esse é um dos assuntos que figuram no topo dos mais cobrados em provas de seleção.

Neste capítulo viajaremos pelos principais pontos do tema, iniciando com um conceito mais técnico e seguindo por algumas definições. Aprenderemos o que é um provedor e as formas como este nos dá acesso à Internet. Em seguida, estudaremos o modelo de funcionamento da Internet – conhecido *modelo cliente-servidor* – e finalizaremos o capítulo aprofundando tal modelo e seus protocolos.

2. CONCEITO

Internet é um conjunto de redes interconectadas através de *backbones* que utiliza a tecnologia TCP/IP.

Nesta definição destacamos dois termos importantes: *backbone* e TCP/IP. Vejamos suas definições:

- *Backbone*: é toda infraestrutura física e lógica para interconectar uma macrorregião;
- **TCP/IP**: é o conjunto de protocolos utilizados como padrão de comunicação na Internet.

Aprofundemos.

3. BACKBONE

Os computadores que se ligam à Internet precisam de infraestrutura física (cabos, antenas, equipamentos de rede em geral) para se conectar. Isso significa dizer que na parede de sua casa provavelmente existe um cabo que *deságua* na infraestrutura de seu provedor. Este provedor, por sua vez, possui ligações com outro provedor, que se conecta com um provedor vizinho, que também se conecta com um outro vizinho, e assim sucessivamente por várias vezes – o que acaba por formar uma grande teia de conectividade. A infraestrutura física (***hardware***) que forma esta teia é, evidentemente, controlada por softwares.

A figura abaixo ilustra o *backbone* mundial (as ligações pelo mundo):

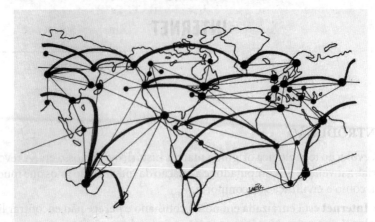

4. TCP/IP

A Internet precisa utilizar uma *língua* em comum para conseguir se comunicar. Isso se justifica devido às diferentes tecnologias nela existentes. Para que houvesse esta **intercambialidade dos dados**, foi projetada uma tecnologia – nomeada TCP/IP –, que deve necessariamente ser utilizada por todas as máquinas que queiram trocar informações na Internet.

De forma mais concreta, o TCP/IP é um software que se encontra instalado no sistema operacional de qualquer máquina que tenha acesso à Internet. Em outras palavras, não importa se seu sistema é Windows, Linux, Android ou IOS. Se seu dispositivo consegue ter acesso à Rede é porque possui o TCP/IP instalado no equipamento.

5. COMPREENDENDO OS PROTOCOLOS DA TECNOLOGIA TCP/IP

Conceitualmente, **protocolos são conjuntos de regras para executar determinada tarefa.**

Na Internet, cada protocolo rege a comunicação entre dois sistemas. Por exemplo, o protocolo HTTP rege a comunicação entre um cliente (máquina) que solicita um site junto ao servidor em que este site se encontra hospedado.

A partir deste mesmo exemplo, vamos descrever a **tarefa** de navegar em um site. Você já deve ter percebido que ao colocar o endereço de um determinado site no navegador, o protocolo **HTTP** precede o endereço digitado. Pois bem, é tarefa desse protocolo buscar o site e reger a comunicação entre o equipamento solicitante (chamado genericamente de **cliente**) e o **servidor**.

É importante notar que **há um protocolo associado a cada tarefa que se faz na Internet** – como navegar em sites, acessar ou enviar um e-mail, transferir um arquivo etc. Ou seja, além do HTTP, existem diversos outros protocolos relacionados à Internet e são criados novos protocolos a cada dia. **O conjunto de protocolos existentes relacionados à Internet é chamado de TCP/IP.**

Na presente obra não serão abordados todos, mas apenas aqueles que possuem maior incidência em provas de concursos.

Agora que já conceituamos Internet, vamos entender um pouco mais sobre PROVEDORES.

6. ISP – INTERNET SERVICE PROVEDOR (PROVEDOR DE SERVIÇO DE INTERNET)

Um *Provedor de Serviço de Internet*, ou simplesmente *provedor*, é a entidade responsável por prover serviço à Internet para nós, clientes.

Os provedores podem nos prover acesso à Internet por diversas tecnologias distintas: por cabos de telefonia fixa, por cabos da TV a cabo, por antenas de telefonia móvel, dentre outras.

Na seção seguinte vamos estudar as principais formas de acesso à Internet.

7. FORMA DE ACESSO

Para se ter acesso à rede mundial de computadores é necessário solicitar um serviço de um ISP – *Internet Service Provider (Provedor de Serviço de Internet)* fornecido por empresas proprietárias de infraestruturas que permitem tal acesso. Assim, para poder ter acesso à Internet, é necessário contratar um provedor.

Existem **várias tecnologias** diferentes para se ter acesso à Internet. Pode-se, por exemplo, promover o acesso a partir de antenas de telefonia celular, serviço conhecido como Internet 3G. Outro exemplo de tecnologia é a que permite o acesso à Internet a partir da infraestrutura já utilizada para a transmissão de sinal de TV pelas redes de TV a cabo. Do mesmo modo que se pode aproveitar a infraestrutura da TV a cabo, pode-se também acessar a Internet utilizando a infraestrutura da linha telefônica. Cabe ao usuário analisar as características, vantagens e desvantagens de cada tecnologia oferecida pelos provedores disponíveis, a fim de escolher qual se adapta melhor à sua necessidade, no caso de uma eventual contratação do serviço.

DICA

As principais formas de acesso são: *dial up*, **ADSL, cabo, 3G, rádio e energia.**

7.1. Dial Up (através da linha telefônica)

Também chamada de **Internet discada**, esta tecnologia utiliza a **linha telefônica** para realizar o acesso à Internet. Para tanto, o fio telefônico deve estar diretamente conectado a uma placa de fax/modem, instalada no computador. A seguir, a máquina efetua uma "chamada" para o provedor a fim de estabelecer a conexão.

A conexão Dial Up tem sido pouco utilizada atualmente, pois, além de ocupar a linha telefônica quando ativa, seus custos podem ser altos – já que há tarifação da chamada efetuada através da linha. A Internet discada é caracterizada pela baixa velocidade de acesso, geralmente limitando-se a 56Kbps – que é uma velocidade bastante lenta para os padrões atuais.

7.2. ADSL

Esse sistema usa a infraestrutura da linha telefônica, mas não usa o telefone em si. O que ocorre é que através do mesmo meio (linha telefônica), trafegam o sinal do telefone e o sinal da Internet.

Ou seja, é possível realizar ligações telefônicas e ter acesso à Internet ao mesmo tempo. Como não usamos o telefone em si (e sim sua linha), não é cobrado custo de ligação telefônica e a cobrança geralmente é realizada por uma taxa fixa mensal.

A tecnologia ADSL atinge velocidades superiores a 20 Mbps, já sendo considerada como banda larga pelos padrões brasileiros.

7.3. Cabo

A mesma ideia da ADSL é empregada na tecnologia a cabo: utiliza-se a infraestrutura física dos cabos das redes de TV a cabo para transmissão dos sinais de TV e conexão à Internet.

Quanto à velocidade, a tecnologia a cabo também assemelha-se à ADSL.

7.4. Internet por Rede Elétrica

Nesta tecnologia a Internet chega à casa do usuário através da infraestrutura da **rede elétrica**. É uma ideia muito interessante: ligar o computador na tomada e, além da alimentação elétrica, receber também conexão com a Internet.

Esse sistema ainda está em testes em algumas regiões, e infelizmente o caminho tem mostrado não ser viável comercialmente em larga escala, pelo menos por enquanto.

7.5. Internet a Rádio

A Internet via ondas de rádio funciona com a transmissão do sinal através de repetidores localizados em pontos estratégicos.

O sinal é distribuído aos clientes através de **ondas**. É um sistema relativamente barato, mas também bastante vulnerável a falhas. Isto acontece porque a Internet via rádio pode sofrer diversas interferências: de outras ondas eletromagnéticas presentes no ar, da chuva e/ou de edificações muito elevadas que estejam na trajetória das ondas, o que pode dificultar a difusão do sinal, dentre outras.

A velocidade da Internet a rádio supera os 15Mbps e também já é considerada conexão de banda larga pelos padrões brasileiros.

7.6. Tecnologia 3G e 4G

A tecnologia 3G e 4G corresponde à categoria de acesso à Internet através de **antenas de telefonia móvel**.

As antenas das empresas de telefonia móvel permitem, além do sinal de voz, a passagem de dados de Internet, de modo que tais antenas são compartilhadas para transmitir tanto nossas ligações e quanto dados de Internet.

Com relação à velocidade, a tecnologia 3G supera 4Mbps e a 4G supera 20Mbps.

DICA

A lista abaixo não é exaustiva, mas indica as principais formas de acesso à Internet no Brasil.

Forma de acesso	Característica	Banda
Dial up	Discada	Banda estreita
ADLS	Usa linha telefônica	Banda larga
Cabo	Usa infraestrutura de cabo	Banda larga
Rádio	Utiliza ondas de rádio	Banda larga
3G | 4G	Utiliza as antenas de telefonia móvel	Banda larga

Agora que já conhecemos as principais formas de acesso à Internet, iniciaremos uma nova etapa de estudo: a da compreensão do modelo de funcionamento da Internet, conhecido como modelo cliente/servidor.

8. MODELO CLIENTE/SERVIDOR

Como quase tudo na vida segue um modelo, a Internet não poderia ser diferente. O modelo padrão na Internet (ou paradigma) se chama **modelo cliente/servidor**.

Na Internet figuram dois entes genéricos: os **clientes**, que são aqueles que solicitam serviços; e os **servidores**, que são aqueles que oferecem serviços aos clientes.

Quando se solicita (acessa) um determinado site pelo computador, a máquina (a solicitante) é considerada **cliente**. Já a máquina que hospeda o site é considerada **servidor**.

Para que eles possam trocar arquivos do site entre si, é necessário que um protocolo reja essa tarefa. No caso de sites, o protocolo regente é o **HTTP** (ou HTTPS, caso seja uma transação segura).

Essa é a essência do modelo cliente-servidor: um cliente, um servidor e a comunicação entre eles regida por um protocolo.

Vejamos uma ilustração para uma melhor compreensão do modelo:

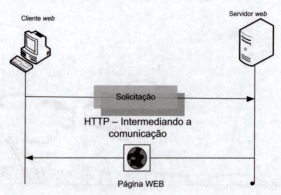

Cap. 1 · INTERNET

843

A Internet funciona através deste modelo. Cada serviço, como de hospedagem de sites, de armazenamento de arquivos, de e-mails etc., respeita esse paradigma. Estudaremos a seguir os principais serviços da Internet e seus respectivos protocolos.

9. SERVIÇOS DA INTERNET

A Internet é composta de serviços. Cada serviço pode ter um ou mais protocolos. Seguem abaixo os serviços mais cobrados em provas de seleção:

(a) Serviço Web: este é o mais afamado serviço da rede mundial de computadores. O serviço Web é tão famoso que muitas vezes é **confundido** com a própria Internet. É necessário entender bem este serviço, pois os examinadores costumam explorar a possível confusão relacionada a este tema. Para facilitar o entendimento do que é WEB, associe o termo WEB a Site. Deste modo, quando pensar em site, lembre-se de Web, quando pensar em Web, lembre-se de site e nunca da internet como um todo, pois a Web é apenas um elemento da Internet.

Quanto aos protocolos utilizados na Web, temos o **HTTP** (para navegação sem mecanismo de segurança) e o **HTTPS** (para navegação segura na Web).

(b) Serviço de Correio Eletrônico / E-mail: outro serviço muito conhecido da Internet é o serviço de correio eletrônico, mais conhecido como E-mail. Este serviço revolucionou o modo como nos comunicamos. Para este serviço, temos três protocolos: **POP**, **IMAP** e **SMTP**. Suas missões são:

SMTP>	Responsável pelo **Envio do E-mail;**
POP **IMAP**	Responsável pelo **Acesso a mensagens de E-mail;**

Há basicamente **duas ações** essenciais para o funcionamento dos serviços de e-mail – **acessar** e **enviar e-mails** – e precisamos conhecê-las mais a fundo.

b.1) Acessar e-mail: o acesso a uma mensagem de e-mail pode ser realizado utilizando o protocolo **POP** ou o **IMAP**.

O protocolo **POP** é bem simples, contudo bastante eficiente. Esta simplicidade era um requisito do projeto do serviço na época em que foi criado, já que seus projetistas trabalhavam em sistemas lentos (este protocolo data dos primórdios da Internet) e um protocolo complexo poderia inviabilizar seu uso, pois acentuaria ainda mais a lentidão do sistema.

A missão deste protocolo é buscar no servidor de armazenamento os e-mails (as mensagens recebidas) e trazê-los para nossos computadores, ou seja, ele efetua o download dos e-mails direto para nossas máquinas. Portanto, seu uso é recomendado quando queremos ter uma cópia das mensagens na máquina local.

Como, para acessar as mensagens, este protocolo realiza inicialmente seu download para máquina local, daí em diante pode-se ler os e-mails no computador a qualquer momento, sem necessariamente estar conectado à Internet. Para acessar o serviço de correio eletrônico usando o mecanismo do protocolo POP são utilizados programas como o Outlook Express ou o Thunderbird.

Em decorrência de sua simplicidade, o protocolo POP possui algumas limitações funcionais, que foram supridas pelo seu protocolo concorrente – o **IMAP**.

O **IMAP**, permite, por exemplo, que o usuário acesse a caixa de entrada diretamente no servidor, sem a necessidade de baixar os e-mails para máquina local. Isto não seria possível com a utilização do POP. Além dessa vantagem, o IMAP também permite a manipulação remota de pastas, mediante a qual é possível **criar pastas** e **mover** e-mails entre elas diretamente no servidor de e-mails.

(b.2) Enviar e-mail: o responsável pelo envio de mensagens de e-mail entre os servidores de transferência de mensagens é o protocolo **SMTP**. Portanto, sempre que acionado o comando de envio de e-mails, o protocolo SMTP está atuando na execução deste serviço para a transferência da mensagem.

(c) Serviço de concessão de IP's: na Internet, em regra, os dispositivos conectados são sempre identificados. Esta identificação é feita através de um número, que é unívoco, chamado de **número IP** e atribuído ao dispositivo conectado à Internet por um servidor especial chamado **DHCP**.

O servidor DHCP é uma espécie de banco de dados de números IP's de todo o mundo e que tem como missão conceder números IP's de forma dinâmica aos dispositivos que desejam se conectar à Internet.

É possível também fazer uma identificação fixa das máquinas, a ser atribuída arbitrariamente a cada dispositivo pelo analista de redes da organização. No entanto, é mais simples permitir que o próprio servidor DHCP conceda de forma automática essa identificação, a fim de se evitar alguns problemas como, por exemplo, o erro de se atribuir IP's em duplicidade.

O protocolo de solicitação de um número IP ao servidor DHCP é o chamado protocolo **DHCP** (sim, o protocolo tem o mesmo nome do servidor). Em outras palavras, **o protocolo responsável por conceder IP's de forma dinâmica às máquinas é o DHCP**.

(d) Serviço de tradução de nomes: como dito anteriormente, na Internet as máquinas são identificadas por um número IP.

Sabendo disso, pode surgir a seguinte dúvida: se um site está hospedado em uma máquina na Internet e todas as máquinas são identificadas por um número IP, por que não digitamos o número IP da máquina para acessar o site hospedado nela, em vez de escrevermos o endereço em forma de nome?

De fato, é possível a utilização do número de IP do servidor de um site para acessá-lo. Contudo, tendo em vista que lembrar ou digitar uma sequência numérica é muito mais difícil que fazê-lo com uma sequência de palavras, criou-se o servidor DNS que faz a tradução dos nomes dos sites para seu número IP.

(d.1) Servidor DNS: **o servidor DNS faz a tradução de um nome em IP**. Ao acessar um site na Internet, a forma técnica de encontrar o servidor é digitar no navegador o endereço IP. Levando em conta a dificuldade de decorar números IP, estudiosos da Universidade da Califórnia criaram um engenhoso sistema de tradução de nomes, no qual o responsável pelo site cadastra o IP da máquina onde o site está hospedado, e associa um nome a esse número IP. Por exemplo, o número de IP 192.168.0.1 é cadastrado no servidor DNS e associado ao nome *www. carlosviana.com.br*.

Os sites continuam, portanto, sendo acessados pelo número IP, mas é possível chegar a eles digitando apenas seu nome. Isto ocorre porque quando o nome do site é digitado, o usuário é deslocado para o servidor DNS, que por sua vez, traduz (resolve) o nome para o IP correspondente.

O processo de tradução feito pelo Servidor DNS é parecido com funcionamento de nossas agendas de telefone celular: basta digitar o nome do contato que a agenda descobre o número de telefone correspondente àquele contato.

Em suma, a missão do DNS é fazer a **tradução de nomes em IP's,** sendo importante destacar que o DNS também faz, apesar de não ser algo comum, o processo contrário: transforma IP's em nomes.

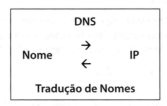

10. INTRANET

A Intranet é um recurso muito importante para corporações, pois permite que se tenha uma *mini Internet* privada dentro de uma instituição. É importante deixar claro que a Intranet não é uma rede corporativa, muito embora as empresas a utilizem muito em razão da **redução de custo**, do **aumento da produtividade** e **de segurança eletrônica das informações** que ela lhes proporciona.

Conceitualmente, **a Intranet é uma rede privativa que usa a mesma tecnologia da Internet – a TCP/IP.**

Dizer que a Intranet usa os mesmos protocolos da Internet, implica dizer que os mesmos serviços existentes para Internet podem ser implementados na Intranet. Portanto, é possível que a rede privada do órgão público possua um site interno para o uso apenas de seus servidores, ou um e-mail em que mensagens são trocadas apenas internamente entre seus funcionários.

Em provas de concursos, costuma-se questionar sobre possibilidade de se acessar a Internet quando o usuário se encontra no ambiente da rede privada da Intranet. A resposta é que a intranet não inviabiliza o acesso à Internet. E, finalmente, outro questionamento comum ao tema refere-se à possibilidade de se acessar a Intranet estando em um ambiente externo a ela. A resposta é afirmativa, desde que o administrador da Intranet tenha configurado a permissão a acessos externos.

11. QUESTÕES COMENTADAS

1. **(2014 – CESPE – CADE – Nível Médio)** No que se refere a redes de computadores, julgue o próximo item.

Para que uma rede de computadores seja classificada de acordo com o modelo cliente/servidor, faz-se necessário que tanto o cliente quanto o servidor estejam fisicamente no mesmo local.

( ) Verdadeiro　　( ) 　　Falso

Gabarito: Falso

É correto afirmar que a Internet tem por base o paradigma (modelo) cliente-servidor, no qual duas máquinas trocam informações: uma que solicita o serviço, conhecida como cliente, e a outra máquina que oferta o serviço, chamada servidor.

No entanto, estas duas máquinas não precisam estar juntas no mesmo espaço físico. Na verdade, na grande maioria dos casos, ambas se encontram em locais distintos, e se conectam através da Internet.

2. **(2015 – CESPE – TCU – Técnico de Controle Externo)** A respeito de redes de computadores, julgue o item a seguir.

Mesmo que seja uma rede privada de determinado órgão ou empresa destinada a compartilhar informações confidenciais, uma intranet poderá ser acessada por um computador remoto localizado na rede mundial de computadores, a Internet.

( ) Verdadeiro　　( ) 　　Falso

Gabarito: Verdadeiro

Intranet é uma rede privada que utiliza a mesma tecnologia da Internet. Perceba que nessa definição existe uma ligação com a Internet: ambas usam a tecnologia TCP/IP.

Nada impede, porém, que um servidor que se encontre fora da rede interna, consiga acessá-la através da rede externa (a exemplo da própria Internet). Evidentemente, alguns cuidados de segurança devem ser tomados por parte dos analistas de rede da Intranet ao conceder permissões de acesso fora do ambiente, mas, caso autorizado, o acesso externo à rede privada é, sim, possível.

3. **(2014 – CESPE – Polícia Federal – Agente de Polícia)** Julgue o item que segue, referente a redes de computadores, às ferramentas utilizadas nessas redes e ao navegador Google Chrome.

Os protocolos — programas padronizados utilizados para estabelecer comunicação entre computadores e demais dispositivos em rede — são específicos para cada sistema operacional.

( ) Verdadeiro　　( ) 　　Falso

Gabarito: Falso

A questão não explicita a quais protocolos está se referindo. Temos apenas uma pista no enunciado da questão: protocolos de rede. Existem vários protocolos de rede, sendo que, entre os mais famosos podemos citar os protocolos da arquitetura TCP/IP, os quais não pertencem a nenhum sistema operacional, sendo usados em todos os sistemas operacionais que dão acesso à Internet como, por exemplo, Windows e Linux. Portanto, os protocolos da Internet são independentes de sistemas operacionais.

12.　QUESTÕES PARA TREINAR!

1. **(2014 – IADES – ELETROBRAS–Arquivista)** O método de busca de computadores na Internet é fundamentado em um sistema de gerenciamento de nomes, hierárquico e

distribuído, que possui a função básica de converter nomes em "endereço IP", que é a forma como a rede consegue localizar qualquer computador a ela conectado.

Acerca desse assunto, assinale a alternativa que indica a sigla correspondente a esse sistema de gerenciamento de nomes.

Parte superior do formulário

a) E-mail.

b) HTTP.

c) POP.

d) SPAM.

e) DNS.

2. **(2015 – IADES – ELETROBRAS – Arquivista)** O envio e o recebimento de dados na Internet, entre duas máquinas, constituem, respectivamente, em:

Parte superior do formulário

a) Downgrade e upgrade

b) Upload e download

c) Downfile e upfile

d) Upgrade e downgrade

e) Download e upload

3. **(2015 – IBFC – CEP 28 – Assistente Administrativo)** A Intranet possui características técnicas próprias que a diferenciam quanto a Internet. Uma dessas características técnicas que a distingue é o fato da Intranet ser:

Parte superior do formulário

a) desenvolvida com base no protocolo TCP/IP.

b) a única que possui Grupos de Discussão.

c) a única que possui banda larga.

d) privada e não pública

4. **(2015 – CSUFG – UFG – Assistente em Administração)** Várias empresas utilizam a intranet por diversas razões. A principal delas é a necessidade de

Parte superior do formulário

a) oferecer treinamento on-line.

b) reduzir custos.

c) autorizar processos empresariais.

d) permitir que funcionários obtenham informações.

5. **(2015 – FGV – SSP-AM – Assistente em Administração)** A Wikipedia, um famoso site da Internet, fornece o endereço https://secure.wikimedia.org/wikipedia/pt/wi ki/Página_principal para acessar e editar o conteúdo dos sites. O uso do prefixo "https:" significa que a comunicação com o site é feita de forma:

INFORMÁTICA – Carlos Viana

a) anônima;

b) segura;

c) compactada;

d) prioritária;

e) somente leitura.

6. (2015 – VUNESP – TJ-SP – Estatístico) O URL (Uniform Resource Locator) é o padrão utilizado para identificar a localização de qualquer recurso disponibilizado na Internet. Nessa padronização, caso o URL seja de uma página web (site), ele deve ser iniciado por:

Parte superior do formulário

a) web:

b) ftp:

c) http:

d) html:

e) tcp:

7. (2015 – FCC – MANAUSPREV – Técnico Previdenciário) A Intranet

I.   é uma rede particular de computadores que utiliza o protocolo TCP/IP, utilizado pela Internet. A diferença entre elas é que uma intranet pertence a uma empresa ou organização e é utilizada pelos seus funcionários e pessoas que tenham autorização para acessá-la.

II.   apesar de ser considerada uma Internet interna, não permite que computadores localizados remotamente, mesmo que em uma filial, acessem o conteúdo de servidores que estejam na matriz ou sede da organização.

III.   para evitar a intrusão de agentes mal-intencionados, precisa utilizar um firewall, equipamento de hardware que compartilha recursos com outros aplicativos, que impede e bloqueia todos os acessos indevidos.

IV.   pode ser utilizada pelo departamento de TI, para disponibilizar aos colaboradores um sistema de abertura de chamados técnicos, ou pelo RH, para disponibilizar formulários de alteração de endereço, ou de vale transporte, dentre outras possibilidades.

Está correto o que se afirma APENAS em

a) I e II.

b) II e III.

c) II e IV.

d) I e IV.

e) I, III e IV.

8. (2012 – CESGRANRIO – LIQUIGAS – Técnico de Segurança do Trabalho) Qual componente da Internet é responsável pela tradução de nomes de domínios para endereços IP e vice-versa?

a) DNS

b) TCP

c) HTTP

d) POP3

e) HOST

9. **(2014 – UFMT – Auxiliar administrativo)** Sobre conceitos de Internet, marque V para as afirmativas verdadeiras e F para as falsas.

( ) O endereço http://www@ufmt.com.br é uma URL válida disponível na Internet.

( ) Navegador ou Browser é um programa utilizado para navegar na Internet, por exemplo, Internet Explorer e Mozilla Firefox.

( ) O HTTP é o protocolo para a troca ou transferência de hipertexto, muito utilizado na Internet.

( ) É aconselhável que um mesmo endereço IP seja atribuído a mais de um computador na Internet.

Assinale a sequência correta.

a) V, F, F, V

b) F, F, V, V

c) F, V, V, F

d) V, V, F, F

10. **(2014 – VUNESP – IPT-SP – Técnico de Administração)** Assinale a alternativa que contém o formato correto de endereço de uma página da Internet.

Parte superior do formulário

a) contato@endereco.com

b) www.endereco.com

c) http://site@endereco.com

d) ftp://endereco.com.www

e) endereco@contato://http

GABARITO DAS QUESTÕES				
1	2	3	4	5
E	B	D	B	B
6	7	8	9	10
D	D	A	C	B

Capítulo 2

COMPUTAÇÃO NAS NUVENS

1. INTRODUÇÃO

Este assunto está representado em um capítulo curto, mas de grande importância, pois versa sobre um tópico em voga há certo tempo no mundo dos concursos: a computação nas nuvens.

O **armazenamento de dados na grande nuvem computacional** é uma forma de ganhar agilidade, compartilhar dados de forma mais simples e obter acesso às informações de qualquer lugar, a qualquer momento, desde que se tenha acesso à Internet no dispositivo (computador, aparelho celular, tablet) em que se busca a informação.

A cada dia que passa, as empresas adotam este conceito como forma de diferenciação competitiva.

A seguir, o assunto será abordado com mais detalhes.

2. O QUE É *COMPUTAÇÃO NAS NUVENS*?

Figure 1. Fonte: http://cloudfication.com/wpcontent/uploads/2012/11/e1353343626459.jpg

Computação nas nuvens é, na realidade, uma **metáfora** para a Internet. Sabemos que a Internet é conhecida como *a grande nuvem*, e que esta foi e continua sendo um grande marco revolucionário no mundo.

A filosofia por trás da *Cloud Computing* (computação nas nuvens), é permitir que arquivos, softwares e serviços, que antes ficavam instalados em máquinas locais, sejam armazenados em máquinas nas nuvens – ou seja, na Internet –, permitindo que estes possam ser acessados de qualquer parte do mundo através de um equipamento com acesso à Rede.

É evidente que abrigar os dados na Internet nos traz várias vantagens, a exemplo da diminuição de custos operacionais com funcionários, softwares, locais e infraestrutura física em uma grande corporação. Ademais, temos também a transferência de responsabilidades técnicas da TI (tecnologia da informação) para empresas especializadas na hospedagem da informação na nuvem, possibilitando que a organização passe a se preocupar apenas com a parte estratégica do seu negócio, ao invés de se preocupar com a manutenção do funcionamento de seu centro de dados.

3. O QUE A COMPUTAÇÃO NAS NUVENS OFERECE

A computação nas nuvens traz grande quantidade de serviços. Elencamos alguns que são recorrentes em provas:

- Serviços de armazenamento de dados
- Software como Serviço – SaaS
- Plataforma como Serviço – PaaS
- Infraestrutura com Serviço – IaaS

4. ARMAZENAMENTOS DE DADOS

Certamente você já deve ter deparado com a situação de precisar transportar aquele arquivo importante em um *pen drive* ou DVD para uma palestra profissional ou para, simplesmente, utilizá-lo em outra máquina. Não que a utilização de DVDs e *pendrives* não seja válida, mas existe forma **mais prática** de acessar arquivos em qualquer lugar sem necessariamente precisar transportá-los consigo.

O armazenamento de dados nas nuvens simplifica esta e outras situações. Ele é um serviço que possibilita o armazenamento de arquivos em servidores continuamente conectados à Internet, para serem acessados a qualquer momento, através de equipamentos que se conectem também à Internet.

O serviço de armazenamento de dados é oferecido tanto de forma gratuita, quanto mediante contratação de planos de serviço. O Google Drive, o OneDrive (antigo Skydrive), o iCloud e o Drop Box oferecem este serviço gratuitamente, mas apenas para o armazenamento de uma quantia limitada de dados. Caso o usuário necessite de mais espaço, é possível contratar espaço extra de armazenamento, boa parte a preços bem acessíveis.

5. SOFTWARE COMO SERVIÇO – SAAS

O Software como Serviço, do inglês *Software as a Service*, é um modelo em que aplicativos são oferecidos como serviços para que clientes os acessem pela Internet. Existem diversos softwares que estão prontos para rodar nas nuvens. Alguns são gratuitos, a exemplo do *Google Docs*; outros necessitam de pagamento de licença para uso, como o *Office365* da *Microsoft*.

Muitas empresas utilizam o *Google Docs*, por ser de uso gratuito, como suíte de escritório online. Suíte de escritório é um pacote integrado de softwares voltados para a realização das tarefas de escritório. Uma suíte de escritório contém aplicativos que permitem a edição de textos, a edição de planilhas, a edição de apresentações, o gerenciamento de agenda e de contatos.

Por sua vez, o *Office365* é a suíte de escritório da Microsoft. Através dele é possível utilizar online os aplicativos do pacote *Microsoft Office*, como o Word, o Excel, o PowerPoint, inclusive através de *smartphones*. O Office365 trabalha com o conceito de assinatura, no qual o usuário paga uma mensalidade (ou anuidade, se preferir) para utilizar os programas do pacote.

6. PLATAFORMA COMO SERVIÇO - PAAS

A Plataforma como Serviço (*Platform as a Service*) é uma aplicação nas nuvens que possui as ferramentas necessárias para construção de aplicativos e serviços diretamente na Internet.

A **PaaS** permite uma interação entre desenvolvedores de aplicativos em escala global, integrando desenvolvedores de distantes localidades e possibilitando que eles trabalhem em equipe sem necessitar deixar seus locais de origem. A PaaS é, portanto, um serviço utilizado para pessoas ou organizações que desejam desenvolver aplicativos em conjunto, independentemente de suas regiões geográficas.

Uma conhecida empresa que oferece PaaS é a Microsoft, através da plataforma Windows Azure.

7. INFRAESTRUTURA COMO SERVIÇO - IAAS

Manter uma infraestrutura de servidores, cabeamento e *hardware* potente é algo dispendioso, até mesmo porque requer o cuidado constante de profissionais qualificados. A **Infraestrutura como Serviço** possibilita que o cliente tenha à sua disposição, mediante contratação do serviço, um conjunto de *hardware* (servidores, roteadores, *switches etc.*), permitindo inclusive a especificação da quantidade de recurso que deseje utilizar, o aumento da quantidade destes recursos, ou até solicitação de processamento mais potente ou aumento da quantidade de memória, na hora que lhe convier. O cliente contrata a IaaS sem se preocupar com espaço para armazenamento da infraestrutura em si, com a manutenção ou com a obsolescência destes equipamentos, já que são armazenados, mantidos e atualizados pelo fornecedor do serviço.

A plataforma Windows Azure (sim, o Windows Azure também oferece esse serviço), o Google App e a Go Daddy, por exemplo, oferecem este serviço.

8. QUESTÕES COMENTADAS

1. (2015 – CESPE – MEC – Nível Superior) A respeito da computação na nuvem e da segurança da informação, julgue o item subsequente.

A computação em nuvem fornece apenas serviços para armazenamento de dados.

( ) Verdadeiro   ( )   Falso

Gabarito: Falso

Podemos definir nuvem como uma gíria para Internet. Assim, computação nas nuvens é simplesmente um computador funcionando na Internet. A computação nas nuvens nos oferece muitos outros serviços além do armazenamento de dados, como, por exemplo, o SaaS, o PaaS e o IaaS.

2. (2012 – CESPE – ICMBIO – Nível Médio) Julgue os itens a seguir acerca de redes de computadores, de correio eletrônico Outlook Express e computação na nuvem.

A computação na nuvem permite ao usuário alocar recursos de forma dinâmica e em tempo real, o que possibilita o ajuste entre a necessidade e os recursos.

( ) Verdadeiro   ( )   Falso

Gabarito: Verdadeiro

Uma das mais interessantes características da computação nas nuvens é sua elasticidade. Por exemplo, uma empresa pode alugar, de uma provedora de serviço em nuvem, uma largura de banda que suporte até 100 clientes acessando seu site ao mesmo tempo. No entanto, em caso de pico de acesso, o contrato pode prever elasticidade de banda, de modo que o site suportará mais acessos do que originalmente contratado. Para tanto, a provedora direciona mais largura e computadores mais potentes ao cliente, cobrando o extra na conta.

3. (2013 – CESPE – TRT – 17ª R – Técnico Judiciário – Área Administrativa) Julgue os próximos itens, relativos a redes de computadores e segurança da informação.

A velocidade de acesso aos dados é a principal vantagem do armazenamento de dados na nuvem (*cloud storage*).

( ) Verdadeiro   ( )   Falso

Gabarito: Falso

O acesso aos dados através do serviço de armazenamento depende de vários fatores, um deles é a velocidade de conexão do cliente. Assim, caso o cliente tenha uma banda de Internet estreita, vai sentir consideravelmente a lentidão na transferência dos dados. Deste modo, incorreta a questão.

9. QUESTÕES PARA TREINAR!

1. (2012 – CESPE – PC-AL – Escrivão de Polícia) Analise a assertiva abaixo:

O conjunto de ferramentas do Google Docs permite a criação on-line de documentos, planilhas e apresentações.

2. (2012 – CESPE – Banco da Amazônia – Técnico Bancário) Analise a assertiva abaixo:

O cloud storage é um serviço de aluguel de espaço em disco via Internet, no qual as empresas pagam pelo espaço utilizado, pela quantidade de dados trafegados, tanto para download como para upload, e pelo backup.

3. **(2012 – CESPE – TJ-RR – Nível Médio)** Analise a assertiva abaixo:

    A computação na nuvem, por ser um conjunto de recursos com capacidade de processamento, armazenamento, conectividade, que oferece plataformas, aplicações e serviços na Internet, poderá ser a próxima geração da Internet.

4. **(2012 – CESPE – TJ-RR – Nível Médio)** Analise a assertiva abaixo:

    O elemento central de processamento e armazenamento dos dados e das informações na nuvem é o datacenter na rede, que normalmente é provido por terceiros.

5. **(2015 – IBFC – CEP 28 – Assistente Administrativo)** A versão do Microsoft Office que inclui o Word, PowerPoint e o Excel no formato de serviço na nuvem (Cloud Computing) é denominada, pela própria Microsoft, como:

    a) Microsoft Office Real-Time
    b) Microsoft Cloud
    c) Microsoft Office 365
    d) Office Cloud

6. **(2015 – FGV – DPE-MT – Assistente Administrativo)** Na figura a seguir é apresentado um esquema com os atores na computação em nuvem de acordo com os papéis desempenhados.

    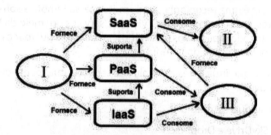

    Na figura acima, I, II e III correspondem, respectivamente, a

    Parte superior do formulário

    a) consumidor, provedor e desenvolvedor.
    b) desenvolvedor, consumidor e provedor.
    c) desenvolvedor, provedor e consumidor.
    d) provedor, consumidor e desenvolvedor.
    e) provedor, desenvolvedor e consumidor.

7. **(2015 – IBFC – CEP 28 – Assistente Administrativo)** A versão do Microsoft Office que inclui o Word, PowerPoint e o Excel no formato de serviço na nuvem (Cloud Computing) é denominada, pela própria Microsoft, como:

Parte superior do formulário

a) Microsoft Office Real-Time

b) Microsoft Cloud

c) Microsoft Office 365

d) Office Cloud

8. **(2014 – CESGRANRIO – Petrobras – Técnico de Administração e Controle Júnior)** Dois amigos estão conversando sobre novidades de informática. Um deles comenta que o backup dos dados de seu computador pessoal está na nuvem (cloud). Isso significa que Parte superior do formulário

a) uma conexão com a Internet será necessária, na ocasião de eventual necessidade de restore dos arquivos.

b) o spool de backup, localizado no mesmo diretório do spool de impressão, é o local de armazenamento de seus documentos pessoais.

c) os backups são armazenados, localmente, em memória interna, não volátil, de alta velocidade e de alto custo.

d) os backups são armazenados em dois ou mais discos externos USB, conectados ao computador pessoal.

e) os arquivos existentes no computador, em sua totalidade, são, localmente, duplicados e compactados no formato MP4.

9. **(2014 – FGV – SEDUC-AM – Assistente Técnico Júnior)** Cloud Computing ou Computação em Nuvem é uma tecnologia que permite acesso remoto a softwares e a arquivos de documentos, músicas, jogos, fotos, vídeos e serviços por meio da Internet. O sistema permite rodar aplicativos e utilitários em nuvem e guardar os dados do usuário, dispensando o disco rígido do computador.

Assinale a opção que indica três exemplos de serviços atualmente disponíveis de computação em nuvem.

a) Dropbox, iCloud e Android.

b) Ubuntu, SkyDrive e Dropbox.

c) iCloud, Android e Ubuntu.

d) SkyDrive, Dropbox e iCloud.

e) Android, Ubuntu e SkyDrive.

10. **(2014 – Quadrix – COBRATecnologia S/A (BB)** – Técnico administrativo) Um dos serviços de Cloud Computing mais populares na atualidade é o armazenamento remoto na nuvem, isto é, o usuário armazena seus arquivos em um sistema que funciona como uma unidade de HD, que pode ser acessada por qualquer computador/dispositivo que deseje utilizar. Assinale a alternativa que contém 3 serviços em nuvem especializados no armazenamento de dados.

Parte superior do formulário

a) DropBox, SkyDrive/OneDrive e Google Drive.

b) Google Docs, DropBox e IBM Smart Business.

c) SkyDrive/OneDrive, IBM Smart Business e Desktop Two.

d) Desktop Two, Google Docs e DropBox

e) Google Drive, Desktop Two e IBM Smart Business.

GABARITO DAS QUESTÕES				
1	2	3	4	5
C	C	E	C	C
6	7	8	9	10
D	C	A	D	A

Capítulo 3

SEGURANÇA DA INFORMAÇÃO

1. INTRODUÇÃO

Empresas valem mais pelo capital ou pela informação que detém?

Sabemos que, na era do conhecimento, a informação pode ser um bem bastante precioso e de grande valor, inclusive financeiro. Neste cenário, ocorrem situações complicadas, pois, devido à sua importância, a informação é constantemente alvo de violação, roubo e espionagem. A disciplina da segurança da informação tem como uma de suas missões estudar como **proteger dados** contra estes riscos.

Neste capítulo, aprenderemos os princípios relacionados ao tema, conheceremos alguns programas maliciosos que atentam contra os sistemas, bem como técnicas de ataques utilizadas para estes fins insidiosos. Além disso, abordaremos também meios de proteger o sistema de maldosas técnicas de ataque que ameaçam constantemente as informações.

Esteja atento, pois este assunto é bastante importante para sua prova de concurso.

2. PRINCÍPIOS DA SEGURANÇA DA INFORMAÇÃO

Inicialmente, serão apresentados os pontos que a segurança da informação tem por princípio preservar – confidencialidade, integridade, disponibilidade e autenticidade da informação. Podemos dizer que uma informação é confiável quando ela atende a estes quatro princípios essenciais.

Definições dos quatro princípios:

(a) Confidencialidade [C]: é o princípio que garante que a informação não esteja disponível ou que não seja revelada a usuários não autorizados;

(b) Integridade [I]: é o princípio que protege a exatidão e completude das informações contra modificações, ou seja, ele garante que a informação não seja modificada;

(c) Disponibilidade [D]: É o princípio que garante que a informação esteja acessível e disponível ao usuário autorizado;

(d) Autenticidade [A]: É o princípio que garante a autoria de um usuário ou de uma entidade, que pode ser um software de computador, por exemplo.

DICA
A sigla CIDA aglutina as iniciais dos quatro princípios elementares da Segurança da Informação para facilitar sua memorização para os exames.

Adiante, serão abordados os mecanismos que prejudicam os sistemas (os *malwares* e técnicas de ataque), para, a seguir, tratarmos sobre aqueles que defendem o sistema.

3. MALWARES

A palavra *malware* vem de **malicious software**, que traduzido para nossa língua, seria algo como **programa malicioso**. Esse termo abrange todo tipo de programa que tem um código malicioso projetado para executar atividades danosas em um computador, celulares e equipamentos eletrônicos.

Na lista de programas maliciosos figuram os vírus de computador, os *worms*, os cavalos de tróia, dentre outros. Abaixo, segue uma lista dos principais *malwares* que são cobrados nas provas de seleção.

- **(a) *Vírus***
- **(b) *Worm* (verme)**
- **(c) Cavalo de Tróia *(Trojan horse)***
- **(d) *Spyware***
- **(i) *Keylogger***
- **(ii) *Screenlogger***
- **(e) *Adware***
- **(i) *Hijackers***

(a) *Vírus*

Um vírus de computador é um código malicioso que se propaga, infectando outros programas e arquivos. Ele necessita de um arquivo ou um programa **hospedeiro** para continuar seu processo de infecção, e também da execução pelo usuário para se tornar ativo no sistema.

Os vírus têm missões variadas, visto que quem estabelece o que o código malicioso irá fazer na máquina vitimada é seu desenvolvedor. Alguns exemplos de ações possíveis a um vírus: apagar arquivos de sistemas, abarrotar a memória do computador, desconfigurar o sistema, dentre outras incontáveis e criativas atividades mal-intencionadas.

(b) *Worms*

Os worms são programas maliciosos que tem capacidade de se autorreplicar e não precisam de arquivo ou programa hospedeiro para executar sua carga maliciosa. Eles se diferem dos vírus exatamente pela não necessidade de parasitar arquivos e serem, portanto, **independentes**.

Seu modo de ação é através da infecção de outras máquinas que estejam conectadas à rede, **explorando vulnerabilidades** de suas vítimas.

(c) Cavalos de Tróia

O cavalo de Tróia é um código malicioso que chega à máquina do usuário disfarçado sob a forma de um **presente inofensivo**, como, por exemplo, um álbum de fotos ou um cartão virtual. Eles não aparentam, em um primeiro instante, ser um software malicioso.

Para que este consume a ação pretendida (**a carga maliciosa**), é necessária a interação do usuário a fim de executá lo. Por este motivo, o cavalo de tróia se reveste de algo interessante para atrair a atenção do usuário.

O *Trojan* tem inclusive a missão de carregar consigo outros programas maliciosos (por exemplo, *worms e* vírus), que são liberados e infectam a máquina assim que ele é executado pelo usuário.

(d) *Spywares*

São programas espiões que coletam de várias maneiras as rotinas dos usuários. Essas rotinas incluem navegação em sites, conversas em bate-papo e senhas.

Seguem **duas espécies** de *spywares* recorrentes nos exames:

(i) *Keyloggers* – Captura de teclas

Os *keyloggers* são uma espécie de *spyware* que monitora e registra as teclas pressionadas no teclado pelo usuário. Quando o usuário acessa sites que solicitam **senhas,** caso ele a digite através do teclado, os *keyloggers* registram as teclas que foram pressionadas e enviam o registro ao seu criador.

(ii) *Screenloggers* – Captura de telas

Estes programas capturam em determinados instantes imagens da tela de sua vítima e enviam-nas a seu desenvolvedor. Exemplo disso ocorre quando um usuário, utilizando o teclado virtual, clica nas imagens das teclas correspondentes à sua **senha**. Cada clique gera uma foto que o *screenlogger* registra. Ao término do processo, o *screenlogger* envia as telas em sequência a seu criador, para que este tenha o conhecimento da senha do usuário.

(e) *Adwares*

São programas que exibem propaganda indesejada na máquina do usuário. Além de exibirem propagandas, eles muitas vezes também coletam informações da rotina do usuário. Eles são capazes ainda de sequestrar a página inicial dos navegadores. Esse tipo de ataque é feito por um programa conhecido como **hijacker.**

(i) *Hijackers*

O *hijacker* sequestra a autonomia do navegador. Ele pode, por exemplo, fazer com que, ao iniciar o navegador, apareçam como página inicial *spams* de determinados sites. Mesmo que o usuário reconfigure seu navegador para exibir outra página inicial, os *hijackers* retomam o controle, exibindo como página inicial o site de interesse do sequestrador.

Além do roubo da página inicial, janelas de pop-ups podem aparecer, exibindo até propagandas de conteúdo adulto ou ofensivo.

4. AMEAÇAS E ATAQUES

Estudaremos agora alguns **ataques e ameaças aos sistemas**.

Evidentemente que códigos maliciosos são ameaças ao sistema, no entanto nesta seção o objetivo é estudar alguns ataques que podem ser executados em tempo real por um *hacker* ou através de programas-robô, produzidos por eles. Os principais tipos de ataques são:

(a) Negação de serviço (DOS)
(b) *Phishing*
(c) *Pharming*
(d) Engenharia Social

(a) **Negação de serviço – (DOS – *Denial of service*)**

A Negação de serviço consiste no ataque usado para interromper ou prejudicar um serviço de dados ou informação de um servidor legítimo.

Para entender o que seria este tipo de ataque, imagine como exemplo a situação do site de busca o Google ficar por duas horas fora do ar, sem poder oferecer seus serviços a nenhum usuário (daí o nome negação de serviço). Seria muito provável que os concorrentes ficassem satisfeitos com e evento, pois, com o Google indisponível, os clientes buscariam alternativas no mercado e provavelmente se beneficiariam.

DICA
Tornar um serviço indisponível é a essência do ataque **negação de serviço.**

Uma forma recorrentemente utilizada por criminosos cibernéticos para promover ataques é o constante envio de conexões à vítima, a fim de ocupar toda a largura da banda da vítima, de modo que quando sua capacidade atingir a saturação, o servidor da vítima não suporte mais receber outras solicitações de serviço e, consequentemente, passe a descartar as solicitações de clientes legítimos e a forçar a vítima a **negar o serviço – que é essência do ataque DOS**.

(b) **Phishing**

É uma técnica que induz pessoas desavisadas a repassarem a terceiros seus dados sigilosos, como números de cartão de crédito, senhas de contas de e-mails ou outras informações importantes.

Um exemplo clássico: a vítima recebe um falso e-mail de seu banco, solicitando que sua senha pessoal seja recadastrada, em razão da existência de uma suspeita de furto. A mensagem falsa induz a vítima a clicar em um *link* presente no texto do e-mail, que a direciona a um *website* pirata e solicita a inserção seus dados pessoais. Portanto, quando há a efetiva inserção de dados pela vítima no site, dizemos que o atacante fez uma **pescaria** dos dados. Por isso o nome *phishing*, que se traduz do inglês por pescaria.

(c) **Pharming**

É uma técnica que envenena o servidor DNS implantando nele o endereço IP do site pirata. Vamos entender o funcionamento do ataque.

No capítulo referente à Internet, estudamos que o servidor DNS é responsável por promover a resolução de nomes, traduzindo os nomes digitados na barra de endereços do navegador para o respectivo endereço do IP do site.

Mediante a técnica de envenenamento de DNS, o atacante subverte as consultas, fazendo com que requisições para sites como de instituições bancárias idôneas, por exemplo, sejam traduzidas para endereços IP falsos. Assim, a vítima digita o endereço correto do Banco do Brasil, por exemplo, e é direcionada a um site pirata idêntico ao original, em que o atacante coleta os dados sigilosos o usuário.

(d) Engenharia Social

Esta técnica não é exclusiva da computação e sua prática ocorre desde a antiguidade. A engenharia social, de maneira simplificada, consiste em **obter vantagens, explorando as relações humanas**. Na gíria das ruas, é o famoso "caô".

Pessoas mal-intencionadas podem se utilizar da confiança ou da inocência de terceiros para conseguir informações privilegiadas, tais como a hora da mudança de turno entre os analistas de segurança ou alguma vulnerabilidade do sistema. É possível, inclusive, descobrir senhas apenas em uma ingênua conversa.

Perceba que não necessariamente usa-se um computador. Na verdade, uma simples conversa pode ser suficiente para conseguir muitas informações privilegiadas.

5. SOFTWARES DE DEFESA

Estudaremos nesta seção as contramedidas aos ataques que conhecemos há pouco. Conheceremos alguns programas eficientes, que, quando bem configurados, diminuem muito a probabilidade de êxito do atacante. São eles:

(a) Antivírus

(b) *Firewall*

(a) Antivírus

A defesa contra vírus e outros programas maliciosos, como *worms* e cavalos de tróia, fica a cargo dos Antivírus. Seu funcionamento se dá da seguinte maneira: quando um novo arquivo é executado no computador, o antivírus compara o código deste arquivo com o banco de dados de assinaturas de vírus conhecidos, para identificar se o arquivo é um vírus conhecido ou um arquivo legítimo. Caso seja suspeito, o Antivírus inocula a vacina para eliminar o risco de o código malicioso executar sua carga maliciosa.

Como novos vírus são criados a todo instante, a eficácia do Antivírus depende muito de sua **atualização** e, por isto, o usuário deve estar atento para que seu Antivírus esteja constantemente atualizado. Do outro lado, as empresas fornecedoras do serviço de antivírus também devem manter seu banco de assinaturas de vírus atualizado, pois é nele que se encontram os *antídotos* para eliminar o código malicioso da máquina vítima.

Mesmo com o Antivírus atualizado, é comum que certos arquivos não tenham sua assinatura definida (encontrada) no banco de assinaturas do programa e sejam considerados suspeitos. Neste caso, o Antivírus armazena o arquivo suspeito em um local especial para uma análise mais minuciosa. Dizemos, então, que o arquivo se encontra em **quarentena**. A partir de então, os analistas da empresa fabricante do programa elaboram vacinas para o arquivo suspeito, as quais são incorporadas ao banco de assinaturas para que as máquinas hospedeiras consigam eliminar o *malware* de seu sistema.

(b) Firewall

Os *firewalls* são barreiras posicionadas entre a rede interna e a rede externa (na maioria dos casos a rede externa é a Internet) e protegem o tráfego entre essas redes, permitindo apenas o tráfego autorizado.

A principal função do firewall é filtrar dados através de regras estabelecidas pelos administradores de rede conforme as políticas de segurança utilizadas.

Os programas apresentados acima, antivírus e *firewall*, são os principais softwares de defesa usados em uma rede de computadores. No entanto, não são os únicos. Algumas técnicas também são muito utilizadas para se garantir a segurança da informação. A próxima seção detalha um pouco mais dessas técnicas.

6. TÉCNICAS DE DEFESA

Verificamos anteriormente que a segurança da informação está embasada em quatro princípios: confidencialidade, integridade, disponibilidade e autenticidade. Foram desenvolvidas técnicas de defesa a serem utilizadas para se obter uma proteção satisfatória dos princípios. Adiante, serão apresentadas algumas delas.

(a) Criptografia

O princípio da **confidencialidade**, que garante que a informação não seja acessada por terceiros não autorizados, tem na criptografia sua maior técnica de defesa.

A palavra criptografia tem etimologia grega: *kryptós* significa "escondido" e *graphé*, "escrita". Podemos, portanto, entender criptografia como uma espécie de escrita oculta, uma escrita que não permite que outros sejam capazes de entender o significado. A tecnologia da informação utiliza sistemas criptográficos para transformar os dados em algo ininteligível a indesejados bisbilhoteiros cibernéticos.

Em provas de concursos, existem duas espécies de criptografias distintas a serem compreendidas, que serão apresentadas a seguir.

(i) Criptografia simétrica

Essa criptografia tem como objetivo garantir a confidencialidade das informações, para que os dados trafeguem pela rede de maneira segura.

Os elementos envolvidos neste sistema criptográfico são:

- **chave secreta** (é o elemento usado para cifrar e decifrar a informação);

- **algoritmos de criptografia** (são ações que em conjunto com as chaves cifram ou decifram a informação); e

- **o emissor** e **o receptor** da mensagem.

Funcionamento das chaves na criptografia simétrica: na criptografia simétrica são geradas duas chaves iguais, por processos computacionais, para as importantes funções de cifrar e decifrar a mensagem – por isto recebe o nome simétrica.

Como exemplo, imagine que uma moça chamada Alice deseje trocar uma informação sigilosa com um rapaz chamado Bob. Estabelecemos que, para garantir a confidencialidade na troca desses dados, será usada a criptografia simétrica. Dito isto, Alice usará sua chave secreta para cifrar e enviará o dado cifrado para Bob. Quando este dado chegar até Bob, ele usará sua chave secreta – que é igual à de Alice – para decifrar a informação. Simples assim.

Esteja bem atento ao fato de que, nesta espécie de criptografia, **a chave que cifra os dados é igual à chave que os decifra.**

(ii) Criptografia Assimétrica

Sem dúvidas este é um dos sistemas criptográficos **mais seguros** que existem e sua aplicação é encontrada em diversos segmentos que exigem alta segurança, como, por exemplo, muitas das transações que realizamos na Internet, sejam compras online, sejam transferências bancárias ou outras. A criptografia assimétrica é um processo tão mais completo que a criptografia simétrica que permite garantir não somente a confidencialidade da informação, mas também sua autenticidade – através do processo de assinatura digital – e sua integridade – através do algoritmo Hash. A assinatura digital e o algoritmo serão estudados separadamente mais adiante.

A criptografia assimétrica também é conhecida como sistema de criptografia de chaves públicas e é embasada em um par de chaves: uma chamada **chave pública** e outra chamada **chave privada**. Cada participante do sistema (o emissor e o receptor) tem um par de chaves diferentes, sendo cada par de chaves composto por uma **chave privada** e uma **chave pública**. A chave privada tem a função de decifrar (decriptografar), já a pública é responsável por cifrar (encriptar) dados.

 DICA
A função de cada chave na criptografia assimétrica é importantíssima, e você, como candidato em potencial a uma vaga pública, não pode confundi-las!

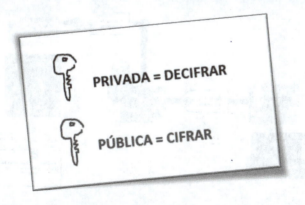

Como exemplo, imagine que Alice, Bob e Dona fazem parte de uma organização onde é exigido que a troca de informação entre eles seja feita de forma segura. Assim, Alice terá seu par de chaves (pública e privada) que será diferente do par de chaves (pública e privada) de Bob, e ambos serão diferentes do par de chaves (pública e privada) de Dona.

- **Processo de encriptação**

O processo de encriptação, ou cifragem de dados pode ser descrito pela **sequência** de passos abaixo:

O remetente utiliza a chave pública do destinatário para cifrar a informação;

A informação, então, é remetida;

Ao chegar, o destinatário decifra a informação com sua chave privada.

Seguiremos com o exemplo de Alice, Bob e Dona. Alice desta vez necessita enviar uma mensagem criptografada a Bob. Ela, portanto, será a remetente e enviará a mensagem para o destinatário Bob. Neste caso, é também ela, como remetente, a encarregada de encriptar a informação antes de enviá-la e, para isso, ela precisa utilizar a chave pública de Bob. Seu amigo, Bob precisa ter disponibilizado sua chave pública em algum site na Internet onde Alice pode fazer o download desta chave. Com o domínio da chave pública de Bob, Alice cifra a informação que será enviada de modo encriptado até seu destinatário. Ao chegar até Bob, a informação ainda continua ininteligível. Bob usa então sua chave privada para decifrar o conteúdo e só então consegue compreender a mensagem de Alice.

Perceba que nos processos do exemplo acima, que descrevem a cifragem e decifragem da mensagem por criptografia assimétrica, **as únicas chaves utilizadas foram as do destinatário**. Não se utilizou chaves do remetente em momento algum. Portanto, caso Bob desejasse responder a Alice por mensagem também criptografada, as chaves utilizadas seriam as de Alice.

A criptografia assimétrica, além de permitir a cifragem de dados, pode também ser utilizada para assinar uma informação – processo conhecido como assinatura digital.

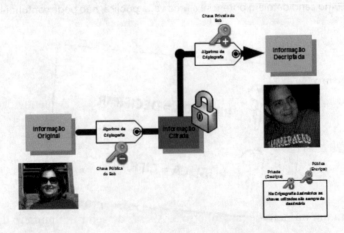

(b) Assinatura Digital

A Assinatura Digital garante a autenticidade de uma informação, ou seja, procedência. No entanto, diferentemente do processo de encriptação, **as chaves criptográficas utilizadas para os processos da assinatura serão apenas as do remetente.**

Nesse contexto de autenticação, a chave privada tem a função de **assinar o documento**, enquanto a chave pública é incumbida de **conferir a assinatura**.

O processo de assinatura pode ser descrito pela sequência de passos abaixo:

1. O remetente utiliza a sua chave privada para assinar a informação;

2. A informação assinada é enviada para o destinatário;

3. O destinatário confere a autenticidade da informação com a chave pública do remetente. Caso a assinatura tenha sido feita pela chave privada do remetente, a chave pública, também do remetente, confirmará sua procedência.

Voltemos ao exemplo de Alice, Bob e Dona. Desta vez Dona necessita enviar uma mensagem e demonstrar a autenticidade da informação ao seu destinatário, Bob. Ela necessita, portanto, enviar uma mensagem com **assinatura digital.** Dona utiliza então sua chave privada para assinar a informação. Ao receber a mensagem, Bob utiliza a chave pública de Dona para conferir sua assinatura e garantir a autenticidade do remetente.

Deste modo, vimos que podemos usar a criptografia assimétrica tanto para cifrar como decifrar a informação – usando as chaves do destinatário – quanto para assinar e conferir uma assinatura – usando as chaves do remetente. Vejamos a uma tabela resumo.

Chaves	Confidencialidade	Autenticidade (Assinatura digital)
Privada	Usada para decifrar dados	Usada para assinar documentos
Pública	Usada para cifrar dados	Usada para conferir assinaturas
Proprietários da chave	Para a encriptação, utilizam-se somente as chaves do destinatário.	Para a assinatura digital, utilizam-se somente as chaves do remetente.

(c) Algoritmo Hash

Até agora vimos como garantir a confidencialidade e a autenticidade da informação. Conheceremos agora uma maneira de garantir sua integridade, que é o princípio que nos assegura que a informação não será modificada no decorrer do seu curso.

Na tecnologia da informação existe um **algoritmo matemático** criado para garantir a preservação da integridade da informação, chamado Algoritmo Hash. Ele, em regra, é aplicado à mensagem original juntamente com a Assinatura Digital e gera um número de tamanho fixo. Apesar de gerar um número de mesmo tamanho para as mais diversas mensagens, o Hash gera um número diferente para cada uma delas, o que nos permite perceber facilmente se houve modificação no arquivo original pela comparação do número gerado.

Para compreender um pouco mais, imagine uma mensagem com 1200 caracteres. O algoritmo *Hash* é então aplicado a essa mensagem e pela ação do algoritmo é gerado o número de tamanho fixo, neste exemplo um número de 256 bits. Aplicamos em seguida o mesmo algoritmo H*ash* a outra mensagem, que possui o tamanho de 35 caracteres, e é gerado um outro número, diferente do primeiro, mas com o **mesmo tamanho** de 256 bits. Na verdade, não importa o tamanho da mensagem (1200, 35, 110 etc.), o algoritmo sempre gerará um número de tamanho fixo, que neste nosso exemplo é 256 bits.

O leitor mais atento percebeu que possuir **tamanho fixo** não significa a geração de valores iguais. Com a alteração de uma única letra ou palavra, todo valor gerado pelo *Hash* será diferente, embora possua o mesmo tamanho. Segue abaixo um exemplo real do uso um algoritmo *Hash* chamado SHA:

> SHA-265('Nós vamos passar logo')
> *Hash* gerado:
> 0b960618821108d27599dfd0808463a8b4a666fa92824255221877cd4a059365

> SHA-256('Vós vamos passar logo')
> *Hash* gerado:
> 8874240a16ef2170e587071653a4c4b646d967d94d88356adef6019d3503ed9b

Perceba que, apenas trocando na segunda mensagem a letra 'N' pela 'V', o *Hash* gerado, apesar de possuir o mesmo tamanho, foi completamente diferente do anterior, ou seja, é bem improvável que qualquer modificação na informação passe despercebida. Desta forma, compreendemos que o *Hash* irá garantir a integridade da informação.

> **DICA**
> O *hash* é aplicado junto com a **assinatura digital,** desta forma sempre que o documento for assinado digitalmente, garante-se conjuntamente a autenticidade e a integridade da informação.

Alguns doutrinadores dizem que, quando um documento é autêntico e tem sua integridade garantida, estamos diante de um princípio conhecido como **não repúdio**.

$$\left\{ \begin{array}{c} \text{Autenticidade} \\ + \\ \text{Integridade} \end{array} \right. = \textbf{Não Repúdio}$$

A assinatura digital garante, portanto, o não repúdio.

Para finalizar nosso capítulo, precisamos ainda compreender o importante conceito do certificado digital.

(d) Certificado Digital

Um certificado digital é um **documento eletrônico que garante a CIA** (confidencialidade, integridade e autenticidade). Este documento também utiliza os princípios de sistemas de chaves públicas para fornecer esta garantia dos princípios. Não devemos, no entanto, confundir certificado digital com assinatura digital, pois esta, na verdade, faz parte do certificado digital.

Para saber se um site tem um certificado digital, basta atentar para o cadeado que fica no canto superior esquerdo na barra de endereços do navegador. Repare também que o protocolo que surge é o HTTPS. Clique duas vezes no cadeado e será possível verificar o certificado digital. Portanto, sempre que entrar em um site que solicite seus dados pessoais, verifique o certificado e também se o protocolo utilizado é o HTTPS.

Cadeado que indica certificado digital

Certificado Digital

Analisando a imagem acima, verificamos que o certificado foi emitido para o Facebook e a *autoridade certificadora*, que é a entidade responsável por emitir o certificado, chama-se DigiCert High Assurance.

Para compreender melhor, imagine uma transação eletrônica entre você e o Banco do Brasil. Ao fazer um pagamento online, você precisa primeiramente enviar a senha para site do banco e esse é o desafio inicial: como garantir a segurança da sua senha? Neste caso, **três** coisas serão necessárias para garantir a segurança dos seus dados:

(1) Estar seguro que está enviando sua senha ao site correto, no caso, seu banco (autenticidade);

(2) Ter certeza que a senha digitada passará de forma ininteligível para se proteger de um agente externo interceptador sem autorização (confidencialidade);

(3) Assegurar que os dados não serão modificados no meio do caminho, pois caso isso aconteça o banco não reconhecerá sua senha (integridade).

Por utilizar as técnicas da criptografia assimétricas em conjunto com o *Hash*, o certificado digital consegue garantir os três princípios acima e, portanto, a segurança dos dados do exemplo.

Neste momento, você está habilitado a resolver questões de concursos. Vamos adiante!

7. QUESTÕES COMENTADAS

1. **(2015 – CESPE – FUB – Nível Médio)** Em relação ao uso da Internet e seus recursos, julgue o item a seguir.

   Certificado digital de e-mail é uma forma de garantir que a mensagem enviada possui, em anexo, a assinatura gráfica do emissor da mensagem.

   ( ) Verdadeiro　　( ) Falso

   Gabarito: Falso

   Inicialmente, vamos definir o que é certificado digital: certificado digital é um documento eletrônico que garante 3 princípios, a confidencialidade, a integridade e a autenticidade.

   A confidencialidade pode ser garantida através da técnica da criptografia. A integridade pode ser conseguida através do algoritmo *hash*. Por fim, a autenticidade pode ser assegurada através da assinatura digital.

   Na segunda parte da questão, precisamos estar atentos, pois quando esta afirma que o e-mail precisa de uma assinatura gráfica para ter um certificado digital, há erros na denominação – o que a torna falsa. Quem garante a autenticidade não é a assinatura gráfica e sim a assinatura digital.

2. **(2014 – CESPE – Polícia Federal – Agente de Polícia)** Julgue o próximo item, acerca de vírus, worms, pragas virtuais e aplicativos para segurança. Embora os *firewalls* sejam equipamentos ou softwares utilizados no controle das conexões de uma rede, eles não protegem computadores contra ataques internos.

   ( ) Verdadeiro　　( ) Falso

   Gabarito: Verdadeiro

   Firewalls são dispositivos que protegem o tráfego da rede, ou seja, sua função é realizar o controle do que pode entrar ou sair na rede, baseado em filtros definidos através das políticas de segurança e regras de permissão.

Cap. 3 · SEGURANÇA DA INFORMAÇÃO

Desse modo, se um atacante externo tentar entrar nesta rede, o *firewall* irá blo-queá-lo. Da mesma forma, se uma conexão não autorizada tentar sair da rede in-terna, mais uma vez o *firewall* entrará em ação, bloqueando sua saída. No entanto, quando há dentro da rede um ataque interno entre as máquinas, não é função do *firewall* cuidar desse tipo de conflito.

3. **(2014 – CESPE – TJ-SE – Nível Superior)** Diversos vírus de computadores são criados diariamente e muitos não são detectados por ferramentas de antivírus. A respeito desse assunto, julgue os itens a seguir.

Os computadores com sistema operacional Linux não são afetados por vírus; os que têm sistemas Windows são vulneráveis a vírus, por falhas específicas de kernel.

( ) Verdadeiro ( ) Falso

Gabarito: Falso

Essa questão explora o mito muito comum de o Linux não ser afetado por infec-ções de vírus. Na verdade, o Linux pode ser infectado sim! A questão é que a quan-tidade de vírus que são projetados para Linux ainda é muito pequena se compara-da à quantidade de vírus que já existem para Windows. Além do mais, todos os dias novos vírus são criados e grande parte deles é criada para sistemas operacionais Windows, devido à sua grande popularidade.

Encontramos mais um erro nesta questão quando o elaborador afirma que o Win-dows é vulnerável devido a falhas no kernell. Isso não é verdade.

8. QUESTÕES PARA TREINAR!

1. **(2015 – UFPE – COVEST-COPSET – Técnico de Laboratório – Mecânica)** Dos dispositi-vos de softwares listados a seguir, escolha o único que agrega segurança ao sistema:

a) Keylogger.

b) Trojans.

c) Firewall.

d) Phishing.

e) Pharming.

2. **(2015 – CESGRANRIO – Petrobras – Técnico de Administração e Controle Júnior)** Um grupo de torcedores, insatisfeitos com o resultado do jogo em que seu time sofreu uma goleada, planejou invadir a rede de computadores do estádio onde ocorreu a dis-puta para tentar alterar o placar do jogo. Os torcedores localizaram a rede, porém, entre a rede interna e a externa, encontraram uma barreira que usou tecnologia de filtragem dos pacotes que eles estavam tentando enviar.

Essa barreira de segurança de filtro dos pacotes é o

a) firewall

b) antivírus

c) antispam

d) proxy

e) PKI

3. **(2015 – FGV – TJ-BA – Técnico Judiciário – Área Judiciária)** A criptografia é um dos principais mecanismos de segurança utilizado para proteger a transmissão de informações na Internet por meio de codificação que transforma um texto claro em um texto cifrado, conforme ilustrado na figura a seguir.

Dentre outras finalidades, a criptografia é usada para autenticar a identidade de usuários. Para isso, o código usado para comprovar a autenticidade e a integridade de uma informação, ou seja, que ela foi realmente gerada por quem diz ter feito e que ela não foi alterada, é:

a) autoridade certificadora;

b) assinatura digital;

c) certificado digital;

d) chave mestra;

e) chave simétrica.

4. **(2014 – CESGRANRIO – Petrobras – Técnico de Administração e Controle Júnior)** Um funcionário de uma empresa criou, na área de trabalho de seu notebook Windows, um arquivo .txt contendo algumas informações pessoais. Como esse arquivo contém dados sigilosos, ele gostaria de que seu conteúdo não fosse acessado por outras pessoas, no caso de furto ou roubo de seu equipamento.

Para evitar o acesso indevido ao conteúdo desse arquivo, é necessário que esse funcionário

a) renomeie o arquivo para o formato PDF.

b) utilize criptografia simétrica com senha forte.

c) gere um arquivo adicional contendo o hash do arquivo .txt

d) troque o disco interno do equipamento por um com sistema FAT32

e) mova o arquivo da área de trabalho para o diretório c:\tmp.

5. **(2014 – CESPE – TJ-SE – Técnico Judiciário – Área Judiciária)** Analise a assertiva abaixo:

Para evitar a contaminação de um arquivo por vírus, é suficiente salvá-lo com a opção de compactação.

6. **(2014 – CESPE – TC-DF – Técnico de Administração)** Analise a assertiva abaixo:

Cap. 3 • SEGURANÇA DA INFORMAÇÃO

O firewall do Windows é um importante recurso utilizado para bloquear spams ou emails não desejados pelo usuário

7. **(2014 – FCC – TRT 16ªR – Técnico Judiciário – Área Administrativa)** Considere a seguinte situação hipotética:

A equipe que administra a rede de computadores do Tribunal Regional do Trabalho da 16ª Região utiliza um programa projetado para monitorar as atividades de um sistema e enviar as informações coletadas. Este programa é usado de forma legítima, pois é instalado nos computadores com o objetivo de verificar se outras pessoas estão utilizando os computadores do Tribunal de modo abusivo ou não autorizado. Mas, recentemente, o Tribunal foi vítima de um programa de monitoramento deste tipo. Neste caso, foi instalado de forma maliciosa e o *malware* estava projetado para executar ações que podiam comprometer a privacidade dos funcionários e a segurança dos seus computadores, monitorando e capturando informações referentes à navegação dos usuários.

O tipo de *malware* instalado de forma ilegítima nos computadores do Tribunal é conhecido como

a) *Webware.*

b) *Trojan.*

c) *Spyware.*

d) *Rootdoor.*

e) *Worm.*

8. **(2014 – Quadrix – CRN 3ªR – Assistente Administrativo)** No que diz respeito à segurança da informação, leia as afirmativas e assinale a correta.

a) **Botnet** é um software que executa um ataque de negação de serviço.

b) **Adware** é um software que exibe conteúdo publicitário em seu computador, muitas vezes sem o consentimento do usuário.

c) **DoS** é um tipo de *malware* que monitora e captura o que é digitado em um computador.

d) **Pharming** é uma tentativa de envio de SPAM em massa que utiliza uma rede de computadores.

e) **Phishing** é uma forma de mascarar o endereço de um site, fazendo com que o endereço de um site falso se passe pelo endereço de um site legítimo.

9. **(2014 – ESAF – MF – Assistente Técnico Administrativo)** Assinale a opção correta relativa à Segurança da Informação

a) Criptografa: técnica para converter uma mensagem de texto entre sistemas operacionais distintos

b) Autenticação: sequência de símbolos destinada a permitir que o algoritmo cifre uma mensagem em texto claro ou decifre uma mensagem criptografada.

c) Autenticação: procedimento destinado a autorizar a sintaxe de determinada mensagem.

d) Autenticação: procedimento destinado a verificar a validade de determinada mensagem.

e) Inicializador: sequência de símbolos destinada a permitir que o algoritmo inicie uma mensagem em texto claro para decifrar uma mensagem criptografada.

10. (2014 – CESPE – CADE – Nível Médio) Acerca dos conceitos de gerenciamento de arquivos e de segurança da informação, julgue o item subsequente.

Os vírus de computador podem apagar arquivos criados pelo editor de texto, no entanto são incapazes de infectar partes do sistema operacional, já que os arquivos desse sistema são protegidos contra vírus.

GABARITO DAS QUESTÕES				
1	2	3	4	5
C	A	B	B	E
6	7	8	9	10
E	C	B	D	E

Capítulo 4

NAVEGADORES

1. INTRODUÇÃO

A popularidade da grande rede de computadores mundial mudou após a criação do serviço de páginas de Internet. E o que permite a navegação nas páginas e sites que gostamos é uma importante categoria de programas: os **navegadores**.

Esses programas difundiram o uso da Internet, pois permitiram que arquivos com recursos gráficos (imagens, sons e vídeos), conhecidos como página da web, fossem produzidos, tornando-a mais atrativa e popularizando-a como a conhecemos.

Existem muitos navegadores de Internet, no entanto estudaremos os **três** mais cobrados nos exames: **Internet Explorer, Mozilla Firefox** e **Google Chrome**. Iniciaremos com uma breve conceituação sobre os navegadores e a linguagem que eles utilizam para então seguirmos pela estratégia de estudar os três navegadores em paralelo, destacando as funcionalidades pertinentes a cada um deles.

2. NAVEGADORES (BROWSERS)

Os navegadores web ou web *browsers* são programas de computador que tem como principal função interpretar os códigos HTML das páginas web.

As páginas web, ou websites, são arquivos compostos por texto e multimídia. Entende-se por multimídia: som, vídeo e imagem. Já um site é um conjunto de páginas web. Por exemplo, meu site é, na verdade, uma *pasta* contendo uma reunião de arquivos multimídia, que chamamos de website.

Os navegadores também são chamados *browsers web* ou simplesmente ***browsers***.

3. LINGUAGEM HTML

O código HTML foi inspirado no antigo mercado editorial, onde o autor produzia seus escritos e fazia marcações no texto para indicar aos editores alguma formatação específica. Por exemplo: quando o autor necessitava que uma palavra ficasse em negrito, este marcava a palavra com um sublinhado de duas linhas, assim os editores entendiam que a frase deveria ser impressa em negrito.

A linguagem HTML trabalha de modo semelhante. O HTML é um **código** produzido pelo *webdesigner* (nome atribuído ao profissional que desenvolve sites web), e interpretado pelo programa navegador. Esse código é interpretado pelo navegador e as marcações HTML não são vistas pelo usuário, na verdade ele tem acesso apenas ao conteúdo do site apresentado pelo navegador.

As marcações no código das páginas web são conhecidas como TAG's. As TAG's são lidas pelos *browsers*, que as interpretam e transformam em algo inteligível ao usuário.

Repare nas Figura 1 e Figura 2. A primeira mostra apenas o código da página, enquanto e segunda mostra a página web já interpretada pelo navegador.

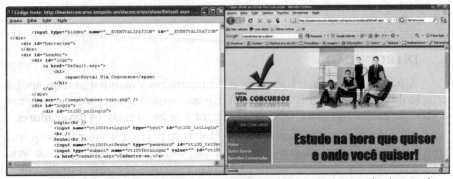

Figura 1. O código HTML de uma página Web.   Figura 2. A mesma página interpretada pelo navegador.

4. INTERFACE DOS NAVEGADORES

Os navegadores que estudaremos neste capítulo serão apresentados abaixo:

Internet Explorer

Percebemos que há uma enorme **semelhança** entre os navegadores quanto à sua aparência. No entanto, essa similaridade não se limita apenas ao visual, sendo suas funcionalidades também muito parecidas.

Explicaremos mais sobre os navegadores com enfoque em suas funcionalidades:

- Funcionalidades de diferenciação
- Funcionalidades inerentes aos navegadores
- Funcionalidades básicas (botões e teclas de atalho)

5. FUNCIONALIDADES DE DIFERENCIAÇÃO

Utiliza-se o termo *funcionalidades de diferenciação* apenas como recurso didático. O que chamamos de funcionalidades de diferenciação são, na verdade, aquelas que não estavam presentes originalmente nos navegadores, mas que com o tempo foram implantadas para que estes pudessem se diferenciar no mercado. São algumas delas:

(a) Complementos

Como visto na definição sobre navegadores, estes programas foram projetados para interpretar os códigos HTML. Com sua definição em mente, surge uma pergunta: será possível abrir um arquivo PDF no navegador? Pela simples vivência é fácil descobrir que sim, pois você já deve algum dia ter aberto um edital de concurso em PDF pelo navegador. Então, mais uma questão: como estes *browsers* leem PDF se seus projetos iniciais preveem apenas a capacidade de interpretar os códigos HTML? A resposta é simples: em virtude dos **complementos**.

Os complementos **são programas que agregam funcionalidades ao sistema.**

Explicando, então, a questão do PDF: existe um complemento da Adobe (companhia responsável pelo leitor de PDF) que quando instalado nos navegadores, permite que estes leiam um documento no formato PDF. Na verdade, isto vale para todos os arquivos que não são HTML e são lidos no seu navegador, como, por exemplo, os arquivos em *flash*.

A oferta de complementos para navegadores é extensa. Neste momento, por exemplo, mais alguém deve estar produzindo algum outro um complemento que irá facilitar muito a vida dos usuários daqui a algum tempo.

(b) Recurso de sincronização

Um recurso muito interessante dos três navegadores (Chrome, Internet Explorer e Firefox) é a possibilidade de **sincronizar** algumas informações entre dispositivos diferentes que usem o mesmo navegador. Vamos a um exemplo para compreender melhor:

Você utiliza o Firefox em seu notebook e tem muitos sites de seu interesse salvos nos favoritos, que estão armazenados localmente neste seu equipamento. Além das páginas web favoritas, estão salvos, também no seu notebook, o histórico dos sites, senhas de algumas páginas web que você visita com frequência, dentre outras coisas. O recurso de sincronização permite que você compartilhe sua lista de favoritos, histórico, senhas salvas etc. em outros equipamentos (computadores, smartphones) que tenham o mesmo navegador instalado. Deste modo, a lista de favoritos do notebook pode ser replicada para o seu PC, como também para o celular, e sempre que você atualizar os favoritos no Notebook, você pode atualizar (sincronizar) com sua lista existente no seu PC ou em seu celular.

Como dito, o recurso de sincronização não se limita aos favoritos. Podemos sincronizar arquivos temporários, histórico e até mesmo as abas do navegador que estão abertas. Para sincronização é necessário ter uma conta do Windows Live (sincronização no Internet Explorer), uma conta no Google (sincronização no Google Chrome) ou uma conta no Firefox Sync (sincronização no Firefox).

Vamos entender como é feita a sincronização nos três navegadores.

(i) Sincronização no Internet Explorer

O Internet Explorer usa para sincronização o *Windows Live Mesh*, essa ferramenta permite que você sincronize pastas e arquivos entre computadores, usando recursos de armazenamento na nuvem.

Perceba que no caso da Microsoft, o *Windows Live Mesh* permite sincronizar até mesmo arquivos, mas tenha atenção pois essa sincronização de arquivos e pastas do *Windows Live Mesh* só é possível porque o Internet Explorer é fabricado pela mesma empresa que faz o Windows, ou seja, a Microsoft.

Você precisa fazer o download do *Windows Live Mesh* no site oficial da Microsoft para que seja possível realizar todas essas sincronizações.

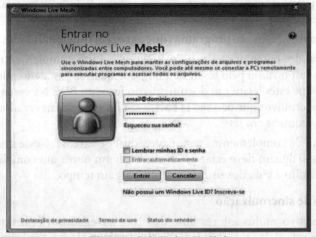

Tela de entrada do Windows Live Mesh

Para utilizá-lo é necessário ter uma conta da Microsoft (conta do Windows Live), que é uma conta gratuita, realizada através de um simples cadastro no site deles.

Após efetuar o login, clique na opção "Ative a sincronização dos favoritos", presente na seção "Configurações de programas", para iniciar a sincronização.

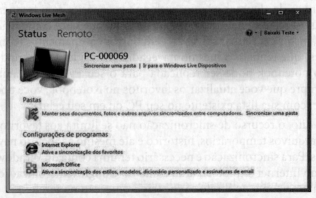

Ao selecionar essa opção, os favoritos são enviados para a nuvem, na área associada à conta do usuário e, uma vez lá, é possível sincronizar os dados com os demais equipamentos que possuam o Internet Explorer instalado. Basta, para tanto, executar o *Windows Live Mesh* no outro dispositivo, autenticar-se com a mesma conta do Windows Live e habilitar a opção, "Ative a sincronização dos favoritos". Deste modo, ao executar novamente o Internet Explorer, ele receberá os favoritos que foram importados no primeiro passo.

(ii) Sincronização no Google Chrome

Assim como no IE (Internet Explorer) é necessário ter uma conta no Google e efetuar o login, no entanto, é mais simples que no IE, pois não há a necessidade de ter instalado nenhum outro programa além do próprio navegador.

Após realizar o cadastro no Google (que pode ser realizado no site oficial do próprio Google), o login pode ser feito através do navegador, pelo botão do menu do Google Chrome ≡, selecionando a opção "Fazer login".

Tela de login para sincronização

Após *logado*, basta escolher a opção para sincronizar na caixa de diálogo que aparecerá.

(iii) Sincronização no Mozilla Firefox

Também é bem simples, assim como no Google Chrome. A sincronização no Firefox é feita por uma ferramenta chamada SYNC. Você irá encontrá-la no menu principal do Firefox, basta clicar no menu e a opção estará disponível.

Ao clicar em *Sign in to Sync* (logar no Sync), é possível fazer as sincronizações. Apenas lembrando que também é necessário possuir uma conta no Firefox Sync, gratuita como nos outros dois navegadores.

Abaixo, imagens tanto do menu do Firefox, como da tela de entrada do Sync:

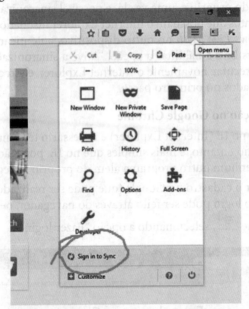

No detalhe, a opção de realizar login no Firefox Sync.

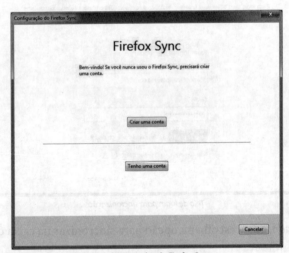

Tela de boas-vindas do Firefox Sync

(c) Navegação Privativa

A navegação privativa é um recurso presente nos três navegadores que estamos estudando neste capítulo. É um recurso que permite ao usuário navegar na Internet **sem deixar *rastros*** no computador em uso.

A navegação privativa é um recurso bastante importante para manter a privacidade do usuário. Imagine que você está usando um computador em uma *Lan*

House e imprimindo sua fatura do cartão de crédito para poder pagá-la no banco. É bem provável que você não fique satisfeito caso o próximo usuário da máquina que você está utilizando saiba que você acaba de imprimir a fatura do cartão de crédito. Isso, além de perigoso – visto que o outro saberia que provavelmente você iria pagar a fatura – é uma perda de privacidade. Essas e outras situações justificam o uso deste recurso no navegador.

A navegação privativa faz com que as páginas acessadas **não** permaneçam no histórico do navegador. Além disso, quando esse recurso estiver ativo, o navegador não armazena os arquivos temporários, não salva *cookies*, nem histórico de pesquisa logo depois que você fecha todas as suas guias privativas. As únicas ações mantidas são os downloads de arquivos realizados e a edição dos favoritos.

No **Internet Explorer** e no **Mozilla Firefox** esse recurso é chamado de **Navegação Privativa** e a tecla de atalho para ativá-lo é CTRL+SHIFT+P.

Já no **Google Chrome**, o recurso é chamado de **Navegação Anônima** e a combinação de teclas para ativá-lo é CTRL+SHIFT+N.

Você entrou no modo de navegação anônima. As páginas que você vê nas guias anônimas não permanecem no histórico do navegador, no armazenamento de cookies ou no histórico de pesquisa depois que você fecha **todas** as suas guias anônimas. Qualquer download de arquivo ou favoritos criados são mantidos.

No entanto, você não fica invisível. O modo de navegação anônima não oculta sua navegação do seu empregado, do seu provedor de acesso à Internet, de governos e de outros invasores sofisticados, nem os websites que você visita.

Saiba mais sobre o modo de navegação anônima.

 Como o Google Chrome não controla a forma como as extensões manipulam seus dados pessoais, todas as extensões foram desativadas nas janelas anônimas. É possível reativá-las individualmente no gerenciador de extensões.

Mensagem ao abrir navegação anônima no Google Chrome.

Ao ativar a navegação privativa em uma janela, todas as abas (ou guias) da janela privativa também seguirão o mesmo padrão, ou seja, todas entrarão também na navegação privativa.

6. FUNCIONALIDADES DE INERENTES AOS NAVEGADORES

As funcionalidades que serão explicadas nesta seção, fazem parte dos recursos criados **originalmente** nos primeiros navegadores, como, por exemplo, os favoritos, o histórico, os arquivos temporários e alguns mais recentes como os *cookies*. Sabemos que a informática evolui muito rapidamente, mas os recursos explicados abaixo não foram abandonados, apenas receberam uma nova roupagem.

(a) Favoritos

(b) Históricos

(c) Arquivos temporários

(d) *Cookies*

(a) Favoritos

A Internet tem uma infinidade de sites, que muitas vezes tem endereços realmente enormes. Esses interessantes sites no convidam a voltar por lá outras vezes. Então, imagine quão difícil seria ter que decorar os endereços de todas essas páginas web? Para facilitar o retorno aos sites que mais gostamos ou precisamos, os navegadores disponibilizam o recurso **Favorito**.

Este recurso possibilita que o navegador salve o endereço dos sites de nossa preferência no banco do navegador. Assim, uma lista de sites favoritos fica à disposição para serem acessados novamente. É possível ainda organizar esta lista criada em pastas criadas no próprio navegador.

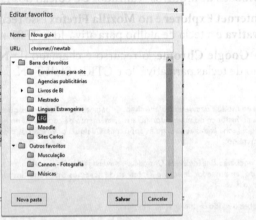

Organizar favoritos – Google Chrome

A tecla de atalho que possibilita adicionar uma página Web aos favoritos é CTRL + D. Essa combinação de tecla serve aos três navegadores que estamos estudando neste capítulo.

(b) Histórico

Outra funcionalidade nativa dos navegadores, o histórico salva a lista de páginas visitadas pelos usuários. Às vezes, desejamos saber quais sites visitamos e para estes casos o histórico do navegador é o recurso mais indicado. A tecla de atalho para acessá-lo é CTRL + H, nos três *browsers*.

(c) Arquivos temporários da Internet

Os Arquivos temporários da Internet são uma pasta que armazena arquivos oriundos das páginas visitadas pelo usuário, como, por exemplo, *cookies*, senhas salvas, dentre outros (o que, até certo ponto, permite que o acesso às páginas seja mais veloz).

Quando acessamos uma página pela primeira vez, nosso computador faz download de todos os arquivos da página (imagens, texto, códigos etc.) e armazena na pasta Arquivos temporários da Internet. Assim, quando se acessa a mesma página outra vez, o computador não precisa buscar todos os arquivos novamente,

Cap. 4 · NAVEGADORES

883

pois parte destes arquivos já se encontra na máquina do usuário, dentro da pasta de arquivos temporários, o que reduz o tempo necessário para acessá-los. Você já deve ter reparado, por exemplo, que quando se assiste pela primeira vez a um vídeo no YouTube, percebe-se certa demora, mas na segunda vez, o vídeo é carregado mais velozmente.

A pasta arquivos temporários da Internet também é conhecida como **cache de Internet.**

(d) Cookies

São arquivos de texto simples que salvam as preferências do usuário em sua máquina. Os *cookies* são muito **controversos**, pois os sites salvam *dados* no computador do usuário, sem solicitar autorização. Estes arquivos armazenam nossas rotinas de navegação e as salvam em arquivos de texto na máquina local. Outro ponto controverso, pois além de entrarem na nossa máquina, ainda salvam nossas rotinas de navegação.

O **lado positivo** dos *cookies*, até porque se somente houvesse lado negativo ninguém o permitiria, é a facilidade oferecida ao navegar em certos sites, pois com esse recurso ativado é possível, por exemplo, que sites salvem status de navegações anteriores, mostrando interesses, como produtos já pesquisados em um site de compras, por exemplo. Além disso tudo, ele salva nossos dados de cadastro, assim quando entramos em sites que precisamos nos cadastrar em algo, estes são preenchidos de modo automático, facilitando o preenchimento de formulários.

7. FUNCIONALIDADES BÁSICAS (BOTÕES E TECLAS DE ATALHO)

Esta é a última funcionalidade que estudaremos. Com ela, usaremos uma estratégia de estudo um pouco mais tradicional: o aprendizado e memorização de botões e teclas de atalho.

Os botões presentes nos três navegadores têm as mesmas funcionalidades e design praticamente idêntico. Iremos mostrá-los, logo abaixo na tabela, de modo genérico. Vale ressaltar que os botões ilustrados não são os originais de nenhum dos três navegadores, no entanto será fácil, a partir da imagem base mostrada na tabela, identificá-los por semelhança em qualquer um dos navegadores que estamos estudando.

Na tabela abaixo, além dos botões, temos as teclas de atalho. Estas teclas servem para os três programas (considerando, claro, o layout válido até a data em que escrevo esta obra).

Símbolo	Botões	Função	Tecla de Atalho
⇐	Voltar	Retorna para página anterior	CTRL + ← ou *Backspace*
⇒	Avançar	Caso se tenha voltado à página, neste botão avança-se novamente.	CTRL + →
🏠	Página Inicial	Desloca o usuário para página que foi configurada como Home Page do navegador.	ALT + HOME

Símbolo	Botões	Função	Tecla de Atalho
⭐	Adicionar aos favoritos	Possibilita que um site seja adiciona aos favoritos	CTRL + D
⏱	Histórico	Possibilita visualizar a lista de sites visitados	CTRL + H
↻	Atualizar	Pede uma nova cópia da página atual ao servidor	F5

8. QUESTÕES COMENTADAS

1. **(2015 – CESPE – STJ – Analista Judiciário)** Julgue o próximo item, acerca do sistema operacional Windows 7.0, do editor de textos Microsoft Word 2013 e do programa de navegação Internet Explorer 10.

   Os atalhos de teclado ajudam o usuário de computador a executar uma funcionalidade em determinado software de forma rápida, eliminando a necessidade de vários cliques com o mouse, em determinados casos. No programa de navegação Internet Explorer 10, por exemplo, o uso do atalho constituído pelas teclas Ctrl e J fará que uma lista de downloads seja exibida.

   ( ) Verdadeiro   ( ) Falso

   Gabarito: Certo

   Essa questão cobra do candidato o conhecimento de teclas de atalho. Tais teclas são usadas para agilizar a produção do usuário, vista que, as utilizando, pode-se evitar vários cliques do mouse.

   Algumas teclas de atalho importantes para o candidato que se submeterá a provas de seleção seguem abaixo:

Adicionar aos favoritos	CTRL +D
Exibir Histórico	CTRL + H
Página Inicial	ALT + HOME
Lista dos downloads	CTRL + J

   Lembrando que as teclas de atalho da tabela acima podem ser usadas nos três principais navegadores cobrados em provas de concursos (Internet Explore, Mozilla Firefox e Google Chrome).

2. **(2015 – CESPE – STJ – Técnico Judiciário – Administrativo)** Com relação a conceitos básicos de redes de computadores e ao programa de navegação Mozilla Firefox, julgue o próximo item.

   Os complementos são aplicativos que permitem ao usuário personalizar o Firefox com estilos ou recursos extras. As extensões são um tipo de complemento encontradas na última versão desse navegador e possibilitam, entre outros recursos, a integração do Firefox com alguns sítios da Internet.

( ) Verdadeiro ( ) Falso

Gabarito: certo

Inicialmente, uma definição para complementos: são programas que agregam funcionalidades ao sistema.

Algumas funcionalidades ofertadas por certos sites não são funcionalidades nativas para os navegadores. Por exemplo, vídeos em flash, arquivos em PDF, teclados virtuais usados em sites de banco.

Para estes casos, existem as extensões e *plug in's* que permitem que o navegador execute funcionalidades extras pelas quais não foram originalmente incluídas no projeto.

3. **(2015 – CESPE – FUB – Nível Superior)** Julgue o item que se segue, referentes a Internet e segurança da informação.

Os navegadores de Internet, como o Internet Explorer ou o Firefox, permitem que sejam abertas quaisquer páginas que estejam no formato de arquivo denominado http.

( ) Verdadeiro ( ) Falso

Gabarito: certo

Questão perigosa. Aqui o examinador tentar confundir o candidato, comentando sobre formato de página .http. Na verdade, HTTP é um protocolo utilizado na navegação web. Se trocássemos na questão a palavra http por HTML teríamos uma assertiva correta, pois a linguagem padrão dos sites suportados pelo navegador web é HTML.

9. QUESTÕES PARA TREINAR!

1. **(2015 – FGV – SSP-AM – Assistente Operacional)** O navegador Chrome permite a criação de uma "Guia de Navegação Anônima". Ao acessar páginas e serviços por meio de uma única guia assim:

   a) e-mails enviados durante o acesso serão tratados como anônimos, sem identificação do remetente;

   b) os arquivos recebidos por download durante o acesso serão apagados quando a guia for fechada;

   c) os favoritos que você registrar durante o acesso serão apagados quando a guia for fechada;

   d) as páginas visualizadas durante o acesso não serão armazenadas no histórico do navegador;

   e) o histórico das buscas que você realizar durante o acesso será mantido normalmente.

2. **(2014 – FGV – Câmara Municipal do Recife-PE – Assistente Administrativo)** Observe os ícones que usualmente aparecem no canto superior esquerdo da tela do Google Chrome.

O ícone mais à direita é usado para:

a) voltar á página de inicialização;
b) abrir alguma página listada no histórico;
c) refazer alterações na página corrente;
d) recarregar a página corrente;
e) remover a página corrente.

3. **(2014 – CESPE – FUB – Nível Médio)** Analise a assertiva abaixo:

O navegador Google Chrome não permitirá a visualização de páginas HTTPS, caso a conexão com a Internet seja realizada por meio de uma rede sem fio.

4. **(2014 – CESPE – ANTAQ – Nível Médio Administrativo)** Analise a assertiva abaixo:

Ao se clicar o botão ![], será iniciada uma página da Web cujo objetivo é o envio e o recebimento de mensagens de correio eletrônico.

5. **(2014 – IBFC – PC-SE – Escrivão de Polícia)** Documentos HTML (HyperTextMarkupLanguage) podem ser interpretados pelos navegadores:

I. Microsoft Internet Explorer

II. Mozilla Firefox

III. Google Chrome Estão corretos os itens:

Parte superior do formulário

a) somente I e II.
b) somente II e III
c) somente I e III.
d) todos

6. **(2014 – VUNESP – PC-SP – Atendente de Necrotério Policial)** Observe a imagem a seguir, contendo uma página web que está sendo exibida no aplicativo Firefox.

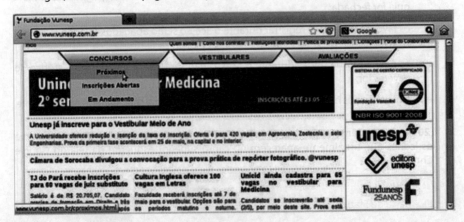

O endereço da página web que será aberta ao clicar no local indicado pelo mouse é:

Parte superior do formulário

a) Próximos
b) Concursos
c) www.vunesp.com.br
d) www.unesp.br
e) www.vunesp.com.br/cproximos.html

7. **(2014 – VUNESP – FUNDUNESP – Auxiliar administrativo)** Observe a figura a seguir, extraída do navegador Google Chrome, em sua configuração padrão, rodando em um ambiente MS-Windows.

Assinale a alternativa que descreve, corretamente, o que acontece quando o usuário clica no botão circulado na figura.

Parte superior do formulário

a) Uma nova janela é aberta.
b) O Gerenciador de favoritos é aberto.
c) A guia atual é fechada.
d) Todas as guias são fechadas.
e) Uma nova guia é aberta.

8. **(2014 – FGV – SUSAM – Agente Administrativo)** A figura a seguir mostra uma barra no Internet Explorer 10 BR.

Ela possibilita a navegação em páginas da Internet, bastando, para isso, digitar a URL do site/página.

Esse recurso é conhecido como

a) Barra de Menus.
b) Barra de Comandos.
c) Barra de Favoritos.
d) Barra de Endereços.
e) Barra de Status.

9. **(2014 – FGV – DPE-RJ – Técnico Médio de Defensoria Pública)** No navegador Chrome, como em outros navegadores, pode aparecer a imagem de um pequeno cadeado próximo à barra de URL (ou da barra de tarefas), como a que é mostrada a seguir.

Esse cadeado significa um ambiente mais seguro, principalmente porque você

Parte superior do formulário

a) detém o status de administrador do computador.

b) está capacitado a comandar operações de transferência de arquivos.

c) está logado no site, sob a proteção de senha de acesso.

d) está conectado a um site de acesso restrito, não público.

e) está usando uma conexão criptografada.

Parte inferior do formulário

GABARITO DAS QUESTÕES				
1	2	3	4	5
D	D	e	E	E
6	7	8	9	
E	E	D	E	

Capítulo 5
INTRODUÇÃO A SUÍTE DE ESCRITÓRIO

1. INTRODUÇÃO

Este breve capítulo é uma introdução sobre **suítes de escritório**, onde conheceremos o pacote Microsoft Office e o pacote LibreOffice, as duas suítes de escritório mais cobradas em provas de concursos públicos.

Faremos um paralelo entre Microsoft Office e LibreOffice. Entenderemos a função de uma extensão de arquivo para usuário e para o sistema operacional, além da definição de software livre e software proprietário. Finalizaremos o capítulo debatendo a portabilidade entre as duas suítes.

2. MICROSOFT OFFICE X LIBREOFFICE

O Microsoft Office é um pacote de escritório criado pela Microsoft. Essa suíte é líder mundial no segmento, além de ser um dos produtos (junto com o Windows) mais vendidos pela companhia.

Uma informação técnica importante sobre o Office é que este é um **software proprietário**, ou seja, seu código fonte **não está disponível** para o usuário.

Já a suíte LibreOffice é uma suíte criada de forma comunitária, por diversos programadores do mundo e tem como importante característica ser um **software livre**.

3. SOFTWARE LIVRE

Softwares livres são aqueles que têm o seu **código fonte disponível**, ou seja, a *receita seguida na elaboração* do programa pode ser vista por qualquer um. Desta maneira, ter acesso ao código fonte permite a qualquer pessoa estudar como o programa foi feito, alterar o código do programa, melhorar o sistema ou adaptá-lo à sua necessidade. Além de tudo isso, é dever difundir o código fonte para outras pessoas. Essas são as principais características de um software livre.

É possível vender um software livre? Na verdade, é possível vender ou alugar um software livre, sim. Também há, no entanto, alguns softwares livres que podem ser distribuídos gratuitamente. O que de fato caracteriza um software como livre não é ele ser gratuito ou pago, e sim o código fonte estar disponível.

DICA
Cuidado! Software Livre ≠ Software Grátis.

4. ESTRUTURA DO MICROSOFT OFFICE X LIBREOFFICE

A suíte Microsoft Office abandonou o uso de menus para utilizar um conceito mais moderno, a navegação em **guias**. Estas ainda serão detalhadas no capítulo do Word presente nesta obra.

Quanto ao LibreOffice, esta suíte utiliza o conceito de menus para navegação do usuário, ou seja, não se desprenderam da forma tradicional de se trabalhar com o menu arquivo, o menu editar, o menu exibir e os outros menus. Teremos mais detalhes sobre menus no capítulo do Writer, também desta obra.

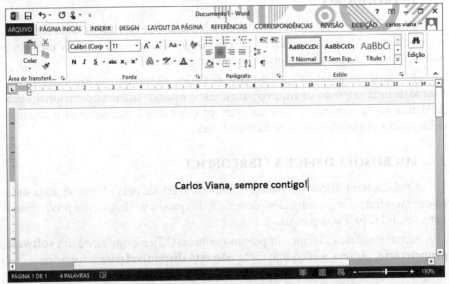

(Word) Repare nas guias, na parte superior da imagem.

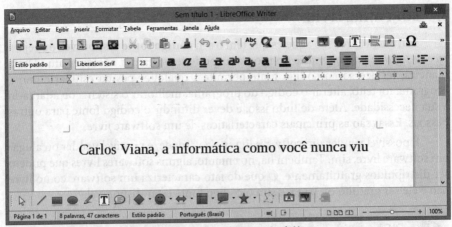

(Writer) Repare que se utiliza o conceito de Menus.

5. COMPARAÇÃO ENTRE OS DOIS PROGRAMAS

Antes de lhes apresentar uma tabela comparativa entre os dois programas, gostaria de explicar o que é extensão.

A **extensão** de um arquivo tem importância tanto para o usuário como para o sistema operacional, pois ela caracteriza de que tipo aquele arquivo é. A identificação do tipo do arquivo é importante não somente para o usuário, mas também para o sistema operacional, pois facilita a associação do arquivo à utilização do aplicativo necessário para acessá-lo.

Vamos entender melhor com um exemplo. Caso o usuário depare com um arquivo do tipo **jpg**, logo irá associá-lo a uma imagem; caso seja outro com a extensão **docx**, irá associá-lo ao Word.

Vamos então à tabela comparativa entre os programas.

DICA
É uma tabela bem importante, então, por favor memorize.

Microsoft Office	X	LibreOffice
Programa (extensão)	Função	Programa (extensão)
Word (docx)	Processador de texto	Writer (odt)
Excel (xlsx)	Planilhas eletrônicas	Calc (ods)
Power Point (pptx)	Apresentações multimídias	Impress (odp)
Access (accdb)	Banco de dados	Base (odb)

6. COMPATIBILIDADE ENTRE MICROSOFT E LIBREOFFICE

Uma pergunta muito comum em provas trata da compatibilidade existente entre os dois programas estudados neste capítulo. Na verdade, as duas suítes são intercambiáveis, ou seja, é possível uma interação entre os arquivos gerados pelos aplicativos de mesma função das duas suítes. Para entender melhor:

É possível na suíte LibreOffice, usando o Writer, abrir um arquivo do Word (docx). Assim como também é possível, através do Word, abrir um arquivo do Writer (odt).

Além desta portabilidade entre os arquivos, também é possível salvá-los com outra extensão, ou seja, tanto um texto produzido no Word pode ser salvo com a extensão do Writer (odt) como um texto produzido no Writer também pode ser salvo com a extensão do Word (docx).

DICA
Tudo que lhe falei, vale para os demais programas que têm compatibilidade entre si, como **Calc/Excel**; **Impress/PowerPoint**.

7. QUESTÕES COMENTADAS

1. **(2015 – IF-TO – IF-TO – Enfermeiro do Trabalho)** Cada arquivo criado nos pacotes office, tais como Microsoft Office e LibreOffice, sempre é salvo com extensões. Relacione as extensões da coluna da esquerda com o seu respectivo aplicativo da coluna da direita:

   (1) .ods   (A) Writer
   (2) .docx   (B) Word
   (3) .odt   (C) Calc
   (4) .odp   (D) Impress
   (5) .xlsx   (E) Excel

   Marque a alternativa em que está correta a relação:

   a) 1C, 2B, 3A, 4D, 5E
   b) 1A, 2B, 3C, 4D, 5E
   c) 1E, 2B, 3A, 4D, 5C
   d) 1C, 2A, 3B, 4E, 5D
   e) 1B, 2A, 3C, 4E, 5D

   Gabarito: A

   A tabela abaixo sintetiza o que é necessário saber sobre software de escritório e suas extensões

	Microsoft Office	Extensão	LibreOffice	Extensão
Processador de Texto	Word	docx	Writer	odt
Planilha Eletrônica	Excel	xlsx	Calc	ods
Apresentação	Power Point	pptx	Impress	odp

2. **(2012 – VUNESP – TCE-SP – Agente de Fiscalização Financeira)** O LibreOffice possui alguns aplicativos que apresentam funcionalidades semelhantes às apresentadas pelos aplicativos do MS-Office. O Writer do LibreOffice gera documentos com a extensão

   a) .odb
   b) .odp
   c) .odt
   d) .ots
   e) .ppt

Gabarito: C

a. Incorreto: A extensão .odb é do programa Base, que é o sistema de gerenciamento de banco de dados do LibreOffice. Dica: odb, onde esse "b" vem de Base, que remete à ideia de banco de dados.

b. Incorreto. A extensão .odp é associada ao programa Impress, que é o aplicativo para criar apresentações no LibreOffice. Dica: odp, onde esse "p" vem de presentation, que remete à ideia de apresentação.

c. Correto. A extensão .odt é associada ao programa Writer, que é o aplicativo para criar documentos de texto no LibreOffice. Dica: odt, onde esse "t" vem de text, que remete à ideia de texto.

d. Incorreto. A extensão .ots é uma extensão de modelo de planilha eletrônica. Onde o "ot" é de *open template* e sabemos que *template* = modelo. O "s" do .ots vem de *sheet* = planilha.

e. Incorreto. A extensão .ppt é associada ao programa Power Point, da Microsoft, que é o aplicativo para criar apresentações no Microsoft Office.

3. **(2014 – CESPE – Câmara dos Deputados – Técnico Legislativo)** Acerca de noções de sistemas operacionais e editores de textos e planilhas, julgue os itens que se seguem.

O Impress e o Writer são aplicativos de edição de textos do Unix e, portanto, não podem ser utilizados em sistemas operacionais Windows.

Parte superior do formulário

( ) Verdadeiro   ( )   Falso

Gabarito: Falso

Os aplicativos Impress e Writer são programas que fazem parte da suíte de escritório LibreOffice. O LibreOffice pode ser instalado tanto no Windows com no Linux, portanto esse pacote de escritório serve também a esses dois sistemas operacionais. Outro ponto incorreto é quando a questão afirma que o Impress é aplicativo para edição de texto. Na verdade, ele é um aplicativo para produzir apresentações.

8.   QUESTÕES PARA TREINAR!

1. **(2015 – VUNESP – TCE -SP – Agente da Fiscalização Financeira)** O LibreOffice possui alguns aplicativos que apresentam funcionalidades semelhantes às apresentadas pelos aplicativos do MS-Office. O Writer do LibreOffice gera documentos com a extensão

   a)   .odb

   b)   .odp

   c)   .odt

   d)   .ots

   e)   .ppt

2. **(2015 – IBFC – CEP 28 – Assistente Administrativo)** Quanto ao Microsoft Office e o BrOffice, analise as afirmativas abaixo, dê valores Verdadeiro (V) ou Falso (F) e assinale a alternativa que apresenta a seqüência correta (de cima para baixo):

   ( )   Impress é um programa de apresentação de slides similar ao PowerPoint.

( ) BrOffice somente é possível de ser instalado em ambientes Linux.

a) V -V

b) V -F

c) F -V

d) F -F

3. **(2014 – CESPE – Câmara dos Deputados – Técnico Legislativo)** Analise a assertiva abaixo:

O Impress e o Writer são aplicativos de edição de textos do Unix e, portanto, não podem ser utilizados em sistemas operacionais Windows.

4. **(2013 – CESPE – MPU – Analista – Direito)** Analise a assertiva abaixo:

O LibreOffice é uma suíte de escritório livre, criada para ser executada exclusivamente no ambiente Linux e oferecer todas as funções esperadas de uma suíte profissional: editor de textos, planilha, apresentação, editor de desenhos e banco de dados.

5. **(2013 – CESPE – SERPRO – Técnico – Operação de Redes)** Analise a assertiva abaixo:

Não é possível instalar os aplicativos do MS Office e do BrOffice em uma mesma máquina, salvo se houver virtualização dos sistemas.

6. **(2013 – FCC – TRE-RO – Técnico Judiciário – Área Administrativa)**

Paulo trabalha no Tribunal Regional Eleitoral de Rondônia e recebeu as seguintes tarefas:

1. Fazer um orçamento de computadores portáteis para o escritório onde trabalha. Este orçamento deve incluir *notebooks*, *netbooks* e *ultrabooks*. Montar uma planilha utilizando o Microsoft Excel 2010 em português com os dados do orçamento realizado. Salvar a planilha em um *pen drive*.

2. Criar um texto utilizando o Microsoft Word 2010 em português que apresente a descrição e as características técnicas de cada um dos computadores orçados, bem como a imagem de cada um deles. Salvar o arquivo com o texto em um *pen drive*.

3. Abrir o texto e a planilha gravados no *pen drive* em um computador que tenha apenas o LibreOffice, utilizando os *softwares* compatíveis com o Word e o Excel.

4. Evitar que os arquivos criados sejam alterados depois de salvos mudando, no Windows Explorer, um atributo dos arquivos para que não seja permitida a gravação, mas apenas a leitura.

Deve-se considerar que os computadores utilizados por Paulo têm o sistema operacional Windows 7 Professional em português e que todos os *softwares* instalados mantêm suas configurações padrão.

Para realizar a tarefa 3, Paulo utilizou, respectivamente, os softwares

a) Impress e Calc.

Cap. 5 · INTRODUÇÃO A SUÍTE DE ESCRITÓRIO

b) Writer e Math.

c) Impress e Lotus.

d) Writer e Calc.

e) Libre Word e Libre Excel.

7. **(2015 – FGV – TJ-BA – Técnico Judiciário – Tecnologia da Informação)** A lista que contém apenas aplicativos que estão incluídos na suíte MS Office 2013 Professional é:

a) OneNote, Outlook e Publisher;

b) Outlook, Dynamics CRM e Project;

c) PowerPoint, Excel e Word;

d) Impress, Excel e Word;

e) Visio, Project e Lync

8. **(2014 – IBFC – PC-SE – Escrivão de Polícia)** A extensão de arquivo padronizado pelo LibreOffice para os documentos de texto, que segue o formato OpenDocument, é reconhecido pela sigla:

a) ODB

b) ODS

c) ODT

d) ODG

9. **(2014 – CESPE – Câmara dos Deputados – Técnico Legislativo)** Acerca de noções de sistemas operacionais e editores de textos e planilhas, julgue o item que se segue.

O Impress e o Writer são aplicativos de edição de textos do Unix e, portanto, não podem ser utilizados em sistemas operacionais Windows.

10. **(Auxiliar administrativo – Colégio Pedro II – IDECAN – 2014)** O Microsoft Office é um pacote de aplicativos para escritório. São aplicativos que fazem parte do pacote Office 2013, EXCETO:

a) Excel.

b) Word.

c) Outlook.

d) Silverlight.

e) PowerPoint.

GABARITO DAS QUESTÕES				
1	2	3	4	5
C	B	E	E	E
6	7	8	9	10
D	C	C	E	D

Capítulo 6

MICROSOFT EXCEL 2013

1. INTRODUÇÃO

Neste capítulo estudaremos o Excel 2013, o programa da suíte Microsoft Office utilizado para realização de planilhas eletrônicas.

O Excel é um dos programas de planilhas eletrônicas mais famosos do planeta, inclusive tendo uma versão para utilização na nuvem. A principal função do Excel é realizar cálculos, sendo possível automatizá-los através de **fórmulas** e **funções** presentes no programa.

2. INTERFACE

Como de praxe, vamos conhecer a interface do programa. A figura abaixo mostra como se apresenta aos usuários o Excel 2013. Perceba que a nova interface dos programas da suíte Microsoft utiliza **guias**, deixando de lado a ideia dos menus.

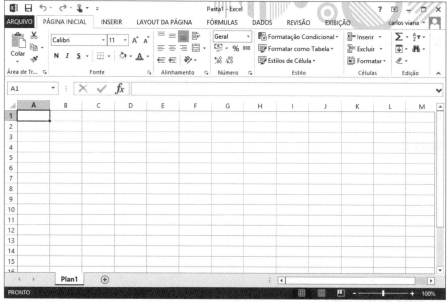

Interface do Excel 2013

Vamos estudar agora alguns elementos presentes na Interface da planilha, acompanhe a próxima seção.

3. ELEMENTOS BÁSICOS EM PLANILHA

Alguns elementos básicos que estão presentes no Excel 2013 e são alvos de questão de provas:

(a) Célula
(b) Caixa de nome
(c) Barra de Fórmulas
(d) Guia de Planilhas

(a) Célula

Uma **célula é o encontro de uma linha com uma coluna**. Nelas os usuários inserem os valores, que são referenciados por uma letra e um número. Essa referenciação orienta o usuário por todo conjunto de células da planilha. A célula selecionada pode ser conferida na caixa de nome.

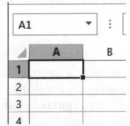

No detalhe, célula A1 (ou referência A1) selecionada

(b) Caixa de Nome

A caixa de nome tem função importante. É através dela que o usuário se posiciona dentro da planilha, pois ela indica qual célula está selecionada no momento.

Além de indicar a referência em que se encontra, é possível ir para outras células da planilha apenas digitando na própria caixa de nome a célula que se deseja ir, ou seja, digitando uma célula válida e pressionando ENTER. Neste caso, o programa direcionará a seleção à célula desejada.

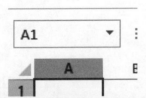

Caixa de Nome e no detalhe, indicando que a célula A1 está selecionada.

(c) Barra de fórmulas

Outro importante elemento do Excel é sua barra de fórmulas. É possível visualizar através dela o real valor existente na célula ativa, ou seja, ao se selecionar uma célula é possível visualizar o seu conteúdo, que é exibido na barra. Assim, descobrimos, muitas vezes, fórmulas que foram inseridas nas células, acompanhe a imagem abaixo para um melhor entendimento:

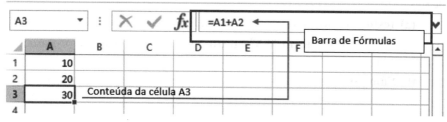

Barra de Fórmulas

Atente para a figura acima e perceba a barra de fórmulas indicando que foi inserida na célula A3 a fórmula = A1 + A2.

(d) Guia das Planilhas

Serve para alternar entre as guias já presentes ou criar novas planilhas. Ao se clicar no botão "+" uma nova guia é criada. É possível também renomear, apagar, mover a planilha, apenas clicando com botão direito do mouse nesta.

Guia de Planilha com duas planilhas

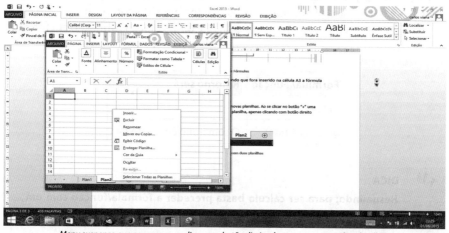

Menu suspenso que aparece ao se clicar com botão direito do mouse em uma das planilhas.

Concluímos os conceitos básicos de interface do programa. Neste momento, convido-te a estudar como o Excel realiza **cálculos**. No entanto, primeiramente, é necessário entender como este programa compreende os dados que são inseridos nas células. Então, vamos juntos à próxima seção.

4. COMO EXCEL ENTENDEM OS DADOS

Os dados inseridos nas células do Excel podem ser entendidos basicamente de três formas:

(a) Texto: são caracteres alfanuméricos. Ex: Carlos; Larice; Sa5aa; 6.5.

Obs.: Repare que o **texto "6.5" é texto**. Se necessitarmos número, usaríamos a vírgula ao invés de ponto, ficando desta forma "6,5".

(b) Número: números são números. Basta apenas digitar números que o Excel os entendem como são. Apenas lembro, mais uma vez, que números não inteiros recebem "," (vírgula). Exemplos: 10; 8,7; 100;100

(c) Cálculos: são operações que retornam algum valor. As operações podem ser simples fórmulas ou funções mais complexas. Existe um quesito importante (mas não único), para as operações serem compreendidas com cálculo, estas devem ser precedidas do sinal de igual (=). Na verdade, este caractere é o padrão.

Exemplos:

Fórmula/ Função
= 2*3+5
= Soma(A1:A4)
= A4*A7+B8/C10

(d) Ainda sobre Cálculos: apesar do "=" ser o caractere padrão para indicar cálculo, este não é o único. Existem mais três outros caracteres que se inseridos no início da célula farão o Excel entender o que for inserido como cálculo, são estes: "+" (mais) e "-" (menos), @ (arroba), sendo este último apenas utilizado em funções.

Exemplos:

Fórmula/ Função	Retorno será
- 2*3+5	-1
@ Soma(A1:A4)	O somatório de A1 até A4

DICA
Resumindo: para ser cálculo basta preceder a fórmula/função com um dos caracteres abaixo:
(i) = (Igual)
(ii) + (Símbolo "Mais")
(iii) – (Símbolo "Menos")
(iv) @(Arroba)
Agora, vamos estudar como operacionalizar cálculos.

5. OPERADORES

Os operadores são primordiais no Excel, pois sem estes não é possível realizar cálculos. É bem simples de entender: o Excel foi projetado na sua essência para realização de operações matemáticas, então precisamos saber quais são os operadores que realizam esses cálculos. No Excel temos três grupos de operadores, a saber:

- Operadores Aritméticos
- Operadores de Comparação
- Operadores de Referência

Os dois primeiros grupos de operadores estão presentes da grade curricular do ensino fundamental e médio. Sobre o terceiro grupo de operadores, acredito que seja algo novo para muitos, mas por sorte aprenderemos aqui neste livro. Vamos seguir a sequência proposta acima.

(a) Operadores Aritméticos: são operadores básicos, os quais utilizamos para realização de cálculos aritméticos. Os nomes, os símbolos e exemplos são ilustrados na tabela abaixo:

Símbolo	Operação	Exemplo de cálculo
+	Adição	= 10+20
-	Subtração	= 10 – 20
*	Multiplicação	= 10 * 20
/	Divisão	= 10/20
^	Potenciação	= 10^20
%	Porcentagem	= 10*20%

É necessário ficar atento, pois, existem **prioridades** a serem seguidas quando se faz cálculo aritmético. Se não forem respeitadas as prioridades de operadores, os cálculos ficarão errados. Outra informação importante é que no Excel temos apenas parênteses, não se usa chaves e nem colchetes.

Elenco abaixo as prioridades:

Para fazer cálculos corretos, deve-se seguir **Prioridades de Operações,** nessa ordem:

- Parêntese
- Potenciação
- Multiplicação / Divisão
- Adição / Subtração

(b) Operadores de Comparação: estes operadores fazem cálculos comparativos (ou cálculos lógicos), ou seja, utilizamos para comparar um valor ao outro. Ao compararmos valores, o resultado destas comparações será **Verdadeiro** ou **Falso**.

Isso mesmo, o Excel retorna literalmente o valor Verdadeiro ou Falso para cálculos lógicos. Teste no seu programa, é interessante o resultado.

Símbolo	Operador	Exemplo de Cálculo
>	Maior que	= A1 > B2
<	Menor que	= D4 < F6
>=	Maior ou igual	= C3 >= D5
<=	Menos ou igual	= F10 <= Z12
=	Igual	=D22 = F35
<>	Diferente	= D33<> F12

DICA
Os operadores acima comparam dois valores e geram o valor lógico **VERDADEIRO** ou **FALSO**.

(c) Operadores de Referência: acredito que todos os grupos de operadores são importantes, mas esse terceiro, os de referência, merece sua atenção, pois são realmente bem solicitados em provas de concurso.

Esses operadores são usados, na maioria dos casos, dentro de funções, como SOMA, MÉDIA e outras, no entanto seu uso não se limita apenas a funções. Existem quatro operadores de referência. Permita-me apresentá-los:

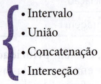
- Intervalo
- União
- Concatenação
- Interseção

Aprenda um pouco mais sobre estes operadores, verificando a tabela abaixo:

Símbolo	Operador de	Exemplo
: (Dois-pontos)	Intervalo	=B5:B15
; (ponto-e-vírgula)	União	=Soma(B5;B6)
& ("e" comercial)	Concatenação	=A1&A2
(espaço simples) – Somente no Excel	Interseção	SOMA(B5:B15 A7:D7) B7 é Comum

(i) Operadores de Intervalo e União

Uma boa estratégia para seu entendimento, é explicar esses dois operadores de uma vez só. Farei isso.

Verifique novamente a tabela acima, e perceba que o símbolo ":" denota intervalo completo. Exemplo: = Soma (A1:A10).

Neste exemplo, estou solicitando que o **sistema faça o somatório** dos números que estão no **intervalo que inicia em A1 e termina em A10**.

Já o ";" é o símbolo do operador união. Acredito que o exemplo fala mais que uma explicação. Exemplo: = Soma(A1;A7;A10).

Aqui, solicito que se adicione A1 e A7 e A10 (união dos três valores).

> **DICA**
>
> **Algumas dicas para facilitar:**
> Troque o dois pontos ":" mentalmente por "até" ou "a"
> Troque o ponto e vírgula ";" mentalmente por "e"
> Deste modo,
> =Soma(B1:B5), pode ser lido como: Some B1 **até** B5 ou Some B1 **a** B5
> =Soma(B1;B5), pode ser lido assim: "Some B1 **e** B5".
> Esteja certo que ler desta forma, auxiliará na sua prova.

(ii) Operador de Concatenação

Quero que entenda concatenar como "juntar" valores, bem simples assim. Exemplo: Vamos atribuir à A1 = Ana e à A2=Maria. Se escrevermos em A3 = A1 & A2, teremos Ana Maria. Como em A1 tem palavra Ana e em A2 a palavra Maria, o resultado de =A1&A2 será AnaMaria (tudo junto).

(iii) Operador de Interseção

O operador de interseção remete a mesma ideia de interseção que aprendemos na teoria dos conjuntos. Este operador presente no Excel usa a barra de espaço (**espaço simples**) do teclado (isso mesmo, a barra de espaço do seu teclado).

Exemplo Excel: = Soma(A2:D3 B1:B4). Perceba que existe um espaço simples entre "D3" e "B1", feito pela barra de espaço do teclado. Por favor, repare na figura:

Interseção do intervalo A2:D3 com intervalo B1:B4

A área hachurada na imagem exibe o a interseção dos dois intervalos. Deste modo, será somado os valores que forem inseridos nas células B2 e B3.

Terminamos todos os três grupos de operadores propostos nesta seção. Neste momento, você tem um conhecimento importante sobre os operadores para se realizar cálculos na sua prova, e por favor não se a parte destes, pois serão cobrados.

Agora, vamos avançar mais um tópico no assunto de planilhas eletrônicas. Seguiremos para o estudo de **alça de preenchimento**.

6. ALÇA DE PREENCHIMENTO

Para aqueles que não conhecem, a alça de preenchimento é um pequeno quadrado que fica no canto inferior direito da célula selecionada e se apontar o mouse aparecerá uma pequena cruz preta. Veja a figura:

No detalhe, a alça de preenchimento.

Sua função é automatizar operações, atualizando fórmulas ou copiando valores.

(a) Uso da alça: a alça deve ser puxada para que execute uma das duas funções básicas que tem: **realizar uma cópia dos valores na direção em que a alça for puxada** ou **realizar uma sequência lógica dos valores no sentido que a alça é puxada**.

É contextual a alça realizar cópia ou sequência. Por exemplo, ao se puxar a alça quando a célula está selecionando um valor que não tenha semântica de sequência lógica, o Excel irá fazer uma cópia daqueles valores para direção que a alça for puxada.

Já no caso de o valor selecionado ter um sentido lógico, então ao se puxar a alça ocorrerá uma sequência. Repare nas duas figuras abaixo:

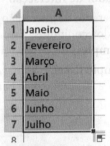

Não há sentido em fazer uma sequência lógica com a palavra 'Testando', assim, ao se puxar a alça de preenchimento, o Excel fará uma cópia para as células adjacentes.

Já no caso da imagem acima, repare que há uma lógica a ser seguida, pois após 'Janeiro' vem o mês de 'Fevereiro', que por sua vez 'Março' e assim por diante. Deste modo, ao se puxar a alça, ocorrerá uma sequência.

(b) Movimento da alça: outro ponto importante a se compreender é a direções que a alça de preenchimento pode correr. Esta pode ser direcionada:

- Para Cima
- Para Baixo
- Para Direita
- Para Esquerda

Ou seja, é possível movimentá-la no sentido de uma cruz, mas fique atento: **não é possível movimentá-la nos sentidos das diagonais.**

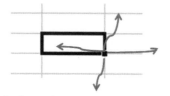

A Alça de preenchimento movimenta-se no sentido de uma cruz

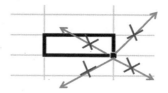

Não é possível movimentá-la na diagonal.

(c) Alça de preenchimento para fórmulas: tópico bastante importante, o uso da alça de preenchimento em células que contém fórmulas é algo bem corriqueiro nas provas de concurso quando assunto é Excel.

Vamos seguir uma estratégia bem simples para compreender esse tópico:

(1) Entenderemos como Excel reage ao se puxar a alça em uma célula que tem uma fórmula.

(2) Entenderemos, em seguida, como fazer para que o Excel "congele" as fórmulas ao se puxar a alça de preenchimento.

Bem, vamos por parte. Aprenderemos inicialmente ao funcionamento básico da alça:

(i) Funcionamento: quando temos uma fórmula escrita dentro de uma célula, ao puxarmos essa célula pela alça de preenchimento, o conteúdo será **atualizado** de modo proporcional para as células adjacentes. Acompanhe as figuras abaixo, elas o guiarão ao entendimento:

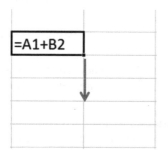

Antes de puxar a fórmula pela alça de preenchimento.

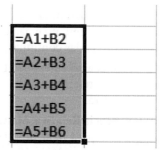

Após puxar a fórmula pela Alça de Preenchimento, os números foram atualizados.

O que ocorreu? Repare! Ao puxar a alça no sentido indicado pela seta da primeira figura, o valor foi atualizado para demais células, de modo proporcional, ou seja, linha a linha os valores foram alterados. Veja o resultado na figura seguinte.

Uma pergunta legítima sua poderia ser: Carlos, as letras nunca são atualizadas (mudadas)? Resposta: sim, elas são, no entanto no contexto correto. O contexto de atualização, tanto de quando ocorre atualização de linha como de coluna, será mostra na tabela abaixo. Atente:

> **DICA**
>
> • **Atualizando números**
> Ao se arrastar a alça de preenchimento entre **linhas**, os **números** das fórmulas serão atualizados.
>
> • **Atualizando letras**
> Ao se arrastar a alça de preenchimento entre **colunas**, as **letras** das fórmulas serão atualizadas.

Você está atento e tenho certeza que reparou exatamente no que ocorreu: arrastamos a alça pelas linhas e o número das células fora atualizados. Então, vamos ao exemplo semelhante, mas desta vez arrastando entre colunas:

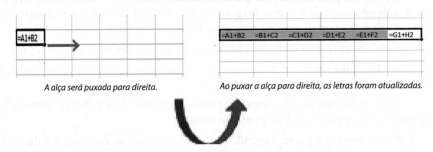

A alça será puxada para direita.

Ao puxar a alça para direita, as letras foram atualizadas.

Perceba que, desta vez, ao se arrastar a alça entre as colunas, foram atualizadas apenas as letras das fórmulas.

Com essas explicações, finalizarmos nosso estudo quanto à manipulação da alça de preenchimento em células que contém fórmulas e estamos aptos a entender a segunda questão sobre alça: como "congelar" as fórmulas a serem puxadas.

Como dito, outro ponto importante neste debate é se quiséssemos arrastar pela alça de preenchimento e não atualizar os valores, ou seja, se quiséssemos que as referências de células continuassem fixas.

No tópico abaixo eu explico bem direitinho. Na verdade, chamamos isso de referência relativa, referência mista e referência absoluta. Acompanha a seção abaixo que você entenderá.

(ii) Referência Relativa, Mista e Absoluta: esta seção nos convida a aprender como se procede para fixar uma referência, ao ponto de puxarmos pela alça de preenchimento e a referência da célula continuar a mesma.

Para fixar uma referência é suficiente colocar o símbolo do cifrão '$' à frente do que se deseja fixar. Siga a situação dos exemplos abaixo:

Exemplos:
=C9*2 (C livre; 9 livre) **(I)**
=C$9*2 (C livre; 9 fixo) **(II)**
=$C9*2 (C fixo; 9 livre) **(III)**
=$C$9*2 (C fixo; 9 fixo) **(IV)**

- **Repare no exemplo (I):** tanto a coluna 'C' como a linha '9' estão livres, ou seja, quando se puxar pela alça de preenchimento, tantos os valores da coluna como da linha poderão ser atualizados.

- **Repare no exemplo (II) e (III):** no exemplo (II), a coluna 'C' está livre, no entanto a linha '9' está fixa. Deste modo, apenas a coluna poderá ser atualizada, permanecendo a linha '9' inalterada. Já no exemplo (III), quem está fixar é a coluna 'C', indicando que não poderá ser atualizada, enquanto a linha '9' poderá ser atualizada livremente.

- **Repare no exemplo (IV):** neste último exemplo, tanto a coluna 'C', como a linha '9' estão fixas. Assim, não importa para onde puxar a alça, sempre será replicado C9, ou seja, o valor será sempre o mesmo, não será atualizado.

DICA

O **exemplo (I)** é conhecido como **referência relativa.**
Ao **exemplo (II) e (III),** chamamos de **referência mista.**
Ao exemplo (IV), damos o nome de **referência absoluta.**

Finalizamos aqui uma parte muito importante deste capítulo. Gostaria que você, neste momento, fizesse uma reflexão daquilo que já estudamos.

Aprendemos:

- Conceitos básicos do sistema
- Operadores (aritméticos, comparação e referência)
- Alça de preenchimento

Até aqui, você avançou bastante no assunto. Ainda precisamos finalizar o capítulo de Excel e faremos isso agora, com o estudo das funções. É extremamente importante para concursos o tópico abaixo, por isso, fico atento.

7. FUNÇÕES

Vamos começar com uma definição: uma função é uma fórmula especial que traz um retorno para usuário, através de algum valor inserido dentro de um argumento.

Entendo que uma ilustração irá consolidar a definição acima, então imagine o seguinte cenário: um usuário digitou na célula A1=10 (o valor 10), na célula A2=20 (o valor 20) e na A3=30 (o valor 30). Há como se somar esses valores através de uma função muito famosa do Excel, a função SOMA. Neste caso, para executá-la, temos que preencher os parâmetros (ou argumentos) da função soma com os valores de A1, A2 e A3, assim teremos: **=SOMA (A1:A3)**, cujo retorna será 60. Repare que no parâmetro da função SOMA, usei o operador ":" que significa intervalo.

Deste modo, penso em função como sendo operações que agem sobre valores fornecidos pelo usuário como parâmetros e retorna algum resultado.

(a) Modelo básico de uma função

As funções seguem uma estrutura básica bem simples e respeita o seguinte padrão:

=Nome_da_Função (Argumento).

As funções mais cobradas seguem o modelo acima, mas é muito importante que se saiba que este não é único modelo de função. Na verdade, existem outros modelos, mas em geral, as funções seguem a estrutura básica.

A tabela a seguir traz as funções básicas mais cobradas em prova, seus retornos e sintaxe (modo como são escritas). Acompanhe:

Nome da Função	Exemplo (Sintaxe)
SOMA	=SOMA(B2:B5)
Retorna a soma dos valores apresentados no argumento.	
MÉDIA	=MÉDIA(C1:C4)
Retorna a média aritmética dos valores apresentados no argumento.	
MÁXIMO	=MÁXIMO(B1:B6)
Retorna o máximo dos valores apresentados no argumento.	
MÍNIMO	=MÍNIMO(B1:B6)
Retorna o mínimo dos valores apresentados no argumento.	
MULT	=MULT(A1;A7;A8)
Retorna a multiplicação dos valores apresentados no argumento	

Vamos sair um pouco do básico, e vamos aprender uma função um pouco mais avançada e também muito cobrada, a função condicional SE.

(i) Função SE (função condicional): a **função Se** é utilizada quando se tem valores condicionais. Sua sintaxe é apresentada abaixo

= SE(teste_lógico; valor_se_verdadeiro; valor_se_falso) onde,

Teste_lógico	É um valor ou expressão que pode ser avaliado como VERDADEIRO ou FALSO.
Valor_se_verdadeiro	É o retorno para caso do *Teste_lógico* ser VERDADEIRO.
	É o retorno para o caso do *Teste_lógico* ser FALSO.

Para um exemplo, vamos utilizar a função Se para retornar resultado de alunos. A média para aprovação é maior ou igual a 7. Vamos a ele:

Exemplo: **=SE (B2>=7;"Aprovado";"Reprovado")**

	A	B	C	D	E
1	Alunos	Média			
2	Fulano	7	=Se(B2>=7;"Aprovado";"Reprovado")		
3	Beltrano	8	Aprovado		
4	Sicrano	2	Reprovado		
5	Tetrano	4	Reprovado		
6	Ditano	9	Aprovado		
7					

Lista de resultados. Usamos a função SE

Repare que existe condição para o sistema retornar "Aprovado" e também para retornar "Reprovado". Essa condição será testada pelo programa.

Caso o valor da nota seja maior ou igual a 7,0 o sistema apresentará a palavra Aprovado **(Valor_se_Verdade)**, caso não, apresentará Reprovado **(Valor_se_falso)**. Por isso, esta função é conhecida como função condicional.

Com a sessão sobre Funções, nos despedimos no assunto Excel 2013. Estou certo do seu aprendizado, e acredito que você resolverá as questões de prova. Abaixo, uma lista de exercícios para consolidar seus conhecimentos.

8. QUESTÕES COMENTADAS

1. (2015 – CESPE – STJ – Analista Judiciário) Julgue o item seguinte, relativo ao sistema operacional Windows 7.0 e ao Microsoft Excel 2013.

O recurso Validação de Dados, do Excel 2013, permite que se configure uma célula de tal modo que nela só possam ser inseridos números com exatamente doze caracteres. Esse recurso pode ser acessado mediante a seguinte sequência de acessos: guia Dados; grupo Ferramentas de Dados; caixa de diálogo Validação de Dados.

( ) Verdadeiro ( ) Falso

Gabarito: Verdadeiro

O recurso "validação de dados" permite ao usuário utilizar uma lista de regras para limitar o tipo de dado que pode ser inserido dentro de uma célula. A questão também exibe o caminho correto para se chegar ao recurso. Veja a figura abaixo:

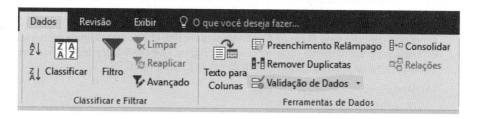

Ao clicar em "validação de dados", a regra permite números de 12 caracteres:

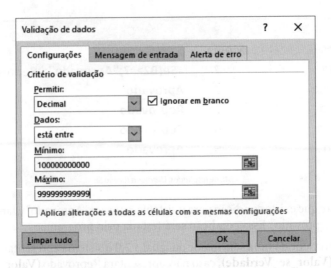

2. **(2015 – CESPE – MPOG – Analista)**

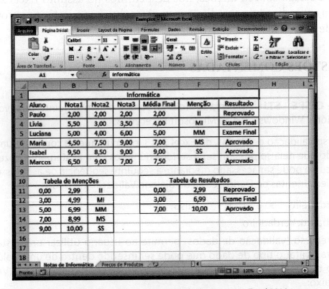

A figura acima ilustra uma pasta de trabalho aberta em uma janela do programa Excel 2010, em um computador com o sistema operacional Windows 7. A respeito dessa figura e do Excel 2010, julgue o item que se segue

Os valores contidos nas células de E3 a E8 podem ter sido obtidos mediante a execução do seguinte procedimento: clicar na célula E3; digitar =MÉDIA(B3:D3); teclar; clicar na célula E3; arrastar o canto inferior direito da célula E3 até a célula E8.

( ) Verdadeiro ( ) Falso

Gabarito: Verdadeiro

A função média foi inserida corretamente. Em seguida, puxou-se pela alça de preenchimento os valores de E3 até E8. Teremos:

	E
3	=MÉDIA(B3:D3);
4	=MÉDIA(B4:D4);
5	=MÉDIA(B5:D5);
6	=MÉDIA(B6:D6);
7	=MÉDIA(B7:D7);
8	=MÉDIA(B8:D8);

A tabela acima retornará corretamente as médias dos alunos mostrados na imagem da questão.

3. **(2015 – CESPE – FUB – Nível Médio)** Acerca do sistema operacional Windows, da planilha Excel 2013 e das ferramentas utilizadas em redes de computadores, julgue o próximo item.

O recurso Recomendações de Gráfico, disponível no Excel 2013, fornece um conjunto personalizado de gráficos com base em uma análise dos dados contidos na planilha. Para ter acesso a esse recurso, deve-se selecionar a aba Dados e, em seguida, clicar o botão Gráficos Recomendados.

( ) Verdadeiro   ( )   Falso

Gabarito: Falso

A questão até faz a descrição correta do recurso "Recomendações de Gráfico". Tal recurso realmente existe no Excel 2013 e faz análise dos dados para recomendar o melhor tipo de gráfico a ser utilizado. No entanto, o erro está na aba. Na verdade, o recurso é encontrado na aba (guia) "Inserir" e não na guia "Dados", como dito na questão.

9. QUESTÕES PARA TREINAR!

1. **(2013 – FCC – PGE-BA – Administrador)** A seguinte função foi inserida em uma célula de uma planilha do Microsoft Excel: =MÁXIMO (10;20;30). O resultado obtido nessa célula será:

a) 3

b) 30

c) 60

d) 30;20;10

e) 10; 20; 30

2. **(2014 – CESGRANRIO – Petrobras – Técnico de Administração e Controle Júnior)** Em determinada planilha Excel, as células A1, A2, A3, A4 e A5 contêm, respectivamente, os valores numéricos 5, 9, 15, 21 e 35. Os conteúdos das células B1, B2 e B3 são, respectivamente:

=A1+A3 ← conteúdo da célulaB1

=A2+A4+A5 ← conteúdo da célulaB2

=(B1*2)+(B2*2) ← conteúdo da célula B3

Sendo assim, qual é o resultado numérico da fórmula da célula B3?

a) 20

b) 28

c) 65

d) 85

e) 170

3. **(2014 – FCC – SEFAZ-PE – Auditor Fiscal do Tesouro Estadual)** Em determinado site é dada a seguinte fórmula para a realização de um cálculo:

MVA ajustada = {[(1+MVA-ST original)x(1-ALQ interestadual)/(1-ALQ interna)]-1}x100

Considere a planilha abaixo digitada no Microsoft Excel em português.

	A	B	C	D	E
1			Coeficientes		Percentual
2		MVA-ST original	ALQ	ALQ interna	MVA ajustada
3	Produto	0,4	0,07	0,17	56,9

A fórmula digitada para gerar o resultado na célula E3, considerando que esta célula está configurada para apresentar o valor com apenas uma casa decimal, é

a) =[[[1+B3]*[1-C3]/[1-D3]]-1]*100

b) {[(1+B3)*(1-C3)/(1-D3)]-1}*100

c) =(((1+B3)*(1-C3)/(1-D3))-1)*100

d) =[[(1+B3)*(1-C3)/(1-D3)]-1}*100

e) (((1+B3)*(1-C3)/(1-D3))-1)*100

4. **(2014 – CESGRANRIO – LIQUIGAS – Engenheiro Júnior)**

	F	G
44	Dia da semana	Valor em Reais
45	segunda	4600
46	terça	2300
47	quarta	1500
48	quinta	3300
49	sexta	2700
50	SOMA	
51	MÉDIA	

Um funcionário deseja somar o valor dos objetos adquiridos por seu departamento durante a semana e tirar a média (aritmética) diária de despesas usando o trecho de planilha Excel transcrito acima, lançando-as, respectivamente nas células G50 e G51.

Para isso, ele deve escrever as seguintes funções nas células G50 e G51, respectivamente:

a) =SOMA (G45-G50) e =MÉDIA (G45-G51)

b) =SOMA (G45:G49) e =MÉDIA (G45:G49)

c) =SOMA (G45;G49) e =MÉDIA (G45;G49)

d) =SOMA (F45-G49) e =MÉDIA (F45-G49)

e) =SOMA (F50:F45-G49) e =MÉDIA (F51:F44-G49)

5. **(2014 – CESPE – ANTAQ – Nível Médio)**

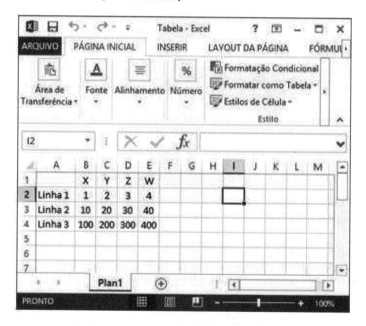

Se o usuário clicar a célula F2, digitar =$B2+D$3 e, em seguida teclar Enter, o conteúdo da célula F2 será 31, a soma dos conteúdos das células B2 e D3. Se, em seguida, o usuário clicar a célula F2; pressionar e manter pressionada a tecla Ctrl; teclar a tecla C, liberando em seguida a tecla Ctrl; clicar a célula G3; pressionar e manter pressionada a tecla Ctrl; teclar a tecla V, liberando em seguida a tecla Ctrl, a célula G3 passará a conter o número 50, soma dos conteúdos das células B3 e E3.

6. (2013 – CESPE – TRE-MS – Técnico Judiciário)

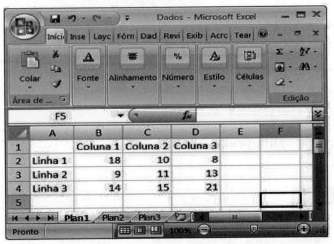

Com relação ao aplicativo Microsoft Excel e à figura acima, que mostra uma planilha em edição nesse aplicativo, assinale a opção correta.

a) Ao se clicar a célula D3, e, em seguida, se pressionar a tecla ![], o conteúdo da célula D3 será apagado, e o conteúdo da célula D4 será movido para a célula D3.

b) Os números 18 e 24 aparecerão, respectivamente, nas células E2 e E3, ao final da seguinte sequência de ações: clicar a célula E2; digitar =C2+D2 e teclar ![Enter]; clicar novamente a célula E2, clicar o botão ![]; clicar a célula E3; clicar ![].

c) Ao se aplicar um clique simples na célula B1 e um clique duplo na célula D1, será selecionado um grupo de células formado pelas células B1, C1 e D1.

d) O procedimento sucessivo de se clicar a célula E2, digitar a sequência de caracteres =B2+C2+D2/3 e teclar ![Enter] fará que seja exibido na célula E2 o número 12, ou seja, a média aritmética das células B2, C2 e D2.

e) Ao se selecionar as células B3, C3 e D3 e se clicar, em seguida, o botão ![Σ], aparecerá uma caixa de diálogo com diversos tipos de fonte, que permitirão ao usuário redefinir as fontes usadas nas células selecionadas.

7. (2014 – FCC – TRE-AC – Analista Judiciário) Em uma fórmula no MS Excel 2013, as referências =A1, =A$1 e =$A$1 correspondem, respectivamente, às referências do tipo

   a) relativa, absoluta e mista.
   b) relativa, mista e absoluta.
   c) absoluta, relativa e mista.

Cap. 6 · MICROSOFT EXCEL 2013

d) absoluta, mista e relativa.

e) mista, relativa e absoluta.

8. (2014 – UPENET – Prefeitura de Paulista-PE – Nível Médio) A célula C1 planilha do Excel abaixo contém a fórmula =B1*$A$1.

Caso essa fórmula seja copiada para as células C2, C3 e C4, o conteúdo dessas células será respectivamente

a) 7 / 12 / 9

b) 12 / 27 / 14

c) 15 / 45 / 35

d) 42 / 39 / 26

e) 65 / 15 / 45

9. (2012 – CESGRANRIO – TRANSPETRO – Técnico de Administração e Controle Júnior)

Com base na Figura acima, inserindo-se na célula D4 a fórmula =SOMA (A1:C3), o resultado obtido nessa célula será

Parte superior do formulário

a) 180

b) 194

c) 242

d) 764

e) 1082

Parte inferior do formulário

10. (2012 – FUNDEP – Prefeitura de Belo Horizonte-MG – Nível Médio) Numere a COLUNA II de acordo com a COLUNA I associando as aplicações aos aplicativos mais apropriados.

COLUNA I COLUNA II

1. *Excel* ( ) preparar uma aula de física com vídeos.

2. *Power Point* ( ) preparar um contrato de aluguel.

3. *Word* ( ) calcular o orçamento de uma obra.

Assinale a alternativa que apresenta a sequência de números **CORRETA**.

a) (1) (3) (2)

b) (2) (1) (3)

c) (2) (3) (1)

d) (3) (2) (1)

GABARITO DAS QUESTÕES				
1	2	3	4	5
B	E	C	B	C
6	7	8	9	10
B	B	C	A	C

Capítulo 7
MICROSOFT WORD 2013

1. INTRODUÇÃO

A Microsoft mais uma vez surpreende expectativas como o novo Word 2013, onde venceu, inclusive, o desafio de disputar contra diversos softwares livres e chega **renovado** com sua nova versão.

Com ele, é possível criar, editar e manipular textos de maneira poderosa e rápida, utilizando ainda o uso de guias, ao invés da antiga forma de menu.

Recursos do programa, como ortografia e gramática, índices automáticos e formatação de estilos foram aprimorados, facilitando muito a vida do usuário na criação de documentos profissionais, além de proporcionar agilidade na hora da confecção destes documentos.

Convido você a conhecer esse **excelente programa**, focando, claro, o aprendizado nos concursos públicos.

Para iniciarmos o assunto, vamos a uma visão da tela inicial do Word 2013.

2. VISÃO GERAL

O Microsoft Word 2013 inovou sua interface e como dito, abandonou a estrutura clássica de menus e inovou adotando o conceito de guias.

As **guias** são compostas por **grupos** e estes são permeados por **botões de comando**. As guias do Word 2013 são: Página Inicial, Inserir, Design, Layout de Página, Referências, Correspondências, Revisão e Exibição.

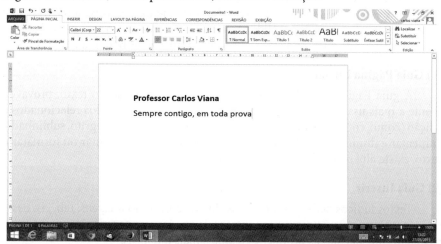

Tela do Word 2013

Neste instante, convido-te a conhecer os três objetos mencionados no parágrafo anterior: a guias, os grupos e os botões de comando.

3. GUIAS, GRUPOS E BOTÕES DE COMANDOS

Novidades nas versões recentes do Office, as **Guias** possibilitam uma rápida navegação pelos recursos do programa. Cada guia é permeada por **Grupos**, que por sua vez agrupa os **botões de comandos,** os quais executam ações no texto em produção.

Repare por exemplo no realce que efetuei no grupo Fonte. Nele encontramos reunidos os botões de comandos para aplicar negrito, itálico, sublinhado, alterar fonte, tamanho e outras opções correlatas.

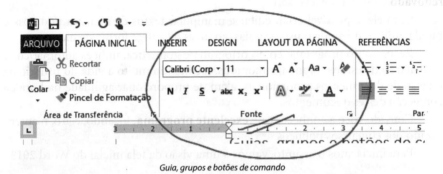

Guia, grupos e botões de comando

(a) Guias do Word

Cada guia foi projetada de modo coeso. Se você entender a filosofia de cada guia, ficará bem mais fácil achar alguma opção dentro das oito guias do Word, sem necessitar decorar muito.

Na verdade, entendo que às vezes temos que decorar algo, mas se podemos entender a estrutura (missão) das guias, teremos menos coisas para memorizar e aprenderemos de forma mais sólida. Assim, convido-te a entender um pouco mais a estrutura de cada guia, onde veremos sua função e quais botões albergam.

(b) Guia Página Inicial

A guia Pagina Inicial é bastante utilizada na produção do texto, provavelmente a mais usada, pois nela se encontram botões de comandos relacionados à edição (como, copiar, colar, recortar) e à formatação (como, de negrito, sublinhado, aumentar e diminuir a fonte). Deste modo, se for necessário editar ou formatar o texto, existe alta possibilidade da opção se encontrar nesta guia.

(c) Guia Inserir

Textos lúdicos pedem inserções de ilustrações, como imagens, tabelas, desenhos etc. Nesta guia é possível encontrar tais opções que permite inserir no texto os objetos que deixam as produções textuais mais didáticas.

(d) Guia Design

Nesta guia podemos alterar os temas no Word com um único clique. Nela existem diversos modelos de design já formatados. Estes formatos incluem cor da fonte, estilo de fonte, efeitos no texto, entre outros. Também é possível através desta guia, colocar uma marca d'água no texto, como também alterar a cor da página.

(e) Guia Layout de Página

Na guia Layout de Página, encontramos opções onde se pode formatar o documento (layout da página), como, por exemplo, orientação (paisagem ou retrato), configurar margens, configurar texto em colunas, dentre outras.

(f) Guia Referência

Na guia referência podemos incluir sumários no documento, inserir citações, acrescer referências bibliográficas, ou seja, permite referenciar objetos do texto.

(g) Guia Correspondência

Essa guia possibilita que o usuário envie malas diretas, etiquetas, envelopes para outros destinatários previamente cadastrados. A produção da carta de mala direita pode ser feita diretamente no Word e o encaminhamento é feito pelo programa de e-mail, que por padrão é o Outlook.

(h) Guia Revisão

Encontramos nesta guia opções que permitem verificar erros de ortografia e gramática, contar a quantidade de palavras existentes no documento, entre outras opções.

(i) Guia Exibição

A guia exibição permite alterar o modo como o documento é apresentado (layout de impressão, rascunho), alterar o zoom do documento, e outras mais.

Agora que temos uma visão geral sobre as guias, vamos estudar quais são as principais funcionalidades do processador de texto Word.

4. FUNÇÕES PRINCIPAIS DO WORD

Ao contrário do pensamento comum, um processador de texto não estar limitado apenas a editar linhas, na verdade processadores de texto, como Word, trabalham de modo *inteligente* com o texto. Nosso estudo seguirá estudando as principais funções do Word:

(a) **Formatação e edição de texto**

(b) **Inserção de objetos**

(c) **Formatação do layout do documento**

(d) **Inclusão de referências**

(e) **Produção e envio de correspondências**

(f) Revisão do texto

(g) Exibição do documento

(a) Formatação e edição de texto – Guia Página Inicial

Na produção de um documento, formatar e editar são as ações mais executadas pelos usuários no desenvolvimento de textos.

O Word 2013 agrega opções de **formatação e edição de texto** na guia Página Inicial. Ainda podemos encontrar algumas opções sobre formatação do documento na guia Layout da Página, mas no momento certo falarei mais sobre esse guia. Vamos nos concentrar agora na guia Página Inicial.

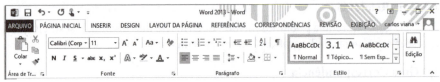

Guia Página Inicial

Quanto a essa guia, as opções de comandos e suas respectivas teclas de atalho podem ser conferidas na tabela abaixo.

Formatação	
Opção – Descrição	Word
Negrito	CTRL + N
Habilita/Desabilita o efeito de Negrito na fonte.	
Itálico	CTRL + I
Habilita/Desabilita o efeito de Itálico na fonte.	
Sublinhado	CTRL + S
Habilita/Desabilita o recurso de Sublinhado.	
Edição	
Copiar	CTRL + C
Copia um objeto para a área de transferência. Esta área é uma região da memória do computador.	
Colar	CTRL + V
Colar o objeto (texto, imagem, etc) da área de transferência para o texto.	

Cap. 7 • MICROSOFT WORD 2013

Recortar	CTRL + X
Cortar (suprimir) o objeto do texto e o armazena na área de transferência	
Selecionar Tudo	CTRL + T
Como o próprio nome indica, use esta tecla de atalho para selecionar o texto todo. Fique atento nas teclas de atalho.	

A tabela acima mostra os principais recursos de formatação e edição no texto. No entanto, é preciso que você compreenda um importante conceito de formação: **aplicar estilo no texto**. O tópico abaixo irá explicar com mais detalhes.

Aplicando estilo no texto: estilo é um recurso que diminuir o tempo de formatação de um texto. Na verdade, usamos estilo o tempo todo, mesmo sem perceber. Por exemplo, quando se escreve um texto no Word 2013, este texto se encontra no estilo padrão, chamado de estilo 'Normal'.

Estilo Padrão selecionado

 DICA

Podemos definir **estilo** como sendo o **conjunto de características de formatação aplicáveis a um texto**.

Aplicar estilo no texto proporciona documentos mais organizados e esteticamente agradáveis, isso e outras coisas demostram a importância deste recurso, o qual possibilita, por exemplo, que um autor defina diferentes seções na sua obra, por meio de diversas características de formatação, como cor da fonte, tipo de fonte, espaçamento entre caracteres, tamanho, tudo isso apenas utilizando os estilos. E para ser prático, eu mesmo usei esse recurso para criar as seções do seu livro.

Finalizado a guia Página Inicial, vamos seguir em frente com a funcionalidade que permite inserir objetos no documento. Vamos à guia Inserir.

(b) Inserção de objetos – Guia Inserir

A guia Inserir abrange opções que permitem a inserção de objetos, como imagens, gráficos, forma, além de proporcionar a inserção de numeração de páginas, cabeçalho e rodapé entre outras.

Guia Inserir

Inserindo ilustrações: um texto bem ilustrado é um texto agradável. Não estou tirando o mérito do conteúdo, pois sei que um livro *encorpado* de assunto é maravilhoso, mas sabemos que uma ilustração deixa o texto mais inteligível.

Para inserirmos ilustrações no documento, podemos nos valer do grupo Ilustrações, na guia Inserir.

Grupo Ilustrações

Um novo recurso do Word 2013 é a possibilidade de se inserir uma imagem da Internet, bastando para isso se clicar no botão Imagens Online.

Inserindo Tabela: outro recurso muito cobrado em prova é o objeto tabela. Repare que para inserir uma tabela recorremos à Guia Inserir e no grupo Tabela e clicamos no único botão deste grupo.

Ao clicarmos no botão, uma janela que permite definir quantas linhas e quantas colunas terá na tabela irá se abrir. Basta definir o tamanho da tabela e pressionar OK.

Podemos também através desta janela, configurar opções relacionadas à largura das colunas. Essa é uma forma simples de inserir uma tabela no documento.

Na nossa estratégia de aprendemos as principais funções do Word 2013, chegamos na guia Layout da Página. Mais detalhes na seção abaixo

(c) Formatação do Layout do documento – Guia Layout da Página

Utilizamos a guia Layout de Página para modicar algumas formatações relacionadas à página, como por exemplo, alterar propriedades da margem, dispor o texto em colunas, formatar a orientação do texto no documento, como retrato ou paisagem, entre outros.

Configurando Página: podemos configurar a página para adequá-la a artigos científicos, à monografia, a dissertações e outros padrões técnicos e não técnicos. Todo isso é possível através do grupo Configurar Página, encontrado na guia Layout da Página.

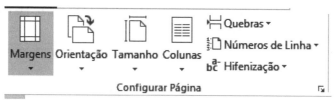

Grupo Configurar Página

(d) Inclusão de Referências – Guia Referências

Um índice no documento é imprescindível para uma boa navegação no texto. Isso fica claro, pois, nos encontramos no documento por meio índice e sem este, fica realmente difícil se localizar na obra.

Para se **criar um índice**, seguimos um procedimento bem fácil: basta **aplicar estilo às palavras que serão o índice do documento**. Vamos criar um índice, agora, com poucos passos. Acompanhe para compreensão:

Etapa 1

1. Selecione a palavra ou frase do texto que você deseja que apareça no índice analítico.

2. Na guia **Página Inicial**, no grupo **Estilos**, clique no estilo desejado, Por exemplo, se você selecionou o texto no qual deseja aplicar o estilo de título principal, clique no estilo chamado **Título 1** na Galeria de estilos rápido.

Grupo Estilo, guia Página Inicial.

3. Após marcar as entradas do seu índice analítico, você está pronto para criá-lo.

Etapa 2

Com as marcações de entradas do seu índice criadas, escolha o local no documento que deseja inserir o índice analítico. Normalmente se escolhe o início do documento.

Na guia **Referências**, no grupo **Sumário**, clique em Sumário e, em seguida, clique no estilo de sumário desejado.

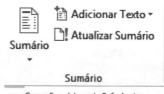

Grupo Sumário, guia Referências.

Pronto, o índice surgirá como no passo de mágica. Que tal testar na sua casa? Pode ter certeza, é uma sensação de poder impressionante.

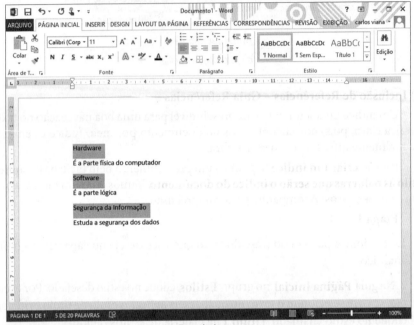

Exemplo de texto

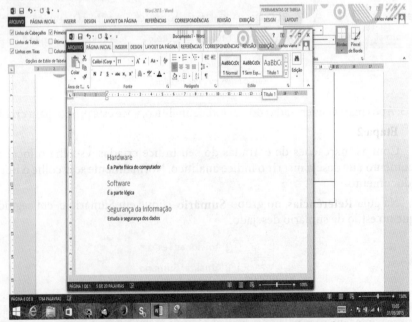

Aplicação de estilo 'Título1' às palavras Hardware, Software e Segurança da Informação.

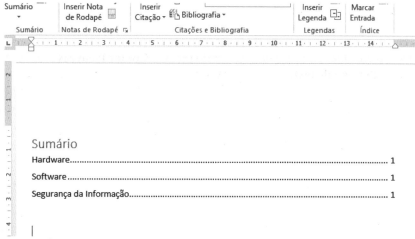

Índice criado automaticamente pelo programa, através do grupo Sumário, guia Referência.

(e) Revisão de texto – Grupo Revisão

Essa guia nos oferece ferramentas para corrigir algum erro ortográfico, contar a quantidade de palavras no documento, dentre outras coisas.

Ortografia e Gramática: quando digitamos alguma palavra que não consta no dicionário do Word, este programa a sublinha de vermelho. Podemos, então, fazer a correção (caso realmente esteja errada), através do recurso Ortografia e Gramática, encontrado na Guia Revisão.

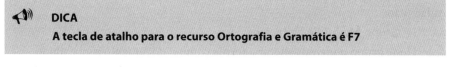

DICA
A tecla de atalho para o recurso Ortografia e Gramática é F7

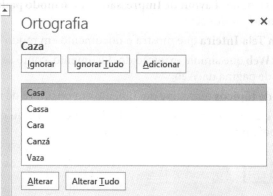

Ao clicar no botão Ortografia e Gramática, é possível visualizar possíveis correções para palavra.

Contar Palavras: já pensou escrever um texto científico superbacana e ainda ter que contar quantas palavras seu texto tem? Os artigos científicos, por exemplo têm limitações da quantidade de palavras. Vamos dizer que estamos escrevendo para uma revista cientifica que exige quantidade máxima de 4000 palavras. Então, ao terminar o texto, você contaria? Fazer a contagem manual é oneroso demais. Na verdade, o Word faz isso para nós através do recurso **Contar Palavras**, encontrado no grupo **Revisão de texto**, da guia **Revisão**.

Ao clicar no botão Contar Palavras, uma janela aparecerá e nos mostrará quantas palavras escrevemos, quantidade de parágrafos, caracteres e muito mais. Veja imagem abaixo:

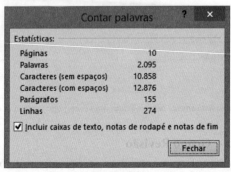

Janela Contar Palavras

(g) Exibição do documento – Grupo Exibição

É possível alterar a forma como o documento é exibida, ou seja, mostra o documento em diversos Layouts diferentes, através da guia Exibição.

Abaixo, um importante grupo desta guia, juntamente com uma descrição de cada botão.

(i) Grupo Modos de Exibição

Neste grupo podemos alterar a forma como o documento será exibido.

Aqui, temos o modo **Layout de Impressão** como **o modo padrão de exibição** do Word. Os demais modos são:

Leitura em Tela Inteira que mostra o documento em modo cheio na tela;

Layout da Web que simula exibição do documento, como se este fosse mostrado em forma de página da Web;

Estrutura de tópicos que exibe documento em estrutura de tópicos e

Rascunho que tira alguns elementos do documento, como cabeçalhos e rodapés, para proporcionar rápida leitura e edição.

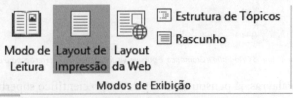

Grupo Modos de Exibição

Finalizamos assim as principais ferramentas do Word 2013. Agora, para fechar nossa teoria, precisamos estudar as famosas teclas de atalho do programa. Deixei para final, pois podem ser encontradas de modo mais rápido em uma posterior consulta sua.

5. TECLAS DE ATALHO E USO DO MOUSE

Estudaremos as principais teclas de atalho, e algumas ações que podem ser realizadas com uso do mouse.

Manipulação usando teclado	
Teclado	**Ação**
→	Navegar caractere para a direita
←	Navegar caractere para a esquerda
Shift + →	Seleciona caractere para direita
Shift + ←	Seleciona caractere para esquerda
CTRL + →	Navegar palavra por palavra para direita
CTRL + ←	Navegar palavra por palavra para esquerda
Home	Leva o ponto de inserção para início da linha
End	Leva o ponto de inserção para o fim da linha
CTRL + Home	Leva o ponto de inserção para o início do documento
CTRL + End	Leva o ponto de inserção para o fim do documento.

Teclas de Atalho (Principais)	
Arquivo	
Novo	CTRL + O
Abrir	CTRL + A
Salvar	CTRL + B
Imprimir	CTRL + P
Fechar	CTRL + W
Edição	
Copiar	CTRL + C
Colar	CTRL + V
Recortar	CTRL + X
Desfazer	CTRL + Z
Refazer	CTRL + R
Localizar	CTRL + L
Substituir	CTRL + U

Formatação	
Negrito	CTRL + N
Itálico	CTRL + I
Sublinhado	CTRL + S
Aumentar tamanho da fonte	CTRL + SHIFT + >
Diminuir tamanho da fonte	CTRL + SHIFT + <
Alterna entre Maiúsculas e Minúsculas	SHIFT + F3

Revisão	
Ortografia e Gramática	F7

Uso do Mouse (Cliques): o uso do mouse no Word é basicamente sobre cliques no documento, vamos a eles:

Ação	Consequência
Dois cliques na palavra	Selecionar a palavra
Três cliques na palavra	Seleciona o parágrafo que se encontra aquela palavra
Um clique na extrema esquerda do documento	Seleciona a linha
Dois cliques na extrema esquerda do documento	Seleciona o parágrafo.
Três cliques na extrema esquerda do documento	Seleciona o texto todo.

6. QUESTÕES COMENTADAS

1. **(2015 – CESPE – STJ – Analista Judiciário)** Julgue o próximo item, acerca do sistema operacional Windows 7.0, do editor de textos Microsoft Word 2013 e do programa de navegação Internet Explorer 10.

No Word 2013, para se centralizar o texto em uma célula de uma tabela qualquer, é suficiente realizar a seguinte sequência de ações: selecionar a célula que contém o texto; clicar com o botão direito do mouse sobre essa célula; finalmente, acionar a opção Texto Centralizado.

( ) Verdadeiro ( ) Falso

Gabarito: Falso

Como podemos visualizar na figura, o caminho descrito acima não centraliza o texto. Uma boa dica é lembrar que em geral comandos no Word são verbos. Por exemplo, a opção 'texto centralizado' não é um verbo, o correto seria "centralizar".

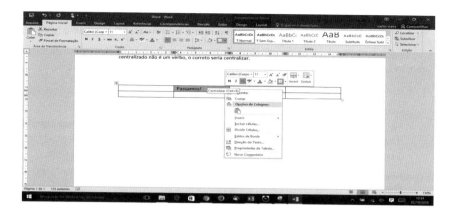

2. **(2015 – CESPE – TRE-GO – Técnico Judiciário – Área Administrativa)** A respeito da edição de textos e planilhas, julgue o seguinte item.

Além de permitir a abertura de arquivos .doc e sua conversão para o formato .pdf, o Microsoft Word 2013 é compatível com arquivos em formato .odt (OpenDocument Text).

( ) Verdadeiro ( ) Falso

Gabarito: Verdadeiro

O Word2013 é compatível com arquivos do Writer (.odt), abrindo estes arquivos sem dificuldade. Além disso, é evidente que o Word abre arquivos de suas versões antigas, como a extensão (.doc), e lembre-se que a extensão do Word 2013 é (.docx).

E por fim, é possível salvar, no Word 2013, arquivos na extensão pdf. Para tanto, basta clicar na guia "Arquivo" e, em seguida, na lista de opções da lateral direita, clicar em "Exportar". Na tela que aparece em decorrência da ação anterior, clicar em "Criar um documento PDF.3".

3. **(2014- CESPE – ANTAQ – Nível Médio)**

A figura acima mostra uma janela do Word 2013 em um computador com o sistema operacional Windows 8. Com relação a essa figura e ao Word 2013, julgue o item.

Ao se aplicar um clique duplo em algum lugar da primeira linha de texto e clicar o botão, toda essa linha será apagada.

( ) Verdadeiro   ( )   Falso

Gabarito: Falso

Existem dois erros nesta questão. Inicialmente, se clicarmos duas vezes em uma palavra, selecionamos a palavra. O segundo erro está no botão apresentado, que é o botão taxado. Este botão risca o texto, trançado uma linha no meio dele.

Exemplo: Preguiça. Ao se clicar na palavra e clicar em seguida no botão, teremos: Preguiça.

7. QUESTÕES PARA TREINAR!

1. **(2015 – UEG – FUNIVERSA – Assistente de Gestão Administrativa)** Para localizar determinada palavra em um texto que está sendo editado no Microsoft Word 2013, o usuário deverá pressionar, simultaneamente, as teclas

a) Ctrl e Z

b) Ctrl e L

c) Ctrl e 2

d) Ctrl e U

e) Ctrl e T

2. **(2013 – CESPE – TRT 10ªR – Nível Médio)** Analise a assertiva abaixo:

Mesmo após salvar o arquivo 'Documento2' no Word, será possível abri-lo no software Writer.

3. **(2015 – CESPE – TRE-GO – Técnico Judiciário – Área Administrativa)** A respeito da edição de textos e planilhas, julgue o seguinte item.

Além de permitir a abertura de arquivos .doc e sua conversão para o formato .pdf, o Microsoft Word 2013 é compatível com arquivos em formato .odt (OpenDocumentText).

4. **(2014 – Quadrix – CRN 1ªR – Nutricionista)** Para se criar um Sumário pelo programa MS Word 2013, para indicar quais serão as entradas a serem incluídas, deve-se usar qual destas formas?

a) Aplicar o Estilo de Título.

b) Aplicar o Estilo Forte

c) Assinalar como índice.

d) Formatar como índice.

e) Criar uma tabela de índices.

Cap. 7 • MICROSOFT WORD 2013

5. **(2013 – CESPE – MJ – Todos os Cargos)** Analise a assertiva abaixo:

   Durante a edição de um texto no Microsoft Word 2013, caso haja necessidade de substituição de uma palavra por outra com o mesmo significado, pode-se fazer uso do dicionário de sinônimos, acessível no menu Editar.

6. **(2014 – Quadrix – CRN 1ªR – Auxiliar administrativo)** No programa MS Word 2013, em qual menu de comandos se encontra a opção de Colunas?
   a) PÁGINA INICIAL.
   b) INSERIR.
   c) DESIGN.
   d) LAYOUT DA PÁGINA
   e) EXIBIÇÃO

7. **(2015 – COMVEST-UEPB – Prefeitura de Catolé do Rocha – Nível Médio)** No editor de texto Microsoft Word 2013, a extensão padrão de um arquivo é:
   a) .pps
   b) .rtf
   c) .txt
   d) .docx
   e) .doc

8. **(2015 – FGV – SSP-AM – Assistente Operacional)** No MS Word 2013, as opções "Paisagem" e "Retrato" estão disponíveis quando é necessário estabelecer:
   a) a proporção das imagens inseridas no texto;
   b) as margens das páginas;
   c) a orientação das páginas;
   d) o conteúdo de rodapés e cabeçalhos;
   e) a posição relativa de imagens e desenhos com relação ao texto.

9. **(2015 – VUNESP – TJ-SP – Escrevente Técnico Judiciário)** Considere os seguintes botões, presentes na guia Página Inicial, grupo Parágrafo do MSWord 2010. Cada botão recebeu um número para ser referenciado.

   O botão que permite alterar o espaçamento entre linhas de texto é o de número
   Parte superior do formulário
   a) 5
   b) 1
   c) 2

d) 3

e) 4

10. (2015 – VUNESP – Prefeitura de Suzano-SP – Agente de segurança) No MS-Word 2010, em sua configuração padrão, recursos como margens, orientação da página e tamanho do papel podem ser alterados por meio de funcionalidades localizadas no grupo Configurar Página, da guia

a) Inserir.

b) Layout da Página.

c) Página Inicial.

d) Revisão.

e) Exibição.

GABARITO DAS QUESTÕES				
1	2	3	4	5
B	C	C	A	E
6	7	8	9	10
D	D	C	A	B

Capítulo 8

LIBREOFFICE WRITER

1. INTRODUÇÃO

O LibreOffice Writer é uma **alternativa gratuita** ao Microsoft Word. Este processador de texto resolver com certa satisfação a necessidade de se produzir um texto com qualidade.

Este programa é muito utilizado por instituições, tanto públicas como privadas, devida sua gratuidade, mas outra vantagem deste programa é ter seu código fonte disponível.

Assim, por ser um software livre, o Writer é bastante adotado pelos órgãos públicos brasileiros e muito provavelmente você usará este programa no seu próximo emprego público.

Focando em provas de concursos públicos, vamos estudar o LibreOffice Writer.

2. INTERFACE

O LibreOffice Writer utiliza como linha de trabalho o esquema de **menus**, diferentemente do Word 2013 que segue uma estrutura de guias (ver capítulos de Word). Estudaremos mais à frente os menus do Writer, por hora, fique com Interface do programa Writer na figura abaixo.

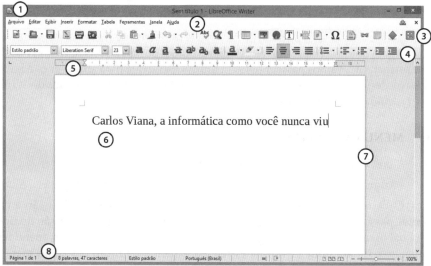

01 – Barra de Título: nome do arquivo e nome do programa ficam aqui; 02 – Barra de Menu: As opções do Writer são encontradas neste menu; 03 – Barra de Ferramentas Padrão: Os botões mais utilizados pelo Writer são agrupados nesta barra;

04 – Barra de Formatação: botões utilizados para formatação do texto; 05 – Régua: indica a posição dos elementos na página. Também é possível realizar modificações rápidas no visual do documento; 06 – Página: Área de edição do texto; 07 – Barra de Rolagem: movimenta a página; 08 – Barra de Status: Verifica-se status do documento, como número de páginas, zoom etc.

(a) Barra de Ferramentas Padrão

Um importante conjunto de botões são os que estão agrupados na barra de ferramenta padrão. Abaixo, convido-te a passear sobre os botões de comandos desta barra.

01 – Novo documento: pressionando a seta preta (sem soltar), abre-se uma caixa de seleção de outros tipos de documentos; 02 – Abrir documento; 03 – Salvar documento; 04 – Exportar/criar arquivo PDF; 05 – Imprimir documento atual; 06 – Visualizar Impressão; 07 – Recortar texto selecionado; 08 – Copiar texto selecionado; 09 – Colar texto selecionado; 10 – Ferramenta pincel (Clonar formatação); 11 – Desfazer ação realizada; 12 – Restaurar ação realizada; 13 – Fazer verificação ortográfica; 14 – Localizar e substituir; 15 – Caracteres não imprimíveis; 16 – Inserir tabela; 17 – Figura (busca uma figura na máquina); 18 – Gráfico; 19 – Caixa de texto (insere uma caixa de texto no documento); 20 – Inserir quebra de página (posiciona o curso imediatamente na página seguinte); 21 – Inserir campo (insere campos, como número de página, título do texto, autor); 22 – Caractere especial (insere um símbolo especial); 23 – Inserir nota de rodapé; 24 – Hiperlink (cria vínculos entre arquivos – links); 25 – Anotação; 26 – Forma simples (insere uma forma, como círculo, quadro etc.); 27 – Mostra funções de desenho;

(b) Barra de Formatação

Outro conjunto de botões muito usados está na barra de formatação. Abaixo, visualizamos esses botões, acompanhe.

01 – Aplicar Estilo; 02 – Nome da fonte 03 – Tamanho da fonte; 04 – Negrito; 05 – Itálico; 06 – Sublinhado; 07 – Taxado; 08 – Sobrescrito; 09 – Subscrito; 10 – Sombra (Aplica sombra no texto); 11 – Cor da fonte; 12 – Realçar (Aplica um efeito de marca texto); 13 – Alinhar à esquerda; 14 – Centralizar horizontalmente; 15 – Alinhar à direita; 16 – Justificado; 17 – Entrelinhas (Altera o espaçamento entre linhas) 18 – Ativar/Desativar marcadores; 19 – Ativar/Desativar numeração; 20 – Aumentar recuo; 21 – Diminuir recuo.

Agora que já conhecemos os principais botões da barra de ferramentas padrão e de formatação, vamos passear pelos menus. A estratégia para absorver o máximo possível deste assunto é, inicialmente, ter uma visão holística dos menus do Writer e em seguida, detalhar as principais opções dos menus.

3. MENU DO WRITER

LibreOffice Writer tem basicamente 9 menus, a saber:

- Arquivos, Editar, Exibir, Inserir, Formatar, Tabela, Ferramentas, Janela, Ajuda.

Cada menu tem sua missão e se você tiver uma noção desta missão é um grande passo para acertar as questões da prova, pois muitas perguntas são do tipo: em qual menu encontramos a opção contagem de palavras? (Resposta, menu ferramentas). Então, fique atento na estratégia: entenda a função básica do menu e depois conheça detalhes deste.

Assim, sem mais demora, vamos conhecer os menus.

(a) Menu Arquivo

Missão: o menu Arquivo é utilizado para manipulação do arquivo como abrir, salvar, imprimir, dentre outros. Faz sentido você pensar deste modo: Abrir é abrir o quê? O Arquivo. Fechar é fechar o quê? O Arquivo. Imprimir é imprimir o quê? O Arquivo. Claro que isso é apenas uma dica para facilitar o entendimento. As opções deste Menu estão descritas abaixo, com algumas teclas de atalho.

(i) Novo | CTRL+N |

Cria um novo documento em branco. Caso se crie um novo documento através do Botão, a criação será imediata.

(ii) Abrir | CTRL+O |

Abrir um arquivo que esteja gravado em disco da máquina.

(iii) Documentos recentes | -

Mostra os últimos documentos abertos.

(iv) Fechar | –

Fecha o documento atual, mas sem sair do programa.

(v) Assistentes |

Apresenta alguns documentos que podem ser editáveis, como Cartas, Fax, Apresentações e outros.

(vi) Salvar | CTRL+S

Salva as alterações do documento atual, ou seja, o documento já deve ter sido salvo. Caso o arquivo não tenha sido salvo ainda, ao se clicar nesta opção, abrir-se-á a janela do Salvar Como.

(vii) Salvar Como | CTRL + Shif + S |

Esta opção é utilizada para o usuário salvar o arquivo pela primeira vez, ou caso já se tenha salvado o documento, poderá escolher um outro local para salvá-lo.

(viii) Salvar Tudo| –

Salva todos os documentos do LibreOffice que estiverem abertos. Atente a algo: este comando só funcionará se dois ou mais arquivos que estejam abertos, tiverem sido modificados.

(ix) Recarregar| –

Opção muito interessante substitui o documento atual pela última versão salva, ou seja, se você escreveu vinte páginas e salvou, em seguida escreveu mais cinco páginas, mas não salvou e clicar no botão recarregar, o Writer irá substitui o documento atual pela última versão salva.

(x) Exportar como PDF| –
Salva o arquivo atual no formato (PDF). Sabemos que um arquivo PDF pode ser visto e impresso em qualquer plataforma, desde que haja um software compatível instalado, além disso, a formatação original é preservada.

(xi) Visualizar no navegador da Web| –
Cria uma cópia temporária do documento atual no formato HTML e abre o navegador Web padrão do seu sistema para exibir o arquivo HTML.

(xii) Visualizar Impressão| CTRL + SHIF + O |
Exibe uma pré-visualização da página impressa.

(xiii) Imprimir| Ctrl + P|
Imprime o documento atual, a seleção ou as páginas que você especificar.

(xiv) Configurar Impressora| –
Selecione a impressora padrão para o documento atual.

(xv) Assinaturas digitais| –
Esta caixa de diálogo adiciona assinaturas digitais do documento.

(xvi) Sair do LibreOffice| CTRL + Q
Fecha todos os programas do LibreOffice e solicita que você salve suas alterações.

Vamos agora ao menu editar:

(b) Menu Editar

Missão: o menu Editar é utilizado para edição do documento, o que se incluem copiar um trecho, colar, recortar, substituir, entre outros.

Assim, este menu contém comandos para editar o conteúdo do documento atual. Vamos detalhar suas opções com algumas teclas de atalho e ícones de botão.

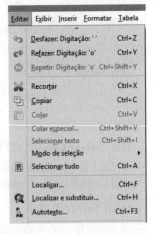

(i) Desfazer | Ctrl + Z |
Desfaz o último comando ou a última entrada digitada.

(ii) Restaurar | Ctrl + Y
Reverte a ação do último comando Desfazer.

(iii) Repetir | Ctrl + Shift + Y |
Repete o último comando realizado

(iv) Cortar | Ctrl + X |
Copia e remove e a seleção para a área de transferência.

(v) Copiar| Ctrl + C |
Copia a seleção para a área de transferência.

(vi) Colar| Ctrl + V |

Insere o conteúdo da área de transferência na posição do curso.

(vii) Colar especial |Ctrl + Shift + V |

Insere o conteúdo da área de transferência em um formato que você pode especificar, por exemplo, é possível colar no documento um texto sem formatação.

(viii) Selecionar tudo | Ctrl + A |

Seleciona todo o conteúdo do arquivo, quadro ou objeto de texto atual.

(ix) Localizar e substituir| CTRL + H

Procura ou substitui textos no documento atual.

(x) Autotexto| CTRL + F3

Cria, edita ou insere Autotexto. Você pode armazenar texto formatado, texto com figuras, tabelas e campos como Autotexto.

(c) Menu Exibir

Missão: Este menu contém comandos para controlar a exibição do documento na tela, como modo de Layout de exibição, Zoom, tela inteira, entre outros. As principais opções que caem em provas de seleção serão apresentadas logo a seguir.

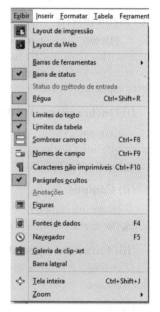

(i) Layout de impressão

Exibe a forma que o documento terá quanto este for impresso.

(ii) Layout da Web

Exibe o documento como se fosse visualizado em um navegador da Web.

(iii) Barra de status

Mostra ou oculta a barra de status que fica na borda inferior da janela.

(iv) Régua| CTRL + SHIFT + R

Exibe ou oculta a régua horizontal. Esta régua pode ser usada para diversas tarefas, como ajustar margens de página, marcar tabulação, recuos, criar bordas, dentre outros.

(v) Limites do texto

Mostra ou oculta os limites da área imprimível da página. As marcas que limitam o texto não serão impressas.

(vi) Caracteres não imprimíveis | CTRL + F10

Exibe ou oculta os caracteres não imprimíveis no texto que são as marcas de parágrafo, as quebras de linha e as paradas de tabulação e espaços.

(vii) Parágrafos ocultos

Mostra ou oculta parágrafos ocultos. Esta opção afeta somente a exibição de parágrafos ocultos. No entanto, no momento da impressão, estes parágrafos serão impressos.

(viii) Navegador| F5

Essa opção mostra ou oculta o navegador que é usado para acessar rapidamente diferentes partes do documento, como imagens, tabelas, seções e demais elementos inseridos no documento. Além de acessar tais elementos, é possível organiza-los com mais rapidez.

(ix) Tela inteira| CTRL + SHIFT + J

Exibe ou oculta os menus e as barras de ferramentas no Writer. Para sair do modo de tela inteira, clique no botão Ativar/Desativar tela inteira.

(x) Zoom

Reduz ou amplia a exibição de tela do Writer.

(d) Menu Inserir

Missão: O menu inserir contém todos os comandos necessários para inserir novos elementos no seu documento. Isso inclui seções, notas de rodapé, notas, caracteres especiais, figuras e objetos de outros aplicativos.

(i) Quebra manual (CTRL + ENTER)

Essa opção pode inserir, dentre outras coisas, uma quebra de linha no documento, o que significa posicionar o cursor que está na página corrente para a página seguinte.

(ii) Campos

Insere um campo no documento, com número de páginas, por exemplo, hora, título, autor, entre outros campos.

(iii) Caractere especial

Insere caracteres especiais, isto é, símbolos no documento.

(iv) Seção

Insere uma seção de texto no documento. As seções podem ser usadas para personalizar texto ou organizá-lo de modo mais didático.

(v) Hyperlink| CTRL + K

Um hiperlink (link) é uma ponte entre dois arquivos. Através deste comando, é possível criar e editar hyperlinks.

(vi) Cabeçalho

Parte importante em documentos profissionais, essa opção permite que se adicione, remova ou se edite o cabeçalho em um documento. Lembre-se que o cabeçalho é adicionado a todas as páginas que usam o mesmo que estejam configuradas com o mesmo estilo.

(vii) Rodapé

Esse comando permite que se adicione, remova ou se edite o rodapé de um documento que, a exemplo do que acontece com o cabeçalho, também é adicionado a todas as páginas que estejam configuradas com o mesmo estilo.

(viii) Nota de rodapé / Nota de fim

Essa opção permite ao usuário que se insira uma nota de rodapé ou uma nota de fim no documento. A nota de rodapé, como o próprio nome indica, é posicionada próxima ao rodapé da página. Contudo, diferentemente da opção inserir rodapé que o replica para todas as páginas do documento, a nota de rodapé é posicionada apenas na página na qual fora aplicada. Por sua vez, a nota de fim, é posicionada no final do documento, isto é, última página.

(ix) Legenda

Adiciona uma legenda numerada à figura, tabela, quadro, ou outro elemento inserido no documento. A numeração é criada automaticamente pelo programa. Além do menu inserir também conter essa ação, é possível inserir legenda clicando com o botão direito do mouse no item ao qual se deseja adicioná-la e, no menu suspenso que aparece em decorrência desta ação, clicar na opção legenda.

(x) Anotações

Insere uma anotação (comentário) na posição do cursor.

(xi) Figura

Permite inserir uma figura presente no disco do computador.

(xii) Índices

A partir dessa função, é possível inserir um índice ao documento.

(xiii) Tabela

Insere uma tabela ao documento. Além de ser possível inserir tabela através desse menu, também é possível inserir tabela por meio do menu tabela.

(xiv) Linha horizontal

Insere uma linha horizontal na posição atual do cursor.

(e) Menu Formatar

Missão: contém comandos para formatar o texto, o layout e o conteúdo de seu documento.

(i) Limpar formatação direta (CTRL + M)

Essa função se presta a limpar a formatação do texto, removendo a formatação de estilos de caracteres da seleção.

(ii) Caractere

Permite alterar a fonte e a formatação dos caracteres selecionados.

(iii) Parágrafo

Permite alterar o formato do parágrafo, como alinhamento, recuo, espaço entre as linhas.

(iv) Marcadores e numeração

Essa função permite adicionar, remover ou editar os marcadores ou numeração aos parágrafos no texto.

(v) Página

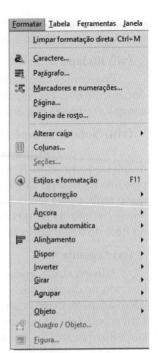

Altera configuração da página do documento, como estilos de formatação, layout, margens, cabeçalhos, rodapés e o plano de fundo da página.

(vi) Alterar caixa(SHIFT + F3)

Alterna os caracteres do texto selecionado entre maiúsculas e minúsculas.

(vii) Colunas

Especifica o número de colunas no documento.

(viii) Estilos e formatação(F11)

Aplica, alterar e remove estilos e formatação do texto selecionado.

(ix) Auto-correção

Formata automaticamente o documento, criando um estilo elegante ao texto. Além disso, existe a possibilidade de serem feitas alterações automáticas ao se digitar palavras. Por exemplo, ao se digitar a palavra 'caza', o programa Writer é capaz de corrigir a grafia para *casa*.

(x) Quebra Automática

Define as opções de quebra automática de texto para figuras, objetos e quadros.

f) Menu Tabela

Missão: permite inserir tabela e personalizar as já inseridas no documento.

(i) Inserir tabela | CTRL + F12

Insere uma nova tabela no documento, onde é possível personalizar a quantidades de linhas e colunas.

(ii) Excluir

Essa opção possibilita a exclusão de tabela, linha ou coluna.

(iii) Selecionar

Permite selecionar tabela, linha ou coluna.

(iv) Mesclar células

Transforma duas ou mais, em um só.

(v) Dividir células

Divide a célula em grupos de células, tanto no sentido vertical, como sentido horizontal.

(vi) Dividir tabela

Divide a tabela atual em duas tabelas separadas na posição do cursor. Importante destacar que, você também pode clicar com o botão direito do mouse em uma célula da tabela para acessar este comando.

(vii) Autoajustar

Permite ajustar a tabela ao conteúdo nela contida, distribuindo o conteúdo uniformemente, produzindo, assim, um layout mais elegante.

(viii) Converter

Essa opção permite converter um texto em tabela a partir de marcações feitas manualmente pelo usuário; ou transforma uma tabela em texto.

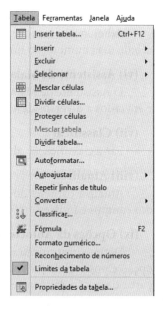

(ix) Classificar

A partir dessa opção, é permitido ordenar alfabética e numericamente os parágrafos selecionados.

(x) Fórmula

Permite inserir ou editar fórmulas dentro da tabela.

(f) Menu Ferramentas

Missão: contém ferramentas de verificação ortográfica, entre as quais, contagem de palavras, numeração de linhas, dentre outros.

(i) Ortográfica e gramática | F7

Trata-se de uma das opções mais importante deste menu, que verifica ortografia e gramática do documento.

(ii) Verificação ortográfica automática | SHIFT + F7

Quando ativada, essa opção sublinha em vermelho palavras com grafia incorreta.

(iii) Idioma

Tal opção permite escolher do idioma do corretor ortográfico.

(iv) Contagem de palavras

Conta quantas palavras e caracteres de um texto ou de um trecho selecionado.

(v) Numeração de linhas

Adiciona ou remove números de linha no documento. Você já deve ter percebido essa numeração nos textos das provas de português.

(vi) Assistente de Mala Direta

O Assistente de Mala Direta é uma opção que permite criar modelos padrões e envia-los a diversos destinatários.

(vii) Classificar

Faz a classificação alfabética e numérica dos parágrafos selecionados.

(viii) Atualizar

Atualiza os itens do documento atual com conteúdo dinâmico, a exemplo dos campos e índices.

(ix) Opções da Autocorreção

Define substituição automática de texto à medida que você digita. Essa mesma opção é possível de ser encontrada no menu formatar, que pode ser selecionada a partir da opção Autocorreção.

(g) Menu Janela

Trata-se de um breve menu que permite a criação de uma nova janela com o documento que está em edição e permite fechar a janela em edição.

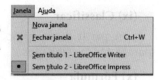

(i) Nova Janela

Essa opção cria uma nova janela do programa com o documento que esteja em edição, ou seja, cria um clone da janela de trabalho.

(ii) Fechar Janela | CTRL + W

Finaliza o documento em edição, mas não fecha o programa LibreOffice, ou seja, o usuário continua usando os outros programas desta suíte de escritório.

(h) Menu Ajuda

Este é o último menu do programa. Através dele podemos ter acesso aos tutoriais e ajudas do LibreOffice.

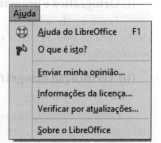

(i) Ajuda do LibreOffice | F1

Ajuda é a ferramenta que permite entrar na documentação do LibreOffice para obtermos uma explicação breve sobre os comandos do LibreOffice.

(ii) Sobre o LibreOffice

Ao escolher essa opção, o usuário verificará, a partir de uma janela indicativa, qual a versão está do programa está instalada. A figura abaixo mostra a versão do LibreOffice usada nesta obra.

A seguir seguem questões que irão fomentar o conhecimento adquirido a partir do estudo do presente capítulo.

4. QUESTÕES COMENTADAS

1. **(2015 – CESPE – MEC – Nível Superior)** Acerca do editor de texto BrOffice Writer, julgue o item a seguir.

    Caso um usuário deseje salvar um arquivo como modelo de texto do BrOffice Writer, o arquivo será criado com a extensão ODF.

    ( ) Verdadeiro ( ) Falso

    Gabarito: Falso

    A extensão do programa Writer é chamada de. odt (sendo que o 't' ao final da extensão remete ideia de text). A extensão ODF é corresponde a outro programa da suíte LibreOffice, qual seja, o Math, utilizado para equações matemáticas.

2. **(2015 – CESPE – MEC – Nível Superior)** Acerca do editor de texto BrOffice Writer, julgue o item a seguir.

    Para inserir, no BrOffice Writer, bordas em um documento, é correto adotar o seguinte procedimento: clicar o menu Inserir e, na lista disponibilizada, clicar a opção Bordas.

    ( ) Verdadeiro ( ) Falso

    Gabarito: Falso

3. **(2015 – CESPE – SEGESP-AL – Técnico Forense)** Com relação ao Microsoft Office e ao BrOffice, julgue o item posto abaixo.

    Diferentemente do que ocorre no BrOffice Writer, o uso simultâneo das teclas `Ctrl` e `W` em um texto em edição no Microsoft Word, causa o fechamento do arquivo.

    ( ) Verdadeiro ( ) Falso

    Gabarito: Falso

    A combinação de teclas CTRL + W é responsável pelo fechamento tanto das janelas do Word como do Writer. Basta lembrar que W = Window.

5. QUESTÕES PARA TREINAR!

1. **(2015 – FGV – TCE-SE – Nível Médio)** No contexto do LibreOffice Writer 4.2, analise o texto a seguir com um trecho selecionado.

   O número total da população do planeta atingiu 7 bilhões (português brasileiro) ou 7 mil milhões (português europeu) de pessoas em 31 de outubro de 2011. De acordo com projeções populacionais, este valor continua a crescer a um ritmo sem precedentes antes do século XX.

   Analise o mesmo texto depois da aplicação de uma certa operação de edição.

   O número total da população do planeta atingiu 7 bilhões (português brasileiro) de pessoas em 31 de outubro de 2011. De acordo com projeções populacionais, este valor continua a crescer a um ritmo sem precedentes antes do século XX.

   A operação de edição foi provocada pela digitação de:
   a) Ctrl-c
   b) Ctrl-v
   c) Ctrl-x seguido de Ctrl-v
   d) Ctrl-x
   e) Ctrl-v seguido de Ctrl-x

2. **(2015 – IMA – Prefeitura de Canavieira – PI – Técnico de enfermagem)** Qual a função da tecla de atalho CTRL + A quando aplicada a um arquivo de texto no Writer?
   a) Salvar um documento
   b) Abrir um novo arquivo.
   c) Selecionar tudo.
   d) Sublinhar o texto selecionado.

3. **(2015 – CS-UFG – UFG -Assistente em Administração)** O recurso Localizar e Substituir em um texto, no software livre LibreOffice, permite encontrar uma palavra e substituí-la por outra. Este recurso está localizado no menu
   a) Arquivo.
   b) Editar.
   c) Exibir.
   d) Ferramenta.

4. **(2015 – PR-4 Concursos – UFRJ – Assistente em Administração)** A imagem a seguir contém objetos exibidos na barra de ferramenta de formatação do LibreOffice Writer 4.2. O objeto identificado pelo número "1" é usado para:

   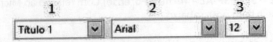

   a) aplicar um estilo no texto selecionado.
   b) alterar somente a fonte do texto selecionado.
   c) alterar somente o alinhamento do texto selecionado
   d) alterar somente o tamanho da fonte do texto selecionado
   e) alterar somente o espaçamento entre linhas do texto selecionado.

5. **(2014 – FJG-Rio – Prefeitura de Rio de Janeiro-RJ – Agente Administrativo)** Um Agente de Administração está digitando um texto no editor Writer do pacote LibreOffice 4.1 e selecionou a citação. Em seguida, clicou em um ícone para aplicar negrito, o que possibilitou mostrar a referida citação como, mantendo o mesmo tipo e tamanho da fonte. Nesse software, o ícone e o atalho de teclado correspondente para aplicar negrito são, respectivamente:

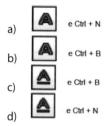

6. **(2014 – CS-UFG – IF-GO – Assistente em Administração)** Os editores de texto MS-Word e LibreOffice-Writer fornecem comandos para desfazer (undo) e refazer (redo) ações de edição. Nesses editores, os comandos utilizados para desfazer a última edição realizada no texto, e para refazer a última edição desfeita, são, respectivamente:
    a) Ctrl+X e Ctrl+C
    b) Ctrl+D e Ctrl+R
    c) Ctrl+B e Ctrl+V
    d) Ctrl+Z e Ctrl+Y

7. **(2014 – TJ-RS – TJ-RS – Oficial de Justiça)** Considere a figura abaixo, que apresenta a tela de formatação de caractere do LibreOffice Writer.

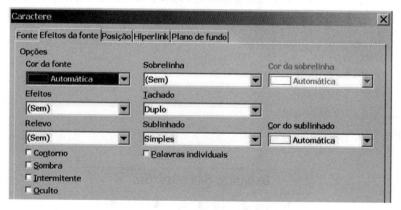

Se a formatação definida na tela acima for aplicada ao texto "TJ – RS", qual será o aspecto do texto formatado?
    a) TJ – RS
    b) TJ – RS
    c) TJ – RS
    d) TJ – RS
    e) TJ – RS

8. **(2014 – CESPE – MTE – Agente Administrativo)** Acerca de sistema operacional e do editor de texto LibreOffice Writer, julgue o item a seguir.

No aplicativo Writer, para alterar a cor da fonte de um caractere no documento em edição, o usuário pode utilizar o menu Formatar e, em seguida, escolher a opção Fonte.

9. **(2013 – CESPE – TRT 17ªR – Área Administrativa)**

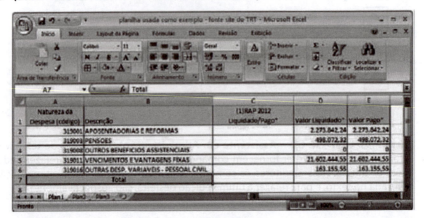

Considerando a figura acima, que apresenta uma planilha em edição no Excel, julgue os itens a seguir, acerca de sistemas operacionais e aplicativos.

Caso a planilha acima apresentada seja copiada e colada em um texto em edição no Libre Writer, haverá uma duplicação do tamanho do arquivo em função da formatação da tabela.

10. **(2011 – FCC – TRE-TO – Técnico Judiciário – Área Administrativa)** No processador de texto do Microsoft Office o texto selecionado pode ser sublinhado utilizando simultaneamente as teclas Crtl + S e negritado utilizando simultaneamente as teclas Crtl + N. No processador de texto do BrOffice o mesmo efeito é conseguido utilizando, respectivamente, as teclas

   a) Crtl + S e Crtl + N
   b) Crtl + S e Crtl + B
   c) Crtl + U e Crtl + B
   d) Crtl + U e Crtl + N
   e) Crtl + _ e Crtl + -

GABARITO DAS QUESTÕES				
1	2	3	4	5
D	C	B	A	B
6	7	8	9	10
D	E	E	E	C

Capítulo 9

MICROSOFT WINDOWS

1. INTRODUÇÃO

Estudaremos, em paralelo, as **três versões principais** do Windows– as versões 7, 8 e 10. O caminho será simples e eficiente: inicialmente veremos o que é comum às três versões e, em seguida, estudaremos os principais recursos tecendo comparações entre elas.

2. WINDOWS

Windows é um **sistema operacional** que gerencia recursos de máquinas e intermedeia a comunicação entre o usuário e o computador. A missão do Windows é gerenciar o hardware – como teclado, mouse e outros – e também gerenciar os softwares que estiverem em execução. Por exemplo, quando você abre Word, o Windows gerencia o Word na memória. Quando você abre o Excel ou quando você utiliza outro programa qualquer, saiba que a administração dos recursos utilizados por esses softwares é executada pelo Windows.

Além de gerenciar hardware e software, já mencionamos que ele também é responsável por intermediar a comunicação entre o usuário e o grande cérebro eletrônico da máquina. Assim, quando se executa um comando no teclado, é o Windows que traduz esse comando para uma linguagem que o computador consiga entender e, quando a resposta do computador acontece, é o Windows que apresenta esta resposta na tela de modo inteligível para o usuário.

2.1. Características

O Windows, em todas as versões que estamos estudando nesse capítulo, tem **três** características básicas:

a) ele é gráfico;

b) ele é multitarefa;

c) ele é *plug and play*.

Ser **gráfico** significa que o sistema operacional vai interagir com o usuário através de botões e de janelas. Na verdade, esta ideia de interação vem expressa até mesmo no nome do sistema – Windows –, cujo significado em português é exatamente *janelas*.

Já ser **multitarefa** quer dizer que o sistema consegue gerenciar várias tarefas ao mesmo tempo. Você já deve ter percebido, por exemplo, que podemos utilizar mais de um programa ao mesmo tempo. Assim, não há impedimento em utilizar simultaneamente o Internet Explorer e o Firefox, pois o Windows irá gerenciar as demandas não só desses dois programas, como também dos demais que estiverem abertos.

E, por fim, ser **plug and play** – algo em português como *conecte e use* – faz menção à facilidade de uso que o sistema traz em si. Esta característica permite que, ao conectar um novo hardware (dispositivo) no computador – como, por exemplo, um pen drive ou uma câmera de vídeo –, o Windows automaticamente reconheça que algo foi conectado ao computador e inicie o processo de uso deste dispositivo pelo usuário.

2.2. Ambiente Gráfico

Uma das grandes forças do sistema Windows são seus **gráficos**. Ele é um sistema operacional que possui uma tela bastante intuitiva para facilitar a comunicação com o usuário e impulsiona sua popularização. Conheça abaixo as Áreas de Trabalho de cada uma das três versões que estamos estudando.

Figura 1. Windows 7

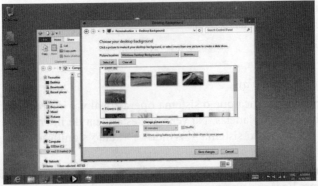

Figura 2. Windows 8

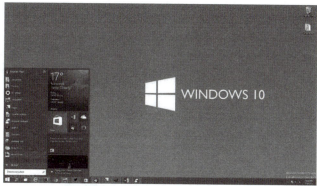

Figura 3. Windows 10

2.3. Barra de Tarefas

A barra de tarefas do Windows é onde são fixados os **atalhos** dos programas mais usados pelos usuários. Além disso, sempre que algum programa é aberto no sistema, é nela que é o **botão de título** (ícone) deste programa em execução é abrigado.

Quando um programa está aberto, ele é apresentado em alto relevo na barra de tarefas e, caso tenhamos mais de um arquivo aberto do mesmo programa, estes arquivos aparecerão na barra de tarefa *empilhados*. Observe o alto relevo e o empilhamento na imagem a seguir.

Figura 4. Barra de Tarefas Windows 8. Barra de Tarefas. Repare que os programas abertos se encontram em alto relevo na barra. Outro ponto importante pode ser visto no ícone do Word. Repare que temos dois arquivos abertos deste programa.

> **DICA**
> Os botões de títulos aparecem apenas com os ícones do programa, ou seja, por padrão não fica disponível na barra o nome do programa, somente seu ícone. Portanto, nunca foi tão importante conhecer os programas pelo seu logotipo.

2.4. Recursos Aero

Os Recursos Aero são uma nova experiência do usuário com o sistema. Eles trazem consigo novos conceitos de **visualização** e **manuseio** dos programas. Esses recursos possibilitam ao usuário mais agilidade, além de mais organização e facilidade de uso da área de trabalho. São **três** os principais tipos de Recursos Aero:
(a) Aero Peek
(b) Aero Shake
(c) Aero Snap

(a) Aero Peek

O *Aero Peek* tem uma função de destaque, pois permite a pré-visualização das janelas abertas da barra de tarefas. Graças a este recurso, ao apontarmos o cursor do mouse para um programa aberto da barra de tarefas, o sistema apresentará uma tela em miniatura de todos os arquivos abertos relacionados àquele programa.

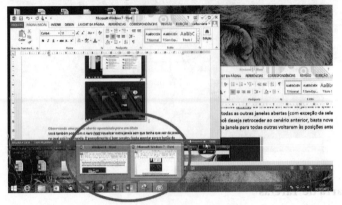

Figura 5. No destaque, o recurso Aero Peek

(b) Aero Shake

A mobilidade e organização das janelas também merecem destaque no Windows 8 e muito se deve ao recurso Aero Shake. Sigamos por um exemplo onde ele possa ser usado para que você possa entender a importância deste recurso.

Suponhamos que você esteja com 31 janelas abertas e deseje se concentrar em apenas uma delas. Com o *Aero Shake* você não vai mais precisar pressionar o botão minimizar de cada uma delas: posicionando o cursor do mouse sobre a janela na qual você precisa se concentrar e realizando um pequeno movimento de sacudida (*shake*) do cursor, ele permite minimizar todas as demais janelas abertas, restando apenas aquela na qual você deseja se concentrar. Em suma, basta dar um *shake* na janela que se deseja trabalhar e todas as outras janelas abertas serão minimizadas.

Do mesmo modo, se você desejar retroceder ao cenário anterior onde todas as janelas estavam abertas, basta novamente executar o *shake* com o mouse na janela para que elas voltem às posições anteriores.

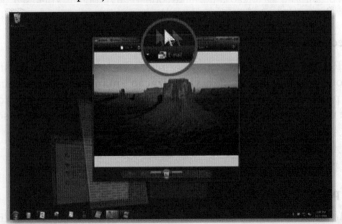

Figura 6. Aero shake. Para executá-lo, basta dá um shake na barra de título da janela e todas as outras serão minimizadas.

(c) Aero Snap

O *Aero Snap* permite posicionar facilmente duas janelas em paralelo ou maximizar janelas com velocidade e rapidez.

Para se colocar duas janelas lado a lado, basta arrastar as duas janelas para as laterais opostas – cada uma para uma lateral – e o próprio Windows 8 se encarregará de redimensioná-las para que fiquem justapostas simetricamente e preenchendo a tela por completo. Ou seja, o recurso nos poupa o trabalho de ficar redimensionando as janelas várias vezes para conseguir ajustá-las ao espaço da tela e deixa-las do mesmo tamanho.

Caso se deseje maximizar uma determinada janela, o mesmo recurso também dá uma ajuda: basta arrastá-la para parte superior da área de trabalho e automaticamente o Windows 8 irá maximizá-la.

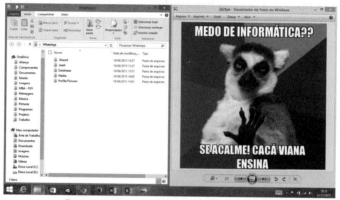

Figura 7. Aero Snap expandido verticalmente duas janelas

2.5. Alternando entre janelas (Alt+Tab)

O atalho Alt+Tab é uma combinação de tecla de atalho bem antiga, e vem sendo usada pela Microsoft desde das primeiras versões do Windows, onde sua função é alternar entre janelas abertas sem necessidade de uso do mouse.

Se utilizamos apenas o Alt + Tab uma vez, iremos alternar entre as duas tarefas mais recentes, mas é possível navegar entre todas as janelas que estão abertas. Para isso usamos a tecla Alt e mantendo-a pressionada, pressionamos a tecla Tab até chegar à janela que desejamos, pois a cada vez que a tecla Tab for pressionada o recurso irá alternar para a próxima janela até chegar à janela que estávamos inicialmente e continuar repetindo o processo até que você pare de pressionar o Tab.

Figura 8. A lista de janelas abertas. Com o Alt pressionado, cada vez que teclamos Tab, o Windows alterna a janela ativa.

2.6. Aplicativos do Windows

Alguns aplicativos presentes no sistema Windows 8 são inéditos e outros são uma nova roupagem de aplicativos que já estiveram presentes nas versões anteriores do Windows – Windows XP, Windows Vista etc. – como, por exemplo, a calculadora, o bloco de notas e outros. Vamos estudar um pouco alguns destes programas que estão presentes nas três versões estudadas neste capítulo.

2.6.1. Ferramenta de captura

A ferramenta de captura permite fazer um PrintScreen, ou seja, uma **captura da imagem** que é mostrada na tela naquele instante. O que é atraente neste aplicativo é a possibilidade se capturar a tela toda ou apenas uma parte especifica da tela. Portanto, o programa permite que o usuário escolha qual parte da tela deseja capturar. Para realizar a seleção basta redimensionar com o mouse ou desenhar um formato à mão livre caso se utilize um computador com tela sensível ao toque.

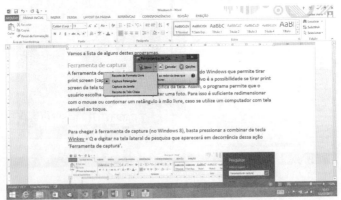

Figura 9. Ferramenta de Captura

Para chegar à ferramenta de captura, basta pressionar a combinação de tecla Winkey + Q – (Windows 8) ou simplesmente Winkey (Windows 7 e 10), e digitar na tela de pesquisa 'Ferramenta de captura'.

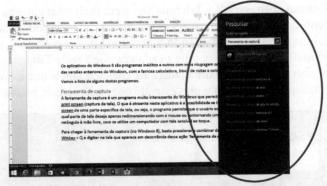

Figura 10. Painel lateral de pesquisa. É possível encontrar os aplicativos do Windows 8 digitando o nomes destes programas.

2.6.2. Notas Autoadesivas

É um aplicativo que permite ao usuário posicionar na tela pequenas **notas de recado**. Essas pequenas notas se assemelham muito àqueles lembretes que grudamos em cadernos, livros, painéis etc. Com o aplicativo aberto, é possível alterar cor da nota (há várias cores diferentes a escolher), redimensioná-la, posicioná-la no local da tela que desejar e optar por inserir mais notas. As notas autoadesivas ficam *grudadas* na área de trabalho do usuário.

Para abrir o aplicativo 'notas adesivas' (Windows 8), o usuário deve pressionar a tecla de atalho Winkey + Q, e em seguida digitar o nome do aplicativo *Notas Autoadesivas* na tela de pesquisa que aparecerá. Nos Windows 7 e 10, basta pressionar o Winkey e digitar o nome do aplicativo.

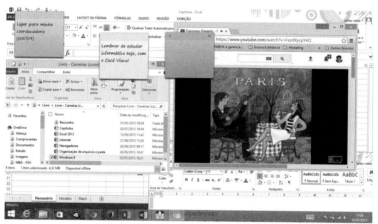

Figura 11. Notas autoadesivas posicionadas na tela.

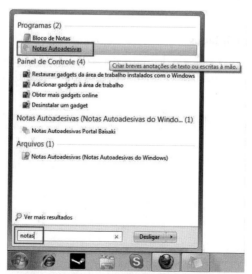

Figura 12. Como chegar ao Notas Adesivas no Windows 7

2.6.3. Paint

O Paint é um aplicativo bem antigo dos sistemas Windows e continua sendo útil até hoje por sua simplicidade de uso. Com ele é possível realizar pequenas edições de imagens e salvá-las com diferentes tipos de extensões como *bmp* (formato padrão do Paint), *jpg*, *png*, *gif*.

Realizando poucas mudanças em sua funcionalidade, o Paint também adotou o novo padrão do Office 2013, ou seja, abandonou o uso de menus e adotou uma interface composta por **guias**.

Figura 13. Paint com sua nova roupagem em guias.

2.6.4. Calculadora

Outro programa que vem desde versões mais antigas do Windows é a calculadora. Pequenas adições e funcionalidades foram acrescidos a este aplicativo, mas sua função de cálculos básicos, cálculos científicos, cálculos estatísticos e programação binária continuam ativas.

Novas funcionalidades

Foram acrescidos o cálculo de hipoteca, economia de combustível, leasing de veículos, conversão de unidades e a curiosa funcionalidade de calcular dias entre duas datas fornecidas.

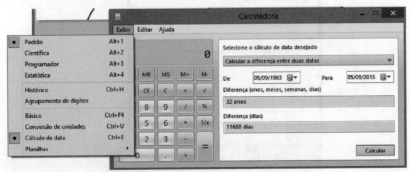

Figura 14. Calculadora. No detalhe, cálculo entre datas.

2.6.5. Windows Explorer (Explorador de arquivos)

Sem dúvida um dos programas mais importantes do sistema Windows, o Windows Explorer permite ao usuário visualizar arquivos e pastas que estão no computador. Além disso, o aplicativo permite realizar manipulações nas pastas e arquivos – criar pastas, renomear pastas e arquivos, mover pastas e arquivos, visualizar as unidades presentes no computador.

É importante estar bem ciente que **não** é possível desinstalar programas através do Windows Explorer, pois sua função é de gerenciador de arquivos e pastas e não gerenciador de programas. Através dele, é até possível visualizar as pastas onde os programas estão instalados, mas ao se apagar essa pasta o programa não será desinstalado do computador, e embora tenha seus arquivos deletados, gerará diversos erros na máquina pela tentativa de desinstalação incorreta.

Para abrir o Windows Explorer, podemos utilizar como caminho o atalho que está presente (por padrão) na barra de tarefas ou ainda a combinação da tecla de atalho Winkey + E.

Figura 15. No detalhe, o ícone do Windows Explorer.

2.6.6. Painel de Controle

O Painel de Controle é um importante utilitário do sistema Windows através do qual é possível alterar configurações da máquina, que incluem configurações de rede, configurações de hardware, configurações de energia do computador, permissões de usuários etc., além de ser possível **desinstalar programas que estejam no computador**.

Para abrir o Painel de controle (Windows 8), basta digitar *Painel de Controle* na barra lateral de pesquisa, que aparece ao combinarmos a tecla Winkey + Q. Nos Windows 7 e 10, basta pressionar o Winkey e digitar o nome do aplicativo.

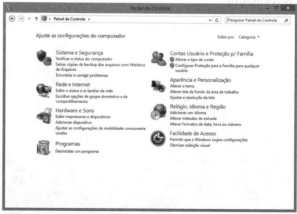

Figura 16. Painel de Controle. Ícones exibidos no modo de exibição 'Categoria'.

Agora que vimos recursos presentes nos três sistemas, vamos conversar sobre as **novidades** de cada Windows, tomando como referência a versão antecessora de cada um.

3. NOVIDADES DO WINDOWS 7

3.1. Sistema mais leve estável

O Windows 7 surgiu em substituição do Windows Vista e trouxe algumas novidades em relação a ele. O Windows Vista era um sistema "pesado", ou seja, exigia muito das máquinas e por isso necessitava de um hardware mais potente para rodar. Um dos grandes diferenciais do Windows 7 foi resolver questões técnicas (problemas) do Windows Vista que causavam muitas complicações a seus usuários. O Windows 7 trouxe a proposta de ser um sistema leve (a configuração mínima de memória necessária para é de apenas 1GB de RAM), além de muito intuitivo e fácil de usar.

3.2. Aperfeiçoamento dos recursos gráficos

Outra novidade deste sistema foi uma melhora significativa em desempenho e estética dos recursos gráficos. Ele recriou o recurso Aero de forma aquilatada, trazendo uma nova roupagem bem superior àquela presente no Windows Vista.

3.3. Mais facilidade de uso e segurança

O Windows 7 trouxe novas ações, como segurança, criptografia, facilidade de pesquisa de arquivos e pastas, compartilhamento de arquivos de maneira mais simples e fácil, facilidade de uso, mobilidade, rede e segurança. Em suma, realmente veio para se tornar um sistema de sucesso.

4. NOVIDADES DO WINDOWS 8

A empresa Apple é muito conhecida por suas inovações e visuais gráficos fantásticos, mas o Windows não fica para trás. Seguindo a tendência, no Windows 8 a Microsoft inovou mais uma vez em seus gráficos e na experiência do usuário. Vejamos abaixo suas principais novidades.

4.1. Tela de travamento

O Windows 8 trouxe uma tela de travamento com foto e informações (e-mails, mensagens...).

Figura 17. Tela de travamento. (Tecla de atalho: Winkey+L).

4.2. Interface Metro

Outra novidade interessante do Windows 8 foi o visual "mosaico", conhecido como interface Metro ou Metro UI (User Interface). Ela é uma linguagem de design criada pela Microsoft para ser inicialmente utilizada em seu sistema operacional móvel (Windows Phone). Sua intenção é proporcionar uma maior interação entre máquinas e pessoas, ou seja, aumentar a usabilidade.

A interface Metro aparece quando pressionamos a tecla Winkey e foi incorporada em **substituição ao menu iniciar**. Mas a permuta parece não ter agradado muito os fãs do sistema por até hoje ser grande alvo de crítica. A verdade é que talvez os usuários ainda não estivessem preparados para tamanha inovação do recurso Metro.

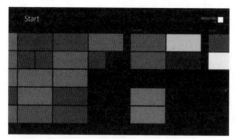

Figura 18. Interface Metro (sem ícones).

Figura 19. Interface Metro (Metro UI).

4.3. Loja de aplicativos

Por fim, outra novidade interessante foi a disponibilização da loja de aplicativos que, por padrão, se encontra fixa na barra de tarefas. Ao clicar no ícone, o sistema abre a loja onde é possível baixar aplicativos. Muitos dos aplicativos são disponibilizados gratuitamente.

Figura 20. Loja de aplicativos

5. NOVIDADES DO WINDOWS 10

5.1. Plataforma unificada

Seguindo a tendência da tecnologia, uma das grandes novidades no Windows 10 é ser projetado para uma plataforma unificada, ou seja, o Windows 10 é um sistema criado para ser instalado em várias plataformas – como, por exemplo, *notebooks*, *desktops*, *tablets* e *smartphones* (plataformas móveis).

Figura 21. Plataforma unificada

5.2. Volta do menu iniciar

Também novidade do Windows 10 foi a volta de um antigo recurso muito querido pelos usuários, o **menu Iniciar.** A Microsoft se dobrou aos pedidos de vários usuários e o velho recurso está de volta ao Windows 10.

Figura 22. O menu iniciar está de volta

5.3. Interface Metro dentro de janelas

No Windows 10, a interface Metro pode ser aberta também dentro de janelas. Por exemplo, quando abrimos a loja de aplicativos no Windows 8, ela aparece em tela cheia e o usuário é obrigado a concentrar-se apenas naquela tela aberta, já no Windows 10, usando a interface Metro é possível abrir a mesma loja (ou outro aplicativo da interface) em forma de janela dentro da área de trabalho.

Figura 23. Aplicativos da interface Metro abertos em Janelas na área de trabalho

Finalizamos, portanto, as principais novidades das três versões de Windows estudadas neste capítulo. Seguem questões sobre Windows das principais bancas examinadoras do nosso país para você fixar tudo que acabamos de aprender.

6. QUESTÕES COMENTADAS

1. **(2015 – CESPE – TCU – Técnico de Controle Externo)** A respeito dos sistemas operacionais Linux e Windows, do Microsoft PowerPoint 2013 e de redes de computadores, julgue o item a seguir.

    O modo avião do Windows 8.1 é um recurso que torna as comunicações do tipo sem fio inativas durante um período preestabelecido, com exceção da comunicação *bluetooth*.

    ( ) Verdadeiro ( ) Falso

    Gabarito: Falso

    O modo avião é utilizado, como próprio nome indica, em voo ou em algum lugar em cuja as interferências eletromagnéticas possam causar algum dano a sistemas externos.

    Essa funcionalidade desliga todas as conexões sem fio do computador, o que inclui também o *bluetooth*.

2. **(2015 – CEPERJ – Prefeitura de Saquarema-RJ – Assistente Administrativo)** No uso dos recursos do sistema operacional Windows 8.1, um atalho de teclado deve ser utilizado com a finalidade de abrir na tela do microcomputador a janela do ambiente gráfico conhecido como gerenciador de pastas e arquivos. Esse atalho de teclado corresponde a pressionar, em sequência, as teclas logotipo do Windows ▪ e E.

    ( ) Verdadeiro ( ) Falso

    Gabarito: Verdadeiro

    Há ações que podem ser executadas através de algumas combinações da tecla WINKEY (▪), como, por exemplo, Winkey+E que, por padrão, abre o Windows Explorer.

    Algumas combinações importantes para concursos são relacionadas abaixo:

[Winkey]	Abre o Menu Iniciar
[Winkey] e D	Mostrar a área de trabalho
[Winkey] e E	Abre o Windows Explorer
[Winkey] e F	Abre o Localizar (ferramenta de pesquisa para procurar arquivo ou pasta)
[Winkey] e R	Abre o Executar
[Winkey] e L	Trava a sessão
[Winkey] e D	Mostra a tela inicial (Desktop)
[Winkey] e M	Minimiza todas as janelas.

3. **(2015 – CESPE – FUB – Nível Médio)** Acerca dos procedimentos e dos aplicativos de segurança, julgue o item subsequente.

O Windows Defender é um antivírus nativo do Windows 8.1 que protege o computador contra alguns tipos específicos de vírus, contudo ele é ineficaz contra os *spywares*.

( ) Verdadeiro   ( ) Falso

Gabarito: Falso

O Windows Defender é o antivírus gratuito da Microsoft que, em seu projeto original possuía, a função de *antispyware*. Contudo, em suas versões posteriores foram acrescidas funções de antivírus. Assim, o Windows Defender também protege o sistema contra *spywares*.

7. QUESTÕES PARA TREINAR!

1. **(Agente Penitenciário / SEAP-DF / FUNIVERSA / 2015)**

   Com relação à computação na nuvem, ao gerenciamento de arquivos e pastas e aos aplicativos para segurança, julgue o item a seguir.

   O Explorador de Arquivos do Windows 8, por questões de segurança, não permite a criação de uma pasta na raiz do sistema operacional (c:\).

   ( ) Verdadeiro   ( ) Falso

2. **(Programador de computador / CNJ / CESPE / 2013)**

   No sistema operacional Windows 8, há a possibilidade de integrar-se à denominada nuvem de computadores que fazem parte da Internet.

   ( ) Verdadeiro   ( ) Falso

3. **(Agente / Prefeitura de Suzano – SP / VUNESP / 2015)**

   Observe a imagem a seguir, retirada do MS-Windows 7, em sua configuração padrão.

   Assinale a alternativa que contém o nome dado, especificamente, à área exibida na imagem.

a) Área de Transferência.

b) Painel de Controle

c) Barra de Atalhos

d) Menu de contexto

e) Barra de Tarefas

4. (Agente de Escolta e Vigilância Penitenciário / Prefeitura de Suzano – SP / SAP-SP / VUNESP / 2015)

No MS-Windows 7, em sua configuração padrão, existem aplicativos acessórios para manipulação de alguns tipos de arquivos. Assinale a alternativa que apresenta o nome de um aplicativo acessório do MS-Windows 7 utilizado para editar arquivos de imagem.

a) Gerenciador de Arquivos.

b) Visualizador de PDF.

c) Bloco de Notas.

d) Manipulator.

e) Paint.

5. (Analista Judiciário / TRE-GO / CESPE / 2015)

Julgue o item a seguir, a respeito de noções de sistema operacional.

No Windows 8.1, o acesso aos programas e configurações ocorre por meio de ícones existentes na área de trabalho, a partir do toque na tela nos dispositivos touch screen, uma vez que, nesse software, foram eliminados o painel de controle e o menu Iniciar.

( ) Verdadeiro ( ) Falso

6. (FUB / CESPE / CESPE / 2015)

Julgue os itens a seguir, acerca do sistema operacional Windows 8.1, do editor de texto Word 2013 e do programa de navegação Internet Explorer 11.

Entre as formas de liberar espaço na unidade de um computador com Windows 8.1 inclui-se desinstalar aplicativos desnecessários na área de trabalho, ação que pode ser realizada por meio da funcionalidade Programas e Recursos.

( ) Verdadeiro ( ) Falso

7. (Assistente em Administração / UFRJ / PR-4 Concursos / 2015)

Assinale a alternativa a seguir que contém o item que NÃO pode ser encontrado no Microsoft Windows 8 em sua instalação padrão

a) Scandisk

b) Windows Explorer.

c) Painel de Controle.

d) Pacote Office 2007

8. (Agente Penitenciário / SAP-SP / VUNESP / 2015)

Observe o nome do arquivo a seguir, existente num computador com Windows 7, em sua configuração padrão.

arquivo_exemplo.txt

Assinale a alternativa que contém o nome de um aplicativo acessório do Windows 7 usado para abrir e gravar esse tipo de arquivo.

a) Bloco de Notas.
b) Notas Autoadesivas
c) Calculadora.
d) Teclado Virtual.
e) Paint.

9. (Agente Administrativo/ FSC / CEPERJ / 2014)

No Windows 8BR, a execução do atalho de teclado

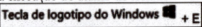

tem por objetivo abrir a janela:

a) Aplicativo Paint
b) Painel de Controle
c) Windows Explorer
d) Bloco de Notas
e) Firefox Mozilla

10. (Escrevente Técnico Judiciário/ TJ-SP / VUNESP / 2014)

Um arquivo gravado na área do Microsoft Windows 7, em sua configuração original, que é sempre exibida na tela quando você liga o computador e inicia o Windows, é encontrado

a) na Área de Trabalho.
b) nas Bibliotecas.
c) nos Documentos.
d) na Caixa de Entrada.
e) em Downloads.

GABARITO DAS QUESTÕES

1	2	3	4	5
E	C	E	E	E
6	7	8	9	10
C	D	A	C	A

Capítulo 10

ORGANIZAÇÃO DE ARQUIVOS E PASTAS

1. **INTRODUÇÃO**

O estudo deste capítulo se prestará a apresentar os meios para **organizar arquivos e pastas** no ambiente do Windows. O programa que tomaremos por base é o conhecido Windows Explorer, que permite ao usuário criar, renomear e remover pastas, mover arquivos entres elas, seja na mesma unidade ou em unidades de distintas, dentre outras funcionalidades que serão abordadas adiante.

2. **CONCEITOS INICIAIS (ARQUIVOS E PASTAS)**

Tanto o sistema operacional Windows, como o sistema operacional Linux, armazenam os arquivos dos usuários no disco rígido através de **regras**. Esses dois sistemas utilizam conceitos semelhantes para organização de seus arquivos, que ocorre através de pastas.

Assim, tanto o Windows como o Linux utilizam repositórios de arquivos para armazenar dados no seu disco rígido chamados de pastas (ou diretórios).

DICA
Uma pasta é um repositório que pode albergar um conjunto de arquivos e outras pastas.

Quanto aos arquivos, temos um conceito mais amplo. Estes, na verdade, podem ser figuras, vídeos, documentos de texto, planilhas eletrônicas etc. Outra observação importante é que **arquivos não podem armazenar outros arquivos**. Embora possa parecer óbvia, essa informação já foi objeto de questionamento em provas de seleção.

3. **MANIPULAÇÃO DE PASTAS E ARQUIVOS**

As principais ações realizadas para o gerenciamento de pastas estão elencadas abaixo e serão posteriormente detalhadas:

(a) Criar Pastas;

(b) Renomear Pastas e arquivos;

(c) Remover Pastas e arquivos;

(d) Mover arquivos entre pastas.

3.1. Criar pastas

Para criar uma pasta, basta escolher o local desejado e clicar no botão 'Nova Pasta' (ver figura abaixo). Após digitar o nome da pasta, é suficiente pressionar a tecla ENTER.

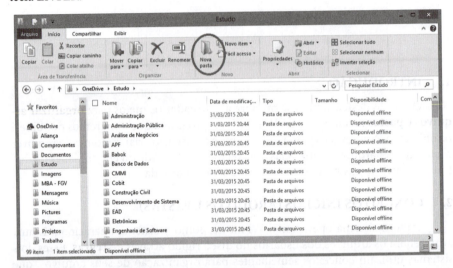

É importante pontuar que o Windows reserva alguns caracteres que não podem ser utilizados para atribuir nomes a pastas ou arquivos. São eles: \ / : * ? " | <>

DICA

Essas restrições de nome já foram alvo de **muitas e recentes** questões de prova, devendo ser memorizados.

3.2. Renomear arquivos e pastas

Renomear arquivos e pastas é algo bem simples. Para tanto, basta clicar com o botão secundário do mouse (que por padrão é o botão direito) no arquivo ou pasta que se deseja renomear.

Logo em seguida, aparecerá um menu suspenso. Neste menu, deve-se escolher a opção renomear para, a seguir se digitar o novo nome do arquivo ou pasta. Não se esqueça das restrições usadas para atribuição de nomes.

O procedimento acima, não é o único possível. Há outra opção para se obter o mesmo resultado, que é através de um clique duplo dado pausadamente no **nome** do arquivo ou da pasta que se deseja renomear e, então, atribuir a ela o nome desejado.

Atente: clicar no ícone do arquivo ou pasta (ao invés do nome) **não** permite que estes sejam renomeados. E, lembre-se, que um duplo clique rápido terá por consequência abrir o arquivo, devendo por esta razão o clique ser realizado de forma pausada. Trata-se de um procedimento já cobrado em prova pela organizadora Cespe.

Além das duas opções anteriores, é possível renomear um arquivo ou pasta, selecionando-o e pressionando, a seguir, a tecla F2 do seu teclado.

3.3. Remover arquivos e pastas

O procedimento para remover (excluir) um arquivo ou pasta é bem simples: basta selecionar o arquivo ou pasta desejado e clicar no botão DELETE do teclado.

A ação de pressionar DELETE, por padrão, envia o arquivo/pasta para lixeira do Windows. No entanto, também é possível se apagar um arquivo/pasta definitivamente, sem passagem pela lixeira. Para isso, basta selecionar o arquivo/pasta que se deseja excluir permanentemente e combinar as teclas SHIFT + DEL, confirmando a ação em seguida.

3.4. Mover arquivos entre pastas

Quanto a esse assunto, deve-se atentar que movimentar pastas pode se dar de duas formas:

(a) Mover arquivos entre a mesma unidade de diretório: por exemplo, entre pastas que se encontram na unidade de diretório C:\.

(b) Mover arquivos entre unidades de diretório distintas: por exemplo, entre a unidade de diretório do HD, o C:\, e uma possível unidade de diretório de um Pen Drive, F:\.

 DICA
Para todas as ações descritas abaixo, é utilizado o botão primário do mouse.

(a) Mover arquivos entre a mesma unidade

Em regra, ao se movimentar arquivos entre a mesma unidade de diretório (como, por exemplo, movimentar arquivos entre duas pastas que estão no diretório C:\), por padrão, o sistema **move** o arquivo da pasta de origem para a pasta destino.

Às vezes a palavra mover traz uma ideia desconhecida para estudante, por isso, anote aí: mover significa **recortar**. Portanto, quando se movimenta arquivos entre pastas que estão na mesma unidade, o sistema **move da pasta de origem e regrava na pasta destino.**

(b) Mover arquivos entre unidades distintas.

Quando se movimenta arquivos entre pastas que estão em unidades distintas (como, por exemplo, do C:\ para o D:\), uma cópia daquele arquivo é criada na pasta de destino, permanecendo o original na pasta de origem. Assim, lembre-se: arrastar um arquivo de uma unidade externa, como o pendrive, para o seu computador não irá retirá-lo do pendrive. O que ocorrerá é que será feita uma cópia daquele arquivo que estava no pendrive para seu computador.

Uso da tecla CTRL e tecla SHIFT: podemos arrastar arquivos pressionando as CTRL ou a tecla SHIFT do teclado.

Quando arrastamos arquivos/pastas usando a tecla CTRL, estes irão para pastas destino como uma **cópia**, permanecendo o original na pasta de origem.

No caso de arrastar arquivo usando a tecla SHIFT, este será **movido** da pasta de origem e regravado para o destino.

Nos dois casos supracitados, a ação ocorre independente de os arquivos estarem em pasta contidas no mesmo diretório ou em diretórios distintos.

4. QUESTÕES COMENTADAS

1. **(2015 – FCC – TRT 4ªR – Técnico Judiciário – Administrativo)** Um técnico abriu duas janelas, uma ao lado da outra, na área de trabalho do Windows 7, em português. A janela da esquerda contém os arquivos e pastas de um pen-drive e a janela da direita, os arquivos e pastas de uma partição do HD. Usando o método arrastar e soltar, o técnico arrastou um arquivo da janela da esquerda para a janela da direita. Neste caso, o arquivo será

   a) movido.

   b) compactado.

   c) apagado.

   d) ocultado.

   e) copiado.

   Gabarito: E

   e) Copiar. (Correto).

   Verificando a questão, percebe-se que será arrastado o arquivo do pen drive para o disco rígido (HD). Quando isso ocorre no Windows 7 (quando se arrastam arquivos entre unidades diferentes), o sistema cria uma cópia na pasta destino, mantendo o arquivo original na pasta de origem. Na verdade, tem o mesmo efeito de se utilizar as combinações de tecla de atalho CTRL+C em seguida na pasta de destino as combinações CTRL+V

   a) Movido. (Incorreto)

   Como comentado na resposta correta, o ato de arrastar entre unidades diferentes faz com que o arquivo seja copiado da pasta de origem para a pasta destino. Se quiséssemos mover o arquivo, seria suficiente selecioná-lo e utilizar a combinação de teclas CTRL+X (recortar), para, então, na pasta destino, pressionar a combinação de teclas CTRL + V (colar).

   b) Compactado (Incorreto)

   É possível enviar um arquivo para uma pasta compactada no Windows 7, no entanto o procedimento descrito na questão não serve para compactar o arquivo. Para tanto, pode-se utilizar, por exemplo, os programas WinZip ou WinRAR. Outro caminho é selecionar o arquivo com botão direito do mouse e, no menu suspenso que aparecerá em decorrência dessa ação, escolher a opção Pasta compactada no item Enviar Para.

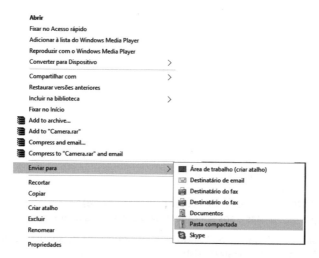

c) Apagado. (Incorreto)

Procedimento de apagar é muito conhecido por todos nós. Para isso, basta selecionar o arquivo, pressionar a tecla delete (DEL) ou combinar as teclas de atalho Shift+DEL. Neste último procedimento, o usuário exclui o arquivo sem enviar para lixeira.

d) Ocultado. (Incorreto)

É possível ocultar um arquivo através do seguinte procedimento: clicar com botão direito do mouse no arquivo (ou pasta) que se deseja ocultar para, no menu suspenso que aparecer, escolher a opção propriedades. Na janela seguinte, deve-se marcar a caixa de seleção oculto. Assim o arquivo ficará oculto.

Veja a imagem abaixo:

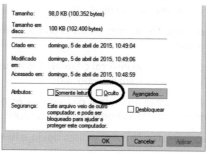

Figura 2. Opção para marca arquivo oculto

2. **(2015 – CESPE – TCU – Técnico de Controle Externo)** Julgue o item que se segue, relativo ao gerenciamento de arquivos e pastas e à segurança da informação.

No Windows 8.1, arquivos com o mesmo nome, mas com extensões diferentes, podem ser armazenados na mesma pasta, como, por exemplo, c:\pessoal\Cargos_TCU.docx e c:\pessoal\Cargos_TCU.xlsx.

( ) Verdadeiro   ( )   Falso

Gabarito: Verdadeiro

É possível se ter arquivos com o mesmo nome dentro da mesma pasta, desde que estes sejam de extensões diferentes. Em outras palavras, é possível que existam, em uma mesma pasta, dois arquivos que com o nome "sucessonoconcurso" desde que um deles seja, por exemplo, um arquivo do Word e outro do Excel, onde teríamos sucessonoconcurso.docx e sucessonoconcurso.xlsx.

No entanto, se forem arquivos do mesmo programa, eles devem ter nome diferentes.

Para fechar o comentário, é possível ter arquivos de mesmo nome e mesmo tipo, caso estejam em pastas diferentes.

3. **(2015 – FUNIVERSA – SEAP-DF – Agente Penitenciário)** Com relação ao gerenciamento de arquivos e pastas e aos aplicativos para segurança, julgue o item a seguir.

O Explorador de Arquivos do Windows 8, por questões de segurança, não permite a criação de uma pasta na raiz do sistema operacional (c:\).

( ) Verdadeiro   ( )   Falso

Gabarito: Falso

O Explorador de arquivos (Windows Explorer) é um programa projetado para manipular arquivos e pastas do sistema. Com ele é possível, sim, criar uma pasta no diretório C:\. Portanto, a assertiva é falsa.

5. QUESTÕES PARA TREINAR!

1. **(2015 – FCC – MANAUSPREV – Técnico Previdenciário)** A maioria das pessoas copia e move arquivos usando o método arrastar e soltar. No Windows 7, em português, ao se usar o arrastar e soltar, algumas vezes o arquivo ou a pasta é copiado e, outras vezes, é movido. Se a pessoa estiver arrastando um item

a) entre duas pastas que estão no mesmo disco rígido, o item será copiado mantendo-se o mesmo nome.

b) para uma pasta que esteja em um local diferente (como um local de rede)   o u para uma mídia removível, o item será movido.

c) entre duas pastas que estão no mesmo disco rígido, os itens serão copiados, mas será acrescido um número (1) ao nome do item na cópia.

d) entre duas pastas que estão no mesmo disco rígido, o item será movido.

e) para um dispositivo móvel como um tablet ou smartphone, via Bluetooth, o item será movido.

2. **(2012 – FCC – TRE-SP – Analista Judiciário)** No sistema operacional Windows XP é possível renomear pastas ao se clicar com o botão direito do mouse e escolher Renomear.

São permitidas a utilização de letras e números para o nome da pasta, porém, alguns caracteres não podem ser utilizados no nome da pasta, como o caractere

a) : (dois pontos).

b) – (hífen).

c) @ (arroba).

d) ; (ponto e vírgula).

e) & (e comercial).

3. **(2015 – FUNIVERSA – SEAP-DF – Agente Penitenciário)** Com relação à computação na nuvem, ao gerenciamento de arquivos e pastas e aos aplicativos para segurança, julgue o item a seguir.

O Explorador de Arquivos do Windows 8, por questões de segurança, não permite a criação de uma pasta na raiz do sistema operacional (c:\).

4. **(2014 – SURG – CONSULPAM – SEAP-DF – Auxiliar administrativo)** Sobre o Windows Explorer, analise:

I- Podemos excluir arquivos.

II- Podemos formatar pastas.

III- Podemos renomear pastas.

a) I e II são verdadeiras.

b) I e III são verdadeiras.

c) II e III são falsas.

d) Todas as alternativas estão corretas.

5. **(2014 – MS CONCURSOS – UFAC – Auxiliar administrativo)** Para copiar um arquivo de uma pasta de origem para uma pasta de destino arrastando com o mouse devemos pressionar qual tecla simultânea com o arrastar do mouse?

a) ALT

b) CTRL

c) Barra de Espaço

d) ENTER

e) Nenhuma tecla

6. **(2014 – VUNESP – Câmara Municipal de Sorocaba – Oficial Legislativo)** A figura a seguir, extraída do MS-Windows 7, em sua configuração padrão, apresenta parte do conteúdo do item Computador, que pertence à árvore de diretórios do Window Explorer.

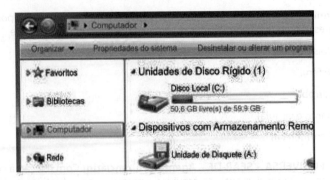

De acordo com as informações apresentadas, o disco rígido local do computador tem

a) 59,9 GB de espaço utilizado.
b) 59,9 GB de espaço livre.
c) 9,3 GB de espaço utilizado.
d) 9,3 GB de espaço livre.
e) 50,6 GB de espaço utilizado.

7. **(2014 – CESPE – Polícia Federal – Agente Administrativo)** Acerca dos conceitos de organização e gerenciamento de arquivos, julgue o item a seguir.

Um arquivo sem conteúdo pode ser criado e armazenado no disco rígido de um computador, desde que seja nomeado no momento da criação.

8. **(2013 – CESPE – FUB – Auxiliar de Administração)** Com relação ao Windows Explorer e à figura acima, que mostra uma janela desse software, julgue o item a seguir.

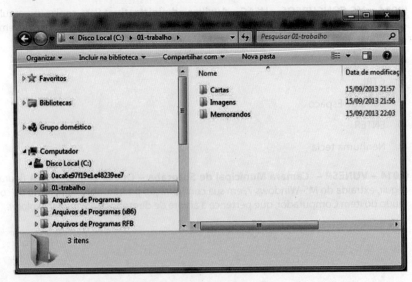

Na situação mostrada na figura, ao se clicar em Nova pasta, será criada uma nova subpasta e o conteúdo que nela for gravado será armazenado fora da unidade (C:)

9. **(2013 – Quadrix – CRO-GO – Assistente administrativo)** Sobre a manipulação de arquivos e pastas em ambiente Windows, é correto afirmar que:

   a) Pode-se criar uma pasta com o nome orquivos_10/08.

   b) Nenhuma pasta excluída do HD é enviada para a lixeira.

   c) Arquivos excluídos de um pen drive, por padrão, são enviados para a lixeira.

   d) Uma pasta pode conter arquivos de diversos tipos e outras pastas.

   e) Uma pasta pode ser criada com senha utilizando-se os recursos nativos do Windows.

10. **(2013 – FUMARC – PC-MG – Técnico Assistente da Polícia Civil)** A tecla de atalho utilizada para recortar todo o conteúdo de uma pasta no Windows Explorer do Microsoft Windows, versão português, é:

   a) Ctrl+A

   b) Ctrl+C

   c) Ctrl+R

   d) Ctrl+X

GABARITO DAS QUESTÕES				
1	**2**	**3**	**4**	**5**
D	A	E	D	B
6	**7**	**8**	**9**	**10**
C	C	E	D	D

Capítulo 11
DESAFIO – INFORMÁTICA

Julgue os itens postos abaixo e assinale (V) ou (F):

1. *Backbone* é o conjunto de protocolos utilizados como padrão de comunicação na Internet, enquanto TCP/IP é toda a infraestrutura física e lógica para interconectar uma macrorregião.

2. Não é possível mover arquivos entre pastas.

3. É certo concluir que a intranet é uma rede particular de computadores que utiliza o protocolo TCP/IP, utilizado pela Internet. A diferença entre elas é que uma intranet pertence a uma empresa ou organização e é utilizada pelos seus funcionários e pessoas que tenham autorização para acessá-la.

4. No sistema Windows na criação de novos arquivos e pastas não se pode utilizar quaisquer caracteres para atribuir nomes. Os caracteres \ / : * ? " | <> estão reservados para o sistema.

5. Vírus são programas maliciosos que tem capacidade de autoreplicação e não precisam de arquivo ou programa hospedeiro para executar sua carga maliciosa.

6. *Worms* são códigos maliciosos que se propagam, infectando outros programas e arquivos. Eles necessitam de arquivo ou programa hospedeiro para seguir no seu processo de infecção e também da execução do usuário para se tornarem ativos no sistema.

7. Dropbox, iCloud e Android são três exemplos de serviços atualmente disponíveis de computação em nuvem.

8. Podemos concluir que a Intranet possui características técnicas próprias que a diferenciam da Internet. Uma dessas características é o fato de ser pública e não privada.

9. Um certificado digital é um documento eletrônico que garante a CIA (confidencialidade, integridade e autenticidade).

10. É incorreto afirmar que quando arrastamos arquivos ou pastas utilizando a tecla CTRL, eles irão para pastas destino como uma cópia, permanecendo o original na pasta de origem.

11. Um provedor de serviço de Internet é a entidade responsável por prover serviço à Internet para nós, clientes.

12. É correto dizer que no MS-Word 2010, em sua configuração padrão, recursos como margens, orientação da página e tamanho do papel podem ser alterados por meio de funcionalidades localizadas no grupo Configurar Página, pertencente à guia Exibição.

13. No software livre LibreOffice, o recurso Localizar e Substituir em um texto – que permite encontrar uma palavra e substituí-la por outra – está localizado no menu Editar.

14. Keylogger é um dispositivo de softwares que agrega segurança ao sistema.

15. Clicando na Guia Exibição do Word 2013, é possível alterar o modo como o documento é apresentado (layout de impressão, rascunho), alterar o zoom do documento, e outras mais.

16. Em se tratando de teclas de atalho, é possível levar o ponto de inserção para o fim da linha clicando na tecla Home.

17. Ainda sobre teclas de atalho, é possível levar o ponto de inserção para o início do documento clicando na tecla CTRL + Home.

18. No programa MS Word 2013 é no menu Layout da página que encontramos a opção de Colunas.

19. Quando o usuário clica no botão [img], será iniciada uma página da Web cujo objetivo é o envio e o recebimento de mensagens de correio eletrônico.

20. É possível acessar à Internet utilizando a infraestrutura da linha telefônica.

21. Pode-se dizer que o *firewall* do Windows é um importante recurso usado para bloquear spams ou e-mails não desejados pelo usuário.

22. O termo "Phishing" é uma forma de mascarar o endereço de um site, fazendo com que o endereço de um site falso se passe pelo endereço de um site legítimo.

23. A expressão "software livre" designa a mesma coisa que "software grátis".

24. Para aumentar tamanho da fonte, a combinação de teclas seria: CTRL + SHIFT + > .

25. Avalie a construção: "www.endereco.com". Pode-se dizer que ela contém o formato correto de endereço de uma página da Internet.

26. Não é errado afirmar que a computação na nuvem – por ser um conjunto de recursos com capacidade de processamento, armazenamento, conectividade, que oferece plataformas, aplicações e serviços na Internet – poderá ser a próxima geração da Internet.

27. Se a conexão com a Internet for realizada por meio de uma rede sem fio, é certo dizer que o navegador Google Chrome não permitirá a visualização de páginas HTTPS.

28. Phishing é um dispositivo de softwares que agrega segurança ao sistema.

29. Na Guia Referência do Word 2013, encontramos opções que permitem inserir no texto objetos (tabelas, figuras) que deixam as produções textuais mais didáticas.

30. O protocolo POP é um protocolo para se acessar mensagem de e-mail.

Cap. 11 · DESAFIO – INFORMÁTICA

31. São As do Word 2013: Página Inicial, Inserir, Design, Layout de Página, Referências, Correspondências, Revisão e Exibição.

32. Sobre o importante tema "Segurança das informações", pode-se dizer que evita-se completamente a contaminação de um arquivo por vírus ao salvá-lo com a opção de compactação.

33. Na Guia Layout de Página do Word 2013, encontramos opções que nos permitem alterar os temas no Word com um único clique. Nela existem diversos modelos de designs já formatados, que incluem cor da fonte, estilo de fonte, efeitos no texto, entre outros.

34. O Silverlight faz parte do Microsoft Office.

35. É incorreto afirmar que o HTTP é o protocolo para a troca ou transferência de hipertexto, muito utilizado na Internet.

36. SkyDrive, Dropbox e iCloud são três exemplos de serviços atualmente disponíveis de computação em nuvem.

37. No que se refere à segurança da informação, a Criptografa pode ser conceituada como a técnica apta a converter uma mensagem de texto entre sistemas operacionais distintos.

38. O Libre Office é uma suíte que utiliza o conceito moderno de guias para a navegação do usuário.

39. O Power Point faz parte do Microsoft Office.

40. Avalie a construção: "http://site@endereco.com". Pode-se dizer que ela contém o formato correto de endereço de uma página da Internet.

41. É possível constatar que o Impress e o Writer são aplicativos de edição de textos do Unix e, desta forma, não podem, em hipótese alguma, ser utilizados em sistemas operacionais Windows.

42. A extensão de arquivo padronizado pelo LibreOffice para os documentos de texto, que segue o formato Open Document, é reconhecido pela sigla ODB.

43. O Excel é um dos programas de planilhas eletrônicas mais famosos do planeta, todavia, não existe, ainda, sua versão para nuvem.

44. A suíte Microsoft Office abandonou o uso de guias para utilizar um conceito mais moderno, a navegação em menus.

45. É correto afirmar que Navegador ou *Browser* é um programa utilizado para navegar na Internet, por exemplo, Internet Explorer e Mozilla Firefox.

46. No que se refere à segurança da informação, a Autenticação pode ser conceituada como um procedimento destinado a verificar a validade de determinada mensagem.

47. Ainda no que se refere à segurança da informação, *adware* é um software que exibe conteúdo publicitário em seu computador, muitas vezes sem o consentimento do usuário.

48. Os vírus de um computador não podem apagar arquivos criados pelo editor de texto, e são incapazes de infectar o sistema operacional, pois todos os arquivos desse sistema são protegidos contra quaisquer invasões de vírus. Os vírus, portanto, atrapalham a navegação, mas não são capazes de trazer danos dignos de destaque ao sistema operacional.

49. A computação nas nuvens traz grande quantidade de serviços. O serviço de armazenamento de dados é um deles.

50. De acordo com a própria Microsoft, o Microsoft Office 365 é versão do Microsoft Office que inclui o Word, PowerPoint e o Excel no formato de serviço na nuvem (*Cloud Computing*).

GABARITO DO DESAFIO – INFORMÁTICA									
1	2	3	4	5	6	7	8	9	10
F	F	V	V	F	F	F	F	V	F
11	12	13	14	15	16	17	18	19	20
V	F	V	F	V	F	V	V	F	V
21	22	23	24	25	26	27	28	29	30
F	F	F	V	V	F	F	F	F	V
31	32	33	34	35	36	37	38	39	40
V	F	F	F	F	V	F	F	V	F
41	42	43	44	45	46	47	48	49	50
F	F	F	F	V	V	V	F	V	V

SIMULADOS

SIMULADO 1

A AVENTURA DO COTIDIANO

Parábola da falta d'água:

Vivia faltando água naquela fábrica. O dono da fábrica tinha de se valer de um sujeito que lhe trazia uma pipa d'água regularmente, ao preço de três mil cruzeiros.

Um dia o tal sujeito o abordou:

— O patrão vai me desculpar, mas vamos ter de aumentar o preço. De hoje em diante a pipa vai custar cinco mil cruzeiros.

— Cinco mil cruzeiros por uma pipa d'água? Você está ficando doido?

— Não estou não senhor. Doido está é o manobreiro, que recebia dois e agora quer receber três.

— E posso saber que manobreiro é esse?

— Manobreiro desta zona, responsável pelo controle da água. Eu vinha pagando dois mil a ele, mas agora ele quer é três. Não sobra quase nada pra mim, que é que há? E está ameaçando de abrir o registro se eu não pagar.

— Abrir o registro? Que conversa é essa? Me explique isso melhor.

— Se o senhor não me pagar, eu não pago a ele. Ele deixa entrar a água e lá se vai por água abaixo o nosso negocinho.

SABINO, Fernando. Obra reunida. Rio de Janeiro: Nova Aguilar, 1996. p. 740

1. **A partir da leitura do texto acima, só NÃO é possível afirmar que:**

a) É possível perceber a importância da água para a fábrica pela relevância da escolha do verbo auxiliar "vivia" já no segundo parágrafo do texto.

b) Nas duas ocorrências do último período do texto, a palavra "água" foi empregada em um contexto simbólico como denota a abertura do texto "Parábola da falta d'água".

c) Na expressão "abrir o registro", no penúltimo parágrafo, é possível perceber que a cobrança pelo serviço de fornecimento de água não é extorsivo.

MEU PRIMEIRO CONCURSO – Volume Único

d) segundo o texto, o aumento de três para cinco mil cruzeiros a pipa de água sugere que a escassez de água é um negócio lucrativo para quem trabalha com a sua distribuição.

2. **Tratando-se das funções sintáticas dos termos destacados do texto, pode-se afirmar que**

a) "O dono da fábrica..." – (l. 2-3) – objeto indireto.

b) "...Um dia o tal sujeito o abordou." (l. 7-8) – sujeito.

c) "Você está ficando doido?" (l. 10-11) – adjunto adverbial de modo.

d) "...e agora quer receber três." – (l. 13) – sujeito.

3. **Ao tratar do direito à liberdade em suas diversas facetas, a Constituição Federal assegura**

a) a liberdade de reunião, mediante prévia autorização da autoridade administrativa competente, nos termos da lei.

b) que ninguém será privado de direitos por motivo de crença religiosa ou de convicção filosófica ou política, salvo se as invocar para eximir-se de obrigação legal a todos imposta e recusar-se a cumprir prestação alternativa fixada em lei.

c) a liberdade de associação, condicionada à prévia autorização da autoridade administrativa competente, nos termos da lei.

d) o acesso ao ensino religioso de matrícula obrigatória nas escolas públicas.

4. **Sobre os direitos e deveres individuais e coletivos, assinale a ÚNICA opção CORRETA.**

a) As Comissões Parlamentares de Inquérito podem determinar a interceptação de comunicações telefônicas de indivíduos envolvidos em crimes graves.

b) Todos têm direito a receber dos órgãos públicos informações de seu interesse particular, ou de interesse coletivo ou geral, que serão prestadas no prazo da lei, sob pena de responsabilidade, ressalvadas aquelas cujo sigilo seja imprescindível à segurança da sociedade e do Estado.

c) Pessoas jurídicas de direito público não podem ser titulares de nenhum direito fundamental.

d) Qualquer pessoa física ou jurídica é parte legítima para propor ação popular que vise a anular ato lesivo ao patrimônio público ou de entidade de que o Estado participe, à moralidade administrativa, ao meio ambiente e ao patrimônio histórico e cultural, ficando o autor, salvo comprovada má-fé, isento de custas judiciais e do ônus da sucumbência.

5. **Impedimento e suspeição não se confundem no que tange à competência dos atos processuais, segundo os ensinamentos da Lei n° 9.784/1999. Assim, não é um caso de impedimento:**

a) amizade íntima com algum dos interessados.

b) se houver interesse indireto na matéria.

c) esteja litigando administrativamente com o companheiro da parte interessada.

d) tenha participado como perito no processo.

SIMULADO 1

6. **Assinale a alternativa que representa uma característica que alguns órgãos possuem, mas que todas as entidades têm:**

   a) patrimônio próprio.

   b) capacidade processual.

   c) personalidade jurídica.

   d) responsabilidade civil.

7. **A Intranet sendo muito utilizada nas empresas, escritórios, escolas, etc. Um dos atributos da Intranet é o fato de ser uma rede**

   a) pública que utiliza a tecnologia TCP/IP como padrão de comunicação.

   b) privada e utilizada no compartilhamento de informações entre os setores de uma organização, além disso, utiliza a tecnologia TCP/IP.

   c) particular e utilizada em âmbito das organizações privadas e o não usa da tecnologia TCP/IP, sendo sua diferença precursora Internet.

   d) pública e desenvolvida para compartilhamento de informações de empresas, organizações privadas e instituições dessa classe.

8. **O botão** ⊟ Quebra de Página **no Microsoft Word**

   a) Insere elementos gráficos para comunicar informações visualmente.

   b) Move o ponto de inserção para a página seguinte.

   c) Permite baixar produtos na loja de suplementos.

   d) Modifica as referências nas quebras.

9. **De acordo com a sequência 'R A C I O C I N I O R A C I O C I N I O R A C ...', antes de colocarmos a 99ª letra, quantas letras I estarão nessa sequência?**

   a) 26.

   b) 27

   c) 28

   d) 29

10. **A professora Renata aplicou sua prova de inglês em sua sala de aula com 50 alunos. Quando foi corrigir, verificou que duas provas estavam idênticas, inclusive com os mesmos erros de gramática. Indignada, fez uma reunião de classe para descobrir quem tinha colado na prova e chegou à conclusão que o culpado estaria entre 5 alunos: Kadu, Bárbara, Hector, Talula e Guilherme. Assim, ela perguntou aos 5: "Quem colou na minha prova?"**

   As respostas foram:

   Guilherme: "Não foi eu"

   Talula: "O Kadu que colou".

   Kadu: "A Bárbara que colou".

   Hector: "A Talula mentiu"

Bárbara: "O Guilherme disse a verdade".

Renata, sabendo que uma pessoa estava mentindo e que as outras estavam falando a verdade, pôde concluir que quem colou na prova foi

a) Guilherme.

b) Talula.

c) Kadu.

d) Bárbara.

GABARITO DAS QUESTÕES				
1	2	3	4	5
A	B	B	B	A
6	7	8	9	10
B	B	B	D	D

SIMULADO 2

1. O acento indicativo de crase está corretamente empregado em

a) O dono da fábrica recebia água à preço barato.

b) A água não supria à carência da fábrica.

c) Vínhamos suportando necessidade à pipa d'água.

d) O consumo era referente à necessidade do dono da fábrica.

2. As normas de concordância verbal estão plenamente respeitadas na frase:

a) A presença maciça, em nossas telas, de tantas ficções, não nos devem fazer crer que sejamos capazes de sonhar mais do que as gerações passadas.

b) Confia-se a um suporte eletrônico incontáveis informações, mas não se podem avaliar com segurança quanto tempo permanecerão disponíveis.

c) Segundo a assessoria, o problema do atraso foi resolvido em pouco mais de uma hora, e quem faria conexão para outros Estados foram alojados em hotéis de Campinas.

d) A lista brasileira de sítios arqueológicos, uma vez aceita pela Unesco, aumenta as chances de preservação e sustentação por meio do ecoturismo.

3. Nossa Constituição disciplina que a lei não poderá estabelecer distinção entre brasileiros natos e naturalizados, ressalvados os casos nela previstos. Desta forma, o

próprio texto constitucional prevê que alguns cargos somente poderão ser ocupados por brasileiros natos. Nos termos do art. 12, CF/88, o cargo abaixo que pode ser ocupado por brasileiro naturalizado é:

a) Ministro do Superior Tribunal de Justiça.

b) Oficial das Forças Armadas.

c) Presidente da Câmara dos Deputados.

d) Membro da Carreira Diplomática.

4. **Aristeu, cidadão naturalizado brasileiro, foi preso em flagrante por tráfico ilícito de entorpecentes. Nos termos do que estabelece a Constituição da República, Aristeu**

a) não poderá ser extraditado, em decorrência desse crime.

b) somente poderia ser extraditado se o crime tivesse sido cometido antes da naturalização.

c) em razão da gravidade do crime, poderá ser imputada a ele a pena de banimento.

d) terá direito à identificação dos responsáveis por sua prisão.

5. **João, servidor público federal, deixou de praticar ato de ofício. Nesse caso, podemos afirmar:**

a) poderá ser responsabilizado por improbidade administrativa, caso tenha agido com dolo ou culpa.

b) poderá sofrer a suspensão dos direitos políticos pelo prazo de 4 anos.

c) poderá sofrer multa civil de até três vezes o valor do dano ao erário.

d) a infração não pode ser enquadrada como improbidade administrativa.

6. **Sobre o controle da Administração Pública, assinale a alternativa correta:**

a) segundo Maria Sylvia Di Pietro, o controle finalístico é uma forma de controle interno.

b) o Poder Judiciário realiza controle de mérito, no desempenho de sua função jurisdicional.

c) quando o Poder Legislativo anula ato que exorbita o poder regulamentar, temos um exemplo de controle interno.

d) o controle externo da Administração Pública Federal é exercido pelo Congresso Nacional, com auxílio do Tribunal de Contas da União.

7. **A arquitetura utilizada como padrão de comunicação na Internet é**

a) URL.

b) TCP.

c) HTTPS.

d) TCP/IP.

8. **Considere a seguinte planilha:**

	A	B	C
1	5	3	
2	1	2	
3			

Apenas a célula A1 contém uma fórmula, nas demais não foram inseridas fórmula alguma. Sabendo-se disso, a fórmula digitada na referência A1 foi:

a) =$A2+2*B$2

b) =$A2+2*B$@2

c) =$A2+$2*B$2

d) =$A2+2B2

9. **Sabendo que os anos de 2015 e 2017 não são bissextos, mas 2016 é, se o dia 01 de janeiro de 2015 foi uma quinta-feira, o dia 01 de janeiro de 2018 será:**

a) segunda-feira.

b) terça-feira.

c) quinta-feira.

d) sábado.

10. **A afirmação que é logicamente equivalente à afirmação: "Se eu jogo futebol, então gosto de praticar esportes" é**

a) Se eu não jogo futebol, então não gosto de praticar esportes.

b) Se eu gosto de praticar esportes, então jogo futebol.

c) Se eu não gosto de praticar esportes, então não jogo futebol.

d) Se eu não gosto de praticar esportes, então jogo futebol.

GABARITO DAS QUESTÕES				
1	2	3	4	5
D	D	A	D	B
6	7	8	9	10
D	D	A	A	C

SIMULADO 3

1. **Assinale a alternativa em que há erro de regência verbal.**

a) Os melhores momentos de felicidade residem com a chegada do equilíbrio menta.

b) Quando se desativa uma linha de trem, estão-se isolando muitas localidades que perderão o único meio de transporte que dispõem.

c) Era uma noite calma que as pessoas gostavam, nem fria nem quente demais.

d) Em todos os recantos do sítio, as crianças sentem-se felizes, porque aspiram o ar puro.

2. Somente num dos períodos abaixo a acentuação gráfica está correta. Indique qual:

a) Quando se separam duas pessoas que constróem um lar juntos mas brigam muito, o divórcio sai mais rápido, mas nem por isso doi menos.

b) Coçá-lo é bem doído; é seriíssimo, sem dúvida.

c) A viúva (te-la-ia o juiz chamado pelo nome?) e os filhos do empregado vítima do acidente querem assistência judiciária gratuita e indenização por prejuizos sofridos.

d) Considerando o imóvel (três dormitorios, dependência de empregada, gás, equipamento de video, infraestrutura de apoio, padrão do edificio), verifica-se a defasagem do valor do aluguel.

3. José, 21 anos de idade; Carlos, 23 anos de idade; e Renan, 34 anos de idade, no pleno exercício dos seus direitos políticos, pretendem concorrer a cargos eletivos nas próximas eleições de 2018. Assim, José, Carlos e Renan poderão concorrer, respectivamente, aos cargos de

a) Senador – Deputado Federal – Governador.

b) Deputado Federal – Deputado Estadual – Vice-Governador de Estado.

c) Governador – Senador – Vice-Presidente da República.

d) Vice-Presidente da República – Governador – Presidente da República.

4. Thereza, médica, é casada com J. Victor, Prefeito do Município "Y" do Estado de Minas Gerais, não sendo titular de qualquer mandato eletivo. No curso do mandato de J. Victor, eles dissolvem o vínculo conjugal por meio de divórcio devidamente homologado pelo Poder Judiciário. Thereza pretende concorrer no próximo pleito municipal a um cargo eletivo no Município "Y". Neste caso, Thereza

a) poderá concorrer normalmente ao cargo de Vereadora, mas é inelegível para os cargos de Prefeita e Vice-prefeita do Município.

b) não poderá concorrer a cargo eletivo no Município Y, por ser inelegível, nos termos da Constituição Federal e da súmula vinculante 18 do STF.

c) poderá concorrer normalmente aos cargos de Prefeita, Vice-prefeita ou Vereadora do Município, sem qualquer restrição.

d) poderá concorrer normalmente aos cargos de Prefeita, Vice-prefeita ou Vereadora do Município desde que a dissolução do vínculo conjugal tenha ocorrido há mais de seis meses antes do pleito.

5. Assinale a alternativa que representa uma característica do pregão:

a) modalidade aplicável somente para União Federal.

b) utiliza como critérios de julgamento o menor preço ou a melhor técnica.

c) inversão das fases de habilitação e julgamento.

d) lances verbais e sucessivos entre aquele que ofereceu a menor proposta e até aqueles com 20% a mais.

6. A Lei n° 8.112/1990 prevê, dentre as hipóteses de licenciamento do servidor, a concessão de licença para atividade política e de licença para tratar de interesses particulares. Sobre tais atos administrativos, é correto afirmar que:

   a) o primeiro é ato discricionário e revogável; o segundo é ato vinculado e irrevogável.

   b) o primeiro é ato vinculado e irrevogável; o segundo é ato discricionário e revogável.

   c) ambos são atos discricionários e revogáveis.

   d) ambos são atos vinculados e irrevogáveis.

7. A célula I1 do trecho exibido na planilha abaixo, recebeu a fórmula =$G1+H$1

	G	H	I
1	7	9	16
2	12	11	
3	17	5	

   O usuário selecionou I1 e combinou as teclas CTRL + C. Em seguida, colou o conteúdo recém copiado da célula I1 na célula I3. Qual será o retorno de I3 após esta sequência de ações?

   a) 12
   b) 16
   c) 22
   d) 26

8. A opção permite que o Word 2013 verifique possíveis erros gramaticais no documento em edição. A tecla de atalho utilizada para tal botão é

   a) Shift + F3
   b) F5
   c) F6
   d) F7

9. A frase "Eu ainda gosto dela, mas ela já não gosta tanto assim" tem como negação lógica a seguinte frase:

   a) Eu não gosto dela e ela gosta de mim.
   b) Ela gosta tanto assim ou eu ainda não gosto dela.
   c) Se eu não gosto dela, então ela gosta tanto assim.
   d) Se ela gosta tanto assim, então eu ainda gosto dela.

10. Analisando a afirmação "Toda pessoa doente precisa de um médico", podemos concluir que, caso ela seja falsa, a afirmação ficaria:

    a) Não há médicos doentes.

b) Nenhuma pessoa doente precisa de médico.

c) Existe uma pessoa doente e ela tem um médico.

d) Há pelo menos uma pessoa doente que não precisa de medico.

GABARITO DAS QUESTÕES				
1	2	3	4	5
D	B	B	B	C
6	7	8	9	10
B	D	D	B	D

SIMULADO 4

1. A grafia e o emprego da palavra grifada estão respeitados na seguinte frase

a) Se o por quê da importância primitiva de Paraty estava na sua localização estratégica, a importância de que goza atualmente está na relevância histórica pela qual é reconhecida.

b) A reunião foi suspensa por uma hora porque os participantes davam mostra de cansaço e de desatenção.

c) Sem conhecer seus direitos, os indivíduos não saberão dispor dos instrumentos nem apresentar razões porque reivindicar sua efetiva aplicação.

d) Por que era inadmissível aquele comportamento, foi penalizado com uma multa de 2 salários.

2. Está ADEQUADO o emprego do elemento sublinhado na frase:

a) Os argumentos de que devemos nos agarrar devem se pautar nos limites da racionalidade e da justiça.

b) A necessidade de bajular o poder é um vício de que muita gente da imprensa não consegue se esquivar.

c) A conectividade está nos conduzindo a um destino com o qual ninguém se arrisca a prever.

d) O cronista considera que nossas necessidades permanentes, nas quais alude no último parágrafo, disfarçam-se em meio a tantas conexões.

MEU PRIMEIRO CONCURSO – Volume Único

3. **Acerca da organização do Estado e das competências legislativas previstas na Constituição Federal, todas as alternativas são INCORRETAS, com a EXCEÇÃO de uma, assinale-a:**

   a) ao Distrito Federal serão atribuídas as competências legislativas reservadas à União, aos Estados-membros e aos Municípios.

   b) cabe à União legislar privativamente sobre direito urbanístico.

   c) é competência concorrente da União, Estados e Distrito Federal legislar sobre direito penal, civil, processual, comercial, trabalho, dentre outros.

   d) Os entes da Federação (União, Estados, Distrito Federal e Municípios) são dotados de autonomia, enquanto a República Federativa do Brasil goza de soberania. Os territórios federais, por outro lado, não são entes autônomos, pois integram à União.

4. **Sobre os Estados-membros, assinale a ÚNICA opção correta:**

   a) Os Estados poderão, mediante lei complementar, instituir regiões metropolitanas, aglomerações urbanas e microrregiões, para integrar a organização, o planejamento e a execução de funções públicas de interesse comum.

   b) É possível a edição de medida provisória para regulamentar a exploração pelos Estados-membros do serviço local de gás canalizado.

   c) É vedada expressamente pela Constituição Federal a iniciativa popular no processo legislativo estadual.

   d) As regras constitucionais sobre inviolabilidade e imunidades dos Deputados federais não são aplicáveis aos Deputados estaduais.

5. **Com relação à responsabilidade civil na atuação estatal, considere as seguintes afirmações:**

   I. Em ação de responsabilidade por dano causado a particular, o ente público réu pode buscar a responsabilização do agente público autor do dano, por ação regressiva imprescritível.

   II. O regime de responsabilidade objetiva da pessoa jurídica prestadora de serviços públicos pelos danos que causar em razão de sua atividade se aplica tanto em favor de usuários do serviço prestado quanto em favor de terceiros não-usuários.

   III. A responsabilidade civil do Estado poderá decorrer de condutas omissivas ou comissivas

   a) somente I é correto.

   b) somente II é correto.

   c) somente III é correto.

   d) todos os itens estão corretos.

6. **O servidor público quando instado pela legislação a atuar de forma ética, não tem que decidir somente entre o que é legal e ilegal, mas, acima de tudo entre o que é honesto e desonesto. Esta passagem do Código de Ética relaciona-se mais diretamente com o princípio da:**

   a) Legalidade.

   b) Impessoalidade.

c) Probidade.

d) Razoabilidade.

7. Acerca de navegadores, julgue o item a seguir.

Os cookies são arquivos executáveis que armazenam as preferências do usuário em sua navegação na internet, facilitando o uso e diminuindo o tempo de carregamento de página. Devida a sua natureza executável e seu propósito de facilitar a vida do usuário, este não é vírus.

8. Um usuário, utilizando o Windows Explorer do Windows 8, arrastou com mouse um arquivo da pasta pessoal localizada em c:\pessoal\ para outra pasta chamada pessoal localizada em d:\pessoal\. Caso o usuário faça o mesmo procedimento com outro arquivo, mas desta vez pressionando e mantendo pressionada a tecla CTRL enquanto arrasta os arquivos entre as pastas supracitadas, o que ocorrerá?

a) Erro de sistema, pois os arquivos estão duplicados.

b) O arquivo será movido da pasta de origem para pasta destino.

c) O arquivo será copiado para a pasta destino.

d) O sistema irá pergunta se o usuário deseja duplicar o arquivo.

9. Observe a tabela-verdade a seguir:

P	Q	R	$(P \lor Q) \Leftrightarrow (P \land R)$
V	V	V	
V	V	F	
V	F	V	
V	F	F	
F	V	V	
F	V	F	
F	F	V	
F	F	F	

Os valores lógicos da proposição $[(P \lor Q) \Leftrightarrow (P \land R)]$, de cima para baixo, será:

a) V F V F F F V V

b) V F V F V F V F

c) F F V VV F V F

d) V V F FF V F V

10. A montadora de carros de luxo Beleza Pura teve um ano magnífico, com um lucro de R$ 50.000,00. Por isso, os proprietários resolveram dividir 20% do lucro entre seus 3 funcionários sêniores, em partes diretamente proporcionais aos tempos de serviço. Sabendo que José tem 4 anos a mais de empresa que Joaquim, que Manoel trabalha na montadora há 8 anos e que ele recebeu R$ 4.000,00, é possível concluir que:

a) José é o mais antigo na empresa.

b) Joaquim recebeu R$ 3.000,00.

c) Somando os valores recebidos de José e Manoel, eles receberam 75% da quantia total.

d) José recebeu R$ 4.000,00.

GABARITO DAS QUESTÕES				
1	2	3	4	5
B	B	D	A	D
6	7	8	9	10
C	F	C	A	D

SIMULADO 5

1. **Está correto o que se afirma a respeito da pontuação em:**

a) É uma escolha que deveria nos deixar mais livres. (Uma vírgula pode ser inserida imediatamente após que, sem prejuízo para a correção).

b) Renovar sistematicamente os quadros é um princípio de gestão importante para as empresas. (Seria adequada a colocação de uma vírgula imediatamente depois de quadros).

c) Os homens que se tornaram conhecidos por terem abalado o mundo de forma decisiva no passado tinham começado como reis, como Alexandre, ou patrícios, como Júlio César ... (O segmento em destaque poderia ser isolado por vírgulas, sem prejuízo para o sentido e a correção).

d) Em "Mas o que eu gostaria de mostrar, antes de tudo, é a que ponto a astronomia ..." (as vírgulas poderiam ser substituídas por travessões, sem prejuízo para a correção).

2. **Assinale a alternativa correta quanto ao que se afirma abaixo.**

a) Agregou-se ao cotidiano de Nova York, a despeito das medidas de segurança, sentimentos de medo e desconfiança generalizados. (Estão plenamente observadas as normas de concordância verbal).

b) No trecho "está diminuindo a nossa capacidade de concentração e contemplação profundas..." (a estrutura ficaria incorreta caso o termo "profundas" estivesse no singular).

c) Em "A tradição se tornou um arquivo atemporal ..." (o pronome também pode ser colocado após a forma verbal, visto que se trata de verbo com sujeito explícito).

d) Se a inflação recrudescer, o governo consumirá capital político. (A oração destacada pode ser classificada como subordinada adverbial temporal).

3. A respeito do Poder Executivo, é CORRETO afirmar, EXCETO:

a) A eleição do Presidente e do Vice-Presidente da República realizar-se-á, simultaneamente, no primeiro domingo de outubro, em primeiro turno, e no último domingo de outubro, em segundo turno, se houver, do ano anterior ao do término do mandato presidencial vigente.

b) O Presidente da República, na vigência de seu mandato, não pode ser responsabilizado por atos estranhos ao exercício de suas funções.

c) Admitida a acusação contra o Presidente da República, por dois terços da Câmara dos Deputados, será ele submetido a julgamento perante o Supremo Tribunal Federal, nas infrações penais comuns, ou perante o Senado Federal, nos crimes de responsabilidade.

d) O Presidente da República pode delegar todas as suas atribuições (do art. 84, CF) aos Ministros de Estado, ao Procurador-Geral da República ou ao Advogado-Geral da União, que observarão os limites traçados nas respectivas delegações.

4. Em relação à inovação da ordem constitucional que instituiu a chamada Súmula Vinculante, é CORRETO afirmar que:

a) somente os Tribunais Superiores podem editá-la; lembrando que elas podem ser canceladas, mas é vedada a mera revisão.

b) a proposta para edição/revisão/cancelamento da súmula vinculante pode ser apresentada no STF pelos legitimados para a propositura da ação direta de inconstitucionalidade.

c) Se o Governador de um Estado-membro desejar se insurgir contra súmula vinculante que, a seu juízo, foi formulada com enunciado normativo que extrapolou os limites dos precedentes que a originaram, poderá propor, no STF, uma reclamação.

d) desde que haja reiteradas decisões sobre matéria constitucional, o Supremo Tribunal Federal poderá, de ofício ou por provocação, aprovar a Súmula mediante decisão da maioria absoluta de seus membros.

5. O princípio que impede que a Administração atribua o objeto licitado a outrem que não o vencedor da licitação é a (o):

a) competitividade.

b) julgamento objetivo.

c) vinculação ao instrumento convocatório.

d) adjudicação compulsória.

6. Serviço público de natureza exclusiva e, no tocante ao regime de prestação, deve ser classificado como uti universi. Refere-se ao serviço

a) educacional.

b) de fornecimento de energia.

c) postal.

d) de limpeza dos logradouros públicos.

7. **Acerca de navegadores, julgue o item a seguir.**

   Os complementos agregam funcionalidade extra aos navegadores web, permitindo assim, por exemplo, que se visualizem vídeos do *youtube* ou mesmo que se abram arquivos PDF direto no navegador.

8. **São programas que espionam a rotina do usuário, enviando informações pessoais sem autorização da vítima, estamos falando de (o)**

   a) Spam.
   b) Firewall.
   c) Spyware.
   d) IDS.

9. **Sabendo que:**

   – a razão entre a idade de Alberto e Carol é igual à razão entre o dobro de seus pesos;

   – Alberto tem 32 anos, Carol tem 24 anos;

   – o peso de Alberto é 60 kg.

   Assim, o peso de Carol é igual a:

   a) 33 kg.
   b) 35 kg.
   c) 45 kg.
   d) 40 kg.

10. **Em um grupo de 600 alunos cadastrado sem um site para concursos, quantos deles são, ao mesmo tempo, cearenses, estudantes de Direito e torcedores do Flamengo, sabendo que:**

    – 285 são estudantes de Direito, 240 são cearenses, 220 são torcedores do Flamengo e 95 estão fora de todos esses grupos;

    – existem 95 cearenses estudantes de Direito e 100 são torcedores do Flamengo e estudam Direito;

    – entre os cearenses, 105 são torcedores do Flamengo.

    a) 105.
    b) 60.
    c) 80.
    d) 95.

GABARITO DAS QUESTÕES				
1	2	3	4	5
D	C	D	B	D
6	7	8	9	10
D	V	C	C	B